最高人民检察院网络犯罪研究中心 出品

网络犯罪检察论

第1卷

主　　编／谢鹏程
副 主 编／但　伟　宋　伟　周洪波
学术秘书／季美君

中国检察出版社

图书在版编目（CIP）数据

网络犯罪检察论. 第1卷/谢鹏程主编. —北京：中国检察出版社，2020.6
ISBN 978 - 7 - 5102 - 2424 - 9

Ⅰ.①网… Ⅱ.①谢… Ⅲ.①互联网络 - 计算机犯罪 - 研究 - 中国
Ⅳ.①D924.364

中国版本图书馆 CIP 数据核字（2020）第 065825 号

网络犯罪检察论（第1卷）

主　编　谢鹏程　副主编　但　伟　宋　伟　周洪波

出版发行：	中国检察出版社
社　　址：	北京市石景山区香山南路109号（100144）
网　　址：	中国检察出版社（www.zgjccbs.com）
编辑电话：	（010）86423708
发行电话：	（010）86423726　86423727　86423728
	（010）86423730　68650016
经　　销：	新华书店
印　　刷：	北京玺诚印务有限公司
开　　本：	710 mm × 960 mm　16 开
印　　张：	52.25
字　　数：	962 千字
版　　次：	2020 年 6 月第一版　2020 年 6 月第一次印刷
书　　号：	ISBN 978 - 7 - 5102 - 2424 - 9
定　　价：	186.00 元

检察版图书，版权所有，侵权必究
如遇图书印装质量问题本社负责调换

卷首语

《网络犯罪检察论》第 1 卷的主题是"互联网金融犯罪研究"。本卷收录的是最高人民检察院网络犯罪研究中心的前身即"最高人民检察院检察理论研究所互联网刑事法律研究中心"在 2017 年和 2018 年结题的课题研究成果。

科技的进步催生着互联网与金融活动的深度融合。互联网金融对社会经济的影响日益凸显。从相对微观的角度看,互联网金融是利用互联网和信息通信技术实现资金融通、支付、投资和信息中介服务的新型金融业务模式,主体包括传统金融机构的互联网部门与互联网金融企业。"开放、平等、协作、分享"的互联网精神迅速渗透到传统金融领域,对传统金融经营模式带来根本性的影响。"互联网+"金融的发展衍生出众多新型业态,并借助互联网的广泛影响而辐射到社会生活的各个领域。若把互联网金融的活动推导至更为宽泛的范畴,不妨将具备互联网精神的金融业态统称为互联网金融,包括但不限于第三方支付、在线理财产品的销售、信用评价审核、金融中介、金融电子商务等业务模式。

毋庸讳言,互联网金融依托于互联网而生,两者从互通、依赖到交融,对传统金融市场和金融企业的影响是复杂和深远的。如果将 2007 年至 2013 年定义为互联网金融的萌芽时期,将 2014 年到 2015 年认定为互联网金融快速发展时期。那从 2016 年开始,人们便不得不承认,互联网金融已经进入了多域发展和范式创新的新时期。网络借贷行业、互联网众筹行业、互联网消费金融等方兴未艾,各种新型金融衍生品和金融服务业迅猛发展。

伴随着互联网金融的快速发展,互联网金融领域的犯罪也呈现出"多面化"的态势。在野蛮生长的环境下,一些机构、业态偏离了应然的轨道和方向,有些甚至打着"金融创新"的幌子进行非法集资、金融诈骗等犯罪活动,严重扰乱了金融市场,压抑了正当投资,侵害了国民的合法权益和社会的基本秩序。面对互联网金融领域的犯罪态势,法学界常在扩张与限制两种刑法规制观之间争鸣，为如何构建刑事政策和刑法教义学之间的"罗克辛贯通"而焚膏继晷；在司法实践中，如何界定各种新型金融产品的性质，如罪与非罪、此罪与彼罪等区分也让刑事办案人员颇费踌躇。正是由于互联网金融犯罪的猖獗给当前司法实践带来了诸多困惑，也给我们的刑事、民事乃至经济立法提出了前所未有的挑战。为有效防范和化解互联网金融风险，集中整治违法违规行为，2016年4月，国务院部署开展了互联网金融风险专项整治工作。从理论上对各种互联网金融违法犯罪行为进行系统深入研究，提出具有可行性的防范措施与对策，促进互联网金融的健康发展，这无疑具有重要的指导意义和实践价值。

2017年5月，最高人民检察院检察理论研究所与蚂蚁金融服务集团联合成立互联网刑事法律研究中心即最高检网络犯罪研究中心的前身。该中心旨在以问题为导向，以当下为视域，化解司法实务难点，选取互联网金融犯罪中的热点问题，设立相关课题，组织全国范围内有志于互联网金融犯罪问题研究的专家、学者以及检察系统的一线办案人员，对现实社会中正在发生的新型互联网金融犯罪问题进行深入研究，以期通过理论探讨、案例分析、实务总结等方式，为司法机关办理互联网金融犯罪案件提供理论支撑，同时也为相关立法提供有针对性的参考和建议。

2017年7月，互联网刑事法律研究中心在北京市朝阳区检察院举行互联网金融刑事检察座谈会，现场发布9项课题，主要涉及互联网金融犯罪的相关违法犯罪行为、互联网金融犯罪的规范特征及疑难问题、互联网金融犯罪中的非法集资行为、第三方支付犯罪、互联网金融犯罪案件办理的协作机制、互联网金融刑事检察和行政监管的衔接问题以及互联网金融刑事法与行政法衔接等问题。2018年，在已有课题研究成果的基础上，研究中心总结组织课题研究的相关经验，在网上公告课题以吸引更多的专家学者来研究互联网金融犯罪问题，最后设立13项课题，对互联网金融犯罪问题进行了多维度的研究，内容涵盖互联网金融产品的法律性质、互联网金融领域消费者权益保护、互联网风险账户刑事规制研究、新型互联网证券犯罪的刑事规制等，这些互联网金融领域的新型问题均由学术界和司法界人员一起组织专业团队进行研究，既发挥了学者在理论研究上的特长，又结合了司法实践人员丰富的办案经验，从而使研究成果既有高度，又接地气。这些研究团队对相关法律问题进行了深入剖析，关注了网络犯罪证据的审查与运用问题、大数据开发利用的合理界限问题以及金融、电信和互联网企业数据协查规则问题，等等。

本卷按这两年课题研究报告的主题，分为基础理论、办案机制、证据证明和案例分析四个专栏。基础理论专栏，收入了"互联网金融刑事政策研究""涉众型互联网金融犯罪主体范围界定政策研究"以及"互联网金融犯罪的规范特征及疑难问题"等三篇报告。这三篇报告都是从互联网金融犯罪的基本概念入手，对互联网金融行为的政策导向与制定、定罪与非罪、行政监管与刑事规制等最基本问题进行了梳理阐述，但又各有不同的侧重点和研究所得。"互联网金融刑事政策研究"报告认为互联网金融发展的总体政策导向应该是促进互联网金融在创新中规范发展，需要在促进、鼓励发展的同时，建立一整套行之有效的监管体系。这一监管体系应以行业自律为基础，以行政监管为主导，以刑法规制为底线，民商行刑交叉，跨业整合联动。"互联网金融犯罪的规范特征及疑难问题"报告从分析互联网金融犯罪的规范特征入手，阐释了P2P网贷风险解构与规制路径、互联网金融犯罪之股权众筹、第三方电子支付的刑事风险与规制限缩和数字货币刑事风险之应对，认为互联网金融犯罪区别于普通金融犯罪，不仅在于利用或侵犯了互联网金融平台，而且在实质上表现为破坏金融市场的内在秩序即诚信，且侵犯广大投资者财产权。

在司法实践中，对冒用他人身份信息进行工商注册公司的行为如何厘定、其侵犯何种法益，实践中对此类行为进行刑法规制的边界和难点在何处，如何通过借鉴域外经验，有效制止冒用他人身份信息进行工商注册公司行为发生并作出合理的刑事规制，相关课题对此问题的探讨，不仅仅局限于刑事领域的打击，并提供了综合性的治理方案。又如《刑法修正案（九）》新增设的拒不履行信息网络安全管理义务罪、非法利用网络信息罪、帮助信息网络犯罪活动罪三个罪名，增强了网络服务提供者的刑事责任，对于这三个罪名如何适用，构成要件如何，其对网络服务提供者的帮助行为直接定罪是否属于对传统刑法理论的突破，司法实践中如何认定等具体罪名的法律适用问题，"刑九"新增网络犯罪司法适用问题究的研究成果亦作了深入探讨。

为有效打击互联网金融犯罪，各课题组对涉及互联网金融犯罪的相关罪名、司法实践中认定的难点及解决路径等问题进行了针对性的分析与探讨，相关成果收集在办案机制一栏中。这些研究成果，主要从法律层面和司法操作角度为如何高效公正地办理互联网金融犯罪案件、建立完善相关的行刑衔接机制，提出了诸多令人耳目一新的观点。如"互联网金融行为行政监管与刑事制裁的界限"课题组结合互联网金融行为类型和特点、围绕当前行政监管和刑事制裁的重点，以问题为导向，以契合创新需求与监管发展思路为主线，就当前刑事立法完善思路与司法判断标准作了深入探讨，提出互联网金融行为的入罪路径及具体的两法衔接和划分标准；而"互联网企业数据协查规则研究"课题组认为大数据合理开发利用的关键在于构建由国家统筹管理，企业行业自律，公民积极参与的多方利益主体协同共治体系，让政府机构数据更开放共享、企业数据流通规则更明晰、个人数据保护更规范合理；"互联网损害商业信誉、商品声誉犯罪案件实证研究"报告则从互联网时代损害商誉犯罪所表现出的传播覆盖面广、犯罪手段多样、信息真假难辨、犯罪成本较低等新特点出发，阐释了传统办案方式在海量证据调取、多种罪名选择、平台管理者追责、犯罪故意证明、合法权益救济方面所面临的"五难"挑战，建议简化罪名表述、规范电子数据的提取与审查、确定主观故意的认定规则，并赋予当事人更多的诉讼程序参与权；"互联网金融刑事法与行政法衔接研究"课题组以互联网金融的迅猛发展与规则体系供给不足之间的张力给行政法与刑事法衔接带来诸多挑战为背景，立足互联网金融的特征，探索性提出了互联网金融领域中刑事法介入的四项原则，并对司法实务中发案较多争议较大的互联网非法集资、互联网支付和互联网交易平台三大问题深入研判，提出了有针对性的解决方案。

风险账户是互联网黑灰产下游违法犯罪的源头，如果无法有效遏制恶意注册、非法获取互联网账户，会严重威胁金融经济安全，威胁社会稳定。"互联网风险账户的刑事规制"课题组对这一问题作了全面而深入的研究，认为：互联网风险账户是冒名的、非真实性的互联网账户。个人互联网风险账户主要聚焦于盗用、冒用两种类型，企业互联网风险账户主要聚焦于盗用、冒用、利用皮包公司注册等三种类型。对于互联网风险账户，可以区分其不同行为，既可以通过侵犯公民个人信息罪等现行刑法框架下的罪名予以打击，亦可以通过增设妨害互联网安全管理罪等新罪名予以规制。

因互联网金融犯罪案件的证据多为电子证据，而电子证据具有记录的客观性和准确性、载体的分散性和多样性以及内容的易破坏性和易篡改性等特征，给司法实践中如何成功高效办理此类案提出了巨大挑战，收集在证据证明一栏中的两篇研究报告，分别从证据标准的具体建立和网络犯罪证据的审查与运用等方面对相关问题作了深入研究，为办理此类案件提供了极具可操作性的方法与建议。"互联网金融犯罪中非法集资类案件证据标准研究"课题组从厘清相关概念入手，在全面阐释互联网金融犯罪中非法集资类案件具有"主体高智商、证据提取固定难，犯罪隐蔽性强、法律认定适用难，资金往来频繁、资金流解读难"等特点的基础上，以典型案例为分析对象，从司法实践中处理该类案件时的证据疑点难点出发，认为互联网金融犯罪中非法集资类案件的证据标准，应从证据的质和量这两个侧面来确定此类案件定罪量刑的基本标准；同时指出，在依照传统的证据印证模式来证明此类案件，显得有些捉襟见肘时，在大数据、人工智能时代，可以运用 MD5 来认定检验电子数据来源的原始性、用大数据关联分析技术来解构资金流和关系链，聘请有专门知识的人解答专业性问题以弥补检察官在专门知识方面的缺陷，充分发挥电子证据的证明力，从而有效打击呈喷发式的涉互联网非法集资类犯罪；而"网络犯罪证据的审查与运用"课题组的研究报告以阐述网络犯罪证据的概念和特性为基础，梳理了网络犯罪证据审查运用的立法沿革和理论前沿，通过比较分析美国和日本在网络犯罪证据及证据审查运用方面比较成熟和完备的立法与相关研究，如最佳证据规则、电子数据鉴真规则等，借鉴国外的先进经验，针对网络犯罪呈现犯罪主体年轻化、专业化，犯罪形式智能化、隐蔽化，犯罪活动集团化、跨境化等特点和趋势，以及证据来源存在障碍、取证程序存在限制、专业技术存在局限、取证规则有待明确等特殊性和专业性，对网络犯罪证据的运用作了实证研究，对当前司法实践中网络犯罪证据审查运用中存在的新问题新情况，结合典型案例进行了综合分析，认为当前对网络证据的审查，存在诸多盲点，应从证据的客观性、关联性和合法性等方面予以加强，以电子数据为主要审查对象，同时应建立相关的配套制度，如建立专业化办案组织、培养复合型检察人才，组建由网络即时人员组成的专家辅助人团队以及建立专业技术人员出庭作证制度等。

为了更加直观地指导司法实践，负责案例的课题组，从全国范围内广泛收集生效判决，从大量案例中精心梳理，筛选出具有典型性和指导性的经典案例，结合互联网金融犯罪中的特殊性和不同金融产品的法律表达，进一步提炼出相关案例的核心争议焦点，再进行相应的法律解读和案例评析，为指导此类案件的司法实务认定提供可具操作性的司法样本。例如，"非法集资与合法私募的区分"案例，分基本案情、焦点问题、分析意见、处理结果和点评五个方面来阐述，尤其是分析意见部分，从理论上的争议观点，如"有限合伙人投资论""非公开募集资金论"，到相关法律法规及司法解释的详细规定，以及适用时应考虑的数个方面问题，都作了全面而深入的剖析，对如何界定"私募"行为，认为可以从推介方式、募集对象、发行对象、收益承诺以及登记备案等方面来判断，最后归纳总结出该案例所具有的普遍指导意义：非法集资与合法私募在区分判断上，一方面要从技术层面厘清行为是否符合成文法的条件与要求，另一方面要从实质上分析行为的本质特点，揭开形式上的面纱。本案对于区分非法集资与合法私募的关系具有示范和借鉴意义，为司法实践中如何区分定性此类案件提供了实实在在的指导；再有，如通过微信向不特定社会公众推销"新三板"股票行为的定性一案，在司法实践中，对该案的定性存有诸多争议，本案究竟应该定操作证券市场罪、诈骗罪或合同诈骗罪，抑或是非法经营罪？传统操纵证券市场罪的追诉标准能否适用新三板市场？若定为诈骗罪或合同诈骗罪，那非法占有目的如何认定？诈骗数额如何认定？若构成非法经营罪，那属于何种非法经营证券业务行为？与新三板股票协议转让模式中的正常推介股票行为如何界分？等等。这一系列的问题，在该案的分析中都得到了一一回应与解答。本案之所以会引发这么大的争议，关键原因是，相对于主板市场、创业板等传统证券市场，新三板领域的股份转让交易规则和模式有着自身的特殊性，新三板股票经营领域涉及的犯罪行为在法律适用上要充分考虑到所处背景信息的独有特点。该案的点评部分也相当精彩："本案中涉及通过互联网向不特定公众推销新三板股票行为的定性，一般而言涉及操纵证券市场罪、诈骗犯罪、非法经营罪等罪名的选择。而立法总是具有保守型、滞后性，随着经济社会的发展，原有立法文本和司法解释不能完全涵盖新出现的各种行为类型，所以在司法实践中，针对某种明显侵害法益的行为进行法律适用时，要充分在对作为大前提的法律规范和作为小前提的案件证据事实之间进行往返解释归纳和论证。在解释大前提的过程中要遵循文义涵摄的内涵和外延，使得解释的结论不能超出刑法的目的。在案件的归纳过程中又不能人为设定性质，尽量涵盖事实的原貌。本案的办理，主要结合犯罪行为的本质、侵害的法益、追诉的条件设置等方面，全面梳理了操纵证券市场罪、诈骗犯罪、非法经营罪的关系，在办案理念和方法论上有借鉴意义。"

上述这些课题从宏观和微观两个层面对互联网金融犯罪的热点、难点问题进行了系统全面的梳理和总结，同时紧扣互联网金融犯罪案件办理过程中的刑事司法需求，其研究成果既有广度也有深度，可以为互联网金融领域的刑事办案提供有效的指引。我们希望检察系统内外的互联网金融问题学者和实务工作者能紧扣住互联网金融犯罪的关键性、根本性问题，对不断涌现的新事物新现象继续进行探索研究，更好地为办案实践和理论研究提供参考。

吴经熊教授曾言："做司法官的一定要有一种历久的内心修养，才能达到可以守则守，可以创则创，寓创于守的境界。"作为一名司法实务人员，对互联网金融等新生事物知识的掌握不一定"专精深"，但对互联网金融等新生事物应始终保持必要的敏感度和参与度，在案件办理过程中看得懂专业人士出具的专业鉴定意见，提出合理修正要求；在法庭上听得懂金融与互联网等与案件相关的专业知识，讲好刑事检察故事。

学术需要积累。本卷的成果毕竟是研究中心在起步阶段取得的，难免有许多不足。让我们把它作为一个理论基点，从今往后，一卷一个台阶地累积起来，终究会形成通天的阶梯。

目　　录

卷首语 …………………………………………………………………（1）

第一编　基础理论

冒用他人身份信息进行工商注册公司的相关违法犯罪研究及立法
思考 ……………………………………………………………………（3）
　　一、立法方面的问题 …………………………………………………（4）
　　二、冒用他人身份信息进行工商注册公司的法理思考 ……………（6）
　　三、冒用他人身份信息进行工商注册公司的现状 …………………（9）
　　四、国内行业的呼声及其国内外相关地区的先进经验 …………（17）
　　五、解决冒用他人身份进行工商注册公司行为的对策及相关
　　　　立法思考 …………………………………………………………（20）

《刑法修正案（九）》新增网络犯罪司法适用问题研究 ………………（25）
　　第一部分　信息网络犯罪发展与立法概述 …………………………（25）
　　　　一、信息网络技术发展带来的刑法挑战 ………………………（25）
　　　　二、风险社会理论对刑法的影响 ………………………………（27）
　　　　三、信息网络犯罪罪名适用的指导思想 ………………………（28）
　　第二部分　信息网络犯罪个罪研究 …………………………………（29）
　　　　一、拒不履行信息网络安全管理义务罪的认定要点 …………（29）
　　　　二、非法利用信息网络罪的认定要点 …………………………（37）
　　　　三、帮助信息网络犯罪活动罪的认定要点 ……………………（40）
　　　　四、信息网络犯罪罪名区分问题 ………………………………（50）
　　第三部分　信息网络犯罪刑事政策 …………………………………（54）
　　　　一、如何处理好惩罚犯罪和科技创新发展之间的关系 ………（54）
　　　　二、贯彻好宽严相济的刑事政策，确保办案效果 ……………（55）
　　　　三、积极推动信息网络综合治理，发挥刑法的教育引导作用 ……（56）

互联网金融刑事政策研究 ……………………………………………（57）
 一、问题的提出 ……………………………………………………（57）
 二、互联网金融的基础研究 ………………………………………（58）
 三、互联网金融发展面临的主要问题 ……………………………（64）
 四、互联网金融的法治化发展路径 ………………………………（70）
 五、结语 ……………………………………………………………（81）

互联网金融犯罪的规范特征及疑难问题 …………………………（82）
 第一章 互联网金融犯罪的规范特征 ………………………（83）
  引 言 ………………………………………………………（83）
  一、互联网金融犯罪的研究回顾 ………………………………（85）
  二、实证分析的目标及方法 ……………………………………（87）
  三、对研究结论的进一步检验 …………………………………（90）
 第二章 P2P网贷风险解构与规制路径分析 …………………（98）
  一、P2P网贷之创新性体现 ……………………………………（99）
  二、P2P网贷之乱象概要 ………………………………………（101）
  三、P2P网贷集资行为之风险解构 ……………………………（103）
  四、P2P网贷集资行为之规制路径分析 ………………………（108）
 第三章 互联网金融犯罪之股权众筹 ………………………（115）
  一、互联网股权众筹概述 ………………………………………（115）
  二、刑法对互联网金融股权众筹之创新价值的规制态度 ……（119）
  三、股权众筹的运营模式及法律风险 …………………………（122）
  四、刑法规制股权众筹的相应调整 ……………………………（125）
  五、我国互联网众筹刑法规制的具体问题 ……………………（127）
  六、互联网众筹的刑法规制路径与方法 ………………………（134）
  七、结语 …………………………………………………………（141）
 第四章 第三方电子支付的刑事风险与规制限缩 ……………（142）
  一、第三方支付平台的基本情况 ………………………………（142）
  二、第三方支付在各服务环节存在的刑事风险 ………………（145）
  三、对于第三方电子支付的刑事规制立场 ……………………（152）
 第五章 数字货币刑事风险之应对 ……………………………（155）
  一、比特币之一般风险 …………………………………………（156）
  二、比特币在刑事司法领域的风险 ……………………………（159）
  三、刑事司法框架下数字货币风险的应对 ……………………（163）

四、数字货币的法律管控思考 …………………………………（169）

第三方支付犯罪风险及其综合治理研究 ………………………（172）
    一、第三方支付的概念及其基本特征 ……………………（172）
    二、国内第三方支付现状及其乱象 ………………………（175）
    三、第三方支付犯罪风险检讨 ……………………………（178）
    四、第三方支付犯罪治理路径 ……………………………（186）
    五、结语 ……………………………………………………（192）

互联网金融产品的规范属性和法律表达 ………………………（193）
    一、互联网金融风险——规则边缘的乱象 ………………（193）
    二、互联网金融产品——命题真伪之鉴别 ………………（197）
    三、互联网金融发展——产品规范与延伸 ………………（202）

互联网金融领域消费者权益保护 ………………………………（211）
    一、概念界定 ………………………………………………（211）
    二、互联网金融消费者权益保护的重要性 ………………（213）
    三、消费者合理保护的界限 ………………………………（214）
    四、加强对互联网金融消费者权益保护 …………………（216）
    五、结语 ……………………………………………………（239）

大数据开发利用的合理界限研究 ………………………………（240）
    一、问题的提出：为何要设定大数据开发利用的合理界限？…（240）
    二、个人对数据被开发利用的权利界限 …………………（242）
    三、企业对大数据开发利用的合理界限 …………………（252）
    四、政府机构对大数据开发利用的合理界限 ……………（257）
    五、结语：完善法律机制规范大数据开发利用 …………（263）

涉众型互联网金融犯罪主体范围界定政策研究 ………………（265）
    一、涉众型互联网金融犯罪基本问题 ……………………（265）
    二、涉众型互联网金融犯罪主体范围政策适用的现状及存在的
        问题 ………………………………………………………（273）
    三、涉众型互联网金融犯罪主体分层处理的必要性与可行性 …（285）
    四、涉众型互联网金融犯罪主体分层处理的界定 ………（289）
    五、对策建议 ………………………………………………（310）

第二编　办案机制

互联网金融犯罪案件办案协作机制研究 …………………… （329）
　　引言 ……………………………………………………………… （329）
　　一、互联网金融犯罪的内涵及外延 …………………………… （330）
　　二、典型案例分析（以深圳市南山区查办案件为例） ……… （332）
　　三、现阶段互联网金融犯罪案件办案协作机制存在的问题 … （335）
　　四、境外防范打击互联网金融犯罪经验 ……………………… （338）
　　五、构建互联网金融犯罪案件办案协作机制的对策和建议 … （340）

互联网金融刑事检察和行政监管的衔接机制研究 …………… （345）
　　一、互联网金融及监管概述 …………………………………… （345）
　　二、互联网金融行刑职能的衔接 ……………………………… （352）
　　三、互联网金融行刑衔接存在的问题 ………………………… （365）
　　四、完善互联网金融行刑衔接机制的对策 …………………… （369）
　　五、结语 ………………………………………………………… （381）

互联网金融刑事法与行政法衔接研究 ………………………… （382）
　　一、互联网金融市场的新发展与行刑衔接面临的新挑战 …… （382）
　　二、互联网金融领域中刑事法介入的基本原则 ……………… （386）
　　三、互联网金融领域行刑衔接法律适用问题研究 …………… （396）

互联网金融行为行政监管与刑事制裁的界限 ………………… （410）
　　引言 ……………………………………………………………… （410）
　　一、互联网金融行为概述 ……………………………………… （411）
　　二、互联网金融行为法律规制情况 …………………………… （415）
　　三、基本界限标准 ……………………………………………… （425）
　　结语 ……………………………………………………………… （441）

互联网金融犯罪风险防范研究 ………………………………… （442）
　　引言 ……………………………………………………………… （442）
　　一、互联网金融犯罪风险现状分析 …………………………… （442）
　　二、我国在互联网金融犯罪风险防范方面存在的问题 ……… （449）
　　三、加强我国互联网金融犯罪风险防范工作建议 …………… （451）
　　结语 ……………………………………………………………… （468）

互联网风险账户的刑事规制 (469)
一、互联网风险账户的定义和危害 (469)
二、个人互联网风险账户的刑事规制 (473)
三、企业互联网风险账户的刑事规制 (487)

新型互联网证券犯罪的刑事规制 (497)
一、股权众筹与擅自发行证券、非法集资犯罪 (497)
二、高频交易与操纵市场犯罪 (509)
三、新型互联网证券业务与非法经营犯罪 (519)

互联网损害商业信誉、商品声誉犯罪案件实证研究 (539)
一、互联网损害商誉犯罪案件的主要特点 (540)
二、实体法适用存在的主要问题及建议 (545)
三、程序法适用存在的主要问题及建议 (561)

互联网企业数据协查规则研究 (574)
一、引言 (574)
二、典型案例分析 (577)
三、实地调研分析 (579)
四、侦查机关与互联网企业的数据协查规则理论研究 (584)
五、侦查机关与互联网企业的数据协查系统构想 (590)
六、立法建议 (591)
七、附件 (596)

第三编 证据证明

互联网金融犯罪中非法集资类案件证据标准研究 (603)
一、互联网金融犯罪中非法集资相关概念的厘清 (604)
二、案件的特点 (605)
三、基本的证据构成及司法实践认定中的难点 (607)
四、证据标准的具体建构 (613)
五、大数据技术在证据标准中的综合运用 (621)

网络犯罪证据的审查与运用 (630)
一、网络犯罪证据审查运用的理论概述 (631)
二、网络犯罪证据审查运用的实证分析 (638)

三、网络犯罪证据审查运用的问题剖析 …………………… (643)

四、完善网络犯罪证据审查运用规则和配套制度 …………… (648)

第四编 案例分析

中国互联网金融犯罪案例分析报告 …………………………… (661)
 引言 ………………………………………………………… (661)
 一、当前互联网金融犯罪的主要特点 …………………… (662)
 二、互联网金融的本质及规范原则 ……………………… (665)
 三、互联网金融犯罪刑事司法实务问题及应对 ………… (673)
 四、互联网金融监管中的问题及对策建议 ……………… (691)
 五、互联网金融犯罪案例 ………………………………… (695)

案例选编 ………………………………………………………… (719)
 1.1 "荐股专家"预先买入、公开推介后抛售的行为构成"抢帽子"操纵证券市场罪 …………………………………… (719)
 1.2 非法集资与合法私募的区分 ………………………… (728)
 1.3 通过微信向不特定社会公众推销"新三板"股票行为的定性 ……………………………………………………… (735)
 1.4 以有限合伙型私募基金的方式募集资金是否构成非法吸收公众存款罪的判断要点 ……………………………… (744)
 1.5 租用网络交易平台组织非法期货交易的行为应如何认定 ……… (751)
 2.1 胡某某、姚某某骗取贷款案 ………………………… (757)
 2.2 邵某武等人诈骗案 …………………………………… (764)
 2.3 于某某等非法吸收公众存款罪一案 ………………… (772)
 2.4 陈某甲等四人骗取贷款案 …………………………… (778)
 2.5 霍某某涉嫌非法吸收公众存款案、于某某等19人涉嫌非法吸收公众存款案 ……………………………………… (784)
 2.6 李某某非法获取计算机信息系统数据罪案 ………… (792)
 2.7 姜某某诈骗案 ………………………………………… (800)
 2.8 罗某某信用卡诈骗案 ………………………………… (807)
 2.9 陆某甲有价证券诈骗案 ……………………………… (813)

第一编　基础理论

冒用他人身份信息进行工商注册公司的相关违法犯罪研究及立法思考

但 伟[*]

冒用他人身份信息进行工商注册是指未经他人同意或在他人不知情的情况下，故意使用他人身份信息进行工商登记注册公司，并伪造他人为法定代表人签名的行为。这种行为成为一个显性的问题是肇始于2013年3月商事登记制度改革全面启动，市场主体准入资格大大放宽以后。截止到2017年9月全国新登记市场主体累计超过5300万户。在这个巨大的登记数量的市场主体中就有冒用他人身份信息进行工商注册的违法和犯罪行为存在。而这个行为直接导致了多重的民事和刑事法益受到侵犯。

其产生的原因是商事登记制度改革后产生的监管漏洞。[①] 2013年3月商事登记制度改革以后，公司注册分为"线上申请"与"线下申请"两种途径，"线上申请"占比超过90%以上。[②] 这种在线办理程序为合法经营者带来了便利，同时也为违法犯罪带来了便利。一旦有人采用非法途径获取了他人的身份信息，只需互联网而无须当面审查，就能冒用他人的信息注册一家公司并且只需要极低的资金成本就能完成注册。冒用他人身份信息注册公司实际就是虚假

---

[*] 课题负责人：但伟，最高人民检察院检察理论研究所研究员。

[①] 商事登记制度脱胎于计划经济体制，阻碍了市场经济的顺畅运行。中国共产党第十八届中央委员会第三次全体会议决定对商事登记制度进行改革，由注册资本实缴登记制改为注册资本认缴登记制，取消了原有对公司注册资本、出资方式、出资额、出资时间等硬性规定，取消了经营范围的登记和审批，从以往的"重审批轻监管"转变为"轻审批重监管"。

[②] "线上申请"注册公司流程：第一步注册公司法定代表人到银行办理网银U盾或者在所在城市的市场和质量监督管理委员（以下简称市监委）指定的CA发放公司办理CA数字证书；第二步被委托中介机构人员到市监委注册网站填报相关资料并使用法定代表人的数字证书进行身份确认；第三步审核通过后，经办中介人员或者法定代表人本人到市监委标准研究院领取营业执照。

注册公司，但是由于很多冒名公司没有达到刑法起刑点，所以其违法成本过低，① 从已经掌握的情况看，相关的违法和犯罪从 2013 年开始在全国各地呈上升趋势。而冒用 50 条以内的身份信息就不能纳入刑法的范畴。现有法律法规上的漏洞使得各地公检法机关在办理此类案件时受到了较大的阻碍。

一、立法方面的问题

为有效打击侵犯公民个人信息的行为，2009 年 2 月 28 日，《中华人民共和国刑法修正案（七）》首次在刑法层面对侵犯公民个人信息的行为进行规制，增设了"出售、非法提供公民个人信息罪"和"非法获取公民个人信息罪"两个罪名，明确了出售、非法提供和非法获取公民个人信息行为的刑事责任。2015 年 8 月 29 日，《中华人民共和国刑法修正案（九）》（以下简称《刑法修正案（九）》）取消了"非法出售、非法提供公民个人信息罪"、"非法获取公民个人信息罪"两罪，确立"侵犯公民个人信息罪"，对侵犯公民个人信息行为的行为方式、入罪条件、刑罚设置等方面进行了完善性规定。对照新旧条款可见《刑法修正案（九）》扩大了犯罪主体的范围，对履行职责或者提供服务过程中实施的犯罪从重处罚，并加重法定刑，增加了"情节特别严重"情形下的法定刑档次等。

结合当前侵犯公民信息犯罪的高发趋势和突出特点，为解决司法实践领域在打击处置该类犯罪中遇到的现实问题，2017 年 5 月 9 日，最高人民法院、最高人民检察院联合发布了《关于办理侵犯公民个人信息刑事案件适

---

① 我国刑法在 2009 年增设"出售、非法提供公民个人信息罪"和"非法获取公民个人信息罪"。2015 年又作了修正，将上述两个罪名统一为"侵犯公民个人信息罪"。最高人民法院、最高人民检察院于 2017 年 6 月 1 日出台了《关于办理侵犯公民个人信息刑事案件适用法律若干问题的解释》，对侵犯公民个人信息犯罪的定罪量刑标准和有关法律适用问题做出规定。该司法解释明确，非法获取、出售或者提供公民个人信息，具有下列情形之一的，应当认定为刑法第253条之一规定的"情节严重"：出售或者提供行踪轨迹信息，被他人用于犯罪的；知道或者应当知道他人利用公民个人信息实施犯罪，向其出售或者提供的；非法获取、出售或者提供行踪轨迹信息、通信内容、征信信息、财产信息五十条以上的；非法获取、出售或者提供住宿信息、通信记录、健康生理信息、交易信息等其他可能影响人身、财产安全的公民个人信息 500 条以上的，等等。同时，设立用于实施非法获取、出售或者提供公民个人信息违法犯罪活动的网站、通讯群组，情节严重的，应当依照刑法第287条之一的规定，以非法利用信息网络罪定罪处罚；同时构成侵犯公民个人信息罪的，依照侵犯公民个人信息罪定罪处罚。

用法律若干问题的解释》①（下称《解释》）。"两高"的最新罪名解释将上述条款统一归为一个罪名："侵犯公民个人信息罪"，"出售、非法提供公民个人信息罪"和"非法获取公民个人信息罪"两个罪名由此被取消。同时，《解释》的颁布对各地办理此类案件，正确适用法律和司法解释，规范统一司法，具有重要的参考价值。地方司法机关为了更好地解决此类案件也提出了积极有效的政策规定，以深圳市为例。深圳市公安走在全国打击侵犯公民个人信息犯罪前列，在《解释》正式实施当天，警方周密部署，各分局及警种联动，共出动500余名警力，在全市范围组织开展了集中打击侵犯公民个人信息违法犯罪统一行动，率先打响第一枪②。不仅在深圳，《解释》的发布在全国领域的司法实践中也得到了深入贯彻执行，取得了良好的社会效果，为公民的个人信息提供了刑事司法的有力保障。

然而，冒用他人身份信息进行工商注册公司的行为在现有法律中无法得到有效解决。与其他类型的侵犯公民个人信息不同，冒用他人身份信息进行工商注册公司的行为，在《刑法》和《解释》中均没有明确的规定，公检法机关在处理此类案件时只能利用相应的推定原则进行处理，甚至针对法律现有规定，无法做到有效处罚。当前，从犯罪风险预防的考量下，学界及实务界呼吁以社会转型时期的需要③等理由予以刑法立法，以便明确该种行为禁止性规定。然而，从刑法应当恪守谦抑性原则的角度出发，需要谨慎而为之，笔者认为对此有必要予以严肃的反思，需要探讨的问题有：第一，冒用他人身份信息进行工商注册公司行为的内涵是什么？第二，冒用他人身份信息进行工商注册公司行为所侵犯的法益是什么？第三，冒用他人身份信息进行工商注册公司行为产生的原因、危害是什么？第四，解决冒用他人身份信息进行工商注册公司行为的困境是什么？第五，它在我国刑事立法中是否存在？第六，如无，则国

---

① 《解释》共有13条，主要规定了"公民个人信息"的范围、"违反国家有关规定"的认定、非法"提供公民个人信息"的认定、"非法获取公民个人信息"的认定、侵犯公民个人信息罪的定罪量刑标准、认罪认罚从宽处理、涉案公民个人信息的数量计算规则、罚金刑适用规则等10个方面的内容，对侵犯公民个人信息犯罪的定罪量刑标准和有关法律适用问题作了全面系统规定，进一步加大了惩治力度，严密了刑事法网，为精准打击侵犯公民个人信息犯罪提供了司法指引和有力抓手。

② 《解释》生效的第一天即是专项处置行动的起点，经初步统计，至2017年6月2日12时，警方共清查违法犯罪窝点30个，查获非法公民个人信息100余万条，"透传"设备、非法群呼器、服务器、手机等涉案器材200余部，依法将153名违法犯罪嫌疑人带回公安机关作进一步调查。参见http://gd.qq.com/a/20170602/041334.htm。

③ 参见周光权：《转型时期刑法立法的思路与方法》，载《中国社会科学》2016年第3期。

内外有什么经验可以借鉴？第七，如何才能有效制止冒用他人身份信息进行工商注册公司行为的发生及其如何处罚？

二、冒用他人身份信息进行工商注册公司的法理思考

（一）冒用他人身份信息进行工商注册公司的内涵

《现代汉语词典》中"身份"是指出身和社会地位。即人在社会和法律上的地位决定了人的身份。在《牛津法律大词典》中"身份"是指一个人在法律上所居的地位，该种地位决定其在特定情况下的权利和义务。国内针对"身份信息"的定义[①]十分繁杂，"身份信息"的内容[②]也十分宽泛，《解释》中对"公民个人信息"进行了明确的解读和定义，是指以电子或者其他方式记录的能够单独或者与其他信息结合识别特定自然人身份或者反映特定自然人活动情况的各种信息，包括姓名、身份证件号码、通信通讯联系方式、住址、账号密码、财产状况、行踪轨迹等。在针对身份信息犯罪的研究上，主要存在四种概念[③]，综合我国的实际情况和特征，身份信息犯罪是指非法窃取、收集、买卖、提供、传播他人的身份信息，伪造、变造身份证明以及利用他人的身份信息、假冒他人获取利益或者免除责任的一种犯罪行为[④]。而自2013年国务院下发《国务院机构改革和职能转变方案》，其中明确指出要逐步改革工商登记制度[⑤]，从而使

---

① 大体上可以划分为三种类型：（1）关联型。认为一切与个人有关的信息都属于身份信息，诸如姓名、电话、地址、性别、身高、体重、年龄、出生日期、身份证号、工作单位、收入状况、医疗记录、宗教信仰、兴趣爱好、情感经历等。（2）隐私型。认为只有与个人隐私相关的信息才属于身份信息，如收入状况、医疗记录、情感经历等。（3）识别型。认为通过某种或者某些信息能够识别出唯一一主体则属于身份信息。

② 主要包含以下方面的内容：（1）能够识别特定个人的符合，如姓名、家庭住址、工作单位、电话号码等；（2）个人的生理特征，如性别、年龄、声音、身高、体重、肖像等；（3）个人的特定经历相关的信息，如教育背景、婚姻状况、民事侵权状况、犯罪情况、被害情况、作证情况等。参见张亚茹：《未成年人刑事司法身份信息保密制度研究》，西南政法大学2013年硕士论文。

③ 分别是：identity crime（身份信息犯罪）、identity-related crime（与身份信息相关的犯罪）、identity theft（身份盗窃）和identity fraud（身份欺诈）。参见韩慧：《身份信息犯罪研究》，上海社会科学院2012年硕士论文。

④ 参见韩慧：《身份信息犯罪研究》，上海社会科学院2012年硕士论文。

⑤ 即将"先证后照"改为"先照后证"，并将注册资本实缴登记制改为认缴登记制，并放宽了工商登记其他条件。

工商登记程序得到简化、企业登记门槛有效降低[①]、为公司注册场所松绑、推动企业自主经营权回归市场主体。商事改革正如火如荼进行，给无数创业者提供了便利的条件，创业人数不断飙升，但与此同时也给一些不法分子留下了可趁之机，公司注册的"线上申请"机制[②]，使公司注册成立无须当面审查，加上较低的注册资本，给不法分子冒用他人身份信息进行工商注册公司留下了隐患。并且根据法律、法规规定，公司的法定代表人应在国家法律、法规以及企业章程规定的职权范围内行使职权，履行义务，代表企业法人参加民事活动，对企业的生产经营和管理全面负责，并接受企业全体成员和有关机关的监督。法定代表人在企业法人权利能力范围内的行为后果，直接由法人承担。企业法人有违法行为时，依照法律、法规的有关规定，除法人承担责任外，对法定代表人可以给予行政处分、罚款，构成犯罪的，依法追究刑事责任。而一旦行为人通过冒用他人身份进行工商注册公司并冒用他人名义行使法定代表人的权利，则后患无穷。

综上所述，笔者认为，冒用他人身份信息进行工商注册公司是指未经他人同意或在他人不知情的情况下，故意使用他人身份信息进行工商登记注册公司，并伪造他人为法定代表人签名的行为。

(二) 冒用他人身份信息进行工商注册公司行为的法理分析

从刑法的角度出发，对行为人所实施的犯罪行为，如何进行评价才能避免评价不足或者过剩？这一问题并非单纯地影响着法律的准确应用，也是保证刑法预防犯罪、打击犯罪、惩罚罪犯目的得以顺利实现的重要问题，更是关乎国家、社会乃至行为人利益的重大事项。在判定冒用他人身份信息进行工商注册公司的行为上，笔者认为，可以通过三种学说即行为标准说、法益说和犯意说，对其进行法理上的剖析：

1. 行为标准说。行为是刑法的基础，正如广为流传的法律格言"有行为，

[①] 依照改革制度，新版营业执照、经营范围、注册资本等不在成为核准登记事项。有限公司实行注册资本认缴制度，申请人无须提交验资证明文件，工商部门只登记其全体股东认缴的注册资本总额，不再登记实收资本。注册资本的实缴制变更为认缴制，尤其是首次出资可以为零，这大大降低了创业准入门槛。对于注册资本的放开，破除了大众对企业注册资本数字的迷信。无须再找会计事务所出具验资报告则大大节约了创业者的时间和交易成本。对于经营范围，改革后不再作为登记事项，而改为备案事项，实行主体资格登记与经营资格许可审批相分离。允许从事许可行业的经营者可以先办理营业执照再办理许可审批，取得许可后方可经营。参见 http://roll.sohu.com/20131126/n390786255.shtml。

[②] 根据深圳市企业注册局统计，"线上申请"占比已经超过90%，远远高于"线下申请"。

始有犯罪。无行为，便无犯罪"一样，行为是客观具体存在的事实，必须有行为的存在为前提，才可能有发生犯罪和侵害的结果。而行为标准也是区分罪与非罪、一罪还是数罪的重要标准①。而根据行为标准说对行为的理解，又可以将行为进一步划分为自然行为说和法的行为说②。具体到冒用他人身份信息进行工商注册公司的行为中，依据现有法律，学者中认为可以根据诈骗罪、使用虚假身份证件罪、盗用身份证件罪或者多罪之间的竞合。结合行为标准说，在冒用他人身份信息进行工商注册公司中，包含了以下行为，一是冒用他人身份信息，"冒用"可以解释为没有经过他人明示或者通过非法收买的行为，而获取他人的身份信息；二是进行工商注册，成立公司，依前行为而进行的延续行为。

2. 法益说。从刑法的目的来看，最为重要的任务就是对法益的保护。一种行为之所以被认定为犯罪，正是因为该种行为侵犯了刑法所保护的法益。身份信息作为国家对公民所制定的一种个人身份的识别要件，具有唯一性。冒用他人身份信息所侵犯的法益，正是国家法律所保护的公民个人信息的唯一性，是对《刑法》③ 和

---

① 张颖：《罪数判断标准研究——以行为标准说为新视角》，载《中南财经政法大学研究生学报》2011 年第 5 期，第 34 页。

② 自然行为说是根据自然意义上的身体动作来判断行为的单复数。依照一般社会挂念，一个行为人实施一个行为，即使该行为造成了多个损害结果，也只是构成一罪。法的行为说则主张以法的观念考量行为，多个行为从法的角度符合一个犯罪构成要件的，成立一罪；相反，一个行为符合多个构成要件的成立数罪。参见余辉胜：《罪数判断新论》，载《中国刑事法杂志》2003 年第 6 期。

③ 《刑法》第 253 条之一：违反国家有关规定，向他人出售或者提供公民个人信息，情节严重的，处三年以下有期徒刑或者拘役，并处或者单处罚金；情节特别严重的，处三年以上七年以下有期徒刑，并处罚金。违反国家有关规定，将在履行职责或者提供服务过程中获得的公民个人信息，出售或者提供给他人的，依照前款的规定从重处罚。窃取或者以其他方法非法获取公民个人信息的，依照第一款的规定处罚。单位犯前三款罪的，对单位判处罚金，并对其直接负责的主管人员和其他直接责任人员，依照各该款的规定处罚。第 280 条第 1 款：伪造、变造、买卖或者盗窃、抢夺、毁灭国家机关的公文、证件、印章的，处三年以下有期徒刑、拘役、管制或者剥夺政治权利，并处罚金；情节严重的，处三年以上十年以下有期徒刑，并处罚金。第 280 条第 2 款：伪造公司、企业、事业单位、人民团体的印章的，处三年以下有期徒刑、拘役、管制或者剥夺政治权利，并处罚金。第 280 条第 3 款：伪造、变造、买卖居民身份证、护照、社会保障卡、驾驶证等依法可以用于证明身份的证件的，处三年以下有期徒刑、拘役、管制或者剥夺政治权利，并处罚金；情节严重的，处三年以上七年以下有期徒刑，并处罚金。第 280 条之一：在依照国家规定应当提供身份证明的活动中，使用伪造、变造的或者盗用他人的居民身份证、护照、社会保障卡、驾驶证等依法可以用于证明身份的证件，情节严重的，处拘役或者管制，并处或者单处罚金。有前款行为，同时构成其他犯罪的，依照处罚较重的规定定罪处罚。

《中华人民共和国居民身份证法》① 中对公民个人身份法益保护的侵害。而冒用他人身份信息进行工商注册公司所侵犯的法益更是指向了上述法律所保护的公民个人信息权益，与此同时，也是对法律、法规所保护的国家社会经济秩序的一种侵犯。具体而言，冒用他人身份信息进行工商注册公司所侵犯的法益有，公民的姓名权②、个人信息权、身份证件权，公司的合法权，以及国家经济秩序的稳定、社会经济有序发展，更是对国家法律、法规权威性的挑衅和损害。

3. 犯意说。犯意说所强调的是犯罪的本质在于人的恶性。在此基础上，犯罪行为只是犯罪人主观恶性的实现手段，犯罪结果也不过只是犯罪人主观恶性程度的体现罢了③。在冒用他人身份信息进行工商注册公司中，行为人的内在犯意必然是故意而为之的，这是十分确定的。

综上所述，冒用他人身份信息进行工商注册公司所侵犯的法益十分广泛，而当前并没有专门的法条能够有效遏制该种行为的发生，为了能够提出行之有效的解决该类案件的对策和方法，还需要对其展开进一步的论述和研究。

三、冒用他人身份信息进行工商注册公司的现状

冒用他人身份信息进行工商注册公司的行为在我国经济发达地区比较多见，并且已经在全国范围内呈现出了高发的态势④，而部分地区的做法则是法院通过行政方式，判令工商部门对冒用他们身份信息进行工商注册的公司予以撤销。之所以采用这种方式进行处理，根本原因是尚没有相关法律对该行为给予明确的界定，无法做到"一步到位"的处罚，另一层原因则是侵犯公民个

---

① 《中华人民共和国民居身份证法》第16条：有下列行为之一的，由公安机关给予警告，并处二百元以下罚款，有违法所得的，没收违法所得：（一）使用虚假证明材料骗领居民身份证的；（二）出租、出借、转让居民身份证的；（三）非法扣押他人居民身份证的。第17条：有下列行为之一的，由公安机关处二百元以上一千元以下罚款，或者处十日以下拘留，有违法所得的，没收违法所得：（一）冒用他人居民身份证或者使用骗领的居民身份证的；（二）购买、出售、使用伪造、变造的居民身份证的。伪造、变造的居民身份证和骗领的居民身份证，由公安机关予以收缴。第18条：伪造、变造居民身份证的，依法追究刑事责任。有本法第十六条、第十七条所列行为之一，从事犯罪活动的，依法追究刑事责任。

② 姓名权是指公民依法享有的决定、使用、变更自己的姓名并要求他人尊重自己姓名的一种人格权利。禁止他人干涉、盗用、冒用。

③ 王伟：《浅析罪数判断标准》，载《西北政法大学学报》2011年第12期，第67页。

④ 参见 http://blog.sina.com.cn/s/blog_471ca21d0102xcos.html。

人信息犯罪频发的时期,这种犯罪方式尚属于一种新型犯罪方式。为了能够更好地了解当前冒用他们身份信息进行犯罪的现状,有必要首先对当前我国打击侵犯公民信息犯罪的司法实践进行研究。

(一)司法实践——当前打击侵犯公民信息犯罪现状

互联网领域侵犯公民个人信息犯罪呈现出信息类型的全面性和集合化、行为手段网络化、犯罪低成本化、犯罪团体化、黑灰产业链条化、犯罪地域化等特征,严重危害国家信息安全、网络安全与金融安全。对此严峻形势,在《刑法修正案(九)》施行以来,各级公检法机关依据修改后刑法的规定,继续保持对侵犯公民个人信息犯罪的高压态势,使得案件量显著增长。

其一,从侵犯公民个人信息犯罪发案情况来看,近年来公民个人信息被非法买卖的情况越发严重,侵犯公民信息的案件也随处可见①。公民个人信息泄露事件的频发,带来的是社会大众对国家保护公民个人信息的失望与无奈,带来的是社会大众对自身信息安全的极度不安与恐慌。与此同时,互联网时代背景下,行为人多利用高科技手段,在人们不知情的情况下海量获取公民信息,这种手段新、隐蔽性强的特点给有效打击侵犯公民个人信息犯罪带来一定困难。司法实践中公民个人信息买卖已经产业化发展,这给滋生电信诈骗、金融诈骗、敲诈勒索等严重犯罪提供了便利性条件。侵犯个人信息的违法犯罪现象已经成为社会的不安定因素,所以亟须对这一领域内的犯罪进行打击,使相关问题得到妥善解决。

其二,从该类案件的地域分布来看,根据在"北大法宝司法案例数据库"的检索结果,案由为"出售、非法提供公民个人信息罪"的刑事判决共计51件,案由为"非法获取公民个人信息罪"的刑事判决共计411件。第一组的51个案例样本来自10个省、自治区和直辖市,其中数量最多的前3位分别是上海市(24个)、浙江省(9个)和北京市(4个);第二组的411个案例样

---

① 2011年,国内大型团购网站美团网以及京东商城等网站因网络后台运营系统存在问题和缺陷,造成很多用户的账户信息被泄露;2013年2月26日,中国人寿的合作网站"众宜风险管理"搜索信息栏中泄露80万份保单信息;同年,国内多家快捷酒店泄露2000余万条客户信息,圆通速递被曝泄露近百万条快递单号及所承担的收件人的相关信息;2014年3月22日,携程网因系统存在技术缺陷和监管疏漏,导致大量用户身份证号、银行卡卡号、信用卡安全码等个人信息泄露;2015年9月,据内蒙古自治区教育厅公布,当年19余万高考考生的报名信息遭到泄露;2016年8月,山东临沂罗庄女孩徐玉玉因个人考生信息泄露遭至诈骗侵害,被骗走了上大学的费用9900元。得知被骗后郁结于心最终导致心脏骤停,引发舆论热潮。

本来自23个省、自治区和直辖市,其中数量最多的前3位同样是上海市(132个)、浙江省(59个)和北京市(46个)。可见,侵犯公民个人信息犯罪的发案具备一定的地域特征,在一线城市、东部沿海省份发案数/追诉率较高。

其三,从以往法院违法认定标准取向来看,在绝大多数侵犯公民个人信息犯罪的案件中认定"情节严重"的直接标准都是"信息数量"和"牟利数量"这两个指标。如果进一步区分罪名,在"出售、非法提供公民个人信息罪"之中,当被告人在案件中的行为为出售公民个人信息之时,法院借以认定其行为"情节严重"的情节标准基本采取的是"出售信息数量"和"牟利数量";而当被告人在案件中的行为为非法提供公民个人信息之时,一部分案件中法院认定的情节标准是"提供信息数量",另一部分案件中法院认定的情节标准则是"帮助他人实施违法犯罪活动"。有学者[①]对此选取了400余份生效判决,通过统计表明三者的比例是:(1)帮助他人实施犯罪活动占比17%;(2)非法提供信息数量占比16%;(3)出售信息数量和牟利数量占比67%。在非法/合法获取公民个人信息后,违法行为人选择出售牟利为主要犯罪出口。

其四,从情节严重的数量认定要件来看,经有关学者[②]统计表明,不同的法院借以认定"情节严重"的非法获取信息数量从"0—0.1万元"的区间一直分布到"100万以上"的区间,其中数量最少的是12条个人信息,数量最多的则是1000余万条个人信息。而同样作为认定标准的非法牟利数量则从"0.1万—1万元"的区间分布到"10万—50万元"的区间,其中牟利数量最少的是1000元,最多的却达到了50万元。在此悬殊的差异之下,"非法获取信息数量"和"非法牟利数量"这两项指标在发挥认定"情节严重"的功能时,难免会出现司法认定的标准参差,对此笔者将在后文中讨论。

(二)个案困境——以深圳市打击虚假公司注册案件为例

深圳是中国改革开放建立的第一个经济特区,其巨大的经济体量与中国金融南中心的城市地位,吸引着无数企业进驻深圳。在深圳注册成立的类金融企业就有25万家左右[③]。得天独厚的法律、税收、公共服务和人才政策使得深圳前海新区更是成为企业注册成立的热门区域,也成为虚假注册的高发地带。

---

① 参见廖宇羿:《侵犯公民个人信息犯罪"情节严重"认定研究》,载《法律适用》2016年第2期。

② 需要说明的是,由于有些案件的判决书中仅仅笼统地称非法获取的信息数量或非法牟取的数量为"大量"或"数万",在统计中并没有将这些案件计算在内。参见廖宇羿:《侵犯公民个人信息犯罪"情节严重"认定研究》,载《法律适用》2016年第2期。

③ 数据来源:深圳市市场和质量监督管理委员会。载http://www.szmqs.gov.cn/。

办理个人电子数字证书非常方便，不仅在数字证书发证机构可以办理，在各大银行柜台也可以办理，申请人持电子数字证书直接在网上申请商事登记，无须与商事登记机关窗口人员面对面，而是转为"键对键"，在大大方便市民办事的同时，也对市民的自我安全防范意识提出了较高要求。由于银行 U 盾等数字证书同时具备了身份验证和签名的双重功能，一旦银行 U 盾等数字证书保管不善或丢失，很容易被不法分子用来注册成立公司。注册成立公司的在线办理程序确实为合法经营者带来了便利，但是也为犯罪分子留下了可乘之机。犯罪分子可以用非法途径获取的公民个人信息，通过互联网而不经任何当面审查且以极低的资金成本，就能轻而易举的注册一家和自己毫不相干的公司，然后通过地下黑产业链卖给下游犯罪分子。

深圳警方在打击过程中发现，虚假注册公司黑色产业链是一条成熟、分工细致、危害巨大的违法犯罪链条，此种行为的隐蔽性极强，被盗用人往往很难主动察觉。2017 年以来①，多名被冒用人向公安机关、新闻媒体举报和控诉，自己在不知情的情况下被动成为多家公司的董监高，给自己的正常生活、工作带来的巨大的麻烦。有的是其被动注册的公司与现在的实际工作的公司经营同一种业务，被老板认为是同业竞争给开除了；有的是注册一人独资公司时被告知自己已经注册过，现在无法再注册了；有的是自己名下正常经营的公司在办理税务等行政业务时被拒绝了，原因是其被冒用注册的公司被行政部门列入异常名录了。这些被冒用人的共性就是证件丢失过，身份信息被犯罪嫌疑人盗用进而注册成立了公司。

（三）冒用他人身份信息进行工商注册公司行为产生的原因

1. 登记材料形式审查

根据《行政许可法》第 31 条的规定，申请人申请行政许可，应当如实向行政机关提交有关材料和反映真实情况，并对其申请材料实质内容的真实性负责。根据《深圳经济特区商事登记若干规定》第 9 条、第 11 条的规定，申请人应当对其提交的申请材料内容的真实性负责，商事登记机关对申请人提交的材料进行形式审查。根据《公司登记管理条例》第 2 条的规定，申请办理公司登记，申请人应当对申请文件、材料的真实性负责。《国务院关于印发注册资本登记制度改革方案的通知》第 3 条中更是明确指出，工商行政管理机关应对工商登记环节中的申请材料实行形式审查。

---

① 信息来源：根据 2017 年 6 月 3 日，由最高人民检察院理论研究所与浙江蚂蚁小微金融服务有限责任公司共同组织开展的关于近年来深圳市频发冒用他人身份信息注册公司的研讨会会议材料。

此外，在国家鼓励创业、简化行政审批手续的大趋势下，办理商事登记将会更加宽松。在实际注册登记过程中，当事人无须亲自到登记机构办理，可以委托代理，对当事人的签名也仅针对完整性与法定形式符合性进行审核，所以，在操作层面，仅需要一张身份证复印件或者照片就可以将某个人注册为公司的法定代表人、股东等任何成员。

2. 社会层面各种利益驱动

一是虚开发票赚取违法收入。利用虚开发票赚取费用的情况一直存在，冒用他人身份来注册虚假公司后通过申领发票进行虚开，将可获得巨大的利润，这也是目前冒用他人身份进行公司登记最为普遍的直接原因。

二是规避一人公司或法定代表人的法律责任。部分人员在设立公司或合伙企业时，因未找到或不愿意与其他人员一同设立公司或合伙企业，但又想规避一人公司中投资人对公司债务的连带责任和合伙企业对合伙人的人数限制，就会自行或委托中介机构随意寻找他人身份信息，将其登记为公司股东或合伙人。同理，为规避法定代表人在公司不履行法院判决时一同被列入失信被执行人员名单的风险，也会出现冒用他人信息将其登记为公司法定代表人的情况。

三是登记申请人或中介为图简便省事导致的潜在风险。许多合法注册和经营的公司在委托或自行办理商事登记的时候，为图简便省事，其股东、高管等人员的签字都是在不知情甚至知情的情况下由他人代签。当然，对于不知道是由他人代签，但知晓并同意该办理事项的，严格意义上不能称之为被冒用身份，一般情况也不会引发后续的行政诉讼案件。但在公司设立尚未实际经营时，若股东之间或公司高管引发矛盾，就可能出现部分股东或高管以登记材料中的签名非本人签署，身份系被冒用为由，要求撤销登记，从而达到强制退出的目的。

四是博取政策利好。在深圳比较集中反映在前海自贸区登记的企业，由于前海的特殊位置，前海拥有深港合作区和自贸区的双重区位优势，未来可能存在政策上的利好。因此部分中介可能利用手中掌握的他人身份证件先注册企业，但并不实际经营，闲置手中的营业执照，等有相关政策出台后再转卖手中的营业执照。

五是炒卖房产。在国家和地方房地产的限购政策相继出台后，对个人购买房产进行了严控，但对以公司名义进行房产买卖可能存在政策上的漏洞和松动，因此有人利用空壳公司进行房产炒卖，其中不排除部门空壳公司是冒用他人的身份证进行登记的。

3. 个人信息保管不善或泄露因素

在现实生活中，大部分人对于个人的身份信息的保管缺乏意识，没有对身份证复印件进行特定用途标注，随意公开身份证件照片，甚至身份证原件也因缺乏妥善保管,导致遗失。

4. 信息共享滞后

目前,个人在身份证原件遗失后,即便及时到公安局办理了身份证挂失,该挂失信息也仅能在公安局内部系统上才可以查询,其他机关没有查询权限。2016年7月15日[①],公安部,住房和城乡建设部,中国人民银行等8部委(未包括国家工商总局)联合发布《关于规范居民身份证使用管理的公告》,建成并推出了失效居民身份证信息系统,但目前也仅在银行系统开展试点运行。

(四)冒用他人身份信息进行工商注册公司行为产生的危害

1. 对被冒用人的危害

一是严重影响被冒用人的个人征信。个人被冒用身份进行工商登记后,若冒用身份设立的企业存在违法行为,被冒用人将可能被列入失信被执行人名单、甚至牵涉进入刑事案件。在冒用身份设立的企业被列入严重违法名单后,根据《严重违法失信企业名单管理暂行办法》第13条和第15条规定,被冒用人3年内不得担任其他企业的法定代表人、负责人,已经担任其他企业的法定该代表人、负责人的,还应当依法办理法定代表人、负责人变更登记。

二是被冒用人可能无法注册新公司。虚假注册的公司被列入行政机构的异常名录后,根据工商和税务的联合惩戒机制,将对该公司的法定代表人个人做出惩戒,在公司未移除异常名录之前不允许再注册新公司。

三是对被冒用人正常工作和生活的不利影响。若被冒用人是商人,或会因对方公司进行相应的诚信调查时,发现被冒用人因虚假注册公司而错失良好的商机,从而严重影响其商业活动。即便冒用身份设立的企业尚未发现违法行为,因冒用身份设立企业本身的违法性,也存在极大的潜在风险,若被冒用人属于国家机关、事业单位或国有企业等个人财产状况审核严格的人员,因其在外"设立或投资企业",还会严重影响其升迁、考核等。

2. 对国家税收的危害

现实中存在不少违法人员通过冒用他人身份设立虚假公司,达到虚开发票、赚取非法收益的目的,这将最终损害国家税收。并且由于开票公司、股东和高管人员信息均为虚假的,将会给确定最终的违法人员增加较大的难度。

3. 对国家机关公信力的危害

公民个人在完全不知情的情况下,轻易被注册为公司的股东、高管或法定

---

① 参见中华人民共和国公安部网站:载http://www.mps.gov.cn/n2254314/n2254457/n2254466/c5446924/content.html。

代表人,势必会对国家机关行政行为的严肃性产生威胁,导致国家机关公信力的下降,特别是在已经及时办理遗失身份证挂失的情况下,该身份证仍然可被不法人员畅通使用,这也会有损国家机关的公信力。

4. 对市场交易秩序的危害

法人作为现代经济最主要的交易主体,在其本身、法定代表人或其部分股东、高管为虚假的情况下,法人的独立承担责任的能力都将不复存在或受到极大的影响,任何与其发生的交易也都将具有极大的不确定性,最终严重危害市场交易秩序。

(五) 执法困境

1. 违法当罚性与立法现状不对等

冒用他人身份信息进行工商注册公司行为的危害性具体体现在被冒用人商事利益和个人征信将被严重影响。在我国香港特别行政区(以下简称我国香港地区),企业注册的登记对虚假注册行为采取了重罚制度,只要注册官认为有虚假或者违法行为即可入刑,并处以数十万元的罚款。对比而言,我国内地的工商登记并未设立相关制度,只能给予撤销登记等行政处罚,个别地区采取了"黑名单"制度,针对有冒用他人身份信息进行工商注册公司行为的公民,对其采取"三年内不允许全国范围内注册企业"的行政处罚,即仅能在民法和行政法领域内对违法行为人给予处罚,未被纳入刑法调整领域。但反观该项制度,可能将会给被冒用人的正常经营活动带来严重影响。

近年来,国家发改委、工商总局等38个部门签订了《失信企业协同监管和联合惩戒合作备忘录》[①],这一系列举措目的就是要在社会中形成"守信激励、失信惩戒"的风气,因此在不远的将来一个有失信记录的人,其生活、工作都将会受到严重影响。一是这些冒用他人身份信息注册成立的公司一旦实施违法犯罪行为被列入失信名单,如果不能自证清白,这些公司日后犯下的累累罪行很可能影响被盗用人的社会诚信。二是被冒用人可能将无法在深圳注册新公司。虚假注册的公司被列入行政机构的异常名录后,根据工商和税务的联合惩戒机制,将对该公司的法定代表人个人作出惩戒,在公司未移出异常名录之前不允许再注册新公司,已经担任其他企业法定代表人或者负责人的还要依法办理变更登记。三是被冒用人的正常工作和生活会受到严重影响。如果被冒用人是商人,在做重要生意时如遇对方进行诚信调查,被冒用人就会因为虚假

---

① 参见中华人民共和国国家发展和改革委员会网站:载 http://yxj.ndrc.gov.cn/zttp/jdjjcbgz/zccs/201705/t20170525_ 848826.html。

注册公司的存在错失商机。如果被冒用人是公务人员，在职务晋升中要如实申报自己、近亲属的财产，其中就包括了公司情况，但是他本人又不知道虚假注册公司的存在，可能就会因此错失晋升的机会。

2. 工商部门前置审查乏力

现实中有报案人反映，工商行政管理部门应为违法冒用他人身份信息虚假注册公司承担资料审核义务，在身份证遗失者挂失身份证后，应冻结使用该身份信息进行登记注册企业的权利。与会的相关工商部门负责人表示，企业注册局对注册人提供的资料信息仅有形式审查能力，无法做到一一核实资料中注册人的真实意愿情况，核实他人是否违背本人意愿冒用信息注册，面对每天大量的注册申请是无力履行的，不但无法从根源上解决问题，也与当前鼓励大众创业、简化行政审批的国家政策走向背道而驰。加之当前我国二代身份证系统未能实现在各社会业务部门间联网，公民在挂失登记本人遗失的身份证件后，该遗失身份证依旧可以被违法行为人所利用。因此，针对企业注册关口的虚假注册行为拦截，亟须进一步架构起银行、工商、公安部门间的同步数据库。

3. 公安机关执法成本过高

该类案件办案成本之高和对此类犯罪的打击效果明显不成正比。以深圳市为例[1]，深圳经侦警方对该类虚假注册行为开展了专项收网行动，后抓获暗中介1名、明中介6名，经查上述人员自2015年11月1日（刑法修正案九生效日）至2017年5月12日，共申领公司4725家。其中钟某某的一条公民信息就注册了23家公司。但是这7条公民信息远远达不到50条的入罪标准，另外犯罪所得因交易对手方无法找到所以无法证实确切金额，最后只能将其中6名明中介取保候审，只有暗中介因其手机内存储了给他人开具增值税普通发票的照片，通过侦查取证我们依据虚开增值税普通发票罪名将其依法逮捕。

参照前文提到的虚假注册公司黑色产业链，不难发现从公民个人信息的第一手获取到最终行为人利用贩卖虚假注册的公司牟利，中间往往经历着公民个人信息的数次换手，办案部门警察需要辗转数地、调用多方力量才能厘清信息买卖上下家的来龙去脉，最终却只能伤及产业链的皮毛而无法根治，高投入低回报是当下公安执法一线面临的尴尬处境。

---

[1] 信息来源：根据2017年6月3日，由最高人民检察院理论研究所与浙江蚂蚁小微金融服务有限责任公司共同组织开展的关于近年来深圳市频发冒用他人身份信息注册公司的研讨会会议材料。

四、国内行业的呼声及其国内外相关地区的先进经验

(一) 国内行业的呼声

最高人民法院、最高人民检察院《关于办理侵犯公民个人信息刑事案件适用法律若干问题的解释》(以下简称为《解释》)第1条规定"公民个人信息"包括身份识别信息和活动情况信息,即:"刑法第二百五十三条之一规定的'公民个人信息',是指以电子或者其他方式记录的能够单独或者与其他信息结合识别特定自然人身份或者反映特定自然人活动情况的各种信息,包括姓名、身份证件号码、通信通讯联系方式、住址、账号密码、财产状况、行踪轨迹等。"容易接触和储存这一类信息的相关行业众多,如购物网站、旅游产品手机软件、快递公司、医疗行业、互联网金融企业、政府职能部门和各类社会服务行业都是个人敏感信息的直接牵涉方。无论是冒用个人信息虚假注册公司还是相关侵犯公民个人信息犯罪,该类犯罪的上游和下游行业跨度甚广,往往不是公安机关一家独挡所能妥善应对的。

1. 入罪门槛偏高使得公安部门缺乏有力抓手

基于不同类型公民个人信息的重要程度,《解释》分别设置了"五十条以上""五百条以上""五千条以上"的入罪标准,以体现罪责刑相适应,体现出了立法者的智慧。以深圳市为例,在深圳警方执法过程中,发现嫌疑人在实施虚假注册公司使用到的公民个人信息条数仅十余条,采取的普遍做法是仅利用一人信息去注册几十家公司,被公安机关查获后发现其远达不到"50条"的最低追诉门槛,只能对其适用取保候审措施。

据不完全统计[①],注册地在深圳的从事与投资有关业务的"类金融"企业有25万余家,警方联合工商行政管理部门通过对这25万家的登记法人代表信息进行关联碰撞比对后发现,里面暗含有数百名犯罪前科人员注册成立的企业,众多的空壳"假"公司长期困扰着警方,这些公司具备以下的特点:一是法定代表人、董监高均为遗失身份证后被人盗用进行注册;二是没有实际的办公地址;三是在银行却被认为是正常公司开户实施资金划转或者是在税务部

[①] 信息来源:根据2017年6月3日,由最高人民检察院理论研究所与浙江蚂蚁小微金融服务有限责任公司共同组织开展的关于近年来深圳市频发冒用他人身份信息注册公司的研讨会会议材料。并且,深圳经侦部门在与会过程中提出建议,认为立法部门可增加虚假注册行为中侵犯公民个人信息罪的法律适用,明确盗用他人个人信息注册1家以上公司予以追诉,盗用他人个人信息注册10家以上公司或者盗用3人以上个人信息注册公司的构成情节严重。

门被认为是正常公司申领各种税务发票。这些虚假注册的公司就是虚开、骗税、地下钱庄、非法经营、骗取银行贷款、走私等需要利用公司、企业的名义实施犯罪的"天然中介",使国家损失大量的税款,大量违法犯罪资金和国外热钱脱离监管从而自由进出国境。在立法层面进一步细化对次类犯罪的追诉依据,使得公安工作开展的抓手更为扎实和明确,着实对深圳经济的繁荣稳定和规范发展具有重要作用。

2.《解释》对"情节严重"的违法性认定尚缺乏科学的整体性考量

侵犯公民个人信息犯罪的罪行条文由于自身功能有限而无法弥补有关要素内涵不清晰的先天性不足,只能够寄希望于司法适用来实现罪刑法定原则的明确性要求。关于"情节严重"的具体认定标准,刑法未作具体规定,在以往的判决中,司法机关主要根据涉案信息的类型和数量,被告人获利情况、信息用途、危害后果及信息获取手段等因素综合判断,存在适用标准不统一的问题。为此,《解释》作了细化规定,具体列举了以下10种非法获取、出售或者提供公民个人信息的情形,属于"情节严重",对于如果实施非法出售、获取或提供公民个人信息的行为,还规定了4种"情节特别严重"的情形。

有学者认为[1],《解释》第5条第2款对侵犯公民个人信息罪的"情节特别严重"的认定标准,也即"处三年以上七年以下有期徒刑"量刑档次的适用标准作了明确,主要涉及如下两个方面:一是数量数额标准。根据信息类型不同,非法获取、出售或者提供公民个人信息"五百条以上""五千条以上""五万条以上",或者违法所得五万元以上的,即属"情节特别严重"。二是严重后果。《解释》将"造成被害人死亡、重伤、精神失常或者被绑架等严重后果""造成重大经济损失或者恶劣社会影响"规定为"情节特别严重"。

其一,有学者提出《解释》过于拘泥于数量特征,而对公民个人信息的真实性、敏感度、可识别性、隐私系数缺乏考量,主要依靠信息条数和违法所得金额对违法行为恶性进行考量,显得过于粗糙。

其二,有学者提出《解释》采用的计数方法不够科学,例如对于仅获取1条个人信息,重复使用50次(如注册50家虚假公司)的行为该作无罪认定还是罪重认定无法明确区分。

其三,前文提到的有关学者统计了不同的法院借以认定"情节严重"的非法获取信息数量,发现从"0—0.1万元"的区间一直分布到"100万元以

---

[1] 信息来源:根据2017年6月3日,由最高人民检察院理论研究所与浙江蚂蚁小微金融服务有限责任公司共同组织开展的关于近年来深圳市频发冒用他人身份信息注册公司的研讨会会议材料。

上"的区间皆有之,这一现象背后所反映出来的深层次问题是审理侵犯公民个人信息犯罪案件的刑事法官为了尽可能规避错案责任追究的风险,而对判决主文的论证部分进行简单化甚至于模糊化处理。如果在司法适用过程中,法官仍然基于个人的风险偏好而弱化对于"情节严重"认定的说理论证,那么本罪就有可能陷入违背罪刑法定原则的境地。

3. 让大数据生物识别成为征信行业的技术引领

在对个人信息保护的立法过程中,应充分结合当前信息科技的发展,跳出传统思维,从技术手段层面截断违法犯罪的后路。例如针对虚假公司注册行为,对于网上在线申请的公民,一方面应顺应企业注册的简政放权大政方针,剔除冗余手续和流程;另一方面,应该对申请者提供的资料进行分类,相应地对其适格的商事权限分级处理,对于仅提供身份证件和银行对公账户信息的个人,自然授予其较低级别的业务权限;而针对计划进入类金融领域、特殊商品业务领域的企业主体,则应使其符合较高级别的认证分级,如对其企业法人代表的实名、实人、实资进行统一认证,以此来达到降低入门门槛,提高安全门槛的效果。由此说来,针对冒名虚假注册的公司,力图让这类违法注册中介在注册之后,因无法提供更高级别的身份认证,使其转卖的下游犯罪产业在使用该空壳公司过程中捉襟见肘,从反面起到打击侵犯公民个人信息犯罪的效果。

(二) 国内外经验做法

1. 国外经验做法

1974年,美国参众两院就通过了《隐私权保护法》。这是美国行政法中保护公民隐私权的一项重要法律。以此为基础,美国采取分散法律的模式,依靠联邦和州政府的各类条例,来维护个人信息安全。例如,针对数据保护的《电子通讯隐私法》、面向金融机构的《金融服务现代化法案》以及保护健康隐私的《健康保险携带和责任法》。"在线隐私联盟"是美国利用行业自律模式来保护公民隐私的典范。该组织由超过80家国际公司和协会组成,致力于为商业行为创造互信的良好环境、推动对个人网络隐私权的保护。1998年该组织发布了"在线隐私指引",旨在指导网络和其他电子行业的隐私保护。相比之下,德国对信息泄露行为的惩处格外严厉。《联邦数据保护法》规定,个人信息包括消费者提供给企业的姓名、年龄、性别、收入情况、身份证号码等,一些企业,如银行、电信公司,若泄露其掌握的客户资料信息都是违法行为。对于这些违法行为,根据具体情况给予经济和刑事处罚,重者可使其倾家荡产。2012年新加坡国会出台《个人信息保护法案》。该法案主要涵盖两个方面:一是保护个人资料不被滥用;二是拒绝行销来电和信息。公司必须在获得消费者允许后,才能收集和使用消费者的个人信息,也需要向消费者解释他们收集和披露消费者个人信息的原因。

2. 我国香港地区经验做法

客观上讲深圳的商事制度改革是走在全国的前列的，其具体举措大多借鉴了我国香港地区的经验和做法，目前全国各地都在学习深圳的成功经验，有的省市在简化审批程序、方便群众的举措还在深圳的基础上推陈出新，但是我们觉得目前国内的诚信体系建设比照香港还是有一定的差距。比如在我国香港地区一旦被认定有虚假注册的嫌疑人（成立一家公司即可），经公诉程序定罪嫌疑人就将面临 30 万元的罚款和 2 年的监禁，若经简易程序定罪，嫌疑人就将面临 6 级罚款和 6 个月的监禁，而目前在内地这些虚假注册的嫌疑人还无法入罪。

3. 昆明市工商行政管理局做法

昆明市工商行政管理局出台的《昆明市工商局对关于撤销冒用他人身份信息骗取公司登记的若干规定（暂行）》①（以下简称《规定》）。按照《规定》，当事人以欺骗手段，冒用他人身份信息方式提交虚假材料取得有限责任公司（股份有限公司）及其分公司（以下简称"公司"）设立、变更登记，作出核准登记的登记机关，依据职权或者利害关系人的投诉、举报，经调查核实情节严重的，应当予以撤销的，可以进行撤销登记。但是有 6 种情况不能适用：公司资产（含股权、商标权）已被质押、抵押的；公司资产（含股权）被人民法院冻结的；公司资产（含股权）被法院判决、裁定划转到第三方的；已办理动产抵押的；公司正处于行政或民事案件诉讼期间的；因涉嫌其他违法行为正在被有关机关立案调查的。工商部门取证时，书证、物证、证人证言、视听资料、电子数据、当事人陈述、鉴定结论、检验报告、现场检查笔录、调查笔录等都可作为证据。

五、解决冒用他人身份进行工商注册公司行为的对策及相关立法思考

有学者曾提出，"数据是未来的石油②"。尽管我们在此仅讨论对公民个人信息的保护，亦足以预见公民个人信息在可预见的未来中将扮演的重要社会角色。值得警惕的是，当前信息已成为犯罪黑市中流动的"商品"，由此也形成了完整的黑灰产业链条，上游负责利用黑客技术来获取信息原料，中游是专业从事信息买卖的中间商，下游负责利用信息原料实施敲诈勒索、电信诈骗、信用卡诈骗等犯罪活动。如何遏制这条黑色产业链条的进一步扩展，是困扰理论

---

① 参见 http://www.km.gov.cn/c/2017-10-24/2255383.shtml。

② 参见 http://www.sohu.com/a/138921343_465914。

界与实务界的难题之一。尤其是近年来,随着互联网应用的不断扩张,无纸化办公的积极推进,国家行政机关逐渐实行"网上办公"工作机制,极大地提升了工作效率、简化了工作流程、方便了市民办事,但同时也给不法分子留下了"可乘之机",有关"冒用身份"的犯罪频有发生,其侦破工作之繁杂、起诉依据之模糊、法庭审理之延时,极大地阻碍着对被害人合法权益的保护,从而使国家权力机关的严谨性、权威性受到了一定的威胁。因此,笔者结合当前我国经济发展特征,提出以下几点意见和建议,希望能够对打击此类犯罪提出有效的解决思路和办法。

(一)善用现有法律规定,有效预防、精准打击

1. 预防为主,打击为辅

就社会秩序的稳定和公民合法权益的保护层面来看,有效地预防会比严厉的打击有着更加良好的作用。通过对深圳市的走访调研,冒用他人身份信息注册公司的行为大多是发生在我国商事制度改革之后,公司注册的"线上申请"渠道开通和运行,使得一些不法分子"有机可乘",他们通过利用网络终端无法有效监控其行为方式的漏洞,冒用他人身份信息进行注册登记公司。而获取他人身份信息的方式具体表现为利用遗失身份证件、网上购买他人遗失、变造、伪造等身份证件、盗用他人身份证件等行为,从源头上进行有效限制和预防此类行为的发生,将会极大地减少该类案件的发生。具体做法有以下三点:一是进一步加快推进身份证挂失申报系统的建设。自2004年公安部组织各地公安机关开展换发第二代居民身份证工作以来,二代居民身份证的挂失功能一直属于一个较大的漏洞,不法分子通过利用遗失身份证进行违法犯罪活动日益猖獗,而身份证挂失申报系统一旦得以建设,将能从根本上遏制遗失身份证件的再次使用,能够从根本上解决因遗失身份证而被利用的问题。二是充分发挥网络监管职能,精准打击网络销售他人身份信息行为。网络安全检查部门应当加大对此类案件的关注度和网络信息安全监管力度,及时删除网上各类违法交易信息,对非法网站实施封堵;网络运营商应自觉维护网络环境安全,加强与网络安监部门、执法部门的合作,主动举报聊天工具、搜索引擎中涉嫌违法的信息,配合有关部门侦查、侦破案件,促进网络环境的规范有序发展。三是加快推进"网上身份证"在全国范围内的应用。公安部第一研究所在2016国家网络安全宣传周活动上发布消息称[①],由他们研发的网络可信身份认证服务平台能够通过"刷脸"等技术手段,每个人都可以在网上生成一个终身唯一编

---

① 参见 http://news.cctv.com/2016/09/24/ARTIDZgYfBygCRjLKDRcRyeN160924.shtml。

号的"身份证网上副本",充分利用指纹与脸部等生物特征进行验证的方式,有效实现了互联网上的"实名+实人+实证"的真实身份认证。该系统已于2016年5月在福建省厦门市进行试点工作,如若能将该系统尽快推广至全国范围,也能从源头上有效限制冒用他人身份信息在互联网上注册公司的违法行为。

2. 善用现有法律规定,合理处罚"冒用"行为

一是合理利用刑法现有规定,精准规制冒用他人身份信息的行为。根据刑法第253条之一规定可以适用于对在网络和现实中向他人出售或者提供公民个人信息的情节。针对"情节严重"的考量,可以依据违法犯罪行为所造成的社会危害性和所产生的违法收益数额来进行考量。另外,根据刑法第280条之一使用虚假身份证件、盗用身份证件罪的规定,对通过冒用、盗用他人身份信息注册公司之后,同时构成其他犯罪的,依照处罚较重的规定进行处罚,因此,可以运用刑法中的其他较重处罚对产生的其他犯罪行为进行相应的规制。针对仅仅伪造、变造或者盗用他人身份信息注册公司,尚未构成其他犯罪的行为,通过刑法该条款的规定明显处罚较轻,此时,可以考虑运用《治安管理处罚法》及《解释》进行相应的处罚。

二是合理利用《行政许可法》《居民身份证法》及《解释》,与刑法规定形成互补,有效遏制冒用他们身份信息行为的扩张。根据《行政许可法》第78条和第79条的规定,行政许可申请人通过隐瞒有关情况或者提供虚假材料申请行政许可的,行政机关不予受理或者不予行政许可,并给予警告;被许可人以欺骗、贿赂等不正当手段取得行政许可的,行政机关应当依法给予行政处罚;并且针对所申请或者所取得行政许可属于直接关系公共安全、人身健康、生命财产安全事项的,申请人在1年内或者3年内不得再次申请行政许可。针对被许可人以欺骗、贿赂等不正当手段取得行政许可的,构成犯罪的,依法追究刑事责任。根据《居民身份证法》第16条和第17条的规定,出租、出借、转让居民身份证的由公安机关给予警告,并处200元以下罚款,有违法所得的,没收违法所得;冒用他人居民身份证或者购买、出售、适用伪造、变造的居民身份证的,由公安机关处200元以上1000元以下罚款,或者处10日以下拘留,有违法所得的,没收违法所得。从事犯罪活动的,依法追究刑事责任。另外,根据《解释》的相关规定,对构成刑法中规定的"违反国家有关规定""提供公民个人信息""以其他方法非法获取公民个人信息"都进行了详细的解释,并且针对刑法第253条之一规定的"情节严重"和"情节特别严重"进行了详细的划分,这些规定对处罚冒用他人身份信息注册公司的行为都能够起到有效的打击。

3. 强调行业自律和单位信息部门主管责任制

在可获取公民个人信息主体日趋多元的格局下，更应着重强调相关敏感行业进一步加强行业自律。一方面，要明确通过合法手段掌握公民个人信息的主体范围，提高信息记录门槛、设置"分级查看"的权限，尽量减少信息采集量及可能触及个人信息的部门和人员。另一方面，在强化责任追究方面，可借鉴新加坡和我国香港地区等地"重典治乱"的经验：对侵害公民个人信息的企事业单位和个人，处以高额罚款，并记入征信档案，据此依法对其贷款、投资经营、购房等行为进行限制。同时，工商行政管理部门，还应当积极承担审核和监督职能，从源头上对注册公司进行把控和系统化的监督。

4. 运用新技术，建立完善的公民档案体系

当前，"大数据"在行业中的应用不断扩张，应用技术逐渐成熟。结合冒用他人身份信息进行工商注册公司的违法犯罪特征，冒用行为多是通过"线上申请"注册公司，在核对身份信息过程中，由于工商行政管理部门并没有与公安机关相对等的公民信息数据库，从而导致犯罪分子有机可乘。如果将工商行政管理部门与公安机关的公民信息数据库进行对接，在注册公司申请人申请注册时，加以公安机关的验证，或者建立一个全国联网的工商行政管理机关和公安机关的共享身份信息检索系统，只要数据采集及时且齐全，对于"可疑"的身份信息，由工商行政管理部门进行更深层次的注册验证，从而避免因冒用他人身份注册公司而产生的各种危害。

综上，在当前信息化不断发展的背景下，要应对通过网上申请注册公司所引发的各种侵权和犯罪行为，仅仅单纯依靠现有法律法规的规定进行预防和处罚会与该行为所造成的社会危害性明显不对等。唯有"以信息制信息"的方式，从根源上进行防范才能起到有效遏制。笔者认为，冒用他人身份信息进行工商注册公司的行为仅仅是"冒用他人身份信息"从事违法犯罪的一种而已，单纯地打击该种犯罪并不能体现出法律的严谨性。因此，就社会危害性来看，对冒用他们人身份信息进行工商注册公司进行立法上的限制十分有必要，而从立法上进一步完善"冒用他人身份信息"行为的规制，则有着更为长远、更为全面的价值。

（二）相关立法建议

1. 提升对公民信用利益的立法认识

当前立法学界对公民个人信息的利益保护起点着重在于个人隐私权益，抑或是从防范各类诈骗、勒索、绑架等传统犯罪为视角来对个人信息的保护进行强调。对此笔者认为，立法者的立法视野应进一步拓宽，应将公民信用利益作为一项极其重要的法益予以考量。在大力推进全社会征信系统建设的大背景

下,个人信用情况会在不远的将来扮演区分公民生活质量的关键角色。将来个人征信的理念应立足并体现在实现社会的公平正义,对个人信用利益的保护关键在于保护公民的个人信息权益。唯有以此为出发点,才能反哺侵犯公民个人信息犯罪的立法完善、保证其始终运行在正确的法治轨道上。

2. 增设"冒用他人身份罪"的立法思考

首先,增设"冒用他人身份罪"的必要性。行为人通过冒用他人身份信息从事相关违法犯罪活动,不仅严重侵犯了公民的名誉权和姓名权,还严重干扰了公安司法机关的正常活动①、国家社会经济的稳定秩序、国家管理秩序的有效运行。这种冒用行为多侵犯的是公民的人身权利和正常社会秩序的双重法益,而纵观我国刑法,只规定了关于侵犯公民人身权利罪以及妨害司法罪中的各项罪名,并未能找到可对该行为进行定罪处罚的相关罪名,因此,在刑法分则增设"冒用身份罪"无疑是解决目前无法对该行为定罪处罚的最佳途径。

其次,"冒用身份罪"的刑事责任。公民个人身份信息在信息化飞速发展的背景下,有着十分重要的价值,而侵犯公民个人信息犯罪的类型诸多②,并且还存在着尚未出现的犯罪类型,因此,为了能够提出有效的立法建议,可以采用阶梯型定罪方式加以规制。具体规定为:对犯冒用身份罪的,处 3 年以下有期徒刑、拘役或者管制,并处或者单处罚金;情节严重的,处 3 年以上 7 年以下有期徒刑,并处罚金。单位犯前款罪的,对单位判处罚金,并对直接负责的主管人员和其他直接责任人员,依照前款的规定处罚。对于"入罪"的考量,以冒用他人身份信息进行工商注册公司为例。冒用他人身份信息进行工商注册公司侵犯了多重法益,根据当前我国在规定侵犯个人公民信息罪等相关法律的规定,笔者认为,只要行为人采用了冒用他人身份信息的的方式来违法注册公司,只成立一家公司则可以按照该规定进行处罚,具体定罪量刑的标准须综合该行为所造成的社会危害性而定。对于"情节严重"的考量,具体可以包含以下几个方面:(1)冒用他人身份的行为造成被冒用者名誉和姓名严重损害的;(2)冒用他人身份的行为造成恶劣影响的;(3)冒用他人身份的行为致被冒用者出现精神失常或导致被冒用者自杀等严重后果的;(4)冒用他人身份的行为严重扰乱社会经济秩序、司法机关办案秩序、工商行政管理规定的;(5)冒用他人身份的行为获取暴利,造成严重的社会危害的;(6)冒用他人身份的行为造成其他严重后果的。

---

① 如冒用他人身份参与刑事诉讼的行为,严重扰乱了公安司法机关的正常活动。

② 诸如冒用他人身份参与刑事诉讼、冒用他人身份领取养老保险、冒用他人身份进行工商注册公司等。

《刑法修正案（九）》新增网络犯罪司法适用问题研究

最高人民检察院检察理论研究所课题组[*]

基于信息网络技术应用于实施犯罪行为的全新情况，为了有效维护信息网络安全与国家政治、经济、金融、社会等各方面的安全，第十二届全国人大常委会第十六次会议于 2015 年 8 月 29 日通过的《中华人民共和国刑法修正案（九）》（以下简称《刑法修正案（九）》）进一步完善了惩处信息网络犯罪的法律规定，增设了拒不履行信息网络安全管理义务罪、非法利用网络信息罪、帮助信息网络犯罪活动罪等相关罪名，增强了网络服务提供者的刑事责任，明确了刑法意义上预备行为实行化、共犯行为正犯化的拟制规定，其预防刑法的立法技术和目标转向不可避免地与传统刑法理论产生碰撞，学术界争议较大。加上实践中上述三个罪名构成要件尚需细化，入罪标准亦不明确，司法适用疑难问题需要进一步厘清和探讨。

第一部分　信息网络犯罪发展与立法概述

一、信息网络技术发展带来的刑法挑战

网络成为当今社会信息交流平台、沟通媒介和基本的生活工作平台，对经济社会发展提供了极大的便利。但是如剑之双刃，信息网络在整合社会信息资源、优化生产生活方式、促进社会全面快速发展之外，也给社会带来了一些负面的影响。尤其网络"在很大程度上已经摆脱了工具理性的束缚，逐步开始

---

[*] 课题组负责人：陈磊，最高人民检察院检察理论研究所副研究员。主要成员：石磊，最高人民检察院检察理论研究所研究员；陈晨，上海市人民检察院金融检察处检察官。指导专家：最高人民检察院研究室缐杰副主任、吴峤滨副处长，最高人民法院研究室喻海松副处长。

制约、乃至型构人类社会的基本关系网络和组织形态",① 网络扭曲适用的影响力对于传统社会治理方式的冲击极为迅猛,网络在犯罪中的地位由"犯罪对象""犯罪工具"发展到了"犯罪空间",网络的迅速发展和网络社会的迅速形成,给人类社会的方方面面都刻上了网络的烙印,人类社会进入了网络社会和现实社会并存在的"双层社会"。② 网络犯罪属性和形态变化的速度,远远超出了人们的想象和思维预期,给刑事司法工作带来了严峻的挑战。

信息网络犯罪发展的新情况与传统刑法理论之间出现愈来愈明显的鸿沟,传统刑法理论的适用面临着不少困境。例如信息网络犯罪的帮助行为,对传统刑法中共犯从属性和刑事责任分配理论提出挑战,实践中共犯责任倒挂现象不容忽视:网络犯罪产业链行为的形成对传统刑法的挑战在于,在整条产业链中,帮助犯的行为在危害性上超过了实行犯。在传统刑法中,作为帮助犯的从犯在责任上较主犯更轻,这一点毫无疑问,但是不可忽视的是,该结论的前提却是以传统理论中一对一的帮助犯模式为核心展开的。而在网络环境中,帮助犯与正犯的连接方式呈现"辐辏型",如果以一把伞作比喻的话,伞轴就像是共同犯罪的组织犯或帮助犯,处于中心地位,而伞骨则是正犯与帮助犯之间的意思联络,完全通过伞轴加以连接在这种结构之下,帮助犯起到的绝非次要、辅助的作用。

更为严峻的问题是,由于信息网络环境下的违法犯罪活动具有较大的隐蔽性和跨地域性,或者称之为无地域性差异等特点,很难查实其全部的犯罪行为,传统刑法的适用出现僵局:如行为人为了实施诈骗犯罪而设立网站,即使诈骗行为尚未实施,其设立网站行为仍能作为诈骗罪的预备行为被评价,但如果行为人是为了销售管制物品的,即设立网站的后续行为本身不构成犯罪,则对其设立网站的行为也无法评价为犯罪预备。再如行为人设立网站以销售管制物品,违禁物品乃至枪支弹药、毒品,或者发布招嫖、卖淫信息等为幌而行诈骗之实,由于被骗者的行为本身也可能构成违法犯罪,被骗者即便被骗一般也不会报案,这便为后续侦查增添难度。

同样,帮助行为也难以被准确评价。信息网络环境中,违法犯罪链条被细化为一个个节点而充分地专业化、职业化,每一个节点相互独立,很难勾连共同犯罪故意。在帮助犯的认定需要借助正犯的理论框架之下,网络犯罪中共犯结构的异化常常导致共犯难以认定,帮助行为无法以刑法相绳,这种情况主要表现在两个方面:一是在前端产业需要后续行为支持的情形下,网络环境中的共犯常以片面共犯的形式出现,典型例子就是 P2P 共享技术。二是在前端产业无须

---

① 于志刚、郭旨龙:《网络刑法的逻辑与经验》,中国法制出版社2015年版,第1页。
② 于志刚、郭旨龙:《网络刑法的逻辑与经验》,中国法制出版社2015年版,第11页。

后续行为支持的情形下,二者连片面共犯都难以构成,典型的例子是网络上的漏洞挖掘者和木马制作者之间往往无意思联络,依照传统共犯理论很难认定。①

二、风险社会理论对刑法的影响

随着社会迅速发展,社会关系日益复杂,社会中新的问题也不断涌现。学者提出了"风险社会"的概念。所谓"风险社会",是指随着人类活动频率的增多、活动范围的扩大,其决策和行动对自然和人类社会本身的影响力也大大增强,从而风险结构从自然风险占主导逐渐演变成人为的不确定性占主导。根据学者的观点,风险社会中的风险具有了以下几个特点:(1)从根源上讲,风险是内生的。这种风险随着人类的各种决策与行为,是各种社会制度,尤其是工业制度、法律制度、技术和应用科学等正常运行的共同结果。(2)在影响和后果上,风险是延展性的。(3)在应对方法上,各种现有的风险计算方法、经济补偿方法都难以从根本上解决问题。②

"风险社会"理论对全球刑法理论产生一定影响,也影响了我国刑法的相关观点。多位刑法学者将"风险社会"理论与刑法理论相结合,以"风险社会的刑法"为中心展开研究。③ 他们指出,风险社会理论与刑法体系之间的关联点不是风险概念,而是安全问题。政治层面与公共政策上对安全问题的高度关注,导致预防成了整个刑罚体系的首要目的。因此,基于风险社会理论影响的刑法理论本质上是一种"预防刑法",改变了传统刑法以规制实害为核心,弥补了其对风险社会不断产生的危险的规制不足。

"风险社会"理论和"预防刑法"在信息网络犯罪领域同样产生了巨大影响。随着信息网络环境下犯罪的迅速蔓延,犯罪手法不断变异和复杂化,传统刑法对犯罪控制的应对不足,近年来信息网络领域刑法立法转向预防刑法,以实现社会风险预防与控制为思想主线,追求刑法干预的功能化,其在法律规范上主要体现为刑罚处罚的早期介入,大量处罚抽象危险犯和犯罪预备行为。其中 2015 年《刑法修正案(九)》增设的三个信息网络罪名便是预防刑法的体现。拒不履行信息网络安全管理义务罪旨在强化网络服务提供者的网络安全管理义务,维护信息网络安全,④ 帮助信息网络活动罪大大扩张了网络服务提供者的刑

---

① 郭自力、陈文昊:《帮助信息网络犯罪活动罪的教义学阐释》,载《通化师范学院学报》2017 年第 1 期,第 70—71 页。
② [德]乌尔里希·贝克:《风险社会》,何博闻译,译林出版社 2004 年版。
③ 劳东燕:《风险社会与变动中的刑法理论》,载《中外法学》2014 年第 1 期。
④ 参见全国人大常委会法制工作委员会主任李适时 2014 年 10 月 27 日在第十二届全国人大常委会第十一次会议所作《关于〈中华人民共和国刑法修正案(九)(草案)〉的说明》。

法义务，强化了对中立行为的刑法干预，帮助犯正犯化的模式是预防刑法逻辑的体现。而非法利用信息网络罪，使得刑法对相应违法犯罪行为的介入时点得以提前，预备行为实行化的立法模式，体现了预防刑法的立场。

与传统刑法相比，预防刑法在犯罪的属性、法益概念的机能、刑法的性质及体系地位的理解等方面存在结构性差异。① 预防刑法是风险社会理念在刑法领域的投射，从法律作为国家认可的现代社会治理规则体系的功能来看，随着风险社会的来临，现实社会中的刑法立法必然向预防性立法转变，同时体现了现代国家职能发展从"夜警国家"，逐步向全能型发展，防范政治、经济、社会等各个领域的潜在风险，有效应对危机，为公民提供安全的生活条件，契合社会公众安全心理需求。

不可否认，预防刑法可以发挥一定的阻止危险、保护法益的效果，但其偏离了以保守和中立为特征的传统司法特性，亦放弃了刑法作为社会最后一道防线的原则，隐含了巨大的法治风险和运行成本，也使其不能当然成为值得国家优先选择和提倡的制度。对"风险社会"理论和"预防刑法"的反思是在司法实践中准确适用信息网络犯罪新增设三项罪名的基础，也是平衡刑法"秩序安全"与公民自由，限制公民积极义务过度增加的基础。

三、信息网络犯罪罪名适用的指导思想

风险社会理论和预防刑法尚处争议之中，对《刑法修正案（九）》的阐释和研究也仍在不断推进。

如何评价和适用信息网络犯罪的新增设罪名，司法机关应有独立的见解和判断。笔者并不同意有关学者的立法论观点，而倾向于解释论的思路。正如有学者所说，并非只有批判法条才有利于完善成文刑法，解释刑法本身也同样可以起到这样的作用。刑法理论应当将重心置于刑法的解释，即在妥当的法学原理、刑事政策的指导下，基于社会生活、联系具体案例，对刑法规范做出解释，发现刑法的真实含义，而非一味地批判刑法的缺陷，提出立法建议。换言之，刑法学的重心是解释论，而不是立法论。② 因此，与其在得出非正义的解释结论后批判立法，不如合理运用解释方法得出正义的解释结论；与其怀疑刑法规范本身，不如怀疑自己的解释能力与解释结论③。这也是笔者所持的整体思路，在讨论中以具体罪名为切入视角，考察其立法目的与政策导向，通过检

---

① 何荣功：《预防刑法的扩张及其限度》，载《法学研究》2017年第4期，第142页。
② 张明楷：《刑法学》（第5版），法律出版社2016年版，第2页。
③ 张明楷：《刑法分则的解释原理（上）》（第二版），中国人民大学出版社2011年版，第3页。

视解释进路的恰当性回应司法实践中的争议问题。

第二部分　信息网络犯罪个罪研究

一、拒不履行信息网络安全管理义务罪的认定要点

（一）本罪法益研究

本条在刑法中增加了网络服务提供者不履行法律、行政法规规定的信息网络安全管理义务的犯罪。

随着信息网络在经济社会生活中的广泛应用，信息网络提供者的地位也日趋突出，不仅是信息网络内容和接入服务的提供方，而且是信息网络环境的重要节点，由于其中介地位和联结作用，可能成为信息网络违法犯罪活动控制防范的门户，但如其不履行网络安全管理义务，亦可能成为违法犯罪活动的重要推手。鉴于此，为加强和规范网络安全技术防范工作，保障网络系统安全和网络信息安全，有关法律、行政法规对网络服务者规定了必要的网络安全管理义务，如信息发达国家给网络服务提供者赋予的管理义务主要是协助执法义务，具体表现为通信监视、数据留存及其附随的提供所持有的数据、报告违法信息和活动、提供技术协助、保密等义务，内容信息监管义务以及用户数据保护义务等，[①] 我国亦有相应立法并且仍在不断完善之中。

实践中，一些网络服务提供者不履行法律、行政法规规定的安全管理义务的情况比较常见，有的甚至造成了比较严重的社会后果，如为不法分子利用网络实施违法犯罪提供了条件，妨害公安机关查处和打击网络违法犯罪行为，危害公民的个人信息安全等。因此，近年来通过的《中华人民共和国网络安全法》（以下简称《网络安全法》）和《刑法修正案（九）》明确规定了网络服务提供者的信息网络安全管理义务和法律责任，特别是《刑法修正案（九）》创制了针对网络服务提供者的新的刑事责任模式。在网络服务提供者是否负有管理义务及其刑事责任的边界等问题上，学术界和业界存在分歧，对《刑法修正案（九）》赋予网络服务商的义务批评声不绝于耳，强调可能影响业态发展、技术创新，进而影响到网络社会治理路径的选择。

笔者认为，刑事立法和司法需要在维护信息网络环境的秩序安全和保障信息网络中介的创新发展之间取得平衡，避免偏颇一方或引发社会风险，或阻碍技术进步。同时需要衡量网络信息提供者履行相应安全管理义务的能力和可能

[①] 参见皮勇：《论网络服务提供者的管理义务及刑事责任》，载《法商研究》2017年第5期，第15—17页。

性，法律不能强人所难。具体来说，只有网络服务提供者不履行管理义务，即"只有在应当履行、有能力且不超过其合理的承受能力范围，而未防止他人违法行为或者系统危险导致严重后果，才具备刑事追责的可能性和必要性"，①具体而言，应该是特定的网络服务提供者，有具体的前置行政法规范的情况下方可认定，并且要考虑网络服务提供者履行义务的可能性。

因此，在罪名适用时需要进行限缩，并在制定司法解释时予以考量，主要是对网络服务提供者的范围、不履行管理义务的认定、拒不履行管理义务的认定以及严重后果的认定等方面进行考量。

（二）认定要点分析

1. 犯罪主体：网络服务提供者内涵厘清

网络服务提供者是本罪名针对的主体，其内涵外延的厘清对准确适用法律至关重要。下面从法律文本和学理解释两个层面进行考察。网络服务提供者的概念在我国的相关法律中出现多次，如2009年颁布的《中华人民共和国侵权责任法》②、2012年颁布的《全国人大常委会关于加强网络信息保护的决定》、2013年修订的《信息网络传播权保护条例》以及《刑法修正案（九）》中均涉及该概念，但并未对其内涵进行阐释。在2016年颁布的《网络安全法》，第76条第3款中，将网络服务提供者与网络的所有者、管理者并列，归为网络运营者。③因此，现有的法律或行政法规无法提供网络服务提供者的准确内

---

① 皮勇：《论网络服务提供者的管理义务及刑事责任》，载《法商研究》2017年第5期，第23页。

② 《中华人民共和国侵权责任法》第36条规定："网络用户、网络服务提供者利用网络侵害他人民事权益的，应当承担侵权责任。网络用户利用网络服务实施侵权行为的，被侵权人有权通知网络服务提供者采取删除、屏蔽、断开链接等必要措施。网络服务提供者接到通知后未及时采取必要措施的，对损害的扩大部分与该网络用户承担连带责任。网络服务提供者知道网络用户利用其网络服务侵害他人民事权益，未采取必要措施的，与该网络用户承担连带责任。"

③ 《中华人民共和国网络安全法》第76条规定："本法下列用语的含义：（一）网络，是指由计算机或者其他信息终端及相关设备组成的按照一定的规则和程序对信息进行收集、存储、传输、交换、处理的系统。（二）网络安全，是指通过采取必要措施，防范对网络的攻击、侵入、干扰、破坏和非法使用以及意外事故，使网络处于稳定可靠运行的状态，以及保障网络数据的完整性、保密性、可用性的能力。（三）网络运营者，是指网络的所有者、管理者和网络服务提供者。（四）网络数据，是指通过网络收集、存储、传输、处理和产生的各种电子数据。（五）个人信息，是指以电子或者其他方式记录的能够单独或者与其他信息结合识别自然人个人身份的各种信息，包括但不限于自然人的姓名、出生日期、身份证件号码、个人生物识别信息、住址、电话号码等。"

涵。从学理讨论上看，学者对何为"网络服务提供者"亦有不少讨论，从广义的角度上看，"网络服务提供者"是指专营为社会公众提供网络信息通讯服务，并保存任何经由其构建的网络空间"收费站"之用户所留下的信息流动轨迹的"守门人"。

网络服务提供者在实务中一般根据提供服务内容的不同，将网络服务提供者分为两大类：第一类是网络信息内容提供者（Internet Content Provider，简称 ICP），指自己组织信息通过网络向公众传播的主体。第二类是网络中介服务者，指为传播网络信息提供中介服务的主体，网络接入服务提供者（Internet Access Provider，简称 IAP）、网络平台提供者（Internet Presence Provider，简称 IPP）等均属于这一类。①

随着信息网络技术的更新和业务拓展，网络服务提供者的内涵外延也在发展变化，一般认为，除了网络信息内容提供者和网络中介服务者等传统类型外，还包括访问提供者、缓存提供者、托管提供者、软件提供者等类型。如学者陈洪兵将网络服务提供者分成以下几类：（1）网络内容服务提供者；（2）网络接入、服务器托管、网络储存、通讯传输服务提供者；（3）网络平台服务提供者；（4）搜索引擎服务提供者；（5）深度链接服务提供者；（6）软件服务提供者。②

笔者认为，拒不执行信息网络安全管理义务罪的犯罪主体不宜无区分地涵盖所有的网络中介组织，本罪名的"网络服务提供者"及其责任内容应从两个路径作限缩解释：

路径之一，"网络服务提供者"的主体犯罪应作适当限缩。根据我国 2016 年颁布的《网络安全法》第 38 条规定，如果接入服务提供者（IAP）为关键信息基础设施运营者时，需要承担每年一次的检测评估、提出网络安全报告并报送相关部门的义务，即需要承担对网络信息主动审查的义务。③ 而一般的

---

① 亦有学者归为三大类：关于网络服务提供者的种类，传统观点基本上分为三类：网络内容服务提供商（简称 ICP）、网络连接服务提供商（简称 IAP）以及网络平台服务提供商（简称 IPP）。参见敬力嘉：《论拒不履行网络安全管理义务罪——以网络中介服务者的刑事责任为中心展开》，载《政治与法律》2017 年第 1 期，第 54—55 页。

② 陈洪兵：《论中立帮助行为的处罚边界》，载《中国法学》2017 年第 1 期，第 204 页。

③ 《中华人民共和国网络安全法》第 38 条规定："关键信息基础设施的运营者应当自行或者委托网络安全服务机构对其网络的安全性和可能存在的风险每年至少进行一次检测评估，并将检测评估情况和改进措施报送相关负责关键信息基础设施安全保护工作的部门。"

"网络运营者",根据该法第 42 条、第 43 条、第 48 条的规定所示①,只应承担法律明文规定、以特定法益保护目的为限的信息储存、提供或公开的配合义务。关于何为"关键信息基础设施"的具体内涵,《网络安全法》中并未明确,但根据该法第 31 条,应主要是指国家对公共通信和信息服务、能源、交通、水利、金融、公共服务、电子政务等重要行业和领域,借鉴欧洲议会新近通过的《网络与信息安全指令》,基础服务运营者主要是指基础服务运营者,即所提供服务符合附件二中所列举的能源、交通、银行、金融市场基础设施、健康、饮用水供应与分配、数字基础设施等七类行业的公共或私人实体,其所提供服务的运作依赖于网络或信息系统,且对保障重要的社会与经济活动非常必要,且针对其进行的违法犯罪行为会对此服务的运行造成破坏性影响者。②据此,本法条中的"网络服务提供者"应主要指网络信息提供者和网络中介服务者中的网络平台提供者和基础服务运营者。

路径之二,根据网络服务提供者的不同类型分别认定其刑事责任。在网络信息系统中,网络服务提供者提供的服务不同,各网络服务提供者在网络系统中的地位,对信息的控制能力、阻止违法犯罪行为的可能性等都有差异,提供的网络服务内容不同,提供者可能面临的法律义务和法律制裁也应当有所区别。

对于网络服务提供者刑事归责的学说依据,主要有传统的共犯理论(包括中立的帮助问题讨论)和保证人说③、监管过失说④等。按照保证人学说的

---

① 《中华人民共和国网络安全法》第 42 条规定:"网络运营者不得泄露、篡改、毁损其收集的个人信息;未经被收集者同意,不得向他人提供个人信息。但是,经过处理无法识别特定个人且不能复原的除外。网络运营者应当采取技术措施和其他必要措施,确保其收集的个人信息安全,防止信息泄露、毁损、丢失。在发生或者可能发生个人信息泄露、毁损、丢失的情况时,应当立即采取补救措施,按照规定及时告知用户并向有关主管部门报告。"

第 43 条规定:"个人发现网络运营者违反法律、行政法规的规定或者双方的约定收集、使用其个人信息的,有权要求网络运营者删除其个人信息;发现网络运营者收集、存储的其个人信息有错误的,有权要求网络运营者予以更正。网络运营者应当采取措施予以删除或者更正。"第 48 条规定:"任何个人和组织发送的电子信息、提供的应用软件,不得设置恶意程序,不得含有法律、行政法规禁止发布或者传输的信息。电子信息发送服务提供者和应用软件下载服务提供者,应当履行安全管理义务,知道其用户有前款规定行为的,应当停止提供服务,采取消除等处置措施,保存有关记录,并向有关主管部门报告。"

② 敬力嘉:《论拒不履行网络安全管理义务罪——以网络中介服务者的刑事责任为中心展开》,载《政治与法律》2017 年第 1 期,第 56 页。

③ 宫厚军:《"保证人说"之演变及其启示》,载《法商研究》2007 年第 4 期。

④ 参见陆旭:《网络服务提供者的刑事责任及展开》,载《法治研究》2015 年第 6 期。

观点，行为人是否具有作为的义务，取决于行为人是否具有保证人之地位，只有具有保证人地位之人在能够尽保证义务之时却怠于履行，从而发生危害结果的场合才会出现与作为等置的问题。也就是说，衡量特定的网络服务提供者对网络违法犯罪的管理义务及刑事责任的基本条件是其对违法犯罪信息的直接控制地位：首先，网络服务提供者对违法犯罪信息具有控制力，可以决定特定的违法犯罪信息能否通过一定的渠道、在一定的范围内得以传播。其次，网络服务提供者对违法犯罪信息的控制地位是直接的，所谓直接，一是网络服务提供者虽对违法犯罪信息具有一定的控制能力，但该控制能力如不是直接，而需要借助或逾越其他网络服务提供者的，应当否定前者在刑法上的管理义务和刑事责任；二是在信息传播扩散的链条上，网络服务提供者只对直接的第一环节、第一层次违法信息负责，直接控制标准的目的在于限制刑事责任的追究范围，防止沿袭因果链条进行刑事责任的扩大甚至无限追究。最后，只有在涉及社会重大公共利益的情况下方可突破直接控制标准的限制，可突破直接控制说限制的情形必须是法定的，有明确的立法依据。①

具体而言，可以考虑根据网络服务提供者的类型对其责任作如下划分：

服务者类型	责任类型	例外情况
网络内容提供者	完全责任	
网络平台提供者	有限制、有条件的责任	介入网络内容的生成而发生身份的转化导致责任的转化②
		提供违法信息链接（对于提供第一层次链接的行为，平台提供者因访问中介而负有合理的注意义务，对被访问的内容应当有认识，并承担相应的刑事责任）
基础服务运营者	风险评估	
网络接入、服务器托管、网络储存、通讯传输服务提供者	不因用户使用其服务负刑事责任	不履行网络监管部门的指令，拒不改正致使违法信息大量传播的，应当负刑事责任

---

① 涂龙科：《网络内容管理义务与网络服务提供者的刑事责任》，载《法学评论》2016年第3期，第71页。

② 实践中对内容属于第三方上传，从而网络平台得以豁免的情况逐渐倾向于采取严格解释以限缩范围的立场。我国的司法实践一般认为，网络服务提供者对他人上传信息的编辑、修改或者改变其接收对象的行为的，应当视为内容提供者，并承担相应的法律责任。参见浙江省丽水市中级人民法院〔2011〕浙丽民终字第40号。

2. "信息网络安全管理义务"的内涵界定

拒不履行网络安全管理义务罪为网络服务提供者设定了"信息网络安全管理义务",此义务的厘定需要依赖于前刑法规范,包括法律和行政法规,范围应严格限制。目前主要包括2012年全国人民代表大会常务委员会发布的《关于加强网络信息保护的决定》、2013年修订的《信息网络传播权保护条例》(国务院令第634号)、2016年的《中华人民共和国网络安全法》等。《消费者权益保护法》等也都包含对网络服务提供者的网络信息管理义务的要求。

归纳起来,信息网络安全管理义务主要包括:(1)合法、正当、必要收集、使用信息义务,如网络服务提供者在业务活动中收集、使用公民个人电子信息,但必须公开其收集、使用规则,明示收集、使用信息的目的、方式和范围,并征得被收集者同意,不得违反法律、法规的规定和双方的约定收集、使用信息;(2)保护隐私、保障信息安全义务;[①](3)信息审查、监管义务;[②](4)提示和警告的义务;[③](5)信息保管及协助调查的义务。[④] 此外,正在制定的电子商务法、个人信息保护法等也会涉及网络服务提供者的网络信息管理义务。至于"信息网络安全管理义务"是否包括来自部门制定的规章及文件。对此应该严格按照罪刑法定原则进行解释,既然《刑法》第286条之一明确规定网络服务提供者不履行的是"法律、行政法规规定的信息网络安全管理

[①] 如全国人民代表大会常务委员会《关于加强网络信息保护的决定》第3条、第4条规定,网络服务提供者对在业务活动中收集的信息必须严格保密,不得泄露、篡改、毁损,不得出售或者非法向他人提供,应当采取技术措施和其他必要措施,确保信息安全,防止在业务活动中收集信息泄露、毁损、丢失,以确保信息不被非法利用。

[②] 如全国人民代表大会常务委员会《关于加强网络信息保护的决定》第4条要求网络服务提供者在发生或者可能发生信息泄露、毁损、丢失的情况时,应当立即采取补救措施予以阻止。第5条要求网络服务提供者加强对其用户发布的信息进行管理,如果发现法律、法规禁止发布或者传输的信息,应当立即停止传输该信息,采取消除等处置措施。

[③] 如附属于网络服务提供者的电子布告栏系统,若一段时期内诈骗信息多发,其应对浏览电子布告栏的网络用户进行提示、发出警告;同时对于过去曾经多发的侵权信息,应建立面向未来的防范措施,杜绝相似侵害行为的再次发生。

[④] 如全国人民代表大会常务委员会《关于加强网络信息保护的决定》第5条要求网络服务提供者一方面加强对其用户发布的信息进行管理,另一方面发现有不当行为时进行处置并保存有关记录,向有关主管部门报告。第10条规定,在有关主管部门依法履行职责时,网络服务提供者应当予以配合,提供技术支持。

义务"，就不应包括部门制定的规章等规范性文件。①

同时，需要考虑法律和行政法规所规定的义务和刑法所规定的危害后果之间的因果关系，违反前述管理义务并非均要承担刑事责任，根据刑法第287条之一的规定，只有还必须能够造成"违法信息传播""用户信息泄露""刑事案件证据灭失"的后果，并有"其他严重情节"方可刑事追责。前述义务中，如违反对网络用户身份实名验证和服务限制义务与发生上述种结果之间的因果链条过长，本身不具有引起的性质，不可能引起严重后果，没有制造出相关法律所不允许出现的风险，② 在考虑追究刑事责任时要特别慎重。

需要强调的是，刑法在性质上毕竟有别于行政法和社会管理法，其作为司法法，应当针对法益侵害行为，而不能简单地将刑法视为国家进行社会管理的手段。《刑法修正案（九）》新增拒不履行信息网络安全管理义务罪，将网络服务提供者的社会责任和管理义务，径直提升为刑法义务，不能不说在很大程度上超越了对刑法的属性及其体系地位的传统定位。因此，司法解释需要对"信息网络安全管理义务"的内涵进行规定，并需有明确的法律和行政法规依据。

3. 如何认定经监管部门责令采取改正措施而拒不改正

根据法条，该罪的成立除了网络服务提供者不履行信息网络安全管理义务之外，同时还要求具备经监管部门责令采取改正措施而拒不改正的行为。即在该罪的客观要件上设置了前置行政行为。反之，如果没有经过监管部门的行政责令，并下达改正意见，仅有网络服务提供者不履行信息网络安全管理义务的行为，行为人也不能成立该罪。

"经监管部门责令采取改正措施而拒不改正"这一前提条件的适用应明确以下三点：一是监管部门的范围需要明确。当前互联网领域的监管部门包括国信办、工信部和地方通信主管部门、新闻出版部门、教育部门、卫生部门、工商行政管理部门、药品监督管理部门、公安部门和国家安全部门等多部门，存在"多头管理、职能交叉、权责不一"的状况，越界监管、指令过多、处罚标准不明确的情形频现，使得互联网企业无所适从。遵循罪刑法定原则，司法解释需要明确监管部门的范围，可下达改正意见。而且前述有权监管部门提出的改正措施应指向相对具体的违法活动和违法内容信息，而不能是一般性的责令履行管理义务；二是考虑网络服务提供者履行义务能力的认定；三是还须厘

---

① 王文华：《拒不履行信息网络安全管理义务罪适用分析》，载《人民检察》2016年第6期，第25页。

② 陈兴良：《从归因到归责：客观归责理论研究》，载《法学研究》2006年第2期。

定经责令改正而不改正的行为和证据标准。基于以上三个方面，应当根据监管部门责令改正措施的内容和网络服务提供者执行改正措施的实际状况来综合判断，如果内容比较明确、具体，执行难度不大，处于行为人有能力执行的范围内，行为人故意不投入必要的人力物力，故意拖延和应付的，那么应当认定为拒不执行改正措施；如果超出行为人的管理能力，或者改正工作量巨大导致过程延长，或者其能力不足以完全改正，那么即使发生法定的后果，也不应认定为故意不执行改正措施。①

4. 危害后果的具体认定

根据法律规定，网络服务提供者不履行法律、行政法规规定的信息网络安全管理义务，经监管部门责令采取改正措施而拒不改正，需要具有致使违法信息大量传播的，致使用户信息泄露造成严重后果的；致使刑事案件证据灭失情节严重的等情节，方能以拒不履行信息网络安全管理义务罪追究其刑事责任。需要对相关危害后果进行细化解释。

（1）致使违法信息大量传播

一是何为"违法信息"？"违法信息"的范围在刑法上无明确规定，可以参考相应的行政法律法规文件，作为信息内容违法性的判断依据，即信息是否违反现行法律的禁止性规定。目前可作为依据的有国务院《互联网信息服务管理办法》第15条②及国务院《中华人民共和国电信条例》第56条③的规定，主要涵盖9类违法信息内容：①反对宪法所确定的基本原则的；②危害国家安全，泄露国家秘密，颠覆国家政权，破坏国家统一的；③损害国家荣誉和利益

---

① 周光权：《网络服务商的刑事责任范围》，载《中国法律评论》2015年第2期。
② 国务院《互联网信息服务管理办法》（中华人民共和国国务院令第588号）第15条："互联网信息服务提供者不得制作、复制、发布、传播含有下列内容的信息：（一）反对宪法所确定的基本原则的；（二）危害国家安全，泄露国家秘密，颠覆国家政权，破坏国家统一的；（三）损害国家荣誉和利益的；（四）煽动民族仇恨、民族歧视，破坏民族团结的；（五）破坏国家宗教政策，宣扬邪教和封建迷信的；（六）散布谣言，扰乱社会秩序，破坏社会稳定的；（七）散布淫秽、色情、赌博、暴力、凶杀、恐怖或者教唆犯罪的；（八）侮辱或者诽谤他人，侵害他人合法权益的；（九）含有法律、行政法规禁止的其他内容的。"
③ 国务院《中华人民共和国电信条例》（中华人民共和国国务院令第666号）第56条："任何组织或者个人不得利用电信网络制作、复制、发布、传播含有下列内容的信息：（一）反对宪法所确定的基本原则的；（二）危害国家安全，泄露国家秘密，颠覆国家政权，破坏国家统一的；（三）损害国家荣誉和利益的；（四）煽动民族仇恨、民族歧视，破坏民族团结的；（五）破坏国家宗教政策，宣扬邪教和封建迷信的；（六）散布谣言，扰乱社会秩序，破坏社会稳定的；（七）散布淫秽、色情、赌博、暴力、凶杀、恐怖或者教唆犯罪的；（八）侮辱或者诽谤他人，侵害他人合法权益的；（九）含有法律、行政法规禁止的其他内容的。"

的；④煽动民族仇恨、民族歧视，破坏民族团结的；⑤破坏国家宗教政策，宣扬邪教和封建迷信的；⑥散布谣言，扰乱社会秩序，破坏社会稳定的；⑦散布淫秽、色情、赌博、暴力、凶杀、恐怖或者教唆犯罪的；⑧侮辱或者诽谤他人，侵害他人合法权益的；⑨含有法律、行政法规禁止的其他内容的。

二是何为"大量传播"？参照最高人民法院、最高人民检察院《关于办理利用信息网络实施诽谤等刑事案件适用法律若干问题的解释》（法释〔2013〕21号）第2条第一项的规定，同一诽谤信息实际被点击、浏览次数达到5000次以上，或者被转发次数达到500次以上的可认定为情节严重，那么对本罪的大量传播也可采用上述标准来认定，即该违法信息实际被点击、浏览次数达到5000次以上，或者被转发次数达到500次以上可认定为"大量传播"。或者传播违法信息达到500条以上的可认定为"大量传播"。

（2）致使用户信息泄露，造成严重后果的

此处的"严重后果"主要包括以下几个方面：①利用用户信息，实施盗窃、诈骗等行为，给用户造成数额巨大的财产损失的；②利用用户信息，对他人进行诽谤等，造成被害人或者其近亲属精神失常、自残、自杀等严重后果的；③利用用户信息，辱骂、恐吓他人，情节恶劣，破坏社会秩序；④造成其他严重后果。

（3）致使刑事案件证据灭失，情节严重的

主要是指网络服务提供者未按照要求保存用户信息或者采取其他安全防卫措施，导致相关刑事追溯活动因为重要证据灭失而遭受严重阻碍。这里的"情节严重"，主要可以依据所涉及案件的重大程度、灭失的证据的重要性、证据灭失是否可补救、对刑事追溯活动的影响等因素综合进行考虑。

（4）有其他严重情节

是指不属于前三种情形以外的其他情形，如经过行政管理部门两次以上行政处罚仍然实施上述行为的，等等。

二、非法利用信息网络罪的认定要点

（一）本条法益研究

本条在刑法中增加了为实施违法犯罪活动而设立网站、通信群组、发布信息的犯罪。非法利用信息网络犯罪是为了实施其他犯罪而以信息网络作为犯罪通讯工具或犯罪条件的，其在主观上具有犯罪预备的故意以及进而实施乃至完成其他犯罪的意图。在通过司法解释设定非法利用信息网络罪作为利用网络实施的其他犯罪的预备行为，预备行为具有以下三个特点：第一，预备行为具有现实侵害性或侵害危险性；第二，预备行为应当具有可罚性；第三，预备行为人具有纳入刑法评价的主观恶性等条件。

非法利用信息网络罪被认为是预备行为实行化的立法。所谓"预备行为实行化",是指立法机关为了控制风险、预防犯罪,将特定犯罪的预备行为拟制为实行行为予以对待,并在刑法分则条文中规定具体的罪状与相应的法定刑,从而实现对特定预备行为单独可罚的一项刑事立法技术。

关于处罚预备犯,我国刑法总则第 22 条已予以明确,随着以对抗风险为己任的现代刑法"保护之触角日益由法益侵害阶段前移至危险形成阶段",① 《刑法修正案(九)》增设了"准备实施恐怖活动罪"和"非法利用信息网络罪",分别体现了"针对某一特定重罪的所有预备行为的实行化"和"针对所有违法犯罪活动的某一特定预备行为的实行化",② 体现了预备行为实行化的立法动向。正如前所述,预备行为实行化的立法动向是风险社会理论与积极的一般预防理论的反映。立法者为特定预备行为设置独立的犯罪构成要件,是为了通过刑罚制裁来威慑带有社会风险的行为。由此,刑法在由风险向实害演变的过程中提前介入,切断风险演变的历程,从而更周延的保护法益。③

刑法理论认为,某种行为是否成为刑法的规制对象,取决于该行为所针对的法益的重要性程度以及违法侵害行为的形态,④ 《刑法修正案(九)》中增设的准备实施恐怖活动罪和非法利用信息网络罪分别涉及国家安全和网络安全等重大法益,行为一旦着手通常危及生命、健康、财产利益,并引发社会秩序的混乱,且《刑法修正案(九)》将预备行为实行化之后对行为构成要件的规定更加细化,利于司法机关的认定。

(二)认定要点分析

1. 对"违法犯罪"的理解

本罪的认定需要实施特定的行为,法条列举了设立用于实施诈骗、传授犯罪方法、制作或者销售违禁物品、管制物品等违法犯罪活动的网站、通信群组的;发布有关制作或者销售毒品、枪支、淫秽物品等违禁物品、管制物品或者其他违法犯罪信息的;为实施诈骗等违法犯罪活动发布信息的。其中涉及对

---

① 劳东燕:《风险社会中的刑法——社会转型与刑法理论的变迁》,北京大学出版社 2015 年版,第 65 页。

② 车浩:《刑事立法的法教义学反思——基于〈刑法修正案(九)〉的分析》,载《法学》2015 年第 190 期,第 11 页。

③ 郝艳兵:《风险刑法——为危险犯为中心的展开》,中国政法大学出版社 2012 年版,第 272 页。

④ 陈家林:《外国刑法:基础理论与研究动向》,华中科技大学出版社 2013 年版,第 10 页。

"违法犯罪"的理解。

如何理解这里的"违法犯罪"直接影响着本罪的构成,有论者认为,这里的"违法犯罪"应当是犯罪而不是违法,"违法"是对"犯罪"的修饰,本身不具有意思,其理由为下述两点:一是只有犯罪行为的预备行为才可成立犯罪;二是实施犯罪行为的准备工具、制造条件相比较违法行为的预备行为有更高的社会危害性,因此只有犯罪行为的预备行为才可构成本罪。[1]

笔者认为,这里的违法犯罪可以从"违法"和"犯罪"两个层面考虑,首先,是为了犯罪而准备工具、制造条件的为预备犯,这是刑法总则对于预备犯的规定,分则中符合总则的预备犯规定条件的应当成立本罪,分则有时为了保护特殊法益可以将预备行为实行化。其次,本罪保护的法益包括网络虚拟空间本身的秩序,法条中有"情节严重"的表述,如果是违法行为的预备行为"情节严重"的可以构成本罪,那么这是对网络空间法益的加强保护。如果此处的违法犯罪仅仅理解为犯罪而排除一般违法行为,则此处的"情节严重"的条件则为多余,针对犯罪行为的预备则可以按照总则的规定定罪处罚。事实上,从"违法"和"犯罪"这两个层面来对该条款进行理解,符合该条强化对利用信息网络犯罪行为规制的立法目的,即在信息网络环境下,有些违法行为仅处于传统犯罪行为的预备阶段,甚至连预备行为也不构成,这是刑法难以对其评价的原因,如行为人是为了销售管制刀具等物品的,即设立网站的后续行为本身不构成犯罪,则对其设立网站的行为也无法评价为犯罪预备。

2. 具体行为情节严重的认定标准讨论

该罪名中情节严重的标准应根据不同的犯罪行为方式进行细化,可以考虑以"数额+后果"的模式进行规定:

(1)实施诈骗、传授犯罪方法、制作或者销售违禁物品、管制物品等违法犯罪活动的网站、通讯群组的

数额主要包括:网站点击数量(群组信息转载数)、网站注册人员数、群组成员人数、设立网站或群组后收取广告费、会员注册费或者其他费用违法所得数额标准,以及虽未达到上述某一项数额标准但有两项以上超过半数的。

后果主要包括:一是吸收不满14周岁的未成年人进入网站或群组导致其从事违法犯罪活动的;二是在网站或群组中得到信息的实行人犯罪造成严重后

---

[1] 欧阳本祺、王倩:《〈刑法修正案(九)〉新增网络犯罪的法律适用》,载《江苏行政学院学报》2016年第4期,第124—130页。

果,如诈骗被害人损失巨大、涉案人数众多等;三是一年内开设网站群组被行政处罚并取缔后再开设等情况。

(2) 发布有关制作或者销售毒品、枪支、淫秽物品等违禁物品、管制物品或者其他违法犯罪信息的

数额主要包括:发布信息的条数、发布违法犯罪信息条数(音频、视频、图片、电子文件等)的个数、发布信息到达人群数,通过发布信息收取广告费、会员注册费或者其他费用违法所得数额标准,虽未达到上述某一项数额标准但有两项以上超过的。

后果主要包括:信息发布导致违禁品交易数量巨大;违禁品被用于犯罪造成社会秩序严重破坏、人身伤亡等严重后果的;违禁品被未成年人用于违法犯罪活动的。

(3) 为实施诈骗等违法犯罪活动发布信息的

数额主要包括发布的信息数、到达人数、页面浏览量等数据,具体可以参照最高人民法院、最高人民检察院《关于办理利用信息网络实施诽谤等刑事案件适用法律若干问题的解释》(法释〔2013〕21号)相关数额的规定,如"发布的诈骗信息数五千条以上""到达人数五百人以上""在互联网上发布诈骗信息,页面浏览量累计五千次以上的"的数额来认定。

后果主要包括诈骗被害人的损失数、造成恶劣社会影响等。具体可以参照刑法第266条诈骗罪的入罪标准。

值得讨论的是,本罪是否需要增设兜底条款?一年内多次传播制作销售违禁品信息行为,为实施诈骗等犯罪违法犯罪活动传播信息未经处理,数量或者数额累计计算构成犯罪的,应当依法定罪处罚。

三、帮助信息网络犯罪活动罪的认定要点

(一) 本罪法益研究

一些犯罪以利益链为脉络,逐渐形成了比较完整的产业链,各个环节的分工虽紧密联系但是带有相对独立性,这些犯罪在一定意义上具有不同于传统共犯的特征,不同环节人员之间往往互不认识,没有明确的犯罪联络,认定为共同故意相对困难。同时,从犯罪的组织来看,网络犯罪的帮助行为相较于传统的帮助行为,其对于完成犯罪起着越来越大的决定性作用,社会危害性凸显,有些甚至超过实行行为。[①] 针对实践中的突出问题,《刑法修正案(九)》通过增加了

---

① 雷建斌主编,全国人大常委会法制工作委员会刑法室编著:《〈中华人民共和国刑法修正案(九)〉释解与适用》,人民法院出版社2015年版,第164—165页。

本条规定,以便更准确有效地打击各种网络犯罪帮助行为。

由于该条突破了传统刑法的共犯理论,理论界和实务界对此都颇为关注,一般认为该罪名将以往作为信息网络犯罪帮助犯处理的行为从狭义共犯拟制为单独正犯,体现了网络犯罪中对帮助行为独立犯罪化(共犯正犯化)的立法加大处罚和法益保护前置的趋势,① 即帮助行为正犯化或者共犯正犯化。

应该说,帮助行为正犯化在我国的刑法典中并不罕见,主要包括资助危害国家安全犯罪活动罪,为境外窃取、刺探、收买、非法提供国家秘密、情报罪,资助恐怖活动罪,非法提供公民个人信息罪,提供侵入、非法控制计算机信息系统的程序、工具罪,非法运输盗伐、滥伐林木罪等数十个罪名。比较权威的立法解读亦将帮助信息网络犯罪活动罪视为"网络帮助行为正犯化的处理规则",认为其将明知他人利用信息网络实施犯罪,为其犯罪提供给互联网接入、服务器托管、网络存储、通讯传输等技术支持,或者提供广告推广、支付结算等帮助,情节严重的行为规定为专门犯罪。② 但此观点仍有较大争议,除此帮助犯正犯化(或者称共犯正犯化)以外,学术界还有以下几种主要观点:

(1) 帮助犯量刑正犯化,即帮助犯没有被提升为正犯,帮助犯仍然是帮助犯,只是因为分则条文对其规定了独立的法定刑,而不再适用刑法总则关于帮助犯(从犯)的处罚规定的情形。③ 如张明楷教授明确指出:其一,为他人犯罪提供互联网技术支持的行为依然是帮助行为,其成立犯罪以正犯实施了符合构成要件的不法行为为前提。其二,教唆他人实施上述帮助行为的,不成立教唆犯,仅成立帮助犯;单纯帮助他人实施帮助行为,而没有对正犯结果起作用的,就不受处罚。其三,对于实施本款行为构成本罪的行为人不得依照刑法

---

① 参见周光权:《刑法各论》(第3版),中国人民大学出版社2016年版,第356页;黎宏:《刑法学各论》(第2版),法律出版社2016年版,第369页;刘宪权:《论信息网络技术滥用行为的刑事责任——〈刑法修正案(九)〉相关条款的理解与适用》,载《政法论坛》2015年第6期,第97页。

② 胡云腾:《谈〈刑法修正案(九)〉的理论与实践创新》,载《中国审判》2015年第20期,第23页。

③ 参见张明楷:《刑法学》(第5版),法律出版社2016年版,第1051页;苏彩霞、侯文静:《"帮助信息网络犯罪活动罪"正当性考量——〈刑法修正案九(草案)〉第29条之评议》,载《中南财经政法大学研究生学报》2016年第1期,第115页;王霖:《网络犯罪参与行为刑事责任模式的教义学塑造——共犯归责模式的回归》,载《政治与法律》2016年第9期,第30页。

总则第 27 条的规定从轻、减轻处罚或者免除处罚,只能直接按照《刑法》第 287 条之二第 1 款的法定刑处罚。基于同样的理由,帮助信息网络犯罪活动罪的设立,并不意味着刑法对帮助犯采取了独立性说。①

(2) 从犯主犯化,此理论并未彻底脱离共同犯罪的规则模式,但立足于对我国"单一正犯制"的反思以及对网络帮助行为由次要或辅助的从犯地位向主犯靠近的现状结果,提出此罪的设立,与其说是"共犯正犯化",不如说是"从犯主犯化"。②

(3) 成立片面共犯,在成立帮助网络犯罪活动罪的情况下,网络服务主体在未与实行犯存在意思交流的情景下,对实行犯实施犯罪行为给予帮助的行为。由此,网络服务主体的服务行为、技术支持与实行行为之间形成刑法理论上的片面共犯关系。③

此外,皮勇教授的观点比较独特,既不赞同增设帮助信息是设立帮助犯的量刑规则,也不赞同其是帮助犯正犯化的观点,认为"帮助利用信息网络犯罪活动罪与洗钱罪,运输毒品罪,提供侵入、非法控制计算机信息系统的程序、工具罪具有相同的特点,我国刑法将其设立为独立的犯罪是合理的。为了实现罪刑均衡,应改变对其帮助犯性质的认识",并建议该罪的法定刑应当增设"具有特别严重情节的"的量刑档次,将罪名解释为"为他人利用信息网络实施犯罪提供技术支持和帮助罪"。④

罪名性质的讨论直接关系到该条款的独立性问题,对于学术界的第二种和第三种观点稍加说明,第二种观点与共犯正犯化无本质区别,第三种观点还是将网络服务主体限定于帮助犯的地位,未能理解该条立法的主旨。现在需要重点讨论的就是第一种观点——量刑规则说。该观点值得商榷:⑤ 其一,刑法将某一种犯罪形态以独立的法条或以罪名的形式规定出来,那么其就是一个独立

---

① 参见张明楷:《刑法学》(第 5 版),法律出版社 2016 年版,第 1052 页。
② 张勇、王杰:《帮助信息网络犯罪活动罪的"从犯主犯化"及共犯责任》,载《上海政法学院学报(法治论丛)》2017 年第 1 期,第 15 页。
③ 赵云锋:《帮助信息网络犯罪活动罪的立法依据与法理分析》,载《上海政法学院学报(法治论丛)》2017 年第 1 期,第 23 页。
④ 参见皮勇:《论网络服务提供者的管理义务及刑事责任》,载《法商研究》2017 年第 5 期,第 22 页。
⑤ 聂立泽、胡洋:《帮助信息网络犯罪活动的规范属性及司法适用》,载《上海政法学院学报(法治研究)》2017 年第 1 期,第 3 页。

的犯罪，此罪的判断就无须从属于以往的既遂或正犯的形态①。正如陈兴良教授指出：刑法分则规定的是正犯，其在逻辑上不能包括教唆、帮助犯，对狭义共犯行为只有按照总则规定再结合相关分则规定才能定罪。② 周光权教授也说："我国刑法的相关规定不符合单一正犯概念的特征。具体表现在，刑法条文中没有明确规定，为犯罪成立赋予条件者都是正犯……分则的定型化规定往往详尽、具体，有独特的存在价值，不能认为帮助犯、教唆犯符合分则的定型性规定。"③《刑法》第287条之二规定的帮助信息网络犯罪活动罪是独立的罪名，所以其才有独立的法定刑。刑法规定独立的法定刑是以行为独立成罪为前提的。而这一独立的罪名，正是将信息网络帮助行为作为独立于被帮助的网络犯罪行为而设立的。该种立法，不是对刑法总则共犯处罚规定的补充，而是为共犯帮助行为独立入罪新增的罪名。将该立法看作"帮助犯的量刑规则"会淡化刑法分则的罪名设置功能而只突出其刑罚设置功能。其二，将帮助信息网络犯罪活动罪解释为刑法总则中的共犯规定之外的"量刑规则"会导致刑法总则共犯理论被虚置，刑法总则关于从犯、帮助犯等规定都会无法适用，从而使刑法总则设立的犯罪一般原理被刑法分则架空，最终丧失其对刑法分则的指导意义。④ 其三，如果将《刑法》第287条之二理解为量刑规则，从体系解释论的角度考量，单纯拿出一条刑法条文来描述一个与构成要件无关的量刑规则似无必要，解释起来也比较牵强，而且《刑法》第287条之一的非法利用信息网络罪规定的是独立犯罪的构成要件和刑罚后果并无争议，⑤ 按照量刑规则说的理论，则在第287条中规定了两个不同类型的刑

---

① 我国刑法中没有出现过没有独立犯罪构成的罪名，即独立的某种罪名（犯罪）和某种犯罪的犯罪形态是有区分的，如故意杀人未遂在我国应认定为故意杀人罪（未遂），帮助他人故意杀人行为为故意杀人罪的帮助犯，假设我国通过立法新设了故意杀人未遂罪和帮助杀人罪，他们就不仅是一种未遂犯和共犯的量刑规则，而是独立的新罪。从日本刑法相关经验来看，日本刑法第202条参与自杀罪规定了帮助自杀的行为构成本罪，并非共犯而是独立的犯罪。参见 [日] 山口厚：《刑法总论》（第2版），付立庆译，中国人民大学出版社2011年版，第15页。

② 陈兴良：《共犯论：二元制与单一制的比较》，载中国人民大学刑事法律科学研究中心编：《刑事法热点问题的国际视野》，北京大学出版社2010年版，第155页。

③ 周光权：《"被教唆的人没有犯被教唆的罪"之理解——兼与刘明祥教授商榷》，载《法学研究》2013年第4期，第185页。

④ 刘艳红：《网络犯罪帮助行为正犯化之批判》，载《法商研究》2016年第3期，第20页。

⑤ 陈兴良：《犯罪范围的扩张与刑法结构的调整——〈刑法修正案（九）〉述评》，载《法律科学（西北政法大学学报）》2016年第4期，第181页。

法规范，立法技术显得"不伦不类"。

《刑法修正案（九）》增设第287条之二，针对帮助信息网络犯罪活动行为的及时处罚"完成了信息网络服务者帮助犯正犯化的规范建构，从而有效地超越了在传统共犯结构下分析业务行为刑事归责的局限性。"[1] 虽然不少学者质疑网络帮助行为的正犯化立法趋势，[2] 强调帮助犯正犯化的立法模式违背了刑法教义学上限制中立帮助行为处罚范围的基本立场，可能造成刑罚圈扩张的危险，存在突破共犯的从属性原理之嫌。但是基于网络犯罪的特点以及帮助行为的实质作用，国家立法已经通过了本条修法设置，"法律不是嘲笑的对象，而是法学研究的对象；法律不应受裁判，而应是裁判的准则。应当想到法律的规定都是合理的，不应推定法律中有不衡平的规定"。[3] 如果我们故意回避第287条第2款的独立化犯罪规定，将新罪解释为旧的共犯形态，在认定此罪时仍要回溯到原来正犯的彼罪，则可能大大削弱本罪的使用空间，将国家立法虚无化。特别是司法机关作为解释者不能与国家立法本意背道而驰，就解释的限度而言，法可以被限制而不能被否定，否则的话就可能都要罪刑法定、法律评价的可预测性和法的安定性本身，得不偿失。[4]

据此，笔者采帮助犯正犯化（或称共犯正犯化）的学说。然而，还需要引申讨论的是，司法解释可否对帮助信息网络犯罪活动罪的犯罪对象"犯罪人"作适当扩张解释，在解释理念上将此处的犯罪视为一种"具备刑法分则客观方面性质特征，具有社会危害性的行为"？[5] 首先，仅从受帮助行为的性质去认定，而不去考察受帮助行为危害性的大小，避免基于网络帮助行为"一对多"的特性引发的个性受帮助行为危害性不够的评价困境；其次，仅从受帮助行为的客观方面，而不考察受帮助行为人的主体因素，则可以将不具备刑事责任能力主体提供网络技术支持的行为纳入帮助信息网络犯罪活动罪的制

---

[1] 刘宪权：《论信息网络技术滥用行为的刑事归责——〈刑法修正案（九）〉相关条款的理解与适用》，载《政法论坛》2015年第6期，第97页。

[2] 参见刘艳红：《网络犯罪帮助行为正犯化之批判》，载《法商研究》2016年第3期；车浩：《"刑事立法的法教义学反思——基于〈刑法修正案（九）〉的分析"》，载《法学》2015年第10期；王兵兵：《"共犯正犯化"立法质疑——以帮助信息网络犯罪活动罪的增设为视角》，载《苏州大学学报（法学版）》2017年第1期等。

[3] 张明楷：《刑法格言的展开（第三版）》，北京大学出版社2013年版。

[4] 梁根林：《罪刑法定视域中的刑法适用解释》，载《中国法学》2004年第3期，第123页。

[5] 于志刚：《网络空间中犯罪帮助行为的制裁体系与完善思路》，载《中国法学》2016年第2期，第21页。

裁范围；最后，在诉讼程序中，不要求以被帮助人被实际公诉和判决为前提。

（二）认定要点分析

1. 网络中立帮助行为的处罚边界界定

中立的帮助行为（或称"中立的业务行为""外部中立行为""职业典型行为"等）是传统共犯理论的一个分支，其是否具有可罚性是中外刑法学者颇为关注且尚未达成共识的重要问题，其典型案例可以参见我国的"快播案"、日本的"Winny软件案"[1] 以及螺丝刀案[2]等。应否处罚中立帮助行为，理论上存在全面处罚说与限制处罚说，全面处罚说认为，只要符合传统帮助犯的成立条件，即具有因果关系与故意，就应以帮助犯进行处罚。全面处罚说由于根本不考虑中立帮助行为的特殊性，从而导致不当地限制了公民的自由，因此支持者极少。大部分学者认为，从保护现代社会中公民的业务自由和日常活动自由出发，应当限制中立帮助行为的处罚范围。根据决定中立帮助行为的可罚性是否完全不考虑行为人的主观方面，可将限制处罚说主要分成主观说与客观说两大阵营。[3] 在客观说的阵营中，德国学者 Hefendehl 的利益衡量说值得关注，他提出，在帮助犯客观要件的解释问题上，应从利益衡量的角度对其进行限制性解释，以此限制中立帮助行为的处罚范围。具体而言，就是将受德国基本法所保障的潜在帮助者的行为自由与被害人的利益保护之间进行权衡。为了消除法益保护与行为自由之间的紧张关系，应在犯罪行为所侵害的法益重要性与对潜在共犯者行为自由的限制程度之间寻求平衡。当行为本身还不存在威胁法益的明显倾向时，即本身无害的前提行为被他人的犯罪行为恣意利用时，属于正犯的故意行为导致的自我答责的领域，其前提行为应属于受基本法所保障的一般行为自由的范畴。不过，若与共犯存在共谋关系，或者援助者对于应受保护的法益存在特别的注意义务，以及存在需要保护的特别重要的法益时，此时为了保护法益，对自由的剥夺才是合理的。

---

[1] 被告人开发了一种文件夹共有的软件"Winny"，反复进行改良，将其公开在网站上，通过网络向不特定的多数人提供。有两名正犯，利用 Winny 软件，将具有著作权的游戏软件等信息向网络利用者公开传播，侵害了著作权人所拥有的作品公开传播权（日本著作权法第23条第1项），因而是实施了违反著作权法的犯行，在正犯的犯行之下，被告人公开且提供最新版的 Winny 软件的行为被以构成帮助犯为名提起公诉。

[2] 顾客前往五金商店购买螺丝刀，店员将螺丝刀卖给了顾客，最终顾客使用该螺丝刀实施了住宅侵入罪。

[3] 陈洪兵：《论中立帮助行为的处罚边界》，载《中国法学》2017年第1期，第192—199页。

笔者认为，利益衡量说与其说是划定中立的帮助行为处罚圈的规则，不如说是指导原则，因为司法者在判断中立的帮助行为可罚性时，无论其秉持主观论抑或是客观论的立场，都需要在自由保障与法益保护之间进行权衡。具体到本罪中的帮助行为的可罚性问题，需要考察行为在客观上的法益侵害性、主观上的认识、对主犯因果流程的影响等因素，① 考量重点是行为人的主观心态——即帮助的故意，要求行为人具有帮助他人从事特定犯罪行为的故意，以及具有帮助他人实现犯罪构成要件的故意。从认识要素上看，行为人除了必须认识到正犯行为是犯罪行为之外，还需要认识到自己的行为是一种对正犯行为的实现有所助益的帮助行为，即知悉他人犯罪而有意予以助力。以下对明知的认识要素将进行进一步的讨论。

2. 如何界定"明知"

本罪中，明知的内容应为他人利用信息网络实施犯罪②，可以具体细化为两个层次：一是他人实施的客观行为；二是他人行为的犯罪性质。在具体案件中，被告人如能提出相反证据证明自己行为的正当合法性，即构成对这一不利推定的反驳，则可能使自己免于获罪。所以，帮助信息网络犯罪活动者只要能够证明自己不可能履行注意义务，或者自己已经尽到了合理义务以避免结果发生的，就不应推定其主观上有故意。

有的学者认为基于网络犯罪帮助行为可罚性的考虑，在"明知"的解释上也应当适当扩张，③ "明知利用信息网络实施犯罪"不应作狭义理解，具有刑事违法性可能的行为或者确实的犯罪行为都可以是明知的对象。在"明知"的理解上，应当包括"应知"的含义。这里"应知"事实上是一种规范性的评价机制。

对行为人主观明知的证明是司法实践中办理该类案件的经常性难题，行为人往往辩称自己仅仅提供互联网接入服务等技术性工作，或者仅仅提供支付结算等一般的劳务帮助、业务合作，对于被帮助人是否利用自己的帮助从事信息网络犯罪并不知情。实践中，我国对内幕交易的行政处罚特别是刑事追责一般要求还原完整的证据链，而对行为人"利用"内幕信息交易主观状态的认定是关键环节。而与犯罪的客观要素或责任要素所涉及的事实相比，主观要素涉及的事实更难证明，这在多层次传递型内幕交易认定中表现得尤为突出。针对

---

① 周光权：《刑法总论》（第2版），中国人民大学出版社2011年版，第235页。
② 刘宪权：《论信息网络技术滥用行为的刑事责任——〈刑法修正案（九）〉相关条款的理解与适用》，载《政法论坛》2015年第6期，第102页。
③ 郭自力、陈文昊：《帮助信息网络犯罪活动罪的教义学阐释》，载《通化师范学院学报》2017年第1期，第75页。

上述难题，须对刑事推定的适用予以关注和讨论。

本罪中"明知"的推定可以考虑借鉴网络知识产权犯罪中的推定原则——红旗标准原则，其如果有关他人实施侵权行为的事实和情况已经像一面鲜亮的红旗在网络服务商面前公然飘摇，以至于网络服务商不可能不发现他人侵权行为的存在，则可以认定网络服务商存在"明知"。① 在符合下列条件的情况下可以认定行为人的"明知"。第一，该网络平台提供者或经营者已经收到有关用户违法犯罪的告知。如权利人已经通知信息网络服务提供者存在违法行为的；已经存在对于其他用户违法犯罪行为的举报的。第二，已经存在国家公权力介入的，例如，信息网络业务提供者为他人提供的技术支持、帮助等已经被行政机关进行处罚或查处的。第三，根据公众和社会的一般认知已经可以确定网络中存在违法行为的，如被服务对象存在伪造、涂改、转借有关网络经营业务资质证书的；有关交易文书明确记载该服务对象可能实施网络违法犯罪的；服务对象实施信息网络违法犯罪被发现后，行为人转移、销毁物证或者提供虚假证明的；所服务对象均从事或者主要从事信息网络知识产权犯罪活动的；行为人与被服务对象存在商业合作或者不合理的利益分成关系的。②

推定是法律领域处认知局限的特殊方法，是基于某些举证困难甚至举证不能的特殊情况而设置的减轻负证明责任方证明负担，其存在的正当性基础不是逻辑理性而是价值理性。因此，对推定的事实必须允许行为人进行抗辩。例如在本罪名中，行为人可以以"明知"的认识错误进行抗辩。所谓"明知"的认识错误，即行为人对被帮助的人是否实施信息网络犯罪产生认识上的错误。这又包括两种情况：其一，将他人不实施信息网络犯罪的行为误以为想实施信息网络犯罪而进行帮助。这种情况下，行为人主观上具有犯罪故意，客观上也实施了帮助信息网络犯罪的行为，但由于被帮助的信息网络行为不是犯罪行为，不符合客观构成要件，也不会对信息网络管理秩序造成破坏，因而不构成犯罪。其二，将准备实施信息网络犯罪的行为误以为不是实施信息网络犯罪的行为，而进行帮助。这种情况下，行为人由于主观上不具有帮助实施信息网络犯罪的故意，缺乏该罪的主观构成要件，也不构成犯罪。③

---

① 刘科：《帮助信息网络犯罪活动罪探析——以为网络知识产权犯罪活动提供帮助的犯罪行为为视角》，载《知识产权》2015年第12期，第49页。

② 郭自力、陈文昊：《帮助信息网络犯罪活动罪的教义学阐释》，载《通化师范学院学报》2017年第1期，第75—76页。

③ 刘科：《帮助信息网络犯罪活动罪探析——以为网络知识产权犯罪活动提供帮助的犯罪行为为视角》，载《知识产权》2015年第12期，第51页。

3. 如何定义情节严重？

根据信息网络环境中帮助行为并非日常生活中"一对一"的典型状态，而普遍呈现出"一对多""多对多"的情况，对情节严重的认定，可以从两个向度进行考虑，一是提供帮助者本身所提供帮助的频次、非法获利等情况；二是接受帮助方实施具体信息网络犯罪的情况，从行为人所帮助的具体网络犯罪的性质、危害后果，其帮助行为在相关网络犯罪中起到的实际作用，帮助行为非法获利的数额等情况综合考量。

（三）本罪帮助行为的独立性与共犯从属性之关系

可以借助两个案例对此问题进行讨论。

案例一：行为人甲明知行为人乙可能将要实施网络诈骗行为，便主动为其提供互联网技术支持，但是行为人乙并未实施网络诈骗行为，则甲是否认定为刑法第287条之二的帮助信息网络犯罪活动罪？

案例二：行为人A明知行为人B正在实施网络诈骗行为，便主动为其提供互联网技术支持，但是行为人B并未利用行为人A的技术支持便成功实施了网络诈骗行为，则A是否认定为刑法第287条之二的帮助信息网络犯罪活动罪？

对上述两个案例中帮助行为定性存在不同意见，一种观点认为刑法第287条之二帮助信息网络犯罪活动罪为独立罪名，帮助行为的认定无须被帮助方行为的既遂（案例一的情况），亦不要求被帮助方的既遂行为与帮助方具有直接的因果关系（案例二的情况）。另一种观点是坚持帮助信息网络犯罪活动罪的认定仍需要遵循共犯从属性说。根据共犯从属性说，正犯犯罪既遂的，帮助犯亦既遂，正犯犯罪未遂的，帮助犯亦未遂；正犯犯罪中止的，帮助犯只能成立犯罪未遂；帮助犯自动停止犯罪，并采取报案等有效措施防止正犯继续实施犯罪，有效防止犯罪结果发生的，帮助犯成立犯罪中止，正犯则属于犯罪未遂。[①]

简言之，上述两个案例帮助者的定性牵涉到的主要问题是：是否承认刑法第287条之二的独立罪名性质，在此基础上，如何看待共犯正犯化与共犯从属性之间的关系。

对于第一种观点，即刑法第287条之二量刑规则说的分析，前文已有论述，在此不再赘述。

对于第二种观点，有司法界人士认为从即使承认帮助信息网络犯罪活动罪在本质上属于帮助行为正犯化之体现，但该罪名适用仍需要符合共犯的从属性原理，方能合理控制处罚范围。而基于共犯的从属性原理，帮助犯的成立至少

---

① 周光权：《刑法总论》（第2版），中国人民大学出版社2011年版，第236页。

要求被帮助者着手实行了被帮助的犯罪,否则便缺乏共犯的处罚根据,只有当被帮助者着手实行犯罪,使法益受到具体的、紧迫的危险时,处罚帮助犯才具有实质合理性。即便是在刑法分则立法将某一类型的帮助行为直接规定为犯罪的情况下,也应当对相应的构成要件作限制解释,从而将不值得刑罚处罚的行为排除在外。①

刑法第 287 条之二第 1 款的认定并不以他人实施信息网络犯罪行为既遂为前提,这里的实施并不等于实行,因此他人即使处于预备或者实行过程中,也可以认为帮助者符合了明知他人利用信息网络实施犯罪的要件。只要帮助者提供了相应的帮助行为,并在客观上产生了可能造成一般人认为的信息网络犯罪法益侵害的危险,则可能认定为刑法第 287 条之二的罪名,并不以他人的信息网络犯罪产生实害为前提,这是由本罪的独立性性质所决定的。

对于第二个案例,则可能有学者认为帮助者的行为与实施者行为之间没有刑法意义上的因果联系。对此笔者认为,行为人 B 的行为已经进入了实行阶段,此时行为人 A 介入了行为人 B 的网络诈骗行为,为之提供帮助。"在被提供帮助者没有使用帮助者提供的帮助的场合,既然预备罪的共犯可罚,预备之后的实行犯的共犯当然更是可罚的。无论是对行为人 A 是以共犯(不承认帮助行为独立犯罪化的场合)归责还是以单独正犯(承认帮助行为独立犯罪化的场合)归责,行为人 A 都是构成犯罪而不是不可罚的。"②

帮助信息网络犯罪活动罪为信息网络帮助行为独立规定了犯罪类型,"这就意味着这种全新犯罪的刑事责任结构与传统共犯结构相比具有特殊性与独立性"③。在本罪的刑事责任结构中,利用信息网络实施犯罪的行为主体很有可能永远也无法在实体上被认定为犯罪、在程序上予以查处。例如,直接制作并传播淫秽信息的犯罪者及其网站、服务器等均在境外,国内司法机关根

---

① 成立帮助信息网络犯罪活动罪,并不是仅仅要求行为人明知他人利用信息网络实施犯罪即可,而是同样要求他人利用信息网络着手实施了犯罪。在被帮助者没有着手实施信息网络犯罪活动,或者虽然着手实施了信息网络犯罪活动但没有使用网络服务提供者提供的相应网络技术支持或帮助的情形时,由于网络技术中立的帮助行为在实质上没有间接地引起法益侵害或者危险,不具备实质的刑事可罚性,因而对于提供帮助的人不宜以帮助信息网络犯罪活动罪论处。熊亚文、黄雅珠:《帮助信息网络犯罪活动罪的司法适用》,载《人民司法》2016 年第 31 期,第 79 页。

② 聂立泽、胡洋:《帮助信息网络犯罪活动的规范属性及司法适用》,载《上海政法学院学报(法治研究)》2017 年第 1 期,第 10 页。

③ 刘宪权:《论信息网络技术滥用行为的刑事责任——〈刑法修正案(九)〉相关条款的理解与适用》,载《政法论坛》2015 年第 2 期,第 102 页。

本无从查处,但通过信息网络服务平台使得淫秽信息可供国内用户分享的信息网络服务者则独立构成犯罪,不需要在实体上与实行犯罪的行为主体进行责任捆绑,也没有必要在程序上等待实行犯罪性质确认之后或者至少作为关联案件处理才能合法追究信息网络服务者的刑事责任,这也是刑法修正案设立本罪的价值所在。

最后需要讨论的是,间接帮助行为的可罚性问题。所谓间接帮助行为,是指对帮助正犯予以帮助的行为。如 A 实施故意杀人行为,B 为被害人,对 A 的杀人实行行为予以帮助的 B 是直接帮助,如果存在帮助 B 的人 C,那么 C 的帮助就是间接帮助。① 间接帮助行为的可罚性问题,在讨论刑法第 287 条之二之性质时已经提及,基于笔者认同该条是网络犯罪帮助行为的正犯化,则对正犯的帮助行为应具有可罚性。

四、信息网络犯罪罪名区分问题

(一) 拒不履行信息网络安全管理义务罪、帮助信息网络犯罪活动罪与相关网络犯罪共同犯罪的关系和界限

如前所述,笔者同意帮助网络犯罪活动罪是网络犯罪中行为人实施特定帮助行为,帮助犯正犯化的立法。该罪名在适用时,需要考虑以下法条竞合问题。

1. 如何理解刑法总则中的共犯条款与帮助网络犯罪活动罪的关系?

有学者提出,两者属于法条竞合关系,属于竞合关系中的特殊条款与一般条款的关系,当二者发生冲突时,根据法条竞合适用原理,应遵循特别条款优于一般条款的原则,适用帮助网络犯罪活动罪,但这种法条适用可能导致罪刑不平衡,违背《刑法修正案(九)》增设该项罪名的初衷。② 笔者认为,法条竞合(法条单一),是指一个行为同时符合了数个法条规定的犯罪构成,但从数个法条之间的逻辑关系来看,只能适用其中一个法条,当然排除适用其他法条的情况。③ 总则条文与分则罪名之间应该是指导关系而非竞合关系,只有分则条文之间才能构成法条竞合关系,④ 即法条竞合只能是分则不同法条之间的

---

① 参见刘艳红:《网络犯罪帮助行为正犯化之批判》,载《法商研究》2016 年第 3 期,第 21—22 页。

② 苏彩霞、侯文静:《帮助信息网络犯罪活动罪正当性考量》,载《中南财经政法大学研究生学报》2016 年第 1 期,第 118 页。

③ 张明楷:《刑法学》(第 5 版),法律出版社 2016 年版,第 463 页。

④ 赵秉志:《刑法分则问题专论》,法律出版社 2004 年版,第 18 页。

竞合关系。

再回到帮助网络犯罪活动罪名的立法初衷，是为了规制网络服务主体出于谋取利益或其他动机，明知其行为会促进网络犯罪的发生而提供网络服务或者技术支持的行为，至于实行行为是否会发生，网络服务者往往不刻意关注。该罪名的设立便是针对惩治那些提供网络服务但没有真正促成网络犯罪发生的行为，[1] 或者无法证明帮助行为与实行行为有犯意联络的情况，即将原先的帮助行为上升为正犯行为。如果帮助行为之后，实行行为随即发生，则应根据《刑法修正案（九）》第287条之二第3款"有前两款行为，同时构成其他犯罪的，依照处罚较重的规定定罪处罚"的规定，选择适用帮助信息网络犯罪活动罪还是其他网络犯罪的罪名。[2] 如果帮助者与正犯者有事先通谋时，应直接以正犯者实施的正犯行为的共同犯罪定罪处罚，而不宜以帮助信息网络犯罪活动罪定罪处罚。[3]

2. 罪名区分规则

（1）当实施帮助信息网络犯罪活动的行为人与正犯之间没有意思联络，或者，虽然认识到正犯实施网络犯罪，但仅仅实施了互联网接入、服务器托管、网络存储、通信传输、广告推广、支付结算等中立的帮助行为，并未积极追求危害结果的发生，也没有与正犯形成犯罪合意的场合，不成立共同犯罪，只构成帮助信息网络犯罪活动罪。

（2）行为人为实施网络犯罪者提供互联网接入、服务器托管、网络存储、通信传输等技术支持，或者提供广告推广、支付结算等帮助，情节严重的，如果行为人与正犯之间存在意思联络，就构成共同犯罪，不适用刑法第287条之二的罪名规制。

（3）实施帮助信息网络犯罪活动的行为人又参与了正犯实施的网络犯罪。对此情况如何处罚，有两种不同观点，一是根据主行为吸收从行为的处断原则，构成吸收犯，直接认定为网络犯罪的共同正犯，不再另行处罚其帮助行为[4]。二是借鉴"共犯的竞合"理论，对此情形原则上按照正犯行为定罪处

---

[1] 赵运锋：《帮助信息网络犯罪活动罪的立法依据与法理分析》，载《上海政法学院学报》（法治论丛）2017年第1期，第25页。

[2] 需要明确的是，即使帮助行为符合其他个罪罪名的帮助犯，帮助行为也是同时符合帮助信息网络犯罪活动罪与其他网络犯罪，需要选择处罚较重的罪名进行定罪量刑。

[3] 熊亚文、黄雅珠：《帮助信息网络犯罪活动罪的司法适用》，载《人民司法》2017年第31期，第79页。

[4] 李冠煜、吕明利：《帮助信息网络犯罪活动罪司法适用问题研究——以客观归责方法论为视角》，载《河南财经政法大学学报》2017年第2期，第66—67页。

罚，即按照该罪定罪处罚。①

笔者认为，在罪名选择中，司法者需要考量罪刑平衡。根据刑法第287条之二第3款"有前两款行为，同时构成其他犯罪的，依照处罚较重的规定定罪处罚"规定中的"其他犯罪"，既包括其他犯罪的正犯形态，也包括其他犯罪的共犯（帮助犯）形态。如果按照该罪的正犯形态处罚，难以做到罪责刑相适应，完全可以适用其他犯罪的共犯形态来处理，从而做到罪责刑相适应。即综合全案事实，即使考虑帮助犯的从轻情节后，仍应该在3年以上的量刑幅度内量刑的，则可以选择按照他罪的共犯形态予以定罪量刑。例如行为人明知他人利用信息网络实施严重的知识产权犯罪（法定刑在3年以上7年以下的犯罪）而提供帮助的，应该按照本罪正犯处理，还是按照知识产权犯罪的共犯处理呢？笔者认为应该按照知识产权犯罪的共犯处理。

同样，如果行为人明知他人利用信息网络实施A罪而为其提供帮助（构成该罪），也可能同时利用信息网络实施其他犯罪（B罪），此时行为人可能同时触犯该罪、A罪的帮助犯以及B罪。对此，对于A罪的帮助犯与该罪遵循"同时构成其他犯罪的，依照处罚较重的规定定罪处罚"选择罪名，再与B罪进行并罚即可。例如，行为人明知他人利用信息网络实施侵犯著作权罪（A罪），而为其提供帮助（构成该罪），同时亲自利用信息网络实施销售侵权复制品犯罪（B罪），分别构成该罪与侵犯著作权罪（帮助犯）、销售侵权复制品罪。此时，应先选择适用该罪还是侵犯著作权罪的帮助犯（择一重罪处理），然后与销售侵权复制品罪进行并罚即可。

案例三：2014年11月至2015年3月中旬，被告人刘某甲、苏某甲先后注册成立厦门通满弘网络科技有限公司和厦门亿先文化传媒有限公司，搭建销售游戏、话费充值卡的虚假交易网站"迎客松""绿色2015"商城，建成支付宝、环讯付款接口，通过各种方式联系实施"兼职刷信誉返佣金"诈骗的人员，并向诈骗人员提供网站链接，被害人依链接进入网站购买充值卡后，卡号卡密即被诈骗人员利用网站功能获取，然后将卡号卡密销赃。同时，刘某甲还构建"创世纪"收卡平台低价回收赃卡，安排苏某乙、刘某乙向诈骗人员推广网址链接、提供订单查询、资金结算等帮助，刘某甲、苏某甲从中赚取差价获利，至案发前，被害人被诈骗人员骗至"绿色2015"网站购卡，金额共计110160元。

本案中，一审法院认为，刘某甲、苏某甲本应以诈骗罪共犯论处，但由于《刑法修正案（九）》第29条已将帮助信息网络犯罪的行为由共同犯罪行为中的

---

① 刘科：《帮助信息网络犯罪活动罪探析——以为网络知识产权犯罪活动提供帮助的犯罪行为为视角》，载《知识产权》2015年第12期，第51页。

帮助行为单独作为犯罪定罪处罚，且新的刑法对该犯罪行为的处刑轻于旧的刑法处刑，根据从旧兼从轻的原则，应适用新的刑法对刘某甲、苏某甲的犯罪行为定罪处罚，据此，其行为构成帮助信息网络犯罪活动罪，遂判处刘某甲有期徒刑1年，并处罚金5万元，判处苏某甲有期徒刑10个月，并处罚金4万元。①

这个判例的讨论至少有两个关注点，一是刑法溯及力问题。二是帮助信息网络犯罪与共犯之间的罪名选择问题。我国刑法第12条对"刑法溯及力问题"有明确的规定，基于此，有学者提出，"帮助信息网络违法犯罪活动罪，帮助行为是帮助犯的有限实行化，新法施行前实施对犯罪帮助行为的，新法实施后亦按照从旧兼从轻的原则定罪处罚，如果针对新法实施以前违法行为帮助的部分，即使按照新法有'情节严重'情形的按照新法也不得认定为犯罪②"。"从旧兼从轻"原则无可非议，但在该罪名适用时需要斟酌。

将网络犯罪中的帮助行为定性为帮助信息网络犯罪活动罪的前提是，帮助行为实施者与正犯之间没有犯罪联络，如果有共谋、有联络，实际上帮助行为实施者的行为应定性为共同犯罪。本案中，一审法院的判决认为，刘某甲、苏某甲本应以诈骗罪的共犯论处，说明在案证据足以证明该两人与实施诈骗犯罪的行为人有诈骗犯罪故意的共谋，因此其犯罪故意已经超出了帮助信息网络犯罪活动罪的犯罪故意的范畴，不应退而以该罪论处，且本案中诈骗犯罪的共犯与帮助网络信息罪之间有明显的刑罚差异，选择适用帮助网络信息罪不但没有加大对帮助行为人的刑事处罚力度，定性上也会存在明显问题。根据2016年最高人民法院、最高人民检察院、公安部《关于办理电信网络诈骗等刑事案件适用法律若干问题的意见》（法发〔2016〕32号）中的相关规定亦明确了此处罚原则。③

---

① 《江西省吉安县人民法院刑事判决书》〔2015〕吉刑初字第204号。

② 陈结淼、董杰：《论信息网络犯罪的适用》，载《南华大学学报》2017年第1期，第92—93页。

③ 最高人民法院、最高人民检察院、公安部《关于办理电信网络诈骗等刑事案件适用法律若干问题的意见》（法发〔2016〕32号）第3条第六项规定："网络服务提供者不履行法律、行政法规规定的信息网络安全管理义务，经监管部门责令采取改正措施而拒不改正，致使诈骗信息大量传播，或者用户信息泄露造成严重后果的，依照刑法第二百八十六条之一的规定，以拒不履行信息网络安全管理义务罪追究刑事责任。同时构成诈骗罪的，依照处罚较重的规定定罪处罚。"

第3条第七项规定："实施刑法第二百八十七条之一、第二百八十七条之二规定之行为，构成非法利用信息网络罪、帮助信息网络犯罪活动罪，同时构成诈骗罪的，依照处罚较重的规定定罪处罚。"

（二）非法利用信息网络罪与相关犯罪的犯罪预备、犯罪未遂、共同犯罪的关系与界限

首先，刑法第 22 条对犯罪预备有明确的规定，为了犯罪，准备工具、制造条件的，是犯罪预备。非法利用信息网络罪与刑法第 22 条之间不构成法条竞合，只能与相关犯罪的预备犯、未遂犯等构成竞合。其次，非法利用信息网络罪与其他分则罪名（预备犯）之间的关系，应根据刑法第 287 条之一第 3 款规定，有前两款行为，同时构成其他犯罪的，依照处罚较重的规定定罪处罚，具体分析思路可以参考帮助信息网络犯罪活动罪与相关网络犯罪共同犯罪罪名区分。

第三部分　信息网络犯罪刑事政策

《刑法修正案（九）》中拒不履行信息网络安全管理义务罪、非法利用信息网络罪、帮助信息网络犯罪活动罪三个罪名的设立，是对信息网络犯罪现实的回应，但同时也是对传统刑法理论观点的明显突破。前文对上述三个罪名的相关司法解释和法律适用进行了初步阐释。在此基础上，司法者在罪名适用时也需要把握相应的刑事政策。

刑事政策在不同的语境中有不同的含义，从广义上理解"刑事政策"有助于解决作为社会公共事务的犯罪问题的研究，也有助于更准确地划定犯罪圈从而体现立法原意，正如黎宏教授所指出的："刑事政策不仅包括对已经被确定为犯罪的行为应当配置何种刑事制裁方法才有助于维系最低限度的社会秩序的处罚选择问题，还包括应当把多大范围内的行为和何种性质的行为纳入刑事规范调整范畴的定罪问题。"[①] 刑事政策与刑事法律规范之互动的第二层内涵在《刑法修正案（九）》网络犯罪的相关修法中得到了充分的体现，罪名适用时需要高度重视。

一、如何处理好惩罚犯罪和科技创新发展之间的关系

近年来，利用信息网络特别是互联网实施的违法犯罪活动急速增加，严重侵犯了公民人身、财产权利，扰乱社会秩序，对此应予坚决惩处。更值得注意的是，信息网络已经深深嵌入社会经济生产，并成为广大社会民众日常生活重要的组成部分。打击信息网络犯罪不能因噎废食，扼杀网络的活力。特别是对在信息网络产业中发挥重要的、活跃的创新推动力的创新企业，更不能单纯为

[①] 黎宏：《论"刑法的刑事政策化"思想及其实现》，载《清华大学学报》（哲学社会科学版），2004 年第 5 期，第 47 页。

了维护社会秩序和问题，赋予其难以负担的社会管理义务而阻碍其发展。以据不履行管理义务的为例，此罪名对针对的都是网络服务提供者不履行网络信息安全管理义务的行为，即便在立法上对本罪的成立条件在情节上加以严格限制，但是其要求网络服务提供者积极参与维护信息网络安全，使网络服务提供者负有刑法上的管理义务，必将加重网络服务提供者的运营成本和所可能面临的法律风险，对信息网络企业发展和科技创新造成阻碍，也可能降低社会民众通过信息网络获取相应服务的便捷程度。因此，在适用该罪名时，不能对所有信息网络服务者课以大而全、概而统之的安全管理义务，必须根据信息网络服务机构提供的服务类型、中介地位和对违法犯罪信息的直接控制能力，从而赋予其适当的、区分化的刑法责任。

二、贯彻好宽严相济的刑事政策，确保办案效果

打击利用信息网络实施的违法犯罪活动，应突出打击重点，坚持区别对待。如对于那些组织他人专门从事搭建虚假购物平台公众，以获取消费者个人金融信息后在网上售卖的网络公司，对那些组织他们专门从事炒作、删帖等所谓"策划营销组织"，对那些长期散布虚假信息、严重扰乱公共秩序的"网络推手"，应当依法惩处。而对一些因缺乏法律常识，特别是处于好奇心偶尔一次利用信息网络实施犯罪的青少年，在追究刑事责任时需要特别慎重。

在把握量刑情节时，需要构建信息网络环境下与日常环境中相等价的适用标准。如在具体案件中认定信息网络犯罪中被锁定 IP 地址的行为人自动投案为"自首"，便是在信息网络环境中，对行为人犯罪后的行为是否符合自首制度的设置初衷及自首的本质要求进行考量，刑事司法在遵循罪刑法定的前提下通过具体的刑法解释将其合理地认定为自首，让刑事立法与刑事政策在双向互动的态势中此消彼长地寻求最优化的平衡，以实现防止犯罪和保障人权，并增加刑法的公众认同感，更好地实现信息网络犯罪刑法扩张的目的。[①]

[①] 案件简要案情：行为人戊某某在网上出售其制作的具有破坏性功能的恶意发帖软件，客户购买该软件后便利用该软件在网站上恶意发帖灌水，造成某网站巨大经济损失。案发后，公安机关根据戊某某在网上的交易记录锁定其 IP 地址，并根据 IP 地址找到对应的物理地址，行为人戊某某在公安人员简单问话后便如实供述其全部犯罪事实。由于戊某某的如实供述才在本人和犯罪行为之间建立了一种必然的关联性，能够体现犯罪嫌疑人投案的主动性和自愿性，并最大限度地鼓励他人投案和缩减司法成本，完全符合自首的设立目的及其旨趣。因此可以根据《自首意见》第 1 条中的 "其他符合立法本意，应当视为自动投案的情形" 而认定为自首。参见赵拥军：《信息网络犯罪中自首认定的新问题——以刑法第二百八十七条的修改为例》，载《人民司法》2016 年第 28 期，第 56 页。

三、积极推动信息网络综合治理，发挥刑法的教育引导作用

刑法因为其制裁的严厉性，应该被作为社会治理的最后手段，在信息网络犯罪的预防和治理领域不能单纯依靠刑罚。一方面，司法机关在办案中要注重运用刑罚手段在预防、规范、教育、引导等方面的积极作用，发现网络社会治理中的监管缺位以及信息网络中介公司的内部治理缺漏，通过各种方式反馈问题和意见，促进相关部门加强对信息网络的日常管理，增强网络服务者的社会责任感，健全网络的内部管理制度；另一方面，通过以案释法，提升社会公众法律认识，完善网络违法犯罪防范机制，以有效遏制信息网络犯罪发生。

互联网金融刑事政策研究

刘 晶 张艳丽 张 龙[*]

一、问题的提出

2017年9月12日,号称"P2P第一案"的"e租宝"案宣判。

经法院审理查明,被告单位安徽钰诚控股集团、钰诚国际控股集团有限公司于2014年6月至2015年12月,在不具有银行业金融机构资质的前提下,通过"e租宝""芝麻金融"两家互联网金融平台发布虚假的融资租赁债权项目及个人债权项目,包装成若干理财产品进行销售,并以承诺还本付息为诱饵对社会公开宣传,向社会公众非法吸纳巨额资金。2014年6月至2015年12月,"e租宝"案借助互联网非法吸收115万余人资金累计人民币762亿余元。其中,大部分集资款被用于返还集资本息、收购线下销售公司等平台运营支出,或用于违法犯罪活动被挥霍,造成大部分集资款损失。

北京市第一中级人民法院分别以集资诈骗罪、非法吸收公众存款罪、走私贵重金属罪、非法持有枪支罪、偷越国境罪,对被告单位安徽钰诚控股集团、钰诚国际控股集团有限公司分别判处18.03亿元、1亿元罚金;对丁某甲、丁某乙均判处无期徒刑,剥夺权利终身,罚金分别为1亿元、7000万元;对张某某等24人判处有期徒刑15年至3年刑罚,并处剥夺政治权利及罚金。

投资人数量达上百万人,吸收资金达700多亿元,撬动如此大额的金融杠杆,引发的社会矛盾呈爆炸式发展,严重妨害了我国的金融秩序,危害了国家的金融安全。"e租宝"案件令人触目惊心。除此之外,根据裁判文书网、网贷之家的统计,已经有"淘金贷""东方创投""优易网""家家贷"等20余家所谓的互联网金融公司被依法判决构成集资诈骗罪、非法吸收公

---

[*] 作者简介:刘晶,男,北京市西城区人民检察院职务犯罪检察部主任;张艳丽,女,北京市西城区人民检察院金融犯罪检察部检察官;张龙,男,北京市西城区人民检察院行政检察部检察官助理。

众存款罪等。

2017年3月,曹建明检察长在最高人民检察院工作报告中讲到,2016年全国检察机关"着力防范金融风险,突出惩治非法集资等涉众型和互联网金融犯罪,起诉集资诈骗等犯罪16406人"①。其中,包括北京、上海等地检察机关办理的"e租宝""中晋系"等重大案件。如此庞大的互联网金融犯罪数量,引发了笔者对这一问题的研究兴趣:什么是互联网金融?互联网金融应当如何发展?在互联网金融时代,刑法应当保持什么样的面孔?

二、互联网金融的基础研究

(一)互联网金融的概念

互联网金融的概念,由谢平、邹传伟在2012年"金融四十人论坛"上首次提出,自此受到学术界的广泛关注。谢平和邹传伟提出,"互联网是一种不用于商业银行和资本市场的第三种融资模式"②。之后,谢平又完善了这个概念,认为"互联网金融是一个谱系概念,涵盖因为互联网技术和互联网精神的影响,从传统银行、证券、保险、交易所等金融中介和市场,到瓦尔拉斯一般均衡对应的无金融中介或市场情形之间的所有金融交易和组织形式"③。也有学者认为,"互联网金融主要是一种行为方式,是指一种运用互联网虚拟社区、互联网技术来实现传统资金中介作用的行为"④。

学界众说纷纭之下,规范文件对这一概念有了明确定义。一是2014年上海市政府发布的《关于促进本市互联网金融产业健康发展的若干意见》,这是首个省级地方政府关于促进互联网发展的指导性意见,该文件对"互联网金融"的概念定义如下:"互联网金融是基于互联网及移动通信、大数据、云计算、社交平台、搜索引擎等信息技术,实现资金融通、支付、结算等金融相关服务的金融业态。"

2015年7月18日,中国人民银行、工业和信息化部、公安部、财政部、国家工商总局、国务院法制办、银监会、证监会、保监会、国家互联网信息办

---

① 《最高人民检察院工作报告·2017》(摘要),载《人权》2017年第2期,第131页。
② 参见谢平在2012年度"中古金融四十人论坛"课题上提交的论文《互联网金融模式研究》。后该文发表于《金融研究》2012年第12期,第11页。
③ 谢平、邹传伟、刘海二:《互联网金融手册》,中国人民大学出版社2014年版,第1页。
④ 陈一稀:《互联网金融的概念、现状与发展建议》,载《金融发展评论》2013年第12期。

公室联合印发《关于促进互联网金融健康发展的指导意见》（银发〔2015〕221号）（以下简称十部门联合印发的《关于促进互联网金融健康发展的指导意见》），对互联网金融定义为："互联网金融是传统金融机构与互联网企业利用互联网技术和信息通信技术实现资金融通、支付、投资和信息中介服务的新型金融业务模式。"

从上述定义可以看出，相较于上海市政府发布的《关于促进本市互联网金融产业健康发展的若干意见》，2015年十部门联合印发的《关于促进互联网金融健康发展的指导意见》对互联网金融的定义更为简练全面，特点归纳详尽突出，从而终结纷争，统一了认识。

（二）互联网金融的产生与发展

互联网金融最初从国外发展起来，进入我国的时间相对较晚。然而，互联网金融被引进到国内之后，在我国的经济社会国情土壤环境中，发生了一些适应性的变化。尤其是随着我国科技水平的提高以及改革开放程度的加深，互联网技术和金融结合之后，迅速发展，其发展态势之迅猛、应用之普及，已经大幅度超过国外互联网金融的发源"鼻祖"。

我国互联网金融的发展大致经历了三个阶段：第一个阶段是2005年以前，互联网与金融还只是初步结合，互联网金融还未成形，真正意义上的互联网金融业态还未出现。互联网与金融的结合点主要体现为金融机构以互联网技术为支撑，将自身的银行业务转移到网络上，方便客户使用。第二个阶段是2005年至2012年，这是互联网金融的野蛮生产阶段。第三方支付机构开始产生并发展壮大，P2P网络借贷平台开始出现，互联网与金融开始密切结合，二者的紧密耦合形成了互联网金融的主要业态。第三个阶段是从2013年开始至今，2013年至2017年是互联网金融由"野蛮生长"迈向规范发展的五年。在这五年之间，互联网金融企业如雨后春笋，互联网金融业务模式不断丰富，交易规模持续扩大，用户数量持续攀升，产业布局加速扩张，竞争日趋激烈。同时，真假互联网金融企业鱼龙混杂，引发了多起非法集资类犯罪，对金融秩序造成了很大影响。地方各级政府开始重视互联网金融，提出促进互联网金融发展的意见。国家层面也将"互联网金融"概念写进文件，并陆续出台了一系列互联网金融监管政策。

我们需要重点关注的是第三个阶段。国家对互联网金融的重视日益显著。2013年被业界称为互联网金融发展元年。在金融业务方面，2013年全年支付机构累计发生互联网支付业务153.28亿笔，金额9.22万亿元，同比分别增长约56%和49%。当年8月，国务院发布的两份文件中出现了"互联网金融"的名词，国务院办公厅《关于金融支持微小企业发展的实施意见》中提出：

"充分利用互联网等新技术、新工具,不断创新网络金融服务模式。"国务院发布《关于促进信息消费扩大内需的若干意见》中指出:"推动互联网金融创新,规范互联网金融服务。"

2014年是互联网发展的生长年,我们称其为"互联网金融促进年"。在互联网金融发展速度迅猛的形式下,2014年第十二届全国人民代表大会二次会议的政府工作报告指出:促进互联网金融健康成长,完善金融监管协调机制,守住不发生系统性和区域性金融风险的底线。

2015年我们称为"互联网金融突起年",第十二届全国人民代表大会三次会议的政府工作报告用"异军突起"评价互联网金融的发展,还将互联网金融放置于"调整产业结构"的大背景下,作为"着力培育新的增长点",这样,政府既明确了推动互联网金融健康成长的决心和政治立场,还为互联网金融指出了"服务微小企业和三农等实体经济"的成长之路。2015年11月,在《"十三五"规划》中,国家首次将互联网金融纳入五年规划建议之中,并指出金融行业改革目标是规范当年金融行业的健康发展,进一步普及和发展互联网金融,提高金融服务实体经济的效率,提高金融行业对国民经济发展的贡献,使互联网金融在各类规则的约束下规范发展。同时,在该年,国家层面出台了关于纲领性文件,又随后出台了一系列配套监管措施,因而该年又被业界称为"互联网金融监管元年""互联网金融逆袭之年"。2015年7月18日,《关于促进互联网金融健康发展的指导意见》,这是国家层面关于互联网金融的纲领性文件,弥补了互联网金融规范和监管的空白。此后,涉及P2P等四部监管新规(包括征求意见稿)相继出台,分别是7月31日发布的《非银行支付机构网络支付业务管理办法(征求意见稿)》、8月6日公布的《最高人民法院关于审理民间借贷案件适用法律若干问题的规定》、8月12日发布的《非存款类放贷组织条例(征求意见稿)》、8月12日发布的《融资担保公司管理条例(征求意见稿)》,虽然有的文件还属于征求意见阶段,但是这一系列法律法规的出台,终结了互联网金融野蛮生长的乱象和无法可依的尴尬局面,实现了互联网金融的逆袭。

2016年被称为"互联网规范元年"。2016年,已经是"互联网金融"连续第三年写入政府工作报告,报告中称"要规范发展互联网金融",关注重点由"促进"转变为"规范"。同时2016年,"互联网金融"首次被中央一号文件提及。1月27日,新华社授权发布《关于落实发展新理念加快农业现代化实现全面小康的若干意见》中提到,引导互联网金融、移动金融在农村规范发展,同样强调"规范"性。

2017年属于互联网金融有序年,"e租宝"等一系列危害金融秩序的非法集资案件，先后被立案侦查、审查起诉、依法判决。央行在发布《中国区域金融运行报告》中发表专题文章《促进互联网金融在创新中规范发展》，指出，经过前一阶段整治工作的有效推进，目前互联网金融风险总体可控，行业规范发展逐步实现。在专项整治工作推动下，部分不规范平台主动退出经营或停业整改，部分不合法平台逐步被清理，尤其是随着部分政策逐步落地，监管工作有序开展，互联网金融平稳运营的规范性、透明性有所提高，在历经一轮行业"洗牌之后"，一些创新规范平台将脱颖而出，逐步走上规范发展的道路。

(三) 互联网金融的业态

互联网金融业态，包括以互联网为主要业务载体的第三方支付，金融产品销售与财富管理，金融资讯与金融门户，金融大数据采掘加工，网络融资与网络融资中介等。通俗来说，互联网金融业态主要体现为七大类：第一类：网络融资，即通过网络形式实现资金募集，主要体现为 P2P 网贷、众筹，例如"拍拍贷"。还有互联网基金理财，例如余额宝、理财通。第二类：支付结算，是指为商户和消费者提供支付结算金融服务，但是又独立于银行的第三方支付。例如支付宝、百度钱包、微信财付通。第三类，消费金融，是指依托大型网络商城，为大众消费娱乐活动提供贷款的一种金融服务。比如京东白条、天猫分期等。第四类，配套服务类，是指从事金融业务咨询、大数据采集分析等，以互联网技术为支撑，以互联网门户网站为入口，专门提供各种配套增值服务的企业。如蚂蚁之家、百度大数据引擎等。第五类，网络保险。2013 年国内第一家网络保险公司——众安在线获得批准后，公众对互联网保险的认可程度不断上升。举例说明，仅在 2014 年 11 月 11 日"光棍节"一天之内，众安保险的额保单销量就突破 1.5 亿个。第六类，虚拟货币。互联网虚拟货币是一套由复杂算法构成的密码编码，没有统一的发行机构，更不具有现实货币的形态。互联网虚拟货币运行一般有三方主体：虚拟货币实际享有者、交易平台、需求者。目前最著名的虚拟货币是"比特币"，于 2009 年由日本人本冲设计。比特币的获取方式有三种：第一种是通过比特币交易平台，用法定流通货币购买；第二种是通过"挖矿"（计算机算力比拼）获得新货币；第三种是通过他人的捐赠获得。比特币的流行，已经获得了有关国家的正式承认。2013 年 8 月，德国政府正式承认比特币的合法地位，允许人们可以用比特币缴纳税款。其他国家目前尚未承认比特币的合法地位。第七类，互联网证券，即通过互联网进行证券交易。1994 年，美国成立第一家证券经纪网站 WealthWEB，宣告了互联网证券时代的到来。

目前，最典型的三种互联网金融业态为 P2P 网络借贷、众筹和第三方支付。

1. P2P 网络借贷

P2P，是"peer to peer"的英文缩写，又名"人人贷"，是点对点的直接融资活动，即个体和个体之间通过互联网平台实现自由借贷。一般来说，P2P 网贷平台作为中介机构，仅提供纯中介服务，主要负责借贷双方信息审核、借贷需求匹配等工作，从而收取一定的中介费用。2005 年，全球第一家 P2P 网贷平台——ZOPA 公司在英国诞生。之后 2007 年美国也出现了 P2P 网贷平台——Lending Club，目前该企业已经成为美国最大的 P2P 金融企业。我国自 2008 年第一家 P2P 网络借贷平台"拍拍贷"成立后，网络借贷平台呈雨后春笋之势。2011 年，中国平安集团投资 4 亿元成立 P2P 网贷平台——陆金所，这也成为我国网贷行业的助推器。据银监会不完全统计，截至 2016 年 6 月底，全国正常运营的网贷机构数量为 2349 家，借贷余额 6212.61 亿元。

目前，网络借贷平台主要有两种模式，一种模式是无担保模式，即不要求贷款方提供担保，只做信息撮合工作。拍拍贷即是这种模式的代表。另一种模式是有担保模式，即要求贷款方提供足额抵押财产。目前，第二种模式是网络平台发展的主流。

2. 网络众筹

网络众筹（crowd funding），是指利用互联网的社交便利性，通过发布筹款项目从而筹集资金的融资方式。众筹起源于美国网站 Kickstarter，该网站搭建网络平台面对公众筹资，让有创造力的人可能获得他们所需要的资金，以便使他们的梦想有条件地得到实现。① 目前，其已成为世界最知名的众筹网站。

2011 年 7 月，我国出现了第一家众筹网站平台——"点名时间"，之后众筹平台迅速发展。世界银行《发展中国家众筹发展潜力报告》预测，十年后，中国众筹市场的规模将达到 3000 亿元。② 目前，网络众筹主要分为三类：第一类是捐赠类众筹；第二类是奖励类众筹；第三类是股权众筹。股权众筹是网络众筹的主要形式，采用"私募"的形式，由项目发起人通过网络平台，在预定时间内为项目筹资，投资人一旦出资，即会享受未来潜在的回报。国产电影《大圣归来》在影片最后，屏幕上显示出了众多儿童的名字，这些儿童的家长当初就是这个电影众筹的出资人。这部电影正是以众筹的方式顺利筹集所需宣传经费，从而使得电影大获全胜。据市场研究机构统计，截至 2016 年末，国内上线互联网众筹平台 608 家，整体筹资规模估算在 220 亿元左右。

---

① 谢辉：《网金的魅惑——解码互联网金融》，东方出版中心 2014 年版，第 30 页。
② 世界银行：《发展中国家众筹发展潜力报告》，载新浪网 http://vdisk.weibo.com/s/AxpkCskq9Y3i，最后访问日期 2017 年 10 月 11 日。

3. 第三方支付

第三方支付，是指具备一定实力和信誉保障的非银行机构借助通信、计算机和信息安全技术，在用户与银行支付结算系统之间建立连接的电子支付模式。目前，大家熟知的第三方支付平台有支付宝、财付通、快钱、易宝支付等等。2010 年，中国人民银行颁布《非金融机构支付服务管理办法》，对第三方支付进行了规范，同时也表明，第三方支付正式得到了官方的认可，成为我国支付体系的一部分。在我国互联网支付领域，获第三方网络支付业务牌照的机构有 100 多家，仅 2016 年第三季度，第三方支付机构处理网络支付业务 440.28 笔，金额 26.34 亿元。

（四）互联网金融的特点

对于互联网金融的特点，从不同的角度，会得出不同的结论。作为司法工作人员，笔者认为，互联网金融具有三大特点：

1. 智能化、专业化

与传统金融交易形式不同，互联网金融架构于网络之上。互联网技术的快速发展奠定了互联网金融的物理基础，不受失控限制的互联网技术加速了金融活动中供求双方获取信息的能力、提供了交易的便捷性，从而降低了交易成本。以互联网为代表的现代信息科技，特别是移动支付、社交网络、搜索引擎和云计算等，对现代金融模式产生了根本影响，这要求各方主体具有一定的计算机技能，会操作相关复杂程序才能进行互联网金融交易。无论是电子化的转账系统还是数据交换系统，抑或是自动结算系统等，均体现了交易过程的智能化。尤其是，互联网金融主要依托第三方平台，在互联网平台中，如何实现账户对接、信息交换，均需要相应的计算机运作程序与软件应用。相应的，一旦这些高智能、强专业人员，利用金融业务中存在的漏洞与金融行业特点、计算机网络技术实施相应的犯罪，将会很难发现，更难有效追踪、监管、侦查。

2. 隐蔽性、潜伏性

互联网本身就是一个虚拟世界，网民在互联网上可以自由进行金融交易。美国的《纽约人》杂志曾刊登过一幅漫画，两条狗坐在电脑前上网，这幅漫画的意思是说："在互联网上，没人知道你是一条狗。"① 这充分说明了互联网的隐蔽性特点。同样，金融以互联网为平台之后，各种交易流程，包括资料审核、资金流转、合同签订等全部通过网络实现。由于隐蔽性强，互联网金融所蕴藏的风险往往具有潜伏性，由于互联网的掩盖，一段时间内不易被人发现漏

---

① 刘毅：《网络舆情研究概论》，天津人民出版社 2007 年版，第 77 页。

洞。这就造成，一旦犯罪人员利用互联网金融的这些特点进行犯罪，往往会不露痕迹，留下的实体证据也往往取证难度较大。

3. 跨越性、风险性

互联网是一个开放的空间，在互联网上交易的人群往往突破地域限制甚至国界限制。企业只要将融资、支付、投资信息在平台上发布，无论网民身处何地都能获知信息，并做出不同交易反应。互联网金融公司的注册地、融资地和资金流向地都在不同地方，公司运营行为发生地空间跨度非常大。互联网同时具有时空压缩性，国界和地理距离的暂时消失是空间压缩的具体表现。地域限制和空间距离的暂时消失，也为犯罪分子的作案提供了跨越可能性。一旦发生犯罪，受害人众多，覆盖全国各地，对金融秩序的损害不言而喻。因此，互联网金融的归结性特点是风险，这种风险充满不确定性，随时随地可能发生，其后果严重程度甚至可能危及国家的金融安全。

三、互联网金融发展面临的主要问题

互联网金融是一把双刃剑，其在打破中国金融业的垄断和惰性，促进经济社会发展的同时，也是隐患丛生，危机暗伏。非法集资的高压线矗立在互联网金融的上空，随时可能触碰。由于互联网金融业态导致的监管真空，使得一大批企业游走在法律的边缘。多个网络平台犯罪所产生的潜在风险集聚，就像天空飘来的乌云，随时可能下一场暴雨。由于互联网金融企业鱼龙混杂，民众对互联网金融业产生了各种认识误区。"在欣赏互联网金融这朵娇艳玫瑰的同时，一定不能忽视它根茎上的尖刺。"[1] 在互联网金融蓬勃发展的表象下，互联网金融行业不可持续的矛盾凸显，有诸多问题亟待重视、解决。

（一）互联网金融伦理失范

互联网金融伦理，是借助网络平台从事金融活动中各方应遵循的道德原则。狭义来讲，是指互联网金融机构及相关从业人员在从事金融活动中，应当遵循符合金融市场规律的行为规范和道德准则。[2] 互联网金融，同所有经济活动一样，有着利益最大化的天然诉求，但是这种逐利天性不能侵犯到社会利益、集体利益和他人利益。由于互联网金融的智能化、专业化优势，互联网金融从业人员较之普通民众，有专业上的天然优越感。加之互联网金融

---

[1] 刘宪权：《论互联网金融刑法规制的"两面性"》，载《法学家》2014年第5期，第78页。

[2] 刘丁：《论互联网金融伦理的构建》，载《货币政策研究》2016年第8期，第56页。

的隐蔽性特征,一旦互联网金融主体存在不规范操作,将很容易瞒天过海,欺骗群众。

互联网金融伦理,一是要求遵守市场公平原则;二是要求遵守诚实信用原则。市场公平原则,是所有市场经济活动双方主体必须遵守的原则,互联网金融的本质是金融,市场公平原则同样契合于互联网金融的内在逻辑。这里的公平原则,还意味着通过规则的设定和资源的合理分配,保护普通民众的弱势地位,促进社会的公平正义,使得互联网金融得以可持续发展。诚实信用原则,是互联网金融得以可持续发展的另一大基础。人的天性固然是利己主义,但是有效的信用是交易的前提。在互联网金融信息不对称的情况下,遵循诚实信用原则是实现交易持续化的基础。而在目前的互联网金融活动中,诚信缺失案例不胜枚举。2016年初,快鹿集团以电影《叶问3》为噱头吸纳大量资金,后采用"偷票房"的方式抬高公司股价,最终,其"左手倒右手"的把戏被揭穿,掀起一场挤兑风波。有的P2P平台为提高信誉,挪用客户的备付金搞风险担保,使用一部分客户的资金来弥补另一部分客户受到的风险损失,而非使用公司自有资金投入,实际上形成了庞氏骗局。

互联网金融伦理的缺失具体表现在以下三点:一是受到现代金融理论"去价值化"的影响,将互联网金融作为谋求巨额财富的工具;二是互联网金融从业人员素质良莠不齐,职业道德观尚未建立;三是我国尚处于社会转型期,传统计划经济伦理秩序解体,现代经济伦理规范尚未形成,金钱至上主义大行其道。在强调互联网金融创新但是价值判断缺失、规范缺位的情况下,金融投机、诈骗事件时有发生。互联网技术与金融结合,不但没有促进道德水准的提升,反而映照出了人性的贪婪与自私,突出了互联网金融市场中的道德风险。

(二) 互联网金融监管滞后

我国互联网金融作为一项新兴事物,正处于蓬勃发展期。一方面,该领域有利可图,产生了巨大的魔力;另一方面,其对于实体经济确实有一定的促进作用,国家对其采取了一定的观望态度。最明显的表现,即监管的严重滞后。从互联网2013年开始爆发式增长开始,一直未有成文的监管政策性文件和明朗的监管趋势。在国家层面迟迟没有出台政策的情况下,地方政府在等待中抢先颁布了发展互联网金融的政策。自2013年8月北京市石景山区出台《石景山区支持互联网金融产业实施办法(试行)》后,天津、深圳、贵阳、广州、南京、上海等地区纷纷出台发展互联网金融的意见或措施。但是,各地政府发布的"意见"多以扶持政策为主,一方面,在互联网发展初期,地方政府想抓住发展机会,吸引互联网金融优质资源与技术,利用优先发展优势,争夺互联网金融优质资源，以期在互联网金融产业中占有一席之地。另一方面，这些政策并未涉足监管领域，也给互联网金融的肆意发展留下了空间。直到2015年7月18日，十部门联合印发的《关于促进互联网金融健康发展的指导意见》，才从国家层面有了真正意义上的纲领性文件，随后发布了一系列监管细则。2016年才开始迎来真正意义上的"穿透式监管"。因此我国的互联网金融，也可以称为"自下而上型监管"。

尽管相关监管政策已经出台，但是我们看到互联网金融问题平台仍然很多，互联网金融领域面临的问题仍然有待解决。还有一个问题是，中国的金融监管是分业制，互联网下的金融创新往往是混业型，涉足几个行业，很难统一监管。互联网金融打破了传统金融行业的界限，融合成为新趋势。2015年十部门联合印发的《关于促进互联网金融健康发展的指导意见》中确定了分类监管原则，但是这种监管原则是否有效，还是有待实践考验。同时，监管还需要制度协同。从井喷式繁荣到行业危机，互联网金融经历的急转弯过多，体现出政策协同的无力感。另外，以条文为主的监管制度在互联网时代遭遇了挑战。互联网金融形式日新月异，往往原来的文件还未真正落实执行，新的挑战又已出现。

互联网金融监管的滞后性，直接导致很多非法集资公司越过了监管真空地带，在事件发生后才被发现，但是为时已晚，损失已经造成，资金流失难以追回。"e租宝"案件就是一个典型案例。

(三) 互联网金融风险难控

1. 投资风险

在互联网金融模式下，由于其本身的虚拟性和隐蔽性特点，资金供需双方线下"面对面"接触机会很少，投资风险往往被网络宣传页面所掩盖。同时，由于互联网金融行业本身的诚信环境不佳，甚至有的企业打着互联网金融的旗号，从事犯罪活动的，由于其宣传的迷惑性，普通民众根本无法识别。虽然互联网金融的魅力就在于参与主体的平民化，但分散型的微小投资者受限于专业知识和收益诱惑，不会去主动了解或者关心投资风险问题。对于金融，普通民众投资者的观念还停留在对传统金融机构的认识上，将金融投资当作银行存款，认为资金安全保障理所当然，甚至不会想到投资会有风险。因此对于一些金融专业术语，比如，类似"预期年化收益"究竟如何理解，包含哪些内容，通过什么方式取得，存在哪些风险等，投资者一般不会去探究。因此，很多民众对于互联网金融投资，建立在错误评估的认识上，这本身加剧了投资的风险。

2. 技术风险

互联网金融属于智能化、技术化行业。"互联网金融的创新性最突出地体现在利用互联网技术提供的大数据,人民不需要面对面的、个性化的沟通与交流就能对彼此的金融信用状态进行准确评估,减少信息不对称性带来的损耗与偏差。"① 但是,互联网技术所带来的负面影响也越来越严重。中国互联网金融发展的历程也就不过五年的时间,技术不成熟导致频繁遭受黑客攻击的事件时有发生。2014 年春节,"拍拍贷""好贷网""火币网"等多家互联网公司的网页平台遭受黑客攻击导致投资者无法正常提现,平台负责人随即收到诈骗短信。2014 年 9 月,深圳出现利用伪造二维码通过信息泄露,非法在第三方支付过程中套取现金 300 余万元的事件。传统商业银行在推广网银等业务方式时,对网银系统设计、操作环境监测以及外加物理的权限控制等投入了大量资金,对安全环境予以严格要求,但是仍然发生过客户账号被盗事件。② 与传统银行封闭运行的业务系统相比,互联网金融的用户敏感信息和个人财产存在更大的安全隐患。

3. 社会风险

互联网金融由于跨越性特点,使得金融活动的可能性边界拓展到大量不被传统金融形式覆盖的人群,金融产品的公共性特征成几何倍率放大。③ 尤其是,互联网金融在快速发展过程中,被一些不法分子利用,为达到个人利益,不惜采用"挂羊头卖狗肉"的方式攫取财富。一旦将公众资金聚拢到手,便挥金如土,无法再欺骗群众时,便跑路潜逃。以 P2P 为例,"鑫丰易贷""盛融在线"等公司都出现跑路现象,"e 租宝"事件的爆发更是跑路的高潮。上百万投资者,700 多亿元的资金,其涉案金额之大,投资人数之多,在国内互联网金融历史上前所未有。有人做过统计,全国各地跑路排名依次是:山东、广东、浙江、上海、北京、安徽、四川、湖南、河北。④ 当全民参与互联网金融,而跑路现象又层出不穷时,"非理性"投资者行为会加剧市场的敏感性、脆弱性。金融市场的信息交叉感染可能与非理性的集体行为迅速结合,转化并传导为整体性恐慌。多年来的司法实践显示,经济犯罪案件一旦具备涉众性,赃款返还及投资人信访均是司法难题。

---

① 芮晓武、刘烈宏主编:《互联网金融蓝皮书:中国互联网金融发展报告(2013)》,社会科学文献出版社 2014 年版。
② 毛玲玲:《发展中的互联网金融法律监管》,载《华东政法大学学报》2014 年第 5 期,第 5 页。
③ 毛玲玲:《发展中的互联网金融法律监管》,载《华东政法大学学报》2014 年第 5 期,第 5 页。
④ 王晓东、王涛:《我国互联网金融存在的安全问题与监管之策》,载《对外经贸实务》2016 年第 5 期,第 52 页。

4. 刑事风险

互联网金融成为新型违法犯罪活动频发领域。由于政策的延迟，监管的滞后，很多公司趁着互联网金融的东风，肆意妄为，殊不知这些活动随时游走在刑事犯罪的边缘，随时有可能触碰刑事高压线。当前，涉互联网金融犯罪的类型和案件数量不断增长，既包括互联网金融产品或服务可能涉嫌的犯罪，如擅自发行股票、公司、企业债券，也包括利用互联网金融平台实施的犯罪。此外，部分利用互联网技术的远程化、虚拟化特征，假借"互联网金融创新"名义，通过社交、搜索等合法网络平台传播信息，进行非法集资、诈骗、传销等活动，隐蔽性强、涉及面广，多具有跨地区和跨境属性，极大扰乱了正常市场秩序，危害公众金融安全。在网络借贷领域，据网贷天眼不完全统计，截至2017年6月7日，全国网贷平台数量为4950家，同期累计问题平台达3169家，问题平台占比64%。截至2016年末，国内上线互联网众筹平台608家，问题平台271家，占到总数的44.5%。在司法实践中，由于对互联网金融模式认识不一，对犯罪构成要件理解不同，司法认定边界模糊，取证难度较大，给打击互联网金融犯罪造成一定难度。在互联网金融的三种主要业态中，可能引发以下刑事风险如下：

第一，P2P网络借贷可能引发的刑事风险。2013年11月25日，在由银监会牵头的九部委处置非法集资部际联系会议上，央行明确了三类行为属于"以开展P2P网络借贷业务为名实施非法集资行为"。第一类是当前相当普遍的理财-资金池模式，即一些P2P网络借贷平台通过将借款需求设计成理财产品出售给放贷人，或者先归集资金、再寻找借款对象等方式，使放贷人资金进入平台的中间账户，产生资金池，此类模式下，平台涉嫌非法吸收公众存款。第二类是不合格借款人导致的非法集资风险。即一些P2P网络借贷平台经营者未尽到借款人身份真实性核查义务，未能及时发现甚至默许借款人在平台上以多个虚假借款人的名义发布大量虚假借款信息（又称借款标），向不特定多数人募集资金，用于投资房地产、股票、债券、期货等市场，有的直接将非法募集的资金高利贷出赚取利差，这些借款人的行为涉嫌非法吸收公众存款。第三类是典型的庞氏骗局。即个别P2P网络借贷平台经营者，发布虚假的高利借款标募集资金，并采用在前期借新贷还旧贷的庞氏骗局模式，短期内募集大量资金后用于自己生产经营，有的经营者甚至卷款潜逃。此类模式涉嫌非法吸收公众存款和集资诈骗。根据央行的相关规定，只要存在这三类行为中的任何一种，都将被定性为非法集资。当时业内人士表示，按照央行的规定，国内多数机构都不符合要求。

第二，网络众筹可能引发的刑事风险。一是股权众筹的违规行为可能涉嫌擅自发行股票、公司、企业债券犯罪。证券法规定,向不特定对象发行证券、或者向特定对象发行证券累计超过200人的,均属公开发行,须经证券监管部门核准才可进行。最高人民法院2010年《关于审理非法集资刑事案件具体应用法律若干问题的解释》第6条规定:未经国家有关主管部门批准,向社会不特定对象发行、以转让股权等方式变相发行股票或者公司、企业债券,或者向特定对象发行、变相发行股票或者公司、企业债券累计超过200人的,应当认定为《刑法》第179条规定的"擅自发行股票、公司、企业债券罪"。举例来说,2014年美微传媒在淘宝店"美微会员卡在线直营店"出售会员卡,购买会员卡即为购买公司原始股票,只要花120元下单100股就可以成为原始股东,最终以被证监会叫停的方式结束。证监会关于《淘宝网上部分公司涉嫌擅自发行股票的行为》,既定该行为属于擅自向公众转让或者成立私募股权的投资行为,涉嫌变相发行股票。① 二是通过融资平台发行基金的行为,如果行为人未经注册,向不特定对象公开募集和向特定200人以上的对象公开募集资金的,同样可能构成非法集资犯罪。

第三,第三方支付可能引发的刑事风险。沉淀资金,又称为备付金,是指因交易过程中的迟延支付、迟延清算而产生的资金。如在支付宝结算中,消费者的资金进出时间差产生的沉淀钱款,即为沉淀资金。因为大多数第三方支付服务商对沉淀资金有着绝对控制权,这可能引发职务侵占、挪用资金、盗窃等侵财犯罪。另外,由于第三方支付平台存在交易的虚拟性和隐蔽性,使得交易资金的真实来源和去向很难识别,极易成为洗钱的工具。

(四)互联网金融人才缺乏

互联网金融作为互联网与金融深度融合的产物,具备智能化、专业性的特点,对专业人才的素能要求极高。互联网金融的健康发展,离不开专业人才的保驾护航。一方面,体现为互联网金融从业人员的素质要求。各大银行、证券公司、融资机构、会计师事务所普遍表示,既懂金额业务知识又懂管理的人才十分缺乏。互联网金融从业人员很多都没有进行专业的金融知识学习,从人才市场招聘后往往未经过专业培训或者经过简单表面的培训后直接上岗,与从事其他推销行业的人员并无太大区别,以至于人人都是客户经理。就连就读经济金融贸易的本科生,都很难分辨真假互联网金融,他们往往执着于努力完成公司交给的任务后轻松获得提成,殊不知已经成为非法集资活动的一员。另一方

---

① 顾海鸥:《互联网金融创新发展中的刑事犯罪风险及司法防控对策》,载《犯罪研究》2017年第3期,第84页。

面，与互联网金融活动伴随的监管人员、司法人员专业知识亟待加强。监管部门的专业性和权威性非常关键，是被动地按照条文管控还是能够动态防范、宏观审慎监管加上微观识别和监督，所带来的效果绝对不同。监管人员的专业化，是能否达到有效监管和风险控制的一个重要因素。同时，互联网金融犯罪兼具网络犯罪和金融犯罪的特征，网络技术与金融知识交织在一起，往往案情复杂，难以认定。再加上互联网金融所具有的虚拟性、隐蔽性、跨越性等特点，在客观上也增加了取证难度，使得互联网金融犯罪侦破工作难上加难。这也为案件审理工作人员提出了更高的要求，无论是互联网领域还是金融领域，均具有较强的专业性，审理难度极大。一旦认定事实错误，将会损害司法公信力；一旦放纵罪犯，将使得互联网金融领域成为污水一潭。目前，无论是检察机关还是法院，都已经认识到了专业化人才的重要性。

四、互联网金融的法治化发展路径

2015年十部门印发的《关于促进互联网金融健康发展的指导意见》指出，互联网金融对促进小微企业发展和扩大就业发挥了现有金融机构难以替代的积极作用，为大众创业、万众创新打开了大门。促进互联网金融健康发展，有利于提升金融服务质量和效率，深化金融改革，促进金融创新发展，扩大金融业对内对外开放，构建多层次金融体系。但是应该如何促进互联网金融发展，该文件只提出了纲领性意见，并未具体展开。

2017年7月14日至15日，全国金融工作会议在全国召开。中共中央总书记、国家主席、中央军委主席习近平出席会议并发表重要讲话。习近平指出，做好金融工作要把握好以下重要原则：

第一，回归本源，服从服务于经济社会发展。金融要把为实体经济服务作为出发点和落脚点，全面提升服务效率和水平，把更多金融资源配置到经济社会发展的重点领域和薄弱环节，更好满足于人民群众和实体经济多样化的金融需求。

第二，优化结构，完善金融市场、金融机构、金融产品体系。要坚持质量优先，引导金融业发展同经济社会发展相协调，促进融资便利化、降低实体经济成本、提高资源配置效率、保障风险可控。

第三，强化监管，提高防范化解金融风险能力。要以强化金融监管为重点，以防范系统性金融风险为底线，加快相关法律法规建设，完善金融机构法人治理结构，加强宏观审慎管理制度建设，加强功能监管，更加重视行为监管。

第四，市场导向，发挥市场在金融资源配置中的决定性作用。坚持社会主义市场经济改革方向，处理好政府和市场关系，完善市场约束机制，提高金融资源配置效率。加强和改善政府宏观调控，健全市场规则，强化纪律性。

笔者认为，以习近平总书记提出的四项金融原则为基础，欲实现互联网金融健康持续发展，还要更新理念，澄清误区，多面并重。

(一) 互联网金融发展的价值判断

在《中共中央关于制定国民经济和社会发展第十三个五年规划的建议》中，"创新"为五大发展理念之一，在整个文件中，"创新"一词被提及71次，但是我们应该看到关于互联网金融，与创新相对应的是更新观念，保持正确的价值取向。目前，对于互联网金融，还存在三大认识误区：

1. 正本清源：关于互联网金融与传统金融的关系

目前关于互联网金融的发展，存在两种错误观点：一是自由主义观点，这种观点认为互联网金融是一种创新行为，是传统金融体系的有益补充。互联网金融创造了便利的金融交易环境，便于小微企业融资，有利于社会发展，应当鼓励包容，允许试错，给互联网金融自由发展空间。二是全盘否定观点，认为互联网金融严重扰乱正常的金融管理秩序，对以银行为核心的金融秩序构成重大挑战，导致其无法完成对中小企业融资，甚至引起全社会炒作金融泡沫的巨大风险。同时互联网金融涉及面广，业务种类繁多，难以进行统一监管，目前已经出现无序和异化。这种观点否定互联网金融的创新性，主张遏制互联网金融的发展，维护金融机构垄断地位，维护法律权威。

对于这种情况，笔者认为上述两种观点都稍有偏颇。自由主义论者完全肯定互联网金融，但是忽视回避了问题和风险。互联网金融的"野蛮生长"所带来的问题不容小觑，频频触碰两条红线的项目比比皆是，对金融安全的危害令人担忧；否定论者一刀切，通盘否定互联网金融的发展，走向反面的极端。一是属于墨守成规、故步自封，不敢接受新事物；二是以偏概全，因噎废食，认为所有的互联网金融不容易把控，对金融安全有威胁。

应该看到，互联网金融是一把双刃剑，其发展具有两面性，一方面应当承认互联网金融是重大的金融创新，创新是金融发展的源泉。互联网金融不是对传统金融的挑战和取代，而是对传统金额的继承和发展。互联网金融的发展对改善小微企业融资、优化金融资源配置、促进经济发展、完善多层次资本市场建设，促进我国金融体系的包容性具有积极作用，国家支持和鼓励互联网金融创新和发展是正确的选择。另一方面，互联网金融在部分领域集聚了风险和隐患，我们应当正本清源。互联网金融固然有诸多专业性、智能化、虚拟性、隐蔽性等特点，具有较高风险性，尤其是具有涉众性，容易危害社会稳定，但是不能因此扼杀其发展。一项新事物，具有极强的生命力，全面否定反而会激发其更强的生长欲望。国家目前的政策也是如此,结束互联网金融"野蛮生长"的状态,促使互联网金融在规范中稳步发展。虽然互联网金融的新形态和模式将不断涌现,但是互联网金融的金融本质不会变,这是互联网金融持续发展的前提。

2. 去伪存真:区分真假互联网金融

党的十八届三中全会提出"鼓励金融创新"的同时,要求"保障金融市场安全",2014年两会期间,李克强总理所做的政府工作报告中明确提出,要"守住不发生系统性和区域性金融风险的底线"。

如火如荼的互联网金融,一方面降低了交易成本,提高了金融普惠性,另一方面也滋生了众多犯罪。近年来,互联网金融发案趋势多样化,多以互联网金融为噱头炒作概念,或将传统金融骗局融入"互联网+"概念,或绕过传统金融媒介将虚拟产品与债权投资相结合,借助互联网资源疯狂扩张,危害性呈几何式增长,已具备构成撼动整个金融系统稳定秩序的巨大威胁。"e租宝"等实质上都是打着"互联网金融"的幌子进行非法集资、自融、庞氏骗局等违法犯罪行为,不仅不利于行业的健康发展,而且给群众造成了大量财产损失。根据目前互联网金融犯罪频发的态势和互联网金融的宣传缺位,普通民众并没有金融专业知识和鉴别能力,通过对非法集资犯罪的宣传,很多民众认为所谓的互联网金融就是诈骗,甚至直接将互联网金融等同于非法集资犯罪。这是"劣币驱逐良币"的后果。

面对互联网金融乱象和民众误区,我们不能因噎废食。在所谓"互联网+"已经被滥用、被泛化的当下,互联网和金融犯罪的关系需要辩证理解。互联网是技术,是外壳,是限定,还是一种新的方法,披上了互联网金融外衣的金融犯罪,其内在的古典的本质的构成要素没有发生根本性的转变。① 对于以互联网金融之名从事违法犯罪之实的形式上的"互联网金融",应当按照新型法律确立的标准依法打击。对于扰乱秩序的互联网金融新业态,应当依法处理;对于性质无法确定的新业态,应当时时监测,加强监管,专门量身定做规则。对于互联网金融的整治行动,不是限制互联网金融的发展,不是要把所有的互联网金融消除,更不是"压死骆驼的最后一根稻草",而是为了清除麦田里的杂草,是用良币驱除劣币。因此,弄清互联网金融的实质,及时有效地整治乱象,区分真假互联网金融,将互联网金融犯罪有效遏制在摇篮里,将真正的互联网金融相关知识进行宣传推广,倡导民众开启互联网理性思维,辩证看待互

---

① 《"网络犯罪的刑事立法与刑事司法前沿问题"研讨会观点综述》,载《人民检察》2016年第15期,第38页。

联网金融，才能促进真正的互联网金融企业生长发展。

3. 调整思路：如何看待"立罪至后"与刑事打击

自从"e租宝""中晋系"等案件发生以来，一方面我国不断出台司法解释对非法集资等案件进行规制打击；另一方面，在金融界和学术界不断的有声音质疑刑法在过度干预。刑事立法上出现的对经济活动领域的一些无序、失序行为在民商法、经济法以及行政法尚未予以规范的情况下，对于进行犯罪化处理，有些学者将这种金融刑事立法现象称为"无先而后"立法现象。并认为"无先而后"立法理念的出现是深受我国传统"刑法万能观"的影响。传统"刑法万能观"认为刑法无所不能，既可调整民事关系，又可调整犯罪问题，因此我国封建社会总刑法规范最为发达。在新中国成立以后，一些思想还影响人们的行为习惯，对于社会出现的一些问题，立法者倾向用刑法解决，因此刑事立法领域出现"刑法万能观"现象。[1] 其实对现有金融刑法规范设置批判的声音，早在《中华人民共和国刑法修正案（五）》便被学者所提出。集中批判火力点在于刑法的过度干预，在前置法缺乏违法判断机制而不置可否时，刑法便直接进行入罪评价，违反"立罪至后"的刑法谦抑性。持规制谦抑说的刘宪权教授认为，"无论是从形式的角度还是从内容、价值或是作用的角度来看，互联网金融作为一种重大的金融创新，如果过度动用刑法并以此作为掩饰制度缺陷并强行维持现状的手段，当然就会违背刑法补充性原则之精神，也与刑法谦抑之本性相悖，从而不但会致使刑法陷入纯工具论的立场，而且还会阻滞甚至扼杀金融创新并影响紧急的发展。"在国家倡导鼓励和引导民间资金进入金融服务领域的政策背景下，更不能以刑事责任的方式去过度反应，因为当试错风险产生的后果与刑事责任中的罪责自负原则相结合时，由此所产生的刑事后果最终将由某个社会个体来承担，实际上是让社会个体为国家政策埋单，故而会反向冲击刑事责任机制本身的正当性。[2] 决不允许泛刑主义扼制创新以及严重阻碍互联网金融活动的正常开展。

笔者认为，上述观点有其不当之处。摆在眼前的是，制度和规范缺位造成监管真空，刑法被"逼上梁山"，以固有的强硬态度对互联网金融异化的失范行为做出反应。如果说从民商事合法行为到刑事犯罪有多道屏障的话，刑法只

---

[1] 杨华辉：《互联网金融背景下的金融刑法立法理念转变》，载《北方金融》2017年第2期，第36页。

[2] 参见华东政法大学毛玲玲教授在"华东政法大学第十届刑法学博士论坛"上的发言，转引自刘宪权：《论互联网金融刑法规制的"两面性"》，载《法学家》2014年第5期。

是最后一道屏障,当前面所有的屏障都无法发挥作用,刑法担当了金融安全守护者的角色。从整体防控体系上来说,这当然不合理。但是这种不合理的源头不是刑法规范设置本身造成的,而是前置法的设置亏空、前面的防控体系失效造成的。同时,有的行业打着互联网金融的幌子实施违法犯罪之实,本身就已经符合犯罪条件,不需要前置法去规制。绝不能将互联网金融发展过程中的所有异化现象和互联网发展中的错误扣到刑法头上。刑法前脚未前置法补了仓,牢牢把住最后一道防线,后脚却承受着扼杀金融创新刽子手的骂名。在互联网金融法律规制之中,刑法的角色定位着实成为"哑巴吃黄连,有苦说不出",真正应当站出来承担责任的是前置法规范,而刑法则受尽委屈背着黑锅。① 与其说这属于泛刑主义,不如说刑法的介入恰恰成为避免互联网金融裸奔的遮羞布。因而,不能以前置法缺位的"立罪至后"逻辑推导出互联网金融刑法规制未坚守谦抑本性。从央行行长刘士余的"底线"原则看,刑事打击并未超过应有的限度,反而与国家对银行金融机构的强保护政策和对金融安全秩序的强化策略是保持一致的。严厉打击披着"互联网金融"外衣的犯罪,有利于扫清互联网金融的发展环境,保障互联网金融的健康发展,否则,可能导致真正的互联网金融被扼杀在起步阶段。

(二) 互联网金融发展的总体政策导向

无论是从地方层面还是从国家层面,互联网金融发展的总体政策导向都是促进互联网金融在创新中规范发展。这就需要在促进、鼓励发展的同时,建立一整套行之有效的监管体系。监管体系应当以行业自律为基础,以行政监管为主导,以刑法规制为底线,民商行刑交叉,跨业整合联动。在这个监管体系中,还要有相应的风险防控和权益保护机制,从而促进互联网金融均衡发展,全面提升。

1. 政策导向的基础:明确互联网金融的原点

随着信息技术的不断发展,互联网金融概念的内涵和外延还将进一步丰富和完善。但无论如何演变,都需要遵循金融市场的基本规律,都应当回归金融的本质和原点,即服务于实体经济发展,服务于社会民生改善。阿里巴巴的金融创新经验表明,互联网金融的根基是实体经济,互联网金融一旦离开实体经济,会变成无源之水,无本之木②。

---

① 宋盈:《互联网金融刑法规制谦抑说之反驳》,载《学术界》2017年第7期,第116页。

② 谢平、邹传伟、刘海二:《互联网金融的基础理论》,载《金融研究》2015年第8期,第8页。

2. 全面监管体系的设计：民商、行刑多元交叉，跨业整合联动

（1）民商行业

告别了"野蛮式"生长阶段之后的互联网金融行业，应在监管部门和市场主体共同努力之下，进入良性、可持续发展的新征程。首先从市场主体本身来说，即从民商行业来看，关键词是创新、合作、自律。

2015年十部门联合印发的《关于促进互联网金融健康发展的指导意见》按照"鼓励创新、防范风险、趋利避害、健康发展"的总体要求，提出了一系列鼓励创新、支持互联网金融稳步发展的要求。互联网金融的创新应当体现为三个方面：概念创新、平台创新、服务创新。互联网金融属于新生事物，正处于蓬勃发展期，具有极强的生命力。一是概念创新，通过吸收最新的研究成果和实践经验，不断完善互联网金融的概念框架；通过明晰核心概念并围绕其不断延伸，构建互联网金融包容拓展的概念体系，这也是与时俱进的表现。二是平台创新，目前互联网金融新业态更新速度快，平台需要进一步完善和创新。比如有条件的金融机构可以建设创新型互联网平台开展网络银行、网络证券、网络保险、网络基金销售和网络消费金融等业务，电子商务企业可以在符合金融法律法规规定的条件下自建和完善线上金融服务平台；互联网金融机构之间也可以相互合作，实现优势互补；同时互联网金融机构之间也可以自发成立互联网金融研究机构，促进信息交流分享。三是服务创新，互联网金融机构本身拓展业务，需要积极开展技术产品、服务升级创新，提升核心竞争力；另外，互联网金融的落脚点就是服务实体经济，如何更好的回归原点，踏实落地，也需要进行创新。

合作，是指互联网企业和金融行业的合作。一方面，互联网技术和传统金融线上结合，形成第三方支付等平台业务；另一方面，传统金融机构之间也可以探索发现合作新模式，在互联网金融的刺激下，实现金融行业质的提升。2015年十部门联合印发的《关于促进互联网金融健康发展的指导意见》就指出，鼓励从业机构相互合作，实现优势互补。支持各类金融机构与互联网企业开展合作，建立良好的互联网金融生态环境和产业链。鼓励银行业金融机构为第三方支付机构和网络贷款平台等提供资金存管、支付清算等配套服务。支持小微金融服务机构与互联网企业开展业务合作，实现商业模式创新。支持证券、基金、信托、消费金融、期货机构与互联网企业开展合作，拓宽金融产品销售渠道。鼓励保险公司与互联网企业合作，提升互联网金融企业风险抵御能力。这些都说明，实现互联网金融健康发展，合作共赢是必然选择。

在自律方面，我国已经迈出了第一步。据悉，中国互联网金融协会已于2016年3月25日成立，首批会员单位400多家。作为首个国际层面的互联网

金融行业协会,其成立具有里程碑意义。通过互联网金融协会"软性立法"来自我约束,有利于形成对政府监管"硬性约束"的有效补充,有利于引导和支持互联网金融企业完善管理、守法经营,有利于降低监管和市场运行成本,有利于提高监管效率和促进市场创新,有利于在业内形成秩序性共识。①行业自律架构以及相关自律规范的逐步建立完善,还有赖于单位会员的不懈努力,以及需要抓紧出台互联网金融的行业标准。同时互联网金融行业自律的完善,还需要明确互联网金融行业自律惩戒机制,强化行业规则、行业标准的约束力,不断提高守法、诚信、自律意识,尽快树立从业机构服务经济社会发展的良好形象。②

(2) 行政监管

总体来说,行政监管和刑法保护应该在建立健全法律法规体系的环境下才能有效整合。首先是立法层面,行政监管应当完善基础性法律法规和监管框架,夯实互联网金融市场制度基础。目前,我国正在完善互联网金融基础性法律法规、相关司法解释,如涉互联网金融新型犯罪界定、消费者隐私保护、个人信息运用、安全认证手段等方面的法律规范。2016年是互联网金融规范元年,国家层面对互联网出台了一系列的政策。2016年1月27日,新华社授权发布《关于落实发展新理念加快农业现代化实现全面小康目标的若干意见》。文件中提到"引导互联网金融、移动金融在农村规范发展",这是"互联网金融"一词首次被中央一号文件提及。2016年3月5日,李克强总理在该日上午举行的政府工作报告会上做政府工作报告时指出,要规范发展互联网金融。这是互联网金融第三次被写进政府工作报告。2016年3月10日,央行条法司、科技司组织,中国互联网金融协会逾40多家成员单位,行业研究机构及部分银行参加并对《互联网金融信息披露规范》进行了讨论。2016年4月13日,教育部办公厅、中国银监会办公厅联合发布《关于加强校园不良网络借贷风险防范和教育引导工作的通知》,加强对校园不良网络借贷平台的监管和整治,教育和引导学生树立正确的消费观念。2016年4月13日,中国人民银行与中宣部、中央维稳办等十四部委联合发布《非银行支付机构风险专项整治工作实施方案》。这是首个公之于众的互联网金融风险治理子方案。2016年5月4日,工商总局发布《关于印发2016网络市场监管专项行动方案的通知》,通知中提出2016年5—11月将治理互联网虚假违法广告。充分发挥整治

---

① 王茹:《互联网金融风险防范与多元化金融监管体系构建》,载《经济研究参考》2016年第63期,第67页。

② 顾海鸥:《互联网金融创新发展中的刑事犯罪风险及司法防控对策》。

虚假违法广告部际联席会议作用，加强部门间的协调沟通、信息共享和执法协作，开展互联网金融广告专项整治。2016 年 7 月 5 日，工信部印发《促进中小企业发展规划（2016—2020 年）》。其中提出"大力发展中小金融机构及普惠金融，推动互联网金融规范有序发展"。2016 年 7 月 15 日，中国银监会在其官网发布关于《中国银行业信息科技"十三五"发展规划监管指导意见（征求意见稿）》公开征求意见的通知。"互联网金融"一词在该意见稿正文中多次出现，主要分布于与银行业信息科技"十三五"发展环境和落实"互联网+"行动计划、构建互联网金融生态圈相关的章节中。2016 年 7 月 27 日，中共中央办公厅、国务院办公厅印发《国家信息化发展战略纲要》。其中第 23 点提到，"引导和规范互联网金融发展，有效防范和化解金融风险"。2016 年 8 月 3 日，近日，支付清算协会向支付机构下发《条码支付业务规范》（征求意见稿），意见稿中明确指出支付机构开展条码业务需要遵循的安全标准。2016 年 8 月 15 日，银监会下发《网络借贷资金存管业务指引（征求意见稿）》。2016 年 8 月 24 日，银监会、工信部、公安部及国家互联网信息办公室四部委联合发布《网络借贷信息中介机构业务活动管理暂行办法》。2016 年 10 月 13 日，国务院办公厅印发《关于互联网金融风险专项整治工作实施方案的通知》，该通知成文于 2016 年 4 月 12 日。2016 年 10 月 13 日，工商总局等十七部门联合印发《开展互联网金融广告及以投资理财名义从事金融活动风险专项整治工作实施方案》的通知。规范互联网金融广告及以投资理财名义从事金融活动的行为，防范化解潜在风险隐患。2016 年 10 月 13 日，央行等 14 部门联合印发《非银行支付机构风险专项整治工作实施方案》。2016 年 10 月 13 日，央行等 17 部门联合印发《通过互联网开展资产管理及跨界从事金融业务风险专项整治工作实施方案》。2016 年 10 月 13 日，保监会等 14 部门联合印发《互联网保险风险专项整治工作实施方案》。2016 年 10 月 13 日，证监会等 15 部门联合印发《股权众筹风险专项整治工作实施方案》。2016 年 10 月 13 日，银监会等 14 部门联合印发《P2P 网络借贷风险专项整治工作实施方案》。上述政策的出台，正是健全法律法规体系的第一步。上述行政政策的出台，为互联网金融的发展圈定了方向和轨道，也为刑法的介入完成了第一步前置。接下来需要构建互联网金融系统性法律框架，提升法律位阶，从宏观上为互联网金融的健康发展提供法律保障和制度依据。

其次是监管层面。自从 2016 年 4 月 12 日国务院办公厅印发了《互联网金融风险专项整治工作实施方案》，互联网金融行业开始转向守住底线的规范阶段，进入深度洗牌期。随着互联网金融专项整治的推进，滤镜变为放大镜，使更多行业问题暴露在阳光下。而一揽子监管政策的陆续出炉，宣示了合规大考的来临,敦促各互联网金融科技公司进行深刻的内省及战略调整,将重心转向风控与合规。目前的互联网金融发展在经历了新生、粗放成长期、整治期后已渐趋理性。一些经营难以为继的平台理性退出,经营不规范的平台则继续整改,而一贯重视合规经营、风控能力强、拥有优势资源的机构则持续做大做强。互联网金融行业整治正在迎来由"表"到"里"的转变,进行"穿透式监管"。穿透式监管的目的恰恰是针对某些打着以互联网金融创新名义进行违法违规活动机构进行清理,为合法合规的互联网金融机构创造一个有序公平的环境,引导互联网金融行业开展真正意义上的创新。

最后是协调联动方面。传统金融业监管主体为"一行三会"即地方政府金融办,监管结构以垂直监管、分业监管为核心,而互联网金融混业化、多元化、跨地区发展特征明显,现有金融监管框架难以适应业务发展现状。对互联网金融的监管有待进一步完善。应当建立金融监管联动协调机制,进一步完善适应性监管框架。鉴于互联网金融跨业、跨地区展业的特殊性和复杂性,宜考虑设立国家层面的互联网金融监管协调机制,纵向统筹"一行三会"和地方政府金融办,横向协调工商、公安、司法和电信等相关行业部门,形成互联网金融监管合力。

3. 监管体系配套措施:加强权益保护机制

互联网金融具有涉众性,一旦发生资金链断裂,涉及的投资人数达上万人。由于前置法缺位,缺少有效的权益保护机构,这些投资人往往集体信访,给信访工作和司法工作造成很大压力。以维护公众金融安全为重点,着力构建互联网金融消费者和投资者权益保护机制。一是健全互联网金融权益法律法规,针对互联网金融服务特殊性,从法律层面对互联网金融活动中的主体权利义务关系、举证责任、信息数据保护等问题做出明确规定。二是成立专业的互联网金融权益保护机构,处理相关投诉和纠纷,畅通维权渠道,建立有效的救济和争议处理机制,减少群体性事件发生。三是监管部门、行业协会、企业等市场主体共同努力,加大对互联网金融知识的普及和宣传力度,完善互联网金融领域的信息披露制度,使投资者和消费者明确理解产品的性质和风险,帮助和引导消费者熟悉交易流程,提高信息和资金安全意识,正确识别互联网金融风险。2017年6月6日,国家互联网金融安全技术专家委员会启动了"全国互联网金融阳光计划",互联网金融登记披露服务平台也于近日上线运行,这都是旨在推动互联网金融企业的透明化运营,保护投资者和消费者权益。

(三)互联网金融发展的刑法保护

1. 刑事政策抉择:当宽则宽,当严则严,坚持宽严相济

宽严相济政策是在构建社会主义新形势背景下我国的基本刑事政策。在互

联网金融发展过程中，放任自由化和泛刑主义均不可取，而是应该按照经济社会发展的需要，与时俱进，客观公正的制定刑事政策。宽严相济政策毫不过时，且恰如其分。一方面，在刑事治理中贯彻宽严相济刑事政策是处在一个超脱的高度看待互联网金融发展。当前的互联网金融呈现行政前置、政策扶持的特点。互联网金融已经走上了高速快车道，而我国的刑法还在原来的马路上行使。互联网金融的高速发展反而凸显了我国刑事立法与司法之滞后。互联网金融顺应了资本市场融资规律，展现出强大的生命力，刑事政策对其应持一定的宽容性，以免阻滞或者扼杀创新。另一方面，互联网金额又要严格把握相关刑事、民事、行政责任的实质界限，对于其中已经构成民事或者行政责任的，告知当事人通过民事途径或者行政途径解决，在确认构成犯罪，扰乱金融秩序，危害金融安全的情况下，又要及时准确查明犯罪，依法进行刑事打击。

2. 立法层面：加快《互联网金融法》出台，重设刑法体系

虽然我国刑法对计算机网络犯罪问题和金融犯罪已经予以某些规定，但对互联网金融犯罪这种新型犯罪却缺乏有针对性的，详细具体的规定。为了体现法律对互联网金融犯罪的事先综合预防功能，我国应对与互联网金融活动的相关银行法、民法、合同法、行政法等法律进行进一步完善整合，出台专门的《互联网金融法》，针对互联网金融犯罪的特点，对以上方面内容做出专门规定，并且和刑法典规范进行衔接和协调，避免发生冲突和适用的不一致，从而建立一个防控互联网金融犯罪的综合法律体系。

目前，我国已经出台了专门的民法典，但是还没有专门的刑法典。刑法在我国已经经历了几千年的发展历程，刑法的地位不言而喻。建立专门的刑法典不是没有可能。

目前我国的刑法章节体系从总则来看，第一章刑法的任务、基本原则和适用范围，是指导和适用于整部刑法的通则性规范；第二章犯罪，规定的是犯罪概念、犯罪构成、犯罪特殊形态等犯罪总则性质的内容；第三章是关于刑罚种类的规定；第四章是运用刑罚的原则与制度，这两章属于刑罚总则性质的内容；第五章其他规定是关于若干名词术语的界定及刑法典总则与其他刑法规范的关系问题等内容。这就在刑法典总则部分大体形成了从刑法通则到犯罪总则再到刑罚总则的具有严密逻辑性的结构。从分则来看，在分则体系上，从我国公民个人利益与国家利益、社会利益相一致的理论与现实出发，根据犯罪所侵犯客体的不同和社会危害性有大小，我国刑法典对犯罪进行了分类和排列，把形形色色的400余种犯罪分成从第一章危害国家安全罪至第十章军人违反职责罪的三大类，每类犯罪各包括多少不等而同类客体相同的若干种具体犯罪。这种章节体系具有其一定的合理性和科学性。但是，笔者认为，目前互联网金融

犯罪涉及的罪名较多，分散于刑法各个章节，不利于互联网金融犯罪的整体把握。如果出台统一的刑法典，可以将互联网金融犯罪单设一个章节，从而体现对互联网金融的重视，真正为互联网金融保驾护航。

另外，虽然学界普遍认为互联网金融犯罪与传统犯罪并没有本质区别，只是金融犯罪形式和工具上的变化，传统罪名完全可以规制，传统罪名体系完全可以应对各种类型的网络犯罪，但是传统金融行业的行为模式无法解释互联网金融领域产品的千变万化，互联网金融行为在交易对象、调控机制、交易方式等方面都发生了巨大变化。可以说，我国现有金融犯罪的立法结构已到达滞后于互联网金融犯罪的发展态势，无法及时、有效地评价层出不穷的互联网金融犯罪。如果把涉及互联网金融的所有犯罪单列一个章节，则能在保护互联网金融新法益的基础上，一方面扩展传统罪名的包容性，另一方面设置统一的量刑标准，采取多元化的刑罚措施，从而发挥刑法的独特优势，与行政监管政策相协调，共同保护金融安全。

3. 司法层面：优化互联网金融司法人才配置

越来越多的互联网金融犯罪似乎让司法机关应接不暇。在缺乏金融专业知识的背景下，有时开庭审理都无法顺利进行。司法官能否看出互联网金融犯罪的本质，不仅需要对刑事法律了然于胸，还需要对金融知识、互联网技能、行政法规全面了解，需要执法能力的提高。这就需要优化互联网金融刑事司法的人力资源配置，在司法实务部门设置精通互联网与金融专业办案组，配备金融法律、金融市场实务、信息网络技术互为集合的办案人员，促进互联网金融办案业务与知识的融会贯通，提升侦查、审查、审判业务的效率，有效应对互联网金融市场刑事案件涉及投资者众多、司法工作量大的挑战。在发生特大型互联网金融犯罪案件时，还可以吸收外部专业人员共同参与财务审计、互联网信息分析等工作。① 目前，检察院、法院这两年专业化建设正在开展，尤其是北京、上海等地已经发展了比较成熟的金融处室。尤其是上海市检察院，在金融处配备了相当强的专业人才队伍，有大学的教授和众多博士坐镇金融，近几年也做了很多工作，将金融检察与上海金融紧密结合。北京市检察院目前成立了经济犯罪检察部，并配备两名博士作为员额检察官，对全市金融检察进行督导。在基层司法机关专业建设方面，不能仅靠新招录金融学毕业生填补知识空缺和专业的不足。因为金融犯罪不但强调专业性，更强调办案的经验和水平。建议基层司法机关对业务骨干加强金融知识的长期专门培训，比如进入大学专

---

① 刘宪权：《互联网金融市场的刑法保护》，载《学术月刊》2015年第7期，第104页。

门培训,等等。一般情况下,在金融犯罪案件中,嫌疑人、被告人都会聘请专业律师进行辩护,公诉人和法官应当具备相应水平,以达到案件的客观公正审理以及控、辩、审三方的制衡。

五、结　　语

2017年属于互联网金融有序年,央行在发布《中国区域金融运行报告》中发表专题文章《促进互联网金融在创新中规范发展》,对于互联网金融监管下一阶段的工作建言,应以专项整治为契机,建立健全法律法规体系,完善金融监管机制,加强自律约束和金融消费权益保护机制建设,营造鼓励创新、规范运作、有序竞争、服务实体的互联网金融发展新局面。2017年1月,当时的中央政法委总书记孟建柱在中央政法工作会议上强调:"要建立金融风险防控预警平台,推动形成立体化、社会化、信息化监测预警体系,提高对金融风险发现、防范、处置水平。要针对非法集资、网络传销、地下钱庄、假币、银行卡、涉税等经济犯罪,深入开展专项打击整治行动,依法查办金融、证券、期货等资本市场犯罪,切实维护金融市场秩序。要加强对经济犯罪前瞻性研究,提高对经济犯罪防范打击能力。"2017年3月,曹建明检察长在最高人民检察院工作报告中讲到,2017年工作安排,应"积极参与互联网金融风险专项整治,严惩非法集资等涉众型经济犯罪以及洗钱、地下钱庄、网络传销犯罪,严惩'老鼠仓'等证券期货领域犯罪"。① 2017年10月18日,习近平总书记在党的十九大报告中指出:"深化金融体制改革,增强金融服务实体经济能力……健全金融监管体系,守住不发生系统性金融风险的底线",为在新的历史时期做好金融工作指明了方向。2017年11月9日,按照习近平总书记的报告指示,经党中央、国务院批准,国务院金融稳定发展委员会成立,作为国务院统筹协调金融稳定和改革发展重大问题的议事协调机构。我们有理由相信,互联网金融必定会在法治化道路上,更加与时俱进,健康创新发展,进一步发挥互联网金融在支持经济社会发展中的积极作用。

---

① 《最高人民检察院工作报告·2017》(摘要),载《人权》2017年第2期,第139页。

互联网金融犯罪的规范特征及疑难问题

课题组[*]

本课题的主要观点是，互联网金融犯罪区别于普通金融犯罪，不仅在于利用或侵犯了互联网金融平台，而且在实质上表现为破坏金融市场的内在秩序即诚信，且侵犯了广大投资者的财产权。

课题包括五个方面的内容，即互联网金融犯罪的规范特征、P2P网贷风险解构与规制路径分析、互联网金融犯罪之股权众筹、第三方电子支付的刑事风险与规制限缩和数字货币刑事风险之应对。（1）在"互联网金融犯罪的规范特征"部分，笔者认为，基于普惠金融的功能要求，刑法对互联网金融领域应侧重保护，不可介入太多，避免破坏金融创新，应着眼于以金融创新名义实施的犯罪，在定罪中注意到该领域的创新问题及其法律的"灰色地带"。这就要求对此进行必要的限缩，即以破坏诚信和侵犯财产为内容。（2）在"P2P网贷风险解构与规制路径分析"中，重点讨论了P2P网贷行业所涉的风险，包括平台内生性经营风险、平台次生性刑事风险、平台异化后的刑事风险三类，课题组认为对后两类行为可以破坏金融管理秩序罪论。（3）在"互联网金融犯罪之股权众筹"中，笔者将股权众筹的刑事风险分为准入型风险和异化型风险，涉及擅自发行股票、非法吸收公众存款、集资诈骗罪这三个刑法罪名，后者存在位阶关系。对于没有财产侵害危险而只是涉及规范违反的众筹行为，刑法应该保持相对谦抑，应该着眼于出现侵犯财产等严重后果的情形，而对于纯粹规范违反的行为，则由行政法规制。（4）在"第三方电子支付的刑事风险与规制限缩"中，本文区分了不同的环节，逐一加以分析。其市场的准入环节主要涉及非法经营罪以及非法吸收公众存款罪等，在资金流向环节则

---

[*] 课题负责人：陈晓华，武汉市人民检察院副检察长；执行负责人：刘国媛，武汉市人民检察院法律政策研究室主任；课题组成员：王安异，中南财经政法大学教授，博士生导师；郭泽强，中南财经政法大学教授，博士生导师；杨玲娜，武汉市人民检察院法律政策研究室副主任；邓姗姗，武汉市人民检察院法律政策研究室检察官；童雯婷，武汉市人民检察院法律政策研究室干警；王旭，武汉市人民检察院法律政策研究室干警。

可能包括利用第三方支付非法套现的行为方式、利用第三方电子支付机构盗窃以及诈骗犯罪等，在数据保护方面还包括侵犯公民个人信息的犯罪问题。（5）在"数字货币刑事风险之应对"中，笔者对涉数字货币的刑法问题进行探讨。依据我国相关法律的明文规定，比特币并非"货币"，但其作为"特殊的虚拟商品"，就不能成为假币类犯罪的对象。在"类比特币"确实对他国比特币构成侵犯的情况下，可将比特币视为"境外货币"，并对犯罪嫌疑人定罪量刑。

本课题所采取的主要研究方法包括实证研究、理论联系实际、比较研究等方法。其中，实证研究方法包括问卷调查、量化分析和个案分析等，其量化分析的数据来源为问卷调查的结果。理论联系实际的方法在第二章至第五章中被大量采用，结合中国互联网金融犯罪的实际进行理论探讨。

第一章　互联网金融犯罪的规范特征

引　言

互联网金融犯罪的概念，最早来自2015年7月18日中国人民银行、工业和信息化部、公安部等发布的《关于促进互联网金融健康发展的指导意见》。这是涉互联网新型金融业务模式中出现的新型犯罪，包括互联网金融平台提供者、互联网金融业普通参与者的犯罪和以互联网为对象的扰乱金融秩序犯罪，换言之，即互联网金融业务犯罪及针对该业务和互联网金融机构的犯罪。在互联网金融的发展过程中，创新和风险始终交织，涉及法律风险、制度风险、利率风险、流动性风险、信用风险、欺诈风险等，① 尤其在欺诈风险中，刑法的介入已成必然。

刑法作为"二次违法"的判断依据，在互联网金融模式中以行政违法为前提。由此带来刑法适用的问题，因为互联网金融平台的创新产品往往在行政法上"未经许可"，其与非法集资的界限该如何区分，尤其在创新失败、导致各参与者经济损失时能否直接适用刑法，就成为难题。这一问题在网络借贷、互联网众筹、互联网支付、电子货币、互联网基金销售、互联网保险、互联网信托、互联网消费金融等方面都表现出不同的特征。例如，网络借贷平台以设立基金的形式变相成立"资金池"，或者互联网上的股权众筹兼营网络借贷的行为，再如未经许可从事互联网信托，或者因担保杠杆太高而无法偿付本息，等等。2015年7月14日中国人民银行、工业和信息化部、公安部等《关于促

---

① 中国人民银行2013年调研报告。

进互联网金融健康发展的指导意见》、2016 年 4 月 12 日国务院办公厅《互联网金融风险专项整治工作实施方案》、2017 年 11 月 21 日互联网金融风险专项工作领导小组办公室《关于立即暂停批设网络小贷公司的通知》等规范性文件相继出台，明确了相关违法行为。这些行政法规定总体趋紧，也给刑法适用带来疑问。

这种趋紧的状态并不意味着其行政违法就可直接升级为互联网金融犯罪。从业行为不能因"未经批准"而进入犯罪圈，不能简单地以刑事网来控制这种行业内风险，否则会遏制网络条件下的金融创新。① 刑法从属性说认为，就以提升市场效率与刑法规范保护效率为导向的政策设计而言，兼顾其作为市场固有投机因素的经济价值，应将刑事处罚权力介入互联网金融的损害降至最低。② 而刑法独立性说则主张，互联网金融犯罪取决于行为的社会危害性，而非规范之间的逻辑关系，以法律逻辑规则来定义其犯罪并不合理。③ 最高人民法院和最高人民检察院均注意到"以金融创新名义"实施的犯罪行为，将刑法中规范违反的识别问题提上议事日程。④ 在规范违反的意义上，刑法的独立性会受到很大限制，但是更利于互联网金融犯罪的精细化判断。如果缺乏《商业银行法》、国务院《非法金融机构和非法金融业务活动取缔办法》之类金融管理法的具体规定，而以社会危害性或超个人法益侵害进行笼统的判断，显然更倾向于维护金融垄断的旧制度，难以在定罪中反映体制改革的规范内容。互联网金融行为究竟是创新抑或犯罪，在金融监管中尚待识别时，刑法中的实质判断无疑"如雾里看花，终隔一层"，其规范违反在更为复杂的结构和操作性的判断有助于辨明方向，走出复杂的利益纠葛，分辨其可罚性的有无。刑法谦抑性作为"二次违法"的要求，并非无视前置性法律中的规范违反，而是"从新事物的属性与规律入手，努力先从民法、行政法甚至是技术的层面去规范新事物的发展"，在两次违法中寻找实质的可罚性依据。⑤ 从规范违

---

① 郭华：《互联网金融犯罪该说》，法律出版社 2015 年版，第 15 页；万志尧：《互联网金融犯罪问题研究》，黑龙江人民出版社 2016 年版，第 86 页。
② 刘宪权：《互联网金融市场的刑法保护》，载《学术月刊》2015 年第 7 期，第 95 页。
③ 姜涛：《互联网金融所涉犯罪的刑事政策分析》，载《华东政法大学学报》2014 年第 5 期，第 11 页。
④ 参见 2017 年 8 月 4 日最高人民法院《关于进一步加强金融审判工作的若干意见》和 2017 年 6 月 2 日最高人民检察院公诉厅《关于办理涉互联网金融犯罪案件有关问题座谈会纪要》。
⑤ 刘宪权：《网络犯罪的刑法应对新理念》，载《政治与法律》2016 年第 9 期，第 11 页；商玉玺：《互联网金融的刑法规制政策及原则——金融抑制视角》，载《大连理工大学学报（社会科学版）》2016 年第 2 期，第 107 页。

反的角度看,不仅应考虑刑法的禁止规范,而且需要检讨是否存在允许规范,①即对于创新的互联网金融行为,在何种范围内是被允许的,是能够被排除犯罪性的?

互联网金融犯罪的规范违反问题成为界定犯罪、保护金融创新的关键。针对互联网金融的规范性文件尚未达到必要的效力层级,法律"灰色地带"仍然不少,其定罪中规范违反的界限该如何确定,而在规范性文件中被明确禁止的行为又能否入罪,其中有无共通的标准,又是否合理,等等。对此,本文拟结合经济知识及刑法、行政法中的规定,运用实证分析的方法展开探讨。

一、互联网金融犯罪的研究回顾

信息侵害型犯罪说认为,互联网金融犯罪主要通过"在内容上具有虚假性、误导性的信息"或其他信息上的"利益冲突关系",利用互联网金融平台或传播形式,"影响资本市场中的投资者(投机者)行为或者资本配置决策",获取非法利益。②这采取了信息经济学的立场和考察方法。互联网金融通过引入网络信用评价系统和信息公开,改变传统金融市场的信息不对称状况,降低交易各方的信息搜集成本和信息错配成本,促进更为充分、公平的市场竞争及社会效益的帕累托改进,减少金融自然配置中的逆向选择和道德风险。在此意义上,刑法的介入就重点打击欺诈行为,包括虚假广告、诈骗等,以维护信息公开、透明,防范金融风险。但其问题很明显,因为信息经济并非互联网金融的全部,其犯罪也不限于信息侵害型。对于实践中出现的"余额宝""人人贷""淘宝贷""融360"等不同模式而言,完全的信息公开也只是理想状态,刑法也不可能以此为出入罪的实质根据。

网络犯罪说认为,互联网金融犯罪应归为网络犯罪,因其在"平台模式和平台思维"中,以网络作为网络犯罪中作为"犯罪空间",以"网络作为'犯罪对象''犯罪工具''犯罪空间'"来设计刑法规制的路径。③该观点符合产业组织理论的逻辑,互联网金融符合"低成本""低门槛"和"规模效应"的互联网产业组织特征,因而其犯罪有监管难、危害大的特点。如周某某集资诈骗案,行为人在5个月内利用"艺商贷"P2P网络平台吸纳资金

---

① [德]金德霍伊泽尔:《刑法总论教科书》,蔡桂生译,北京大学出版社2015年版,第42页。

② 刘宪权:《互联网金融市场的刑法保护》,载《学术月刊》2015年第7期。

③ 于志刚:《网络思维的演变与网络犯罪的制裁思路》,载《中外法学》2014年第4期。

4493 余万元。① 至于利用大数据了解客户信息，开发高风险的金融产品，其危害的规模效应也十分可观。相比较而言，传统计算机犯罪理论更倾向接受互联网金融中介理论，从技术的角度解释其"金融脱媒"的问题。② 总的来看，该观点能够把握科技进步对经济社会发展及刑法适用的影响，不足之处是容易陷入"技术流"，忽略了相应的规范判断。

金融秩序违反说认为，互联网金融犯罪是金融犯罪的一种，以扰乱金融秩序为实质内容。这种观点与金融功能理论相互呼应，是我国刑法学通说。默顿主张，某金融体制建立时应先确定其功能，以此才能使其机制有效地运行。③ 例如，互联网金融具有便于支付和清算、聚集和分配资源、风险分散等功能，那么该类犯罪就是对这些机制的破坏。但是，以扰乱金融秩序来解释此类犯罪，通常难以走出传统金融功能的视野，在面对技术、模式、业态创新时显得手忙脚乱，举止失措，难以给出恰当的判断标准和解释。互联网金融有普惠金融的特征，其"低门槛""低成本"能使弱势群体、小微企业享受便利、合理的金融服务，使普通家庭财富保值增值。④ 因而，在刑法中，控制金融风险、防止欺诈应为第一要务，不同于传统金融犯罪的是，其刑法适用得适应新的模式和业态，能赶上创新的步伐，侧重于打击破坏普惠金融的行为，尤其是利用互联网金融侵害个人财产法益者。

犯罪严格限制说认为，国家认同和鼓励金融创新允许了该行业和领域的试错机制，相应的投资风险不应引起刑法上的后果，刑法的回应须谨慎而克制。这是金融深化理论的延伸，在否定金融垄断法的基础上，主张让市场决定资本的价值，包括利率市场化、资本自由流动等。郭华教授认为，互联网金融要避免区域性、系统性风险，避免破坏金融秩序和侵害投资者合法权益，刑法问题不宜采用传统的金融垄断主义立场，不能单纯依据破坏金融秩序来认定。⑤ 该观点在互联网金融初创阶段具有明显的合理性，但随着市场的逐渐成熟和稳定，"继续革命"不再迫切时，一味的放任显得不合时宜，刑法对金融秩序和金融风险的保护不应缺席。

---

① 广东省高级人民法院（2017）粤刑终 151 号刑事裁定书。
② 所谓"金融脱媒"，是指金融产品的供给方绕开传统金融机构，直接寻找需求方或融资者，在互联网条件下通过平台进行资金、产品的输送和服务。
③ 转引自吴晓求等：《互联网金融——逻辑与结构》，中国人民大学出版社 2015 年版，第 98 页。
④ 吴晓求等：《互联网金融——逻辑与结构》，中国人民大学出版社 2015 年版，第 114 页。
⑤ 郭华：《互联网金融犯罪概说》，法律出版社 2015 年版，第 108—109 页。

上述种种观点各执一端，就其对互联网金融犯罪的认识而言，最终都会回归互联网金融的功能。互联网金融犯罪伴随着金融创新而生，却与这股创新大潮并不相容，既无助于金融市场的公平竞争，难于监管，易致大规模的危害结果，又与普惠金融的功能相悖，不能使弱势群体、小微企业享受便利，其规避法律、善用制度性缺陷等罪恶本性恰是刑法无法放纵的。刑法背后的金融知识已急剧更新，虽然相关刑法规范仍停留在非法吸收公众存款罪、集资诈骗罪、非法经营罪等罪名中，与应对传统金融犯罪的相关规范并无区别，但刑法教义学已悄然适应新的互联网金融知识。2017年8月4日最高人民法院《关于进一步加强金融审判工作的若干意见》和2017年6月2日最高人民检察院公诉厅《关于办理涉互联网金融犯罪案件有关问题座谈会纪要》都明确指出，要警惕以金融创新名义实施的互联网金融犯罪，在定罪中注意到该领域的创新问题及其法律的"灰色地带"。这些问题对于认定犯罪中的规范违反具有重要意义，而本文的实证研究也围绕这个问题展开。

二、实证分析的目标及方法

在中国裁判文书网截止2017年11月28日所收集的判例中，涉及互联网金融犯罪的有72例，分别构成集资诈骗罪、诈骗罪、非法吸收公众存款罪、组织、领导传销活动罪等，但在判决理由部分都简单地表明"违反国家金融管理法律规定""骗取财物"等，没有更详细的说理，没有涉及制度性缺陷的问题。为了避免这种笼统的判断，笔者在公诉人和辩护人群体中进行问卷调查，以期寻找更详细的规范违反内容。

（一）调查问卷的目的及设计

本次研究的基本假设是，在鼓励金融创新的条件下，金融市场的内在秩序能部分弥补制度缺陷，成为互联网金融犯罪的判断依据。这种内在秩序自生自发，形成商业伦理，[①] 在互联网金融中主要是指诚信。

为此，笔者在武汉市检察系统和律师群体中进行了问卷调查，考察制度性缺陷、控辩双方的需求及其内在秩序。这次调查在武汉市检察机关发放200份，调查对象为检察院公诉部门检察人员，回收180份；在律师队伍发放问卷800份，调查对象为刑事辩护律师，回收610份。问卷中主要调查的内容包括：犯罪人职业、犯罪人对违法性的认知、犯罪人及被害人对风险和损失的态

---

① ［英］哈耶克：《法律、立法与自由（一）》，邓正来等译，中国大百科全书出版社2000年版，第68页。

度、被害人眼中引起损失的原因、被害人最主要的诉求、办案人员最主要的工作困难、办案人员最主要的建议等。每个问题都包括多个选项,如"被害人眼中引起损失的原因"可以选择"网络技术风险""犯罪人违法""犯罪人不守诚信""国家干预"和"自己倒霉",再如"办案人员最主要的工作困难"也有几个选择,即"法律中的'灰色地带'""证据链问题""外界干预太多""对金融和计算机技术缺乏必要的了解"。其中,"犯罪人不守诚信"是被害人的评价,体现对金融市场内在秩序的破坏;而"法律中的'灰色地带'"为制度性缺陷,若成为办案人员最主要的工作困难,即为互联网金融犯罪中的重要问题。这种设计通过对控辩双方的调查,旨在了解两造对于互联网金融犯罪的态度,尤其对法益侵害和规范违反的认知,检验认定以创新名义犯罪的影响因素,探讨其可供适用的规范标准。

在上述各个考察指标中,如果"法律中的'灰色地带'"和"犯罪人不守诚信"成为主要的选项,那么可证明上述假设的成立。这两个指标包含规范违反和法益侵害的内容。在规范违反方面,涉及禁止规范和允许规范,前者如犯罪人和被害人对违法性的认知,二者一致的情况下就可以确定有无一般的禁止规范;后者则为"被害人对风险的态度",被害人接受该风险兜底表明被害人最低限度的承诺,可作被害人自我答责和溯及禁止的依据。① 在制度性缺陷的场合,即"法律中的'灰色地带'",犯罪人是否"不守诚信"就成为划定各自答责界限的依据。在法益侵害方面,笔者以"引起损失的原因"为考察指标,考察公法益还原为个人法益的情况,② 即财产损失的根源和刑法应予保护的实质内容。风险控制作为该类犯罪的另一个面向,在出现财产损失时固然源于治理上的缺陷,但在可罚性问题上应结合规范违反来考虑,必要性需细化引起该结果的原因,"犯罪人不守诚信"作为其选项之一如果能成为最主要的选择,即能证明上述假设的合理性。

(二)对调查问卷结果的基本描述

本次问卷内容多方面涉及犯罪的构成要件,其结果所表现的特征也给判断提供了实证的基础。(1)在"与传统金融犯罪案件相比,您认为互联网金融犯罪案件最大的特点是?"一题中,回答破坏了"互联网+的金融秩序"的有354人,占41.7%,主张危害网络安全、侵犯金融秩序、使用互联网技术、与

---

① [德]金德霍伊泽尔:《刑法总论教科书》,蔡桂生译,北京大学出版社2015年版,第126页。

② 张明楷:《避免将行政违法认定为刑事犯罪:理念、方法与路径》,载《中国法学》2017年第4期。

互联网的新业态有关的分别为140人、159人、151人,认为侵害金融秩序的有32人,仅占3.77%。该题是对犯罪客体的理解提问,回答"互联网+的金融秩序"的符合我国刑法学通说。但从金融功能上看,该题在设计上偏重于法律人的理论知识和概括能力,受制于"专业槽"的偏见,其回答也并未突出普惠金融的特点。① 因为"互联网+的金融秩序"本质上是金融秩序,毋宁是网络时代的金融秩序,太多抽象化和理论化,与后续的问题回答有出入,故并无实证依据。在随后的"为了避免成为互联网金融犯罪的受害人,你给普通民众的最主要建议是?"一题中,460人支持"有条件地相信互联网",225人建议"相信有信誉的平台",340人认为存在"法律的'灰色地带'",由此而论"互联网+的金融秩序"更像是"互联网"秩序,而未生成稳定的金融秩序。(2)涉及犯罪主体,调查显示,291人认为涉案的为"无业",而269人则认为系"互联网金融业者",显示为传统金融业者的仅为131人,占15%。这表明,互联网金融犯罪并无一定的身份特征,多为一般人犯罪。因此,基于犯罪主体或犯罪客体的刑法教义学思考很难给出合理的解释。

在实质的方面,互联网金融犯罪表现为侵犯财产。就"犯罪人对违法性的认识内容"而言,主张"侵犯财产"的有444人,占52.5%,而支持"违反刑法"和"侵犯金融秩序"的分别为205人、98人,这个与基于被害人的理解大体一致,对侵犯财产的关注远高于其他选项(见图一)。其中,有趣的是,被害人对金融秩序和诚信的期待更高于犯罪人,而犯罪人对侵犯财产和违反刑法的理解多于被害人。与此相对应的是,受访者普遍认为犯罪人主观上表现为故意,其中认为非法牟利意图的445人,占52.4%,发现非法占有目的的336人,占39.6%。

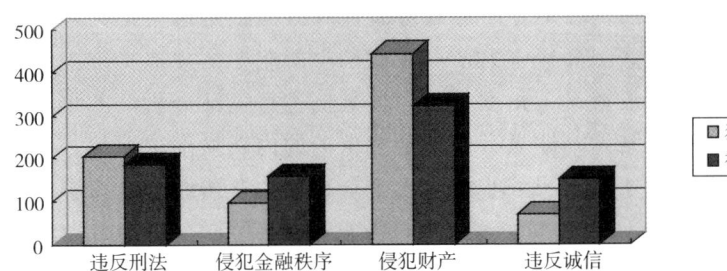

图一 互联网金融犯罪中犯罪人和被害人眼中的违法性

互联网金融犯罪的侵犯财产,不同于普通的侵犯财产罪,源于对商业伦理

---

① 吴晓求等:《互联网金融——逻辑与结构》,中国人民大学出版社2015年版,第114页。

的侵犯。① 从被害人的角度来看,认为财产损失源于"犯罪人不守诚信"的受访者达 327 人,高居榜首,占 38.5%,而认为是"犯罪人违法"的则为 253 人,仅为 29.8%。这一结论表明,从被害人的角度来看,违法性并非根本,而"犯罪人不守诚信"具有更重要的意义,发挥更基础的作用。这一结论与互联网金融作为普惠金融的特征是一致的。结合被害人对风险的认知和对利润的盲目追求,他们也承认在互联网金融中诚信比法律规范或金融秩序更重要。鉴于我国对互联网金融的法律规定尚存缺陷,且"坚持简政放权"的大环境,法律的"灰色地带"是客观存在的。在本次调查中,办案人员选择"最主要困难"的问题时,法律"灰色地带"位于榜首,达 343 人,占 40.4%,高于"证据链问题"的 313 人。在动力竞争学看来,被害人在竞争的压力下更易感受诚信的重要,在法律灰色地带以此为理解彼此行为的依据,客观上奠定互联网金融的内在秩序。② 在这种情况下破坏诚信,甚至使被害人面对风险而无法逃避,如"e租宝"案中陷于虚假的融资租赁债权项目及个人债权项目的被害人。③

上述描述基本表明,违反诚信及由此侵害财产应为互联网金融犯罪的判断依据。该犯罪客观上存在法律"灰色地带",被害人对投资风险有部分的允许,"犯罪人不守诚信"在一定程度上发挥作用,犯罪行为表现为对财产的侵犯。这在很大程度上影响对该类犯罪的认定,对应着互联网金融的功能,有普惠金融的知识基础,也应成为刑法适用的参考。④

三、对研究结论的进一步检验

对于上述结论,可以从两个方面加以检验。一方面,是运用统计学中回归分析的模型,对违反诚信和侵害财产与互联网金融犯罪的规范特征进行检验;另一方面,是从刑法教义学角度,对相关判例进行实证分析。如果通过检验,就可以确证上述结论,即只有破坏金融市场的内在秩序即诚信,且侵犯广大投资者财产权,才能表明其非法吸收公众存款、非法经营、诈骗等成立互联网金融犯罪。

---

① 刘爱军、钟蔚:《商业伦理学》,机械工业出版社 2016 年版,第 282 页。
② [德]柯武刚、史漫飞:《制度经济学——社会秩序与公共政策》,商务印书馆 2000 年版,第 308 页。
③ 北京市第一中级人民法院
④ 吴晓求等:《互联网金融——逻辑与结构》,中国人民大学出版社 2015 年版,第 114 页。

(一) 必要的回归分析

被害人眼中"犯罪人不守诚信"和"请求赔偿损失"体现了对互联网金融犯罪的最直接社会反应,在该题的几个选项中占最大的比重,是检察官和律师所发现的最主要影响因素,也必将影响起诉和辩护,进一步会影响审判。因而,本文以此为因变量,考察与其他因素之间的相关性,运用 SPSS 软件,采用逻辑(Logistic)回归分析的方法进行分析,预测其在互联网金融犯罪中出现的概率,以探讨其对定罪的意义。

1. 对"犯罪人不守诚信"为因变量的回归分析

笔者把"受害人认为导致其损失的原因是什么"一题中"犯罪人不守诚信"作为"被害人渴望诚信"设为因变量,以检验与此相关的其他因素,探索其原因。本文将其变量类型选为数值型,采取二值变量,即回答"犯罪人不守诚信"的设为"1",而所有其他答案,如"网络技术风险""犯罪人违法""国家干预""自己倒霉"都设为"0"。对问卷中"犯罪人的主要职业是什么""犯罪人有无其他传统金融违法行为""犯罪人的动机多是什么""为了避免成为互联网金融犯罪的受害人,你给普通民众的最主要建议是什么""这些犯罪人在认识到违法性时,他们眼中的违法性主要是指什么""受害人对其犯罪人行为的违法性有无认识""您在办理互联网金融犯罪案件中,遇到的最主要困难是什么""被害人在你们工作中最主要的请求是什么"八个问题,分别选择"传统金融业者""其他金融违法""非法获利目的""侵犯财产的意识""利润对风险认识的影响""法律灰色地带""被害人请求赔偿损失""对平台有保留的信任"为自变量,同样设为二值变量。通过回归分析,结果显示见表一。

表一 被害人渴望诚信的 Logistic 回归分析结果

	偏回归系数	标准误差	Wals	P 值	Exp (B)
法律灰色地带	0.589	0.158	13.954	0.000	1.801
传统金融业者	-0.429	0.248	2.976	0.085	0.651
其他金融违法	-0.779	0.160	23.743	0.000	0.459
非法获利目的	0.687	0.343	4.001	0.045	1.987
侵犯财产的意识	0.171	0.155	1.213	0.271	1.186
利润对风险认识的影响	-0.012	0.154	0.006	0.939	0.988

续表

	偏回归系数	标准误差	Wals	P 值	Exp（B）
被害人请求赔偿损失	-0.143	0.228	0.396	0.529	0.866
对平台有保留的信任	0.066	0.155	0.179	0.672	1.068
常量	-1.086	0.381	8.143	0.004	0.338

a. 在步骤 1 中输入的变量：法律灰色地带，传统金融业者，其他金融违法，非法获利目的，侵犯财产的意识，利润对风险认识的影响，被害人请求赔偿损失，对平台有保留的信任。

表一显示了针对"被害人渴望诚信"的 Logistic 回归模型中自变量的偏回归系数、标准误差、Wald 检验值、P 值和 Exp（B）值。① 在表一中，P 值小于 0.05 的自变量包括"法律灰色地带""传统金融业者""其他金融违法行为""非法获利目的"，表明这些因素对"被害人渴望诚信"有显著影响。其中，Exp（B）大于 1 的只有"法律灰色地带"和"非法获利目的"，表明这种影响是存在的，但"非法获利目的"的标准误差太大，其证明力仍待考察。"传统金融业者""其他金融违法行为"的偏回归系数为负数，Exp（B）小于 1，会减少"被害人渴望诚信"的可能。"对互联网金融平台的信任""侵犯财产的意识""利润对风险认识的影响"和"被害人请求赔偿损失"的显著性均大于 0.05，对因变量没有影响，无法用于预测。通过上述分析，"法律灰色地带"的 P 值为 0.000，偏回归系数、Exp（B）和标准误差值均较理想，该因素对引起"被害人渴望诚信"有重要影响。

由此，用于预测"被害人渴望诚信"的分析模型可以表示为：

$$P = 1 - 1/(1 + e^{(0.589X_1 - 0.429X_2 - 0.779X_3 + 0.687X_4 + 0.171X_5 - 0.012X_6 - 0.143X_7 + 0.066X_8 - 1.086)})$$

这里的 P 是指"被害人渴望诚信"发生的概率，e 是指自然对数的底数，是个固定值，约为 2.71828，而 X_1 至 X_7 则分别为"法律灰色地带""传统金融业者""其他金融违法""非法获利目的""侵犯财产的意识""利润对风险认识的影响""被害人请求赔偿损失""对平台有保留的信任"。

---

① 偏回归系数，是指在控制其他变量的前提下，自变量每变化一个单位，因变量的变化数。标准误差，是指标准差的标准差。Wald 是一种检验标准，表明回归方程的显著性程度，数值越多越好。P 值用来说明自变量对因变量是否有显著影响，只有 P 值小于 0.05 时，才是有意义的。Exp（B）也称比数比，即自变量上升时因变量相应出现的倍数，当大于 1 时，因变量出现的概率会上升，而小于 1 时自变量上升反而会降低因变量的概率。

表二 被害人渴望诚信的 Logistic 回归模型的预测准确率[a]

	预测结果为被害人不渴望诚信	预测结果为被害人渴望诚信	正确率（%）
被害人不渴望诚信	443	69	86.5
被害人渴望诚信	196	97	33.1
总计百分比	—	—	67.1

表二显示出上述 Logistic 回归模型的预测准确率。对否定"被害人渴望诚信"的 512 个样本的预测正确率为 86.5%，而对 293 个肯定"被害人渴望诚信"的预测正确率为 33.1%，而总计正确率为 67.1%，处于相对较好的水平。这表明该模型整体拟合度较高。

通过上述分析，"法律灰色地带"与"被害人渴望诚信"有因果联系，即在面对法律灰色地带时，互联网金融犯罪的被害人会转而求诸诚信的判断。这表明，在规范不足时，对被害人的刑法保护回归对犯罪之自然恶的评价，将更符合被害人的期待。

2. 以"被害人请求赔偿损失"为因变量的回归分析

"被害人请求赔偿损失"是被害人在互联网金融犯罪中的最大诉求，就其财产保护而言，也是考察刑法保护效率的重要指标。有效的刑法保护应该通过威慑"弥补损害赔偿责任所遗漏的那部分额外社会成本"，[①] 因而尽可能避免被害人损失或使其得到赔偿，就是刑法介入互联网金融领域的依据，也符合普惠金融的功能。从刑法中"公法益应回归个人法益"的法理看，互联网金融犯罪对超个人法益的侵害，只有表现为侵害个人法益尤其是财产，才有现实的危害性。故以"被害人请求赔偿损失"为因变量，另外 8 个因素为自变量，其 Logistic 回归分析的结果如表三。

表三 被害人请求赔偿损失的 Logistic 回归分析结果

	偏回归系数	标准误差	Wals	P 值	Exp（B）
法律灰色地带	-0.770	0.225	11.753	0.001	0.463
传统金融业者	0.859	0.444	3.749	0.053	2.361
其他金融违法	-0.080	0.225	0.128	0.720	0.923

---

① 宋亚辉：《风险控制的部门法思路及其超越》，载《中国社会科学》2017 年第 10 期，第 152 页。

续表

	偏回归系数	标准误差	Wals	P 值	Exp（B）
非法获利目的	1.044	0.361	8.363	0.004	2.840
侵犯财产的意识	0.737	0.218	11.432	0.001	2.091
利润对风险认识的影响	0.507	0.225	5.061	0.024	1.660
被害人渴望诚信	-0.111	0.226	0.241	0.624	0.895
对平台有保留的信任	-0.491	0.228	4.624	0.032	0.612
常量	0.961	0.368	6.829	0.009	2.615

a. 在步骤 1 中输入的变量：法律灰色地带，传统金融业者，其他金融违法，非法获利目的，侵犯财产的意识，利润对风险认识的影响，被害人渴望诚信，对平台有保留的信任。

表三是对"被害人请求赔偿损失"的 Logistic 回归分析结果，P 值小于 0.05 的自变量有"法律灰色地带""非法获利目的""侵犯财产的意识""利润对风险认识的影响""对平台有保留的信任"。其中，"非法获利目的""侵犯财产的意识""利润对风险认识的影响"三项的偏回归系数为正值，Exp（B）大于 1，与因变量正相关，其增加也会引起"被害人请求赔偿损失"的增加，但"非法获利目的"的标准误差较高，预测的准确性仍有待考察。"法律灰色地带"和"对平台有保留的信任"的偏回归系数为负值且 Exp（B）大于 1，显示出负相关关系，其增加会引起因变量相反的趋势。而三项指标的 P 值大于 0.05，显示没有统计学上的显著性。

用于预测"被害人渴望诚信"的分析模型也可以表示为：

$$P = 1 - 1/(1 + e^{(-0.77X_1 + 0.859X_2 - 0.08X_3 + 1.044X_4 + 0.737X_5 + 0.507X_6 - 0.111X_7 - 0.491X_8 + 0.961)})$$

分类表[a]

	预测结果为被害人未请求赔偿损失	预测结果为被害人请求赔偿损失	百分比校正
被害人未请求赔偿损失	0	106	0.0
被害人请求赔偿损失	0	699	100.0
总计百分比	—	—	86.8

a. 切割值为 0.500

表四表明上述 Logistic 回归模型的预测准确率。对否定"被害人请求赔偿损失"的 106 个样本的预测正确率为 0，而对 699 个肯定"被害人请求赔偿损失"的预测正确率为 100%，而总计正确率为 86.8%，处于相对较好的水平。

这表明该模型整体拟合度较高，上述预测是有效的。

因此，从控制犯罪、刑法介入效率看，着眼于"非法获利目的""侵犯财产的意识""利润对风险认识的影响""法律灰色地带"和"对平台有保留的信任"能更好地回应被害人赔偿损失的诉求，有更高的社会效益。具体而言：（1）"非法获利目的""侵犯财产的意识"表明互联网金融犯罪的主观方面。上述统计结果要求刑法重点应打击非法牟利且侵害财产法益的行为，以此为评价标准，避免刑法的扩张。（2）"利润对风险认识的影响"表明被害人的态度甚至过错。依据统计结论，刑法的适用应该考虑被害人无视风险的逐利行为对定罪的影响，在被害人刑法教义学中，其过错在一定程度上可以减轻或免除行为人责任，其行为具有自我答责性，① 对利润的追求能作为被害人承诺而发挥允许规范的作用。（3）"法律灰色地带"在刑法上并不当然成为阻却犯罪性的理由。从二者的负相关关系来看，"法律灰色地带"会使被害人降低诉诸法律的积极性，但是基于互联网金融作为普惠金融的功能，惩治互联网金融犯罪应侧重保护被害人，刑法在面对这种情况时不能放纵侵害行为。在其他部门法出现法律的"灰色地带"时，刑法适用应考虑寻找规范，以补充其不足，需要考虑金融市场所信赖的商业伦理。例如，在金融创新时应考虑商业伦理上的可接受性，在商业伦理无法接受时，不能简单以"有利于被告人"为原则，而应考虑适用刑法的禁止规范。（4）"对平台有保留的信任"表明预防犯罪的非刑罚手段。依据该统计结论，该指标与"被害人请求赔偿损失"也是负相关，这就要求加强互联网金融平台的治理，包括征信评价、行政许可、处罚等。

通过上述回归分析，互联网金融犯罪在实质上表现为破坏金融市场的内在秩序即诚信，且侵犯广大投资者财产权，因而可以此为实质判断的依据。犯罪严格限制说的主张，即限于"假借金融创新之名而非法占有他人财产的"，② 显得太过狭小，不利于遏制风险、保护被害人。

（二）基于个案所进行的探讨

上述回归分析所得出的结论，在刑法教义学和实践中面临很多问题，需逐一加以解决。

1. 洗钱罪问题

按照上述的假设，在解释洗钱罪时就会面临问题。有论者认为，投资者如

---

① ［德］金德霍伊泽尔：《刑法总论教科书》，蔡桂生译，北京大学出版社2015年版，第132页。

② 郭华：《互联网金融犯罪概说》，法律出版社2015年版，第121页。

果无意通过投资获利,而是以股权众筹为幌子实施洗钱的,也可成立洗钱罪。① 因为洗钱罪所侵犯的客体是金融管理秩序和司法机关的正常活动,在未侵犯他人财产权的情况下,也不影响犯罪的成立。② 此外,在上述《指导意见》中还专门要求,金融机构和互联网合作时应符合"反洗钱和防范金融犯罪"的要求,不得"降低反洗钱和金融犯罪执行标准"。如此而论,倘若将洗钱罪排除在互联网金融犯罪之外,则后者在概念上不周延;而要将其包括在内,那么本文的观点就不攻自破。

在处理洗钱的定罪问题,要区分几种情况:

(1) 为互联网金融犯罪洗钱,本身不涉及互联网金融的。上海市2013年10大典型案例涉及这种洗钱罪,如雷某某洗钱案。该案中,被告人刘某某非法购得他人信用卡信息,通过第三方支付公司向相关银行发起相应扣款,共计从他人账户中盗划资金787万余元。其间,被告人雷某某明知是金融诈骗犯罪的所得款项,仍通过赌博洗兑等方式,协助刘某某洗钱200余万元。类似的案例还可见宋某甲洗钱案。该案中,被告人的男友通过网上银行和手机银行将被害人银行卡内50万元转走,利用第三方支付购买虚拟物品并转卖给他人,该款项被打入张某的银行卡中,被告人宋某甲再从这些银行卡中提取现金,完成洗钱行为。③ 这两个案例中,被告人均为互联网金融诈骗犯罪洗钱,但本身并未涉及互联网金融业务或机构,因而不能算互联网金融犯罪。这种洗钱罪不需要以侵害个人财产权为内容。

(2) 从事互联网金融活动,顺带洗钱的。理论上提及多种互联网金融的洗钱行为,如利用互联网众筹平台、利用网上远程金融服务等洗钱的,都会给不特定的公众带来法律风险。因为互联网金融是普惠金融,拥有大量的投资者和参与人,其平台或机构一旦涉及洗钱犯罪,就会面临关停、处罚等,其损失"殃及池鱼",也必然使这些无辜的参与者、投资人面临因处罚或关停而带来的损失。在此意义上,这种洗钱行为仍然侵害了个人财产法益,具有可罚性。

(3) 蓄意洗钱而建立互联网金融平台的。例如2015年5月成立的某借贷平台,其负责人8月即失联,该平台陷于停顿状态。后证明,这是不法分子所注册的多家互联网金融平台之一,专门用来洗钱和转移、混淆资金来源,包括从网上以每张卡500元至1000元不等的价格购入他人银行卡,然后用作涉案

---

① 刘宪权:《互联网金融股权众筹行为刑法规制论》,载《法商研究》2015年第6期。
② 马克昌主编:《百罪通论》(上),北京大学出版社2014年版,第270页。
③ 江苏省南京市雨花台区人民法院(2013)雨刑二初字第30号刑事判决书。

资金的转移和藏匿，等等。这种行为是针对诈骗"一对多"的帮助行为，具有帮助犯的正犯化特征，有侵害财产的可能性，也应成立犯罪。对此，《刑法》第287条之一非法利用信息网络罪有相关规定，不惟成立洗钱罪。

2. 非法吸收公众存款罪问题

对互联网金融的行政监管趋紧，非法吸收公众存款罪的认定也面临检讨。2016年4月12日国务院办公厅关于印发互联网金融风险专项整治工作实施方案的通知》要求"严格准入管理"。2017年4月，银监会发布《中国银监会关于银行业风险防控工作的指导意见》提到："做好'现金贷'业务活动的清理整顿工作。"而2017年11月21日互联网金融风险专项工作领导小组办公室《关于立即暂停批设网络小贷公司的通知》更明确，"自即日起，各级小额贷款公司监管部门一律不得新批设网络（互联网）小额贷款公司，禁止新增批小额贷款公司跨省（区、市）开展小额贷款业务"。那么，其顶风在未经批准时从事"现金贷"的，能否以非法吸收公众存款罪论？

其问题的核心是，行政法上的违法行为能否成为定罪的依据。从上述行政法中对互联网金融违法行为的认定趋紧看，未经批准的"现金贷""小额贷款"等更易被定为行政违法，但与成立犯罪尚有不小的距离，刑法在"构成要件要素""案件事实"和"处理结论"方面都需独立判断，[①] 即使以从属性说的观点看，刑法需进行"第二次违法"的判断，[②] 上述行政违法中没有成立犯罪的"直通车"。以李某非法吸收公众存款案为例。被告人李某在购买"自由国际"网络理财游戏平台产品后，在未取得银行业金融监督管理部门许可的情况下，以吸收下线获得"培育奖金"为目的，公开宣传该理财产品，以投资高利发还现金币的高收益吸引公众投资。被告人李某收取投资款后又汇给同案人，赚取"培育奖金"。其中，获得投资款686800元，已返还226700元。法院认定，该游戏平台没有实际投资项目，盈利主要是靠吸收别人买币的钱款，而返利主要是返还虚拟币，虚拟币的变现需要参与游戏的人通过互相交易或者推荐新玩家购买，以及挂在平台公司回购。而且该平台没有获得有关部门批准的证照，也是不合法的。[③] 也有不同观点认为，涉案"自由国际"网络平

[①] 张明楷：《避免将行政违法认定为刑事犯罪：理念、方法与路径》，载《中国法学》2017年第4期。

[②] Lüderssen, FS – Eser, 2005, S. 163, 170; s. auch Walter, in: Laufhütte/Rissing – van Saan/Tiedemann (Hrsg.), Leipziger Kommentar Strafgesetzbuch, 12Aufl. 2007, Vor § 13, Rn. 6.

[③] 广东省汕头市中级人民法院（2017）粤05刑终160号刑事裁定书。

台的活动无须银行业金融监管部门批准，不属于非法吸收公众存款和变相吸收公众存款行为。从行政法上看，网络理财游戏平台出售理财产品并返还游戏金币在相关的金融监管法规没有规定，属于新鲜事物，似乎难以认定其行政违法。

但其行为在刑法上应成立非法吸收公众存款罪。理由是：（1）从《刑法》第 176 条规定看，该罪的"非法"至少包括"主体不合法""行为方式不合法"。① 本案中，行为人作为游戏平台无权出售理财产品，其行为也采取了层压式推销机制，即俗称"传销"的方式，故符合上述"非法"的规定。（2）从实质上看，其行为扰乱金融秩序。该案中，行为人对不特定的多数人承诺支付巨额的返现，吸引了数十万投资，客观上却无法实现诺言，不符合普惠金融的特征，破坏了金融市场的诚信，因而扰乱了金融秩序。（3）该行为吸收了公众存款，侵害了广大投资者的财产权，具有现实的社会危害性。该平台既无实际经营行为，又采取高利返现的方式进行运作，其债务只能像"滚雪球"般越来越大，威胁、侵害投资者的财产权。

互联网金融犯罪的问题还有很多，体现为滥用第三方支付平台、非法进行股权众筹、非法创建"现金贷"平台等，在分则中将进行详细的讨论。

第二章 P2P 网贷风险解构与规制路径分析

传统的 P2P 网络借贷平台的角色定位是"信息中介"，其在贷款人与出借人之间"牵线搭桥"，撮合双方借贷交易的顺利完成，然后平台提取一定的报酬，在此过程中较少出现违法违规现象。而当下大部分的 P2P 网贷平台已突破了"纯中介性质"发生了异化，风险亦随之而来。游走在法律边缘的网贷集资行为，稍有不慎就有可能违法。近年来，国家开展了对互联网金融领域的一些违法违规行为的整治，针对 P2P 网络借贷行业亦出台了相应的政策与法规。当前最新政策与法规对 P2P 网贷平台的核心要求是：应守住法律底线和政策红线，落实信息中介性质，不得设立资金池，不得非法集资，不得自融自保；未经批准不得从事资产管理、债权或股权转让、高风险证券市场配资等金融业务。P2P 网络借贷平台客户资金与平台自有资金应分账管理，遵循专业化运营原则严格落实客户资金第三方存管要求，不得挪用客户资金，保护客户资金安全。②

---

① 王作富：《刑法分则实务研究》（上），中国方正出版社 2013 年版，第 400 页。

② 参见邓建鹏、黄震：《互联网金融法律与风险控制》（第 2 版），机械工业出版社 2017 年版，第 72 页。

一、P2P 网贷之创新性体现

(一) 有利于中小企业和个人融资

中小企业的发展为我国经济的发展带来了活力,增加了就业岗位,但我国的中小企业一直面临着融资难的问题,虽然国家近几年也相继推出了一些致力于解决中小企业融资难、提高中小企业发展活力的相关举措,但效果并不甚明显。对于我国的中低收入阶层来说我国目前融资渠道单一,传统金融业仍处于垄断地位,再加上融资审批程序烦琐,周期长,因此基于各种因素的限制使得资金实力非常有限的中小企业和初创业者融资非常不易。

P2P 网贷的兴起打破了传统金融行业时间和空间上的禁锢,资金供需双方可借助于互联网平台直接进行匹配和交易,避免了烦琐的业务流程,资金流转简单便捷。在互联网金融下,人们能够根据市场化规则,更快速、准确地引导资金投向改善了中小企业和个人投资者长期以来受制于传统金融机构的被动性,极大地降低了融资门槛拓宽了融资渠道,增强了社会公众在借贷过程中的话语权和选择权,满足了中小企业和中低收入人群的借贷需求,具有普惠金融的特质。

(二) 倒逼传统金融借贷行业改革创新

经济学中有一个著名的概念,即"鲶鱼效应"。沙丁鱼生性喜欢安静,追求平稳,在长途运输中容易缺氧死亡。为了能将新鲜的沙丁鱼顺利运至港口从而卖出高价,渔民总是想方设法地让沙丁鱼活着回到渔港。可是虽然经过种种努力,绝大部分沙丁鱼还是在中途死亡。后来有位船长在装满沙丁鱼的鱼槽里放进了一条以鱼为主要食物的鲶鱼。鲶鱼进入鱼槽后,由于环境陌生,便四处游动。沙丁鱼见了鲶鱼十分紧张,左冲右突,四处躲避,加速游动。这样沙丁鱼缺氧的问题就迎刃而解了,沙丁鱼也就不会死了。[①]

这一效应与当下 P2P 网贷和传统金融行业的关系十分相似,我国传统的金融行业可谓是"家大业大",实力相当雄厚,所以不管是整个传统金融行业还是行业的领导者和从业者都像是早已适应了安逸而没有风险环境下的沙丁鱼,他们不用担心有一天会有人抢了他们的"饭碗",所以整个行业普遍不具有忧患意识和创新意识。但从表一[②]中我们就可以清晰地看出近几年 P2P 网贷的迅猛发

[①] 参见百度:https://zhidao.baidu.com/question/504794465.html,访问时间 2017 年 11 月 12 日。

[②] 参见中国产业信息网:http://www.chyxx.com/industry/201609/445190.html,访问时间 2017 年 11 月 12 日。

展,P2P 网贷平台的数量大幅增加,这只"鲶鱼"跳进金融市场,给传统金融行业带来了不小的冲击。对于传统金融行业里的借贷业来说,要想保持自己的借贷融资优势,保证客户不外流,就必须着力开展金融创新,提高服务质量。

表一 2011—2018 年中国 P2P 公司规模及增长率

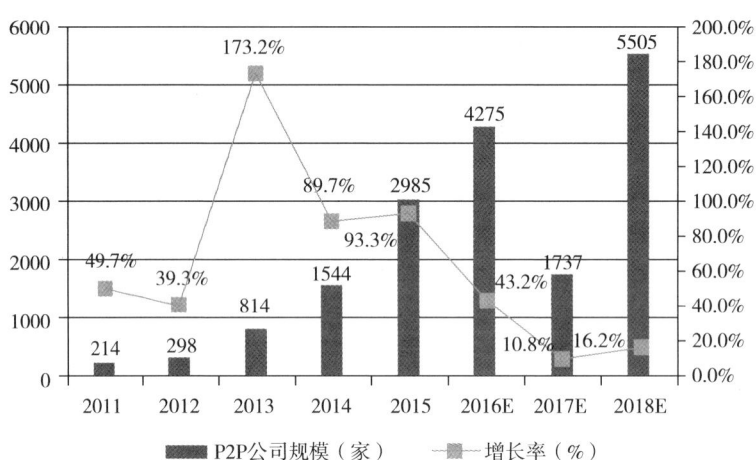

（三）促进金融领域信用体系建设

P2P 网贷受众广,借助互联网高精度且低成本的征信能力,能有效促进我国金融行业的信用体系建设。这主要表现在以下三个方面：首先,信用征集范围广。P2P 网贷所面向的投融资者大多是传统银行体系很难覆盖的中小微企业及资金供给量小的个人投资者,这两部分用户对我国的经济发展有着重要影响,对他们的信用数据收集及评估,能够最客观地反应我国信用发展水平的真实情况,对央行的数据库覆盖规模是巨大的补充。

其次,信用征集细致度提高。由于 P2P 网贷采用的是线上运作,使得 P2P 贷款公司在风险控制层面面临最大的挑战是确认借贷双方的真实信息,当下大多数网贷平台都会从多个维度（如姓名、身份证号、信用卡号、银行预留手机号等）确保筹资人的真实身份、筹资目的以及还款能力。这可以极大丰富央行数据库的信息维度,做到全面立体地评估我国用户及企业的信用。

最后,信用征集准确性提高。P2P 网贷是互联网技术和科技发展的产物,其获取及利用数据的能力要强于传统金融机构,成熟并且不断进步的技术手段,可以保障数据获取的准确性。尤其投融资双方在 P2P 贷款平台内的行为信息,完全可以通过信息技术进行实时连续的抓取,及时反映信息的变化以便将投资风险防范于未然。

二、P2P 网贷之乱象概要

P2P 网络借贷在我国的发展虽然才短短的几年时间,但其发展势头非常迅猛,由于没有专门的法律法规对其借贷行为进行及时的规制,致使 P2P 网贷一度出现"无准入门槛、无行业标准、无监管机构"的危险局面。① 从而衍生出了 P2P 网贷领域的一些乱象。

笔者在中国裁判文书网输入"刑事案由""P2P 网络借贷"共搜索到 50 条结果,经过删选比对,笔者选取出其中比较具有典型性的六个案例,如表二:

表二 P2P 网络借贷案例

名称	吸收金额	损失金额	人数	利息	资金用途	具体行为方式
缪忠应、王永光集资诈骗案	2550 万	1523 万	45	无数据	投资期货、炒股,资金链断裂后卷款跑路	未经许可设立"优易网"并发布"秒标"承诺即时还本付息
陶秀义非法吸收公众存款案	5036 万	2382 万	654	年息 22%	转借给他人	未经批准设立"徽煌财富"网贷平台,虚构标的、承诺高息
严庆海非法吸收公众存款案	1 亿余元	2000 万	1003	无数据	投资房地产或高息借贷给他人	未经批准设立"平海金融"网贷平台虚构借贷标的进行融资
叶小军集资诈骗案	1116 万	23184 万	140	年息 24%—36%	赌博和支付利息	搭建"文妥财富"网贷平台,冒用、伪造他人抵押借款材料虚构借款"标的"
宋后荣非法吸收公众存款案	1586 万	298 万	500+	年息 36%—48%	生产经营、归还债务	未经批准设立"诚宜创投"P2P 借贷平台发布虚假借款标的、承诺虚假高息
宋义民非法吸收公众存款案	82476 万	清退完结无损失	一万余人	无数据	主要用于正常的生产经营活动	未经许可向不特定对象提供借贷投资理财业务

---

① 参见姚文平:《互联网金融》,中信出版社 2013 年版,第 44 页。

(一) 归集资金池

当下大部分的 P2P 网贷平台都突破了其作为"信息中介"的角色定位，出现了大量归集资金池，进行资本运作的情况。在表二所例举的六个案件中每个案子中的行为人都无一例外地吸收了集资款在千万元以上，在严庆海非法吸收公众存款一案中吸收的金额更是过亿元，大量资金涌入平台，形成巨大的资金池，此时的网贷平台已实际上在扮演着金融机构的角色，发挥着资金融通的作用。一旦平台资金链断裂，不仅会使投资者面临资金无法提现，血本无归的风险，还会给金融秩序带来一定的冲击。

(二) 擅自提供担保

P2P 本质上是一种民间融资的金融模式，为了吸引更多的投资者向其平台投资，平台经营者往往会采取提供担保的方式来增加平台信誉度和资金的保障度以此来增强投资者对平台的信任感。实践中有的平台采用的是以平台自身提供担保，而有的平台为了吸引投资采用的是虚假担保，如在广东省深圳市中级人民法院所判处的杨立群非法吸收公众存款[①]一案中，中贷信创网站以高息和奖励金诱使投资者向借款人借款或进行翡翠股票投资，并宣称由深圳市中瑞隆信托资产管理有限公司提供无限担保，直至公司资金链断裂无法提现投资人才发现所谓的无限担保完全是平台经营者凭空编造的来欺骗投资者的谎言而已。

(三) 承诺虚假高息

大肆宣传并承诺高额利息可以说是 P2P 网贷平台吸引投资者投资的"惯用伎俩"。大部分的投资人亦正是因为抵制不住高息的诱惑，在投资初期尝到些许的甜头后而进行大量投资。在笔者前述列举的案件中可以清晰地看出这些网贷平台所承诺的年息均在 20% 以上，高者更是达到了 48% 左右的年息，而据资料显示最新央行公布的短期贷款即一年以内（含一年）的贷款利率是 4.35%,[②] 2015 年 6 月最高人民法院颁布的《关于审理民间借贷案件适用法律若干问题的规定》将民间借贷的利率分为两线三区即：借贷双方约定的利率未超过年利率的 24% 的部分是受法律保护区，利率不超过年利率 36% 的部分是自然债务区，而高于 36% 的部分是无效区。这一规定对借贷双方都有很重要的参考意义，利率过高，虚假性亦随之升高。

---

① 参见中国裁判文书网：http://wenshu.court.gov.cn/，访问时间 2017 年 11 月 12 日。

② 参见 http://www.yinhang123.net/lilvbiao_new/47900.html，访问时间 2017 年 11 月 12 日。

(四) 虚构借款标的

当下的 P2P 网贷平台有许多投资交易可以说是真假难辨，这些平台多是通过虚构借款或投资标的来使得投资者相信平台是基于真实的借贷交易而运作的。在笔者前述所举的案例中几乎每一个平台都是以虚构的投资标的来吸引投资者投资。例如在陶秀义非法吸收公众存款一案中，其所设立的 P2P 网贷平台"徽煌财富"就曾通过发布"矿山抵押""股权质押"[①]这样虚假的目标来吸引投资者投资。

(五) 挥霍挪用集资款

P2P 网贷平台借助于互联网信息流转快的效应，往往能在较短的时间内就吸入大量的资金，对于这些资金有的平台经营者是用于正常的经营业务，有的是转借给他人从而赚取利息差，这两种情形下的资金运营风险相对较低；而有的平台经营者是将所吸收来的资金用于投资期货、股票或房地产等高风险的领域；更有甚者如前述表二中的叶小军集资诈骗案中，被告人叶小军是将所吸收来的集资款用于赌博这样的违法活动，完全不顾投资人的利益而肆意挥霍。

三、P2P 网贷集资行为之风险解构

P2P 网贷的发展由于存在上述的诸多乱象，使得其面临各种经营风险。当前学界对以 P2P 网络借贷为代表的新的金融模式所涉及的刑事法律风险分类不一。例如有的学者将其分为经营正当互联网金融业务的刑事风险和利用互联网实施违法犯罪行为的刑事风险[②]这两类。有的学者将其分为以下三类即互联网金融平台提供者实施的犯罪行为、互联网金融业普通参与者实施的犯罪、以互联网为对象实施的扰乱金融秩序的犯罪。[③]对具体的 P2P 网贷行业来说，笔者认为其所涉的风险可以分为以下三类即平台内生性经营风险、平台次生性刑事风险、平台异化后的刑事风险。

(一) 平台内生性经营风险

内生性经营风险是基于 P2P 网贷平台纯中介性质这一角色定位。举例来

[①] 参见 http://www.p2peye.com/thread-24223-1-1.html，访问时间 2017 年 11 月 12 日。

[②] 参见李振林：《"互联网金融犯罪的防控与治理"犯罪学沙龙综述》，载《犯罪研究》2014 年第 4 期。

[③] 参见姜涛：《互联网金融所涉犯罪的刑事政策分析》，载《华东政法大学学报》2014 年第五期。

说当下的网贷平台中仍属于纯中介性质且具有代表性的主要有拍拍贷、陆金所。对于纯信息中介性的平台在运营过程中会涉及的经营风险主要表现为以下两种。

1. 信用风险

虽然当下的网贷平台在借贷双方正式进行借贷交易前都会广泛地收集、审核资质,进行实名认证,但依然无法摆脱信用风险的考验。举例言之,拍拍贷采用的线上运营模式只对借款方进行信用审核,尽管借款人在实名认证后向平台上传相应的认证资料和信息,但仍存在提供虚假信息产生信用风险的问题。[1] 而陆金所平台是由客服人员通过电话的方式对借款人信用进行初步审核,通过后平台通知借款人到指定的线下网点提交审核材料,后由担保公司对借款人进行审核和调查,这种由担保机构线下审核借款人的方式也会产生信用风险。主要表现为:(1)借款人为了获得借款提供虚假资料蒙蔽担保公司或借款人贿赂担保公司,双方合谋将失真信息反馈至平台;(2)尽管担保公司委托第三方收集的信息较全面,但如果第三方包庇借款人、反馈的信息不全面,也会引起信用风险。[2]

2. 资金监管风险

投资者通过网贷平台的介绍将钱款借给借款人,一旦出现借款人未及时还款且投资者催收未果的情况,投资者往往会将索款目标转向平台,但客观而言平台对借出资金的真实使用情况是否符合合同规定及借款人是否能按时还款是很难准确把握的。另外,投资资金在由第三方支付机构划转给借款人至借款人归还资金期间,借款人未自觉向平台和投资者及时反馈资金使用范围是否符合合同规定、是否能及时还款的情况,也会引起资金监管风险。此外,借贷担保机构是否对借款人的资金使用情况进行了有效的监督,这亦是影响平台经营风险的一个重要因素。

(2)平台次生性刑事风险

P2P网贷平台的次生刑事法律风险主要是指一些不法分子将网贷平台作为实施违法犯罪行为的工具,以及平台未及时采取有效措施防范和遏制不法行为的发生而成为不法分子实施犯罪行为的帮凶,从而衍生出以下两种刑事法律风险:一是不法行为人利用网贷平台实施犯罪行为;二是平台自身基于

---

[1] 参见王帆 权军庆:《我国P2P网贷平台风险管理研究——基于拍拍贷和陆金所的对比分析》,载《征信》2017年第9期。

[2] 参见王帆 权军庆:《我国P2P网贷平台风险管理研究——基于拍拍贷和陆金所的对比分析》,载《征信》2017年第9期。

信息网络的特质所面临的拒不履行信息网络安全管理义务罪和帮助信息网络犯罪活动罪。

首先,当下进入网贷平台的资金源繁杂多样,由于其都是通过网络在线支付来完成资金的转移从而大大增加了辨别资金来源合法与否的难度。平台中的资金除了大量来自出借人合法的闲散资金以外,不乏一些灰色资金如从银行获批的大额贷款以及一些不法资金如通过贪污受贿、贩毒、赌博等违法犯罪行为所获取的资金涌入其中,使得网贷平台沦为犯罪分子洗钱的工具。另外,一些网贷平台设立者的初衷并不是以提供中介服务而赚取利润为目的,而是设立平台之前就是为了将平台作为犯罪工具实施盗窃、诈骗等不法行为,一旦平台募集到大量资金就直接卷款跑路,致使投资人血本无归。

其次,《刑法修正案九》中增加了对网络服务提供者的规定,对于P2P网贷平台经营者而言也自然被赋予了相应的法律义务。现行刑法第286条规定了网络服务提供者拒不履行信息网络安全管理义务罪。详言之即网络服务提供者不履行法律、行政法规规定的信息网络安全管理义务,经监管部门责令采取改正措施而拒不改正,情节严重的行为。根据《网络借贷信息中介机构业务活动管理暂行办法》第十一条的规定:"参与网络借贷的出借人与借款人应当为网络借贷信息中介机构核实的实名注册用户。"这一规定在明确平台核实借贷双方信息的基础上亦使得网贷平台成为大量公民信息的掌控者,使得平台负有保护公民个人信息不被泄露的义务,如若平台经营者"监守自盗"将平台收集的公民个人信息予以出卖盈利或进行其他不法活动,经监管部门责令改正而拒不改正的,就会面临拒不履行信息网络安全管理义务罪刑事法律风险。

帮助信息网络犯罪活动罪是指自然人或者单位明知他人利用信息网络实施犯罪,为其犯罪提供互联网接入、服务器托管、网络存储、通讯传输等技术支持,或者提供广告推广、支付结算等帮助,情节严重的行为。[①] 以网络洗钱为例,一方面如果行为人只是单纯将网络平台作为洗钱的工具,平台经营者对其行为并不知情,那么这种情况只能认定为传统金融犯罪的网络化,不属于互联网金融领域的犯罪,也不涉及网贷平台的责任,按刑法中洗钱罪的规定对行为人定罪处刑即可;另一方面如果平台经营者明知他人是利用其平台进行洗钱活动而为其提供资金账户、转账结算或帮助其将资金转移至境外情节严重的,将会涉嫌帮助信息网络犯罪活动罪。

(3)平台异化后的刑事风险

如前所述当下的一些借贷平台已由传统的信息中介即主要是提供借贷双方

---

① 参见张明楷:《刑法学》(第五版),法律出版社2016年版,第1051页。

的交流平台、撮合双方借贷交易的完成等纯中介模式化的运作越来越向提供担保机制、归集资金池等方面发展，伴随着平台经营者对集资款肆意挥霍，投资其他高风险业务的不当行为，使这些新的运作模式下的P2P网贷平台面临着诸如非法吸收公众存款罪、集资诈骗罪等刑事法律风险。

1. 涉非法吸收公众存款罪的刑事风险

首先根据我国《刑法》第176条的规定：非法吸收公众存款或者变相吸收公众存款，扰乱金融秩序的行为构成非法吸收公众存款罪。P2P网络借贷平台所涉的非法吸收公众存款罪的法律风险主要表现在以下两个方面：

一是主体不合格，在2010年12月13日最高人民法院作出的《关于审理非法集资刑事案件具体应用法律若干问题的解释》（以下简称《集资案件解释》）中亦有规定，即未经有关部门依法批准或者借用合法经营的形式吸收资金的行为是非法的。在表二所列的几个案件中这些网贷平台绝大部分都是没有经过行政审批而私自设立的。这一点契合了非法吸收公众存款罪的规定。

二是行为方式、内容不合法，在表二中的案例所有明文宣传出来的利息均远远超出了央行规定的存贷款利率，即这些平台存在承诺虚假高息的不当行为，另外发布虚假投资标的、借贷交易电子回单造假等现象亦使网贷平台的信誉蒙上了阴影。例如在宋后荣非法吸收公众存款案中，在网贷之家对其所设立的"诚宜创投"网贷平台进行考察的过程中发现，网贷之家所拍摄到的打印版电子回单，与工商银行电子回单查询系统中查询得到的电子回单信息金额一项存在出入。工行得到打款金额为50元，而诚宜创投造假的电子回单打印版金额为500万元。①

其次《集资案件解释》中对非法吸收公众存款罪的构成除了非法性之外还规定了公开性，即通过媒体、推介会、传单、手机短信等途径向社会公开宣传；利益性，即承诺在一定期限内以货币、实物、股权等方式还本付息或者给付回报；广延性，即向社不特定对象吸收资金。另外，在2014年4月21日银监会牵头启动了对P2P网贷的监管，对其经营行为划定了四条红线即"一是明确平台的中介性质，二是平台本身不得提供担保，三是不得归集资金搞资金池运作，四是不得非法吸收公众资金"。

首先对当下P2P网贷平台的经营业务行为与法律法规的规定进行对比，以明晰其法律风险的具体体现。互联网本身作为一种新兴的传媒工具，向社会公开宣传的能力是与生俱来的，因此与上述司法解释中规定的公开性不谋而

---

① 参见http://www.tzg.cn/xuexi-cychuangtou/25767.html，访问时间2017年11月12日。

合；其次，P2P网络借贷本身是有利息回报的，且在实际操作中还会高于同期银行的利率，以此来吸引大众的投资，由此这也就符合了上述解释中的利益性。最后，P2P网贷的受众广泛，面对的是不特定的多数人，因此也具有广延性。相较之下我们会发现 P2P 网络借贷平台是否构成非法吸收公众存款的关键就在于是否经有关部门依法批准。

2. 涉集资诈骗罪的刑事风险

集资诈骗罪是指以非法占有为目的，使用诈骗方法非法集资，数额较大的行为。[①] 集资诈骗罪与非法吸收公众存款罪都是一种非法集资的行为，但两个罪名之间有两点最重要的区别：一是行为方式不同，即集资诈骗罪要求以欺诈的方法来骗取集资款，例如行为人采取虚构集资用途，以虚假的证明文件、高回报率作为诱饵来骗取集资款。二是集资诈骗罪要求行为人具有非法占有集资款的目的。

根据《集资案件解释》第四条的规定，以下几种情形可以认定为具有"非法占有的目的"：（一）集资后不用于生产经营活动或者用于生产经营活动与筹集资金规模明显不成比例，致使集资款不能返还的；（二）肆意挥霍集资款，致使集资款不能返还的；（三）携带集资款逃匿的；（四）将集资款用于违法犯罪活动的；（五）抽逃、转移资金、隐匿财产，逃避返还资金的；（六）隐匿、销毁账目，或者搞假破产、假倒闭，逃避返还资金的；（七）拒不交代资金去向，逃避返还资金的。例如前述表二中的缪忠应、王永光集资诈骗案中行为人将集资款用于投资期货、炒股等高风险项目，资金链断裂后就卷款而逃。叶小军集资诈骗案中行为人更是直接将集资款用来进行赌博等非法活动。对于上述两个案件而言，行为人非法占有集资款的目的可谓十分明显。

当下 P2P 网络借贷模式中的借款人和平台都有可能成为集资诈骗的犯罪主体。一是一些不良的借款人在 P2P 网络借贷平台上以虚拟的项目或者使用虚假的身份信息，向不特定多数人发出借款邀请，在骗取借款后卷款而逃，从而达到非法占有出借人钱款的目的。二是对于 P2P 网络借贷平台而言，个别的网络借贷平台经营者，发布虚假的高利回报信息更有甚者发布"天标""秒标"来吸引出借人向其平台投资，利息无法兑付时就使用借新贷还旧、贷拆东墙补西墙的方法进行资金运作，骗取资金后卷款跑路，致使出借人的款项血本无归。例如，2014年1月中旬杭州国临创投、深圳中贷信创、上海锋逸信投等三家 P2P 网上借贷平台几乎同时倒闭。上述三家平台公司的实际控制人

---

① 参见张明楷：《刑法学》（第五版），法律出版社2016年版，第796页。

郑某卷款一亿多元逃往香港后便不知去向,造成大量投资人无法提现。①

四、P2P 网贷集资行为之规制路径分析

以互联网信息技术为载体的 P2P 网贷平台受众广,涉及民事、行政、刑事等各种法律关系。对网贷平台的监管与规制亦是一项繁杂的系统工程,单靠哪一个部门法发力进行规制,很难达到理想的效果。基于此笔者认为对 P2P 网贷平台的规制应形成一个全面立体的监管网络,首先需要平台本身加强自律监管,其次需要行政法规进行规范,最后对于涉罪的平台则需要动用刑法手段加以规制。如此一来才能形成一个平台自律,行政次之,刑法最后把关的完备的阶梯式监管体系。

(一) 平台自律监管

P2P 网贷平台作为经营者只有先做好自律监管,合法合规地经营才能在激烈的行业竞争中立于不败之地。对于平台来说做好信息审查与披露、设立风险准备金以及建立资金隔离制度是加强平台自律监管的可行举措。

1. 信息审查与披露

P2P 网贷具有受众多资金流转迅速等特点,对借贷双方的资质、信用进行审查以及对自身运营情况进行及时披露显得尤为重要。首先,当下多数平台是通过网上社交平台、购物消费情况、线下电话询问等方式来收集信息用于判断借贷双方的信用,这样的缺陷是不够全面且真实性难以保证。基于此 P2P 网贷行业可尝试制定行业内的信用等级标准、建立信用评分体系,科学、系统地甄别和跟踪信息,并逐步与银行业的征信系统对接,实现信息共享。另外网贷平台之间也可以广泛地开展合作,互通有无及时进行信息交换,建立行业内的"黑名单"制度,对具有不良信息记录和逾期不还款的客户进行重点标注和风险提示。其次,平台要及时向受众披露自身的管理和运营信息,及时向投资者提供融资信息、揭示投资风险,并确保所提供信息的真实性和有效性。②

2. 设立风险备用金

风险备用金主要来源于平台撮合借贷双方成交所获得的收益,即平台从每笔借款交易中收取的一定比例的服务费。平台建立专门的风险备用金账户来管理这部分资金,同时制定赔付规则,对符合规则的投资行为遭受的损失

---

① 案件来源:凤凰网 http://sn.ifeng.com/caijing/cyjj/business/detail_2014_01/21/1764188_shtml,访问时间 2017 年 11 月 12 日。

② 参见贾希凌 马秋萍:《P2P 网贷平台的主要风险及防范策略》,载《上海商学院学报》2014 年第 2 期。

进行赔付。

以人人贷制定的赔付规则为例。首先,平台在每笔借款成交时,提取一定比例的金额放入"风险备用金账户"。当理财人投资的借款出现严重逾期时(即逾期超过 30 天),人人贷平台将根据"风险备用金账户使用规则"通过"风险备用金账户"向理财人垫付此笔借款的剩余出借本金或本息。其次,风险备用金赔付时遵照规定的时间顺序,先偿付发生在先的债权。再次,当风险备用金当期余额不足以支付当期所有应享受该账户的理财人所对应的逾期赔付金额时,则按照一定的比例赔付当期应赔付的投资人。最后,人人贷还明确了"有限偿付规则",即"风险备用金账户"资金对理财人(债权人)逾期应收赔付的偿付以该账户的资金总额为限。当该账户余额为零时,自动停止对理财人逾期应收赔付金额的偿付,直到该账户获得新的风险备用金。①

3. 建立资金隔离制度

根据《集资案件解释》的规定,P2P 网贷平台是不允许归集资金池的,所以如果能建立起平台与资金的隔离制度,就能有效避免平台直接接触资金,避免形成资金池从而降低非法吸收公众存款罪等刑事法律风险,建立资金隔离制度有两条路径:第一条是将平台排除在资金流转路径之外,从根本上杜绝平台经手客户资金。即借贷双方都无须向平台账户充值,完全实现借贷双方之间的资金直接流转。第二条路径是平台依旧为借贷双方代收代付借款,但其接受资金的账户必须进行托管。可行的主要有两个即第三方机构托管和银行托管。

举例来说,2013 年初第三方支付机构汇付天下针对 P2P 网贷平台的资金建立了国内首个专门性的托管体系。汇付天下 P2P 账户系统托管,是汇付天下为 P2P 行业量身定制的账户系统与支付服务系统。一方面为 P2P 平台开发定制账户系统,提供系统外包运营服务;另一方面为 P2P 平台提供支付和结算服务,帮助平台和用户实现充值、取现、资金划拨等;同时,保障用户资金由银行全程监管,投资人资金划入虚拟账户后,纳入汇付客户备付金管理体系。这一模式既满足了 P2P 平台为其客户提供各类基于投融资交易的支付服务需求,又确保了交易资金全程由银行监管,使得平台无法触碰资金,避免了资金池模式。目前,汇付天下已与超 700 家 P2P 平台达成合作。②

---

① 参见人人贷:《本金保障计划》,载 https://www.renrendai.com/help/security/security!detail.action?flag=bjbz,访问时间 2017 年 11 月 13 日。

② 参见汇付天下官网:http://www.chinapnr.com/p2p.html,访问时间 2017 年 11 月 13 日。

(2) 行政手段监管

采取行政手段对 P2P 网贷平台进行监管可以说涉及平台从设立到注销的整个过程，但从我国当前网贷平台的经营情况来看，把控好平台准入门槛和疏通平台的退出机制是两条可行的路径。

1. 把控准入门槛

"人"和"钱"可谓是 P2P 网贷平台设立和经营的两个最关键的因素，因此在准入门槛的设置上对平台注册资本限额和对平台管理者资质的审查显得尤为重要。

首先，P2P 网贷平台作为金融平台，注册资金是其最重要的组成部分。但 2014 年 3 月 1 日开始实施的《公司法》取消了一般公司的最低注册资本限制。即使是在该规定生效之前，有限责任公司的注册资本也只需 3 万元。这就使得某些 P2P 网贷平台不需任何注册资本或仅需投入几万元的成本，建立或者购买空壳网站就能开始上线运营。[①] 但实际上 P2P 网贷平台的后续运营成本，包括为了提高安全技术水平而投入的安全保障资金等，这部分资金可能要远高于最初设立网站的费用。因此，在 P2P 网贷平台的市场准入规则中设立相应的注册资本起点限额可以有效防止先天不足、实力欠佳的网贷平台在成立后至成功运营前因平台后续经营资金供给不足而导致平台倒闭。

其次，P2P 网贷平台的经营管理专业性较强，且由于其会涉及大量资金的流动周转问题，对高管人员的道德品质亦有较高的要求。可以说高管的专业性资质和其道德素养是决定平台后续能否长久健康运行的两个关键因素。从当下网贷行业中一些停业破产的平台来看，要么是因为管理者能力不足对经营风险认识不到位，要么是因为管理者见钱眼开，将投资者的资金卷款跑路。面对频发的这种现象，行政管理部门在进行审批时要力求做到细致深入，对经营者的专业资质和以往的信用状况进行重点审查。

2. 疏通平台退出机制

P2P 网贷平台必经是新兴事物，因经营管理不善而倒闭的平台不在少数。一些没有形成资金池的平台可能因后续运营资金短缺而倒闭，这主要包括两种情形。一是纯中介性质完全不经手客户资金的平台的退出相对简单，只需注销行政许可登记即可。二是基于纯中介性质并已经与第三方建立起资金托管业务的平台，其退出涉及的关系较为复杂。这种情形下当平台已经面临破产风险时，行政监管部门就必须介入，责令平台不得撮合新的借贷，已有的借贷按原

[①] 参见吴思琼：《P2P 网络借贷平台准入门槛研究》，载《经济管理者》2014 年第 34 期。

有的借贷合同,由第三方托管机构或银行将平台上所有借贷清偿完毕才后为其办理注销手续。对于已经形成了资金池而后破产的平台究其原因主要有两个,一是经营者挪用客户资金投资高风险业务或从事违法犯罪活动导致平台资金链断裂而破产,二是平台经营者直接将平台上所吸存的客户资金卷款跑路,致使大批投资者诉求无门,这种情况下对投资者利益的损害是最大的。因此不管是网贷平台正常的停业主动退出还是因违法违规而被迫退出,疏通平台的退出机制切实保障投资者的利益都是非常必要的。

(三) 刑事法律规制

金融行业的发展需要一定的自由和创新,而自由和创新则是金融行业赖以生存的基础。如果刑法过度地介入金融领域则会挤压金融行业的自由生存空间,扼杀金融行业的创新成果,不利于金融行业的发展。[①] 对于P2P网贷行业来说,其发展有着如前述的有利于中小企业及个人融资、有助于我国金融领域征信体系建设、有助于传统金融体系改革等创新之处,

所以作为法律长河中最后一道堤坝的刑法,在介入P2P网贷时应十分谨慎,避免操之过急、操之过重而影响到整个互联网金融生态的健康发展。

1. 坚持二次违法性原则

根据二次违法性原理,社会越轨行为体系存在一种严格的责任位阶关系。刑法是保证各种法律规范得以实施贯彻执行的最后一道屏障,始终处于保障法的地位。某种行为如果能用其他部门法调整,就不能动用刑法。如果一个行为未违反其他部门法,就根本谈不上犯罪。也就是说,处罚互联网金融犯罪的前提是行为人的犯罪行为已经明确违反了民法、行政法等前置性法律的规定,并且超出了前置法规定的违法程度,必须由刑法来进行调整,达到一种"出于他法而入刑法"的效果。因此对P2P网贷集资行为所涉最多的非法吸收公众存款罪和集资诈骗罪的处罚往往存在一个二次违法的过程。

具体而言,坚持二次违法性原则,一方面要对违反民事、行政法律法规构成犯罪的行为,坚决予以刑事打击;另一方面,刑法介入只能在行为人既违法其他部门法又违法刑法,即存在二次违法的情况下才能进行,只有在其他法律的保护不充分时,才能允许刑法进行保护。因此,对于一个行为在未作出行政违法认定之前,刑法不能介入。正如日本著名刑法学家大冢所说:只有在其他法律的保护不充分时,才能允许刑法进行法益保护,这样的关系叫作刑法的第

[①] 参见刘宪权 金华捷:《论互联网金融的行政监管与刑法规制》,载《法学》2014年第6期。

二次性质或者补充性质，刑法的适用必须慎重并且谦虚。①

根据 2011 年 8 月 18 日最高人民法院发布的《关于非法集资刑事案件性质认定问题的通知》，第一条、第二条的规定，行政部门对于非法集资的性质认定，不是非法集资案件进入刑事程序的必经程序。行政部门未对非法集资作为性质认定的，不影响非法集资刑事案件的审判。人民法院应当依照刑法和最高人民法院《集资案件解释》等有关规定进行案件事实性质和是否构成犯罪的认定。有学者认为这一规定是对金融刑法二次违法性原则的冲击。笔者认为这两个法律文件解决的是非法集资行为行政违法与刑事违法的认定程序问题，而不是解决非法集资行为认定是否需要有行政违法的问题。规定非法集资的性质认定可以不经过行政认定程序，并非说明非法集资行为不需要有行政违法性。

举一个常见的例子来说，交通肇事罪与一般违章行为的区分，是以正确区分刑法上的责任与交通行政管理上的责任为前提。《道路交通安全法实施条例》第 92 条规定："发生交通事故后当事人逃逸的，逃逸的当事人承担全部责任。"这里的责任是行政责任，司法机关不能据此认定行为人构成交通肇事罪。② 换言之如果行为人的行为仅违反《道路交通安全法实施条例》的规定则应据此先认定其行政责任，只有在行为人的行为已经超出了《道路交通安全法实施条例》的规定而具有刑事违法性时才能根据《刑法》的规定认定行为人的刑事责任。

2. 坚持比例原则

比例原则是指在立法、司法与执法过程中对国家的公权力与公民的基本权利之间的边界划分上起着指导与制约作用，并依据其自身的适当性、必要性与均衡性来判断公权力运行是否合法、合理。在这一概念界定之下，比例原则是把衡平性作为目的，从而延伸出了适当性、必要性与法益均衡性等下位原则。其中，适当性是欲达成的目的与实现的目的所采用手段之间的对称关系；必要性是指在存在多种实现目的的手段中，以什么标准来选择的问题；而法益均衡性则表明，当国家公共利益和公民个人自由发生冲突时，应如何权衡的问题。③

基于此对 P2P 网贷平台集资行为刑法介入比例原则的审视，应从以下维

---

① 参见［日］大冢仁：《刑法概说（总论）》（第三版），中国人民大学出版社 2009 年版，第 25 页。
② 参见张明楷：《刑法学》（第五版），法律出版社 2016 年版，第 720—721 页。
③ 参见姜涛：《追寻理性的罪刑模式：把比例原则植入刑法理论》，载《法律科学》2013 年第 1 期。

度来把握。首先需考察刑法介入网贷平台的必要性，在多种能达到规制平台集资行为的手段中，选择一个侵害最小、最温和的手段，如果其他手段可以达到规制目的，则不必用更强硬的手段，即所谓"杀鸡焉用牛刀"。例如对于一些虽然形成了资金池，进行了资金运作但没有对投资者的资金造成损失的平台，完全可以通过行政手段来加以规制而无须动用刑法。其次需考察刑法介入P2P网贷集资行为是否过度。基于前述当下P2P网贷平台的经营行为与非法吸收公众存款罪的构成要件存在高度的契合，该罪就像是悬在P2P网贷平台头上的"达摩克利斯之剑"，稍不注意就有可能面临违法犯罪的风险。正是刑法的介入处于这种太容易入罪的尴尬境地，所以适当提高入罪门槛、限缩犯罪圈使刑法的规制范围控制在合理的限度范围内是当前面对P2P网贷平台的集资行为所亟须解决的问题。

3. 适当限缩犯罪圈

黄金分割点原理说明对事物的介入保持合理的限度才会展现出完美的局面。为了在打击P2P网贷平台的非法集资行为时，既能起到打击犯罪又不扼杀金融创新的效果，在入罪时应非常慎重，笔者认为对于P2P网贷平台集资行为所涉较多的非法吸收公众存款罪和集资诈骗罪而言，首先要明确、统一各罪的入罪标准，以免造成认定时的肆意；其次应当对两罪名的构成要件进行实质性地解释，适当限缩犯罪圈。

（1）对非法吸收公众存款罪的限缩适用

第一，统一入罪标准

在对非法吸收公众存款罪的认定上两高的司法解释所确定的标准不一，这不仅不利于立法上的统一也不利于司法上的认定。最高人民检察院、公安部《关于公安机关管辖的刑事案件立案追诉标准的规定（二）》（公通字〔2010〕23号）中相关规定，个人非法吸收或者变相吸收公众存款30户以上的，单位非法吸收或者变相吸收公众存款150户以上的应予立案追诉刑事责任。而最高人民法院关于《集资案件解释》中规定的是：个人非法吸收或者变相吸收公众存款对象30人以上的，单位非法吸收或者变相吸收公众存款对象150人以上的应当依法追究刑事责任。众所周知"户"与"人"是两个截然不同的概念。因此两高应对该罪的认罪标准进行统一规定，否则不仅有损法律的权威也会导致司法实践中在罪的认定上的主观臆断。

第二，对"集资款用途"的合理界定

对P2P网贷平台吸收公众存款用于货币、资本经营以外的正当的生产、经营活动的是否以非法吸收公众存款罪定罪处罚的问题。笔者持否定的观点。刑法设立非法吸收公众存款罪的目的在于规制以经营资本、货币为目的的间接融资行为,因此对于集资后用于合法的商业、生产经营的行为应排除在该罪之外。因此,笔者建议从集资的用途方面对非法吸收公众存款罪进行限定,对集资款用途的非法性进行实质性的解释。国家制定法律禁止非商业银行组织、个人从事只有商业银行才能从事的放贷款业务就是为了维护现存的金融管理秩序。只有当行为人将集资款用于从事资本和货币经营时,才可能扰乱金融管理秩序;而当其将集资款用于合法的商业、生产运营时,则不会对金融管理秩序造成损害。对此《集资案件解释》采取的亦是出罪的观点,其第3条中规定,非法吸收或者变相吸收公众存款,主要用于正常的生产经营活动,能够及时清退所吸收资金,可以免予刑事处罚;情节显著轻微的,不作为犯罪处理。

另外,从国家允许民间借贷的事实也不难看出,法律并非禁止公民和企业集资,而是禁止公民和企业未经批准从事金融业务,即像金融机构那样用吸收的资金从事资本和货币经营。而能够用吸收的资金从事资本和货币经营业务正是金融业与其他行业的主要区别所在。由此可见,只有将集资款用于以经营资本和货币为目的的间接融资行为才侵犯了国家金融秩序。因此,行为人将非法集资款用于发放贷款以外的合法商业、生产运营,而并未进行资本、货币经营,即使未经银行管理机构批准,也不应该认定其行为构成非法吸收公众存款罪。

(2)对集资诈骗罪的限缩适用

对集资诈骗罪的限缩适用焦点在于对行为人"非法占有目的"的实质性认定上。目前学界对"非法占有"目的的认定说法不一,具有代表性的几种观点有:

一是白建军教授的"三点一线法"。即结合行为人申请贷款的还款能力、贷款使用过程中是否积极创造还款能力、贷款逾期后行为人是否具有恶意拒绝还款的事实以及在整个过程中行为人是否一直以真实身份出现等客观情形来判断的一种方法。①

二是刘宪权教授的"主客观结合法"。即对集资款"无法返还"的原因应作主客观分析,如果是客观原因如扩大再生产而投入大量资金导致暂时集资款无法收回成本或因经营管理不善而破产导致的"无法返还",就不应认定为具有"非法占有"目的,如果是基于肆意挥霍、携款潜逃等主观原因造成的,应认定为具有"非法占有"目的。②

三是高铭暄等教授的"综合排除法"。即在认定主观心理态度时,必须立

---

① 参见白建军:《贷款诈骗罪》,载《金融法苑》1999第4期。
② 参见刘宪权:《刑法严惩非法集资行为之反思》,载《法商研究》2012年第4期。

足于其实施的具体客观行为,并综合各种犯罪事实,运用严谨的逻辑论证来排除其他的可能性,即达到相应的证明程度才可以认定存在非法占有的目的。①

针对 P2P 网贷平台经营者所涉的集资诈骗罪中非法占有目的的认定,笔者赞同刘宪权教授的观点。理由如下:

首先对行为人是否具有主观上的非法占有目的的认定上坚持主客观相一致的原则,既能避免单纯根据损失结果客观归罪,也能避免仅凭被告人自己的供述定罪,而是结合全案的事实具体案件具有分析。

其次,在处理具体案件时要注意以下两点:一是不能仅凭较大数额的非法集资款不能返还的结果,推定行为人具有非法占有的目的;二是行为人将大部分用于投资或生产经营活动,而将少量资金用于个人消费或挥霍的,不应仅以此便认定行为人具有非法占有的目的。在表二中的宋义民非法吸收公众存款案中,行为人非法吸收公众资金达 82476 万元,且投资者更是高达一万余人,但是在该案中作为网贷平台经营者的宋某将所有的资金都清退完结并没有造成投资者资金的损失,法院最后认定行为人构成的是非法吸收公众存款罪而非集资诈骗罪,即法院认为在这种情况下行为人对集资款不具有非法占有的目的。

最后《集资案件解释》第 3 条从行为人客观方面出发规定非法吸收或者变相吸收公众存款,主要用于正常的生产经营活动,能够及时清退所吸收资金,可以免予刑事处罚;情节显著轻微的,不作为犯罪处理来进行出罪的规定,亦是将主客观相结合进行实质上的认定从而适当限缩集资诈骗罪的适用的例证。

第三章 互联网金融犯罪之股权众筹

一、互联网股权众筹概述

(一) 众筹的兴起

众筹这一概念来自于美国,翻译自英文单词"crowdfunding",这个词语为美国学者迈克尔·萨利文首次使用,当时他正在创建一个融资平台,虽然创建工作最终失败,但众筹的理念和模式在此后的互联网大潮里越发壮大,时至今日已经成为互联网金融中不可或缺的一部分。作为新兴金融词条被收纳在《牛津字典》的"Crowdfimding"被解释为"借助网络面向广大群众募集少量

---

① 参见高铭暄、孙道萃:《论诈骗犯罪主观目的的认定》,载《法治研究》2012 年第 2 期。

资金为某个项目或者公司筹资的方法"。① 根据中国人民银行发布的《中国金融稳定报告（2014）》，众筹融资是指通过网络平台为项目发起人筹集从事某项创业或活动的小额资金，并由项目发起人向投资人提供一定回报的融资模式。② 作为一种新型的融资方式，从上面的定义也可以发现众筹融资跟传统的融资方式相比具有门槛低、金额小、效率高等优势，因此迅速受到小微企业或项目以及投资者的欢迎。

世界上最早的众筹网站是于 2001 年开始运营的 ArtistShare，这家网站主要面向音乐界艺术家和他们的粉丝，粉丝们通过资助艺术家可以获得专辑和特别内容。到 2008 年和 2009 年，IndieGoGo 和 Kickstarter 相继上线，逐渐引起人们的注意，此时这两家平台都是实物类众筹平台，也就是投资者预先支付款项，从而优先获得产品。此时虽然已经有人想通过股权众筹为中小企业融资，但股权众筹与美国 1933 年的《美国证券法》发生冲突，因此并不合法，直到 2012 年美国出台《促进创业企业融资法案》（简称"JOBS 法案"），以法律的形式确立了股权众筹的地位，JOBS 法案的重要意义在于，它明确了股权集资可以面向非认证合格投资者，扩大了融资对象的规模，在此之后，股权众筹逐渐从欧美扩展到了全世界。

（二）众筹的分类

时至今日，各种互联网众筹平台层出不穷，如果从是否营利的角度区分的话，众筹平台可以划分为营利性平台和公益性平台。目前大多数平台都是营利性的，项目发起人向社会大众募集资金，平台则要从发起人募集到的资金中收取手续费。非营利性的平台集中于公益医疗领域，募集得来的款项用于病人的治疗。

从投资者获得的回报层面进行区分，可将众筹分为以下 4 种类型：（1）预售众筹或商品众筹。即投资者通过向特定项目投入资金，获得相应价值的实物产品或服务，但不包括利息、分红或者其他营业利润，其本质为预购；（2）公益众筹。即指投资者不求任何回报，包括投入资金本身，其本质是捐赠；（3）债权众筹也俗称 P2P 网络借贷。是指投资者提供资金并收取回报，其本质是民间借贷；（4）股权众筹，是指融资者以出让一定比例股权的方式来筹集资金，主要针对创始企业或实业投资，投资者购买众筹项目发起人的股

---

① 黄健青、辛乔利：《众筹新型网络融资模式的概念、特点及启示》，载《国际金融》2013 年第 9 期。

② 中国人民银行金融稳定分析小组编：《中国金融稳定报告（2014）》，中国金融出版社 2014 年版，第 148 页。

份或债券。以法律视角视之,公益众筹是投资人和项目发起人之间的赠与合同,受到我国《公益事业捐赠法》和《合同法》中有关条款的约束。① 预售众筹则是具体商品的买卖或者特别服务的提供,双方之间的合同权利义务关系应通过众筹平台的项目说明加以明确。这两种类型的众筹,本质上与资金的跨期配置并不相同。因此,就互联网金融意义上"资金众筹"而言,主要还是指借贷众筹和股权众筹。

(三) 中国的股权众筹发展及法律限制

2012年,朱江通过淘宝出售公司股权开了国内股权众筹的先河。其后,互联网众筹经历了自2014—2016年三年的蓬勃期,尤其是继2015年私募股权众筹快速发展之后,2016年我国股权众筹试点开始,股权众筹纳入合法化渠道。2017年1月10日《2017年互联网众筹行业现状与发展趋势报告》显示,截止至2016年底,根据对互联网等公开渠道公布的信息的整理,全国正常运营的众筹平台共计415家,其中互联网非公开股权融资平台共计118家。从平台融资项目来看,2016年中国互联网非公开股权融资平台新增项目数量共计3268个,同比减少4264个,降幅达56.65%,剔除了较多的缺陷融资项目;2016年新增项目成功融资额共计52.98亿元,同比增长1.08亿元,涨幅为2.1%。

可以说,我国互联网众筹总体上正呈现出一个百花齐放的良好态势。但同时,由于市场发育不充分和法制保护不健全,也面临着很多困难和问题。现阶段我国还并没有正式制定和颁布专门的法律对股权众筹融资模式进行规制,故只能依据现行的法律来对股权众筹进行制约。主要有三个方面:一是根据《证券法》《公司法》以及《合伙企业法》的相关规定,股权众筹可能涉嫌非法公开发行证券、出资股东可能突破200人或有限合伙50人的限制。二是互联网金融领域行政法文件的规范,这也是当前直接针对股权众筹法律问题最主要的参考依据。其中包括2014年《私募股权众筹融资管理办法(试行)(征求意见稿)》就股权众筹的范围、众筹平台的准入门槛和责任,融资者与投资者的权利和义务、备案登记和管理制度做了较为全面的规定;2015年《关于促进互联网金融健康发展的指导意见》要求股权众筹融资必须通过股权众筹融资中介机构平台(互联网网站或其他类似的电子媒介)进行,并且规定融资方应为小微企业,监管方为证监会;2016年《互联网金融风险专项整治工作实施方案》要求股权众筹平台不得自筹,未经批准不得从事资产管理、债

---

① 按照1999年《公益事业捐赠法》第10条的规定,只有公益性社会团体和公益性非营利的事业单位可以接受捐赠。如果受赠人为个人,则可适用《合同法》与赠与合同有关的规定。

权或股权转让、高风险证券市场配资等金融业务。三是由于上述行政法律法规没有对股权众筹完全"放行",导致该种众筹行为始终徘徊于法律的边缘,有时甚至可能触碰非法吸收公众存款罪、擅自发行股票罪等"非法集资"类刑事犯罪的法律红线。①

由此可见,股权众筹在如此体系的规制下,发展空间被极大的压缩并时常游走于灰色地带,不利于股权众筹的长期发展,更不利于投资者合法权益的保护。

（四）股权众筹的定义

股权众筹是一种另类金融,是一种区别于传统金融（主要是银行、证券、保险和基金）的新型金融形式,其定义在法律表述上尚未统一。《促进互联网金融健康发展的指导意见》认为"股权众筹是通过互联网形式进行公开小额股权融资的活动",《私募股权众筹融资管理办法》则定义其为"融资者通过股权众筹融资互联网平台以非公开发行方式进行的股权融资活动"。刘宪权教授认为上述两个概念之间有所区别,真正的股权众筹仅指前者,后者是私募股权众筹的互联网化,他主张证券业协会后来将重新修改为"互联网非公开股权融资"的做法证实了其观点。

笔者认为,单从表述上说,两者的主要区别有二:一是在于"是否公开发行募股",二是在于"是否属于小额股权众筹"。然而,通过互联网进行宣传募股的行为事实上很难说明不具有公开性②,并且《证券法》第10条对于"公开发行"的认定也可指"向特定对象发行证券累计超过200人",互联网式的"非公开"最大程度上是以向特定团体信息输送的方式进行,如果该团体内参与募股的人数超过200人,无论是否在事实上真正做到了"非公开",但形式上显然已经满足《证券法》所规定的"公开发行"要求。于是,问题集中在股权众筹的"小额"上。对此,笔者进一步认为,完全有理由将私募股权众筹中数额较小的案例放在所谓真正的股权众筹概念下去讨

---

① 张品:《金融创新视阈下我国股权众筹的法律规制研究》,载《法学研究》2015年第4期。

② 也有认为,股权众筹平台通过设置各种严苛条件提高投资门槛,即使是公开募股,实际上也是缩小了潜在的投资者范围,不能认为是"公开发行"。但本文认为,无论是否对对向的投资人设置了条件,也不论该条件能多大程度地限制潜在投资者的范围,该募股行为的受众仍然是不作区分的社会大众。即使多数人不符合所设立的条件,但其知悉后即有可能通过任何方式"达到条件",如此说,是否设立条件作为投资门槛便不具有排除出"公开发行"范围的意义。

论。一来,《关于促进互联网金融健康发展的指导意见》中的"股权众筹"概念并没有限制行为主体和行为方式,融资者通过股权众筹融资互联网平台进行的股权融资活动当然属于其中。二来,将股权众筹的问题划分多种门类,不利于对系列问题的探讨;如果有必要提高股权众筹行政、刑事罚则的门槛,小额私募股权众筹则可以参考这一标准统一适用。但遗憾的是,由于股权众筹相关法律规定的阙如,"小额"并无统一且明确的标准,有学者主张参考适用《企业所得税法实施条例》第92条对"小微企业"所作的定义,但行为触及刑法时,"小微"的概念容易被模糊,代之以相关犯罪结果的数额为限。

二、刑法对互联网金融股权众筹之创新价值的规制态度

(一)股权众筹成为金融市场的良好选择

2013年我国开始了股权众筹自由化的萌芽阶段,引起了社会的关注。2014年11月,李克强总理在国务院会议明确指出要"建立资本市场小额再融资快速机制,开展股权众筹融资试点"。频频的政策利好促进了股权众筹在我国的发展。

我国经过过去30多年的改革、开发和发展,民间积累了一定的资本。但我国存在严重的金融抑制,民间资本难以找到好的投资途径。[①] 同时,由于目前我国经济下行压力很大,如何实现经济的长期可持续增长,如何推动新型企业的成长和发展,如何推动科技创新,如何使我国摆脱中等收入陷阱,成为摆在我国政府和民众面前的难题。而在这种背景下,股权众筹作为一种创新型的投融资模式的出现,对于缓释我国的金融抑制和帮助中小企业的发展具有一定的积极意义。

第一,股权众筹的出现将有利于缓解微小企业融资难的问题。初创企业一般体量较小,资产规模有限,过高的门槛决定了初创企业在我国很难通过传统的融资方式获得资金,原因有以下3点:一是公开发行股票所带来的高额融资成本以及漫长的发行周期是初创企业不能承受的。而在我国股票发行又采取了审批制、非注册制,这使初创企业基本不可能通过发行股票来融资。二是,通过银行贷款,所获得的资金量有限且手续烦琐。由于初创企业缺乏提供担保的能力,并且现金流有限,银行基于风险考虑,往往会拒绝向此类初创企业提供

[①] 白江:《金融抑制、金融法治和经济增长》,载《学术月刊》2014年第7期。

贷款①。三是私募股权投资基金的股权投资是以认购原始股的形式，对非上市企业进行的股权投资，并通过上市、股权转让、被投资企业回购股权或者管理层回购等方式退出以赚取溢价收入②。很显然，初创企业距离这些目标还太远，因此很难引起私募股权投资机构的兴趣。

综上所述，传统的融资方式不能解决初创企业的融资需求，而股权众筹的出现则提供了一个较好的解决办法。对于融资者而言，股权众筹融资模式往往看重的是项目的价值，并不会对企业规模有过高的要求，并且融资成本较低，通过众筹平台往往可以筹集到融资人所需的融资规模，因此更容易满足企业的需求。对投资者而言，通过投资优质的项目或者初创企业获得相应的股权，如果企业有很好的发展潜力，其投资将获得较好或很好的收益。

第二，有利于引导民间金融走向正规化。民间借贷层出不穷，数额庞大，长期以来缺乏高效、合理的投资方式和渠道。银行利率太低，赶不上物价上涨的速度，因此并不受投资者的欢迎；而民间借贷利率虽高但是风险却很大，媒体上借款人不能偿还债务往往选择"跑路"，甚至引发了血案。③股权众筹的出现向民间资本提供了一个新的选择，其拓宽了投资者的投资渠道，为其增添全新的投资体验。具体而言：（1）可供投资的项目数量成千上万甚至不计其数，投资者可不必再将投资选择局限于为数不多的上市企业；（2）投资者仅对自己感兴趣、有了解并且对其发展前景持乐观态度的项目进行投资。投资者在投资过程中会通过实地考察、路演观摩、约谈融资者等方式参与到整个项目当中，这是一种具有高参与度和强体验感的投资方式，从而可以吸引大量的投资者。

第三，有利于鼓励创业和科技创新。股权众筹平台的出现，为优质的创业想法创造了解决资金问题的一种渠道，让这些创意有机会得以实现和创造出社会财富。另外，健全的金融市场包括间接融资和直接融资两大部分，如果主要依赖间接融资，则融资渠道过于狭窄。近年来，我国不断学习和借鉴发达国家的成功经验，政府在不断努力地推动金融市场的结构改革。目前在我国，直接融资的比重逐步增加，不过直接融资的比例还有进一步提升的空间。创造"大众创业，万众创新"的新局面，并不意味着所有人都得去创业，都得去创

---

① 袁康：《资本形成、投资者保护与股权众筹的制度供给——论我国股权众筹相关制度设计的路径》，载《证券市场导报》2014年第12期。

② 王颖：《私募股权投资：现状、机遇与发展建议》，载《理论探索》2010年第6期。

③ 白江：《金融抑制、金融法治和经济增长》，载《学术月刊》2014年第7期。

新,更重要的是掀起全民扶持创业、全民支持创新的社会环境。股权众筹,基于互联网渠道向大众募集创业企业早期发展需要的资金,这种近年来兴起的融资方式,有望成为助力大众创业、万众创新的一种实践形式,进而促进国内的经济增长和增加就业率。

第四,有助于我国建立多层次资本市场。股权众筹的兴起,可以增加我国金融市场的投融资渠道,促进多层次资本市场的构建,帮助建立推动宏观金融稳定和实体经济健康发展的现代金融体系。众筹项目一旦上线就相当于开始接受广大投资者的"投票":筹资顺利则预示该项目是符合消费者心理、契合市场需求、具有发展前景的项目;而筹资失败则预示该项目进入市场的时机尚不成熟。众筹通过"民主投票"的方式筛选项目,既可以使资金得到最高效的配置,又可以帮助融资者及早作出是否暂停项目的决定,从而可以更好地防范创业风险。此外,已为众筹项目注资的投资者一般会成为该项目潜在的消费者和自发的口碑宣传者,因而可以在某种程度上为该项目的开发和市场的拓展节约大量成本。

(二)刑法应对股权众筹采取更为包容的法律态度

互联网金融股权众筹作为一种最能与普惠金融、民主金融理念相契合的新型融资方式,其积极意义众多、创新价值巨大。现下,尽管如上述的行政法律法规依然对股权众筹限制重重,以至其有陷入规避法律风险和门槛的畸形发展之势,但我国已经在政策上开始默许互联网金融股权众筹的合法地位,这预示着我国股权众筹在夹缝中求生存的时代即将终结。

随着对股权众筹认识的深入以及金融观念的开放,我国相关政策首先表示出了积极支持的态度。如2015年3月国务院办公厅《关于发展众创空间,推进大众创新创业的指导意见》的出台,表明了监管层对大规模股权众筹的态度逐渐趋向缓和。而实践中,监管层也在金融收益与金融风险之间反复进行权衡后,最终在股权众筹的监管政策方面出现松动。例如,监管层在"美微传媒"事件发生后,并未严厉处罚众筹发起人,而是"温和"地提出了三点要求:"一是不准再这样做,二是保护好现有股东的权益,三是定期汇报经营情况。"这实际上表明监管层既不鼓励也不打压而是希望维持现状进行小范围试点的暧昧态度。[①] 2015年7月出台的《关于促进互联网金融健康发展的指导意见》中也明确规定:"股权众筹融资中介机构可以在符合法律法规规定前提下,对业务模式进

---

① 刘宪权:《互联网金融股权众筹行为刑法规制》,载《法商研究》2015年第6期。

行创新探索,发挥股权众筹融资作为多层次资本市场有机组成部分的作用,更好服务创新创业企业。"

于是,缓和的行政形式开始对《刑法》惩治互联网金融股权众筹类犯罪产生了重要影响。互联网金融股权众筹作为一种新生事物,刑法对其制定专章罪名的条件尚未成熟,只能以传统金融犯罪的罪名对其进行惩治,这就显示出刑法在该问题上的滞后性。一是传统金融犯罪的固有模式显然已经不能满足互联网金融的扩展范围,诸多模棱两可的法律问题造成刑事入罪介入欠妥;二是刑法中破坏社会主义市场经济秩序的犯罪以相关行政前置法为基础,但是针对互联网金融股权众筹的行政法还未为完善,虽然刑事后果可以包含行政后果,刑法的谦抑性不以完全的民事、行政处置为前提,但是对于股权众筹行为违法性尚未明确前即采取刑事干预,未免过于严厉。因此,刑法对互联网金融股权众筹行为进行规制时应充分认识到,刑法的过度介入可能会在很大程度上使互联网金融股权众筹失去生存的空间,从而阻滞甚至扼杀互联网金融股权众筹的金融创新功能。这既不利于社会大众投资理财环境的改善,也会严重阻碍金融行业改革创新的步伐。

三、股权众筹的运营模式及法律风险

(一)股权众筹运行中的主体构架

通常,股权众筹的运营模式为:融资人拥有好的技术或创业想法但缺少资金,通过股权众筹平台为自己筹集项目资金;平台经过筛选,将可靠的、具有发掘潜力的项目保留并在一定范围内发布;公众投资人在股权众筹平台上筛选出自己感兴趣的项目,投入自己的闲散资金换得众筹融资人的初始股权;平台不能接受众筹投资人的资金,也不能为投资者持有股份,为避免形成资金池造成不必要的金融风险,必须将筹集项目的投资款存放于资金投管机构(通常是银行),由其在资金筹集完毕后汇入融资人的对公账户。

1. 融资人。项目融资人又称发起人,通常是指需要资金的初创企业业主或项目人,他们通过众筹平台发布企业或项目的融资信息,并且承诺出让一部分的股权来筹得所需资金。融资人是股权众筹法律关系的主体之一,通常是拥有高新技术、创新型和市场预期较好的项目的创业者,拥有该创新型项目的相关经验或者技术,能够获得投资者的信赖。同时,项目融资人必须成立公司,遵循现代公司治理制度,建立可对外销售股权的制度,还必须具备众筹平台规定的条件,如国籍、年龄、资质和学历等,并必须与众筹平台注册并签订服务合约,明

确权利和义务之后，经众筹平台审核通过才能进行项目融资。① 此外融资人需要如实地向投资者披露该初创企业或项目的情况，依照约定兑现自己的承诺。②

2. 公众投资人。公众投资人同样是股权众筹法律关系的一方主体，他们是以会员的形式注册在股权众筹平台上的"草根投资者"，通过平台来选取合适的投资项目。在经过平台初步的资格审查以后，投资者再自己选择认为比较有投资价值的项目进行投资，并获得相应的股权，享有股东的权利，甚至能够对企业施加一定的影响，并期望在企业盈利时，获得丰厚的投资收益。

3. 股权众筹平台。股权众筹平台是为融资者方和投资者建立联系的中介机构，它既是项目的筛选者，也是投资者的审核者，更是对项目进行调查的监督者。它为投融双方提供如互联网技术支持、交易撮合等各种支持服务。因此，股权众筹平台的多重身份决定了其作用和责任重大。

4. 资金托管机构。资金托管机构是一个重要的中介机构，其作用是保护投资者的资金安全，避免投资者的资金没有按照双方约定的用途被使用，一般由专门的银行担任托管人。其功能类似于互联网信托 P2P 中的资金托管机构，全程为公众投资人的资金进行第三方托管和分期支付，对投资者的资金安全提供一定的全程式的保障。不过在实践中，资金托管机构尚未被全面地引入股权众筹。

（二）股权众筹面临的刑事风险

有学者以类型化的方式归纳了股权众筹的刑事风险，即理财—资金池模式（类似于 P2P），不合格借款人导致的非法集资风险、庞氏骗局。还有学者通过区分行为对象（通常涉及三方：融资人，平台，投资人）来划分：（1）准金融模式的众筹平台（区别于完全属于信息中介的平台服务），其以自身资质为借款人提供担保，参与到交易中来，成为影响出借人是否将款项借出的重要因素，也容易涉嫌非法吸收公众存款罪、擅自设立金融机构罪和集资诈骗罪。（2）融资人。融资人在平台上公开发布投资标的募集资金，公开性和社会性的认定事实上成为股权型众筹难以规避的刑事法律风险难题；而就回报性，集资人一旦承诺固定回报，集资人归集资金的行为即成为吸收存款的行为。于是，股权型众筹极易涉嫌构成非法吸收公众存款罪和集资诈骗罪。

---

① 邱勋、陈月波：《股权众筹：融资模式、价值与风险监管》，载《互联网金融》2014 年第 9 期。

② 白江：《金融抑制、金融法治和经济增长》，载《学术月刊》2014 年第 7 期。

笔者认为上述观点有其合理性，但无法避免列举式分类不能穷尽的问题；且其主要关注股权众筹中的行为风险，基本不涉及其本身的运营风险，因为就现有法律法规对股权众筹的态度尚处在"行政支持、法律落后"的状态，股权众筹尚有擅自设立金融机构、擅自发行股票的刑事"高压"风险。所以，笔者认为应该借鉴部分学者的主张，将股权众筹的刑事风险分为准入型风险和异化型风险。①

准入型风险主要涉及：第一，《证券法》第10条第1款规定："公开发行证券，必须符合法律、行政法规规定的条件，并依法报经国务院证券监督管理机构或者国务院授权的部门核准；未经依法核准，任何单位和个人不得公开发行证券。""公开发行"，即指"向不特定对象发行证券"或者"向特定对象发行证券累计超过200人"的情形。股权众筹基本上类似于"公开发行"：（1）通过互联网发布项目必然是向不特定的对象公开宣传，这显然具有"向不特定对象发行证券"的特征；（2）即便融资者为绕过"公开发行"禁区而将单一项目投资人数限定在200人以内，其实质仍然是通过互联网向不特定的人广而告之，只不过其最终将投资者人数限定在200人以内而已。第二，《私募股权众筹融资管理办法》关于股权众筹平台设立的条件限制，诸如是在中华人民共和国境内依法设立的公司或合伙企业、净资产不低于500万元人民币、有与开展私募股权众筹融资相适应的专业人员、有合法的互联网平台及其他技术设施和完善的业务管理制度等。在股权众筹尚在起步阶段的时下，股权众筹平台之间为挤占市场份额，匆忙投入市场，极易形成体系不完备、资质不达标等高门槛的限制。

异化的风险有两种：一是行为人可能借助股权众筹的形式实施违法犯罪行为并通过伪装使司法机关不易察觉犯罪事实的存在。例如行为人借股权众筹之名实施犯罪。融资者的真实意图不在于以股权回报的方式筹集资金，或者投资者的本意不在于通过投资获利，而是以股权众筹为幌子蒙蔽投资者或司法机关，意图实施违法犯罪活动，如实施集资诈骗罪、非法吸收公众存款罪、洗钱罪等犯罪。二是行为人虽然开展的是真实股权众筹活动，但是在开展众筹活动的过程中实施了违法犯罪行为，致使股权众筹活动"变味"。由于股权众筹操作复杂，其中必然存在诸多利益诱惑和道德风险，在缺乏相关制约性制度规制的情况下，相关主体在开展众筹活动的过程中很容易滋生挪用资金罪、披露型犯罪以及非法提供公民个人信息罪。

---

① 刘宪权：《互联网金融股权众筹行为刑法规制》，载《法商研究》2015年第6期。

四、刑法规制股权众筹的相应调整

(一) 对《刑法》《公司法》及《合伙企业法》进行联动改革

我国《刑法》中关于非法集资的罪名主要涉及三个：非法吸收存款罪、集资诈骗罪以及擅自发行股票、公司、企业债券罪，但就股权众筹而言，亟须解决的是判断其是否构成非法吸收存款的问题。

就目前来看，我国对集资的合法与非法并没有给出明确的界限，这将给股权众筹的发展带来极大的隐患，导致非法的范围不断膨胀。根据刑法的规定，非法集资类的犯罪保护的客体是国家的金融管理制度以及社会公众、法人的合法的财产权益。在没有侵犯该客体的情况下，通过合法的手段融资进行生产经营的行为，应当认定为合法。因此，我国监管部门应当尽快承认股权众筹的合法地位，制定相应的监管规则，将这种合法的融资方式排除在非法吸收存款罪之外。此外，如果我国立法机构对《证券法》进行了修改，对小额发行进行了豁免，只要是在法定的融资额度内，并且遵守信息披露的相关规定，则擅自发行股票、公司、企业债券罪，对股权众筹而言也将会失去意义。针对我国《公司法》对有限公司的股东要求是不超过200人，《合伙企业法》对合伙企业股东人数不超过50人的规定，应该对其进行相应的修改，其不符合股权众筹融资小额、门槛低、投资者众多的本质，也是小额证券发行豁免制度的必然要求。美国JOBS法案，为适应众筹的需要将众筹人数的上限调至2000人，对此我国应当予以借鉴，可以将众筹人数限定在1000人左右。

(二) 罪名中的双标问题

擅自发行股票罪是指"未经国家有关主管部门批准擅自发行股票，数额巨大、后果严重或者有其他严重情节的行为"。从法条表述上讲，值得注意到该罪的四个要件：未经批准、擅自发行、数额巨大、后果严重。多数学者在讨论股权众筹涉及该罪时，通常的视角是分析擅自发行股票违反《证券法》中对于"公开发行"的限制，这是行政前置法的标准。但是这些观点往往忽略了以下两点：(1) 该罪"未经批准"的构成要件，是行政审批的标准；(2) 将"数额较大"和"后果严重"视作犯罪的同类后果，也有刑事立案追诉标准的限制。以达到刑事立案标准为前提，在行政审批和行政前置法标准产生分歧时，就存在一个"双标"的问题。如果行政机关批准非公开发行但没有明确限制募股人数，行为人在特定对象内募集了超过200人的股份，属于《证券法》所限制的"公开发行"类型，此时行为人违法但却取得了行政审批条件，是否属于擅自发行存疑。或者行政机关批准公开发行但限制了募股人数

（小于有限公司 50 人或者股份公司 200 人的限制），行为人为了筹措资金公开募股超过了规定人数但也在《公司法》的范围内，属于违反行政审批但未违反行政法的情况，此时是否以犯罪处理尚需斟酌。

《最高人民检察院关于办理涉互联网金融犯罪案件有关问题座谈会纪要》第 7 条也反映了这个问题，其表明：互联网金融的本质是金融，判断其是否属于"未经有关部门依法批准"，即行为是否具有非法性的主要法律依据是《商业银行法》《非法金融机构和非法金融业务活动取缔办法》（国务院令第 247 号）等现行有效的金融管理法律规定。如果行为存在"审批"和"违法"的双重标准不符合之下，应该如何取舍。我国的金融行业有很高的行政准入门槛，造成了金融行业专业性强、不亲民的种种特性，股权金融作为弥补相关传统金融缺陷的新兴领域，要同样适用严苛的审批标准未免吹毛求疵；而且行政审批存在弹性，与行政前置法存在参差也极有可能，刑法以其行政前置性在面对相关行政行为前后不符，依据不足时，未免被动。笔者认为，应该在该罪上（擅自设立金融机构以行政审批为准）采用单一标准，以行政法的规定为前提，对于违反批准但不违法的行为放宽刑事处罚的容忍度，交由行政罚则处理。

另外，就行政法规范中尚需说明一点：非法吸收公众存款罪以违反"法规"为前提，集资诈骗以违反"法律法规"为前提。由此，可以推知适用该类罪名至少应该以法规及以上为准。笔者认为，应该限制在行政法规，至少是部门规章以上为可，一是因为相关资料显示"有关股权众筹等金融行为的行政文件"单就地方规范性文件就多达 700 余个，适用细则各地不一，不利于刑事查处；二是因为部门规章以下的行政文件尚不够刑法行政从属性的适用位阶，达不到刑法参考适用的考虑。

（三）擅自发行股票、非法吸收公众存款、集资诈骗罪的位阶关系

经上述分析，股权众筹构成擅自发行股票、债权罪的风险主要来自其本身的运营模式，同时其也容易涉及非法吸收公众存款、集资诈骗罪的刑法边界，使得刑法在股权众筹问题上显得容忍度太低，这实际上已经阻碍了股权众筹的有利发展。但是，在新事物刚刚萌芽的初期就迫不及待地进行立法修改似乎并不明智，并且逐一完善刑法罪名的立法成本过高，操作的有效性不可预知，也不是最佳之选。于是，笔者认为或可从刑法解释学的角度突破。

股权众筹涉及擅自发行股票、非法吸收公众存款、集资诈骗罪这三个刑法罪名不是仅出于行为符合构成要件的原因，同时也因为此三者在股权众筹问题上存在位阶关系。真正的股权众筹是通过互联网形式进行公开小额股权融资的活动，融资人和投资人共担风险、共享收益，并不一定保证完全的还本付息或

给付回报,这看似与股权众筹类的非法吸收公众存款罪具有相似性。但是,《非法集资解释》将"承诺在一定期限内以股权方式还本付息或者给付回报"的行为方式归入非法吸收公众存款罪,则在实际上将该种行为方式与股权众筹中的股权回报作了本质上的区分:前者因为以承诺还本付息或给付回报为条件向公众筹集资金,此回报具有对价性、必然性;而后者是由投资者与融资者共担风险。在此基础上,擅自发行股票罪与非法吸收公众存款罪的根本区别不在于行为人是否以"股权方式"给付回报,而在于行为人是否允诺"必然"给付回报,所以或可将"承诺"还本付息或给付回报为构成要件,视作将非法吸收公众存款罪作为擅自发行股票罪的上位罪名。又如多数学者理解,集资诈骗罪与非法吸收公众存款罪的主要区别为主观意图不同,集资诈骗罪指的是行为人采用非法手段意图永久占有社会不特定公众的资金,没有还本付息的意图;而非法吸收公众存款罪指的是行为人非法临时占用投资者的资金,并承诺还本付息。所以通常也将是否具有"非法占有的目的"作为区分两者的关键,也就是说,"非法占有的目的"使集资诈骗成为非法吸收公众存款罪的上位罪名。

于是,以构成要件的严苛性为标准,就可以形成集资诈骗罪、非法吸收公众存款罪擅自发行股票罪的逻辑链。这样的位阶关系在实际上缩小了刑法对股权众筹的处罚范围:一旦在擅自发行股票罪上提高了刑法的入罪门槛,另外两者的入罪标准也就随之提高;只要行为尚不足以满足擅自发行股票、债权罪的构成要件,自不必考虑是否达到非法吸收公众存款罪、集资诈骗罪的处罚条件。

五、我国互联网众筹刑法规制的具体问题

(一) 以非法占有为目的的互联网众筹行为的刑法规制

1. 互联网众筹与集资诈骗罪

集资诈骗罪是指以非法占有为目的,违反有关金融法律、法规的规定,使用诈骗方法进行非法集资,扰乱国家正常金融秩序,侵犯公私财产所有权,且数额较大的行为。互联网众筹作为一个新兴行业,目前尚无专门的法律法规予以规范,对于众筹平台的准入门槛、风险控制都没有明确规定,利用众筹进行集资诈骗,无论是在股权众筹、债权众筹还是公益众筹、商品众筹,此种风险都是存在的。在 2013 年的一起集资诈骗案中,被告人蔡某某委托他人成立了一家投资管理有限公司,然后建立了一家财富网,进而刊登虚假抵押信息,谎称公司进行借贷业务吸引投资,同时还许诺给投资人年化利率 21% 的投资回报。在此期间,蔡某某骗取了 20 名被害人共计人民币 105 万元,而实际上并未进行任何投资,筹集来的款项全部都归个人使用。① 由此可见,众筹形式的集资诈骗与非法吸收公众存款等罪的显著区别,就在于非法占有的目的。

对于非法占有,最高人民法院曾经发布过《全国法院审理金融犯罪案件工作座谈会纪要》,规定以下情况可以判定为具有非法占有的目的:(1)明知没有归还能力而大量骗取资金的;(2)非法获取资金后逃跑的;(3)肆意挥霍骗取资金的;(4)使用骗取的资金进行违法犯罪活动的;(5)抽逃、转移资金、隐匿财产,以逃避返还资金的;(6)隐匿、销毁账目,或者搞假破产、假倒闭,以逃避返还资金的;(7)其他非法占有资金、拒不返还的行为。但是,在处理具体案件的时候,对于有证据证明行为人不具有非法占有目的的,不能单纯以财产不能归还就按金融诈骗罪处罚。

非法占有目的作为集资诈骗罪的核心要素,在实际案件当中往往是一个较为复杂的问题,集资诈骗罪与非法吸收公众存款罪经常成为控辩双方的争议焦点。一般来说,基金募集来以后,可能有很多用途,而往往判断是否有非法占有目的时,法院会对资金是否用于生产经营活动进行判断,如果融资人将募集来的资金用于个人挥霍的话,非法占有目的较好确认,但是有时候融资人对于是否用于经营活动存在争议,法院倾向于认为只有可以直接产生回报的活动属于生产经营活动,比如购买机器设备原材料等,而有些活动虽然属于公司经营的组成部分,但由于不能直接产生利益,就不被视为生产经营活动。比如在山东省安丘市赵文奎集资诈骗案中,赵文奎设立了安银电子商务有限公司和汇宝电子商务有限公司,编造投资计划,通过网络平台吸纳了130余万元资金,募集来的资金用于归还房贷、发放工资、房租支出、网络平台设计等,后来资金链断裂,被以集资诈骗罪判处有期徒刑10年6个月,并处罚金人民币30万元。在这起案件中,法院没有采纳辩护人称其没有非法占有目的的辩护意见,最后依然确定其具有非法占有目的。② 除此之外,在浙江省杭州市审理的一起集资诈骗案中,嫌疑人由于 A 公司经营困难而创立 B 公司进行融资,后大部分用于归还债务、支付利息维系资金运作等,法院认为还贷款并不属于生产经

---

① 具体参见《最高人民检察院发布 6 起依法查处金融犯罪典型案例之五:蔡某集资诈骗案》,http://www.pkulaw.cn/case/pfnl_ a25051f3312b07f38bec442a19987aa192894e37a9f180b2.html?keywords = % E9% 9B% 86% E8% B5% 84% E8% AF% 88% E9% AA% 97% 20% E8% 94% A1% E6% 9F% 90&match = Exact,最后浏览日期:2017/12/5。

② 具体参见《赵文奎集资诈骗案》,载 http://www.pkulaw.cn/case/pfnl_ a25051f3312b07f3bfd4696eeb1cc2a5cefc3301bf21bc97.html? keywords = % E9% 9B% 86% E8% B5% 84% E8% AF% 88% E9% AA% 97% 20% E8% B5% B5% E6% 96% 87% E5% A5% 8E&match = Exact,最后浏览日期:2017/12/5。

营活动,最后以集资诈骗罪定罪处罚。随着现代社会的发展,商业活动的形式日渐丰富,在确定是否具有非法占有目的时对生产经营的范围应该如何界定,关系到非法吸收公众存款罪与集资诈骗罪的区分。

2. 互联网众筹与诈骗罪

虽然在非法占有为目的犯罪中,互联网众筹往往和集资诈骗罪联系在一起,但是也有一部分诈骗罪与众筹有一定关系,这类犯罪中,众筹平台往往是犯罪对象或者是工具。比如在河南省南阳市唐某某诈骗案当中,唐某某通过让他人伪造贷款手续,骗取借款后更改家庭住址和联系方式逃避还款,骗取贷款4万元,自己获利5000元,被以诈骗罪判处有期徒刑1年3个月,并处罚金人民币5000元。①

在普通的诈骗罪中,众筹平台可能被作为工具而实施诈骗。各大众筹平台虽然对项目发起人设定了一定的标准和要求,也多会要求提交身份资料和证明材料,但是依然不能排除有人利用众筹平台发布虚假项目进行诈骗。那么,在这种情况下,众筹平台是否可能与之构成共犯?在何种情况下会构成共犯呢?

(二) 非法营利为目的的众筹行为的刑法规制

1. 互联网众筹与非法吸收公众存款罪

非法吸收公众存款罪是指非法吸收公众存款或者变相吸收公众存款,扰乱金融秩序的行为。根据最高人民法院《关于审理非法集资刑事案件具体应用法律若干问题的解释》,违反国家金融管理法律规定,向社会公众(包括单位和个人)吸收资金的行为,同时具备下列四个条件的,除刑法另有规定的以外,应当认定为刑法第176条规定的"非法吸收公众存款或者变相吸收公众存款":(1)未经有关部门依法批准或者借用合法经营的形式吸收资金;(2)通过媒体、推介会、传单、手机短信等途径向社会公开宣传;(3)承诺在一定期限内以货币、实物、股权等方式还本付息或者给付回报;(4)向社会公众即社会不特定对象吸收资金。

众筹的基本模式,大概是项目发起人在众筹平台上发布自己的项目计划,依靠商品或者股份作为回报吸引普通大众的注意。潜在的投资者决定加入的话,就将项目规定的款项转入平台运营方指定的银行账户或第三方支付平台账户,在既定的期限内募集的款项达到预先设定的要求后,项目发起人从众筹平

---

① 具体参见《唐某某1等诈骗、合同诈骗、危险驾驶、非法占用农用地案》,载 http://www.pkulaw.cn/case/pfnl_a25051f3312b07f3fcf5d70ecce8f7fcc9b06a89bcfe4905.html?keywords=%E8%AF%88%E9%AA%97%20%E7%BD%91%E7%BB%9C&match=Fuzzy,最后浏览日期:2017/12/5。

台获取资金开始实施项目,最后将商品或者股权交给投资人。这个模式之所以可能触犯非法吸收公众存款罪,是因为项目发起人筹资的过程,是属于向社会不特定公众募集资金并且在特定账户形成资金沉淀的行为。根据《商业银行法》第81条中的规定,未经国务院银行业监督管理机构批准,擅自设立商业银行,或者非法吸收公众存款、变相吸收公众存款,构成犯罪的,依法追究刑事责任;并由国务院银行业监督管理机构予以取缔。除此之外,《非法金融机构和非法金融业务活动取缔办法》第4条也做出规定:"本办法所称非法金融业务活动,是指未经中国人民银行批准,擅自从事的下列活动:(一)非法吸收公众存款或者变相吸收公众存款;(二)未经依法批准,以任何名义向社会不特定对象进行的非法集资;(三)非法发放贷款、办理结算、票据贴现、资金拆借、信托投资、金融租赁、融资担保、外汇买卖;(四)中国人民银行认定的其他非法金融业务活动。"这也就意味着,没有国务院银行业监督管理机构或者中国人民银行的批准,任何单位和个人吸收公众存款的行为均属违法,不仅可能被取缔罚款,甚至会直接触犯刑法。

从上述法律可以看出,非法吸收公众存款罪的前提是未经批准,然而众筹平台大多是有限责任公司或者未上市的股份有限公司,而不是经过银行业监督管理机构批准的金融机构。而更加雪上加霜的是,根据最高人民法院、最高人民检察院、公安部《关于办理非法集资刑事案件适用法律若干问题的意见》第1条的规定,行政部门对于非法集资的性质认定,不是非法集资刑事案件进入刑事诉讼程序的必经程序。行政部门未对非法集资作出性质认定的,不影响非法集资刑事案件的侦查、起诉和审判。也就是说虽然司法解释对于非法吸收公众存款的定义中,要求前提条件是违反金融管理法律的规定或者是未经有关部门批准,但是实际上办理案件时又并不受行政认定的约束,这样众筹触犯非法吸收公众存款罪的风险就会变得极高。

2. 互联网众筹与擅自发行股票、公司、企业债券罪

擅自发行股票、公司、企业债券罪是指未经国家有关主管部门批准,擅自发行股票或者公司、企业债券,数额巨大、后果严重或者有其他严重情节的行为。也就是说要发行股票证券必须经过国家有关部门的同意,那么有关部门是指什么部门呢,根据《公司法》第134条的规定,公司经国务院证券监督管理机构核准公开发行新股时,必须公告新股招股说明书和财务会计报告,并制作认股书。除了前置批准的限制之外,公开发行股票的主体也有限制,根据《证券法》第10条的相关规定公开发行证券,必须符合法律、行政法规规定的条件,并依法报经国务院证券监督管理机构或者国务院授权的部门核准;未经依法核准,任何单位和个人不得公开发行证券。有下列情形之一的,为公开

发行：(1) 向不特定对象发行证券的；(2) 向特定对象发行证券累计超过二百人的；(3) 法律、行政法规规定的其他发行行为。《证券法》第12条也涉及对公开发行股票的主体的规定：设立股份有限公司公开发行股票，应当符合《中华人民共和国公司法》规定的条件和经国务院批准的国务院证券监督管理机构规定的其他条件。还有《非上市公众公司监督管理办法》第2条中规定本办法所称非上市公众公司（以下简称公众公司）是指有下列情形之一且其股票未在证券交易所上市交易的股份有限公司。可以看出，有资格公开发行股票的主体仅限于国务院证券监督管理机构或者国务院授权的部门批准的股份有限公司，有限责任公司是没有公开发行股票的资格的。值得注意的是，有限责任公司具有人和性，其转让股权受《公司法》第71条的限制，也就是"股东向股东以外的人转让股权，应当经其他股东过半数同意"。

在行政层面，相关法律对于公开发行股票的前提条件进行了规定，那么在刑法层面，罪与非罪的界限又在哪儿呢？根据最高人民检察院、公安部《关于公安机关管辖的刑事案件立案追诉标准的规定（二）》第34条的规定，未经国家有关主管部门批准，擅自发行股票或者公司、企业债券，涉嫌下列情形之一的，应予立案追诉：(1) 发行数额在五十万元以上的；(2) 虽未达到上述数额标准，但擅自发行致使30以上的投资者购买了股票或者公司、企业债券的；(3) 不能及时清偿或者清退的；(4) 其他后果严重或者有其他严重情节的情形。以及《最高人民法院关于审理非法集资刑事案件具体应用法律若干问题的解释》第6条中规定，未经国家有关主管部门批准，向社会不特定对象发行、以转让股权等方式变相发行股票或者公司、企业债券，或者向特定对象发行、变相发行股票或者公司、企业债券累计超过200人的，应当认定为刑法第179条规定的"擅自发行股票、公司、企业债券"。构成犯罪的，以擅自发行股票、公司、企业债券罪定罪处罚。可以总结出，从数额上看，入罪的数额下限是50万元，从人数上看，如果针对的是特定对象，那么超过200人就构成犯罪，如果针对的是不特定对象，那么超过30人就构成犯罪。从行为上看，刑法规制的不仅是《证券法》《公司法》规定的典型的股票发行行为，还包括以转让股权为名，变相发行股票的行为。

国内的股权众筹平台在实际操作过程中实际上对于相关法律规定是有着相应的规避措施的，以国内最早的股权众筹平台"天使汇"为例，"天使汇"平台对相关法律规定的规避措施体现在以下几方面：首先，天使汇对于投资人资格设置了条件，《天使汇合格投资人规则》第1条就写出，天使投资并非针对一般的投资大众，而是面向风险承受能力较高、具备成熟投资经验的特定投资者。天使汇对投资人的收入水平、投资额度、固定资产提出了一系列要求，并且要求实名认证并提供收入证明。这样的话,就使得融资对象看上去变成了特定对象。[①] 其次,针对超过200人构成犯罪的规定,股权众筹平台推出了"领投+跟投机制",当投资人数较多时,线下成立有限合伙企业持股,人数较少时,就通过代持股协议以一人的名义进行持股,这样从表面上规避了超过200人的规定。这样带给刑法的疑问就在于对于投资人的资格进行一定的限制是否就能使得其投资人被认定为特定对象,还有在计算投资人数时是根据有限合伙企业以及代持股协议表面上的人数计算,还是要根据实际人数计算。这两个问题对于擅自发行股票、公司、企业债券罪的认定非常关键。

除此之外,根据《关于审理非法集资刑事案件具体应用法律若干问题的解释》第2条中的规定,对于不具有发行股票、债券的真实内容,以虚假转让股权、发售虚构债券等方式非法吸收资金的,符合本解释第1条第1款规定的条件的,应当依照刑法第176条的规定,以非法吸收公众存款罪定罪处罚。也就是说,如果以转让股权为虚假外观行吸收资金之实,那么只以非法吸收公众存款罪定罪处罚。但是在股权众筹中,往往是既有转让股权的事实行为,也有吸收资金的主观目的,此时应该如何处理呢?对这个可能的竞合问题,依然需要讨论。

3. 互联网众筹与擅自设立金融机构罪

根据刑法第174条的规定,未经国家有关主管部门批准,擅自设立商业银行、证券交易所、期货交易所、证券公司、期货经纪公司、保险公司或者其他金融机构的,处3年以下有期徒刑或者拘役,并处或者单处2万元以上20万元以下罚金,由此可知,擅自设立证券交易所是构成本罪的。那么其入罪门槛是怎样的呢?根据最高人民检察院、公安部《关于公安机关管辖的刑事案件立案追诉标准的规定(二)》等204条的相关规定,〔擅自设立金融机构案(刑法第一百七十四条第一款)〕未经国家有关主管部门批准,擅自设立金融机构,涉嫌下列情形之一的,应予立案追诉:(1)擅自设立商业银行、证券交易所、期货交易所、证券公司、期货公司、保险公司或者其他金融机构的;(2)擅自设立商业银行、证券交易所、期货交易所、证券公司、期货公司、保险公司或者其他金融机构筹备组织的。可知实际上只要未经批准设立金融机构或者其筹备组织就构成犯罪,并没有数额或者人数的限制。在典型的股权众筹模式中,发起人往往获得投资之后以股份作为回报,另外,股权众筹平台也

---

① 具体参见《天使汇合格投资人规则》,载 http://angelcrunch.com/help/qualifiedinvest,最后浏览日期:2017/12/5。

要收取一定的佣金,比如说"天使汇"就收取融资额的2%作为佣金。① 也就是说,股权众筹平台实际上发挥了股票交易平台的作用,但是根据《证券交易所管理办法》第6条的规定,设立证券交易所,由证监会审核,报国务院批准。可知股权众筹平台并未获得证监会或者国务院主管部门批准,并没有证券交易所的法定资质,还应当认定众筹平台属于证券行业的金融机构或者筹备组织,让其承担擅自设立金融机构罪的刑事责任吗?

4. 互联网众筹与非法经营罪

根据刑法第225条的相关规定,违反国家规定,未经国家有关主管部门批准非法经营证券、期货、保险业务的或者非法从事资金支付结算业务的,扰乱市场秩序,情节严重的,处5年以下有期徒刑或拘役。可以得知,未经国家主管部门批准而经营证券业务,情节严重即可能触犯该罪,那么情节严重的界限何在呢,根据最高人民检察院、公安部《关于公安机关管辖的刑事案件立案追诉标准的规定(二)》第79条的相关规定未经国家有关部门批准,非法经营证券、期货、保险业务,数额在30万以上的;或非法经营证券、期货、保险业务,或非法从事资金支付结算业务,违法所得数额达5万元以上的,应予立案追诉。也就是说,未经证监会批准而从事证券业务、数额在30万以上的或者违法所得数额在5万以上的就有可能触犯非法经营罪。而股权众筹平台为发起人和投资者的股权交易提供有偿服务,一旦达到相应的数额规定,就很有可能触犯非法经营罪。由此可知,众筹平台未经批准从事证券业务有可能触犯非法经营罪,但是前文也已经论述,未经批准设立证券交易所可能触犯擅自设立金融机构罪,该如何进行区分,刑法是否需要做一定程度的调整,这需要进一步的讨论。

5. 互联网众筹与组织领导传销活动罪

根据刑法第224条的规定,组织领导传销活动是指组织、领导以推销商品、提供服务等经营活动为名,要求参加者以缴纳费用或者购买商品、服务等方式获得加入资格,并按照一定顺序组成层级,直接或者间接以发展人员的数量作为计酬或者返利依据,引诱、胁迫参加者继续发展他人参加,骗取财物,扰乱经济社会秩序的传销活动的行为。由此可见,构成组织领导传销活动罪的核心特征就在于"组成层级""直接或者间接以发展人员的数量作为计酬或者返利依据",而在股权众筹蓬勃发展的今天,有些众筹平台已经开始触及传销的法律红线。

---

① 具体参见《天使合投服务及如何收费》,载 http://angelcrunch.com/help/pm,最后浏览日期:2017/12/5。

在 2014 年 12 月，上海雅鉴互联网金融信息服务有限公司在上海股权托管交易中心中小企业报价系统挂牌，主营业务之一就是股权众筹服务。之后该公司创立了互联网金融服务平台 www.dayday bank.com，并且宣称要将其打造上市，因此将部分股权用来众筹。但是其众筹模式却值得怀疑，首先，投资 2000 元即可拥有公司的原始股，每推荐一人奖励 4000 元，并且被推荐加入人的业绩也算入推荐人的业绩，也就是采用了团队计酬方式。公司还划分了级别，股东专员直接服务 2 名股东专员，分红累积 12000 元，两个市场业绩都累积达到 5 万元，可获得每周 500 元工资，拿满 1 万元为止。股东主管直接服务 2 名股东会员，两个市场业绩都满 20 万元，每周最高拿 1000 元工资，拿满 4 万元为止。以此类推逐级往上直到股东常委，投资人所有收入的 7 成可以提现，剩下的 3 成留在公司流通。①

从该公司的推广模式可以看出，其已经形成了组织层级，并根据发展人员的数量计酬，而且也利用奖励引诱他人继续参加，有明显的传销特征。然而直到今日，天天银行也并未像承诺的那样上市，也查不到后续的消息，雅鉴互联网金融信息服务有限公司依然正常存续在营，只不过旗下域名 www.daydaybank.com 已经无法打开。

六、互联网众筹的刑法规制路径与方法

（一）互联网众筹的刑法规制路径

自从李克强总理 2014 年提出"大众创业、万众创新"的号召以后，中国开始出现创业热潮，如同雨后春笋般出现的创业公司带来的是大规模的融资需求。新兴的小微企业很难通过传统渠道进行融资，各种众筹平台给了它们发展的机会，与此同时，随着我国居民收入水平不断提高，越来越多的人有理财投资的需求，而众筹投资会是一个不错的投资渠道。正因为如此，2014 年 11 月，国务院常务会议上，李克强总理就提出了开展股权众筹融资试点，各类众筹平台也正在蓬勃发展，总数已达 300 多家。

但是众筹要想健康发展，就离不开法律的规制，良好的法律规制既能保护投资人的利益，也能保护众筹平台本身，而刑法对于众筹的规制，则是法律体系当中最重要的一环。刑法作为国之重器，作为最后的也是最严厉的手段，对于众筹这一新兴的模式有着重要的影响。众所周知，社会始终是出于运动变化过程中的，而法律则具有稳定性，有时候就会表现出滞后性。以众筹为代表的

---

① 具体参见《"天天银行"的骗局：短期获取 100～200% 利润？》，载东方财富网 http://finance.eastmoney.com/news/1365,20150910546272593.html，最后浏览日期：2017/12/5。

互联网金融近年来发展迅速，普通法律法规和刑法都出现了一定的法律滞后。具体表现为在行政层面，虽然大体上一直提倡支持众筹的发展，但是相关的立法配套并未完全跟上，比如说《私募股权众筹融资管理办法》至今仍是征求意见稿，而且该规定对于平台准入要求较高，社会上颇有争议。其他的相应法规也较为滞后，比如说根据《证券法》《公司法》《非上市公众公司监督管理办法》的规定，股权众筹平台几乎无合法空间。

1. 采用单一标准，以违反前置法为前提

法律法规的规定会直接影响刑法，因为刑法在规制金融秩序犯罪中，不同程度的有前置法的要求。比如说关于非法吸收公众存款罪，在《关于审理非法集资刑事案件具体应用法律若干问题的解释》中指出违反国家金融管理法律规定，向社会公众（包括单位和个人）吸收资金的行为，同时具备下列四个条件的，除刑法另有规定的以外，应当认定为刑法第176条规定的"非法吸收公众存款或者变相吸收公众存款"，这里明确说明了"违反国家金融管理法律规定"是入罪条件之一。其中对非法经营罪也有规定，违反国家规定，有下列非法经营行为之一，扰乱市场秩序，情节严重的，处5年以下有期徒刑或者拘役。这里也明确指出"违反国家规定"为入罪条件。但与此同时，入罪条件往往也包含"未经批准"，比如说刑法第179条关于擅自发行股票证券罪的规定就是未经国家有关主管部门批准，擅自发行股票或者公司、企业债券。同样地，根据《最高人民检察院、公安部关于公安机关管辖的刑事案件立案追诉标准的规定（二）》第79条第三款的规定，未经国家有关主管部门批准，非法经营证券、期货、保险业务，或者非法从事资金支付结算业务的，属于非法经营。当入罪条件同时出现了"未经批准"和"违反规定"时，实际上就出现了双重标准的情况，而现实当中，违反法律规定和未经批准并非永远一致，比如说可能出现经过批准后违法或者未经批准但并未违反法律规定的情况。

我国目前的金融行业准入门槛较高，众筹作为一种新兴的融资模式，是为了弥补传统的金融体系缺陷，这个时候如果采用严格的审批条件未免吹毛求疵，也不符合当前提倡金融创新，大众创业的趋势。而且行政审批有一定的弹性，存在着和行政前置法不一致的可能，因此本文的思路是当入罪标准同时存在"违反国家规定"和"未经批准"时，采用单一标准，即以行政法的规定为准。对于未经批准但不违法的行为放宽刑事处罚的容忍度，交由行政罚则处理。

除此之外，在刑法当中，对于违反前置法的表述不一，有的是"违反国家规定"，有的是"违反法规"，有的是"违反法律法规"。笔者认为，前置法的范围应该限制在部门规章以上,因为地方规范性文件数量极多,而且标准不一,不利于刑事查处。此外,部门规章以下的行政文件也不够刑法行政从属性的适用位阶。

2. 坚持"二次违法性"原则

犯罪的二次性违法理论认为,在现代法治社会中,存在一个具有多层次法律规范的法律体系。在这个多层次法律规范中,刑法是保证各种法律规范得以实施和贯彻执行的最后一道屏障。刑法在民事法、行政法等第一次法规范对正常社会关系进行调整的基础上,通过追究刑事责任、裁量和执行刑罚的方法对第一次法调整无效的严重不法行为进行第二次调整。因此,任何犯罪行为都具有二次性违法的特征。[①]

坚持二次违法性原则的意义在于,让刑法对于行为的评价来之有据,同时刑法谦抑性的重要表现也在于刑法往往是在其他规范无法进行规制时才进行规制。首先,众筹虽然是一个新兴行业,但是并非全无法律可依,我国的《证券法》《公司法》可以规制众筹的一些方面,相关的行政法规和部门规章也正在陆续出台,众筹并非无法可依。其次,在众筹可能触犯的刑法罪名当中,很多也有明确的违反前置法的规定。《关于审理非法集资刑事案件具体应用法律若干问题的解释》第1条规定,违反国家金融管理法律规定……应当认定为《刑法》第一百七十六条规定的"非法吸收公众存款",此条款明确的指出了构成非法吸收公众存款罪的前提是违反了国家金融管理法律规定。但是在《最高人民法院、最高人民检察院、公安部关于办理非法集资刑事案件适用法律若干问题的意见》第1条中规定,行政部门对于非法集资的性质认定,不是非法集资刑事案件进入刑事诉讼程序的必经程序。行政部门未对非法集资作出性质认定的,不影响非法集资刑事案件的侦查、起诉和审判。在司法实践中,由于侦查的紧迫性、隐蔽性要求,在行政部门未对非法集资作出性质认定时,侦察机关介入侦查这可以理解。但是如果该罪的构成有明显的违反前置法的要求,那么笔者认为,最好还是坚持二次违法性原则,行政部门确认违法以后再进入审判程序。因为如果严格坚持二次违法性标准,那么当事人必然是违反前置法以后才可能受到刑法追究,这里是存在一个犯罪门槛的。如果不顾行政部门的性质认定,直接动用刑法开始追究,那么实际上是人为地降低了该罪的犯罪门槛。当今互联网创新方兴未艾,为了保护创新,响应国家政策,应该尽可能地让行政法来对其进行规制,当已经违背行政法时再由刑法出手,这样

---

① 江奥立、杨新培:《犯罪二次性违法特征的理论与实践再探讨》,载《江汉学术》2016年第5期。

才能既保护众筹行业的发展，也能让刑法对于行为性质的判断更有依据，既能依法打击犯罪，也能保持刑法的谦抑性。

3. 重点打击侵犯财产类犯罪，其余尽量由行政法解决

众筹可能触及多种罪名，但这些罪名性质又有所不同。集资诈骗罪、组织领导传销活动罪有着明显的财产危害性，因为行为人有着非法占有的目的，众筹往往只是一个幌子，对于这种财产危害极大的行为，应该坚决予以打击。比如说近年来有些组织打着股权众筹的旗号，实际上形成了组织层级，并且鼓励发展下线，根据下线数量返利，这实际上就属于传销行为。这不应该属于任何的金融创新，没有任何积极意义，而且这种模式实际上是不可能持续地实现对于参与众筹者的回报承诺的，投资者的血本无归只是早晚的事，因此应该认清本质，坚决予以打击。但是除此之外还有一些犯罪，比如说擅自发行股票、公司、企业债券罪，其侵犯的客体是国家对证券市场的管理制度以及投资者和债权人的合法权益。此罪在一般情况下，根据普通人的认知，并没有紧迫的财产侵害的危险，更多的时候是一个规范违反的问题，即违反了国家的证券管理秩序。无论是根据国家目前的相关政策，还是出于小型企业的融资需求，众筹尤其是股权众筹都是符合我国经济发展的需要的，因此笔者认为，对于没有财产侵害危险而只是涉及规范违反的行为，刑法应该保持相对谦抑。在行政法层面，相关法律应该积极配套，根据众筹发展的实际来调整标准。而在刑法层面，应该着眼于出现侵犯财产等严重后果的情形，而对于纯粹规范违反的行为，交由行政法规制。

（二）互联网众筹刑法规制的具体方法

1. 众筹相关的集资诈骗罪与诈骗罪刑法规制方法

如同笔者前文所述，非法吸收公众存款罪与集资诈骗罪的核心区别就在于是否具有非法占有目的。而最高人民法院《关于审理非法集资刑事案件具体应用法律若干问题的解释》第4条对于非法占有的目的做出了规定，第一种情形为"集资后不用于生产经营活动或者用于生产经营活动与筹集资金规模明显不成比例，致使集资款不能返还的"。不同于其他几种如肆意挥霍，携款潜逃、抽逃转移的情形，此种情形的争议往往在于是否用于生产经营活动、生产经营活动的范围和明显不成比例究竟应该如何界定。

首先是是否用于生产经营活动，也就是说是否真实的问题，这一点的认定应该可以通过当事人的财务资料和财产状况来判断。因为一个正常的经营者在融资后必然会有投资计划和安排，而且无论如何也会有账目用以记录情况。如果众筹平台对外宣称用于投资盈利，但是其财务资料却并不存在生产经营活动，那么是可以认定非法占有目的的。

其次是生产经营活动的范围问题,传统意义上的生产经营活动,是指以市场为导向,以生产为侧重,以产品为主要经营对象的企业经营方式。① 一般来说,购买机器设备、原材料这种明显的生产行为才被定义为生产经营活动,但是在现代社会当中,一个公司的运作变得更加复杂了。很多公司的支出都包括发放工资、归还贷款等方面,这些支出并不能直接带来利润,却是必须的支出。除此之外,很多需要通过众筹平台融资的创业公司,可能在一段时间内根本无法盈利,会持续亏损,这时候其业务活动并不能产生任何利润,但是却不能据此判断其具有非法占有目的。此外,对于一些众筹平台而言,比如说债权众筹平台,其筹集来的资金主要就是用于发放贷款,发放贷款并不是一种生产活动,但却是其主要的盈利来源。因此,笔者以为,在判断是否具有非法占有目的的时候,应该将生产经营活动适当扩大解释,将一些并不能直接产生回报却是公司运作必须的支出纳入其中,避免集资诈骗罪的过度扩张。

最后是关于生产经营活动比例的问题,一般而言,筹集而来的资金会有很多用途,因此判断用于生产经营活动的资金比例对于认定是否具有非法占有目的有很重要的意义。司法解释规定生产经营活动与筹集资金规模明显不成比例的属于具有非法占有目的,但是明显不成比例究竟是怎样的比例呢,还是应该规定具体的比例以明晰界限。除此之外,集资款不能返还有着诸多原因,具有非法占有目的当然会导致无法返还,但是经营活动本身存在风险,投资回报高低也存在变数,"成王败寇"的思维不能用于定罪量刑,因此在认定不能返还原因时,应该更加科学谨慎。

在与众筹相关的普通诈骗犯罪中,众筹平台往往自身是犯罪对象或者是被利用的工具。网络众筹的形式让投资具有一定的风险,因为投资人往往是要和自己不熟悉的公司或个人合作,虽然各大众筹平台都有一定的身份验证设置,但是风险依然存在。如果行为人在众筹平台上虚构众筹项目,构成诈骗,那么众筹平台的责任应该如何界定呢?笔者认为,众筹平台只是一个第三方平台,其自身并不参与具体项目的运营,平台面临大量的项目,其审查监督的能力又是有限的,何况投资本身也具有一定的风险,因此不应当对平台的责任过于苛责。如果众筹平台知道或有理由知道在其平台上发布的众筹信息是虚假的,依然为其提供技术服务,不采取删除措施时,众筹平台才会构成诈骗罪的共犯,而对于平台无法知道或者超出平台管控力的情形,不应当认定平台构成诈骗罪的共犯。

---

① 刘涛:《企业资本经营与企业生产经营的区别和联系》,载《前线》1998年第04期。

2. 众筹相关的非法吸收公众存款罪刑法规制方法

如同前文所述，根据现行法律体系，众筹有着较大的风险触犯非法吸收公众存款罪，而如今在政策层面提倡鼓励众筹发展，触犯刑法风险却如此之高，因此是有必要对规制方法做出一些调整的。首先，本罪如同前文所述，同时存在着"违反国家金融管理法律规定"和"未经有关部门批准"的前提条件，而这种双重标准是有着过于苛刻的嫌疑且可能自相矛盾的，笔者建议在前置条件方面采用单一标准，即违反国家金融管理法律规定，这既利于对该行为性质的认定，也有利于刑法保持谦抑，减少打击面。其次，在确立以违反金融管理法律为唯一前置标准时，坚持二次违法性原则，在涉及非法吸收公众存款罪的案件中，由于侦查的必要，侦查部门可以在行政部门未作出性质确认时介入。但是在起诉、审判阶段，应该在行政部门作出性质认定以后作出，因为司法解释规定了违反国家金融惯例规定的前提，如果没有确认违反此前提，那么将依据什么来进行审判呢？最后，刑法应当是最后的保护手段，如果不顾行政层面的认定直接介入的话，是在实质上降低刑法入罪门槛。

3. 众筹相关的擅自发行股票、公司、企业债券罪刑法规制方法

如前所述，擅自发行股票、公司、企业债券罪的重要特征之一就是公开性，也就是向不特定对象发行股票，而如今众多股权众筹平台对投资人设置了种种限制和要求，那么这些标准的设置是否能让发行对象变为特定呢？众筹平台为投资人设置门槛是大势所趋，如今的《私募股权众筹融资管理办法（试行）》对于投资人也做了很多规定和限制，笔者以为，如果对于投资人设定了一系列的要求，而投资人满足这些要求并且进行了相应的备案登记的话，他就不可能再是一个不特定的对象。门槛设置和登记备案使得众筹平台可以针对性的进行管理，也使得投资人可以行使自己的权利来进行维权，这样风险就得到了一定程度的控制，就不应该再认定是针对不特定对象。

除此之外，股权众筹平台大多采用"领头人+跟投人"模式，当人数较多时采取线下成立有限合伙企业或者代持股模式进行投资，以此规避"向特定对象发行证券累计超过200人"的规定，那么究竟是应该根据其表面的个数来判断数额，还是应该透过代持股协议和有限合伙企业计算其实际人数呢？在《证券法》《非上市公众公司监督管理办法》最高人民法院《关于审理非法集资刑事案件具体应用法律若干问题的解释》中，都有面向特定对象200人的门槛规定，但是也都没有具体解释"人"是指自然人还是法人、"200人之前"也没有用"实际人数"加以限定。笔者以为，合伙企业投资其他公司是很正常的商业行为，代持股协议也是完全合法的，而前置法并未禁止这种行为，那么刑法就不宜扩大解释，透过持股协议和合伙企业让其承担刑事责任。

最后，当既有转让股权的事实行为，也有吸收资金的主观目的时，应该以何罪定罪处罚呢？笔者认为，在这种情况下，转让股权和吸收资金实际上是目的和手段的关系，出于吸收资金的目的而进行了吸纳资金和转让股权的行为，这实际上构成了牵连犯，应当择一重罪处罚。当然在量刑制度当中，非法吸收公众存款罪和擅自发行股票、公司、企业债券罪根据金额和情节有不同的量刑档次，那么当出现竞合问题时，就需要根据不同的刑格来判断何为重罪并且定罪处罚。

4. 众筹相关的擅自设立金融机构罪刑法规制方法

如同前文所述，只要未经批准设立金融机构，比如说证券交易所，不需要情节严重，就可能构成擅自设立金融机构罪。但是股权众筹平台并未获得证监会或者国务院主管部门批准，并没有证券交易所的法定资质，是否还应当认定众筹平台属于证券行业的金融机构或者筹备组织呢？笔者以为，应该从两方面看这个问题，一方面，在判断是否属于金融机构时，应该根据其实质功能属性来进行判断，因为既然是未经批准而设立的金融机构，没有法定资质是正常情况，未经批准设立金融机构，未具有金融法规要求的资质就开始业务工作，这已经是违反了前置法的要求，因此是可以被刑法所规制的。另一方面，金融机构的内涵是在随着时代的发展而发展的，1998年的《非法金融机构和非法金融业务活动取缔办法》对金融机构的定义是未经中国人民银行批准，擅自设立从事或者主要从事吸收存款、发放贷款、办理结算、票据贴现、资金拆借、信托投资、金融租赁、融资担保、外汇买卖等金融业务活动的机构。① 这里我们可以看出，证券交易平台并不在金融机构的范畴内，但是刑法第174条的规定，将证券交易所、证券公司纳入了金融机构的范畴，然而根据《证券交易所管理办法》第3条的规定，证券交易所是指依本办法规定条件设立的，不以营利为目的的，为证券的集中和有组织的交易提供场所、设施，履行国家有关法律、法规、规章、政策规定的职责，实行自律性管理的法人。由此可以看出，证券交易所并不以营利为目的，而股权众筹平台在提供服务的时候是要收取服务费，是以营利为目的的。因此笔者以为，应该对股权众筹平台作出新的、准确的定义，将其从金融机构的范围内剔除，以保护股权众筹平台的成长。

5. 众筹相关的非法经营罪刑法规制方法

如同前文所述，未经批准擅自经营证券业务，日常营业总计30万元以上、

---

① 具体参见《中华人民共和国国务院令（第247号）》，载 http://www.csrc.gov.cn/shanxi/xxfw/gfxwj/201505/t20150504_276133.htm，最后浏览日期：2017/12/5。

实际违法所得 5 万元以上就已经达到情节严重的程度，应以非法经营罪追究刑事责任。股权众筹平台作为股份交易的中介平台，很容易受到该条款规制而有了触犯非法经营罪的危险。笔者以为，虽然目前并没有股权众筹平台触犯非法经营罪，但是此种法律风险并不利于股权众筹平台的发展。非法经营罪的犯罪客体是市场秩序，但是在目前，股权众筹发挥的积极作用是很大的，政府层面也有政策支持，正常的股权众筹并不会扰乱市场秩序，反而能为市场的健康发展提供帮助。因此应当将股权众筹平台的规制尽可能地交给行政法，而非法经营罪在这个方面，应该适当限缩。除此之外，还有一个问题在于，根据现行刑法，未经批准经营证券业务可能触犯非法经营罪，但是如同前文所述，未经批准设立证券交易所又可能触犯擅自设立金融机构罪，那么应该如何处理这个问题呢？笔者认为，还是应当从平台性质下手，《私募股权众筹融资管理办法（试行）（征求意见稿）》对股权众筹平台下了定义，股权众筹平台是指通过互联网平台（互联网网站或其他类似电子媒介）为股权众筹投融资双方提供信息发布、需求对接、协助资金划转等相关服务的中介机构，而监管机构是中国证券业协会。虽然这份文件还是处于征求意见稿阶段，但是如果按照这个思路出发，将股权众筹平台定性为提供服务的中介机构，那么其就不可能是金融机构，也就避免了相应的刑事法律风险。

6. 众筹相关的组织领导传销活动罪

虽然笔者支持对众筹相关的大多数犯罪做限缩处理，将众筹平台尽可能地交给行政法规制，但是有一些对于财产危害较大的犯罪，依然应该透过众筹的表象看到其本质，予以严厉打击，比如说组织领导传销活动罪。如同本文前面所举的例子，有一些公司或者个人利用股权众筹的表象迷惑他人，实际上却有着明显的传销特征。对此，笔者有以下建议：第一、禁止股权众筹平台自筹，股权众筹平台应该是一个提供服务的中介平台，如果平台自筹，那么平台对众筹项目的管理将名存实亡。比如说前文列举的上海雅鉴互联网金融信息服务有限公司，其自身业务是股权众筹服务，但是又为了自己的上市而筹集资金搞股权众筹，那么资金是否用于推动上市呢？无从查证，如果上市失败呢？没有说明，这实际上就有了巨大的财产危险性。第二、严厉打击具有传销特征的众筹行为，股权众筹虽然是面向他人吸纳投资，智慧和以股权作为回报，但是无论如何不应该通过发展组织层级，并且以下线发展人数来给予报酬，这已经超出了正常股权众筹的需要，而有可能触犯组织领导传销活动罪。

七、结　语

众筹作为一个有着久远民间传统的融资办法，在搭上了现代网络技术的快车后,在这个时代焕发出了强大的生命力。而在中国,由于创业浪潮对于融资的需求上升以及个人消费贷和文艺作品创作的资金需求,众筹也正在飞速发展。然而相较于市场经济的日新月异,法律总有一定的滞后性,而刑法规制对于众筹行业的发展可谓是生死攸关。在我国目前的刑法规制体系下,对众筹的规制存在着前置条件双重标准、二次性违法原则名存实亡、众筹平台定性不清晰、刑法谦抑性不足等问题。针对这些问题,笔者建议采用违反行政法单一标准、坚持二次性违法原则、将众筹平台定性为非金融机构等措施,让刑法规制与现实需要相匹配,与此同时也要对打着众筹旗号行侵犯财产之实的行为予以坚决打击。周虽旧邦,其命维新,如今中国正值产业升级换代的关键时期,只要法律规制得当,众筹必然会有更大的发展,为中国经济带来更多惊喜。

第四章 第三方电子支付的刑事风险与规制限缩

一、第三方支付平台的基本情况

(一) 第三方支付平台的简介

目前市场上第三方支付平台的主流企业主要有 PayPal(易趣公司产品)、支付宝(阿里巴巴旗下)、财付通(腾讯公司,腾讯拍拍)、盛付通(盛大旗下)易宝支付(Yeepay)、快钱(99bill)、国付宝(Gopay)、百付宝(百度C2C)、物流宝(网达网旗下)、网易宝(网易旗下)、网银在线(chinabank)、环迅支付、汇付天下、汇聚支付(joinpay)、宝付(我的支付导航)。

第三方支付平台是一个为网络交易提供保障的独立机构:第三方支付平台是一种有盈利潜力的电子商务模式,是一个起担保作用的独立机构,与传统的银行有着本质的区别。然而又以创新的方式提供传统的功能。传统银行只具备资金传递功能,而不能对双方进行约束和监督。第三方支付恰好弥补了这一缺憾,以中立者的身份保证交易的公平、公正、公开性。

中国的第三方支付包括三个类型:第一类是在银行基础支付层提供的统一平台和接口的基础上,提供网上支付通道;第二类是自身拥有庞大用户的网上购物,它们都建立了自己的支付平台;第三类即独立的第三方支付公司,这些公司的模式是第三方垫付,即支付公司为买家垫付资金;目前国内有三百多家第三方支付平台。中国国内知名的第三方支付平台:支付宝(阿里巴巴旗下)、财付通(腾讯公司,腾讯拍拍)、智付(Dinpay),等等。

从第三方支付的行政许可以及相关文件的方面来看,据统计,央行一共分8批发放了共计270张支付牌照,包括智付支付、支付宝、快钱、银联、财付通、百度钱包等。央行发放第三方支付牌照的时间集中在 2011 年年初至 2015 年年初。其中，2011 年至 2013 年是支付牌照发放的高峰期，像智付支付这一类的第三方支付平台就是在此期间获得牌照的。然而，2013 年以后，牌照发放的热度渐渐减退。2014 年发放 19 张，2015 年全年仅在 3 月份发放一张牌照，这一张也成为绝唱。自此以后，第三方支付牌照成为市场上的稀缺资源。唯品会、小米、恒大、美的等就是在此之后强势完成收购的。截止 2015 年 3 月 30 日，中国人民银行共发放 270 张牌照。

(二) 第三方支付的定义

根据学者的研究角度不同，对第三方电子支付的定义也有所不同。徐明研究认为，第三方电子支付是电子商务中的关键环节，确保第三方电子支付环境的安全性尤为重要。利用第三方电子支付平台可以保证网络交易安全进行。宽泛来说，第三方电子支付是个多主体的系统，含商家、银行以及第三方电子支付机构等。帅青红和夏军飞认为，第三方电子支付是指那些具备一定经济实力和信誉保障的独立法人机构，通过与各大银行签约的方式，为用户提供和银行支付结算系统接口的交易支持平台的网络支付模式。[①]

笔者更赞同第二个观点，认为第三方电子支付主要是指第三方电子支付机构通过在网上支付系统整合多个银行网关，建立起一个第三方电子支付平台，它能够中立地完成货币支付、现金流转及其结算等业务的一种一站式接入支付方式。以减少买卖双方的交易成本，有效降低信用风险。在第三方电子支付的交易模式下，买方和卖方首先都要在第三方电子支付平台注册账户；买方在线选购商品后，将相应货款划转到该注册账户，第三方电子支付平台将到账情况反馈给卖家，并通知卖家可以发货；买方在收货检验确定合约后，通过账户通知第三方电子支付平台付款；第三方电子支付平台得到此用户通知，便将货款划转到卖家的账户。整个流程可以看出，第三方电子支付方式与传统的支付方式不同，是将第三方电子支付平台充当中介，交易双方不用面对面进行交易，只需要第三方电子支付平台承担收取买家款项、通知卖家发货、等待买家划转口令、划款到卖家账户的责任。

无行为则无责任，在互联网金融的大背景下，对支付宝平台的刑法分析应关注其操作的流程，在此基础上对平台的刑法规制才不至于陷入入罪门槛太低的误区，在依法惩治犯罪与维护交易安全与秩序之间寻求平衡，使其更加适应

---

① 帅青红、夏军飞：《网上支付与电子银行》，东北财经大学出版社 2009 年版，第 180 页。

社会发展的需要,面向未来出现的更新的犯罪模式有一定的规制作用。关于其操作首先是在支付宝平台注册虚拟账户,并进行身份认证和绑定银行卡;接着有三种模式可供选择,第一可以选择直接从银行卡将款项打入支付宝账户;第二,可以选择提前充值,支付时从支付宝余额进行划转;第三,可以选择将余额转账到余额宝即购买了天弘基金。下文笔者将从第三方支付的各行为方式入手,讨论其所涉及的相关罪名的问题,并试图在刑法的规制下进行一定的限缩,企图使入罪的标准更加明确。

(三)第三方支付的创新意义

第三方支付平台的个性化服务,使得其可以根据被服务企业的市场竞争与业务发展所创新的商业模式,同步定制个性化的支付结算服务。在缺乏有效信用体系的网络交易环境中,第三方支付模式的推出,在一定程度上解决了网上银行支付方式不能对交易双方进行约束和监督,支付方式比较单一;以及在整个交易过程中,货物质量、交易诚信、退换要求等方面无法得到可靠的保证;交易欺诈广泛存在等问题。第三方支付平台的创新意义体现在以下三点:一是比较安全,信用卡信息或帐户信息仅需要告知支付中介,而无须告诉每一个收款人,大大减少了信用卡信息和账户信息失密的风险。二是支付成本较低,支付中介集中了大量的电子小额交易,形成规模效应,因而支付成本较低。三是使用方便。对支付者而言,他所面对的是友好的界面,不必考虑背后复杂的技术操作过程。另外支付担保业务可以在很大程度上保障付款人的利益。其优势体现在以下几方面:

首先,对商家而言,通过第三方支付平台可以规避无法收到客户货款的风险,同时能够为客户提供多样化的支付工具。尤其为无法与银行网关建立接口的中小企业提供了便捷的支付平台。其次,对客户而言,不但可以规避无法收到货物的风险,而且货物质量在一定程度上也有了保障,增强客户网上交易的信心。最后,对银行而言,通过第三方平台银行可以扩展业务范畴,同时也节省了为大量中小企业提供网关接口的开发和维护费用。可见,第三方支付模式有效地保障了交易各方的利益,为整个交易的顺利进行提供支持。

(四)我国目前对于第三方支付平台的立法概况

2010年6月14日,由中央人民银行颁布的《非金融机构支付服务管理办法》(以下简称《办法》),成为国内首部专门针对第三方支付平台的法律文件。《办法》对第三方支付机构的法律属性、经营范围、监督与管理、法律责任等方面做了界定。首次明确了第三方支付机构的属性为"非金融支付机构",提供网络支付、银行卡收单、预付卡的发行与受理等支付服务;确立了央行的监管主体地位。根据该《办法》,第三方支付企业提供支付服务需取得"牌照",即《支付业务许可证》。此后央行陆续8轮共发放支付牌照270家。其后,央行陆续出台了一系列配套管理办法,如《非金融机构支付服务管理办法实施细则》《支付机构客户备付金存管办法》《支付机构反洗钱和反恐怖融资管理办法》等,从第三方支付平台运营商的准入资质、预付卡管理、备付金存管、消费者利益保护、网络支付监管等多角度进行规范。自此,第三方支付的法律规制进一步完善。与此同时,作为行业自律组织,中国支付清算协会于2011年成立。协会成立后发布了一系列自律公约,对支付清算服务机构进行自律管理,如《网络支付行业自律公约》《移动支付行业自律公约》《支付机构互联网业务风险防范指引》等。2015年7月,中国人民银行、工业和信息化部、公安部等十部委联合发布了《关于促进互联网金融健康发展的指导意见》,提出了一系列旨在鼓励金融创新同时确保互联网金融稳步发展的政策措施,做好相关的安全防范管理,并从行业管理、信息披露、消费者权益保护、网络信息安全、反洗钱与反金融犯罪等方面提出了具体的要求。2015年7月底,央行向社会公开征求《非银行支付机构网络支付业务管理办法》意见。该《征求意见稿》明确界定了互联网支付的定位及客户备付金的本质;从积极和消极两个方面对第三方支付机构的业务范围进行了限定;对网络支付,根据账户实名制的强弱来确定额度,进行限额管理;弱化某些支付机构"隐形"的清算结算功能,从而使支付机构最终回归"支付业务"的本色,避免"金融混业",防范金融风险。该《办法》自2016年9月1日起正式施行。

二、第三方支付在各服务环节存在的刑事风险

(一) 市场准入环节存在的风险

在市场的准入环节中,主要涉及非法经营罪以及非法吸收公众存款罪的刑法风险。《非金融机构支付服务管理办法》第3条明确规定,非金融机构提供支付服务,应当依据本办法规定取得《支付业务许可证》,成为支付机构。未经中国人民银行批准,任何非金融机构和个人不得从事或变相从事支付业务。由此可见,我国对第三方支付平台有着严格的准入和监管制度。不仅如此,网络支付,预付卡的发行与受理,银行卡收单每一种第三方支付模式,都有着各自具体的准入许可。现实中有些提供第三方支付平台服务的企业,在未得到经营许可的情况下,为他人的交易活动提供服务,就属于我国刑法第225条规定的非法经营的危害行为。在其情节严重的情况下,司法机关可以认定构成非法

经营罪,给予刑事处罚。①

第三方支付平台与金融机构合作的金融产品相较于银行的活期储蓄存款收益更高,它同时又具有活期存款的便捷性,因而能吸引大量资金。例如,对于"余额宝"的定性问题,有观点认为,"余额宝"借助货币基金,具有"吸储"能力。也有观点认为,"余额宝"里的资金增值是"收益"而不是利息,用户购买的是货币基金,不等于银行存款,也是有风险的。② 关于这个问题我们必须关注其吸收资金是否取得了行政许可。第三方支付平台提供渠道参与金融产品销售,需取得第三方基金销售支付牌照,且如果第三方支付平台参与基金产品代销的,还应取得基金代销的相关行政许可。从行政许可的角度上来看,支付宝只具有基金支付的职能,而天弘基金公司才具有基金销售的许可,此时不允许其依靠公司并购等商业手段来避开法律规定支付宝所面对的使用人群太广,如果不加以规制,所面临的风险太大,这是银行和社会都没办法承受的。对于上述问题,相关部门以及支付宝都应当做出一定的反应来避免风险,至于是否涉及非法吸收公众存款的问题,笔者认为应当从其销售方式上着手。只有将集资款用于以经营资本和货币为目的的间接融资行为才侵犯了国家金融秩序,③ 才涉及非法吸收公众存款的问题,以支付宝为例,其把资金基本上都存入银行,相当于行使银行的一部分职能,这样大笔的吸收与存入银行,不仅给银行带来了风险,同时也危害了国家的金融管理秩序,应认为其涉嫌非法吸收公众存款罪。故在应对具体问题上,应当从行政许可与资金流向两方面把握第三方支付所涉及的非法吸收公众存款罪的构成要件问题。

(二) 资金存管阶段存在的刑事风险

在第三方电子支付的资金存款阶段的刑事风险,主要涉及的是相关的职务犯罪,如挪用资金罪以及侵占罪等。第三方支付在其运营中会产生数额特别巨大的沉淀资金。沉淀资金的来源主要有两种:在途资金和支付工具吸储资金。在途资金指在第三方支付系统中,为保证交易安全,资金均会在支付机构作一定的停留而成为在途资金。支付工具吸储资金指,第三方支付机构通常会提供账户充值服务,买方先向支付机构的银行账户内转账,在未来的电子商务交易

---

① 参见黄晓亮:《第三方支付风险的刑法防控》,载《法学》2015年第6期。
② 王崇志:《"余额宝"的经济学思考》,载《经济研究导刊》2013年第32期。
③ 参见刘宪权:《刑法严惩非法集资行为之反思》,载《法商研究》2012年第4期。

中作为电子钱包使用,目前的观点认为这是一种保管关系。① 目前我国第三方支付机构中也已经存在挪用沉淀资金以及卷款潜逃的现象了。2015年上海一家第三方支付企业老板跑路,并且挪用资金用以投资,导致公司倒闭,成为全国首家倒闭的第三方支付企业。② 当第三方支付企业非法挪用平台上的沉淀资金时,就会给我国的第三方支付行业以及金融管理秩序造成极大的破坏。

对于挪用平台上的沉淀资金是否构成挪用资金罪,最重要的问题是我们要明确沉淀资金的归属问题。问题是当买家即客户将货款支付给第三方支付机构后,这个货款的所有权是否一并转移了呢?根据《支付宝服务协议》而言,支付宝服务是由支付宝(中国)网络技术有限公司向支付宝用户提供的支付宝软件系统及(或)附随的货款代收代付的中介服务。且普遍观点认为,代收代管的中介服务实际就是一种第三方居间的保管关系。在现行法律中,确实找不出比保管更贴切的法律关系来加以定性了。③ 但是根据《非金融机构支付服务管理办法》第24条的规定,对于第三方支付而言,其只是作为交易过程中的一种信用担保,平台并不享有资金的所有权,所有权仍归客户,并明文规定第三方支付机构不能非法挪用支付机构内客户的备付金。④ 有学者认为,民事上的法律关系并不影响刑事犯罪事实的认定。⑤ 其挪用沉淀资金的行为依然构成刑法上的挪用犯罪。笔者认为刑法上的占有不会考虑占有人是否是基于民法上的物权的占有,或者是为谁占有,只要其占有行为足以能让别人认识到其是有支配以及控制财物的权利就可以。刑法这样规定的目的主要是保护基于占有而形成的财产秩序,因为占有是一种客观存在的事实,而且正是因为人对物事实上的支配控制才形成了现在的财产秩序,如果没有稳定的财产秩序保障,那就表示每个人的财产都处在危险当中,因此,刑法上对占有的认定就相对民法上的占有宽泛一些。综上所述,笔者认为,在民法上,第三方支付机构对沉淀资金确实不具有所有权,但是这不影响刑法上对沉淀资金权属的认定。虽然第三方支付机构

---

① 随鲁辉:《互联网金融的刑法介入问题研究》,载《江西警察学院学报》2014第5期。

② 参见黄敏:《第三方支付资金沉淀易被挪,上海畅购倒闭引热议》,载http://finance.eastmoney.com/news/1355,20150106464202028.html,(访问日期2015年1月16号)。

③ 刘春泉:《第三方支付沉淀资金利息该归谁》,载《上海证券报》2011年11月30日第F07版。

④ 《非金融机构支付服务管理办法》第24条规定:"支付机构接受的客户备付金不属于支付机构的自有财产,支付机构只能根据客户发起的支付指令转移备付金。"

⑤ 万志尧:《对第三方支付平台的行政监管与刑法审视》,载《华东政法大学学报》2014年第5期。

并不具有沉淀资金的所有权,但是却因为沉淀资金的暂时停滞而实际上形成了对该沉淀资金占有和控制的客观事实。因此,如果第三方支付企业人员非法挪用沉淀资金的,就可能以挪用资金罪进行定罪处罚。依照《支付机构客户备付金存管办法》第3条规定:"支付机构接收的客户备付金必须全额缴存至支付机构在备付金银行开立的备付金专用存款账户。"央行进一步规定"客户备付金必须全额缴存至支付机构在备付金银行开立的备付金专用存款账户","任何单位和个人不得擅自挪用、占用、借用客户备付金,不得擅自以客户备付金为他人提供担保",这也意味着,如果第三方支付平台工作人员挪用了相关资金,应视为挪用了第三方支付平台自有资金,可能涉嫌构成挪用资金罪。监管层也发出了类似的声音,它触及类似于基金支付结算账户这种最根本的规定,能有效防范引发行业系统性风险与保护投资者利益的,必须坚决执行。

(三)资金流向环节存在的刑事风险

1. 利用第三方支付非法套现的行为方式

利用第三方支付平台进行非法套现是指持卡人通过制造虚假交易,在互联网上利用第三方网上支付平台套取信用卡中的信用额度并且获得现金的行为。[①] 典型案例是2006年12月,北京晨报的一篇名为《网上支付易被金融犯罪利用,有人在用"支付宝"大规模违规套现》的报道。[②] 这种套现行为有三个特点。第一,无法准确界定套现行为的特征。行为人通过在第三方支付平台上虚构交易,就可以对信用卡实施非法套现,由于第三方支付平台并不审核用户的真实身份信息,网络用户的匿名性使得利用第三方支付进行套现更为隐蔽和快捷,不易被银行工作人员发现,也不易被侦查机关发现自己的真实身份,这对于惩治这种犯罪行为带来了很大的阻力。第二,套现行为成本低。淘宝网上注册店铺非常简单快捷,而且不需要手续费也不需要缴纳税金,只需要"交易双方"开通两个网上银行账户,即可完成整个套现过程,这种违法成本几乎为零。从操作结果的角度看,套现成功的持卡人在银行规定期限内偿还资金就可以了,不会造成不良信用记录,但是,从银行业务角度来看,银行信用卡正规取现需要缴纳手续费和利息而且还有限额,但是通过第三方支付平台进行套现,不需要任何手续和费用,违法成本太低,相当于发放了一笔使用范围没有任何限制的无息贷款,也突破了售卡银行关于信用卡取现额度和相关手续

[①] 参见宋仁杰、袁海威、赵婷、康凯:《第三方支付引起的套现风险及防范》,载《电子商务》2009年第10期。

[②] 参见龚培华、陈海燕:《第三方支付平台中的犯罪问题与法律对策》,载《法治论丛》2010年第1期。

费用的限制。正是这种支付宝套现的可操作性,使得个别持卡人产生了利用支付宝逃避银行利息的融资行为。

2009年最高人民法院和最高人民检察院(以下简称两高)联合发布的《关于妨害信用卡管理刑事案件具体应用法律若干问题的解释》中规定了,违反国家规定,使用销售点终端(POS机)等方法进行信用卡非法套现,情节严重的,可认定为非法经营罪。这次司法解释也正式界定了非法套现行为,但是对于该司法解释能否可以作为规制利用第三方支付平台非法套现行为的法律依据呢?

首先我们要搞清楚第三方支付平台和POS机两者在本质上是否相同。用POS机进行信用卡套现,就是指特约商户和信用卡持卡人相互串通制造虚构交易,通过这种方式POS机特约商户就可以在不存在真实交易的前提下,免费获得一笔事先约定的手续费,而且信用卡持卡人也可以通过此方式获得相当于其信用卡中信用额度的一些现金。① 而利用第三方支付平台进行非法套现是指持卡人通过互联网进行虚假交易,通过第三方网上支付平台,将信用卡中的信用额度套取出来从而获得现金的行为。虽然银联POS机和第三方支付平台表面上看有所区别,但两种方式的运用原理是相同的,都是为了交易支付提供便利,并监督这个交易的安全进行。其运作实质是在汇款和收款之间进行一个保证安全的缓冲,主要是为了保证资金的安全以及确保资金的可控性流转,对买卖双方交易支付进行监督并且对于客户的备付金进行暂时的保管。因此,利用第三方支付平台进行套现和利用POS机进行套现,其行为本质是相同的,因此当然包括在《关于妨害信用卡管理刑事条件具体应用法律若干问题的解释》第7条所没有明确列举的套现工具内。

另外重要的一点是对利用第三方支付套现以非法经营罪定罪是否合理。第一,银联POS机的客户主要是来办公事的企业客户,而第三方支付公司基本上是私人账户,即使用者主要是个体用户。② 所以能否将《解释》中针对商户的规定类推适用于每个持有第三方支付账户的个人身上,值得存疑。第二,成立非法经营罪的前提,是违反国家规定。没有违反国家规定的,即使在某种意义上属于非法经营,也不得认定为本罪。③ 2010年国务院常务会议通过了《国务院关于废止和修改部分行政法规的决定》(以下简称《决定》),在该《决

---

① 参见王军明:《利用POS犯罪之类型化研究》,载《当代法学》2013年第4期。
② 豆瓣网: 《第三方支付机构POS机与银联POS机的区别》,载http://wenku.baidu.com/link?url=7-0_w/,(访问日期:2015年2月20日)。
③ 参见张明楷著:《刑法学》,法律出版社2016年版,第839页。

定》中删除了1988年国务院《现金管理暂行条例》的一些规定，其中就包括信用卡非法套现的禁止性规定。① 因此关于信用卡非法套现的禁止性规定只有《金融违法行为处罚办法》，但是《金融违法行为处罚办法》所规制的对象不是一般的人员，而是金融机构及其工作人员。使用POS机作为交易支付工具的人一般是普通的经营者，利用第三支付平台进行交易支付的主要是个体，他们既不是金融机构的工作人员，更不是金融机构。显然，从《金融违法行为处罚办法》的相关内容规定来看，其作为POS机套现行为构成非法经营罪的前置性国家规定是不太适合的。② 因此，综合来看，对于禁止利用POS机等方式进行非法套现的前置性国家规定内容是并不明确的，甚至可以说是欠缺的。③ 既然没有违反国家规定，那么将利用POS机等方式的套现行为定为非法经营罪就是不合适的。

对于支付机构在非法套现中的定位问题，笔者认为，第三方支付机构在行为人非法套现的行为中扮演一个中立帮助的角色。其主观上如果不存在明确认知，即便有意识到犯罪的可能性，双方不存在共同的犯罪故意与共同的犯罪行为，在主观上便排除了犯罪的可能性，客观上其中立行为并没有对其犯罪实施起到明显的实质作用，除非第三方支付机构已经明确认识到犯罪活动的存在，并且主观上愿意为其提供帮助，而并没有履行其发现犯罪活动时应当履行的义务，即向公安机关进行汇报，并停止支付服务功能等义务，此时这种行为已经在客观上进一步促进了犯罪活动的进行，只是意识到可能存在犯罪活动，而没有根据其义务进行审查和汇报以及停止支付服务，这种情况下第三方支付机构是不成立帮助犯的。④

2. 利用第三方电子支付机构盗窃以及诈骗犯罪

由于互联网的便利性，使得网络环境下的盗窃犯罪与诈骗犯罪与以往传统的财产犯罪有许多不同的表现方式，刑事侦查以及定性上也面临许多的困难，但是在此我们并不做过多的分析，因为在第三方电子支付的环境下，相关行为人利用第三方电子支付平台所实施的盗窃以及诈骗犯罪与其他的网络盗窃和诈骗的行为并没有多大的不同，无非是在其犯罪行为中借助第三方支付的便利性

---

① 参见《国务院关于废止和修改部分行政法规的决定》第120条规定："删去1988年国务院《现金管理暂行条例》第二十条、第二十一条、第二十二条。"

② 参见王军明：《利用POS犯罪之类型化研究》，载《当代法学》2013年第4期。

③ 参见张宝玉：《罪行法定视角下POS机商户套现行为的刑事责任探究》，载《法制博览》2014年第2期。

④ 姚利：《利用第三方支付平台实施犯罪的若干问题研究》，广西民族大学硕士学位论文，2014年5月。

与隐蔽性而已。笔者认为在行为人的盗窃或诈骗活动中,如果第三方支付平台仅仅是起到中立帮助的角色,并没有察觉到或者察觉到但无法确定相关行为人的犯罪行为的情况下,其就没有定罪的空间;相反,如若第三方支付机构明知行为人正在利用其提供的服务从事犯罪活动却依然提供服务的话,才有成立帮助网络犯罪活动罪或是相关犯罪的可能。对于第一种情况,笔者认为在目前我国刑法的框架下,不应扩大入罪的标准,或者增设其他网络犯罪的方式规制利用第三方支付平台的盗窃以及诈骗行为,其完全可以包括在现在的盗窃以及诈骗犯罪中。

(四) 数据保护环节存在的刑事风险

在互联网金融背景下,消费者和经营者为了快捷地完成交易活动,自愿地将自己的个人信息告知第三方支付机构,但也因此面临着个人信息被侵害的危险。目前,国内大多数知名的第三方支付平台已经通过了 PCIDSS 支付卡行业数据安全标准的认证。在实践中,类似蚂蚁金融这样的大型互联网金融企业,非常重视数据安全的管理,不仅设置了严格的数据查用权限,建立了层层审批的制度,而且其数据安全系统能自动识别员工查用数据与其本质工作的关联度,一旦偏离正常范围,系统便发出警报,员工便需要就其查用行为向企业作出合理解释。

侵犯公民个人信息具体表现为如下两个方面:一是违法运用客户信息。不管是消费者还是经营者,在通过第三方平台进行支付时都需将其基本信息告知第三方支付机构,如果提供第三方支付服务的机构却并非单纯提供这一种互联网金融服务,而是涉及多方面的互联网金融活动,便很有可能将客户的信息用于该机构所从事的其他互联网金融活动,这显然有违客户的真实意愿。而且,第三方支付机构本身在商业运营中,若接受其他公司、企业的投资而共同经营,或者被其他公司企业收购但仍继续运营,共享包括客户信息在内的各种数据势在必行,这同样也不符合客户事先提供信息的意愿。二是自行收集客户信息。消费者通过第三方支付平台向经营者购买各种商品或者服务,消费者与经营者就在第三方支付平台留下了交易活动的轨迹,第三方支付机构很容易就能掌握消费者的生活消费习惯、娱乐运动方式、工作社交场所等信息,以及经营者的经营范围、商品或者服务特点、客户群体等信息。那么消费者或者经营者自己在其未留意的情况下留下了消费或者经营记录,能否认为是消费者或者经营者对第三方支付机构收集、存留并使用上述信息的默许呢?笔者认为,没有消费者或者经营者的明确许可,第三方支付机构即便留存他们的消费经营记录,也不能进行分析、梳理并直接使用,因而第三方支付机构自行收集消费者和经营者信息的行为,涉嫌非法侵犯客户的个人信息安全,面临被追究刑事责任的风险。①

三、对于第三方电子支付的刑事规制立场

对于互联网金融领域潜藏的风险进行有效的监管与防控,除了借助技术手段,更多的是依赖法律制度。在第三方电子支付行业存在上述的多重刑事风险,运用刑法防控第三方支付风险,势必会与其创新型的发展前景相冲突,故笔者认为,应当通过金融监管规范网络第三方支付业务,更应该讨论的是如何为促进第三方支付业务的健康发展提供良好的制度环境,而不是讨论何种行为是否构罪以及构成何罪,这样才能让其在互联网金融发展的大前提下既有制度保障又有创新发展的空间。

(1) 行政法规制应先行

有关第三方支付的刑事风险中,涉及的很多罪名都是法定犯,比如非法经营罪,非法吸收公众存款罪等,法定犯的显著特征在于其"二次违法性",即行为首先违反非刑法的"前置法",进而触犯刑法,由此成立犯罪。凡使用其他法律手段足以遏制某种违法行为,就不应轻易将其认定为犯罪,即所谓"立罪至后"原则,学理上也称之为刑法的补充性、最后性。② 因而,金融行政监管机构对刑法的期望是:对于已经构成行政违法,进而成立犯罪的,应坚决予以追究。同时,对确认行政违法存在争议的行为,刑法不能提前介入,即使符合刑法某些罪名的犯罪构成。其理由为,"只有在其他社会统治手段无能为力时,刑罚手段才被允许,刑法的适用必须慎重而谦虚。这叫作刑法的补充性质"。③ 对于包括第三方支付在内的互联网金融的行政监管,传统的行政管理方式已日益落伍,且处于尴尬的境地。如监管不及时跟进,任由其发展,必然导致已有的风险点爆发,形成现实的危害;而过度监管,则必然遏制互联网金融的活力,束缚其发展。从行政法方面规制第三方支付的刑事风险,主要可以从以下几个方面着手:

1. 加强第三方支付监管法规的统一性和监管机构的协作性

应该明确第三方支付机构的非金融支付机构性质与银行支付机构的本质区别在于第三方支付机构不能对客户的备付金进行支取和使用。在立法的层面,可以从更高的层次进行立法,提请人大立法或者国务院出台行政法规,对现有的规范性文件进行整合,明确第三方支付机构定位、业务范围、风险管理、业

---

① 参见黄晓亮:《第三方支付风险的刑法防控》,载《法学》2015 年第 6 期。
② 张明楷:《刑法学》,法律出版社 2016 年版。
③ [日] 大塚仁:《刑法概说(总论)》,中国人民大学出版社 2009 年版。

务管理以及监管机构、监管机构的权限、监管流程等方方面面,同时规定对违法行为的处罚内容。另外,证监会、工商行政管理总局、预防腐败局、银监会、保监会、外汇管理局等都在各自的职能范围内行使着对第三方支付的监管。对此,笔者认为可以由全国人大立法或者国务院制定行政法规的方法,明确规定由哪个部门来统一监管,由法律确定一个有独立权力的机构对第三方支付平台进行监管,监督其运作工程中的资金滞留、资金来源及去向等,较为妥当。

2. 明确规定第三方支付平台负有客户信息和资金安全的保护义务

第三方支付机构应该保护客户的交易信息、账号、密码以及其他身份信息不泄露,建立严格的内部管理制度。《非银行支付机构网络支付业务管理办法》规定客户资金损失的处理方法,① 第三方支付机构应当对"不能有效证明"因客户原因导致的资金损失进行全额赔付,但是在实践中由于信息的不对称,是否因为客户原因导致的资金损失第三方支付平台常常掌握的证据要多于客户自己。笔者认为,应该将办法中的"不能有效证明"修改为"没有直接证据证明"较为妥当。

(2) 制裁手段多元化

对于第三方支付,刑法的立场应是保持谨慎,收紧犯罪圈,避免刑罚的扩张,以免阻滞甚至扼杀其发展。而当某些现象归根结底是由经济社会形势的变迁所引发,且只需通过经济、行政手段即可有效治理时,就无须动用刑法。因而对于互联网金融活动动用刑法手段应保持必要的克制,刑法在这一领域的介入必须十分谨慎。学界普遍认为,"不存在可替代刑罚的有效方法"是刑法介入调整的必要条件之一。② 刑法的处罚方式比较单一,对于互联网金融领域的金融性的特征没有充分的把握。现行的刑罚方式并不能够有效地遏制网络金融领域的犯罪,所以从制裁手段上应当多元化,更具有针对性。

1. 加强第三方支付机构的市场准入和退出制度

在市场准入机制方面,我国实行牌照制度,应该明确对违反准入许可从事第三方支付业务的机构按照法规进行行政处罚或刑事处罚,对于严重地违反第三方支付相关规定进行违规操作的应当依法撤销其《支付业务许可证》。从我国目前第三方支付服务商的现状看,实力悬殊较大,许多服务商亏本经营,实力较差的企业退出市场,有助于提高第三方支付服务业的整体质量,可以有效防范经营风险的发生。市场退出方面,应当坚持"优胜劣汰"准则,存在重

---

① 《非银行支付机构网络支付业务管理办法》规定"支付机构应当建立健全风险准备金制度和交易赔付制度,并对不能有效证明因客户原因导致的资金损失及时先行全额赔付"。
② 陈兴良:《刑法哲学》,中国人民大学出版社2015年版。

大经营风险的机构及时推出市场。2015年8月24日，央行依法注销浙江易士企业管理服务有限公司《支付业务许可证》，切实保障消费者合法权益，这是我国首例《支付业务许可证》注销事件，① 这种注销许可证的方法相比于用刑事制裁的手段来说，更加符合第三方电子支付机构的金融性特征，从上述处罚结果中也体现出了这种注销许可证的方法具有更好的效果。

2. 对相关行为人的制裁手段应更具有针对性

对于设计相关财产犯罪的行为人来讲，其盗窃或者诈骗的根本原因是金钱的驱使，故对其适用罚金刑更有针对性，能够从根本上减少这类犯罪，不仅有利于犯罪人的改造，还有利于对普通者显示出刑法的威慑力。而对于违反我国相关的规定而触犯相关准入制度的行为人来说，剥夺其准入相应行业的资格比徒刑或者罚金刑来的更有效用。不仅规范了相关行业的人员准入标准，而且对在金融领域正在工作的人来说更有威慑力。

（三）刑法的介入应审慎

1. 明确入罪的标准与界限

如果说"二次违反"的标准主要针对的是那些法定犯而言的话，那在第三方电子支付中所涉及的财产类犯罪又该如何进行规制呢？笔者认为，互联网金融因其具有虚拟性与较强的可操作性，所以相对于传统的财产犯罪来说，应该有更加明确的入罪标准，而不是任意地、随性地定罪与量刑。准确来说，应将互联网金融下的财产犯罪的入罪标准明确到有明确的财产损失或财产损害的危险的程度，才能够将其入罪。如上述的网络钓鱼行为，行为人的"钓鱼"行为不能称为犯罪，其获得了受害人的账户及密码也不能是犯罪，而当其准备用这些账户或密码将资金转移的时候，才是有具体财产损害的危险，才可称为犯罪。这类标准在网络虚拟财产领域也有适用的空间。

2. 遵循刑法原则，加强判例指导

刑法原则对网络犯罪的刑法规制有着重要的价值。刑法原则的意义包括以下两个方面，一方面可以避免自由裁量对立法规范本身的突破，另一方面是指引对成文法的扩大解释不违反罪刑法定原则。刑法原则在网络犯罪的规制方面表现得更加突出，因为借助网络工具，网络犯罪在行为上并不如传统犯罪那样

---

① 浙江易士企业管理服务有限公司成立于2007年10月，于2011年12月获得《支付业务许可证》，获准在浙江省开展多用途预付卡发行和受理业务。人民银行在行政执法中，发现该公司存在大量挪用客户备付金、伪造变造交易和财务资料、超范围经营支付业务等重大违规行为，严重扰乱了市场秩序，损害了消费者合法权益，性质恶劣、情节严重。根据《中国人民银行法》《非金融机构支付服务管理办法》，人民银行依法注销该公司《支付业务许可证》，并向公安部门移交其涉嫌犯罪的证据及相关资料。

明显，犯罪结果也不直观，对其进行规制需要司法实践者的理性思维和对刑法原则的理解。在罪刑法定和罪刑相适应原则的指引下，运用"举轻明重"的方式，将可应对新形式的网络领域犯罪。另外，当前对网络犯罪的定性和量刑并无统一的标准，各地司法实践活动难以统一，甚至导致罪与非罪的差异，损害了法律的权威性和公正性。典型案例的指导可以就特定类型的网络犯罪形成相对一致的法律规则或法律适用原则，使其具有普适性，最大限度实现"同案同判"的要求。①

3. 加强司法专业化并提高案件审理质量

鉴于互联网金融犯罪建立在网络技术与金融技术的基础之上，故该领域的犯罪呈现出较强的专业化程度，具有较高的认知门槛。因此，在刑事司法过程中，一方面要借助于该领域专业人士的知识技能，建立专家库；另一方面应通过提高相关司法人员在该领域的专业化水平，设置专业合议庭，从而实现对事实审查、证据认定以及管辖等程序问题的科学界定。

在面对专业的鉴定问题时，司法机关可以通过鉴定机构名录，及时、高效地解决相关问题，即从科研机构、高校内挑选权威的学者和技术人员，建立该领域的专家库。新刑事诉讼法强调庭审中心主义，强调证人、鉴定人出庭，故对于存在争议的专业问题，也应当鼓励专家出庭，从而便于控辩双方及社会公众对于此类问题建立共识。在法院内部，应当建立审理互联网金融犯罪的专业合议庭。对于新类型（特别是具有较高专业门槛）的案件，则应当选择相对固定的合议庭，以便促使法官积累相关经验，实现专业化，从而保证案件的审理质量。与此同时，也可以借鉴目前知识产权案件审理过程中的"三审合一"制度，选择金融审判领域的法官组成审理互联网金融犯罪的合议庭，这对于处理该领域可能涉及的刑民交叉问题将更有帮助。

第五章　数字货币刑事风险之应对

信息与网络技术的发展推动了人类生产方式与交换方式的变革。特别是随着网络社区的兴起，用于社区内各种虚拟商品交易的虚拟货币应运而生，如网络游戏币、门户或社交网站发行的各类"货币"（如 Q 币）。这类虚拟货币有集中的发行和管理机构，且具有一定的货币功能，属于"中心化虚拟货币"。2009 年诞生的比特币则是另一种类型的虚拟货币。由于这类虚拟货币以加密

---

① 参见梅山群、徐凡：《虚拟犯罪刑事司法的前瞻性探讨》，载《西南政法大学学报》2015 年第 3 期。

算法为基础,因而又被称为"密码货币",又由于其不需要借助银行等中间机构就可以实现点对点直接交易,所以人们专门把这类虚拟货币称为"数字货币"(Digital Currency)。中国央行从 2016 年开始已经着手研究数字货币,我们的邻居印度可能走得更快一点,印度突然宣布从 2016 年 11 月 9 日起终止旧版的 1000 卢比和 500 卢比两种大面值钞票的流通,并随后供给新版的卢比。从历史的长远视角来看,印度货币的改革或许更具划时代意义。印度的确做了一次许多国家想做而没有勇气甚至没有能力做的货币实验。印度未来是否会发行数字货币本身并不重要,重要的是印度货币改革本身可以理解为中央银行发行数字货币的准实验。通过分析并持续跟踪印度货币改革,可以为数字货币的发行提供非常重要的借鉴。可以预计,数字货币,终将取代纸币,我们的口袋里再也找不到看得见摸得着的哪怕一毛钱。

从中国的情况来看,作为全球最大的比特币交易市场的中国,因为缺少相关法律法规的监管,导致比特币等数字货币市场在近年疯狂无序地发展,但这种无序和缺乏监管的恶果不应该由网络用户承担。目前,中国政府已经开始对比特币进行严格控制甚至排斥。根据"比特币中国"的公告,2017 年 10 月 30 日中午 12:00 平台将停止提现业务,截至目前,"比特币中国"已经关闭了所有交易功能。比特币中国是国内三大比特币交易平台之一,其他两个平台为火币网和 OKCoin。这两个交易平台于 2017 年 10 月 31 日停止所有数字资产兑人民币交易业务,其资金、资产的清退工作也正在开展中。但是,也有不少国家与地区看好数字货币的未来。IMF 执行总裁拉加德认为,将虚拟货币拒之门外可能不是明智之举,虚拟货币目前并未威胁法定货币和央行,但日后可能会克服目前面临的很多技术挑战,比一些法定货币更便利、更稳定,作为支付方式更受青睐,这可能颠覆银行服务模式,迫使央行扩大监管范围。在货币稳定、发行、监管等方面,未来"虚拟货币可能不亚于现有的货币和货币政策",在有效运行货币政策的同时,央行决策者应该对新的创意和需求持开放态度。数字货币虽是新生事物,但并非在法律上不能定性,其具备"使用功能"和"价值功能",应该依法受到法律的保护,下面将在分析比特币风险的基础上重点谈谈从现行刑事政策角度,如何应对这场金融市场的数字货币革新。

一、比特币之一般风险

自比特币诞生以来,比特币浪潮已蔓延全球。当我们将比特币视为一种对完善人类货币领域的探索性产物时,我们从其表现出来的特征及属性中不难发现其潜在的风险。如果我们不对其风险予以全面认知,必将对我国的相关领域造成严重的社会危害后果。比特币的产生及运行，还有其自身特征，无一不体现着其风险性。目前比特币的"风险"主要表现在以下方面：

（一）去中心化的金融管控风险

去中心化特征难以保证比特币价值的稳定性。现今传统法定货币的货币价值在于各国家的信用背书，而比特币货币价值的信用来源于比特币使用者对其的认可及流通。法定货币虽然本身也没有什么价值可言，但是其依靠国家信用能够用购买力来衡量其作为一般等价物的价值多少。比特币在这一点上是完全缺失的。虽然有人认为比特币自身的价值来源于其"挖矿"过程中的计算机硬件损耗及电力能源的消耗，但是这样的价值确定标准因比特币后期的运算难度不断增加，其不稳定性不言而喻。所以，目前对比特币价值的认可完全是民众的心理预期。虽然比特币设计之初就意欲将其价值基础建立于民众信用，但是目前比特币的参与人数及使用范围相对有限，其自身的稳定可靠性难以保证。

比特币的去中心化是对国家金融领域的直接威胁。法定货币彻底由国家予以立法垄断，而比特币的去中心化使得国家对其难以管控。从比特币的出现到现在，各国对其反应不一。美国的财政部金融犯罪执法系统于2013年3月发布关于数字货币个人管理的《条例》，之后将比特币归入数字货币进行管理，纳入国家监管系统。美国政府虽多次对比特币进行干预，但是未能阻止其发展势头。欧洲因欧债危机影响，通货膨胀严重，民众和商家此时更愿意使用比特币进行交易以逃避债务危机的影响及高额税收。德国比特币的发展相对规范，德国政府将比特币视为私人货币，使用者一年内可免税，但若用于商业用途则除外。泰国因缺乏相关法律及资本管制措施，已经全面封杀比特币，禁止比特币的任何流通交易，此为全球首例。比特币作为一种真正意义上的被国家接受的货币的法律地位尚未有一个国家予以确认。

各国政府对比特币的不同反应就是对其金融风险问题的现实表现。如前文所述，比特币的发行与流通与法定货币的发行流通方式截然不同。每一个比特币自其产生到交易流通的每一步骤，完全建立在整个P2P网络及其各个节点（参与比特币产生及交易的电脑）。每一步骤所表现出来的都是"去中心化"特征。这无疑是对现有货币体系的重大挑战。据国外机构统计，我国已成为全球最大比特币交易市场，以人民币结算的比特币交易总量已占全球总量的61.73%。如果其进入我国法定货币流通领域，将会带来的金融风险是我们无法预计的。与金融风险伴随而来的对整个国家的经济危机以及对民众生活的严重影响更是一个国家所无法承受的。

目前在全球范围内无论是国际贸易还是本国国内市场交易，均是建立在以银行或信用第三方为基础的信用交易体系中。比特币流通的去中心化完全不依赖于信用第三方的担保，其自身货币价值的存在彻底依赖于使用者的信用。在其交易流通中一旦出现信用危机，其货币价值将荡然无存，风险无法估量。

（二）法规管控缺失的风险

比特币的法律属性尚不明确。在我国，《中国人民银行法》第 16 条规定：中华人民共和国的法定货币是人民币；《中华人民共和国人民币管理条例》第 28 条以及《中国人民银行法》第二十条规定了任何单位和个人不得印制、发售代币票券，以代替人民币在市场上流通。上述两条法规从两个方面反映了比特币的尴尬地位：（1）法定货币为人民币彻底排除了比特币成为合法货币的可能性，其交易支付风险得不到法律保护；（2）"代币票券"的规定并不适用于以电子数据形式存在的比特币。我国 2009 年 6 月 26 日文化部与商务部联合下发《关于加强网络游戏数字货币管理工作的通知》。该通知中对网络数字货币的使用范围做了严格规定：不得用以支付、购买食物产品或兑换其他企业的任何产品和服务，繁殖网络游戏数字货币对现实金融秩序可能发生的冲击。从上文比特币与数字货币的比较中我们可以看出，比特币并非狭义的数字货币。而且我国《支付清算组织管理办法》、《电子支付指引》等文件中也均未涉及类似于比特币这种新型电子货币的规定，相关法规无从适用。

2013 年 12 月 5 日，我国央行等五部委于发布《关于防范比特币风险的通知》，在该文件中央行对比特币予以定性。认为比特币并不是由法定货币当局发行，不具有法偿性与强制性的，不具有法定货币的法律地位，不能也不应当在市场流通，不是真正意义上的货币。我国政府将比特币视为一种特定的虚拟商品。并且要求我国"各金融机构和各支付机构不得以比特币为产品或服务定价，不得买卖或作为中央对手买卖比特币，不得承保与比特币相关的保险业务或将比特币纳入保险责任范围，不得直接或间接为客户提供其他与比特币相关的服务"。[①] 虽然我国对比特币的货币属性予以否定，但是在《通知》中表示，国内民众在自愿承担风险的前提下可以自由参与比特币网上交易，并认为这种交易是互联网上的商品买卖行为。

从上述相关法规及《关于防范比特币风险的通知》中可以看到我国政府对比特币的基本立场。目前在我国，相关国家机关虽然全面否定比特币的货币属性，将其视为特定的虚拟商品，但是并不禁止民众自愿参与的比特币交易流

---

① 参见"中国人民银行等五部委发布《关于防范比特币风险的通知》"，载 http://www.pbc.gov.cn/publish/goutongjiaoliu/524/2013/20131205153156832222251/20131205153156832222251_.html，（以下简称《通知》）。

通行为。这就在法律层面对比特币在我国的存在留有空间,因而也就未能彻底消除比特币所潜在的风险。笔者认为在《关于防范比特币风险的通知》中对比特币的定性存在以下两点问题:第一,对比特币的网上交易行为不予禁止就没有从根本上否认比特币自身所具有的货币职能。使用者依然能够将这种"特殊的虚拟商品"作为一般等价物来换取商品及服务。第二,在《关于防范比特币风险的通知》中禁止我国金融支付等机构提供与比特币相关的产品及服务的目的在于保护我国金融市场的稳定,在金融领域切断其与我国法定货币的直接关联。但这一做法在笔者看来未必能够收到实际效果。目前在我国各大比特币网络交易平台上,比特币与我国法定货币之间的兑换买卖并无障碍。即使今后在我国市场能对比特币的兑换予以全面禁止,其自身所具有的全球流通性也使我们无法将其与我国法定货币相隔离。比特币的拥有者完全可以通过其他外国法定货币间接兑换成人民币。所以比特币对我国金融领域的潜在风险依然存在。

笔者认为,虽然现在比特币在我国以"特殊的虚拟商品"的地位出现,但是在现实生活中其确切法律属性仍然还处于模糊不清的尴尬境地。所以,一旦发生比特币相关纠纷或刑事案件,必将造成法律适用的混乱。仅仅出台一个《关于防范比特币风险的通知》对其予以定性是无法解决问题的。为保障我国金融秩序的稳定,保护我国民众的合法利益,笔者认同比特币在我国的"特殊的虚拟商品"地位。但是面对国内比特币投机竞买的火热浪潮、相关交易网站的无序发展、类比特币的大量出现等现象,我国亟待出台相关法律文件对其予以系统规制。不仅要解决眼前问题,更要对今后的类似风险做好准备工作。

二、比特币在刑事司法领域的风险

比特币的运行机制完全不依赖于中央银行及国家强制力,更不需要财团或其他第三方信用机构的担保,自身完全依赖于网络而存在,是一种完全去中心化、自我完善的货币系统。从其程序设计及运行方式来看,任何个人或机构,甚至政府都几乎不可能对其进行操纵。"有利益的地方就有犯人",比特币的去中心化难以管控的性质必然会引诱潜在犯罪人员将其作为新型犯罪对象或犯罪工具来予以应用。

(1) 比特币极易成为新型犯罪工具及犯罪标的

逃税、走私、毒品买卖、洗钱、贪污贿赂、金融犯罪等,可以说只要是涉及货币资金的相关犯罪,犯罪分子都能将比特币作为一种法定货币的流转媒介来进行隐秘交易。例如,美国国土安全部就因怀疑不法犯罪分子利用比特币交易洗钱进而查封了全球最大的比特币交易所 Mt. Gox 的部分账户进行调查。[①] 在全球流通性下,比特币特有的点对点直接交易模式虽然在一定程度上可以提高电子商务的效率,但这为洗钱、转移赃款等违法犯罪行为提供了理想的犯罪工具。将比特币的自身特征与洗钱者选择洗钱工具的要求规律进行比较,我们就可以发现比特币是极易被洗钱者利用进行洗钱行为的。

1. 比特币的匿名性特征使洗钱者更易于隐秘身。首先,洗钱者只要从互联网上下载比特币客户端就可以为自己生成比特币账户(钱包),无须通过任何身份资格的审查。其次,在后续的交易中,利用者可以随意变换收款地址(即账户钱包所在),这使犯罪分子在交易过程中更易于隐秘本人真实身份。再次,比特币的 P2P 网络仅仅记录了比特币从始至终的流转过程,并不记录各流转阶段的具体使用者。这一程序设计使追溯资金实际控制人成为不可能。最后,比特币的密钥技术("纸钱包"与"脑钱包")更能使利用者将其账户连同不法资金完全与互联网脱离,做到凭空消失。比特币的匿名性技术可谓是洗钱者真实身份的"金钟罩、铁布衫"。

2. 比特币的全球流通性特征更易于模糊资金源。洗钱者将不法资金转换为比特币后,在全球范围内的互联网所及之处均可使用。洗钱者可以此国法定货币通过比特币直接转移至他国,兑换为彼国法定货币,进入该国金融领域进行洗钱。比特币的全球流通性一方面为不法资金任意变换国籍,进入不同国家的金融系统提供了便利条件;另一方面,比特币本身在全球范围内的任意流动就已十分复杂,若再加上不法资金的国籍转换、不同国家金融系统的运行差异等情况变化,必将导致不法资金来源扑朔迷离。这正好迎合了洗钱者的目的所在。

3. 比特币的价值波动及其交易平台更易于高效洗钱。目前,网上比特币交易平台大量出现,且缺乏管理。普通民众可以随意进入进行比特币交易,不法资金进出自由。与此同时,比特币与法定货币的兑换价格也因其自身法律地位的不明确性及民众的投机炒作而大幅度波动。比特币诞生之初,一美元可兑换 1300 枚比特币。2013 年 4 月突然飙升至 266 美元兑换 1 比特币,但很快暴跌至 50 美元。11 月又突破当时国际黄金价格,达到 1242 美元。2013 年 12 月

[①] 《全球最大比特币交易所暂停美元提现服务》2013 - 06 - 21 稿源:新浪科技 "全球最大的比特币交易会所 Mt. Gox 周四宣布,将在未来两周内暂停美元提款服务。Mt. Gox 目前正在接受美国国土安全部的调查,上月美国国土安全部查封了 Mt. Gox 的 Dwolla 账户。在另一个虚拟货币服务 Liberty Reserve 因涉嫌洗钱遭到调查之后,从 5 月底开始,Mt. Gox 要求用户进行身份验证"。

5日，比特币价格在《关于防范比特币中风险的通知》实行的压力下暴跌，但此后的"抄底竞买"又使其在震荡中继续冲高。2017年9月初，比特币价格曾一度冲上4900美元的历史高位，但是随后随着中国等地区监管的加强，比特币价格跌破3000美元。2017年10月13日上午，比特币突破5800美元关口，连续第二天大涨，今日涨超6%，继续刷新历史新高。洗钱者可以通过比特币交易平台利用其价格的剧烈波动迅速完成黑钱漂白的过程。这样的交易便易性及价格波动幅度是证券市场所达不到的。利益所使，犯罪分子的视野必然聚焦在如此高效率的洗钱途径上。

除此之外，比特币的去中心化能够使洗钱者摆脱政府及金融机构监管的同时，更能够降低其洗钱成本。换句话说，洗钱者通过比特币直接将不法资金流转运作，告别金融媒介，也就避免了相关金融服务环节的费用问题。

系统的实名制认证措施在规避比特币风险问题上首当其冲。比特币在我国与我国法定货币的交换集中于比特币网络交易平台内进行，但是申请注册交易平台账号时用户只需填写邮箱并设置密码即可，并无任何资格身份审查。笔者在调查研究中申请比特币网络交易平台账号时所遇到的问题更说明了比特币匿名交易的容易程度。笔者以自己的邮箱申请交易账号时，交易平台显示该邮箱已被其他账号使用。这充分说明了交易平台身份审查程序和安全保障措施的缺失。目前比特币交易平台对提取现金及比特币的审查方式不可能对洗钱行为形成障碍。以"比特币中国"为例，其网站规定，如果日提现人民币超过10万元或日提现比特币超过30个，您应当上传您实名身份证件（包括但不限于身份证、护照等）的正反面照片或扫描件。超过20万元或提现比特币超过100个还需要上传您手持上述实名证件的正面照片。[①] 如此冠冕堂皇的身份核实要求是没有任何实际意义的。所以，犯罪分子利用比特币进行洗钱活动是我们必须予以高度注意和警惕的。

我国刑法洗钱罪中的对洗钱行为的规定是"提供资金账户，协助将财产转换为现金、金融票据、有价证券，通过转账或者其他结算方式协助资金转移，协助将资金汇往境外，或者以其他方式、隐瞒犯罪所得及其收益的性质和来源的行为"。法定的洗钱罪资金转换对象仅规定为现金、金融票据、有价证券三种形式，但现实中将资金转化成比特币形式的洗钱方法是不能排除的，所以笔者认为应当通过司法解释的形式对洗钱罪的资金转换对象予以适当扩大，将"类比特币式数字货币"纳入规制范围。

---

① 参见《比特币中国》，载 https://vip.btcchina.com/bbs/ucp.php? mode = register& change_ lang = zh_ cmn_ hans。

因比特币的匿名性及全球流通性特征,"羊市"及"丝绸之路"网站先后利用比特币进行毒品、枪支等违禁品交易犯罪活动。所以我们还须注意的就是能够利用比特币实施犯罪行为的其他犯罪。例如资助危害国家安全犯罪活动罪、资助恐怖活动罪、受贿罪、行贿罪等。

(二)比特币的匿名性给相关案件的侦查取证工作带来极大困难

比特币拥有的钱包加密以及"纸钱包"和"脑钱包"技术本身是为了保护用户的比特币安全,但伴随着比特币的产生,其失窃案件也不断发生。在2011年6月,一名黑客将25000比特币转入自己账户,成为全球第一个比特币盗窃者;2012年因Linode网络托管服务器的超级管理密码泄露,造成46703比特币失窃,在当时约合价值228,845美元,比特币目前在我国的发展可谓如火如荼。价值如此之高必然成为犯罪分子的众矢之的。一方面犯罪分子可以运用"密钥"技术随意变换其地址,从而隐秘真实身份做到匿名资金转移;另一方面,比特币网络只记录每一比特币的交易信息,而不记录其用户来源。这就使得要想追溯某一资金源成为一项极其费时费力的工作,侦查机关难以确定犯罪嫌疑人。

比特币的匿名性还给相关的犯罪案件取证带来很大困难。在比特币的交易流通中,这说明比特币同样面临着许多电子货币所面临的问题,诸如窃取数据,数据安全保护等。在当下复杂的网络环境下,比特币自身的安全问题亦是其一大风险。虽然我们日常生活中也大量存在着现金窃取、信用卡诈骗等案件,但由于现金的实物性及银行等第三方信用机构交易记录的存在,货币被盗的举证及侦查要容易许多,在损失挽回方面也较有保障。然而比特币的交易流通是完全网络化的,这就意味着对相关证据的收集必须在网上搜寻。电子证据的最大缺陷就是"安全性差,容易遭受电脑黑客的侵袭,如果没有充分的电脑安全意识和防范措施,电子证据的内容很容易遭受篡改甚至灭失,造成无法挽回的结果"。[①] 我国目前相关电子数据方面的立法仍不完善,比特币的匿名性特征更是为相关的证据采集工作增加了难度。所以,倘若发生对比特币的盗窃,诈骗等案件,对比特币合法持有者的损失也将难以追回。

(三)比特币案件的管辖权及法律适用问题亟待解决

互联网的无国界性直接导致相关比特币案件的管辖权确定成为问题。首先,各国对比特币法律属性的定位必然影响到已有法律法规的解释及适用,这就不可避免地出现法律法规的适用冲突问题。其次,各国对比特币的立法保护

---

① 任景云:《试论电子证据的采集和使用》,西北大学2012年硕士论文。

程度的差异必然导致不同国家司法系统对比特币相关案件的认识及态度差异。在这种情况下，即使法律适用问题得以解决，案件也可能得不到公正处理。最后，各国对网络犯罪的具体犯罪行为地、犯罪结果发生地的确定标准并不统一，所以如何确定比特币相关案件的犯罪地问题以及法律适用问题都亟待厘清。

三、刑事司法框架下数字货币风险的应对

比特币等数字货币是否影响我国刑法相关货币犯罪罪行规范的适用取决于我们对比特币如何定性的问题。我国刑法中有关假币的犯罪主要有伪造货币罪、出售、购买、运输假币罪、持有、使用假币罪、变造货币罪、走私假币罪等。比特币等数字货币的出现所带来的对传统货币概念的影响让我们必须辨清比特币与假币的关系，从而准确适用现行刑法规范。

（一）我国不将比特币等数字货币视为货币时的刑法适用问题

依据我国相关法律的明文规定，比特币并非"货币"。《中国人们银行法》规定我国的法定货币只限于央行发行的人民币。如前文所述，在货币发行主体方面，比特币显然不能被视为法定货币。《关于防范比特币风险的通知》也明确表示比特币非货币当局发行，不是真正意义上的货币。央行对比特币的定性是为了再次确立人民币的法定货币地位，纠正民众的货币观念。刑法更不能望文生义，以比特币非真实货币为由而对其相关行为认定为假币类犯罪。根据《关于防范比特币风险的通知》，现阶段我国将比特币定性为"一种特定的虚拟商品"。如果将其作为"商品"对待，则比特币与现实商品及服务的交易过程就可视为一种以物易物的交换模式。刑法中有关持有使用假币罪的罪行规范当然不适用于比特币。

目前在我国有部分人群使用比特币购买商品及服务，在事实上将比特币当作货币使用流通，比特币更是以一般等价物的形式表现出其货币属性；与此同时，《关于防范比特币风险的通知》也并不禁止比特币的网络交易活动。即使在这种情况下，我们仍然不能将比特币视为"真币"。

当然，随着时间的推移，不排除会出现比比特币更为完善的"类比特币"，并取得民众信任从而代替比特币或与比特币并存的现象。倘若今后确有"类比特币"代替或与比特币并存，我们就需要具体判断其是否确实得到了民众的认可及对其的认可程度。换句话说，对于比特币这样的数字货币而言，其民众信用直接决定着其是否可成为刑法法益之地位。

（二）域外将比特币等数字货币视为货币时的刑法适用问题

就目前比特币在世界范围的影响而言，我们必须设想如下问题：如果在其

他国家承认比特币"货币"性质的情况下,在刑法方面,对比特币定性就会变得较为尴尬。例如,"德国财政部在声明中表示,比特币没有被归类为电子货币或者外汇,但它是一种在德国银行业条例下的金融工具。它与'私人货币'更接近,可以用来多边结算。这意味着比特币在德国已被视为合法货币,并且可以用来交税和从事贸易活动"。[①] 我国最高人民法院《关于审理伪造货币等案件具体应用法律若干问题的解释》第7条对"货币"的外延予以明确规定:"本解释所称'货币'是指可在国内市场流通或兑换的人民币和境外货币。"那么,在其他国家对比特币予以承认时,比特币当属"境外货币"范畴。这就使得我国刑法相关假币犯罪的适用出现问题。

在比特币以"境外货币"形式出现在我国时,我们当然会将其视为真币。于此同时,尚未取得民众信任的"类比特币"便成为与比特币相对应的假币。这样一来,将"类比特币"冒充比特币持有、使用的行为就构成持有、使用假币罪。同时,目前"类比特币"的工作原理基本与比特币相同,那么按照上述逻辑推理,对"山寨币"的"挖矿"、交易行为就会构成伪造假币罪、出售、购买假币罪(网络数字货币的流动特征排除了运输假币行为的适用)。这就产生了因受他国政策影响,同一行为在同一法律体系下时而有罪、时而无罪的奇特现象。

产生该问题的根源就在于不同国家对比特币的不同政策。我国作为独立自主的主权国家,有权独立发展自己的金融行业,出台相关管理法规。同时,我们也应当尊重他国主权及内政措施。对于该问题的解决,笔者认为,既然目前在《关于防范比特币风险的通知》中明确规定比特币的性质是"特殊的虚拟商品",那么我们就应当做到我国法律体系的协调统一。对"类比特币"的相关行为不以假币类犯罪论处。但考虑到对他国主权及内政措施的尊重,可以参照意大利刑法的管辖原则,在"类比特币"确实构成对他国比特币的侵犯,并经他国政府要求,且仅在该种特殊情况下,我国司法机关应当按照我国刑法第6条及第7条关于属地管辖及属人管辖的规定,确定相关犯罪嫌疑人确属我国刑法管辖范围内时,将比特币视为"境外货币",并对犯罪嫌疑人定罪量刑。

(三)比特币等数字货币网络交易平台与擅自设立金融机构罪

在比特币相关行为中,投机竞买行为的风险最需要我们注意。买卖交易行

---

① 参见《德国承认比特币合法地位》,载 http://finance.ce.cn/rolling/201308/22/t20130822_1247945.shtml。

为依赖于市场的存在，对比特币网上交易平台的定性问题关系到我国法律的准确适用，更关系到我国金融秩序的稳定。目前我国国内有"比特币中国""火币网"和"牛币网"等几个主要比特币交易网站。以"比特币中国"为例，该网站的基本服务包括：用户发布交易信息、查询比特币价格及其相关交易信息、达成交易等，属于互联网信息服务范畴。网络交易平台是指"为促成网上交易而建立的一套通过计算机程序控制，由计算机自动完成的在线交易系统，买卖双方可以通过这一系统提供的相应功能完成商品或服务的交易"。① 结合《关于防范比特币风险的通知》对比特币的定性，并根据我国《互联网信息管理办法》对我国网站经营管理的相关规定我们可以看出：如果将比特币仅仅视为"特定的虚拟商品"则"比特币中国"等比特币交易网站类属一般网络交易平台当无问题。

调查研究发现，我国的比特币网络交易平台为用户所提供的服务项目已经逾越了其作为网络交易平台的应有界限。主要体现在以下几点：（1）比特币网络交易平台为其客户提供了现金充值、比特币存储、比特币与法定货币的时时兑换等业务。如果我们在此将比特币视为一种媒介工具，那么可以说比特币交易平台业务范围已涉及银行业务领域。（2）网络交易平台是为用户建立起一个网上交易空间，而并不参与具体买卖行为，但目前比特币用户可以将自己的比特币托管于比特币交易平台，委托平台进行经营或与他人订立合同。这样的业务行为说明比特币交易平台对比特币交易的参与已具有了经纪人、居间人等属性。（3）国内几大比特币网上交易平台的业务范围已经涉及与比特币相关的融资、借贷等领域，交易模式更是出现了期货交易、期权交易等模式。该业务性质与证券交易中的融资融券业务、期权及期货交易几近相同。

综上所述，比特币网络交易平台的业务范围已经与一般网络交易平台大相径庭。笔者认为：如果我们将比特币比作证券，那么比特币网上交易平台就是一个集"证券市场"与"证券公司"以及"商业银行"于一体的混合体，其金融机构的属性不言而喻。而且，这样的混同体更是让比特币投资竞买行为的风险成几何数增长。

2012年12月，法国政府核准"比特币中央"，使其成为首家在法律框架下运作的"准银行"比特币交易平台。目前在美国，比特币交易平台的成立必须是以金融服务业的身份进行事前审批，而我国比特币交易平台的建立，只需要根据《中华人民共和国电信条例》和《互联网信息服务管理办法》在电信管理机构备案即可。笔者认为：在我国境内，比特币交易平台的这种"混

---

① 李淼:《网络交易平台提供商的法律问题研究》，重庆大学2007年硕士论文。

同身份"必须得到我国有关部门的注意,应当将比特币网上交易平台准确定位。要么将其定义为一般网络交易平台,全面禁止其提供的"现金充值、比特币兑换"业务;或采取"支付宝"模式,由银行全面监管比特币交易的资金流动。要么将其归类于"其他金融机构",尽快出台对比特币及其他类比特币网络交易平台的管理细则。如若不然,不法分子必以"网络交易平台之名"行"金融机构业务"之实,这也会使刑法中擅自设立金融机构罪的适用处于两难境地。

笔者认为,我国刑法第174条规定,"未经国家有关主管部门批准,擅自设立商业银行、证券交易所、期货交易所、证券公司、期货经纪公司、保险公司或者其他金融机构的",构成擅自设立金融机构罪。我国比特币网上交易平台虽未以金融行业冠名,也不以法定货币、证券、期货等为交易标的,但其经营模式,比特币衍生产品的交易模式已经使其具有金融行业属性。对"其他金融机构"的解释不应当受到前述列举内容的限制,只要相关机构所从事的活动内容确可归类于"金融业务"范畴,就可视其为"其他金融机构"。

对于我国比特币网络交易平台的定性及管理,亟待我国央行、银监会、证监会等部门出台明确的法律文件。目前国家对该领域法律法规的缺失或许是因为对比特币现象还有待观察,或许是出于某种政策考虑。但是,这并不影响刑法在必要的时候对比特币网络平台予以规制。

(三)比特币的价值认定问题

财产这一概念的外延范围一直伴随着人类的社会发展和科技进步而不断扩展,刑法中的财产概念也不例外。网络虚拟财产的出现改变了我们以往对财产概念的界定。网络虚拟财产是否属于法律范畴的财产?针对这一问题的争论法学领域存在了很长一段时间,主要形成了肯定说、否定说以及区别说三种观点,在此不再赘述。可以肯定的是,"凡是具有一定客观价值或者一定使用价值的财物,原则上就是财产罪的行为对象"。[①] 虽然我国尚未从立法层面明确规定虚拟财产的性质,但从理论上对其予以承认已成为一种趋势。从近年来对盗窃网络数字货币(Q币等)以及网络游戏虚拟装备的相关判决中我们也可以看出,我国司法机关已开始将虚拟财产作为刑法上的"财物"予以认同。

笔者对是否属刑法财产概念的判断上采取管理可能性说,即"财物是指人有管理可能性的东西。不光是有体物,有管理可能性的无物体也是财物"。[②]

[①] 张明楷:《刑法学》,法律出版社2011年版,第843页。
[②] 刘明祥:《财产罪比较研究》,中国政法大学出版社2001年版,第23页。

比特币从产生到交易流转的每一步骤都是在人们的控制之中完成，在交易流转中，比特币无论是以一般等价物的形式用来交换商品，还是以"特殊的虚拟商品"形式被民众购买，都反映着其作为财物所具有的客观性、价值性以及被支配性。正如马克思所说"不论财富的社会形式如何，使用价值总是构成财富的物质内容"。① 伴随社会生产力的迅猛发展而不断涌现的各种新兴事物都从不同层面反映着其与人之间的价值关系。这种价值关系的存在就决定了对其予以法律保护的必要性。

基于上述论述，比特币成为刑法保护对象当无异议。但还需要对以下三点进行强调：第一点，比特币在本质上与一般网络数字货币及财产有着本质区别。一般网络数字货币及财产是由其网络营运商发行提供；而比特币产生于所有的参与"挖矿"者。第二点，在刑法上虽然将网络数字货币及财产视为财物，但是其本身还反映着使用者与网络营运商之间的债权债务关系；而比特币所表现的完全是物权所有权关系。第三点，一般数字货币或财产的价值体现于对其交易中，从另一个侧面也说明了它属于商品范畴；而比特币可以做到与法定货币的交换，更能做到与一般商品及服务的交换，其货币属性是一般数字货币所不具有的。所以笔者认为，比特币作为财物的保护必要性要远远大于对数字货币及财产的保护必要性。

伴随着比特币的诞生，以比特币为犯罪目标的盗窃，诈骗等案件不可避免。但因民众对比特币的炒作行为使其自身与法定货币的兑换并不稳定，所以，当比特币持有者遭受侵害时，对其实际损害进行量化确定成为亟待解决的问题。这不仅关系到对受害者损失的挽回与赔偿，更关系到比特币盗窃、诈骗等案件的定罪量刑。

对于一般数字货币而言（以 Q 币为例），网络运营商在出售给用户时其价格是确定的。对于盗窃、诈骗此类数字货币的案件，其数额可以依照我国《最高人民法院关于审理盗窃案件具体应用法律若干问题的解释》② 第五条第一款"被盗物品的价值，应当以被盗物品价格的有效证明确定"。比特币没有唯一发行者，并无准确定价。所以本条司法解释并不适用。

对于其他虚拟财产的价值评估主要有一下两种方式：（1）根据虚拟财产产生的成本确定其价值，人们在虚拟财产上所投入的成本主要是两个方面，即时间投入和金钱投入。商品价值体现于无差别人类劳动、社会必要劳动时间。理论上以该方法计算虚拟财产的价值无可厚非，但是，不同用户在时间投入

---

① 马克思：《资本论》，人民出版社 1975 年版，第 635 页。
② 以下简称《最高法盗窃案件的解释》。

（游戏时间）上差异很大。时间上的差异又会增加用户的金钱投入（上网费用、游戏费用等）。再加上人们在游戏中对虚拟财产的获得具有一定的运气成分。这些不确定因素必然导致虚拟财产的真实价值无法准确确定。比特币的产生是利用电脑的计算能力来破解不可逆暗码。该暗码随着比特币"挖矿工"的增加而不断加大难度。按照其成本计算的话，每一比特币的价值都不一样。况且，我们现在也无从得知先前出现的比特币的准确"挖矿"时间。所以，这种成本计算方法并不适用于比特币。（2）根据虚拟财产的市场交易价格确定其价值。依照市场供求关系原理来确定虚拟商品的价格简单明了，可操作性强。但是，"虚拟财产的拥有者离线交易的情况很可能是用户在放弃游戏账号时的打包甩卖，也可能是小圈子里熟人之间的交易，或者是追求胜利者不计价格的交易，这种交易具有感情色彩，具有主观性、无序性和不稳定性，不是衡量虚拟财产价值的可靠标准"。①

那么如何具体评估比特币的价值呢？我们认为，对比特币的价值评估直接关系到对相关犯罪的认定问题以及受害者所遭受的具体损失问题。解决该问题不能仅仅从理论上对其论证说明，应当从我国现有的法律法规中寻找答案。这样既能做到对相关案件的公正处理，又能解决办法的实际运用问题。所以，对比特币价值的评估确定应当依照以下标准进行：

（1）按比特币被盗当日其网络交易平台所公布的成交的平均价格计算

目前比特币网络交易平台的交易买卖活动发展模式近乎雷同于证券交易市场。对于这种交易价格波动幅度大的标的物价值的确定，类比适用最高人民法院、最高人民检察院《关于办理盗窃刑事案件适用法律若干问题的解释》中第5条的规定，第5条中规定了对于盗窃不记名、不挂失的有所支付凭证、有所证券、有所罪证的，应按票面数额和盗窃时应得的孳息、奖金或者奖品等可得收益一并计算盗窃数额。

（2）按被盗当日外国政府公布的比特币汇率计算其人民币价格

如笔者前文所述，当外国承认比特币货币地位时（如德国），我们会将比特币视为"外币"。此时可以适用最高人民法院、最高人民检察院《关于办理盗窃刑事案件适用法律若干问题的解释》第4条第2款的规定进行认定，即"盗窃外币的，按照盗窃时中国外汇交易中心或者中国人民银行授权机构公布的人民币对该货币的中间价折合成人民币计算；中国外汇交易中心或者中国人民银行授权机构未公布汇率中间价的外币，按照盗窃时境内银行人民币对该货币的中间价折算成人民币，或者该货币在境内银行、国际外汇市场对美元汇

---

① 张凌寒：《网络虚拟财产价值评估机制研究》，载《净月学刊》2013年第5期。

率，与人民币对美元汇率中间价进行套算"。

上述对比特币价格的计算方法中，第一种方法从我国现有的法律法规中导出的。参考刑法已有解释办法，得其旨趣所在，并应用于新问题的解决，在实践中予以准确适用是有助于刑法规范的稳定性的。第二种方法将比特币视为一种"境外货币"的情况下直接适用我国司法解释，当无争议。值得注意的是，我们也可以利用比特币在购买商品及服务中，通过该商品或服务所间接体现的人民币价格来评定其价值，这也不失为一种公平方式。但是这种计算方法受比特币自身价格的影响而不稳定，所以只能当作一种辅助性方法予以运用。

四、数字货币的法律管控思考

"虚拟世界的经济是构建在数字货币基础上的，这是数字货币存在的价值。数字货币在电子商务、虚拟经济中发挥基础性作用，数字货币的发展是一个不可逆转的趋势。"[1] 而在"风险社会"背景下，各国对安全问题的认识尤为深入。国家安全问题已从传统的政治、领土、军事安全领域扩展至环境、社会、经济等领域。全球化已使国家实力的比拼转向以经济实力为核心的综合国力的较量。经济安全已成为国家安全的核心问题之一，金融安全问题更是整个国家经济安全的重中之重。在金融活动中，任一环节的问题存在，都可能引发大范围、全行业、甚至全球的连锁反应。比特币等数字货币从其设计理念上就构成对现有货币体系的挑战，去中心化更是对国家经济调控手段的巨大威胁。比特币发转至今，其货币金额已相当庞大。截止2016年6月中旬，处于流通状态的区块链货币价值达140亿美金。比特币的价格也突破历史高点，当之无愧地位列加密货币之首。比特币的价格不断上涨，很多人认为比特币的市值就等于比特币的价值。目前比特币的市值（已经被挖出来的）约为100亿美金，甚至比世界上最受欢迎的社交网站推特的市值还要高。从2017年9月4日开始，监管层先后出手ICO和比特币，如今ICO在国内已经偃旗息鼓，国内比特币交易所的业务先后调整和关停。不过，这并未影响比特币的行情，在经过一段波折后，比特币重回涨势，按照OKCoin的最新报价显示，比特币已经冲到36021元人民币。如此庞大的金额量再加上其价格波动的剧烈程度，这都严重影响到金融秩序的稳定。随着参与比特币活动的人群不断增长，所涉及的个人利益范围也越发广泛，社会影响巨大。一旦出现危机，必然引发连锁反应。比特币的全球流通、跨国交易更使其成为全球性问题。

金融领域的最大缺陷就在于其敏感性及脆弱性，而且对"风险"的前期

---

[1] 贾丽平：《比特币的理论实践与影响》，载《国际金融研究》2013年12期。

征兆表现并不清晰明确。但是,金融风险爆发的突然性及毁灭性的是我们有目共睹的,例如20世纪的东南亚金融危机、南美洲金融危机等。所以"国家经济安全并不局限于金融领域,但金融无疑是影响国家经济安全的最重要方面。一方面是由于金融在现代市场经济中的命脉地位,使由金融系统产生的问题可能迅速成为整体经济的问题;另一方面也由于金融全球化的发展使世界局部金融问题迅速转化为全球性金融问题,从而金融安全成为经济安全的核心。"① 在金融全球化的背景下,我们必须时刻警惕可能诱发金融危机的"风险"因素。作为国家金融秩序的最后法律保障,刑法更要对这些"风险"因素予以特别关注。

在法律领域,法律的滞后性在新兴事物的出现上表现得尤为明显。比特币从其概念上就影响着我们现有法律法规的适用。而现有法律法规适用得正确与否直接关系到我国金融秩序及社会的稳定。我们可以肯定的是,当立法者认识到比特币等数字货币风险对金融安全的巨大威胁时,必会将相关行为及时纳入法律乃至刑法规制的范围,进而保障国家金融秩序的正常运行。但眼下我们必须在现有法律法规下对其比特币风险及其潜在的相关犯罪问题予以分析解决。诚然,在金融全球化、金融活动高度活跃的今天,刑法无法预见未来的金融发展走向,更不可能穷尽所有金融违法犯罪行为。笔者认为,比特币等数字货币的出现提示我们应当注意以下四点:

第一,深入探究数字货币发展趋势,完善相关刑事政策。网络金融体系的完善在我国尚处于起步阶段的背景下,比特币的突然出现使我们面临着不少亟待解决的问题的同时也为我们系统建立数字货币刑事政策,预防相关犯罪方面提供了有利契机。新型货币形态的不断出现所带来的问题不能仅仅停留于是否属于法定货币的判断上,更应当注意的是对其的系统监管及司法保护的完善。刑事政策的综合性要求我们只有在深入探究未来数字货币发展趋势的基础上,并结合我国立法、司法、行政各有关部门,综合协调并制定统一的监管措施,才能保障数字货币的有序发展,有效预防金融犯罪,进而维护我国金融市场的稳定。

第二,数字货币风险的刑事立法应当具有前瞻性,保留充分的立法空间,以备其他部门法的协调配合。"经济犯罪的发生和金融管理秩序的混乱……主要应当通过加强社会经济管理、增补漏洞来防止这些犯罪的发生,……如果正

---

① 张幼文等著:《经济安全:金融全球化的挑战》,上海社会科学院出版社1999年版,第3页。

常秩序没有建立，犯罪就不可避免……"① 金融系统本身的脆弱性要求相关制度的建立及规制，对于新生事物的规则空白必然会导致不可估计的严重后果。刑法将相关金融犯罪行为予以概括性规定，拓宽金融工具范围，同时聚焦于具有高度流通性特征领域。这样不但可以使刑法与各部门法相互协调；而且不致扼杀金融领域的创新探索；更能使刑法规范相对稳定。否则，当遇到新类型金融行为或新金融产品或服务时，刑法又将被动做出调整。

第三，数字货币风险的刑事立法应当具有国际性。一方面，要顺应国际金融发展趋势，在金融安全刑事领域积极展开国际合作，借鉴他国有益经验，确保我国金融行业的安全、平稳、持续发展；另一方面，更要结合本国特殊环境，走出一条具有中国特色独立自主的金融秩序法律保障体系。更为重要的是，在金融全球化背景下，对新兴事物的定性不可操之过急。本国法律法规的适用必须考虑到国外相关法规的规定，否则就会造成像比特币这样的假币犯罪定罪差异现象。

第四，数字货币风险的刑事司法应当注意提高金融风险相关犯罪的追溯率。首先，我们必须积极了解新兴事物，及时更新侦查技术，提高侦查效率。其次，大部分金融犯罪因行为手段的技术性而加大了侦查活动的困难程度。笔者认为，在金融领域，我国央行、银监会、保监会、证监会的专业知识技术全面，可以给予部分前期侦查职能，配合侦查机关工作，以完善金融犯罪的侦查及预防工作。最后，我们不能一概将部分模糊的金融行为犯罪化，也不能轻易放纵危害行为的存在。这就需要多方金融专业部门对行为性质的分析给予协助。

---

① 陈兴良：《刑事政策视野中的刑罚权结构调整》，载《法学研究》1998 年第 6 期。

第三方支付犯罪风险及其综合治理研究

吴美满[*]

近年来,互联网金融的迅速发展催生了以第三方支付为代表、基于互联网的低成本支付模式。以网络支付、二维码支付和第三方支付 POS 机为典型,第三方网络支付机构的支付业务规模得到持续快速增长。随着我国电子商务环境的进一步优化,支付场景的不断丰富,金融创新的继续活跃,第三方支付的市场规模还将得到进一步扩大,甚至可能颠覆整个金融支付行业。作为一种新兴的金融模式,第三方支付在丰富金融市场的同时,也无可避免地成为金融犯罪的新管道、新平台。而依托互联网的非网点化特征直接决定利用第三方支付实施犯罪的便捷性、隐蔽性,并直接导致其社会危害性和查处难度相较传统银行支付业务呈几何级提升。面对这一汹涌来袭的新金融模式,深入揭示其潜在犯罪风险并提出规制路径,已经刻不容缓。

一、第三方支付的概念及其基本特征

目前而言,第三方支付是指由人民银行批准并发放《支付业务许可证》,具备一定实力和信誉保障的独立机构,采用与各大银行签约的方式,提供与银行支付结算系统接口的交易支付平台的支付模式。第三方支付具体分为线上与线下两种模式。

(一)以互联网为根本的线上模式

该种网络支付模式以支付宝、财付通等为代表。其基本操作模式是在银行直接支付环节中增加一种中介,商品交易双方通过第三方网络支付平台实施交易,买方选购商品后,款项不是直接打给卖方而是支付给中介,中介再通知卖家发货;买方收到商品后,通知付款,中介将款项转至卖家账户。和银联等直接支付方式相比,第三方支付不依托特定硬件和物理载体,只需计算机或个人

---

[*] 吴美满:武汉大学法学院刑法学博士研究生,福建省泉州市人民检察院金融检察处处长。注:本课题获 2017 年高检院理论所互联网金融研究立项,课题组成员:黄彭亮、蔡斯尔。

移动设备连入网络即可完成支付，让支付变得简单快捷；由于采取类似信用证的信用增强措施，使得网上交易的安全性得到大幅提高。同时，第三方网络支付平台还推出缴费、转账等其他基于平台的服务内容，进一步方便了用户。

（二）以 POS 机为中心的线下模式

此种 POS 机刷卡消费模式以拉卡拉、易宝支付等为代表。第三方支付 POS 机是第三方网络支付机构提供的现场刷卡直付业务，它和第三方支付比较显著的差异是当面刷卡直付面对面交易，买方直接使用银行卡，无须开立第三方支付平台账户，交易过程中不考虑增信措施，款项实时到账。但从根本上说，其资金流转渠道和第三方支付并无二致。

（三）相较传统支付结算机构的基本特征

相较于传统支付结算机构，第三方网络支付机构在诸多方面都有着巨大的不同。其中较为基本的特征有：

1. 平台高度渠道化。银行等传统支付结算机构通常以存款、贷款为基本业务形式和主要收入来源、顺便进行支付结算、交易增信等渠道业务。然而，第三方网络支付机构通常以支付结算、交易增信等为基本业务形式和主要收入来源，不进行传统的存款、贷款类业务。因此，这类机构所建立的平台是高度渠道化的。渠道化带来的直接影响有二。

其一是和用户之间的物理联系薄弱。由于渠道业务中支付机构只进行资金中介和增信，交易中不需要平台和交易双方进行物理性质的接触，仅通过密码、短信验证码等形式即完成对双方身份的确认，资金方面也仅和双方在交易中所利用的收付行发生接触。因此，第三方网络支付普遍不需要设立物理性的客户柜台和柜台人员，不和用户发生面对面的接触，通常不对（也很难对）用户个人信息进行真实性验证。这就导致第三方网络支付机构对用户身份把握程度低，对实名化要求普遍不高，且缺乏事后的再确认手段。

其二是机构的轻资产化。对传统支付结算机构而言，与信用证等渠道业务形成的资金池相比，其基于存款、贷款业务产生的庞大资产总量不过是无足轻重的一部分。但对第三方网络支付机构而言，以渠道业务为基本业务形式意味着机构很少甚至不持有用户的预存资金，仅在用户进行交易但尚未确认收货时，作为增信措施代为保管货款（即备付金）。因此，相比传统支付结算机构以及第三方支付平台上的交易量，第三方网络支付机构持有的自有资产显然不具备可比性，即使是备付金资金池也远远凌驾于其具备的资产总量。

2. 交易高度自由化。银行等传统支付结算机构通常以线下柜台业务为基本的交易发起手段，以线上交易为补充。这一传统模式使得传统支付结算机构从组织结构到业务模式都呈现出横向地理区隔、纵向层级割裂的特征,也使得通过传统支付结算机构进行的交易往往会受到诸多时间和空间上的制约。然而第三方支付以互联网为基本交易发起手段,既不需要面对面接触,也不需要平台工作人员主动介入交易环节,人类对交易发起造成的时间限制、空间区隔被降到最低。互联网的跨地理特点也决定了第三方支付在境内仅建设中心平台、不存在地方平台和层级结构的基本特点。由此,通过第三方支付进行交易具有极高的空间和时间自由度,不受网点、POS 机、机构人员、营业时间等限制。

3. 监管高度松弛化。就监管手段而言,国际上对于银行等传统支付结算机构的监管历史久远,可借鉴参考的法规政策众多。我国虽然银行业起步较晚,但自新中国成立以来数十年的监管也积累了大量经验教训。然而第三方支付作为新兴事物,一方面国内第三方支付发展速度远超国外,不能过于指望从国外获得监管经验借鉴;另一方面,对于金融监管部门而言,既缺乏可参考的监管经验,又没有能够直接套用的既有法规、政策,而相关法规、政策和监管方式、手段的设计也较为滞后。此外,监管还受限于机构监管职责不清、权限划分不明等问题。与此同时,大量设立的第三方网络支付机构素质良莠不齐,内部管理机制、交易信息记录、交易监控措施都远不如银行等传统支付结算机构来得完备。在上述背景下,金融监管部门对第三方支付的监管处于松弛状态。

当然,我们也欣喜地看到,就第三方支付监管不足问题,近年来央行陆续推出了多项行政法规和政策,特别是 2016 年 12 月开始执行的中国人民银行《关于加强支付结算管理防范电信网络新型违法犯罪有关事项的通知》和将于 2018 年 8 月全面实施的中国人民银行支付结算司《关于将非银行支付机构网络支付业务由直连模式迁移至网联平台处理的通知》。随着法律法规的进一步完善、监管政策的进一步落实、监管手段的进一步到位,解决监管松弛问题应当可以预期。

(四)作为金融犯罪工具的特殊优势

从金融犯罪防范角度来考察第三方支付,基于其基本特征及其影响,可以发现其在充当金融犯罪工具使用时,具备一些传统支付结算业务不具备的特殊优势。准确理解这些优势所在,是找准监管工作薄弱点、精准切入犯罪侦查和治理的着眼点。

1. 极其宽松的用户身份审查。尽管银行在客户身份真实性审查上长期以来也存在诸多瑕疵,但银行基于柜台业务、面对面的账户开设工作模式,依然对犯罪分子利用银行开设大量虚假账户的行为能够进行相当程度的制约。而第三方支付平台与用户之间薄弱的物理联系,导致平台对用户的身份审查极尽宽松之能事。在中国人民银行《关于加强支付结算管理防范电信网络新型违法犯罪有关事项的通知》生效执行前，第三方支付只需要用户提供可联系电话和绑定银行卡，进行非常有限的在线信息审查，即可成立用户合约。在这种情况下，犯罪分子很容易通过伪装身份信息在短时间内获得大量可用的交易账户，从而得以轻易行使"化整为零"所必须的"分身术"。

2. 极度隐蔽的交易发起过程。传统支付结算机构以柜台交易为基本，网点、POS 机、营业时间、跨省跨行交易成本等诸多因素制约了交易在时间和空间上的自由度。而第三方支付由于通过互联网发起交易，过程全自动进行，不受网点、POS 机、营业时间等地理、物理、时间限制，交易发起过于便利，交易时空自由度极高，且交易频率不受人员业务能力限制，能够在隐蔽实际交易发起地点、发起人真实身份等重要线索的前提下，通过预先设立的大量账户，从不同的伪装地理位置同时或错时发起大量"闪电式"交易，有效地将大笔资金自动解体为貌似正常的小笔交易，逃避金融监管。

3. 极其薄弱的备付清偿规范。传统支付结算机构基于其强大的存款、贷款业务，持有现金流远大于其信用证等渠道业务备付金水平，其备付清偿能力毋庸置疑。而第三方支付平台由于其固有的轻资产化特点，其代管的备付金资金池不可避免地成为持有现金流的主体，客观上资金遭挪用、占用从而清偿不能的风险较传统支付结算机构要高得多。尽管 2013 年 6 月颁行的《支付机构客户备付金存管办法》对备付金问题已有较为详细的规定，但依然失之粗疏，在 2017 年 4 月中国人民银行发布的《中国人民银行办公厅关于实施支付机构客户备付金集中存管有关事项的通知》实施前，第三方网络支付机构依然存在较大的挪用、占用备付金风险。第三方支付薄弱的备付清偿规范成为集资诈骗型金融犯罪的温床。

4. 难以追踪的资金流动痕迹。对传统支付结算机构而言，外有经验丰富的监管机构，内有较为完备的内控措施，交易往来、资金流转的记录保存完整、信息完备，仅在资金脱离机构流动的时候失去痕迹。而自第三方支付诞生以来都不在传统金融监管范围内，且第三方互联网支付机构良莠不齐，内控水平高低不一，极其松弛的监管、不甚靠谱的内控、极尽宽松之能事的用户身份审查、极其便利自由的交易发起，使得资金通过第三方支付流转后往往痕迹模糊甚至消失，难以继续追踪。这显然对犯罪分子逃避监管、阻断侦查一方对资金流向的追踪提供了极大便利。

二、国内第三方支付现状及其乱象

2010 年以来，作为互联网经济中新技术、新业态、新模式的"三新"产业，中国第三方支付市场的交易规模，一直保持 50% 以上的速度增长，已然跻身世界前列。根据比达咨询（BigData-research）相关数据指出，2016 年中国第三方支付总交易额为 57.9 万亿元，相比 2015 年增长率为 85.6%。其中移动支付交易规模为 38.6 万亿元，约为美国的 50 倍。数据显示，目前在央行发放的 267 张支付牌照中，主要形成了 3 个层级。按照市场份额算，52.3% 的支付宝与 33.7% 的财付通，"两马"（马云和马化腾）共占 86% 份额，组成第一层级；8 家第三方支付公司：拉卡拉、易宝、联动优势、连连支付、平安付、百度钱包、京东支付和快钱，共占 13%，组成第二层级；而其他的 256 张支付牌照市场交易额仅占 1.4%。① 目前第三方支付竞争激烈，监管领域也乱象丛生。具体表现在：

（一）收单违规操作，"二清"机构横行

现阶段市场上的"二清"机构，是相对"一清"机构而言。"一清"机构的 POS 机一般是通过银联、银行或者有支付牌照的第三方支付公司直接清算，不再经过他人或公司账户，交易结算款会直接划转至商户的收款账户；而"二清"机构的 POS 机，大多为一些没有取得 POS 机支付牌照的非法公司，在有支付牌照的收单机构支持下开展业务，先经过一次清算后转至该公司开立的第三方账户，再经由二次结算，转至商户的收款账户，无形中增加了资金抽逃的风险。从某种意义上说，"二清"机构的乱象实际上是部分收单机构在相关利益驱动下而默许甚至鼓励的违规行为。从前述特点可以清楚看出，"二清"机构游离于规则的灰色地带和监管盲区，既没有严格的准入要求与可供遵循的相关规定，也规避了监管机构的严格监管，因此，大多数二清公司在申请、审核、批准等环节不会认真执行相关管理规定，加之虚假宣传，导致其发展如洪水猛兽般，大量个人或虚假商户也借助"二清"机构进行非法套现或者洗钱，严重扰乱社会金融秩序。

（二）审核门槛低，主体身份鱼龙混杂

2013 年 7 月，央行发布的《银行卡收单业务管理办法》，取消了原来"以个人银行结算账户作为收单银行结算账户的特约商户不得受理信用卡"的规定，免除了设立"对公账户"的硬性要求。与此同时，出于风险或其相关利益考虑，大部分的银行并没有取消原来的限制，仍会要求个体工商户在办理 POS 机时先开立对公账户。而第三方支付却不同于商业银行要求"三证齐全"的高准入门槛，只需"一照"（一张营业执照）、"一证"（一张身份证）和"一卡"（一张银行卡）即可上门办理，确保 3 天内即可下机；更有甚者，一些第三方收单机构为了在激烈的市场乱象中占据一席之地，在缺乏主体身份证

---

① 参见中国电子商务研究中心：《2017 年第三方支付三大发展趋势：从支付到多元金融服务》，载 http://b2b.toocle.com/detail--6390876.html，2017 年 3 月 28 日。

明更冈论进行严格审核情况下，就违规向商户或个人办理 POS 机，如此低门槛准入乱象令市场参与者众多且泥沙俱下。

（三）手续费分类尤存，新规下套码依然严峻

根据国家发改委、中国人民银行联合印发的《关于完善银行卡刷卡手续费定价机制的通知》的相关规定，调整后的刷卡手续费政策于 2016 年 9 月 6 日起正式实施，取消行业分类后，所有的信用卡刷卡费率由原来的 1.25%、0.78%、0.38% 封顶批发统一为 0.6%。此举针对市场发展情况和此前 POS 机套码存在的突出问题，调整政府管制方式，取消商户行业分类，降低费率水平，对于解决套码乱象意义非凡。但是新规下，资本的逐利本性让其又嗅到新的套码空间。根据新规，对于部分民生行业 MCC，原本实行 0.38% 的服务费，仍允许在两年的改革过渡期内，实行 0.38% 服务费的优惠政策，而公益、政府行业的 MCC 更是低至 0 费率，这样势必诱发通过伪造虚假商户、更换商户名称、商户编码和商户归属地等各种非法方式来套取民生、三农、公益、政府等低零手续费的行业代码进行套利，甚至不惜伪造相关资质、售卖租借交易通道、随意出售 POS 机来达到非法牟利。

（四）MPOS 市场火热，支付违规从商户转战个人消费

为迅速扩展业务，最短时间抢占支付市场，许多第三方支付公司罔顾支付许可，违规开展支付业务。在当今商户市场资源几近殆尽情况下，不少第三方支付公司纷纷把目光转向个人金融消费领域，假借金融创新推出针对个人消费的刷卡器 MPOS（市场上俗称手刷）。如具备第三方支付资质的深圳瑞银信信息技术有限公司旗下的瑞刷、国通星驿网络科技有限公司的通刷、武汉瑞付信息技术有限公司旗下的喔刷、乐富支付旗下的乐刷等均是如此。该刷卡器使用简单，注册方便，小巧便携，通过蓝牙与智能手机连接便可使用。与其他第三方支付方式相比，其最核心的变化是个人无须再提供商户证明或具备商户资质，只需提供个人身份证信息与银行卡信息便可使用。而消费的方式往往由第三方支付公司建立一个或若干个虚假商户名称，借助原先的支付通道进行虚假消费，再由该第三方支付公司打款给相应个人。此举显然属于违规操作，同时也增加了监管部门甄别洗钱行为的难度。

（五）费率改革之后，支付主力由线下转为线上

2016 年 9 月 6 日费率改革之后，第三方支付公司在收单方面的业务受到严重冲击。一方面，由于费率的统一，在收单价格上，无法再简单地通过修改商户类别等方式降低费率，失去了之前同银行竞争的优势；另一方面，虽然仍然可以采用套取民生、三农、公益等违规方式，但是无形当中提高了许多资金

成本与法律成本。恰逢当下各金融机构正不遗余力地主力推介无卡支付与境外消费，通过利率优惠折扣或者消费返现补贴等方式给予返还，在"9·6"费改后，信用卡支付手续费为0.6%，但是如果通过线上无卡支付，补贴返现最高可达0.4%，也就是说，实际手续费低至0.2%。因此，第三方支付公司在费改与银行的围追堵截、失去费率优势导致利润空间大受挤压的情况下，很大一部分的第三方支付由线下实体支付转移到了线上无卡支付，主业由刷卡支付转为二维码扫描支付。虽然二维码支付更为快捷方便，但也产生不少弊端。由于网络监管比现场监管更为困难，很多渠道商或者代理商在审核商户性质，并不能做到真实有效的监控，也没有能力做到现场走访，商户运营者往往只需提供身份证件资料及部分商户图片等简易资料就能进行申请，并成功得到一个可以进行收款的二维码，导致第三方支付乱象由线下向线上演变。

（六）利用互联网概念，超范围拓展业务

随着淘宝、京东等热门购物网站的兴起，互联网+金融的创新发挥得淋漓尽致，部分第三方支付公司也借鉴"商城+支付通道"的发展模式，拓展支付业务。从本质上，这是互联网金融上的一种创新，但是部分第三方支付却超出支付许可所限定范围进行违规经营。一般来说，部分第三方支付公司通过建立一个网上商城，并内嵌聚合其支付通道，或佐以商品分期付款，或佐以理财购买等各种方式，让客户在商城里以信用卡消费方式进行购买或投资，而支付许可上并未对其消费或投资方式进行允许。这样，由这些不具备资质的第三方公司变相将非法吸收来的公众存款进行理财投资，也必将产生巨大的金融风险与金融隐患。

（七）利用银联时间差，预授权漏洞频出

由于第三方支付平台监管不严，违规操作，加上银行与POS机存在清算信息对接时间差，近年来，连续出现不法分子联合非法中介利用银联预授权交易，在信用卡中存款虚构预授权交易超出信用卡授信额度再利用对接漏洞通过技术手段在短时间内疯狂套取数倍于其信用额度的资金，造成银行巨大损失。仅2014年的"预授权漏洞事件"，福建、广东两地涉案金额达几十亿元，部分第三方网络支付机构也收到中国人民银行《关于银行卡预授权风险事件的通报》。通报内容显示，十家第三方收单机构存在未落实特约商户实名制、交易监测不到位、风险事件处置不力等问题。

三、第三方支付犯罪风险检讨

基于对国内目前第三方支付领域存在的乱象的梳理，大致可透视出其已经出现或可能出现的犯罪风险，大致说来，共有以下十种风险。其中一些属于手段性风险,另一些则属于结构性风险。这既是基于技术层面的研判,也是来自经验层面的总结。

(一)资金抽逃、非法兑汇犯罪风险

就应用场景来说,但凡传统的以自然人账号、银行转账为资金转移管道的金融犯罪手段均可用于第三方支付平台。如前所述,第三方支付具有资金流动追踪困难这一"优势",因而深受需要移动大笔资金的犯罪分子"青睐"。由于第三方支付典型的合法应用场景具有以个人交易为主、单笔交易额度宜小不宜大的特点,其在金融犯罪中发挥作用的环节主要在于"化整为零"。犯罪分子将非法资金转移行为伪装成大量网购交易或小额转账,通过预先获取的大量第三方支付平台账户多次交易后,提现至多个银行账户乃至境外银行账户。这种做法在平台自身信息记录不够完备的情况下,能够有效地阻断资金流跟踪。因此,第三方支付平台在资金抽逃、地下钱庄非法兑汇等需要隐藏大量资金流向的金融犯罪场景中,长期存在着大量犯罪风险。

(二)线下POS机和MPOS引致洗钱犯罪风险

近年来不断推广的第三方支付POS机也给金融犯罪带来了新武器。第三方支付POS机是指经中国人民银行审批通过的第三方网络支付机构所安装部署的POS机,由于第三方网络支付的龙头老大支付宝和微信支付较少乃至不展开POS机业务,市场的第三方支付POS机品牌繁杂、运营单位繁多。市场上多见的品牌主要有通联、汇付天下、付临门、盛付通、易宝支付、快钱支付等。第三方支付POS机不直接和使用者的银行账户对接,持卡人消费资金首先到达第三方网络支付机构的账户,然后第三方通过自己的系统,按照POS机的费率扣除手续费之后再转入商户账户。

银联POS机刷卡交易流程示意图

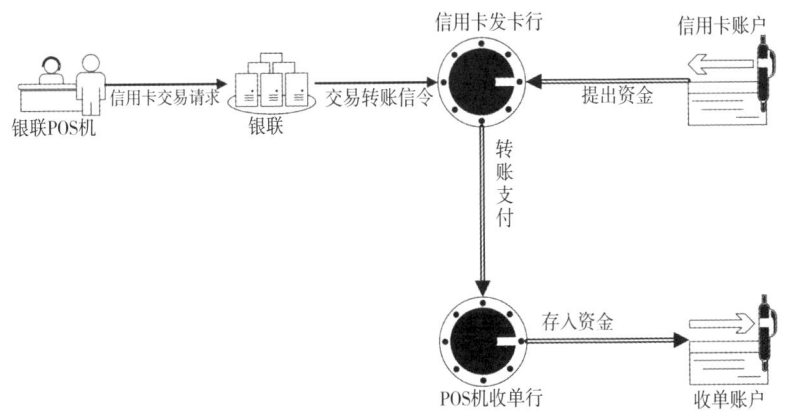

第三方支付POS机刷卡交易流程示意图

银联 POS 机和第三方支付 POS 机的交易过程对比

作为一种金融创新，第三方支付 POS 机大大降低了 POS 机的使用门槛，装机数相较于银联 POS 机有数量级的提高。然而，较低的使用门槛也带来了新的风险要素，比如，银行 POS 机要求对特约商户实行实名制管理，严格审核特约商户的营业执照等证明文件，以及法定代表人或负责人有效身份证件等申请材料，而第三方网络支付机构的银行卡收单账户最简便的是一张银行卡就可以申请，虽方便了商户现金的使用，但是资金存在一定风险；和传统的银联 POS 机相比，第三方支付 POS 机为吸引客户保障利润，在低费率的基础上还经常采用加盟代理乃至多级代理机制进行大范围市场推广，用户信息的登记和核验往往流于形式；同时由于监管制度的缺位，部署 POS 机的第三方网络支付机构普遍缺乏银行那样谨慎、严格的客户、资金审查监控机制，对利用第三方支付 POS 机实施的小到单纯的 POS 机套现大到国际洗钱等金融违法犯罪行为近乎视而不见，而通过第三方网络支付机构统一结算的资金运行模式又导致监管方的资金流追踪活动屡屡在这里被阻断。因此，就现状而言，第三方支付 POS 机既是严重的洗钱风险来源，又是一个体量巨大的监管盲区。

和监管日益严格、套现产业链运行越发艰难的银联 POS 机不同，第三方支付 POS 机在金融行业"小笔套现终端"的特殊地位，使之成为更胜于第三方支付网络平台的资金追踪阻断王牌工具。而其体量庞大、监管水平低，且在地理上和管理上分散度高，又符合互联网黑产线下资源的典型特征，极易受到互联网黑产的关注和青睐。当采用"云"概念的互联网黑产模式和第三方支付 POS 机套现产业有机结合，就产生了前所未有的强大洗钱套现工具：洗钱承包人利用互联网黑产模式，经由大量下线人员整合管理涵盖多个第三方网络支付机构、覆盖全国各个省份的数千、数万、数十万个第三方支付 POS 机组成所谓的"POS 云",接单后通过网上购买的"黑账号"收款,将大宗资金拆散为大量小额资金随机委派给伞下数十乃至数百个 POS 机进行套现操作转化为现金,再通过多种线上渠道汇集到多个"黑账号"中供委托方取现。

应用第三方支付机构POS机的互联网洗钱组织架构示意图

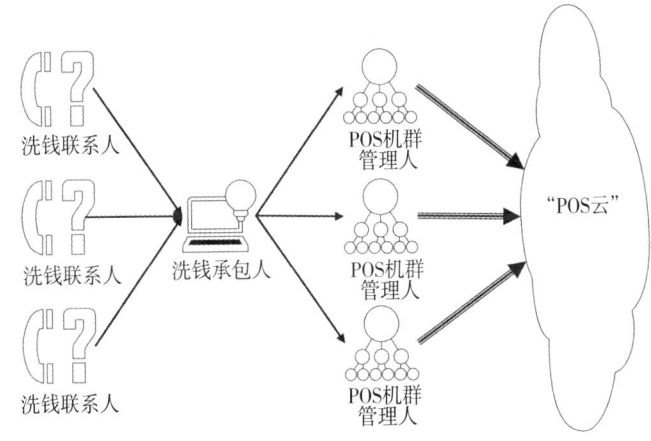

应用第三方支付机构POS机的互联网洗钱资金流向示意图

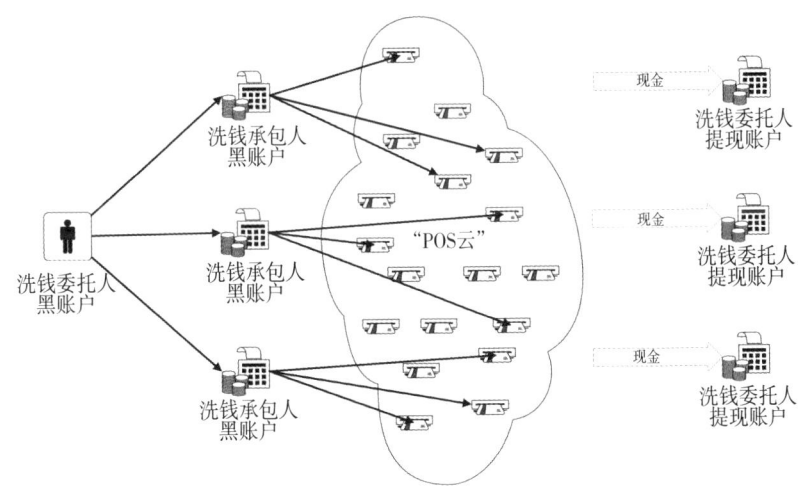

第三方网络支付机构 POS 机洗钱的组织架构和资金流向示意图

由于单次套现额度小,又是在大量 POS 机中随机抽选套现者,这种新型洗钱模式的资金转移过程在金额、时间和空间上均呈分散化、平均化的分布态势,缺乏区分于正常交易的明显特征,且多次洗钱行为之间无任何关联性,对监管工作而言具有极强的隐蔽性和欺骗性,现有的反洗钱等异常交易预警机制对其无能为力。同时由于这种洗钱的资金转移方式涉案账户跨地域、跨机构、跨行业,且数量众多,在追踪涉案资金流时不得不面对证据调取困难、资金流跟踪反复被阻断的窘迫局面。

(三) 主体资格与经营范围扩大引发非法集资风险

如果把前述两种犯罪风险归结为可以规避的手段性风险,那么还存在一种不易克服的结构性风险,即以非法集资为目的设立和营运支付机构,或挪用、占用备付金资金池导致的风险敞口。

当前,支付机构审批严格、数量有限,市场份额基本被"二马"(马云、马化腾)占据,因此就目前形势与政策而言,支付机构自身犯罪不大可能成为普遍现象。但同时应该看到,依托有限支付机构所开展的无限支付业务中,其不断拓展的新形式完全有可能存在新的非法集资犯罪风险,同时由于对新事物的准确认识需要时间,因此往往存在监管盲区。比如,淘宝模式中,客户支付资金进入平台,需要货物到货、买方允许平台付款时才转入卖方账户。空间范围上来自全国各地甚至全世界的备付金源源不断地进入平台,在短则一两天长则超过一周的时间里滞留在平台中,资金池的规模相当可观(对支付宝、微信支付而言是规模惊人)。而正如前文所述,在备付金的管理和清偿方面,法规和政策较为薄弱,2013年之前甚至不存在具有强制效力的相关行政规章,2017年4月中国人民银行发布的《中国人民银行办公厅关于实施支付机构客户备付金集中存管有关事项的通知》实施前也存在着较为严重的挪用、占用行为空间等问题。在这一长期的监管薄弱期,几乎不可能确保备付金的安全以阻断潜在的非法占有行为。在这种情况下,这类支付方式会产生巨大的犯罪诱惑力,存在转化为实施非法集资等犯罪,甚至存在着恶意为非法集资等犯罪用途而建立第三方支付平台的高度风险。[①]

(四) 资金套现中的信用卡诈骗风险

如同前述,近年来,连续出现不法分子联合非法中介,利用银联提供的预授权交易服务,在信用卡中存款令预授权交易额度能够超出信用卡授信额度,再针对银行与POS机之间的清算信息对接时间差,通过虚构大额预授权交易,利用有关技术手段在短时间内疯狂套取数倍于其信用额度的资金,使银行遭受

[①] 实际上,第三方支付挪用备付金进行理财、投资以及其他经营的现象已成为业界公开的潜规则。以号称"第三方支付第一案"的上海畅购企业服务有限公司停业所暴露出的问题作为讯号,第三方支付备付金管理松懈,被挪用和套现的情况严重。

较大损失的信用卡诈骗案例。同时,还存在一种处于普通违法与犯罪边缘的信用卡套现,即指持卡人不是通过正常合法手续(ATM 机或柜台)提取现金,而通过其他手段将卡中信用额度内的资金以现金的方式套取,同时又不支付银行提现费用的行为。在正常交易中,客户刷卡消费取走商品;套现是商家不给予商品,而是在扣除相应手续费后,给予客户等额现金。因此,持卡人套现不受信用卡提现限制,也能利用免息期规避银行利息。而套现的存在,也在市场上衍生出"代还""养卡"等各种业务,容易造成持卡人无法偿还套现金额,增加资金风险。对于直连银联的 POS 机用户,由于其审核越发严密、管理越发严格,这两类案例已经日益减少,然而该种信用卡诈骗犯罪开始大量利用申请便利、管理松弛的第三方支付 POS 机,且有愈演愈烈之势,形成严重的犯罪风险。

(五)虚拟货币人民币化带来新的货币犯罪风险

对于第三方平台出品的虚拟货币,如支付宝的集分宝,以 1 集分等于 1 分钱人民币的比例,可在淘宝网、一淘网、支付宝等平台直接使用,可以购物,可以用于缴纳水电费,还可以用于信用卡的还款,而集分宝可以通过参加活动、购买返现等方式获得。以集分宝为代表的第三方支付平台出品的虚拟货币,本质上是一种货币单位化的服务合约,是类似于网游虚拟货币的虚拟服务代币,不具备货币属性,但在特定消费场景下具有等同于人民币的支付价值与流通价值,可以在相应场景模拟人民币使用。就目前而言,对此类虚拟货币的监管尚无法律依据,更多的是以声明、文件等形式表达。2009 年 6 月 4 日文化部、商务部联合印发的《关于加强网游虚拟货币管理的通知》也无法涵盖对此类行为的监管。

该类虚拟货币由于不具备货币属性,没有实质性的发行成本,理论上而言可能进行无限度的发行和销售,成为一种变相的集资手段。由于尚无法规、政策对其进行有效监管,存在过度发行后无法以所承诺的服务加以清偿的风险,从而可能演化为非法集资型犯罪。

(六)侵犯公民个人信息犯罪风险

随着互联网金融行业迅速发展,在金融活动中的侵犯公民个人信息犯罪更多地从传统的 ATM 机、POS 机等线下支付渠道,向电商平台、第三方支付平台等网上支付渠道转移。在办理 POS 机等终端支付设备的时候用户需要向第三方网络支付机构提供真实的身份证、银行卡、手机号、邮箱等个人信息,故第三方网络支付机构能够合法获取大量的公民个人信息。如若保管不善,即可能出现严重的公民个人信息泄露事件。更有甚者,机构监守自盗,将获取的公民个人信息出售或非法提供给他人,将会造成极为恶劣的后果。

公民个人信息遭受侵犯,将会对被害人带来巨大的危险。如2016年发生的"徐玉玉案"即是公民个人信息泄露导致电信诈骗犯罪得逞的典型恶性案例。亦有不法分子通过在POS机等支付终端加装盗码装置,在持卡者刷卡的时候,后台记录银行卡的相关信息,再通过和泄露的公民个人信息结合,成功实施信用卡盗刷。大量案例显示,公民个人信息泄露轻则引发跟踪、偷拍、"狗仔队"等不法行为,重则招来金融诈骗、电信诈骗、入户盗窃等财产性犯罪,甚至成为敲诈勒索、绑架等人身犯罪的"帮凶"。

(七)拒付、盗刷引发的诈骗风险

由于第三方支付监管不严,收单门槛低,导致市场上POS机的数量远远超过实际需要,且持有者鱼龙混杂。对犯罪分子来说,只要有心,几乎可以做到人手一台,这为盗刷、拒付诈骗等犯罪行为提供了极大的便利与可能。在盗刷类信用卡诈骗犯罪中,持卡人遭盗刷后,如盗刷人通过ATM机、银联POS机等传统手段进行提现或转账,尚存在一定的追踪可能性。但如通过第三方支付POS机实施盗刷,则由于第三方支付POS机本身管理松弛难以追踪,几乎不可能得到资金走向线索。而在拒付诈骗犯罪中,犯罪分子能够采取先通过外地"二清"手机POS机刷卡,再到银行申报遗失申请拒付的方式进行诈骗,使银行或第三方网络支付机构及其代理商因承担民事赔偿责任而造成财产损失。

(八)利用境外第三方支付实施洗钱、转移资金等犯罪风险

由境外第三方网络支付机构提供的第三方支付服务(如Paypal),在跨境、涉汇金融犯罪中有着独特的优势。境外第三方支付在跨境、跨币种业务中,基本不受中国境内金融、外汇主管部门的监督和管理,不直接受到中国境内金融政策干预。因此,在办理涉外、涉汇金融犯罪时,往往无法从境外第三方支付平台获得有价值的交易记录和资金流向信息,导致犯罪侦查时资金渠道追溯的失败,也为公司实施财务造假提供了又一种通道。①

不过随着外汇管理力度的加强,境外常规第三方支付平台与国内金融机构的直接交易通道陆续被切断。以Paypal为例,该境外第三方网络支付机构开

---

① 据报道,雅百特公司的惊天骗局中,2015年其虚假资金流量达到10亿元。为了造假,雅百特动用了7个国家和地区的50多个公司走账,超过00多个银行账户进行资金划转,而且经常通过银行票据和第三方支付划转,渠道复杂。参见电缆网:《雅百特财务造假被查处,用7个国家50多个公司走账》,载 http://news.cableabc.com/exposure/20170715295810.html。

设时间长、境外用户多、使用场景丰富，一度成为跨境、涉外金融犯罪"化整为零"型渠道的首选互联网平台。但该平台与银联的交易接口已于 2017 年上半年被关闭，导致其不再能够和境内一般银行账户交易（目前仍然支持和境内发行的 MasterCard 和 VISA 银行卡交易）。其余境外第三方支付平台和类第三方支付平台也面临类似情况，如具有一定第三方支付性质的软件产品发行平台 Steam 曾经支持通过支付宝和微信直接兑换外币购买境外软件产品，但不久后被迫停止该项服务，现 Steam 仅中国区允许使用微信和支付宝进行人民币交易。

但应当注意，部分业务范畴特殊的涉外类第三方支付平台尚存在可能利用的渠道，例如 MyCard 依然支持通过银联支付快捷兑汇购买境外游戏点卡等虚拟服务代币，这也可能成为潜在的金融犯罪资金渠道。

（九）非官方数字货币的资金迁移、洗钱等犯罪风险

非官方数字货币是指以比特币为代表、基于区块链技术、具有可信交易记账能力、非官方发行的一类数字货币。除比特币外还有莱特币、以太坊等种类。该类数字货币基于区块链技术保障了去中心化条件下的有限发行、可靠归属、不可复制和交易可信，不同于 Q 币等虚拟服务代币，具有某种程度上的真实货币属性。

数字货币交易所的出现打通了现实货币和非官方数字货币之间的兑换通道，也使得这类数字货币通过其交易平台实现了某种程度上的第三方支付功能。尽管作为非官方性质的虚拟货币没有国家信用背书，导致存在币值不稳定等对现实货币而言非常致命的问题，然而由于区块链的去中心化特征和相关领域法律法规的滞后，其交易几乎没有受到任何监管（由于比特币等现存数字货币以非官方为基本理念、完全去中心化为基础架构的设计概念，技术上也难以监管），从而成为公认的"洗钱神器""黑产通货"，在地下社会获得了大量"死忠用户"。例如今年造成巨大损失的勒索病毒"WannaCry"，犯罪者向受害者勒索的便是比特币。

尽管比特币超过 80% 的应用场景都在西方国家，然而其 80% 以上的交易量在中国。相比仅 7% 的国内比特币持有量，这是极其不正常的。透析这种不正常现象，与投机炒作相比，可以想见，国内将比特币作为隐蔽不受监管的资金迁移和洗钱渠道是对这种现象更加有力的解释。所幸由于 ICO 问题爆发造成严重金融风险，国家有关部门近期已经要求境内数字货币交易平台关停所有交易业务，釜底抽薪地打击了利用数字货币实施的金融犯罪。但由于境外数字货币交易平台目前依然可以和国内通过互联网进行跨境交易，尚不可掉以轻心。今后，随着金融信息技术的发展，非官方数字货币还会不断变身以不同面

目出现，但其基本运作方式都万变不离其宗，要始终密切关注其潜在的犯罪风险并加以防范，避免因换了装而放松监管甚至被以创新的名义所蒙蔽就大开方便之门。

（十）"互联网+"下第三方支付组合犯罪风险

随着"互联网+"的各种创新，第三方支付作为一种无法抗拒的便捷支付手段势必将出现与其他产品或手段组合而生成的新犯罪，进一步恶化监管局势。诸如目前已经出现由"第三方支付平台+P2P"组合的苗头，即通过第三方支付平台以消费的模式进行信用卡付款，并以付款的金额进行购买（投资）相关P2P的理财产品（项目）。通过这种合作，整个运作资金链无形当中进行了延展，也会衍生出各种漏洞。一是出现新的监管空白，虽然第三方平台和P2P都有其相关的监管机构及相关章程规范，但一旦组合后，相关监管措施及规章制度就难以直接适应，必须根据两个平台组合的实际情况在进行重新厘定；二是两个平台组合后，资金链的扩展及合作程序复杂化，使得对资金的来源认定更加困难，无疑为洗钱等犯罪行为提供温床；三是组合后的P2P，由于其标的资料已经进行包装，更不易被用户识别，也增加了非法集资与诈骗等犯罪的可能。

四、第三方支付犯罪治理路径

第三方支付作为新金融商业模式，注定从诞生之日起就存在不少监管漏洞，不少机构正是利用监管的灰色地带进行违规操作，从而扰乱金融秩序诱发犯罪。随着线下扫码消费支付和第三方支付转账的快速发展，第三方支付正从电商、金融向寻常百姓生活渗透，对社会大众产生深刻影响。对此，第三方支付本身自带的犯罪风险以及利用第三方支付实施的犯罪风险一旦引发，其影响力、危害性相较传统金融风险必将呈几何级上升。由于其天生衔着"金融创新"的金钥匙诞生，在监管、犯罪治理中往往存在模糊地带。这直接决定对第三方支付的犯罪风险治理必定是涵盖行政、刑事、社会等全方位的综合治理网络。

（一）强化行政监管：第三方支付新规及其评析

2016年12月开始执行的中国人民银行《关于加强支付结算管理防范电信网络新型违法犯罪有关事项的通知》（以下简称《通知》）被誉为"第三方支付新规"。

1. 强化身份审核。对支付机构的开户身份审核作出了接近于银行的严格要求，并明确要求支付机构"应当加强对使用个人支付账户开展经营性活动的资金交易监测和持续性客户管理"和"应当加强账户交易活动监测,对开户之日起6个月内无交易记录的账户,银行应当暂停其非柜面业务,支付机构应当暂停其所有业务,银行和支付机构向单位和个人重新核实身份后,可以恢复其业务"。此举将会大大加强对第三方网络支付和第三方支付POS机的监管水平,有效保障第三方支付平台的资金流向追踪能力。

2. 加强资金结算管理。"加强特约商户资金结算管理。银行和支付机构为特约商户提供'T+0'资金结算服务的,应当对特约商户加强交易监测和风险管理,不得为入网不满90日或者入网后连续正常交易不满30日的特约商户提供'T+0'资金结算服务。"此举有力阻击和控制了预授权的犯罪风险。

3. 有效控制资金流量。《通知》规定自2016年12月1日起,银行业金融机构(以下简称银行)为个人开立银行结算账户的,同一个人在同一家银行(以法人为单位,下同)只能开立一个Ⅰ类户,已开立Ⅰ类户,再新开户的,应当开立Ⅱ类户或Ⅲ类户。"支付机构在为单位和个人开立支付账户时,应当与单位和个人签订协议,约定支付账户与支付账户、支付账户与银行账户之间的日累计转账限额和笔数,超出限额和笔数的,不得再办理转账业务",有效缩减了第三方网络支付账户和银行账户间的资金流量。在账户开立和账户资金流量两方面都遭到压缩的情况下,通过第三方网络支付进行"化整为零"式的资金转移行为在隐蔽性和效率上都会出现明显的下降。

4. 强化第三方支付POS机管理。《通知》规定:"严格审核特约商户资质,规范受理终端管理。任何单位和个人不得在网上买卖POS机(包括MPOS)、刷卡器等受理终端。银行和支付机构应当对全部实体特约商户进行现场检查,逐一核对其受理终端的使用地点。对于违规移机使用、无法确认实际使用地点的受理终端一律停止业务功能。银行和支付机构应当于2016年11月30日前形成检查报告备查。"这将会从根本上打击互联网黑产化的第三方支付POS机网络,断绝POS机的"云套现"黑产模式,彻底消除通过POS机小额套现规避资金流跟踪的可行性。

不可否认,新规对抑制第三方支付带来的犯罪风险具有重要意义,但同时应该看到,其目光所及是针对特定的防范电信网络新型违法犯罪而不是针对第三方支付犯罪风险防范本身而出台,远远不能规范前述梳理出的九种甚至更多的犯罪风险,因此其局限性也显而易见。今后,吸收新规的合理成分出台专门针对第三方支付的管制法律法规当属抑制该领域犯罪风险的理性选择。

(二)行政监管步入网联平台时代

2017年8月初,央行发布了中国人民银行支付结算司《关于将非银行支付机构网络支付业务由直连模式迁移至网联平台处理的通知》(以下简称《移至网联平台处理的通知》)。《移至网联平台处理的通知》中要求各银行和支付机构应于 2017 年 10 月 15 日前完成接入网联平台和业务迁移相关准备工作；从 2018 年 6 月 30 日起，支付机构所有涉及银行账户的网络支付业务全部通过网联平台处理。

《移至网联平台处理的通知》中所称的网联平台是在央行指导下由中国支付清算协会共同发起筹建、旨在为支付机构提供统一、公共的资金清算服务，纠正支付机构违规从事跨行清算业务，改变目前支付机构与银行多头连接开展业务的情况，同时还可以有效阻断犯罪分子利用第三方支付转移资金逃避追查。平台已于 2017 年 3 月 31 日启动试运行、6 月 30 日正式启动业务切量，并于 9 月 26 日凌晨进行了联合生产压力测试。压力测试中各商业银行提供给网联渠道的处理能力均不低于"双十一"交易量水平的 50%。第三方支付结算全面向网联平台迁移的技术条件已经具备。随着《移至网联平台处理的通知》发布，同月底网联清算有限公司核准成立，政策的道路也已经畅通。网联平台堪称对第三方支付监管问题的一揽子解决方案。有望大幅改善第三方支付监管和涉第三方支付金融犯罪查办中存在的诸多问题和困难。

1. 交易记录完备化和一致化。第三方支付所有涉银行交易将全面由网联平台接手，意味着通过第三方支付进行的交易所产生的交易记录将会被跨地域、跨机构地统一生成和保存。这带来两个直接后果：其一，第三方网络支付机构在内控方面的良莠不齐不再能够影响到交易记录的完整性，通过任何一家第三方网络支付机构进行的交易都将被原原本本地记录在网联平台上；其二，各第三方网络支付机构交易记录在数据结构、数据词典、编码方式乃至存储格式上的五花八门将会彻底被杜绝，网联平台将会无视源头机构的各种差异，生成数据结构一致、数据词典统一、编码方式单一、存储格式相同的交易记录，从而大大方便数据的查询、整理和挖掘。

2. 监管能力空前强化。跨机构、跨地域的交易记录生产和管理使得更加完善的大数据分析成为可能。对不同机构交易记录数据进行清洗的困难将成为过去，基于网联平台的跨机构大数据，想要厘清同一人物、同一企业、同一账户在不同时期、不同地点、不同机构所进行的金融交易、资金流动变得前所未有的简单，这就使得基于网联平台进行不依赖外部线索、常态化地通过数据分析挖掘排查违规金融行为和金融犯罪成为可能。通过常态化的数据分析和挖掘，有望建立空前完善的监管和预防机制，化被动为主动，将更多的金融犯罪扼杀在萌芽状态。

3. 数据调取途径统一化。统一的支付清算机构也将为金融监管部门和金融犯罪侦查机关办理金融犯罪案件带来极大便利。过去，为了调取特定人员或特定实体的交易记录,不得不向不同机构在不同地域的分支部门分别调取数据,费时费力不说,还往往需要进行繁复的数据清洗和整合工作,数据质量也时常不如人意。网联平台成为统一支付清算机构之后,金融监管部门和金融犯罪侦查机构不再需要分机构、按地域分别调取数据,可以保质保量、一步到位地获得必要的涉案信息,大大节省数据调取所花费的人力物力,更重要的是将节省宝贵时间,有效提高金融犯罪案件的侦办效率,特别是对于实施犯罪后利用第三方支付进行赃款转移的,可以做到有效止付、追赃到位。

但同时应该看到,当前的网联平台方案绝非万能,仍然留下灰色操作空间,不能不说是一个很大的遗憾。目前来看,《移至网联平台处理的通知》中并未要求第三方网络支付机构之间、第三方网络支付机构和非银行类实体之间的交易必须通过网联平台进行。因此,网联平台不可能杜绝利用第三方支付平台实施的金融犯罪。目前来看,利用第三方支付平台间交易、第三方支付平台和非银行类实体间交易进行金融犯罪的可能性依然存在,且具备成为新型渠道的潜力,应当予以必要的重视。

(三)强化刑事规制之路径

新规和《移至网联平台处理的通知》大幅收紧了金融账户信息审查管理要求,同时针对第三方网络支付机构设立了针对性监管条款,在制度上将会有效阻断金融犯罪对第三方支付渠道的利用。但再完备的制度也依赖执行,即使是管理条例相对严密、管理机制较为成熟的银行系统,也时常有规定解读错误、执行不严乃至恶意违规和犯罪的情况发生,而非银行的第三方网络支付机构在这方面更是难以期待。行政性举措要发挥预期作用,不但需要行业的自查自律,也需要来自外部的监督和强制力。对于人为因素导致制度失灵、构成犯罪的情况,刑事司法需要及时发现、积极介入、准确定罪、充分刑罚,才能起到充足的警示和震慑作用,确保制度有效运行,规范第三方支付市场秩序,也为整个互联网金融发展提供镜鉴。

1. 严密平台责任追究。针对第三方网络支付领域犯罪行为的刑事规制,应该包括两个层面的内容:一是利用第三方支付平台实施的犯罪行为,包括但不限于前述梳理出的九种犯罪风险,则应按照所涉的相应罪名追究其刑事责任;二是第三方网络支付机构本身存在的犯罪行为。从前述犯罪梳理中可以清楚看到,第三方支付领域之所以成为滋生犯罪的新兴板块,都无一不与第三方支付网络平台本身违反相关法律规定在先有关。平台的角色非常关键,但是平台的责任往往模糊不清。因此,强化对平台本身的刑事规制是抑制利用第三方支付违法犯罪的重要路径。现行法律框架下,针对第三方网络支付机构违反相关法律规定的刑事规制手段大致有下列几种:(1)第三方网络支付机构故意违反有关管理规定,直接参与金融犯罪行为,则直接以相应罪名追究其刑事责任。(2)第三方网络支付机构员工收受贿赂,故意违反有关规定纵容金融犯罪,造成金融风险,应以非国家工作人员受贿罪论处。(3)第三方网络支付机构明知行为人利用平台实施金融违法犯罪,却故意违反有关规定放任违法犯罪行为的发生,行为人构成犯罪的,则平台应以金融犯罪共犯论处。行为人尚不足以犯罪追究的,对平台则应以非法经营罪论处。(4)第三方网络支付机构的监管部门,则可能存在因玩忽职守、徇私枉法、收受贿赂而降低监管要求甚至不监管的情况,对此,职务案件侦查部门应当对相关线索充分注意、积极侦查。当然,长期以来渎职犯罪查处难且阻力大一直是刑事司法实践难以充分展开的痛点。2017年全国金融工作会议上习近平总书记关于"形成有风险没有及时发现就是失职,发现风险没有及时提示和处置就是渎职"的讲话已经为这类案件的查处明确了方向和要求。

2. 发展适应性刑事理论。必须充分认识到,第三方支付领域作为互联网金融的表现形式之一,跟现代信息技术发展与金融创新之间息息相关。一方面,呼唤管理者的社会治理与时俱进,在保护发展、鼓励创新与有效管治之间取得平衡,寻求二者的"甜蜜点";另一方面,传统的刑法理论和现有的法律框架在应对此类新型犯罪治理需求时会显得力不从心,因此,有必要重新梳理、审视,发展出诸如刑事司法中允许适用推定、刑事立法中特别规定过失经济犯罪的刑法理论,以资应对。

3. 强化协作配合。对于新兴领域的犯罪,平台等从业机构、公安经侦部门、检察机关金融检察专业部门和监管部门之间应积极合作,及时交换最新犯罪风险情况信息并充分研判,积极开展第三方支付领域的犯罪预防和案件侦破工作,建立联席会议机制共同解决案件侦办中存在的困难和问题,共同提升打防合力。当前,第三方支付新规和《移至网联平台处理的通知》中网联平台的搭建,已经为有效解决案件侦办中查询账户、追踪资金去向提供了可能和便利。

(四)推行适应性社会治理

再全能的刑事规制手段也有其力所不能及的边界,因此,面对平台时代的到来[1],对平台责任的规制也应由法律责任的追究向社会责任的引导逐步转变。第三方支付作为一种广泛深入社会生活的创新性金融业态,如何在鼓励创

---

[1] 据统计,目前全球市值排名前十的公司中平台型公司已经超过半数,第四次工业革命很多技术是平台性技术,毋庸讳言,我们已经进入平台时代。

新与净化市场、打击犯罪之间取得合理平衡，跳出创新悖论的怪圈，鼓励"创造性毁灭"力戒"毁灭性创造"，① 第三方支付成为考验行政管理和刑事司法智慧的新兴考场。迫于新金融这一外部环境的冲击，社会治理系统如果没有随之调整，往往会产生治理上的适应性悖离，引发一系列社会问题，现在的互联网金融乱象就是社会治理没有随互联网金融演化而赓续迭代的结果。

一要加强社会预见的理论研究。平台时代，一切创新都与信息技术深度结盟，应该要求、鼓励技术创新型企业把社会影响的思考渗入技术设计与方案选择，特别是在与技术+金融的创新领域。在快播案中，王欣一句"技术无罪"引发网络狂欢，也引起线下大众的热烈讨论和司法的深度思考。技术或许无罪，但技术设计者却无法摒弃社会责任逃脱责任承担。金融的核心是风控，作为金融科技公司和设计者，本身就要从技术出发，为互联网金融产业链的各个环节配套相应风控措施，应该在技术设计之初即考虑技术创新可能给社会带来的负面影响，并在技术选择时将这种负面影响降到最低。比如，作为收单机构代表，拉卡拉在受理端对风控作了积极探索，包括完善全流程的商户管理机制、持续建设实时智能收单风控系统、大力研究与应用智能风控技术、积极构建移动支付安全生态等。②

二要引入同步治理原理。基于金融本身的专业性和互联网的信息技术性及其相互各种交叉组合，可以肯定，第三方支付问题的复杂性已经内化为其发展的固有属性。我们惯常社会治理中先创新后治理思维模式以及因行政懈怠导致治理的后勤管理跟不上前方创新节奏的情况导致了诸多问题，今后应从创新源头即注入社会治理思维，使治理观念和创新同步。

三要提倡适应性治理。要注重创新社会治理模式，使治理方式与当前的新金融系统的复杂性能够相匹配，不致使治理本身解析问题的能力落后于现实需要。做到这一点在当前鼓励创新的大环境下需要一定的勇气和智慧，当新金融已经衍化到超越现行监管系统，治理却可能在鼓励与保护创新的口号下被钉在原地，而这种逻辑往往具有极大的蛊惑力和不容辩驳性。面对汹涌而至的新金

---

① 面对第四次工业革命给人类经济活动和经济增长带来的挑战，政治经济学家熊彼得提出过一个概念叫创造性毁灭，是指由大的技术创新带来更大的社会收益，但同时也会让旧产业消亡，通过这种毁灭使社会不断进步。例如电力汽车代替蒸汽汽车，数码相机代替胶卷相机，都是创造性毁灭。但是荷兰学者奴克索特近来提出毁灭性创造的可能，也就是指一些创新仅仅对少数企业有利，对整个社会不利，比如金融领域放松监管会导致很多创新只对少数金融企业有很大利益，但可能会给整个金融世界带来危害，甚至带来金融危机。

② 周轩千：《移动支付安全至上》，载《上海金融报》2017年9月26日。

融时代,这种"平庸之恶"或"行政之恶"必须被充分认识和自觉摒弃,"社会治理告别'国家中心的自上而下'与'社会中心的自下而上'之争,迎来一个去中心化的、多元主体平等的合作治理时代",[①] 这是刑事治理等社会管理领域对中国步入创新时代的应有贡献。

五、结　语

毋庸讳言,第三方支付的快速发展在提供线上支付服务、线下扫码支付、拓展金融业务范围、扩大金融市场领域的同时,也不可避免地会为金融犯罪提供新手段、新渠道、新平台。由于历史因素,第三方支付存在长期的监管缺位,同时其作为互联网原生产物,又具有与互联网黑产模式的高度亲和性,因而无可避免地成为洗钱等多种金融犯罪的渠道型工具。近年来,随着行政监管法规的陆续出台以及行政、司法的双向互动式整治,第三方支付行业犯罪风险虽然得到一定程度的纾解,但是离根本性化解尚有很长的距离。况且,随着信息技术的持续更新迭代,新支付方式和支付场景还会不断衍化,金融犯罪可资利用的渠道也在不断翻新,因此,根本性化解第三方支付犯罪风险只能是一个无限追求却永远无法企及的理想,强化社会预见、同步治理和适应性治理的理念应当贯彻始终。2010 年以来中国第三方支付市场已成为全球的领跑者,有理由期待,在第三方支付犯罪风险治理方面,也能为全球贡献中国经验,同时也为中国互联网金融治理提供行业性范式。

---

① 柳亦博:《由"化繁为简"到"与繁共生":复杂性社会治理的逻辑转向》,载《北京行政学院学报》2016 年第 6 期。

互联网金融产品的规范属性和法律表达

杭州市人民检察院课题组[*]

现代意义上的金融活动,伴随着欧洲大西洋和地中海沿岸的贸易和新航线的开辟而起源,继而在各类的创新和风险活动中催生了保险、银行以及证券等金融产品,形成了当下琳琅满目而又错综复杂的国际金融体系。晚近以来,为经营各类风险而诞生、发展的金融活动及其产品,又与当代互联网技术相结合,形成了所谓的互联网金融(Internet Finance,简称ITFIN),并一步步走进人们的视野和生活。但无论"互联网金融"的口号有多么的诱人和高亢,一个绕不开的问题是互联网金融产品是否存在其实质意义上的独特性?又能否被认为是一种金融创新?继而产生的疑问是,人们在经济生活中所接触到的打着互联网旗号的"金融产品",是否又符合真正意义上的"互联网金融"的要求?有鉴于此,我们将从风险到产品,再从产品到规范,力图作一番完整的梳理。

一、互联网金融风险——规则边缘的乱象

互联网究竟是金融风险的减压器,还是风险的催化剂?也许从理论和实务中会得到完全背反的结论。在互联网社会下,以社会论的角度去检视风险的发生和扩散,也许是探究其法律风险的基本前提。不过,风险的形成和扩散并非平行发生的,而是犹如"多米诺骨",从信用、监管、刑事、社会四个维度,一损俱损,步步递进。

---

[*] 课题组负责人:郭志平,杭州市人民检察院党组副书记、副检察长。课题组成员:张海峰,杭州市滨江区人民检察院党组成员、纪检监察组组长;史笑晓,杭州市人民检察院案件管理部副主任;董彬,杭州市人民检察院公诉一部助理检察员;王瑛,杭州市江干区人民检察院未成年人检察部副主任;谢凯,杭州市人民检察院案件管理部检察官助理;王依宁,杭州市滨江区人民检察院刑事检察部检察官助理;张艺颉,华东政法大学研究生院博士研究生。

(一) 信用风险：信息失衡促成的金融游戏

一般认为，金融业中的信用风险是指借贷人、证券发行人或者交易对方不愿或者无力履行合同条件而构成违约，致使银行、投资者或者交易对方遭受损失的可能性。① 在传统金融产品中，信用风险多发于银行业务中，其规避信用风险的主要方式表现为通过对申请相关业务所提交的各类材料、信息进行或形式或实质的审查，挑选信用良好的项目及借贷人，筛除具有潜在违约可能性的项目。与此同时，商业银行和保险机构通过制定应急预案、增加核销呆账准备金等方式提高应对信用风险的能力。

互联网金融降低了征信成本，丰富了各类小微企业、个人的信用数据，促进各类互联网小微金融产品、业务的开展。因此，从理论上讲，互联网的构想是解决线下金融的信息不对称问题。但其现实后果，却可能使得在一定规模和范围内信息不对称的情况无限扩散。依托于互联网金融衍生的各类金融产品，在目前金融市场征信数据库无法大规模展开适用、征信体系仍不够完善的背景下，互联网金融交易的开展，极大地依赖于使用互联网金融产品的投融资双方的信息公开。市场主体能自发提供或获得真实信息，可能是由于信息弱势方具有规则设定权，也可能是由于完全竞争市场对提供虚假信息的信息优势方的驱逐效应。② 但作为公开产品信息的融资方（亦是交易中的信息优势方），占有掌握互联网金融交易的主动权，若融资方遁入道德风险、法律风险的窠臼，就会进一步加剧信息的失衡，严重损害到投资方的利益。正是由于当下各类互联网金融产品的投资方，作为信息弱势方并未被赋予金融交易的规则制定权，因此，只能通过信息之外的其他方式来向投资人传递信用信号，以获得投资人的信赖和认可。但削弱信息披露义务、强化刚性兑付、第三方担保给投资人带来的"安全感"，不仅更进一步加剧了信息供给的不足，致使信息供求更加失衡，还诱导融资方以刚性兑付等信息外手段替代信息披露，使得投资方更为依赖信息外信用保障手段。长此以往，必将与监管主体的去刚性兑付方向背道而驰，造成监管主体去刚性兑付和市场主体不断创造新的刚性兑付和担保方式的恶性循环。③

---

① 陈晓华、曹国岭主编：《互联网金融风险控制》，人民邮电出版社2016年版，第3页。

② 杨东：《互联网金融的法律规制——基于信息工具的视角》，载《中国社会科学》2015年第4期，第109页。

③ 见上引，第113页。

(二) 监管风险：监管盲区导致的野蛮生长

互联网金融承继了互联网独有的开放性，使得互联网金融产品、金融机构进入金融行业的壁垒被打破，加速了传统金融行业的相互融合和混业经营，从某种程度上，确实提高了互联网金融产业的运行效率。以阿里金融的一系列产品为例，就涵盖了第三方支付、小额信贷、担保、保险等各领域，完全不同于传统金融行业以行业导向性"三分天下"（即银行、保险、证券）的模式。但如果以"互联网创新"为名，以混业的方式不断磨平金融业务的准入门槛，结合互联网高效性、一体化的特点，在出现金融风险、发生金融危机的情况下，就会在短时间内将金融风险扩张，金融体系的脆弱性便会被不断放大。

毋庸讳言，我国金融行业监管长期处于银行、保险、证券业分业监管的模式之下，针对日益融合的互联网金融行业的监管，若仍根据产品、业务涉及的内容进行分类，由各监督委员会对涉及本行业的金融产品、业务分开监管，中间的缝隙无处填补，便无法积极有效地对高速扩张的互联网金融行业加以控制，难以应对可能存在的大范围"爆雷"问题，也极易滋生各类刑事犯罪，不利于有效防范金融风险。另外，针对部分新兴互联网金融产品，亦并没有明确监管规则。我国就互联网金融的相关法律规制和行政监管规则，散见于各类部门规章和暂行办法内，尚没有一部单独、完整的法律法规对互联网金融各类产品就市场准入门槛、交易双方主体身份认证和审查、信息公开及披露、客户信息维护及管理、交易主体权利义务、市场监管等问题进行有效的规范，互联网金融交易双方权责无法得到明确，在一定程度上加剧了互联网金融的不确定，留下了潜在的金融风险隐患。法律规则制定的滞后性必然会造成互联网金融领域的监管不足，对于金融风险的防范和控制将大打折扣，也会导致不合规的金融产品在监管盲区内迅速发展、蔓延扩张。

(三) 刑事风险：非特定性与非法占有目的

我们需要承认，互联网金融是在我国进入互联网时代后经济发展迅猛、中小微企业信贷需求激增、消费及投资能力提升的大背景以及资金投融资双方距离日益拉近的环境下孕育而生的。通过互联网金融产业的创新来推进社会投融资成本降低，其目的在于优化金融结构与倒逼传统金融体系改革，发挥金融对实体经济的支持作用[①]。但互联网金融在快速发展、急剧扩张的同时，与上文所述的监管漏洞对撞，不可避免地成为违法犯罪活动多发的灰色地带，易触碰到刑事犯罪的高压红线，成为立法规范、司法审查及学界研究的一大热点、重

---

① 刘宪权：《互联网金融市场的刑法保护》，载《学术月刊》2015 年第 7 期，第 96 页。

点。纵观当下互联网犯罪的主要领域,笔者发现涉及网络金融领域的犯罪行为主要有三种:一是各类互联网金融平台实施的涉嫌非法集资、洗钱等犯罪,此类犯罪以个人点对点网络借款(peer to peer ITFIN,俗称 P2P 网络信贷)集资为代表;二是破坏、扰乱金融市场秩序的犯罪,包括擅自设立金融机构、擅自发行股票等犯罪;三是互联网金融产业普通参与者可能实施的涉嫌诈骗、侵犯知识产权、职务侵占等犯罪。而在这三类可能涉及的犯罪行为中,第一类是目前较为多发的犯罪类型,但是又极易演化为第三类犯罪(尤其是集资诈骗犯罪)。

之所以会发生这种犯罪类型的转化,一方面,由于互联网金融在宣传、扩散途径上依托于互联网平台这一载体,信息流通速度快、范围广,宣传范围轻而易举地可以突破地域的界限,人与人之间的熟悉程度也大大降低,投资方的非特定性特征更为明显。这也使得互联网金融产品天然具有涉嫌非法集资犯罪所需具备的"向社会公众即不特定对象吸收资金"的要件。另一方面,若借贷人、筹资人或者 P2P 通过虚构项目、虚造立项材料等手段,借助众筹、P2P 网络借贷平台的媒介,向社会不特定公众吸收资金,在达到一定数额后必然会触及非法集资诈骗罪的刑事红线。此类 P2P 网络借贷平台都实现了对募集的资金的实际控制和占有。因此,针对设立资金池或进行自融而涉嫌非法集资犯罪的 P2P 网络借贷平台,区分平台的犯罪行为到底构成非法吸收公众存款罪或是集资诈骗罪时,"非法占有的目的"又成为最为重要(几乎是唯一)的标准。最高人民法院《关于审理非法集资刑事案件具体应用法律若干问题的解释》明确规定了"以非法占有为目的"的七种具体方式,在现实中又主要表现为采取各种手段致使资金不能返还或恶意逃避返还资金义务。

(四)社会风险:兑付不能引发的群体事件

正如前所述,互联网金融借助互联网这一虚拟媒介,伴随着互联网通信技术的发展,在时间和空间上不断延伸拓展;而互联网所具有的使资源配置去中心化的特点,也使得互联网金融的参与主体出现扩展至一般社会主体的可能性,使得互联网金融更为大众化,不管是投资人和犯罪人还是投资人之间,都通过互联网进行沟通和联络,导致互联网金融参与者呈现出互为陌生人、仅靠网络联系的新特点。这些特征都大大加剧了互联网金融犯罪的隐蔽性、广泛性,也使得互联网金融犯罪行为具有不特定性、犯罪后果又极易扩张蔓延。

以 P2P 网络借贷平台为例,在经历了快速发展和急剧扩张的时期,伴随着 P2P 网络借贷平台设立、运营和退出等环节的行政监管和法律规制的不断紧缩,P2P 网络借贷行业也频频出现"爆雷"事件。一方面,当某个 P2P 网络借贷平台出现了兑付紧张甚至是刑事案件,伴随着的是 P2P 网络借贷平台巨大的未兑付金额和投资人的兑付需求，也带来了其他平台投资人对于P2P网络借贷行业的不信任和恐慌心理。投资人产生"不及时兑付则会血本无归"的恐慌心理而希望可以及时退出P2P网络借贷投资，也致使本运营良好的P2P网络借贷平台不得已进行良性退出，必须承担起巨大的兑付压力，若平台未能承受住此种兑付压力而因此破产，必会加剧投资人的不信任感和恐慌情绪。长此以往，则会形成较为严重的恶性循环，可以说，对于P2P网络借贷行业是巨大的打击和重创。另一方面，众多未能获得全部兑付、返还的投资人，在平台实际控制人、负责人涉嫌刑事犯罪而接受调查的情况下，无法及时获得平台后续处理的有效信息，也无法寻求追偿投资资金的有效途径，因此可能引发的大范围群体性事件，不仅会影响到行政违法、刑事犯罪案件的处理，也会产生较大的社会风险，对社会稳定和谐构成潜在的、较大的威胁。由此，P2P的问题便突破了其基本领域，成为互联网金融产品的共性问题。

二、互联网金融产品——命题真伪之鉴别

在风险频发的当下，我们不得不重新退回到金融产品的本身属性去探索问题的本质。从传统的认知观察，互联网金融是将传统金融行业与互联网精神相结合的新兴领域。① 从这种解释观点看，互联网金融产品不仅切实存在，并且其在实体和价值上的积极意义都应当占据主流。不过随着时间推移，人们逐渐发现，互联网金融产品的本体并不清晰。退一步说，如果互联网产品是存在的，其存在的合法性与合理性也正逐渐被人所怀疑。

（一）网络集资案件频发所引起的P2P生存危机

引起人们对互联网金融产品不信任和怀疑的直接原因，是许多人直观的感受到，其所认知的最具有典型性和代表性的互联网金融产品P2P，出现了非法吸收公众存款甚至集资诈骗案件频发、资金血本无归的现实局面，部分案件还引发了投资者的群体性事件。

P2P网络信贷平台本系从英国引入的一种从事资产咨询管理的金融公司。在中国，其从遍地开花到频繁"爆雷"，又引发了对互联网金融产品的三个不同层次的疑问：第一层次的疑问是，既然从制度设计的初衷看，P2P网络信贷在这个借贷活动中仅仅起到信息中介的作用，从而对接资金的提供和需求方，实现各自的借贷需求，为何平台本身会具有参与到信贷投资中的天然冲动，并

---

① 相关解释参见中国互联网金融协会网站，载 http://www.nifa.org.cn/nifa/2955644/2955646/index.htm，2018年10月9日最后查询。

且最终充当了关键角色,引发资金池问题?如果我们认为,P2P 平台在缺乏外部监管机制和内部有效控制的情况下,天然具有自主支配资金的需求,进而在缺乏内外部控制的情况下,会大概率地引发资金池问题。接续出现了第二层次的疑问,一旦 P2P 网络信贷平台已经形成了资金池,是否意味着其已经触及违法红线,出现"爆棚"后,必然应当受到法律甚至刑法的追究?当我们尽可能地考察我国当下现行法律后,并未发现有法律容忍 P2P 网络信贷平台可以直接充当资金中介。况且,根据《商业银行法》第 81 条和《非法金融机构和非法金融业务活动取缔办法》第 4 条的规定,未经中国人民银行和国务院银行业监督管理机构等机构的批准,企业不得擅自从事吸收公众存款的业务。这便意味着,只要 P2P 网络信贷平台形成了资金池,法律就已经对其亮起了"红灯"。至于是否追究刑责,确实有观点认为"刑法应当为 P2P 网贷的发展留有出路""相关平台自融给投资人造成的损失,应按照民间借贷诉讼程序处理"。① 但在主流的理论和实务界,均认为上述行为至少构成非法吸收公众存款罪,只是处罚范围的刑事政策问题。那么,第三层次的疑问便是,当 P2P 网络信贷被"负面化"后,"互联网金融产品"的出路又在何方?笔者认为,互联网金融产品的基础是以互联网和大数据形成的信息优势,从而使得金融风险得以降低而非扩张。从这个意义上说,互联网金融当然还是存在的,并且有其发展空间。比如,传统银行产品的网络化和 App 化,形成的理财产品和信贷产品通过网络进入用户端;又如,以网络新势力的方式诞生的金融服务银行和支付平台,类似蚂蚁金服、微众银行、苏宁银行等;还如,采用非刚性方式兑付的网络直接融资产品(以互联网非公开股权融资为代表)等。

不过,既然人们已经普遍将 P2P 网络信贷作为网络金融产品的突出代表,我们便不能回避两个现实问题。第一个问题是,P2P 网络信贷的行政监管与刑事违法的边界问题。对此,2016 年 8 月实行的《网络借贷信息中介机构业务活动暂行办法》第 10 条规定中为网络借贷信息中介机构所画明了十三条"红线"。结合司法实践对该规定中的具体条款进行区分,可以说像"自行或委托、授权第三方在互联网等电子渠道外的物理场所进行宣传或推介融资项目""除法律法规和网络借贷有关监管规定允许外,与其他机构业务进行任何形式的混合、捆绑、代理""虚构、夸大融资项目的真实性、收益前景或虚假片面宣传"等行为,更大程度上还是 P2P 网络借贷平台易触犯的违法"红线"。当 P2P 网络借贷平台违反禁止性规定而从事上述行为时,需要承担一定的行政法

---

① 欧阳本祺:《论网络时代刑法解释的限度》,载《中国法学》2017 年第 3 期,第 179 页。

律责任，属于行政违法的范畴。而如上文所述，当 P2P 网络借贷平台在平台运营过程中一旦存在自融、自设资金池、刚性兑付、拆并融资项目等行为时，其信息中介平台的定性则会转变为信用中介平台，在当前严格限定 P2P 网络借贷平台信息中介定性、严厉集中打击整治 P2P 网络借贷平台的态势之下，这些行为无疑是需要受到刑事法律评价和规制的涉嫌非法集资犯罪的行为。第二个问题是，如何从法律层面和监管层面改变当下人们对"网络金融产品"的负面印象。或者，在试点的过程中，将形成资金池的 P2P 网络信贷等"影子银行"重新纳入监管的视野，发挥其服务实体经济和拓展投资渠道的设计初衷。

（二）资金池问题与中国式"影子银行"的监管

对于 P2P 网络信贷业务，本来属于《网络借贷信息中介机构业务活动暂行办法》的规制范畴，但即便如此，根据国务院办公厅发布的《关于加强影子银行监管有关问题的通知》（以下简称《通知》）的解释，也应当将 P2P 纳入"影子银行"的范畴。[①] 更何况，当下大量的 P2P 业务触角早已突破信息中介而进入资金中介甚至形成资金池，更加强化了其在投融资活动中的实质参与作用。甚至可以认为，由于存在资金池，P2P 所经营的业务已经先后突破了信息中介和资管业务两大阶段性跨越，其实质与传统银行的信贷业务已经没有明显差异。

经历了 P2P 网络信贷在中国"野蛮生长"的初级阶段，中国 P2P 平台的资金规模已经达到了作为起源地的英美国家百倍之巨。[②] 但类似与 P2P 信贷，并形成资金池的网络"影子银行"，却显然面临着严重的监管空白。当目光以网络 P2P 信贷为出发点，回溯一家家被司法机关处罚的类似网络担保公司、网络信贷公司、网络金融 App 从诞生到衰亡的过程。我们不难发现，从公司的注册成立、申领工商登记之时起，上述公司便缺乏金融备案、信贷执照，对于股东和实际控制人缺乏资金的状况多数没有进行调查，而达到类似银行的资本金和注册要求更无从谈起。在经营的过程中，银监会、保监会和证监会均认为不属于自己的业务管理范畴。而且，由于没有办理相关牌照，地方金融部门也不认可其属于金融公司。这便意味着，上述公司的投资者资金缺乏透明的第

---

① 根据《关于加强影子银行监管有关问题的通知》的解释，银行理财产品、资产证券化、货币市场共同基金、小额贷款公司、融资担保公司和 P2P 信贷平台等，均被认为是属于"影子银行"。

② 相关数据参见郭雳：《中国式影子银行的风险溯源与监管创新》，载《中国法学》2018 年第 3 期，第 224 页。

三方管理渠道，其核心资本根本不需要遵守《巴塞尔协议》和相关监管的金融要求。即便在从事所谓信贷业务的过程中（其实部分所谓 P2P 公司已经将网络平台应用为解决自身资金问题的"提款机"，根本不存在实质信贷业务），其信贷押品的价值评估、授信审批和房贷流程、放款去向和用款监控几乎都不存在。于是，在外部监管空白的情况下，内部控制也明显缺位。而上述盲目扩张和缺乏监控的疯狂行为之后果，又几乎必然造成资金池断裂、投资者损失。而此时再谈风险消除、事后打处，介入的只能是司法机关。

正是由于内部和外部的专业金融部门对"影子银行"监管存在盲区，从而形成一种"刑事处罚先于行政处罚"的错误观感，更令部分投资者不理解的是，既然这些公司是政府批准的，有的网络平台还被认为是金融创新，为何会演变为刑事案件？但当对此类网络金融产品及其背后平台的兴衰过程进行再一次复盘时，就不难得出如下结论：此类由于资金池而引发的"影子银行"，其从事的所谓"信贷业务"从来都是不具备实质甚至形式意义上的合法性，这样的非法企业之所以能够在一定时间内披着"金融创新"的外衣得以生存，只是因为中国的金融监管具有明确的机构监管范畴的对应性，而此类平台缺乏实质对应的监管部门。于是，便在监管"缝隙"中错误发展。

（三）刚性兑付的债权产品到柔性兑付的股权产品

以 P2P 网络信贷为代表的网络金融产品频频"爆棚"，使得人们过于关注资金池和具有信贷价值的"影子银行"问题。但无论是基于线下还是走向网络，银行信贷乃至于间接融资都无法涵盖全部的金融产品类型。从长远看，解决由资金池为源头、以货币兑付为导向的刚性兑付平台的最终出路，仍然需要解决当下刚性兑付的网络金融产品中资金与期限、风险与收益的错配问题。既然我们承认，高收益应当形成于高风险的产品之中，而刚性兑付产品的高收益却意味着其低风险的宣传所形成的合法性和安全性问题。或许只有在网络金融产品类型中，形成与收益相匹配的柔性兑付平台的投融资业务，才具有涵盖当下投资渠道困境的足够张力。

论及非刚性的融资产品，普通股权显然最具有代表性（从实质上看，应当排斥优先股和可转债）。于是晚近以来，互联网股权融资也成了具有方向性的时髦词汇，以致"互联网股权众筹联盟"[①] 这样的非正式机构也在金融行业中得以生存，至于说这种"联盟"能否代表，或者能够多大程度地代表互联

[①] "互联网股权众筹联盟"目前的办公地址位于北京市海淀区融科资讯中 A 座，笔者于 2018 年 7 月 11 日访问该机构，并与部分加盟非公开股权交易平台的代表座谈。

网股权融资的现状和未来，还值得研究。当然，无论是"众筹联盟"这样的机构，还是单一的声称致力于互联网股权融资的个体平台，均无法否认的事实是"互联网股权融资"其实尚夹杂在互联网非公开直接融资的具体实践之中。但合理的预期是互联网股权众筹也将逐步落地。理论上，互联网股权众筹是一个公开股权募集的概念，即创新创业者或者小微企业以互联网为平台，通过股权融资中介机构互联网平台（或其他类似电子媒介），公开募集股本的活动。[①]但坦率说，该概念的形成具有一个反复的过程。2014年底，基于去杠杆、增加直接融资的背景，中国证券业协会发布了《私募股权众筹融资管理办法（试行）（征求意见稿）》（以下简称《征求意见稿》）。该稿对投、融资者和平台的准入门槛相对比较基础，投资者要实名注册并达到一定资产、收入数额，融资者需要实名认证及项目合法，众筹融资平台则需要在证券业协会备案登记，净资产不低于500万元，且至少有2名3年以上从事互联网或者金融从业经验的人作为企业高管。但根据当时的普遍期待，平台的牌照颁发需要"从众多符合资格要求的人中选择少数成功的申请者"[②]，实质采用的是准入后的核准制度。之后，虽然监管层也有对互联网股权众筹的各种期许[③]，但也许是基于防范风险和避免创新过度的考量，《征求意见稿》并未形成实质性的监管规定，之后便在金融或法律的理论界的争议中销声匿迹。

可能监管层或者自律组织也认为私募股权众筹与真正意义上的股权众筹相比显得名不副实。之后，中国证券业协会将《场外证券业务备案管理办法》第2条第（十）项"私募股权众筹"修改为"互联网非公开股权融资"，在实践中催生了互联网非公开直接融资的平台和实践。这种非公开股权融资平台的特点是，通过私募的方式吸收有限的、存在门槛的投资者，对股权项目和领投者实施形式审查。总体而言，正规的非公开直接融资平台亦适用资金中介的形式，不形成资金池。相对于P2P等债权而言，融资者没有刚性兑付的要求和风险，投资者有更为成熟且追求长远的价值回报，及更高的风险承受能力，但投资人群相对狭小。

---

① 参见：中国人民银行、工业和信息化部、公安部等《关于促进互联网金融健康发展的指导意见》及中国证监会《专项检查通知》。

② S. Breyer, Regulation and its reform (1982), P. 71—72.

③ 国务院总理李克强在2018年3月召开的国务院常务会议中指出："探索基础研究众包众筹众创"，证监会主席刘士余在证监会系统举办的十九大精神学习班中亦提到："积极探索股权众筹试点。"

三、互联网金融发展——产品规范与延伸

互联网是造就新型金融方式的"土壤",也是衍生传统金融活动网络样态的"温床"。当我们考察金融的发展轨迹时,不难发现互联网金融并非金融本质革新,而只是一种技术载体和传播方式的转变。因此,在间接(债权)融资和实物融资等刚性兑付领域,加强监管是必要的。当然,这样的监管必须平衡、合理。同时,当间接融资无法满足风险与收益的匹配时,互联网直接融资(或者说股权融资)便是水到渠成的投融资形式。

(一)债权类金融产品:"全面监管"的规范金融

债权类互联网金融产品,既是当下最为普遍的金融样态,又是最一波三折、最受关注和争议的金融形式。论及于此,我们不得不再从P2P网络借贷出发,寻找监管的最短板和突破口。

1. 互联网债权金融监管模式再梳理

采用何种模式对P2P为代表的网络金融进行监管,才能符合未来金融发展的趋势和导向,也成为一个令监管者极为头疼的问题。在传统金融行业监管模式难以延续套用到互联网金融领域的情况下,互联网金融领域的监管也出现了自由发展型、运动型及禁止型的三种监管模式。其中,禁止型的监管模式主要体现在股权众筹领域,本书中已有了充分的阐述,笔者将对这一监管模式进行进一步探讨。

在债权领域,实际上是经历了自由发展到运动监管的基本过程。所谓自由发展型,其实质便是本书中所称的行政上完全予以放开,不予监管和"野蛮生长"的模式。目前看,其负面结果已经显现。自由发展失败后,出现的是运动型监管模式,即在网络金融风险爆发后进行集中整治,不仅对投资者、消费者而言需要承受巨大的风险损失,对于金融行业创业者而言,无法无据的摸索发展道路,亦如同刀尖行走,必须承担巨大的经济风险甚至刑事风险。

鉴于上述监管模式存在的问题,有人提出了所谓的"创新型监管"模式。其典型的例证是,正如在网络支付领域的创新型管理模式,中国人民银行于2010年发布的《非金融机构支付服务管理办法》设置新的支付业务许可,要求网络支付、预付卡、银行卡收单等支付业务必须接受央行的监管,并设计了挪用客户备付金机制,以规避可能存在的风险。[①] 当然,对于互联网金融而言,

---

① 有人提出,互联网监管模式主要包括禁止型、运动型和创新型监管模式,并提倡创新型监管模式。参见彭冰:《反思互联网金融监管的三种模式》,载《探索与争鸣》2018年第10期,第35—43页。

任何监管都可以称为创新。不过,在现有债权类网络金融平台可以承受的基础上,引入传统的金融监管方式与线下金融相互衔接,可能是更好的方式。

2. "网络借贷"的空白补强

在中国,P2P 网络借贷业务运营收益极少来源传统认知的发布借贷信息、撮合借贷关系而获得的中介费、服务费,而是积极主动地吸收资金、发放贷款,成为"影子银行"式的类金融机构。① 鉴于"野蛮生长"造成的各类问题,以 P2P 借贷为代表的互联网债权类金融产品的管理规章正在完善。2015年 7 月 14 日,中国人民银行、工业和信息化部、公安部等《关于促进互联网金融健康发展的指导意见》中明确指出了个体网络借贷要坚持平台功能,为投资方和融资方提供信息交互、撮合、资信评估等中介服务;并且网络借贷业务由银监会负责监管。同年 12 月 28 日,作为监管主体的银监会发布了《网络借贷信息中介机构业务活动暂行管理办法(征求意见稿)》,并在 2016 年 8 月 17 日由中国银行业监督管理委员会、中华人民共和国工业和信息化部等发布了《网络借贷信息中介机构业务活动管理暂行办法》(以下简称《暂行办法》)。根据《暂行办法》的规定,P2P 网络借贷平台的性质仅仅是信息中介机构,主要从事业务也仅为借贷人和出贷人提供借贷信息收集、信息公布、资信评估、信息交互及借贷撮合等。在《暂行办法》中所规定的禁止性行为中,明确禁止 P2P 网络借贷平台进行资金自融、归集资金形成资金池、拆分融资项目等行为,以负面清单的形式界定和划清了 P2P 网络借贷业务与违法犯罪行为的边界。另外,《网络借贷信息中介机构备案登记管理指引》《网络借贷资金存管业务指引》《网络借贷信息中介机构业务活动信息披露指引》等文件的出台,从中介机构备案登记、资金存管和信息披露等角度,对 P2P 网络借贷业务的成立、开展作出了指导性的规定。

但上述办法、文件、指引仍存在一些空白,需要新的规范性文件加以明确,以达到对网络债权类产品的真正有效监督。具体而言,第一,需要弥补准入门槛的监管空白。即需明确债权类互联网金融产品的准入要求有哪些。包括自有资本、高管任职资质、任职历史、资金第三方监管的渠道等要求。其目的是使新的网络债权类金融产品的主体者(无论是中介型、借贷型、混业型),更多从传统的金融行业或互联网行业衍生而来,具有一定的资信和实力,改变当下鱼龙混杂、泥沙俱下的局面。第二,需要弥补运行过程中的外部监督和内部控制刚性规定,包括信息披露要求、存贷比要求、担保规定、内部审批机

---

① 崔志伟:《互联网融资的法律风险与规制——以 P2P 网贷平台为分析视角》,载《金融教育研究》2015 年第 6 期,第 77 页。

制、客户风险防控机制。其目的是对传统的、以"资金池"为基本生存手段的P2P网络借贷重新"洗牌",只有在新的监管要求中,顺利获得备案、规范的线上产品,才能避免被淘汰的命运。当然,从监管者的角度,形成长期、动态的监控效果,也是其职能落地的基本要求。第三,需要弥补符合一般违法但尚未达到刑事犯罪的处罚主体、处罚职责和处罚措施,其违法行为包括不符合准入门槛的平台和从业资质的职业行为、在从业过程中信息披露和资金管理的违规行为、未形成投资者损失的非法集资行为等,以实现一般违法的有效打击,将借贷类金融产品的违规行为消灭在法益侵犯较轻的状态,避免社会矛盾的发展与激化。第四,需增加对投资者的风险提示。对于大额的债权类网络融资,可考虑设置冷静期,避免投资的盲目。对于风险较高的产品,也可提示投资者要求设置相关担保。第五,需弥补工商登记变更、银监监管处分、司法刑事打击之间的线索移送与协调机制,从而使得资源共享、沟通顺畅,以网络和数据平台的方式打击、预防网络平台的金融犯罪。

3. "预售融资"的法律规制

晚近以来,以"预售融资"为代表的实物类金融产品,成为继典型的债权类金融产品之后新的发展样态。值得注意的是,在多数"团购+预购"的预售众筹模式中,产品已经量产(大可乐3手机)①。在此前提下,"项目"仅是一种产品营销,虽然称为预售性众筹,但实际并不属于互联网"预售融资"产品。

互联网预售融资,一直以来均是与债权融资相分离的观点来进行看待的,因此其造成的结果是对本质看法的偏差。论及"预售融资",即发起人通过互联网众筹平台推出相应项目的计划书并向社会公众在一定期限内筹集资金,并承诺筹资成功后在一定期限内以实际交付的产品或服务作为回报的融资手段②。笔者认为,其实质仍然是刚性兑付的债权类产品。只不过,典型的债权类产品的会计属性系应付账款或其他款,而实物众筹的会计属性或科目为预售账款,需刚性兑付的第一对象为实物。况且当无法兑付实物时,其仍需归还货款,当然,股权或金钱类的收益承诺是不允许的。因此,实物众筹实际系商品交易与债权融资的结合产物,不能脱离其刚性兑付的本质属性。

既然"预售融资"的目标系筹集资金生产产品,则其形成"资金池"问题

---

① 参见强恩芳:《实物回报类众筹的风险及防范研究——以大可乐3手机众筹项目为例》,载《市场论坛》2015年第9期,第53页。

② 参见孙伟:《网络众筹平台相关方会计处理——以淘宝众筹为例》,载《中国管理信息化》2016年第15期,第35页。

便是不可避免的，况且，资金挪动又是形成产品的基础。笔者认为，"预售融资"的风险与回报总体而言是不平衡的（即相较于普通互联网债权类融资产品，对投资者而言风险更高而回报更低），是一种小众型、个性化的金融产品，所有的债权类融资项目可能存在的问题，预售融资都存在，另外，还增加了商品服务质量、知识产权等新的缺陷，且其信息不对称的问题尤为突出。而当下的做法，无非要求平台商申请备案或者获得电信与信息服务业务经营许可证（即 ICP 许可证），但却无进一步的管理和处罚机制，其除了容易导致融资者出现非法吸收公众存款、集资诈骗外，也容易出现诸如销售伪劣产品等犯罪。因此，如何对此类债券类，同时又具有商品属性的行为进行监管，已经成为新的规制盲区。笔者认为，对于此类融资项目，其存在价值其实是值得商榷的。至少，我们对待实物融资的态度应当更为谨慎。一方面，典型债权产品的法律监管要求对实物类融资都是适用的。另一方面，还要增加如下监管措施：首先，需增加融资产品价值总量限制需求。比如，对于房产、豪华汽车等高价值标的的产品，不宜纳入"预售融资"的标的之中，以避免预售融资成为非法集资滥觞的"温床"。其次，需增加融资产品的进度条提示，以及进度规范要求，并需在预售型融资发行时，便宣布可行的预售不能方案，使投融资双方的预想、信息更为透明。最后，应当要求实物融资具有更为明确的标的和质量要求，避免未来的产品纠纷。从这个角度而言，以服务为标的的实务融资或许并不符合融资的基本价值目标（除非，该服务具有特殊的评价体系，如五星级酒店）等。

（二）股权类金融产品："股权众筹"的合理目标

如上所述，我们需要对债权类和实务类的互联网金融产品加以规范，又要为股权类的互联网金融产品寻找出路。由于互联网股权众筹的法律风险具有其明显的独特性，而融资平台作为承上启下的锚点，又成为风险监管和法律防控的核心。前瞻性地考虑股权融资和众筹平台的法律困境，或许能为出台更为合理有效的管理办法提供适当参考。

1. 众筹机制形成与《证券法》的修订

在互联网非公开股权融资阶段，股权应然呈现出在有限范围内稀释的局面。但这种互联网非公开的融资形式潜藏着一对无法调解的矛盾，即互联网的本质特性意味着公开和非特定，要在网络的背景前提下，完整的坚守投资者特定、私密和有限的监管底线，对投融资平台本身而言是比较困难的。[①]

---

① 在笔者进行调研的过程中发现，部分非公开股权投融资平台采取了互联网平台主页法律提示、投资者注册查看业务内容等方式保障业务的非公开性，规避法律风险。

如果将非公开股权融资转化为股权众筹，则相应的非特定融资属性即不再成为压制融资平台的监管要求，因此，《股权众筹试点管理办法》的出台本身"就是对先前模糊政策陈述的一个重要进步"①，但该办法尚要考虑到上位法，即《证券法》的规定。从《证券法》当初制定的精神看，其是以股份在证券交易所上市作为首次公开募股（即 Initial Public Offerings，以下简称 IPO）的基础模型的，其中并未考虑到中小企业通过互联网以众筹的方式进行 IPO。比如，《证券法》第 11 条、第 13 条规定的保荐人审查督导制度，即在实质上对 IPO 提出了三年审计报告、法律意见等要求，显然是那些希冀通过股权众筹的方式获取融资的小企业所难以负担的。又如，《证券法》第 20 条第 2 款规定："为证券发行出具有关文件的证券服务机构和人员，必须严格履行法定职责，保证其所出具文件的真实性、准确性和完整性。"但问题是，股权众筹平台对股权融资者进行披露材料的实质审查是存在困难的，如果要众筹平台完成对融资者的实质审查，众筹平台的发行费用必然会重新转嫁到融资者身上，而众筹型 IPO 公司对此也是难以承受的。还如，《证券法》第 15 条规定："公司对公开发行股票所募集资金，必须按照招股说明书所列资金用途使用。"而在众筹型 IPO 的企业中，其很难在股权众筹众中非常明确地说明资金用途。当然，募集资金用途也可能发生多次改变，而小微企业的股权众筹又意味着不可能频繁地召开股东大会。

因此，如果要依据《股权众筹试点管理办法》为互联网股权众筹式的 IPO 开一道"口子"，则《证券法》中关于股权公开融资要求的修订显然是必要前提。但是，这种修改应当达到何种程度仍值得探讨。首先，《证券法》对于 IPO 股权众筹企业的要求不可能太高，其与上市公募型的 IPO 之间应当存在显著差异。如果二者差异无法明显拉开距离，则一旦上市采用注册制后，股权众筹便容易走向名存实亡。其次，《证券法》只需更改对股权公募要求的规定，而不必对于股权众筹的限制方向进行过多干预，因为证券法系上位法律，对于股权众筹的相关规范，应以《股权众筹试点管理办法》作为实际的监控要求先行先试，并作出适当修改。最后，《证券法》及相应法律应当考虑到二级交易市场的设置与监管，因为股权众筹投资者的现实回报，在一定程度上仍然依靠在二级市场进行交易转让。当然，具体的二级市场规制方式的转变，特别是形成股权众筹二级市场与三板、四板市场的流动性规制差异，仍然是《股权众筹试点管理办法》需要解决的问题。

---

① Cf. Green. Paper, Consumer safety-A Consultaive Document (1976, Cmnd. 6398).

2. 现实法律风险衍生的风险与克服

在目前网络投融资领域出现的法律风险，对未来的股权众筹显然具有风向标的意义。目前来看，与其说规制网络投融资强监管的主要关注对象在于平台资金池问题，不如说是更为关注刚性兑付的基本需求能否得到满足。在债权领域，一旦投资者要求的刚性兑付需求无法得到满足，很容易上升为刑事案件（比如所谓P2P公司非法吸收公众存款、集资诈骗等），甚至会形成群体性事件。当然，股权的刚性兑付要求是不存在的。从理论上而言，股权融资平台也没有资金池形成的理由与可能性。但是，一旦股权融资平台出现监管上的漏洞或者融资者出现欺诈，就会使亏损投资者涌向平台或者监管机关，以期实现刚性兑付的要求。

可以预见，除了所谓的投资者的"特定性"与"非特定性"之争，目前以非公开股权融资平台为核心的现实法律风险，也将衍生至未来的互联网股权众筹。或许，参照英国1986年《金融服务法》（Financial Sercices Act）颁布后的修订方向，将事前控制和信息披露①作为主要的把控方向，是《股权众筹试点管理办法》的有益探索。

显然，"资金池"的风险会引发多米诺骨牌效应的系统性问题②，故事先控制的基础是对平台"资金池"的防控。从笔者在中国互联网金融协会③对部分互联网非公开股权融资平台调研的情况看，将投资者资金与平台自用资金进行分离，强制形成第三方托管账户的做法是可行的。当然，第三方托管账户的开设和监控还需要监管机构和开户银行的配合，目前该机制在现实中仍然存在一定的障碍。因此，在《股权众筹试点管理办法》制定和执行的过程中，与商业银行及其自律和监管机构需要形成相互配合的局面，形成类似于上市公司证券交易的第三方托管账户的有效监管，是整个法律风险控制的基础。

另外，目前需要关注的一个问题是，监管平台与部分投融资者相互勾结，形成共同欺诈其他投资主体的问题。从目前看，股权众筹显然是小微企业的融资渠道，其通过非公开募集筹资的金额是相当有限的，而在有限的金额中，领投者（即占据最大份额，且首笔投入资金的公司或个人）的作用无可替代。如果领投者与融资者相互勾结，形成虚假"领投"或在投资后撤回资金，欺诈后续投资者的资金，这无疑对投资者和平台都会带来巨大的资金风险。因

---

① 参见 R. Pennington, Law of the Investment Markets (1990), pp. 220—222。
② See Steven L. Schwarcz, System Risk, 97 Geo. L. J 193 (2008), p. 198.
③ "中国互联网金融协会"目前的部分办公地址位于北京市海淀区丹棱街1号，笔者于2018年7月11日访问该机构，并与部分互联网非公开股权交易平台的代表座谈。

此,《股权众筹试点管理办法》除了对股权融资者本身的项目内容、自身信息进行适当的披露外(主要是身份信息、个人征信报告等,应与上市信息披露有明显差别),也有必要将领投者或者在整个投资活动中的信息进行必要、恰当的披露。此外,或许可以考虑在"领投跟投"模式下,设置领投人退出的时间限制(比如不能先于跟投人退出)①,从而防范勾结风险。

此外,目前非公开股权融资平台虽然不涉及资金池,但其对于融资项目往往是进行筛选的,也就是说,这种平台实质上在撮合交易、承担股权融资经济商的身份外,还具有投资顾问的身份,这与美国2012年颁布的《工商初创企业推动法》(Jumpstart Our Business Startups Art,以下简称《JOBS法案》)是有差别的。笔者注意到,在理论和实务界,对于股权众筹的未来设想,许多都是以美国的《JOBS法案》为样本和蓝图设计的,这是对有益经验的吸收,也无可厚非。但是在借鉴的过程中,需要注意二者的差异②。笔者认为,《股权众筹试点管理办法》应当有对于股权众筹平台信息披露的监管要求(包括历史项目投资回报、失败项目、造成行政处罚甚至成为刑事案件的项目),使得投资者对其所投资项目可以进行事前判断。

3. 独立法律风险的预测与规制

不可否认,上述对《股权众筹试点管理办法》出台和落地实施的相关建议,都是从现行互联网非公开股权融资项目中出现的法律风险中总结、衍生形成的。但是,股权众筹毕竟与之存在明显差别。因此,还有必要对股权众筹所独有的法律障碍进行预测和分析。

《JOBS法案》对股权众筹限制主要从四个方面提出,除了发行人信息披露(非平台信息披露)和资格要求外,还有发行和投资额度的限制。③ 笔者在浙江省证监局和中国互联网金融协会调研的过程中也发现,监管层对未来股权众筹的发行和投资额度,都给予了足够的关注。与之同时,平台的责任问题则是监管层和潜在平台参与者均十分在意的问题。

对于发行额度的限制,一方面,使融资者将通过股权稀释的方式进行资金募集的限额降低到有限程度,使得投资人数和投资金额虽然能够从"特定"迈向"非特定",但仍能控制在一定范围之内。另一方面,控制发行额度也是

---

① Silvio Vismara, Information Cascades among Investors in Equity crowdfunding, Academy of Management Annual Meeting Proceeding (2015).

② Regulation Crowdfunding. SEC Release Nos33 – 9974.

③ Moonhee Cho, A Cross-Cultural Comparative Analysis of Crowdfunding Projects in the United States and South korea. Else vier Journal (2017), p. 23.

基于减少对大企业通过股权众筹获取资本融资吸引力的举措。如果不控制融资数额，势必使股权众筹突破小微，进入实质上市的阶段，可能使未来股权众筹二级市场的活跃程度超过目前的三、四板市场。因此，类似于《JOBS 法案》的 Reg A + 修正案中众筹融资额从 5000 万美元提升到 7500 万美元的上限显然是不可行的。国内也有研究股权众筹的资深学者认为，如果将一年内融资额幅度限制在 500 万元至 5000 万元的额度比较合理。① 笔者认为，如果将融资幅度提升至 5000 万元，可能与《证券法》第 50 条规定的上市公司 3000 万元的总股本下限无法有效衔接。因此，股权众筹的融资额度不能超过 3000 万元（包括 IPO 和后续融资）。从与公司上市拉开角度和保护投资者、使得实质的中小企业获得筹资渠道的思维出发，笔者认为设置 1000 万元的上限较为合理。况且，如果企业要获得高于 1000 万元的银行贷款，势必要提供包括审计报告等一系列量化文件披露，而股权众筹的信息披露要求，又实质低于银行贷款（主要为定性报告和处罚信息等），其融资数额当然也不宜过高。

与发行额度限制相对应的"硬币"的另一面，就是对于投资额度和时间的限制。基于风险的考量，这种限制包括两个方面：一方面是额度限制，包括对资产下限的限制，单一品种和众筹投资总量的限制。另一方面是时间限制，比如设置"冷静期"制度、股权转让限制制度②，可从时间上对不成熟及纯投机的出资者加以规制。当然，从规定的角度看，《股权众筹试点管理办法》设置投资限度完全可以参照《征求意见稿》的规定要求。问题在于，设计额度的有效执行，需要借助互联网的部分新技术应用。比如，区块链技术。在互联网股权众筹领域，往往将首发的股权众筹直接套用区块链技术中的首次币发行（Initial Coin Offering，简称 ICO，并与 IPO 概念相对应）。虽然这种概念的使用值得商榷，但区块链技术对于抑制股权众筹活动中投资者额度的作用是显而易见的。区块链技术通过各个平台分布式数据储存、点对点传输等方式，形成投资数据的集中，这是一种大数据的形成过程。之后，通过平台之间的共识机制（或者可以在自律协会组织下）产生数据互信，设置投资红线，防止内外风险的积聚。

平台责任之所以会引发平台参与者的广泛关注，除了涉及自身的权利义务外，可能更重要的在于新的众筹平台准入制度、牌照管理与责任密切相关，会

---

① 参见杨东：《股权众筹与新金融市场模式》，载《上海证券报》2015 年 9 月 25 日第 A08 版。

② 《JOBS 法案》title Ⅲ-Crowdfunding 302 条款中有 1 年转让限制的要求，可以作为转让限制制度规定的参考。

引发非公开股权融资平台的生存危机。可以预见,《征求意见稿》会将平台责任设置为某种形式意义上的审查责任,包括上文已述的披露、审阅等多项义务。除此之外,以行业自律和外部监管相结合的方式,设置备案平台严格审查,统一公示管理也是必要的。从保护投资者的角度看,大型平台的设置显然更为妥当。不过,如果平台能够形成某一共同的保护基金,满足平台因尽职调查不完整而形成的融资者欺诈进而造成刚性兑付需求,也许也能为部分中小型的非公开股权融资平台的转型提供契机。

互联网金融领域消费者权益保护

课题组[*]

互联网金融是传统金融机构与互联网企业利用互联网技术和信息通信技术实现资金融通、支付、投资和信息中介服务的新型金融业务模式。[①] 近年来,随着互联网金融的蓬勃发展,P2P"爆雷"、跑路等乱象频出,互联网金融消费者保护问题日益凸显。金融的核心在控制风险。稳定的法律环境对于风险控制和金融稳步发展有重要意义。消费者是互联网金融存在的依托和价值所在。为了使互联网金融持续健康发展,对互联网金融消费者的保护必须紧密跟随。笔者从互联网金融消费者概念出发,在厘清概念的基础上思考互联网金融消费者权益保护的界限及努力方向。

一、概念界定

金融消费者概念界定是实现金融消费者保护目标的首要前提,也是以该目标为制度原点的金融法制度的逻辑起点。金融消费者概念界定问题关系着金融消费者与金融机构双方之间权利义务的配置,也决定着金融消费者保护法律制度的合理性及其对金融市场发展实践的适应性。[②]

《中华人民共和国消费者权益保护法》(以下简称《消费者权益保护法》)第2条将"消费者"定义为"为生活消费需要购买、使用商品或者接受服务,其权益受本法保护"的人。英国的消费者保护莫洛尼委员会(the Moloney Committee on ConsumerProtection in the United Kingdom)于1962年给消费者所

---

[*] 课题组负责人:张幼平,最高人民检察院政治部干部。
[①] 中国人民银行、工业和信息化部、公安部、财政部、国家工商总局、国务院法制办、中国银行业监督管理委员会、中国证券监督管理委员会、中国保险监督管理委员会、国家互联网信息办公室联合印发《关于促进互联网金融健康发展的指导意见》(银发〔2015〕221号)。
[②] 杨东:《论金融消费者概念界定》,载《法学家》2014年第5期。

下的定义是：为私人用途或消费购买或雇佣购买货物者。[①] 根据这一定义，只包括了合同关系相对人，排除了非合同关系相对人（例如受益人、礼物接收者等）。欧盟的大部分法律采用如下定义：消费者是非出于商业、贸易、职业等目的而购买货物的自然人[②]。

2013年5月7日由中国人民银行发布的中国人民银行办公厅《关于印发〈中国人民银行金融消费权益保护工作管理办法（试行）〉的通知》第4条规定："本办法所有金融消费者，是指在中华人民共和国境内购买、使用金融机构销售的金融产品或接受金融机构提供的金融服务的自然人。"2016年12月14日由中国人民银行发布的《关于印发〈中国人民银行金融消费者权益保护实施办法〉的通知》第2条第2款规定："本办法所称金融消费者是指购买、使用金融机构提供的金融产品和服务的自然人。"与消费者权益保护法中的定义相比，2016年中国人民银行给出的定义明确消费者是自然人，未提及"为生活消费需要"。2017年11月9日，天津市互联网金融协会印发《关于加强互联网金融消费者权益保护工作的指导意见》，将互联网金融消费者定义为"购买、使用互联网金融从业机构销售的互联网金融产品或者接受互联网金融从业机构提供的相关服务的自然人"。简言之，根据这个定义，互联网金融消费者是购买使用互联网金融机构提供的互联网金融产品和服务的自然人。以上定义来自不同的规制主体，效力不一。在讨论中更有一些学者坚持金融投资者与消费者的界限，以及"为生活消费需要"的前提条件。

互联网金融具有普惠精神，使得金融门槛大为降低。在互联网金融模式下，现在金融业的分工和专业化被大大淡化了，普通百姓都可以通过互联网进行各种金融交易，市场参与者更为大众化，这也是一种更为民主化，而不是少数专业精英控制的金融模式。[③] 可以说，互联网金融时代，非专业投资者与一般的消费者无异。因此，有不少研究呼吁，应将一般投资者视为金融消费者加以保护[④]；需要构建统一的金融消费者概念，即专业投资者和一般投资者都嬗

[①] Moloney Committee on Consumer Protection, Final Report of the Committee on Consumer Protection´ (Cmnd 1781) 1962, para. 2.

[②] 例如：the Doorstep selling Directives 85/577/ECC of 20 December, [1985] OJ C 92/1; The Unfair ContractTerm Directive 93/13/ECC of [1987] OJ L 95/0029-0034; the Distance Selling Directive 97/7/EC [1997], OJ L 144/19-27; Consumer Sales Directive 99/44/EC [1999] OJ L 171/0012-0016，等等。

[③] 谢平、邹传伟：《互联网金融模式研究》，载《金融研究》2012年第12期。

[④] 杨东：《论金融服务统合法体系的构建——从投资者保护到金融消费者保护》，载《中国人民大学学报》2013年第3期。

变为金融消费者，与存款人、投保人、受益人等传统金融消费者共同组成统一的金融法主体①等。

有鉴于此，关于金融消费者和投资者的关系，笔者同意如下观点：不必过分纠结于金融消费者和投资者的二元划分，应理解金融消费者和投资者的并存是实现身份转化和角色定位问题所必需。无论主体是自然人、法人还是其他组织，均应根据实力和信息因素划分为专业投资者和非专业投资，非专业投资者纳入金融消费者范围，专业投资者则应排除在外。② 因此，本文所讨论的互联网金融消费者，其定义为：互联网金融产品、服务的非专业投资者购买者。此概念在某些立法中已有体现。日本《金融商品销售法》将金融消费者界定为"不具备金融专业知识，在交易中处于弱势地位，为金融需要购买、使用金融产品或接受金融服务的主体"。该定义把具备金融专业知识的人排除在金融消费者范畴之外，这样规定的好处是有利于保护真正处于弱势地位的金融消费者。③ 我国台湾地区《金融消费者保护法》第4条规定："本法所称金融消费者，指接受金融服务业提供金融商品或服务者。但不包括下列对象：一、专业投资机构。二、符合一定财力或专业能力之自然人或法人。"④

二、互联网金融消费者权益保护的重要性

消费者保护历史悠久。消费者保护法律在不断演变进化着，在各个国家、各个领域呈现出不同的法律渊源、法律措施、衡量标准。消费者权益保护内涵丰富，内容也宽泛到难以精确界定。可以把消费者保护广义地理解为"与保护公民作为消费者经济地位最终相关的法律、规则以及实践的集合"⑤。这一理解关注的是社会成员作为货物和服务消费者这一身份时的地位、作用。

西方学者通常对现代消费者保护法追溯至20世纪60年代的沙利度胺危机⑥，此事件促使公众认识到当时对于消费者药物安全监管的不足，促进了药

---

① 杨东：《论金融消费者概念界定》，载《法学家》2014年第5期。
② 张红宵：《关于金融消费者的文献综述》，载《南方论刊》2018年第11期。
③ 邓纲：《金融消费者保护体制及其相关问题》，载《法学杂志》2012年第5期。
④ 黄江东：《台湾〈金融消费者保护法〉的内容述评及启示》，载《南方金融》2011年第12期。
⑤ Public Interest Advocacy Centre, Consumer Protection in Canada and the European Union: A Comparison (Ottawa: Public Interest Advocacy Centre, 2009), p. 9.
⑥ Thalidomide，一种镇静剂。——编者注

物监管改革①。美国肯尼迪总统于 1962 年在国会演讲时提出了消费者的四项基本权利：安全权、知情权、选择权、建议权。随后，消费者保护法律发展起来，有的国家将消费者权利保护写入了宪法②。

金融消费标的在互联网平台上呈现复杂化和多样化，加剧了信息不对称等问题。而今互联网科技的专业性和技术性使得绝大部分使用者处于"科技黑箱"的状态，消费者对于经营者提供的商品或者服务背后的专业知识并不知晓，其弱势地位在交易中越发明显。③ 互联网金融因为拓展了交易可能性边界，服务了大量不被传统金融覆盖的人群（即"长尾"特征），具有不同于传统金融的风险特征。例如金融知识、风险识别和承担能力相对欠缺，投资额小而分散，个体非理性和集体非理性更容易出现等。④

2015 年 11 月 4 日，国务院办公厅发布的《关于加强金融消费者权益保护工作的指导意见》，文件中指出，金融消费者是金融市场的重要参与者，也是金融业持续健康发展的推动者。加强金融消费者权益保护工作，是防范和化解金融风险的重要内容，对提升金融消费者信心、维护金融安全与稳定、促进社会公平正义和社会和谐具有积极意义。

三、消费者合理保护的界限

消费者保护应注意到消费者道德风险并进行合理保护。消费者有可能"过分重视自己的权利和利益，对经营者的权利和利益则持冷漠、不关心的态度，甚至不惜以违法手段来实现自己的利益最大化"。⑤ 有研究指出，在我国，针对投资风险的各种隐性或显性担保大量存在，老百姓也习惯了"刚性兑付"，风险定价机制在一定的程度上是失效的。⑥ 网络借贷中存在着道德风险：

---

① Ross Cranston, Consumers and the Law (2nd ed) (London: Weidenfeld & Nicolson, 1984), pp. 152—155.

② Public Interest Advocacy Centre, Consumer Protection in Canada and the European Union: A Comparison (Ottawa: Public Interest Advocacy Centre, 2009), pp. 18—19.

③ 郑锡龄：《互联网金融消费者的认定及倾斜保护研究》，载《海南金融》2018 年第 8 期。

④ 谢平、邹传伟、刘海二：《互联网金融监管的必要性与核心原则》，载《国际金融研究》2014 年第 8 期。

⑤ 张彬彬：《消费者后悔权的道德风险问题研究》，载《黑龙江省政法管理干部学院学报》2014 年第 6 期。

⑥ 谢平、邹传伟、刘海二：《互联网金融监管的必要性与核心原则》，载《国际金融研究》2014 年第 8 期。

事前道德风险指的是由于借款人借到款前隐藏个人真实还款能力的相关信息以及虚报贷款用途等行为而对网络借贷平台和出借人产生的负面影响。网络借贷中的事中道德风险指的是借款人在项目运营过程中不努力经营,贷到款后基于个人惰性所采取的不作为行为而给网络借贷平台和出借人带来的负面影响。网络借贷中的事后道德风险指的是借款人在获得项目贷款后,由于谎报项目实际收益或者个人实际收入以及采取恶意赖账等策略性违约行为而给网络借贷平台和出借人带来的负面影响。①

对于过分注意自己权利最大化的少数消费者,应进行"买者自负"教育,积极引导审慎、理性参与、强化风险教育。在中国银行业监督管理委员会于2006年12月5日发布的中国银行业监督管理委员会《关于印发〈商业银行金融创新指引〉的通知》中第45条规定:"银监会与商业银行、银行业协会有义务共同加强对社会公众金融知识的宣传和教育,增进公众对金融创新的了解和对买者自负原则的认识,增强公众对现代金融知识的理解,不断提高公众的风险防范意识和风险承受能力。"

还有一种是关于非法集资参与人的情况。例如,"e租宝"案件中的集资参与人。"集资参与人"是非法集资案件中被集资人在目前法律文件中的正式称谓,该称谓始于2014年3月最高人民法院、最高人民检察院、公安部《关于办理非法集资刑事案件适用法律若干问题的意见》。② 按照国务院法制办公室于2017年8月24日发布的《处置非法集资条例(征求意见稿)》第4条的规定,非法集资参与人是指为非法集资投入资金的单位和个人。在"e租宝"事件中,2015年上半年有多家第三方机构提醒投资人关注"e租宝"的自融问题,但投资人出于对"e租宝"背书能力的信任,一再选择忽视这种善意提示。③ 例如,早在2015年5月19日,网贷评级机构融360和中国人民大学国际学院金融风险实验室就联合发布了《2015年第二期网贷评级报告》,"e租宝"被给予了最低评级C—。④ 当行为主体故意无视自己所面临的危险境地、刻意提升自我被害的风险时,刑法应尊重商业主体的自我决定权,不主动干

---

① 伏红勇、高华丽:《网络借贷中借款人道德风险行为分析及规制策略》,载《西南政法大学学报》2016年第6期。

② 《关于办理非法集资刑事案件适用法律若干问题的意见》第5条规定了集资参与人支付的本金计算、涉案财物的追缴和处置。第6条规定了证据的收集等其他与集资参与人权益相关的内容。

③ 陈文:《"e租宝"事件,折射P2P现实及未来》,载《金融博览》2016年第1期。

④ 占菊钗:《起底钰诚系A2P暴富"神话"——对"e租宝"案件的法律分析》,载《公司法律评论》2016年卷。

预。对于自我损害后果，被害主体应承担相应的责任，对于自身不谨慎而使得被害风险提升的行为，交易主体应承担相应的不利后果，基于对行为人自我选择权的尊重，刑法不能过分偏重于保护某一方当事人。① 有学者认为，应构建主客观相统一的评判标准。对非法吸收公众存款罪案件中的主动参与人，应尊重其意思自治并结合金融领域特有的投机规则，不宜作为刑事被害人认定；对非法吸收公众存款罪案件中的被动参与人以及集资诈骗罪中的参与人，存在钱款交付被欺骗情形的，应作为刑事被害人认定。②

四、加强对互联网金融消费者权益保护

对互联网金融消费者权益的保护有很多环节和层面。其一是预防性保护。完善权利保障的立法，完善程序性规范，强化金融消费者教育。其二是过程性保护，包括合理设计和规范互联网金融服务合同及规则，完善监管模式，健全保护机构等。其三是救济性保护，构建互联网金融消费者风险补偿机制，完善互联网金融消费者纠纷解决机制。本文拟按照以上环节，重点从立法、消费者教育、监管、协调、司法、仲裁等方面探讨对互联网金融消费者权益法律保护问题。

（一）预防性保护

1. 立法方面保护的改善

互联网金融作为在金融领域中新兴业态，在很多方面都突破了传统金融模式，发展过程中，很容易走进法律的禁区或者法律的空白区。互联网金融带来的金融形态突变拓展业务边界，导致部分业态处于无法可依状态，甚至部分互联网金融行为容易触犯现有的法律法规③。互联网金融领域的立法存在着滞后性的问题，在互联网金融井喷式的增长面前法律手段准备不足。消费者保护法律作为对消费者保护的根本法应弥补这一空白、发挥更大作用。

立法的意义从来都不能低估。法治的价值之一就是通过为人们的生活提供一个稳定的、可靠的框架，确定长期目标并有效指引人们的生活走向这些目标。这种可预测性可以增加人的行为的动力和力量。我们已有《消费者权益保护法》，当务之急是在法律上确认金融消费者的概念，从金融消费者弱势地

---

① 时方：《非法集资犯罪中的被害人认定——兼论刑法对金融投机者的保护界限》，载《政治与法律》2017年第11期。
② 时方：《非法集资犯罪中的被害人认定——兼论刑法对金融投机者的保护界限》，载《政治与法律》2017年第11期。
③ 邓舒仁：《互联网金融监管现状、挑战及体系构建》，载《浙江金融》2015年第4期。

位出发,通过立法对金融消费者予以倾斜保护,为保护金融消费者尤其是互联网金融消费者这一弱势群体提供法律依据。明确互联网金融消费者有别于其他消费者的特殊权利和保护范围,可以最大限度地保护其权益。

也有学者提出,应在改善现有金融相关法律的基础上,制定旨在解决金融消费者保护问题的一般法《金融消费者保护法》,从而统筹监管不同金融领域的营业行为,并为金融消费者保护政策奠定制度性基础。① 尽快制定专门的《金融消费者权益保护法》,为金融监管和消费者保护机构提供可操作性的法律依据。②

另外,鉴于企业巨头、全球平台等本身也已成为全球消费者保护的私人规制者,可以借鉴吸纳他们的成功规则。全球性技术公司,例如亚马逊、谷歌、苹果、Facebook 以及微软,作为信息科技公司迅速获得巨大的市场号召力。他们进一步把他们的影响力和优势放大转化为多边平台商业模式,这种模式要求各方,例如消费者与销售者、使用者与发布广告者等参与到他们的平台中。③

平台商业模式被定义为可以到既定市场进行扩张和运行的移动式网络化商业平台。商业平台促进平台使用者互动交流的规则和基础设施的集合。④ 其中计算机网络是平台的基本要素。

这些平台运行者可以对全球"生态系统"行使相当程度的私人规制权,这些权力就是他们的平台运行中所催化出来的。成功的平台运行商不仅仅是平台上活动、行为的经理人,同时也是这些活动规则的制定者之一。⑤ 平台运行者作为私人规制者的权力可能会因平台网络的效应而被放大。另外,因为这种权力通过全球性技术和信息平台行使,其效果直接而迅速。⑥

例如,亚马逊公司创建于 1994 年,但起初仅仅是在线销售,只卖自己的

---

① 董安生、朴淑京:《金融消费者保护的若干问题研究——以〈金融消费者保护法〉建设为中心》,载《商业时代》2012 年第 26 期。

② 黄勇、徐会志:《论 P2P 网络借贷金融消费者权益保护》,载《河北法学》2016 年第 9 期。

③ Andrei Hagiu & Julian Wright, Multi-Sided Platforms, 43 INT'L J. INDUS. ORG. 162, 162 – 63 (2015).

④ Geoffrey Parker & Marshall W. Van Alstyne, Platform Strategy 1 (Bos. U. Sch. of Mgmt., Research Paper No. 2439323, 2014).

⑤ David S. Evans, Governing Bad Behavior by Users of Multi-sided Platforms, 27 BERKELEY TECH. L. J. 1201, 1210 (2012).

⑥ Jane K. Winn, Technical Standards as Data Protection Regulation, in REINVENTING DATA PROTECTION 191 (Serge Gutwirth et al. eds., 2009).

货物。1999年,亚马逊开始提供服务,允许第三方通过亚马逊平台销售商品。第三方展示商品并不收费,但是商品一旦售出,亚马逊要收取15%—45%的推荐费以及其他费用。① 对于发生在亚马逊上的消费者交易,亚马逊对相关规则进行了界定并实施。例如,亚马逊为消费者提供了A到Z服务承诺,这个承诺要求第三方商家要遵守并满足消费者的相关要求。②

为了有效提升互联网金融消费者的保护的有效性,在金融监管中,由监管机构引导互联网金融机构形成企业标准,再上升为行业标准,最后形成契合互联网金融监管的内在要求的软法。平台标准及规则创制程序比较灵活,能够针对互联网金融领域出现的新问题、新情况及时调整监管策略。重要法律文件的出台需要反复调研和论证,耗时比较长,制定成本高。相比之下,平台创制规则先进行行业自律,再找到规范、规则和标准,逐渐上升为法律,则更能尽快适应互联网金融的发展规律。

这样做还有一个好处,即与市场主体互动性强,能够以问题为导向,追求灵活约定,能够及时地对互联网金融新出现的问题进行回应;并充分调动互联网金融市场中各个主体的积极性,有益于经过广泛参与有效提升规则的利益包容性和公信力,可在一定程度上化解业务创新和业态混合带来的对象不确定等问题。例如,亚马逊公司作为它所拥有市场的事实上的消费者保护机构的迅速发展,显示出商业机构不仅仅是被监管的对象,也可以是监管的渊源。这些机构所维系的责任、正当性以及权利都显示出与传统的"法律"这一概念不一样的地方。再如,互联网基金或互联网企业借助平台为金融机构代销金融产品,一则因为提供基础金融产品的金融机构本身具有较好的风险管理能力,二则因为互联网平台背靠阿里、百度或京东等互联网企业而具有隐性担保效果,虽有违规与否的争议但暂时也未集中爆发风险。③

2. 加强消费者教育

1985年,联合国发布《消费者保护指南》(United Nations Guidelines for Consumer Protection),发布此文件的理由是:认识到消费者常常面临着经济关系、教育水平、谈判能力之间的不平衡问题,以及消费者有权获得安全的产

---

① Mary Weinstein, See on Amazon: How Much Does It Cost to Sell on Amazon?, CPC STRATEGY: BLOG (June 23, 2014).

② About A-to-Z Guarantee, AMAZON, http://www.amazon.com/gp/help/customer/display.html? nodeld = 200783670.

③ 姚海放:《治标和治本:互联网金融监管法律制度新动向的审思》,载《政治与法律》2018年第12期。

品，这与平均分配、经济持续发展及社会进步有同等重要的意义。① 如《消费者保护指南》第42条所指出的那样，消费者教育的作用在于"帮助人们成为有辨别力的消费者，使他们能对商品或服务作出知情选择，并意识到自身的权利与责任"。消费者国际（Consumers International）是国际消费者组织，致力于推动消费者教育项目的开展。例如它从1985年起在亚洲建立了消费者教育者网络，致力于把消费者教育引入学校课程、培训者培训以及成人培训和农村人口培训。2004年它在欧洲支持建立了公民消费网络，来自29个国家的125个大学、环保机构以及消费者保护组织参与。

欧共体于1973年颁布《消费者教育和保护欧洲宪章》，明确了消费者权利包括知情权与受教育权。消费者受教育权是一项基本权利，是获得知识、技能以便对产品和服务做出正确选择的权利，还包括了解基本规则和实现路径。

发达国家于20世纪70年代开始关注消费者教育问题。其消费者组织长期开展消费者教育活动，很多国家长期对消费者教育项目提供资助。早自1976年，美国联邦政府健康、教育和社会福利部就创办了消费者教育项目，被视为小学、高中及高等教育不可分割的部分。其目标通过提供消费者所需知识确保达到更高的消费者保护水平，帮助他们做出合理的消费决定，兼顾消费者个人利益与社会、经济和生态之间的平衡。

1986年，欧盟委员会及其成员国教育部长共同签署了86/C184/07EC决议，决议要求将消费者教育引入小学与中学教育，要求消费者知道他们的基本权利及实现路径。欧盟委员会发展创建消费教育网络并邀请所有欧盟成员国参与。其中包括欧洲委员会教育和文化理事会发起的"苏格拉底""达芬奇"项目。这些教育项目在三个层面实现：中小学教育、高等教育、成人教育。德国于2004年开始实施REVIS项目，由德国消费者、食品和农业保护部支持、很多大学参与合作。其目标是在德国学校开展关于食品与消费的教育改革。② 英国于2004年发布"消费领域教育战略与框架"，公布三大优先处理领域：信用、网络诈骗、质量标记，其目标是"向消费者提供条件及必要的知识，以利于他们有效地、恰当地、基于信任使用产品与服务"。

次贷危机发生后，美国进行了反思，认识到没有受到良好教育、知情消费的消费者，就没有好的金融监管。有观点认为联邦层面的监管对消费者保护不够，对消费者教育不够。"许多借款人根本不理解他们的贷款是什么，尤其是关于次贷的复杂性质与高额违约金"，"在访谈中，研究者发现许多借款人对

---

① www.un.org.documents.

② www.evb-online.de.

贷款成本披露感到困惑","许多贷款比他们所理解的昂贵地多,尤其有很多违约金是他们以前没有意识到的"①。其实一些州有消费者教育的实践和尝试。早在1999年,北卡罗来纳州就有立法要求当贷款涉及某些特定条款时必须对消费者进行教育。除非收到注册咨询师签署的已接受咨询证明,贷出人不得借出某些高成本房屋贷款。② 2002年,新泽西州在其住房抵押法中纳入了消费者教育的要求。③ 2006年伊利诺伊州启动了一个试点计划,要求一些借款者必须进行信用咨询等。注册咨询机构发现,当他们告知借款人他们的贷款利率非常复杂不是固定利率的时候,绝大多数人都感到非常吃惊。对于这5个州立法明确要求进行贷款咨询,有不同的认识。有分析认为是因为这些教育咨询条款设置门槛高,出贷人常常尽量避免触发这些教育咨询条款。因此这些消费者教育没有发挥所预期的明显作用。④ 也有研究表明在借款人接受了咨询教育后,"理解了贷款的成本和期限,可以帮助决策"。⑤ 美国次贷危机期间对于联邦与州立法的反思表明了消费者教育的重要性。

消费者教育制度未在我国的《消费者权益保护法》中予以确立,在国务院办公厅于2015年11月4日发布的《关于加强金融消费者权益保护工作的指导意见》中,"教育"一词出现了9次,5次出现金融消费者教育的制度内容,消费者教育框架初现。例如在《关于加强金融消费者权益保护工作的指导意见》的"工作要求"中提到了金融消费者的受教育权,要求金融领域相关社会组织推动金融知识普及。在"规范金融机构行为"部分,要求金融机构开展广泛、持续的日常性金融消费者教育。在"完善监督管理机制"部分,要求金融管理部门建立跨领域的金融消费者教育、金融消费争议处理和监管执法合作机制。在"建立健全保障机制"部分,要求金融管理部门、金融机构、相关社会组织加强研究,综合运用多种方式,推动金融消费者宣传教育工作深入开展;教育部要将金融知识普及教育纳入国民教育体系。

在科技金融背景下,消费者不仅需要熟悉更多的金融产品知识,还需要具

---

① Kenneth R. Harney, Mortgage Forms Sow Confusion, WASH. POST, June 23, 2007, http://www.washingtonpost.com/wp-dyn/content/article/2007/06/22/AR2007062200867-pf.html).

② N. C. GEN. STAT. § 24 – 1.1 E (c).

③ N. J. STAT. ANN. § 46: 10B – 26 (g).

④ Debra Pogrund Stark, Unmasking the Predatory Loan in Sheep's Clothing: A Legislative-Proposal, 21 HARV. BLACKLETTER L. J. 129, 133 (2005).

⑤ Findings From the HB 4050 Predatot, Lending Database Pilot Program, HOUSING ACTIONILL. (Housing Action Illinois, Chicago, Il.), Apr. 4, 2007.

备一定的技术知识素养,这无疑对金融消费者提出了更高的要求。如今,科技金融覆盖的消费群体日益扩大,而金融风险知识和技术风险知识的普及程度仍不足,金融消费者处于更加不利的位置。金融和技术素养较低的群体一旦遭遇侵害,更容易造成较大范围的不良影响。加强金融消费者教育、保护消费者权益是发展互联网金融的必备环节。而发展互联网金融则是加强金融消费者教育、保护消费者权益的内在动力。两者息息相关,相辅相成。金融消费者教育是解决普惠金融发展瓶颈问题的重要手段。由于金融市场存在信息不对称及金融消费者普遍存在认知偏差,使得金融消费权益保护框架体系里面一定要加强消费者教育。另外,金融消费者教育是金融消费权益保护框架的重要组成部分。金融消费者在金融交易中,处于明显的劣势地位,需要进行倾斜保护。培育负责任的互联网金融消费者,要内外联动,挖掘社会各方力量,建立金融消费者教育的长效机制,提升广大消费者金融素养。

一是要让金融消费者明确知晓自己的权利和责任。政府和金融机构要肩负起消费者教育的责任,提高金融消费者的认知能力,激发起内在动力,着力培育负责任的互联网金融消费者。负责任金融消费者要明确认知风险与收益的对等关系,在投资获取收益的同时,也要能承受由此所带来的损失,由"卖者尽责、买者自负"替代"刚性兑付"。金融消费者要树立风险意识,通过风险测评确定自身的风险偏好,并根据风险承受能力,结合自身的需求选择适当的金融产品和服务,遵守理性金融消费原则,明白事前风险防范要优于事后维权。金融消费者要主动提升内在的专业素质,不仅要对自己负责任,也要对数字普惠金融供给商负责任,履行诚信原则,保证个人信息的真实性和准确性,增强契约精神,恪守"人人守信用,具备基本的金融素养,有能力采取必要措施保护自己,并且有能力遵守金融契约的内在性规定"。金融消费者要学会"用脚投票",摒弃与自身利益不切合的金融产品和服务,理性选择合规经营的数字普惠金融供给商。

二是要发挥政府和金融供给商的帮扶作用。制定国家金融教育长期战略规划,充分利用学校、社会培训机构和金融行业教育平台,分门别类从全国性、区域性等不同层面和领域,针对不同群体,各有侧重地分层推进、分类施教,并加强交流协作与资源整合。金融素养的提高主要依赖于渠道多元的金融教育。现代社会需要来自学校、家庭、金融监管者、金融机构等多渠道、多样化的金融教育。[①] 将培育中小学生金融素质纳入国民义务教育体系,扭转国民金

---

① 邓纲:《金融消费者保护体制及其相关问题》,载《法学杂志》2012年第5期。

融教育普及化、系统化、规范化薄弱的现状。①

三是运用大数据实行互联网金融消费者分类管理。运用大数据是互联网金融平台的一大优势,平台可以在消费者授权的情况下,通过大数据技术和模型进行分析,使每个消费者都能获得与其风险偏好、财务状况和投资经验相适合的互联网金融产品,同时这也不违反互联网金融的普惠金融原则。以客户为核心,也有助于互联网金融平台能赢得市场,消费者分类管理有助于互联网金融平台的长期盈利和竞争优势。当然,运用大数据进行消费者分类管理要注重消费者隐私保护。

(二)过程性保护

1. 监管理念的创新:从金融科技到智能监管

对于互联网金融,我国在 2016 年的关键词是"规范发展",2017 年变为"高度警惕",2018 年则要求"健全对影子银行、互联网金融、金融控股公司等监管"。继 2015 年由中国人民银行、工业和信息化部、公安部等发布《关于促进互联网金融健康发展的指导意见》之后,2016 年,全国性的互联网金融行业自律组织即中国互联网金融协会成立,有关规范性文件密集出台,要求限时完成整治工作。②

传统的监管遇到了互联网金融显得应对不足。有学者把互联网金融监管划分为三种类型:创新型监管模式、严格禁止模式、运动型监管模式③,详述了对于互联网金融的监管反应。法律和监管规则赶不上迅猛发展的互联网金融。金融危机之后的监管二元性,以"数据政治"和以反思为核心的金融市场的文化解读,使得传统的以自由市场为基础的监管模式和以国家主导的计划监管模式的分野变得不合时宜。监管者主导的监管理性构建也与互联网金融的自发性、自维性和非传统性不相适应,监管者与市场之间的隔阂有扩大而非缩小的趋势。④

由于在金融科技语境下,诸如区块链、大数据等技术的发展,对许多金融交易的习惯与方式进行了重构,传统的金融立法难以有效界定并进行监管。层

---

① 中国人民银行南平市中心支行课题组:《普惠金融视角下金融消费者保护制度研究》,载《福建金融》2017 年第 3 期。

② 姚海放:《治标和治本:互联网金融监管法律制度新动向的审思》,载《政治与法律》2018 年第 12 期。

③ 彭冰:《反思互联网金融监管的三种模式》,载《探索与争鸣》2018 年第 10 期。

④ 沈伟、余涛:《互联网金融监管规则的内生逻辑及外部进路:以互联网金融仲裁为切入点》,载《当代法学》2017 年第 1 期。

出不穷的新型金融业态和新型金融交易行为难以在现有的法律框架内进行有效的规制,从而在一定程度上存在合规性风险。场景化的金融活动深深嵌入消费者日常生活的各个领域,包括社交、餐饮、网络游戏等,形成线上线下的全方面覆盖。金融消费者权益保护已不仅局限于金融服务本身,还扩展到消费者数据信息安全、网络安全、金融服务合规性、消费行为、民事能力,这些问题相互交织,形成复杂的金融消费者保护场景。① 在科技金融机构和金融服务消费者之间,科技金融机构拥有大数据信息资源、技术处理能力、金融和科技专业知识,可以使用大数据对客户进行画像,甚至进行个性化的金融服务定制。而金融服务消费者往往处于信息资源、技术能力、金融和科技专业知识的信息劣势地位,在科技金融服务交易中更易受到损害,且难以有效维护其自身的合法权益。

监管和技术发展改变着金融市场、金融服务以及金融机构。金融科技使用技术提供金融解决方案。金融科技的迅猛演化及发展要求监管科技(Regtech)产生类似的演化与发展。监管科技指的是监管背景下在进行监督、报告、合规工作时采用融合的科技手段,是"监管过程的技术解决方案"②。监管过程的自动化能够提升风险识别、合规检查的效率。例如 IBM 曾经提出的解决方案就包括使用人工智能进行风险管理、履行合规业务的功能。这种监管的理念是希望金融机构与监管者对于来自全球金融部门的每一个角落的数据进行实时监督并分析,以此建立一个更为安全、有效率的金融体系。"其中一个可能的选项就是将有一个实时在线、集成了数据、方法、指标的金融经济'仪表盘',可以监控全球社会经济和金融系统,并可以进行接近于实时的压力测试的综合系统。"③金融科技最初是由新型科技公司推动的,之后银行及其他传统金融机构跟进。监管科技的发展起初是对于监管者和政策制定者耗资巨大之合规要求的条件反应。

对于金融服务业而言,监管科技的使用将会有效提高效率从而获得更高产出。对于监管者,监管科技提供了接触海量数据进行风险管理的可行性办法,使得对于市场及市场参与者的更精确监管成为可能,同时这也是对于日益数字化的全球金融的自然反应。此外,监管科技也促进了对于日益碎片化的金融市场参与者的监管。监管精准度日益提高、合规成本反会日益下降,监管科技的优点使之愈来愈受到青睐。英国金融管理局〔Financial Conduct Authority

---

① 张松:《人工智能在科技金融监管中的应用探索》,载《中国信用卡》2018 年第 4 期。

② Christophe Chazot,汇丰银行创新部,NST. OF INT'L FIN., REGTECH: EXPLORING SOLUTIONS FOR REGULATORY CHALLENGES。

③ Stefano Battiston, Complexity Theory and Financial Regulation, 351 SCIENCE 818, 819 (2016).

（FCA）］认为，监管科技是金融科技的分支，聚焦于可以促进监管措施更为迅速、有效落实的科技。① 笔者认为，监管科技不仅仅是一个技术手段，它将改变金融监管的基本逻辑，监管科技的发展将改变、重构金融监管的概念、模式、实践。尤其是随着人工智能技术的持续介入，监管科技将使得监管更为智能、更易于提前分析和预判并解决问题，较之于此前或者目前的事后补救型监管，监管科技的进步将使得金融监管真正步入智能监管时代。智能监管时代的重点将不在于"太大不能倒（too big to fail）"，而将会致力于解决"太小管不了（too small to care）"。这将对互联网金融消费者权益保护带来积极影响，需要我国学界密切关注及研究。技术监管创新中必须兼顾创新、金融稳定和消费者权益保护之间的平衡。

监管科技是信息科技在监管领域的运用，即监管过程的科技化。根据英国金融行为局（FCA）的界定，监管科技的核心在于科技令监管更为便利、更为有效，可极大地提升监管能力。监管科技的精髓在于"科技+监管"，意指利用新技术更加有效和高效地解决监管和合规问题。金融科技的发展使得合规成本上升。由于针对金融科技的监管基于特定数据、流程或管理结构，监管科技可以提出解决方案，集中多种监管，避免重复，降低成本，提高效率。监管科技的特点是敏捷性、速度、集成和分析，目前主要集中于帮助企业完成自动化方面的合规任务，降低合规和报告方面的运营风险。区块链、大数据、智投顾问等数字为核心的技术被广泛应用于金融业之中，这些极具"破坏性"和"替代性"的新技术重新定义了金融世界，使金融消费模式发生重大改变，给金融体系带来了结构性影响。政府部门应该采取更审慎的标准、更规范的管理工具、更为技术化的监管措施进行监管。

互联网金融的迅猛发展呼吁监管中更加注重消费者保护问题。强化监管科技在实践中的应用，利用大数据、人工智能、云计算等技术，丰富金融监管手段，有利于真正实现对金融安全的维护、对金融风险的防范、对互联网金融消费者权益的保护。传统监管采用保护型管制型监管模式，设立准入型监管门槛，究其原因是缺乏有效的可以提供动态实时监管的监管手段。而科学技术手段的应用，可以实现数据的可触达，形成监管者与被监管者之间动态的反馈机制。通过大数据等技术，金融交易数据可以快速传递给监管者，而监管者一旦接收到异常的信息，便可以通过反馈机制快速地进行回应，从而在最初始阶段抑制可能产生的金融风险，从而高效地阻止金融风险的大范围传播与扩散。人

---

① Feedback Statement, Financial Conduct Authority, Call for Input on Supporting the Development and Adopters of RegTech 3 (2016).

类在互联网上的活动,留下了大量的信息和数据痕迹,成为分析人类行为的重要依据和来源。大力推行大数据监管,通过大数据进行研究、分析对策、确定监管原则和措施,加强互联网金融消费者保护。

2008 年国际金融危机后,各国大幅提高了金融监管标准。为了寻求降低合规成本之法,发达国家大型金融机构大量采用新技术以应对监管之需。数据科学的发展,比如,人工智能和深度学习使非结构化的数据结构化;市场规模不断扩张和金融跨境市场的不断发展对监管者的监管能力提出了高要求,监管主体需利用科技手段提升监管能力。监管科技(Reg Tech)有一体两面:政府部门监管端和金融机构合规端,金融机构利用金融科技满足合规要求,政府部门利用金融科技高效监管。监管者与被监管者是合作关系,监管科技使双方处于双赢的生态体系,政府与企业有望共建良性治理新局面。① 世界上越来越多的国家和地区已经开始进行新的立法或者确定监管框架,发展新的监管措施手段以应对金融科技带来的新型金融服务及产品。尤其是美国、英国等国家重视监管科技,将科技和金融监管相结合,提升金融监管的技术含量和水平。②

例如对于众筹和 P2P 领域,美国使用 JOBS 法以及证交会的行政监管规则进行有效控制和治理,发布了众筹合规指南(Regulation Crowdfunding: A Small Entity Compliance Guide for Issuers)③。国际证监会组织发布了《关于处理众筹监管问题的声明》④ (*Statement on Addressing Regulation of Crowdfunding*)。韩国和日本允许有牌照的金融机构购买金融科技公司或者持有其主要股份。韩国允许具备高端银行科技的公司开设纯网络银行。英国对于数字货币有减免政策。澳大利亚对于某些小额交易免税。英国等国家尝试沙箱监管等。在这些政策制定和实施中,消费者权益受到关注和保护。例如澳大利亚实施沙箱监管时,要求监管者在评估金融创新时,要关注是否有利于消费者的权益,以及是否增进了市场稳定性、市场透明度,并关注该公司对于消费者保护的处理程序。⑤ 美国国会议员 Patrick Mc Henry 于 2016 年 9 月提出了监管沙箱相关法

---

① 刘志坚:《金融科技助力 Reg Tech 发展》,载《清华金融评论》2018 年 3 月。

② Lawrence G. Baxter. Adaptive Financial Regulation and RegTech: A Concept Article on Realistic Protection of Victims of Bank Failures [J]. Duke Law Journal, 2016, 66: 567 – 604.

③ 载 https://www.sec.gov/info/smallbus/secg/rccomplianceguide – 051316.htm,登录时间:2019 年 1 月 6 日。

④ 载 http://www.iosco.org/search/,登录时间:2019 年 1 月 6 日。

⑤ ASTRALIAN SEC. & INVS. COMM'N, REGULATORY GUIDE No. 257: TESTINGFINTECH PRODUCTSAND SERVICES WITHOUT HOLDING AN AFS OR CREDIT LICENCE (2017), http://download.asic.gov.au/media/4160999/rg257-published – 24-february – 2017.

案,该法案成为 2016 年金融服务创新法案的一部分。该法案构建的监管框架与英国沙箱有很多相似之处,包括金融科技企业需要向监管机构进行申请,重点阐释其创新将为公众带来哪些好的影响,获得批准的公司即可获得测试环境内的经营许可。监管沙箱制度在实施过程中要求测试企业全程注重消费者权益保护,体现了金融创新过程中重视行为监管的监管理念。

另外就是支付领域的立法实践。在这个领域,更为重要的新技术相关立法实践来自欧盟,例如支付服务令[Payment Service Directive(PSD2)][1],这个法令解除了信用机构及银行对于消费者账户信息及支付服务的垄断,银行顾客可以转而向第三方机构获得金融服务。法律要求银行在开放的程序界面向第三方机构提供顾客账户信息。第三方机构可以作为支付服务提供商使用银行数据进行与支付相关数据使用活动。这些第三方机构可以是电信公司、社交媒体、购物平台、增值服务商等。这个法令给支付价值链、企业盈利分配以及消费者期待带来了根本性改变。这个法令并不是简单地在已有法律框架上增加新的因素,而是实际上已经通过技术改变了支付的要素。打破垄断有利于消费者权益的保护。不少国家的金融监管机构和消费者保护机构都尝试促进金融科技,加强消费者保护。例如美国的消费者金融保护局就启动了"项目催化"项目以发展金融科技。[2]

整体而言,监管科技代表着未来金融监管的逻辑演进趋势,是支撑整个金融业发展的坚实基础。我国应努力构建基于大数据和云计算的实时、动态的监管系统。我国部分地区已有类似于监管沙箱的实践,应继续尝试通过创新金融科技的监管机制,运用监管科技,提升监管水平。中国人民银行的官网上有金融科技一栏,打开后可以看到科技司的工作职能,例如负责人民银行科技管理与建设工作;拟订人民银行科技发展规划和信息化建设年度计划;拟订金融业信息化发展规划;负责金融标准化组织管理协调工作;指导协调金融业信息安全工作;拟订银行卡及电子支付技术标准,协调银行卡联网通用及电子支付技术工作;协调有关金融业科技工作,负责金融业重大科技项目管理工作等。

此外,监管科技已经有了向其最高阶段——智能监管 RI(Regulatory Intelligence)或监管智能 IR(Intelligent Regulation)发展的趋势。我国应该关注其核心应用和高级阶段——智能监管。金融科技公司在发展智能金融的同时,也

---

[1] the Payment Services (PSD 2) Directive. Council Directive 2015/2366, 2015 O. J. (L 337) 35, 53 - 54 (EU).

[2] Patrick McHenry, CFPB's 'Project Catalyst' Failed. Fintech Deserves Better, AM. BANKER: BANKTHfNK, https://www.americanbanker.com/opinion/cfpbsproject-catalyst-failed-fmtech-deserves-better [http://perma.cc/6NSV-VEV9].

应该注重人工智能技术在企业金融合规方面的应用——"智能合规",比如开发反洗钱、反欺诈智能合规模型,实现金融数据向监管机关的智能报送等。尤其要重视消费者权益保护问题。

2. 加强消费者保护机构建设

(1) 我国的现状

2012 年,中国人民银行成立金融消费权益保护局,其主要职责是:综合研究我国金融消费者保护工作的重大问题,会同有关方面拟定金融消费者保护政策法规草案;会同有关方面研究拟定交叉性金融业务的标准规范;对交叉性金融工具风险进行监测,协调促进消费者保护相关工作;依法开展人民银行职责范围内的消费者保护具体工作。①

我国消费者保护协会成立于 1984 年,尽管在保护消费者权益方面发挥了作用,但还是存在着不足。例如,消费者保护协会缺乏独立性,经济上的不独立直接导致了其身份的"半官半民"性;一方面,这种经济上的不独立性和身份上的不独立性又进而导致消协公信力不足,另一方面,这种经济与身份的不独立性还会导致其不能充分享有和行使自主决定权。再如专业性和职业化有待进一步提高。以公益诉讼为例,消协内部机构设置中,没有专门负责支持诉讼的部门和专项经费,公益诉讼和支持诉讼职能只能被搁浅。②

中国互联网金融协会是互联网金融行业自律管理组织,涉及消费者保护的职能有:制定互联网金融领域业务和技术标准规范、职业道德规范和消费者保护标准,并监督实施,建立行业消费者投诉处理机制。③

(2) 美国消费者保护专业机构建设的情况

美国消费者保护机构历史久远且较为完备。联邦贸易委员历史最久,成立于 1914 年,致力于打击商业贸易中商业欺骗行为。联邦食品和药品管理局成立于 1972 年,主要关注食品药品和化妆品安全问题。消费者产品安全委员会1973 年成立。

英国经济学家 MichaelTaylor 提出了著名的"双峰"理论(Twin-peaks)。"双峰"理论认为金融监管存在两个并行的目标,一是审慎监管目标,旨在维护金融机构的稳健经营。和金融体系的稳定,防止发生系统性金融危机或金融市场崩溃;二是保护消费者权利的目标,通过对金融机构经营行为的监管来防

---

① 引自中国人民银行官网,登录时间:2018 年 12 月 31 日 9:00。
② 张远照:《论消费者协会面临之困境及路径选择》,载《理论观察》2017 年第 8 期。
③ 载 http://www.nifa.org.cn/nifa/2955644/2955646/index.html,登录时间:2018 年 12 月 21 日 22:00。

止和减少消费者受到欺诈和其他不公平待遇。他进而提出,应根据监管目标的不同设立两个监管机构,分别作为审慎监管者和金融消费者权利的保护者,行使专业化监管职能。① 美国消费者金融保护局的设立就体现了这种理念。美国消费者金融保护局 [the Consumer Financial Protection Bureau (CFPB)] 被认为是美国历史上最有权力的监管机构之一。产生于金融危机之后,依据多德-弗兰克法 [The Dodd-Frank Wall Street Reform and Consumer Protection Act (the "Dodd-Frank Act")] 进行整体设计,致力于消费者保护。立法者认为此前的审慎监管者尽管有对于消费者进行金融保护的职能,但是没有全身心投入消费者保护,甚至在某些问题上还起到了反作用。对于消费者金融保护局的设计,赋予保护局广泛的消费者金融保护法的实施职权,它是唯一的肩负此使命的联邦监管者。同时,它唯一的使命就是消费者保护,这让它免受监管利益冲突之苦。国会还对保护局提供预算保护,其预算免于被国会监督。其主任仅因特别理由才能被总统解职。其监管职能涉及每一位消费者,其权力不受限制、定义宽泛②。其使命是监管消费者金融产品或服务的提供与规范,教育投资者并使之作出知情后更好的财务决定③。

尽管消费者金融保护局是一个监管机构,从其担负职能看,更像一个执法机构。多德-弗兰克法赋予消费者金融保护局独立诉讼职权④。法律规定,消费者金融保护局可以"对违反联邦消费者金融法律的任何人采取民事行为(civil action)",消费者金融保护局可以"进行民事处罚(civil penalty)"或"寻求任何法律所允许的、恰当的法律和衡平救济,包括永久或暂时禁令"⑤。不过,需要指出的是,消费者金融保护局执法权限只限于民事行为,法律规定如有刑事案件应移交给美国总检察长⑥。

除了国家保护机构外,美国民间消费者保护机构发展成熟。美国消费者联合会、消费者联盟等机构历史都很悠久。

---

① Michael Taylor, Twin Peaks: A Regulatory Structure for the New Century, Center for the Study of Financial Innovation, Lon-don, (1995). 转引自邢会强:《金融危机治乱循环与金融法的改进路径——金融法中"三足定理"的提出》,载《法学评论》2010年第5期。

② 邓舒仁:《互联网金融监管现状、挑战及体系构建》,载《浙江金融》2015年第4期。

③ 载 https://www.consumerfinance.gov/about-us/budget-strategy/,登录时间:2018年12月20日19:00。

④ Pub. L. No. 111-203, 124 Stat. 1375 (2010).

⑤ 12 U.S.C. § 5564 (a).

⑥ 12 U.S.C. § 5566.

为了更好地保护消费者权益,我国应考虑专门的消费者权益保护局,作为国务院内设机构,专职进行消费者权益保护工作,协调消费者(包含互联网金融领域消费者)权益保护问题。同时,可以对消费者协会进行改造升级,加强专业化建设,更好地履行保护消费者的职责。

3. 完善工作协调机制

2003年我国建立了由中国人民银行、中国银行业监督管理委员会、中国证券监督管理委员会、中国保险监督管理委员会组成的分业监管体制。2015年由中国人民银行、工业和信息化部、公安部等部门颁布实施的《关于促进互联网金融健康发展的指导意见》,也由各监管当局按照互联网金融的业务类型分工进行监管。我国相关监管处于多头管理的状态。例如,互联网支付业务由人民银行负责监管。股权众筹融资业务、互联网基金销售业务由证监会负责监管。网络借贷业务由银监会负责监管。互联网保险业务由保监会负责监管。互联网信托业务、互联网消费金融业务由银监会负责监管。2018年,银监会和保监会职责整合组建银保监会,监管职能相应承接。尽管如此,有学者认为,互联网金融总体处于"弱监管"状态,部分业态甚至还处于"无准入门槛、无行业标准、无机构监管"的"三无"状态。[1]

2013年8月,国务院为进一步加强金融监管协调,保障金融业稳健运行,同意建立由中国人民银行牵头的金融监管协调部际联系会议制度,职责之一就是"交叉性金融产品、跨市场金融创新的协调"。有评论说不定期的监管联席会议仍然仅停留在政策层面、缺乏法定效力的协调平台,难以对跨部门、跨行业的交叉性金融领域的金融消费权益开展保护,迅速达成统一共识并高效应对,既导致"不能管"的尴尬无奈,也造成"不想管"的推诿扯皮。[2] 急需加强监管部门之间、监管部门与司法部门之间的协调与合作。

美国消费者金融保护局积极寻求与检察机关建立民刑伙伴合作关系。为了尽快构筑这种民刑平行的程序,消费者金融保护局甚至积极招聘雇佣前刑事检察官以增强执法能力。美国联邦法律授予司法部对于消费者金融保护事务的民事、刑事执法权。司法部相关职能部门包括民事处消费者保护科、设在94个区的检察院[the Offices of the U. S. Attorneys(USAO)]等。为了加强两者合作,美国司法部与消费者金融保护局达成了谅解备忘录,创建了合作框架。这

---

[1] 邓舒仁:《互联网金融监管现状、挑战及体系构建》,载《浙江金融》2015年第4期。

[2] 中国人民银行南平市中心支行课题组:《普惠金融视角下金融消费者保护制度研究》,载《福建金融》2017年第3期。

个合作框架包括信息共享、共同调查与合作、机构之间的移交和通知等。双方同意协调其工作以避免不必要双重执法,双方同意在执法行动关键环节(例如开始调查、提起诉讼时)通知对方。

2008 年金融危机以后,美国国会及民众批评奥巴马政府在起诉与 2008 年金融危机相关的重大金融犯罪方面所做甚少。2009 年,奥巴马总统签署命令,成立金融欺诈执法行动组 [Financial Fraud Enforcement Task Forces(FFETFs)]作为回应①。行动组的职能是"调查和起诉严重金融犯罪及与金融危机和经济恢复相关的其他违法犯罪"。行动组包括了联邦政府部门以及很多州及地方执法机构。金融欺诈协调员被分配下去协调执法行动、促进对于金融犯罪的起诉。消费者金融保护局是行动组成员。

消费者保护方面,美国还有一个重要机构即联邦贸易委员会(FTC)。联邦贸易委员会是美国重要的联邦法律实施机构,重在保护消费者隐私和数据安全。其战略目标之一就是保护消费者免受市场不公与欺诈②。该委员会成立于 1914 年,在数字时代继续在互联网发展背景下致力于消费者权益保护。联邦贸易委员会执行消费者保护法律,例如公平信用报告法(Fair Credit Reporting)。联邦贸易委员会与司法部也存在合作关系,与司法部共享联邦反垄断法的执法权,分别在自己所专长的领域进行兼并审查。例如司法部通常对金融服务业、电信业、农业等领域的兼并进行审查,而联邦贸易委员会通常对国防业、医药业、零售业领域的兼并进行审查。两机构的合作关系构成与本书所述相类似的平行程序。司法部独享刑事制裁权,联邦贸易委员会将刑事执法案件移交司法部。与此同时,联邦贸易委员会仍可对同一行为展开民事行动③。例如,联邦贸易委员会可以从行政程序开始,其结果可能是从行政法官处获得可以由联邦法院保障执行的禁止令。联邦贸易委员会也可以直接去联邦法院寻求救济。司法部则可以到联邦法院寻求民事制裁或进行刑事起诉。两家机构的合作关系在《美国司法部反垄断执法手册》中进行了全面界定。

(三)救济性保护

1. 更好地发挥司法机关职能

(1)诉讼的重要作用

如何整治互联网金融消费者权益遭到损害的乱象?域外实践尤其是美国的

---

① 张幼平:《检察机关控制证券内幕交易职能比较研究》,中国检察出版社 2018 年版,第 194 页。

② 载 https://www.ftc.gov/about-ftc,登录时间:2018 年 12 月 21 日 16:36。

③ 15 U.S.C. § 45(a).

多重执法合作机制可供参考。美国并没有明确对"互联网金融消费者"下一个定义,甚至没有"互联网金融"这一概念,对于互联网金融消费者的保护基本都涵盖在对金融消费者的保护和对金融纠纷的监管中。① 此处用小额在线贷等案例观察前文所述监管机构与司法机构之间的协调合作关系以及如何以诉为中心进行消费者权益保护。

2018年8月10日,美国密苏里西区联邦地区法院裁定消费者金融保护局起诉理查德·莫斯利及小理查德·莫斯利以及20个前两者控制的相关公司实体本案中的原告即消费者金融保护局起诉被告所提供的短期小额在线贷款服务中涉及违法一案达成庭外和解。消费者金融保护局认为被告违反了消费者金融保护法以及其他联邦金融法律,指称被告从第三方数据经纪商处获得消费者敏感个人信息以及财务信息,并未经授权使用这些信息进入消费者的银行账户。其中,九头蛇集团在消费者银行账户设置贷款,无限期地每周两次收取"财务手续费用"。据称,许多情况下,消费者从未看到贷款协议也不知账户中所发生的情况,直到账户中被设置贷款并被收取财务手续费用时才发现这一情况。此外,消费者金融保护局称,即使消费者确实收到了贷款协议文件,贷款的价格条款与还贷义务并未被如实陈述。

按照和解协议,被告将被禁止进入此行业,并将被没收1400万美元的资产,支付1美元的民事罚款(这个数额是基于被告有限的偿付能力决定的)。支付给消费者的赔偿是6900万美元,考虑到被告无力支付,将在满足其他条件后暂缓执行。②

与此同时并行的是刑事程序。司法部起诉了理查德·莫斯利。2017年11月,纽约南区法院认定理查德·莫斯利有罪,具体非法收集证据、通讯欺诈、窃取身份信息、虚假披露等。③ 需要指出的是,在这类案件中,一般会等到刑事起诉终结后再进行其他程序。按照美国学者的评价,消费者金融保护局、联邦贸易协会等积极将案件转入刑事程序。一旦移交,前者将暂停自己的民事执法行为,静等刑事法律释放威慑力,这样做既可以节约有限的执法资源,又可以把威慑最大化。并且,检察机关也从中获益,因为该案件建立在民事调查的基础之上,相比从联邦调查局获取调查支持耗费更少。

---

① 刘媛:《金融消费者法律保护机制的比较研究》,法律出版社2013年版,第271页。

② 载 https://files.consumerfinance.gov/f/documents/bcfp_ hydra_ stipulated-final-judgment-order_ 2018-08.pdf,登录时间:2018年12月21日14:20。

③ United States v. Moseley, Case No.1: 16-CR-00079-ER (S.D.N.Y.).

美国这种民刑并行的做法实际上不仅仅是通过制定规则、发布公告等措施来进行监管，而是以强有力的执法行动传递执法理念、释放信号。实质上是以诉讼促进法律意图的实现，以诉讼监督、促进并参与监管，以诉讼博弈规则。① 这种做法值得借鉴。如 Turn 公司是一个数字广告公司，它误导消费者，该公司的隐私政策告诉消费者，他们可以通过进行浏览器设置锁定或者减少弹窗以减少弹出广告，让消费者误认为可以减少公司对消费者的追踪。事实上，尽管消费者进行了相关设置，该公司仍然会进行追踪。该公司被联邦贸易委员会起诉，后来达成和解。② 类似的例子是"United States v. In Mobi Pte Ltd."一案，被告使用技术定位、跟踪消费者（包括儿童）的地理位置，尽管消费者已经否决其获得位置信息权，被告仍然进行此项定位和跟踪。后来达成和解。③ 这些案件的起诉和和解都对业界产生明显导向作用与震慑效果。

（2）司法机构不能缺席互联网金融消费者权益保护

2017 年上海浦东新区法院对 2016 年金融消费纠纷案件进行通报。根据统计数据，从案件数量来看，该法院全年共受理金融消费纠纷 26607 件，占全部金融商事案件的 91.47%，同比增长 54.59%，总量上接近于 2014 年的两倍。从案件分类来看，多元化趋势显著，互联网金融背景下新类型案件不断涌现，金融信息服务公司的案件明显增多，金融借款纠纷、信用卡纠纷仍是涉诉主体。从案件主体来看，以金融消费者为原告的案件数较 2015 年同比增长 49.14%，体现了消费者司法维权意识的不断提高，也突出反映了金融消费者对法律的依赖度不断加强。从数据分析可以看出在金融消费者权益保护三大平台中，司法机构占据了重要地位，但同时也承担了更大的责任，面对日益复杂的金融纠纷，其对弱势金融消费个体的保护力量有待持续提升。④

当互联网金融消费者权益受损时，除自力救济的措施之外，公权力是其权益保障的主要措施，竞争激烈的市场力量更需要外部力量予以解决。在社会保护和行业保护之外，司法保护是不容忽视的力量。司法必须有所作为。互联网

---

① 张幼平：《检察机关控制证券内幕交易职能比较研究》，中国检察出版社 2018 年版，第 224 页。

② No. 152 - 3099, 2016 WL 7448417 (F. T. C. Dec. 14, 2016).

③ No. 3：16 - cv - 3474 (N. D. Cal. June 22, 2016).

④ 数据来源于上海市高级人民法院网《浦东新区法院发布 2016 年度金融消费者权益保护案件审判白皮书及十佳案例》。

金融消费者保护这一问题，法治不能缺席。司法机构作为有效的最终裁决者，权利保障的最终堡垒，面对消费者权利受损的事实，应以专业、及时和具有成本效益的方式作出最终有约束力的决定。

（3）民事保护与刑事打击

互联网金融消费者在交易中处于天然的弱势地位，P2P网络借贷举证能力方面存在严重不足。按照"谁主张谁受益"的原则，需要金融消费者负举证责任，由于P2P网贷平台交易属于无纸化的电子交易，其合同、资料、表格等均采取电子凭证形式，对于电子证据的提取和证据保全，需要采取专业技术手段，相对来说，举证难度大，加之繁杂的手续不利于金融消费者权益的保护。

在互联网时代，互联网金融消费者权益受到侵害普遍呈现出人数众多、分散地域广、单个维权成本高等特点。我国最早在1991年确立群体性纠纷解决机制，新修改的《消费者权益保护法》也再次明确了消费者的代表诉讼机制，但在现实中代表诉讼机制的有效性仍有提升的空间，可以提高代表诉讼机制的可操作性入手来分析这一问题。

司法途径尤其是诉讼的程序复杂、耗时久、成本高。根据民事诉讼中谁主张、谁举证的一般规则，受害的金融消费者应承担举证责任，然而举证困难，则是现实中受害人维权的重要障碍。大数据时代，金融消费者个人信息分布的跨地域性、非法使用行为较强的隐蔽性，使得损害后果发生之前，受害人很难知晓个人信息已被滥用；而在损害结果暴露后，金融消费者也往往无力就侵害行为与损害后果之间的因果关系，进行强有力的举证。大数据背景下的金融消费者个人信息侵害事件具有大规模、轻伤害的特点，个人信息侵权、违法事件多为群体性爆发，引起社会较大关注；但是，就金融消费者个人而言，损害往往并不巨大，因此维权动力不足。面对沉重的举证责任，再比之于骚扰营销、信息泄露、知情权不被保护等事件的轻微损害性，金融消费者往往自认倒霉、不了了之。

与传统金融机构不同的是，互联网金融平台通过互联网来销售产品和拓展业务，面对的互联网金融消费者人数众多，居住于全国各地，缺乏有效组织；互联网金融的交易通过非面对面的方式进行，从开立账户、条款说明到签署合同都是以无纸化方式在互联网空间中进行，最终这些电子合同和数据都保存在平台的服务器中，但这些电子数据易遭篡改和灭失。当互联网金融消费者权益受到损害时，由于空间距离和难以获得明确的合同证据，存在维权成本高、举证难的困境。由于对金融消费者个人信息的侵害，具有轻微、涉众的特点，加之高筑的技术壁垒，侵害者所付出的成本，与受害者的维权成本形成强烈反差,致使维权陷入窘境。

最高人民法院于 2016 年 4 月 24 日发布的《关于审理消费民事公益诉讼案件适用法律若干问题的解释》将经营者"具有危及消费者人身、财产安全危险"等侵害社会公共利益的行为纳入可诉范围。在金融信息数据侵权案件中,往往涉及众多受害者,众人拾柴火焰高,而且个人诉讼的维权成本很高,可能会出现诉后赔偿金额不足以消除诉讼成本的状况。引入公益诉讼制度可以分散个人的维权成本,从而降低维权费用,如果将维权案件交于具备专业知识技能的律师检察官,也可以保证案件的胜诉率。另外,公益诉讼也可以扩大案件的社会影响力,减少金融消费者侵权案件的发生,增加侵权案件的胜诉率。

刑事打击是最终的司法救济手段。目前急需进行刑事打击的有两个方面的问题。一是信息安全和隐私保护的问题。移动支付、P2P 网贷、股权众筹、互联网理财产品销售等平台在给人们生活带来极大便利的同时,也存在泄露个人信息的可能性。客户在最初使用互联网金融平台时,会涉及注册姓名、证件号码、联系方式、银行账户甚至密码等大量敏感信息,这些个人信息一旦泄露给不法分子,可能造成客户资金损失。二是洗钱问题。互联网金融涉及的一种典型的洗钱行为,如利用 P2P 网贷、第三方支付平台转移、清算非法集资或网络赌博等犯罪资金。互联网金融由于交易双方的信息不对称、隐蔽性,从而突破了地域限制,给洗钱犯罪活动提供了便利,而互联网金融消费者很可能在毫不知情的情况下受到权益损害,陷入洗钱陷阱。互联网金融现在已成为反洗钱的重点治理领域之一。

(4) 司法机构的互联网化

互联网的发展改变了以往的消费途径,实体门店逐步被取代,当发生纠纷时消费者权益的保护显得更加困难。当前的《消费者权益保护法》在面对消费者权益受损时,所提供的救济方法是调解和解、申诉、仲裁、诉讼的传统手段。这显然并不适应互联网金融的虚拟化特性。由于互联网金融的无纸化,并且采用线上交易的方法,采取线下维权的方式困难重重,使得消费者的劣势地位进一步扩大。

2018 年 8 月 9 日,最高人民法院发布了《印发〈关于增设北京互联网法院、广州互联网法院的方案〉的通知》,其中决定由最高人民法院会同北京市、广东省相关部门,于 2018 年 9 月底前完成互联网法院的组建与挂牌工作,并由最高人民法院明确互联网法院管辖范围并健全完善互联网审判特点的诉讼规则。9 月 9 日上午,北京互联网法院正式挂牌,对于消费者而言,进入北京互联网法院电子诉讼平台便可足不出户在网上打官司。北京互联网法院将集中管辖北京市辖区内,应当由基层人民法院受理的第一审特定类型互联网案件,负责审理包括互联网购物合同纠纷;互联网服务合同纠纷;互联网金融借款、小额借款合同纠纷;互联网著作权权属和侵权纠纷;互联网域名纠纷;互联网侵权责任纠纷;互联网购物产品责任纠纷;检察机关提起的互联网公益诉讼案件;因对互联网进行行政管理引发的行政纠纷;上级人民法院指定管辖的其他互联网民事、行政案件等11类案件。

北京互联网法院将实行"网上案件网上审"模式,一起案件从在北京互联网法院电子诉讼平台上发起诉讼,此后的调解、立案、送达、庭审等诉讼环节都可以全程网上办理,实现便民诉讼,节约司法资源。探索建立与互联网时代相适应的审判模式,推动起诉、调解、立案、庭审、判决、执行等诉讼环节全程网络化。创新顺应互联网审判的程序规则,建立全类型案件标准化、智能化审理模式。适应信息化时代要求,发挥跨地域审理优势,方便当事人参与诉讼。

电子诉讼不仅实现了当事人的诉权,而且是以一种更加经济和有效的方式实现了对当事人诉权的保护。当事人无须到达特定的管辖法院,登录互联网法院平台,根据网页提示简单操作即可实现快速立案,跳过管辖异议处理环节,在线完成从起诉到裁判的全部诉讼行为,足不出户体验高效率、低成本的便捷司法服务。理想的电子诉讼应当是实现从起诉、立案、举证、质证、开庭、调解、判决、送达和执行等各个诉讼环节的全程网络化。

互联网法院具备智慧法院智能化的特征,不仅仅是远程视频审判与科技法庭的升级,而且突破了传统法院的运行模式,探索司法新规则,开辟依法治国新领域。互联网法院将网络技术充分应用于诉讼流程,把法庭从现实的物理空间转移到网络虚拟空间,起诉、调解、立案、送达、举证质证、开庭、裁判等办案的全部环节都可以在线操作,无须花费过多的在途时间和差旅费用就能完成诉讼。[1] 杭州互联网法院还上线了全国首个司法区块链。用区块链技术组建司法联盟链,实现电子数据全流程记录、全链路可信、全节点见证,从源头上解决了电子证据来源可信问题。[2] 杭州互联网法院的案件管辖范围中,第一类

---

[1] 薛聪:《后信息化时代的互联网法院建设问题研究》,载《黑龙江政法管理干部学院学报》2018年第4期。

[2] 《"为互联网发展腾飞插上法治翅膀"——来自世界互联网大会上的"法治声音"》,杭州互联网法院官网:载 http://hztl.zjcourt.cn/art/2018/11/9/art_ 1225222_ 25461217. html,登陆时间:2019年1月1日20:00。

案件即为互联网购物、服务、小额金融借款等合同纠纷。①

互联网法院的实践将引起相应的民事诉讼、行政诉讼甚至刑事诉讼规则的变化。检察机关应当正视且认真对待互联网给传统诉讼造成的冲击和影响，同时，在尊重基本司法规律的前提下对传统诉讼业务进行与时俱进的改造。检察机关可考虑成立互联网诉讼专业部门应对互联网法院、互联网审理的挑战。可以学习、借鉴法院的经验作为自身发展的参考，建立专业的起诉团队，实施专业化的办案机制，除了科学分配司法资源之外还减少了司法成本的支出。吸纳相关专业人才，建立熟悉金融行业、经营丰富的工作团队。这样的专业人才队伍不一定是固定不变的，可以实现人力资源的有效分配。一个地区可以根据发展的需要组建一到两个专业工作组，专门解决区域内的互联网金融消费纠纷案件。

2. 网络仲裁

当某一家互联网金融企业提供不良或者不公平的服务时，不仅会造成企业自身名誉的损害，也会降低消费者对该行业的忠诚度。这显现出了互联网金融企业管理和自身控制的弱点，各企业不良行为累积，最终会使整个行业蒙受损失。因此，在任何情况下均应建立互联网金融消费者可获得补救的机制，通过投诉或纠纷解决进行处理和行为纠正，并保证解决途径的独立、公平、及时和高效。

求偿权是消费者维护权利的最后一道法律防线，普通民众参与互联网金融活动的积极性与它有着密切关系。只有加强对互联网金融消费者权益尤其是求偿权的保护，才能最大限度地防止互联网金融急剧发展过程中的道德风险，尽可能地防止对消费者侵权事件的发生。对作为保护互联网金融消费者权益的重要方面之一的求偿权的保护制度进行完善，对于完善整个互联网金融消费者权益制度体系有着非常重要的意义。完善互联网金融消费者求偿权保护制度的最终目的是保障互联网金融的稳定发展，它的完善对于互联网金融健康持续发展意义重大。

我国《消费者权益保护法》第6章专门对争议解决作出了明确规定，指出消费者可通过与经营者协商和解、请求消费者协会或者依法成立的其他调解组织调解、向有关行政部门投诉、根据与经营者达成的仲裁协议提请仲裁机构仲裁或者直接向法院提起诉讼这几类方式解决交易双方的争议问题。当金融纠纷发生后，当事人通过私力救济，就侵权纠纷采取和解方式进行沟通，这种方

---

① 杭州互联网法院官网：载 http://hztl.zjcourt.cn/col/col1225180/index.html，登录时间：2019年1月1日20：15。

式相对简便,成本最低,但是由于双方掌握的信息不对等,互联网金融消费者处于劣势,寻求公平谈判可能性不大;当不能协商和解,金融消费者求助于第三方机构,按照现有一般纠纷的处理程序,由工商管理部门或行业消费者协会,根据纠纷的具体情况、性质、损害程度进行判断,划分责任,但是由于互联网金融交易的复杂性和隐蔽性,在一定程度上突破了工商管理部门或消费者协会的能力范围,导致其作出决定的强制性也不强。

仲裁较之诉讼具有天然的灵活性、便利性,节约当事人时间、精力。如果能够在线解决,则必将更能满足人们在互联网经济下对高效、快捷和便利的更高要求。以在线支付纠纷为例,第三方支付平台的用户比较分散,且纠纷标的金额较小,若消费者与第三方支付平台选择和解或调解的方式解决纠纷,必然会支付诸如交通费、住宿费等一系列成本费用,消费者往往得不偿失;若双方选择网上申诉,这一过程用时长,申诉过程复杂,需要投入大量的时间成本并且耗费过多精力;而若选择仲裁或诉讼,则各项成本相对更高,因此传统的线下纠纷解决方式在处理第三方支付交易纠纷时效率低且不利于双方争议的顺利解决。

在线仲裁(Online Arbitration,也称网上仲裁),一般是指利用互联网技术资源来提供专业知识和仲裁服务的网上替代性争议解决办法。① 在线仲裁将信息、科学和技术与仲裁过程相结合,将原先在线下完成的仲裁程序和裁判过程通过互联网技术实现在线完成。即争议双方首先通过对预先设定的在线仲裁规则进行确认后进入正式的在线仲裁阶段,争议双方与仲裁员通过数字化信息设备、视讯通信系统、智能化处理程序完成证据交换、调解、庭审以及裁决的全过程,它是一种"网上虚拟审理"过程。在线仲裁较之传统仲裁具有更强的灵活性,也更加自治,在互联网技术的支持下,在线仲裁为争议双方节省了更多的人力、物力和时间成本,它是当今互联网背景下更为有效的商事纠纷解决方式,人们也简单地将其称为"无纸化仲裁"。②

1997年,加拿大蒙特利尔法学院发起成立网络裁判庭(Cyber Tribunal)提供在线仲裁服务,主要解决涉及信息技术的民商事纠纷。2000年,"NovaForum Inc."成为加拿大第一个面向商贸纠纷的在线仲裁网络裁判庭,承诺在72小时内解决纠纷。2005年,美国乔治亚州的网络提供商针对小额索赔争议创

---

① 李虎:《网上仲裁法律问题研究》,中国民主法制出版社2005年版。转引自栾思达:《网络借贷纠纷在线仲裁解决机制研究》,载《福建行政学院学报》2016年第5期。

② 倪楠:《构建"一带一路"贸易纠纷在线仲裁解决机制研究》,载《北京联合大学学报》(人文社会科学版)2017年第10期。

立了 Internet Arbitration（Net ARB）提供在线仲裁服务。2011 年 10 月，Zip-Court 在美国创立，它提供更加全面的在线服务，其仲裁内容包括所有类型的争议和纠纷。现阶段，无论是 VMP、Cyber Tribunal、Net ARB、NovaForum Inc. 还是 ZipCourt，它们都是网络项目或网络公司，并不依存于实体的仲裁机构，它们都有着各自不同的规则和程序。

1994 年为了方便 WIPO 仲裁和调解程序的当事人参与并追踪其争端的解决进程，世界知识产权组织修订了仲裁规则，明确了网上仲裁规则，成为第一个实体仲裁组织开展在线仲裁服务的机构。欧盟为解决电子商务领域的在线争议，于 2013 年颁布了关于在线解决消费者争议的条例，建立了在法院外解决争议的 ODR 机制，根据双方协议和意愿决定是否适用，这一机制也被联合国国际贸易法委员会采纳。随着在线仲裁的发展，其表现出的显著优点被更多商事主体认可，我国于 2000 年首次由实体仲裁机构尝试开展在线仲裁业务。

在金融仲裁中，仲裁程序及规则适应金融案件的需要，仲裁本身处于被动地位，个性化的互联网金融纠纷处于主动地位；在诉讼中，个性化的金融纠纷要去适应程式化的诉讼，诉讼本身处于主动地位，个性化的金融案件则处于被动地位。处于主动地位的诉讼程序，扮演着管理者的角色，当事人甚至是金融业态的创新需求往往被忽略；处于被动地位的金融仲裁制度，扮演着服务者的角色，能够为当事人提供更加契合其需求的规则产品，以顺应当事人的金融创新需求。①

互联网金融仲裁是促进互联网金融监管规则生成的一条可行路径。互联网金融仲裁的法理基础在于意思自治，这为仲裁庭发现、顺应和实现当事人的预期提供了理论依据。这一理论基础既符合规则自生论的内在逻辑，又有利于维持和促进金融创新。② 应考虑适时建立互联网金融在线仲裁解决制度。仲裁是规则博弈和经验积累的过程。在线仲裁为解决互联网金融纠纷提供了一个良好的尝试手段，可以借鉴国际经验引入在线纠纷解决制度，由双方事先约定好仲裁条款，一旦发生法律纠纷可以选择提交网上争议解决中心。③

---

① 沈伟、余涛：《互联网金融监管规则的内生逻辑及外部进路：以互联网金融仲裁为切入点》，载《当代法学》2017 年第 1 期。

② 沈伟、余涛：《互联网金融监管规则的内生逻辑及外部进路：以互联网金融仲裁为切入点》，载《当代法学》2017 年第 1 期。

③ 黄勇、徐会志：《论 P2P 网络借贷金融消费者权益保护》，载《河北法学》2016 年第 9 期。

五、结　　语

金融是一个生态链，对消费者进行保护是一个综合性的问题。环境生态一旦恶化，如果不及时治理，生物物种将大面积消失，食物链将会遭受系统破坏。互联网金融生态亦是如此。互联网金融消费者权益如果得不到有效保护将导致互联网金融生态环境恶化、金融生态系统失衡，并最终威胁损害经济发展、影响社会稳定。

应构建民事、行政、司法、仲裁相结合的立体化法律机制体系，综合运用司法保障与网络仲裁，强化消费者教育，加强互联网金融领域消费者权益保护。

大数据开发利用的合理界限研究

课题组[*]

一、问题的提出：为何要设定大数据开发利用的合理界限？

今天的我们已然身处大数据时代，我们的工作模式和生活方式也受到大数据的深刻影响，大数据体现出巨大的可供挖掘的价值，它在国家治理、社会发展、民生利益等方面都开始发挥巨大效用。全民物联网时代，数据已经成为社会发展和人类进步的核心生产资料，成为一个国家的基础性战略资源。信息新时代，谁把握了数据开发利用的核心技术与能力就意味着掌握了资本和财富，谁就将在很大程度上掌控未来社会的话语权[①]。数据和算法成为智能互联时代的核心生产要素，因而无论是国家还是企业都在加强大数据的规模开发、深度挖掘、智能应用，但为了防止数据权力的过分集中或被滥用，有必要为其划定一个合理界限，让其在合法合理的范围内被开发利用，从而更好地促进社会进步发展以及人类命运共同体的利益。

（一）大数据概念界定与价值内涵

1. 大数据的概念界定

数据是对于事实、活动的数字化记录，其具有独立性，形式具有多样性，数据是无体的，通常呈现为非物质性的比特结构。大数据的4V特征（Volume大量、Velocity高速、Variety多样和应用价值高Value）已在学界和实务界基本达成共识，2015年8月31日由国务院发布的《关于印发促进大数据发展行动纲要的通知》对大数据的定义为："大数据是以容量大、类型多、存取速度快、应用价值高为主要特征的数据集合，正快速发展为对数量巨大、来源分

---

[*] 课题组负责人：赵志刚，最高检检察技术信息中心主任。课题组成员：缪存孟，最高人民检察院技术信息中心信息化三处处长；刘德萍，最高人民检察院信息化三处工作人员。

[①] 马长山：《智能互联网时代的法律变革》，载《法学研究》2018年第4期。

散、格式多样的数据进行采集、存储和关联分析,从中发现新知识、创造新价值,提升新能力的新一代信息技术和服务态度。"美国联邦贸易委员会对于大数据定义是:"大数据是经过对海量数据的处理技术,该处理技术包括收集、汇编与整合、挖掘与分析、使用,而生成的有价值的数据。"大数据定义的内涵与外延在国内与国外的政策与制度方面都有所体现。我们认为,大数据可定义为:在一定时空范围内采集大规模原始数据进行分析处理后,用以帮助使用者更合理有效地进行决策的一种问题解决方案和处理方式。

2. 大数据的价值内涵

大数据因实时性、分散性、流动性,时刻都在通过移动设备终端、传感器端口让数据流不断汇入云端计算,形成庞大数据库,再经过分类分析处理,形成有价值的信息。随着网络、传感器和服务器等硬件设施全面发展,大数据技术促使众多企业融合自身需求,创造出丰厚的经济效益,实现巨大社会价值。随着人工智能算法的优化与算力的稳定,百亿互联设备随时随地不断产出为机器学习所需要的数据,经过合理分析,数据将更加标准化、结构化、精准化,而数据也将彻底改变各个行业:交通会变成无人驾驶与车联网结合的智慧物流,金融会变成数据驱动的金融科技,医疗会变成大数据与人工智能辅助诊疗,制造业将通过大数据提升产品设计和生产效率,通过物联网(LOT)改造制造流程和渠道体系,以及智能化数字城市的建设是大数据所存在的潜在巨大价值。

(二) 开发利用大数据的现状风险及未来机遇

1. 数据产业快速发展激发数据安全矛盾

互联网新时代,伴随信息通信技术(ICT)的高速发展,及近几年大数据、云计算、区块链、物联网、人工智能等科技的勃兴,今天的互联网,通过数据采集沉淀与关联分析,经过海量大数据训练处理及机器深度学习,几乎能够得到任何它想要的信息,在提升商业经济价值及社会管理效率的同时,也对数据安全造成了极大隐患。而今许多业务的开展都已经离不开数据业务,全球化发展的未来越来越多地依赖于数据自由流通,而非单纯商品交易。鉴于数字全球化带来的巨大影响,我们正处于一个崭新的数字化发展时机。但与此同时,对于数据安全与隐私保护的需求也越发强烈[①]。数字经济发展引发对于数据安全保护的需求,需要以大数据为技术支撑,实现数据价值的最大化,从而

---

① 载 https://hbr.org/2018/08/the-dangers-of-digital-protectionism.,最后访问日期 2018年11月7日。

推动相关产业及技术的创新发展，促进数据的聚合流通及各数据中心之间的互联互通，在保护个人数据的安全前提之下促进数据的自由流通。

2. 大数据将引发审判方式变革

对于司法从业人员，法检系统办案也越来越多地依赖数字技术和ODR（在线纠纷解决机制）程序，并开始将数据作为纠纷解决程序的一项重要因素。在数字城市、线上法院、智慧法院、智慧检务之下，司法纠纷的解决机制正经历着一些显著变化：一是从纯粹的物理环境向虚拟和半虚拟环境转变；二是从人类自身主导决策到自动化程序转变（算法引入司法决策，影响法官自由裁量）；三是以保密性为价值追求的纠纷解决模型向以预防纠纷为目的收集、利用、再利用数据的纠纷解决机制转变。① 依托信息技术和数字科技以及ODR程序（杭州、北京、广州相继设立互联网法院），司法系统开始视数据为解决纠纷程序的一大重要因素，这将意味着从传统司法向大数据司法形式的转变，基于大数据、人工智能等信息技术的数据处理及分析方式将在纠纷解决、预防犯罪，乃至未来法律规则的制定等方面都开始发挥重大作用。

二、个人对数据被开发利用的权利界限

信息化时代，人们通过将自己的数据提交给各个数据公司从而换取生活与工作的便利，当这些个人数据提交给数据公司时，只有在人们确信其个人数据能得到信任机构的合理使用时，他才会对自己的数据上传与分享表示同意，但现实情况中数据企业对于个人数据的开发利用却让许多人感到疑惑甚至恐慌，而与个人信息相关的众多法律条款碎片化情况严重、不成系统体系性，难以提供一个体系性的数据保护架构。因个人信息保护法的出台势在必行，但这一单行立法绝非某单一的部门法，而将是集合民法、行政法、刑法等多方位的综合立法。从本质上来看，大数据即意味着我们线上线下的一切活动都会留下数字痕迹。而随着人工智能的算法逐渐稳定和精确，同时带来的是数据精准度的提升和快速处理复杂数据的算力，对于用户个人偏好的分析将会越来越精确。对于个人来说，个体最关切的核心利益应是个人隐私，构建全国联网的数据信用体系，以数据信用的形式作为个人一般数据接入社会信用系统并防止个人核心敏感信息被再度识别和还原追踪的接口。

（一）建构个人数据风险管理机制

对于个人数据，应当依照其与个人的相关度、归属性和秘密性区分不同层

---

① 曹建峰：《人工智能、区块链等新技术影响法律的三个趋势》，载https://www.weiyangx.com/301976.html，最后访问日期2018年11月7日。

级(通常分为个人一般信息和个人敏感信息),并有针对性地提供不同等级的保护。我国《信息安全技术公共及商用服务信息系统个人信息保护指南》中即将个人信息区分为了个人敏感信息和个人一般信息①。大数据在云计算运行的背景之下,数据的流动性使得数据的储存与利用之间的权限边界模糊化,个体消费者的交易记录及痕迹信息被大量收集和利用,引发严重数据滥用与泄露问题,消费者的个人信息安全面临严重威胁。基于此,我们提出,应通过完善个人征信体系,设立个体数据管理中心,并加强法律对于数据保护的规范供给来多方位建构个人数据的风险管理机制。

1. 完善个人征信体系

大数据时代之下,每个个体都能通过智能终端和传感器与世界相连,每个人都能通过互联网的连接建立属于自己的信息中心,并且采集、记录、储存个人的一切大数据信息。而数据企业或数据控制者一旦想要利用个体数据的话,法律程序上应以"本人同意授权原则"为指导。《中华人民共和国网络安全法》(以下简称《网络安全法》)第22条第3款规定:"网络产品、服务具有收集用户信息功能的,其提供者应当向用户明示并取得同意;涉及用户个人信息的,还应当遵守本法和有关法律、行政法规关于个人信息保护的规定。"只有经过本人亲自授权,第三方才有权采集并快速处理,将个人数据转化成有价值的信息。通过信息感知技术获得的个人大数据,包括但不限于体温、心率、视力各类身体数据以及个人社会关系、地理位置、消费记录等各类社会数据。不论何种用途,个人数据都应受到法律的周延保护,数据控制者必须按法律规定授权使用,采集个人数据应充分尊重用户自身的信息自决权(包括但不限于同意权、删除权)。个人信息风险管理机制的建构应包含两项基本性原则:一是政府和企业协同治理。个人数据的开发利用是一个复杂生态系统,数据安全的维护不能仅依靠政府监管或企业自律,应在政府监管下充分发挥企业自主能动作用,开展政企协同治理。二是立法和技术双向并进,既要在立法层面加强加快对于个人信息保护立法的节奏,同时要加强技术的支撑与维护。

个人征信体系的完善高度依赖信用数据。个人信用数据是评估个人信用状况的重要依据,在某些情况下,个人可以获取并使用这些与自己有关的数据,个人向商业银行借款时,商业银行需要使用个人信用数据评估其还款能力,个人和商业银行可以同时使用个人征信数据,这种使用不以某一方对数据的独占

---

① 《信息安全技术公共及商用服务信息系统个人信息保护指南》第3.7条规定:个人敏感信息是指一旦遭到泄露或修改,会对标识的个人信息主体造成不良影响的个人信息。第3.8条规定:个人一般信息是除个人敏感信息以外的个人信息。

为前提。收益方面,个人可以选择同意或授权其他主体使用其个人数据来获取经济收益,企业利用其采集到的个人数据可以更好地进行决策,取得商业利益,某些个人数据可以同时为个人与企业带来收益。央行已经开始构建公民个人征信体系的建设,其背后所依靠的就是广阔的个人在线交易数据以及大数据的技术进步,以信用形式对个人数据进行评估测评应属对于个人数据风险的最佳评判依据。

2. 以区块链形式构建个体数据管理中心

国家层面已经提出了科学数据中心的设立,2018年3月17日,国务院办公厅发布了《关于印发科学数据管理办法的通知》,其中第18条规定:"国务院科学技术行政部门应加强统筹布局,在条件好、资源优势明显的科学数据中心基础上,优化整合形成国家科学数据中心。"与此相应地,美国也已在犹他州设立了可以储存未来100年英特网近乎所有数据的国家大数据中心。在大数据发展态势中,我们是否可以考虑赋予个体选择接入数据系统的权利,让每一个个体都能享受到大数据时代数据对数据进行交叉授权后,让数据得到聚合利用,从而赋予个体参与时代便利的权利。在个体选择让渡一部分数据权利接入大数据信息系统的同时,我们可以考虑由企业的首席数据官(或隐私保护官),以及政府的数据保护专员来进行监督和管理,实际上,许多欧盟成员国政府以及互联网企业已经开始这么做了。科学数据中心是对于某一类型的数据进行集中储存,但能否像美国那样在一个地方构建统一的综合的数据中心来对个人数据进行统一的开发利用和安全保护呢?设立一个统一的综合的总数据中心,其设立规范、运行维护规则,监督管理如何落实到每一个环节都还需要国家法律部门和技术部门的从长计议。

我们建议可以考虑以区块链形式来保护用户隐私安全。区块链技术是利用块链式数据结构来验证与存储数据、利用分布式节点共识算法来生成和更新数据、利用密码学的方式保证数据传输和访问的安全、利用由自动化脚本代码组成的智能合约来编程和操作数据的一种全新的分布式基础架构与计算范式。区块链节点采用的租户隔离机制、安全合规性的国密算法支持机制以及范围可验证的同态加密机制能更加保护用户隐私安全[1]。区块链是一种分散的信息分类帐,记录的任何信息都在全球范围内进行更新和验证,任何人都可以参与,借助区块链技术,公民可以将私人信息存储在安全、分散的分类账中。公民将维护数据所有权,决定何时何地共享数据。该技术可以防止恶意行为者和第三方在未经同意的情况下访问或获取个人数据。区块链技术可用于补足现有法律运

---

[1] 郑戈:《区块链与未来法治》,载《东方法学》2018年第3期。

作方式的不足,改变数据的交互模式,从而提升法律运作的效能,并提升其公正品质。

3. 刑法保护个人数据的规范阙如

我国刑法对于个人数据的保护基本仅限于刑法第 253 条之一的侵犯公民个人信息罪。关于侵犯公民个人信息,首先不能将所有的个人数据都纳入公民个人信息的范畴内。我国的计算机犯罪则是以技术限定性为中心而不是以信息内容安全为中心的立法,甚至某种程度上,技术限定性被继续限定在特定系统的应用目标和应用主体上,信息内容安全则在更很大程度上被忽略了,由此,在虚拟法益的类型化以及与传统刑法的嵌入上存在一定的偏离和断裂,立法者应当做出思路上的调整。[①] 特别是对于非结构性数据,例如公民在网络上进行购物、关键词搜索及网页浏览所产生的个人行为痕迹,以及以 Cookies 记录的各类计算机缓存痕迹或文件,而这一类型的数据更难以涵摄到数据保护的另一条文即刑法第 285 条第 1 款的非法获取计算机信息系统数据罪中,这一条款存在的问题是数据来源仅限于计算机信息系统?那么其他在脱离计算机系统情况下以及非联网状态下产生的数据能否归摄为该条款所包含的数据范围依然存在疑问。较为理想的方法当然是通过对刑法条款的精确合理解释来解决,但当解释已经大大超出条款的涵摄范围时,则需要我们有一个对于有关数据保护条款作出系统的梳理和逻辑自洽的解释。个人医疗状况为例,如果一个乙肝病人在网上进行了相关搜索,痕迹即被记录;一旦该浏览器运营商遭到他人恶意攻击,获取了该浏览器上的所有用户浏览信息,并对其进行了关键词搜索及网页浏览行为痕迹分析,那么就极有可能找到拟患乙肝病毒的目标群体,并通过其他关联性数据获取该群体的个人通信信息,从而对其进行针对式的药物广告推送,或以公布其隐私病状为要挟进行财物勒索或者人身攻击,这将对该个人造成财产损失和精神困扰。而这一类非结构性数据并不能为现行刑法所涵摄,僵硬地对其进行扩张又会违反刑法的罪刑法定原则,如何在不违反罪刑法定原则的基础上,通过完善刑法解释,将更大范围的数据纳入刑法的保护范围内,这是值得我们进一步探索和思考的问题,但根本的解决方法还在于加快个人信息保护法或数据安全保护法的出台,为数据保护提供规范基础。

(二)个人数据保护与数据产业的平衡

数据产业发展与个人信息保护的冲突与平衡的最经典一案应属朱烨诉百度

[①] 于志刚:《大数据时代数据犯罪的类型化与制裁思路》,载《政治与法律》2016 年第 9 期。

侵权案。一审法院认为,百度所采用的默示同意原则不足以保障用户知情权和选择权,认定百度应承担更多说明提示义务。而二审中院认为,百度公司保障了用户的知情权和选择权。认定百度提供的隐私权保护声明及退出机制足以保障用户权利。二审中院指出:"个性化推荐服务客观上存在帮助网络用户过滤海量信息的便捷功能,网络用户在免费享受该服务便利性的同时,亦应对个性化推荐服务的不便性持有一定的宽容度。"① 其中,一审法院与二审法院争论的焦点在于百度是否保障了用户的知情权和选择权。

信息控制者本就具有强大的博弈优势,相较于信息拥有者被动弱小的地位而言,为了使其在对大数据的挖掘和利用中创造更多商业价值,应通过加强企业的通知和注意义务,同时强化自律机制弥补法律法规滞后的缺陷,充分调动行业自律灵活性和专业化的优势,才能在大数据的利用与保护中获得更长远的利益,也能进一步保障社会公众所享有的基本信息权利。用户在享受互联网所带来的便利和优势时,在非核心敏感信息上应当给予数据企业一定的容忍空间和宽容限度,形成信息利用与保护共存意识。对个人数据进行绝对保护,赋予个体绝对的信息自决权,不符合信息流动的基本趋势。正如新锐历史学家赫拉利指出的:"如果想要创造一个更美好的世界,关键就是要释放数据,给它们自由。数据企业比传统卫生机构更快察觉到流行病的暴发,但前提是我们必须允许其自由存取我们产生的信息。数据如果能自由流动,同样也能减少污染和浪费。如通过信息自由,让交通运输系统效率更高。信息自由流通的权利应该高于人类拥有并限制数据流通的权利。"② 大数据时代海量的个人数据资源对于公共行政管理领域、医疗领域、商业领域都有巨大且潜在的社会价值和经济价值,信息从业者应将利用激励与保护激励结合起来,达到企业效益与社会效益的共荣状态。

1. 数据生产者与数据控制者的分离

信息革命引发现代国家治理发生相应变革,这集中体现在国家权力与公民权利的互动上。在此背景下,个人信息保护不仅针对信息本身,还应防止因个人信息被滥用而侵害公民的合法权益③。大数据时代,智能移动终端设备广泛用于数据收集、储存、分析和传输。互联网巨头们在处理最大化便利用户的学

---

① 江苏省南京市中级人民法院民事判决书(〔2014〕宁民终字第 5028 号)。
② [以] 尤瓦尔·赫拉利:《未来简史:从智人到智神》,林俊宏译,中信出版社 2017 年版,第 347 页。
③ 裴炜:《个人信息大数据与刑事正当程序的冲突及其调和》,载《法学研究》2018 年第 2 期。

习工作生活和用户个人隐私保护面临安全挑战的问题时,经济效益与用户安全之间总是难以平衡。由于在数字化市场中从事线上交易经济活动的社会行为主体包含了个人、家庭、公司企业、政府及非政府组织等,而个人又是后述几类主体的基本构成单位,各主体在从事线上交易活动过程中会产生海量的商业经济大数据,这种大数据是呈几何式增长的。单个个体对于单个数据的拥有并没有多大价值,只有将海量个体数据汇入云端,通过高效率的计算机算法进行进一步的开发利用才能发掘其潜在的价值。而发掘个人数据又意味着一定程度的侵入,因为数据并不具有独占性,它可以通过互换或者交易进行无限次的传播。通过完善数据市场的交易可以让数据开发利用变得更为高效,但一定要注意到数据资源使用和交易的界线,是基于数据资源的民事权利属性而产生和界定的。在承认数据具有财产权利属性的前提下,对数据进行购买或使用的界限,主要是数据生产者和数据控制者的权限剥离。

2. 以信息自决权赋予个人数据权利

大数据开发利用主体在开发利用大数据的过程中,用法律为其划定界限必然遵循一定的原则,其中非常重要的就是信息自决权原则,依据信息自决权原则,人们有权自由决定外在世界可在多大程度内获知自己的思想及行动。在个人隐私保护和个人信息利用都亟待强化的需求格局下,可行的方案是以一定标准实现对个人信息的区别保护和利用,从而实现保护和利用的多赢。个人信息中涉及敏感隐私的部分,其保护应该得到强化;就个人一般信息,信息主体做出一定让渡,让数据从业者得到收集、处理和利用的更大自由,以利其经营。就数据从业者而言,其通过个人让与的利益以及国家保障的良好信息化经营环境,实现其经营的主要利益;同时,信息从业者尊重个人的隐私权和国家的管理规定,在收集、处理、存储、传输和利用个人信息的过程中自觉为信息主体的核心隐私提供保护,并且关注用户个人隐私,自觉抵制以侵害隐私为目的的信息技术的研发和应用,实现信息主体的核心利益和国家在个人信息保护秩序中的公共管理利益[1]。法律既要保证数据的自由流通,同时也应周延保护公民的合法民事权益。数据隐私问题也成为大数据时代不可回避的核心议题,问题解决的关键仍然在于个人信息保护与信息自由流动的利益衡量,而这需要未来在制定相关数据安全保护法的过程中进行精密规范的立法设计。知情同意原则应属个人信息保护之基石。但在大数据时代,知情同意原则陷入困境之中,海量信息的批量处理、多方共享、目的不特定之频繁利用加大了有效同意获取的

---

[1] 张新宝:《从隐私到个人信息:利益再衡量的理论与制度安排》,载《中国法学》2015年第3期。

难度,同意作为个人信息处理正当性基础之地位受到质疑。改变而非放弃知情同意原则,是应对大数据挑战的应然立场。重塑知情同意原则,应以保护与利用的平衡为理念,巧妙设计适应大数据需求的新型知情同意模式,构建基于信息分类、场景化风险评估的分层同意原则,从概括同意向持续的信息披露与动态同意转变,实行有条件的宽泛同意以及资源推出模式①。

3. 数据分类分级促进数据生态平衡

数字个人概念的兴起,需要在法益层面考量是否采取一种更为直接的规范化路径来将个人数据直接作为保护法益。以个人数据为出发点,发展直接围绕数字个人的法益体系,将个人数据直接作为行为对象,将对个人数据的分割直接作为法益侵害实质,实现规范目标和规范效力的统一。② 我们探究大数据开发利用的边界问题,更多的需要回到个体数据的视角,即海量的大数据流是由亿万个体产生的数据汇集而成的数据资源池,因而开发利用大数据的核心议题最终也应落实到对于个人数据开发利用的边界进行一定的限制上来。伴随着大数据、云计算、物联网、区块链、人工智能、传感技术、虚拟现实等迅猛发展,现实世界与虚拟世界出现了更深层次的交互,人们在现实空间与网络空间之间自由穿梭,与此同时在网络终端上所保存的各类音视频文件,以及关键词搜索、网页浏览痕迹、下载记录等大量非结构性数据都会随时同步到云端,它在带来巨大便捷性的同时也造成了极大的安全隐患(特别是对于用户 Cookies 记录的追踪),这些都以数据的形式对个人信息痕迹进行了留存和记忆,在信息技术革命时代,我们的个人信息经历着极大的安全隐患,我们通过大数据的开发利用获得了更便利的工作生活方式,但与此同时一定要用法律的缰绳拴住技术这匹野马,给其提供一个规范的法律框架体系,让大数据的开发利用合法合规合理合情。

国务院办公厅《关于印发科学数据管理办法的通知》中已有对于数据分级分类管理的规定。③ 且在《网络安全法》颁行之后,《网络安全等级保护条

---

① 田野:《大数据时代知情同意原则的困境与出路——以生物资料库的个人信息保护为例》,载《法制与社会发展》2018 年第 6 期。

② 于志刚:《大数据时代数据犯罪的类型化与制裁思路》,载《政治与法律》2016 年第 9 期。

③ 国务院办公厅《关于印发科学数据管理办法的通知》第 4 条规定:科学数据管理遵循分级管理、安全可控、充分利用的原则,明确责任主体,加强能力建设,促进开放共享;第 20 条规定:法人单位要对科学数据进行分级分类,明确科学数据的密级和保密期限、开放条件、开放对象和审核程序等,按要求公布科学数据开放目录,通过在线下载、离线共享或定制服务等方式向社会开放共享。

例（征求意见稿中）》也有对于网络定级的具体规定。其根据网络在国家安全、经济建设、社会生活中的重要程度，以及其一旦遭到破坏、丧失功能或者数据被篡改、泄露、丢失、损毁后，对于国家安全、公共社会利益以及公民个体、法人和其他组织等合法权益造成的危害程度，可将网络依次分为五个安全保护等级[①]，列表如下：

受侵害客体	对客体的侵害程度		
	一般损害	严重损害	特别严重损害
公民、法人和其他组织的合法权益	第一级	第二级	第三级
公共利益、社会秩序	第二级	第三级	第四级
国家安全	第三级	第四级	第五级

由此，我们也参照其网络保护等级，尝试将公民个人数据划分为一般数据与敏感数据，列表如下：

受侵害客体	对客体的侵害程度		
	一般损害	严重损害	特别严重损害
个人一般数据（姓名、职业、联系方式等）	第一级	第二级	第三级
个人敏感数据（账密、位置、医疗状况等）	第三级	第四级	第五级

对于一般数据我们认为应更多让位于公共利益和社会秩序的优化建构，而对于个人敏感数据，则应提供周延保护。就此应当需要构建一个差序格局的立体法律保护机制，从民法－行政法－刑法，乃至于宪法基本权利多部门法多角度地来对个人数据进行全方位的保护。民法上，对于一般的数据侵害，通过侵权法来进行救济；行政法上，对于数据企业开发利用大数据的资质应进行严格的许可认证；刑法上，对于大范围严重侵害公民数据权利并造成恶劣社会影响的事件要进行刑罚惩罚，并辅之以资格刑。于此，我们才能为公民个人数据的保护提供一个可操作的规范法律体系。

（三）维护社会公共安全，淡化个体一般数据权利

个人在工作生活中所产生的海量数据如何分享，立法者要考虑到网络发展规律与技术，网络安全及公民的自由和发展以及推动经济社会进步发展等诸多要素来合理安排。这种公法上的安排带有强制性的色彩，它将重新整理现有网络服务提供商单方制定的关于数据使用、流通和继承的网络服务协议内容，以

---

① 参见谢君泽：《网络立法规制的三种方法》，载《中国信息安全》2018年8月。

获得一个通行的数据流通和分享规则。① 大数据的产生包括两种渠道，一种渠道是源自法律的授权收集而来，如国家政府机关在保障公共利益层面收集的公民个人信息，例如即将覆盖全民的新上线的电子社保卡将与实体社保卡一一对应，全国通用，具有身份凭证、信息记录、自助查询、医保结算、缴费及待遇领取、金融支付等功能。② 互联网平台扮演着信息基础设施的功能，大量的经济社会活动均在平台上开展，平台通常有很强的技术能力，同时也积累了海量数据，这些都是平台的优势所在。平台治理有利于整合好平台所具备的数据与技术优势，借助这些优势，政府可以更好地感知社会态势、化解社会矛盾、预测社会风险，并实现决策模式从经验决策向数据驱动的决策转变，从而使社会治理的智能化水平不断提升。另一种渠道是公民在使用网络终端设备时自动形成的信息记录。如参与社交网络、网络购物、互联网金融等，会自动生成大量公民网络行为信息，从而被提供服务的企业所掌握并收集。政府和企业同时作为开发利用大数据的两大最重要主体而存在，政府收集个人数据基于法律授权，企业收集个人数据基于用户协议。对于此类信息的收集，难以做到程序化、标准化和规则化，只能秉持两项基本原则，即利益原则和知情同意原则。利益原则是指只有能够代表公共利益和更好地满足个体利益的情况下才有权收集，知情同意原则指除了法律明文规定有权提取信息的主体外，其他人必须征得信息主体的许可③。

借助于现代信息技术，对于一般性的个人非敏感数据，政府可以更加充分地发掘个人信息的公共管理价值。信息技术与统计学、数据分析技术的结合，政府可以低成本地收集和存储更多的个人信息，为确定社情民意提供更广泛的分析样本；通过对个人信息的处理和利用，政府也可以实现更加科学和理性决策，从而更好地推进公共管理和公共服务。④ 基于对个人数据的分析，在服务型政府之上加上数字政府将要甚至已经成为国家现代化治理中不可或缺的一部分。公共秩序、公共安全和公共福利的推进，都离不开以个人数据为基本单位的数据库的支撑。大数据与互联网、微信、微博等新型媒体的深度融合，在很大程度上可以突破时间和空间的约束和限制，从更深层次、更多维度、更广阔

---

① 梅夏英：《数据的法律属性及其民法定位》，载《中国社会科学》2016 年第 9 期。
② 载 http://www.xinhuanet.com/local/2018-04/22/c_1122723509.htm.，最后访问日期 2018 年 11 月 7 日。
③ 刘志坚主编：《2017 金融科技报告：行业发展与法律前沿》，法律出版社 2017 年版，第 208 页。
④ 陈海帆、赵国强主编：《个人资料的法律保护：放眼中国内地、香港、澳门及台湾》，社会科学文献出版社 2014 年版，第 139 页。

领域促进政府与民众之间的相互作用和相互影响,促进政府与民众间的良性互动,形成政府机构主导、企业社会协同、公众积极参与、多元协同治理的新格局。互联网新时代,数字经济的发展高度依赖于算法和大数据,政府各部门、社会各企业公司全体在打通数据孤岛进行数据便捷共享的同时,想要更加规范合理地对大数据进行开发与利用,则需要构建完善的数据权利制度与个人信息风险管理机制。这两种范式已在上文进行了初步的分析,但其具体规范如何落实仍值得我们进一步的深入探究。

(四)确保个人隐私安全,强化个体敏感数据保护

1. 关涉敏感数据时,可纳入公民被遗忘权

欧盟法院通过"谷歌诉冈萨雷斯"一案,美国加州通过568号"橡皮擦法案"正式认可了被遗忘权的概念。我国可尝试对被遗忘权进行本土化改造(采用被限制的遗忘权概念),随着网络信息时代的高速发展,被遗忘权可作为公民权利的一部分。被遗忘权是指信息主体对已发布在网络上的,关于自身不合理的、不符合社会或个体价值观的,若继续留存会导致信息主体社会评价减弱的信息,可以请求信息控制者对其相关信息进行删除的权利。用户可以向门户网站提起删除其个人信息的请求。同时为了防止用户滥用该权利,可附加规定行使该项请求权时需以挂号信的方式向网站发出的要求。

欧洲和美国相继确定了被遗忘权,这在大数据时代对于个人数据的保护具有重要的现实意义。互联网继续渗透式的发展和自媒体的广泛运用,使得个人信息愈加广泛地通过数字化的形式被记录、储存、传播和运用。网络信息时代,个体在网络上发布的所有信息几乎都会事无巨细地在网络上被记录。信息主体与数据控制者之间处于极大的信息不对称、地位不对等的位置。为打破这种局面,信息控制者即可通过被遗忘权,要求信息控制者对关于自己不好的、不相关的、过分的信息的相关链接予以删除。这样既保障了信息主体生活的安宁,也可有效减少对其信息主体名誉、隐私等敏感权利的侵害。《信息安全技术公共及商用服务信息系统个人信息保护指南》中将个人信息的处理过程可分为收集、加工、转移、删除4个主要环节。其中第5.5.1条规定了个人信息主体有正当理由要求删除其个人信息时,及时删除个人信息。当然,赋予公民被遗忘权绝非无限制的,本条中还规定了在删除个人信息可能会影响执法机构调查取证的,则应采取适当的留存和屏蔽措施。

2. 对公民个人敏感信息提供多层级加密保护

公民个体对于自己的账户密码登录信息、家庭成员及住址、个人健康医疗数据等处于高度敏感状态,而这些数据也毫无疑问地受到个体更多的关注,因而用户对于在互联网上建构标识层的需求也越来越强烈,技术上将其称为隐私

强化技术（PET），通过标识层，用户可以更加有效地控制自己所提交的数据，它赋予用户一个可以信赖的假名身份，如果某个网站想要了解用户是否已经成年、哪国公民、是否拥有访问数字图书馆的权限，标识层可以对此进行逐一验证，而不会透露用户的其他信息。在能够遇见的技术革新里，标识层技术在减少不必要的数据流出上，表现最为出色。[1] 单靠技术当然无法解决个人数据保护的迫切需求，法律需要技术的支撑是毋庸置疑的，而技术也需要法律的支持，因而我们认为个人对于其个体信息数据自决权的实质性权利范围如下：企业收集个人数据必须以协议形式告知，并对于数据使用的方式及用途做显著示明；个人有权得知其哪些信息被记录，且并用于何处；个人有权防止其个人信息被使用，或未经其许可被公开；个人有权调整、修改或删除个人信息记录（受到一定限制）、任何组织机构生成、储存、使用或传播个人信息数据应当保证数据的可靠性，并采取有效措施防止数据被不当使用。

三、企业对大数据开发利用的合理界限

人工智能引领未来第四次科技革命，而数据则成为人工智能科技发展最重要的燃料，依托更强大的算力与更优化算法，数据企业将在人类社会生产与生活当中扮演举足轻重的角色。数据企业不断地呼吁关注数据自由流动，释放数据市场活力，因为对于数据企业来说，关于数据它们更多的是采取利用激励，而极其缺乏保护激励，因而明确数据产权权属、关注对于企业的数据资产权利保护、充分赋予企业数据开发利用权，同时施加其打击网络"黑灰产"的社会责任，或许是让数据企业在合理规范界限内开发利用数据的最佳策略选择。对于用户来说，数据主体与数据本身的分离，则带来了个人数据可能被窃取、篡改、滥用等风险，特别是对于大众普遍关心的个人数据信息保护问题，应不遗余力地加大数据规范的保护力度，规范数据企业对于个人数据的采集利用。

个人与企业存在巨大的订约能力失衡问题，大数据企业很有可能通过分析用户的兴趣爱好、网络行为痕迹来对用户实现精准定点推送与信息投放，进而甚至影响民意调查乃至国家选举，而个体力量对于防控数据使用不规范的行为来说是极其有限的。贵阳大数据交易所的成立应代表着官方对于数据权利作为一项新的法律利益的认可，但对于数据权属的确定依然存在着较大争议，司法适用的不确定性以及立法上的阙如，以致难以规范化地建构整个数据市场秩序。我们应当通过法律为数据赋权，加快构建市场化的数据交易机制，规范数

---

[1] ［美］劳伦斯·莱斯格：《代码2.0 网络空间中的法律》，李旭等译，清华大学出版社2018年10月版，第242页。

字资源的流转,激励投资,促进交易,引导数据企业之间的有序良性竞争,为消费者提供一个可供选择的公平交易竞争环境。

(一)构建数据开发利用行业标准

1. 明晰数据产权,通过激励相容完善数据治理

习近平总书记指出:"大数据是信息化发展的新阶段。当今时代,以数据为关键要素的数字经济正在蓬勃发展。信息就是财富,安全才有价值;数据就是资源,安全才有保障。"但在数据驱动型经济占据越来越多的社会经济发展份额时,算法可能会成为新的社会法规。为了防止个别数据巨头企业成为"数据的利维坦",我们需要为其划定一个合理界限,要让数据开发利用更有利于促进经济社会的发展和进步,而绝不能成为某部分企业谋取暴利的工具。现实情况是,对于数据企业来说,其实更多的是只有利用激励而缺乏保护激励的。企业积极投入大量技术、资金和人力成本,是大数据得以形成和运营的关键前提。但是,企业投入数据经济的意愿和努力,最终取决于企业数据能否得到充分、合理和有效的法律保护。

从私法保护角度来看,企业数据保护单纯依靠物权所有权或知识产权法律规范已略显不足,应适时转向数据新型财产权化的新机制。同时需要注意的是,企业数据保护在承载企业追求经济化的功能的同时,具有多重功能的聚合性和所涉利益关系的交织性,这些导致企业数据财产权保护路径的设计非常复杂。它形式上虽然采取私权形式,但与民法上典型的财产权不同,需要兼顾多种功能、多种利益协同的保障要求,因此无法采取简单意义的财产权构造,而是需要呈现为一种具有极强外部协同性的复杂财产权设计。在这个意义上,虽然具有权利之名,但实际包含了极为复杂的法律秩序安排;与采取私权形式的知识产权机制,以及没有采取私权形式的企业竞争保护机制有一定相似之处,但功能和结构更加繁复。① 企业数据保护走向财产权化新机制,已经成为一种越来越清晰的趋势。这种方式对于企业具有最佳鼓励和刺激的作用,使其乐于积极投入技术、资金和人力成本,不断开发新数据技术和方法,不断推出和改进数据产品,进而繁荣数据经济,促进社会经济发展。此外,企业数据保护本身不仅仅承载企业追求经济化的功能,同时还具有功能的多重聚合性和所涉利益关系的交织特点。因此其设计应与民法上典型的财产权不同,不能简单化,而应该建立一种具有极强协同性的结构系统,体现为一种以私益结构为核心、多层限制为包裹的复杂法律秩序构造。在功能上,既要有利于充分刺激数据制

---

① 龙卫球:《再论企业数据保护的财产权化路径》,载《东方法学》2018 年第 3 期。

作者的积极性,又要维护数据相关的各种功能和利益关系;在构造上,不是简单赋予权利人一个完全自在自为的利益空间,而是在赋予权利人必要私益的基础上,同时设定诸多条件和活动限制,从而达成数据关联利益的平衡。

2. 从大数据行业规则到数据安全保护法

数据开发不可避免,也是互联网时代的必然要求,企业成为推动支持当前数字经济发展的中坚力量,如何在不侵犯用户个体数据权利的前提下规范化地进行数据开发,这需要数据行业有一套规范化的运行准则,企业通过大数据分析深度挖掘用户需求,增加信息匹配。未来企业的核心经营任务之一,是通过机器学习来提升数据资产的利用率,使数据价值化,实现数据产业的智能革命。各行业如果能利用自身独有的数据资源和专业经验,形成对数据感知和调用的能力,并产生匹配的智能算法,便可实现商业优势的数字化映射,让数据从生产资源进一步转化为巨大的经济效益。而企业在逐利的同时,应当有一套规则体系来进行规范化管理。首先应尝试通过构建行业里数据企业开发利用大数据的通用准则标准,对各个大数据企业之间进行规范性的约束,当行业规则成为惯例并且为大多数数据企业所通用时,就可以通过国家立法机关来制定在一定地域范围内对全体社会成员有拘束力的共同约定,即通过法律规定的办法来控制对数据的占有和使用的制度——大数据开发利用准则抑或是数据安全保护法。

(二) 建立数据开发利用可追溯机制

1. 数字契约与密码技术,让数据可追踪

不久的将来,大数据技术将与虚拟现实、物联网、云计算、智能制造等深度融合,深刻影响科技进程、经济发展和社会变革。这些新业态既是大数据的主要生产来源,又是大数据的主要应用场景,数据安全渗透到网络空间的方方面面,成为影响网络空间全域安全的重要因素。构建大数据安全新秩序,需要发挥密码在数字社会发展中的信任纽带作用。大数据时代的首要问题就是信任,没有信任,就无法实现可信可管可控,更难以长足发展。在数字社会中,信任已经由人际关系信任、法律契约信任变革为技术信任,这种技术信任主要靠密码算法和协议来维系[1]。从大数据基础层面看,在技术底层加入密码防控技术,加入多层级的认证识别,可以在本质上构建起一整套对大数据的安全防护机制;从大数据应用层来看,密码技术可用于解决网络空间人机物标识的真实性和安全交易、数字产权保护等问题,构建起真实可信赖的"数字契约"

---

[1] 徐汉良:《推动密码与大数据的融合发展》,载《中国信息安全》2018年第8期。

从而为"数据资源确权、开放、流通、交易"提供信任基础;从大数据监管方面来看,利用密码技术和数据标识的结合,可以实现大数据的追踪溯源,以及对数据使用行为的司法取证,为部门监管和打击犯罪提供有力武器。

2. 完善个人数据保护法规

截至目前,全球已经有 126 个国家或地区制定了个人数据保护法(或称个人信息保护法),而已于 2018 年 5 月 25 日正式生效的欧盟《通用数据保护条例》(GDPR)则成为全球个人数据保护的里程碑式的事件。《通用数据保护条例》(GDPR)第 4 条规定:"个人数据是指关于已识别出,或可被识别出的自然人的任何信息。"2017 年 6 月正式施行的《网络安全法》第 76 条第五项规定:"个人信息,是指以电子或者其他方式记录的能够单独或者与其他信息结合识别自然人个人身份的各种信息,包括但不限于自然人的姓名、出生日期、身份证件号码、个人生物识别信息、住址、电话号码等。"个人数据①的本质在其可识别性,即能够识别出具体个人的数据,都称为个人数据。政府机构通过分析收集的个人数据更加方便社会整体的高效运转,公司企业通过分析个人数据从而提供个性化的精准服务,每一个个体将自己的数据连入系统,通过云端分析得出最适合自己节奏的工作生活建议,极大地便利了个人与他人与社会的交互协同。但我国有关公民个人数据保护的法律规范只是散见于《网络安全法》第 40 条至第 45 条的有关规定中,第 64 条第 1 款规定了网络运营者及服务者对于个人信息保护的要求与责任规范②以及《消费者权益保护法》

---

① 笔者对个人数据和个人信息不做具体区分,数据是信息的载体,信息是数据的表现形式,数据与信息相辅相成密不可分。

② 《网络安全法》第 40 条规定:网络运营者应当对其收集的用户信息严格保密,并建立健全用户信息保护制度。第 41 条第 1 款规定:网络运营者收集、使用个人信息,应当遵循合法、正当、必要的原则,公开收集、使用规则,明示收集、使用信息的目的、方式和范围,并经被收集者同意。第 42 条第 1 款规定:网络运营者不得泄露、篡改、毁损其收集的个人信息。未经被收集者同意,不得向他人提供个人信息。但是,经过处理无法识别特定个人且不能复原的除外。第 44 条规定:任何个人和组织不得窃取或者以其他非法方式获取个人信息,不得非法出售或者非法向他人提供个人信息。第 45 条规定:依法负有网络安全监督管理职责的部门及其工作人员,必须对在履行职责中知悉的个人信息、隐私和商业秘密严格保密,不得泄露、出售或者非法向他人提供。第 64 条第 1 款规定:网络运营者、网络产品或者服务的提供者违反本法第二十二条第三款、第四十一条至第四十三条规定,侵害个人信息依法得到保护的权利的,由有关主管部门责令改正,可以根据情节单处或者并处警告、没收违法所得、处违法所得一倍以上十倍以下罚款,没有违法所得的,处一百万元以下罚款,对直接负责的主管人员和其他直接责任人员处一万元以上十万元以下罚款;情节严重的,并可以责令暂停相关业务、停业整顿、关闭网站、吊销相关业务许可证或者吊销营业执照。

第 14 条、第 29 条第 1 款、第 50 条规定了经营者对于消费者个人信息的保护责任及救济措施①。此外《旅游法》第 52 条,《居民身份证法》第 6 条、第 13 条、第 19 条,《护照法》第 12 条,《社会保险法》第 92 条,全国人大常委会《关于加强网络信息保护的决定》第 1—4 条,第 8 条,第 11 条等法律法规中有相应规定,但这依然不能满足对于数据的系统开发利用及保护的巨大需求,需要一部完善的关于数据开发利用及保护的综合式立体法律规范。

(三) 规范数据企业采集披露信息规则

开发利用大数据,数据采集不可避免,因此需要规定数据企业采集和披露用户数据的标准规范,包含其采集和披露的范围、时间、权限、方式等。数据采集基于用户的信息自决权授权,而数据披露则受到国家刑事侦查权及调查取证权的限制约束。而对于个人敏感信息的披露,应落实以数据控制者责任为基础的敏感数据双重保护机制,该种双重数据保护机制主要应对两个方面的因素进行考量:一是被识别的风险。数据控制者应采取适当且充分的技术与结构性措施将所持敏感数据被识别的风险降至最低。敏感数据的可识别性越强,被保护的强度应越大。二是可能对消费者造成损害的风险及损害范围与程度。数据控制者应当针对信息识别可能造成的损害程度采取相应的防护性措施,而由此产生的信息保护义务和法律责任也应与此类损害风险的范围和程度相一致。这两方面的因素也并非在所有情况下都要予以考虑,如果数据控制者已经采取充分的保护性措施并有效地将所持数据被识别的风险降到最低限度,则应将这类数据视为"非敏感个人数据",无须对有关损害风险及损害程度的信息予以考虑。当然,一旦数据企业发现了有个体在网上进行危害国家安全或社会公共利益的数据交互行为时,理应有义务向国家监管机构披露报告,由国家司法机关判定是否违法,进而由国家执法机关来执行。

(四) 明确数据脱敏的程度及规则

大数据技术涉及的数据类型至少可以分为三种。一是含有个人信息的底层

---

① 《消费者权益保护法》第 14 条规定:消费者在购买、使用商品和接受服务时,享有人格尊严、民族风俗习惯得到尊重的权利,享有个人信息依法得到保护的权利。第 28 条第 1 款规定:经营者收集、使用消费者个人信息,应当遵循合法、正当、必要的原则,明示收集、使用信息的目的、方式和范围,并经消费者同意。经营者收集、使用消费者个人信息,应当公开其收集、使用规则,不得违反法律、法规的规定和双方的约定收集、使用信息。第 50 条规定:经营者侵害消费者的人格尊严、侵犯消费者人身自由或者侵害消费者个人信息依法得到保护的权利的,应当停止侵害、恢复名誉、消除影响、赔礼道歉,并赔偿损失。

数据;二是不含个人信息的匿名化数据;三是经数据清洗、算法加工后的衍生数据。[1] 基于数据信息权利的三分法,对于包含用户个人信息、使用痕迹的底层数据,用户拥有所有权;对于经过匿名化处理的数据,数据控制者拥有受限制的所有权;对于经过数据清理加工的衍生数据,数据控制者拥有所有权。这一区分不仅基于法理上权利人身、财产属性的强弱,更是基于实践中对数据主体的隐私权的保护需求。经过清理、建模分析的衍生数据多为反映某一具体趋势的可视化应用数据分析结果,基本上不存在用户个人隐私信息泄露的风险;而对于匿名化数据,存在被通过比对分析等技术而破解的可能,因此数据控制者应当谨慎应用,并评估风险。而对于底层数据,由于直接包含个人隐私信息和使用痕迹,因此相对而言存在较大的泄露风险,也是保护的重点。法院在真正判定敏感数据的时候存在很大的动态性,因为敏感信息本身就存在高度的不确定性,并且会随着科学技术的发展而变化,所以立法对于科技的回应也应做出相应调整。

个人信息兼具人格利益与财产利益,个人信息权通过人格权商品化实现个人信息的财产利益。当个人信息经过匿名化处理成为匿名信息后,其人格利益与财产利益实现分离,匿名信息只包含财产利益。笔者认为,匿名信息应属数据财产权的客体。匿名化实质上亦是从个人信息权到数据财产权的转化过程。通过匿名化,数据控制者在维护数据主体个人信息权的前提下,获得了相关的数据财产权。数据与个人信息存在区别,作为数据财产权客体的数据只能是匿名化的不具可识别性的数据。具体而言,信息控制者只有在对个人信息匿名化处理(处理识别符、个案风险评估、反对再识别)后,才能享有数据财产权;对于合法掌握的可识别信息,控制者虽有财产利益但不享有财产权,控制者只能行使商业秘密以及反不正当竞争法中的请求权,且当匿名信息通过再识别手段而再次拥有识别可能性时,这些数据即成为个人信息,控制者无法再主张财产权。[2] 关于脱敏的具体程度及规范标准已在本书中个人数据被开发利用部分进行了详尽论述。

四、政府机构对大数据开发利用的合理界限

数据权力成为继陆权、海权、近空权、太空权之外最重要的国家权力,在

---

[1] 武长海、常铮:《论我国数据权法律制度的构建与完善》,载《河北法学》2018年第2期。

[2] 韩旭至:《大数据时代下匿名信息的法律规制》,载《大连理工大学学报》(社会科学版)2018年第7期。

未来高度发展后的信息社会中,国家的影响力及大政方针政策的引导将越来越集中体现在基于对于数据的掌控和分析能力之上。大数据最大的实际拥有者其实是国家机构与政府部门,为了发挥数据的更大效用,需要数据的开放、流通与共享。大数据价值的核心在于其开发利用,但如果对于开发利用没有限定,或者开发利用超出法律边界,就会带来严重的数据安全问题。保护数据安全是开发利用数据的底线,而国家立法在关注个人信息保护与数据隐私的同时,应尽快考量为数据企业对于数据的二次沉淀及开发利用形成的企业数据权利提供数据确权保护,为数据赋权、赋能,打破信息孤岛,以更优化的方式对数据进行开发和利用,为以数据为支撑的人工智能走向快速发展道路提供规范供给。

随着数据量指数级增长以及以数据为核心的互联网平台商业模式创新,数据运用处理和安全利用问题也不断呈现。一方面,传统个人数据保护制度已无法适应大数据时代的发展要求,海量数据收集对用户形成全面追踪,深度挖掘使用户隐私的暴露风险大大增加,数据泄露事件频发。另一方面,数据流动风险难以有效控制,例如企业可能面临境外属地执法部门强制披露数据的情况,数据泄露风险升高。同时,各国信息产业技术水平的差异导致数据收集、处理、运用能力的差别,部分国家可能形成更强的数据资源优势和战略控制能力,损害其他国家的行业话语权和主动权,威胁他国产业安全及数据主权。由此可见,当数据成为大国博弈的一项关键性因素时,如何确立国家对于数据权力的掌控,如何平衡国家数据权力与公民数据权利,防止数据权力滥用,让数据治理更加合理合法化、科学技术化是我们接下来要探讨的问题。

(一)强化数据主权理论认知,规范数据跨境流动

数据主权的理论基础应源自法国思想家让博丹创立的国家主权理论。他认为主权是一国享有的、统一而不可分割的、凌驾于法律之上的最高权力。主权是国家的基本要素之一,是国家的固有权利,它表示一个国家在国际上的根本地位,是一个国家独立自主处理自己内外事务,管理自己国家的最高权力。没有主权,就不能构成国家。一国的数据立法及政策是国家独立自主处理内外事物的表现。承认数据的主权性,有利于将个人数据保护提升至国家主权的战略高度,通过法律规范来防止关键行业的数据外流。真正让数据应用更有温度(便民服务上),让数据管理更有法度(法律合规上),让数据内涵更有深度(技术进步上)。

数字经济是当前和未来经济发展的新空间,数据资源的控制和使用能力对我国经济、政治、文化等领域将产生巨大影响。国际国内形势均表明,数据主权将成为继边防、海防、空防之后,大国博弈的另一个空间。许多国家和地区已经启动数据资源保护、数据安全体系建立完善和数据基础设施建设,增强数

据安全保障能力,进而维护国家安全。国家有了对于数据权力的主权意识,为防范和减少本国公民敏感数据受外国政府、企业侵害提供了根本保障。我国的《网络安全法》第 37 条明确规定:"关键信息基础设施的运营者在中华人民共和国境内运营中收集和产生的个人信息和重要数据应当在境内存储。因业务需要,确需向境外提供的,应当按照国家网信部门会同国务院有关部门制定的办法进行安全评估;法律、行政法规另有规定的,依照其规定。"该条文明确规定了数据的存储基本要求,未来世界,数据的跨境自由流动,其意义和重要性丝毫不低于国际自由贸易。①

(二) 建立数据财产体系,规范数据权属

数据确权又是数据交易的基础,而数据安全则是数据利用的保障②。数据的蓬勃发展,其意义不仅仅局限于可利用信息的扩展和分析能力的加强,对于商业领域和政府治理而言均有重要意义。然而大数据的充分利用离不开基础数据权利制度的构建与完善,是数据交易和数据供给的基础。数据权利法律属性的确定是数据交易的核心问题所在。对大数据法律属性的界定,关系到大数据开发利用过程中所形成的法律关系的类型、法律关系的调整,乃至大数据开发利用中涉及的法律风险的大小。我们赞同赋予大数据财产属性,应认可数据作为信息财产权的客体,并承认大数据控制者二次开发后对于数据资产的权利。当前我国关涉大数据的立法尚未完善,现行法律依然没有对于大数据法律属性的明确定位,如果不能确定大数据的法律属性,则会阻碍大数据产业的健康发展,使大数据的开发利用面临极大的法律合规风险问题。

在关于数据的法律属性问题上有"领接权客体说""财产权客体说""数据资产说"等,我们赞同"数据资产说"的观点。《中华人民共和国民法总则》第 127 条规定:"法律对数据、网络虚拟财产的保护有规定的,依照其规定。"可见国家法律层面对于数据是将其视为与虚拟财产统一位阶的事物,也间接认可其具备财产价值的属性。

大数据财产属性的最大体现是大数据可在市场上进行交易。大数据应当具有财产性,否则与其买卖交易关系不符。资产是指权利主体所拥有的任何具有商业价值或交换价值的东西。数据集合中作为人格权客体的个人数据因已脱离权利主体而为大数据控制人所实际掌控,在满足法定和约定条件下,如对个人

---

① 载 https://hbr.org/2018/08/the-dangers-of-digital-protectionism.,最后访问日期 2018 年 11 月 7 日。

② 武长海、常铮:《论我国数据权法律制度的构建与完善》,载《河北法学》2018 年第 2 期。

数据进行匿名化处理（或称数据脱敏）后可以用于交易，"用于交易"是大数据财产属性的体现。强调大数据是数据控制人的数据资产，主要是考虑信息权利主体复杂性问题。大数据作为信息集合，就主体而言既包括信息原权利人，也包括数据的实际掌控者，即大数据控制人。而就大数据财产权来说，其只能是数据控制人财产的组成部分，是大数据控制人的数据资产[①]。数据为控制人实际控制，而对数据的控制是信息财产权实现的基础和前提。若将大数据作为信息原权利人主体和大数据控制人的共有数据资产，将导致权利主体混乱，大数据交易法律关系无法建立，大数据价值也将无法实现。因而我们赞同赋予数据企业对于自身所掌握的大数据的数据确权权利，通过法律制度设计让数据企业对于数据既有利用激励同时也有保护激励。

（三）建立数据治理体系，规范数据流通共享

国务院办公厅《关于印发科学数据管理办法的通知》第24条第2款规定："对于因经营性活动需要使用科学数据的，当事人双方应当签订有偿服务合同，明确双方的权利和义务。"该规定体现了国家对于数据交易合同的充分认可。建立一个规范的数据交易体系，还应同时构建规范化的数据交易平台，有利于规范数据交易行为、抑制黑市信息的交易，减少市民不堪其扰的垃圾骚扰信息，并促进数据产业的健康发展。在国务院办公厅《关于印发科学数据管理办法的通知》第4章即"共享与利用"一章中第19条即规定："政府预算资金资助形成的科学数据应当按照开放为常态、不开放为例外的原则，由主管部门组织编制科学数据资源目录，有关目录和数据应及时接入国家数据共享交换平台，面向社会和相关部门开放共享，畅通科学数据军民共享渠道。国家法律法规有特殊规定的除外。"加大数据供给，让数据产业健康发展需要政府更好地发挥公共服务职能，建构数据开放交互式制度体系。相较于企业，其实政府机构部门才是真正最大的大数据拥有者，坚持以开发数据库为原则、不开放为例外，能更大地提升数据的使用价值，构建数字高效政府。

一方面，面对科技发展，网络技术成熟，公民个人对自己信息的自我支配能力逐渐减弱。政府为了适应现代管理与公共服务的需要，要收集、使用公民个人大量的相关信息，而基于国家安全需要，政府加强了对网络信息系统的监控。因此，在"大数据时代"，公民个人几乎不能支配这些含隐私的信息。由此，公民个人信息隐私由"私人问题"成为"公共问题"。面对个人信息隐私

---

① 周汉华：《探索激励相容的个人数据治理之道——中国个人信息保护法的立法方向》，载《法学研究》2018年第2期。

权之"公域"延伸,公法介入公民个人信息隐私即为必然。随着福利国家的到来,秩序行政向给付行政的转变,政府公权力拓展到医疗、教育、住房、社会保障等领域。信息化、网络化使公民个人信息隐私进一步从"私域"延伸到公域。政府建构公民个人信息数据库,大量的个人信息如户籍资料、通信信息、疾病信息、信用信息等都被录入政府数据库中,政府成为影响个人信息最大的主体。以往,政府对公民信息的获取大多源于公民自己提供,但在大数据时代,政府掌握个人信息的途径增多,通过监控和信息的累积,政府可通过更多渠道对公民的信息进行收集。而且这些信息不仅是数量不断增加,通过整合、加工,其运用价值也大幅度提高。因此,电子政务的兴起,网络数字化的管理,政府能高效便捷地完成公共事务的管理任务。但是,政府在公共服务过程中收集、使用的相关信息,有可能导致侵犯公民个人信息隐私。

另一方面,由于公民个人信息的公用化,公民个人信息隐私权面临着来自公权力的侵犯,在大数据时代侵犯隐私的潜在危险也随之提高。公权力越强大,公民个人权利与之抗衡的能力就愈显单薄,因此,应规制公权力同时保护私权利,催生公法的介入。① 2016年3月,贵州省颁布实施《贵州省大数据发展应用促进条例》,2017年5月浙江省颁布实施《浙江省公共数据和电子政务管理办法》,从"大政府""全球化大社会"角度出发,国家经济发展需要强有力的整合来促进大数据应用和发展。企业尤其是跨国互联网企业也正在加快用大数据技术采集信息的速度。这无疑加深了"数字鸿沟",进一步导致信息资源应用、信息可及等方面的不平等②。通常看来,国外更注重个人隐私保护和政府信息公开,国内则更倾向于经济发展所需的扶持大数据开发政策,对于政府和企业掌握的公共信息大数据安全问题均无专门立法,也无特殊的规定。中外立法实践主要集中在政府数据开放、个人数据保护、数据跨境流动和数据流通与交易四个方面,大数据信息安全方面的立法意识与实践仍显不足。立法思想意识方面主要表现在缺乏安全保护意识、公共集体意识和公共福利意识。而数据治理也不再单纯只是私法或公法的单维度问题,在我们不断地强调对于公民个人信息保护的同时,是否也可尝试将视角同时拉到社会公共利益的维度,关注公法与私法对于数据治理的协同问题。

---

① 王学辉、赵昕:《隐私权之公私法整合保护探索——以数据时代个人信息隐私为分析视点》,载《河北法学》2015年第5期。

② 田维琳:《公共大数据信息安全立法的内涵、现状与依据》,载《河南社会科学》2018年第7期。

(四)建立数据监管体系,规范数据利用

刑法走在了规范数据安全和保护个人信息的最前沿,这是存在一定问题和风险的,是否应适时探索规范化数据利用及个人信息保护的前置法律规范是我们应当思考的方向。网络时代下,信息技术犯罪由个人基本权利的私法领域,逐步拓展延伸至行政规制、刑事法乃至宪法基本权利的公法领域。而数据管理保护法,应以公民的基本权利为基础,触及民法、行政法、刑法的综合法律交叉部门,但其重心始终为数据权利,旨在探索一个以跨学科的横剖对象为解决方法的、应对现代信息科学技术二次工业革命的实用路径。[①] 大数据时代,个人数据被用于下游犯罪的概率大大增加,甚至成为中下游犯罪的百罪之源,延伸出了一个围绕个人数据犯罪的巨大数据犯罪产业链,急需一个数据规范体系来纵深打击数据犯罪链条。

尝试构建科学的数据使用与监督管理体系不失为一项正确的选择,也是个人层面、企业层面、社会层面、国家层面乃至国际层面都关注的一项数据相关议题。从个人层面来分析:个人数据利用与数据安全保护之间需要合理的平衡,降低组织运营与合规方面的风险。大数据商业化应用中涉及的用户数据处理需要对用户隐私进行脱敏加密,以实现可控的隐私保护目标。从企业层面来分析:加强自身的数据监管运行可以帮助企业更准确地掌握数据资产的具体投入运行方向,好的数据监管策略能有效规避风险,节约投入成本。从国家层面来分析:数据资产的运营流通需要国家层面的监管治理,合法合规性是数据运营流通的首要前提,是国家促进大数据发展,保障人民群众权益的关键纽带。从国际层面来分析:数据监管涉及管理、技术等多个学科,是一个非常复杂的系统工程,涉及很多技术难点和管理内容需要结合多方力量达成一致标准,国家之间以及国际组织之间的沟通交流对话以达成共识机制是数据监管得到有效执行的重要前提和保障。

总而言之,尽快制定我国的《数据安全法》当是建立规范化的数据开发利用及保护体系的最佳措施。参照域外看,欧盟通过《一般数据保护条例》在欧盟成员国范围内通过协调各国差异实现了对个人数据保护的一致性,其要求成员国设置专门的公共机构来受理投诉、监管个人数据处理业务;美国则采取分行业、分领域制定个人数据保护制度的策略,更多的是行业自律的方式,基于美国完善的法律体系,并没有设立专门的个人数据保护机构;日本《个

---

① [德] 乌尔里希·齐白:《全球风险社会与信息社会中的刑法》,周遵友、江溯等译,中国法制出版社2012年版,第291页。

人数据保护法》通过设立个人信息保护委员会的形式，特别对于匿名加工数据作出了规定。① 政府其实一直是最大的个人信息收集者和利用者，在个人信息保护和利用中，政府积极参与其中，具有利用者和管理者的双重身份：一方面，政府作为社会管理和社会福利的承担着，公共安全、公共管理和福利的推进都离不开对于公民个人信息的掌握；另一方面，出于对行政效率的追求，也会促使政府积极探索个人数据利用的限度及价值②。但政府作为国家政权的承担者，负有保护公民基本权利和自由的责任，所以政府不能无节制地肆意收集和利用个人信息，个人信息法律保护制度的发展始终伴随着对政府权力的限制。这是因为个人信息法律保护制度的构建不仅是对公民提供保护，而且是为维护政府自身政权合法性所必须具备的。宪法中确立的人权保障原则，需要部门法予以实现，即国家通过立法对政府自身和信息业者的个人信息收集、处理和利用能力进行限制，确保本国的人权保护水准，维持自身政权的合法性；同时采取一切必要手段，包括法治、技术和物理措施保障个人信息的安全。

五、结语：完善法律机制规范大数据开发利用

关于大数据开发利用的规则确立，以及数据安全的法律规范供给，其最重要目的是平衡信息自由流动与个人数据安全，这既需要符合大数据开发利用的规律，更需要其覆盖数据开发利用的全环节，界定清楚个人责任、企业责任及部门责任，完善大数据开发利用问责机制。顺应习近平总书记提出的"正确处理安全和发展的关系"，坚持在发展中解决实际问题，加强法律理论规范的供给，科学设计大数据开发利用的规范制度，确定合理边界、配置监管手段，对有利于国家发展和人民福祉利益的新技术新事物多些鼓励发展，少些过度的行政干预，坚持鼓励支持与规范发展并行的原则。随着数据市场化的不断发展，关于数据利用和保护方面的法律法规理应逐渐成型，届时数据控制人将获得一定程度的法律救济，但数据自身的物理属性决定了对其的保护仍有赖于控制人自身的技术和制度防护。③ 而这也需要数据提供者、数据控制者、数据监管者多方主体间的协同与均衡，让法律规范为数字经济发展提供更好的规范供给，也让大数据技术更好地促进相关法律的健全和完善。

---

① 周学峰、李平主编：《网络平台治理与法律责任》，中国法制出版社2018年7月，第342页。
② 张新宝：《从隐私到个人信息：利益再衡量的理论与制度安排》，载《中国法学》2015年第3期。
③ 梅夏英：《数据的法律属性及其民法定位》，载《中国社会科学》2016年第9期。

探求大数据开发利用的合理界限问题,核心诉求是关注数据安全(即何为合理的开发利用),包括个体的、企业的、国家的数据安全。大数据是一个内涵极其丰富、外延非常宏大的概念,它是一个技术、商业、管理多维度管理范畴的变革。大数据相关的信息法律受到与关于技术的法律相关似的处境,即两者都受到自然科学与技术变动之本性与法律相对稳定性之间紧张关系的支配。从法律政策角度来看,法律应当置身于技术层之外,专注于创设界限明晰的结构,以克服这一紧张关系。① 一方面,我们要坚定继续改革开放的前沿精神,让大数据开发利用更好地服务于国家安全与社会进步发展和人民福祉利益;另一方面,要分类分级地进行数据管理,区分数据质量,守护国家最重要的数据资源,事关国家安全的数据,我们提供特别保护,事关个人敏感数据,我们提供重要保护,事关个人一般数据,我们提供一般保护,通过完善数据治理架构让数据价值得到更好的实现,明确个人数据的概念与边界,同时考虑不同行业的特殊性进而采取不同的规则,且个人数据的合法流通必须有明确的界定,在立法或政策上也应尽快明确个人数据合法流通的方式和规则,消除个人数据流通开发利用法律的不确定性。

每一个时代的新兴事物在充满着机遇的同时都伴随着挑战,数据成为"新石油"与国家战略资源时,为了合理规范利用这一"新能源"防止其被少数人或者机构滥用谋私,必然需要一整套法律制度来规范大数据的适用。相比于飞速发展的科学技术,法律的制定总是带有滞后性和延时性,与此也需要法律人进行回眸与反思,如何能够有配套的制度规则来为大数据潜在的巨大经济效益和社会效益保驾护航,是亟待法律人群体解决的问题。在面对大数据时代带来的无限机遇与巨大挑战的同时,更需要意识到大数据时代下数据安全之于国家安全稳定、社会良性运行、个体成长发展的巨大效用与价值,进而深度反思当前规范体系的现实运行效果,从而以完善大数据开发利用的合理准则为引导理念,针对涉数据不合规的开发利用行为进行合理规制,探索完善大数据开发利用规范体系,以顺应新时代的发展,实现法治对于社会整体架构良性运行的规范供给,为网络强国战略提供制度性保障。

---

① [德]乌尔里希·齐白:《全球风险社会与信息社会中的刑法》,周遵友、江溯等译,中国法制出版社2012年版,第289页。

涉众型互联网金融犯罪主体范围界定政策研究

课题组[*]

一、涉众型互联网金融犯罪基本问题

(一) 金融犯罪的概念与特点

1. 金融犯罪的概念

金融犯罪,指发生在金融活动过程中的,违反金融管理法规,破坏金融管理秩序,依法应受刑罚处罚的行为。从犯罪学的角度来考察,金融犯罪是指一切侵犯社会主义金融管理秩序、应该受到刑法处罚的行为。从金融学的角度来考察,金融犯罪是指一切破坏我国资金聚集和分配体系的犯罪行为。金融犯罪直接或者间接侵犯了我国的资金融通体系,阻碍或者歪曲了货币的流通,限制或者破坏了信用的提供,从而危及我国金融机构和金融市场的正常运转。

2. 金融犯罪的特点

(1) 多元化

不仅仅是各商业银行时有金融犯罪案件发生,行使监管协调职能的人民银行系统以及其他非银行金融机构同样发生各类金融犯罪案件,金融犯罪活动遍及整个金融行业。其犯罪主体不仅涉及自然人,而且涉及单位;既有懂金融专业知识的人员,也有不懂金融专业知识的人员;既有金融机构的工作人员,也有非金融机构的社会闲散人员;既有国内不法分子,也有国外不法分子。

(2) 隐蔽性

一是犯罪手段的隐蔽性。多数金融犯罪采取欺诈行为,表面上风平浪静,实际暗藏危机。二是金融犯罪危害结果的隐蔽性。金融犯罪全球金融犯罪书的危害结果往往是过一个时期以后才出现。三是犯罪主体身份的隐蔽性。犯罪主

---

[*] 课题组组长:韩成军,最高人民检察院第七检察厅员额检察官。课题组成员:应琦、叶萍、王琳、商燕萍、朱娴、李荣冰、许璐、孟红艳。

体多为金融机构内部工作人员,以合法身份为掩护,乘熟悉业务之便或执行业务之机违反金融法规、制度或者利用法律与管理制度上的疏漏伺机作案,不易被人怀疑和发现。

(3) 智能性

金融犯罪是一种带有明显智能型的犯罪,犯罪手段具有复杂性。犯罪人除了利用金融方面的知识外,还利用高技术、高科技手段作案,还有一些是利用国内联行、国际信贷结算业务等作案,其智能性高于一般刑事犯罪。

(二) 互联网金融犯罪的概念与特点

1. 互联网金融犯罪的概念

互联网金融犯罪是在互联网金融领域产生的犯罪,但究竟何为互联网金融,目前官方文件没有一个权威、规范、完整的定义,理论界也不存在统一或者共识性的表述。关于互联网金融,由于理论界与实务界分析的角度、考察的侧重点、认识的路径不一,在现实中形成了不同内容的互联网金融"定义"。在媒体报道、学术文献甚至是地方政府的政策文件上对互联网金融的定义也是五花八门的。

有论者认为互联网金融受互联网技术、互联网精神的影响,是与传统银行、证券、保险、交易所等金融中介和市场对应的无中介金融交易和组织形式。也有论者认为互联网金融是把互联网作为资源,以大数据、云计算为基础的新金融模式,其核心资源是大数据,核心技术是云计算。还有论者认为,互联网金融的本质仍是金融,互联网仅是工具和渠道,互联网金融所经营的产品在支付结构上并没有明显的创新,不是支付结构意义上或金融产品意义上的"新金融",其本质仍是"借互联网之名"行"传统金融之实"。那么,互联网金融究竟是一种金融手段,还是区别于实体场所的一种虚拟场所,或者是传统金融在互联网上的科技化表达形式?就上述探讨的问题而言,其观点基本上是在金融互联网和互联网金融两个不同层面探讨的,着重围绕"互联网金融是传统金融的数字化延伸""金融服务实体经济的融通资金功能,以及金融融资模式"等内容展开的。从一般意义上讲,互联网金融是指有别于传统直接融资模式和间接融资模式,利用互联网技术等现代信息集成技术,在创制的网络平台上进行各种资金融通活动的总称。①

2. 互联网金融犯罪的特点

(1) 犯罪对象主要围绕资金融通和数据征信

从互联网金融本质来看,互联网金融是互联网信息、技术与金融产业深度

---

① 郭华:《互联网金融犯罪概说》,法律出版社2015年版,第18—20页。

融合的业态。这种业态既包括了传统金融机构的资金融通也包括了互联网中数据征信等内容，有观点称为第三种业态；从互联网金融犯罪的主要对象来看，不管是针对互联网金融机构及其业务，还是互联网金融机构本身企业涉嫌犯罪，犯罪的对象均是投资人的资金和相关个人信息数据等。

（2）犯罪主体以互联网企业为主

互联网金融市场的从业主体主要包括传统金融机构和互联网企业，由于我国传统从事与资金融通相关行业的机构均采取市场准入机制，监管程序较为严格。在发展"普惠金融"体制改革背景之下，允许非传统金融机构进入资金融通市场。在相关行业监管实施细则未明确的情况下，以新的中介身份绕开传统金融中介纷纷涌入资金融通市场，尤其是 P2P 网络借贷平台、众筹台、第三方支付、大数据企业等互联网企业以一种创新形式的中介机构进入市场，在市场发展过程中，部分主体背离中介机构的职能地位，从事货币经营、数据买卖等行为，从而触犯刑事法律。从司法实践来看，由于传统金融机构本身具有法律风险控制部门，对于互联网金融业务严格遵循相关金融监管法规和征信监管规定，法律风险较小。但互联网企业由于对于传统金融监管仅有感性认识，对刑事法律更是知之甚少，目前已发生的刑事案件主体往往以互联网企业为主，而非传统金融犯罪中的个人或者传统金融机构。

（3）作案手段线上线下相结合

互联网金融从其各种行业的具体业务来看，不管是 P2P 网络借贷、众筹还是第三方支付，现有案件中突出表现为互联网金融犯罪行为人通过线上通道虚构融资项目，通过线下和线上的虚假宣传和高额利诱，实现侵财等犯罪目的。如犯罪行为人为实现非法占有的目的，利用互联网企业平台虚构融资项目和较高利率，同时通过线下办公场所展示虚假材料、现场讲演、推介等方式，非法占有不特定投资人投资款潜逃，这种线上和线下进行欺诈共同实施犯罪具有较高的迷惑性和隐蔽性。

（4）二次违法性特征明显

二次违法性是指行为既违反了行政法、民法等，又违反了刑法，且刑法具有后置性，即行为首先违反其他法律，然后违反了刑法，没有前者的违法，就没有后者的犯罪。互联网金融犯罪一般属于广义的行政犯，其二次违法性突出表现在其首先违反了金融、互联网监管等方面的行政法规等，如行为人违反了金融行业的从业准入、经营范围限制等行政监管，然后才进行刑法否定评价。当然，根据最高人民法院的相关司法解释，行政违法性认定并非刑事处罚的前置程序，即司法机关在没有行政违法认定的情况下，也可以对相关行为进行刑事处罚，这主要是防止行政违法认定阻碍刑法追责。当然这并不能否认互联网金融犯罪二次违法性特征。[①]

(三) 涉众型互联网金融犯罪的特点

涉众型互联网金融犯罪顾名思义就是涉及人数众多的互联网金融犯罪。其具有以下特点：

1. 被害人人数众多且诉求多元

例如北京市司法机关办理的"亿霖木业"非法经营一案中，被害人有2.2万余人，"碧溪"非法经营一案中，被害人有4206人，"蒙京华"非法吸收公众存款一案中，被害人有2900余人，仅上述三个案件的被害人就达到2.9万余人。这些被害人既包括了下岗职工、退休人员等弱势群体，也有国家工作人员、公司企业等高学历人员，年龄结构涵盖老、中、青。另外，被害人的诉求从以往只要求追究犯罪嫌疑人责任的单一诉求，向要求追究责任、挽回损失、精神损害赔偿、保护人身权利等多元化诉求转化。

2. 犯罪地域广、共同犯罪人员多、调查取证难

同样以"亿霖木业"案为例，该案犯罪地涉及北京、内蒙古、辽宁等11个省市自治区的45个县、市、区，有28名共同犯罪人。由于犯罪地域广，犯罪呈现有组织化，造成证据分布广、调查取证难。另外，有些案件还牵涉地方政府和多个部门的经济利益，民刑关系交织在一起，给案件的取证、定性、责任追究、追缴赃款带来很多困难。

3. 犯罪数额大、挽回损失少

一是犯罪数额大，如"亿霖木业"非法经营一案的涉案金额为人民币16.8亿元，"蒙京华"非法吸收公众存款一案的涉案金额为人民币2.9亿余元，"黄金期货"非法经营一案的涉案金额为人民币771亿元，仅上述三个案件的涉案金额就达到了790.7亿余元。二是挽回损失少，被害人的个人损失金额少则几千元，多则上百万元，而全部案件中挽回损失的数额与犯罪数额相比所占比例很小。

4. 犯罪手段多样化且极具欺骗性

如"黄金期货"非法经营一案中，犯罪分子为客户提供交易的软件都挂在公司的网站上，只要成为公司客户，在缴纳保证金后，即可随时下载并进行黄金期货交易，而该交易软件实质上是一套模拟交易软件，虽然软件的背景是真实的大盘数据，但操作者在软件上的买入、卖出、看空、看涨都是虚拟的，

[①] 万志尧：《互联网金融犯罪问题研究》，2016年华东政法大学博士论文，第27—29页。

犯罪分子相当于是自己设立了一个赌场，自己当庄家，与客户玩起了一种对敲对赌的游戏。网络的发展将社会经济生活的各个方面联系起来，犯罪分子也得以乘虚而入。

5. 案结事了难

很多案件在审结后，犯罪分子虽然被追究了刑事责任，但由于大部分案件的赃款被犯罪分子挥霍、转移，有的只追回一部分，有的则没有任何挽回的可能，被害人的情绪难以平复，矛盾会集中于司法机关和政府部门，缠访缠诉、群体访事件会持续发生，案结事不了，影响社会和谐稳定的因素持续存在。

（四）涉众型互联网金融犯罪的行为模式

涉众型互联网金融犯罪是伴随着互联网金融业务的蓬勃发展而出现的新型犯罪现象。研究互联网金融的行为模式有利于从中发现可能涉及的违法犯罪类型。

1. 第三方支付模式

从狭义上讲，第三方支付是指具备一定实力和信誉保障的非银行机构借助通信、计算机和信息安全技术，在用户与银行支付结算系统之间建立连接的电子支付模式。

第三方支付模式可分为独立第三方支付和有交易平台的担保支付模式。独立第三方支付模式是指第三方支付平台完全独立于电子商务网站，不负有担保功能，仅仅为用户提供支付服务和支付系统解决方案，平台前端连接着各种支付方法供网上商户和消费者选择，平台后端连着众多银行，平台负责与各银行之间的账务清算。其优势是能够积极响应不同企业行业的个性化要求，但它也极易被复制。有交易平台的担保支付模式，是指第三方支付平台捆绑着大型电子商务网站，并同银行建立合作关系，凭借其公司实力和信誉充当交易双方的支付和信用中介，在商家与客户之间搭建安全、便捷、低成本的资金划拨通道。其优势是具有累积虚拟账户的价值，其打造的信任环境能够为自己带来庞大的用户群。第三方支付机构营利主要源于两个部分：一是支付服务收费，主要包括向商户提供网关支付的收费，即新商户接入时的开通手续费、每笔交易的手续费等；二是金融服务收费，主要包括向客户提供保理、信用支付的管理费用，以及基金、保险、机票等产品销售的管理费用。

第三方支付在创新金融模式和服务大众方面优势突出，但也蕴含着极大的法律乃至犯罪风险。例如，第三方支付在创新过程中曾出现"支付宝"和"财付通"二维码支付，阿里巴巴和腾讯推出的"网络虚拟信用卡"，后均被央行叫停。前者主要原因是二维码支付突破了传统手机终端的业务模式，客户的信息安全与资金安全的风险控制水平无法确定；后者突破了现有信用卡业务模式，与银联等相关业务之间的关系难以协调，落实客户身份识别义务、保障客户信息安全等方面难以保证。互联网金融创新与风险之间的关系仍决定着国家的容忍程度，也是需要刑法规制的关节点。

2. P2P 平台模式

P2P 网贷，又称为点对点信贷，俗称"个人对个人"信贷。P2P 企业是指从事点对点信贷中介服务的网络平台。P2P 网络借贷平台是指个体（包括自然人、法人、其他组织）和个体之间通过互联网平台实现的直接借贷，俗称"人人贷"。其中，平台仅为借贷双方提供信息流通交互、撮合融资、资信评估、投资咨询、法律手续办理等中介服务，有些平台还提供利率指导、资金移转和结算、债务催收等服务。相对于传统金融模式而言，其创新价值不仅存在个体对个体的信息获取和资金流向，其债权债务属性关系还出现了脱离传统金融媒介的情况，甚至还存在配置和"借道"私募参与股市的模式。2006 年，由宜信信贷服务平台将国外的 P2P 概念引入实践。2008 年，上海"拍拍贷"创立了国内第一家小额信贷网站。此后，网络信贷平台快速旺盛地生长，雨后春笋似的发展，出现了多种运营模式。我国的 P2P 平台在引进国外模式的基础上还进行了一些创新，形成了线上发布产品和信息，线下核实客户身份、验证客户资料真实性的特殊模式，同时还存在"债权转让"等模式。具体而言，我国的 P2P 平台主要有以下几种类型：

（1）纯线下交易模式

这种 P2P 网贷仅提供交易信息，具体的交易手续、交易程序均由 P2P 信贷机构和客户面对面完成，这种平台一般具有较为成熟的风控系统，投资门槛高、投资周转期相对较长，适合不追求高收益、拥有大额长期闲置资金的投资者。

（2）承诺保障本金和利息模式

这种 P2P 网贷一般线下审核项目，线上进行融资，对风险控制较为严格，要求借贷方出具足额抵押物，借贷方一般为中小微企业。一旦贷款发生违约风险，网站承诺先由平台本身或者合作的担保公司为出资人垫付本金。这种平台一般适合追求高收益、投资门槛低、投资周转灵活、闲置资金不多或者有财富快速增长需求的投资者。

（3）不承诺保障本金模式

这种 P2P 网贷平台作为单纯的网络中介存在，负责制定交易规则和提供交易平台，从用户开发、信用审核、合同签订到贷款催收等整个业务主要在线上完成。这种模式采取审核借款人资质的方法，主要包括网络视频认证、查看银行流水账单、检查身份证信息等。有的网贷平台自己建立信用体系来评估借款人的资质，借贷方一般为个人。网站作为中介平台进行纯线上服务，贷款方在线上提出融资需求，可以提供抵押物，也可以是纯信用借款，网站审核通过后将借款信息在平台公开，投资者自己筛选进行投资。若贷款发生违约风险，网站不垫付本金。P2P 行业的创新发展表现得非常复杂，尤其是在引入担保机制、发行理财产品以及开发同业市场之后，已从单纯的信息撮合平台变成了集存贷款功能于一身的"准金融机构"，使得非法集资风险快速积聚，致使"明确平台本身不得提供担保，不得归集资金搞资金池，不得非法吸收公众存款"的规则屡被突破。实践中以开展 P2P 网络借贷业务为名实施非法集资的现象层出不穷，尤其是 P2P 网贷平台的经营范围仅仅在工商局登记为"金融咨询"或者"金融信息服务"，能否将这些"金融咨询"或者"金融信息服务"等同于金融活动？"金融咨询"或者"金融信息服务"活动是否涵盖了从事金融业务的行为，如果不被包含，是否就是非法经营犯罪？P2P 网贷平台的债权转让尽管属于债权而非"股票"，但是，这种债权是否属于变相的转让股权也值得思考。

3. 众筹模式

众筹，又称大众筹资或群众筹资，是指以"团购＋预购"的形式向网友募集项目资金的模式。众筹模式的兴起打破了传统的融资模式，普通人均可借助于这种模式获得从事某项创作或活动的资金。融资主体可以来源于普通大众，不再局限于风投等专业化机构。众筹利用互联网传播的特性，让小微企业、艺术家或个人对公众展示他们的创意，争取大家的关注和支持，进而获得所需要的资金援助。相对于传统的融资方式，众筹更为开放，只要是网友喜欢的项目，均可通过众筹方式获得项目启动的第一笔资金，为更多小本经营或创作的人提供了无限的可能。综观我国的众筹类型，主要可分为以下几种类型：

（1）回报类众筹

这种模式采用的"预售＋团购"模式。目前，这种模式如果规范运作，严格审核项目发起人资质，对募集资金进行严格监管，一般不会触犯不得非法集资的禁止性红线，与其他模式相比，风险较小，相对安全。

（2）捐赠类众筹

这种模式主要是从事公益慈善或梦想帮助。如果规范运作，则不存在法律障碍，如果以捐赠为幌子实施诈骗则可能涉嫌诈骗犯罪。

（3）股权类众筹

股权众筹的发展冲击了传统的"公募"与"私募"的界限划分，使得传统的线下筹资活动转换为线上，即使是单纯的线下私募也会转变为"网络私募"，从而涉足传统"公募"领域。这种模式要具有一定吸引力，那就必须采取公开的形式，投资者超过200人，就有触犯擅自发行股票、公司、企业债券犯罪的可能。因此，众筹模式中的最大法律风险属于股权众筹，最可能涉及非法集资类犯罪以及擅自发行股票犯罪。在股权众筹模式中，就投资者与融资者之间签订的投资合同而言，众筹平台作为第三方更多的是发挥居间人的功能。在形式上，众筹模式极易游走在法律的灰色地带，触碰违法的红线。就众筹的回报方式而言，项目如果是承诺以股权或是资金作为回报，则涉嫌犯罪的可能性较大。尽管实物回报类众筹规避了股权、货币等法律明确禁止的形式，代之以所谓的"产品"，但是，对这种以实物作为回报的形式，因非法集资司法解释规定了开放式条款（如工资、奖金、提成等形式），实质上对此仍无法排除入罪的可能，仍有可能涉嫌非法集资犯罪。当然，如果是以服务或者媒体内容作为回报，涉嫌犯罪的可能性较小，但服务也是一种利益回报，仍不能绝对排除犯罪化的风险。

4. 电商金融模式

电子商务依托以互联网产业为基础的快速信息流，从而加快物流、商品流、资金流的流动速度。在现代信息社会，即使是传统金融，也不再仅仅纠缠于资金周转的数量，更注重资金周转的频率。在传统电子商务活动中，资金流仅仅依托于电子商务平台的单向流动，而电商金融改变了以往电子商务活动中资金单向运行的方式，让资金流在电商生态圈内形成闭环，实现了资金流动循环和加速周转。如京东推出的消费金融业务"京东白条"，蚂蚁金服旗下的"芝麻信用"，以及携程为用户提供线上预定租车服务并对线下产品实施有效监督的O2O模式等。电商金融模式一般可分为消费者信贷模式和中小微企业信贷模式。消费者信贷模式，是指电商平台通过对消费者日常消费的数据分析，给予消费者信用支付额度，消费者在该电商平台上购买商品时可使用信用支付额度购物，由资金提供方进行资金垫付，消费者到期还款。中小微企业贷款模式，又分为信用贷款和应收账款融资两种模式。信用贷款模式，是指当资金需求方需要贷款时，其只需凭借在电商平台上积累的交易信用，无须提供任何抵押，向资金供给方进行申请，并由电商平台提供担保，即可获取贷款。采用这种模式的电商代表有自主B2C平台供应商贷款（如京东的供应链金融模式）、销售平台式电商模式（提供B2C、C2C服务的平台式贷款）、B2B平台企业信用贷款（如阿里巴巴为B2B平台上的企业提供贷款）。应收账款融资模式，是指当资金需求方需要贷款时，需凭借抵押和电商平台上积累的交易信用，向资金供给方进行申请并由电商平台提供担保才能获取的贷款。其中，有自主B2C平台应收账款融资及第三方网站订单贷款。作为互联网金融的电商平台是网上贸易的集散地，可以满足基于贸易发散出来的金融需要，由于天然的跨界混业倾向，有可能被不法分子利用他人身份和银行卡并借助于电子商务平台，使用自己控制的信用卡通过购买"商品"套取现金等方式涉及电子商务违法犯罪。

5. 比特币模式

比特币属于一种虚拟的货币，是通过开源的算法产生的一套密码编码。其最大的特点是去中心化，没有统一的货币发行机构，其传播与使用依赖于比特币网络中的每一个使用者。目前，比特币获取方式主要包括挖矿（通过计算机算力比拼获取新币）或者在比特币交易平台上用法定货币购买以及捐赠获得。比特币肇起于日本人中本聪，2008年，中本聪设计了一种由任何人都能够创造和管理，用于各种交易的新型虚拟货币——比特币，期望它能替代美元和欧元甚至全球货币，从而彻底改革金融业。其原理是基于一系列复杂的数学算法挖掘产生，总量为2100万个，任何人都可以自行挖掘。目前，对比特币模式存在较大的争议。例如，2014年2月26日，美国西弗吉尼亚州民主党参议员乔·曼钦向美国联邦政府多个监管部门发出公开信，希望有关机构能够就比特币鼓励非法活动和扰乱金融秩序的现状予以重视，并要求尽快采取行动，全面封杀该电子货币。我国央行明确禁止我国金融机构和支付机构涉足虚拟货币，不得以比特币为产品或服务定价。比特币在互联网金融化的道路上越走越远，目前，已从上游的矿机生产、挖矿（用软件挖掘比特币）、交易平台，到下游的支付、商家合作等环节，有的比特币交易平台自己还发行所谓的"股票"，用来奖励交易量多的用户，很多用户为此多开账户，自买自卖，以至于呈现在平台上的交易量中有90%是假的，出现了一些涉嫌诈骗犯罪的现象。

二、涉众型互联网金融犯罪主体范围政策适用的现状及存在的问题

（一）近三年涉众型金融犯罪案件主体确认范围的不均衡

1. 近三年涉众型金融犯罪案件中行为人起诉情况

2015年至2017年北京市西城区人民检察院共受理涉众型金融犯罪案件30件223人，包括：提起公诉14件45人，不起诉6件48人（存疑不起诉2件2人，相对不起诉4件46人），改变管辖2件16人等。起诉比例为46.67%和20.18%。

2. 案件处理中主体处理范围差异明显

以西城区人民检察院起诉的14件案件中存在明显差异的情况为例：

（1）尚某某等53人非法吸收公众存款案中，因认定犯罪数额29.6亿余元，涉案金融特别巨大，其中吸收投资金额少于1亿元的业务员，认罪态度较好且积极退赔犯罪所得的，均作出相对不诉处理。

(2) 陈某某等 7 人非法吸收公众存款案中,涉案金融为 6.3 亿余元,最终有 4 人因吸收资金数额超过 1000 万元被提起公诉,3 人因吸收资金数额较少,分别为 375 万元、345 万元和 120 万元,对其作出相对不诉处理。

(3) 潘某某等 11 人非法吸收公众存款案中,涉案金融为 4100 余万元,最终除主犯潘某某和两名吸收投资金额超过 1000 万元的嫌疑人被提起公诉外(2800 万元和 1515 万元),吸收资金数额在 400 万元以下的均作出相对不诉处理。

(4) 王某某等 5 人非法吸收公众存款案中,因不同承办检察官把握标准宽紧不同,本案 5 人全部被提起公诉,吸收金额最少为 125 万元,最多的为 1468 万元。

(5) 一些只有一名犯罪嫌疑人的非法吸收公众存款案件,其中被起诉的最小吸收资金数额为 230 万元。

显然,同一个检察院内不同承办检察官,对于同时期办理的非法集资类案件的犯罪嫌疑人适用诉与不诉的标准都存在明显差异,全市乃至全国不同的检察院之间、沿海的开放发达城市和内陆金融业刚刚起步的城市之间、首都省会城市和县乡城市之间,差异性更为显著。因此,对于非法集资类案件,尤其是在"互联网+"大幅发展、涉众型互联网金融犯罪全国高发的今天,如何确定一个具有普适性的犯罪主体认定标准,对于惩办此类犯罪具有举足轻重的意义。

(二) 涉众型互联网金融犯罪主体范围政策的现状

1. 我国立法对犯罪主体范围认定的相关规定

传统刑法理论认为,犯罪构成由四个方面组成:(1) 犯罪客体,指我国刑法所保护而为犯罪行为所侵犯的社会关系;(2) 犯罪客观方面或犯罪客观要件,指犯罪活动在客观上的外在表现,其中主要包括危害行为、危害结果、因果关系等;(3) 犯罪主体,指达到法定年龄、具有责任能力,实施危害社会行为的人,单位也可以成为部分犯罪的主体;(4) 犯罪主观方面或犯罪主观要件,是指犯罪主体对其实施的危害行为及危害结果所抱的心理态度,包括故意、过失以及目的。[①] 无论是传统的线下非法集资,还是线上涉互联网的金融犯罪,自然人和单位都可成为相关犯罪的主体。

(1) 自然人犯罪主体方面

我国现行刑法中,自然人几乎可以成为所有经济犯罪的主体。[②] 但是由于

---

① 张明楷:《刑法学》(第 5 版),法律出版社 2016 年版,第 100 页。
② 陈泽宪:《经济刑法新论》,群众出版社 2001 年版,第 42 页。

金融犯罪的特殊性，刑法对自然人成为某些金融犯罪主体专门规定了身份条件，行为人必须具有法律规定的特定身份才可能构成该罪，不具备特定身份的人，不可能单独构成该罪。① 金融犯罪是一种非暴力犯罪，行为人实施犯罪行为通常是利用自己所从事的职业或者利用自己的特殊身份，因此，具有一定的特殊身份是金融犯罪主体的一个明显特征。② 刑法对自然人成为金融犯罪的特殊主体规定了身份条件方面的限制的情形主要包括：第一，某些金融犯罪的犯罪主体必须是公司、企业人员。例如，妨害对公司、企业管理秩序罪的犯罪主体主要是公司、企业人员，非法经营同类营业罪，签订、履行合同失职被骗罪等的主体都是公司、企业人员。第二，某些金融犯罪主体必须是金融工作人员。例如违法向关系人发放贷款罪、违法发放贷款罪、非法出具金融票证罪的犯罪主体是金融工作人员。第三，某些金融犯罪的犯罪主体必须是负有某些特定义务或身份的人员。例如抗税罪主体只能是负有纳税义务的纳税人，保险诈骗罪犯罪主体为投保人、被保险人和受益人，等等。

(2) 单位主体方面

因为单位在现代经济活动中扮演着非常重要的角色，因此，大量的金融犯罪行为也可以由单位实施。我国刑法中规定的相当一部分金融犯罪都以单位为犯罪主体，如刑法第150条、第200条、第211条、第220条和第231条均是对单位犯本节罪行的规定，此类规定鲜见于其他章节，因此，单位广泛作为金融犯罪的主体是经济犯罪的特点之一。而互联网环境下金融犯罪案件中单位犯罪可能表现为依法设立单位，经营范围合法，单位的决策机构按照决策程序决定，由直接责任人员实施，并且与其经营管理活动具有密切关系的犯罪。比如，P2P平台以高收益吸收贷款，但是在资金链断裂时不是申请破产，而是决策机构通过决策程序一致决定以后期吸收的资金来弥补前期亏损的情况，就属于典型的犯罪行为。但是，单位犯罪并非以决策机构通过决策程序实行犯罪为必要条件，未经过决策，直接由单位负责人为单位利益作出的决定，也可以认定是单位的意志。如果互联网集资平台的董事长或者总经理未经过决策程序，为了单位利益或者将所获的非法利益分给单位所有或者大部分成员，仍应当认定为是单位犯罪，而不是个人犯罪。

互联网金融犯罪案件中存在几种类似单位犯罪但实际为自然人犯罪的情况：第一，个人为进行违反犯罪活动而设立公司企业，并以此来实施犯罪的。一些不法分子在设立公司、搭建网络集资平台之时就是以非法集资为目的，这

---

① 杨秀英：《经济刑法学》，中国人民公安大学出版社2007年版，第54页。
② 陈泽宪：《经济刑法新论》，群众出版社2001年版，第43页。

种情况下尽管其是以公司的名义进行的,也不能认定为是单位犯罪。第二,公司企业设立之后,以实施犯罪为主要活动。公司企业的经营范围应当是在法律规定范围内,进行符合公序良俗的经营。如果网络集资平台,在公司企业成立后,主要是以非法集资为主,那么应当认定是个人实施的犯罪行为。第三,盗用单位名义实施犯罪,违法所得由个人私分的。在网络集资的环境中,会出现集资平台的业务人员利用公司的名义来进行集资行为,而资金却流入个人账户,而非公司企业的对公账户,这种情况类似于表见代理,应当属于个人犯罪。以最为常见的非法吸收公众存款罪为例,传统刑法理论认为,非法吸收公众存款罪的主体包括不具有吸收公众存款资格的单位或个人,以及具有吸收存款资格却实施非法提高利率、违法支付利息等应受处罚行为的金融机构,而是否具有吸收存款"资格"是以是否经过国家有关部门的批准为判断依据。互联网金融领域中,各金融平台普遍持有合法营业执照,但并非经国家有关部门特许设立的金融中介机构,通常没有吸收存款的资格,也没有发行股票、证券的资质,这也是经营平台一旦成立事实上的"资金池",对筹集的资金享有完全支配权,就涉嫌构成非法集资类犯罪的根源所在。因此,互联网金融业中自然人主体和单位主体均可构成涉众型金融犯罪。

2. 域外涉众型互联网金融犯罪主体相关规定

我国的犯罪构成理论是在吸收苏联学说和结合我国刑事立法与实践的基础上形成的。苏联"十月革命"胜利以后,在列宁、斯大林领导下,以特拉伊宁为代表的刑法学者,在借鉴、比较、吸收和批判大陆法系犯罪构成理论的基础上建立,并以马列主义为指导,逐步发展和完善了"四要件"犯罪构成理论。该理论内容包括:犯罪主体、犯罪主观方面、犯罪客观方面、犯罪客体。认为行为符合犯罪构成,必须承担刑事责任。犯罪构成成为认定行为人承担刑事责任的唯一依据。对于以不特定多数人为犯罪对象,以吸收大量资金为犯罪目的,严重危害国家或地区的金融管理秩序的行为,不同的国家和地区也都对之进行了刑法规制,并将情节严重作为犯罪处理,相关规定一般归属于经济刑法的一部分。

(1) 德国立法

德国属于典型的大陆法系国家,其刑事立法体现了很强的法典化特征,有关经济犯罪刑法规范的最重要部分存在于德国刑法典中。但德国同时也存在着诸如1976年和1986年两部《反经济犯罪法》等很多单行刑事法律和经济刑法中大量的"附属刑法"。关于犯罪主体的规定,例如在认定银行业务时必须达到一种以商业方式建立和经营的规模,德国联邦信用业监管局曾经认定,5名以上债权人进行的总数达2.5万马克的投资或者吸收了25名以上存款人的存款的，才属于"以商业方式建立的银行业务活动"，① 从而可以认定为犯罪。这一规定，与我国刑法规定的非法吸收公众存款罪中的"吸收公众存款"行为极其类似。

（2）日本立法

日本与德国同属大陆法系的代表国家，同样都有比较完备的刑法典。但是，《日本刑法典》对于经济犯罪的规定并不多，主要以诈骗罪、业务侵占罪、背信罪等传统经济犯罪为主，也涉及伪造类犯罪、贿赂罪等，与此同时，对经济犯罪适用《日本刑法典》以外的刑事罚则的情况也很多，② 相关规定主要体现在1954年制定的《出资法》当中。"二战"以后，在日本国内出现了不少以高利息为诱饵，从社会公众广泛募集资金的经营行为。由于此种吸收资金自始就伴随着不断支付高利息，最终结果是造成参加投资的社会公众的巨大经济损失。1945年至1954年发生的"保全经济会事件"在日本产生了较大的影响，直接促使日本制定了《关于取缔接受出资、收存款及利息等的法律》。其中的一项重要内容就是规制集资和吸收存款的行为。第1条关于禁止接受出资行为的规定为："任何人不得向不特定且多数人明确承诺或暗示日后将返还出资或支付相当于出资的金额，以此来接受出资金。"此处也未对犯罪主体做限制性规定，"任何人"都可以成为本罪主体。第2条规定："收存款的营业，除其他法律另有规定者之外，任何人不得从事该营业。"这一规定表明日本对于有权吸收公众存款的主体做了明确限制，仅银行、信用金库等金融机关可以吸收存款，除此以外，任何人不得面向社会从事吸收公众存款的行为。

（3）美国立法

作为英美法系国家的代表，美国至今没有统一、完整的联邦刑法典，现在所说的联邦刑法指的是《美国法典》第18篇所规定的刑法规范。但是，这些内容没有完整的法典体系，而只是相关法律法令的汇编。具体到金融犯罪，与其他国家立法不同的是，美国对于以社会公众作为投资人的犯罪，是规定于证券立法当中的，这是其与众不同的立法特色。《证券法》可被看作一部刑事法规。③ 其中1933年《证券法》和1934年《证券交易法》是联邦证券法律中最为重要的法律，其中规定的刑事责任也是打击证券犯罪最为重要的工具。1933年《证券法》第17（a）节规定："任何人在要约或者出售任何证券时，通过

---

① 王世洲：《德国经济犯罪与经济刑法研究》，北京大学出版社1999年版，第226页。
② ［日］芝原邦尔：《经济刑法》，法律出版社2002年版，第3页。
③ ［美］莱瑞·D. 索德奎斯特：《美国证券法解读》，法律出版社2004年版，第172页。

利用任何在州际贸易中的交通或通讯手段或工具,或通过利用邮政手段直接或间接从事下述活动都是违法的:(1) 使用任何装备、设置或人为方法进行欺骗。(2) 通过对重大事实的不真实报告或漏报在制作报告时能使报告不至被误解所必要的重大事实,以获得金钱或财产。(3) 参与那些从事或将从事对购买人进行欺诈或欺诈的交易、活动或业务程序"。1934 年美国《证券交易法》第 10b 条以及美国 5EC 为配合该条实施而制定的 Rule 10b – 5 之规定(称为 10b – 5 规则),来说明证券法定责任的产生与作用具体内容为:"任何人利用任何方式或州际商业媒介,或者通信,或者任何全国性证券交易所的任何设施,直接或间接地对任何人,实施下列与购买或出售任何证券有关的行为时,都是非法的。"可见,美国关于金融犯罪比较重要的两部法律,对于此类犯罪的主体均未作限制规定,"任何人"违反了法律规定,均可能被认定为犯罪。

(4) 英国立法

作为英美法系的另一个代表国家,英国的法律体系包括普通法和制定法两部分。但是英国刑事法律中没有专门的金融犯罪立法,对于票据犯罪、保险诈骗、贷款诈骗等典型的金融犯罪,主要由 1968 年《盗窃罪法》和 1978 年《盗窃法》加以惩治。该法规定了盗窃罪和多种诈骗罪,可以适用于有关金融诈骗犯罪行为和票据犯罪行为。此外,英国 1944 年《投资业务管理法》、1973 年《公正交易法》《限制性交易实践法》、1984 年《股票交易所上市管理法》、1985 年《公司法》、1986 年《金融服务法》等金融法律,同样附随规定了相关金融犯罪及其处罚。① 英国 1986 年《金融服务法》第 4 条规定:"除非属于事先被授权或依法享有豁免权的人,其他任何人在英国从事或执行投资业务均构成犯罪。"

从上述相关国家有关法律来看,虽然因所属法系和立法背景不同,使得各国家金融犯罪罪名内容和立法特点各有不同,大陆法系多在《刑法典》中明确规定涉嫌构成涉众型金融犯罪的行为特征,部分特殊规定散见于各单行法中。我国刑法中明确确定了非法吸收公众存款罪、集资诈骗罪等,又在《商业银行法》《证券法》中规定了相关商事行为的合法性条件。而英美法系国家因与大陆法系的法律渊源不同,针对涉众型金融犯罪行为的规定较为分散,这也与判例法体系特点相吻合。但就两大法律立法实质而言,又存在较多共性。无论是大陆法系还是英美法系,不管其立法技术和具体内容如何,均主要侧重于保护投资者权益,并借此来进一步实现维护资本市场正常秩序的目标。这一立法原则也应该作为完善我国金融犯罪立法体系和具体内容的指导精神,尤其

---

① 李娜:《论金融安全的刑法保护》,武汉大学出版社 2009 年版,第 121—122 页。

是非法集资类的金融犯罪，各国立法没有具体细分"线上""线下"，均未对犯罪主体作出限制性规定，原则上"任何人"都可以成为此类犯罪的主体。而本课题研究的互联网金融犯罪主体问题虽然限定于涉互联网非法集资类犯罪，但力求以不限制主体条件为原则，结合"线上"犯罪行为自身特点，划定出既符合刑法原则，又符合刑事法律政策，既可以体现罪责刑相适应，又可以最大限度帮助投资人挽回损失的主体范围，同时明确投资人作为集资参与人的主体地位，区别于"被害人"权益内容，发挥立法惩治犯罪、预防教育、引导合理投资合法维权等维稳作用，填补互联网金融犯罪立法领域的空白。

（三）认定涉众型互联网金融犯罪主体范围存在的问题

互联网金融的出现不过短短几年时间，已从一个新鲜事物迅猛发展到与日常生活息息相关。可以说，我们每个人都和互联网金融有着或多或少的联系。它以其自身的特点和发展模式、创新模式以及运行模式，给传统金融行业带来了一抹新鲜亮色，促进和繁荣了金融领域创新发展，便利了普通老百姓的借贷融资理财方面的需求，为在传统金融领域屡屡碰壁的小微企业的融资发展和产业升级提供助力。但是，在互联网金融不断发展创新的过程中，暴露出很多新问题，包括部分行为涉嫌刑事犯罪，需要以刑法来进行规制惩罚。有学者认为，互联网金融犯罪的具体行为模式尚未被我国现行刑法具体明确到条文内，对于所谓互联网金融犯罪行为，目前只能依据对传统金融类犯罪和侵犯财产型犯罪的规定进行处理。[1] 笔者认为，无论相关规定以何种形式呈现，在保障社会整体利益和个体权益，促进互联网金融不断创新的同时，对危害严重的行为必然要以刑法来加以规制和惩罚。

1. 民事法律规制与刑法介入

涉众型互联网金融犯罪案件一旦案发，投资人都是希望能够拿回自己的那份资金，但是众多投资人诉求情况复杂，司法何时介入难以精确把握。投资人诉求表达形式可分为三种情况：一是通过正规途径进行诉讼请求。很多投资人在得知集资人无法返还钱财，或者发现集资人携款潜逃，就立即向公安机关报案，并向司法机关表达返还钱财的诉求。二是由于很多投资人其实是非法集资者的亲朋好友，碍于情面或者坚信行为人能够在未来偿还本金，通常不会选择报案，而是选择观望。三是一部分投资人也是间接性的非法集资参与者，除自己参与投资以外，还具有帮助非法集资者吸收资金的身份，他们不但不会报

---

[1] 吴文娥、张后飞：《论互联网金融创新刑法规制的路径选择——以非法集资类犯罪为视角》，载《中国检察官》2015年第11期。

案,更会因为怕连累自己,所以选择虚报真实情况,从而加大了司法办案的难度。因此,投资人诉求不同、表达方法不同,加大了司法机关对于案件介入时机的把握难度,而介入时机不准确会导致案件已经影响巨大,损失无法挽回。原本非法集资与民间借贷在行为属性上就有部分交叉,加之投资人与集资者的关系会大大影响真实案情的还原度,使得司法实务中对于行为者定性变得异常复杂,可能导致犯罪嫌疑人逍遥法外,逃过法律的制裁。

因此,我们在实务认定中需要把握一个基本原则,对于涉众型互联网金融犯罪主体的认定和划分,必须以正确认定集资行为是民间资本融资还是非法集资犯罪为前提。最高人民法院2015年颁布了《关于审理民间借贷案件适用法律若干问题的规定》,其中第5条和第7条明确了非法集资类案件中刑民交叉在程序上的审理顺序,即"先刑后民"。对于嫌疑人成立公司的主要目的就是向社会公众非法集资,或者成立公司后无具体经营,放置一段时间后开始非法集资的,一般认定为自然人犯罪主体。对于此种情况无须考虑是否是民间融资,行为符合非法集资类犯罪的构成要件即应认定为犯罪行为,涉及人员应当包括公司的主要负责人、组织者、非法集资行为的积极实施者等,明知实施非法集资行为而提供互联网平台、通过互联网大肆宣传的人员,也应以共犯论处。若公司在非法集资前有过正常经营,从事非法集资的主要原因在于当前融资渠道不畅,无法从正常融资渠道获取发展所需的资金。此种情况应以及时的民事法律规制为优先,必要时由政府引领,协力化解民间融资障碍,开辟引资渠道,引导公司回归经营正轨,刑事法律介入会打破借贷平衡,反而起到加快资金链断裂的负面效果。此类行为若认定为非法集资类犯罪,对犯罪嫌疑人不宜打击过宽,惩处范围应控制在对于公司经营脱离正轨起决定性作用的决策人、主要负责人,其他具体实施的员工与提供互联网服务的人员因欠缺主观违法性认识,不宜认定为犯罪行为。

2. 罪责刑相适应

我国现行刑法明文规定了刑事法律的基本原则,包括:罪刑法定原则、平等适用刑法、罪刑相适应原则。其中罪刑相适应原则虽然对定罪有明显的制约作用,但更主要的是对量刑起指导作用。① 该原则要求犯罪造成的社会危害有多大,刑罚的强度就应当有多大。贝卡里亚曾经指出:如果对两种不同程度地侵犯社会的犯罪处以同等的刑罚,那么人们就找不到更有力的手段去制止实施能带来较大好处的较大犯罪了。② 调研发现,横向比较不同案件认定的最终被

---

① 张明楷:《刑法学》(第5版),法律出版社2016年版,第43页。
② [意] 贝卡利亚:《论犯罪与刑罚》,中国法制出版社2002年版,第7页。

告人，出现了罪刑不均衡的情况，需要引起关注。以西城区人民检察院办理的两起涉互联网非法吸收公众存款案件为例。尚某某等53人非法吸收公众存款案，移送审查起诉的53名犯罪嫌疑人中8人被批准逮捕，45人为取保候审的强制措施。经审查最终认定的犯罪数额为29.6亿余元。在案件定性确定后，对于在案的53人应如何处理，是否均提起公诉，被批准逮捕的犯罪嫌疑人是否都面临起诉，涉案公司行政部、财务部、项目部等人员是否也应认定为构成犯罪，人员处理应如何分层，诉与不诉标准如何确定才能做到公允，才能更有利于追赃挽损保护广大投资人权益等问题接踵而来。经过专案组研究讨论，考虑该案的涉案数额、行为人具体情节、案件影响范围、投资人数量等因素，报北京市检察院同意后，确定了人员分层处理的四个原则：一是在涉案公司中的地位和职务高低、工作内容的重要程度以及对全公司的影响力、任职时间长短等；二是在整个非法吸收公众存款的犯罪过程中具体行为、作用大小；三是参与项目中非法吸收公众存款的数额、投资人的人数、造成不能返本付息的数额等；四是通过非吸行为个人获利数额等。在上述原则指导下，确定"任职一年以上、吸收资金数额1亿元以上、吸收投资人数100人以上、个人获利数额巨大"的犯罪嫌疑人应予以起诉，最终本案提起公诉16人，其他37人分别作出了相对不诉和存疑不诉的处理。

类比西城区人民检察院同期受理的陈某某等7人非法吸收公众存款案，4名犯罪嫌疑人被批准逮捕，3名犯罪嫌疑人为取保候审。检察官处理本案人员时将在案7人分成高、中、低三个层级，主犯陈某某为第一层级，第二被告张某某系具体吸收公众资金的实际操作人，列为第二层级，余下5人仅为对外寻找投资人业务员，作为第三层级。本案最终认定的涉案金额为6.3亿余元，因此除陈某某、张某某对于犯罪行为起主要作用的人员需要起诉以外，剩下的5人也如所有涉众型非法集资犯罪一样，面临诉与不诉的处理问题。因为本案系与前述尚某某案同期办理，两名检察官本意寻求类案之间处理平衡，但是经过个案分析，陈某某案若套用尚某某案人员分层处理标准，则仅有主犯陈某某可予起诉，但是对于张某某等其余5人若作出不起诉决定，又违反了罪刑相适应原则。因此，经多方研讨和向市检察院汇报，最终陈某某一案确定起诉4人，余下3人均因吸收资金数额不足500万元而作出相对不诉处理。

两起案件横向对比就能发现，尚某某案中吸收资金不足1亿元的嫌疑人即可被不起诉，而陈某某案中吸收资金超过1000万元的均被提起公诉。同样是非法吸收公众存款犯罪，仅因案值不同，人员分层处理最终只能在个案范围内考量，保证同案中不同嫌疑人处理罪刑相适应的同时，造成了同类案件处理的整体差异明显。因此，办理涉众型互联网金融犯罪时，究竟是追究个案准确，还是类案整体统一，需要在立法中给予明确规定。

3. 立法规定差异化

现行刑法的制裁体系中关于涉众型互联网金融犯罪的罪名常见的有三个，分别是刑法第176条的非法吸收公众存款罪，规制对象主要为间接融资，第179条的擅自发行股票公司企业债券罪，主要规制对象为直接融资，以及第192条的集资诈骗罪。但是这三个规制民间融资的罪名，对量刑梯度的设置并不合理，出现了处罚空当。刑法为非法吸收存款罪设计了两个量刑幅度，分别为3年以下有期徒刑或拘役和3年以上10年以下有期徒刑。擅自发行股票公司企业债券罪只有5年以下有期徒刑成拘役一个量刑幅度。而集资诈骗罪的量刑幅度从拘役一直到无期徒刑进行细分。根据司法解释，构成非法吸收公众存款罪的金额为20万元以上，而擅自发行股票公司企业债券的金额为50万元以上的，同为非法融资行为，处罚空当出现在20万元到50万元之间，例如40万元处于处罚空档间，作为间接融资处置，可能获刑3年以下，而作为直接融资处置却不予处罚，法律适用明显不当。由于三项罪名在犯罪后果上的巨大差异，审判人员的司法压力很大，稍微出现定罪偏差就可能导致对犯罪人截然不同的法律后果。[①]

回归到非法吸收公众存款罪中，自然人犯罪和单位犯罪认定标准差异化，会引发新的实务问题。依据最高人民法院《关于审理非法集资刑事案件具体应用法律若干问题的解释》（以下简称《解释》）的规定，个人可被追究刑事责任的标准是20万元以上数额或对象为30人以上或直接经济损失10万元以上，而同量刑阶层单位的标准为100万元以上数额或对象为150人以上或直接经济损失50万元以上。但是从法益侵害角度，单位与自然人犯罪同样采取非法吸收公众存款的方式非法集资30万元，侵害的法益都是金融管理秩序，几乎所有涉众型互联网金融犯罪都是成立公司后以公司之名从事犯罪行为的，因此没有理由认为其中单位所侵害的法益与自然人所侵害的法益存在不同。另外，从规范违反的角度，单位与自然人犯罪同样利用互联网，针对社会大众采取非法吸收款的方式非法集资30万元，二者所违反的法秩序是相同的，程度上也并不存在单位违法的程度低于个人的情况。因此，犯罪主体因素的刑法考量也不应违背刑法基本原则。

我国刑法第4条明确规定："对任何人犯罪，在适用法律上一律平等。不允许任何人有超越法律的特权。"但自然人与单位的不同定罪量刑标准使得单

---

① 彭多辉：《非法集资的刑法规制与金融对策》，载《中国刑事法杂志》2011年第2期。

位在定罪量刑上成为了一个享有特权的主体。平等并不意味着没有差别,要看导致差别的原因,要根据普遍的正义标准分析作出差别处理是否合适。① 在单位与自然人定罪量刑存在差别时,如果仅仅是为了减少对单位认定犯罪案件的数量,那么这一理由就不满足刑法所要求的普遍正义。在入罪层面,同样的非法吸收公众存款行为未采取单位形式进行的20万元即可入罪,而单位却要达到100万元才需被追究刑事责任。在量刑方面,个人非法吸收公众存款100万元就被视为"数额巨大"而单位却需要到500万元才构成。在确定刑罚方面,若单位吸收资金数额为450万元,未达到"数额巨大"标准,但是其中主要业务人员个人吸收资金数额为150万元,超过100万元的"数额巨大"标准,那么应该如何确定本起单位犯罪中该名业务员的刑期呢?这也是一个值得进一步探讨的问题。

因此,笔者建议取消单位与个人的不同定罪量刑标准,单位作为刑法中拟制的人,不具有刑法上的"特权",双重标准也并不能实现除罪化效果。《解释》的起草人员中对于是否需采取区分标准进行规制的意见也不统一。主张区别对待的学者认为,将个人与单位进行定罪量刑标准区分化,是刑法的谦抑性要求和体现,将单位的行为标准抬高有利于部分犯罪行为的除罪化,防止犯罪行为认定的扩大化,也是确保刑法实质平等的重要体现。即使将此部分行为除罪化,对于实施具体犯罪行为的个人依然可以追究其个人的刑事责任。反对区别标准化的学者则坚持,在司法实践中个人犯罪与单位犯罪很难进行区分,同时也不能体现刑法的平等性。② 实践中,单位犯罪不成立时依然可以被追究个人的刑事责任,并没有因为不构成单位犯罪而不再追究个人的责任。为了避免一些人利用当前刑法处罚单位犯罪较轻的特点,1999年最高人民法院发布了《关于审理单位犯罪案件具体应用法律有关问题的解释》第2条规定:"个人为进行违法犯罪活动而设立的公司、企业、事业单位实施犯罪的,或者公司、企业、事业单位设立后,以实施犯罪为主要活动的,不以单位犯罪论处。"不过实践中对这一条司法解释中"以实施犯罪为主要活动的"也存在不同认识。从解释中"生产经营活动与筹集资金规模明显不成比例"的相关表述,可以看出立法者对此行为更关心的是能否认定具有非法占有目的,而不是单位犯罪的构成。而通过解释所构筑的非法集资案件单位犯罪的双标准,并没有达到预期的出罪效果反而使刑法适用失去了平等性。这种解释的合理性受到

---

① 张明楷:《刍议刑法面前人人平等》,载《中国刑事法杂志》1999年第1期。
② 刘为波:《〈关于审理非法集资刑事案件具体应用法律若干问题的解释〉的理解与适用》,载《人民司法》2011年第5期。

了众多质疑，越来越多的学者包括司法者开始认可一体化的评价原则，认为单位与自然人不同的定罪量刑标准，客观上容易导致放纵犯罪，理应予以取消，对单位犯罪和自然人犯罪应坚持同一数额标准。① 这方面，在刑事法律界已有突破，2003年12月23日最高人民法院、最高人民检察院、公安部和国家烟草专卖局《关于印发〈关于办理假冒伪劣烟草制品等刑事案件适用法律问题座谈会纪要〉的通知》中，对涉烟非法经营罪的个人与单位采取了不同的定罪量刑标准。而在2010年3月2日最高人民法院、最高人民检察院《关于办理非法生产、销售烟草专卖品等刑事案件具体应用法律若干问题的解释》中，无论是个人还是单位实施的涉烟非法经营罪，都适用统一的定罪量刑标准。

4. 退赔主体与犯罪主体认定不统一

2014年最高人民法院、最高人民检察院、公安部《关于办理非法集资刑事案件适用法律若干问题的意见》第5章从五个方面确认了将非法吸收的资金及其转换财物用于清偿债务或者转让给他人时，应予以追缴的情形，但是在涉案人员退赔等问题上仍有一些实务问题。

（1）退赔主体与犯罪主体认定不统一

涉众型互联网金融犯罪中投资人众多，未能统一认识，公安机关在案发后首先尽量多的控制住所有涉案人员，一并查封、扣押、冻结办公场所、公司财产、公司和人员账户等，待初步固定证据、查明基本事实后，再细分责任，部分最底层的业务员或公司行政和杂务人员因不宜认定为涉嫌犯罪而释放，但是往往在上述人员被羁押过程中，公安机关民警均会传递"主动退赔态度好，争取取保候审"的信息，被羁押人员家属也会退赔在公司工作期间赚取的工资或提成等收入。前文所讲的尚金峰等53人非法吸收公众存款案中，37名被不起诉人员中大多数都在立案初期或审查起诉期间退赔了部分或全部收入。因此，此类案件中退赔主体范围通常比认定的犯罪主体范围宽泛许多。而最初退赔的人员最终被不起诉，又会被个别投资人和嫌疑人质疑司法机关搞"辩诉交易"。

（2）对涉案财物界定不明影响他人合法利益

单位犯罪或个人犯罪未有定论时，对涉案财物界定不明影响他人合法利益，涉众型互联网金融犯罪案件的主要经营场地一般是租赁的写字楼，一旦被立案侦查，公安机关就对涉案财物采取强制措施，且一般不去界定所有权，或者因涉案财物的认定还不是很清晰，直接对犯罪嫌疑人的所有财物进行查封、扣押、冻结，包括第一时间查封办公地点。而租赁的办公场所不在被追缴的财

---

① 董玉庭：《论单位实施非单位犯罪问题》，载《环球法律评论》2006年第6期。

产范围内，因此类案件办理周期较长，查封的办公场空置期间造成业主巨额租赁费用损失。司法机关办理案件过程中经常会收到业主要求解除查封的诉求，但是从利用在办公场所张贴报案公告的角度考虑，该查封的办公场所是号召潜在投资人尽快报案的最好的渠道。尚不知道公司已涉案的投资人来到原办公场所就可第一时间了解事情的严重性，知道自己应对哪里报案。同时，原办公场所内也可能会遗留下重要证据，前述尚金峰案就是在检察机关审查起诉过程中，对于原公司办公地点再次进行搜查时找到了当庭指控犯罪的有力证据。因此，对于业主的租金损失是否应列为案件最终处理财产时可以与投资人进行同等顺位地清偿，还有待有关规定予以明确。

三、涉众型互联网金融犯罪主体分层处理的必要性与可行性

在当今"互联网＋"的时代背景下，金融与互联网技术相结合，虽然对加快实施创新驱动发展战略、推动供给侧结构改革、促进经济转型升级起到了积极的作用，但是，因为互联网的介入，使得该类依托互联网的金融犯罪案件传播速度更快、宣传范围更广、涉及资金更多、投资程序更简便、集资隐蔽性更强，给投资者财产安全和国家的金融管理秩序带来的威胁也急剧增加。对涉众型互联网金融犯罪主体进行分层处理，能够顺应打击非法集资犯罪思路调整的需要，提高打击效率、节约司法资源，提升互联网金融犯罪的预防效果。

（一）涉众型互联网金融犯罪主体分层处理的必要性

1. 司法资源有限与案件激增的矛盾需求

如前所述，涉众型互联网金融类犯罪近年来呈现出激增趋势，一方面，该类案件往往涉案金额大、涉及人数多、涉案范围广，如成吉大易案件涉案集资参与人达2.4万余人，侦查取证难度极大；另一方面，犯罪手段不断翻新，涉案人员大多专业化程度高，组织严密，往往一个案件涉案嫌疑人多达成百上千人。如巨鑫联盈案件，一次到案嫌疑人共计133人。此外，还有随之而来的密集的集体访接访工作等。故该类案件在侦查和审查起诉及审判阶段需要大量的人力物力投入和极长的办案周期。与之相对应的却是司法官的匮乏，特别是办理该类疑难、复杂金融犯罪案件的司法官更为匮乏。兼之本轮司法改革以落实司法责任制和员额制为重点，对案件的质量和公正提出了很高的要求，刑事司法中对证据规格要求和证明标准的把握也越来越严，一定程度上加大了惩治犯罪的难度。同时以审判为中心和庭审实质化为核心，又一定程度上限制了司法办案人员数量的增加。基层一线司法办案人员长期高负荷运转，已经有影响这类案件办案质效的趋势。因此，对涉众型互联网金融犯罪的犯罪主体进行分层处理，实行繁简分流，能够优化司法资源配置，大大提高办案效率，不仅有利

于准确及时地惩罚犯罪，更是落实司法改革的内在要求和有力支撑。

2. 侦查取证困难与庭审实质化的差距需求

以审判为中心的司法改革要求指控犯罪的事实和证据标准日益严格，而该类案件往往因涉及人员广，如资金往来等关键事实的侦查取证难度极大。与此相对的是，该类案件的涉案人员中，大部分均系中低层级的普通员工或者部门经理，初犯从犯多、自首坦白多；大多从业时间较短，在涉案公司层级较低，部分人员甚至是大学毕业生通过正式招聘入职的，不掌握、支配资金使用，违法所得较少，并在案发后主动前往公安机关说明情况，帮助投资人追讨款项挽回损失，主观恶性较小。同时这些人员的证言往往是证明涉案公司经营模式、主犯作用等关键事实的直接证据，在指控犯罪中非常重要。故在此类案件中对层级较低、社会危害性较小的这类人员应采取分层分类处理的方式，综合运用刑事追诉和非刑事手段处置和化解风险，可以有效分化、瓦解犯罪团伙，快速全面地查清案件事实，有力指控案件的主要责任人员，提高审查效率和质量。

3. 追赃挽损困难和集资参与人期待止损的矛盾需求

涉众型互联网金融犯罪案件中最大的难点焦点问题之一就是追赃挽损问题，这也是困扰司法工作人员和涉检涉法集体访的主要诉求之一。特别是对涉案犯罪嫌疑人、被告人违法所得的追缴问题并不理想。对犯罪主体进行分层处理，能够促使犯罪嫌疑人积极配合追赃挽损工作，从而最大限度地减少投资人经济损失，保障经济社会稳定大局。究其原因，笔者认为：一方面，强制追缴只能涉及犯罪嫌疑人个人资产，案发后很多犯罪嫌疑人名下已经没有资产，强制追缴的效果并不突出；另一方面，如果一律入罪入刑，犯罪嫌疑人、被告人及其家属自愿退赔退缴的积极性就会降低。故而，对该类案件中犯罪情节相对较轻、主观恶性小、在犯罪中起次要作用的人员通过差异化分层处理，鼓励主动退缴违法所得、退赔集资参与人损失等方式，有利于教育感化犯罪嫌疑人认罪悔罪，推动其主动赔偿被害人、投资人损失，从而化解社会矛盾，修复社会关系。

（二）涉众型互联网金融犯罪主体分层处理的可行性

1. 法理基础

（1）司法公正与司法效率的同一性

司法作为解决诉讼争议的活动，实际上是通过准确适用法律，裁判具体案件，进而在当事人之间合理地分配实体性权利和利益的过程。司法公正是指在司法机关在适用法律过程中，在处理各类案件的过程中，体现法律的公平和正义，即现行法所设定的内容和价值，被司法机关准确地在裁判活动中加以贯彻实施，这是实现法治的根本条件和重要保证。司法公正分为实体的公正和程序的公正。司法效率是指在司法活动中以最小的司法资源消耗和当事人诉讼成本的投入来获得司法价值目标最大程度的实现,是衡量司法活动的法律经济价值的量化指标。① 司法公正和司法效率具有同一性。诉讼活动所追求的基本价值既包括司法公正,也包括司法效率,二者是有机统一的,司法效率追求的是以最经济的方式来实现公正的目标,没有效率的公正和没有公正的效率都是不完整的。如前所述,当前我国刑事诉讼制度正处于转型阶段,一方面正当程序的理念日益凸显,以强化被追诉人人权保障、遏制国家公权力滥用为主旨的一系列程序性举措纳入立法,并在实践中发挥积极作用;另一方面,程序正当化进程带来的案件久拖不决问题困扰实务界,并随着员额制改革的铺开导致案多人少问题日益突出。尤其是涉众型互联网金融类案件涉案金额大、涉及人数多、爆发数量多、取证难度大,对此类案件进行分层处理,能够优化司法资源配置,大大提高办案效率,是保障司法公正和司法效率的有力举措。

(2) 刑法谦抑原则

随着对权利保障与个人尊严的重视,现代法治国家的刑罚观念与刑事法治理念已经发生了重大转变,单纯的刑法报应观、重刑主义受到了否定批判,绝对主义刑罚目的论在逐渐弱化,刑罚整体上趋向轻缓化和以教育矫正为目的。基于刑法谦抑、刑罚轻缓及人道主义观念来决定是否适用刑罚、是否从宽适用刑罚,反而可以更好地获得控制犯罪、预防犯罪、矫正犯罪的社会效果,并达到修复社会关系与法律秩序的目的。涉众型互联网金融案件的犯罪主体进行分层处理,契合了现代司法宽容精神,顺应了刑事法律整体上趋向轻缓的发展趋势,是强化人权司法保障的重要路径。对该类案件中作用小、层级底、认罪认罚的犯罪嫌疑人、被告人,进行从宽、从快、从简处理,体现了现代司法宽容、平和的理念,可以降低审前羁押率,使犯罪嫌疑人及时得到处理、被告人及时获得审判,同时有利于案件的查处和侦查及追赃挽损工作的有序开展,能够更充分保障投资人的合法权益。此外,通过分层处理,能够充分发挥刑罚的惩罚警示和教育矫治功能,鼓励和促使该类案件中占据大多数的犯罪嫌疑人认罪服法,能最大限度地减少社会对抗、修复社会关系,有利于提升社会治理法治化水平,促进国家长治久安,在更高层次上实现惩罚犯罪与保障人权的有机统一。

2. 政策基础

(1) 宽严相济刑事政策的内在要求

宽严相济刑事政策作为我国的基本刑事政策,要求根据犯罪的具体情况实

---

① 邵东华:《论司法公正和司法效率的价值冲突与消解》,载《中共郑州市委党校学报》2007年第3期。

行区别对待,做到宽严相济,罚当其罪。对涉众型互联网金融案件的犯罪主体进行差别对待分层处置符合宽严相济的刑事政策的要求。通过按照区别对待的原则对涉案主体进行分层分类,该宽则宽,当严则严,从而达到打击和孤立极少数,教育、感化和挽救大多数的作用。在分层处理过程中,要切实贯彻落实罪刑法定原则、罪刑相适应原则和法律面前人人平等原则,依照法律规定准确定罪量刑,从宽和从严都必须依照法律规定进行。要坚持主客观相统一的原则,根据犯罪嫌疑人在犯罪活动中的地位作用、涉案数额、危害结果、主观过错等主客观情节,综合判断责任轻重及刑事追诉的必要性,做到罪责适应、罚当其罪。对犯罪情节严重、主观恶性大、在犯罪中起主要作用的人员,特别是核心管理层人员和骨干人员,依法从严打击;对犯罪情节相对较轻、主观恶性较小、在犯罪中起次要作用的人员依法从宽处理。

(2) 认罪认罚从宽制度的具体应用

认罪认罚从宽制度为涉众型互联网金融案件犯罪主体的分层处理提供了制度上的依托。为优化司法资源配置,有效实现案件繁简分流,[①] 2014年,十八届四中全会通过的《中共中央关于全面推进依法治国若干重大问题的决定》中提出要"完善刑事诉讼中认罪认罚从宽制度"。认罪认罚从宽是指犯罪嫌疑人、被告人自愿如实供述自己的罪行,对指控的犯罪事实没有异议,同意量刑建议,签署具结书,司法机关可以对其依法从宽处理。为落实、贯彻决定的要求,2016年11月11日最高人民法院、最高人民检察院、公安部等部门印发结合司法实践和司法改革经验,印发了《关于在部分地区开展刑事案件认罪认罚从宽制度试点工作的办法》。在2018年10月26日开始实施的修改后的《中华人民共和国刑事诉讼法》中,明确了刑事案件认罪认罚可以依法从宽处理的原则,完善了刑事案件认罪认罚从宽的程序规定。刑事诉讼法修正案在总结认罪认罚从宽制度和速裁程序试点工作经验的基础上,将在实践中可复制、可推广的、行之有效的司法实践经验上升为法律。修正案规定了犯罪嫌疑人、被告人自愿如实供述自己的罪行,承认指控的犯罪事实,愿意接受处罚的,可以依法从宽处理。明确将认罪认罚作为采取强制措施时判断社会危险性的考虑因素。对涉众型互联网金融案件的犯罪主体进行差别对待分层处置正是认罪认罚从宽制度在非法集资类案件中的具体应用。部分基层检察院也开展了此类案件中适用认罪认罚从宽制度的积极探索。通过区分不同犯罪嫌疑人在犯罪活动中的地位作用和退赃退赔情况,依法、审慎地在辩护人的参与下开展逮捕必

[①] 施鹏鹏、张程:《认罪认罚从宽的法理逻辑及制度构建》,载《人民检察》2017年第10期。

要性、羁押必要性、起诉必要性审查,采取变更羁押措施、不捕、不诉、提出从轻处罚量刑建议等分层处理机制。如北京市朝阳区人民检察院自2016年8月正式施行至今,在多起涉众型集资类案件中适用了认罪认罚从宽制度,为投资人挽回了七千余万元的经济损失,取得了良好的法律效果和社会效果,证明了在涉众型互联网金融案件中适用认罪认罚从宽制度的可行性和可操作性。

3. 法律基础

(1) 单位犯罪中追诉范围层次性

在刑法规定中,单位犯罪的刑事责任普遍轻于自然人犯罪,追责人员的范围也较自然人犯罪有所不同,这就为涉众型互联网金融案件犯罪主体的分层处理提供了法律上的依据。区别于自然人犯罪,并不是所有参与了单位犯罪的人员都要追究刑事责任,只对在单位实施的犯罪中起决定、批准、授意、纵容、指挥等作用的直接负责主管人员和其他直接人员追究刑事责任。在涉众型互联网金融案件中,犯罪分子为了便于向社会不特定公众宣传和募集资金,往往以公司、有限合伙企业为依托,以单位的名义和形式组织实施非法集资活动,所涉单位数量众多、层级复杂,其中还包括大量分支机构和关联单位,集团化特征明显。故在非法集资类案件中,如认定单位犯罪,需结合具体案件进行分析,要考虑到案件资金流向、追赃挽损的可行性和犯罪嫌疑人的均衡处理问题。

(2) 共同犯罪中主从犯处罚层次性

共同犯罪中从犯可以从轻、减轻处罚。这一主从犯差异化量刑的依据为在涉众型互联网金融犯罪案件中对主从犯分层处理提供了依据和参考。2014年3月25日,最高人民法院、最高人民检察院、公安部发布的《关于办理非法集资刑事案件适用法律若干问题的意见》第4条"关于共同犯罪的处理问题"中规定:"为他人向社会公众非法吸收资金提供帮助,从中收取代理费、好处费、返点费、佣金、提成等费用,构成非法集资共同犯罪的,应当依法追究刑事责任。能够及时退缴上述费用的,可依法从轻处罚;其中情节轻微的,可以免除处罚;情节显著轻微、危害不大的,不作为犯罪处理。"这也是涉众型金融犯罪案件中分层处理的最直接的法律依据。

四、涉众型互联网金融犯罪主体分层处理的界定

(一) 犯罪主体界定的原则

1. 宽严相济原则

在涉众型互联网金融犯罪中,坚持全面贯彻宽严相济刑事政策,根据犯罪

嫌疑人在犯罪活动中的地位、作用、涉案数额、危害结果、主观过错等主客观情节，综合判断责任轻重及刑事追诉的必要性，做到罪责适应、罚当其罪。既要对犯罪情节严重、主观恶性大、在犯罪中起主要作用的人员，特别是核心管理层人员和骨干人员，依法从严打击。同时，对于情节较轻、社会危害性较小的犯罪，或者罪行虽然严重，但具有法定、酌定从宽处罚情节，以及主观恶性相对较小、人身危险性不大的被告人，可以依法从轻、减轻或者免除处罚；对于具有一定社会危害性，但情节显著轻微危害不大的行为，不作为犯罪处理；对于依法可不监禁的，尽量适用缓刑或者判处管制、单处罚金等非监禁刑。从而保证打击的针对性、有效性和合理性。实现打击少数、教育挽救大多数的目的。

2. 同案同判原则

同案同判已经成为人们判断司法是否公正的一个标准，既是自然正义的要求，也是宪法法治统一原则的要求。在涉众型互联网金融犯罪案件办理过程中，坚持全面贯彻同案同判原则，统一法律适用和裁判尺度，十分必要。应当在法律、法规、司法解释和量刑指导意见的基础上进行，尽量促使同类案件在从宽幅度适用上的统一，同案同罚。然而在处置涉众型互联网金融案件的司法实践中，不能简单地凭量刑结果存在较大的差距，就说其中一个判决量刑畸轻或者畸重，进而得出其属于"适用法律错误"的结论，要理性分析"同案异判"现象。同案同判只能是对量刑基准的要求，不能是对量刑结果的要求，不能不加区别地要求量刑结果基本一致。在对涉众型金融案件的犯罪主体进行分层处理中要尽量做到同案同判，这种"同"，应当是相对的、大致的，而非绝对的、完全的。对犯罪的事实、性质、社会危害程度、法定量刑情节相同的涉众型金融案件，在法定量刑幅度内，根据案件具体情况、量刑情节刑罚含量多少的不同而作出具体刑罚有所不同的处置，是完全合法合理的，并不违反同案同判的要求。

3. 个案裁判原则

如前所述，"同案同判"不能要求绝对的形式上的一致。具体个案在不同地区、不同时期、不同舆情和当地民情的综合考量下作出不同的处理是不可避免的。应当根据案件的类型、认罪是否彻底、退赔是否及时等因素进行层级化差异化处理，这就要求司法官针对个案进行自由裁量。例如若是非法吸收公众存款案件的犯罪嫌疑人将所募集的资金主要用于生产经营中，或者投资项目真实，或者无相关职业经历和专业背景，从业时间短暂层级较低，在此基础上认罪认罚积极挽回损失的，在分层处置时就应当轻于曾因本人从事同类行为受过处罚的，有相关专业背景的犯罪嫌疑人的处置。需要注意的是，由于涉众型互联网金融类案件专业性强,案情较为复杂,司法工作人员要保持对互联网金融等新兴事务的关注,了解非法集资类案件犯罪模式和新兴手段,不断更新知识储备,对办案中遇到的新情况新问题要及时研讨、深入研究,以便更好的在案件中自由裁量。

4. 疑罪从无原则

在发展互联网金融的过程中,各种新情况新问题层出不穷,许多金融类的尝试和设想也容易偏离方向。在办理金融犯罪案件过程中,针对新型案件不断增多,案件疑难复杂程度明显加大的新形势,要妥善处理维护金融市场秩序和激发市场活力的关系。在案件处理过程中,要尽可能减少对正常金融活动、企业经营活动的影响,注重追赃挽损,妥善解决一些民刑交织和涉案财物处理等矛盾集中问题。要在证据采信、事实认定、法律适用、程序推进中坚持贯彻疑罪从无原则,对于不符合批捕条件的、不符合起诉条件的,要审慎做出不批准逮捕、不起诉决定。在办案中要严格区别金融创新与金融犯罪、刑事犯罪与民事纠纷,准确界定罪与非罪。处理好鼓励金融改革创新和防范化解金融风险之间的关系,对于法律、行政法规没有规定或者规定不明确的,应当遵循疑罪从无原则,不宜简单否认金融创新成果的合法性。

(二) 犯罪主体界定的标准

目前对涉嫌何种案由、多少数额、多少人数、处于何种地位、发挥何种作用以及退赔程度的非法集资案件行为人才能适用分层处理制度,并无明确的标准。从司法实践来看,各地并无统一的可操作的规范,往往根据的是犯罪嫌疑人退赔违法所得的意愿和司法官对于案件情况的判断,缺乏明确的适用条件。

1. 社会稳定因素

社会稳定和舆情风险往往是决定个案分层分类具体方案和尺度的最直接和最关键的因素。中央近来多次强调,金融安全是国家安全的重要组成部分,要把维护金融安全作为治国理政的一件大事。三大攻坚战之首就是打好防范化解重大风险攻坚战,重点是防控金融风险。涉众型金融犯罪案件的维稳工作是防范发生系统性金融风险的重要组成部分。处理涉众型金融类案件时要特别注重法律效果、社会效果和政治效果的统一问题。故而在具体个案的处理中,确实可能出现由于考虑到社会效果和政治效果,导致从个案形式上看,同样的犯罪数额进行了不同处理的情形。而群体访严重的个案,处理范围和原则往往会从严把握;相对的,对于取得投资人谅解的案件,处罚相对宽缓。故在该类案件适用分层处理时处理结果的社会效果和政治效果是重点考量因素。与此同时,司法官也需防止陷入另一个极端,防止被舆情绑架。实践中不乏因舆论压力、维稳压力导致的同类案件乃至同一个案件中出现严重的执法尺度不一的现象,使得涉众型金融类案件的处理范围备受挟制,严重损害司法威信。故司法官需秉持依法公正独立行使职权的原则,既要充分考量三效合一,也要防止被投资人裹挟意志。

2. 涉案金额与人数因素

在涉众型金融类案件中,非法集资参与人涉及面广,参与非法集资活动的行为人范围也呈现几何倍数增加。故该类案件的涉案金额及涉及犯罪嫌疑人、被告人的人数是进行分层处理的必要条件。如华融普银案件中,涉案金额高达55亿元,涉及投资人3000余人,涉案员工多达几十到百余人,如果全部进行起诉处理,不仅违背了恢复性司法政策的贯彻,也不利于宽严相济刑事政策的落实。多数员工仅就犯罪数额来看虽然达到了起诉标准,但实际上在该公司层级较低、作用较小,在实际控制人、高管均已到案的情况下没有起诉的必要。该案对犯罪嫌疑人分层处理后,最终起诉8人,其余30余人,包括涉案金额几千万元的均做了相对不起诉处理。实现了对犯罪集团的分化瓦解,不起诉的犯罪嫌疑人均主动退缴违法所得、退赔投资人损失,为投资人挽回损失2000余万元及车辆14辆,且均认罪认罚,并对部分不认罪的被告人进行了有力指认;同时,减少了起诉人数,有利于在法庭上集中争议焦点,减少诉累。

3. 认罪悔罪表现

一般体现在退赃退赔、涉案集资参与人谅解与否等因素。作为对犯罪主体进行分层处置的重要制度,认罪认罚从宽制度的主要作用环节在审查起诉阶段和审判阶段,参与主体包括检察官、犯罪嫌疑人或被告人、辩护律师、法官等,被害人不作为认罪认罚制度的参与主体,有效地避免了可能由于被害人拒绝协商、漫天要价而使得犯罪嫌疑人失去从宽处理的权利。通常来说,犯罪嫌疑人的认罚除了包括接受量刑建议和庭审审判之外,也应当包括对被害人的民事赔偿和赔礼道歉等。在涉众型互联网金融案件的司法实践中,基于涉众型金融案件对社会秩序、金融秩序的特殊影响,对犯罪主体进行分层差别化处理的重要前提之一是涉案人员退还了非法所得、退赔了投资人部分损失或者获得了投资人书面的谅解。对一部分真诚悔过、积极补偿投资人损失、配合退赔追赃的犯罪主体进行分层处置,能够激励嫌疑人配合公检法机关工作,快速准确地查明犯罪事实,有利于实现案件政治效果、法律效果和社会效果的统一,减小维稳风险。

(三) 具体适用条件

1. 涉众型互联网金融犯罪主体分层分类的审查重点

(1) 关于客观方面的审查重点

对于涉众型互联网金融犯罪,要重点审查涉案公司的基本情况、主要经营情况；审查犯罪嫌疑人对公司经营情况、经营行为性质等的主观认知；审查犯罪嫌疑人的基本情况、地位和作用。对于经营模式的发起人、决策人和参与时间长、违法性认识程度高的公司核心人员、业务骨干，以及曾经因从事非法集资活动受过法律处罚并且积极参与非法集资犯罪的，应当从严处理；对于在共同犯罪中起次要和辅助作用，主观恶性不深的初犯、偶犯，可以酌情处理；对于仅从事劳务性工作，领取固定工资，参与时间短、违法性认识低的公司一般人员，可以从宽处理。按照区别对待原则分类处理，综合运用刑事追诉和非刑事手段处置和化解风险，打击少数，教育挽救大多数。对于无相关职业经历、专业背景，且从业时间短暂，在单位犯罪中层级较低，纯属执行单位领导指令的犯罪嫌疑人提出辩解的，如确实无其他证据证明其具有主观故意的，可以不作为犯罪处理。

（2）关于主观方面的审查重点

在涉众型金融案件中，原则上认定主观故意并不要求以明知法律的禁止性规定为要件。特别是具备一定涉金融活动相关从业经历、专业背景或在犯罪活动中担任一定管理职务的犯罪嫌疑人，应当知晓相关金融法律管理规定，如果有证据证明其实际从事的行为应当批准而未经批准，行为在客观上具有非法性，原则上就可以认定其具有非法集资的主观故意。在证明犯罪嫌疑人的主观故意时，可以收集运用犯罪嫌疑人的任职情况、职业经历、专业背景、培训经历、此前任职单位或者其本人因从事同类行为受到处罚情况等证据，证明犯罪嫌疑人提出的"不知道相关行为被法律所禁止，故不具有非法吸收公众存款的主观故意"等辩解不能成立。除此之外，还可以收集运用以下证据进一步印证犯罪嫌疑人知道或应当知道其所从事行为具有非法性，比如犯罪嫌疑人故意规避法律以逃避监管的相关证据：自己或要求下属与投资人签订虚假的亲友关系确认书，频繁更换宣传用语逃避监管，实际推介内容与宣传用语、实际经营状况不一致，刻意向投资人夸大公司兑付能力，在培训课程中传授或接受规避法律的方法等。

（3）关于共同犯罪的审查重点

对于非法集资的发起人、决策者及集资公司主要股东，一般均应认定为主犯；对于聘用的不参与公司决策的副总、部分经理等高管，主管销售的副总或者主管公司整个销售部分的经理，一般应认定为主犯，而对于其他公司聘用、不参与公司决策的负责公司行政、后勤、人事等部门的副总及部门经理，一般应认定为从犯；单个销售部门经理或者销售部员工，通常按其部门及个人直接参与销售的金额指控，相对整个非法集资模式而言，一般可以认定为从犯，但对该部分裁量刑罚不宜过轻，除非能全部退缴违法所得，否则一般不宜仅因认定为从犯而减轻处罚或者宣告缓刑。

（4）关于数额认定的审查重点

一般而言，确定犯罪嫌疑人的吸收金额时，应当重点审查涉案主体自身的服务器或第三方服务器上存储的交易记录等电子数据、会计账簿和会计凭证、银行账户交易记录和 POS 机支付记录以及资金收付凭证和书面合同等书证。在认定涉众型金融类案件的犯罪数额时，对于董事长、总经理、实际控制人等高层管理人员，应按照其任职期间公司募集资金的全部数额认定；对于负责集资的业务部门或者分支机构的负责人，应按照其所领导的团队募集资金的全部数额认定；对于人事、行政、财务等非核心业务部门的负责人参与集资的，应按照其在担任负责人期间公司募集资金的全部数额认定；对于直接从事销售业务的员工，按照其所吸收的数额认定；对于其他需要追究刑事责任的人员，可以结合犯罪行为、地位和作用具体认定。

2. 涉众型互联网金融犯罪主体分层分类的具体适用

涉案人员积极配合调查、主动退还违法所得、真诚认罪悔罪的，应当依法提出从轻、减轻处罚的量刑建议。其中，对情节轻微、可以免予刑事处罚的，或者情节显著轻微、危害不大、不认为是犯罪的，应当依法作出不起诉决定。对负责或从事行政管理、财务会计、技术服务等辅助工作的犯罪嫌疑人，应当按照其参与的犯罪事实，结合其在犯罪中的地位和作用，依法确定刑事责任范围。与一般犯罪相比，涉众型互联网金融犯罪主体的横向层级具有其特殊性，因此接下来选取几个典型案例进行分析说明。

（1）挂名法人的刑事责任认定

近年来涉众型金融犯罪案件中实际控制人与法定代表人不一致的情况多发，关于涉众型非法集资类案件中挂名法人的刑事责任如何认定，实践中做法不一，缺乏统一标准。许多法定代表人案发后声称自己是挂名法人，不了解公司基本情况及运营模式，仅仅是挂名拿钱，一切听命于实际控制人。

【典型案例1】杨某甲非法吸收公众存款案（成都市中级人民法院（2017）川01刑终803号）

2014年10月，被告人杨某甲与杨某乙（另案处理）以股权转让的方式成为成都兴中盛贸易有限公司（以下简称兴中盛公司）的股东，其中杨某乙占90%的股份，杨某甲占10%的股份，并担任法定代表人，负责公司日常经营，杨某丙（杨某乙之女）负责财务管理。2014年10月至2015年初，兴中盛公司在未开展正常经营活动且未经政府金融管理部门许可的情况下，向社会上不特定人群宣传四川奇特数控设备制造有限公司（以下简称奇特公司，法定代表人杨某乙，后于2015年3月11日变更为杨某丙）投资项目，并承诺月利率

1.5%的回报,向社会不特定群众非法吸收存款,所吸收存款转至杨某指定的账户上。经鉴定,兴中盛公司共吸收公众存款120人共计16260000元,已支付利息639250元,尚有15620750元未退还。一审法院认定被告人杨某乙甲犯非法吸收公众存款罪,判处有期徒刑4年6个月,并处罚金人民币15万元。杨某甲不服提出上诉。其上诉理由为:本案应认定为单位犯罪;自己只是挂名法人,受杨某乙安排在兴中盛公司做后勤杂事,未参与融资业务的筹划商定,对款项去向、使用情况不知情,原判认定其事先知晓并积极参与兴中盛公司融资不属实,其参与程度不深,系从犯。

本案焦点问题:涉众型金融案件中挂名法人是否应追究刑事责任;单位犯罪如何认定。

本案处理结果:驳回上诉,维持原判。对于上诉人杨某甲所提本案应认定为单位犯罪的上诉理由,二审法院认为,兴中盛公司股东变更为杨某甲、杨某乙,就开始以兴中盛公司名义向不特定社会公众吸收资金,以实施犯罪为主要活动,现无证据证实该公司除非法吸收公众存款外,还有其他合法业务和收入,故上诉人杨某甲的行为不以单位犯罪论处。对于上诉人杨某甲所提自己只是挂名法人,应系从犯的上诉理由,二审法院认为,证据证实杨某甲系兴中盛公司的法人,从事给前来投资的客户介绍宣传投资项目,与客户签订合同等主要行为,杨某甲要负责兴中盛公司的管理,其在明知兴中盛公司经营范围不包括融资及奇特公司经营的情况下,不仅负责公司后勤事务,还参与发展客户,经手融资业务,主观上对公司具体运作情况知情,故杨某甲明知并积极参与了向社会公众吸收资金的行为。因此杨某甲所提该上诉理由不能成立。

在非法集资案件中,挂名法人的行为通常是受实际控制人的安排,对外签署重要的文件协议;以法定代表人身份接待客户或陪同考察;在公司酒会年会上发言宣讲;在出现兑付危机时出面安抚投资人并承诺延期支付等。应当具体分析成为挂名法人的原因,是主动成为挂名法人还是被借走身份证后才发觉;是否知道或者应当知道公司的业务模式,盈利模式;是否日常在涉案公司坐班;是否知道签署的协议的用途;是否收取工资提成或获取相应回报。对于其是否应当承担刑事责任,要重点查实其对于实施非法集资的犯罪行为主观上是否明知或应当知道;是否实施了非法集资的行为或其中部分环节;其行为是否在整个犯罪中起到重要作用等。除此以外,由于涉众型金融案件的特殊性,实践中对挂名法人的处置还需考虑是否有实际控制人或涉案公司高管到案对全案涉案金额承担责任,有无维稳风险等。要综合上述因素进行分析判断,依法确定刑事责任范围。

(2) 技术部门的刑事责任认定

在涉众型互联网金融案件中，大多数涉案公司都有着自己的平台、网站、App 等。一般情况下技术部门负责平台或网站服务器的建设、功能开发、技术维护、项目落地等所有技术工作。对此类负责或从事技术服务等辅助工作的犯罪嫌疑人，应当按照其参与的犯罪事实，根据案件具体实际情况，确定其在涉案公司的分工职责，结合其在犯罪中的地位和作用，依法确定其应当承担的刑事责任范围。

【典型案例 2】张某某等人非法吸收公众存款案（江苏省淮安市清江浦区人民法院（2017）苏 0812 刑初 196 号）

2011 年 4 月至 2016 年 1 月，被告人林某甲、张某某、林某乙经营的 808 公司，未经国家金融管理部门批准，以"808 信贷"P2P 平台，在淮安市清江浦区该公司实际经营场所，通过在互联网发布广告、电话营销、发布小广告等方式向社会公众进行宣传，宣称经营借款中介业务，在找到借款人后，以发布借款标的形式，约定 15%—22% 的年利率及一定期限返本返息，吸引社会不特定对象投资。在经营期间共吸收投资人充值 30 余亿元。所吸收的资金主要用于以信用贷、抵押贷等形式放贷给借款人赚取高额利差、支付投资人本息以及以 808 公司及关联公司、三被告人、808 公司员工、被告人林某甲亲属等名义购置房产等。截至案发，808 公司网贷平台数据显示，共有 4000 余投资人共计 4 亿多元没有兑付。

被告人张某某作为股东、技术主管，与林某甲共谋参与设计、决策非法吸收公众存款模式，负责网贷旧平台的研发和新平台的技术维护及在平台上发布借款标的以吸收公众投资。

被告人张某某辩称：本案应当认定为单位犯罪，张某某应当被认定为从犯。

本案焦点问题：涉众型金融案件中技术主管的刑事责任如何认定；单位犯罪如何认定。

本案处理结果：一审法院认定被告人张某某犯非法吸收公众存款罪，判处有期徒刑 6 年，并处罚金人民币 20 万元。一审法院认为，根据相关司法解释规定，个人为进行违法犯罪活动而设立的公司实施犯罪的，或者公司设立后以实施犯罪为主要活动的，不以单位犯罪论处。被告人林某甲、张某某经共谋成立 808 公司，该公司自始自终没有取得国家金融许可证，不具有吸收公众存款的合法性，公司成立后的主要业务是非法吸收公众存款后放贷以获取巨额非法利益，被告人张某某等人的行为依法不应以单位犯罪论处。关于被告人张某某辩护人提出应认定从犯意见，经查，被告人林某甲、张某某、林某乙系共同犯罪，在共同犯罪中被告人张某某也是公司股东之一，股东的实际身份不仅有工商部门登记予以证明，也得到了林某甲及张某某本人供述、公司其他工作人员的证实，张某某与林某甲共谋建立808公司，作为公司技术主管，负责网贷平台的开发、维护，负责发布借款标的以吸引公众投资，在共同犯罪中显然并不只是起到辅助或次要作用，应认定起主要作用，亦是主犯；但一审法院也认为，即使都认定为主犯，但地位、作用上也有差别，本案中被告人张某某相比被告人林某甲而言，所起作用较轻，获利较少，在量刑上应有所区分。

(3) 财务、风控部门的刑事责任认定

一般公司都有着自己的财务部门，负责发放工资、缴纳社保、报销记账等财务工作。涉众型互联网金融案件有着特殊之处，很多涉案公司的财务部门人员都对公司结构、销售业务、投资流程有着详细的了解，不仅全面负责线上线下公司包括发放工资提成、记账转账在内的所有财务工作，还负责将合同中的投资金额、返利情况、投资期限、投资人信息、银行卡信息、业务员等情况记入台账，并负责定时返本返息。在此种情况下该财务人员就在工作中完整全面的接触了非法集资的整个过程，并参与其中。有的财务人员还掌握着公司公户和投资款进出的个人账户，听从实际控制人指令将投资款转进转出，能够清楚地看到投资人资金的流转及去向。对此类负责财务工作的犯罪嫌疑人，应当按照其参与的犯罪事实，根据案件具体实际情况，结合其在犯罪中的地位和作用，依法确定刑事责任范围。

许多涉众型互联网金融案件的涉案公司设立风控部门，一般负责风险控制，对项目进行评估考察，对资料的真实性和合法性进行验查，审核借款人资质、负责经办手续、抵押、放款、公证等。这样其就在涉案公司实际经营过程中发挥了重要作用，也获得了相应的利润。对此类负责风控工作的犯罪嫌疑人，也应当按照其在涉案公司的分工和职责，根据案件具体实际情况，结合其在犯罪中的地位和作用，依法确定刑事责任范围。

【典型案例3】姜某某、唐某某等人非法吸收公众存款案（成都市锦江区人民法院（2016）川0104刑初113号）

2013年12月16日，被告人滕某某、姜某某、唐某某等人注册成立成都贝亨投资理财咨询服务有限公司（以下简称贝亨公司）。被告人滕某某系公司法定代表人，负责公司的经营管理，被告人姜某某系公司财务主管，被告人唐某某公司系风控部负责人。贝亨公司作为居间方采用发放宣传单等方式对外进行宣传，以月息1.5%的高额回报为诱饵，先后以洪雅县长元房地产开发有限公司（以下简称长元公司）、四川省汉鑫建筑劳务有限公司（以下简称汉鑫公司）的名义，向刘某某等75名出借人非法吸收资金共计1653万元。

被告人姜某某、唐某某辩称：其二人应当被认定为从犯，应当认定为单位犯罪。

本案焦点问题：涉众型金融案件中财务、风控主管的刑事责任如何认定。

本案处理结果：一审法院认定被告人姜某某犯非法吸收公众存款罪，判处有期徒刑3年2个月，并处罚金10万元。被告人唐某某犯非法吸收公众存款罪，判处有期徒刑3年2个月，并处罚金十万元。一审法院认为本案系一般共同犯罪，被告人滕某某、姜某某、唐某某在共同犯罪中分工配合、作用积极，不宜区分主从，故对辩护人提出被告人姜某某、唐某某系从犯的辩护意见不予采纳。三被告人成立贝亨公司后，以非法吸收公众存款的犯罪行为为其主要活动，不应认定为单位犯罪。

(4) 人事、行政部门的刑事责任认定

一般公司的行政、人事部门主要负责考勤、招聘、培训、入职离职管理、晋级及绩效考核等；行政部门主要负责会议活动的组织、物品的登记管理、后勤保障等事务性工作。涉众型互联网金融案件有着特殊之处，第一种情形是销售团队的负责人往往自己进行团队的招聘、考核、管理工作，人事行政部门仅负责后勤内勤保障工作，在这种情况下，人事行政部门在涉案公司就处于辅助性边缘性地位，对犯罪所起的作用比较小。另一种情形是行政、人事部门主管属于公司的决策管理层，深入参与公司非法集资的整个过程中，带领行政、人事部门进行合同的设计、登记、对销售人员业绩的统计、核查、管理等工作，对犯罪所起的作用较大。对负责或从事行政管理、人事管理等工作的犯罪嫌疑人，应当按照其参与的犯罪事实，结合其在犯罪中的地位和作用，依法确定刑事责任范围。

【典型案例4】张某某等人非法吸收公众存款案（上海市第二中级人民法院（2016）沪02刑终1351号）

2015年1月7日，王某某伙同顾某某（已判刑）经共谋后注册成立丹天公司。同年3月，王某某介绍张某某进入该公司担任公司行政总监，共同管理该公司。自同年1月21日起，丹天公司在未获得相关金融许可的情况下，以承诺还本付息及支付高收益为名，采用随机投放宣传单或经熟人介绍的方式，向不特定群众进行宣传，吸收公众资金。张某某自进入丹天公司后负责公司的人事、行政等业务，并组织业务员积极招徕客户吸收存款。案发后，经审计：自2015年1月21日至2016年4月6日，丹天公司向不特定公众吸收存款金额为人民币9,828,025元。一审法院以非法吸收公众存款罪判处张某某有期徒刑3年9个月，并处罚金人民币10万元。张某某不服提出上诉。

其上诉理由为：其系根据丹天公司老板王某某、顾某某的指示工作，系从犯。

本案焦点问题：涉众型金融案件中人事、行政是否应追究刑事责任。

本案处理结果：驳回上诉，维持原判。法院认为张某某进入丹天公司后，担任公司行政总监，张某某负责公司的人事、行政等业务，并组织业务员积极招揽客户，吸收公众存款。虽分工不同，但均积极参与丹天公司的运营和管理，在非法吸收公众存款的共同犯罪中并非起辅助作用，依法不能认定为从犯。

（5）运营部门的刑事责任认定

涉众型互联网金融犯罪中的涉案公司往往会设立运营部门，主要负责制定公司运营发展方针、策略、计划、方案，为公司重大决策提供研究分析报告，跟踪监督项目指标等。其部门主管一般为公司的核心管理岗位。对从事运营岗位的犯罪嫌疑人，应当按照其在涉案公司具体分工，结合其在犯罪中的地位和作用，依法确定其刑事责任范围。

【典型案例5】谢某某等人非法吸收公众存款案（宁波市鄞州区人民法院（2016）浙 0204 刑初 433 号）

2015 年 1 月，被告人虞某某、傅某某在既无融资资质又无偿还能力的情况下，利用宁波唐某 2 网络科技有限公司（以下简称"唐某 2 公司"），通过在互联网上开设"唐人贷"P2P 的网站、线下开设"唐某 2 财富"的实体门店，以高额利息为诱饵，对外吸收公众存款，并在招揽客户过程中虚构资金用途，截至 2015 年 9 月 20 日，向陈某某、项某某等 100 余名被害人骗得资金 8166810.07 元。涉案款项被用于支付员工工资、提成、客户利息以及个人欠款等。2015 年 5 月 10 日至 9 月初期间，被告人谢某某作为唐某 2 公司线上运营部主管，参与吸收公众存款 3079593.23 元。

被告人谢某某辩称：其不构成非法吸收公众存款罪。

本案焦点问题：涉众型金融案件中线上运营主管是否应追究刑事责任。

本案处理结果：一审法院认定被告人谢某某犯非法吸收公众存款罪，判处有期徒刑 1 年 10 个月，并处罚金人民币 5 万元。二审法院维持原判。唐某 2 公司未经有关部门依法批准或者借用合法经营的形式吸收资金，通过线上线下的途径进行宣传，向社会不特定对象吸收资金，并承诺在一定期限内还本付息，被告人谢某某作为该公司线上运营部主管，工作职能是负责唐某 2 公司线上业务运营相关工作，包括线上工作人员管理、线上平台推广、线上活动策划等，已构成非法吸收公众存款罪。

（6）客服部门的刑事责任认定

互联网金融公司的客服部门与一般公司不同，一般通过电话或者官方网站进行工作。一种情形是仅仅进行就售后的程序性操作性问题解答，接待客户关于投诉、网络故障、简单询问类的问题，在这种情况下，客服部门在涉案公司就处于辅助性边缘性地位，对犯罪所起的作用比较小。另一种情形是客服向有意向的客户介绍公司背景、理财产品的详细内容，与客户沟通，回答关于产品收益、安全性、期限利率、有无担保等实质性问题，指导客户完成投资，这种情况下客服实际上充当了一个线上的销售人员的角色，直接参与非法集资的过程，对犯罪所起的作用较大。因此，在司法实践中要以事实为依据，以法律为准绳，结合其在犯罪中的地位和作用，依法确定刑事责任范围。

【典型案例6】 石某某等人非法吸收公众存款一审刑事判决书（山东省昌邑市人民法院（2015）昌刑初字第331号）

2014年9月，被告人石某某为了吸收资金发放高利贷从中赚取差价，在昌邑市工商行政管理局注册成立了潍坊某某电子商务有限公司。2014年11月10日，被告人石某某通过侯某某为其在互联网上创建了"亿润贷"P2P融资平台，任命被告人王某某为客服主管，任命被告人刘某某为财务主管，并安排二人带领客服人员及财物人员在平台上发布虚假借款标书，以高额收益率为诱饵吸收公众资金，诱骗投资人向其网贷平台上发布的石某某的银行账号及第三方支付平台上汇款，非法吸收社会公众存款2790548.50元。被告人石某某用非法吸收的公众存款支付平台架设费用1000000元，并安排被告人刘某某偿还个人债务、发放高利贷等。

被告人王某某辩护人提出的三名被告人不属于共同犯罪，王某某行为不构成犯罪。

本案焦点问题：涉众型金融案件中客服主管是否应追究刑事责任；共同犯罪如何认定。

本案处理结果：被告人王某某、刘某某起初并未参与和被告人石某某一起共同非法吸收公众存款犯罪的预谋是客观事实，但在被分别任命为客服主管和财务主管及公司运营之后，均已明知被告人石某某的犯罪行为而仍然帮助其完成犯罪行为，被视为三名被告人有了明确的意思联络，特别是后两名被告人在公司已经停止运营之后，仍有追随被告人石某某的相关动作，更应视为三名被告人已经结成相对稳定的联盟，有了共同的犯意。在共同犯罪过程中，被告人石某某起主要作用，系主犯，被告人王某某、刘某某起辅助作用，系从犯。鉴于三名被告人均系自首，并在庭审中均自愿认罪，且被告人王某某、刘某某犯罪情节轻微，不需要判处刑罚，故对被告人石某某依法从轻处罚，对被告人王某某、刘某某依法免予刑事处罚。

3. 涉众型互联网金融犯罪主体各层级认罪认罚的适用

认罪认罚从宽是指犯罪嫌疑人、被告人自愿如实供述自己的罪行，对指控的犯罪事实没有异议，同意量刑建议，签署具结书，司法机关可以对其依法从宽处理。2016年11月最高人民法院、最高人民检察院、公安部等部门结合司法实践和司法改革经验，印发了《关于在部分地区开展刑事案件认罪认罚从宽制度试点工作的办法》。在2018年10月26日开始实施的修改后的《中华人民共和国刑事诉讼法》中，明确了刑事案件认罪认罚可以依法从宽处理的原则，完善了刑事案件认罪认罚从宽的程序规定。刑事诉讼法修正案在总结认罪认罚从宽制度和速裁程序试点工作经验的基础上，将在实践中可复制、可推广的、行之有效的司法实践经验上升为法律。认罪认罚从宽制度则为全面落实宽严相济刑事政策提供了制度路径。

（1）认罪的具体内涵和表现

"认罪"指的是自愿如实供述自己的罪行，对指控的犯罪事实没有异议，"认罚"指的是同意量刑建议，签署具结书。可以看出，当司法机关尚未完全掌握犯罪嫌疑人的犯罪证据时，"如实供述自己的罪行"与"对指控的犯罪事实没有异议"并不能等同。涉众型互联网金融类案件行为方式多样、所涉法律关系复杂、涉案金额大、波及人员多，所需的办案周期很长，往往仅在检察院阶段就需要三延两退六个半月的时间，加之很多涉案公司账簿不全或丢失、部分投资人因种种原因不报案、使用现金投资或返利难以取证等原因，犯罪数额的认定存在困难，嫌疑人存在着侥幸心理，司法机关取证需要经过一个困难漫长的周期才能逐步查实指控犯罪的证据。在这期间，如果犯罪嫌疑人对司法机关已掌握的犯罪事实没有异议，认罪悔罪，但实际这只是其非法集资款项的一部分，这种情况下犯罪嫌疑人满足了"对指控的犯罪事实没有异议"这一条件，但是显然不满足"如实供述自己的罪行"这一条件。认罪认罚从宽制度的启动？这需要两者同时具备，还是二者满足其一就可以启动？这在实践中由于检察官的理解不同而标准不一。

此外，在涉众型互联网金融类案件中，犯罪嫌疑人"认事不认罪"的情况十分普遍，他们往往承认自己的行为，也积极配合公检法机关进行调查，对抓获同案犯、掌握案件事实、追查资金流向能够起到一定的作用，但是不认为这是犯罪，认为符合国家扶持中小企业的政策，属于"互联网+"时代的新型创举，是一种创新性的融资手段。加之金融监管力度不足、法律法规不健全，许多犯罪嫌疑人认为这只是民事借贷纠纷，不属于刑事犯罪，有的犯罪嫌疑人及其家人也在涉案公司有投资款未能返还，认为自己也是受害者，虽然公检法机关对其耐心进行了多次释法说理，仍然不认同自己的行为构成了犯罪。

这种情况在涉众型金融案件中十分普遍，是否成立"认罪"在学理上众说纷纭，实践中更是意见不一，往往只能凭承办人自由裁量，难免有失公允。笔者认为，应当既要承认"行为"，也要承认"犯罪"，认罪应当是被追诉人自愿承认被指控的行为构成犯罪，但不包括其对自己行为性质（罪名、犯罪形态等）的认识。[①] 也即认罪认罚的辩解应仅限于对罪名等的辩解，不包括无罪辩解。

（2）认罚的具体内涵和表现

认罚是行为人对于可能承受的刑罚的概括的意思表示。"认罚"是指犯罪嫌疑人、被告人同意量刑建议，签署具结书，即对检察机关建议判处的刑罚种类、幅度及刑罚执行方式没有异议。"认罚"直接体现了悔罪态度和悔罪表现，是适用认罪认罚从宽制度的前提条件。"认罚"是在决定是否从宽以及如何从宽时应当考虑的重要因素。如果犯罪嫌疑人、被告人只"认罪"不"认罚"，或者表面上"认罚"，背地里却串供、毁灭证据或者隐匿、转移财产，不赔偿损失，则不能适用认罪认罚从宽制度。认罚内容包括罚金等财产刑，如果行为人不同意罚金的适用，则应对其排除认罪认罚从宽制度的适用。

追赃挽损是司法机关办理涉众型金融案件过程中的重要工作内容，但实践中多数案件返还比例在10%—30%左右，追赃挽损难度极大，行为人主动退赃退赔，弥补造成的损失是其认罚的重要表现。非法集资案件中的涉案人员往往均在公司中获取了较大数额的违法所得，是否积极退赃退赔应当作为其认罚态度的重要考量因素。实践中由于涉众型金融案件的特殊性，退赃退赔几乎已经成为认定"认罚"的必要条件。北京市朝阳区人民检察院根据行为人在犯罪中的参与程度，在适用条件上进行了分层分级处理：一是在犯罪活动中其主要或关键作用的首犯、主犯、重要高管、资金使用人的犯罪嫌疑人，将募集资金主要用于生产经营或者投资项目真实，能够全部或绝大部分挽回投资人损失；二是从事销售、宣传等融资或其他关键岗位，在犯罪活动中起主要作用的犯罪嫌疑人（例如团队经理及以上级别），能够及时退缴佣金、提成、工资等违法所得，且退赔其团队参与或负责吸收的投资人大部分或者全部损失的以及无对应业绩不参与提成的，已经比照相应罚金刑数额自愿退赔相应款项的；三是从事销售、宣传等融资关键岗位的业务员、普通员工的犯罪嫌疑人，能够及时退缴佣金、提成、工资等违法所得，且已经比照相应罚金刑数额自愿退赔相应款项的；四是从事事务性、劳务性工作，领取固定工资，参与时间短，在犯罪活动中起次要或辅助作用的犯罪嫌疑人，能够及时退还犯罪所得的。可以看

[①] 陈光中、马康：《认罪认罚从宽制度若干问题探讨》，载《法学》2016年第8期。

出相对于一般刑事案件,这样的"认罚"标准似乎过于严苛,但某种程度上也是当前应对涉众型经济案件严峻形势的一种对策性需要。

(3) 应当有悔罪表现

最高人民法院《关于全面深化人民法院改革的意见——人民法院第四个五年改革纲要(2014—2018)》在"完善刑事诉讼中认罪认罚从宽制度"部分提出:"明确被告人自愿认罪、自愿接受处罚、积极退赃退赔案件的诉讼程序、处罚标准和处理方式,构建被告人认罪案件和不认罪案件的分流机制,优化配置司法资源。"由此可见,最高人民法院将被告人"自愿认罪""自愿接受处罚"和"积极退赃退赔"并列,作为被告人认罪认罚的可能形态。最高人民法院、最高人民检察院、公安部、司法部《印发〈关于在部分地区开展刑事案件速裁程序试点工作的办法〉的通知》第 13 条也将"被告人自愿认罪"同"退缴赃款赃物、积极赔偿损失、赔礼道歉"并列。因此,"认罪认罚"并不是对最终量刑结果的认同,而是对公诉机关的量刑建议或可预期刑罚的认同。认罚需体现其悔罪性,而主动退赃退赔作为悔罪性的体现,是被追诉人"认罪认罚"的一种特殊表现。

涉众型互联网金融犯罪具有特殊性,最大限度减少投资人的实际损失是办理该类案件的重要方面,在决定是否起诉、提出量刑建议时,要重视对是否具有认罪认罚、主动退赃退赔等情节的考察。那么既然在此类案件的司法实践中退赃退赔几乎成为了必备条件,那么退赃退赔的范围是什么,是犯罪嫌疑人的非法所得?还是其所吸收的资金?还是其团队所吸收的资金?司法实践中做法不一。以往法院判决往往责令被告人退赔各自投资人的经济损失,然而在 2018 年 5 月 31 日北京市第三中级人民法院作出的《王广坡、陆宝芹、李水英非法吸收公众存款罪二审刑事判决书》【(2018)京 03 刑终 293 号】中,二审法院撤销了一审北京市朝阳区人民法院判决中的关于"责令被告人王广坡、陆宝芹、李水英退赔各自投资人的经济损失"这一项,支持了上诉人及各自辩护人关于"三被告人获得的仅是销售提成,并非直接获利人,不存在退赔被害人损失的客观构成,且三被告人已经在自己获利的范围内对投资人进行了退赔,不应承担对全部金额的退赔责任"的上诉理由及辩护意见,认为现有证据确实无法证明三被告人直接占有、使用或支配了投资人的投资款,责令三被告人退赔全部投资人的投资款项显失公平。但根据《刑法》第 64 条的规定,犯罪分子违法所得的一切财物,应当予以追缴或者责令退赔。三被告人均供述了其非法获利的数额,并均已自愿超出其获利数额予以退赔,该部分钱款应当按比例发还给各投资人。由此可见,在涉众型金融案件中"主动退赃退赔"确已成为认定"有悔罪表现"的重要标准之一,但退赃退赔的范围和数额如何确定在司法实践中还未能统一,类似"是否退的越多处置的越轻?退赔的金额绝对值大,和退赔的数额与所吸资金之间的比例越大,哪种应当处置得更轻?"等实践中的困惑还未能解答,亟待相关法律及文件的出台。

(四)从宽处理措施

根据《刑事诉讼法》等15条规定,对于符合条件的,"可以依法从宽处理",这就说明认罪认罚从宽制度包括实体和程序两个方面。实体上的从宽是指刑法适用即量刑和行刑的从轻、减轻,主要体现在加大从轻、减轻幅度和优先适用非监禁型刑罚执行上。① 在实体法既有的自首、坦白、缓刑、减刑、假释等制度中均有体现。程序上的从轻指司法机关会给予认罪认罚的犯罪嫌疑人较为便宜的诉讼模式,如果犯罪情节轻微,检察机关也可能会作出不起诉的决定。在程序法既有的刑事和解、附条件不起诉、简易程序、速裁程序等制度中也均有规定。认罪认罚从宽制度并非一项独立的制度,它是早已分散在我国《刑法》和《刑事诉讼法》中的,实际上是一项整合性的刑事追究制度。② 由于非法集资类案件尤其是非法吸收公众存款案具有特殊性,很多犯罪嫌疑人自己和家人也是涉案公司的投资人,他们能够在案发后主动前往公安机关说明情况,在案件调查中积极提供证据材料,帮助甚至带领投资人追讨款项或者主动退赔挽回损失。那么当犯罪嫌疑人在已经满足认罪认罚从宽的适用条件,即"犯罪嫌疑人被告人自愿如实供述自己的罪行,承认指挥的犯罪事实,愿意接受处罚的"的基础上,又有自首、坦白、立功、退赃退赔获得被害人或投资人谅解等情形时,是将自首、坦白、退赔、获得谅解等情形作为适用认罪认罚从宽制度的前提条件,还是在适用认罪认罚从宽制度的基础上再重叠适用自首、退赔等情形,亦或是比较几种情形哪种适用的从宽幅度决定适用哪种,在实践中往往无所是从。

虽然认罪认罚从宽制度是指"可以从宽",并不是"一律从宽",要根据案件的事实和法律综合考量。③ 但是,也应当看到为了避免自由裁量空间过大和同案不同判的情形,既然规定了"可以",就应当优先考虑适用,除非有不能适用的理由。涉众型金融案件的犯罪嫌疑人为争取从宽处罚的结果,往往积极配合司法机关查明事实、追赃挽损,大部分嫌疑人还主动退还工资提成,退赔部分投资人投资款项,获得了投资人的谅解,在此情况下,若是将"可以从宽"粗暴理解为"可以从宽,也可以不从宽",随意进行从宽与否的处置,

---

① 熊秋红:《认罪认罚从宽制度的理论审视和制度完善》,载《法学》2016年第10期。
② 陈卫东:《认罪认罚从宽制度研究》,载《中国法学》2016年第2期。
③ 张洋:《认罪认罚从宽并非法外从宽、一律从宽》,载人民网2016年9月5日。

则违背了认罪认罚从宽制度教育感化嫌疑人、优化司法资源配置、实现法律效果社会效果统一的设计初衷,不利于司法机关公信力和权威性的维护。所以在嫌疑人认罪认罚的情况下,除非有不宜适用的理由,否则应当优先考虑适用从宽处罚,将适用的情形规范化。

1. 立案侦查环节

【典型案例7】董某某等人非法吸收公众存款案

犯罪嫌疑人董某某等五人伙同黄某某等三人、韩某某等十人于2015年至2016年期间,在北京市朝阳区双井、十里河、太阳宫等地以北京中财聚赢投资管理有限公司的名义,通过发传单、朋友介绍等方式向社会不特定对象宣传该公司理财产品,与投资人签订《出借咨询与服务协议》《债权转让与受让协议》,承诺返本并高额返息,非法吸收资金共计人民币9000余万元。其中犯罪嫌疑人董某某系涉案公司小团队经理,其带领的销售团队参与非法吸收资金共计人民币105万元。犯罪嫌疑人董某某后自动投案,并在公安机关侦查阶段提出认罪认罚,主动退赔人民币15万元。

本案处理结果:犯罪嫌疑人董某某在侦查阶段被北京市公安局朝阳分局取保候审。

新修改的《刑事诉讼法》第120条第2款中规定:"侦查人员在讯问犯罪嫌疑人的时候,应当告知犯罪嫌疑人享有的诉讼权利,如实供述自己罪行可以从宽处理和认罪认罚的法律规定。"《刑事诉讼法》第173条规定了对犯罪嫌疑人认罪认罚的,人民检察院应当告知其享有的诉讼权利和认罪认罚的法律规定,对听取的犯罪嫌疑人、辩护人或者值班律师及诉讼代理人的从轻、减轻或者免除处罚等从宽处理的建议等意见,应记录在案。认罪认罚制度存在于侦查、审查起诉、审判和执行的整个阶段。① 因此,无论是侦查阶段、审查起诉阶段还是审判阶段,都可以适用认罪认罚从宽制度。但是要认识到认罪认罚从宽制度的价值之一是为了提高办案效率,那么在刑事诉讼的不同阶段作出认罪认罚表示,就应当进行分层区别对待。比如在非法吸收公众存款类案件中,如果由于犯罪嫌疑人在侦查阶段就自愿如实供述自己的罪行而减轻了侦破案件的难度、挽回了大量的经济损失,那么在从宽幅度上就应当大于在检察阶段和审判阶段认罪认罚的。

办理认罪认罚案件应当遵循刑法和刑诉法基本原则,坚持疑罪从无和无罪推定原则,以事实为依据,以法律为准绳,做到宽严相济、罪责刑相适应。涉

---

① 陈光中、马康:《认罪认罚从宽制度若干重要问题探讨》,载《法学》2016年第8期。

众型互联网金融案件在适用认罪认罚从宽制度时不能过于重视嫌疑人口供,必须要有相应的证据加以佐证,采信的证据必须真实合法具有证明力。非法集资类案件中经常会出现嫌疑人供述的介绍投资情况与投资人报案情况及在案书证不完全一致的情形,应当认真排查,深入详细地调查核实。认罪认罚并不意味着降低证明标准,应做到"案件事实清楚,证据确实充分"。另外,要重点核实认罪认罚的自愿性和真实性。严格限制在侦查初期适用认罪认罚制度,防止为尽快破案、减轻办案压力而威逼利诱哄骗嫌疑人认罪的情况出现。适用认罪认罚从宽制度应当保障犯罪嫌疑人知情权,要切实告知犯罪嫌疑人权利,告知其认罪认罚的性质和可能导致的法律后果,确保犯罪嫌疑人自愿认罪认罚。

2. 审查批捕环节

【典型案例8】马某某等人非法吸收公众存款案

犯罪嫌疑人马某某等10人伙同他人,自2013年5月至案发前,在北京市朝阳区鹏龙大厦、孙河康营、顺义后沙峪等地,以中智亨资产管理有限公司的名义,通过发放传单、宣讲会等形式,公开向社会公众宣传保本高息理财产品,以债权转让形式与投资人签订合同,承诺保本付息,并提供房产抵押担保、担保公司担保等担保形式。犯罪嫌疑人马某某系涉案公司孙河分部业务员。在审查批捕阶段移送的卷宗中指认马某某的共计投资人2人,金额50万元。马某某工资卡明细显示在该公司工作期间工资共计5.0357万元。在审查批捕阶段,马某某表示认罪认罚,其家属及律师协助其与11名投资人达成谅解协议,并向11名投资人退赔共计4.42万元。

本案处理结果:在审查批捕阶段北京市朝阳区人民检察院对马某某作出无逮捕必要不批准逮捕决定。

新修改的《刑事诉讼法》第81条中规定:"批准或者决定逮捕,应当将犯罪嫌疑人、被告人涉嫌犯罪的性质、情节,认罪认罚等情况,作为是否可能发生社会危险性的考虑因素。"对认罪认罚的犯罪嫌疑人、被告人依法从宽处理,充分发挥刑罚的惩罚警示和教育矫治功能,鼓励和促使更多的犯罪人认罪服法,可以最大限度地减少社会对抗、修复社会关系,有利于提升社会治理法治化水平,促进国家长治久安。涉众型互联网金融案件的犯罪嫌疑人有着不同的社会危害性、人身危险性和主观恶性,应当根据其主观故意、分工作用等犯罪事实,审慎适用不同的强制措施,以最大限度的追赃挽损、减少不良社会影响作为考量的主要因素,结合认罪认罚的具体情况,决定是否从宽及从宽幅度,既要防止犯罪嫌疑人逃往国外、毁灭证据、串通一气、藏匿赃款,又要通过不捕、改变羁押措施等手段来分化犯罪组织,教育感化犯罪嫌疑人积极退赃退赔,缓和社会矛盾。对于非法集资经营模式的发起人、决策人和参与非法集资活动时间长、违法性认识程度高的核心人员、业务骨干,以及曾因从事非法集资活动受过法律处罚且积极参与非法集资犯罪的,应当从严处罚,一般做出批准逮捕的决定。对于采取取保候审可能继续实施非法集资的犯罪活动;可能毁灭账册、投资合同、投资人统计表及电脑等证据材料;可能串供或干扰证人作证;可能转移资产;可能逃跑,或者违反取保候审、监视居住规定;有其他应当逮捕的社会危险性的,一般做出批准逮捕的决定。综合全案证据,在查明犯罪事实的基础上,对于在共同犯罪中起次要和辅助作用,主观恶性不深的初犯、偶犯;仅从事劳务性工作,领取固定工资,参与时间短违法性认识低的公司一般人员;吸收公众存款的数额或人数刚达到入罪标准并退赔退赃的,可以酌情做出无逮捕必要不批准逮捕的决定。

3. 审查起诉环节

【典型案例9】王某甲、刘某某、王某乙、鄢某某等人非法吸收公众存款案

王某甲、刘某某、王某乙、鄢某某等12人伙同他人于2013年5月至2017年2月,在北京市××区××大厦××座××室北京××投资管理有限公司、房山区楸树家园底商的房山营业部等地,通过发放传单、网上推介等形式宣传公司理财产品,承诺在固定期限内还本付息,吸收4000余名投资人投资款共计6亿余元,其中报案投资人900余名,金额1.7亿元。王某甲系涉案公司理财管理部员工,负责各个营业部投资人投资信息的汇总、登记备案,收入4万元,在审查起诉阶段退赔人民币9万元,并签署《认罪认罚具结书》;刘某某系涉案公司互联网金融部员工,负责网上360和神马竞价账户,收入12万元,在审查起诉阶段退赔人民币17万元,并签署《认罪认罚具结书》;王某乙系涉案公司风控部负责人,收入30万元,在审查起诉阶段退赔人民币35万元,并签署《认罪认罚具结书》;王某乙系涉案公司风控部负责人,收入30万元,在审查起诉阶段退赔人民币35万元,并签署《认罪认罚具结书》;鄢某某系涉案公司行政部负责人,收入6万元,在审查起诉阶段退赔人民币16万元,并签署《认罪认罚具结书》。

本案处理结果:在审查起诉阶段北京市朝阳区人民检察院对王某甲、刘某某作出相对不起诉决定。另本案财务部门负责人由公安直接取保直诉,从全案犯罪嫌疑人强制措施均衡角度出发,经检察官联席会通过,对王某乙、鄢某某作出变更羁押措施决定,由在押改为取保候审。

(1) 提起公诉案件证明标准问题

《刑事诉讼法》第172条中规定:"犯罪嫌疑人认罪认罚,符合速裁程序适用条件的,应当在十日以内作出决定,对可能判处的有期徒刑超过一年的,可以延长至十五日。"第 173 条中规定："犯罪嫌疑人认罪认罚的,人民检察院应当告知其享有的诉讼权利和认罪认罚的法律规定,听取犯罪嫌疑人、辩护人或者值班律师、被害人及其诉讼代理人对下列事项的意见,并记录在案:(一)涉嫌的犯罪事实、罪名及适用的法律规定;(二)从轻、减轻或者免除处罚等从宽处罚的建议;(三)认罪认罚后案件审理适用的程序;(四)其他需要听取意见的事项。人民检察院依照前两款规定听取值班律师意见的,应当提前为值班律师了解案件有关情况提供必要的便利。"第 174 条中规定："犯罪嫌疑人自愿认罪,同意量刑建议和程序适用的,应当在辩护人或者值班律师在场的情况下签署认罪认罚具结书。"第 176 条中规定："犯罪嫌疑人认罪认罚的,人民检察院应当就主刑、附加刑、是否适用缓刑等提出量刑建议,并随案移送认罪认罚具结书等材料。"案件在提起公诉时应当做到犯罪事实清楚,证据确实、充分。我国刑事诉讼法对人民检察院提起公诉规定了证明标准,这一法定证明标准适用于所有刑事案件,包括认罪认罚案件。推动认罪认罚从宽制度改革,并未降低证明犯罪的标准,只是在程序上作出相应简化,以更好地实现公正与效率的统一。因此办理认罪认罚案件,仍须按照法定证明标准,依法全面收集固定证据、全面审查案件。对于虽然犯罪嫌疑人认罪,但没有其他证据,或者认为"事实不清、证据不足"的,应当坚持疑罪从无原则,依法作出不起诉决定。

(2)提起公诉案件追责范围问题

非法集资活动往往是以单位的形式开展,因此参与到其中的人员众多,应当对哪些人提起公诉追究刑事责任存在认识不同的问题。实践中,有的案件只对法定代表人、股东提起公诉;有的将部门负责人也列入指控范围;有的案件将普通的业务员纳入指控的范围,有的甚至将尚未正式开展工作的实习生一并起诉。对于涉众型互联网金融案件的底层参与者,如普通业务员以及起辅助作用的后勤人员,是否有起诉的必要需进行认真审查。对于底层参与者,如果在侦查阶段或批捕阶段退赃退赔,没有必要追究其刑事责任。检察机关公诉部门在审查起诉时,应当从能够全面揭示犯罪行为基本特征、全面覆盖犯罪活动、有利于有力指控犯罪、有利于追缴违法所得等方面依法具体把握。如北京市朝阳区人民检察院为了准确把握公诉案件的起诉必要性,规范细化相对不起诉标准,结合本区本院实际起草了《北京市朝阳区人民检察院刑事案件相对不起诉适用指引》,更加严格地规范了相对不起诉执法行为。在适用指引中,朝阳检察院针对非法集资类案件的特殊性,创新性地提出对于在案件中及时退缴佣金、提成、工资等违法所得,且已经比照相应罚金刑数额自愿退赔相应款项,已有更高层嫌疑人到案对全案承担责任,且无维稳风险的低层级销售人员和从事事务性、劳务性工作人员，可以选择适用相对不起诉决定，取得了显著的效果，很好地起到了分化犯罪组织、教育感化犯罪嫌疑人、缓和矛盾追赃挽损的示范性作用。

（3）提起公诉案件羁押必要问题

在审查起诉阶段应当随时做好羁押必要性审查。对于同时具备以下条件，采取取保候审或者监视居住不会发生社会危险的，可以依法变更强制措施：（一）具有真实的投资项目；（二）投资款已经全部挽回，或者虽未全部挽回，但有确实证据证实可能全部挽回，且犯罪嫌疑人具有切实可行的还款计划；（三）犯罪嫌疑人还需具备如实供述、真诚悔过、配合司法机关供述、并自愿退赔；（四）不会引发投资人集体上访或其他过激行为的。

4. 出庭公诉环节

【典型案例 10】马某某等人非法吸收公众存款案【北京市朝阳区人民法院（2017）京 0105 刑初 1833 号】

被告人王某甲于 2014 年 5 月成立锦盛鑫源资产管理（北京）有限责任公司，其为法定代表人及实际经营人，公司经营范围资产管理、投资管理、项目投资等。2015 年 5 月至 2016 年 7 月间，王某甲以锦盛鑫源公司投资廊坊市众旺房地产开发有限公司及魏老香餐饮管理（北京）有限公司项目为由，公开宣传并承诺定期返息，在北京市朝阳区某大厦等地，吸收王某乙、王某丙等 46 名投资人资金人民币 700 余万元，返款人民币 50 余万元。其中被告人马某某于 2016 年 3 月入职锦盛鑫源公司任销售团队经理，吸收投资人胡某某、陈某某投资款人民币 100 余万元。在审理期间，马某某退赔人民币 10 万元。

本案处理结果：北京市朝阳区人民法院认定被告人马某某犯非法吸收公众存款罪，判处其有期徒刑 1 年 2 个月，罚金人民币 2 万元。北京市朝阳区人民检察院在审查起诉时对马某某的量刑建议重于法院判决，但由于马某某在法庭审理过程中认罪认罚且主动退赔，因此检察机关认为法院判决适当，故同意法院判决。

《刑事诉讼法》第 190 条中规定："被告人认罪认罚的，审判长应当告知被告人享有的诉讼权利和认罪认罚的法律规定，审查认罪认罚的自愿性和认罪认罚具结书内容的真实性、合法性。"认罪认罚从宽制度体现在出庭公诉方面，就是要探索被告人认罪与不认罪案件相区别的出庭公诉模式。当前出庭公诉环节，检察机关举证、质证等环节拖沓冗长烦琐现象不同程度存在，造成出庭效率低下。对被告人认罪案件，开展普通程序简化审，举证、质证、辩论等环节要予以简化；在被告人不认罪的案件中，对被告人无异议的证据，在举证示证时也要予以简化。虽然犯罪嫌疑人最终的量刑取决于法官的审判，但是

《刑事诉讼法》第 201 条第 1 款也规定:"对于认罪认罚案件,人民法院依法作出判决时,一般应当采纳人民检察院指控的罪名和量刑建议",同时,《刑事诉讼法》第 201 条第 2 款也规定:"人民法院经审理认为量刑建议明显不当,或者被告人、辩护人对量刑建议提出异议的,人民检察院可以调整量刑中建议,人民检察院不调整量刑建议或者调整量刑建议后仍然明显不当的,人民法院应当依法作出判决。"由此可以看到检察机关在认罪认罚从宽制度中起着举足轻重的作用,更是对检察机关提高量刑建议的准确性提出了很高的要求。

五、对策建议

(一) 完善法律法规,加强司法解释

1. 完善金融监管法律法规

涉众型互联网金融犯罪往往都具备双重违法性,犯罪认定往往依赖于前置法的规定。然而,目前我国的金融监管法律法规还不够健全。以非法吸收公众存款罪为例,我国《商业银行法》等法律并没有明确对"存款"进行定义,相关法规则使用"非法集资"这一表述,也并没有对其内涵和外延进行清晰的阐释,其含义更为抽象。再以监管权力配置为例,实践中集资形式不断翻新,但我国监管法却并未明确赋予任何一个机关监管权责。这些都直接导致了非法集资犯罪案件认定的多元性及刑事司法的频繁介入。因此,应当建立完善金融监管法律法规中有关涉众型互联网金融相关的权利(力)、义务和责任体系。在对涉众型互联网金融的规制框架中,主体的角色不同,其身份地位、行为目标和宗旨有别,各自享有的权利义务各异,应当决定其违法责任的不同,从而形成不同的"角色责任"。[①] 这种市场主体角色的多元化,体现在法律制度设计上,应当是权利(力)、义务与责任的多元化,具体到涉众型的金融违法案件中,应体现为行为人、投资人、相关平台等主体权利(力)、义务和责任的多元化和层级化。

(1) 从权利(力)的角度看

应当明确互联网金融的监管机构,或明确确定监管机构的原则,并对其进行清晰的授权,明确其监管范围,避免监管错位、越位、缺位。应当界定行为人合法经营的边界,为其利用互联网开展金融活动提供明确的行为指引,合理界分合法与非法的金融行为,避免刑事司法过度介入或介入不足,保障行为人的合法权利。应当对不同类型的投资者采取不同的规制措施,如机构投资者往

---

① 张守文:《经济法理论的重构》,人民出版社 2004 年版,第 452 页。

往以投资作为其主营业务,投资经验丰富、风险承受能力较强,法律法规只需对其提供较低程度的保护。而普通的个人投资者投资经验相对不足、投资失败则可能影响其正常生活,故应将其作为金融消费者,予以着重保护。

(2) 从职责或义务的角度看

应当明确和细化监管机构职责,并健全对监管机构履职情况的监督机制。应当进一步明确行为人的相关义务,如审慎经营的义务、信息披露的义务、了解客户的义务,等等。应当明确网络服务提供者的义务,如可以要求互联网金融服务提供商提供验证程序等隔离措施,以识别使用者的身份;在相关的计算机及互联网设备中设置动态的检察程序,定期做出分析报告,解析各类信息、数据的查询与变更,并对根数据库、主机数据库和各终端的查询、修改、调阅、传递、复制、存储等活动适时记录和存档,及时发现各种互联网金融活动中的非正常情况和可能存在的犯罪苗头,并建立大额和可疑交易报告制度、对不同类型的报告制定差异化的报告标准,等等。①

(3) 从责任的角度看

应根据互联网金融活动中主体角色、权利义务的不同,分别规定其可能承担的责任。如某调查显示,非法吸收公众存款的行为主体中个体户、中小企业主以及小规模的公司高管等直接从事商业活动的主体占到51%,农民也占有较大比重,达到14%,而其他职业主体只占到总数的35%。② 这些小规模的市场经营者之所以参加非法集资活动,往往是因为其难以获得正规金融机构的贷款,或者获取贷款的成本过高。而由于通过互联网融资的成本低、效率高,这些集资或融资活动也往往通过互联网进行,增加了涉众型互联网金融违法犯罪的风险。但是这些偶发的、小规模的、确为解决经营困难和资金需求的违法行为,与大规模的、经营性的互联网金融违法行为相比较,在社会危害性、风险性方面确实有所区别,对于两者的法律责任,应当在监管法的层面作出区别性的规定,对于社会危害性较小的违法行为,通过监管法进行有效规制,也可以防止刑事司法的过度介入。

2. 完善刑法相关罪名的规定

目前,我国刑法总则对于犯罪主体,主要有根据刑事责任能力、在共同犯罪中的作用、是否单位等标准进行的划分,在分则中则主要体现为身份犯

---

① 徐汉明、张乐:《大数据时代惩治与预防网络金融犯罪的若干思考》,载《经济社会体制比较》2015年第3期。

② 陈伟、郑自飞:《非法吸收公众存款罪的三维限缩——基于浙江省2013—2016年397个判决样本的实证分析》,载《昆明理工大学学报(社会科学版)》2017年第6期。

（包括构成的身份和加减的身份）等的具体规定。但是在涉众型互联网金融犯罪所涉罪名中，关于主体的规定十分粗疏。我国的金融犯罪立法中，存在大量的"空白罪状"，相关金融犯罪的罪状往往通过援引相关监管法律甚至法规来确定。究其原因，是我国金融监管法存在相当的弹性和不确定性，对于金融犯罪罪状的描述大多是由相关监管法来完成。然而，如此一来金融犯罪的罪状描述对于前置法更是表现出了从属性，相关犯罪的刑事司法判断对前置法的依赖性大大提高。当前置法对于涉众型互联网金融犯罪的主体没有细化规定时，这种依赖性就容易导致刑法认定的模糊。

因此，从犯罪主体的角度，涉众型互联网金融相关罪名应当进一步细化规定。对于组织结构复杂的多个犯罪主体，应当明确不同角色的行为人之间法律责任的差异性，在利用互联网实施的案件中，细化规定网络服务提供者的法律责任，增加规定违法违规为犯罪行为提供资金存管、托管、支付结算等服务的金融机构应当承担的责任。从投资者的角度看，根据各国立法例，投资者是否需要法律保护有两种标准：一种是投资者是否具备风险承受能力；另一种是投资者是否具备投资经验，按照这些标准一些集资行为是不需要严格监管的，如私募、向机构投资者的集资等。但我国刑法不仅不对这些不同类型的投资者加以区分，反而在非法集资司法解释中明确了非法集资系行为人向社会公众（包括单位和个人）吸收资金的行为，导致在实践中一些专门的投资机构也被作为被害人等看待，甚而一些风险投资也可能被当作非法集资处理。因此，建议在立法时进行研究，合理吸收金融法中有关合格投资者的概念，避免刑法的过度打击。

从主体责任的角度，本书前文提到，目前我国制裁涉众型互联网金融犯罪的常见罪名，量刑梯度设置不合理，存在处罚空当，导致法律适用疑难，增加司法人员的压力。因此应当重新审视涉众型互联网金融犯罪相关罪名的法定刑，厘清各个罪名之间的逻辑关系，结合各罪的社会危害性，设置相应的法定刑，以保证各罪之间存在差异性和层次性，进一步严密刑事法网。

3. 出台相关司法解释

刑法修订的程序复杂、耗费的立法资源和司法资源较多，且作为法律需要保持一定的稳定性，对于一些问题不宜规定得过于细致。因此在现阶段，有必要进一步加强涉众型互联网金融犯罪案件及其办理程序方面的司法解释。

实体方面，建议在对现有相关案件办理情况进行梳理分析的基础上，细化规定不同类型行为主体的司法处置原则。对于组织者、涉案公司的高管等人，应规定从重处罚；而对于基层业务员、口口相传中起到重要宣传作用的投资者等人，应慎重研究并适当类型化，明确规定对其从轻、减轻处罚。此外，根据现有的司法解释，个人进行非法集资的入罪门槛远远低于单位进行非法集资，这导致多数律师都将其是构成单位犯罪作为重要的辩护意见。而非法集资行为的社会危害性更多地取决于集资行为本身的规模，与集资主体是否单位的关系并不大。这种区别规定，也有违法治社会的平等原则。因此，对个人非法集资更加严厉打击的这种司法解释依据何在，还需要重新考虑。另外，本书前文中说到，专门从事投资的机构投资者，其风险识别和承受能力高、投资经验丰富，往往是明知涉案行为风险极大，但是出于高利率的驱使以及一旦投资失败自己可以作为集资参与人甚至被害人寻求刑法保护的预期，使得这些机构投资者也参与了非理性投资。可见现有司法解释不区分机构投资者和金融消费者的做法，其导向性并不合理，建议研究修改。

程序方面，应当通过司法解释、会议纪要等，建立一系列适用于涉众型互联网金融犯罪的体制机制，如各个机构之间的协调联动机制、认罪认罚从宽机制、繁简分流机制、专案办理机制、跨区域检察官联席会议机制、刑事执行工作机制等，以利于相关案件的侦查、起诉和审判。尤其重要的是，应研究完善该类案件的退赔机制。目前，我国涉众型互联网金融犯罪案件存在退赔时机选择、退赔财产范围确定等方面的疑难，亟须研究解决。

实践中，往往是一线业务员或行政人员在案件审查起诉之前，主动用个人收入甚至个人或亲属的其他财产向集资参与人进行退赔，以争取取保候审或从轻处理。而这些人可能本身的行为难以认定为犯罪或因情节显著轻微可不作为犯罪处理，最终退赔主体范围通常比认定的犯罪主体范围更为宽泛。此外，在案件侦查起诉过程中，涉案财物的界定尚不明确，但此类案件的性质又要求公安机关迅速对相关财物采取强制措施，由此可能对涉案人员的其他财产甚至他人财产造成损失。因此，应当在涉众型互联网金融犯罪财物处置过程中，研究建立类似于案外人异议、保全与担保等的机制。

（二）建立监管机构、司法机关协调联动机制

互联网金融违法犯罪的预防和治理，是一个复杂性、综合性很强的问题，单凭监管机构或司法机关一己之力，难以形成有效的预防态势，故应当创建多元治理模式，建立监管机构、司法机关协调联动机制，对市场主体形成立体的违法犯罪预防、惩治网络。

1. 违法犯罪预防的协调联动

实践显示，涉众型互联网金融犯罪的退赃退赔比率较低，相关被害人、集资参与人挽回损失的诉求往往难以得到完全满足。因此，仅仅依靠严厉打击无法取得最佳的社会效果，更为重要的是主动、精准、有效的犯罪预防。为此，有必要在犯罪预防领域加强监管机构和司法机关的协调联动。

(1) 凸显监管机构在互联网金融犯罪防控中的作用

中国银行保险监督管理委员会的成立,预示着我国金融分业监管的格局有所变化,但互联网金融领域依然存在着多头监管的现象。因此,需要进一步理顺各个监管机构之间的职权职责关系,各部门之间加强分工与协作,在对互联网金融违法乃至犯罪信息资料的挖掘、整理、共享方面,实现实时互动。运用大数据技术,对互联网金融领域各市场主体的相关信息进行提取和分析,既要实时识别并监控问题机构、异常交易,继而建立相关违法犯罪的数据库,达成信息共享和交流;又要通过投资者投资习惯、年龄、职业、资产状况等的数据挖掘,锁定高风险人群,对其进行有针对性的投资者教育。由于互联网金融不可避免地具备跨国性特点,还应积极寻求国际监管协作,预防涉案人员、资金的跨国转移。

除金融监管机构外,税务、工商等其他职能机构的协调联动也必不可少。涉众型互联网金融犯罪的实施往往是一个长期的过程,期间会涉及工商、税务等多领域、多部门监管下的活动。多头监管往往可能存在监管交叉甚至监管真空,加之各个职能部门之间尚未形成有效的协作平台,企业注册、金融监管、税务登记等方面的机制也还存在漏洞,所以尽管一些互联网金融犯罪活动已经露出苗头,相关部门却难以及时识别、处置,一些重点涉案企业没有及早得到监控、警告,致使一些犯罪活动进一步深入扩展。因此应尽快研究完善各类监管机构之间乃至监管机构与司法机构之间的协调联动机制。

(2) 发挥司法机关参与互联网金融犯罪治理的作用

司法机关在办理涉众型互联网金融犯罪案件过程中,往往能够发现一些金融机构或其他企业的经营模式、合规管理等方面存在的风险点,也能够发现一些易受互联网金融犯罪侵害的高危人群。如在非法集资类案件中,涉案企业资金链断裂之前往往已经有以该企业为被告的少量民事诉讼;又如一些集资参与人先后反复参与不同的集资活动。对于这些风险点,司法机关应当迅速反应,及时总结并与监管机构即时沟通,积极参与社会治理,从源头上控制涉众型互联网金融犯罪的蔓延。

司法机关还应结合办案经验,将普法工作和投资者教育工作相互融合,加强涉众型互联网金融犯罪预防宣传工作。可以结合各类公司、企业、潜在金融消费者以及潜在从业者各自的特点,将此类犯罪预防宣传送进社区、高校、银行、企业等,通过传统媒体和新媒体、自媒体等多种渠道,多层次、多角度、立体化、精准化地开展预防涉众型互联网金融犯罪公益宣传,提高整个社会抵御涉众型互联网金融犯罪风险的能力。

检察机关在办理此类案件过程中,还应建立"捕、诉、防"联动机制。

办理金融犯罪案件的专业性较一般刑事案件要高,侦查监督、公诉等部门的联系也更为紧密。随着司法改革的进一步深化,部分检察院已成立金融检察专门机构,实践证明这样的机构设置可以更好地发挥联动效果。在尚未成立金融检察专门机构的检察机关,也可以根据实际情况成立金融检察办案组,加强侦查监督、公诉等部门之间的沟通协调,提升办案与犯罪预防效果。①

(3)发挥行业协会、市场主体的参与和自律作用

行业协会的自律监管是政府监管的重要补充。作为金融市场主体的自律组织,行业协会直接面对和管理各个金融机构,能够第一时间发现市场主体违规违法经营的苗头,防微杜渐。因此,健康有效的互联网监管需要行业自律与政府监管、司法裁判的共同参与,以实现预防和打击互联网金融犯罪的目标。行业协会的积极参与,可以发挥金融领域专业人才的优势,增强金融系统犯罪预防的实效,提升公众及网民在多元治理中的参与和自律作用。

各金融机构、准金融机构则应该加强合规管理,建立以实名制为核心,以 IP 地址分配、网络运营优化服务为切入点,以用户权利边界界定、法律责任与法定义务明晰、违法责任追究、"被遗忘权利"保障等为内容的用户管理与服务体系。此外,应建立健全互联网金融信息公开机制,保障投资者、网民对互联网金融活动的知情权、参与权、表达权、监督权,依靠和运用社会力量加强对互联网金融活动的监督,形成互联网金融治理"群防群治,共享共治"的局面。②

2. 案件调查、侦查的协调联动

(1)延伸"两法衔接"信息共享平台

目前,公安机关、检察机关和法院已经初步建立了公检法三机关的案件衔接信息共享平台,但是这一信息共享平台覆盖范围的广度、深度及时效性还需要进一步提高,以实现"牵一发而动全身"的联动效果。同时如本书前文已经提到的,这一信息平台也有必要进一步囊括金融、税务、工商等监管部门,各部门实时共享各自职责范围内的制度、机制,实现行政违法、刑事案件执法、司法动态交流和业务衔接,进行案件信息的跟踪和监控。

(2)建立健全金融案件侦查联动机制

应进一步建立完善司法机关之间的联席会议制度,包括法院、检察机关联

---

① 杨昊:《检察机关预防涉众型互联网金融犯罪方略》,载《人民检察》2016 年第 11 期。

② 徐汉明、张乐:《大数据时代惩治与预防网络金融犯罪的若干思考》,载《经济社会体制比较》2015 年第 3 期。

席会议和公安机关、检察机关联席会议制度。针对涉众型互联网金融犯罪高发态势与本地区情况充分沟通交流，达成共识，合力应对。其中，召开检法联席会议的目的不是就个案事实认定和法律适用进行通气，也绝不能以个案研究探讨作为联席会的主要内容，从而损害司法的公正性。检法联席会的主要目的应该是就地区的发案情况、案件特征和规律等进行总结研讨。具体到涉众型互联网金融犯罪的主体方面，公检法应当从执法司法尺度、对不同的行为人逮捕和起诉的证据标准、认罪认罚程序的适用情形等方面进行沟通。

同时，金融犯罪案件的线索有时来自监管机构，在这种情况下监管机构的调查处理往往先于公安机关的侦查。涉众型互联网金融犯罪案件中各主体的行为、责任认定的证据基础，往往在监管机构调查阶段就已经开始形成。因此，检察机关应加强与证监会、银保监会等非司法部门的协作，以加强取证工作的及时性、合法性、效率性。在行为人涉嫌犯罪的情况下，应当尽早移送公安机关侦查。

3. 案件审查和诉讼的协调联动

（1）健全检察机关与监管机构的联席会议制度

检察机关和监管机构之间的协调联动应当是全程性、动态性的，不仅体现在犯罪的一般预防和侦查阶段，也体现在案件审查起诉阶段。金融犯罪案件具备高度的专业性和复杂性，司法人员相关知识的缺乏，可能直接影响到相关行为主体的行为以及责任的认定、不同的主体在犯罪中具体作用的认定等。此外，通过对交易结构的解析来穿透判断交易对方，识别投资者、集资参与人乃至受害人，并为追赃挽损打好基础，这些也离不开专业的判断。

在这些方面，监管机构的工作人员具备专业知识储备上的优势。因此，应当建立完善检察机关与金融监管部门之间的联席会议制度，定期召开联席会议。从类案角度，针对金融犯罪案件及证据材料移送中经常遇到的问题，进行座谈讨论和研究交流，可以加强彼此的配合协作，积极开展信息交流和办案协助，切实解决案件移送环节碰到的难题。从个案角度，针对案件中的专业知识，及时交流沟通，以使检察人员对犯罪主体等相关问题作出准确的判断和认定。

（2）探索检察机关履行法律监督职责的新途径

近年来，检察机关已开始在民事行政法律监督领域开展督促起诉和督促监管的实践，建议也在金融领域内试行督促监管。督促监管是检察机关发现行政监管部门不依法履行或不履行规定的监管职责时，通过检察建议等方式督促行政监管部门依法履行职责的做法。鉴于金融的重要性、风险性和公共性，检察机关作为法律监督主体，承担着维护国家利益和社会公共利益的责任，可以尝试在金融领域开展督促监管。对金融市场中出现严重危害性行为，而金融监管部门未进行监管的，检察机关可以向有关监管部门提出检察建议，督促金融监管部门履行监管职责。① 目前，我国的金融监管体制偏重于机构监管而非行为监管。因此，这种督促监管也势必是主体导向的，即检察机关通过日常的案件审查工作，发现潜在的风险机构、风险行为人，并对其风险点、违法性进行研判，继而督促该机构或个人的监管者加强监管。

（3）加强审查起诉工作中的协调领导

涉众型互联网金融犯罪牵涉的利益关系往往较为复杂，涉案公司企业及其分支机构可能遍布辖区各地，涉案投资者及相关资产也往往十分分散，且相互之间存在利益冲突。因此，检察机关在办理辖区内涉众型互联网金融犯罪案件时，市级以上检察机关可根据需要临时成立专门的工作领导小组，充分协调司法部门、金融管理机构和被害人之间的关系，对内统一思想与口径，对外协调做好减损工作，平息矛盾。

（4）加强国际协调

金融活动本身就难以受到国境的限制，经济全球化更使得各国间金融活动的联系愈加密切，因此各国在打击金融犯罪方面的国际合作不可避免。在涉众型互联网金融犯罪领域，跨国投资更加便捷，投资者可能来自世界各地，资金也可以方便地跨境转移。犯罪主体更是不必局限于一国境内，以往通过跨国公司实现的跨境金融犯罪，现在借助互联网就可以低成本高效率地实现，更不需要创立实体、履行注册登记手续。因此，为了保障各国共同利益，有必要加强打击互联网金融犯罪领域的国家间合作、加强与国际组织之间的联系与信息交流。加强跨境司法协作和司法协助，协调解决司法管辖权冲突，以保障全球互联网金融的健康发展、严密刑事打击的网络。具体而言，应建立健全包括情况通报、协助调查取证、办案等在内的互助协议机制，及时反馈国家间互联网金融犯罪的情报信息，实现侦查资源的便捷交换；完善司法协作程序；以国家之间、国家与国际组织之间的互惠为基础，国家之间、国家与国际组织间签订双边或多边条约，等等。②

（三）完善认罪认罚从宽制度

1. 认罪认罚从宽试点情况

所谓认罪认罚从宽是指犯罪嫌疑人、被告人自愿如实供述自己的犯罪，对

---

① 吴卫军：《金融检察介入金融监管的实践与探索》，载《法学》2012 年第 5 期。
② 徐汉明、张乐：《大数据时代惩治与预防网络金融犯罪的若干思考》，载《经济社会体制比较》2015 年第 3 期。

于指控犯罪事实没有异议，同意检察机关的量刑意见并签署具结书的案件，可以依法从宽处理。① 2014年10月23日《中共中央关于全面推进依法治国若干重大问题的决定》首次提出完善刑事诉讼中认罪认罚从宽制度。2016年7月22日，十八届中央全面深化改革领导小组第二十六次会议审议通过了《关于认罪认罚从宽制度改革试点方案》。2016年9月3日，全国人大常委会授权"两高"在18个城市开展试点工作，此前的刑事速裁程序被纳入到认罪认罚试点工作中。2016年11月16日，两高及一些部委联合出台《关于在部分地区开展刑事案件认罪认罚从宽制度试点工作的办法》。同时，最高人民法院和司法部出台了《关于开展刑事案件律师辩护全覆盖试点工作的办法》，在8个省（直辖市）试点刑事案件律师辩护全覆盖，以切实维护当事人合法权益、促进司法公正。

2018年10月修订的《刑事诉讼法》，在总结各地认罪认罚从宽试点工作经验的基础上，以大量的篇幅对该机制进行了规定。如第15条明确规定："犯罪嫌疑人、被告人自愿如实供述自己的罪行，承认指控的犯罪事实愿意接受处罚的，可以依法从宽处理"，将该制度提升到总则的高度。在侦查阶段，侦查人员在讯问犯罪嫌疑人的时候，应当告知犯罪嫌疑人享有的诉讼权利，如实供述自己罪行可以从宽处理和认罪认罚的法律规定（第120条第2款）；审查起诉阶段，犯罪嫌疑人自愿认罪的，应当记录在案，随案移送并在起诉意见书中写明有关情况（第162条第2款）；审判阶段，被告人认罪认罚的，审判长应当告知被告人享有的诉讼权利和认罪认罚的法律规定（第190条第2款）。由此，2018年10月修订的《刑事诉讼法》从侦查、审查起诉、审判三个诉讼阶段明确保障了犯罪嫌疑人、被告人适用认罪认罚从宽制度的程序权利。在制度细节方面，第174条明确规定了签署和不签署认罪认罚具结书的情形；第201条规定了检察机关量刑建议的法律效力，等等。第36条则规定法律援助机构可以在人民法院、看守所等场所派驻值班律师，犯罪嫌疑人、被告人有权全面获得法律帮助，从而使值班律师制度从法律层面建立起来。该条还明确规定人民法院、人民检察院、看守所应当告知犯罪嫌疑人、被告人有权约见值班律师，并为犯罪嫌疑人、被告人约见值班律师提供便利，从而从程序上保障这一权利的实现。

2. 认罪认罚从宽制度的完善建议

在涉众型互联网金融犯罪案件中，认罪认罚从宽制度的价值，不仅仅体现

---

① 许聪、卞子琪：《提升司法质效确保宽严相济》，载《人民法院报》2018年3月16日，第6版。

在提高诉讼效率上,更重要的是在嫌疑人数较多的案件中,它不仅能够实现对行为社会危害性和主观恶性不一的各个嫌疑人进行分层处理、实现罚当其罪的目标,还能够对共同犯罪人进行分化瓦解,以实现对主犯的有力指控,大大提高涉众型互联网金融犯罪案件的办理效率。但是在此类案件的办理中,认罪认罚的适用还存在一些问题,建议结合该类案件的特点,设立专门的认罪认罚案件协商程序,一方面保证认罪的真实性和自愿性,另一方面也避免嫌疑人声称认罪实则阳奉阴违的情况。

(1) 明确认罪认罚从宽程序适用的情形

在认罪认罚从宽程序适用实践中,存在程序的适用情形不明确的问题。一些嫌疑人虽签署了具结书,实际供述中却并无认罪内容。一些司法机关将犯罪嫌疑人"如实供述自己的罪行"等同于"对指控的犯罪事实没有异议",对于"认事不认罪"的嫌疑人适用认罪认罚从宽程序;更有甚者,一些犯罪嫌疑人声称认罪认罚,但实际供述避重就轻,司法机关也适用了认罪认罚从宽程序。涉众型互联网金融犯罪的侦查取证难度本就很大,嫌疑人存在着既要利用认罪认罚从宽程序、又要避免侦查机关查实其犯罪行为的心理,这种侥幸和投机心理如果得到助长,无疑会增加侦查工作的难度,也不利于打击犯罪。《刑事诉讼法》规定了认罪认罚从宽制度适用的前提,有利于该制度在涉众型互联网金融犯罪案件的办理中发挥实效。

(2) 明确退赃退赔在认罪认罚程序中的作用

司法机关办理涉众型互联网金融犯罪案件的重中之重是追赃挽损,但实践中多数案件的追赃挽损难度极大。因此实践中在这类案件中,行为人主动退赃退赔,弥补造成的损失是其认罪认罚的重要表现,甚至几乎已经成为适用认罪认罚从宽制度的必要条件。因此,应当明确退赃退赔是嫌疑人认罪悔罪的重要表现;研究确定退赃退赔的范围,是犯罪嫌疑人的非法所得,还是其所吸收的资金或其所在团队所吸收的资金;规定按照退赃退赔情况对嫌疑人进行分层分级处理的具体规则,结合嫌疑人在犯罪行为中的具体作用和退赃退赔情况等两个变量,对不同嫌疑人根据其不同情形进行分层分级处置。

(3) 明确认罪认罚的法律后果

作为一项制度安排,认罪认罚从宽制度的适用理应具有相对明确的法律后果,以对刑事诉讼参与人的诉讼行为产生明确的指引。认罪认罚从宽制度应当包括实体上的从宽和程序上的从宽两个方面。在程序从宽方面,对认罪认罚的嫌疑人应当适用更加便宜的诉讼程序,检察机关也可酌情对其不起诉;在实体从宽方面,被告人则可能获得较轻的刑罚。《刑事诉讼法》规定了需要签署认罪认罚具结书的情形,但并未规定具结书的法律性质和效力,譬如对于符合不签署具结书情形的嫌疑人、被告人,如何确定其认罪认罚的具体内容?法院依据什么来审查被告人认罪认罚的自愿性、真实性和合法性?新刑诉法原则规定了法院应当采纳检察院指控的罪名和量刑建议,但刑法上已经存在自首、坦白、立功等制度,其与认罪认罚从宽的关系是什么?从宽幅度如何把握?此外,对于适用认罪认罚程序后作出的有罪判决,被告人能否上诉?如果在一审中因为被告人认罪认罚作出了较轻的判决,被告人上诉是否仍不加刑?这些问题新刑诉法没有完全回答。

(四) 完善刑事案件繁简分流机制

1. 刑事案件繁简分流机制现状

根据统计,多个国家和地区建立了不同形式的案件分流机制,如英国97%的刑事案件是按简易程序审判的;美国80%—90%的刑事案件采用辩诉交易的方式解决;意大利通过对刑事诉讼法的修改,扩大了简易程序的种类和适用范围,预计将有80%—85%的案件能够通过简易程序进行审判。① 繁简分流是根据司法规律作出的合理选择,本着提高诉讼效率、节约司法资源的指导思想,我国刑事诉讼法规定了简易程序。司法机关的一系列文件,一方面对被告人认罪的公诉案件的程序作了简化,另一方面也认可了司法实践中的普通程序简易审。2016年,最高法发布《关于进一步推进案件繁简分流优化司法资源配置的若干意见》,既涉及分案机制、审理程序机制、审级衔接机制等一般机制,又涉及刑事速裁工作机制等具体机制。2014年6月27日,全国人大常委会表决授权"两高"在北京、天津等18个城市开展速裁程序试点工作。从法律层面建立速裁程序,也是2018年《刑事诉讼法》修订的重中之重。根据2018年修正的《刑事诉讼法》第222条规定,速裁程序的前提有:基层人民法院管辖;可能判处三年有期徒刑以下刑罚;案件事实清楚,证据确实、充分;被告人认罪认罚并同意适用速裁程序。

2. 刑事案件繁简分流机制的完善建议

涉众型互联网金融犯罪,往往涉及犯罪人数、投资者或被害人数众多,或者涉及新型金融知识,公检法机关多将此类案件作为复杂案件处理。但是,案件的简单抑或复杂并不是绝对的。首先,涉众型互联网金融犯罪本身是复杂多样的,有的涉及新技术或复杂的交易结构,有的仅是简单复制他人的犯罪模式。其次,涉众型互联网金融犯罪相关的主体结构也是复杂多样的,有的案件

---

① 吴涛、甘文超、王杰、白深郡、刘军:《公诉案件繁简分流机制的理论与实践》,载《成都理工大学学报(社会科学版)》2013年第5期。

涉及多个关联公司，存在复杂的关联关系及层级架构，但多数案件还是由小规模的公司甚至是个人实施的。再次，我国一些相关犯罪，譬如非法吸收公众存款罪的入罪门槛较低，一些仅涉及几十人或集资数额几十万的非法集资行为，往往也作为刑事案件处理。最后，随着类似案件的增多和办案人员侦查、审查能力的提高，一般的涉众型互联网金融犯罪案件的审查日趋程式化，而新型案件的审查办理则极具挑战性。在这种情况下，如果对所有的涉众型互联网金融犯罪投入同样的司法资源，显然不利于资源的优化配置，也会显著地影响到新型复杂案件的审查办理。为此，应当考虑将涉众型互联网金融犯罪也纳入到繁简分流机制中，具体包括：

（1）优化刑事案件分案机制

根据相关文件的规定，分案应采取随机分案为主、指定分案为辅的方式，确保简单案件由人民法庭、速裁团队及时审理，系列性、群体性或关联性案件原则上由同一审判组织审理。对于繁简程度难以及时准确判断的案件，立案、审判及审判管理部门应当及时会商沟通，实现分案工作的有序高效。根据规定的精神，司法机关应当设计合理的分案机制，加强会商沟通，保障复杂的涉众型互联网金融犯罪案件能够由专业审判组织审理，提高分案效率。因此可以考虑建立完善的专门的立案会商机制，对于复杂的涉众型互联网金融犯罪案件，案件管理部门和侦查监督、审查起诉部门进行会商，解决案件甄别过程中的疑难复杂问题。系列性、群体性或关联性案件，原则上由同一办案组审查办理，避免人为造成多头处理，甚至导致法律适用的不统一。

（2）构建多种形式的简化程序

根据2018年新修订的《刑事诉讼法》，不论是简易程序还是速裁程序，在涉众型互联网金融犯罪中适用的空间都很小。第215条规定，有重大社会影响的案件和共同犯罪案件中部分被告人不认罪或者对适用简易程序有异议的，不适用简易程序。第223条也规定了案件有重大社会影响的和共同犯罪案件中部分被告人对指控的犯罪事实、罪名、量刑建议或者适用速裁程序有异议的情形下，不适用速裁程序。

涉众型互联网金融犯罪案件大多是单位犯罪或共同犯罪。本书前文中说到，认罪认罚从宽在此类案件办理中的一个重要功能就是实现对共同犯罪人的分化瓦解，以及早突破心理防线、提高司法效率。然而根据这一规定，即使部分嫌疑人、被告人认罪认罚，也不能通过适用简易程序、速裁程序来实现认罪认罚程序上从轻的法律后果。因此，应当探索建立针对此类案件的简化程序，如可以通过司法解释，规定可以将符合条件并认罪认罚的犯罪嫌疑人取保候审，以减轻羁押对其造成的压力。或规定可将认罪认罚的犯罪嫌疑人分案审理，对其适用简化的程序。但其有义务作为其他犯罪嫌疑人案件的证人出庭作证，地位类似于污点证人。

(3) 完善审前程序

完善审前程序，以使涉众型互联网金融犯罪的控辩双方通过审前程序确认双方证据、确定争议焦点，并核实被告人认罪悔罪态度及认罪认罚从宽程序适用的合法性。同时通过审前程序，实现对此类案件的繁简分流，对检察机关建议或嫌疑人要求适用简易程序的案件进行审查，必要时可以要求公诉机关移送全部卷宗，审查后认为可以适用的，即应决定适用简易程序，将案件移交独任审判员进行审理。审查后认为不应当适用，或控辩双方有异议的，应决定适用普通程序。对于被告人认罪，经控辩双方协商适用书面审理的案件，应当在审前程序中对该协商的合法性和被告人是否出于真实意愿进行审查，审查后认为符合书面审理条件的，直接由审查庭法官根据卷宗及控辩双方协商结果进行审理，并依法做出判决。①

(五) 完善专案办理机制

一些涉众型互联网金融犯罪，涉及地域广、人员多，往往呈现网络化特征，对于这类案件，如果由多个司法机关多头处理，可能导致各地行动难以协调、法律适用不统一、追赃效果不理想。因此有必要针对特定专案，组成多层级、跨区域的专案组，统一部署、协调配合、统筹办案，以整体作战应对犯罪网络、以协同作战应对跨区犯罪、以信息科技应对专业犯罪。

1. 明确设置涉众型互联网金融犯罪案件专案组的情形

对于嫌疑人、被害人或集资参与人人数多、分布广，或涉案金额巨大，或有其他严重情节的案件，应当设立专案侦查组织，最大限度地整合各个辖区和机构的司法资源，提高侦查工作的效率，为之后的审查起诉、审判打下良好的证据基础，也有利于执行工作的顺利开展。对于已经进入审查起诉阶段的此类案件，检察机关也应当设立专案组，采取团队作战、专人办理、专人负责的模式，上级检察院统筹督办，各承办单位分工协调，提高案件审查起诉的质效。

2. 明确专案组的人员结构

由于互联网金融犯罪往往具有跨专业特征，故专案组成员身份应当覆盖多个层级、多个辖区和多个机构，组成人员应当具有代表性和专业性。专案组的成员除了专业化的侦查人员之外，还应包括检察人员。虽然我国现行的是

---

① 余剑、余缨：《我国刑事诉讼繁简分流程序探索》，载《法治论丛》2003年第3期。

"检警分立"而非"检警合一"模式,但是根据刑事诉讼法的要求,我国检警关系建立在"分工负责、互相配合、互相制约"原则的基础之上,侦查工作中检方与警方的协调配合必不可少。实践中检察机关长期通过补侦提纲、提前介入等多种方式引导侦查工作,但在办理专业性较强的涉众型互联网金融犯罪案件时,书面的退补提纲及论证会式的提前介入模式已经难敷其用——案件进入审查逮捕或审查起诉环节时,可能已经过了侦查、提取和保存证据的最佳时机,介入时间过迟;论证会式的提前介入方式,也难以对复杂案件中大量专业性问题进行充分论证,影响提前介入的效果。因此,对于复杂的涉众型互联网金融犯罪案件,应当将具备相关办案经验的检察人员也纳入到专案组中。除专案组成员外,侦查机关、检察机关还有必要联合建立专家库,囊括信息技术、金融乃至监管部门等多方面领域的专家学者,并与之签订相关保密协议。当专案组认为必要时,可以邀请专家库内的专家参与案件论证,及早帮助专案组确定侦查思路、取证方式,提高侦查工作的效率。这种专案组组成方式,可以提高整个专案组的业务能力、经验水平和综合素质,适应专案组工作的实际需要。同时专案组的成员来自不同的层级、辖区和机构,熟悉本辖区、本领域面临的独特问题,能够交流经验取长补短。[①]

3. 完善专案组工作机制

发现涉众型互联网金融犯罪的线索时,涉案地区公安机关的共同上级机关,应决定是否启动专案办理机制,对于疑难复杂或新类型的案件,应当商请检察机关派员进组。各省级检察机关或最高人民检察院则可建立金融、信息技术等专门的检察人才库,在办理相关重大案件时,调派精干力量加入办案组。建立健全专案组的指挥机制,由高级侦查或检察人员统筹安排专案组的各项工作,设置明确的目标和工作日程,各层级的管理者职责明确,对上负责。健全专案组后勤保障机制与其他办案部门的协调联动机制等,确保专案工作顺利开展。同时建立由专家学者、监管机构等不同领域的人员组成的"外脑"专家库,根据案情进展,实时邀请专家协助侦查,提升办案质效。在这一方面,北京检察机关已经做了一些探索,部分区院还研究制定了同步专业审查工作办法,在科技领域、知识产权领域等方面的案件中进行了有益的尝试。

(六)完善跨区域检察官联席会议制度

随着司法体制改革的不断深化,检察官的主体性不断增强,检察官联席会

---

① 刘静坤、张倩:《论美国专案侦查组织模式》,载《铁道警官高等专科学校学报》2012年第2期。

制度也应运而生并不断发展完善。在主诉检察官办案责任制试点时，检察机关就在推行主诉制基础上建立过主诉检察官联席会制度，即由公诉部门负责人召集主持，由主诉检察官参加的，就重大疑难案件和有关业务建设等问题进行讨论的会议制度。但迄今为止，尚未有主诉检察官联席会制度的统一规范或文件，各地的主诉检察官联席会制度的组织、职责等也各具特色。此后高检院于2013年12月印发《检察官办案责任制改革试点方案》，决定试点开展以主任检察官制度为主要内容的检察官办案责任制改革。员额制改革后，各试点检察院也继续探索建立检察官联席会议制度，其内容一般是同一个部门或同一检察院数个部门的检察官，就某个检察官负责办理的疑难复杂案件进行探讨。当然，这种联席会只是一种议事组织，而非决策组织，就个案问题讨论形成的意见也只有参考价值。此外，一些检察院还会就类案办理方面的问题定期召开检察官联席会，交流类案办理的经验及疑难问题。

在涉众型互联网金融犯罪案件的办理中，检察官联席会则可能起到更大的作用。此类案件涉案范围广、涉及人员众多，以非法集资案件为例，根据跨区域非法集资案件"三统两分"的处置原则，案件应当分别侦查起诉。如此一来，不同地方的公检法机关可能由于侦查能力不同、对法律的理解适用不统一等问题，导致同案不同判、司法标准不一致的问题。尤其是如果司法机关由于执法尺度不同，对同一案件中层级、作用相同的不同行为人，采取不同的司法处置方式，则有失公正。

因此，应当探索设立跨区域检察官联席会制度。一是就个案办理而言，各检察机关应当协商设立提请召开跨区域检察官联席会的机制。承办检察官发现自己承办的案件，属于跨区域案件，或存在应由其他检察院办理的关联案件的，可通过这一机制提请召开跨区域联席会。有关的检察院可共同组织召开，或由其共同上级检察院组织召开跨区域检察官联席会，就案件的事实认定和法律适用方面的疑难问题进行交流沟通，在提升案件审查能力的同时确保司法尺度的统一。在检察官联席会中发现需要设立专案组的，应及时适用专案办理机制提高审查工作质量；已经设立专案组的，则专案组也可以成为跨区域检察官联席会的组织召集者。二是就类案办理而言，检察机关可以统筹组织相应专业化办案人员，定期召开专业领域检察官联席会议，共同研讨办案疑难问题。对联席会中发现的金融风险隐患或监管漏洞，应及时通报监管机构；发现的法律适用问题，应及时请示，必要时形成法律法规、司法解释的修订建议，促进相关法律体系的完善。

（七）完善刑事执行工作机制

我国刑事判决中财产附加刑的适用比例通常较高，但执行率却很低；刑事被告人未履行财产刑时,法院立案移送执行的比率也非常低;一些法院或是没有开展财产刑执行工作,或是选择性地仅移送被执行人具有履行能力的案件。[①] 涉众型互联网金融犯罪中的投资者众多,而相应地被告人或是已经跑路,或是已经在案发前转移和隐匿了财产,或是已经将财产挥霍殆尽,因此相关判决的执行以及退赔难度更大。实践中,这类案件处置工作中的最后也是最重要的一个环节,即为对涉案财物的追缴与发还,该工作的完成情况直接关系到非法集资案件处置的社会效果,追赃效果的不理想甚至有可能引发群体性事件。

1. 完善跨区域刑事执行工作机制

由于涉众型互联网金融犯罪案件往往涉及多个辖区,故需进一步创新和完善执行工作体制机制,进一步破解执行难的问题,努力将该类案件追赃挽损的程度最大化。

(1) 打造统分适度的执行工作格局

2015年国务院《关于进一步做好防范和处置非法集资工作的意见》,要求对跨省非法集资案件的处置,应坚持统一指挥协调、统一办案要求、统一资产处置、分别侦查诉讼、分别落实维稳的工作原则,从而形成了"三统两分"的工作格局,其中就包括了资产处置的统一。然而实践中,跨区域非法集资案件的统一处置情况并不十分理想,如对于同一执行标的,各地法院可能反复查封,既浪费了司法资源,也增加了执行的难度和不确定性。因此应当从立案阶段就开始,及早将资产处置纳入到案件审查办理过程当中,牵头省份要积极主动落实牵头责任,协办省份大力支持配合,确保涉案资产分布情况、投资者分布情况等都能实时汇总,在此基础上依法合规、公平公正地制定统一的处置方案,完善内部制约激励机制,切实推动、保障依法办案,提高案件查处效率。

(2) 打造审执分离的执行工作格局

党的十八届四中全会提出了推动实行审判权和执行权相分离的体制改革试点这一重大任务,为此最高法于2016年印发《关于落实"用两到三年时间基本解决执行难问题"的工作纲要》的通知,明确要求进一步研究论证执行体制机制改革工作,实行执行权和审判权科学合理分离,进一步优化执行权的科学配置,并强化执行工作统一管理体制、改革基层法院执行机构设置。在涉众型互联网金融犯罪案件中,更应当研究完善全国四级司法机关统一管理、统一指挥、统一协调的执行工作管理体制,探索建立上下级司法机关之间的指定执

---

① 何小勇:《非法集资犯罪规制的中国式难题——以地方政府处置办的设立与受害人的损失退赔为视角》,载《政治与法律》2017年第1期。

行、提级执行，以及不同地区司法机关之间异地交叉执行的提起和审批程序，提高执行效率。在机构设置上，可以尝试设立单独的执行机构，在涉众型互联网金融犯罪领域，可尝试将执行权彻底从县、区法院分出来，探索设立跨行政区划的执行机构。由于此类案件往往是跨区县的，这种做法一方面可以为县、区法院减负；另一方面可以强化中级人民法院执行局对基层人民法院执行人员、实施案件、执行装备的统一管理、调度和指挥职能。

2. 完善系列案件刑事执行工作机制

系列案件是指在一定时期内，同一个或同一伙犯罪分子连续进行一种或多种犯罪活动，构成一批虽各自独立但在作案时间、作案手段、侵害对象、犯罪痕迹、物证等方面表现出某种特定的共同特征，由此可以认定是同一个或同一伙犯罪分子所为的案件。[①] 涉众型互联网金融犯罪案件往往不仅涉及单一的行为人，而且还有具备复杂层级架构的多个犯罪嫌疑人或嫌疑单位。在一些情况下，各个案件看似独立，实则涉案公司之间存在极其复杂的关联关系，涉案资金也在其间相互流动。同时，同一行为人实施一个犯罪行为之后，改头换面使用违法所得进行另一个犯罪行为，涉案资金也大量混同。然而对于此类案件如何进行追赃挽损，以什么标准将查扣的财产在不同案件的投资者中进行分配返还，目前还没有充分的研究。针对此类问题，笔者提出以下三点建议：一是要设立公检法机关共享的、内容详尽的立案信息平台，侦查机关、司法机关在案件侦查、审查和裁判中，一旦发现可能存在关联的案件，可以及时检索到相关的案件信息，以便及早将相关案件资产处置的问题纳入到案件整体处理中。二是要建立全国性的网络执行查控系统，完善覆盖全国地域存款及其他金融产品、车辆、证券、股权、房地产等主要财产形式的网络化、自动化执行查控体系，实现互联互通、全面应用。三是要加强与行政执法机关、监管机关、金融机构的协调配合，对于可能涉及系列犯罪的案件，及时了解涉案公司、企业之间的关联关系、投资关系、股东情况，了解其相互之间的资金流向及往来金额，必要时借助第三方审计机构，查清涉案资产状况。

---

① 曾宾：《系列案件的形成规律和侦查对策》，载《北京人民警察学院学报》2008年第2期。

第二编　办案机制

互联网金融犯罪案件办案协作机制研究

课题组*

引 言

  2013年以来，以网络借贷、众筹融资、互联网支付等为代表的互联网金融迅猛发展。2014年3月，深圳市率先制定颁布的《关于支持互联网金融创新发展的指导意见》，成为国内首个市级政府发布实施的互联网金融专项政策。据深圳市金融办的数据显示，截至2015年底，在深圳商事登记注册的金融公司已达2295家，其中，P2P平台712家，数量居全国第一；第三方支付业务规模居全国第二，互联网理财产品、互联网财富管理均居国内前三名，深圳成为国内互联网金融最发达、最活跃的城市之一。① 但是，由于互联网金融领域较低的行业准入门槛、相对滞后的法律规范，加之金融行政监管的缺失以及传统办案模式的打击不力，互联网金融犯罪呈井喷之势。2015年到2016年，"e租宝"案、昆明泛亚有色案、深圳融资城案等一系列非法集资大案引起全国关注，这些大案动辄圈钱数十亿元，多的高达四五百亿元，被害人以十万人计，犯罪嫌疑人有的一个案件就多达千人。如何防范及打击互联网金融犯罪引发社会各界强烈关注。较之传统犯罪，互联网金融犯罪案件的办理需多地域、多部门协同合作，司法机关与行政机关、互联网金融企业、互联网平台企业等如何各尽其责，形成合力，以期达到对互联网金融犯罪案件事前防范、事后突破，亟须深入探讨及解决。笔者意在以深圳市南山区查办的互联网金融犯罪案件为视角，分析案件查办中遇到的问题，寻求司法机关与上述各部门的办案协作模式，为互联网金融犯罪案件的办理提供实践探索。

---

* 课题主持人：孙爱军。课题组成员：黄滨，申晴，李书勤，李靖宇。
① 此数据来源于深圳市金融办官方网站。

一、互联网金融犯罪的内涵及外延

(一) 互联网金融犯罪的概念和分类

1. 互联网金融的概念

2015年7月14日,中国人民银行、工业和信息化部、公安部等十部门《关于促进互联网金融健康发展的指导意见》(以下简称《指导意见》)。《指导意见》指出,互联网金融是传统金融机构与互联网企业利用互联网技术和信息通信技术实现资金融通、支付、投资和信息中介服务的新型金融业务模式。① 互联网金融绝不是金融和互联网的简单叠加或概念融合,也不是以"互联网之名"行"传统金融之实",而是传统金融的补充形式,是一种新金融业态,其主要表现为第三方支付、P2P网络借贷、网络众筹融资,以及网络投资理财保险等。

2. 互联网金融犯罪的概念

互联网金融犯罪的概念有广义和狭义两种理解,广义的理解将通过互联网设备,包括计算机、移动电话等对金融领域实施的犯罪称为互联网金融犯罪。狭义的理解则着重强调互联网金融犯罪是针对互联网金融领域实施的犯罪行为。鉴于本书中对互联网金融区别于传统金融的概念分析,笔者认为,互联网金融犯罪的界定除了犯罪手段是借助互联网技术或信息通信技术以外,还在于犯罪对象是否为互联网金融。因此,笔者将互联网金融犯罪定义为:借助互联网技术或信息通信技术,针对互联网金融领域,实施的危害金融管理秩序、互联网管理秩序和侵犯公共财产或个人财产,应当受到刑罚处罚的行为。

3. 互联网金融犯罪的分类

根据互联网金融的不同运营模式,将互联网金融犯罪类型划分如下:

(1) 互联网支付结算业务涉及的犯罪。互联网支付结算业务又称第三方支付,是指借助于计算机、通信和信息安全技术,非银行机构凭借其公司实力和信誉在用户和银行支付结算系统中间建立连接的电子支付通道,充当双方支付和信用的中介,② 如支付宝、财付通等。高发犯罪类型一般为盗窃、信用卡诈骗、洗钱犯罪,常常与虚拟货币或者点卡交易平台结合作案,以完成赃款转移。

(2) 互联网融资业务涉及的犯罪。互联网融资业务主要包括两种类型。一种是网络借贷模式,即以互联网平台为依托,为借贷双方提供撮合融资、流通交互、资金转移和结算、债务催收等中介服务,实现个体与个体(包括自

---

① 《关于促进互联网金融健康发展的指导意见》。
② 苗强:《互联网金融犯罪的防控制度探析》,广西师范大学2016年硕士论文。

然人、法人、其他组织）之间直接借贷,① 如人人贷、红岭创投等 P2P 平台。另一种是众筹模式，即通过互联网平台，让小微企业及创业起步者面向公众展示项目，取得相应的资金援助，如京东众筹、众筹网等。高发犯罪类型一般为非法吸收公众存款、集资诈骗、洗钱犯罪。

（3）互联网投资理财保险业务涉及的犯罪。互联网投资理财保险业务主要是通过互联网平台进行基金、信托、保险等金融理财产品交易，如余额宝、天天基金网等。高发犯罪类型一般为非法经营、诈骗犯罪。

（二）互联网金融犯罪的特点

与传统的金融犯罪相比，互联网金融犯罪有以下特点：

1. 犯罪主体专业化，反侦查意识强

作为技术型智能犯罪，互联网金融犯罪往往是网络、金融、经济、法律等多领域的杂糅叠加，专业化程度较高。犯罪集团内部既有具备银行、证券、保险、期货等金融知识的人员，又有掌握计算机技术、网络技术的专业人士，甚至还有精通法律的律师团队提供法律风险规避的方案，专业化程度极高。作案时就利用技术隐蔽真实 IP，架空犯罪现场，逃避司法机关侦查，案发后又能够迅速毁灭隐匿证据、制造假象，给打击犯罪制造各种障碍。

2. 犯罪手段智能化，隐蔽性强

互联网金融犯罪与互联网金融业态相适应，智能化、隐蔽性特征明显，犯罪前期较难发现。首先，互联网金融犯罪往往依托公司名义进行，有合法的工商登记注册，披着"金融创新"的面纱，以合法形式掩盖非法目的，进行制度套利，其行为性质在资金链断裂前往往难以甄别。其次，此类犯罪是借助互联网和信息通信技术开展犯罪活动，有的案件犯罪嫌疑人全程通过互联网联络，相互使用代号、网名相称；所有犯罪行为均发生在互联网上，突破时空限制，不需要固定的犯罪场所，有的团伙头目一直身居国外遥控指挥，给公安机关锁定犯罪嫌疑人以及犯罪地带来巨大障碍。

3. 证据形式电子化，取证困难

因犯罪行为的网络化，互联网金融犯罪证据的一个显著特点就是电子数据成为最主要的证据形式，如注册信息、登录信息、交易记录、网络即时通信记录等。电子数据作为一种虚拟、数字的存在方式，数据记录物理位置留存分散，存在于犯罪分子后台数据库、金融机构服务器、网络平台后台服务器、被害人移动终端等。电子数据记录存在留存时间受限、较易删除、修改的特点，

---

① 苗强：《互联网金融犯罪的防控制度探析》，广西师范大学2016年硕士论文。

对证据提取固定的时间和方式提出了更高的要求。

4. 犯罪地域全球化，追踪困难

互联网犯罪具有时空压缩性，能突破国界和地理距离限制，实现空间上的无限延伸，呈全球扩散趋势，部分犯罪案件利用国别差异，通过境外即时通信工具完成犯意沟通、依托境外架设犯罪所需服务器，给调查取证带来重重障碍。第三方支付平台结合国际通行的互联网虚拟货币，令赃款"洗白"及转移出境变得更为隐蔽便捷，赃款扣押、冻结、追缴更为困难。

5. 犯罪后果涉众化，损害巨大

因互联网因素的介入，传播速度更快、涉及人员更广，相较传统金融犯罪而言，危害后果呈几何倍数增加。以集资诈骗、非法吸收公众存款犯罪为代表的融资平台类犯罪案件，涉案金额往往数亿元，犯罪数额巨大；被害人往往数万人，涉众性强，且遍布全国各省、市、自治区，影响范围广。因犯罪的复杂性，赃款往往难以追回，被害人损失难以弥补，损害巨大，严重影响社会稳定。

二、典型案例分析（以深圳市南山区查办案件为例）

以深圳市南山区人民检察院近4年受理审查起诉的破坏金融管理秩序、金融诈骗案件总数和非法吸收公众存款罪、集资诈骗罪（以下简称两罪）这两大涉众型互联网金融犯罪数在其中所占比例为例，2014年收案数为33宗，其中两罪8宗，占比24.2%；2015年收案数为54宗，其中两罪23宗，占比42.6%；2016年收案数为57宗，其中两罪33宗，占比57.9%；2017年1月至11月收案数为45宗，其中两罪30宗，占比66.7%。[①] 从以上数据可以看出，金融犯罪案件数量不仅逐年上升，而且其中涉及互联网金融犯罪的案件数量也迅猛发展，案件数量的井喷式增长给传统的办案模式带来了巨大的挑战。根据相关的走访调研，结合办案实际，本文抽取深圳市南山区人民检察院比较典型的案件样本，进行系统分析，找出互联网金融犯罪案件办理的困境。

（一）涉支付结算平台与互联网货币的网络钓鱼诈骗案

2016年4月，被告人甘某某等人，假冒老师给家长发送带有木马病毒链接的短信，家长们点击该链接后，甘某某等人就能通过木马病毒获取家长们的手机通信录、银行账户等信息，并截获实时手机短信（如银行卡消费手机验证码等）。甘某某等人使用非法获取的被害人银行账号在网络购物平台上大量

---

① 此数据来源于深圳市南山区人民检察院案件管理系统。

购买电话充值卡、游戏点卡等商品,再输入截获的付款验证码后完成购物,再将购得的充值卡、点卡等商品在互联网点卡平台上出售套现获利,涉案金额人民币4万余元。深圳市南山区人民法院一审判决两被告人犯信用卡诈骗罪,均判处有期徒刑1年,并处罚金人民币2万元。

本案暴露的问题:

一是犯罪分子通过互联网QQ群相互传授、学习诈骗技能,通过淘宝网购买木马病毒、学生及家长的信息,互联网成为犯罪方法传播、犯罪工具提供的平台。

二是本案是典型的第三方交易平台、支付平台和虚拟货币交易平台结合进行赃款套现、转移的案件。犯罪分子即使通过木马病毒获取了被害人的银行账号等信息也很难通过传统金融模式获取资金,但结合了第三方交易平台、支付平台和虚拟货币、点卡交易中的监管漏洞,就轻易地实现了赃款的兑现和转移。

(二)涉融资平台的非法吸收公众存款、集资诈骗案

1. "融资城"案。被告人董某成立了深圳市融资城网络服务中心有限公司(以下简称融资城公司),并建立互联网投融资平台。融资城公司在未取得任何金融管理部门的相关许可下,利用互联网、高速公路的户外广告、多家报纸、新闻媒体、参与体育赛事等方式宣传融资城公司的投融资方式,并组建庞大的服务商(业务员)团队,以投资协议方式承诺给广大投资人投资额年化收益率16%—20%的回报,面向社会招揽不特定的投资人和融资企业来融资城公司进行投融资。融资城公司用平台内部监管通子系统的虚拟账户实现投融资款的流转,存在随意支配、调拨融资资金,以及利用虚假的融资项目进行融资的行为,导致大量资金无法收回,资金链断裂。融资城公司的上述行为共计造成3223人的16.3亿余元本金未返还,投资金额本息累计24.2亿余元到期未结算。目前该案已起诉,尚未判决。

本案暴露的问题:

一是融资城公司有自己注册的第三方支付平台,现金流转迅速并脱离金融监管,第三方支付平台的现金流,包括大额转账都没有备注用途,几经流转后,资金去向已无法追查。

二是融资城公司成立了中国香港地区分公司和美国分公司,大批资金打到中国香港地区和美国分公司账上后无法查清去向,导致追赃困难重重。

三是融资城公司大量资金出借随意,融资方的抵押登记变更手续不完备,仅有合同作为依据载体,担保措施不到位,导致资金无法收回。

2. "科讯"案。科讯公司在互联网开设"科讯网增值宝"投资理财信息平台,对外虚假宣传是新型的P2C(债权转让)投资模式,共发布9种期限的

增值宝项目，期限为 7 天到 3 年不等，年收益率为 13%—33%，自称由法国安盛集团全额本息担保该投资理财项目，保本保息。投资人通过上海宝付第三方支付平台将投资款转给科讯公司，投资期限内不得提前支取。从 2014 年 3 月到 6 月，科讯公司短短 3 个月就敛财 1.3 亿余元，2014 年 6 月，犯罪嫌疑人关闭平台后，携款逃往境外。目前该案尚未侦查终结。

本案暴露的问题：

一是科讯网网址 IP 归属地为美国蒙大拿州 sharktech 公司，服务器在境外，导致后台用户数据无法调取。

二是科讯公司通过腾讯财经、网易财经、央视网等诸多网站的财经频道进行欺诈性宣传，并与百度签订推广合同将科讯网的理财项目放置在百度理财频道的首页，骗取投资者的信任。

三是犯罪嫌疑人是在互联网上购买他人遗失的身份证件，从广西桂林邮寄到深圳市前海的工商代办点虚假注册公司，使用的身份证件、经营地址全部伪造。

（三）涉投资理财平台的非法经营、诈骗案

1. 2.28 专案。广东创意文化产权交易有限公司（以下简称广文所）在未取得金融证券部门核准的期货、证券等相关业务的经营资质的情况下，在全国发展运营中心、会员单位，虚构"飞天蜡像""兽纹铜鼎""银雕凤冠"等艺术品产品现货及现货延期交易，通过"大盘""微盘"等交易软件平台，套用国际期货市场中的轻质原油、纽约银和纽约铜的交易 K 线图，诱导投资者买入卖出频繁操作，从中收取高昂交易手续费，同时由后台操纵行情，致投资者大量亏损。本案犯罪嫌疑人共 236 人，被害人达 8000 余人，涉案金额达 10.9 亿余元。现本案已移送审查起诉，正在审查中。

本案暴露的问题：本案本质上是诈骗犯罪，但在侦查过程中出现了到底是"现货"交易还是"期货"交易的认定疑难，需证监部门出具相关认定材料作为定罪依据。但证监部门拒不受理"现货""期货"的判断，亦不出具"不受理"决定文书。

2. "言成"案。2013 年中至 2014 年底，被告人黄某某等人，未经国家证监部门批准，以香港言成金融集团的名义，在深圳设立办公场所，利用香港言成金融集团控股的香港言成外汇投资有限公司的证券期货类交易平台，在国内发展不特定客户，非法从事杠杆式外汇期权交易，从中收取手续费。其间，黄某某等人通过赞助赛事、电话推销、朋友介绍等方式，吸引十余名客户在言成外汇公司网络平台开户投资，交易金额共计人民币 667 万余元。深圳市南山区人民法院一审判决被告人黄某某犯非法经营罪，判处有期徒刑 2 年，并处罚金人民币 5 万元。

本案暴露的问题：本案使用的是其他国家或地区的金融投资平台，无法查明该平台是确实存在并进行真实交易，抑或是利用虚假平台实施诈骗。此外，涉案资金流向境外后，亦无法追查赃款去向。

三、现阶段互联网金融犯罪案件办案协作机制存在的问题

（一）银行公安对接不畅，制约办案进程

1. 查询门槛过高

互联网金融犯罪因其所涉地域广、人员多、资金量大的特点，一个案件中，公安机关需要调取的银行账户开户信息和交易流水不仅涉及多家银行，且开户地遍布全国各地。公安机关往往需要出差到各个城市，到多家银行才能艰难完成查询工作。以深圳市为例，招商、平安、民生、交通等总部设在深圳市的银行均可以向公安机关提供该银行外地开户账户的开户资料和交易流水，但中国银行、工商银行、建设银行、邮政储蓄银行等几家大银行均以总行没有开放权限为由，对公安机关的查询申请予以搪塞、拒绝。其中，中国银行只能调取 2 年以内的银行交易流水，案发时间较早的案件则无法调取到交易记录。据公安机关反馈，上海、太原等地银行还要求必须由本地公安机关调取，不向外地公安机关提供查询服务。种种查询门槛的设置，导致案件办理困难重重。

2. 查询时间太长

由于银行设置的查询权限要求较高，负责查询工作的人员较少，查询时间一般较长，少则一两天，多则十天半月，个别银行要至少一个月才能反馈结果。等查询结果反馈给公安机关，银行卡上的钱早就已经经过无数次转移，不知去向，严重影响案件办理，给赃款的冻结和追缴带来了巨大的困难。

3. 银行与第三方支付平台的对接不畅

银行并未全面向第三方支付平台开放权限，第三方支付平台无权掌握交易使用的银行卡号等信息。一旦发生通过第三方支付平台交易转移赃款的案件，公安机关只能通过第三方支付平台提供的交易订单号，到各银行的电子银行部查询订单号对应的银行卡号，再分别到各地银行查询银行卡号对应的账户的开户信息和交易流水。这个复杂的查询过程导致案件基本不可能在追赃的黄金时间即 24 小时内完成，在被害人及时报警的情况下，大量赃款也无法追回。

（二）网络平台监管不力，成为犯罪温床

1. 互联网金融平台违规操作普遍

《指导意见》对互联网支付、网络借贷、股权众筹融资、互联网基金销售

和互联网信托、互联网消费金融应当遵守的基本业务规则进行了规范,金融监管部门也对违法行为进行了查处。例如,2013年重庆市金融办、银监局对将债权包装成理财产品向社会公众销售的5家P2P公司,作出注销或逐笔清退现有债权债务的处罚。① 人民银行出台了《非金融机构支付服务管理办法》,对第三方支付平台进行监管,2015年以后已暂停第三方支付牌照的发放。据2016年数据统计,人民银行共处罚了33家第三方支付平台,罚款总额达到1.04亿元人民币,而广东益民、浙江易士等第三方支付平台由于各种原因被注销资格。②

虽然有相关规范及监管措施,但各互联网金融平台规避监管、违规操作仍较为普遍。例如,P2P融资平台对投资方的大额资金来源不予审核,导致P2P融资平台成为洗钱工具;对融资方的征信记录未予了解,导致投资款无法收回,资金链断裂。再如很多中小型第三方平台企业无视人民银行关于第三方支付平台企业商户资金提现必须到对公账号的规定,以代理公司作为媒介,将资金转入私人账户,成为以公司名义集资或诈骗犯罪转移赃款的帮凶。

例如,深圳市南山区人民检察院办理的"胖胖生活"系列案,"胖胖生活"是一家购物返现平台,采用高额返现(返现金额远超其盈利额)的方式发展商家和消费者。大型第三方支付平台发现问题撤离后,其转而找到小型第三方支付平台继续经营,导致雪球越滚越大,资金链断裂。到案发时该公司拖欠全国21个省市共计4万多家商户货款及2800多家代理商佣金共计17亿元人民币。

2. 非金融互联网平台③监管缺失

例如,笔者之前提到的甘某某网络钓鱼诈骗案,就是典型的利用网络社交平台学习犯罪方法、通过网络交易平台购买犯罪工具、转移赃款的案件。"科讯"案则是通过网络新闻媒体进行欺诈性宣传,通过百度搜索平台进行推广的案件。上述平台企业对平台中的违法犯罪活动监管不利,是网络金融犯罪案件高发的原因之一。以交易平台中的虚拟货币、点卡交易平台为例,一是交易没有要求实名制,利于犯罪嫌疑人隐藏身份;二是没有交易限额限制,犯罪嫌疑人可以在一个平台通过网银转账的方式一次性购买大额点卡,随后在另一个平台全部卖出,利于大额赃款的迅速转移、兑现。

---

① 载http://finance.sina.com.cn/money/bank/bank_hydt/20130725/170716243243.shtml,2017年12月15日浏览。

② 数据来源于http://doc.orz520.com/a/doc/2017/0310/2100779.html?from=haosou,2017年12月15日浏览。

③ 包括网络新闻媒体、搜索平台、交易平台、社交平台等。

（三）行政刑事各自为政，缺乏执法合力

1. 工商登记注册未实质审查

目前，公司企业进行工商登记注册，市场监督管理局均不进行实质审查，导致虚假登记泛滥。以深圳市前海深港现代服务业合作区为例，据不完全统计，共有14.7万多家金融公司注册在该合作区前湾一路201号。这个地址并不是一个实际经营场所，而是一个工商登记代办点，在该合作区开发过渡期内，所有金融公司都登记在此处。在2016年以前，所有公司注册登记时都没有注明其实际经营地址，2016年以后，因为互联网金融案件高发，才要求公司企业注册时需注明实际经营地址，但对这个地址是否真实并不进行审核，给犯罪嫌疑人身份及犯罪地的确认造成了巨大困难。

如"科讯"案，就是使用虚假身份证件及地址进行工商登记注册的案件，再如深圳市南山区公安分局查办的张某某集资诈骗案，该P2P平台号称上海的一家上市公司入股，并做了工商登记变更。投资人经查询工商登记发现确有其事，于是跟风投资。该平台7天时间敛财800余万元，7天后平台关闭，犯罪嫌疑人卷款潜逃。经公安机关侦查发现，该平台工商登记变更时是使用了该上海上市公司的假营业执照、假公章，而市场监督管理局完全没有审核就予以变更登记。

2. 证监部门的证明义务不明确

非法经营证券、期货案件一般需要证监部门出具相关认定材料作为重要证据，但证监部门受理公安机关的认定请求没有相关的受理程序、答复程序的规定，对于是否受理、不受理的理由、受理后的答复是否应当出具书面意见没有相关规定。例如深圳市南山区公安分局办理的一宗非法经营期货案件，因犯罪嫌疑人辩解称为"现货"交易而非"期货"交易，证监部门就口头答复拒绝受理关于是"现货"还是"期货"的认定，亦拒绝出具书面答复，导致案件重要证据材料缺失，无法移送审查起诉。

3. 通信管理局查询服务不全面

通信管理局掌管着对电信业务经营许可证的审核发放和电信设备进网管理，可以通过IP地址对联网设备进行精确定位，即使是通过翻墙使用虚假境外IP的电脑终端或服务器等设备也可以精确定位。实践中，除个别极重大、有全国影响力的大要案外，通信管理局并未向公安机关提供查询服务，而公安机关内部的网监部门查询权限有限，导致众多互联网金融案件无法侦破。

（四）跨境协助多方受限，增加取证难度

互联网金融案件往往伴随有犯罪嫌疑人通过境外即时通信工具联络、在境外架设服务器、网络"地下钱庄"洗钱、资金流向境外的问题。跨境互联网金融犯罪侦查涉及境外的调查取证、抓捕犯罪嫌疑人、冻结资金、追赃等工作,经常受案件管辖权、各国法律对互联网金融犯罪的规定、中国是否与他国签订双边条约或者加入多边条约以及政治意图等因素的影响,国际侦查合作与司法协助具有相当难度。[1]

1. 取证时间长。以深圳市为例,通过深圳市公安局协调国际刑警展开境外调查,香港地区回复速度最快,但也快则 3 个月,慢则超过 1 年才有回复,而跨国调查取证时间更长,导致案件无法在侦查期限内办结。

2. 证据内容不完整。境外追赃,因资金通过"地下钱庄"反复多次洗钱,本就很难厘清,从境外调回的银行账户交易流水常常没有流水对手,查不到资金去向,不符合国内诉讼要求,基本没有证明效力。

3. 电子证据调取困难。互联网金融犯罪案件涉及较多电子证据,大量存储在境外的服务器中,一是要准确定位难度很大。二是受制于存储空间和存储规则的限制,网络信息记录的保存期限有限,境外取证难以在时限内完成。三是证据易受破坏。犯罪嫌疑人可能会出于逃避侦查的考虑而将电子数据存储介质予以破坏,造成取证失实和数据遗失。

四、境外防范打击互联网金融犯罪经验

(一) 欧盟

针对网贷平台,欧盟主要是通过指引性文件规范如消费者信贷法、不公平商业操作和条件等文件维护消费者合法权利。例如规定,信贷广告通过互联网发布特殊的信息披露要求,只有在信贷网站实名注册者才能通过互联网发布信贷广告;网络信贷的规定比其他形式的信贷更加严格披露要求;签订合同应该有足够的时间来考虑相关的资料和解释,可以带走的信息,并就之前的消费信贷合同与其他产品进行相比;在 14 天内借款人可以无须任何理由撤销借贷合同。[2]

另外,对于网络金融诈骗犯罪,欧盟于 2013 年 1 月 11 日成立了欧盟打击网络犯罪中心,总部设在位于海牙的欧洲刑警组织大楼内,直接借用欧洲刑警组织现有的基础设施及执法网络。它帮助成员国追查网络犯罪,并进行相关培

---

[1] 徐志、陈秋梅:《互联网金融犯罪侦查的难点与对策》,载《北京警察学院学报》2016 年第 1 期。

[2] 苗强:《互联网金融犯罪的防控制度探析》,广西师范大学 2016 年硕士论文。

训,派遣专家,这样每个成员国打击网络犯罪的能力将得到大大提高。① 惯常使用信息科技和计算机设备、针对网络银行以及其他网络活动下手的犯罪集团,是打击网络犯罪中心特别留意的对象。② 打击网络犯罪中心正日趋完善"网络犯罪信息报告"模式,公民银行账户信息被发现盗用后,其信息会与该银行所有欧盟国家出现了类似情形的用户信息一起汇总到打击网络犯罪中心,中心迅速通报所有成员国的警署和监察机构,合作查出网络诈骗犯,③ 形成欧盟成员国间打击金融网络诈骗犯罪的合力。

(二) 美国

美国庞大的金融监管法律体系由联邦和州的立法、法院的判例以及相关国际法所组成,仅在 1989—2007 年,美国国会通过的有关互联网的法案便有 167 部。④ 美国对第三方支付的监管,在法律制度层面上双管齐下,一方面通过修改完善原有的法律规范以适应新环境下金融监管的新要求;另一方面,对于互联网金融新形态,进行新的监管规则制定。在众筹领域,"JOBS 法案"分别对融资者和众筹网站提出了规范要求,如融资者必须履行一定的信息披露和年度报告义务,众筹网站必须在证券交易委员会和自律行会进行登记,履行一定的风险揭示和投资人教育义务,等等。⑤

为了应对犯罪的日趋网络化、金融化,1990 年 4 月,美国设立金融犯罪执法网络(简称 FinCEN)作为金融犯罪领域的情报及侦查组织。FinCEN 是财政部下设的一个重要机构,其工作人员主要是情报专家、金融专家和计算机专业人员。FinCEN 的主要职责是为洗钱及其他金融犯罪的侦查与起诉提供信息与分析。1993 年 3 月,FinCEN 就着手建立了一套人工智能系统,以加强对收集到的信息分析。其有完备的数据库,收录收集到的信息和分析结果,监管部门和执法部门均可以随时进入该数据库,免费查询并获得所需要的信息,作为执法的依据与证据。⑥

---

① 《欧洲成立网络犯罪中心 打击网络犯罪毫不手软》CRI 国际在线专稿,编辑杨磊,2017 年 12 月 18 日浏览。

② 《欧盟成立欧洲网络犯罪中心 打击网络不法行为》,载中国网 China.com.cn,2013 年 1 月 10 日报道,转引自中国互联网新闻中心网站,载 http://www.china.com.cn/international/txt/2013-01/10/conmet_。

③ 《欧盟打击网络犯罪出"重拳"欧洲网络犯罪中心》,载人民网 2013 年 1 月 12 日版,2017 年 12 月 18 日浏览。

④ 詹真荣、刘阳:《世界典型国家互联网监管实践及其启示》,载《中共杭州市委党校学报》2011 年第 2 期。

⑤ 李森:《互联网金融法律监管问题研究》,深圳市法院 2015 年度重点调研课题。

⑥ 来源:载 http://tieba.baidu.com/p/2430660842,2017 年 12 月 17 日浏览。

(三) 英国

英国1997年成立金融服务管理局（FSA），对金融进行统一监管。例如，对于新设立的网上银行，FSA规定其"必须经过事前批准并且一般须满足如下5项条件。其一，必须采用公司或合伙的法律形式；其二，在英国注册的网上银行必须将总部设在英国；其三，该机构与第三方的密切关联关系不应妨碍FSA对其的监管；其四，必须具备充足的财务及人力资源；其五，高级管理人员必须经过任职资格审核。"①

英国在P2P网贷管理上实行的是政府与行业协会双重管制。其通过2011年成立的英国P2P金融协会对消费者信贷进行管理，该协会出台平台操作规范，制定基本原则，英国主要的网贷公司都加入了该协会。政府方面，英国金融行为监管局（FCA，FSA拆分后的机构之一）于2014年3月将P2P网络借贷归类为借贷类众筹，与投资类众筹一同纳入监管，规定从事这两类业务的公司必须经过FCA的授权。② FCA是官方机构，侧重于对行业规范做顶层设计，划定边界；行业协会则事无巨细地规定互联网金融公司运营层面的细则，故虽然系双重管制，英国互联网金融行业仍有清晰的界限和标准可以遵循。

五、构建互联网金融犯罪案件办案协作机制的对策和建议

(一) 推进全国统筹和区域协作，完善银行信息查询共享机制

随着社会经济的不断发展，银行业从与互联网金融的相互竞争，发展成紧密联系又深度融合。在本书中所述的查询阻碍，究其原因应是银行从自身角度出发，认为信息共享会影响传统业务的扩展，降低与互联网金融的竞争优势和融合程度。其实建立信息查询共享机制并不单是为政府部门、司法机关提供方便，也是追求自身健康发展的重要途径。银行应当有积极参与和推动建立信息查询共享的理念和责任，这也是建立信息查询机制的前提和基础。

1. 加强顶层设计，实现"总对总"的全国联网

部分银行（平安、招商等）实现向公安机关提供该银行外地开户账户的开户资料和交易流水，部分省市（上海、江苏、浙江、安徽）实现长江三角区域银行存款、证券、银联查控平台搭建，建议在这些做法基础上进行总结和提炼，由最高法、最高检、公安部与人民银行、中国银联等部门联合，制定关

---

① 余素梅：《网上银行业务安全法律保障机制研究》，武汉大学图书馆2005年版，第134—135页。

② 王钢、赵皓、张晓东：《英国借贷类众筹监管规则及对我国P2P监管的启示》，载《金融时报》2014年第6期。

于数据信息共享的范围和程度、信息查询的程序和方式、信息查询的配合和效力等规定,同时设计、开发联网信息查询系统,多方资源整合并及时更新,实现大数据时代的信息共享,从而充分发挥作用,对资金运行及时监控、报警,对犯罪行为及时查处、办结。

2. 加强地方配合,实现"点对点"的权限开放

实现全国一盘棋的信息查询共享之后,需要重点解决的便是具体查询权限的问题,要使得查询能够直接、高效,实现真正的协助配合,解决问题。因为各地的经济发展和政策要求有所差异,必然影响信息的收集范围和数据的开放权限;且各类案件特点不同,所遇见的问题也不尽相同,故需要查询类型和内容也各不相同。因此,需要将查询权限进行科学设置和调配,纵向可分全国、省级、市级、区级四级开放查询权限,横向可分专人、专岗、专项开放查询权限。但是不论如何划分和开放权限,重要的是需要保证两个方面:一要保证查询的及时性、缩短查询行为和等候查询结果的时间;二要保证查询内容的完整性,对案件的办理有针对性。目前,部分公安机关已实现与银行的交易流水电子版本流转,[①] 大大提高了工作效率,建议进行全国推广。但银行提供的电子版本的交易流水应盖上电子印章,以确定其证据效力。

3. 加强平台对接,实现"针对性"的数据共享

一是金融信息共享。第三方支付平台未能获取银行账号等信息共享,导致大量赃款无法在"追赃黄金 24 小时"内及时冻结、追回。建议银行开放权限,让第三方支付平台能实现同步记录交易的银行卡号,便于公安机关迅速查明赃款去向。

二是征信数据共享。我国目前最主要的征信系统是由中国人民银行征信中心管理的企业和个人征信系统数据库,服务对象主要是商业银行。央行征信系统相对封闭,已经使信用风险成为了制约互联网金融发展的一大瓶颈。[②] 建议人民银行逐渐开放征信系统数据库,将互联网金融纳入征信体系,实现民间借贷与央行的双向对接。

(二)强化自身责任和外部监管,健全网络平台协助办案机制

根据习近平总书记系列重要讲话精神和治国理政新理念新思想新战略,着

---

① 深圳市:经侦部门已与银行搭建电子查询系统,由银行指定专人负责,公安机关网上流转电子文书给银行,银行查询后提供电子流水传给公安机关,但该电子流水没有加盖公章,导致不能作为证据使用,仅是作为及时侦破案件所用。

② 汪振江、张弛:《互联网金融创新与法律监管》,载《兰州大学学报》2014 年第 9 期。

力营造依法保护企业家合法权益的法治环境，促进公平竞争诚信经营的市场环境。行政、司法机关全面依法保护企业家和企业合法权益，企业也应当自觉遵纪守法，依法合规经营，履行社会责任，加大监管力度，配合职能部门，共同打击互联网金融犯罪，共同促进经济持续健康发展和社会和谐稳定。

1. 履行自身责任，主动接受行政监管

互联网金融高速发展，作为平台企业在获益的同时也应当承担最严格的社会责任和法律责任。一是主要针对平台用户或经营者进行实名身份登记，严格落实实名登记和实名使用机制，确保客户信息真实有效，并进一步地审查、审核和查验。二是需完善平台企业经营信息披露制度，严格用户和经营者的准入、退出和接管，尽职履行风险告知，保证平台的良性运行。三是及时总结梳理违法行为特点规律，形成针对性意见或建议，为行政监管部门的治理提供决策参考。

2. 建全工作机制，全面助力侦查办案

第三方支付平台除了履行合法性审查义务、风险告知义务等，还需要全力配合公安机关进行犯罪数据的甄别、查找、犯罪证据的收集。这个过程中，平台应当建立犯罪预警机制和证据保全机制。犯罪预警机制，即网络平台与公安机关就个人身份信息，与银行就交易流水信息、征信平台进行联网，围绕可能出现的违法行为开展重点巡查、实时巡查，一旦发现违法行为立即关停、及时报告。证据保全机制，即网络平台与公安机关合作实现即时通信工具、后台服务器数据的预约监控、保存提取。按照要求对认定的违法信息或行为采取处理措施，提供涉嫌违法经营者的登记信息、交易数据等真实完整的资料。

（三）加大监管力度和配合力度，形成行政与司法衔接机制

面对新形势新任务，做好打击互联网金融犯罪，促进经济健康持续发展，不是一两个职能部门的"独角戏"，如何加强公检法司、工商行政管理部门、金融监管部门、通信管理局等部门的协调配合，在打击犯罪上形成合力，是健全办案协作机制的重要组成部分。

1. 市场监督管理部门的监管配合

深圳市从2013年以来逐步推进商事制度改革，以登记审批制度改革为核心，简化登记程序，降低准入门槛，创造了良好的市场准入环境和市场竞争环境。但由于企业注册登记、商务备案登记等的前置程序大部分均是通过网上完成，这可能成为互联网金融犯罪专营的漏洞，利用此政策为其犯罪提供便利条件。工商行政管理部门应利用已有的信息数据优势，建立全方位的商事主体信息与监管平台，并与其他职能部门，特别是公安机关联网配合，共同加强监管。例如，工商注册登记简化登记程序应当有限度，对于特别重要的注册信息

如注册人身份信息等应与公安机关人口信息查询系统联网，结合人脸识别技术，即使不需注册人亲临现场登记，也应远程核验身份。对已注册登记的公司企业，应坚持宽进严管，强化事中事后监督，严查问题企业并及时在信息平台公布，同时就问题企业向公安机关预警。

2. 金融监管机构的监管配合

一是金融监管机构内部的相互配合。我国目前的金融监管机构包括"一行两会"，即中国人民银行、证监会和银保监会。在监管职责划分上，人民银行负责互联网支付业务的监督管理；证监会负责股权众筹融资和互联网基金销售的监督管理；银保监会负责互联网保险的监督管理以及对包括个体网络借贷和网络小额贷款在内的网络借贷与互联网信托等、互联网消费金融进行监督管理。近年来，随着互联网金融行业的迅猛发展，针对滋生的问题，也发布了不少金融监管的规范和意见。但实践中有诸多的组织机构、产品、渠道等要素掺杂在一起，各监管部门细则的制定必须跳出监管主体分割、围绕机构对象的传统思路，真正以功能监管、业务监管为主，通过加强监管协调和配合，真正解决互联网信息技术所导致的混业型金融创新带来的潜在风险与不确定性。

二是金融监管机构与公检法等司法机关的配合。首先，可借鉴美国 FinCEN、欧盟的打击网络犯罪中心，建立数据库和情报系统，对日常监管中发现的非法运营的互联网金融平台，及时报警并向公安机关提供证据，形成与司法机关之间就互联网金融犯罪的情报共享机制。其次，针对互联网金融犯罪案件办理建立专门的绿色通道，积极配合司法机关办案需求，明确受理公安机关协助请求的受理范围、程序、时限以及文书效力，避免案件因为无法取得或等不到金融监管部门配合而不能办理。最后，金融监管机构需加强与境外金融机构数据交换，提高研判能力，及时确定打着"境外"幌子的涉案平台是诈骗平台还是真实交易平台，为司法机关办理案件提供业务咨询和智力支持。

3. 通信管理局的监管配合

通信管理局掌管着对电信业务经营许可证的审核发放和电信设备进网管理，可以通过 IP 地址对联网设备进行精确定位。通信管理局应根据自身职能，逐步扩大对互联网公司的审核、备案范围，对公司的实际经营场所、服务器地址等进行审核、备案，从而降低互联网金融犯罪的发案率。同时，加大与公安机关的协作配合，把查询范围从大要案向一般性案件扩展，协助公安机关对犯罪用服务器、电脑终端位置进行定位，促进互联网金融案件的侦破率。

（四）明确职能权限和组织架构，构建立体司法协作机制

1. 成立专业办案团队

互联网金融犯罪往往同时涉及网络、金融、证券、法律等多方面知识，犯

罪手段更加多样化，犯罪分子反侦查意识很强。为应对互联网金融犯罪的查办，全国各地都进行着有益探索，如北京海淀区检察院成立了网络和电信犯罪检察部，北京朝阳区检察院成立了金融犯罪检察部等，探索在专业化办案机制上整合"捕诉监防"四项职能，推动专案专办、术业专攻。上海浦东法院成立金融审判庭，首创金融商事、刑事和行政案件"三合一审"审判工作机制，依托专业审判力量，优质高效处理金融纠纷，惩治金融违法犯罪。公检法办案机关应积极推动专业平台、专业工具和专业素质建设，成立专业化办案机构和办案组织，强调办理类型案件的专业化、精细化、优质化。

2. 建立跨部门跨区域合作机制

一是互联网金融犯罪专业化办案部门需注重与其他部门的合作。以公安机关经侦部门办理案件为例，在抓捕现场需公安网监部门、公安鉴定部门同时到场，才能有效在第一时间提取、封存电子证据；证据提取阶段需要银行、证监部门、平台企业等提供即时交易数据、通信数据、服务器数据等；呈请逮捕、审查起诉阶段、审判阶段需要配合检察机关、法院继续补充侦查收集证据、侦查人员出庭作证等，更加有力指控和惩处犯罪。所以，针对互联网金融犯罪案件查办，公检法三家应建立联席会议机制，公安机关内部各部门建立协调会议机制，实现跨部门配合协作、跨业务交流协作。

二是互联网金融犯罪案件办理需强化区域间司法合作。互联网金融犯罪的特点之一就是所涉地域广，犯罪的行为地和结果发生地不在同一地域，甚至存在多个行为地、多个结果地。这就需要公安机关加强区域间的警务合作，采取集群战役模式，不同区域警力密切配合，共同侦破案件。检察机关和人民法院亦应在案件办理经验交流上形成信息共享交流机制，共同应对日益复杂的互联网金融犯罪态势。

3. 探索司法国际协作

一是完善国际司法协助原则和体系，推动我国与国际公私部门联动，商讨和制定共同认可的原则和政策，建立侦查机关与国际刑警组织、跨国互联网金融机构、互联网平台企业和全球通信服务商之间的国际联盟伙伴关系，畅通互联网金融犯罪侦查业务的跨国合作，建立快速反应机制。

二是推动国际联盟伙伴建立专门的互联网金融犯罪协作数据库，实现全球信息共享，为侦查机关掌握国际互联网金融犯罪的动态、运用一手有价值信息与数据提供技术支持。及时更新互联网金融犯罪数据库信息，实现全球打击互联网金融犯罪多方位一体化布局。

互联网金融刑事检察和
行政监管的衔接机制研究

张锦潮　逄　政　施净岚　任志伟　任尚肖[*]

随着互联网产业和信息通信技术的蓬勃发展,"互联网+"领域不断扩大,在资金融通、支付等方面,互联网金融便是顺应时代发展而产生的金融新业态。互联网金融以其信息的公开性、交易的效率性、投融资方式的多样性等优势,弥补了传统金融的不足,充分发挥了民间资本的作用,扩大了社会需求,提高了资金配置效率和金融服务质量。但在互联网金融产业高速发展的同时,由于市场主体的趋利性和盲目性以及现有监管模式的缺漏和滞后,也引发了一系列金融和社会问题,扰乱了金融秩序和社会安定。互联网金融的风险和弊端暴露出互联网金融刑事惩罚手段的相对滞后,由于刑事检察和行政监管制度的不完善,导致刑事检察介入只能在惩治犯罪层面上实现对互联网金融的治理。因此,面对互联网金融发展中存在的问题,既要发挥检察机关对互联网金融的刑事惩罚,也要扩大检察机关预防金融风险的职能,完善行刑衔接机制。现有的衔接机制虽然可以使检察机关了解互联网金融的相关信息,但无法使其及时、有效地介入互联网金融的全过程,因此在互联网金融亟须加强引导和监管的背景下,需要充分发挥刑事检察机关的监督职能和检察职能,建构刑事检察新模式,设立刑事检察监督新方式,优化刑事诉讼流程及规则,以实现互联网金融的健康有序发展。

一、互联网金融及监管概述

自 1995 年网络保险、网络银行在美国兴起,第三方支付、P2P 网络借贷等新兴互联网金融业态迅速在欧美崛起。我国互联网金融发展也紧跟欧美国家

---

[*] 张锦潮,上海市浦东新区人民检察院副检察长;逄政,上海市浦东新区人民检察院公诉二处处长;施净岚,上海市浦东新区人民检察院命名检察官;任志伟,上海市浦东新区人民检察院检察官助理;任尚肖,上海市浦东新区人民检察院检察官助理。

的步伐，大致可以分为两个阶段。第一个阶段是 1997 年至 2013 年，主要以传统金融机构开展网上银行业务为主，本质上并没给有改变金融交易的结构和功能，① 因而是一种金融互联网。第二个阶段是 2013 年至今，随着"互联网+"理念的逐渐深入，产生了全新的发展生态。正是在这样的背景下，互联网金融各个业态呈现爆发式增长。一方面，新型互联网机构在第三方支付、网络借贷、股权众筹融资等领域迅猛发展；另一方面，银行、券商、保险公司等传统金融机构也积极开展互联网化转型，中国金融信息服务市场的整体规模也在不断扩张。②

（一）互联网金融概念及特点

互联网金融是随着互联网技术和信息通信技术的广泛普及深入以及金融行业的日益发展繁荣而兴起的一种新兴经济形态，因此对其概念以及特点的厘清，是实务操作亟须明确也是理论研究尚需统一的问题。

对互联网金融的定义，因侧重角度以及社会角色的差异而各不相同。从金融研究者的角度出发，互联网金融是一种不同于商业银行间接融资模式和资本市场直接融资模式新型的融资模式，在这种融资模式下，市场充分有效，接近一般均衡理论的无金融中介的状态。③ 从金融从业者的角度出发，互联网金融是充分利用互联网技术对金融业务进行深刻变革后产生的一种新兴金融业态，是传统的商业银行把互联网作为一个全新的渠道，来为客户提供方便、便捷高效的服务。④ 从金融监管者的角度出发，互联网金融是传统金融机构与互联网企业利用互联网技术和信息通信技术实现资金融通、支付、投资和信息中介服务的新型金融业务模式。⑤ 虽然从不同角度对互联网金融所下的定义不尽相同，但从广义的角度而言，互联网金融是指借助互联网而发展的一种金融业态。

欲对互联网金融实施有效监管，需突破对传统金融的监管方式进行创新，而欲创新监管方式，又首先需要了解互联网金融的特点。相较于以货币资金流通为基础的传统金融而言，互联网金融主要具有以下两方面的特点。

---

① 参见陈志武：《互联网金融到底有多新》，载《新金融》2014 年第 4 期。
② 上海市互联网金融行业协会、上海大学上海科技金融研究所：《上海互联网金融发展报告（2016）》。
③ 谢平、邹传伟：《互联网金融模式研究》，载《金融研究》2012 年第 12 期。
④ 张晶：《互联网金融：新兴业态、潜在风险与应对之策》，载《经济问题探索》2014 年第 4 期。
⑤ 《关于促进互联网金融健康发展的指导意见》（银发〔2015〕221 号）。

一方面，互联网金融具有超越传统金融的优势。互联网金融的运作方式主要是通过网络技术平台实现支付、资金融通及金融服务，寄托于互联网的开放性、共享性、高效性、广阔性等属性，互联网金融弥补了传统金融在资金融通、风险分散和价格发现等方面的不足。这体现了：第一，互联网金融可以实现信息的相对公开，交易信息透明度高；第二，互联网金融交易双方交易迅捷、效率高，操作简单且中间成本低；第三，互联网金融的投融资方式具有多样性，群众参与度高且经济效益带动作用强。基于上述优势，互联网金融增加了金融商品的创新能力，其开放、平等、普惠的特点也满足了小微投融资者的需求，为金融市场带来了巨大活力。

另一方面，互联网金融带来传统金融所没有的风险。正如一枚硬币的两面，互联网金融以其创新性带动经济发展的同时，也因其自身的风险、市场的弊端和监管的滞后等带来了一定的问题，由此暴露出其另外的特点：第一，互联网金融具有强大的冲击性。互联网金融借助互联网的强大力量，短时间内极大地提高了融资水平和融资效率，与传统普惠金融形成巨大反差，对传统金融造成较大冲击，打破了原有金融市场的稳定。第二，互联网金融具有广泛的风险性。互联网金融基于互联网这一开放、无边界的平台，以其高收益吸引广大网民，因而具有较高的参与度。然而高收益与高风险并存，在漏洞重重的互联网金融中，一旦发生问题，其风险也具有广泛性。第三，互联网金融具有复杂的监管性。互联网金融是互联网、信息技术、银行、证券、保险等领域的集合产物，由此导致对其的监管也具有多样性和复杂性，如何创新对互联网金融的监管模式，实现对其的全面、有效监管，成为相关机构迫切需要解决的问题。

（二）国内外互联网金融监管的发展

广义的互联网金融监管同时包含了行政监管以及刑事监管，英美国家互联网金融起步较早、发展较快，在监管模式上也与我国有着较大的差异，尤其是在金融监管和刑事检察之间，美国建构了一套行之有效的金融监管衔接机制，进一步确保金融的有序和安全。相较而言，我国对互联网金融的行政监管尚处起步阶段，对互联网金融的监管模式尚未完全确定，在互联网金融刑事检察和行政监管衔接机制方面依然留有较大空白。通过对国外金融监管方式以及行刑衔接制度的学习和了解不仅能够为我国互联网金融监管提供思路，以完善我国行政监管制度，而且有助于厘清检察机关在互联网金融活动中的重要性，以推动互联网金融行刑衔接制度的架构。

1. 国外监管的发展

受传统自由主义影响，英国早期金融监管采用行业自律和政府监管相结合的方式，金融服务局（Financial Service Authority，FSA）仅负责宏观监管工作，绝大多数的金融活动管理交由行业自律组织进行。但经济危机之后，英国将"行业自律为主、政府监管为辅"的金融监管方式转为"双峰监管"模式，① 加强了行政监管机构在金融监管中的作用。在"双峰理论"的理论框架下，② 英国制定并颁布了《2012年金融服务法》（Financial Services Act 2012），废除了金融服务局（FSA）统领下的单一监管体制，代之以金融行为监管局（Financial Conduct Authority，FCA）和审慎监管局（Prudential Regulation Authority，PRA）。前者负责监管各类金融机构的业务行为，促进金融市场竞争，并保护消费者；后者负责对各类金融机构进行审慎监管，关注金融机构的安全和健康发展。

美国对互联网金融采取谨慎宽松的政策，发展初期不过分干预，只是通过补充新的法律法规，与传统的监管规则相结合，对互联网业进行必要的法律约束，以保证其安全稳健发展。同时，数量庞大的以营利为目的、市场化运作、第三方独立运行的征信机构为美国互联网金融的发展提供了良好的信用基础。美国金融监管机构在传统监管法律制度的基础上，制定了一系列具体的专门针对网络金融业务以及其风险的管制规则，逐步建立以立法为核心的监管模式。除此之外，次贷危机过后，美国政府加大了互联网金融监管的主导地位，联邦政府和各州政府共同进行监督管理和立法规范。在《多德—弗兰克法案》（Dodd-Frank Wall Street Reform and Consumer Protection Act）中，美联储内部建立了消费者金融保护局（Consumer Financial Protection Bureau，CFPB），将危机前由财政部、货币监理署等七家机构共同行使的金融消费者保护职责统归CFPB行使，③ 更加强化行为监管。

除了行政监管之外，美国的金融检察制度在金融治理中同样发挥着至关重

---

① 王建文、奚方颖：《我国网络金融监管制度：现存问题、域外经验与完善方案》，载《法学评论》2014年第6期。

② "双峰"理论（Twin Peaks）由英国经济学家泰勒（Taylor）提出，强调监管应着重于两大目标：确保系统稳定（审慎监管）和保障消费者权益（行为监管）。根据该理论，审慎监管对有可能危害金融安全的金融机构进行监管和处罚，行为监管则着眼于保护购买或投资金融产品的消费者。

③ CFPB的监管职责具体划分为：美国联邦通信委员会（FCC）和贸易委员会（FTC）对非金融机构的互联网金融业务进行监管，而对于金融机构从事的互联网金融业务则是由联邦和州监管机构共同监管。联邦层面的监管机构有美联储、联邦存款保险公司（FDIC）、美国证券交易委员会（SEC）、消费者金融保护局（CFPB）、货币监理署（OCC）、美国国会委员会、美国政府责任办公室（GAO）、美国信用办公室等；在州监管层面，大多数州政府对互联网金融的监管是按提前取得许可的规定运作的。

要的作用。对金融市场中不法行为的刑法规制是经济健康发展的重要保证,刑法在金融市场的"扩张"适用与这一领域的繁荣发展密切相关,但对于金融市场而言,刑罚犹如一把"达摩克利斯之剑",其固有的惩罚功能会抑制金融创新与经济发展,只有在保持刑法谦抑性的前提下,将其纳入解决纠纷的机制中,通过威慑实现行为主体的约束。正是基于这样一种理念,美国金融检察机关采取"暂缓起诉协议"(DPAs)的方式实现对金融的监管。暂缓起诉协议是检察机关与可能被指控企业之间达成的,意在改变被指控公司的持续管理架构并弥补涉罪行为的协议。"暂缓起诉协议"是介于刑事处罚与民事行政处罚之间的中间地带,其实质是一种公司缓刑,一旦公司没有遵守"暂缓起诉协议"的具体内容,公司将必须承认足以定罪的事实。如果公司顺利通过考验期,则暂缓起诉由检察机关终止。[①]"暂缓起诉协议""巧妙"地将金融企业、行政监管机关以及检察机关三者联系起来,检察机关直接与金融企业达成协议,就企业不法行为以及监管举措进行明确并责令其履行,企业对"暂缓起诉协议"的履行必须聘用"协议履行监督人",这一角色通常由金融监管机构担任。"暂缓起诉协议"一方面规范了金融企业的治理架构,带有行政监管的色彩;另一方面如果企业不按照协议履行内容,"暂缓起诉协议"则可以成为刑事诉讼的有力证据。通过检察机关所采取措施的"双重性"将金融检察与金融监管妥善地衔接起来。虽然美国的检察机关隶属于行政部门,与我国的权力架构存有明显差异,但是"基于同一事物的双重属性架构二者联系"的思维模式为探寻互联网金融刑事检察和行政监管衔接机制提供了重要的路径依赖。

2. 国内监管的发展

我国对互联网金融的监管集中开始于2015年,《关于促进互联网金融健康发展的指导意见》(银发〔2015〕221号,以下简称《指导意见》)以及《互联网金融风险专项整治工作实施方案》(国办发〔2016〕21号,以下简称《实施方案》)可以视为互联网金融监管的"总则性"文件,此后的互联网金融监管规则全都围绕着这两份文件的内容和主旨展开。

《指导意见》明确指出,互联网金融是新生事物和新兴业态,要制定适度宽松的监管政策,为互联网金融创新留有余地和空间,遵循"鼓励创新、防范风险、趋利避害、健康发展"的总体要求,实施"依法监管、适度监管、分类监管、协同监管、创新监管"的监管原则,科学合理界定各业态的业务

---

① 萧凯:《美国金融检察的监管功能:以暂缓起诉协议为例》,载《法学》2012年第5期。

边界及准入条件,落实各方监管责任,明确风险底线,保护合法经营,坚决打击违法和违规行为。《实施方案》对互联网金融风险专项整治全面部署,明确提出,规范发展互联网金融是国家加快实施创新驱动发展战略、促进经济结构转型升级的重要举措,对于提高我国金融服务的普惠性,促进大众创业、万众创新具有重要意义。除此之外,《实施方案》还创造性地提出要采取"穿透式"监管方法,要求根据业务实质明确责任。不难发现,政府对互联网金融监管总体上要求体现开放性、包容性、适应性的原则,同时坚持鼓励和规范并重、培育和防险并举,维护良好的竞争秩序,促进公平竞争。

在总体要求中,国家将"鼓励创新"置于"防范风险"之前,然而将"依法监管"与"创新监管"置于监管原则的首末,其深意耐人寻味。"穷则变,变则通,通则久。"互联网金融正是对传统金融发展模式的超越突破,相较于传统金融,互联网金融重新建立了交易结构,引入了全新的金融理念,扩充了金融交易主体,这一系列变化正是金融创新所带来的正面效果。如果没有金融创新,那么就不会产生新的风险,互联网金融风险防范的对象必然是金融创新之后产生的负面影响。然而,作为风险防范以及金融整治的主体,金融监管机关无法置身于具体的金融创新之中,以完全把握互联网金融的发展脉络。在这种情形下,金融监管机关应当谨慎地采取监管措施,避免因随意创设或修改监管方式而造成金融秩序的混乱。此外,虽然互联网金融开拓了诸多新领域,但是金融创新产生的绝大部分风险并没有超越现有的认识范畴,法律规则对这些风险都作了较为明确的规定。不同的是,监管机关对互联网金融提供了更多的"试错机制"以及"容错空间",然而这并不意味着行政监管以及刑事法律对互联网金融所存在的本质性违规违法行为视而不见。以非法集资为例,国务院印发《关于进一步做好防范和处置非法集资工作的意见》(国发〔2015〕59号),强调非法集资要"防打结合、打早打小",抓住非法集资重点领域、重点区域、重大案件,依法严厉持续严厉打击,最大限度追赃挽损,有效维护社会稳定。在刑事层面上,我国一直主张"宽严相济"的刑事政策,对互联网金融的刑事法律规制同样遵循这一理念。一方面,刑法规制以打击过度投机和金融欺诈行为为重点,另一方面,应当坚持刑法的谦抑性和罪刑法定原则,对不同的犯罪行为进行不同的刑法规制,确保互联网金融的有序运行。

(三)互联网金融监管的不足

目前,我国互联网金融监管主要是行政监管,并采取"分业监管"的模式。根据《指导意见》规定,互联网金融活动根据业务内容的不同可以划分为七种不同的种类:互联网支付、网络借贷、股权众筹融资、互联网基金销售、互联网保险、互联网信托和互联网消费金融。各金融业态交由不同的金融监管部门负责管理,① "分业监管"模式一方面适应了我国传统金融机构分业经营的潮流,另一方面监管的专业化也有效遏制了我国经济转型期金融风险的发生。但随着金融创新不断深化,现行的互联网金融监管模式暴露出以下几点不足。

第一,行政分业监管具有漏洞。首先,"分业监管"模式难以适应互联网金融"混业经营"发展趋势。互联网技术介入金融后,互联网的开放性和虚拟性将金融机构和非金融机构之间的界限趋于模糊,同时,金融业务的综合化发展致使分业监管模式面临越来越多的问题。由此便造成了一种金融产品受多个监管部门监管的情形,这不仅增加了企业的运营成本,而且也容易出现监管机构各自为政、相互推诿等监管漏洞。其次,互联网金融区域监管的不平衡诱发金融风险的产生。我国对互联网金融的监管具体是由"一行两会"在各自职权范围内实行单一垂直金融监管,各地方金融管理部门协调配合进行。由于互联网金融在各地的发展规模、各业态的发展情况、各地方政府的利益诉求各不相同,因而在监管力度、监管政策、监管标准上亦有不同。加之网络交易跨越了现实监管的阻隔,互联网金融机构利用各地监管的不平衡实现监管套利。② 最后,相关业态监管规则的模糊性放大了金融风险。例如,在第三方存管制度中,虽然规则明确要求互联网金融机构应当将备付金交由第三方存款机构存管,但银行对第三方存管账户并无监督和管理义务,资金安全得不到保障,从而导致第三方托管账户资金被挪用、侵占的现象时有发生。

第二,刑事检察没有完全发挥金融管理的作用,刑事检察介入的滞后性无法有效防范金融风险。在现行金融监管模式下,行政机关是主要的金融监管主体,检察机关并不会对互联网金融交易进行监管。只有当金融风险产生了严重的社会危害性并且涉及刑事犯罪的情况下,检察机关才会介入互联网金融中,而此时检察机关所承担的是刑事指控、惩治金融犯罪的职能。在国家鼓励金融创新、强调适度监管的背景下,仅靠行政机关的监管以及检察机关的事后介入并不能有效遏制和预防互联网金融风险和犯罪,维护金融市场秩序。对互联网金融风险的防范和控制,检察机关需要在犯罪没有发生前便未雨绸缪,需要将

---

① 具体分工如下:互联网支付业务由人民银行负责监管;网络借贷、互联网信托和互联网消费金融由银监会负责监管;股权众筹融资、互联网基金销售由证监会负责监管;互联网保险业务由保监会负责监管。中央一级监管主体主要为"一行两会",而地方一级则由省、地市金融管理部门进行监管,另由地方金融办牵头成立行业自律协会,协助开展互联网金融监管工作。

② 监管套利是指金融机构利用监管标准的差异或模糊地带,选择按照相对宽松的标准开展业务,以此降低监管成本、规避管制和获取超额收益的行为。

检察监督落实到互联网金融的交易活动及行政机关的金融监管中。而欲实现检察机关的提前介入和职能的有效发挥，实践操作中亟须加强刑事检察机关和行政监管机关的联系，建立行刑衔接机制，促进二者的相互交流和配合，加强对互联网金融风险的防范和遏制，促进互联网金融持续快速健康发展。

二、互联网金融行刑职能的衔接

互联网金融作为一种金融创新，有助于推动金融市场的繁荣发展，但是，现阶段金融监管手段以及金融立法的滞后性致使互联网金融的发展缺乏有效指引，各种业态发展良莠不齐。尤其是近年来集中爆发的基于 P2P 网络借贷平台而实施的犯罪，进一步放大了互联网金融刑事检察与行政监管各自职能的疏漏，因此，综合发挥二者职能优势、完善"行刑衔接"的有效机制对于互联网金融的健康发展至关重要。值得重视的是，互联网金融与传统金融最大的区别就在于理念的革新，其通过引入崭新的征信信息来源并在此基础上简化金融市场与交易结构，① 从而扩大了互联网金融的参与主体。除此之外，全新的业态正在不断地拓宽互联网金融边界，跨行业、跨领域的互联网平台打破了传统"分业监管"格局，越来越多的监管"真空地带"逐渐显现。不难发现，现有的监管模式已然远远落后于互联网金融的发展，因此，更新、完善监管模式成为当务之急。

就某种意义而言，金融创新就是规避金融监管方式的创新，任何一种创新都无法事先预知，但所有的监管都是建立在已有行为方式的基础上，具有较强的针对性。创新与监管的交替往复构成了互联网金融的一个侧面，面对互联网金融已经暴露的问题以及未来发展可能存在的风险，笔者认为，不仅要从制度层面上完善"行刑衔接"机制，更要从职能层面厘清刑事检察与行政监管，因为其是建立并完善"行刑衔接"机制的前提和基础。为此，首先需要明确刑事检察职能和行政监管职能的内涵和外延，了解二者各自的优势与不足，通过刑事检察职能与行政监管职能的衔接来指引"行刑衔接"机制，以更为有效地应对互联网金融创新所带来的挑战。

（一）刑事检察职能

《中华人民共和国宪法》（以下简称《宪法》）以及《中华人民共和国人

---

① 赵冉冉：《互联网金融监管的"扶助之手"》，载《东方法学》2016 年第 5 期。

民检察院组织法》①（以下简称《检察院组织法》）都明确规定，检察院是国家的法律监督机关，依法行使检察权。《检察院组织法》对检察机关行使的职权进行了修改，② 大致可以分为三类：一是刑事司法职能；二是诉讼与执行监督职能；三是公益诉讼及其他职能。除此之外，在最高人民检察院《关于办理涉互联网金融犯罪案件有关问题座谈会纪要》（高检诉〔2017〕14号）中指出，为了促进和保障互联网金融的健康发展，检察机关应当立足检察职能，积极参与互联网金融风险专项整治工作，有效预防、依法惩治涉互联网金融犯罪。互联网金融刑事检察在一定程度上丰富了刑事检察的职能，一方面，刑事司法职能的目的在于惩治金融犯罪，这是检察机关最为重要的职能；另一方面，积极有效地预防金融犯罪、防范金融风险是互联网金融刑事检察的另一个重要职能。需要指出的是，后者无法简单地被归为法律监督或者其他职能的范畴，检察机关主动参与互联网金融专项整治的行为是检察权的延伸，但与此同时，检察机关并不是作为主要的互联网金融监管机构参与互联网金融的整治，而是在其中发挥检察监督的职能。

1. 刑事司法职能

刑事司法职能的目的是惩治刑事犯罪，具体表现为以公诉权为中心而展开的一系列刑事诉讼职权，包括侦查权、批准逮捕权、公诉权、刑事诉讼监督权等。检察机关行使公诉权是对法律权威维护、法律正确实施、违法行为惩治的重要手段，在涉及互联网金融犯罪中，检察机关行使公诉权是预防遏制犯罪、维护金融秩序的有力武器，而其中对罪与非罪、此罪与彼罪的界定是检察机关行使公诉职能最为核心的问题。

检察机关的刑事司法职能体现的是国家的意志，具有国家性。从历史沿革的角度出发，检察制度源于法国的"国王代理人"制度，以国王的名义参与诉讼，继而发展成为代表国家和社会利益行使追诉权的一项制度。因此，设立检察机关最主要的目的就是让其代表国家行使公诉权。作为国家公诉机关，检

---

① 虽然2018年修订后的《中华人民共和国人民检察院组织法》对1986年的《中华人民共和国人民检察院组织法》进行了大幅度的修改，但对于检察机关的基本职能和定位没有改变。

② 《中华人民共和国人民检察院组织法》第20条规定，人民检察院行使下列职权：（一）依照法律规定对有关刑事案件行使侦查权；（二）对刑事案件进行审查，批准或决定是否逮捕犯罪嫌疑人；（三）对侦查终结的刑事案件进行审查，决定是否提起公诉，对决定提起公诉的案件支持公诉；（四）依照法律规定提起公益诉讼；（五）对诉讼活动实行法律监督；（六）对判决、裁定等生效法律文书的执行工作实行法律监督；（七）对监狱、看守所的执行活动实行法律监督；（八）法律规定的其他职权。

察机关代表国家和社会利益追诉、控告犯罪，代表国家将犯罪提请审判机关裁决，带有强烈的国家主动追究的特性。现代法治国家要求以法律治理国家，检察机关的刑事司法职能是法律赋予的，并根据国家意志行使，因此符合现代法治国家的基本要求，而着力于刑事司法职能的发挥也成为现代法治对检察机关的基本定位。就检察机关刑事司法职能的内容来说，我国《刑事诉讼法》第3条明确规定将检察、批捕、部分侦查、公诉的职权交由检察院行使。同时参考比较法规定，各国也均从现代司法制度设计的角度出发，将检察机关的核心职权规定为公诉权。在权力配置上，各国法律都围绕着公诉权赋予检察机关相应的职权，以此促进公诉权的行使。

互联网金融领域通常会涉及资金沉淀、从事相关金融行业的经营资质以及金融行为合规与否等诸多问题，近年来出现的涉互联网金融犯罪与这些问题息息相关，而其中非法吸收公众存款、集资诈骗、非法经营以及擅自发行股票、公司、企业债券的行为尤甚。因此，在互联网金融领域积极发挥检察机关的职能便显得尤为重要，这不仅是检察机关的职权所在，更是互联网金融健康发展的保障。但需要重视的是，在互联网金融刑事检察中，由于金融监管规则的不完善以及行为主体缺乏及时有效的信息披露，使得检察机关难以通过足够的证据对相关的金融行为以及情节作出准确定性，从而影响了刑事司法职能的行使。《指导意见》明确将"鼓励创新"作为互联网金融发展的总体要求，将"适度监管"作为互联网金融监管的原则。创新发展势必会超越现有的规则，如果规则制定者容许创新发展的存在，则必然降低监管力度以为其提供相对宽松的环境。虽然适度监管有助于金融创新并且可以更好地发展互联网金融，但同时也为违法犯罪分子提供了有利的犯罪机会，一旦部分企业或业态借着"互联网金融"的名义从事违法犯罪活动而相关监管机构又缺乏及时监管，其所造成的社会危害性是巨大的。在适度监管的原则下，金融创新与金融风险同样表现为一种"超越现有规则"的行为，检察机关更应当辨明刑事违法犯罪，有效打击刑事犯罪，维护创新发展。

2. 检察监督职能

就刑事检察而言，互联网金融的创新不可避免地要延展检察机关的相应职能，一方面，围绕公诉权而建构的司法职能对于侦查的引导作用越发重要；另一方面，金融监管立法的滞后以及监管框架的不完善增加了检察机关参与互联网金融专项整治的必要性。

就狭义的法律监督职能而言，检察机关参与互联网金融专项整治并非法律监督职能的体现，因为检察机关的法律监督权是由权力机关授予并受权力机关的领导和监督。检察机关的监督范围仅限于对法律的遵守和执行情况进行监督,并不包含对行政法规、地方性法规以及政府和部门规章执行情况的监督。① 现阶段,对互联网金融进行的专项整治,依据的大都是部门规章或者规范性文件,导致检察机关难以进行有效的法律监督。虽然检察权的行使不仅限于诉讼领域,也适用于部分的行政执法领域,② 但总体而言,行政执法活动并未完全纳入检察机关的法律监督范围,③ 检察机关只能以检察建议的方式对行政执法提出建议权,而并不具有强制其纠正的法律监督权。

就广义的法律监督职能而言,检察机关以法律监督机关的主体身份参与互联网金融专项整治依然是行使检察权的一种方式,是检察监督职能的体现。《宪法》将法律监督机关的主体身份归于检察院,是对法律监督机关归属的确定,并不影响检察机关监督职能的延伸。此外,检察权作为专属于检察机关的权力,《宪法》以及其他法律并没有对这一权力进行明确界定,因而对检察权性质存在着诸多争论。④ 在"四个全面"战略布局中,党中央更加强调检察机关的监督职能以及检察权的监督属性,⑤ 就互联网金融刑事检察而言,检察机关的检察监督职能包含两个方面:第一个方面是对刑事司法职能的延伸,其目的是加强对侦查阶段的监督,进一步确保公诉权的有效实施,达到惩治犯罪的效果。第二个方面是金融检察的应有职能,其目的是把握金融行业整体状况,明晰互联网金融的刑事风险,实现预防犯罪的效果。检察监督职能扩大了检察机关的监督范围,⑥ 互联网金融刑事检察必然会带来检察监督对象的增加,具体而言,金融检察将原本对公权力行使合法性的监督转变为对金融行业以及金融监管的监督。

金融检察监督是一种"参与式监督",检察机关通过积极参与到金融活动领域以及侦查阶段,强化法律监督角色,通过对侦查活动的实质性参与,进而达到对侦查程序的实质性控制。⑦ 金融检察监督是一种"督察型监督",检察

---

① 韩大元、刘松山:《论我国检察机关的宪法地位》,载《中国人民大学学报》2002年第5期。

② 韩大元、刘松山:《论我国检察机关的宪法地位》,载《中国人民大学学报》2002年第5期。

③ 张智辉:《论检察机关的建议权》,载《西南政法大学学报》2007年第2期。

④ 关于检察权的性质,历来都有行政权说、司法权说、行政司法兼容说等三种观点。

⑤ 《检察日报》2017年1月18日第3版。

⑥ 《最高检首提检察监督体系》,检察监督体系包括刑事检察、职务犯罪侦查预防、民事检察、行政检察、控告申诉检察等五个工作机制。载 http://www.spp.gov.cn/zdgz/201607/t20160720_158523.shtml,最后访问:2017年9月1日。

⑦ 万毅:《论检察监督模式之转型》,载《法学论坛》2010年第1期。

机关在诉讼之外对监督对象进行审视督察,一旦发现违法犯罪,就可以启动监督程序。① 相较于执行监督,检察机关对执行监督拥有一定的强制性权力,而对金融监管的监督则不具备法律所赋予的强制性权力。值得重视的是,如果检察机关过度介入金融领域,将导致金融机构以及金融管理者变得过度保守,②这是不利于互联网金融的健康发展。因此,金融检察应当是金融监管的补充,其目的是服务并促进金融市场持续健康发展,确保国家经济安全,保护金融消费者权益。③

(二) 行政监管职能

互联网金融监管起始于2015年,《指导意见》可以算作是互联网金融发展的"纲领性文件"。2016年,《实施方案》的出台标志着互联网金融整治成为金融监管的重点。《指导意见》以及《实施方案》明确了金融监管机构的监管内容和监管范围,此后各机构制定的互联网专项整治方案均围绕着这两份文件的要旨展开。依据现行的规定,互联网金融行政监管机关主要包括各地地方金融办以及"一行两会",行政监管对互联网金融的健康发展来说至关重要,是维护金融市场秩序,防止金融风险的重要方式。

1. 行政管理职能

金融行为是一种逐利行为,当法律规则没有明确界定哪种行为合法、哪种行为不合法时,人们会不断寻求新的金融方式以获取更大利益,这就给现有的行政管理带来了"挑战",互联网金融便是典型的例证。互联网金融不仅囊括传统金融的各项领域,而且开辟出全新的金融业态,促进了金融创新,提高了金融资源配置效率,但同时也出现了新的风险和隐患。金融监管一方面要创造相对宽松的监管环境以确保互联网金融的市场活力;另一方面要及时有效地规范行业准则以正确引导互联网金融的发展方向。金融行政监管体现在互联网金融监管的方方面面,其中尤其在下述几种典型互联网金融类型的监管中发挥了重要的作用。

(1) 对P2P网络借贷的管理。网络借贷平台是信息中介平台,其主要功能是为投资方和融资方提供信息交互、撮合、资信评估等中介服务,因此,银保监会对网络借贷业务监管的核心是围绕着"信息中介"展开的。"信息中介"的性质决定了网贷平台不得设立资金池,不得发放贷款,不得非法集资,

---

① 朱孝清:《中国检察制度的几个问题》,载《中国法学》2007年第2期。
② 林喜芬:《中国应确立何种金融检察政策?——基于宽严相济理念的思考》,载《四川师范大学学报(社会科学版)》2013年第9期。
③ 徐如祥:《金融检察与金融监管》,载《中国市场》2013年第9期。

不得自融自保、代替客户承诺保本保息、期限错配、期限拆分、虚假宣传、虚构标的,不得通过虚构、夸大融资项目收益前景等方法误导出借人,严格区分自有资金以及客户资金,严格落实客户资金第三方存管要求,选择符合条件的银行业金融机构作为资金存管机构。《网络借贷信息中介机构业务活动管理暂行办法》明确了监管机构的监督管理的职能:① 第一,负责登记备案管理,② 网贷信息中介的设立将采用备案登记制度,地方金融监管部门负责为网络借贷信息中介机构办理备案登记,但这一登记不构成对网络借贷信息中介机构经营能力、合规程度、资信状况的认可和评价。第二,制定业务规则并进行风险管理,建立网络借贷行业重大事件的发现、报告和处置制度,制定处置预案,及时、有效地协调处置有关重大事件。第三,监督管理资金存管,③ 网贷平台应当将客户资金交由第三方存管,实现客户资金与网络借贷信息中介机构自有资金分账管理,防范网络借贷资金挪用风险,银监会对委托人、存管人以及双方业务进行监督。第四,监督管理信息披露,④ 信息披露的目的在于增强网络借贷信息中介机构的透明度,网贷平台应当就机构的基本信息、运营信息、项目信息、重大风险信息、消费者咨询投诉渠道信息等向社会披露并接受银监会的监督。

(2)对互联网支付的管理。互联网支付的目的是服务电子商务发展和为社会提供小额、快捷、便民小微支付服务,由于银行业金融机构以及第三方支付机构均可开展互联网支付业务,因而,非金融支付机构成为人民银行的监管主要对象。人民银行的主要监管职能围绕着客户备付金、支付业务准入标准以及跨机构清算业务展开:⑤ 第一,增强备付金管理并建立支付机构客户备付金

---

① 《网络借贷信息中介机构业务活动管理暂行办法》第33条规定:国务院银行业监督管理机构及其派出机构负责制定统一的规范发展政策措施和监督管理制度,负责网络借贷信息中介机构的日常行为监管,指导和配合地方人民政府做好网络借贷信息中介机构的机构监管和风险处置工作,建立跨部门跨地区监管协调机制。各地方金融监管部门具体负责本辖区网络借贷信息中介机构的机构监管,包括对本辖区网络借贷信息中介机构的规范引导、备案管理和风险防范、处置工作。

② 参见中国银监会办公厅、工艺和信息化部办公厅、工商总局办公厅《关于印发〈网络借贷信息中介机构备案登记管理指引〉的通知》(银监办发〔2016〕160号)。

③ 参见中国银监会办公厅《关于印发〈网络借贷资金存管业务指引〉的通知》(银监办发〔2017〕21号)。

④ 参见中国银监会办公厅《关于印发〈网络借贷信息中介机构业务活动信息披露指引〉的通知》(银监办发〔2017〕113号)。

⑤ 人民银行对互联网支付领域的监管职能范围主要依据《非银行支付机构风险专项整治工作实施方案》(银发〔2016〕112号)。

集中存管制度，不定期抽查备付金安全状况、强化备付金存管银行责任、加强账户资金检测，防止非金融支付机构挪用、占用备付金。① 第二，对跨行清算的监督管理，强化监管机构对社会资金流向的实时监测。非银行支付机构不得连接多家银行系统，变相开展跨行清算业务，自2018年6月30日起，支付机构受理的涉及银行账户的网络支付业务全部通过非银行支付机构网络支付清算平台（简称为"网联平台"）处理，② 实现资金清算的透明化、集中化运作。第三，严格支付机构市场准入和监管，开展支付业务的机构应依法取得《支付业务许可证》，不得无证经营支付业务，支付机构应当按照《支付业务许可证》核准的业务范围从事经营活动，不得从事核准范围之外的业务，不得将业务外包。

（3）对互联网股权众筹融资的管理。股权众筹融资的显著特点是公开、小额、大众，证监会对于股权众筹融资平台的监管正是基于这一特点展开的：③ 第一，对众筹融资平台上融资宣传的监管，股权众筹平台不得发布虚假标的，不得自筹，不得"明股实债"或变相乱集资，不得进行虚假陈述和误导性宣传，应当如实披露融资者的商业模式、经营管理、财务、资金使用等关键信息。第二，对股票发行以及基金募集的监管，公开发行股票应当报证监会核准；非公开发行股票不得变相公开发行；私募基金只能向合格投资者募集资金，不得通过分拆、分期与资产管理计划嵌套等方式变相引入不合格投资者以及增加投资者数量，禁止以股权众筹的名义募集私募股权投资基金。第三，加强对客户资金第三方的存管，股权众筹平台客户资金与自有资金应分账管理，增强对客户资金的管理和监督。

（4）对互联网保险的管理。保险公司开展互联网保险业务要强调保险服务的安全性、保密性以及稳定性，除此之外，互联网保险公司更要强调保险服务的针对性。银保监会对互联网保险的监管从经营模式、市场环境、监管规则等几个方面着手：④ 第一，增强对互联网高现金价值业务的监管，强化互联网

---

① 备付金相关规则集中于《非金融机构支付服务管理办法》（中国人民银行令〔2010〕第2号）第23、24、26、27、28、29、30条以及《支付机构客户备付金存管办法》（中国人民银行公告〔2013〕第6号）。

② 参见《关于将非银行支付机构网络支付业务由直连模式迁移至网联平台处理的通知》（银支付〔2017〕209号）。

③ 证监会对互联网股权众筹融资的监管范围主要依据《股权众筹风险专项整治工作实施方案》（证监发〔2016〕29号）。

④ 银保监会对互联网保险业务的监管范围主要依据《互联网保险风险专项整治工作实施方案》（保监发〔2016〕31号）。

保险信息披露，通过互联网销售保险产品，不得进行不实陈述、片面或夸大宣传过往业绩、违规承诺收益或者承担损失等误导性描述。第二，对跨界合作的监管，防止风险向保险领域传递，不得与缺乏经营资质的平台进行保险业务；不得与存在提供增信服务、设立资金池、非法集资等行为的互联网信贷平台合作；强化融资性保证保险业务的风控手段与内控管理。第三，对非法经营互联网保险的监管，非持牌机构不得单独或者挂靠保险公司开展互联网保险业务，不得以单位名义进行非法集资。

2. 行政惩罚职能

行政惩罚职能是互联网金融行政监管不可或缺的职能，金融监管机构除了对日常金融行为进行管理之外，还对金融违规行为进行惩罚。我们认为，行政惩罚职能包含了行政处罚以及行业处罚两个方面。行政处罚是一种为了维护社会秩序和公共利益，对违反行政法律、法规、规章等行为实施的法律制裁，是金融机构有效制裁互联网金融等行业犯罪的重要手段。有效的行政管理可以使大多数人自觉遵守法律规则，但无法使全部人遵从，对违规者的处罚不仅是对其违规行为的法律回应，同时体现出行政处罚的威慑力，深化人们遵守法律规则的意识。互联网金融的兴起促使金融监管机构建构一系列金融管理措施，这就要求所有从事互联网金融业务的主体遵循金融监管规则。对于违反金融监管规则的主体应当受到相应的惩罚，现阶段，互联网金融的立法尚未成熟，因而行政处罚由各金融监管机构实施，《行政处罚法》第12条第2款规定："尚未制定法律、行政法规的，前款规定的国务院部、委员会制定的规章对违反行政管理秩序的行为，可以设定警告或者一定数量罚款的行政处罚。罚款的限额由国务院规定。"处罚的威慑性在一定程度上可以进一步规范行业主体的行为规范，确保互联网金融的有序发展。

由于行政机构对金融业采取审慎监管措施，① 加之行政处罚的种类相对单一，使金融处罚的力度不足，但这只是行政职能的一个方面，相较行政处罚而言，行业处罚对互联网金融参与主体的影响更大。行业处罚是监管机构基于自身的行政监管权限，对不符合行业标准的主体或者行为进行的必要约束或禁止。互联网金融监管机构往往是行业准入标准的制定者、行业操作规则的指引者与监督者，参与主体只有符合监管机构的监管准则才能从事相关金融活动。如果在金融活动过程中，相关主体不再具备必要的资质或者相关行为不符合制度规范，那么金融监管机构就会依据监管权限剥夺或限制其从事相关金融行为

---

① 《中国人民共和国行政强制法》第3条第3款规定："行政机关采取金融业审慎监管措施、进出境货物强制性技术监控措施，依照有关法律、行政法规的规定执行"。

的资格。例如，从事互联网支付业务应当取得人民银行颁发的《支付业务许可证》，如果支付机构违反了监管规则或者法律法规，情节严重的，人民银行可以注销其《支付业务许可证》，禁止其从事互联网支付业务。① 与行政处罚相比，行业处罚主要有以下几个特点：第一，行业处罚剥夺的是个人或企业获利的权利，而不是被处罚者固有的权利，因此，行业处罚更为灵活，能有效应对互联网金融多样性对金融秩序的影响；第二，在惩罚的力度上，行业处罚更为宽和，例如，网络借贷信息中介机构违反法律法规和网络借贷有关监管规定，在法律法规没有明确处罚规定的情况下，"地方金融监管部门可以采取监管谈话、出具警示函、责令改正、通报批评、将其违法违规和不履行公开承诺等情况记入诚信档案并公布等监管措施"，其中"监管谈话""警示函""责令改正""通报批判""记入诚信档案"等监管措施就具有惩罚的性质，但这种惩罚是一种弹性的惩罚，监管机构给予金融企业极大的"容错"空间。

（三）职能衔接的"阶层化"

互联网金融的健康发展需要刑事检察机关与金融监管机关的合作，前者承担着惩治金融犯罪、预防金融犯罪的职责，后者则肩负着规范互联网金融秩序的重任，两者的目的虽然不尽相同，但是在职能上依然有着密切的联系。任何一种行为都受相应规则的约束，对于规则的违反必然会受到规则后果的回应，互联网金融也同样遵循着"规范——罚则"的范式。

就互联网金融的性质定位来说，其除了是一种金融创新之外，还是普惠金融的典范，但问题在于其这两种定位在现行立法环境下却存在矛盾和冲突。一方面，金融创新初期与普惠金融的发展模式和理念不同。金融创新往往是由少数个体实现的突破常规的金融行为，互联网金融模式超越了传统的金融监管理念，因而对互联网金融的监管适宜采取"先发展，后监管"的路径，以为其进一步发展提供相对宽松的有利环境。但由此带来的问题便是不可避免地导致大部分利益由少数人拥有或者少数人利用金融创新以非法获取利益，从增加了

---

① 《非金融机构支付服务管理办法》（中国人民银行令〔2010〕第2号），第43条规定："支付机构有下列情形之一的，中国人民银行分支机构责令其限期改正，并处3万元罚款；情节严重的，中国人民银行注销其《支付业务许可证》；涉嫌犯罪的，依法移送公安机关立案侦查；构成犯罪的，依法追究刑事责任：（一）转让、出租、出借《支付业务许可证》的；（二）超出核准业务范围或将业务外包的；（三）未按规定存放或使用客户备付金的；（四）未遵守实缴货币资本与客户备付金比例管理规定的；（五）无正当理由中断或终止支付业务的；（六）拒绝或阻碍相关检查监督的；（七）其他危及支付机构稳健运行、损害客户合法权益或危害支付服务市场的违法违规行为。"

互联网金融的风险，这不仅与金融创新的初衷背道而驰，而这恰恰是与普惠金融的理念格格不入的地方。另一方面，金融创新与普惠金融对法律的监管要求不同。普惠金融是为个体或者小微企业提供的金融服务，由于其抵抗风险的能力较弱，因此需要完备的监管体系保护这一群体的利益。同时，《指导意见》希望互联网金融可以进一步拓展普惠金融的广度和深度，因此也需要完善的监管制度来保证互联网金融的有序发展。但问题在于互联网金融需要宽松的监管制度才能促进其创新和进一步发展。由此，在金融立法缺位、金融监管机关"各自为战"的背景下，如何有效协调上述二者的关系变得尤为迫切。

创新与风险并存，金融创新必然会引发诸多不确定风险，确保互联网金融安全是金融创新的基本前提。然而保证互联网金融的安全离不开法律的保障，对于违规行为，多适用金融监管机构的惩罚措施，而对于社会危险性大、严重侵犯公共利益的行为的刑事追责则是检察机关的职能，尤其需要刑事法律对破坏市场经济秩序、严重侵害公民财产利益的行为进行必要的处罚。总而言之，对互联网金融秩序的维护一方面需要金融监管机构的有效管理，明确规则指引；另一方面需要检察机关的检察监督，预防刑事风险。在"规范——罚则"的范式中，刑事检察与行政监管的衔接贯穿始终，行政管理与检察监督实现互联网金融的规范，行政惩罚与刑事司法确立对破坏互联网金融秩序的罚则，通过不同阶段职能的配合实现互联网金融的健康发展。

1. 行政监管模式的创新对刑事检察的新要求

互联网金融突破了传统金融的发展方式，导致新型犯罪类型的发生，由此也模糊了行业之间的区分，传统的"分业监管"模式无法对其进行有效管理，因此《实施方案》采取了"穿透式"监管方法，根据业务实质认定业务属性，执行相应的监管规定。"穿透式"监管如同揭开互联网金融业务面纱的利刃，不以表象定论企业是否合法合规，而是通过企业具体业务属性来确定监管规则，通过对企业业务的各个阶段实行"线性"监管措施来实现监管的全覆盖。简言之，"穿透式"监管是对互联网金融业务从"生"到"死"的监管，行为主体开展互联网金融业务的任何一个阶段都留有监管的痕迹。

随着互联网金融的发展，金融监管机构逐渐建构起一个更加完善的互联网金融监管体系，与之相应，互联网金融刑事检察体系的建构也势在必行。法律自身的滞后性决定了刑事检察对互联网金融的回应要落后于行政监管，只有当互联网金融风险造成了严重的社会危害性，刑事司法程序才会启动。虽然互联网金融犯罪所涉罪名并没有超越现有的刑法范围，但具体行为方式已然超越了刑法设计时的预期，在缺乏对互联网金融犯罪行为足够认识的情况下，刑事法律以及刑事检察只能被动地应对。因此，检察机关要积极地参与互联网金融专项整治，全面了解互联网金融犯罪的行为方式，主动采取相应措施以预防互联网金融犯罪。

此外，刑法特有的谦抑性决定了刑事检察不能对互联网金融的日常行为过多干涉，其中包含金融机构的日常经营行为和监管机构对经营违规的惩罚行为。刑罚惩罚是社会中最严厉的惩罚方式，会对公民的人身以及财产权利造成极大的伤害，如果刑罚手段过度介入互联网金融活动中不仅会压缩行政监管权的范围，同时也限制了金融发展的空间，最终沦为"司法的暴政"。刑事检察机关对互联网金融的检察监督并非是刑罚权扩展的理据，互联网金融的本质是金融，对金融的调整与规范理当使用金融规定，司法手段只是金融调整未果之后的后设层面。在尚未穷尽行政监管措施之前，刑罚不宜"越位"介入，这是刑法谦抑性的应有之义。

随着互联网金融发展模式日渐清晰以及金融监管体系逐步完善，伴随"穿透式"监管方式的逐步推进，刑事检察的目标由原先惩治犯罪的单一目标向惩罚与预防兼顾的目标转变。互联网金融刑事检察不再局限于事后的金融犯罪惩治，而是对互联网金融全方位的刑事风险监督，建构互联网金融检察体系成为检察机关发挥金融检察职能、惩治金融犯罪、防范金融风险的重要典范。因此，刑事检察机关需要通过加强与金融监管机构的沟通协作，知晓互联网金融的刑事法律风险，及时采取预防措施，与行政监管互相配合，为互联网金融的安全和有序提供法律保障，共同维护互联网金融的健康发展。

2. "管理——监督"职能确保互联网金融的有序

对互联网金融活动的规范管理是行政监管机构最为重要的职责，刑事检察机关所发挥的检察监督职能建立在有效的行政监管基础上。一个自洽的金融体系更容易保证金融运行得有序，"互联网金融""行政监管""刑事检察"三者间的动态联系形成了一个自组织的互联网金融体系。以"互联网金融"为例，"行政监管"与"刑事检察"围绕"互联网金融"展开形成一个两两关联的封闭循环（参见"图1"）。一个有序的金融体系应当是尽可能地发挥行政监管的职责，在没有明确规则指引以及没有穷尽行政监管措施的情况下，刑事惩罚不能过度介入日常的金融活动，检察监督职能的发挥不能影响正常行政监管的步骤。

大部分情况下，对互联网金融的规范是行政监管机关的职责所在，而检察监督并不直接对相关互联网金融企业进行监督。但如若行政监管机关能够将互联网金融的管理情况及时告知检察机关，特别是近期的金融动向以及对个案的监管措施，通过反馈的信息，刑事检察机关可以及时了解现阶段金融活动中存在的刑事法律风险，采取有效的预防措施。通过对个案监管的了解，检察机关不仅可以发现是否存在"以罚代刑"的情形,而且也可以对一些金融违规行为进行法律分析,归纳出可能出现的新的犯罪行为方式。

行政监管机关的管理涉及互联网金融的各个方面,刑事检察机关的监督则基于行政监管进行。"先行政管理,后检察监督"的模式既可以保证最大限度地发挥行政管理效果,减少司法权力对金融活动的干预,又可以实现司法权力适时的介入,防范刑事风险。行政管理的效果来源于司法力量的保障,行政监管缺乏强有力的惩罚措施,而刑事检察为金融监管的背书可以增强行政监管的有效性。金融检察监督作为一种"弹性"的司法权力,并没有直接的强制性权力,但检察监督的职能可以准确地追诉金融犯罪而不会导致市场活力的降低。

检察机关除了对互联网金融活动进行检察监督之外,还承担着对行政管理的监督。检察权的目的是维护社会公众利益的价值诉求,检察机关必须要积极主动地介入行政机关的管理,将严重违规的行为纳入刑事司法之中。检察权向行政权的适度渗透可以对一些有案不立、以罚代刑等现象实施有效的监督,金融监管机构的初衷或许是基于鼓励金融创新的目的而对一些严重违规行为施以较轻的行政惩罚,但这一行为在性质上已经构成了刑事犯罪,检察机关就应当对行政监管采取监督措施,将其移交公安机关立案处理。

行政管理职能以及检察监督职能的有效发挥和相互配合可以很大程度上确保互联网金融的有序发展,本着"鼓励创新"的发展要求和"适度监管"的管理原则,金融监管体系给予了互联网金融极大的"容错"空间和"试错"可能。正因如此,检察机关才有必要参与互联网金融的整治并适度地监督行政权的行使,如果没有法律机制的保障,仅靠行政监管无法确保互联网金融的发展不发生偏离。

3."惩罚——司法"职能实现互联网金融的安全

无论是行政机关对违规行为的惩罚,抑或是检察机关对犯罪行为的控诉,其目的都是惩治破坏互联网金融秩序的行为,实现互联网金融的安全。在无法准确定义"互联网金融安全"的情况下,只能否定不安全因素来明晰互联网金融安全的内涵,通过结合行政惩罚职能以及刑事司法职能以不断提升互联网金融的安全性。

在互联网金融体系中,互联网金融安全的提升需要对先前互联网金融犯罪的办案经验和教训进行总结和反思。互联网金融犯罪往往会利用现有规则不明确或者缺乏相关规则的漏洞,因此需要进一步制定互联网金融相关制度、完善金融监管措施、明确法律适用规则。当出现新类型的互联网金融犯罪时,行政监管以及刑事检察再次进行相应的调整,如此循环往复,直至最大限度地减少互联网金融犯罪的发生，以达到互联网金融的健康发展与创新（参见"图2"）。以 P2P 网络借贷为例，初期的网贷平台都是将出借人的资金汇集，资金池的设立固然可以简化借贷双方的操作流程、提高效率，但也增加了金融企业利用网贷平台实行集资诈骗的风险，为此金融监管机构应着力于第三方资金存款制度的建构，以防范金融风险，保护借贷双方的利益安全。

行政惩罚职能与刑事司法职能的衔接和行政执法与刑事执法衔接相似，在行政管理过程中将超越行政规则、涉嫌构成犯罪的行为从一般行政惩罚的范畴中分流出来，由检察机关进行审查，决定是否提起公诉。相较于行政管理职能与检察监督职能之间的彼此沟通协作，行政惩罚职能与检察机关职能衔接的本质是检察权对行政权的监督。虽然行政监管机关拥有行政惩罚的职权，但核心职能依旧是对公共事物的管理，大部分互联网金融监管规则中都会出现"涉嫌犯罪的，依法移送公安机关立案侦查；构成犯罪的，依法追究刑事责任"的规定。检察机关发现金融行为涉嫌犯罪的有权要求金融监管机关移交公安机关立案侦查，检察机关对公安机关拥有侦查监督的权力。只要违规的金融行为进入刑事诉讼的程序，检察机关就主导着审判之前的全过程，金融检察监督的职能帮助检察机关及时了解案件的具体内容，一方面有助于引导侦查方向，另一方面可以实现对案件的准确定性。案件审结后，检察机关可以就个案所折射出的制度漏洞向金融监管机构提出相关的建议，金融监管机构结合行业的特点进一步有针对性地规范市场规则，实现互联网金融的安全。

行政惩罚以及刑事惩罚虽然会对互联网金融发展产生一定的负面影响，但这一"阵痛"正是为了今后互联网金融的繁荣稳定和持续发展，只有在一个安全的环境中，互联网金融的创新才可能最大限度地发挥推动社会进步的作用。

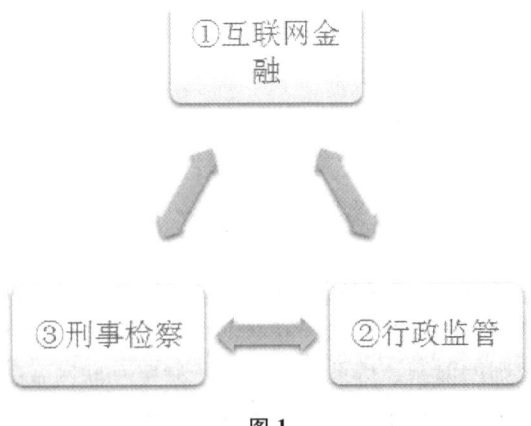

图 1

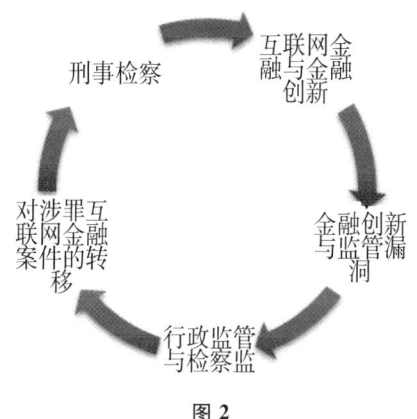

图 2

三、互联网金融行刑衔接存在的问题

互联网金融健康发展离不开行之有效的监督管理,《指导意见》以及《实施方案》在互联网金融行政监管中起到了纲举目张的作用,有助于将行政管理渗透到互联网金融活动的各个领域和阶段。但需要重视的是,仅靠行政手段无法真正确保互联网金融的安全与有序,面对日益严峻的互联网金融风险,更需要法律规则的逐步完善和司法机关的积极参与。笔者认为,互联网金融体系是由"互联网金融""行政监管""刑事检察"三者构成的动态联系,一种科学而又高效的监管制度应当遵循"先行政管理,后检察监督"的模式。现阶段,虽然互联网金融行政监管体系已建构成型,但是互联网金融刑事检察仍然存在着诸多问题,这些问题不仅关系到检察机关职能的开展,而且涉及互联网金融行刑衔接的有效协调。

（一）法律制度缺乏完整性

就法律层面而言,互联网金融刑事检察和行政监管的衔接机制缺乏一套完整的法律规定,一方面体现在法律规定过于"碎片化",无法将其作为行刑衔接一以贯之的准则;另一方面体现在法律规定过于"应然化",忽视了实际操作过程中存在的诸多问题。

行刑衔接法律规定的"碎片化"体现在规则散落于各法律、行政法规、部门规章以及规范性文件之中,由于我国并没有一部专门针对互联网金融刑事检察与行政监管衔接机制的法律规则,在现有的监管制度中,对互联网金融的行政监管主要依据各行政机关单独或者联合制定的规范性文件,而对互联网金融犯罪的规制则依赖于刑事法律,由此势必会引发一系列问题。首先,由于行政监管规则基本是由相关行政机关制定,加之对互联网金融监管的地方化,从而极大地增加了规则适用冲突的可能性。其次,各机关基于本部门自身利益的考量,往往会出现多部门"竞相"监管同一个金融业态或者某一金融业态缺乏足够的行政监管,从而造成了互联网金融监管的分配不均。再次,行政监管机关制定的监管规则在法律位阶中大多属于规范性文件,其所规定事项较为狭窄,且法律层级较低,因而缺乏足够的权威性和普遍适用性。最后,在刑事法律规制层面,检察机关虽然拥有较为广泛的法律监督权,但对于法律监督的具体实施规则依然不甚明晰。就案件移送监督而言,检察机关拥有对行政执法机关移送涉嫌犯罪案件的法律监督权,并且赋予了检察机关在行刑衔接案件移送机制中诸如建议权、问询权、查阅案卷权等一系列权能,但在互联网金融分业监管、条块分割的现状下,检察机关对案件移送的监督困难重重。互联网金融监管不仅需要完备的行业准则和明确的操作流程,更需要对这些准则流程辅之以法律规则的支撑,然部门立法的局限性无法建构起完整的互联网金融监管法律规则。

行刑衔接法律规则的"应然化"进一步削弱了规则的可行性,现有大部分规定都是对健全衔接机制应然的描述,其所必然表现出的相互配合相互制约现象亦无须通过法律规则再次重申,法律所要解决的正是如何将实然转化为应然的具体步骤,然而现有的规则回避了这样一个真正的问题。《行政执法机关移送涉嫌犯罪案件的规定》(国务院令第310号)的基本预设就是行政机关必然会把涉嫌刑事犯罪的案件移送给公安机关,在此基础之上,才对行政执法机关应该如何移送、公安机关应该如何处理等问题作出规定。然而现实问题的症结却是行政机关并没有将涉嫌犯罪的案件移送给公安机关,而是通过以罚代刑的方式终止了可能的刑事犯罪。尽管这一规定强调应当移送的案件必须移送,并且明确了不移送的责任,但依然缺乏足够的强制力。除此之外,《人民检察院办理行政执法机关移送涉嫌犯罪案件的规定》(高检发释字〔2001〕4号)同样预设行政机关必然会将涉嫌犯罪的案件移送给检察机关,在此基础上,再对行政执法机关向检察机关移送涉罪案件后人民检察院应当如何处理、检察机关对公安机关进行立案监督等问题作出规定,可是真正的问题恰恰在于行政执法机关极少向检察机关移送案件,行政机关普遍存在以罚代刑的现象,更有甚者出现隐匿证据材料、私分罚没财物等情况。如何解决检察机关对行政机关案件移送和行政处罚的监督才是健全衔接机制的关键所在,而该规定却没有涉及这一问题。不难发现,法律规则预设的偏差导致了行刑衔接欠缺行之有效的实施规则,① 对互联网金融刑事检察和行政监管的衔接更是如同无本之木般缺乏根基与基础。

(二) 检察监督缺乏强制性

现阶段,互联网金融行政监管规则大多集中于部门规章或者规范性文件,由于这些规则只需要部门负责人批准即可实施生效,因而具有较强的灵活性和针对性,可以对互联网金融瞬息万变的发展状况作出及时调整,确保其受到行政机关的监管,引导互联网金融有序发展。虽然这一模式可以最大限度地实现行政机关对互联网金融监管的能动性,但由于行政监管规则的法律层级较低,在一定程度上阻碍了检察机关法律监督权的行使,此外,因为缺乏相对有效的制约方式,也极易造成行政监管机关内部的腐败。

在学理上,检察机关的法律监督权只是对"法律"的监督,因此检察机关职权的范围仅限于对法律的遵守和执行情况进行监督,而对行政法规、地方性法规以及政府和部门规章执行情况的监督则不属于检察监督的范围。虽然广义的法律监督权将大部分行政行为都囊括为检察机关职权行使的对象,但是在权力配置上,检察机关也只能在"法律"监督的范畴中拥有强制性权力。除此之外,检察监督并不具有强制性,这在很大程度上削弱了检察机关对互联网金融检察的力度。具体而言,一方面,体现在检察机关对互联网金融整治的参与度较低,由于职能的定位,检察机关只有在涉及互联网金融犯罪的情况下才能行使检察权,然而在互联网金融体系中,预防金融风险的发生是整个体系的核心,对于金融犯罪的惩治已经位于风险预防的最后阶段,此时检察机关的介入只是意味着开始一件互联网金融犯罪案件的刑事司法程序,而并不是对互联网金融的整治。这也就是说,检察机关并没有真正参与互联网金融的监管,对于相关金融机构的深入了解只是基于证据的采集和罪名的认定,与金融监管的初衷大相径庭。另一方面体现在检察建议难以对行政机关产生足够的影响力,检察机关出具检察建议的依据是《人民检察院检察建议工作规定(试行)》,检察机关内部文件并不会对检察机关之外的部门产生约束力,除了《刑事诉讼法》明确赋予部分检察建议的强制力外,大部分检察建议并不具有强制性,

---

① 有关行刑衔接制度设计的法律规则都存在着预设的偏差,《关于加强行政执法与刑事司法衔接工作的意见》(中办发〔2011〕8号);《最高人民检察院、全国整顿和规范市场经济秩序领导小组办公室、公安部关于加强行政执法机关与公安机关、人民检察院工作联系的意见》(高检会〔2004〕1号);《最高人民检察院、全国整顿和规范市场经济秩序领导小组办公室、公安部、监察部关于在行政执法中及时移送涉嫌犯罪案件的意见》均有意无意地缩小了规则可预知的范围。

因此，有关互联网金融的检察建议对行政机关不具有强制力。

值得重视的是，在固有观念中，互联网金融监管更大程度上是一种行政监管，互联网金融风险防控是行政机关独有的职权。由此便造成了一种思维定式，即互联网金融监管上是以行政机关作为主体进行的对互联网金融进行管理的行政行为，从而将司法机关对互联网金融的监管排除在外。诚然，互联网金融的本质是金融，对互联网金融的日常管理亦是行政机关职责所在，但这并不表示对互联网金融监管仅仅是行政机关的职责，而是立法机关、行政机关、司法机关共同的职责。互联网金融风险本质是法律风险，风险的发生归根结底是法律规则存有漏洞以及规则得不到严格执行。就制度设计而言，法律的终局性决定了司法机关在互联网金融监管过程中起决定性作用，检察机关不仅是司法机关，而且是法律监督机关，更应当发挥其应有的功能。

导致行政机关"独大"的错觉在于互联网金融刑事检察制度设计的滞后性放大了行政监管的重要性，随着行政监管规则的逐步完善，行政机关已经在互联网金融监管活动中承担着重要的职能，但与此同时，金融检察的建设却远远落后于互联网金融的发展和互联网金融行政监管制度的建构，这一方面体现为检察监督在互联网金融监管中强制性的缺失，另一方面体现为行政机关无法与检察机关就互联网金融监管的各环节实现有效沟通。

（三）工作机制缺乏连贯性

互联网金融体系是一个复杂而又庞大的系统，互联网金融刑事检察与行政监管的衔接应当是基于互联网金融体系进行的，这就要求检察机关与行政机关之间能够就互联网金融的各个环节形成一套有效的工作沟通机制，从而确保行刑衔接贯穿互联网金融活动的整个过程。但现实情况是，由于检察监督职能的缺位致使检察机关无法充分参与互联网金融监管，导致检察工作缺乏连贯性，阻碍了行刑衔接机制的建立。

第一，案件移送机制缺乏明确性。首先，就案件的部分移送还是全部移送存有疑义，无论是传统金融机构的互联网化还是新兴互联网金融业态，均具有多元化混业经营等发展趋势。一方面，一个互联网金融平台或机构往往可能有多个行为涉及违法犯罪，其中部分行为涉嫌构成刑事犯罪，针对此类情况是一并移送还是仅将涉嫌犯罪情节进行移送还不明确。另一方面，由于互联网金融平台在线上线下可能存在多个交易机构，一个互联网金融刑事案件也可能涉嫌多个犯罪主体，如果仅部分分支机构涉案，案件移送后行政处罚是否中止也不明确。其次，就案件的移送管辖存有疑义，案件管辖一般都是根据属地原则来确定管辖机关的，即由违法行为发生地或犯罪地的国家相应机关立案查处。但是在互联网金融领域，网络空间的虚拟性往往很难确定其违法行为发生地或犯罪地,互联网金融机构的注册地与实际经营地分属不同区域甚至不同国家,地域分散性导致互联网金融犯罪案件的管辖争议多。

第二,金融数据的证据转化缺乏规定。互联网金融数据往往是认定金融机构或个人是否构成犯罪的重要证据,但是对金融数据的保存以及证据的转化依然缺乏专门的规则。现有的金融数据通常是以电子数据的方式呈现,而电子数据具有抽象性、易删改性、易复制性以及来源与制作信息具有隐蔽性等特性。① 电子证据的关键在于与待证事实的关联程度以及完整程度,一旦数据被删除,即便通过技术可以恢复部分数据,有时关键数据也可能会有所缺失。就证据转化而言,传统证据法理论认为,刑事案件证据只能由审判人员、检察人员、侦查人员依照法律规定的诉讼程序、进行收集、固定、保全和审查认定,即运用证据的主体要合法、证据来源程序要合法,证据必须具有合法形式,证据必须经法定程序查证属实。② 但是,目前在涉互联网金融案件办理过程中,一方面缺少明确的互联网金融行政与刑事证据转换标准和转换程序的规定,另一方面对互联网金融行政执法机关证据收集方法与程序的合法性缺少有效监督,这在一定程度上对证据的合法性带来瑕疵。

第三,行政机关与检察机关之间缺乏有效沟通。互联网金融刑事检察与行政监管的衔接不仅仅是简单的案件流转,还涉及行政机关与司法机关在专业上的相互支持,然而互联网金融较强的专业性以及互联网金融案件的疑难复杂性阻隔了彼此的沟通协作。这一方面表现在行政监管机关的工作人员缺乏相应的法律知识,基层金融行政机关大多是从事金融业务的工作人员,自身的法律水平不高,在案件移送和证据收集等方面不能满足后续刑事司法工作要求。另一方面表现在检察机关缺乏专业的金融人才,互联网金融案件疑难复杂程度较高、对金融专业知识要求较高,由于缺少必要的金融专业知识和实践经验,在一定程度上约束了检察职能的开展。此外,不同于各地成立金融办专门负责互联网金融的行政监管,检察机关并没有成立专门的互联网金融检察组织,而是通过金融检察科(处)等检察机关的内设机构来负责互联网金融刑事检察,极大地限制了检察机关与行政机关就互联网金融监管沟通协作的深度与广度。

四、完善互联网金融行刑衔接机制的对策

完善互联网金融体系是一项复杂而又艰巨的任务,关系到金融投资者、互联网金融企业、行业自律组织、行政监管机构、公安机关以及检察机关等诸多

---

① 樊荣:《网络金融犯罪案件查办的难点与对策》,载《犯罪研究》2015年第3期。
② 樊崇义主编:《刑事诉讼法学》,法律出版社2009年第2版,第132页。

主体,涉及各互联网金融业态规则指引、金融监管规定、金融法律以及刑事法律等各项规则的制定。随着互联网金融的不断发展,互联网金融刑事检察与行政监管的衔接必然会日渐紧密,因此,互联网金融行刑衔接应当是一个动态的、开放的机制,不仅可以指导现有互联网金融领域的两法衔接,还可以有效应对将来可能出现的全新互联网金融业态。对互联网金融行刑衔接机制的完善,我们认为可以顺接行刑职能的衔接,从金融检察体系建构、检察监督方式突破以及刑事司法制度优化等几个方面来着手研究对策。

(一)建构刑事检察新模式

对互联网金融的行政监管加强了各金融监管机构间的沟通协作,并且采取了"穿透式"监管的方法,而不再局限于传统"分业监管"的格局。正如同金融监管机构为适应互联网金融发展所作的转变,检察机关也应当顺势而动,基于金融检察体系建构专业化的金融检察模式。

1. 建立专业金融检察办案团队

互联网金融犯罪所涉不仅仅是法律知识,更多是关于金融知识和互联网知识。正是因为互联网金融的专业性,建立并探索专业化的金融检察办案团队以及分案模式就显得尤为必要。金融检察的专业化是指检察机关为了适应金融犯罪的专业化办案需求,以专业化分工为基本原则,将金融检察工作从固有检察工作中进行剥离,建立专业化工作机构和专业化队伍用以承担专门的金融检察职能。[1]

就专业团队建设而言,一方面要优化人员结构,增加金融专业人才比例或者增强检察人员的金融专业知识。现阶段,检察机关工作人员大多拥有法学教育背景,具备较强的法律专业知识,然而对金融专业知识的掌握度相对缺乏,开展金融检察往往需要相关的经济金融专业知识,因此金融检察办案团队中应当拥有一定比例的熟知金融知识的人员。这一要求可以通过招录专业人才、参与金融专业培训或者到金融监管部门交流学习等方式实现。另一方面检察人员要加强民商事法律学习,学会用民事法律思维来分析厘清金融案件。现阶段,由于金融检察部门的职能分配不均衡,导致金融检察在介入金融监管时出现"重刑轻民"的倾向,在惩治力度上过于跳跃,将相当一部分的金融集资行为纳入非法集资的范畴中。互联网金融的本质是金融,互联网金融活动是私主体之间基于意思自治而实现的获利行为,在出现纠纷的情况下应当优先考虑运用

---

[1] 范卫国,王婷婷:《论我国金融检察专业化发展及制度设计》,载《湖北行政学院学报》2014年第1期。

民事手段来解决，解决未果才有适用刑事法律的可能。也即检察人员办案时应把握的原则是在适用刑事法律之前尽可能地发挥民事检察的功能，① 以此来丰富互联网金融整治方式。

要想构建专业化的金融检察团队，其前提和基础便是建立科学合理的分案制度。就专业化分案模式而言，就是要建立分案定向化的案件分配模式，明确各团队办理案件的类型，以"专人办专案"的方式来提高办案质量及专业化程度。现阶段检察机关在案件分配上采取分案流转制，即案件依次分配给不同的办案团队，不区分案件性质以及团队办案类型。现有的分案制度虽然可以让同一办案团队接触到不同类型的案件，扩大了办案的广度，但不利于对某一类案件的总结，难以提高案件办理的专业性。互联网金融案件便是典型的例证，这一类案件所涉案情复杂、行为性质难以认定、社会影响力及危害性难以预估，往往需要较为丰富的专业知识和办案经验，因此现有的分案制度成为金融案件办理的掣肘，在专业领域高度细分的社会中，建立专业化的团队是应对专业挑战的"不二法门"。

2. 加快金融检察权配置一体化建设

金融检察权配置一体化是建构金融检察制度的重要支撑，如何有效配置金融检察的检察权限直接关系到互联网金融刑事检察效率的高低。金融检察权配置一体化是指金融检察机关为了有效行使对互联网金融的检察权，将侦查监督权、公诉权等检察权权能以及检察监督、金融犯罪预防等检察职能集中于金融检察办案团队行使的制度。虽然金融检察权配置一体化可能会造成批捕阶段独立价值的受损、侦查监督与公诉之间因制约机制丧失而致使检察机关内部监督的缺位等弊端，② 但它始终是在检察一体化的规则下进行的。检察一体化是指检察机关在行使检察权的过程中形成的整体统筹、上下一体、内部整合、横向协作、统一行使检察权的机制，③ 具有独立性、统一性、整体性、层次性、协调性等特点。笔者认为，金融检察权配置一体化是应对互联网金融快速发展的必然措施，并不会削弱检察机关内部的一体化运作机制，相反更有助于检察一体化的巩固和实现：首先，可以实现上级检察院或本级检察院检察长及检委会

---

① 参见罗造祉：《金融检察介入金融监管的探索与实践》，载 http://www.jcrb.com/procuratorate/finance/theory/201110/t20111025_741132_2.html，（最后访问日期2017年9月10日）。

② 参见张勇：《检察一体化与金融检察专门机构职能模式选择》，载《法学》2012年第5期。

③ 陈卫东：《检察工作一体化及其保障与规范》，载《河北法学》2010年第1期。

对互联网金融案件的全面深入了解，便于对相关内容领导决策。其次，可以更为便捷高效地实现各检察机关之间的业务协助，减少因同一案件需要在不同诉讼阶段联系不同部门所带来的影响。最后，金融检察权配置的一体化并非针对全部的金融犯罪案件，而是对涉及部分罪名的案件以及较为疑难复杂的金融案件进行检察权一体化配置。

此外，金融检察权配置一体化可以无缝衔接互联网金融检察监督职能的发挥以及"捕诉一体"职权的行使。一方面，检察监督可以及时发现互联网金融的法律风险和刑事犯罪，通过侦查监督权实现立案监督和侦查引导。另一方面，在"捕诉一体"制度下的公诉权不仅可以提高刑事诉讼效率、降低诉讼风险，而且有助于发挥诉讼监督的合力，最大限度地发挥检察职能。此外，检察监督职能虽然突出了与金融监管机关沟通协作的层面，但无法掩盖对金融监管机关的法律监督层面。不同于审判权的消极中立，检察权是一种积极中立的权力，在互联网金融刑事检察中，检察机关不仅要对互联网金融行为以及金融机构行使法律监督权，更要对金融监管机关的监管行为行使法律监督权。

金融检察贯穿互联网金融的整个过程，检察权配置一体化不仅可以切实加强与金融监管间的协调沟通，进而增强办案的准确性，同时也减少了检察机关内部因各职权分散而造成的效率阻隔。专业金融检察办案团队统一行使检察权，可以将检察机关各部门之间的沟通协调化约为团队内部的沟通交流，对于案件情况的讨论可以贯穿于整个刑事诉讼过程。

3. 设立专业互联网金融检察院

设立互联网金融检察院（以下简称金融检察院）是专业化金融检察办案团队建设以及金融检察权配置一体化建设的自然延伸和发展趋势。金融检察办案团队针对互联网金融案件以及类金融案件实行检察权，并且检察权配置的一体化使得金融检察具备了完整的检察权权能，二者已然符合设立专门检察院的条件。

设立金融检察院是建构刑事检察新模式的集中体现，同时也有助于互联网金融刑事检察与行政监管的充分衔接。从组织架构的角度出发，金融检察院不再以职权划分职能部门，而是以办案团队作为基本单位，实行扁平化管理。各团队负责人自行决定团队内部的职能分工，并且直接向检察长或者检委会负责。从职权行使的角度出发，金融检察院能够对互联网金融交易进行全面的评价，有效解决检察机关对于金融秩序的保护只侧重刑事部分而忽视民商事部分的问题。从专业人才培养的角度出发，金融检察院能够对人员招募、队伍建设、学习培训等方面采取特定的标准，进一步推进金融检察的专业化，以此来有效应对互联网金融的挑战，确保检察职能的充分发挥。从互联网金融行刑衔接的角度出发,金融检察院一方面可以帮助检察机关有效行使金融检察职能,扩展检察机关在互联网金融领域中的检察监督职能,另一方面可以进一步深化与行政监管机关的沟通与协作,扩大检察机关对互联网金融监管的参与度。

除此之外,金融检察院能够促进金融检察职能的充分发挥,通过设立独立的金融犯罪预防部门,及时发现并遏制互联网金融风险,从而避免金融犯罪的实际发生。金融犯罪预防部门的职能重在预防,因此从时间性的角度来说,其检察监督立足于刑事立案之前,这不仅可以突破传统检察机关只能在诉讼阶段介入案件的局限,而且有助于增强检察机关在互联网金融监管中的权重。一方面可以通过充分利用检察建议的作用实现检察机关对互联网金融犯罪预防,尽管检察建议不具有强制性,但是并不影响检察机关对金融犯罪预防职能的行使。另一方面基于职能的定位增强检察机关与公安机关及行政监管机关之间的沟通衔接,从而更有利于各相关部门协同办案,提高互联网金融监管能力,减少金融犯罪的发生。另外,通过金融犯罪预防部门日常办案所获得的数据积累分析和实际经验总结,可以为其他部门提供可靠的数据支撑和有效的证据信息,进一步优化金融检察制度。因此,金融犯罪预防部门的设立将协同并推进公安机关和行政监管机关对互联网金融犯罪的预防和打击,从而形成多元化的互联网金融犯罪预警机制,有效实现检察机关对互联网金融的风险防控和犯罪预防。

金融检察院的设立为检察机关积极参与互联网金融整治提供了稳固的平台,同时也使得检察机关在惩治互联网金融犯罪的基础上扩大了金融检察监督的权力。金融检察院有效地融合了刑事司法职能和检察监督职能,架构起互联网刑事检察与行政监管两端。

(二) 设立检察监督新方式

对互联网金融的检察监督需要通过一系列的举措去实现,作为检察监督的新领域,除了需要进一步制定相应的法律规则细化检察监督职能以及丰富金融检察机关的金融检察权之外,还应从现有的法律规则和工作机制出发,不断拓展或重构检察监督方式。

1. 创建多渠道的信息获取机制

互联网金融几乎囊括了所有的金融领域,仅靠检察机关无法获取足够的信息,为了实现惩治金融犯罪、预防金融风险的目的,需要创建多渠道的信息获取机制,对此可以从两方面着手:一方面完善信息共享机制,另一方面建立信息购买机制。

在完善信息共享机制方面,一是建立检察机关与地方金融办之间的"互联网金融行刑衔接"平台,各金融管理部门省级派驻机构与省(区、市)金融办（局）共同牵头负责地方互联网金融的整治工作，通过建立信息平台，逐步实现互联网金融企业关联信息集中展现。二是建立案件信息通报机制，金融监管机关在金融监管过程中发现的金融犯罪线索，应当及时向检察机关通报；同时，检察机关在办理案件中，如果发现影响金融稳定和安全的因素，或者发现金融机构的违规行为，应及时向金融监管部门通报。三是建立文书文件抄送制度，行政监管机关将行政惩罚文书抄送给检察机关，防止"以罚代刑"情况的出现；将行政监管文件以及涉及互联网金融风险的专门文件抄送给检察机关，保证检察机关及时了解互联网金融领域的最新动态。四是健全联席会议制度，金融监管机关、公安机关以及检察机关定期召开联席会议，披露有效数据信息，针对金融犯罪案件及证据材料移送中经常遇到的问题进行座谈讨论和研究交流，加强彼此的配合协作，积极开展信息交流和办案协助，切实解决案件移送环节碰到的难题。

除了完善机关间信息共享机制之外，还可以通过政府购买的方式向第三方征信机构获取互联网金融企业信息。由此，可以建立专门的信用征信机关或者集中授权于各地金融办来统筹协调互联网金融企业以及个人的信用信息管理，行政监管机关和检察机关可以直接通过其来获取完整有效的信息。随着互联网金融的进一步发展，征信系统的重要性更将日益显现，目前上海金融办通过互联网金融自律组织（即"上海互联网金融协会"）来获取金融市场中各金融主体的信用信息，上海互联网金融协会则是通过购买第三方征信的服务来实现对互联网金融的行业内管理并协助上海金融办参与金融监管。

互联网金融是一种虚拟性交易模式，是交易双方在对彼此均不了解的情况下通过互联网进行的金融活动，在这种情况下个人或企业的信用信息就成为选择交易主体最为重要的衡量依据。因此互联网金融的发展离不开完备的征信系统，发达的信用评级体系降低了互联网金融企业获取客户风险信息的业务成本和时间，同时为互联网金融提供了良好的市场发展环境。我国现有的征信体系是在政府主导下建立的，其信用征集的对象以及内容较为有限，通常情况下，互联网金融交易中的融资方一般是在官方征信系统中处于盲区的创业型民企及个人，① 无法满足互联网金融的要求。金融发展更多依靠的是市场自身的不断优化，互联网金融交易过程中的信息采集需要交由市场本身去完成。对于公开的互联网金融企业或个人信用信息，行政监管机关可以通过第三方征信机构获取，这样不仅可以实现信用信息的有效整合，将碎片化的交易信息串联成一个完整的交易链，以完整展示征信对象的信用，而且可以满足不同监管机关的需

---

① 赵冉冉：《互联网金融监管的"扶助之手"》，载《东方法学》2016年第5期。

要，行政监管和刑事检察对互联网金融所侧重的角度不尽相同，前者更加关注互联网金融企业的金融行为是否合规，后者同时还要关注交易主体的信息，第三方征信机构可以根据各自的需求作出灵活调整。对于可能涉及隐私或者不予以公开的信用信息，征信机关或者各地金融办可以依照职权来实现对征信对象信用的采集。

现阶段金融检察的最大阻碍就是难以获取完整的互联网金融交易信息，建立信息共享机制虽然可以获取必要的内容，但是由于各机关之间存在一定的沟通障碍，检察机关无法全面掌握互联网金融的各个交易环节信息。信息购买机制一方面可以在信息共享机制建构不完善的情况下，实现检察监督过程中信息的获取以及刑事诉讼过程中证据的收集，另一方面可以将原本需要通过多个监管机关了解到的信息化简为征信机关的职能行使，有效减少了沟通障碍，提高了办案效率。信息购买机构以及信息共享机制有助于检察机关多渠道获得互联网金融信息，充分发挥互联网金融刑事检察职能。

2. 扩展检察建议的形式及功能

检察建议是检察机关实现检察职权的一种重要方式，在我国的检察制度与实践中，检察建议书通常适用于不宜采取强制性的检察措施，或者认为有必要协助发案单位或监管单位预防犯罪时，而向其他办案单位、发案单位或监管单位制发的一种建议性法律文书。[1] 从检察建议适用的范围来看，检察机关可以向私主体、行政机关以及司法机关提出检察建议，[2] 然而实务中检察建议绝大

---

[1] 参见林喜芬、黄翀：《中国金融检察建议的现状、运行与展望——基于上海市实证数据的初步考察》，载《四川师范大学学报（社会科学版）》2014年第9期；《人民检察院检察建议工作规定》第2条规定："检察建议是人民检察院依法履行法律监督职责，参与社会治理，维护司法公正，促进依法行政，预防和减少违法犯罪，保护国家利益和社会公共利益，维护个人和组织合法权益，保障法律统一正确实施的重要方式。"

[2] 《人民检察院检察建议工作规定》第9条规定："人民检察院在履行对诉讼活动的法律监督职责中发现有关执法、司法机关具有下列情形之一的，可以向有关执法、司法机关提出纠正违法检察建议：（一）人民法院审判人员在民事、行政审判活动中存在违法行为的；（二）人民法院在执行生效民事、行政判决、裁定、决定或者调解书、支付令、仲裁裁决书、公诉债权文书等法律文书过程中存在违法执法、不执行、急于执行等行为，或者有其他重大隐患的；（三）人民检察院办理行政诉讼监督案件或者执行监督案件，发现行政机关有违反法律规定可能影响人民法院公正审理和执行的行为的；（四）公安机关、人民法院、监狱、社区矫正机构，强制医疗执行机构等在刑事诉讼活动中或者执行人民法院生效刑事判决、裁定、决定等法律文书过程中存在普遍性、倾向性违法问题，或者有其他重大隐患，需要引起重视予以解决的；（五）诉讼活动中其他需要以检察建议形式纠正违法的情形。"

多数都是对侦查机关、审判机关、执行机关作出的刑事检察建议，这在一定程度上限缩了检察建议的适用范围，同时也不利于检察建议职能的发挥。究其原因，检察机关提出检察建议的依据是《刑事诉讼法》《人民检察院刑事诉讼规则》以及最高人民法院《关于适用〈中华人民共和国刑事诉讼法〉的解释》，而《人民检察院检察建议工作规定》所规定的检察建议并不具有强制力，在刑事诉讼程序之外提出的检察建议无法起到监督作用。也正是由于检察建议在诉讼领域外的非强制性，造成了对方执行不彻底或者怠于执行的情况。

在法律没有直接规定检察机关可以介入金融监管的情况下，检察建议是介入互联网金融监管最为直接的刑事检察方式，虽然这一方式并不具备强制效力，但依然具有很大的可操作空间。首先应当明确的是，互联网金融刑事检察的最终目的并非惩治犯罪本身，而是希望通过检察机关的协助推动互联网金融的健康发展，促进基础性金融法律制度的完善。"兼听则明，偏信则暗"，检察建议的效力与检察建议的效果并不必然相关，有效的检察建议必然会被行政监管机关采纳，因此落实检察建议的功能和作用首先要提高金融检察建议的效果，进而从制度层面上增强金融检察建议的效力。

金融检察建议效果的提升一方面需要通过增加互联网金融犯罪类案件的检察建议数量，增强金融检察建议的专业性及针对性；另一方面要增强对金融监管机关的检察建议。现阶段互联网金融犯罪背后都折射出金融监管存在的漏洞，检察机关可以就某一典型案件或者某一类型案件提出检察建议。与刑事检察建议不同，金融检察建议应当以问题的最终解决为依归，除了提出规范性意见之外，更多的是要从操作性的角度出发，提出中肯的、有建设性的建议，以协助金融监管制度的建立和完善。众所周知，检察建议的法律效力在一定程度上有助于提高检察建议的效果，因此有必要建构新的金融检察建议制度。金融检察建议的提出对象应优先考虑金融监管单位或负有监督职责的上级金融服务单位，①首先就应当落实金融检察建议抄送制度。金融检察建议中必然涉及对现存监管漏洞或刑事法律风险的释明，对漏洞填补以及制度修改需要同一机关的不同层级进行协调，因此，抄送制度不仅能够帮助上级行政监管机关及时了解问题，而且也能有效防止检察建议提出对象的消极应对。其次，建立检察建议的回复及回访制度，行政监管机关应当及时对金融检察建议作出反馈，检察机关也应当对内容涉及重大金融风险、金融违规或者有损金融消费者利益的重点检察建议进行回访，防止检察建议流于形式。最后，有效落实金融检察建议

---

① 林喜芬、黄翀：《中国金融检察建议的现状、运行与展望——基于上海市实证数据的初步考察》，载《四川师范大学学报（社会科学版）》2014年第9期。

制度，通过建立与金融监管机关的常规性沟通协作机制，适当地增加检察建议白皮书、检察工作汇报、要情专报等形式，将办案中发现的问题和建议汇总递交各级人大及其常委会和地方政府，确保检察建议有效落实。

(三) 优化刑事诉讼流程及规则

刑事诉讼程序大致按照立案、侦查、审查起诉、审判、执行的流程交由公、检、法机关分工负责、互相配合、互相制约。互联网金融检察体系将检察机关置于互联网金融监管中的一个环节，由此必然会出现检察机关先于或者同时于侦查机关接触到案件的情形；此外，互联网金融刑事检察与行政监管的衔接使得检察机关能够及时了解行政惩罚的有关信息。当互联网金融案件进入刑事诉讼程序，行政监管机关与检察机关之间、侦查机关与检察机关之间的相互关系会产生微妙的变化，因而需要对刑事诉讼流程以及规则进行相应的调整。

1. 强化审判前的刑事诉讼主导地位

基于行刑衔接而提出的一系列对策都是为了实现检察机关在互联网金融领域职能的发挥，例如，通过建立信息共享机制、联席会议制度以沟通、协调互联网金融发展过程中所存在的问题以及解决措施，虽然大部分制度设计是对健全的衔接机制所必然表现出来的相互配合、相互制约现象的描述，而这是改革成功后的效应，① 我们认为实现金融检察监督的根基在于强化检察机关在刑事审判前在刑事诉讼过程中的主导地位，只有牢牢掌握住刑事诉讼的整个环节，才有可能真正发挥互联网金融检察监督的作用。

检察机关对刑事诉讼的主导源于其对刑事立案的"后手"优势。检察机关对侦查机关应当立案而没有立案或者没有立案而应当立案的情形都具有提出建议的权力，这一职权可以视为是立案监督职能的体现，但同时从侧面体现出检察机关在刑事立案方面具有"后手"优势。此外，金融检察对互联网金融的参与使其有渠道获取行政惩罚的相关信息，经过对行政惩罚信息的筛查，检察机关有权就构成刑事犯罪的行为交由公安机关立案处理。众所周知，刑事立案标志着刑事诉讼的开始，金融检察机关对立案环节的监督影响着刑事诉讼的启动与否。

为了在行政监管层面上巩固金融检察机关对刑事诉讼的主导地位，可以在行政监管机关与金融检察机关之间建立行政处罚告知机制。检察机关认为存在"以罚代刑"情况的，可以就此要求行政监管机关说明理由，理由不成立的，

---

① 刘远、赵玮：《行政执法与刑事执法衔接机制改革初探——以检察权的性质为理论基点》，载《法学论坛》2006 年第 1 期。

检察机关有权要求监管机关移送公安机关立案处理并且将有关证据一并移送。在此需要强调的是，检察机关对案件作出立案决定或者追诉决定时，并没有义务将案件的处理情况反馈给行政监管机关，不同于金融检察监督职能下的信息共享制度，在刑事诉讼过程中，行政监管机关与检察机关之间的信息是一个单向传递过程。

检察机关对审前刑事诉讼的主导地位集中体现于对案件的侦查介入，《人民检察院刑事诉讼规则》明确规定，检察机关在批准逮捕阶段以及审查起诉阶段有权就重大、疑难、复杂的案件介入侦查，[①] 互联网金融案件往往是一些与传统犯罪差别较大的新型犯罪，其犯罪手段隐蔽、犯罪形式多样，侦查难度较高，超出公安机关已有的侦查方式和经验，因此，此类案件极其容易因事实不清或证据不足而被检察院退回补充侦查。补充侦查权是检察机关主导刑事诉讼的重要力量，是确保检察机关贯穿刑事诉讼侦查、起诉、审判各阶段的有力保障。在补充侦查情形下，基于互联网金融犯罪案件的复杂性和补充侦查的时限性要求，检察机关可以更加凸显对侦查机关取证的引导和指引作用。另外，金融检察机关可以尝试介入行政机关对部分互联网金融违规行为的惩罚过程中，一方面可以形成对行政机关的有力制约和监督，防止行政机关监管不力或渎职，敦促行政机关加大对互联网金融的必要监管，另一方面也可以在与行政机关的沟通交流及自行检察中及时发现可能或已经构成互联网金融犯罪的案件，及时将其扼杀于摇篮或依法规制。总体而言，检察机关及早介入主导互联网金融案件的办理，能够使检察活动贯穿于刑事诉讼整个阶段，与公安机关、行政机关共同促进对互联网金融犯罪的打击。

2. 完善电子证据固定及衔接

如同时间、地点、人物、起因、经过、结果等要素构成了一个完整的社会事实，不同类型证据所组建起的证据链则会勾画出一件严谨的法律事实。办理互联网金融案件的难点之一就在于证据的收集和衔接，如果缺乏足够的证据或者提出的证据无法形成完整的证据链，那么基于这些证据而提出的主张便无法

---

① 《人民检察院刑事诉讼规则》第263条第1款规定："对于公安机关提请批准逮捕、移送起诉的案件，检察人员审查时发现存在本规则第七十五条第一款规定情形的，可以调取公安机关讯问犯罪嫌疑人的录音、录像并审查相关的录音、录像对于重大、疑难、复杂的案件，必要时可以审查全部录音、录像。"第263条第3款规定："对于人民检察院直接受理侦查的案件，审查时发现负责侦查的部门未按照本规则第七十五条第三款的规定移送录音、录像或者移送不全的，应当要求其补充移送。对取证合法性或者讯问笔录真实性等产生疑问的，应当有针对性地审查相关的录音、录像。对于重大、疑难、复杂的案件，可以审查全部录音、录像。

被法律所支持。互联网金融犯罪的证据大多数是电子证据，由此不可避免的难题就是电子证据的收集与电子数据的固定。此外，互联网金融具有较强的专业性并且各业态间的专业知识也不尽相同，在刑事证据与行政证据无法顺畅衔接的现实情况下，如何细化证据规则并实现证据的有效转化就变得尤为重要。

电子证据是数字化的存在形式，具有不依附于特定的载体并且可以多次原样复制的特点。互联网金融是依靠互联网技术而发展的金融行为，绝大部分的交易信息以及金融数据都以数字化的形式存在。对互联网金融犯罪证据的收集首先要对电子数据进行固定，由于互联网金融受众面极为广泛，加之各金融企业的数据库建设参差不齐，企业可以容易更改有关数据信息，因而在一定程度上阻碍数据的提取与固定。虽然《关于办理刑事案件收集提取和审查判断电子数据若干问题的规定》中明确，在提取时间长、可能造成电子数据被篡改或者灭失的情形下，可以对电子数据进行冻结，但这只是刑事立案后采取的手段，无法在金融过程活动中对篡改、伪造的行为进行证据固定。

虽然《刑事诉讼法》明确行政机关取得的物证、书证、视听资料、电子数据等证据材料可以作为刑事证据使用，[①] 但这一规定并未要求行政机关获取的证据应当作为司法机关的定罪依据，而对于行政机关获取的证据材料能否作为以及在何种程度上作为定罪依据，尤其具有讨论的必要。对部分犯罪行为的认定需要以行政处罚为前提，只有经过行政处罚过程后才能被认定为刑事犯罪，如非法经营罪、非法行医罪等。在此种情况下，由于行政处罚是刑事犯罪必然经历的过程，而行政机关收集的证据又是实施行政处罚的依据，因此这些证据也应当是司法机关认定犯罪的前提，应当被司法机关采纳。对部分犯罪行为的认定则不需要将行政处罚作为前提条件，因证据规则的差异使得行政机关与司法机关之间对证据的收集和认定标准相互独立。但是如果司法机关因客观原因无法获取影响定性的证据，而该证据又恰巧是行政机关认定行政违法行为的证据，此时司法机关对证据的收集和认定可以化约为对行政处罚合法性与合理性的考察。行刑证据的转化应当建立在行政行为合法性与合理性的基础上，这并不表示所有符合要求的行政证据都可以作为刑事证据，我们认为只有对专业性较强、固定困难的电子证据才有可能作为刑事证据，对此应进一步明确行政证据转化的细则。

行刑证据衔接一直都是"两法衔接"机制最困难的一个环节，互联网金融尤甚。一般而言，行政机关对某一行为性质和证据的认定与刑事诉讼过程中

---

① 《刑事诉讼法》第54条第2款规定："行政机关在行政执法和查办案件过程中收集的物证、书证、视听资料、电子数据等证据材料，在刑事诉讼中可以作为证据使用"。

对行为性质以及证据的认定没有必然联系。① 尽管实体法之间因证据证明标准要求的不同而对证据采纳及事实认定存在差异,但是对互联网金融案件的证据认定应当尽可能缩小两法之间的差异。刑事立法的进程不仅远远落后于互联网金融创新的步伐,而且也落后于行政监管规则的制定。互联网金融的开放性将全新的金融行为模式纳入刑事检察与行政监管的范畴中,这就需要二者通力合作共同应对金融创新所带来的风险。以首次代币发行(ICO)为例,《关于防范代币发行融资风险的公告》将代币发行融资定性为一种未经批准非法公开融资的行为,具体涉嫌非法发售代币票券、非法发行证券以及非法集资、金融诈骗、传销等违法犯罪活动。检察机关对此类案件的办理就必然会涉及区块链证据的采集与认定,而这一问题是现有法律没有明确规定的,这就需要金融监管机关的数据支撑。细化证据规则,有效实现专业性证据的行刑转化是办理互联网金融案件不可回避的问题。

3. 建立互联网金融检察特别诉讼程序

在现有的互联网金融体系中,法律规则对互联网金融违法违规行为的应对相对单一。行政监管力度较轻,惩罚措施无法对违规企业及个人产生足够的威慑力;而刑事惩罚又过于严厉,过度使用则不利于互联网金融的创新发展。因此,有必要在行政监管与刑罚惩罚之间设立"中间区域",建立一项互联网金融刑事检察的特别程序,一方面抑制刑罚措施的扩张使用,另一方面督促互联网金融企业及时纠正违规行为。

对此,可以借鉴美国的"暂缓起诉协议"制度,这一制度的主要目的并不是对涉罪企业科以刑事惩罚,而是以刑事法律作为背书强制其及时纠正违法行为。检察机关根据案件情况以及协议履行效果来决定是否提起诉讼,《汤普森备忘录》列举了多项考量因素,大致包含犯罪行为的性质及严重性;不法行为的普遍性;对不法行为的救济程度;是否及时自愿披露不法信息;有无类似的不法行为历史;守法规划的有效性;起诉是否与不法行为的危险程度一致;连带后果;民事或者行政执法措施的有效性;等等。

检察机关可以设计一项专门针对互联网金融犯罪的"暂缓起诉"制度,作为刑事诉讼程序的创新改革先行先试。具体而言,行政机关或者检察机关在

---

① 最高人民法院、最高人民检察院、公安部《关于办理非法集资刑事案件适用法律若干问题的意见》(公通字〔2014〕16号)第1条"关于行政认定的问题"第1款中规定:"行政部门对于非法集资的性质认定,不是非法集资刑事案件进入刑事诉讼程序的必经程序。行政部门未对非法集资作出性质认定的,不影响非法集资刑事案件的侦查、起诉和审判。"

金融监管及检察监督的过程中发现互联网金融企业或个人涉及违法违规的情况下，行政机关、检察机关以及可能涉罪主体三方共同签订责令整改的协议，给予涉罪主体一定的调整时间以最大限度降低金融风险。由行政机关负责监督协议的履行，检察机关根据履行的效果来决定是否采取进一步措施。这一制度既增加了互联网金融发展的容错空间，又确保了互联网金融发展的健康有序。

五、结　　语

随着互联网金融的不断发展以及行政监管规则的陆续出台，互联网金融刑事检察职能的介入和发挥也迫在眉睫，其不仅是检察机关监督职能的重要体现，同时也是互联网金融健康发展的有力保障。增加行政监管机关与刑事检察机关对互联网金融的沟通协作、强化检察机关对监管机关和互联网金融违规行为的法律监督是互联网刑事检察和行政监管衔接机制的"一体两面"。虽然互联网金融行刑衔接机制已经卓有成效，但是现有的机制依旧无法紧跟互联网金融的发展步伐。缺乏完善规则约束的创新必然带来极高的风险，因此，需要进一步扩大行刑衔接机制的深度和广度，克服检察机关介入互联网金融的障碍性和滞后性，充分发挥刑事检察机关在互联网金融监管方面的职能，建构刑事检察新模式，设立刑事检察监督新方式，优化刑事诉讼流程及规则。以此建构完善的互联网金融体系，规范互联网金融市场秩序，促进其持续健康有序发展。

互联网金融刑事法与行政法衔接研究

上海市人民检察院课题组[*]

一、互联网金融市场的新发展与行刑衔接面临的新挑战

（一）互联网金融及其市场特征

1. 互联网金融的界定

"互联网金融"的概念是谢平教授和邹传伟先生于2012年4月在中国金融四十人年会上首次提出，现已为理论界与金融实务界广为接受。2015年谢平教授进一步指出了"互联网金融"是一个谱系概念，有六种主要类型，包括金融互联网化、移动支付与第三方支付、互联网货币、基于大数据的征信、网络借贷与股权众筹。反观其他国家及地区"互联网金融"的相关概念，其外延一般较小。比如，在上海交通大学互联网金融法治创新中心与剑桥大学替代性金融研究中心合作研究提出的《2015年亚太地区网络替代金融基准报告》中，将"网络替代金融"（Online Alternative Finance）定义为："通过银行系统以外的互联网市场为个人和企业提供替代性金融服务的渠道。"该定义排除了P2P保险、互联网货币市场基金和第三方支付等活动，其外延显然小于我国"互联网金融"的外延。

内涵与外延是一个概念不可分割的两个方面，因此，界定"互联网金融"，还必须科学揭示其内涵，即揭示该概念所对应事物的本质特征。那么，"互联网金融"的上述六大模式，有哪些共同的本质特征呢？笔者认为，主要有以下几点：

第一，金融科技性。互联网金融是充分运用以互联网为代表的现代化信息科技，特别是移动支付、社交网络、搜索引擎和云计算等高新技术手段的资金

---

[*] 课题组负责人：肖凯，上海市人民检察院金融处处长；课题组成员：李小文，上海市人民检察院金融处检察官；张泽辰，上海市人民检察院金融处检察官助理；王冠，上海市静安区人民检察院金融科检察官。

融通方式,从而大大降低了交易成本。金融科技(Fin-Tech),按照维基词典的阐释,"就是一种运用高科技来促使金融服务更加富有效率的商业模式"。正是在这个意义上,目前很多人也将互联网金融称为科技金融。

第二,革新性。得益于大数据、云计算、移动互联网等信息技术创新的互联网金融必然对人类金融模式产生革新性的影响,推动着既不同于商业银行间接融资,也不同于资本市场直接融资的金融新业态的诞生,并进而影响社会经济的发展乃至整个社会生活。比如,支付宝等互联网金融模式下的支付方式以移动支付为基础,通过移动通信设备,利用无线通信技术来转移货币价值以清偿债权债务关系。随着智能手机和掌上电脑的普及,以及身份认证技术和数字签名技术等安全防范软件的发展,移动支付不仅能解决日常生活中的小额支付,也能解决企业之间的大额支付,完全替代现在的现金、信用卡等银行结算支付手段。移动支付是支付领域的一场深刻革命。又如,网络借贷(个人之间通过互联网直接借贷)替代传统的存贷款业务;众筹融资(通过互联网为投资项目募集股本金)替代传统证券业务,都是科技改变金融,金融改变生活的明证。

第三,民主性。在互联网金融模式下,现行金融业的分工和专业化被互联网及其相关软件技术替代,各种金融交易甚至是风险定价、期限匹配等复杂交易都变得手续简便,易于操作。市场参与者更加大众化,不仅企业家,普通百姓也可以通过互联网进行各种金融交易,互联网金融市场交易所带来的巨大效益更加普惠于普通老百姓。总之,互联网金融不是少数专业精英控制的金融模式,而是一种民主的普惠于民的金融新通道。

第四,合作共赢性。互联网金融旨在满足交易多方主题的金融需求,强调合作共赢。如在借贷交易中,平等满足资金端和借款端的需求;在不良资产处理中,协商解决"债权端要求拿回资金、律师端希望先取得融资再调查、平台端要求利用信息优势和数据分析帮助取回资金"后合理取酬等各方需求,这些都充分彰显出开放、共享、平等、共赢的互联网精神。

根据以上本质特征,我们对"互联网金融"给出以下初步定义——"互联网金融"是充分运用以互联网为代表的现代信息科技,特别是移动支付、社交网络、搜索引擎和云计算等高新技术手段,促进金融服务更加富有效率的商业模式;对人类金融模式产生革命性、颠覆性影响,并进而影响社会经济发展乃至整个社会生活的金融新业态;是市场参与者大众化,普惠于广大民众,体现民主,追求平等共赢的金融新通道。

2. 互联网金融市场之特征

与传统的金融市场相比,互联网金融市场具有以下特征:

一是以用户体验为核心的商业模式，更加强调金融产品的简单便捷。传统金融服务及其产品，由于涉及金钱的存储和流转，安全性成为金融服务的首要原则。而在过去的十年里，互联网、移动设备、社交网络的兴起已经改变了金融业的游戏规则，并且创造了新一代的客户。互联网金融市场成为一个以用户体验为竞争核心的市场，金融产品的安全性已经让位于金融产品的便捷性，由此带来的监管政策和相应的法律调整将更加注重对互联网金融消费者的保护。

二是数据货币化，成为互联网金融市场的主要技术驱动。随着强大且低成本的分析工具以及计算能力不断优化，大数据挖掘并基于数据分析结果能够更快地识别风险和匹配风险。例如，蚂蚁金服在借呗、花呗等新兴借贷产品中，就能够依托已有的支付宝大数据，在三秒钟之内判断借贷者的信用并作出授信的决策，已经完全通过数据分析实现了对客户有效风险评估。因此，金融消费者的个人数据也成为互联网金融企业获取竞争优势地位的主战场：金融产品的开发依赖于数据应用，而数据形成又成为互联网金融企业的基本成本投入。

三是互联网金融的规则体系供给明显不足。互联网金融在本质上仍是金融业，受到监管政策和规则体系的重要约束，其未来发展在很大程度上也取决于适应监管环境变化的能力。一方面，为了保护金融消费者，金融监管不可或缺，而且应该法网严密；但另一方面，目前互联网金融市场的变化迅速，金融监管往往滞后，监管手段也难以适应市场需求措施。从目前风靡全球的沙箱监管来看，也通过灵活监管来容忍金融创新所带来的不确定性。对照我国的互联网金融整治方案，行政性的监管部门赋予了自律性协会组织更多的权限，并冀望自律监管能够有效弥补我国互联网金融规则体系的欠缺和漏洞。

（二）行刑衔接中的新问题与挑战

互联网金融技术与产品的迅速发展放大了市场与规则之间的时滞性，而金融本身的涉众型也因为互联网金融的普惠特点使得风险下延，金融产品固有的风险敞口面向越来越多的普通投资者。因此，在互联网金融领域，行政执法与刑事司法之间的张力更加突出。上海市2015年至2017年上半年，上海检察机关所办理的近200件涉及互联网金融非法集资犯罪的案件，没有一件是受过行政监管部门的执法处分，也没有一起刑事案件是由金融监管部门移送。具体而言，互联网金融领域行刑衔接主要存在以下实体和程序的挑战。

1. 实体衔接的困境

从行政机关的角度来分析，所谓实体上的衔接，主要涉及行政执法机关如何判断违法行为是否构成犯罪，以及针对违法犯罪行为在追究刑事责任时已经实施了行政处罚应该如何折抵的问题。实践中表现为三个方面：一是如何认定违法行为已构成犯罪；二是如何认定违法行为与犯罪行为是同一行为；三是行政处罚如何与刑事处罚进行折抵。而站在司法机关立场上,由于前置的行政法规的阙如,到底应如何判断行政违法性,在行政监管政策存在不同的价值目标时,如何判断犯罪嫌疑人的主观故意?

行政执法与刑事司法衔接的前提就是违法行为涉嫌构成犯罪,而《行政处罚法》第7条第2款规定:"违法行为构成犯罪,应当依法追究刑事责任,不得以行政处罚代替刑事处罚,"第22条规定:"违法行为构成犯罪的,行政机关必须将案件移送司法机关,依法追究刑事责任。"由此可见,两法衔接时,"对涉嫌构成犯罪"这一判断的主体是行政机关。

具体到互联网金融领域,实体衔接的困境更加突出,甚至出现倒置的问题。本书前文已述及,互联网金融市场的行政规则体系供给不足,导致很长一段时间,金融监管部门并没有出台互联网金融的具体监管规则。以P2P网贷为例,直到国务院部署互联网金融整治方案,无论是银监会、证监会还是保监会,都只有其相关部门负责人在一些学术论坛上谈及P2P的监管红线,但如何解释这些红线,有哪些具体规则能够进行判断,是否存在执法案例来向市场释放监管部门的政策和规则导向等,均为空白。银监会牵头出台的《网络借贷信息中介业务活动管理暂行办法》迟至2016年8月14日才公布实施,而此时"e租宝"等涉互联网金融的案件已经在全国各地爆发多日,纷纷直接进入刑事司法程序。这种被动倒置的行刑衔接现状,对刑事司法部门提出了重大挑战;即在行政违法性上,刑事司法部门很难依赖行政法规作出判断。甚至,由于金融监管部门的执法松懈,很多打着互联网金融之名、行违法犯罪之实的所谓金融创新层出不穷,危害广泛。此时,刑事司法部门的司法裁断原则不得不立足于一般预防的现实需求,通过刑事制裁明确互联网金融的犯罪底线,予以回应。

2. 程序衔接的困境

行政执法与刑事司法程序上衔接,是指一旦违法行为涉嫌构成犯罪,涵盖行政执法机关移送司法机关追究刑事责任的步骤、方式和时限等各方面。目前的困境主要体现在:一是如何移送;二是移送什么,即证据如何衔接;三是移送给哪个主体。

根据2001年国务院《行政执法机关移送涉嫌犯罪案件的规定》第5条的规定:"行政执法机关对应当向公安机关移送的涉嫌犯罪案件,应当立即指定2名或者2名以上行政执法人员组成专案组专门负责,核实情况后提出移送涉嫌犯罪案件的书面报告,报经本机关正职负责人或者主持工作的负责人审批。行政执法机关正职负责人或者主持工作的负责人应当自接到报告之日起3日内作出批准移送或者不批准移送的决定。决定批准的,应当在24小时内向同级公安机关移送;决定不批准的,应当将不予批准的理由记录在案。"法条看上去比较明确,但其中涉及两个判断难题:一是当涉及多个违法行为和违法主体时,是全案移送还是部分移送?二是移送后的行政执法是中止还是并行?

对于移送哪些证据材料,按照《行政执法机关移送涉嫌犯罪案件的规定》第6条的规定:"行政执法机关向公安机关移送涉嫌犯罪案件,应当附有下列材料:(一)涉嫌犯罪案件移送书;(二)涉嫌犯罪案件情况的调查报告;(三)涉案物品清单;(四)有关检验报告或者鉴定结论;(五)其他有关涉嫌犯罪的材料。"目前行政执法证据与刑事司法证据在种类、收集主体以及认定标准上都不尽相同,成为在程序上导致两法衔接的困境之一。

在互联网金融领域,技术和网络的发展消弭了地域性限制,使得涉互联网金融犯罪往往具有涉众型的特征。以非法集资的为例,传统的行刑衔接依然以地域为限,强调属地管理、属地化解。而新型的涉互联网非法集资,则通过集团化的方式由总部集中提供"金融产品"并管理资金流向,在各地广泛开设法人制的融资平台,达到一段时间内巨额非法集资。在行政执法部门仍然囿于属地性的执法权限框架下,互联网金融企业往往能够通过监管寻租或监管套利,在监管松弛之地设立公司总部,同时以总部形式合法之名,跨地域实际运营。质言之,基于地域性的行刑衔接机制,至少在程序上,已经完全无法适应互联网金融的网络化特点,司法机关只能另辟蹊径,通过具体案例起诉裁判的联动机制化解行刑衔接的程序难题。

二、互联网金融领域中刑事法介入的基本原则

(一)刑事司法适度介入原则

在互联网金融领域坚持刑事司法的适度介入原则,是指刑法在保持谦抑和有所作为之间取得平衡,既不因过度介入而适得其反从而阻碍互联网金融的创新与发展,又不因无所作为而任由借互联网之名严重危害金融市场和投资者利益的行为肆意蔓延。

刑法犹如两刃之刀,用之不当,国家与个人两受其害,刑法的双重性决定了"谦抑性"应当成为现代刑法追求的价值目标,① 互联网金融领域亦不例外。一方面,从互联网金融在我国兴起的历史背景来看,几乎每一项互联网金融业务都是在对传统金融管制的挑战甚至是背叛下产生并发展的,如余额宝之于固定利率,P2P之于存贷业务,又如众筹之于证券发行。这说明市场本身蕴

---

① 陈兴良:《刑法的价值构造》,中国人民大学出版社2013年版,第292页。

含着对灵活和普惠金融的需求,对打破垄断和抑制的渴望,是市场规律使然,法律应当予以尊重。如果说对现有法律有所突破,那也不能让市场主体承担不利后果,更不能以刑事责任的方式承担。另一方面,从互联网金融在我国的发展现状来看,由于其具有便捷性、灵活性,能更高效、更透明地配置市场资源和市场需求,使其受到了难以从传统金融体系中获取资源的中小微企业的追捧,促进了经济结构和金融政策的优化。互联网金融是一种既不同于商业银行间接融资,也不同于资本市场直接融资的第三种金融融资模式,[1] 本质是一种重大的金融创新。正因为如此,"如果对这一创新活动,过度动用刑法,可能会阻碍一个新行业、新经济的兴起,也可能会阻滞一种创新性服务模式的兴起以及相关的技术革新,最终甚至堵塞经济的生长点"。[2]

但在互联网金融领域保持刑法谦抑性,并不意味着刑法在该领域的无所作为或对具有严重社会危害性的行为坐视不理。相反,由于互联网金融发展相当迅猛和快速,导致相关行政法规严重不足或不及时,甚至存在部分行政机关监管不力,各类犯罪行为便假借互联网金融之名行犯罪之实,此时刑法就应当有所作为,承担起防范金融风险,确保社会金融秩序稳定的职能。

1. 对具有自然犯属性的互联网金融犯罪,从"反欺诈"的角度分析其违法性

一般意义上理解,金融犯罪属于行政犯,其违法性依据需要从前置行政法规中寻找。但部分金融犯罪其实具有自然犯的特性,典型的当属金融诈骗类犯罪,如保险诈骗罪中何为"投保人""被保险人""受益人"以及保险合同的效力等都必须依据《保险法》来认定,但实际上,保险合同只是本罪的工具而已,虚构事实、隐瞒真相等诈骗手段才是本罪被认定为金融诈骗罪的根本原因。而诈骗犯罪又是典型的古已有之不需要借助行政法规就可以认定违法性的自然犯。

对于那些具有自然犯属性的互联网金融犯罪,即使不具有非法占有目的,同样可以从"反欺诈"的角度分析其违法性。这不仅仅因为欺诈是违反社会道德的行为,更是由互联网金融自身特色所决定的。金融本身就是各种交易主体相互融通资金的信用活动,本质是一种信用关系,互联网金融更是如此。它之所以能推动金融脱媒,降低交易环节和交易成本,就在于互联网上信息公开的及时性、透明性极大降低了传统金融中信息不对称造成的风险。因此,信息是互联网金融的生命线,是维持互联网金融长期健康发展的秘诀。一旦互联网金融企业不披露、不及时披露或者披露虚假信息,将直接妨碍投资者的知情权,

---

[1] 参见谢平:《互联网金融新模式》,载《新世纪周刊》2012年第24期。
[2] 刘宪权:《金融犯罪刑法学原理》,上海人民出版社2017年版,第559—560页。

影响其投资决策,同时也不利于企业的自身发展,这必将从根本上动摇互联网金融健康发展的根基。因此,对于那些具有欺诈性的互联网金融活动,可以直接从"反欺诈"的角度认定其违法性。如在 P2P 网络借贷过程中,如果中介机构以提供信息中介服务为名,实际从事直接或间接归集资金、甚至自融或变相自融等行为的,应当追究中介机构的刑事责任。借款人故意隐瞒事实,违反规定,以自己名义或借用他人名义利用多个网络借贷平台发布借款信息,造成重大损失的,应当追究借款人的刑事责任。[①] 上述两种行为都是典型的欺诈性行为,在无法证实其具有非法占有目的的情况下,应当依法认定为非法吸收公众存款罪。

2. 对具有行政犯属性的互联网金融犯罪,从前置法规层级扩充的角度分析其违法性

对那些典型的属于行政犯的互联网金融犯罪,应当遵循行政犯定罪的一般原理。行政犯,顾名思义,其首先违反的是行政法规,其次违反的才是刑事法规。正如有学者所比喻,"刑法不能充当前锋,越过行政法规定,直接完成对一个行为从行政违法性到刑事违法性的双重判断。第一层次的行政违法性不满足,就不能进入刑事违法性判断的第二个层次"。[②] 但在互联网金融领域,要判断第一层次的行政违法性就面临了特殊的难题。如本书前文所述,互联网金融是一种重大的创新活动,市场在摸索中创新,监管部门同样是在摸索中逐渐出台并完善监管法规,这导致互联网金融领域的行政法规在一段时间内会供给不足甚至缺失。如早在 2007 年国内第一家网贷平台"拍拍贷"就成立,此后几年网贷平台就基本处于无标准、无监管的野蛮生长态势,直至近两三年跑路、倒闭都呈井喷之势,2016 年 8 月银监会等部门才联合出台《网络信贷信息中介机构业务管理暂行办法》。在此情形下,笔者认为可以从前置法规层级扩充的角度完成某一互联网金融活动行政违法性的认定。

我国刑法条文对金融行政犯的规定,有些明确了前置法规的法律位阶,大致包括以"法律"为前置法规[③]、以"国家规定"为前置法规[④]和以"法律、

[①] 参见最高人民检察院公诉厅于 2017 年 6 月出台的《关于办理互联网金融犯罪案件有关问题座谈会纪要》第 8 条第(一)项和第(三)项。

[②] 张绍谦:《试论行政犯中行政法规与刑事法规的关系——从著作权犯罪的"复制发行"说起》,载《政治与法律》2011 年第 6 期。

[③] 如刑法第 189 条中规定:"对违反票据法规定的票据予以承兑、付款或者保证造成重大损失的,处五年以下有期徒刑或者拘役;"

[④] 如刑法第 225 条中规定:"违反国家规定有下列非法经营行为之一,扰乱市场秩序、情节严重的,处五年以下有期徒刑或者拘役,并处或者单处违法所得一倍以上五倍以下罚金;"

行政法规"为前置法规①三种。由于法条本身的明确规定,同时"法律""国家规定""行政法规"也都有明确的内涵和外延,在适用这些刑法条文时,应当严格遵循法律所规定的位阶要求来判断违法性,否则就是对罪刑法定原则的违反。但刑法中也有很多条文未明确前置法规的法律位阶,大致包括以"规定"为前置法规②和以"法"为前置法规③两种。显然无论是"规定"还是"法",其范围都要大于"法律""国家规定""行政法规"。对于互联网金融领域,笔者认为,判断行政违法性的依据除了"法律""国家规定""行政法规"外,还应当包括部门规章、全国性行业规范以及依法设立的全国性金融交易场所制定的规范规则(以下简称交易所规则)。第一,这由互联网金融领域的立法现状及犯罪形势所决定。目前,由全国人大或国务院制定的针对互联网金融的法律和行政法规可谓基本没有,如果坚持只有法律和行政法规才可以作为行政违法性依据,那对互联网金融领域的刑事治理就几乎无从下手。第二,将前置法规的层级扩充至部门规章、全国性行业规范以及交易所规则,并不违反罪刑法定原则。行政犯的空白罪状使法律解释成为必须,只要不超出刑法文本的语义射程和不超出国民的可预见性,对空白罪状中的有关用语作扩张解释便不违反罪刑法定原则,将某一违反了部门规章或全国性行业规范或交易所规则的互联网金融活动解释为"非法""违反规定"等,符合语义射程和可预见性的要求。第三,部门规章,作为有法定监管权的国务院部门所制定的规范性文件自然具有普遍的强制约束力,违反部门规章便具有了行政违法性,应当争议不大。需要解释的是行业性规范和交易所规则,笔者认为,它们都有明确的上位法依据,是对上位法原则性规定的细化与明确,或者经监管部门授权所制定,或者经监管部门批准后实施,④ 且相比于监管部门,全国性行业协会和交易所离市场更近、对市场的了解更全面和及时,他们制定规范和规则更能符合市场发展规律,得到市场的共同认可。如中国互联网金融协会发布的

---

① 如刑法第180条第3款规定:"内幕信息、知情人员的范围,按照法律、行政法规的规定确定。"

② 如刑法第180条第2款规定:"……利用因职务便利获取的内幕信息以外的其他未公开的信息,违反规定,从事与该信息相关的证券、期货交易活动,或者明示、暗示他人从事相关交易活动,情节严重的依照第一款的规定处罚。"

③ 如刑法第176条规定:"非法吸收公众存款或者变相吸收公众存款或者变相吸收公众存款,扰乱金融秩序的,处三年以下有期徒刑或者拘役……。"

④ 如《证券法》没有对新三板市场作出针对性的规定,新三板市场遵循的是《全国中小企业股份转让系统规则》,这是由全国股份转让系统公司所制定,其制定依据是《公司法》《证券法》等上位法,并且经过中国证监会批准后生效实施的。

《互联网金融信息披露个体网络借贷标准》就可以作为刑法第 161 条规定的违规披露、不披露重要信息罪的前置法规。

(二) 刑法解释相对独立性原则

互联网金融领域中坚持刑法解释的相对独立性原则,是指对某一互联网金融活动的刑事违法性判断依赖于相关行政法规以先行确定其是否具有行政违法性,但依赖不等同于附属,而应当在用语解释上保持刑法相对的独立性。笔者持此观点的理论基础在于缓和的违法一元论,该理论认为,刑法规范在法律规范体系中既有补充性,同时又具有独立性,刑法规范的概念、构成、功能都独立于其他法律规范,自成思想体系。① 在刑法独立性的主张下,刑法在加强某一禁止性命令威慑力的同时,还具有将原有的禁令"改造"为新的法律规范,甚至改变法律适用对象的可能。②

1. 刑事违法性不以行政机关已作出行政处罚为前提

实践中有观点认为,由于行政犯的二次违法性特征,决定了行政处罚行为入罪必须以有权机关已经作出行政处罚为前提,对于未经处理的行政违法行为,不应成为刑法评价的对象。笔者对于此观点不能赞同。

从实然层面上分析,由于行刑衔接机制运行中还存在诸多问题,导致一些非互联网金融犯罪也是等到法院刑事判决以后才予以行政处罚,③ 互联网金融犯罪就更是如此。以上海数据为例,自 2014 年发生首起 P2P 网贷平台非法集资案,一直到 2017 年,4 年期间数百起涉互联网金融的非法集资犯罪无一起系经过行政处罚后由行政机关移送司法机关。从应然层面上分析,刑事违法性也不应以行政机关已作出行政处罚为前提。第一,上述观点混淆了立法层面和司法层面的问题。在立法层面上,"如果对某一违法行为,行政、经济等方面的法律规制未作规定,或未设有罚则(非刑事罚则),则绝对不能在刑法典或附属刑法中予以犯罪化并配置相应的刑罚。"④ 但在司法层面上,当行政法律规范已经有规定的情况下,只要判断行为违反了前置法规并进而违反了刑法,就可以进行司法追究,这并不违反行政犯的二次违法性特征。第二,虽然行政

---

① [日] 木村龟二主编:《刑法学词典》,顾肖荣等译,上海翻译出版公司 1991 年版,第 5 页。

② [意] 杜里奥·帕瓦多尼著:《意大利刑法学原理》,陈忠林译评,中国人民大学出版社 2004 年版,第 4 页。

③ 如李旭利利用未公开信息交易案。

④ 叶良芳:《转型期刑事立法的宪政制约研究》,知识产权出版社 2010 年版,第 142 页。

犯以具备行政违法性为前提,但在刑事诉讼过程中行政违法性的判断主体是司法机关而非行政机关,因此,行政处罚也并非启动刑事追究的前置程序。与司法机关相比,虽然行政犯罪涉及多个领域和专业,每天都在处理具体行政性问题的行政机关在各自的行政领域可谓驾轻就熟,对相关的行政法规往往也有更全面和及时的掌握以及更深入而专业的理解。有行政机关的认定意见或者处罚决定,当然也能更好地帮助司法机关进行违法性的判断。但是司法机关认定行为具有行政违法性的最终依据还是在于行政法规本身与具体行为的对应关系,而非简单依据行政机关的意见。在行政机关未出具意见或者未作出行政处罚的情况下,司法机关可以独立地进行判断,尤其是对行政法规已经有明确规定,司法机关可以直观地对行为性质进行判断的情况下,既无必要请行政机关出具认定意见,也无须等待行政机关作出先行处罚。

2. 同一金融术语的解释可以不同于行政法规或者行政机关的认定

大部分金融犯罪都属于行政犯,具有二次违法性特征,正是基于这一特征,刑法在规定行政犯构成要件的时候,对同一种事实当然得采用和行政法规相同的用语,这样才能够真正表现行政犯"出行入刑"的特点,保持行政违法行为和同类型刑事犯罪行为之间质的一致性。为了使两者这种联系在司法中继续得到贯彻,对刑法中行政犯用语的解释,当然也应当尽量保持与行政法规的含义相同。[①] 但如果对刑法与行政法中相同的用语完全按照行政法的规定予以解释,则会完全丧失刑法的独立性。笔者认为,在符合刑法目的性和不超出国民预测可能性的前提下,可以对同一用语作出不同于行政法规或者行政机关认定的解释。比如,2004 年全国人大常委会颁布的《关于〈中华人民共和国刑法〉有关信用卡规定的解释》就对信用卡作出了不同于《银行卡管理办法》等行政法规的定义,又如上海司法实践中,也有多起案件将银行发行的名为信用卡且行政监管部门也认为是信用卡的金融产品改变定性,认定为贷款。[②] 在互联网金融领域,以金融创新为名的各种新产品、新名称更是层出不穷,如果不坚持刑法的相对独立性,不从实质解释的立场去分析产品的属性,就难免"乱花渐欲迷人眼"。如今,很多互联网非法集资平台都以私募基金等合法融资的名义对外吸收资金,有些公司甚至加入行业协会,其所谓的"基金"也经过了登记备案,在行政监管部门看来,他们就属于私募基金。但是经过穿透式审查,就不难发现这些私募基金不但不设置合格投资人的门槛,还承诺最低

[①] 张绍谦:《试论行政犯中行政法规与刑事法规的关系——从著作权犯罪的"复制发行"说起》,载《政治与法律》2011 年第 8 期。
[②] 如彭茂松骗取贷款案(判决书文号:(2014)浦刑初字 4171 号)等案件。

收益或者还本付息,其本质上就符合刑法中非法集资所要求的非法性、公开性、利诱性和社会性四个特征,应该认定其涉嫌犯罪。

(三) 刑事司法有效性原则

互联网金融领域中,刑事司法有效性原则是指在司法层面上充分地运用现有的刑事法规,避免存在虚置刑法规定、"以罚代刑"等现象。在互联网金融领域中,常见的违背刑事司法有效性原则的情形有两类:一类是刑法部分兜底条款并未充分运用;如"以其他方法操纵证券期货市场的"等兜底性条款长期处于休眠状态。另一类是部分罪名长期虚置或者适用率极低,存在"以罚代刑"现象。如内幕交易罪、泄露内幕信息罪、利用未公开信息交易罪等,司法实践中案发率极低。应该看到,无论是虚置刑法规定,还是"以罚代刑",都是对刑法这种有效司法手段的浪费,是一种刑罚适用的惰性。在互联网金融犯罪迅速蔓延的当下,刑法不仅要坚持谦抑性和补充性,也应当发挥其现有法规范的能动性。当然,休眠罪名的唤醒和"以罚代刑"现象的避免,应当坚持在严格遵循刑法解释规则基础上,将同质的犯罪行为纳入刑法规范的调整。从这个角度讲,提倡并坚持刑事司法有效性原则是应对互联网金融犯罪的重要举措。

1. 坚持罪刑法定原则并充分运用兜底条款

众所周知,互联网金融属于一种新兴的金融业态,金融违法行为类型和行为模式不断翻新,以至刑法条文无法全部穷尽列举。刑事立法上,从法条精简的角度出发,部分使用了兜底性条款。主要分为四种类型:一是针对犯罪行为主体的兜底条款;二是针对犯罪手段的兜底性表述;三是针对犯罪对象的兜底性表述;四是针对行为后果的兜底性规定。[①] 兜底性条款的模糊性和不确定性似乎有违罪刑法定原则的明确性要求,有类推适用之嫌,存在不当扩大犯罪圈的可能。这些缺点导致兜底性条款的适用备受质疑。然而由于犯罪现象是复杂多变的,刑法条文是相对静止和固定的,这就决定了刑法条文不可能完全涵盖所有的犯罪现象。从刑事立法技术上看,兜底性条款是对刑法条文这一不足之处的弥补。兜底性条款的采用是刑事立法技术的必然选择。面对这种立法现象,司法不能置若罔闻,完全不适用或者过度适用均是极端而错误的。因此,理论上为规范兜底条款的适用,一般认为兜底性条款的适用应坚持同质性解释原则,即对兜底性条文的解释应根据已明确列举的要素进行相同性质的类比判

---

① 参见吴舟:《论经济犯罪刑法条文兜底条款的解释路径》,华东政法大学硕士学位论文。

断。然而，这种判断标准仍然存在对"何为相同性质"这一问题存在疑问，导致同质性解释原则依法存在模糊不清的诟病。因此，司法实践中每当适用兜底性条款时都要犹豫不决，不是请示汇报就是要反复论证。比如，非法经营罪中的兜底性条款，一般认为只有司法解释予以明确解释的行为类型才能适用"其他严重扰乱市场秩序的非法经营行为"。笔者认为，对兜底性条款的适用，一方面需要借助于司法解释的明确性规定予以界定，避免口袋罪的形成，如上述的非法经营罪；另一方面对于前置性行政法律规范予以明确规定的同类违法行为，而刑法条文未予以明确规定的，可以纳入兜底性条款中予以调整。比如，操纵证券市场罪中，仅仅列举了三种操纵行为类型，包括连续交易操纵、约定交易操纵、洗售操纵。而证券法规和《证券市场操纵行为认定指引》中规定了8种操纵行为模式，除刑法明确规定的3种，另外也明确了蛊惑交易操纵、抢帽子交易操纵、虚假申报操纵、特定时间的价格或价值操纵、尾市交易操纵等5种操纵行为。对于上述5种行政法律规范明确规定的同种操纵行为，完全可以适用兜底性条款，将其作为"以其他方法操纵证券、期货市场的"行为予以认定。事实上，北京抢帽子交易操纵证券市场案件①的顺利判决已经证实了这一观点。

2. 增加空置罪名的适用率并严禁以罚代刑

作为新兴的金融业态，互联网金融游走在法律的边缘，创新金融经营模式的同时也随时存在突破法律底线的可能。互联网金融监管从一度无主管部门到现在金融办、公安部、市场监督局等多部门多管齐下，已经形成了齐抓共管的局面。相关监管细则和条例的陆续出台，为互联网金融的发展指明了方向。但随之而来的问题是，大量非法集资平台被行政执法部门依法依规进行管控，即使是对于明显构成犯罪的平台公司，只要是资金链不断裂，投资人不报案，行政执法部门也是不予处理。对于正常运作的平台违法行为的监管，尤其是集资模式的监管，仍停留在行政处罚层面上。只有平台运作出现重大问题，投资人本息兑付异常的情况下，才会被动进入刑事诉讼程序，可见以罚代刑的现象非常普遍。要杜绝此类现象，常见的观点就是加强检察机关的法律监督，加强与行政执法机关的协调沟通，规范行政执法行为，加强行政执人员的法律培训，等等。② 然而，实践证明这些看似合理的举措却并无实际的可操作性，也并没有有效解决"以罚代刑"的问题。究其原因，在于行政执法机关与司法机关

---

① 参见何荣功：《刑法"兜底性条款"的适用与"抢帽子交易"的定性》，载《法学》2011年第6期。

② 参见汤涛：《防止以罚代刑要"多管"齐下》，载《检察日报》2004年7月23日。

分属不同机构和适用不同法律,本身存在相互独立性,缺乏合作和共同应对违法犯罪行为的动力和愿望。因此,要想杜绝或者最大限度地减少以罚代刑现象,应当激发行政执法机关移送案件的动力和愿望。对于互联网金融的犯罪现象,实际上单靠行政机关的执法是无法有效遏制的,行政处罚力度不足以威慑整个互联网金融市场的从业人员。一旦动用刑罚,对整个犯罪态势是有极大的震慑作用,往往能够起到"杀一儆百"的事半功倍之效。因此,检察机关通过在个案办理过程中,与行政执法机关进行合作,不仅能够依法处理刑事案件,而且对于整个案件牵涉的民事纠纷、经济纠纷、行政处罚等法律问题,也一并予以打包处理,取得刑事司法效果与案件社会效果的统一。要让行政机关认识到,刑事司法是对行政执法工作的强大支持,是其背后的有力支撑。行政机关也会认识到违法案件的移送,并不会徒增工作量,从而从长远看来,会大幅度减少同类违法现象的发生。

另外,刑法中存在不少罪名,司法适用率很低,相关案件少之又少。此类案件的较少案发,当然与犯罪率有关。但当行政违法行为普遍存在的情况下,刑事侦查的方向应当及时和主动介入、跟进调查。诸如内幕交易、泄露内幕信息类犯罪,应当及时与证券监管机构执法部门保持互动,对违法信息做到联动共享,及时掌握犯罪态势,保障案件能够转化为刑事案件,如此可以解决部分罪名的长期虚置问题。

(四)刑事法与行政法相协调原则

协调性原则是指互联网金融犯罪的刑事立法要与前置性法律法规、处罚手段和事前的教育、管理及制度建设协调一致,共同应对互联网金融犯罪。刑法是前置性法律的保障法,处于保障功能地位。刑法的补充性和谦抑性,使得刑法规定要与前置性法律在调整顺位上有先后之分,无疑刑法居于后位。在行政犯罪中,行为应当被视为具有行政违法性和刑事违法性的双重属性。也就是说,行为首先是行政违法行为,其次才可能成为刑事违法行为。对于何种行为可以成为犯罪行为,应当遵循罪刑法定原则的指导下严格解读刑法规范。

1. 违法行为认定标准保持一致

行政犯中,行为的双重违法性,应该在质上保持同一性。一个行为的属性,并不因调整法律规范的不同而有所不同。如操纵证券市场行为,对于证券法律规范采用的认定标准,并不会因为操纵行为被上升为犯罪行为而有质变。例如抢帽子交易类型的操纵行为,根据《证券市场操纵行为认定指引》的规定,抢帽子交易操纵是指证券公司、证券咨询机构、专业中介机构及其工作人员,买卖或者持有相关证券,并对该证券或其发行人、上市公司公开作出评价、预测或者投资建议,以便通过期待的市场波动取得经济利益的行为。这一类型的操纵行为认定标准与 2010 年最高人民检察院、公安部《关于印发〈关于公安机关管辖的刑事案件立案追诉标准的规定（二）〉的通知》表述基本一致。唯一区别在于，刑事司法解释对这种操纵行为上升为犯罪行为作了量的要求，即"在该证券交易中谋取利益，情节严重的"。这种量的要素设置也是刑法谦抑性和补充性原则使然。然而在操纵行为判断标准上，两个法律规范的标准是统一的。但在其他操纵行为的认定标准，该司法解释在《证券市场操纵行为认定指引》的基础上，又额外增添了苛刻的限制。比如《证券市场操纵行为认定指引》规定洗售操纵是指在自己实际控制的账户之间进行证券交易，影响证券交易价格或者证券交易量。而上述司法解释又额外附加要素"且在该证券或者期货合约连续二十个交易日内成交量累计达到该证券或者期货合约同期总成交量 20% 以上的"。这一要素的添加，使得刑法上的洗售操纵行为与证券法的洗售操纵行为存在质的不同。那么，刑法是依据什么对洗售操纵行为作出如此改变，与证券法规标准存在差异的合理性不禁让人难以捉摸。因此，对于这种行为，我们认为应当坚持与行政法规的认定标准保持一致，而不应有所区别。

2. 处罚手段上的协调

刑法的谦抑性是指立法者应当力求以最小的支出，即通过少用甚至不用刑罚来获得最大的社会效益，从而有效地预防和控制犯罪。[①] 刑法的谦抑性，包括刑法的紧缩性即刑法在整个法律体系中所占比重逐渐降低；刑法的补充性即由于刑法具有暴力强制性，代价太大，因而只有在其他法律措施不能凑效时才动用刑法，使之成为其他法律的补充性措施；刑法的经济性即以最少量的刑法资源投入，获取最大的刑法效益。刑法谦抑性原则旨在尽可能缩小刑法的调整范围，以保障公民的自由和人权。刑法立法权需要清晰的界分与行政立法权的行使范围，刑法立法权要尽量让渡更多的空间给予行政立法权。刑法立法对其介入评价的行政违法行为应秉持行政处罚措施穷尽的原则，即只有从处罚种类和处罚程度全部用尽了行政处罚措施，尚不能很好地规制某一种行政违法行为时，才能从该种行政处罚行为的形式和实质两个角度予以审慎考察进而适用刑罚。

（1）坚持行政处罚种类用尽原则。根据《行政处罚法》的规定，行政处罚种类包括警告、罚款、没收违法所得、没收非法财物、责令停产停业、暂扣或者吊销许可证、暂扣或者吊销执照、行政拘留等 8 大类。上述 8 类行政处罚按照处罚程度呈递增趋势，即对于单位来说，吊销许可证和执照是最为严厉的

---

① 陈兴良：《刑法的价值构造》，中国人民大学出版社 1998 年版，第 353 页。

行政处罚,而对于自然人来说,行政拘留无疑是最为严重的行政处罚,而警告是最轻的行政处罚。具体到每种行政违法行为来说,囿于各种原因,可能选择其中一种或者几种处罚种类。行政处罚措施穷尽原则旨在刑罚发动以前,行政违法者已受到最为严厉的行政处罚。然而,我们发现相关刑事规范并未如此,而是在行政处罚措施仍有规制空间,仍未用尽最为严厉的处罚措施之前就急于介入,甚至存在自我纠结矛盾的立法混乱现象。比如伪P2P类型的非法集资案件,大量案件进入刑事诉讼程序之前没有受到任何行政机关的任何行政处罚。这种刑法直接介入调整的必要性何在,是无法评估的。虽然刑法介入后,"快刀斩乱麻"地遏制了此类犯罪现象,但有效并不等同于有必要。行政处罚没有充分使用,就无法知晓刑罚发动的必要性,也不符合刑法保障法的基本定位。

(2)行政处罚的处罚幅度必须以用尽为前提。所谓行政处罚的处罚幅度必须用尽是指在刑事立法层面上,只有当某种行政违法行为处以"顶格"处罚措施,仍不能有效管控这种违法行为时,才有必要动用刑罚。在行政处罚手段未尽"职责"之前,刑事立法层面上则匆匆动用刑罚予以规制,似有"越俎代庖"之嫌。司法实践中应当坚持刑法谦抑性,从刑事司法适用技巧上采用限缩解释原则,对部分的行政违法犯罪行为作出罪化处理,亦属不得已而为之。

三、互联网金融领域行刑衔接法律适用问题研究

(一)互联网非法集资行为的行刑衔接问题

2015年以来,互联网非法集资案件的集中爆发,是长期以来互联网金融市场集聚乱象的必然结果。大量案件被定性为非法吸收公众存款罪和集资诈骗罪。与之极为不协调的是,却几乎没有一件非法集资案件在进入刑事诉讼之前受到相关行政执法机关的处罚。这一现象不禁令人深思,互联网非法集资行为的行刑衔接问题已经非常突出。面对应接不暇的非法集资刑事案件,在行政监管缺位和行政执法力度不够的情形下,如何理顺行刑衔接问题,是值得深入研究的。

1. 互联网非法集资行为规制原则应是"以行政处罚为主,以刑罚为辅",在行刑处罚顺序上,"以行政处罚为先,以刑事处罚为后"。刑法的保障性和补充性要求刑法面对任何犯罪乱象都要始终保持克制和谦抑的态度。互联网非法集资行为的法律规制,长期以来行政监管法律的缺位,一定程度上助长了此种犯罪现象的猖狂蔓延。在行政监管和行政监管法规缺位的情况下,刑法则更没有必要急于介入。通过观察司法实践,面对不断崩盘的互联网非法集资平台

公司,作为唯一相对有效地调整手段,刑法被动介入了。然而事实上,刑罚的盲目发动并未充分有效地解决这一问题。众所周知,刑事案件以追究平台公司和参与人员的刑事责任为主,对平台公司和参与人员都是重大制裁,以致于公司关门,参与人员锒铛入狱。然而,一般情况下,大部分的投资人或者被害人的损失并未因此充分受偿,导致"案结事不了"。相反,如果对此类纠纷,首先采用行政处罚为规制手段,完全可以纠偏平台公司的经营模式,使之慢慢走出违法的运作轨道,对以前的违法行为进行必要的行政处罚。而行政处罚往往以停业整顿、限期改正、罚款、吊销营业执照等方式进行,一般并不会彻底断了平台公司恢复正常营业的希望。平台公司作为一个法人得以继续存活下去,可以在行政监管部门的督导下完成合法性运作。另外,行政监管部门可强制平台公司限期退还投资人或者被害人的投资本金,有利于债务清偿和最大限度保护投资人利益。对于平台公司符合犯罪构成要件的行为,在退还本金后,行政机关可将其移送刑事司法机关处理。如此,既能够最大化地弥补投资人的损失,也能最大限度上修复已经破坏的社会关系,更能妥善地协调行政法律与刑法的关系。如采取"以行政处罚为先、以刑罚为后"的处理原则,更够兼顾法律效果与社会效果。在坚持这一原则之下,刑法并非不介入,并未放纵犯罪,而是在行政处罚之后介入,介入时机的选择上更为优化。

2. 贯彻宽严相济刑事政策,审慎圈定刑法规制范围。互联网非法集资行为的应对选项之中,首选绝不应当是刑法。在法律制裁和法律调整手段上,刑罚也不应过度介入,应给行政处罚和行政监管措施预留出足够的适用空间。鉴于现在刑事司法普遍被动介入互联网非法集资行为纠纷的情况下,应当从严把握相关罪名的入罪门槛,限制解释其构成要件,在宽严相济刑事政策的指导下,尽量缩小犯罪圈和打击范围。

(1) 从严把握非法集资的"社会公众性"要素。无论是非法吸收公众存款罪,抑或是集资诈骗罪,吸收资金的对象必须是社会不特定公众。何谓不特定社会公众,司法解释曾有过一些规定,但面对现在复杂的非法集资犯罪现象,应对这些司法解释规定作从严解释和理解。2010年最高法院《关于审理非法集资刑事案件具体应用法律若干问题的解释》第1条第2款规定:"未向社会公开宣传,在亲友或者单位内部针对特定对象吸收资金的,不属于非法吸收或者变相吸收公众存款"。该规定考虑到亲友和单位内部员工均是相对封闭的群体,可以理解为一定范围内的个人民间借贷行为,因对社会其他人不具有公开性,而否定了社会公众性。但这种情况并非是绝对的。2014年最高人民法院、最高人民检察院、公安部《关于办理非法集资刑事案件适用法律若干问题的意见》对上述司法解释又进一步作了两点补充解释,在第3条"关于社会公众的认定问题"中规定了两种情形应认定为"社会公众"的情形:"(一)在向亲友或者单位内部人员吸收资金的过程中,明知亲友或者单位内部人员向不特定对象吸收资金而予以放任的;(二)以吸收资金为目的,将社会人员吸收为单位内部人员,并向其吸收资金的。如何兼顾适用上述两个司法解释规定,应结合具体的案情。现实案例中,普遍存在以下情况:一是销售人员向身边亲友介绍理财产品,并向亲友吸收资金;二是销售人员的亲友通过平台公司的广告宣传得知理财信息,主动找到销售人员投资;三是销售团队主管对下属销售人员或者团队成员吸收资金;四是销售人员自己购买理财产品。显然,这些情况不宜一律认定为向社会公众吸收资金。笔者认为,向社会不特定公众吸收资金的最为本质的特征是对象范围的不确定性。不管是何种宣传手段或者传播手段,只要导致吸收资金对象范围的不确定性,即可认定为构成"向社会不特定公众"吸收资金。因此,司法实践基于此一般的做法是:对于向直系亲属或者家庭共同生活成员吸收资金,不予认定;对于销售人员自己购买理财产品的,不予认定;对于仅仅针对下属或者固定的销售团队成员吸收资金的,不予认定。如此做法既符合司法解释的精神,也是宽严相济刑事政策应有之义。

(2)严格限缩犯罪圈,从严控制打击面。梳理平台公司的运作模式和人员组织架构,可知非法集资参与人员大致可以划分为以下几类:一是平台公司实际控制人、法人和高管;二是业务条线的销售主管和大量的销售人员;三是非业务人员,包括行政人员、财务、技术支持人员、在线客户,等等;四是与平台公司合作的第三方,包括担保公司、第三方支付公司、项目合作方,等等。针对这些参与人员,如何圈定打击面是个实务难题。毋庸置疑的是没有必要对上述所有人员都通过刑法进行处理,事实上非刑罚处理手段的运用效果更为恰当。按照刑法基本原理,定罪的思路无非是单位犯罪和自然人共同犯罪。

如果认定为单位犯罪,追诉主体是被告单位、单位的主管人员和其他直接责任人员。因此作为平台公司的实际控制人、法人和高管,可认定为单位的主管人员。对于业务条线的销售主管和大量的销售人员,则可以认定位其他直接责任人员。对于非业务人员,显然无法成为单位的主管人员,又因其并非直接从事吸收资金业务,难以认定为其他直接责任人员。因此,我们认为这种情况下非业务人员不构成犯罪,应受到行政处罚比较妥当。

如果认定为自然人共同犯罪,追诉主体是平台公司的自然人。那么,共同犯罪的一般原理,部分实施全部责任。如此,不仅平台公司实际控制人、法人、高管以及其他业务人员,可以构成犯罪,其他非业务人员以及第三方,理论上均有可能成为共犯。这种定罪思路的犯罪圈是非常宽泛的。如何作出合理的界定,并从理论高度给出从宽处理的支撑是需要深究的。对此,中立帮助行为理论的运用使得这一难题似乎有了解决办法。

中立帮助行为,理论上并没有给予清晰的概念界定,但一般认为中立的帮助行为具备两个特性:一是这种行为客观上促进了犯罪,对实行行为起到帮助作用;二是这种行为同时具有日常性和正常性,是社会有效运转的必要行为。① 中立帮助行为理论作为共同犯罪理论的组成部分,对帮助犯的限制作用很明显,可以在违法层面上限制帮助犯的适用范围。按照中立帮助行为理论,非业务人员所从事的工作是协助平台公司运作,可以认定为吸收资金的帮助行为,但与此同时这种行政工作、财务工作以及其他公司非业务岗位的设置,都是日常生活中常见行为,也是很多公司一般必备的职能岗位。因此严格依照中立帮助行为理论,此类非业务人员的行为应作出罪化处理,不应一律认定为非法吸收资金行为的帮助犯。但遗憾的是,相较于国外对中立帮助行为理论的重视,我国司法实践中并没有中立帮助行为理论的概念和运用,理论研究也偏少。因此,司法实践中大量存在将此类人员入罪的案件。这种司法操作习惯不仅有违中立帮助行为理论,而且严重不符合宽严相济刑事政策的要求。笔者认为,即便是在自然人共同犯罪的情况下,仍不应将非业务人员认定为犯罪,对行政人员、财务人员建议予以行政处罚。

3. 适当运用刑法第13条中"但书"的规定,对情节显著轻微的行为人作出罪化处理,对情节轻微的可以免予刑事处罚,从而扩大非刑罚处理手段的适用。互联网非法集资行为本质上属于互联网平台与传统非法集资行为的结合。这一犯罪现象的蔓延是民间融资难问题在互联网时代的集中爆发。非法集资行为的频繁出现和热度不减,深度地说并非法律问题,而更多的是金融问题、经济问题。因此,从这个角度讲,刑法不应为金融体制问题"买单"。在金融体制问题不合理,或者金融市场模糊不清的情形下,刑法应退居后位,更多地让位于行政监管和行政处罚。因此,对互联网非法集资行为,不应一律入刑,视情节不同而区别对待。司法机关也充分认识到了这一点,基于宽严相济刑事政策的精神,在操作上从严把握非法集资的罪与非罪。对于资金主要用于生产经营及相关活动,行为人有还款意愿,能够及时清退集资款项,情节轻微的,社会危害不大的,可以免予刑事处罚或者不作为犯罪处理。② 有鉴于此,我们认为实务部门可以有这样的司法操作:一是对于平台公司规模较小,资金吸收

---

① 参见黎宏:《论中立的诈骗帮助行为之定性》,载《法律科学》2012年第6期。
② 最高人民法院刑二庭:《宽严相济在经济犯罪和职务犯罪案件审判中的具体贯彻》,载《人民法院报》2010年4月7日。

较少，吸收资金范围不大，主要用于生产经营的，能够全部及时清退吸收资金的，按照刑法第13条"但书"的规定，不予认定构成犯罪，予以行政处罚；二是对于上述情形，资金未能及时清退，但查扣资产足以抵消投资人损失的，不予认定构成犯罪或者免予刑事处罚，予以行政处罚；对于平台公司中，参与程度较小的人员，或者吸收资金较少的业务员，能够退赔非法所得的，按照刑法第13条"但书"的规定，不予认定构成犯罪，予以行政处罚。

因此，互联网非法集资行为中，刑法在介入时机上要后于行政法，在介入深度上要保持克制，尽量让渡更多的执法空间和时间给行政执法和行政监管。如此做法，从法律体系上讲，完全符合行政法的调整顺位在刑法之前的法理要求；从执法效果上看，刑法滞后介入和必要性介入，有利于平衡和优化互联网非法集资纠纷的刑事责任、行政责任和民事责任的实现。

（二）互联网支付领域的违法行为的行刑衔接问题

1. "蚂蚁花呗"模式的互联网支付产生的刑行衔接问题

自从进入互联网时代，网络购物日益成为一种重要的购物形式。2009年以来，电商业务持续快速增长，由此催生了各式各样的网络支付手段，为有效抢占电子商务市场份额和刺激消费者进行网络消费，蚂蚁金服适时推出了"蚂蚁花呗"网络支付服务，该业务是由蚂蚁金服旗下重庆市阿里巴巴小额贷款有限公司及重庆市阿里小微小额贷款有限公司面向支付宝注册客户提供的定向消费贷款服务。该业务模式下，"蚂蚁花呗"基于大数据的授信模式，结合客户信用情况及其风控模型确定客户消费授信额度，提供了即时申请、即时审批的服务能力。审批通过后，"蚂蚁花呗"可立即用于购物支付，从而与消费购物过程紧密结合。①

然而，在新兴互联网支付刺激消费拉动需求的同时，法律风险和法律适用的分歧也随之产生。鉴于互联网支付领域行政立法、监管的滞后以及对新类型犯罪认识理解与刑法适用的分歧，实践中对于利用"蚂蚁花呗"套现等几种新型互联网支付领域的犯罪行为在定性和处理上存在争议。

根据收集到的相关案例分析得出，利用"蚂蚁花呗"套现大致可分为以下四种情况：

第一，行为人以"蚂蚁花呗"套现为名，在网络上寻找有套现需求的被

---

① 吴永强：互联网金融消费信贷领域刑事案件定性争议——以"花呗套现"系列案为视角》，载《互联网金融法律评论》微信公众号，2017年8月2日。

害人，在其使用"蚂蚁花呗"购买商品之后将其拉黑，以此骗取被害人用"蚂蚁花呗"支付的钱款。①此类情况目前在实务界有两种观点：一种观点认为，本案应定性为贷款诈骗，被害人为"蚂蚁花呗"，犯罪对象为"蚂蚁花呗"的消费性贷款，"上家""中介"以非法占有为目的，利用"套现者"，间接从"蚂蚁花呗"骗取消费性贷款（间接正犯）。"蚂蚁花呗"作为小额贷款公司，属于金融机构中的一类，被授予了明确的金融机构代码，具备人民银行及银监会依法批准的发放贷款资格。因此，"蚂蚁花呗"作为金融机构的性质是明确的，其有资格成为贷款诈骗罪的被害人。犯罪数额累计如果能够达到贷款诈骗罪的构罪标准，就应当以贷款诈骗罪定罪处罚。另一种观点认为，本案应定性为普通诈骗罪，被害人为"套现者"，犯罪对象为"套现者"所占有的、其已经从"蚂蚁花呗"借出来的消费性贷款。"蚂蚁花呗"基于错误认识处分财产，其处分（支付）财产所指向的对象是"套现者"而非"中介"，即消费性贷款是发放给"套现者"而非"中介"。"中介"虽然有非法占有的目的，但只是直接作用于套现载体而无法直接作用于消费性贷款，固本案定性应为普通诈骗罪。②

笔者认为，"蚂蚁花呗"虽具有金融机构代码，具备发放贷款的资格，但是犯罪对象已是"套现者"从"蚂蚁花呗"借出来的消费性贷款，而不是"蚂蚁花呗"本身，固后一种观点成立。

第二，行为人冒用他人支付宝账户，利用他人支付宝中的"蚂蚁花呗"进行消费、套现。在此类案件中，行为人一般以采用木马程序盗取支付宝密码的方式或者已事先知晓被害人的支付宝密码，在未经被害人许可的情况下，通过"蚂蚁花呗"套现将钱款转移到自己的账户中。在实务中存有争议的是，此类行为是否属于信用卡诈骗罪，若不是，属于盗窃罪还是诈骗罪。

首先，根据刑法第196条之规定，信用卡诈骗罪中只包括使用伪造的信用卡或者以虚假身份骗领信用卡、使用作废的信用卡、冒用他人信用卡、恶意透支信用卡这四种情形。在刑法意义上，信用卡是指由商业银行或者其他金融机构发行的具有消费支付、信用贷款、转账结算、存取现金等全部功能或者部分功能的电子支付卡。"蚂蚁花呗"虽然具有很多信用卡的功能和特征，但其本质属于小额信贷，不属于刑法意义上的信用卡。倘若将"蚂蚁花呗"视为信

---

① 赖琛琛：《"蚂蚁花呗"套现的罪名探析》，载《刑事实务》微信公众号，2017年9月8日。

② 吴永强：《互联网金融消费信贷领域刑事案件定性争议——以"花呗套现"系列案为视角》，载《互联网金融法律评论》微信公众号，2017年8月2日。

用卡,则属于类推解释,将有违罪刑法定原则和罪责刑相适应原则,容易造成法律适用的混乱,因此该行为不能以信用卡诈骗罪来定罪处罚。

其次,行为人未向"蚂蚁花呗"进行虚假表示。虽然行为人冒名使用被害人的支付宝账户进行套现的行为具有一定的欺骗性,但账户中的消费额度是"蚂蚁花呗"根据被害人本人的网购综合情况而提供的。行为人并未实施需重新审核发放贷款的行为来骗取"蚂蚁花呗"的消费额度,最终受害人是支付宝账户所有人。支付宝公司作为第三方支付平台,完全是按照支付系统正常的程序来操作。可见,无论是被害人,还是支付宝公司都没有基于自愿的意思而将财产交付给行为人,而诈骗罪的本质特征就在于犯罪行为的欺骗性和交付财物的自愿性,故行为人的犯罪行为并不构成诈骗罪。①

综上所述,笔者认为,在本案中,行为人的行为由取得支付宝账户密码、使用"蚂蚁花呗"购买商品、退款并取现三个行为组成,前两个行为综合起来就属于采取不易被财物所有人、保管人或者其他人发现的方法,将公私财物占有的行为,后续退货并取现的行为是实现商品货币化的手段。行为人的上述三个行为结合在一起所形成的犯罪过程符合盗窃罪"非法占有为目的,秘密窃取公私财物的行为"的法定构成要件特征,固此类行为应属于盗窃罪。

第三,行为人本人在使用"蚂蚁花呗"套现之后拒不还款。行为人若使用一般的信用卡进行套现,以非法占有为目的进行恶意透支,可以信用卡诈骗进行评价。但是,"蚂蚁花呗"本质属于小额信贷,不属于刑法意义上的信用卡。如果行为人事先并无非法占有故意,用"蚂蚁花呗"申请贷款消费后无力偿还的,应为普通民事纠纷。如果行为人事先就有非法占有故意,则可以考虑成立贷款诈骗罪。贷款诈骗罪是指行为人以非法占有为目的,编造引进资金、项目等虚假理由,使用虚伪的经济合同、证明文件或者使用虚假的产权证明担保以及以其他虚构事实、隐瞒真相的方法,诈骗银行或其他金融机构的贷款,数额较大的行为。本案的行为符合贷款诈骗罪的构成要件。

第四,冒用他人身份从"蚂蚁花呗"非法获取钱财。行为人在网上购买大量个人身份证信息后,冒用他人真实身份信息申请信用卡用于通过支付宝实名认证,并利用他人的真实信用额度从"蚂蚁花呗"骗取数笔消费贷款,据为己有。此类案件中,行为人去银行冒领信用卡的行为,已经构成妨害信用卡管理罪。但行为人实施该行为的真正目的,在于骗取"蚂蚁花呗"的消费贷款。冒领信用卡是手段,骗取贷款才是目的,两者属于牵连犯关系,应当择一

---

① 尹志望、张浩杰:《冒用他人支付宝进行蚂蚁花呗套现的定性》,载《人民法院报》2016年11月30日。

重罪处罚。①

由此可见,在互联网支付领域,仅仅"蚂蚁花呗"的出现就带来了行政定性、金融监管以及刑事违法、法律适用等方面的分歧以及争议。而与此同时,"京东白条""苏宁任性付""平安壹钱包"等在内的平台都提供了类似的支付服务,获得不少网络消费者的青睐。与"蚂蚁花呗"和"苏宁任性付"不同的是,"京东白条"不仅支持用账户余额和借记卡快捷支付等方式自动扣款偿还账单,还支持信用卡还款,由此又引发出了新的法律问题。在实践中,因被质疑存在"以贷还贷"的问题,"京东白条"的信用卡还款功能已被招商银行和交通银行相继关停。原因是银行方面认为京东白条本质是京东提供给客户的一款贷款产品,而不是赊销凭证。如果用信用卡为京东白条还款,则"违背了个人信用卡应当用于消费领域,不得用于生产经营、投资等非消费领域"的法律规定,属于"以贷还贷",并且将用户违约风险通过信用卡还款转嫁给银行。诸如此类的新兴问题和潜在法律风险,依然有待于金融监管部门出台相关的规定,否则将产生新的法律风险点。

2. 利用互联网支付平台漏洞实施网络盗窃犯罪的认定

目前,利用互联网平台漏洞实施网络盗窃的犯罪频发,如"诺诺镑客""天天基金""平安壹钱包"等。以上海诺诺镑客金融信息服务有限公司平台自带的漏洞为例,行为人使用 FD 抓包软件对数据进行修改后,虚假充值并实施盗窃,造成被害单位直接资产损失达 1000 余万元。此种犯罪操作简单、团伙性强、实施时间极短、难以监管。FD 抓包软件是开放式的网络调试软件,可提供友好格式供用户修改输入输出数据。

网络盗窃犯罪,顾名思义,是指利用计算机网络实施盗窃犯罪的行为。我国刑法第 285 条第 2 款非法获取计算机信息系统数据、非法控制计算机信息系统罪中规定:"违反国家规定,侵入前款规定以外的计算机信息系统或者采取其他技术手段,获取该计算机信息系统中存储、处理或者传输的数据,或者对该计算机信息系统实施非法控制,情节严重的,处三年以下有期徒刑或者拘役,并处或者单处罚金;情节严重的,处三年以上七年以下有期徒刑,并处罚金。"行为人如果仅侵入计算机信息系统,获取该计算机系统中存储、处理或者传输的数据或对该计算机系统实施非法控制,而没有非法占有他人在计算机网络上的财物,则不属于网络盗窃犯罪,应当以非法获取计算机信息系统数据罪、非法控制计算机信息系统罪等定罪处罚。而根据刑法第 287 条的规定,利

---

① 赖琛琛:《全面支付时代到来?小心这几种犯罪》,载《上海检察》微信公众号,2017 年 9 月 24 日。

用计算机实施盗窃，以盗窃罪定罪处罚。网络盗窃犯罪行为人利用编程、加密、解码或其他计算机网络技术，通过计算机网络实施网络盗窃犯罪，可能同时触犯破坏计算机系统罪、非法侵入计算机信息系统罪、非法获取计算机信息系统数据罪等。由此可见，网络盗窃犯罪中存在盗窃罪与上述涉及计算机系统类犯罪的法条竞合关系。

在利用互联网支付平台漏洞实施网络盗窃的犯罪中，其侵犯的对象是否属于刑法保护的财产，目前仍有争议。一般认为，盗窃罪的犯罪对象只限于动产，而且一般是有体物。有体性说认为，财物只限于有体物，包括固体物、液体物和气体物，但是光、电、热等无体物不是财物。随着社会的发展，许多无体物的经济价值越来越明显，电力、无线电信号以及代表一定经济价值的货币、有价证券或有价票证等虽然无体，它们或者可以兑换现金，或者可以提取财物，对其侵犯同样会影响财产所有权的行使。刑法第196条规定，盗窃信用卡并使用的，依照盗窃罪定罪处罚。他人支付宝等网络支付平台内的财物与信用卡内财物性质相类似，在现实生活中大量以无体物的形式出现，应当作为侵犯财产罪的对象。①

最高人民检察院在2017年10月向社会正式发布的计算机网络犯罪第九批指导性案例中，其中有一类案件即以传统的人身、财产等权利为侵害客体的计算机犯罪，即利用网络或信息技术实施的传统犯罪。这些犯罪在计算机和网络技术出现以前就已存在，刑法中也有相应的罪名，但当计算机和网络技术出现后，犯罪分子利用信息技术和网络便利，实施了更加隐蔽、快速，危险性和危害后果更大的犯罪活动。

针对此类案件，笔者认为，检察机关应高度重视加强与相关行政监管部门的联系，加强与银行、电信、互联网企业的沟通。例如，加强与电信网络金融服务商的联系，通过办案，督促行政监管部门严格落实电信网络金融服务实名制；加强与网络服务商的协作，督促电信网络金融等数据掌握者积极履行责任配合司法机关调查取证；推动执法司法机关与金融、电信以及互联网企业合作，加大对计算机网络犯罪产业链打击力度；结合执法司法机关办理的各类网络案件，分析网络管理的薄弱环节和突出问题，及时向有关部门提出加强管理、建章立制的建议，促进提高互联网治理法治化水平；与行政监管部门以及行业协会合作，聘请专家辅助办案，组建由网络技术人员、司法会计、互联网企业技术专家等组成的专家辅助人团队。②

---

① 丛卓义：《消费型网络盗窃犯罪的认定》，载《人民司法（案例）》2017年第2期。
② 《最高人民检察院第九批指导案件新闻发布会通报稿》，2017年10月16日。

（三）互联网平台类非法经营行为的行刑衔接问题

2011年至2013年，全国各地陆续设立了一些从事产权交易、文化艺术品交易和大宗商品中远期交易以及金融资产类交易等各种类型的交易场所，但因缺乏规范管理，引发了大量的投诉与纠纷。相关行政部门出台了一系列规范性文件和整顿措施，其中包括国务院《关于清理整顿各类交易场所切实防范金融风险的决定》（国发〔2011〕38号）、国务院《关于同意建立清理整顿各类交易场所部际联席会议制度的批复》（国函〔2012〕3号）、国务院办公厅《关于清理整顿各类交易场所的实施意见》（国办发〔2012〕37号）、《关于禁止以电子商务名义开展标准化合约交易活动的通知》（证监发〔2013〕74号）等，规范各类交易场所、电子交易平台以及会员单位的经营业务模式。2017年初，针对商品现货交易市场及平台的整顿风暴再次来临，并由证监会牵头召开了清理整顿各类交易场所部际联席会议第三次会议，出台了系列相关规定《关于印发〈清理整顿各类交易场所部际联席会议第三次会议纪要〉的通知》（清整联办〔2017〕30号）、《关于做好清理整顿各类交易场所"回头看"前期阶段有关工作的通知》（清整联办〔2017〕31号）。此次联席会议提及各类地方交易场所死灰复燃的问题主要集中在：一是商品交易场所及其电子交易平台以集中交易方式进行标准化合约交易涉嫌非法经营经营活动；二是金融资产类交易场所与互联网平台合作将权益拆分发行、降低投资者门槛、变相突破200人私募上限等监管空白涉嫌非法集资类问题。2017年7月6日，《关于对互联网平台与各类交易场所合作从事违法违规业务开展清理整顿的通知》（整治办函〔2017〕64号）中，明确提出"于2017年07月15日前，停止与各类交易场所合作开展涉嫌突破政策红线的违法违规业务的增量"。自此，互联网平台与地方交易所业务合作正式开启实质性监管之路。

本部分内容主要针对互联网平台涉及的两类非法经营行为展开：一类是商品类交易场所及其电子平台开展分散式柜台交易涉嫌非法期货经营活动；另一类是金融资产类交易场所与互联网金融平台结合产生的监管空白问题。

1. 商品交易场所及其电子平台以集中交易方式进行标准化合约交易涉嫌非法期货经营活动

根据我国《刑法》和《期货交易管理条例》相关规定，未经国务院批准或者国务院期货监督管理机构批准，任何单位或者个人不得设立期货交易场所，或者以任何形式组织期货交易及其相关活动，未经批准开展上述活动会涉嫌非法经营罪。商品类交易场所及交易品种的设置本应当立足现货，不得上线与当地产业无关的交易品种，交易必须保证全款实货，交易客户应当限定为行业内企业。

非法经营期货是《刑法》第 225 条规定构成非法经营罪其中一种经营行为，其客观构成要件是指经营行为违反上述国家规定。所谓"违反国家规定"是指违反了全国人民代表大会及其常务委员会制定的法律和决定，以及国务院制定的行政法规、规定的行政措施、发布的决定和命令。因此，认定商品类交易场所及其电子平台是否构成非法经营罪，关键在于审查其交易行为是否属于违反国家规定从事期货业务。2012 年 10 月 24 日，国务院发布的《关于修改〈期货管理条例〉的决定》中将 2007 年《期货交易管理条例》第 2 条中的"期货合约"的相关规定修改为："本条例所称期货合约，是指期货交易场所统一制定的、规定在将来某一特定的时间和地点交割一定数量标的物的标准化合约。期货合约包括商品期货合约及其他期货合约。"2013 年 12 月 31 日，中国证监会办公厅发布的《关于做好商品现货市场非法期货交易活动认定有关工作的通知》（以下简称《通知》）第 2 条对"标准化合约"和"集中交易"的认定标准作出如下规定：所谓标准化合约是指除价格、交货地点、交货时间等条款外，其他条款相对固定的合约。

上述证监会办公厅发布的《通知》，对"标准化合约"进行了定义。但是，"以集中交易方式进行标准化合约"是否属于国家规定的期货交易，目前存在争议。一种理解认为，《通知》是对《期货管理条例》的解释，《期货管理条例》是行政法规，因而《通知》中规定的"标准化合约"认定标准可用于司法实践。另一种理解认为，现行的法律、行政法规，甚至部门规章均没有作明确规定。根据最高人民法院《关于裁判文书引用法律、法规等规范性法律文件的规定》，规范性文件不可在裁判文书被直接适用。因此，《通知》不能直接作为认定"标准化合约"的依据。①

笔者认为，行政法规条文本身需要进一步明确界限或者作补充规定的问题，应当由国务院作出解释。《通知》的制定机构是证监会办公厅，因此无权作出解释。同时，即使适用《通知》中的规定将现货交易对象认定为标准化合约，将"以集中的方式进标准化合约交易"等同于"期货交易"，也有不合理之处。国务院办公厅发布的《关于清理整顿各类交易场所的实施意见》与行政法规《期货管理条例》对期货"标准化合约"的规定具有一致性，其特点是除价格外，时间、地点等条款均固定。而证监会办公厅发布的《通知》对"标准化合约"的规定突破了时间固定、地点固定的条款约束，与效力更高的文件相抵触。更加准确地说，《通知》与《期货管理条例》规定的是两个

---

① 张志华、王灿林：《现货交易平台乱象中的行为定性——无罪？非法经营罪？诈骗罪》，载《悄悄法律人》微信公众号，2017 年 5 月 23 日。

不同的概念,《通知》是针对"标准化合约"作出定义,而 2012 年 10 月 24 日国务院发布的《关于修改〈期货管理条例的决定〉》中对于"期货合约"的相关规定的修改是针对"期货合约"作出定义。

综上所述,虽然目前现货商品交易市场上不一定有实物交割,但交易的合约是否属于"标准化合约"并没有明确的国家规定。即使该合约属于"标准化合约",以"集中交易方式进行标准化合约交易"也没有违反国家有关于"期货交易"的规定。因此,商品交易场所及其电子平台以集中交易方式进行标准化合约交易是否涉嫌非法期货经营活动仍存有疑点。

笔者认为,虽然不规范的现货商品交易市场给广大投资者造成了较大的经济损失,金融监管以及行政层面对此进行清理整顿尤为必要。但是,根据刑法谦抑性原则,刑事规制应当作为在民事、行政手段之后追究责任的措施。根据罪刑法定原则,刑事罪名有着严格的构成要件,在对现货商品交易参与者的行为性质进行认定时,应当严格按照犯罪构成要件进行评价,不能随意扩大追究刑事责任主体的范围。在实践中,司法机关就现货交易的性质应委托证监局进行认定。

2. 金融资产类交易场所与互联网金融平台结合产生的监管空白问题

金融资产类交易场所与互联网金融平台的合作在拓展理财途径、促进资金融通等方面发挥着积极的作用。目前,互联网金融平台与金交所合作的方式主要有以下三种:(1)参股金交所。自 2014 年底浙江蚂蚁小微金融服务集团有限公司(蚂蚁金服)成为浙江互联网金融资产交易中心股份有限公司的创始股东以来,包括平安、百度、阿里、京东等众多互联网金融巨头均开始涉足并布局地方金交所版块。(2)申请成为地方金交所会员。地方金交所通常会设置交易类会员、经纪类会员、综合类会员以及服务类会员。其中,交易类会员主要是在地方金交所进行金融产品的发行、转让或承销;经纪类会员主要是接受委托人委托投资场内金融产品和资产;服务类会员主要是为金交所中的各类主体提供财务、法律等服务;综合类会员可在交易所从事交易业务、经纪业务以及服务业务。目前主流的合作模式中,互联网金融平台会申请成为地方金交所的交易/综合类会员并在其中扮演承销商的角色。(3)单纯的业务合作。互联网金融平台与地方金交所之间不产生股权或身份上的关联关系,仅就具体项目开展业务合作。[①]

其中,容易滋生法律风险的则是互联网金融平台作为地方金交所的会员,

---

① 刘新宇、彭凯、张倩文:《国内互金平台开展金交所合作业务合作研究报告》,载《互联网金融风向标》微信公众号,2017 年 7 月 6 日。

并在地方金交所进行金融产品的发行、转让、承销或者提供交易、经纪以及服务业务等综合性业务的情形。对此，国务院《关于清理整顿各类交易场所切实防范金融风险的决定》与国务院办公厅《关于清理各类交易场所的实施意见》等相关文件规定未经国务院金融管理部门批准，不得设立从事信贷、证券、保险等金融产品交易的交易场所，其他任何交易场所也不得开展信贷、证券、保险等金融产品交易。以上金融产品，包括人民银行、银保监会、证监会监管的所有金融产品，含票据、信托产品、信托受益权、私募证券、私募基金份额、资产证券化产品、保险资产等。省级人民政府批准设立的金融资产类交易场所不得将权益拆分为均等份额后发售给投资者，只能将权益进行整体转让。对于已出售的权益资产，可由资产出售方进行回购等方式，逐步实现产品下架。不得采取"定向融资计划"等形式变相违反国务院文件规定，不得进行私募债的发行和交易，不得通过拆分、代持等方式变相突破合格投资者标准或单只私募证券持有人数上限。

我国金融业的监管格局大体分为两部分：由"一行两会"监管传统金融机构，如银行、信托、基金、期货等；由地方监管部门（以地方金融办为主）监管类金融机构，如小额贷款公司、典当公司、融资租赁公司、地方资产管理公司等。地方金交所依其"地方金融要素市场"的属性而被归划为地方金融办监管。国务院《关于清理整顿各类交易场所切实防范金融风险的决定》与国务院办公厅《关于清理各类交易场所的实施意见》等相关文件就地方金交所确立了属地监管原则，即地方金交所主要由省级人民政府监管，监管权限主要体现在交易所的设立审批、清理整顿、监管制度制定、监管责任落实等方面。国务院《关于清理整顿各类交易场所切实防范金融风险的决定》中明确指出：清理整顿各类交易场所部际联席会议不代替国务院有关部门和省级人民政府的监管职责。对经国务院或国务院金融管理部门批准设立从事金融产品交易的交易场所，由国务院金融管理部门负责日常监管，其他交易场所均由省级人民政府按照属地管理原则负责监管，并切实做好统计监测、违规处理和风险处置工作。

在实践中，很多地方金交所并不持有金融机构许可证，严格来讲并不是真正意义的金融机构，其往往只是根据当地省级金融办的一纸批文而设立的。这些地方金交所和互联网金融平台合作，由平台作为其会员来提供交易、经纪及服务业务，由此便创造出"收益分享合约""地方私募债"等新的金融产品。以"理财通"产品所对接的天津金融资产交易所为例，其营业范围包括金融资产和金融产品的处置交易及相关配套服务（国家法律法规禁止的除外）；资产转让、管理及相关配套服务；融资产品的研究开发、组合设计、管理、咨询及相关配套服务；财务、管理咨询；信息技术中介和外包服务；应用软件开发、大数据管理及相关服务。（依法须经批准的项目，经相关部门批准后方可开展经营活动），而上述金融业务的许可来源只是一纸未公开的天津市金融局《关于同意天津金融资产交易所有限责任公司变更经营范围的批复》。

同时，对于此类金融产品的定性也尚存争议。根据《证券法》第2条的相关规定："在中华人民共和国境内，股票、公司债券和国务院依法认定的其他证券的发行和交易，适用本法；本法未规定的，适用《中华人民共和国公司法》和其他法律、行政法规的规定。政府债券、证券投资基金份额的上市交易，适用本法；其他法律、行政法规另有规定的，适用其规定"。但《证券法》并没有对"证券"本身进行定义，而是给了《证券法》一个相对封闭的适用范围——股票的发行和交易、公司债券的发行和交易、政府债券的上市交易以及证券投资基金份额的上市交易。除此之外的其他情形，只可依据兜底条款——"本法未规定的，适用《中华人民共和国公司法》和其他法律、行政法规的规定"。然而，《公司法》和其他法律、行政法规里也没有与"理财通"等由地方金交所与互联网金融平台合作产生的金融创新产品相关的任何规定。同时，《证券法》本身法律层级是法律，《证券法》第2条列明的兜底条款仅仅提到其他法律、行政法规，即《证券法》未规定的内容只能准用全国人大颁布的法律和国务院制定的行政法规，排除了地方立法的空间，甚至排除了"一行两会"部门规章新设其他形式证券的权力来源。所以，目前这些名目繁多的金融创新产品在实践中虽被作为"证券"监管，但在法律意义上它们是否应当被认定为"证券"，仍存有疑点。①

---

① 孙天驰：《金交所乱象——以"腾讯理财通—天金所"模式为例》，载《北京大学金融法研究中心》微信公众号，2017年6月6日。

互联网金融行为行政监管与刑事制裁的界限

课题组*

引　言

自 2013 年以来，互联网金融在中国快速增长。第三方支付、P2P（Peer-to-Peer Lendi 或 Person-to-Person Lending）、网络众筹、O2O（Online to Offline）、区块链等创新金融模式逐步展开并加速成长。互联网金融在中国市场的蓬勃回应了市场发展的需求，对经济发展具有不可或缺的正向推动作用。但互联网金融创新也是一把"双刃剑"。美国经济学家劳伦斯·萨默斯（Lawrence Summers）曾将金融创新喻为飞机，在为人类提供方便快捷交通方式的同时也带来了引发严重事故的隐患。一些互联网金融违法行为伴随市场热点在金融创新光环的掩饰下粉墨登场，极具迷惑性。同时由于带有普惠色彩，往往危害后果涉众面广、影响恶劣。值得注意的是法律具有先天的滞后性，从出现问题到立法立规再到获得主要或者全部的成效存在一定时间间隔。而互联网金融呈指数级的加速扩张态势又放大了规则形成与市场治理之间的时滞效应。中国到 2015 年才进入互联网金融的"监管元年"，时至今日在法律规制上仍存在监管空白和错位、规则治理与市场需求不协调、不适应等诸多问题。因此互联网金融也成为金融相关研究热点和难点问题较为集中的领域。

互联网金融行为行政监管与刑事制裁之间的界限关涉两法衔接与界分，对互联网金融发展宏观指引、执法边界与金融犯罪圈划定、金融刑事政策调整等具有现实意义。但目前在诸多有关互联网金融的研究中针对行政执法与刑事司法边界的专题论述较少。一些研究以行业及领域为限，对跨界交叉问题研究较少；一些研究关注两法的衔接，侧重对程序流转的阐述；一些研究对繁杂的互联网金融违法行为进行罗列，缺乏对行为的刑事化解构；还有一些研究成果即

---

* 课题组负责人：陈卫民，重庆市人民检察院第五分院副检察长。课题组成员：徐旭，重庆市人民检察院第五分院；曾军，重庆市人民检察院第五分院；张赵，中国人民银行重庆营管部。

使对互联网金融两法界限有所提及,也多限于个别化具体行为,系统性和全面性不足。

对此,有必要结合互联网金融行为类型和行为本质特征对两法交界问题展开全面、系统的研究。准确对相关概念进行定位,厘清争议分歧。在综合梳理、总结行政和刑事两方面立法以及相关规定的基础上,结合司法实务中两法衔接和交叉情况,分析存在的主要问题以及产生原因。核心是要结合促进金融发展关键性要素,提升两法交界总体思路的前瞻性和适应性,并提出符合金融行为特征的界限划分标准。

一、互联网金融行为概述

(一) 基本概念

在新一代互联网技术的推动下,金融业与互联网业、电子商务之间的融合与交叉日益频繁。互联网金融在行业融合大趋势下应运而生。对于互联网金融的概念,国内外研究提出过不同的界定。例如,国外学者 Allen F. 认为互联网金融是传统金融与互联网金融结合的新型领域,是基于互联网思想以技术作为必要支撑的金融。[1] Scholtens B.[2] 以及 Berger S.[3] 等学者则认为互联网金融是各种金融业务与现代 IT、Web 技术有机结合的一种新型金融形式。国内的互联网金融概念由谢平等学者首先提出,认为互联网金融是金融数据化,从抽象理论来考虑,所有的金融产品可能都是不同数据的组合,这个数据组合通过互联网和支付系统还原为金融产品。[4] 另外还有一些研究将互联网金融做了狭义限制。例如,2015 年发布的《亚太地区网络替代金融基准报告》提出网络替代金融(Online Alternative Finance)指"通过传统金融系统以外的互联网市场为个人和企业提供替代性金融服务的渠道和活动"。同时指出,"此定义排除了如 P2P 保险、互联网货币市场基金和第三方支付等活动"。[5] 中国人民银行、

---

[1] Allen F., E—Finance: An Introduction. Journal of Financial Services Research 2002, 22 (1/2): 5-27.

[2] Scholtens B. and Wensveen D. V., The Theory of Financial Intermediation: An Essay On What It Does (not) Explain Working Paper, 2003.

[3] Berger S. and F. Gleisner. Emergence of Financial Intermediaries on Electronic Markets: The Case of Online P2P lending Working Paper University of Frankfurt. 2008.

[4] 谢平、邹传伟:《互联网金融模式研究》,载《金融研究》2012 年第 12 期,第 11—12 页。

[5] 《亚太地区网络替代金融基准报告》(2015):载 19,https://m.book118.com/html/2017/0601/110882632.shtm,最后访问日期 2018 年 7 月 19 日。

工业和信息化部、公安部等部门在 2015 年 7 月发布的《关于促进互联网金融健康发展的指导意见》中则界定互联网金融是传统金融机构与互联网企业利用互联网技术和信息通信技术实现资金融通、支付、投资和信息中介服务的新型金融业务模式。

概念的界定为主旨服务，针对不同的研究主旨其概念会有细微差别，即内涵和外延要有一致性。金融简言之是指资金的融通。就互联网金融行为在两法间的界限这一中心主题而言，所探讨范围有必要覆盖全面的互联网金融行为，在对各类行为特征综合分析的基础上对法律问题进行进一步的分析和阐释才能使论证更为全面和准确。因此这里对互联网金融持较为宽泛的理解，即利用互联网技术和信息通信技术开展的有关资金融通的活动。其中，主体不仅包括传统的金融机构也包括新型的持牌互联网金融机构甚至是开展互联网金融活动的个人；行为模式则包括了传统金融活动、第三方支付、互联网货币、互联网征信、网络借贷、众筹等一系列金融活动。

（二）主要形式

传统的金融活动并非不依靠网络技术，相反 ATM 等自助设备、网络银行、证券期货交易等都离不开互联网技术和信息通信技术。但金融创新通过互联网平台走向大众化和普惠化则是近年来的新业态。鉴于互联网金融的形式多样、涉及范围较广，这里主要针对近年来集中出现且较为典型的新型互联网金融活动形式作简要概括。

1. 互联网支付

互联网支付是指"通过计算机、手机等设备，依托互联网发起支付指令、转移货币资金的服务。"① 互联网支付按方式可分为网络银行直接支付、第三方辅助支付和第三方支付平台。在这三种支付方式中，网络银行直接支付是最原始的互联网支付方式，即银行接受用户申请将相应款项划转至指令账户。第三方辅助支付和第三方支付则是除了用户、商户和银行外还存在第三方参与。二者不同在于前者中第三方机构的作用是推进交易便捷实现，而用户无须在第三方机构拥有独立账户；后者则由第三方平台与银行签约后为用户提供第三方账户作为用户与商家交易的中间支持平台，用户和商家在第三方机构均拥有独立账户。支付宝是第三方支付平台的典型模式。

---

① 《关于促进互联网金融健康发展的指导意见》第 2 条第（七）项中规定："互联网支付。互联网支付是指通过计算机、手机等设备，信托互联网发起支付指令转移货币资金的服务。互联网支付应始终坚持电子商务发展和为社会提供小额、快捷、便民小微支付服务的宗旨。"

2. 网络借贷

网络借贷包括个体网络借贷（即 P2P 网络借贷）和网络小额贷款。个体网络借贷是指个体和个体之间通过互联网平台实现的直接借贷。网络小额贷款是指互联网企业通过其控制的小额贷款公司，利用互联网向客户提供的小额贷款。① 其中个体网络借贷平台模式多样、参与主体较多。但无论是一笔借款需求由多个投资人投资的"一对多"模式还是借款需求与投资打散组合的"多对多"模式都应当遵守信息中介性质，不得提供增信服务、不得自融和非法集资。

3. 众筹融资

众筹融资可分为项目众筹和股权众筹。项目众筹融资是指融资方透过互联网平台发布创意、项目、产品等筹集资金的形式。股权众筹融资是指通过互联网形式进行公开小额股权融资的活动。股权众筹融资必须通过股权众筹融资中介平台（互联网网站或者其他类似的电子媒介）进行。② 股权众筹融资可分为无担保股权众筹和有担保股权众筹。目前国内股权众筹融资以无担保为主。

4. 互联网基金销售

互联网基金销售是指基金销售机构与其他机构通过互联网合作销售基金等理财产品。③ 互联网基金销售有小额、存取灵活的特点，如余额宝等。就基金模式而言，可以分为公募基金和私募基金。不过由于私募基金强调合格投资人概念，在国内控制较严，故通过网联理财渠道开展基金销售主要以公募形式为主。

5. 互联网保险

互联网保险是由保险公司或新型第三方保险网以互联网和电子商务技术为工具来支持保险销售的经营管理活动的经济行为。互联网保险有别于传统的代理人销售模式，用户能有更多的自主选择产品，购买和理赔更为便捷。

6. 互联网信托

互联网信托公司开展的信托业务带有 P2B（Person to Business）或 O2O（Online to Offline）特征，由互联网信托平台发布企业借款项目，企业向信托公司提供超额价值抵押及股东无限连带责任等附加保证，投资人在信托公司项目中选择不同周期资金理财计划实现收益。互联网信托是线上线下电子商务模式相结合的产物，满足了个人与企业之间的投融资需求，但互联网信托仍然要遵守基本的信托业规范和合格投资者的要求。

7. 互联网消费金融

互联网消费金融是指银行、小额贷款公司、消费金融公司等金融机构，以

---

① 参见：《关于促进互联网金融健康发展的指导意见》第 2 条第（八）项中相关规定。
② 参见：《关于促进互联网金融健康发展的指导意见》第 2 条第（九）项中相关规定。
③ 参见：《关于促进互联网金融健康发展的指导意见》第 2 条第（十）项中相关规定。

满足个人或家庭对商品、服务消费需求为目的,向其出借资金并分期偿还的信用活动。目前"蚂蚁花呗""微粒贷"等都是典型的提供互联网消费金融的平台。

值得注意的是各类互联网金融活动并非泾渭分明,跨行业模式层出不穷。例如,金融咨询业务嵌套入互联网证券类业务中。再如,互联网基金销售等理财平台通过定向委托投资计划引入受托公司,通过受托公司进行固定收益类资产投资、信托投资等。这些互联网业务的交融套叠往往"打擦边球",具有免除信息披露义务、绕开合格投资人限制等规避监管的隐性目的,其隐蔽性更强。

（三）互联网金融行为特征

从上述对互联网金融主要形式的归纳可以看出互联网金融还是围绕支付、信贷、借贷、保险、股权等金融主要形式展开,其本质仍然属于金融,没有改变金融风险隐蔽性、传染性、广泛性和突发性的特点。同时随着互联网金融的纵深发展,其业态模式有了很大改变,体现出了一些有别于传统金融的特征。

一是高效性。互联网金融通过网络技术和信息通信技术解决直接融资需求和投资需求,整个交易流程双方甚至无须见面即通过无纸化数据分析和处理高速、高效达成。这种缩减中间环节、轻应用、碎片化、及时性的理财特征符合当前小微企业融资发展以及普通投资者加快资金流转和使用率的刚性需求。互联网金融的高效性是互联网超越传统金融得以迅猛发展的根本原因。

二是涉众广。行业的垄断在高利润领域是普遍存在的现象,金融也不例外。互联网金融的出现和急速发展在于对金融行业垄断的颠覆。普通老百姓通过互联网进一步拓宽投资渠道,能够开展各种较高收益的金融交易。在打破垄断、经济转型的时代背景下互联网金融的社会普惠意义更为突出。当然,互联网金融涉众广意味着资金来源分散、社会参与度高,但并不等同于个体参与资金量小。相反就近年来的互联网金融发展来看,无论是个体参与资金还是总体资金都呈现出体量巨大且加速膨胀之势。

三是更强的隐蔽性。就某种意义而言,互联网金融具有监管套利的色彩。线上交易通过复杂的产品结构设计和网络营销包装往往较之传统金融更具迷惑性。在立法立规滞后、不健全的情况下,一些互联网金融产品游走在金融创新与违法的灰色地带。

四是线上线下同步。互联网金融发展至今已经与传统金融紧密融合,且这种融合将进一步加强。不仅传统的银证保金融机构加入了互联网金融活动,同时新兴的互联网金融机构也加强了线上线下金融活动的融合。当前几乎每个互联网金融的领域都存在产品模式线上线下同步开展的情况。同时参与机构众多、类型丰富,不仅包括互联网公司、电商企业、新型财富管理公司,也包括银行、基金公司等传统金融机构。因此尽管互联网金融是一个有别于传统金融的概念，但就其业态特征而言，已经不可能将当前的线上金融活动与线下金融活动彻底剥离和完全区分。同时可以预期的是，这种线上线下的同步和融合还将进一步加强。

最后需要说明的是，这里对互联网金融行为特征的总结建立在对金融发展趋势的整体判断上，其影响着后续对互联网金融行政和刑事立法趋势的研判也对两法交界的划分标准具有重要意义。

二、互联网金融行为法律规制情况

（一）规制情况

1. 行政监管模式介绍

（1）规则体系

法律渊源层面，我国并未专门针对互联网金融制定法律，当前有关互联网金融行政监管的依据主要集中于法规、规章以及各类行政规范性文件。

第一，法律依据。与互联网金融相关的法律主要有《中国人民银行法》，有关银行业的《商业银行法》《银行业监督管理法》，有关证券业的《证券法》《证券投资基金法》，有关保险业的《保险法》等。从立法种类来看，主要围绕传统金融行业管理展开，对于新型的金融业态我国立法未设专门专章规定。

第二，行政法规。严格意义上讲，我国也没有出台正式的有关互联网金融的行政法规。2017年8月国务院委托当时的银监会起草《处置非法集资条例（征求意见稿）》，引起社会各界广泛关注。尽管之后包括处置非法集资部际联席会议等重要经济金融会议都将推动该条例出台作为重要议事内容，但时至今日仍然没有正式文件颁发。

第三，规章。有关互联网金融的部门规章近年来出台较多，主要以独立部门发文为主。例如在第三方支付方面，有人民银行制定并发布的《非银行支付机构网络支付业务管理办法》；在消费金融方面，有银监会制定的《消费金融公司试点管理办法》；在互联网保险方面有保监会印发的《互联网保险业务监管暂行办法》。

第四，行政规范性文件。当前有关互联网金融的监管依据主要以政策的形式集中在行政规范性文件上，其内容非常庞杂，出台主体也多种多样。既有国务院发文，也有各部委发文，还有各部委联合发文，等等。这些规范性文件多以"指导意见""工作通知""工作实施方案"等形式出台，其内容涵盖了互联网行为分类、业务操守标准、"业务红线"、互联网专业名词界定、监管思路等。自2014年以来以规范互联网金融行为为主的行政规范性文件约有20份。其中中国人民银行、工业和信息化部、公安部等《关于促进互联网金融健康发展的指导意见》、国务院办公厅《关于印发〈互联网金融风险专项整治工作实施方案〉的通知》在一系列行政规范性文件中具有宏观指引和基础性作用。①

综上所述，根据近年来出台的主要互联网金融监管规章和行政规范性文件按照互联网金融业务类型总结梳理如下表：

类型	发布时间	发布机构	名称
综合类	2015-7	人民银行、银监会、证监会、保监会等十部门	关于促进互联网金融健康发展的指导意见
	2016-4	国务院办公厅	互联网金融风险专项整治工作实施方案
	2016-4	人民银行等十七部门	通过互联网开展资产管理及跨界从事金融业务风险专项整治工作实施方案
	2017-4	人民银行等十七部门	关于进一步做好互联网金融风险专项整治清理整顿工作的通知
互联网支付	2014-4	人民银行、银监会	关于加强商业银行与第三方支付机构合作服务管理的通知
	2015-12	人民银行	非银行支付机构网络支付业务管理办法
	2016-4	人民银行等十四部门	非银行支付机构风险专项治理工作实施方案
	2017-4	人民银行	关于将非银行支付机构网络支付业务由直连模式迁移至网联平台处理的通知
网络借贷	2016-4	银监会等十五部门	P2P网络借贷风险专项整治工作实施方案
	2016-8	银监会等四部门	网络借贷信息中介机构业务活动管理暂行办法
	2016-11	银监会办公厅、工业和信息化部办公厅、工商总局办公厅	网络借贷信息中介机构备案登记管理指引的通知
	2017-4	银监会	关于银行业风险防控工作的指导意见
	2017-12	互联网金融风险专项整治工作领导小组办公室、P2P网贷风险专项整治工作领导小组办公室	关于规范整顿"现金贷"业务的通知
	2017-11	互联网金融风险专项整治工作领导小组	关于立即暂停批设网络小额贷款公司的通知
	2017-12	P2P网络借贷风险专项整治工作领导小组办公室	小额贷款公司网络小额贷款业务风险专项整治实施方案

---

① 除此以外，一些地方的政府部门也出台了有关互联网金融政策性文件。例如，《北京市石景山区支持互联网金融产业发展办法》《北京市海淀区人民政府关于促进互联网金融创新发展的意见》《南京市人民政府关于进一步强化金融服务小微企业发展的实施意见》《天津市人民政府办公厅转发市金融办关于金融支持实体经济和小微企业发展实施意见的通知》等。由于地方性文件不具有普适性，相较全国性文件而言，其外部化权威特征较弱，故不在主文中罗列和分析。

续表

类型	发布时间	发布机构	名称
众筹融资	2016-4	证监会等十五部门	股权众筹风险专项整治工作实施方案
互联网基金销售	2017-10	证监会	公开募集开放式证券基金流动性风险管理规定
互联网保险	2015-10	保监会	互联网保险业务监管暂行办法
	2016-1	保监会	关于加强互联网平台保证保险业务管理的通知
	2016-10	保监会等十五部门	互联网保险风险专项整治工作实施方案
消费金融	2014-1	银监会	消费金融公司试点管理办法
其他	2017-9	人民银行等七部门	关于防范代币发行融资风险的公告

(2) 分类监管

目前的互联网金融行政监管体系是以《关于促进互联网金融健康发展的指导意见》相关规定为基础建立起来的，即由现在的"一行两会"（人民银行、银保监会、证监会）对互联网实施分类监管。

其中，互联网支付业务由人民银行负责监管。网络借贷、互联网信托和互联网消费金融、互联网保险由银保监会（局）负责监管。股权众筹、互联网基金销售由证监会（局）负责监管。除此以外，各地金融办（局）负责对本地区交易场所、小贷公司等机构的互联网金融违法活动进行摸查和整治；工商部门负责企业登记注册；工业和信息化部门对互联网金融中涉及的包括网站备案等在内的电信业务进行监管；互联网信息办公室负责对金融信息服务、互联网信息内容等业务进行监管。

从监管的内容来看，互联网金融行政监管工作主要从网络与信息安全监管、信息披露风险提示、合格投资者、客户资金第三方存管、互联网金融网站备案等几个方面开展。

(3) 行业自律规范和交易规则

除了行政监管外，自2013年以来各类行业自律组织作为互联网金融外部监督的有效补充在国内陆续成立。这些组织既有全国性的也有区域性的。例如，2013年人民银行发起成立的互联网金融专业委员会（成员单位与支付清算相关）、2015年12月"一行两会"组建的中国互联网金融协会（成员单位覆盖互联网金融主流业态和新兴业态）是全国性的互联网金融行业自律组织。另外地方性的自律组织还包括由中关村管委会和北京市民政局业务指导和监督管理的中关村互联网金融行业协会、由广东省民政厅与广州万惠投融资管理有限公司牵头成立的广东互联网金融协会、山东省8家互联网金融机构倡议发起的山东互联网金融行业协会等。

这些互联网行业自律组织相继发布了一系列包括《中国互联网金融行业自律公约》《互联网金融自律倡议书》等在内的行业自律公约，同时也制定了一些互联网金融领域业务和技术标准规范。例如，2016年10月中国互联网金融协会发布的《互联网金融信息披露个体网络借贷》标准（T/NIFA1-2013）和《中国互联网金融协会信息披露自律管理规范》。除行业性自律规范以外，依法设立的全国性金融交易场所还制定了具体的交易规范和规则。这些交易所规则在相关同类金融业务中具有权威的行为引导和规范作用。例如，《上海证券交易所交易规则》就是经中国证监会批准予以发布的。

（4）综合评述

通过对上述法律渊源以及监管模式的梳理可以总结出当前互联网金融行政监管以下三个方面的特点：

第一，逐步脱离无序化监管。2014年前后，互联网金融是否纳入金融业管理，由什么机构管理有争议、无定论。监管真空导致当时的互联网金融行业门槛低、违法成本低，各种违法违规行为层出不穷。而前期的监管真空也是当前互联网金融行政监管强化行业整顿、侧重清理存量的重要原因。现在，互联网金融已经正式纳入金融业管理，同时明确了分类监管的职能部门，将不同类别和功能的互联网金融行为归口相应职能部门监管。总的来说，因为互联网金融行为仍然是在支付、基金、借贷、保险、证券等传统金融形式上的延伸和发展，本质仍然是金融，故当前的互联网金融行政监管可以归纳为机构监管为主导的分类监管，即仍然在旧有金融行政监管职能大框架范围内由不同的监管部门按业务类型对互联网金融开展行政监管。

第二，明确了基本的行政监管制度。与2014年前后相比，当前的互联网金融行政监管总体上已经脱离了无规则约束的状态，树立了基本的制度。包括：以牌照制度为主的准入制度、鼓励公平交易的市场诚信监管制度、缓减信息不对称并强化信息披露的审慎监管制度、降低系统性风险强化稳定性的穿透式监管制度。不过仍然存在过分强调准入制对后续市场行为的监管措施乏力、制度不够细化、有空白的问题。

第三，相关行政规则体系尚不成熟。上述行政监管制度中表现的问题归根结底是行政监管规则体系不成熟造成的。当前互联网金融行政监管的法律体系表现为有一定监管依据，但大量的监管依据沉淀在低层级规章和行政规范性文件中。整个互联网金融行政法体系尚不成熟，上位法缺位。还处于监管细则和技术安全标准由下至上逐步积累的阶段，处于通过低层级规范性文件为上位法的出台反复验证试错的阶段。同时，出台文件主体较多，甚至包括了一些行业自律组织，直接导致一些文件的权威性和规范性不够。

总体来说，当前互联网金融行政监管正在经历一个从无到有，从初级到成熟的过程。这个过程是一个建立规则、完善规则的过程，也是一个清理存量、优胜劣汰的过程。对此相应的刑事司法应当予以契合，同时根据行政监管的发展实际给予一定的容忍。

2. 刑事制裁模式介绍

（1）互联网金融犯罪范围界定

但凡对类罪范围的划分都有广义和狭义之争。正如前面所论述的，我们认为互联网金融本质上仍然是金融。互联网金融犯罪并非赋予金融犯罪全新的内涵，而是在旧有金融行为基础上进行的模式创新。因此，对互联网金融犯罪的界定仍然脱离不了是否以罪名为限对金融犯罪圈进行划定的判断。

狭义的金融犯罪以罪名为限，被限定于刑法分则第3章第4节"破坏金融管理秩序罪"和第5节"金融诈骗罪"之内。广义的金融犯罪则以具体行为的危害性和违法性来评价金融犯罪，涵盖与金融直接相关联可能破坏金融秩序的所有犯罪，包括危害金融监管、金融机构、金融业务、金融法律关系、货币关系等在内的所有犯罪行为。例如以占有为目的的盗窃罪、诈骗罪、职务侵占罪；融资行为本身构成犯罪的非法经营罪；利用互联网直接实施扰乱市场秩序的组织、领导传销活动罪；违反信息对称原则的违规披露、不披露重要信息罪、提供虚假证明文件罪；等等。

对于概念的界定我们坚持围绕主旨的观点，不同的研究主旨其概念界定必然存在差异。狭义的金融犯罪概念关注典型罪名的判断和区分。而互联网金融行为本身涉及范围广、业态多，采取广义的金融犯罪定义更有利于研究的全面性和系统性。故对于互联网金融我们采用广义的视角，将犯罪范围拓展至法律规定的可能涉及互联网金融的所有犯罪。

（2）入罪路径

互联网金融行为形态多样，刑法并未对其中哪些行为设立罪名作为犯罪处理有专门规定。但既然互联网金融的本质仍然是金融，那么通过对刑法中金融犯罪入罪方式的总结可以推导出当前互联网金融的入罪路径。

第一，以非法占有目的为特征的行为，被规定为犯罪。金融行为中以非法占有目的为特征的典型行为主要包括诈骗、侵占、盗窃等，其中的诈骗行为不仅仅包括刑法第3章第5节规定的8个诈骗类罪名，同时还包括合同诈骗罪、诈骗罪。以非法占有为目的的行为作为传统犯罪类型被刑法所规制的原因在于公法对财产权的保护。

第二，金融从业人员的职务犯罪行为。主要包括职务侵占罪、挪用资金罪、贪污罪和挪用公款罪等。罪名的区别在于金融机构性质和从业人员身份。金融从业人员的职务犯罪行为对金融秩序的破坏极大,一直以来都是金融风险防控的重点。

第三,以掩隐为特征的行为,被规定为犯罪。这类犯罪以获得不法利益为目的,对上游行为有明确要求。包括洗钱罪、掩饰隐瞒犯罪所得罪、犯罪所得收益罪。这类行为依托于互联网金融技术,通过表面合法的投资行为掩饰非法获益渠道,犯罪手段更具有迷惑性。

第四,违反信息对称原则、破坏交易公平的行为。该类型犯罪主要针对金融活动中的背信行为。市场信息不对称本身是金融活动的特质,这是现代金融业交易专业化以及所有权与经营权分离后带来的必然后果,而互联网技术又加强了这种金融活动的非实时性特征。但是,故意利用这种信息不对称、创造条件加重这种信息不对称甚至在交易中虚构事实或信息从而获取非法利益的行为,并不为行政监管所允许,同时其中的部分行为也逐步纳入刑事制裁范畴,可谓近年来金融犯罪刑事规制的新动向。从行为类型上可以分为虚假陈述和背信行为。前者有骗取贷款、票据承兑、金融票证罪、诱骗投资者买卖证券、期货合约罪等罪名,后者则包括背信运用受托资产罪、内幕交易罪等罪名。

第五,金融欺诈的预备行为,被规定为犯罪。金融欺诈是对欺诈行为的统称,既非单独罪名也非类罪。无论是以占有为目的的行为还是破坏交易诚信的行为,只要其行为和手段带有欺诈性,都可以纳入金融欺诈。金融欺诈本质在于虚构事实、隐瞒真相。金融欺诈的预备行为没有表现出明显的获利性,但是有虚构、伪造或者非法交易特征,是为后续通过金融欺诈获利做准备。这种预备行为犯罪化主要包括窃取、收买、非法提供信用卡信息罪、伪造金融票证罪、编造并传播证券、期货交易虚假信息罪等。

第六,违反金融行政管制的行为,被规定为犯罪。这类行为入罪与我国的市场行为行政准入制有很大关系。包括非法从事信贷、支付结算、证券、期货、保险业务行为、非法发行行为等。对应了非法吸收公众存款罪、高利转贷罪、擅自发行股票、公司、企业债券罪,以及最大的兜底罪名非法经营罪等。另外,刑法还对一些行为本身违反金融行政管制的行为作入罪处理。如操纵证券、期货市场行为、违法发放贷款的行为等。

(二)现有行刑规制界限

1. 行政违法前置

有关金融犯罪的刑法条文部分内容,需要援引相关行政规范予以认定,这就是所谓的行政违法前置。根据刑法规定,包括互联网金融在内的金融犯罪中存在相当一部分的行政犯,行为入罪以行政违法为前提,即二次违法。

值得注意的是，当前刑法条文对于行政规范的援引、阐述不尽相同。例如，刑法第180条"内幕交易、泄露内幕信息罪"中规定："内幕信息、知情人员的范围，依照法律、行政法规的规定确定；"刑法第185条第2款"违法运用资金罪"中规定"违反国家规定运用资金的，对其直接负责的主管人员和其他直接责任人员依照前款的规定处罚"；刑法第188条"违规出具金融票证罪"，限定为"银行或者其他金融机构的工作人员违反规定"的行为；刑法第189条"对违法票据承兑、付款、保证罪"，规定的犯罪对象是"对违反票据法规定的票据予以承兑、付款或者保证"；而刑法第182条"操纵证券、期货市场罪"，则是对具体行为进行列举并以"以其他方法操纵证券、期货市场"作为兜底条款，并未对需要援引的行政规范作具体限定。

通过对刑法条文中空白罪状的总结可以归纳出两个方面的情况：一方面是当前金融犯罪中部分并非全部的罪名存在二次违法认定；另一方面是对于存在二次违法认定的罪名中条款如何援引行政规范，刑法未作一致的规定。

2. 具体条件

立法上看互联网金融行为行政监管与刑事制裁之间界限划分标准以量为主。可以分为犯罪结果和行为情节两大类。

以犯罪结果作为界限的标准包括：以金额为标准，如直接经济损失、非法发放发行数额、隐匿财产价值、违法所得等；以对象为标准，如非法经营、持有、销售犯罪对象的数量；以造成的恶劣影响为标准，如非法吸收公众存款户数、致使证券被中止上市交易、相关单位破产、责令关闭等。

以行为情节作为界限主要规定于专业性较强的金融犯罪中。如操纵证券、期货市场罪中，就几种特定交易操纵行为对交易量、申报量的影响作了具体程度上的入罪限定。值得注意的是刑事入罪范围不仅小于行政规制，同时对于行为情节的认定标准，刑事入罪也体现出了一定的谦抑性和补充性。即便行政与刑事规定在基础行为判断上基本一致，在入罪标准上行政违法行为要上升为刑事犯罪还是有进一步的量的要求。同样以操纵证券市场罪为例，在行政监管中，只要行为人以不正当手段，影响证券交易价格或者证券交易量，扰乱证券市场秩序的行为都要追究行政责任。根据证券法以及《证券市场操纵行为认定指引》等法律、规章的规定，操纵证券市场的行为包括连续交易操纵、约定交易操纵、洗售操纵、蛊惑交易操纵、抢帽子交易操纵、虚假申报操纵、特定时间的价格或者价值操纵、尾市交易操纵等。而刑事制裁方面，则主要针对连续交易操纵、约定交易操纵、洗售操纵、抢帽子交易操纵等几类主要的操纵行为入罪作了专款规定，同时还在行为认定的基础上对申报量、成交量、连续交易日等作了进一步的量的要素限制。

(三) 存在的问题及原因

无论是行政层面还是刑事层面，当前的互联网金融已经走出了最初的无序化发展局面。但当前公法对互联网金融的规制还处于不够完备的初级阶段，这种法律的滞后性也给两法交界标准判断带来一定的困扰。

1. 问题表征

第一，三个效果不统一。党的十九大作出了中国特色社会主义进入新时代的重大战略判断。指出新时代中国社会主要矛盾已经转化为人民日益增长的美好生活需要和不平衡、不充分发展之间的矛盾。互联网金融具有涉众广、隐蔽性高等特点，较之传统金融具有更高的金融风险隐患和风险覆盖面。对于互联网金融违法犯罪行为的治理一直受到社会各界的高度关注，关乎打好防范化解重大风险攻坚战。但当前的行刑治理却广受法律适用机械、刑事制裁介入迟缓等诟病。例如，对涉集资类犯罪中非法经营、非法吸收公众存款等罪名适用死板、刑事追诉片面，没有考虑集资手段不合法但资金运用渠道合规案件中保护投资人利益、保护小微企业资金发展需求的问题。再如，很多案件仅仅依靠行政监管效果和力度均不够明显，而刑事制裁要等到出现重大风险后果后才介入，两法对于日常行为风险的防范与化解难以有效衔接。一言以蔽，即当前的互联网金融行刑交界案件办理三个效果不统一，一些案件的实际处理与经济金融发展趋势不一致、与人民群众的感知和诉求不一致。

第二，行刑交界存在错位。这里的关系错位主要表现在认定的混同和认定的冲突两个方面。在认定的混同上，主要包括行政监管以罚代刑和刑事制裁越位干预。在认定的冲突上则表现为行政和刑事认定上存在定性矛盾。实务中，对互联网金融行为中哪些行为需要以违反行政规则为入罪前提、哪些行为不需要对其作行政违法性前置认定没有形成统一标准；司法认定的独立性存在争议；对一些专有名词的理解有扩大解释的倾向；对犯罪构成中一些关键要素的认定存在混淆导致罪与非罪的不同认识。

第三，规则适用混乱。二次违法性认定是互联网金融行为行刑界限研究中的一个重要内容。二次违法认定的罪名中空白条款如何援引行政规范存在规则适用空白。具体而言主要表现为，二次违法认定适用行为类型不统一、前置行政法规范法律位阶适用标准不统一和前置行政法规范扩充准则不统一。互联网金融行为涉及范围广、类型多样。其中哪些行为需要二次违法认定前置、哪些行为不需要没有统一认识。而行政法规范法律位阶适用更是复杂。从前文对条文的罗列和归纳可以看出，刑法条文中包括了以"法律"、以"法律、行政法规"、以"国家规定"为前置法规的三种较为明确的法律位阶规定。但同时还有更多条文没有明确前置法规，包括以"规定"、以"法"为前置法规，甚至还有对援引行政规范不作明确规定的条款。对此，在何种情况下适用哪一类的行政规范以及在位阶较低的行政规范中能扩充到哪一层级，实务中均较为混乱，且没有形成统一认识。

2. 原因溯源

对于造成互联网金融两法交界诸多问题的缘由，既有人为主观因素也有现实客观因素。前者主要涉及执法职业道德和执法素养、能力的问题，这里不再详细展开。对于互联网金融两法交界问题原因溯源，客观上主要表现在行政监管和刑事制裁两个方面。

（1）行政法方面

行政法方面主要表现为低位阶规范占比过高、监管相对滞后和监管部门职能交叉。

第一，规章、行政规范性文件、行业标准在互联网金融行政规则体系中的占比相当高。互联网金融关涉金融新业态，对于很多新情况、新问题的监管往往需要依靠低位阶规范"试水"。走由下至上逐步完善的路子是当前互联网金融行政监管规则体系所必须面临的客观现实。一方面，这些低位阶规范难以有上位法支持。另一方面，行刑交界时对各类行政规范在何种情况下适用、如何适用、适用标准是什么既没有立法予以明确也没有形成统一的认识。这种规则适用的混乱直接导致实务中行刑认定的混乱。

第二，监管相对滞后。互联网金融行政监管还不能完全适应互联网金融发展需要，其主要表现为监管理念的滞后，监管理念的滞后又进一步导致监管手段的滞后。当前的互联网金融行政监管仍然倚重准入制度和内部行为规范。将市场准入严格区分为行业许可、业务许可、产品许可、从业资格许可等细化门类；同时强化对金融机构内部存贷比、资本充足率等业务内控流程的监管。对于金融机构在与外界（社会不特定多数人）联系活动中如何规范其行为，行政监管关注较少。例如，对于信息披露、欺诈等行为的监管是从近年来才开始出现在相关规范性文件中的，且规定较为笼统和宏观。一些具体的披露规范还要依靠行业标准的细化。这种监管的滞后导致遇到行刑交界新型问题时，存在空白和争议。

第三，监管职能交叉。长期以来，金融业对以互联网金融行政监管改革为契机实现金融业从分业、机构性监管向功能性、统合监管转变的呼声较高。但在《关于促进互联网金融健康发展的指导意见》颁布后，顶层设计仍然基本沿用了旧有的监管框架，实行以机构监管为主导的分类监管。将不同种类共七项典型业务的监管分别划归"一行两会"主要负责。另外，涉及工商和网站注册的由工商部门和电信主管部门负责，地方互联网金融机构、场所监管由各地金融办（局）负责。本身法定监管机构之间职能就存在交叉，[①] 同时互联网金融交易结构复杂不是单纯依靠行政文件分类就能够泾渭分明。因此在当前甚至未来较长一段时间的监管模式下，监管职能交叉重叠会长期存在。这种职能的交叉和重叠会在出现行刑交界问题时，对寻找并确定行政规则依据、梳理并落实交易结构产生一定的阻碍。

（2）刑事方面

对于刑事方面的原因溯源，不仅仅在于立法也有刑事政策方面的因素。

第一，刑事政策不清晰。金融创新必然允许试错。在互联网金融活动中，刑法规制承担着准确打击、风险防范和鼓励创新、减少束缚的双重责任。但是针对互联网金融，当前的刑事政策在刚柔、宽严之间的标准是模糊的，同时还表现出前瞻性不够、适应性不强、独立性不明确的问题。论及互联网金融刑事政策时，常提及遵循谦抑性原则和司法谨慎。但是否针对所有的互联网金融违法行为都应当予以遵循；在哪些情况下应当坚持甚至突出刑事司法的刚性；刑事司法的谦抑性和司法谨慎应当表现在入罪还是刑罚的宽严上；刑事司法如何在杜绝泛化和防止缺位上找到平衡；刑事司法认定是否独立于行政认定，以上种种并没有在当前的互联网金融刑事政策中有较清晰的体现和回应。

第二，立法模式粗放。互联网金融刑事立法并没有针对互联网金融涉众性等新特点、针对行政监管中以牌照制度为主的准入制度和机构监管为主导的分类监管思路作很好的消化和衔接。导致在非法吸收公众存款、虚假陈述等一些关键问题上存在罪名存废、增设的争议。从现有罪名设立来看，重视对妨害金融机构经营相关行为的打击，对消费者权益的保护不够；针对违反准入制的罪名设置较多，对交易中间流程的违法行为入罪设置不够。在行政规则适用上也存在标准不统一的问题，主要表现为二次违法认定中援引行政规范的具体标准不明确。本书已对该问题的表征有罗列，这里就不再展开阐述。

第三，构成要件要素的竞合与混淆。互联网金融犯罪中主观、客观、主体、犯罪对象等构成要件关键要素存在竞合与混淆，其中既有法律规定不明的原因也有认识原因。例如，在情节严重作为犯罪成立条件的前提下，行为人主观上是否需要对情节严重有所认识；准入制下金融行为的拓展如何认定；类似和交叉行为如何区分；大数据、信贷金融产品额度能否成为互联网金融犯罪对象。这些林林总总的问题不仅涉及罪与非罪的界定，更是关乎行刑界限划分，

---

① 例如地方金融办（局）与银证保主管部门之间存在监管职能交叉。

解决不好极易加重两法对行为的认定错位。

三、基本界限标准

通过对金融行为模式以及两法规制现状的梳理，笔者提出了当前互联网金融行政监管与刑事制裁交界、衔接中存在的核心问题，并就主要原因作了细化分析。进一步的研究将以问题为导向，结合互联网金融行为特点，以契合创新需求与监管发展思路为主线，从行刑关系基本定位、立法完善思路、司法判断标准等方面提出了具体的互联网金融两法衔接和划分标准，以期在宽严之间把握好司法的柔性和刚性、温度与尺度。

（一）行刑关系定位

行政监管与刑事制裁的界限主要体现在对行为的认定上，其既有衔接也有区分，既非绝对的对立也非完全的同一。对互联网金融行为行刑界限的基础性判断，要结合行政犯与刑事犯类别划分、双重违法性认定标准、行政犯识别顺序等三个逻辑层次展开。

1. 互联网金融行为的类别划分

互联网金融行为行刑界限划定首先要解决的是哪些行为无须其他法域违法性判断可直接开展刑事违法性认定，哪些行为必须经由其他法域违法性判断后才能进入刑事违法性判断，即划分互联网金融刑事犯与行政犯。区分刑事犯与行政犯，不仅仅在于行为是否违反社会伦理和道德，还在于是否破坏明晰和独立的公共秩序。刑事犯是违反了传统善良风俗、破坏了明晰和独立的公共秩序的行为；而行政犯则是因违反特定领域法律而需要承担刑事责任的行为。故刑事犯相较行政犯往往具有更强的道德苛责性；行政犯相较刑事犯往往表现出更强的依附性。

笔者从入罪路径的角度，将当前的互联网金融行为分为以非法占有目的为特征的行为、金融从业人员的职务犯罪行为、以掩隐为特征的行为、违反信息对称原则和破坏交易公平的行为、金融欺诈的预备行为、违反金融行政管制的行为。其中，以非法占有目的为特征的行为本质上违背了传统的社会伦理道德，属于刑事犯无疑。而以掩隐为特征的行为以获取不法利益为目的，对其上游行为的刑事违法性有明确要求，也应当纳入刑事犯类别。金融从业人员的职务犯罪则随现代产权制度的独立和明晰脱离对其他领域法律的依附而成为刑事犯。在实务中，对于上述三类行为的行政监管和刑事制裁界限也较为分明。以洗钱行为为例，人民银行反洗钱部门针对未对资金、客户身份进行有效识别、监控、备案或者报告的行为予以处罚,即对一般性洗钱行为进行监管;① 但对于上游行为系洗钱罪规定的几类犯罪的则直接移交司法机关处理。同样司法机关在办理洗钱犯罪案件时,也不会对该犯罪行为的行政违法性予以考量。因此这三类犯罪的行政监管和刑事制裁标准是相对独立的。而违反信息对称原则和破坏交易公平的行为、金融欺诈的预备行为以及违反金融行政管制的行为等三类行为能够进入刑事制裁范畴则在于国家为维护金融秩序、保障国家金融管理职能实现的目的,对其的入罪认定需要通过前置金融行政法,故这三类行为应当纳入行政犯。在司法实务中,行政监管与刑事制裁产生交界和混淆也主要集中在这三类行为中。

综上所述,笔者认为在互联网金融行为中,对于以非法占有目的为特征的行为、金融从业人员的职务犯罪行为、以掩隐为特征的行为其行政监管与刑事处罚界限明晰,无须其他法域违法性判断可直接进行刑事违法性认定;对于违反信息对称原则和破坏交易公平的行为、金融欺诈的预备行为、违反金融行政管制的行为则须经由其他法域违法性判断后才能进入刑事违法性判断。

2. 双重违法性认定标准

鉴于刑事认定相对独立,故这里对双重违法性认定的探讨主要是指互联网金融行为中的行政犯。理论上,对于双重违法性判断包含了合法性判断和违法性判断两个层面。其中又有违法一元论、违法多元论、一元折衷论、多元折衷论等不同的理论分类。② 对此,我们认同一元折衷论的观点,即在合法性判断中,若行为在其他法域被评价为合法,即便符合犯罪构成要件也不得设定刑事违法;在违法性判断中,行为应当在其他法域被评价为违法,在此基础上可以设定刑事违法。一元折衷论在保证刑法独立评价的基础上,强调对前置法的从属性和依赖性,最大限度契合法律体系一致性和刑法相对独立性要求,符合我国"缩小犯罪圈,增强刑罚效果"③ 的立法思路,对防控刑罚的恣意、彰显刑法的谦抑具有现实的意义。

结合互联网金融,在对相关行为进行认定时应当坚持合法性认定协调和一致性原则,以及违法性认定刑事法相对独立性原则。在合法性认定中,立法上

---

① 主要包括:未按规定履行客户身份识别义务、未按规定履行可疑交易报告义务、未按规定履行大额交易报告义务、未按规定开展黑名单监控等。

② 违法一元论与违法多元论的区别在于是否强调违法性与合法性在不同法域的一致性;而一元折衷论与多元折衷论则在合法性判断上是一致的,区别在于对于违法性判断,多元折衷论不要求行为在其他法域的违法性成立。

③ 冯亚东:《罪刑关系的反思与重构——兼谈罚金刑在我国现阶段之适用》,载《中国社会科学》2007 年第 3 期。

要尽量避免设置前置法没有规定为违法的罪名、主体、罪状；司法认定中则应当排除为行政法所许可的行为以及前置法中"不法"规定缺失行为的刑事不法；在违法性认定中，刑事违法性判断要基于前置法的规定而非行政机关的认定开展。需要说明的是，这里主要从宏观的角度针对两法交界提出理论判断标准和逻辑铺垫。至于具体的立法完善和司法认定标准，笔者将在后文予以细化。

3. 行政犯识别顺序

行政犯具有双重违法性，对其的认定需要依赖前置法规定。结合当前互联网金融行政犯相关罪状规定，可以分为显性的行政犯和隐性的行政犯。显性的行政犯主要是指条款中规定了空白罪状的罪名，这些罪名以"违反国家规定""违反国家有关规定""违反规章制度""非法……"等明确的前置法规定为特点。典型的有内幕交易、泄露内幕信息罪、违法运用资金罪、非法经营罪等。而隐性的行政犯则对需要援引的行政法未作形式上的要求，但犯罪的成立必须以违反相关行政法为前提。例如，操纵证券、期货市场罪中，对操纵行为的认定就需要根据证券业监督管理行政法相关规定。

笔者对当前互联网金融行政监管规则体系进行了梳理，指出当前高位阶立法针对互联网金融的规定较少，大量的监管依据集中于低层级部门规章和行政规范性文件。同时由于对互联网金融的监管处于试错和不成熟阶段，还出现了一些技术性标准在行业自律规范中予以规定的情况。互联网金融行政监管规则体系不成熟、不规范的现状对相关行政犯认定中前置法的识别带来困难。对此我们提出了以下互联网金融行政犯前置法识别顺序。

（1）对于互联网金融犯罪中的显性行政犯，其前置法适用必须有刑法的明文规定，目的是通过高位阶前置法提高特定犯罪的入罪标准。但要注意把握两个方面的内容。

其一，明确了法律位阶的显性行政犯严格按刑法规定的位阶要求判断违法性。包括国家规定或国家有关规定、相当于"国家规定"扩大的规范性文件、刑法明文规定的部门规章。① 其中，刑法第96条对违反国家规定的含义作了明确规定，即"违反全国人民代表大会及其常务委员会制定的法律和决定，国务院制定的行政法规、规定的行政措施、发布的决定和命令"。同时，根据最高人民法院《关于准确理解和适用刑法中"国家规定"的有关问题的通

---

① 互联网金融刑法条款没有直接对部门规章予以规定的。但刑法其他章节有相关规定，如刑法第331条传染病菌种、毒种扩散罪要求主体必须违反国务院行政部门有关规定。这说明部门规章也能通过刑法明文规定作为前置法，故在此将其纳入。

知》,以国务院办公厅名义制发的有明确的法律依据或者同相关行政法规不相抵触、经国务院常务会议讨论通过或经国务院批准、在国务院公报上公开发布的规范性文件应视为国家规定。其二,对未明确规定前置法位阶的显性行政犯应分情况确定。在互联网金融犯罪相关刑法规定中,还存在"法""规定"两种。例如,刑法第 176 条规定的非法吸收公众存款罪中规定的"非法";第 180 条第 2 款"利用未公开信息交易罪"规定的"违反规定,从事与该信息相关的证券、期货交易活动"。其中的"法"和"规定"都没有指明具体的法律位阶。从字面理解,"法""规定"的外延大于"法律""国家规定""行政法规"和"部门规章",但同时二者又有细微区别。"法"本身具有特定的含义和外延,一般而言是指国家机关通过一定程序制定或认可的规范。通说认为我国的成文法渊源包括了宪法、法律、行政法规、国务院规范性文件、自治法规、地方法规、部门规章等。因此原则上"法"的范围应当限于上述法的渊源,排除行业性自律规范和交易规则。而作为刑法前置法,应当适用于全国范围,故"法"的范围还应当排除地方性法规和规章。这里需要特别提出的是,尽管中央行政机关规范性文件不属于正式的法的渊源,但是鉴于互联网金融行政监管规则体系不成熟,而中央行政机关规范性文件不仅代表国家一级行政权威,也是当前互联网金融行政监管的主要依据,故在中央行政机关规范性文件与上位法不矛盾的前提下可以将之作为"参照"的前置法。由此"法"的实际范围应当为宪法、法律、行政法规、国务院规范性文件、部门规章、中央行政机关规范性文件。对以上成文法的违反可以认定为前置法"违法"。至于"规定"首先具有全国性是前置法的应有之义,除此以外其外延相较"法"而言应当更为宽泛。这里主要是指"规定"可以包含行业性自律规范和交易规则。需要特别说明的是,行业性自律规范和交易规则在具有明确的上位法依据或者经监管部门授权、批准的前提下可以作为前置法。例如,互联网金融协会发布的《互联网金融信息披露个体网络借贷标准》《中国互联网金融该协会信息披露自律管理规范》就可以作为刑法第 161 条规定的"违规披露、不披露重要信息罪"的前置法。

(2) 对于互联网金融犯罪中的隐性行政犯,其前置法适用可以持较为宽泛的认定标准。即包括宪法、法律、行政法规、国务院规范性文件、部门规章、中央行政机关规范性文件、全国性行业自律规范或者交易规则等。同样这里的前置法仍然要满足全国性标准,同时行业性自律规范、交易规则作为前置法应当满足具有明确的上位法依据或者经监管部门授权、批准的要求。对于隐性行政法持宽泛认定标准的理由在于两个方面:一方面是由互联网金融行政规则体系不成熟与刑事打击紧迫性所决定。笔者对当前互联网金融行政规则体系进行了评析,指出其尚处于由下至上逐步积累和反复试错的阶段,导致大量监管依据沉淀于低层级规范中。同时互联网金融刑事犯罪的叠加、放大和快速传导要求刑事治理的有效参与,这就需要在引用前置法时有章可循、有法可依。另一方面,在互联网金融隐性行政犯中持宽泛的认定标准并不违反罪刑法定原则。隐性行政犯对前置法未作明确规定,因此只要不超出刑法罪责基本语义和一般可预见性,那么对前置法的宽泛适用就不违背罪刑法定原则。

(二) 立法完善思路

互联网金融行刑界限划分的立法完善路径,有必要结合互联网金融刑事政策导向、坚持双重违法性认定标准、行政犯违法性判断标准这三个层面从共性到个性依次展开。

1. 刑事政策导向

刑事政策与国家决策相关,带有政治或政策属性。刑事政策在刑法规定不明确或刑事立法滞后而行政监管缺失或模糊时,从国家政策的角度提供犯罪预防和打击的价值取向与选择。对于互联网金融这一新兴金融业态,面临管控时滞属性带来的行政监管和刑事立法滞后问题,亟须通过刑事政策的宏观判断以指导立法的完善。笔者认为互联网金融行刑界限设置,特别是刑事制裁相较行政监管的谦抑限缩标准应当坚持契合发展实际、宽严相济的刑事政策导向,具体如下:

一是要与行政监管模式相协调。通过对当前互联网金融行政监管模式的判断可以回答以准入制为基础的某些罪名是否需要废止[①]以及是否有必要专门针对互联网金融犯罪设立独立罪名或者特别法[②]的问题。对于第一个问题,笔者认为在以牌照制为主的准入制度仍然是当前甚至未来较长一段时间内我国互联网金融行政监管基本制度的前提下,直接废止非法吸收公众存款罪等以准入制为刑事立法基础的罪名并不适宜。即使要修改刑法,也有待利率市场化改革的最终顺利完成。对于第二个问题首先要指出的是,互联网金融本质仍然是金融,仍然围绕支付、信贷、股权等金融主要形式开展。我国金融行政监管不仅将互联网金融纳入传统金融行政监管职能框架,同时也没有单独针对互联网金融立法。相应地,刑事立法也没有必要专门针对互联网金融立法。互联网金融

---

① 例如有学者认为废止非法吸收公众存款罪是利率市场化以及互联网金融活动正常开展的必然要求。参见刘宪权:《论互联网金融刑法规制的"两面性"》,载《法学家》,2014年第5期,第87页。

② 例如有学者认为应当"力争互联网金融犯罪罪名的独立"。参见傅跃建、傅俊梅:《互联网金融犯罪及刑事救济路径》,载《法治研究》2014年第11期,第21页。

犯罪本质仍然是金融犯罪，因此将之与一般的金融犯罪名割离并不符合互联网金融犯罪的内在逻辑。换言之解决办法不是独立罪名或单独立法，而是在现有罪名内根据近年来金融犯罪立法规律、互联网金融行为特点和国家防控犯罪总体政策对互联网金融犯罪作合理界分。

二是要符合互联网金融的发展特点。较之传统金融，互联网金融表现出创新性、涉众广、隐蔽性和线上线下同步的突出特点。互联网金融刑事立法也要根据这些特点在入罪标准、罪状表述、法定刑设置等方面作出相应调整。近年来我国金融刑事法通过修正案等立法形式增设了窃取、收买、非法提供信用卡信息罪，背信运用受托财产罪，利用未公开信息交易罪等新型罪名；对擅自设立金融机构罪，诱骗投资者买卖证券期货罪，操纵证券、期货市场罪等犯罪罪状进行了细化；还在法定刑设置上作了废除死刑、减档最高刑等宽缓化处理。总体而言当前的金融刑法罪名设置基本能够涵盖各类新型金融行为，罪状设置更为细致和科学、轻刑化趋势体现了保护金融行业平稳发展的刑事政策。结合互联网金融特点，当前金融刑事立法在入罪标准、罪状表述和法定刑设置等方面还有进一步优化的空间。一方面，互联网金融刑事立法要通过"枪口上抬一厘米"的限缩性规制保护创新，故互联网金融的入罪标准似乎可以高于一般金融犯罪，而法定刑设置低于一般金融犯罪。另一方面，当前现状在于包括银行在内的更多的传统线下金融主体正在积极参与到互联网金融活动中来，也就是说同一主体同一性质的犯罪往往既有线上又有线下，而且这种线上线下混合的互联网金融模式很有可能成为未来中国金融的主要模式。故如果仅仅针对互联网金融设置完全独立的入罪标准和法定刑的调整，那么显然与互联网金融线上线下融合与同步这一特点不符，① 且会给司法判断带来混淆和不平衡。② 对此笔者认为，综合当前互联网金融活动特点和国家防控某类金融犯罪的总体政策，重新设定部分涉互联网金融犯罪的入罪标准和法定刑设置不失为一种折衷的处理方法，即整体提高这些犯罪的入罪标准、降低法定刑。这样处理既能保证将更多的违法处理空间留给行政监管，保护互联网金融创新活力；也能契合实际，保证线上线下金融犯罪办理的平衡。此外，需要结合互联网金融发展

---

① 有学者建议将非法经营罪、擅自发行股票、公司、企业债券罪、集资诈骗罪中涉互联网金融活动的入罪标准较一般金融活动调高 5 倍。如将未经批准经营资金支付结算业务的追诉标准由 200 万元提高为 1000 万元等。参见刘宪权：《论互联网金融刑法规制的"两面性"》，载《法学家》2014 年第 5 期，第 89 页。

② 如果同一互联网金融犯罪行为线上线下比例各有不同，那么是按照一般金融犯罪的入罪标准认定还是独立的互联网金融入罪标准认定抑或按比例认定，司法上对此无所适从。

特点作出完善的是金融犯罪罪状。互联网金融具有涉众广、隐蔽性强的特点。结合互联网金融犯罪入罪路径，违反信息对称原则、破坏交易公平行为以及违反金融行政管制的行为等两类行为更多关涉对信息的披露和公众知情权的保护。但在这两类行为犯罪中，罪状描述还存在语义模糊、类别划分滞后的问题。例如，互联网金融活动对重要信息不披露或者违规披露是对公众信赖利益的严重侵犯，但是刑法违规披露、不披露重要信息罪就没有对披露主体是否包括众筹等互联网金融活动主体以及互联网金融活动主体相应的披露义务作明确规定，不利于对公众知情权的保护。这类问题不可能仅仅依靠司法认定或者司法判断解决，而是应当在立法中逐步予以规范和完善。

三是要突出宽严相济，重点打击严重侵犯财产权、危害金融市场完整性和运行机制的犯罪。互联网金融刑事立法应当严格遵守宽严相济刑事政策。要有条件、分类别对部分金融犯罪采取谦抑的限缩性规制，对严重侵犯财产权、危害金融市场完整性和运行机制的犯罪要重点打击。具体而言，对于对互联网金融犯罪中的诈骗等以非法占有目的为特征的行为、金融从业人员的职务犯罪行为、以掩隐为特征的行为、金融诈骗的预备行为应当坚持依法严厉打击不动摇，保持高压态势，防止反弹。对于互联网金融犯罪中的违反信息对称原则、破坏交易公平的行为、违反金融行政管制的行为可以结合互联网金融活动实际和国家防控金融犯罪的总体政策，适当调高入罪标准、降低法定刑设置。例如在非法集资行为中，行为人依照生产经营规模，为了正常生产经营活动所需吸收资金的直接融资行为，立法上可以考虑不再纳入违法吸收公众存款罪处罚范围，改由行政处罚；对于非法经营罪、欺诈发行股票、债券罪、擅自发行股票、公司、企业债券罪等罪名可以适当调高现有入罪门槛，对犯罪情节轻微的，在司法处断中可以选择降低法定刑、减少罚金刑适用。

2. 坚持合法性认定一致性标准

笔者对互联网金融行政犯认定持一元折衷论的双重违法性认定标准做了理论阐释和逻辑铺垫。这里从立法的角度，对其中的合法性认定标准作细化分析。

双重违法性认定要求在合法性判断中，立法上要尽量避免设置前置法没有规定为违法的罪名、主体、罪状。当前的金融犯罪立法对罪名的设置渐趋科学，罪状与前置法相关规定能够基本形成一致性对应。但是个别罪名在具体犯罪构成要件的设置上与前置法仍然存在不协调的情况。例如《证券法》第200条对诱骗投资者买卖证券行为的主体规定为"证券交易所、证券公司、证券登记结算机构、证券服务机构从业人员；证券业协会工作人员"两类，而刑法第181条在诱骗投资者买卖证券、期货合约罪的规定中除上述两类人员外，还将"证券监督管理部门工作人员"也纳入犯罪主体范畴。将行政法未规定为"不法"的主体直接纳入犯罪主体显然与合法性认定协调和一致性原则相悖，是刑事法的不当前伸。对类似的问题，应当及时开展全面的两法立法评估，对于滞后的规定要及时修正、完善；同时在后续立法中，要进一步提高立法的整体性，避免违背行政犯入罪构造的情况出现。

3. 行政犯违法性判断标准

互联网金融犯罪中行政犯的违法性判断是行刑界限标准划分的重点，也是难点问题。理论上对行政犯违法性判断依据一直存在争论。简言之，对行政违法与刑事违法在行为轻重程度（量）以及性质（质）上是否存在差异有不同的认识。具体可分为"量的差异论"[①]"质的差异论"[②]以及"质量差异论"。在行政犯违法性判断中，不同的情况会产生不同理解，不能说以上哪一种认识是绝对正确或错误的，关键在于区分在何种情况下采取何种认识。即在行政犯判断中，要合理区分哪些情况应当采取质的差异论来进行判断，哪些情况应当采取量的差异论来进行判断。因此，笔者认为"质量差异论"并非是指同一行政犯相较行政违法而言既有量的增加，也有质的加重；而是指在行政犯中，既有通过量的区分即可划清行刑界限的情况，也有通过质的区分才能划清行刑界限的情况。

行政法与刑事法分属不同的法领域，各有不同的规制目的和关注重点。行政违法行为之所以能够进入刑事制裁范畴往往在于行为在违反行政制度的同时，损害了集体法益。在行政犯中，刑事违法性的判断相较于行政违法性而言既具有从属性也具有相对独立性。刑法从属性原则体现的是质的一致、量的差异，即刑事违法性认定在行为性质上要与行政违法性认定保持一致性，不同在于行为程度。刑法独立性原则体现的是质的差异，即刑事违法认定在法益保护上与行政违法认定存在区别。从法益保护的角度上看，法益不是刑事法的专属概念，行政法和刑法同属公法，对某类行政利益的保护往往具有同质性。大多数的行政犯都受行政法与刑事法的双重保护，在这种情况下，行政违法与刑事违法行为类型重合度高。比如很难区分非法吸收公众存款行为的行政违法与刑事违法在定性上有何不同。而行政犯中需要运用刑法独立性原则进行单独判断的属于少数情况。下面结合上述理论分析对互联网金融行为中行政犯违法性判断标准作具体划分。

我们认为大部分的金融欺诈预备行为和违反金融行政管制的行为，由于侵

[①] 认为行政违法与行政犯仅在行为的轻重程度上存在差异，在行为性质上没有不同。
[②] 认为行政违法与行政犯的不同在于性质和内涵的不同，故量上不存在可比性。

犯法益具体，且不存在法益超过①情况，故可以根据量的差异论采取刑法从属性原则区分其行政违法和刑事违法的界限。对于此类犯罪，刑事立法应当在行为性质认定上与行政法保持一致，行刑界限主要根据国家基于控制犯罪的需要，在行为的轻重程度上作出刑事政策选择。当前刑事立法仍然有与此标准不一致，需要修改完善之处。例如对于证券市场操纵行为，中国证监会发布的《证券市场操纵行为认定指引（试行）》（以下简称《指引》）对各类操纵市场行为作了明确界定。其中对约定交易操纵行为和洗售操纵行为的定性②上均以"影响证券交易价格或者证券交易量"为行为成立要件。同时该指引还对"影响证券交易价格或证券交易量"的六种情形作了明确界定。③可简要归纳为行为人的行为致使证券交易出现新股上市首日交易异常波动、证券交易量或价格当日出现异常波动、价格走势出现明显偏离等情形。但最高人民检察院、公安部《关于公安机关管辖的刑事案件立案追诉标准的规定（二）》第39条却在约定交易操纵和洗售操纵行为立案追诉标准中将"影响证券交易价格或者证券交易量"异化为"在该证券或者期货合约连续二十个交易日内成交量累计达到该证券或者期货合约同期总成交量20%以上"。追诉标准的这一规定相较行政法规定的要素而言，既不能说是行为程度的加重抑或减轻，而是将对连续交易量的影响代替了对当日交易量和价格走势的影响，是对行政法这两种操纵行为的定性在"质"上作出的改变。这里的刑事法规定显然是不恰当的，应当根据刑法从属性原则在行政法定性的语义范围内作出相应修改。

对于违反信息对称原则、破坏交易公平的行为，由于犯罪模式新颖，除单纯对国家行政管理秩序的破坏外还涉及对个体甚至公众利益的侵犯，其中存在法益较为抽象和模糊的情况。对此，可以具体问题具体分析，根据质的差异论

---

① 即形式上是行政犯，但实质上已经超过了行政法保护范围的法益的情况。例如销售假药罪既有对国家药品监管秩序的侵害，也有对公民生命健康权的侵犯。这时行政违法与刑事违法就存在质的差别。

② 《证券市场操纵行为认定指引（试行）》规定约定交易操纵是指"与他人串通，以事先约定的时间、价格和方式相互进行证券交易，响证券交易价格或者证券交易量"的行为；规定洗售操纵是指"在自己实际控制的账户之间进行证券交易，影响证券交易价格或者证券交易量"的行为。

③ 具体包括"致使新股或其他证券上市首日出现交易异常的""致使相关证券当日价格达涨幅限制价位或跌幅限制价位或形成虚拟的价格水平，或者致使相关证券当日交易量异常放大或萎缩或形成虚拟的交易量水平的""致使相关证券的价格走势明显偏离可比指数的""致使相关证券的价格走势明显偏离发行人基本面情况的"以及证券交易所规则规定或中国证监会认定的其他情形。

采取刑法独立性原则区分行政违法和刑事违法的界限。例如，骗取贷款、票据承兑、金融票证罪规定在刑法破坏金融管理秩序罪一节中。金融秩序这个法益相对于以骗取为主要手段、破坏交易公平的行为而言过于模糊和抽象。同时该罪名为"骗取"，故存在银行等金融机构受害者。本罪设立于《刑法修正案（六）》，根据相关立法解释其设立目的在于保护金融机构"信贷资金的安全"。① 行为危及信贷安全必须以造成金融损失或者形成金融风险为限。如果仅仅采取了骗取手段，但银行等金融机构并未蒙受损失或者遭受风险，那么此行为便未违背设立本罪的立法目的和初衷。而这种单纯的破坏金融贷款规范的行为并不需要进入刑法制裁的视野，直接通过行政监管渠道处置更为恰当。故最高人民检察院、公安部《关于公安机关管辖的刑事案件立案追诉标准的规定（二）》中单纯将骗取数额②作为本罪的追诉标准之一显然是刑事法的不当扩大，可以考虑删除该款。

4. 小结

结合互联网金融行为发展特点以及前文对当前相关理论和立法的探讨，现简要将当前刑事立法供给不足、需要修改完善之处及其依据梳理总结如下表：

问题表象	完善依据	涉及类罪或罪名	完善思路及方向
不能体现互联网金融发展特点，不符合互联网金融发展需求	刑事立法要体现线上线下同步性，对违反信息对称原则、破坏交易公平行为、违反金融管制行为保持谦抑限缩刑事政策	非法经营罪、欺诈发行股票债券罪、擅自发行股票、公司、企业债券罪	应对相应罪名整体调高入罪标准，降低法定刑设置，将更多违法处理空间留给行政监管。同时，不单独设立互联网金融特别法和独立罪名，不在同一罪名中单独设立互联网金融行为的入罪标准
	刑事立法应体现对信息披露和公众知情权的保护，重视罪状描述	违规披露、不披露重要信息罪	罪状应明确披露主体是否包括众筹等互联网金融主体以及这些主体的披露义务
个别罪名在具体构成要件设置上与前置法不协调	坚持合法性认定一致性标准，立法上避免设置前置法未规定为违法的罪名、主体、罪状	诱骗投资者买卖证券、期货合约罪	因《证券法》未予明确，应删除"证券监督管理部门工作人员"作为该罪犯罪主体的规定。后续立法要进一步提高立法的整体性，避免刑事法的不当前伸

---

① 全国人大常委会法制工作委员会刑法室：《中华人民共和国刑法条文说明、立法理由及相关规定》，北京大学出版社2009年版，第317页。

② 规定"以骗取手段取得贷款、票据承兑、信用证、保函等，数额在一百万元以上的"应予立案追诉。

续表

问题表象	完善依据	涉及类罪或罪名	完善思路及方向
行政违法性标准认定不统一，没有区分具体情况作类别划分	对侵犯法益具体、且不存在法益超过的，在刑法从属性原则基础上坚持量的差异论判断标准	操纵证券、期货市场罪	该罪追诉标准对其中的交易操纵和洗售操纵行为在"质"上作出了与《证券法》规定不同的"质"的改变，应根据《证券法》作相应修改保持一致性。对大部分的金融欺诈预备行为和违反金融行政管制的行为采取质的一致，量的差异论进行行刑界限划分
	对存在法益抽象和模糊的情况，在刑法独立性原则基础上坚持质的差异论判断标准	骗取贷款、票据承兑、金融票证罪	该罪追诉标准单纯将骗取数额作为追诉标准是刑事法的不当扩大，对于虽有骗取行为但未危及"信贷资金安全"的不应入罪。在此类违反信息对称原则、破坏交易公平的行为中，存在法益模糊和抽象的情况，应具体问题具体分析采取质的差异作行刑界限划分

（三）司法判断标准

司法实务中的互联网金融行刑界限划分主要集中视野于各类具体行为的司法认定而非行刑间程序性衔接和流转。故本部分内容侧重于对相关实体问题的分析和解决。

1. 基本判断标准

（1）通过"后果考察"贯彻宽严相济刑事政策

互联网金融的司法实务和立法一样，也应当遵循宽严相济的刑事政策。高检院公诉厅2017年6月下发的《关于办理涉互联网金融犯罪案件有关问题座谈会纪要》（以下简称《座谈会纪要》）中明确规定要"妥善把握刑事追诉的范围和边界。涉互联网金融犯罪案件涉案人员众多，要按照区别对待的原则分类处理，综合运用刑事追诉和非刑事手段处置和化解风险，打击少数、教育挽救大多数"，体现了宽严相济的刑事政策精神。同时，《座谈会纪要》还根据情节轻重、主观恶性大小、在犯罪中的作用明确了针对不同犯罪主体的从宽或从严打击标准。

这里需要指出的是除主体外，"后果考察"也是互联网金融行刑界限判断需要关注的要点。后果考察是指，"以法社会学的方法对某种立法或司法及其产生的社会影响进行客观评估，以保证立法或司法之合理性或降低立法、司法之风险的过程"。[①] 这里对社会影响的客观评估就是以结果为价值取向的判断活动。在行刑界限划分中，应当将关注重点放在罪与非罪之间对行为需罚性和

---

① 姜涛：《论后果考察理论在刑事立法中的适用》，载《法商研究》2012年版。

应罚性的判断上。互联网金融以涉众的资金融通为特点,在传统金融监管和立法模式下众筹、网络借贷等互联网金融活动在投资人数、行为手段、融资金额等方面很容易跨过追诉红线。这里就需要结合结果是否发生,后果的严重程度等对具体行为的刑事可罚性进行分析。比如互联网金融中的结果犯,如果没有相应结果的发生,是以犯罪未遂处理还是作相应的行政处罚? 从犯罪形态上分析行为属于犯罪未遂,可以进行刑事制裁。但是如果针对该类行为的行政处罚较为完备和严格,则刑事制裁应当让位于行政监管。以欺诈发行股票为例,行为人实施了向证监会提交虚假文件等隐瞒、编造实行行为,但是由于行政审核不予核准而未能上市发行。该行为虽然成立犯罪未遂,但是证监会对此类行为规定了专门和详尽的处罚手段,① 基于刑法的谦抑性,用行政手段也能达到惩治效果,故可不按犯罪处理。另外,对于通过网络进行直接融资用于正常生产经营活动且能够通过正常经营活动逐步予以归还的非法集资行为,在司法中也可以以情节轻微不纳入非法吸收公众存款罪处罚范围;而对于恶意占有、社会影响恶劣、情节特别严重的行为则应当予以严厉打击。《座谈会纪要》在对非法吸收公众存款罪的认定中就明确指出"对于借款人将借款主要用于正常的生产经营活动,能够及时清退所吸收资金,不作为犯罪处理",充分体现了"后果考察"对司法实务的影响。

总之在互联网金融行刑交界问题上,司法活动仍然应当保持谨慎和克制,在实际案件办理中严格贯彻和落实宽严相济刑事政策。

(2) 遵守刑事认定独立性原则

在刑事程序中,对行政违法的认定不依附于行政机关的认定已经得到学术理论和司法实务的普遍认同。刑事认定独立性原则是司法独立性、中立性和终局性所决定的。坚持刑事认定的独立性可以有效防止行政对司法的僭越和架空。

就内在语义而言,刑事认定独立性包括了以下三个层面的意思:一是行政机关已经就行政违法作出了行为性质的认定,不影响刑事司法程序中再次独立地根据相关行政法规定对该行为进行判断;二是行政机关怠于职责,没有对行为性质进行认定的,不影响司法程序的行为判断。在最高人民法院 2011 年发布的《关于非法集资刑事案件性质认定问题的通知》② 以及最高人民法院、最

---

① 包括:停止发行证券;停业整顿;暂停或撤销业务许可;撤销任职资格或者从业资格;对行为人处以罚款或者没收违法所得;对公司或组织处以罚款或者没收违法所得等。

② 《关于非法集资刑事案件性质认定问题的通知》第 1 条中规定:"行政部门对于非法集资的性质认定,不是非法集资案件进入刑事程序的必经程序。行政部门未对非法集资作出性质认定的,不影响非法集资刑事案件的审判。"

高人民检察院、公安部 2014 年发布的《关于办理非法集资刑事案件适用法律若干问题的意见》[①] 中都有类似规定。同时鉴于行政犯的二次违法性性质,司法程序中仍然应当在作出刑事违法性认定之前,对行为的行政违法性作出前置性判断。三是行政机关错误地认定行为合法,不影响司法程序的行为违法性判断。本条标准的例外在于,如果行政机关将某类行为错误认定为合法,行为人基于对行政权威的信赖实施了该行为,则由于行为人主观上缺乏合法性期待,可以成立对刑事违法的阻却。

(3) 在前置法认定中保证合法性认定的一致和违法性认定的相对独立

笔者提出的在双重违法性认定标准中坚持一元折衷标准仍然适用于司法判断中,即未被前置行政法评价为"不法"的行为,不得认定为刑事违法;行政违法不等于刑事违法。

一是未被前置行政法评价为"不法"的行为包括行政法的许可行为以及前置行政违法规定缺失的行为,司法中对于这两类行为应当直接排除刑事违法性。如虽然中国人民银行《关于取缔地下钱庄及打击高利贷行为的通知》中将超过人民银行公布的金融机构同期、同档次贷款利率 4 倍的民间借贷行为界定为高利借贷行为。但是在非法经营罪的认定中,由于该规范性文件不属于国家规定,故不能据此将高利贷行为直接认定为非法经营罪中的其他严重扰乱市场秩序的行为。另外,有观点认为前置行政法除了行为定性规定外还应当有对应的行政责任规定。[②] 对此笔者认为,行政犯的成立,行政责任不是追究刑事责任的充足条件。只要行为人的行为被相关行政法认定为行政不法,就具备了行政违法性,即能满足前置法违法性要件要求。例如,《中国人民银行《关于印发〈中国人民银行金融消费者权益保护实施办法〉的通知》(银发〔2016〕314 号)中仅明确了非法复制、非法存储、非法使用、向他人出售或者以其他方法非法泄露个人金融信息行为的非法性,没有对相应的行政责任作出规定。但行政责任的缺失并不影响金融机构工作人员构成窃取、收买、非法提供信用卡信息罪。

二是行政违法不等于刑事违法。互联网金融中,行刑之间不法行为模式不可能完全重合,行为的主观违法要素也有所不同。具体而言,行政违法行为不仅模式要比刑事违法模式更为宽泛,而且行政违法行为的主观过错认定与刑事罪过认定也有所不同。例如,行为人因过失导致对客户资金未入账,虽然不承

---

① 《关于办理非法集资刑事案件适用法律若干问题的意见》第 1 条中规定:"行政部门对于非法集资的性质认定,不是非法集资刑事案件进入刑事诉讼程序的必经程序。行政部门未对非法集资作出性质认定的,不影响非法集资刑事案件的侦查、起诉和审判。"

② 先德奇:《行政犯的违法性研究》,西南财经大学博士论文,第 94 页。

担吸收客户资金不入账罪的刑事责任,但因行为对金融行政管理秩序的破坏,仍应承担相应的行政违法责任。

2. 构成要件相关疑难问题

犯罪构成要件关系罪与非罪、此罪与彼罪。罪与非罪本身与行刑界限关系密切,而不同罪名之间行刑具体界限自然也会有所不同。因此在研究互联网金融行政监管与刑事制裁界限的过程中还有必要针对构成要件中的一些疑难问题进行探讨。

(1) 主体

《座谈会纪要》对互联网金融犯罪的主体划分作了分层处理的认定标准。主要通过地位作用、涉案数额、危害结果、主观过错等综合判断罪轻罪重。对非法集资行为的主体认定还要求结合与借款方关系、任职情况、职业经历、专业背景、培训经历、同类行为受处罚情况、资金来源等具体情况分析。在互联网金融行政违法与刑事违法主体划分中,上述分层处理认定标准仍然适用。对于共同犯罪中组织层级不高、主观恶性小、涉案数额低、又系初犯的行为人可以通过行政处罚手段予以处理。互联网金融犯罪主体分层处理符合互联网金融活动的特点,能够在具体案件中有效区分不同涉案人员的处断方式,体现宽严相济刑事政策。

(2) 主观

互联网金融犯罪主观方面多表现为故意,与行政违法主观认定依靠概括的过错推定相较区别较为明显。对因信赖行政主管部门意见陷入认识错误而实施相应互联网金融违法行为不认定为犯罪以及出罪的例外情况已有较为统一的认识和规定。[①] 这里仅对主观认识是否包括"情节严重"做一延展性探讨。

在互联网金融犯罪中,很多罪名将包括造成严重后果在内的"情节严重"作为构罪要件,并就情节严重的认定规定了多项要素标准。例如操纵证券、期货市场罪;诱骗投资者买卖证券、期货合约罪等罪名就将影响特定的交易量、交易价格作为"情节严重"的认定标准。"情节严重"本身是客观要素,但根据主客观相统一原则,犯罪主观上是否要求行为人认识其行为"情节严重",即对"情节严重"是否要求具备故意则需要进一步分析。从互联网金融犯罪类型来看,有"情节严重"构罪要件规定的犯罪往往是行政犯。行政犯行为本身即违法的天然属性决定了行政违法与刑事违法行为具有同质性,刑法规定

---

① 如《座谈会纪要》中就规定在非法吸收公众存款罪中"犯罪嫌疑人提出因信赖行政主管部门出具的相关意见而陷入错误认识的辩解。如果上述辩解确有证据证明,不应作为犯罪处理"。同时还规定了 6 种具体的出罪情形,可以排除行为人主观故意的成立。

"情节严重"只是为了通过不同的而非唯一的客观要素增量，将行政违法与刑事违法作量的区分，控制刑事处罚范围。从犯罪的主观而言，"情节严重"的规定并不影响主观故意的完整，不影响认定行为人对其行为有认识，以及认定行为人对行为扰乱金融秩序、侵害投资人利益持希望或放任的意志。因此这类"情节严重"符合张明楷教授关于客观超过要素的判断标准，① 可以作为客观的超过要素予以认定。将这一类的"情节严重"理解为客观超过因素有利于解决司法实务在犯罪主观上的证明难题，即无须证明行为人对行为造成的"情节严重"后果有主观故意，而仅要求行为人对造成"情节严重"后果有认识的可能性，且这种可能性认识是一种司法判断，而非行为人的主观自述。

互联网金融犯罪中可以通过以下标准综合判断行为人对其行为造成"情节严重"后果具有认识的可能性。一是行为人的职务等特殊身份；二是行为人的职业经历；三是行为人的专业背景；四是操作频率等行为特征；五是前科情况。

（3）客观

金融监管部门针对互联网金融行为提出了"穿透式"监管，要求"综合资金来源、中间环节与最终投向等全流程信息，对业务实质进行界定"。② 事实上"穿透式"审查同样适用于刑事司法领域。在个案中通过运用"穿透式"审查对互联网金融犯罪本质属性、交易结构、资金运作模式、主体特征进行综合分析，不仅有助于判断罪与非罪，也有利于区分此罪与彼罪。

以互联网消费金融相关犯罪为例，并非所有的信用消费都等同于金融贷款。行为人同样是利用互联网消费供应商先购物后付款模式骗取产品和服务，行为定性因后台授信主体不同而不同。如果后台授信主体是网络商家本身，那么授信的本质是一种商业信用范畴内的赊销赊购行为，成立合同诈骗；如果后台授信主体是开展资产证券化业务的持牌金融机构，③ 那么授信的本质是一种金融信贷，成立贷款诈骗。此外，行为人盗用他人金融信贷账号进行在线消费行为的被害人是金融信贷服务方还是用户？该问题的关键在于厘清信贷金融产品交易结构。支付宝等个人金融信贷服务方放款依据是支付指令。只要支付指令和密码正确，服务方不会审查指令发出主体身份。从各大金融信贷用户服务

---

① 张明楷：《刑法分则的解释原理》，中国人民大学出版社2011年版，第489页。

② 参见中国人民银行、中央宣传部、中央维稳办等《关于印发〈通过互联网开展资产管理及跨界从事金融业务风险专项整治工作实施方案〉的通知》。

③ 如阿里小贷里的"花呗"就是通过持牌的SPV（Special Purpose Vehicle）管理人中国国际金融有限公司将消费者小微贷款打包作资产证券化处理后卖给投资人。

合同内容来看，信贷金融产品授权一次性完成，用户授权开通产品后，使用过程不再重复授权；用户的账户和密码是金融信贷服务方识别用户的唯一标志；用户开通金融产品的同时授权金融信贷服务方通过账户余额或绑定的银行卡抵扣信贷金融产品所欠相应额度。在这种情况下金融信贷服务方不存在被骗，其垫付的资金是基于之前用户的授权和正确的账户及密码。而且如果用户拒不支付所欠额度，金融信贷服务方可以直接根据用户事前授权对用户其他账户资金予以抵扣。故案件的被害人是用户而非金融信贷服务方。

对于互联网金融犯罪个案，要结合主体特征、资金实际走向、交易结构、流程特征等关键要素进一步强化"穿透式"审查的运用。

（4）犯罪对象

网络大数据、电子货币、虚拟财产是互联网金融所涉特殊的具有经济和商业价值的电子数据和服务。其中电子货币和虚拟财产因其有价性、可兑换性等特点，司法实务中一般将之作为犯罪对象认定，且已有相关判例。[①] 大数据能否纳入刑法财产权是一种应然问题，涉及刑事犯罪圈的划定和扩展，超出了行刑界限的研究范畴，故不做讨论。这里仅针对能否认定信贷金融产品额度为互联网金融犯罪对象作一探讨。信贷金融额度是指互联网金融信贷服务方根据用户身份、购物支付习惯、履约情况等大数据对用户消费和还款能力进行评估，由此授予用户不同的互联网金融信贷限额。笔者认为信贷金融产品额度具有财物的刑法属性，能够作为互联网金融犯罪对象予以认定。

其一，财产性利益能够满足刑法财物的相关特征，其刑法属性属于财物。财产性利益与财物一样具备了支配可能性、具有转移的可能性、具有相应的经济价值这3个特征。从刑法相关规定来看财物的概念实际上是涵盖了财产性利益的内容的。如刑法将股份、股票、债券等财产性利益规定为犯罪对象。因此从本质上看，财产性利益是传统刑法财物的一种特殊的表现形式。

其二，信贷金融产品额度属于财产性利益，符合财产性利益的特点。信贷金融产品额度必须通过签约开通，具有专属性。信贷金融产品额度符合财产性利益能够代表一种财产权利的特点。同时，信贷金融产品额度能够进行网络消费购物，具有一定的经济价值和管理、转移的可能性。而且，信贷金融额度尽管是虚拟的，却能够给权利人带来实际的财产损失。

3. 小结

结合互联网金融行为发展特点以及笔者对司法实务相关问题的探讨，现简

---

① 在王某某诈骗、张某某销售赃物案（北京市第一中级人民法院（2007）一中刑终字第1743号）中，虚拟资产成为犯罪对象。

要将当前互联网金融行为两法交界实务认定冲突点、判断依据、具体处断标准总结如下表：

冲突点或疑难问题	判断依据	涉及行为	具体处断标准
对互联网金融中的"结果犯"，结果未发生的按犯罪未遂处理还是仅作行政处罚	重视"后果考察"的运用	如欺诈发行股票	将刑事惩治效果与行政惩治效果进行对比。若行政监管部门对此规定了专门和详尽的处罚手段，基于刑法的谦抑性，用行政手段能够实现惩治预防，可不按犯罪处理
前置法的法律位阶低于刑法空白条款中的规定	坚持合法性认定一致性原则	如高利借贷行为	规定高利借贷行为的行政法依据为规范性文件，位阶低于非法经营罪要求的"违反国家规定"，不能认定为犯罪
同一行为构成行政违法，但并不符合犯罪构成要件	坚持违法性认定相对独立原则	如金融机构从业人员过失导致对客户资金未入账	不能认定为犯罪
构罪要件中的"情节严重"是否需主观认识	坚持"客观超过要素"判断标准	如操纵证券、期货市场罪、诱骗投资人买卖证券、期货合约罪	对于符合"客观超过要素"判断标准的，可将"情节严重"理解为客观超过因素，无须证明行为人对行为造成的"情节严重"后果有主观故意，仅需证明行为人对其有认识可能性，且该可能性认识判断为司法判断
信贷金融产品额度是否能作为互联网金融犯罪对象	通过财物的刑法属性进行判断	如盗窃他人信贷金融产品额度进行金融消费	信贷金融属于财产性利益，符合财产性利益特征，而财产性利益能够满足刑法财物的相关特征，故其刑法属性属于财物，能够作为犯罪对象予以认定

结　　语

互联网金融行政监管与刑事制裁的界限是一项宏观且全新的课题，互联网金融本身又处于动态发展的过程。对此庞杂之系统工程建设，笔者从现状、问题导向、理论分类、立法完善、司法认定等方面做了较为全面的分析，但是鉴于资料和时间限制在比较研究、个罪梳理等方面仍存在诸多遗漏和不足之处，期待在将来的研究中进一步深入探讨。

互联网金融犯罪风险防范研究

课题组[*]

引　言

打好"三大攻坚战"之首的"防范化解重大风险攻坚战"的重点是防控金融风险,而容易发生金融风险的薄弱环节之一就是互联网金融风险。当前我国互联网金融领域风险点多面广,金融"脱实向虚"的现象对实体经济而言更是雪上加霜。尤其是系统性金融风险的累积汇聚,正不断冲击金融服务中介体系,对经济造成巨大破坏。防范化解互联网金融风险,事关国家安全,发展全局和人民群众财产安全,是一场输不起的战争。习近平总书记指出,"实体经济是金融的根基,金融是实体经济的血脉,为实体经济服务是金融的天职和宗旨,也是防范互联网金融风险的根本举措"。笔者通过对互联网金融犯罪风险,特别是我国互联网金融存在的突出问题的深入分析,从利用互联网技术、信息化手段、法律法规的适用与健全等方面着手,研究如何监测及防范互联网金融犯罪风险,并以期基于上述研究完成我国互联网金融犯罪风险预防体系的顶层设计,从而在我国金融发展新的历史起点上,建立起防范化解互联网金融犯罪风险的长效机制,守住不发生系统性金融风险的底线,更好地促进我国金融的健康发展、推动构筑我们的经济强国之梦。

一、互联网金融犯罪风险现状分析

互联网金融极大地改变了传统金融行业的现有模式和操作模式,同时也带

---

* 课题组负责人:王松苗,最高人民检察院办公厅主任。课题组成员:周宏仁,国家信息化专家咨询委员会常务副主任兼任联合国信息与通讯技术工作组高级顾问,研究员,博士生导师;黄澄清,中国互联网协会副理事长,教授级高级工程师;刘喆,最高人民检察院办公厅副主任;云晓春,国家互联网应急中心副主任,教授,博士生导师;程文,最高人民检察院办公厅督查督办处处长;吴震,国家互联网应急中心教授级高级工程师,副处长;冯孝科,最高人民检察院办公厅总值班室副主任;徐小磊,国家互联网应急中心中级经济师。

来诸多犯罪隐患,为诈骗、非法吸收公众存款、洗钱等违法犯罪行为创造了温床。随着我国互联网金融的快速发展,金融领域种种新状况、新问题、新矛盾不断出现,呈现互联网金融犯罪数量与经济总量同步增长、犯罪方式与监管方法同步变化、犯罪领域与经济发展同步拓展的态势,涉互联网金融的犯罪总量不断提升,目前还出现了非法吸收公众存款、集资诈骗与组织、领导传销活动共生的情况,犯罪手段呈现出复杂性、隐蔽性等特点,犯罪后果呈现出涉众性、严重性特点,由此引发不稳定风险日益增多,对社会稳定性产生了非常严重负面的影响。

(一) 互联网金融的概念

究竟什么是互联网金融,目前的正式文件、法规中没有一个权威的定义,理论界也不存在统一或协商一致的表述,并由此导致一些涉及互联网金融的术语不被普遍接受或一致认同。笔者认为:从一般意义上讲,互联网金融是指有别于传统直接融资模式和间接融资模式,利用互联网技术和网络安全技术等现代信息集成技术,在创制的网络平台上进行各种资金融通活动的总称。由此可见,互联网金融是互联网技术应用与金融模式的结合,代表了金融行业的一个新发展方向,由此来讲互联网金融从本质上依然属于金融的范畴。因此,对于互联网金融需要从金融属性的视角进行观察、理解和判断,以便能够深刻认识和把握其实质内涵以及创新价值。这样的理解在我国是有现实基础的,中国人民银行在《中国金融稳定报告(2014年)》中称互联网金融是"互联网与金融的结合,是借助互联网和移动通信技术实现资金融通、支付和信息中介功能的新兴金融模式",这个表述充分肯定了互联网金融的创新金融属性。同时,根据中国人民银行、工业和信息化部、公安部等发布的《关于促进互联网金融健康发展的指导意见》中的规定,我国互联网金融主要是指互联网支付、网络借贷、股权众筹融资、互联网基金销售、互联网保险、互联网信托和金融消费。而关于互联网金融的模式,在实践中同样没有一致或权威界定,一般来讲,主要分为第三方支付、P2P网贷、大数据金融、众筹、信息化金融机构、互联网金融门户和数字货币等模式。

(二) 互联网金融犯罪的分类

从以上概念分析可知,互联网金融的本质并未因加持互联网"高科技"而完全超越金融业范畴,一定意义上讲,只是属于传统金融的创新发展,在互联网金融领域发生的犯罪仍然属于金融犯罪。但是,互联网金融犯罪因"互联网"自身的固有特点,也不能与传统金融犯罪完全相等同。随着经济的发展、政策的调整,我国互联网金融犯罪的类型也是处在不断变化之中的,互联网金融犯罪对互联网的依赖程度不同,其特点也表现不同。但是在互联网金融犯罪类型的区分上,通过抓住其金融的本质属性,关注互联网金融特别是"互联网"在其中发挥的作用或者承担的角色、表现的特征,一般而言,根据犯罪构成理论对互联网金融犯罪可以分为以下三类:一是互联网金融作为犯罪主体的犯罪;二是互联网金融作为犯罪客体的犯罪;三是互联网金融作为犯罪手段的犯罪。从事互联网金融犯罪研究的学者如郭华、陈晓华、曹国岭等也基本都赞同以此进行分类。

1. 互联网金融作为犯罪主体的犯罪。根据刑法理论,所谓犯罪主体是指实施危害社会的行为、依法应当负刑事责任的自然人和单位。互联网金融作为犯罪主体的犯罪,也称为互联网金融企业本身实施的犯罪。这类犯罪属于经营正当互联网金融业务的犯罪化风险,主要包括擅自设立金融机构罪、非法吸收公众存款罪、非法经营罪、集资诈骗罪、擅自发行股票公司企业债券罪、洗钱罪、挪用资金罪等,就目前来说,较为典型的是非法集资类犯罪。

2. 互联网金融作为犯罪客体的犯罪。这类犯罪主要是以互联网金融作为犯罪行为侵害对象的犯罪。在此类犯罪中,犯罪分子对互联网金融企业实施非法入侵、盗窃、诈骗甚至破坏等违法犯罪活动,互联网金融企业属于刑事案件上的被害人角色。这类犯罪主要表现为:非法进入互联网金融网络系统盗取资金或者对计算机系统造成损害的违法犯罪行为;伪造或变造金融凭证,实施犯罪活动;获取互联网金融企业、客户的有关信息,非法进入账户划拨转移资金或者增加账户金额的犯罪;犯罪分子对互联网金融网络和信息系统实施攻击,或者提供专门用于侵入、非法控制计算机信息系统的程序、工具,或者明知他人实施侵入、非法控制计算机信息系统的违法犯罪行为而为其提供程序、工具,致使互联网金融企业的重要信息系统工程及重要网络工作环境发生重大故障和事故的犯罪行为;等等。

目前,对互联网金融平台的攻击主要分为两种形式:一种是我们常说的流量攻击,又分为DDOS和CC两种方式,DDOS是指攻击者占用互联网金融平台的带宽,从而将平台的流量堵死,使得其他用户无法访问;CC是指攻击方放出成千上万的请求,模拟大量用户访问互联网金融网站,造成网站瘫痪,使得用户无法访问。另外一种是黑客入侵。

3. 互联网金融作为犯罪手段的犯罪。这类犯罪主要是指利用互联网金融实施违法罪行为或作为犯罪手段实施的犯罪,"互联网金融"被作为了"犯罪工具"使用,这类案件中,较为典型的是洗钱犯罪。当前,随着互联金融的广泛发展,洗钱犯罪出现由传统支付工具向互联网支付工具、移动支付工具转移的趋势，我国网络洗钱犯罪呈高发态势，犯罪分子利用网络交易洗钱已成常态。互联网金融中的洗钱行为主要有以下类型：利用网上银行实施地下钱庄的违法犯罪活动；利用第三方支付平台转移、清算网络赌博、非法集资等犯罪资金；网络炒汇、炒金；网络传销；证券期货违法犯罪活动；信用卡犯罪；网上制假售假；等等。同时，随着支付手段的创新，移动支付将成为最新作案的犯罪工具，犯罪分子通过钓鱼网站或植入木马，盗取网友的个人信息，再从卡中划拨资金。此外，一些不法分子还通过违规使用第三方支付平台，将信用卡金额充入支付宝账户后提现，或是通过制造虚假交易来实现资金非法转移套现。

尽管从理论上能够将互联网金融犯罪作出以上三种分类，但从司法实践中的具体、复杂情况来看，各类型之间的界限也不是完全清晰明了，同一互联网金融犯罪行为有时涉及几种不同的犯罪类型，另外，这种分类还没有得到业界的一致认可，但从互联网金融犯罪风险防范视角来看，这种分类还是有意义与价值的。其实践意义主要表现在两方面：第一，从互联网金融犯罪打击与预防角度来看，以互联网金融作为犯罪对象的犯罪和作为犯罪工具的犯罪，需要引起互联网金融企业、监管部门的高度重视和警惕，要在强化信息技术以及建立健全制度上下功夫，防止被犯罪分子利用与侵害；第二，就互联网金融犯罪问题研究而言，互联网金融企业本身作为犯罪主体的犯罪类型，应当作为理论研究的重点，因为它不仅危害了互联网金融业的创新与发展，还损害了互联网金融的信誉、削弱了互联网金融应负的责任，如果任由互联网金融自身不断违法犯罪，就有可能因受社会公众的担心忧虑以及不信任的影响，从而制约互联网金融的持续、健康发展。

（三）互联网金融犯罪的常见罪名

据央行数据显示，截至2016年底，我国共有第三方支付机构247家，其交易规模呈现逐年递增的特点，2014年第三方支付市场交易规模为23.3万亿元，2017年就已达到了百万亿元。与此同时，截至2017年底，全国P2P网贷平台也达到了1931家。如此庞大的互联网金融交易主体，如此海量的交易流量，互联网金融企业的资质却参差不齐，再加上监管、技术手段等防范措施的不足，其在实践运行中难免会衍生出一些违法犯罪。在出现问题的P2P平台中，诈骗、跑路事件占一半以上。在这些跑路的网贷平台中，有的纯粹是一个诈骗平台，有的是通过非法募集资金形成"资金池"，再以高利转贷借给他人，有的是虚构借款事实，将募集的资金用于自己的公司经营，达到"自我融资"的目的，还有的则对借款人及借款用途疏于核查，造成大量虚假借款需求从而导致风险的发生。

与传统金融相比，第三方支付、P2P 网贷、众筹以及互联网保险等互联网金融存在的风险，具体来讲主要包括信用风险、市场风险、操作风险和法律风险等，其中，信用风险、法律风险显得尤为突出。以 P2P 网贷为例，2011 年银监会发布的《中国银行业监督管理委员会办公厅关于人人贷有关风险提示的通知》中，提示 P2P 网贷存在影响宏观调控效果、容易演变为非法金融机构、业务风险难以控制、不实宣传影响银行体系整体声誉、监管职责不清、法律性质不明、信用风险偏高等七大风险，其贷款质量远远劣于传统银行业金融机构而存在风险。实际上，除以上七种风险外，还存在网贷公司配置或者"借道"炒股的风险。基于以上犯罪类型和风险因素的考虑，特别是在研究互联网金融犯罪风险防范的工作中，需要重点关注以下几个犯罪类型。

1. 集资诈骗、非法集资犯罪。这是互联金融犯罪领域最为常见的犯罪风险类型。互联网金融的身份、资信等认证措施宽松、监管措施不到位，以及非面对面交易的特点，使得互联网金融平台极易涉及非法吸收公众存款、集资诈骗等集资类犯罪。特别是随着 P2P 网贷行业竞争日趋激烈，一些 P2P 平台大力发展线下营销队伍，提供理财产品"门店"服务，业务职能逐渐由原本的撮合资金供需的"中介"作用，转变为吸收公众存款、发放贷款。据搜狐财经《44 家 P2P 平台一审宣判，大多被判定非法吸收公众存款罪》文章报道，网贷之家从 P2P 网贷问题平台一审裁判日期在 2017 年初至 2018 年 3 月的 150 多例刑事案件中，筛选出宣判结论公布详细、案情描述具体的 44 家平台进行了分析，梳理相关案件情况可以发现被判定非法吸收公众存款罪最多，44 家问题平台中，法院判决非法吸收公众存款罪的平台占比为 82.95%，集资诈骗罪的平台占比为 15.91%，另外有 1.14% 的平台被判擅自发行股票罪。①

2. 洗钱犯罪。随着互联网支付、网络银行、电子商务等产品和服务不断推陈出新，不法分子利用互联网金融平台进行洗钱的犯罪活动日趋频繁。互联网金融门槛低，借贷资金的来源和用途不容易查清，不法分子将自己的非法所得通过互联网支付平台转换成虚拟资金，然后再通过网络交易或其他合法手段，将虚拟资金转化成现实的财产，从而实现由"黑钱"向合法财产的转变。同时，网络交易破除了传统金融活动中地域限制和时间限制，也给监管部门对洗钱行为的识别、监管和追踪等增加了难度，互联网金融的经营机构利用互联网金融活动中信息的虚拟隐蔽性、操作高效的瞬时性等特征，通过互联网的渠道为犯罪分子提供洗钱服务。互联网金融领域已经成为洗钱犯罪分子利用的新

---

① 载 http://www.sohu.com/a/225942925_99936628（搜狐财经）。

途径、新工具、新领域,在将来也可能变成洗钱犯罪的高发场所。目前来看,互联网洗钱的方式主要有两类:一是利用在线支付业务洗钱;二是利用网络借贷平台洗钱。比较恶劣的情况是,在有些案件中,不法分子通过木马病毒、"钓鱼"欺诈等方式,利用网络获取受害人银行或金融账号密码,从而盗走账户资金,再通过网游平台将钱"洗白",形成了一条植入木马(钓鱼网站)、盗窃资金、洗钱的黑色"产业链"。例如,2015 年 12 月,孙某某、王某某明知马某某及上海申彤投资管理有限公司涉嫌非法吸收公众存款罪,仍在上海浦东发展银行开设个人存款账户,用于转移马某某及申彤公司的犯罪所得,12 月 29 日至 31 日,孙某某先后三次通过网银转账方式将马某某银行账户内的资金共计 1060 余万元转入上述银行账户。2016 年 1 月,孙某某伙同马某某将上述浦发银行内的资金转入孙某某控制的银行账户,并取出部分资金用于购买个人房产,给有关人员造成了巨大经济损失。①

3. 信用卡诈骗犯罪。从近年来的情况看,利用第三方支付平台、网络融资平台等新型互联网金融进行信用卡犯罪日趋增多,这类犯罪对发卡银行的迷惑性强,危害性也更大。2017 年,北京市检察机关起诉的金融犯罪案件中,信用卡诈骗罪占总数的 47.8%,② 其中,相当一部分是通过互联网金融进行信用卡诈骗。这些犯罪手法主要表现为通过网上购买他人身份证、银行卡等手段获取客户信息,再利用互联网金融产品的漏洞实施恶意透支型的信用卡犯罪,这类犯罪占到了信用卡犯罪总数的 80% 以上,需要引起高度重视。③ 随着互联网金融的发展,信用卡诈骗除了恶意透支型犯罪外,还出现了一些新的作案手法,有的不法分子利用第三方支付平台,将信用卡额度充入支付平台账户后提现,或者通过制造虚假交易来实现资金非法转移套现;有的不法分子利用他人身份和银行卡在电子商务平台开店,再使用自己控制的信用卡在该店购买商品,达到套取现金的不法目的。例如,信用卡持卡人利用他人身份证和银行卡在网上开店或者与在网上开店的亲友进行合谋,然后使用自己掌握的信用卡在店里购买商品,在现行互联网金融业态下,第三方支付平台、监管部门均只能通过付款、收款的形式审查该交易的"真实性",从而使得不法分子达到了逃避监管、实现信用卡套现的目的。

4. 非法经营、擅自发行股票等犯罪。根据《证券投资基金法》的规定,

---

① 《上海金融检察白皮书》(2016),第 92 页。
② 法制网,载 http://www.legaldaily.com.cn/index/content/2018-07/04/content_7586341.htm?node=20908。
③ 网贷之家,载 https://www.wdzj.com/news/hydongtai/222291.html。

基金公司的"主要股东应当具有经营金融业务或者管理金融机构的良好业绩、良好的财务状况和社会信誉,资金规模达到国务院规定的标准"。随着互联网金融产品的不断丰富、衍生,再加上从银行借贷手续烦琐、监管严格的因素,一些不法分子打着(股权)众筹名义吸收社会公众资金,极易引发涉嫌非法经营、擅自发行股票等犯罪风险。比如,大家比较熟悉、参与较多的支付宝和基金公司天弘基金合作的创新产品——余额宝,作为拥有51%控股股权的支付宝公司,本身并无基金销售资质,在现行刑法规定中,其在网上所销售基金存在涉嫌非法经营犯罪的嫌疑。另外,根据我国证券法第10条、刑法第179条等规定,向不特定对象发行股票或者向特定对象发行股票累计超过200人的均为公开发行,而公开发行证券的,必须符合法律、行政法规规定的条件,并依法报经国务院证券监督管理机构或者国务院授权的部门核准,否则擅自发行股票,数额巨大的,可能构成擅自发行股票罪。2013年5月,证券监督管理委员会召开新闻通气会,明确将利用淘宝网、微博等互联网平台向公众转让股权、成立私募股权投资基金等行为定性为非法证券活动。

5. 互联网金融技术缺陷引发盗窃、挪用等犯罪。互联网金融的软件硬件系统、电脑程序等对其健康发展具有重要的安全保障作用,可以说计算机软硬件、网络技术的安全有效,直接关系到互联网金融行业能否可靠有序运行,能否有效保障投资者、经营者的合法利益。目前,互联网金融技术风险主要表现在以下两方面:一是互联网金融技术本身的风险。这类风险是互联网金融固有的风险,主要包括计算机系统、安全认证系统或者互联网金融软件等存在的缺陷没有被及时修复、漏洞没有被及时堵塞,或者互联网金融平台受到攻击,安全防护系统被破解,从而造成客户信息数据的泄露,引发客户资金的安全风险;不法分子破解系统冒充交易客户身份,借助网络骗取互联网金融平台或投资者的资金;互联网金融软件系统存在设计缺陷,使内部人员在进行正常业务操作时,系统无法识别错误操作从而导致资金损失的风险;等等。二是互联网金融技术保障风险。计算机软硬件系统、网络技术等专业性比较强,需要企业投入专门的研发人员与大量资金予以开发、管理和维护。由于一些互联网金融企业规模小、经济实力有限,或者出于降低运营成本、快速拓展业务吸引客户的考虑和急需,互联网金融企业大多都采用"外包"给专门的计算机公司的方式来获得技术支持保障,从而使得在实践中极易造成互联网金融平台服务类型的雷同和存在问题的类似。由于互联网金融企业自身不拥有核心技术,一旦外部技术支持保障不能完全满足安全、正常的运行需求,将会导致其不能有效地向客户提供安全的金融服务,从而形成互联网金融企业的技术支持保障风险,一旦这种风险被不法分子利用,极易发生违法犯罪活动。

6. 互联网金融客户信息被泄露、滥用或者出售以及借助于公民个人信息进行"钓鱼"诈骗犯罪。互联网金融平台通过客户上传的资料,掌握了大量客户身份信息、家庭成员、财产、交易明细,甚至包括银行借贷以及其他财产交易等信息,一旦网站在客户信息保护方面存在漏洞,再加上缺乏必要的内控和监督,极易出现泄露和滥用、出售客户信息等问题。以"拍拍贷"为例,一般来说,客户只要在网站免费注册一个用户,登录后便可随意查看"借款人列表"中的借款人信息。尽管网贷平台对"借款人信息"关键内容进行了处理,但这种处理仍不能完全消除个人信息。此外,互联网金融网站还会对不能及时归还贷款的客户进行隐私信息曝光,登录者可以随意查看黑名单客户的详细信息,也有可能引发信用卡诈骗以及其他相关犯罪。

以上列举分析的有关容易引发互联网金融犯罪的重点罪名,在一定程度上反映了互联网金融业运行中的主要风险,这些风险点一旦出现恶化趋势,极有可能引发违反金融秩序事件的发生,进而危害社会公共利益,当监管无效或者难以阻拦风险蔓延时,司法机关的严厉打击或者行政监管部门采取的强制性措施,将会成为遏制犯罪、减少人民群众损失的重要工具和手段。

二、我国在互联网金融犯罪风险防范方面存在的问题

通过以上对互联网金融犯罪类型和重点罪名的分析可知,有效防范互联网金融出现的犯罪风险,主要在于事前、事中的预防、监管和事后的严厉打击。就目前来看,我国的监管制度机制和打击效果等均存在一定的问题。

(一)监管的制度机制有待完善

与实践相比,我国的互联网金融立法工作相对滞后,在一定程度上导致了监管作用发挥不明显。首先,我国尚未出台专门针对互联网金融的法律法规,虽然现行的《合同法》《物权法》和《公司法》等对P2P、众筹等互联网金融业务涉及的部分民事行为进行了规范,但是这些规范过于原则和普遍,并没有针对互联网金融行为的具体执行细则。其次,在监管模式上互联网金融确立的是分类监管,而我国的《商业银行法》《证券法》《保险法》和《票据法》等金融法律法规未对互联网金融的业务边界、准入退出、运营规范、信用风险管理等作出相应制度安排,这就导致在实际的监管操作中缺少相应的法律依据。同时,现行的金融监管细则大都是针对传统金融行业,在对互联网金融的实际监管过程中显得可操作性、针对性不强。例如,2015年7月,中国人民银

行、工业和信息化部、公安部等部门颁布的《关于促进互联网金融健康发展的指导意见》明确规定，网络借贷、互联网信托和金融消费由银监会监管，股权众筹融资、互联网基金销售由证监会监管，互联网保险由保监会监管，互联网支付由人民银行监管，监管主体"九龙治水"，同时各部门具体的监管措施、监管细则发布缓慢。最后，互联网金融行业的自律章程等行业规范制定缓慢，既难以对现行的法律法规进行合理的补充，又不能有效加强行业自律。

（二）监管能力有待提升

从理论上讲，市场机制作用的发挥在互联网金融运行中具有决定作用，但也不能忽视行政监管所起到的保障作用，因为通过法律法规来监管约束各类互联网金融主体的市场行为，会使交易活动更为高效、规范、有序。但到底对作为新生事物的互联网金融采取多大的法律监管力度，或者说给予互联网金融多大的自由发展空间，是一个很难数量化衡量的问题。理论上讲，若监管力度过小，则会导致互联网金融行业野蛮生长、险象丛生，危害金融体系安全和社会稳定；若监管力度过大，则互联网金融的正常发展被压制和打击，也将影响金融行业和社会经济的正常发展，如何把握互联网金融监管的"度"，如何适应互联网金融监管的工作需要，对监管部门和监管人员的业务能力、法律法规素养和政策水平提出了不小的挑战。

从实践层面看，互联网金融发展对监管部门监管手段的有效性提出了如下挑战：一是互联网金融以网络作为交易平台，具有跨区化、虚拟化、隐蔽化交易的特点，导致监管部门在管辖、监管、调查核实和现场取证时面临一定的困境。二是互联网金融实际上是混业经营的模式，而目前针对互联网金融的行政监管却是分业监管的制度规定，使得出现监管模式不适应经营模式的困境，导致人为增加监管难度。三是现有的监管体系难以有效发挥作用，相比于传统金融，互联网金融的类型、范围、经营方式等不断地创新发展和延伸变化，再加上互联网金融的产品交易设计、软件程序设计等都具有一定的信息化、科技化水平，使得传统监管体制和工作方式方法过于落后，一些在传统金融监管方面的经验和有效做法，已无法适用在互联网金融环境下，这些因素的存在，需要监管部门和监管人员不断提升能力水平，以适应挑战和解决工作中的难题。

（三）监管的范围有待明确

根据"法无明文授权不可为"的行政行为原则，监管部门只能对法律法规明确规定的业务范围实施行政监管活动。互联网金融活动中的行为和数据都是在互联网线上进行实施、运行和保存的，行为和数据随着业务的不断开展而实时变化。对于新出现的业务，行政监管部门将在法律法规完善后才能予以监管，如果法律法规完善的节奏没有跟上互联网金融创新发展的步伐，就会出现巨大的监管范围空白区，为互联网金融健康发展埋下巨大隐患，进而引发犯罪风险，威胁互联网金融体系的安全稳定。与此同时，要判定一个业务或交易行为是否属于合法的范围，也是比较困难的，因为要判断其合法性就要对交易数据进行提取、分析和审查，而交易的数据往往保存在公司的服务器中，服务器的存放地很有可能与监管部门所在地不一致，甚至相距较远，使得由于管辖、经费等原因导致提取难度变大，另外，交易数据的电子化保存形式使得其比较容易被篡改、删除和编造，从而进一步加大了监管机构的工作难度。

（四）监管的技术支撑体系有待进一步加强

由于互联网技术的特性和原因，互联网金融平台业务辐射面十分广泛，只要连上网络全国各地都能看到和使用，特别是互联网金融产品持续丰富、衍生，行业多业态混合经营，再加上互联网金融违法违规行为速度快、隐蔽性强、时间地域限制不明显等因素的存在，使得采用传统的线下摸排、登记备案等监管方式，难以及时掌握违法犯罪新情况、新动向，亟待通过建立健全实时动态的信息技术支撑体系进行线上监督和检测，从而弥补线下监管的不足。但实践中，当前互联网金融监管尚未与技术支撑体系形成有效的协同和联动，通过技术手段发现的问题，监管部门不能够迅速进行处置和应对，如近几年，国家互联网应急中心通过技术分析平台分析发现了几个互联网金融平台的异常问题，中心将这些问题发给有关职能部门后，有的既没有得到有关监管部门及时有效的回应，也没有被提前预防和应对。

（五）司法机关严厉打击后社会效果不明显

以检察机关的打击为例，2017年以来最高人民检察院分别印发了《关于充分发挥检察职能依法办理非法集资案件的通知》《关于办理涉互联网金融犯罪案件有关问题座谈会纪要》以及《关于认真贯彻落实全国金融工作会议精神加强和改进金融检察工作的通知》等文件，部署、领导全国检察机关积极参与互联网金融风险专项整治工作，严厉打击各种互联网金融违法犯罪活动。但在严厉打击之后，因种种原因，受害人的投资往往难以有效追回，且在严厉打击之下，互联网金融违法犯罪活动的数量亦没有根本性减少，社会效果不明显。

三、加强我国互联网金融犯罪风险防范工作建议

一定意义上讲，欧美国家的互联网金融发展落后于我国，使得当前我国互

联网金融的风险防范监管没有成熟的其他国家及地区的经验可供借鉴,同时分析美国、英国等金融业发达国家的互联网金融风险监管制度机制,也普遍存在监管尺度范围不一的问题,从而使得借鉴发达国家经验做法的实践意义不大,只能探索出符合我国国情和互联网金融发展现状的风险防范措施。在互联网金融犯罪风险控制上,业界有种观点值得参考,即可以参照投资风险管理思维方式,以事前审批监管、交易行为监管和人民群众权益保护作为风险控制的主要目标。在定罪量刑方面,鉴于互联网金融所代表的自由市场力量以及由此引申出的所谓互联网精神,在规范互联网金融创新发展过程中,还应贯彻"疏堵"相结合的方针,并以此作为衡量互联网金融风险是否"入罪"和"出罪"的参考。

再结合前面对互联网金融犯罪风险的分析,特别是我国互联网金融领域需要重点关注的犯罪风险点和突出问题,以及当前防范互联网金融犯罪风险的监管方面存在的不足和薄弱环节,加强我国互联网金融犯罪风险防范工作应实行多措并举,坚持脱虚向实、风险可控、规范发展以及以人民为中心的原则,重点从以下三个方面着手。

(一)构建完善我国互联网金融犯罪风险防范体制机制

在互联网金融犯罪风险防范体制机制建设方面,要重点对一些互联网金融企业无序发展和盲目扩张可能带来隐患的领域进行监控,如通过技术手段对易受黑客攻击、病毒侵袭、信息被盗取、身份被篡改等环节实行重点监管。要找准我国互联网金融监管方面的现实问题,采取针对性的措施,如我国现行的监管模式是分业监管,而互联网金融平台业态多样化、混营化,运作方式虚拟化、网络化的特点,使得分业监管模式作用在互联网金融中发挥不明显。以广为人知的阿里巴巴为例,其旗下的"支付宝"从事第三方支付业务;"阿里小贷"从事网贷业务;"余额宝"从事销售基金;"众安在线"从事保险业务;等等,很难对其进行分业监管。同时,由于互联网金融活动涉及保险、证券、基金以及资金支付、结算等相关金融业务,按照分业监管,其复杂的业务形态不仅会出现监管交叉与重复,也会在某些环节出现监管空白与盲区。基于以上问题考虑,防范互联网金融犯罪风险,首先需要在以下几个方面予以健全和完善有关制度机制。

1. 健全和完善互联网金融相关法律法规体系。虽然中国特色社会主义法律体系已经形成,但是,为了加强我国互联网金融犯罪的风险防范,依然有必要进一步健全并完善互联网金融相关法律法规。通过前面的分析可知,对互联网金融领域而言,为传统金融行业制定的法律法规体系对互联网金融的适用性和有效性不强,再加上传统金融行业法律法规体系与现有互联网金融监管念、方式方法不匹配的现状，导致部分互联网金融行业发生的问题不能被有效遏制，亟待制定符合互联网金融发展的法律法规予以规范。在制定互联网金融方面的法律法规时，一方面要加强对 P2P 网贷、第三方支付、股权众筹等平台虚假或者欺骗行为的规范控制，既加强对违法违规现象的处罚，又突出打击互联网金融犯罪活动，切实为互联网金融创新发展提供保障。另一方面要注重加强对人民群众合法权益的保护。人民群众合法权益保护是互联网金融犯罪风险防范当中的重要部分，个人投资者由于对互联网金融知识缺乏辨别，风险承担能力较低，可规定设立专门的互联网金融纠纷调解部门，维护人民群众的合法权益。要加强对参与互联网金融的普通群众的法律地位界定的研究，若其属于"消费者"，可在《消费者权益保护法》中增加互联网金融方面的规定，对损害其权益的行为制定处罚措施，并增加制定补偿办法，另外可制定互联网金融中消费者个人信息保护的相关法律法规，对披露、窃取信息的行为给予惩罚。同时，建立资金托管制度，利用银行、保险机构，对互联网金融中"投资者"的资金进行托管和保护，保证"投资者"的资金不受非法挪用等违规行为的损害，等等。

2. 健全和完善互联网金融的资金第三方托管制度。当前，一些 P2P 网贷平台没有建立资金第三方托管机制，容易导致大量投资者的资金沉淀在平台的"资金池"里，再加上外部监管的滞后，既存在非法集资的违法犯罪风险，也存在资金被挪用甚至被卷款跑路的违法犯罪风险。一些 P2P 网贷平台卷款跑路和倒闭事件不仅给投资人造成了资金损失，也影响了互联网金融行业的整体形象，因此需要建立实质意义上的互联网金融资金第三方托管制度，切实为解决投资者资金沉淀在缺乏监管的平台账户导致被挪用甚至卷款跑路的风险。2017 年 2 月发布的中国银监会办公厅《关于印发〈网络借贷资金存管业务指引〉的通知（以下简称《业务指引》）》，对网络借贷资金存管的相关规定进行了细化和深化，但从具体的落实环节来看，目前仍然出现网贷平台卷款跑路的现象，《业务指引》的落实还需要进一步加强。需要强调的是，在《业务指引》中，所谓的"联合存管"并没有被完全否定。在存管业务中，商业银行在支付环节仍然可以和三方支付公司合作，双方签外包服务协议，只是存管专用账户及子账户必须在银行，由此引发的风险问题需要继续深入研究。

3. 健全和完善互联网金融的信用信息查询系统。由于信息不对称，互联网金融企业、普通参与者均面临获取信息渠道匮乏的问题，不仅制约了互联网金融业务的发展，也加大了互联网金融的犯罪风险。因此，需要建立健全信息共享系统，披露互联网金融参与者的财务指标、经营状况、风险控制、个人征信信息等。总的来看,一个信用信息共享平台应实现的目标应包括信息共享,打通线上线下、新型金融与传统金融的信息壁垒;让互联网金融企业共享借款逾期客户名单和存量客户借款名单,建立起风险信息共享机制;让每一家企业都是"信息孤岛"的局面被打破,为行业的风险控制提供了有效支持,最终降低机构和借款人之间的信息不对称①。在这方面,有些地方已有规范,如2014年8月4日,上海市政府就出台了《关于促进本市互联网金融产业健康发展的若干意见》,强调加强互联网金融领域信用体系建设,支持互联网金融企业利用各类信用信息查询系统。值得欣喜的是,2017年9月9日,筹建已久的中国互联网金融信用信息共享平台开通,但该信用信息共享平台的具体操作形式需要进一步的细化和规范。同时,除了建立互联网金融信用信息平台外,还需要借助电商平台、第三方支付企业信息、互联网金融平台的交易信息来为互联网金融提供信用信息。

4. 健全和完善互联网金融企业行业自律规范。在加强互联网金融行政监管的同时,强化行业自律建设无疑会成为规范互联网金融行业发展的有效渠道。在实践中,针对一些互联网金融企业采用有争议、高风险甚至法律禁止的交易模式开展业务,一些互联网金融企业不重视信息安全保护,导致存在泄露个人隐私的风险,以及部分互联网金融领域被不法分子利用进行违法犯罪活动等问题,由相关部委或央行牵头发起成立全国性的行业协会,并建立行业自律规范,一方面将有利于这些问题的解决,有助于相关政策、规范的厘清,从业企业也可通过协会及时反映诉求,努力维护行业权益,另一方面能够促进企业和政府主管部门之间的联系与沟通,推动制定互联网金融行业发展规则和标准,引导行业健康规范发展。近年来,我国在这方面做了很多探索和努力。2013年8月,中国小额信贷联盟在北京正式对外发布了《个人对个人(P2P)小额信贷信息咨询服务机构行业自律公约》(以下简称《自律公约》),《自律公约》提出了P2P网贷平台清算与结算分离的概念,并对P2P网贷平台服务放款人、借款人、行业管理要求、行业企业退出机制、行业从业人员等方面提出了自律要求。2013年12月,央行下属的中国支付清算协会牵头成立了互联网金融专业委员会,该委员会除包括央行清算中心和征信中心外,还有18家商业银行、28家支付机构、10家P2P网贷平台。同时,在有些地区也成立了相应的行业自律组织,或制定了相关内控规定,如2015年《广州市人民政府办公厅关于推进互联网金融产业发展的实施意见》规定:"引导P2P网贷机构

---

① 网贷之家,《中国互联网金融信用信息共享平台解析》,载 https://www.wdzj.com/hjzs/ptsj/20171109/89564-1.html。

采取由第三方托管资金、设立风险保障金以及引入第三方担保、基金担保、保险担保主体等措施，健全风险防控体系，规范稳健运营。"其他行业经验表明，防范互联网金融犯罪风险很重要的方面在于建立和完善行业自律制度机制，从而对互联网金融发展进行内部规范、控制以及纠偏。

就目前而言，健全和完善互联网金融企业行业自律规范，可以从以下几个方面考虑和着手。一是规定互联网金融企业要设立专门的风险控制部门。风控对金融企业来说至关重要。互联网金融作为传统金融的创新发展，风控部门既能使互联网金融企业免受违法犯罪风险的侵害，又能推动互联网金融企业规范发展。从实践层面看，相对于互联网金融创新，互联网金融风险的苗头性、倾向性问题往往不容易被发现，等发现了一般都已酿成了比较大的问题和麻烦，因此，互联网金融企业应该设立专门的风险控制部门，利用信用信息共享平台、大数据挖掘技术以及第三方咨询服务等，构建内部风险评估模型，建立企业、个人信用评级系统，实行实时监控和识别，健全风险预警机制。二是规范互联网金融产品创新。互联网金融产品具有高风险和高收益的双重属性，但互联网金融交易的隐蔽、高效特性进一步增加了产品的风险性。在创新或投资互联网金融产品时，互联网金融企业在重点考虑资金高收益的同时，更要着重考虑资金的安全性，谨慎推出或选择投资的标的和方式，找好产品的收益和风险的平衡点，从源头上防范互联网金融犯罪风险的发生。三是建立和完善适当的风险准备金提取制度。要学习借鉴传统金融行业监管的成功经验，加强对风险准备金的交付主体、数额及其合理配置等问题的理论研究，建立健全根据互联网金融企业的规模大小、产品性质、风险指数等情况，提取相适应的风险准备金提取数额的制度，以抵御可能发生的挤兑等流动性风险。当然，互联网金融风险准备金提取的比例和方式，应低于传统金融行业的风险准备金提取比例或异于传统金融行业风险准备金提取方式，以保证互联网金融企业的发展活力。

5. 健全和完善互联网金融监管机制。2015年7月由中国人民银行、工业和信息化部、公安部等部门发布的《关于促进互联网金融健康发展的指导意见》，对不同的互联网金融品种的监管责任进行了划分，实践证明，这种监管机制存在一定的不足和薄弱环节，亟须创新和完善。当然，创新或完善互联网金融监管机制，必须考虑我国地区差异较大，经济发展不平衡的现实，再加上互联网金融业态的复杂性和金融品种的交叉性等因素，由单一部门来监管的集中统一监管机制可能不适应互联网金融发展的需要。因此，比较现实的考虑是，可以采取"中央+地方"的共同监管机制，即在全国性统一的制度框架下，允许各省（市、自治区）根据区域经济的发展特点，采取适当宽松的审慎监管原则，制定针对性的监管方法，规范互联网金融的发展，特别是给互联网金融留出创新的空间。目前需要比较紧迫健全的监管机制，一是建立监管调节机制。我国现有金融监管中对传统金融机构的准入、退出、业务范围、内控机制等都有明确的规定，但互联网金融与传统金融之间的差别很大，这些制度机制不能直接用于互联网金融企业，监管机构应根据互联网金融的经营模式与特点，制定相应的准入和退出机制。对于互联网金融机构的业务范围，在不能一一列举的情况下，可以通过建立"负面清单"的形式，将各类互联网金融机构和平台不能进行或禁止涉猎的业务作出明确禁止的法律规定。二是建立动态监管机制。互联网金融是不断创新发展的行业，动态监管是保证其规范健康发展的必要条件。要不断完善监管责任动态调整制度，以补充规定的形式适时更新各部门的监管责任分工，将新产生的互联网金融业务有效置于监管范围之内。监管部门要根据职责分工，定期研究互联网金融的现状和发展，发现分析存在的问题和可能出现的风险，做好相关防范工作。三是建立闭环强监管机制。着力提升互联网金融的准入门槛，强化公司治理和股东责任，建立主发起人机制，对主发起人进行资质限定，同时研究将借贷规模与实收资本挂钩，并健全合格投资者机制等。

6. 健全和完善互联网金融国际合作机制。互联网金融已经超越国界的限制快速进入了全球化发展阶段，比如我国的支付宝、微信支付等随着"一带一路"已广泛深入南亚、中东等地区，甚至欧美等发达国家的部分场所和地区也已支持我国的移动支付业务，因此，互联网金融的犯罪风险防范必须改变传统的以地域为主的监管机制，加强与国外监管机构的沟通和协调，积极与国际监管组织和司法机关合作，严格防范利用互联网金融进行的跨国洗钱、诈骗、资金非法转移等违法行为，打造健康的互联网金融发展外部空间。此外，还要加强监管机构的国际合作，参考国外特别是传统金融强国在互联网金融监管上的可取经验，对未遇见的互联网金融犯罪问题提前防范。

以上主要是从第三方支付、P2P网贷平台和众筹等存在的问题出发，就加强我国互联网金融犯罪风险防范工作进行制度机制设计和建议。当然，互联网金融模式不限于以上列举的类型，还存在大数据金融、互联网金融门户、信息化金融机构、O2O等其他众多类型，由于这三种类型的犯罪风险较为常见且占所占比例高，需要在制度机制建设方面予以重点关注。

(二) 设立专门的金融检察机关

新时代要求检察机关的互联网金融检察工作在新的职能定位下，要有新的作为。2018年4月，全国首家金融法院在上海成立，目的在于将包括涉互联网金融在内的金融犯罪从现有的审判体系中剥离出来，充分依托互联网技术构建科学、专业、高效的审判体系，依法处理金融纠纷，为营造更安全、规范的金融环境提供有力司法保障。基于此，同步设立专门金融检察院不仅关乎检察机关在防范金融风险攻坚战中的积极作为，也与金融法院成立之后如何加强法律监督的主责主业密不可分，尽早设立专门金融检察院既有利于防范金融风险优化金融法治，也有利于提升包括互联网金融在内的金融领域的法律监督效能。

1. 设立金融检察院的必要性。从打击金融犯罪，防范金融风险来看，通过深化金融检察体制机制改革，设立金融检察院，对金融刑事案件进行集中管辖，可以有效解决金融检察办案力量过于分散的问题，形成办理重大疑难复杂案件的专门机构和机制，充分发挥对重大案件的控诉、诉讼监督功能。从抓牢检察改革发展机遇，强化金融领域法律监督来看，设立金融检察院是大势所趋。在2018年4月2日中央财经委员会第一次会议上，习近平总书记明确提出："防范化解金融风险，事关国家安全、发展全局、人民财产安全，是实现高质量发展必须跨越的重大关口。"在2018年3月23日最高检党组扩大会议上，张军检察长强调，"检察机关要善于观大势、谋大事，紧抓改革发展机遇"。2018年3月29日，即中央全面深化改革委员会审议通过《关于设立上海金融法院的方案》的次日，张军检察长指示上海市检察机关"要及时研究完善对上海金融法院的法律监督工作"。金融专业司法机构的设立、金融专业司法体系的完善，与当前国家金融改革发展息息相关，对检察机关是一次重要的发展机遇。因此，检察机关必须坚决贯彻习近平总书记指示精神和张军检察长要求，尽快适应新形势新任务新要求，将服务发展大局与强化法律监督主业紧密结合，在认真履行刑事检察职能，推动治理防范化解金融风险的基础上，进一步强化对金融领域、特别是互联网金融领域的民事商事行政案件的法律监督。从应对金融司法新挑战，提升专业化规范化水平来看，目前，金融刑事案件的办案力量分散、水平参差不齐、标准不够统一、犯罪预防和促进行业治理等"案外"工作开展有限，严重制约了办案工作层次和水平的提升。建立专门金融检察院，对内有机整合人才、数据等资源，对外与行政监管、侦查机关、法院加强无缝衔接，有利于对司法政策、法律适用、证据标准的统一把握；有利于从全局发现同类问题，掌握发案趋势，总结办案经验，并一体化行动提升工作层次和效果；有利于提高专业化办案的水平，使金融检察官专业知识、实战经验等得到有效积累，为营造良好的金融法治环境提供更专业、更规范、更有力的司法保障。

2. 设立金融检察院的可行性。设置金融检察院的法律依据。我国宪法第130条第1款和人民检察院组织法规定，中华人民共和国设立最高人民检察院、地方各级人民检察院和军事检察院等专门人民检察院。专门检察院包括：军事检察院、铁路运输检察院、水上运输检察院、其他专门检察院。可见，依据宪法和人民检察院组织法，在上海设立金融检察院，符合现行法律框架要求。金融检察专业化建设的实践。以上海市为例，2009年至今，上海有8个区检察院先后建立了专门的金融检察部门，市检察院设置了专门的金融检察处。从2013年起，全市8个基层院金融检察部门全部实现"捕、诉、研、防"一体化的办案模式，明确受案范围为55个罪名，金融检察工作专业机构体系和金融检察工作制度已初步建立，一支由111名（市院7名，基层院104名，64%为硕士以上学历）既懂法律又懂金融专业知识的金融检察官组成的专业化队伍得到培养和锻炼。并且，上海两级检察院在积极办好大量金融犯罪案件的同时，依托中国检察学会金融检察专业委员会设在本地的优势，形成了一批高质量的调研成果。此外，他们还立足办案参与金融风险治理，与金融监管部门共同建立上海金融检察联席会议机制，连续五年发布《上海金融检察白皮书》等文献。

3. 金融检察院的组织机构。一般来说，互联网金融检察院是指根据法律法规，通过相关审批，为独立行使检察权，履行互联网金融犯罪案件检察职责而成立的独立开展互联网金融犯罪案件检察业务的专门人民检察院。根据现行法律法规和检察机关的职能分工，互联网金融检察院的业务范围应包括刑事、民事和行政检察工作，以及在互联网金融犯罪检察工作中发现的需要监督的相关工作，同时也承担一定的互联网金融违法犯罪预防工作。在当前司法责任制改革和检察机关内设机构改革的背景下，同时参考金融法院的模式，可以从以下几方面去考虑金融检察院的组织机构。首先，关于机构设置。金融检察院可以在金融比较发达的大城市，以该大城市所属检察院派出院的形式设立，围绕服务实体经济、防控金融风险、深化金融改革的金融工作任务，发挥检察机关的职能作用，对金融案件实行集中管辖，推进金融检察体制机制改革，提升金融检察专业化水平。其次，在人员组成上，基于金融犯罪案件的集中管辖，可以吸收原辖区基层院的金融检察工作专业人员充实到金融检察院，根据个人的业务专长开展工作。最后，关于金融检察院的运行模式。一方面，金融检察院集中办理辖区内的金融犯罪案件；另一方面，鉴于金融检察院是新设机构，没有相应的历史包袱，因而可以按照组织机构扁平化的案件管理模式开展工作，在检察长领导下设立若干检察官工作室，根据司法规律，全面去行政化，除按规定需要由检察长或者检委会决定案件事项外，依法独立开展检察工作。

（三）加强技术监测体系建设

互联网金融犯罪风险主要发生在互联网领域，因此，在防范犯罪风险发生方面，加强互联网金融风险分析技术监测体系建设与加强制度机制建设具有同等重要作用。事实证明，技术监测平台在预警高风险互联网金融平台方面已取得初步效果，能够有效预防和惩治互联网金融犯罪。我们以国家互联网应急中心利用国家互联网金融风险分析技术平台，曾监测并防止了群众损失进一步扩大的"善林金融"案为例，研究技术监测体系在预防互联网金融犯罪风险中的重要作用，进而加深对加强技术监测体系建设的重要意义的认识。

国家互联网金融风险分析技术平台通过大数据挖掘、过程监控等方式，对"善林"公司进行了全面分析：

1. 基本情况分析。善林（上海）金融信息服务有限公司（以下简称善林金融公司），成立于创建于2013年12月14日，注册资本120000万人民币，法定代表人周某某，股东构成为周某某（股份100%）。表1、表2、表3分别展示了善林金融公司的基本信息、经营范围以及对外投资的14家公司的基本信息。

表1　善林金融公司风险评估表

项目	内容
项目名称	善林金融、善林财富、善林宝
经营公司	善林（上海）金融信息服务有限公司
官方网址	善林金融官网 www.shanlinjinrong.com； 善林财富官网 www.shanlincaifu.com； 善林宝官网 www.shanlinbao.com（以上网站现在均无法访问）
移动App	善林宝下载量1169万次
微信公众号	善林金融 Shsljr、善林财富 gh_fcff701aac05、善林财富 shanlin_caifu
公司注册地	中国（上海）自由贸易试验区基隆路1号裙楼3层B部位
公司经营情况	已被立案侦查，官网无法访问
关联公司、子公司、分公司情况	善林金融公司关联公司863家，其中关联母公司14家，关联子公司分公司共849家
经营异常	善林金融公司关联公司经营异常共计35条。其中无法联系类异常数量26条，未公示年报类异常数量7条，弄虚作假类异常数量2条
注册、投资信息变动	善林金融公司关联公司变更信息共计2340条
诉讼记录	善林金融公司关联公司诉讼记录共计813条，以民事诉讼为主体

表 2　善林金融公司经营范围

允许经营	禁止经营
金融信息服务，资产管理，投资管理，投资咨询、财务咨询	不得从事代理记账
贸易咨询、企业管理咨询（以上咨询均除经纪），市场信息咨询与调查	不得从事社会调查、社会调研、民意调查、民意测验
企业形象策划、会务会展服务、电子商务	不得从事增值电信、金融业务
设计、制作各类广告，接受金融机构委托从事金融信息技术外包，接受金融机构委托从事金融业务流程外包，接受金融机构委托从事金融知识流程外包	不得从事金融、证券、保险业务
网络科技（除科技中介）和计算机技术领域内的技术开发、技术转让、技术咨询、技术服务，企业登记代理，证券、保险咨询	—

表 3　善林金融公司对外投资公司信息

被投资公司名称	被投资法人	注册资本/元	注册时间	备注
西安善林商务信息咨询有限公司	周伯云	3000 万	2014/6/24	
善林（上海）商务咨询有限公司	沈超	2000 万	2014/7/18	
意真（上海）金融信息服务有限公司	周伯云	1000 万	2014/6/3	
上海善威金融信息服务有限公司	吴梦	10000 万	2015/9/23	
善林（北京）资产管理股份有限公司	翟中奇	10000 万	2015/6/25	已注销
上海众晴网络科技有限公司	梅宇	600 万	2014/10/30	
上海雪橙互联网金融信息服务有限公司	苏宁	20000 万	2015/4/22	
善林（上海）信息科技有限公司	周伯云	5000 万	2015/6/26	
铭江（上海）投资管理有限公司	周伯云	8888.88 万	2014/4/28	
映邦（上海）文化传媒有限公司	滕颖琪	2000 万	2015/8/12	
善林（上海）众创空间经营管理有限公司	周伯云	5000 万	2015/8/11	
善林（上海）投资管理有限公司	王捷	10000 万	2015/6/26	
善林（上海）投资控股有限公司	周伯云	100000 万	2015/6/2	
中融在线科技有限公司	时卫东	6881 万	2016/4/15	

2. 善林金融公司关联公司分析。一是关联公司数量。善林金融公司关联公司共有 863 家，其中关联母公司 14 家，关联子公司分公司共 849 家，以注册年份为时间轴，从图 1 可以看出善林金融公司关联公司数量的主要集中在 2015 年到 2016 年之间。资料显示善林金融公司在 2015 年大规模扩张线下门店和投资其他子公司。

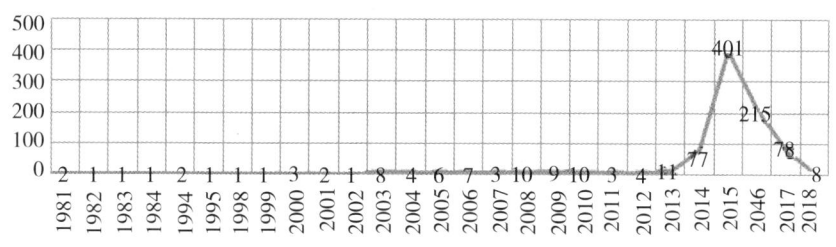

图 1　不同年份善林金融公司关联公司注册的数量

二是区域分布。善林金融公司关联公司分布在全国 30 个省份，其中，主要集中分布在广东、江苏和北京等地。广东分布 119 家，占比 13.78%；江苏分布 114 家，占比 13.21%；北京分布 109 家，占比 12.63%。可以看出善林金融公司关联公司的经营活动范围主要集中在东南沿海地区。

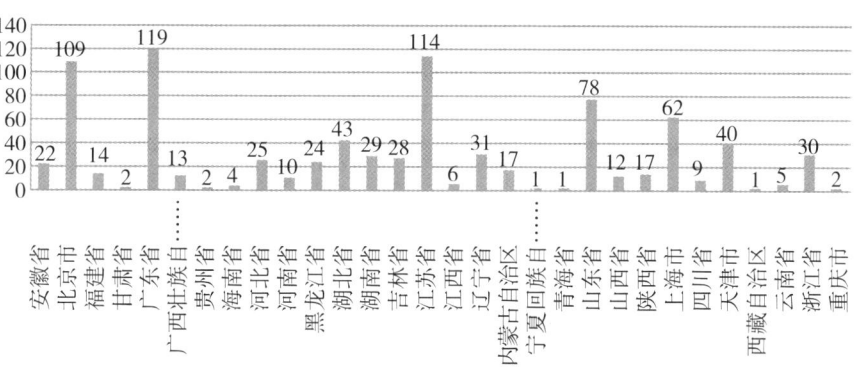

图 2　善林金融公司关联公司数量全国区域分布情况

三是变更信息。善林金融公司关联公司变更信息共计 2340 条，其中资本类变更数量（包含"投资""股东""出资""资本"等关键词的变更事项）为 188 条，占比 8.03%；人员类变更数量（包含"董事""监事""高管""人员"等关键词的变更事项）为 1309 条，占比 55.94%；经营类变更数量（包含"经营""地址""场所""住所""范围"等关键词的变更事项）为 75 条，占比 10.55%；其他类变更数量为 596 条。

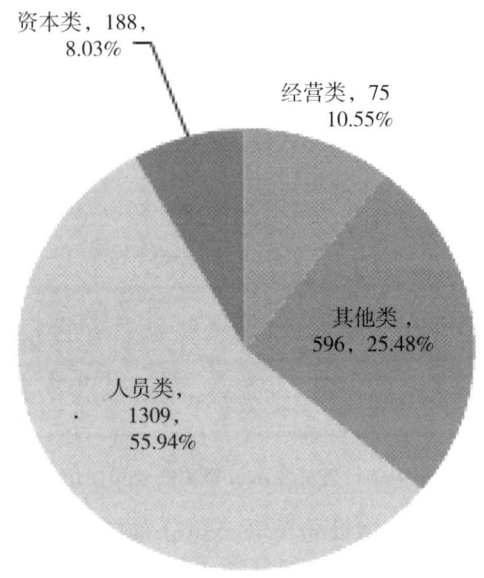

图 3　不同类别变更记录数量及份额

四是诉讼记录。善林金融公司关联公司诉讼记录共计813条,主要分布在2015年至2017年,分别占比23.24%、24.47%%和25.95%。

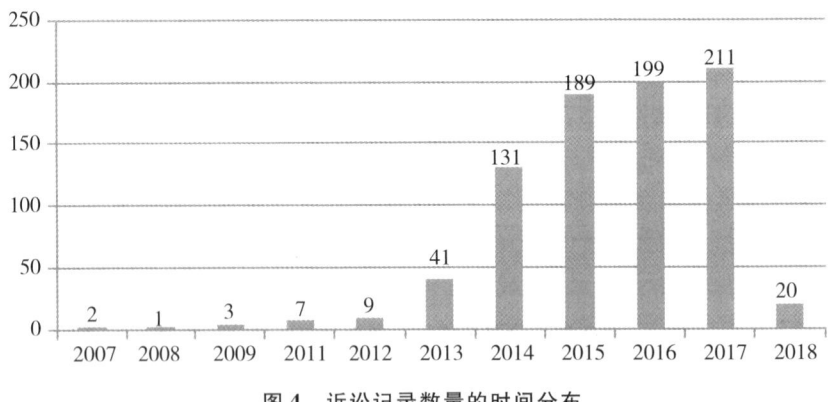

图 4　诉讼记录数量的时间分布

五是经营异常。善林金融公司关联公司经营异常共计35条。其中无法联系类异常数量(通过登记的住所或者经营场所无法联系的)为26条,占比74.2%;未公示年报类异常数量(未依照《企业信息公示暂行条例》第8条规定的期限公示年度报告的)为7条,占比20%;弄虚作假类异常数量(公示企业信息隐瞒真实情况、弄虚作假的)为2条,占比5.7%。

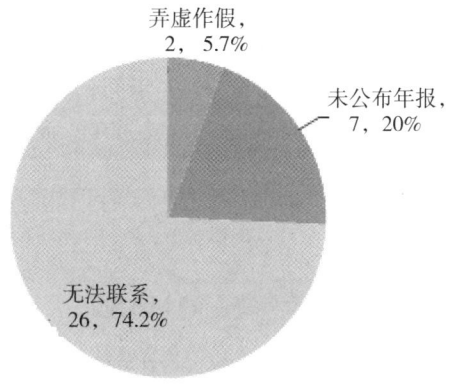

图5 经营异常的类别分布

六是招聘信息。共监测到善林金融公司共发布4700条招聘信息,侧面反映出公司在固定时间内进行大肆扩张或者公司人员流动性较高,发展极不稳定。公司招聘岗位主要为金融顾问、销售专员和咨询专员等,公司整体招聘学历在大专水平,本科及本科以上水平较少。

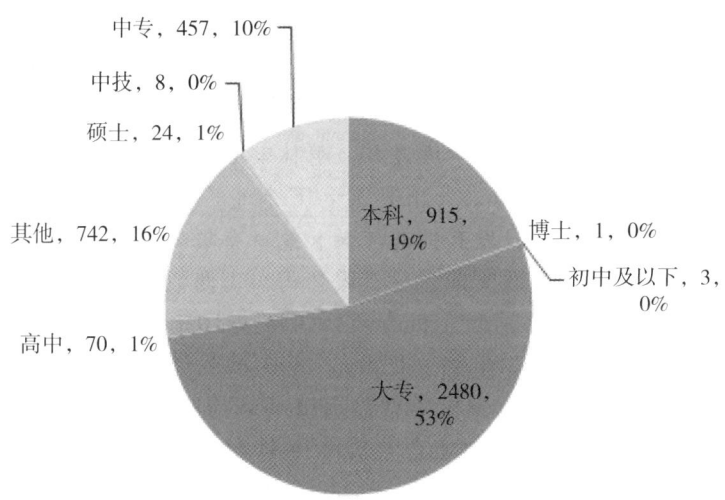

图6 善林金融公司关联公司招聘学历要求

3. 存在问题。通过以上监测分析,技术平台发现善林金融公司已经存在的主要问题为股权关系复杂、项目集中度较高以及涉嫌虚假标的进行自融等,具体内容如下:

一是复杂的股权关系。技术平台发现与善林金融公司直接或间接相关的互联网金融平台共计9家。这些平台所属公司直接或间接指向善林金融公司或其控股股东周某某,见下图7。

另外,周某某作为法人的企业11家,作为股东的企业9家,作为高管的企业15家。值得注意的是,2015年至2017年间,曾与善林金融公司关联的多个公司历经多次股东、法人或高管变更,成为在工商关系中与善林金融公司无关的公司。

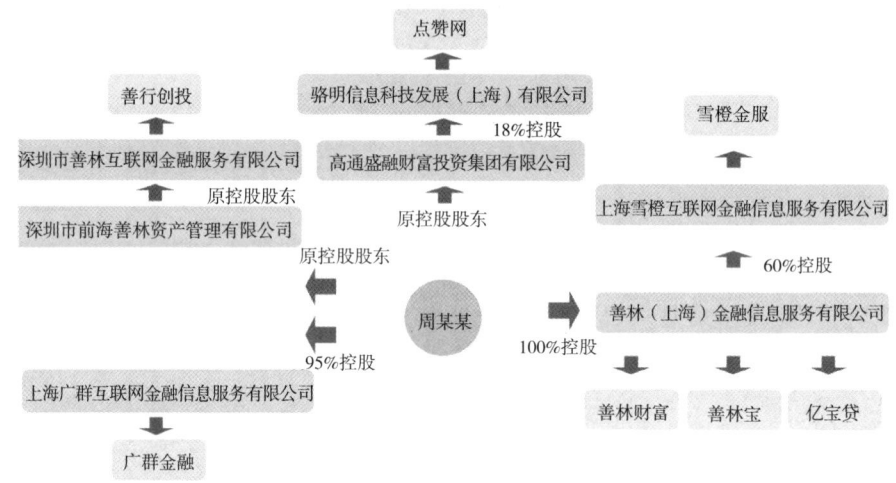

图7 善林金融公司股权关系图

二是借款项目不透明且集中度较高。善林宝U优宝项目高度不透明,且技术平台发现其多个项目均来自田某某名下企业,金额较大,存在较大风险。其在2017年8月31日发布的九江××建材有限公司借款信息(图8),经技术平台查证其为九江欧文斯建材有限公司,工商数据的股权信息显示田某某持股90.0%,江西博达阳光板有限公司持股10%。而其在9月3日发布的江西××有线公司借款信息(图9),经技术平台查证其为江西博达阳光板有限公司,工商数据的股权信息显示田某某持股80%,九江欧文斯建材有限公司持股20%。上述两家企业实际控制人均为田某某。同时技术平台发现8月28日发布的江西××科技股份有限公司(图10),经确认为江西格雷斯科技股份有限公司,田某某为该公司发起人,该公司股权信息未公开。

技术平台分析,一周时间内田某某名下公司多次在善林宝平台进行融资,融资金额累计达300万元,存在较大风险。

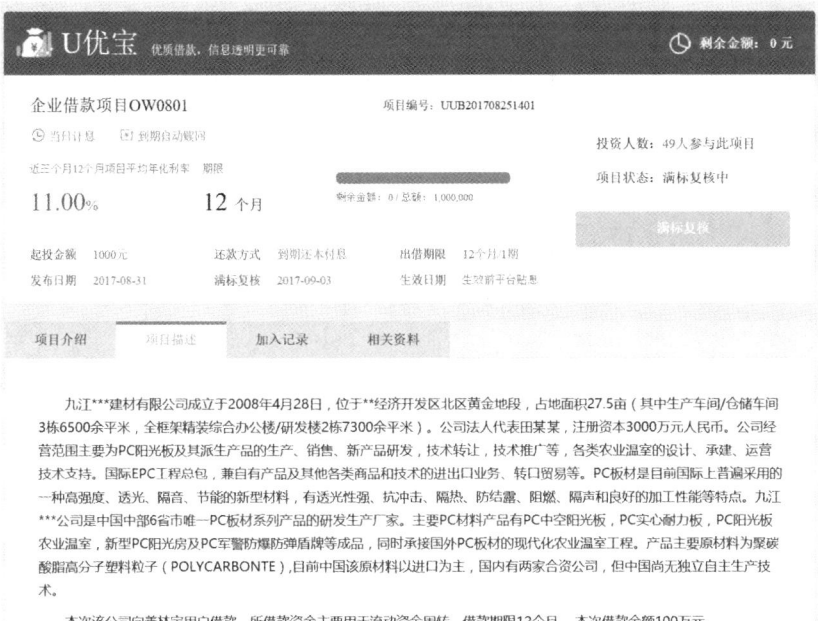

图8　九江欧文斯建材有限公司

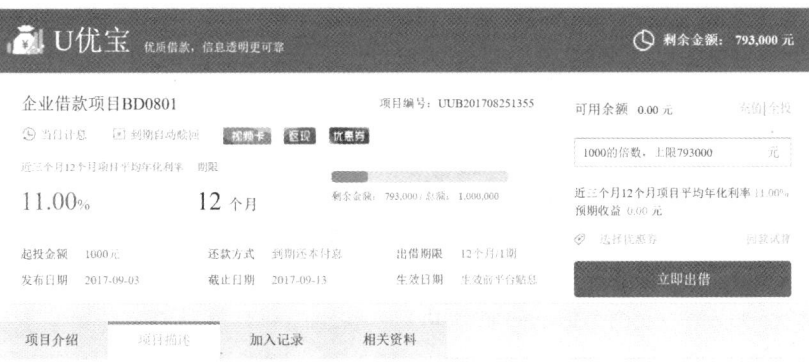

图9　江西博达阳光板有限公司

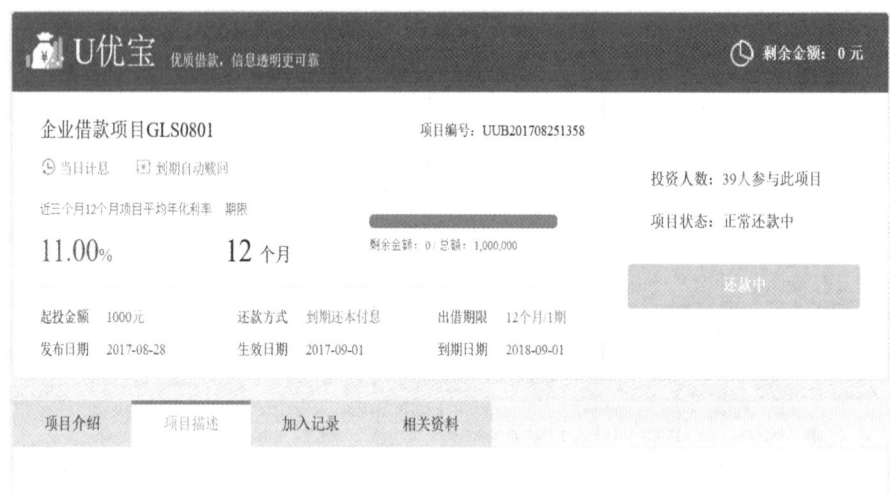

图 10　江西格雷斯科技股份有限公司

三是涉嫌虚假标的自融。技术平台发现 2017 年 8 月 21 日该平台发布××建筑材料贸易有限公司借款信息（图 11），其项目描述与北新集团建材股份有限公司 2009 年年度报告中相关内容完全一致（图 12），但平台项目信息显示该借款企业成立于 2015 年，经验证其与北新集团建材股份有限公司毫无关系，涉嫌虚假标的自融。

U优宝 优质借款，信息透明更可靠
剩余金额：0元

企业借款项目ZX0802
项目编号：UUB201708211054
当日计息　到期自动赎回
投资人数：55人参与此项目
近三个月12个月项目平均年化利率　期限
项目状态：正常还款中
11.00%　12 个月
剩余金额：0 / 总额：1,000,000
还款中

起投金额　1000元　还款方式　到期还本付息　出借期限　12个月/1期
发布日期　2017-08-21　生效日期　2017-08-25　到期日期　2018-08-25

项目介绍　项目描述　加入记录　相关资料

***建筑材料贸易有限公司

公司是**内最大的新型建材研发、生产、销售基地，是本市最大的新型建材综合制造商和系统集成商。公司主要从事新型建筑材料、新型墙体材料、化工产品、水暖管件、装饰材料、能源技术及产品、建材机械电器设备、新型建筑材料的房屋的技术开发、技术服务、技术咨询、技术培训;销售开发后的产品;环保节能产品的开发利用等。公司目前已形成三大主营业务：以石膏板、龙骨、矿棉板及配套产品构成的完整的墙体及吊顶系统;以建筑节能为核心构成的门窗节能、采暖节能、保温节能、环保涂料等住宅部品业务系统;以金邦板为核心构成的纤维水泥外墙板系统、水泥屋面瓦系统及轻钢混和结构多层房屋系统。

(一)总体经营情况

2015年，公司围绕“品牌建设”和“技术创新”两大发展战略，快速推进石膏板产业布局规划和基地建设，继续强化品牌战略和“制高点”策略，不断深化技术创新和知识产权管理，全面开展管理整合，取得了显着成效。

(二)研发投入和自主创新情况

技术创新是公司确立的两大发展战略之一。2015年，公司继续强化技术创新战略，深化技术创新与知识产权管理工作，巩固和发展在核心技术方面的竞争优势。

1、制定技术创新制度，实施技术创新激励

公司召开了品牌建设和技术创新大会，重奖了一批品牌建设和技术创新人员，并特别设立“终身成就奖”颁发给几名多年服务**并做出巨大贡献的老专家，极大地激发了广大员工的技术创新热情。

2、优化工艺技术方案，降低项目投资成本

公司结合新建纸面石膏板项目进一步优化工艺技术方案，降低项目投资成本，3000万平方米纸面石膏板生产线投资成本由原来的1.5亿元左右降至1亿元左右。同时，公司组织召开了科技项目鉴定会，“以脱硫石膏为原料的大型纸面石膏板生产线关键技术”和“零石棉复合纤维增强外墙板”两个项目均达到国际先进水平。在项目管理方面，公司全面采用WBS及关键线路控制方法科学管理项目，提升了工程质量和管理效率。

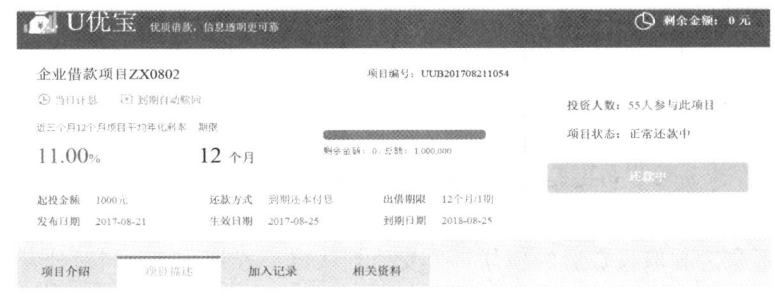

图 11　××建筑材料贸易有限公司

研发投入和自主创新情况

技术创新是公司确立的两大发展战略之一。2009 年，公司继续强化技术创新战略，深化技术创新与知识产权管理工作，巩固和发展在核心技术方面的竞争优势。

1. 制定技术创新制度，实施技术创新激励

报告期内，公司召开了品牌建设和技术创新大会，重奖了一批品牌建设和技术创新人员，并特别设立“终身成就奖”颁发给几名多年服务北新建材并做出巨大贡献的老专家，极大地激发了广大员工的技术创新热情。

2. 优化工艺技术方案，降低项目投资成本

报告期内，公司结合新建纸面石膏板项目进一步优化工艺技术方案，降低项目投资成本，3000 万平方米纸面石膏板生产线投资成本由原来的 1.5 亿元左右降至 1 亿元左右。同时，公司组织召开了科技项目鉴定会，“以脱硫石膏为原料的大型纸面石膏板生产线关键技术”和“零石棉复合纤维增强外墙板” 两个项目均达到国际先进水平。在项目管理方面，公司全面采用 WBS 及关键线路控制方法科学管理项目，提升了工程质量和管理效率。

图 12　北新集团建材股份有限公司 2009 年年度报告

4. 结论。技术平台通过分析善林金融公司经营过程中出项的异常情况，及时向公安机关发出了预警信息。经过初步调查，2018年4月，公安机关表示，善林金融公司通过推出各种不同期限、不同收益率的理财产品，吸收社会大众资金形成资金池，供周某某等人任意使用。而为了使公司看起来"家大业大"，善林金融公司更是不惜花费公众巨额资金，大规模开设线下门店，支付员工高额工资和高额提成，同时做足包装宣传，在民众中营造"大而不倒"的公司形象，骗取投资者的信任。公安侦查认定，善林金融公司对外宣称的投资项目并无盈利能力，其通过借新还旧的方式偿还前期投资人的到期本息，随着时间推移，资金缺口越来越大，最终导致崩盘，善林金融公司系典型的庞氏骗局。公安机关以涉嫌非法吸收公众存款罪对善林金融公司有关人员进行立案侦查，有效防止群众损失的扩大。

善林金融公司的骗局之所以能够被及时揭开，跟国家互联网金融风险分析技术平台的有效监测分析是分不开的，假如没有技术平台的及时发现、分析和预警，找到善林金融公司的违法犯罪证据将会变得困难重重，善林金融公司的"表演"有可能还要继续下去，从而导致更多的投资人上当受骗，给我国互联网金融秩序和社会稳定造成更大危害。由此可见，在信息技术蓬勃发展的今天，互联网金融犯罪的复杂程度也在不断升高，要想有效防范互联网金融犯罪风险，在健全法律法规和制度机制的前提下，还必须借助高科技手段，尽快完善技术监测体系。

结　　语

互联网金融犯罪风险防范研究是一项长期、艰巨的系统工作。笔者从实务工作角度出发，以互联网金融犯罪风险类型、易涉及的罪名和制度机制等监督管理短板作为切入点，认真吸收其他学者或机构关于该课题方面的有关成果，特别重视发挥现代网络科技力量的监管作用，初步提出了构建我国互联网金融犯罪风险防范体制机制的原则和内容。所提出的制度机制中，注重将我国当前"脱虚向实"的经济政策和以人民为中心的执政理念贯彻其中，并作为互联网金融监管原则予以论述。同时，还根据我国经济社会发展不平衡的特点和司法工作的实际，提出了"中央+地方"的监管模式和设立金融检察院的设想。由于篇幅限制、参与研究人员精力、能力和时间等有限，笔者认为，最终要推动实际问题解决还需要进一步的探究。下一步，笔者将进一步加强关于如何利用技术手段构建针对全国互联网金融犯罪风险的监测与预警体系方面的研究和设立金融检察院的可行性、必要性等方面的研究，为更好地促进我国金融的健康发展、推动构筑我们的经济强国之梦贡献微薄力量。

互联网风险账户的刑事规制

课题组[*]

一、互联网风险账户的定义和危害

（一）互联网风险账户的定义

互联网风险账户的科学、合理界定是研究互联网风险账户刑事规制的前提，互联网风险账户的范围太小，达不到规制风险的效果；范围太大，互联网金融[①]平台甚至所有互联网平台各个领域的相关风险都可以囊括在内，容易导致主次不分，重点不突出，难以解决亟待解决的实际问题，并很可能陷入对互联网金融甚至所有互联网平台刑事规制进行面面俱到、蜻蜓点水式的研究。因此，应当对互联网风险账户的范围进行科学、合理的界定，不宜过大，也不宜过小。

---

[*] 本报告执笔人为廖明、贾文扬、马璐璐、陈晨。其中，廖明是课题主持人，北京师范大学刑事法律科学研究院副教授、法学博士、硕士生导师；贾文扬、马璐璐、陈晨是课题组成员，系北京师范大学刑事法律科学研究院硕士研究生。在本课题研究过程中，课题组曾前往北京市金融工作局、中国支付清算协会、中国互联网金融协会、蚂蚁金服集团等单位调研；在本报告撰写和修改过程中，蚂蚁金服集团安全管理部政策研究专家金嬿女士、北京师范大学刑事法律科学研究院黄晓亮教授、厦门大学法学院刘炯博士等提出了宝贵意见；本报告的撰写和修改并听取和吸收了课题中期检查报告会和终审报告会上各位领导和专家所提出的宝贵意见，在此一并谨致谢忱。

[①] 2015年7月14日中国人民银行、工业和信息化部、公安部等《关于促进互联网金融健康发展的指导意见》（以下简称《指导意见》）指出："互联网金融是传统金融机构与互联网企业（以下统称"从业机构"）利用互联网技术和信息通信技术实现资金融通、支付、投资和信息中介服务的新型金融业务模式。"《指导意见》中关于互联网金融的含义是广义的互联网金融，既包括非金融机构的互联网企业开展的基于互联网技术的金融业务，也包括传统的金融机构通过互联网开展的业务。《指导意见》将互联网金融划分为包括第三方支付在内的互联网支付、包括P2P网络借贷和网络小额贷款在内的网络借贷、股权众筹融资、互联网基金销售、互联网保险、互联网信托和互联网消费金融。

互联网账户是在互联网平台注册而产生，并依托于互联网平台而使用的账户。从广义上来讲，互联网风险账户是存在法律风险的互联网账户，它应当包括两个要素，一是互联网账户，二是互联网账户的法律风险。以互联网金融为例，互联网金融账户可以界定为依托于互联网金融平台，存在于互联网金融平台上的资产账户，包括支付、融资、理财、服务等互联网金融交易中的资产账户。从某种意义上讲，互联网金融账户是开展互联网金融的前提，实施互联网金融行为离不开注册和使用互联网金融账户。互联网金融的法律风险既包括互联网金融平台本身引起的法律风险，也包括互联网金融平台用户引起的法律风险以及其他人利用互联网金融平台进行非法活动而引起的法律风险。互联网金融风险账户在具备互联网金融账户基本特征的同时也带有互联网金融的法律风险。互联网金融风险账户既包括与传统风险账户相挂接的互联网账户，自身存在风险的互联网账户，也包括被盗用、被冒用的互联网账户等。

从广义上来讲，互联网账户的法律风险既包括民事法律风险、行政法律风险，也包括刑事法律风险。即便从刑事规制的角度来看，互联网账户的风险既包括恶意注册、虚假认证互联网账户，也包括窃取、骗取互联网账户的账号密码，还包括针对互联网账户实施盗窃、利用互联网账户实施诈骗、洗钱等犯罪活动。笔者所研究的互联网风险账户仅从狭义上的互联网账户的风险，也即是从互联网风险账户的产生环节或者整个互联网风险账户黑灰产业链的上游行为着手。在此种意义上，互联网风险账户指的是冒名的、非真实性的互联网账户。

自2015年3月1日起，国家互联网信息办公室发布的《互联网用户账号名称管理规定》（以下简称《账号规定》）正式施行。《账号规定》对互联网用户账号名称的管理，对互联网信息服务提供者、使用者的服务和使用行为等做出规范。规定互联网信息服务提供者应当按照"后台实名、前台自愿"的原则，要求互联网信息服务使用者通过真实身份信息认证后注册账号，也就是大家所说的网络实名制。网络实名制是强制上网者必须以真实姓名登录，并经过身份验证后才可以在各网站发表言论以及使用一些其他互联网提供的服务的一种制度。① 网络实名制可以最大限度地减少利用互联网的各种违法犯罪行为，有效地减少网络造谣、网络诽谤；塑造和谐健康的网络环境，促进网民们文明上网、健康上网。

如前所述，笔者所讨论的互联网风险账户指的是冒名的、非真实性的互联

---

① 互联网实名制，载https://baike.so.com/doc/6529982 - 6743718.html，最后访问日期2018年12月30日。

网账户。具体来说，也就是账户的注册信息与实际使用人信息不对应，账户的名义持有者和实际使用者不是同一个主体，即便在网络实名制下，亦不能识别账户背后的实际使用者是谁。网络实名制希望实现的是网络实人制，即账户的实际使用者和名义持有者是同一个主体。但冒名的、非真实性的互联网账户突破了网络实名制的要求，使网络实名制名存实亡。

实际上，几乎所有我们日常会用到的互联网平台，金融、电商、生活服务、游戏、内容平台、社交、交通等场景都有风险账户的存在。风险账户并非存在于特定的互联网场景，而是已经成为普遍危害整个互联网行业的毒瘤。由于互联网金融平台的账户，尤其是带有支付功能的互联网账户，以第三方支付平台的账户为典型代表，往往涉及资金的存放、交易、往来，其风险账户带来的风险更大，危害更加严重。因此，在后续的讨论中，互联网风险账户主要指的是带有支付功能的互联网金融账户，尤其是第三方支付平台的账户。

互联网风险账户包括互联网个人风险账户和互联网企业风险账户。互联网个人风险账户聚焦在盗用、冒用两种类型。其中，盗用主要是通过窃取、骗取、撞库洗号①、木马远程等手段非法获取个人互联网账户的账号密码。冒用主要是通过窃取、骗取、撞库洗号、木马远程等非法方法获取公民个人信息，再利用非法获取的公民个人信息恶意注册个人互联网账户。

互联网企业风险账户聚焦在盗用、冒用、注册皮包公司三种类型。其中，盗用主要是通过窃取、骗取、撞库洗号、木马远程等手段非法获取企业账户的账号密码。冒用主要是从网络等途径获取企业的公开信息，利用企业的公开信息伪造注册企业互联网账户所需资料，完成对企业互联网账户的注册和认证。注册皮包公司主要是陪同他人办理或由专门公司代办注册一家公司，获得公司营业执照和公司银行对公账户，进而完成对企业互联网账户的注册和认证。

相比互联网个人账户，互联网企业账户更受黑灰产业的青睐，其原因主要包括以下几种：企业账户容易获得用户信赖，犯罪成功率更高；企业账户资金转账额度大，收款销赃渠道更顺畅；企业账户识别难度更高，对防控提出更高要求；对企业账户的管控相对宽松，风险行为有机可乘；对企业账户的法律规制尚存空白，黑灰产业人员肆无忌惮。

---

① 撞库是黑客通过收集互联网已泄露的用户和密码信息，生成对应的字典表，尝试登录其他网站后，得到一系列可以登录的用户。很多用户在不同网站使用的是相同的账号密码，因此黑客可以通过获取用户在 A 网站的账户从而尝试登录 B 网址，即可被理解为撞库攻击。——编者注

(二) 互联网风险账户的危害

从广义上来讲,互联网风险账户相关违法犯罪可以划分为以互联网账户为违法犯罪主体的犯罪、以互联网账户为违法犯罪对象的犯罪、以互联网账户为违法犯罪工具的犯罪。互联网风险账户相关违法犯罪往往不易觉察,线索难以发现,证据难以收集,但造成的危害却很严重,因此建立健全互联网风险账户的及时发现、监督和清理机制对违法犯罪活动的预防、发现和查处十分重要。

从狭义上来讲,互联网风险账户的危害主要包括以下几个方面:

第一,规避了实际使用者的真实身份,给违法犯罪活动的查处制造了巨大的障碍。如前所述,笔者讨论的互联网风险账户是冒名的、非真实性的互联网账户。行为人无论是冒用、盗用还是通过皮包公司注册企业互联网账户,都是为了规避实际使用人的真实身份,违反了网络实名制的要求。当实际使用人利用互联网的非接触性,通过冒名的风险账户隐蔽真实身份实施违法犯罪活动时,给相关违法犯罪活动的查处、赃款赃物的追缴带来很大的困难和障碍。

第二,对互联网下游犯罪和黑灰产业的违法犯罪活动起到助长作用。互联网风险账户的产生、获取是为了牟取非法利益,或者自己使用,或者出售、提供给下游犯罪和黑灰产业使用,下游犯罪和黑灰产业通过冒名的互联网风险账户,实施诈骗、洗钱、敲诈勒索等犯罪更为便利,逃避司法机关的查处和打击也更为容易,互联网风险账户对下游犯罪和黑灰产业的违法犯罪活动起到了助长作用,下游犯罪和黑灰产业利用互联网风险账户,违法犯罪的气焰更加嚣张,更加肆无忌惮。

第三,对被冒名使用的个人账户和企业账户以及账户的名义持有人造成巨大损害。个人或者企业的互联网账户被盗用、冒用,或者个人或者企业的信息被盗用、冒用,势必给被盗用、冒用账户、信息的个人人身安全、财产安全造成巨大隐患,给被盗用、冒用账户、信息的企业的财产安全以及经济利益造成巨大损害,不利于社会的安全和稳定发展。

第四,对互联网平台企业的正常经营造成巨大侵害。如果互联网平台企业的用户信息或者账户信息被大量窃取,互联网平台注册的账户中存放的资金经常被盗窃,互联网平台注册的账户经常被用来实施诈骗、洗钱、敲诈勒索等犯罪行为,势必给互联网平台企业的正常经营造成巨大危害,一方面,上述违法犯罪活动会给互联网平台企业造成巨大的商誉损失和经济损失;另一方面,互联网平台企业需要投入更多的成本加强安全防护。

第五,对互联网安全和信息安全造成巨大破坏。无论是通过撞库洗号、木马远程等手段非法获取互联网账户的账号密码,还是窃取、骗取或者通过撞库洗号、木马远程等非法手段获取公民个人信息再利用非法获取的公民个人信息注册互联网账户,都给信息安全、互联网安全和计算机信息系统安全造成巨大的破坏,并损害广大公民和企业的合法权利和利益。

第六,对国家有关管理制度和市场经济秩序造成巨大危害。在互联网风险账户的产生、获取、使用过程中,行为人窃取、骗取、伪造、出售、提供公民个人信息、企业信息和公民个人身份证件、银行卡、企业营业执照等,对国家的有关管理制度和市场经济秩序造成巨大危害,威胁的是整个社会秩序和经济秩序的安全。

正因为互联网风险账户具有如此严重的危害性,有必要对互联网风险账户的刑事规制进行探讨,以最大限度地杜绝和消除互联网账户的风险,保护个人安全和权利,保障企业正常经营和运行,维护国家互联网安全、信息安全、经济秩序和社会稳定。

二、个人互联网风险账户的刑事规制

互联网技术和金融科技的发展,促使网络支付、金融借贷、经济往来更加便捷。以第三方支付为例,国内很多网民都拥有自己的第三方支付账户。对于企业来说,第三方支付账户可以作为互联网财务账户,相当于一种线上银行卡,方便企业内部、企业与企业之间资金往来、融资借贷。然而,正是由于第三方支付快捷方便、转账额度大的优点,许多不法分子针对或者利用第三方支付平台的账户进行网络犯罪,比如侵入账户进行盗窃,通过转账完成诈骗、洗钱等。并且,第三方支付技术兴起的时间不长,很多方面缺乏法律的有效管控,存在很多管理漏洞。黑灰产业人员通过恶意注册和认证大量第三方支付平台账户,利用第三方支付平台账户进行违法犯罪活动的现象越来越严重。

(一)个人互联网风险账户产生的类型与过程

1. 个人互联网风险账户产生的类型

黑灰产人员获取个人互联网账户主要通过两种手段:第一,通过窃取、骗取、撞库洗号、木马远程等非法方法获取个人互联网账户的账号、密码;第二,通过窃取、骗取、撞库洗号、木马远程等非法方法获取公民个人信息,再利用非法获取的公民个人信息恶意注册个人互联网账户。

2017 年 5 月 8 日发布、2017 年 6 月 1 日施行的最高人民法院、最高人民检察院《关于办理侵犯公民个人信息刑事案件适用法律若干问题的解释》(以下简称《个人信息解释》),明确了"公民个人信息"的定义,《个人信息解释》第 1 条中规定:"刑法第二百五十三条之一规定的'公民个人信息',是指以电子或者其他方式记录的能够单独或者与其他信息结合识别特定自然人身份或者反映特定自然人活动情况的各种信息,包括姓名、身份证件号码、通信通讯联系方式、住址、账号密码、财产状况、行踪轨迹等。"据此,公民个人的互联网账户(账号密码)也包括在公民个人信息的范围内。

个人互联网风险账户的风险在于行为人通过以非法方法获取公民个人互联网账户,从而利用该账户实施违法犯罪活动;或者行为人以非法方法获取公民个人信息,注册个人互联网账户,再利用该账户实施违法犯罪活动。如第一章所述,风险账户的实质在于账户不是真实性的账户,账户的真实使用者和名义持有者不是同一个主体,即便在互联网实名制下,亦不能识别账户的真正使用者是谁。

2. 恶意注册个人互联网风险账户的过程

恶意注册个人账户包含两个步骤,一是获取注册个人账户所需要的公民个人信息,二是利用获取的公民个人信息注册个人账户。恶意注册,即以不正常使用为目的,违反国家有关规定,使用虚假的或非法取得的身份信息以及多种途径取得的手机卡号、银行卡号等注册资料,批量创设互联网账户的行为。需要注意的是,有些互联网平台注册环节和认证环节合一,或者只有注册环节,没有认证环节,这类互联网平台的账户往往不具有支付功能;有些互联网平台注册环节和认证环节分离,例如互联网金融平台,注册环节仅是第一步,要使用账户的金融功能,尤其是支付功能,必须通过校验认证。

以某第三方支付平台为例,无论是个人账户,还是企业账户,得到并使用都需要经过注册和认证两个步骤,这两个步骤有不同的目的。注册是获得账户的第一阶段,且没有门槛,任何主体通过手机号或者邮箱都可以注册。以个人账户为例,公民通过填写个人信息,包括姓名、出生年月、电话号码或邮箱,然后设置密码,就可以获得该第三方支付平台的账户。

注册之后,只有经过第二阶段——认证,才可以真正使用账户。认证是为了解决账户真正属于谁的问题,即个人填写身份信息,包括身份证号以及上传身份证照片,然后通过人脸识别或者银行卡校验进行认证,是一种形式上将填写的个人信息对应到名义上的真实使用者的方法。认证的等级越高,账户使用的功能就越多,如果形式上无法将填写的个人身份信息与名义上的真实使用者对应一致,则认证失败,账户无法使用或者功能受限。对于认证的两种方式——人脸识别或者银行卡校验,仅完成其中一项就可以完成认证,不同的认证方式获得不同的认证等级。

据此,对于该第三方支付平台而言,恶意注册的行为实际包括恶意注册和虚假认证两个步骤。但是,如前所述,对于有些互联网平台,注册环节和认证环节合一,或者只有注册环节,没有认证环节,为方便论述,除特别交代外,笔者不单独区分（恶意）注册和（虚假）认证，均笼统称为恶意注册。

不法分子进行下游犯罪，如诈骗、洗钱等，往往需要大量的账户。笔者通过调研得知，很多互联网平台对于个人账户的数量有所限制，例如，如果是新注册账户，每个身份证最多只能注册3个支付宝账户，每个身份证最多只能注册2个微信账户。如果要获取大量的互联网账户，唯一的办法就是获取大量的公民个人身份信息，这就涉及非法获取公民个人信息的问题。

笔者所述的"料商"特指收集和提供公民个人信息和企业信息的人，这些人提供用于互联网账户的注册信息和身份认证信息，供注册行为人进行账户注册和认证。"号商"则是对互联网账户进行恶意注册和虚假认证，以及囤积互联网账户的人。

"料商"首先非法获取大量的公民信息和企业信息，比如个人姓名、身份证件号码、银行卡号等信息，提供给"号商"。"号商"利用公民个人信息、企业信息等，通过技术手段进行各种互联网平台的账户注册，提供给"下游团伙"实施下游犯罪，在侵害公民个人信息权和隐私权的同时造成了大量的经济损失，也破坏了国家的经济管理制度。随着信息犯罪产业链的形成，在公民个人信息的非法提供者即"料商"与非法使用者"号商"之间往往没有犯罪意义上的合作关系，信息提供者已经成为一个独立的、纯粹的商业利益追求者，他们只是单纯地提供公民个人信息，至于提供给谁、用途如何他们并不关心。由于管控策略的不断加强，黑灰产业意识到互联网账户在手里囤积的时间越长、账户行为越可疑，失效的可能性越大，因此都会快速出手、快速使用，提前准备好注册、认证账户所需要的材料，等"下游团伙"有账户使用需求时才进行注册、认证操作。从上游到下游的一系列操作往往由不同群体所为，即不同环节的人之间没有固定"一对一"的合作，而是形成"一对多"的产业链。

在这个过程中，为了避免公民个人账户被用于非法活动，必须对非法获取公民个人信息尤其是获取注册账户所需要的公民个人信息的行为进行刑事规制，从源头上制止非法活动的发生。当前，以公民个人信息作为产业核心的非法获取、提供、使用等活动，已经形成一条分工明确的黑灰产业链。非法获取公民个人信息是信息犯罪产业链的开端，通常是利用黑客技术窃取或者是利用特殊身份在履职或提供服务过程中非法收集公民个人信息。

除此之外，还要注意的是"号商"拖库、撞库等信息匹配活动。信息匹配环节也就是"数据加工"环节，数据供求信息的集散者将其从信息源头获取的信息进行清洗、整合形成精准数据后出售给下游。这个环节通常都是使用非法软件，以撞库①、拖库②、打码③等方式对信息进行匹配，匹配过后的信息应用范围更广、具有更高的价值。

(二) 个人互联网风险账户的刑事规制

非法获取或恶意注册大量互联网账户的行为在犯罪活动中的作用是非常显著的，其犯罪主要以财产犯罪为主，包括盗窃、诈骗、洗钱，等等，其步骤之多、技术之复杂往往需要多人作案的团队来合作。"号商"的行为看似为下游财产犯罪的帮助犯，但实际上，由于"一对多"的产业链模式，"号商"往往没有与特定的下游犯罪人形成特定的共犯关系，因此认定帮助犯存在争议，也不符合我国司法实践的方向，同理提供注册资料的人员与"号商"之间，同样很难成立共犯关系。然而，如果仅仅从下游财产犯罪进行规制，其打击范围有限，不能从源头上进行犯罪预防，如果没有上游的技术团队提供支持，下游就无犯罪工具可用，因此，打击上游恶意注册行为具有非常重要的意义。然而"号商"的行为具有怎样的违法性质，以及对"号商"进行帮助的"料商"的行为具有怎样的违法性质，现行法律没有明确说明，也没有实际有效的规定。如何界定这些行为的性质，并对这些行为进行有效的刑事规制，是我们必须要探讨的问题。"号商"的违法行为，可以归纳为：非法获取、掌握公民个人身份信息，持有伪造信用卡，非法持有他人信用卡，收买他人信用卡信息资料；除此以外，"料商"的行为，比如出卖公民个人信息，伪造银行卡等行为，作用也十分显著。

1. 现行法框架下"料商"行为的刑事规制

(1) "料商"非法获取、出售或者提供公民个人信息

侵犯公民个人信息包括非法获取和非法提供两种行为，非法获取主要是指以窃取、骗取或者其他非法方法获取公民个人信息的行为。非法提供主要是指违反国家有关规定向他人出售或提供公民个人信息，情节严重的行为。在互联网风险账户的产业链中，"料商"的行为主要是非法获取、提供公民个人信息，在现行法框架下，可能构成侵犯公民个人信息罪。

---

① 撞库：也叫撞库攻击，是指黑客通过手机互联网已泄露的用户和密码信息，生成对应的字典表，尝试批量登录其他网站后得到一系列可以正常登录用户的账号密码。通常是因为实践中部分用户习惯于在不同网站使用同一套用户密码，黑客将非法获取的账号和密码信息在其他网站进行批量尝试登录，可匹配到其他网站相关的账号密码。

② 拖库：原意是指从数据库中提取数据，本文中主要是指网站由于自身系统的漏洞被黑客入侵，导致储存用户资料的整个数据库被黑客盗窃。

③ 打码：是指通过识别验证码图像、输入正确的验证码，从而帮助恶意软件绕开网站验证码安全策略，帮助恶意软件达到能全自动完成恶意操作行为。通常用于批量注册、验证各类邮箱账号及大型社区、交友、视频、购物类网站账号。

首先，关于刑法上公民个人信息的范畴，根据《个人信息解释》的规定，"公民个人信息"，是指以电子或者其他方式记录的能够单独或者与其他信息结合识别特定自然人身份或者反映特定自然人活动情况的各种信息，包括姓名、身份证件号码、通信通讯联系方式、住址、账号密码、财产状况、行踪轨迹等。刑法上所保护的公民个人信息必须具备可识别性，即直接或与其他信息结合起来可以识别特定个人身份的个人信息。其中主要包括能够识别个人身份的信息、公民个人的财产信息以及行踪轨迹、通信内容等敏感信息。与"料商"行为相关的公民个人信息主要包括注册、认证互联网账户所需要的身份信息、电子邮箱账户信息、银行账户信息，以及使用互联网账户所需要的账号密码信息。

其次，关于信息的获取方式，非法获取公民个人信息（特别是账户信息）的行为主要是指以窃取、骗取或者其他方法非法获取公民个人信息的行为。具体是指：（1）窃取公民个人信息主要是通过黑客软件或者利用系统漏洞攻击网站、服务器从而窃取大量的公民个人信息。从最高人民法院、最高人民检察院以及公安部发布的侵犯公民个人信息犯罪的典型案例中可以看出，被侵犯的公民个人信息的内容，包括个人征信信息、行踪信息、住宿信息、户籍信息、网购订单信息、学生信息等。（2）骗取公民个人信息主要是行为人利用受害者贪婪、虚荣等心理弱点，使用木马、病毒等技术手段向被害人发送恶意链接、邮件、信息等方式骗取公民填写身份信息、银行账户信息。（3）其他非法方法获取他人信息。根据《个人信息解释》的规定，其他非法方法主要是指"违反国家有关规定，通过购买、收受、交换等方式获取公民个人信息，或者在履行职责、提供服务过程中收集公民个人信息"。

对"其他方法非法获取"的判断，从法条[①]的陈述中来看，其他方法是与窃取行为并列的，窃取本身就是一种非法手段，故其他方法应当与窃取具有同质性，也必须是非法的。但是买卖行为具有中立的性质，买卖行为合法与否往往要通过行为的目的或者标的物的合法性来判断。我国《民法总则》明确规定不得非法收集、买卖公民个人信息，用"非法"一词对收集、买卖行为进行限定。所以"其他方法非法获取"中的"非法"是指行为人的获取行为无

---

① 《刑法》第253条之一："违反国家有关规定，向他人出售或者提供公民个人信息，情节严重的，处三年以下有期徒刑或者拘役，并处或者单处罚金；情节特别严重的，处三年以上七年以下有期徒刑，并处罚金。违反国家有关规定，将在履行职责或者提供服务过程中获得的公民个人信息，出售或者提供给他人的，依照前款的规定从重处罚。窃取或者以其他方法非法获取公民个人信息的，依照第一款的规定处罚。单位犯前三款罪的，对单位判处罚金，并对其直接负责的主管人员和其他直接责任人员，依照各该款的规定处罚。"

正当事由或者以实施非法行为为目的而获取，在本质上是非法的。但是由于在实践中倒卖公民个人信息呈常态，已经初步形成了犯罪产业链，并成为诈骗、敲诈勒索甚至绑架等诸多下游犯罪的诱因和源头，如果基于非法目的对获取公民个人信息行为进行规制，那么将难以在源头遏制倒卖公民个人信息的行为。因此，笔者认为，对于"其他方法非法获取"的判断可以以其收集、购买行为是否具备合法依据为基础，如果国家没有赋予行为人获取公民个人信息的权限或者虽然有获取公民个人信息的权限但是获取行为违法国家有关规定，那么这种情况就应当属于"其他方法非法获取"。

再次，侵犯公民个人信息罪中违反国家有关规定的内涵与侵犯公民个人信息罪的认定密切相关。是否只有违反国家规定的出售、提供行为才构成侵犯公民个人信息罪？等价自愿的买卖行为是否不属于侵犯公民个人信息罪的规制范畴？此类行为的定性对于打击黑灰产业买卖公民个人信息具有重要意义。国家有关规定不同于国家规定，它不仅包括法律、行政法规，也包括部门规章等层面关于保护公民个人信息的规定。① 《刑法修正案（九）》将原来的"国家规定"改为"国家有关规定"是因为目前我国关于信息保护的法律体系不完善，还没有制定专门的个人信息保护法，但是有些部门规章中有相关的规定。因此应实践的需要，将本罪的前置条件修改为国家有关规定。但是目前我国一些部门法，如商业银行法、保险法、消费者权益保护法、旅游法、居民身份证法等与社会生活方方面面有关的法律中都有保护公民个人信息的相关规定，部门规章等层面的规定只能对这些上位法进行更加详细的规定而不能超出上位法的范围。所以无论是违反国家规定还是违反国家有关规定，都是为了说明侵犯公民个人信息罪所规制的出售和提供行为的非法性。有学者进一步指出，"违反国家有关规定"只是为了提示违法性而存在，而不是犯罪构成要件要素，对于符合国家有关规定收集、提供公民个人信息的行为则可以据此排除违法性。即使删除"违反国家有关规定"，侵犯公民个人信息罪中第 1 款和第 2 款的罪状结构也是完整的。② 因此，笔者认为侵犯公民个人信息罪中的"国家有关规定"将部门规章等相关规定也纳入侵犯公民个人信息罪的前置条件，其目的在于说明获取和提供行为只有具备实质违法性才构成犯罪。进而，笔者认为等

---

① 参见雷建斌：《〈中华人民共和国刑法修正案（九）〉释解与适用》，人民法院出版社 2015 年版，第 124 页。

② 参见江耀炜：《大数据时代公民个人信息刑法保护的边界——以"违反国家有关规定"的实质解释为中心》，载《重庆大学学报》（社会科学版），2018 年 9 月 10 日网络首发，载 http://kns.cnki.net/kcms/detail/50.1023.C.20180907.1424.004.html，第 3 页。

价自愿买卖信息的行为是否具有违法性不以其是否违反了国家规定为前提,只要是不具备正当目的的买卖行为都具有实质违法性。

最后,明确侵犯公民个人信息罪所保护的法益对于该罪的认定和买卖公民个人信息黑灰产业的打击也具有重要意义。2013年4月23日,最高人民法院、最高人民检察院和公安部发布的《关于依法惩处侵害公民个人信息犯罪活动的通知》(以下简称《通知》)中就明确指出了侵犯公民个人信息罪所引发的后果的严重性。《通知》指出,随着我国经济快速发展和信息网络的广泛普及,侵害公民个人信息的违法犯罪日益突出,互联网上非法买卖公民个人信息泛滥,由此滋生的电信诈骗、网络诈骗、敲诈勒索、绑架和非法讨债等犯罪屡打不绝,社会危害严重,群众反响强烈,此类犯罪不仅严重危害公民的信息安全,而且极易引发多种犯罪,成为电信诈骗、网络诈骗以及滋扰型"软暴力"等新型犯罪的根源,甚至与绑架、敲诈勒索、暴力追债等犯罪活动相结合,影响人民群众的安全感,威胁社会和谐稳定。此外,全国人大法工委在《刑法修正案(七)》的草案说明中指出,近年来泄露公民个人信息的情况时有发生,对公民的人身、财产和隐私造成严重威胁,这类侵害公民权益情节严重的行为应该追究刑事责任。上述内容表明,公民个人隐私是侵犯公民个人信息罪的直接侵害对象,但是对公民人身、财产造成重大损失的后果是由侵犯公民个人信息的犯罪行为间接造成的。这让我们不得不思考,侵犯公民个人信息罪的个人法益说是否符合社会实际,是否能有效打击侵犯公民个人信息犯罪。由此引起了对该罪保护的法益的讨论。

新的理论主要集中于公共信息法益说和超个人法益说。公共信息法益说认为大数据时代公民个人信息暴露得更加充分以及公民个人信息被使用的领域更加广泛,所以犯罪分子往往可以一次获得大量的公民个人信息。这种现实使我们不得不考虑侵犯公民个人信息罪具备超乎个人的公共法益。伴随着社会信息化程度的不断提高,公共信息安全问题已经成为影响社会稳定和公共安全的重要因素。① 超个人法益说认为侵犯公民个人信息罪的规定,将该罪的被侵害主体规定为公民,公民是一个国家层面上的概念,而且在当代信息社会,公民个人信息不仅直接关系个人信息安全与生活安全,而且关系社会公共利益、国家安全乃至信息主权,所以公民个人信息不仅是一种个人法益,而且具有超个人法益属性,还需要从公民、社会、国家的角度进行解释。② 此外,还有学者认

---

① 参见王肃之:《被害人教义学核心原则的发展——基于侵犯公民个人信息罪法益的反思》,载《政治与法律》2017年第10期,第34页。

② 参见曲新久:《论侵犯公民个人信息犯罪的个人法益属性》,载《人民检察》2015年第11期,第6页。

为刑法通过保护个人信息预防下游犯罪的发生,如果行为侵害的法益超出了隐私权和个人信息权所涵盖的范围,使被侵害对象或社会秩序受到更为严重的损害,则公民个人信息法益具备了超个人法益的特征。但是,公民个人信息不属于纯粹的公共法益,如果直接将超个人法益作为基础,会使刑法介入过于早期化,过度夸大刑罚的处罚范围,从而不当限制公民的个人自主决定权。①

笔者认为,我国刑法对侵犯公民个人信息罪的规定表明侵犯相当数量被害人个人信息的行为才具有相当程度的社会危险性,才有必要通过刑法予以专门打击,这是刑法的谦抑性的体现。只有在行为侵害的法益超出个人信息权和隐私权的范围时,才体现出超个人法益。即当侵犯的公民个人信息达到一定数量,即便该行为没有对公民的隐私权造成损害,只是用来实施下游犯罪时,其仍然会对社会生活秩序造成一定的破坏,这时将其定位为超个人法益更能体现出打击非法买卖公民个人信息的重要性。

(2)"料商"收集、提供信用卡②信息

"料商"在收集、提供公民个人信息时往往会涉及公民的信用卡信息,因为信用卡信息资料是公民重要的财产信息也是注册互联网账户的常用信息。对于"料商"收集、非法提供那些足以用于伪造信用卡的信息资料的行为,可能构成窃取、收买、非法提供信用卡信息罪③。2018年修正后的最高人民法院、最高人民检察院《关于办理妨害信用卡管理刑事案件具体应用法律若干问题的解释》(以下简称《信用卡解释》)④ 对窃取、收买、非法提供信息卡信息罪进行了具体的规定,这些信息并不是单纯的与信用卡有关的个人信息,而是足以伪造可以进行交易的信用卡的信息。据此,可以对专门收集、提供可

---

① 参见刘司墨:《侵犯公民个人信息罪的司法适用探究——以两高最新司法解释为视角》,载《天中学刊》2018年第4期,第33页。

② 根据2004年全国人民代表大会常务委员会《关于〈中华人民共和国刑法〉有关信用卡规定的解释》,刑法规定的"信用卡",是指由商业银行或者其他金融机构发行的具有消费支付、信用贷款、转账结算、存取现金等全部功能或者部分功能的电子支付卡。据此,这里的"信用卡"包括消费支付、转账结算、存取现金功能的存储卡和借记卡。

③ 《刑法》第177条之一第2款中规定:"窃取、收买或者非法提供他人信用卡信息资料的,依照前款规定处罚。"

④ 最高人民法院、最高人民检察院《关于办理妨害信用卡管理刑事案件具体应用法律若干问题的解释》第3条:"窃取、收买、非法提供他人信用卡信息资料,足以伪造可进行交易的信用卡,或者足以使他人以信用卡持卡人名义进行交易,涉及信用卡一张以上不满五张的,依照刑法第一百七十七条之一第二款的规定,以窃取、收买、非法提供信用卡信息罪定罪处罚;涉及信用卡五张以上的,应当认定为刑法第一百七十七条之一第一款规定的'数量巨大'。"

以用于交易的信用卡信息的行为进行打击。

2. 现行法框架下"号商"行为的刑事规制

（1）"号商"非法获取公民个人信息

"号商"非法获取公民个人信息主要是非法购买用于注册、认证个人账户的相关信息，以及直接窃取、骗取公民的个人账户信息。关于非法购买、窃取、骗取公民个人信息的行为，在现行法框架下，可能构成侵犯公民个人信息罪。

（2）"号商"撞库、拖库、打码等信息匹配

利用技术手段窃取公民个人信息是获取公民个人信息的主要方式，"号商"注册、认证个人互联网账户时往往会依靠计算机技术，这一过程往往涉及侵犯公民个人信息罪以及提供侵入、非法控制计算机信息系统罪程序、工具罪、非法获取计算机信息系统数据、非法控制计算机信息系统罪。

随着信息网络时代的发展，如今的信息犯罪已经初步形成产业链条，技术的进步也客观上促使这些黑灰产业的运作不断精细化、专业化。窃取公民个人信息的行为人往往不知道购买者购买信息的目的，但是这并不能否定此类行为的非法性。对于单纯地提供黑客软件以及其他用于非法获取信息的软件系统的行为，可以以相关的计算机信息系统犯罪定罪处罚。对于自己制作非法获取信息的软件并将所获取的信息提供给他人的行为，既涉及侵犯公民个人信息罪又涉及相关的计算机信息系统犯罪，司法实践往往是按照手段与目的之间的关系从一重罪定罪处罚或者以相关的计算机信息系统犯罪定罪处罚。对于使用黑客软件系统获取公民个人信息并将信息提供给他人的，往往以侵犯公民个人信息罪定罪处罚。但是对于单纯地使用非法获取信息的软件系统窃取、骗取公民个人信息的行为，如果没有后续的违法行为，往往难以发现也难以规制。因此，提供非法获取信息的软件系统的行为是目前黑灰产业链条中的重要一环。

非法获取计算机信息系统数据、非法控制计算机信息系统罪，是指行为人违反国家规定，侵入一般的计算机信息系统（指国家事务、国防建设、尖端科学技术领域的计算机信息系统以外的计算机信息系统）或者采取其他技术手段获取计算机信息系统中存储、处理或传输的数据，或者对计算机信息系统实施非法控制，情节严重的行为。提供侵入、非法控制计算机信息系统的程序、工具罪，是指提供专门用于侵入、非法控制计算机信息系统的程序、工具，或者明知他人实施侵入、非法控制计算机信息系统的违法犯罪行为而为其提供程序、工具，情节严重的行为。这两个罪名认定的关键在于是否达到情节严重以及行为人的主观方面的认识问题。

非法获取计算机信息系统数据、非法控制计算机信息系统罪，提供侵入、

非法控制计算机信息系统的程序、工具罪是规制个人信息黑灰产业的有效手段，黑灰产业窃取、骗取大量公民个人信息的手段大多是利用计算机软件实施的。例如，在"快啊打码平台案"①这个全国首例利用人工智能侵犯公民个人信息案中，犯罪分子通过开发具有批量识别腾讯QQ账号信息（扫号）功能的软件以及具有批量识别验证码功能的软件，破解腾讯服务器下发的验证码，从而绕过腾讯公司的验证码平台策略完成验证，并获取大量匹配的QQ账号密码。虽然该案中这些识别软件不能直接侵入并获取计算机信息系统，但是这些软件与快啊打码平台相互关系，协助平台实现侵入腾讯服务器并获取数据的功能。软件开发者明知他人用该软件来实施侵入计算机信息系统的活动并且也明知该软件可以用于侵入计算机信息系统，具有非法目的，软件开发者的获利已经达到法定的数额，因此构成提供侵入计算机信息系统的程序、工具罪。②

笔者从华宇元典智库中搜索"提供侵入、非法控制计算机信息系统的程序、工具罪"得到134个案件的裁判文书，其中93个案件都是因违法所得达到法定的数额才构成本罪③，这个数据从一定程度上说明司法实践中对于是否构成提供侵入、非法控制计算机信息系统的程序、工具罪往往依赖于行为人的违法所得数额，也进一步说明了司法解释中关于该罪构成要件"情节严重"的规定在可操作性方面存在一定的问题。其他几种符合"情节严重"的行为门槛过高，尤其是"提供专门用于侵入、非法控制计算机信息系统的程序、工具二十人次以上的"这一规定门槛过高。首先，"专门"一词已经体现行为人的主观故意性。其次，提供专门用于侵入、控制计算机信息系统的程序、工具这一行为本身也具备实质违法性，为他人提供侵入、控制计算机信息系统的工具，而该工具是用于侵入、控制他人的计算机信息系统的，必然会侵犯他人的计算机信息系统安全。最后，最重要的是，随着大数据的发展，计算机信息系统中存储、传输的信息数据量已经无法估量，由此而导致的信息数据的遗失或者泄露也难以挽回，并且会滋生更多的犯罪，所以该提供工具的行为虽然属于帮助行为，对于危害后果的产生是间接的帮助，但是其社会危害性已经达到适用刑法规制的必要，可以考虑放宽本罪的入罪门槛，从而更好地打击这种技术帮助行为，更好地保护信息数据安全。

---

① 参见浙江省绍兴市越城区人民法院（2018）浙0602刑初101号刑事判决书。
② 参见浙江省绍兴市越城区人民法院（2018）浙0602刑初101号刑事判决书。
③ 数据来源网站：载https://www.chineselaw.com/basicSearch/search，最后访问日期2018年12月5日。

(3)"号商"恶意注册和认证

笔者已经介绍了个人互联网账户注册和认证的过程,注册个人账户是初步获得账户的第一阶段,且没有门槛,任何人通过手机号或者邮箱都可以注册。注册之后只有经过第二阶段——认证,才可以真正使用账号。认证是为了解决账户真正属于谁的问题,对于个人账户认证的两种方式——人脸识别或者银行卡校验,仅完成其中一项就可以完成认证。以某第三方支付平台的个人账户为例,恶意注册个人账户的行为主要体现为:行为人在获取公民的身份证件信息以及银行卡信息之后,可以利用身份证件去办理(或挂失补办)相应的手机号码,得到该身份信息对应的手机号可以进行恶意注册互联网账户或者登录原有的账户。恶意注册账户之后,要想进行有效的使用则必须进行身份认证,身份认证主要是两种方式,人脸识别或银行卡校验,由于人脸识别的违法成本较高,所以银行卡验证便成为主要的突破方式。此外,行为人在获取大量公民个人信息之后,可以通过技术手段对信息进行清洗、对比,进而获取公民个人互联网账户的账号密码。之后便可以将完整的互联网账户的账号密码进行出售或者实施下游犯罪。由此可以看出非法获取公民个人信息是恶意注册互联网账户的重要前提,同时黑客技术手段也使恶意注册账户、冒用他人账户的行为更加便捷。

第一,妨害信用卡管理,窃取、收买信用卡信息。在互联网账户认证阶段,不法分子会使用事先办好的虚拟卡或者在银行冒名办理的银行卡进行校验。这种情况涉及非法获取公民个人信息、冒名办理银行卡的问题。刑法第177条之一规定了"妨害信用卡管理罪"以及"窃取、收买、非法提供信用卡信息罪"。①《信用卡解释》中对于持有伪造信用卡、非法持有他人信用卡、购买伪造信用卡,窃取、收买他人信用卡信息资料的数量情节进行了具体的规定。② 一旦不法

---

① 《刑法》第177条之一规定:"有下列情形之一,妨害信用卡管理的,处三年以下有期徒刑或者拘役,并处或者单处一万元以上十万元以下罚金;数量巨大或者有其他严重情节的,处三年以上十年以下有期徒刑,并处二万元以上二十万元以下罚金:(一)明知是伪造的信用卡而持有、运输的,或者明知是伪造的空白信用卡而持有、运输,数量较大的;(二)非法持有他人信用卡,数量较大的;(三)使用虚假的身份证明骗领信用卡的;(四)出售、购买、为他人提供伪造的信用卡或者以虚假的身份证明骗领的信用卡的。"《刑法》第177条之一第2款规定:"窃取、收买或者非法提供他人信用卡信息资料的,依照前款规定处罚。银行或者其他金融机构的工作人员利用职务上的便利,犯第二款罪的,从重处罚。"

② 详见2018年修正后的最高人民法院、最高人民检察院《关于办理妨害信用卡管理刑事案件具体应用法律若干问题的解释》第1条至第5条中相关规定。

分子在注册认证账户的过程中，被证明伪造他人信用卡、非法持有信用卡或者信用卡信息达到一定的数量，就可以认定为妨害信用卡管理罪或者窃取、收买信用卡信息罪。此外，不法分子在非法获取他人的信用卡信息资料之后在互联网、通信终端等使用的，属于"信用卡诈骗罪"中的"冒用他人信用卡"情形。

第二，"号商"非法获取公民个人信息和妨害信用卡管理的关系。非法获取公民个人信息与侵犯公民个人信息罪、妨害信用卡管理罪、窃取、收买信用卡信息罪的关系，在现行刑法框架下如何评价呢？首先行为人获取公民个人信息的途径有两种：一是非法获取公民个人信息；二是窃取、收买他人信用卡信息。不法分子可以不通过获取身份证件号码获取公民个人信息，而通过直接窃取、收买他人信用卡信息获得他人身份信息，因此触犯的是窃取、收买信用卡信息罪。因此，并不是所有的案件都会触及侵犯公民个人信息罪，只有通过单纯的购买不是通过信用卡得到的身份信息，才会构成侵犯公民个人信息罪。上述行为可以分为三类：第一类，如果行为人同时非法获取了公民个人信息，持有或伪造他人的信用卡，之后进行注册，则应当分别评价为侵犯公民个人信息罪和妨害信用卡管理罪；第二类，如果行为人同时窃取、收买他人信用卡信息，持有或伪造他人的信用卡，之后进行注册，则分别评价为窃取、收买信用卡信息罪和妨害信用卡管理罪；第三类，如果行为人在持有他人信用卡之后破解出信用卡内的个人信息，那么只成立妨害信用卡管理罪。同时要注意，无论是构成侵犯公民个人信息罪还是妨害信用卡管理罪、窃取、收买信用卡信息罪，都要求达到数量情节。

（三）法律缺位与立法建议

1. 现有法律规制的复杂和缺位

笔者对非法提供注册资料、撞库洗库、恶意注册等行为进行了分析，可知无论是提供注册资料、撞库洗库，还是注册认证，包含了多种犯罪行为，涉及多种罪名，例如，侵犯公民个人信息罪、关于计算机信息系统的犯罪、妨害信用卡管理罪，等等，实际上，还包括无法被现行刑法所规制的有隐患的行为，例如个人出卖自己的信息。这些行为的多样性体现出"料商""号商"的种种行为属于综合性的危害社会的行为，但其法律规制的不同使得对于这些行为的打击变得十分松散而复杂，在现行法框架下认定犯罪种类烦琐，难度很大。个人出卖自己的信息提供给下游犯罪同样具有社会危害性，如果将该类行为单独评价，很难认定该类行为构成刑法上的犯罪，也很难打击该类行为对下游犯罪的帮助。

2. 建议整体打击"料商""号商"行为

目前对于已经形成的庞大的黑灰产业链，"料商"和"号商"的行为已经不单单是各种犯罪行为和刑法不可规制行为的简单结合,而各是一个有机的整体。首先,作为"料商"与"号商",其自身经营阶段作为一个整体营利过程,其中包含了各种提供注册资料或者恶意注册账号的所有可用刑法评价以及不能用刑法评价的行为,这些行为一般由多个人合作完成,不可分割,且共同形成了产业链;其次,"料商""号商"都是因为下游的犯罪行为而产生的产业链,其对下游犯罪的支持力度之大体现出这两类行为的重要性,这两种行为的性质已经不仅仅是将刑法能够评价的行为和刑法不能够评价的行为简单地相加,而是作为整体行为对于下游犯罪提供了非常大的帮助,具有侵犯财产的抽象危害性。

3. 立法建议

笔者认为,不妨考虑将上游的提供注册资料、恶意注册、洗库撞库得到他人账户等行为分别作为整体进行打击。

(1) 第一种方法就是将"号商"和"料商"的行为都认定为下游犯罪的帮助行为,"料商"是为"号商"提供行为工具,而"号商"是为下游犯罪分子提供工具。然而,由于这两种行为并没有与下游犯罪分子形成固定的"一对一"且带有特定故意的合作关系,因此被认为是"中立的帮助行为",这种行为的认定在目前的司法实践和理论看来认定为下游犯罪的帮助犯仍有很大争议。比如有学者提出,"无害"的行为当然不会认定为犯罪,因此,这种中立的帮助行为如何认定为有害才是打击这种行为的关键。

此外,如何对"号商"获取他人信息的主观状态进行认定?笔者认为,首先,一旦通过窃取、购买、收受、交换等非法手段获取他人个人信息,一般都是与行为人毫无关联的人的信息,就有了隐瞒他人进行秘密行为的主观意志,一旦利用信息注册互联网账户,其行为必然与财产相关联,至于这种行为是为了对他人有利还是对他人有害,根据一般人的理性思维,都会认为是对他人的财产或其他权利有威胁的行为,而且未经过他人允许私自利用他人的个人信息进行活动,起码在民法上侵犯了公民的个人信息权。[1] 持有伪造银行卡和非法持有他人银行卡这类行为,是非法获取然后再持有的,本身就具有主观明

---

[1] 参见王利明:《论个人信息权的法律保护——以个人信息权与隐私权的界分为中心》,载《现代法学》2013年7期,第62-72页;王叶刚:《个人信息收集、利用行为合法性判断——以〈民法总则〉第111条为中心》,载《中国人民大学复印报刊资料(民商法学)》2018年第5期,第39-46页;赵宏:《从信息公开到信息保护:公法上信息权保护研究的风向流转与核心问题》,载《中国人民大学复印报刊资料(宪法学、行政法学)》2017年第5期,第50-63页。

知性以及违法性,除非经过了他人的同意持有他人的银行卡。[①] 因此,"号商"的行为从一般理性人思维来看可以是一种有害的行为,但是否对应特定犯罪的帮助犯,仍然有争议。其次,对于"料商"出售信息的行为,根据笔者所提到的,认定其为无害还是有害也是有争议的;最后,如果将"号商"的行为认定为下游行为的帮助犯,那么"料商"的行为就是间接帮助,依照我国通说,间接帮助并不属于共犯,因此,如果只认定"号商"为帮助犯而排除了"料商"行为的共犯认定,是不利于共同打击的。

(2) 在第一种方法认定帮助犯有困难和存在争议的情况下,第二种方法就是考虑在刑法上设置新的罪名。需要注意的是,这种新罪名的提出并不是一种帮助犯的正犯化,因为基于中立的帮助行为认定帮助犯有争议,这种理论暂且行不通。笔者从另一个角度分析,认为"料商"非法提供注册资料的一系列行为,由于其妨害了第三方支付平台、银行金融企业的业务管理以及市场监督管理部门的管理,可以增设妨害业务类犯罪的罪名;而对"号商"恶意注册的行为,不能仅仅评价为对个人信息权和信用卡管理制度的侵犯,还应该是一种妨害第三方支付平台等网络平台的业务管理、破坏网络安全秩序且对财产犯罪具有巨大隐患的行为,对此可以增设破坏社会管理秩序犯罪的罪名,例如妨害互联网安全管理罪。一些学者认为,罪名的增加会导致此罪与彼罪界限的模糊[②],刑法罪名已经相当多而繁杂,不应该再任意建议增设罪名。实际上,一种行为构成想象竞合或者法条竞合的情况并不少见,罪名之间界限的模糊并不妨碍对行为的定性,反而能够使行为定性更加充分完整,同时罪名的增加也应当立足于司法实践的需要,为了对已经形成产业链的专门化行为进行打击,当对于复杂的各种犯罪类型要件认定困难以及对一些中立性的行为无法评价和规制时,只有通过统一的定罪定性才能进行明确操作。除此以外,行政部门法方面也可以通过立法集中打击恶意注册账号以及非法提供注册资料的行为,暂时弥补刑法尚未补充立法或者修改立法的缺陷。

总而言之,利用互联网平台恶意注册之后实施下游犯罪的情况已经引起了有关部门和企业的重视,其造成重大财产性损失的背后是日益发展的黑灰产业链以及对公民个人信息、网络安全、金融秩序的破坏。刑法不应该单单只着眼打击下游犯罪带来的直接结果,更应该重视给予下游犯罪强大技术支持的侵犯公民个人信息、破坏金融秩序、破坏市场监管制度、威胁互联网安全等构成的

---

① 参见张明楷:《刑法学(第四版)》,中国法制出版社2011年版,第691-692页。
② 参见乔新生:《刑法不宜轻易增设罪名》,载《法制日报》2012年11月27日第007版。

提供注册资料和恶意注册的两类上游行为。只有通过实际的立法来快速认定这两类行为,才能加大打击力度,从根源上减少利用互联网的财产犯罪,维护互联网和金融系统的稳定,保护公民的基本权利。

三、企业互联网风险账户的刑事规制

近年来,随着互联网技术和金融科技的发展,利用互联网账户进行诈骗、敲诈勒索、洗钱等犯罪的数量也不断上升。由于企业互联网账户的转账额度更大、受到的管制相对宽松,而且相关法律法规存在空白,企业互联网风险账户更容易被黑灰产业利用,成为其犯罪和销赃的工具。对于非法获取、出售、提供企业互联网账户的人员,在有证据证明其参与、实施了下游犯罪或者与下游犯罪的行为人存在犯意联络、明知其提供的企业互联网账户将被用于下游犯罪的情况下,其构成下游犯罪的共犯;但是,由于互联网犯罪的分工越来越细化,很多情况下企业互联网账户的提供方与下游犯罪的实施者除了账户买卖外,并无其他联系,因此很难证明其对企业互联网账户用于犯罪活动具有主观故意,难以认定其构成下游犯罪的共犯,此时就需要对非法获取、出售、提供企业互联网风险账户的行为单独进行讨论。

黑灰产人员获取企业互联网风险账户主要通过三种手段:第一,通过窃取、骗取、撞库洗号、木马远程等手段非法获取企业互联网账户的账号、密码;第二,从网络等途径获取企业的公开信息,利用企业的公开信息伪造注册企业互联网账户所需资料,完成对企业互联网账户的注册和认证;第三,陪同他人注册或者委托专门公司代理注册皮包公司,获得皮包公司的营业执照和银行对公账户,进而完成对皮包公司的企业互联网账户的注册和认证。

(一) 利用皮包公司注册企业互联网账户的刑事规制

为有效应对和遏制犯罪分子对企业互联网账户的恶意注册和虚假认证,互联网平台也在不断完善认证流程,堵塞程序漏洞,尽量使犯罪分子无机可乘。以某第三方支付平台为例,企业互联网账户的验证主要包括正向打款和反向打款等方式。正向打款即由第三方支付平台向企业银行账户转款,企业填写第三方支付平台向企业银行账户的转账金额,这种校验方式,如果黑灰产人员跟银行内部人员勾结,很容易被破解。该第三方支付平台又推出了反向打款的校验方式,即要求企业通过自身的银行账户向第三方支付平台完成一定金额的转账操作,作为企业互联网账户认证的必要步骤。因此,黑灰产人员通过网络等渠道获取企业的公开信息、进而伪造注册企业账户所需的资料,完成对企业账户的注册和认证不再可行,除非能够获得企业内部相关人员的帮助,才能顺利通过反向打款的校验。在此背景下,通过注册皮包公司进而完成对皮包公司的企

业互联网账户的注册和认证成为破解反向打款的有效方法。尤其是2013年我国《公司法》修订后，在公司设立阶段废除了注册资本的最低法定限额，实缴制被认缴制所取代，注册公司更加简单易行，① 客观上也使得黑灰产人员利用注册皮包公司进而获取皮包公司的企业互联网账户的成本大幅降低。但在现行法框架下，注册皮包公司这一行为难以单独被认定为违法，如何堵塞法律漏洞、使此种行为得到有效遏制成为亟待解决的现实问题。

1. 皮包公司不宜适用刑法规制

皮包公司并不是一个法律概念。按照百度百科的解释，皮包公司就是没有固定资产、没有固定经营地点及定额人员，只提着皮包，从事经济活动的人或集体。② 实践中，市场监督管理部门对于公司的登记注册主要采取的是形式上的审查，即对申请人提交的材料进行形式审查。虽然在公司登记注册后，市场监督管理部门会对公司登记注册地址和是否实际运营定期检查和随机抽查，但这很难杜绝皮包公司的存在。尤其在现行法框架下，公司登记注册地址和实际经营地址可以不一致，同一个地址可以注册多个公司，以及公司注册资本从实缴制修改为认缴制，这些为皮包公司在客观上提供了生存土壤。

虽然黑灰产人员通过注册皮包公司再注册企业互联网账户，进而从事诈骗、敲诈勒索、洗钱等下游犯罪的现象越来越严重，各个账户之间的款项流转也使司法机关在查处相关犯罪、追缴赃款赃物时更加困难，但根据罪刑法定和刑法的谦抑性原则，以刑法来规制注册皮包公司的行为明显是不可取的。理由如下：

第一，公司作为一种投融资工具，每个公民都有利用的权利和自由。③ 在公司注册环节设置较多的限制条件容易剥夺社会公众通过注册公司从事生产经营活动的权利。公司所需的注册资本应属于当事人自主决定的事项，不应由法律进行强制性干预，我国《公司法》的修改实际上也体现了对企业自主权的尊重和政府监管方式的改变，顺应了我国市场经济的发展。如果将注册皮包公司的行为纳入刑法规制的范围，无疑与现有的行政法规范相冲突，也会在一定程度上抵消修改《公司法》所带来的激发公众创业和投资热情、拓展小微企

---

① 参见施天涛：《公司资本制度改革：解读与辨析》，载《清华法学》2014年第5期，第128-141页。

② 皮包公司，载https://baike.baidu.com/item/%E7%9A%AE%E5%8C%85%E5%85%AC%E5%8F%B8/4760445?fr=aladdin，最后访问日期2018年12月30日。

③ 参见施天涛：《公司资本制度改革：解读与辨析》，载《清华法学》2014年第5期，第128-141页。

业生存空间、降低企业融资成本等方面的好处。在不适宜对注册皮包公司的行为进行限制的前提下，是否注册皮包公司的企业互联网账户更是依法成立的公司自主决定的范围，刑法更加没有否定评价的理由。

第二，即使只禁止恶意注册皮包公司的行为也缺乏可行性。这里所说的恶意注册皮包公司，是指注册皮包公司的目的在于在互联网平台注册皮包公司的企业互联网账户并利用企业互联网账户实施违法犯罪活动。因为在注册环节很难判断行为人的主观心理，也难以通过外在行为表现去识别行为人的真实意图，一旦对恶意注册皮包公司行为的认定标准规定不当，就会损害普通民众注册公司的权利和自由。

第三，一种行为构成犯罪的最主要条件在于它的严重社会危害性，而注册皮包公司进而注册企业互联网账户的行为并未造成任何实质的社会危害，因为此时行为人尚未开始真正地侵害企业财产或者利用注册的企业互联网账户进一步从事违法犯罪活动，其单纯注册皮包公司的行为不会对他人乃至社会造成不良影响。由于恶意注册皮包公司的行为尚未对法益造成直接、紧迫的侵害或者威胁，不宜对其作入罪化处理。

第四，根据刑法的谦抑性原则，刑法应将不得已才动用刑罚的场合作为其规制的对象，① 只有当违法行为的侵害严重到必须由刑法予以保护时才能够进入刑法调整的范围，② 尤其对于行政犯来说，在缺乏前置的行政法律规范的情况下直接进行犯罪化处理是明显不当的。因此，当恶意注册皮包公司的行为在行政法甚至民法上均不用承担任何责任时，以刑法来规制此行为显然是不妥的。

2. 对皮包公司加强行政监管

针对登记注册后不实际经营的皮包公司，我国也制定了一些行政法规范，例如《公司登记管理条例》第67条规定，公司成立后无正当理由超过6个月未开业的，或者开业后自行停业连续6个月以上的，可以由公司登记机关吊销营业执照，从而迫使黑灰产人员缩短作案时间、在6个月之内完成在互联网平台注册企业互联网账户以及实施相关下游犯罪，或者增加违法成本、防止营业执照被吊销。另外，公司还应当通过企业信用信息公示系统向公司登记机关报送年度报告，并向社会公示，未公示的将面临行政处罚，并会被列入经营异常名录；公司成立后不按时申报纳税的，也会在税务部门成为非正常户；一家公

---

① 参见［日］大谷实著，黎宏译：《刑法总论》，法律出版社2003年版，第4页。
② 参见罗华：《行政违法行为犯罪化的完善——兼评我国刑法几次修正案的有关规定》，载《河北法学》2018年第2期，第174-183页。

司成立后还要应对市场监督管理部门、税务部门的定期检查或随机抽查。这些都将增加皮包公司被吊销的可能、压缩皮包公司的生存空间。

对于黑灰产人员通过注册皮包公司并进而获取企业互联网账户的行为，行政部门应当加强监管，在公司登记注册环节加强对法定代表人资料的审查，例如，要求法定代表人亲自到场；在公司登记注册后加强对企业实际经营活动的监督检查，增加黑灰产人员利用皮包公司进行违法犯罪活动的成本。市场监督管理部门要严格落实《公司登记管理条例》的相关规定，加强定期检查和抽查力度，尤其是针对多家企业同一注册地址的情况，通过实地勘查，及时发现无资金、无场地、无人员的"三无企业"并根据法律规定予以吊销营业执照。另外，市场监督管理部门、税务部门、银行之间可以建立信息共享平台，对未按规定报送年度报告、未依法申报纳税以及银行账户资金往来异常的企业重点关注，加大对这些企业的检查力度，一旦发现其连续6个月未开展任何生产经营活动或者有严重违法行为，依法及时作出处理，从而破坏皮包公司的生存土壤，遏制黑灰产人员通过注册皮包公司获取企业互联网账户的行为。

3. 注册皮包公司过程中可能涉及的刑法罪名

自然人股东、法定代表人的身份证明是注册公司的必要材料。而身份证信息属于重要的公民个人信息，行为人非法获取、出售、提供公民身份证信息，侵犯了他人的个人信息权益，在满足一定数量或情节的要求时，构成侵犯公民个人信息罪。如果行为人是通过技术手段入侵计算机信息系统，从而获取公民个人信息，其行为便同时符合了侵犯公民个人信息罪和非法获取计算机信息系统数据罪的构成要件，因为实施的一种行为侵害了两种法益，即公民个人信息权和计算机信息系统数据安全，应当按照想象竞合犯的处理原则从一重罪处罚。从刑法条文来看，两种罪的法定最高刑相同，因此需要在个案中综合考虑不法分子获取个人信息的数量、具体情节、危害后果等情形，分别确定两罪应当判处的刑罚，然后选择量刑更重的罪名定罪处罚。①

由于注册公司需要提交自然人股东、法定代表人的身份证等资料，行为人在这一过程中实施的伪造、变造、买卖居民身份证等行为，会损害我国的居民身份证管理制度，影响国家对居民身份证的制造、使用和监管，构成刑法第280条第3款规定的伪造、变造、买卖居民身份证件罪。另外，自然人股东、法定代表人的身份证明是《公司登记管理条例》规定的申请设立公司应当提交的文件之一，如果行为人在申请设立公司的活动中使用伪造、变造的或者盗

---

① 参见李鹏：《立足构成要件区分侵犯个人信息犯罪之罪数》，载《检察日报》2017年11月1日第003版。

用他人的身份证，情节严重的，将触犯刑法第 280 条之一的规定，构成使用虚假身份证件、盗用身份证件罪。

（二）获取、利用其他企业信息，注册企业互联网账户的刑事规制

一般来说，注册企业互联网账户需要上传企业的营业执照、法定代表人身份证等文件。而企业信息必须公示，在企业信用信息公示系统以及"企查查""天眼查"等网站能够轻而易举查询到企业名称、住所、法定代表人、统一社会信用代码、注册资本、成立日期、营业期限、经营范围等企业信息。黑灰产人员在查询到企业的这些公示信息后，可以通过 PS 技术伪造企业营业执照，进而完成企业互联网账户的注册以及将其出售、提供给下游的犯罪分子。由于行为人获取除法定代表人身份信息以外的企业信息，不需要采取任何非法手段，也不会侵害刑法所保护的任何法益，难以用刑法规制。但是行为人利用收集的企业信息伪造企业营业执照的行为，会侵害国家对相关证件的管理制度和公共信用，符合伪造、买卖国家机关公文、证件、印章罪的构成要件，可以按照刑法第 280 条第 1 款追究刑事责任。

不同于依法公示的企业信息，自然人股东、法定代表人等的身份信息属于受法律保护的公民个人信息。不法分子通过非法手段获取公民身份信息，可能构成侵犯公民个人信息罪。司法实践中就出现过这样的案例：李某某夫妇在互联网发布广告，谎称能帮助企业从北京银行办理贷款，骗取了 2700 余条包括法定代表人身份证在内的企业信息，并利用这些信息注册支付宝账号后出售，被法院认定构成侵犯公民个人信息罪。[①] 当然，如果行为人有伪造、买卖居民身份证的行为，也会构成伪造、买卖公民身份证件罪，其与侵犯公民个人信息罪可能需要视具体情形数罪并罚或者按照想象竞合犯从一重罪处理：若行为人通过非法手段获取居民身份证信息后，又伪造身份证件用于注册企业互联网账户，则属于两个犯罪行为，应当数罪并罚；若行为人采用购买他人身份证的方式获取他人的身份信息，并用于注册企业互联网账户，则属于一个犯罪行为同时侵犯了两种法益，即公民对其个人信息所享有的合法权益以及国家的居民身份证管理制度，分别构成侵犯公民个人信息罪和买卖公民身份证件罪，以其中任何一种罪名定罪处罚都不足以完整评价此种行为的法益侵害，应当按照想象竞合犯从一重罪处罚。

身份证是每个人独一无二的身份证明工具，合法使用身份证不仅是公民顺利从事各种社会活动、保护切身利益的必然要求，也是国家进行社会管理、维

[①] 参见河南省濮阳县人民法院（2017）豫 0928 刑初 988 号刑事判决书。

持稳定的社会秩序的重要保障。身份证只能由本人持有和使用不仅关系到公民的个人利益,而且涉及公共秩序和社会利益。即使是公民本人,也不能将自己的身份证出租、出借和转让。事实上,因法律意识不强和受到金钱的诱惑而将自己的身份证提供给他人使用的情况在现实生活中屡见不鲜。而这些被出租、出借、转让的身份证往往被不法分子利用,成为实施诈骗、洗钱等犯罪行为、掩藏不法分子真实身份、扰乱办案人员侦查视线的工具,给司法机关查处犯罪带来巨大困难。因此对于公民自愿向他人提供本人身份证的行为确有加以规制的现实需要。

但是,对于公民个人自愿出租、出借或转让自己身份证件的行为,由于侵犯公民个人信息罪保护的是公民对其个人信息享有的权益,防止信息泄露给其人身财产安全带来的潜在威胁,难以将公民自愿提供其个人信息、使自己陷入不利境地的情形包括在内;而且公民提供其个人信息的行为通常不能满足侵犯公民个人信息罪的数量要求,因此在现行法框架下不能适用刑法规制。但这并不代表每个人可以任意使用、处分自己的居民身份证,我国依然有其他法律法规来规范身份证的使用管理。根据我国《居民身份证法》中的规定,出租、出借、转让自己的居民身份证亦属违法行为,将面临警告、罚款、没收违法所得等行政处罚。① 我国应加强对身份证制度的宣传教育,使民众树立合法使用身份证的意识,并加大日常执法力度,一旦发现有出租、出借、转让行为,应依法给予行政处罚。对于购买或借用他人身份证的不法分子,一方面,以金钱为诱饵、大规模收购他人身份证后进行冒用或加价后再次出售的行为,严重侵害了我国的身份证管理制度,可能构成买卖身份证件罪;另一方面,即使是为实施不法行为仅从一人手中购买了身份证用于隐藏身份,或者只是借用,并未支付对价,依照我国《居民身份证法》,只要冒用了他人的身份证,就应被处以罚款、拘留等行政处罚。② 由此可见,对于非法利用其他企业信息注册企业互联网账户的行为,冒用他人身份是必要步骤,而冒用他人身份的手段无论是伪造他人身份证还是购买他人的真实身份证,也不管他人是否是自愿出租、出借或转让自己的身份证件,都可以通过刑法或者行政法进行处罚。我们需要充

---

① 《居民身份证法》第 16 条规定:"有下列行为之一的,由公安机关给予警告,并处二百元以下罚款,有违法所得的,没收违法所得:(一)使用虚假证明材料骗领居民身份证的;(二)出租、出借、转让居民身份证的;(三)非法扣押他人居民身份证的"。

② 《居民身份证法》第 17 条规定:"有下列行为之一的,由公安机关处二百元以上一千元以下罚款,或者处十日以下拘留,有违法所得的,没收违法所得:(一)冒用他人居民身份证或者使用骗领的居民身份证的;(二)购买、出售、使用伪造、变造的居民身份证的。伪造、变造的居民身份证和骗领的居民身份证,由公安机关予以收缴。"

分认识到此种行为的危害性,并严格按照现有法律规定实施法律制裁。

需要强调的是,对于出租、出借或转让自己身份证以及自己其他个人信息的行为,由于行政处罚力度并不是很大,一旦买卖的价格超过了处罚的价格,就存在获利的情况以及再犯的可能。因此为了打击这种现象,只能通过加大处罚力度来实现。但是否应当上升到刑法规制的层面,目前有学者提出了个人信息的公共性、社会性和超个人法益性①,即出卖个人信息并不仅仅是个人对自身权利的处分,而且损害了社会公共利益等其他利益。笔者认为,随着社会经济和网络科技的不断发展,在个人信息被利用来进行其他犯罪的情况下,如果是针对同一个对象个体,那么个人信息仅仅是作为一个工具,最终侵害的仍然是该个体的利益,比如财产利益、生命利益;但在现阶段,个人信息已经十分容易作为侵犯其他个体或团体法人的工具,比如对其他金融机构进行诈骗,以及恶意注册账户并用于下游犯罪等。在未来,科技发展和经济发展更加迅速,个人信息的价值会越来越大,甚至可能包括基因信息,如果在未来基因信息被非法使用,产生的不良后果将不堪设想,因此现在提出个人信息具有公共性、社会性和超个人法益性并不是过于超前,而是出于防患于未然的必要性考虑,在未来对出卖自己信息的行为进行更加严厉的惩治有必要也有可能。至于如何在司法实践中认定出租、出借或转让自己信息的提供者主观上是故意还是过失,需要结合具体情况进行讨论。

(三) 非法获取、出售、提供企业互联网账户的刑事规制

1. 非法获取、出售、提供企业互联网账户的行为规制存在法律漏洞

由于互联网技术和金融科技的快速发展,越来越多的个人和企业开始利用第三方支付这种方便快捷的支付方式,但同时也使不法分子发现了更多的犯罪机会,近年来利用互联网账户实施的犯罪不断增多,无论是个人账户还是企业账户都面临巨大威胁。针对个人账户,在关于侵犯公民个人信息罪的司法解释中已明确规定公民个人信息包括账号、密码,即非法获取、出售、提供个人账户信息的,如果满足相关情节或数量的要求,将构成侵犯公民个人信息罪。这一规定将有力打击利用公民个人的互联网账户实施犯罪的行为。但对于企业的互联网账户,目前还没有任何专门的法律条文对其进行明确的规定和保护。

---

① 参考王肃之:《被害人教义学核心原则的发展——基于侵犯公民个人信息罪法益的反思》,载《政治与法律》2017 年第 10 期,第 27 - 38 页;曲新久:《论侵犯公民个人信息犯罪的超个人法益属性》,载《人民检察》2015 年第 11 期,第 5 - 9 页;靳宁:《大数据背景下个人信息刑罚治理的合理边界》,载《黑龙江社会科学》2018 年第 3 期,第 28 - 32 页。

事实上，我国一直以来都更强调对公民个人信息的保护，而对企业信息的保护重视不够。如前所述，企业信息必须公示。笔者曾考虑从保护商业秘密的角度来寻求保护企业互联网账户的路径。我国为商业秘密提供了较为完善的保护，《反不正当竞争法》和《刑法》分别从民事、行政、刑事方面规定了侵犯商业秘密应承担的法律责任。但是，企业在互联网平台注册的企业互联网账户的账号、密码却难以作为商业秘密进行保护。因为对侵犯商业秘密行为的规制主要是从维护市场公平竞争和正常的经济秩序出发，针对的是进行不正当竞争的经营者；而非法获取、出售、提供、利用企业互联网账户行为的危害主要体现为对企业财产造成潜在威胁以及用来隐藏身份、扰乱侦查视线、转移赃款赃物等，显然与侵犯商业秘密的行为存在显著不同。并且，虽然企业互联网账户的交易信息可能属于商业秘密，但企业互联网账户本身，也就是企业互联网账户的账号秘密本身不属于商业秘密，它本身不具有商业价值。因此，对如何处理非法获取、出售、提供、利用企业互联网账户的账号、密码的行为，我国法律还存在空白。

司法实践中对侵犯企业互联网账户信息的行为，可以通过处罚非法获取的手段行为或者获取后从事的下游犯罪，来尽可能弥补对于此类行为的法律漏洞。由于企业互联网账户的账号、密码并非需要公示的企业信息，不法分子只能通过撞库洗号、木马远程等非法手段来收集这些信息，这个过程往往会触犯刑法第285、286条规定的计算机信息系统犯罪。例如，实施"撞库"经常用到的"打码软件"能够在短时间内批量登录某网站，与他人的计算机系统交换信息和数据，并通过匹配测试等方法获取正确的账户数据，这一行为方式显然不属于合法用户的正常登录和使用，而是对计算机信息系统的非法侵入，因此开发可用于批量登录某网站的软件及验证码识别平台并向他人提供，情节严重的，可以构成提供侵入计算机信息系统程序、工具罪；而违反国家规定，通过购买此种"打码软件"，利用技术手段获取计算机信息系统存储、处理的数据，情节严重的，可以构成非法获取计算机信息系统数据罪。2018年6月，浙江省杭州市已出现这样的案例。① 类似地，对于利用木马病毒非法侵入网络运营商的用户信息数据库、获取企业账户信息的行为，制作、提供木马病毒的可能构成提供侵入、非法控制侵入计算机信息系统程序、工具罪；通过获取木马病毒、侵入计算机信息系统、收集其中存储和处理的用户信息的，可能构成非法获取计算机信息系统数据罪。

在大多数情况下，获取企业账户信息只是进一步实施犯罪的前提，不法分

---

① 参见浙江省杭州市余杭区人民法院（2017）浙0110刑初664号刑事判决书。

子常常在收集到企业互联网账户的账号、密码后将其中的资金转为自己所有，或者将企业的互联网账户作为诈骗、洗钱的工具。如果能够证明获取、出售、提供企业账户信息的行为人明知这些信息将被用于下游犯罪或者与下游犯罪分子存在犯意联络，则这些行为人具有帮助实施下游犯罪的故意，其行为也对下游犯罪的实施起到了帮助作用，毫无疑问地构成下游犯罪的共犯，但事实上其主观故意的证明难度通常较大，在认定共犯方面存在困难。如果行为人在获取企业账户信息后又加价出售给他人，这种以企业的互联网账户信息为商品的交易活动显然属于违反国家规定、严重扰乱市场秩序的非法经营行为，可以考虑按照非法经营罪定罪处罚。

虽然我们可以通过处罚侵犯企业互联网账户信息的手段行为和下游犯罪，使这种行为受到法律制裁，但还是存在难以用现有的法律条文予以规制的漏洞，比如行为人通过欺诈等方式骗取企业互联网账户的账号、密码，由于这种方式不涉及任何技术手段，不会构成相关的计算机信息系统犯罪；而企业的互联网账户本身也不具有财产价值，在行为人实施进一步犯罪前未对企业造成任何经济损失，难以认定为诈骗罪，因此根据目前的法律规定，这种行为就不能被定罪处罚。

2. 对非法获取、出售、提供企业互联网账户的行为单独设立罪名的思考

企业互联网账户信息的泄露不但使企业面临遭受财产损失的威胁，而且可能被不法分子用来实施诈骗、洗钱等犯罪，具有明显的法益侵害性，需要法律予以规制。事实上，非法获取、出售、提供企业互联网账户的行为所侵害的法益具有复合性。一方面，企业账户里往往存储着日常商业往来所需要的资金，而一旦不法分子掌握了企业账户的账号、密码，相当于企业资金失去了最后一层保护屏障，直接暴露在他人的控制之下，并随时可能被转移到他人控制的账户中。即使不法分子只是获取了企业互联网账户的账号密码，尚未进一步实施违法犯罪行为，但其已经对企业财产造成了直接、具体、现实的危险，可以说已经侵害到企业的财产法益。另一方面，企业是市场经济活动的重要主体，其资金流转受到国家监管，企业账户的冒用会破坏国家对大额、异常资金往来的监控和识别，损害我国正常的金融管理秩序；如果对非法获取、出售、提供企业互联网账户的行为不加监管，会侵蚀企业对于互联网账户安全的信赖，使企业注册互联网账户的意愿降低，不利于现代支付技术的发展和运用，也会影响日常经营活动的顺利开展，可见，非法获取、出售和提供企业互联网账户的行为会损害我国的市场经济秩序。

综上所述，非法获取、出售、提供企业互联网账户的行为会损害多种法益，但其中对企业财产法益的侵害是最直接、最现实、最具体的，也是与企业

最息息相关的。虽然获取企业互联网账户的账号、密码相当于转移企业财产的预备行为，但由于这种行为已对企业的财产造成紧迫、现实的危险，可以考虑将这种预备行为实行犯化，使其成为一种独立的犯罪，这也符合风险社会刑法介入适当前置的趋势。另外，由于我国目前在行政法方面对企业信息的保护很不完善，仅有的关于非法获取企业信息的规定较为抽象模糊,[①] 而将此种行为作入罪处理可以倒逼行政法作出进一步规定，使企业信息得到应有的关注和重视。因此，笔者建议，将非法获取、出售、提供企业互联网账户信息的行为规定为独立的犯罪，即非法获取、出售、提供企业互联网账户，并划分到第 5 章侵犯财产罪部分。此罪的主体应为一般主体，即年满 16 周岁且具有完全刑事责任能力的自然人，也应包括单位；犯罪客体方面应为企业对其财产占有、使用、收益、处分的权利；主观方面应表现为故意，即行为人明知其行为对象是企业的互联网账户信息，对其非法获取、出售和提供会侵害企业的财产权利而积极追求或放任此种危害后果的发生；客观方面即指违反国家规定，非法获取、出售、提供企业支付账户信息，情节严重的行为。其中"非法获取"包括通过技术手段窃取、以欺诈的方式骗取、用金钱收买等行为；"提供"包括有偿或无偿提供、向特定人提供或者通过信息网络或其他途径发布等行为；"情节严重"可以根据现实情况和刑法规范评价的需要进行具体规定。

[①] 《企业信息公示暂行条例》第 20 条规定："非法修改公示的企业信息，或者非法获取企业信息的，依照有关法律、行政法规规定追究法律责任。"

新型互联网证券犯罪的刑事规制

上海市人民检察院课题组[*]

随着金融科技的迅猛发展,新型互联网证券业态日新月异,对基于传统证券交易方式的证券立法、司法以及证券监管提出了严峻挑战,诸多问题尚未形成共识,以致在具体案件的处理中往往引起各种纷争。对此,亟须在理论和实务上深入研究。笔者拟立足于互联网证券领域的最新发展,聚焦股权众筹、高频交易、新型互联网证券业务三大突出问题,针对目前行政执法和刑事司法中存在的困扰和争议,并结合证券法将进一步修订的背景,参考借鉴证券市场发达国家和地区的立法与司法实践,力求从实务、法律和理论层面深度剖析,寻找争议解决方案。

一、股权众筹与擅自发行证券、非法集资犯罪

股权众筹是目前国内互联网金融的代表业态之一,它符合公正、效率、秩序等法的基本价值理念,为中小企业融资开辟了新的渠道,也为社会公众优化投资结构提供了新的选择,应成为我国多层次资本市场的重要组成部分并向社会公众开放。但由于股权众筹在我国合法性尚未解决,缺乏针对性的法律制度和监管细则,其发展也面临很多不确定因素,其监管风险难以得到有效控制,甚至可能触发非法集资的刑事风险,如何在鼓励金融创新、便利中小企业融资的同时维护金融市场秩序、强化投资者保护,是股权众筹监管法律制度需要解决的核心问题。笔者认为,应该从股权众筹的业务特点出发,借鉴我国近年来民间融资规制和非法集资打击的经验教训,对股权众筹的刑事风险进行预判,以更好地服务保障互联网金融的发展,社会融资的便利以及投资者权益的保护。

(一)股权众筹的基本要素

1. 股权众筹的概念及意义

众筹一词来源于英文的"Crowdfunding",顾名思义就是大众筹资或者公

---

[*] 课题组组长:徐燕平,上海市人民检察院第三分院检察长;课题组成员:肖凯,上海金融法院副院长;李小文,上海市人民检察院金融处检察官;陈晨,上海市人民检察院金融处检察官。

众筹资，美国"JOBS 法案"（Jumpstart Our Business Startups Act，初创企业促进法案）指出，众筹是社会公众特别是个人投资者通过互联网平台，进行小额商业投资或支持他人完成特定目标的融资方式。① 众筹是 Crowdsourcing（众包）和 Microfinancing（微型金融）二词含义的融合②。发展至今，众筹主要可分为营利性或非营利性③两个大的方向，根据投资者投资回报形式的不同，可以分成捐赠型众筹（the donation model）、奖励型众筹（the reward model）、预售众筹（the pre-purchase model）、借贷型众筹（the lending model）和股权众筹（the equity model）五类④。

所谓股权众筹，就是筹资者以股权作为对投资者回报方式的众筹融资模式，其中"股权（Equity）"是公众公司股份的同义语（A Share in A Publicly Trade Company⑤），其法律实质就是公司法或证券法上宽泛意义的"证券（Securities）"⑥，这已得到世界大多数国家的立法机关和证券监管部门的认可。如英国金融行为监管局（FCA）在其《众筹和其他相似活动监管规则的征求意见报告》⑦和《关于网络众筹和通过其他媒介推介不易变现证券的监管规则》⑧中，将股权众筹的"股权"定义为"不易变现的证券（Non-readily Realisable

---

① See Bill Summary & Status, 112th Congress (2011 – 2012), H. R. 3606, CRS Summary, available at http：//thomas. loc. gov/cgi-bin/bdquery/z? d112：HR03606：@ @ @ D&summ2 = m&, last visit at March 9, 2016.

② C. Steven Bradford, Crowdfunding and the Federal Securities Laws, Columbia Business Law Review, Vol. 2012, No. 1, 2012, p27.

③ 非营利性众筹例如捐赠众筹的投资者主要是出于公益目的而不要求金融资产的净回报，并不是说完全没有回报，但这种回报往往不能给投资者带来金融资产的增加。

④ C. Steven Bradford, Crowdfunding and the Federal Securities Laws, Columbia Business Law Review, Vol. 2012, No. 1, 2012, pp15 – 27..

⑤ See Bryan A. Garner (eds.), Black's Law Dictionary (9th ed.) West, 2009, p. 619.

⑥ 参见唐士奇、李凯南：《股权众筹的理论、实践和未来展望》，载《西南金融》2015年第12期，第55页；安邦坤：《股权众筹合法化：可能性及进路——兼论互联网金融业态下〈证券法〉的修改》，载《证券法律评论》（2014年卷），中国法制出版社2014年版，第417页。

⑦ The FCA's Regulatory Approach to Crowd Funding and Similar Activities, Consultation Paper 13/13, 4 (Oct. 2013), at 57 & Table 11, available at http：//www. fca. org. uk/static/documents/consultation-papers/cp13 – 13. pdf.

⑧ The FCA's Regulatory Approach to Crowdfunding Over the Internet, And the Promotion of Non-readily Realisable Securities by Other Media, Policy Statement 14/4, 3 (Jun. 2014), available athttp：//www. fca. org. uk/your-fca/documents/policy-statements/ps14 – 04.

Securities）"。而 2012 年澳大利亚证券投资委员会（the Australian Securities and Investment Commission，ASIC）在其关于众筹的指导意见（ASIC Guidance on Crowd Funding）①中明确，仅从向投资者提供的回报——股权来看，股权众筹涉及《公司法》第五章规制的"受托管理的投资计划"（a Management Investment Scheme），需要遵循相应的监管要求。

股权众筹融资市场中，融资方主要是初创期企业或小微企业，由于无法提供有效担保，信用记录较短，从传统金融机构获得资金较为困难，股权众筹为其提供了新的融资渠道和可能。从投资方角度而言，股权众筹可为社会富余资金提供更多的投资选择，使社会公众投资者可以有限度地进入风险投资领域，而成功的初创企业项目可能给投资者带来远高于银行存款、国债、企业债券等传统投资手段的收益。股权众筹的发展对资本市场的影响主要体现在两个方面：一方面，股权众筹可能成为一个重要的低成本向公众筹集资金的渠道，拓展了企业家的发展机会；另一方面，股权众筹可在一定程度上打破横亘在获许投资者（Accredited Investors）和零售投资者（Retail Investors）之间监管鸿沟，允许普通的非获许投资者有机会向陌生人的初创企业和小微企业投资。②

2. 我国股权众筹的主要运行模式

对于股权众筹业态的认知和监管态度，我国金融监管部门处于不断的变化发展之中。2014 年 12 月，中国证券业协会起草了《私募股权众筹融资管理办法（试行）》（以下简称《管理办法》）并向社会征求意见，但至目前仍未获通过实施。由于该《管理办法》将股权众筹限定为私募发行的监管思路与互联网金融特质存在明显矛盾，在向社会公布后，受到了学界、实务界的诸多质疑。2015 年 7 月 14 日由中国人民银行、工业和信息化部、公安部等发布的《关于促进互联网金融健康发展的指导意见》（下称《指导意见》）对股权众筹融资的公开发行形式给予明确肯定，公募型股权众筹终于得到中央监管部门的认可，但是在 2015 年 8 月中国证监会再次发布通知，对未经证券监管机关批准的股权众筹明令禁止。③

---

① Australian Securities & Investments Commission，ASIC Guidance on Crowd Funding，12 - 196MR，14 August 2012，available at http：//asic. gov. au/about-asic/media-centre/find-a-media-release/2012-releases/12 - 196mr-asic-guidance-on-crowd-funding/，last visit at March1，2015.

② Andrew A. Schwartz，Crowdfunding Securities，Notre Dame Law Review，2013，88（February），p. 1466.

③ 中国证券监督管理委员会 2015 年 8 月 3 日发布的中国证监会办公厅《关于对通过互联网开展股权融资活动的机构进行专项检查的通知》中明确指出，未经国务院证券监督管理机构批准，任何单位和个人不得开展股权众筹融资活动。

2015年底以来，P2P平台卷款跑路、诈骗不断，互联网金融风险集中爆发的背景下，全国范围内的互联网金融专项整治工作拉开了序幕，2016年4月12日，国务院办公厅发布了《关于印发〈互联网金融风险专项整治工作实施方案〉的通知》，整治的重点领域就包含股权众筹。根据该实施方案，2016年4月14日，证监会、中央宣传部、中央维稳办等部门发布了《关于印发〈股权众筹风险专项整治工作实施方案〉的通知》（以下简称《实施方案》）。

根据目前监管部门所公布的法律文件，我国目前的股权众筹模式主要有股权众筹融资①、互联网非公开股权融资②及互联网私募股权投资基金募集③三种类型。

（1）股权众筹模式。更明确地说即是公募型股权众筹，出自中国人民银行、工业和信息化部、公安部等部门联合出台的《指导意见》，其特点是公开、小额、大众。由于此种模式涉及通过互联网平台向社会公众公开发行小额证券，其合法性需要《证券法》修订通过后才能正式确立，所以证券监管部门强调，由于涉及社会公众利益和国家金融安全，必须依法监管。特别是《实施方案》中所列明的8个整治重点，即包括互联网股权融资平台以"股权众筹"等名义从事股权融资业务、平台上的融资者未经批准，擅自公开或者变相公开发行股票等，并明确提示，平台及平台上的融资者进行互联网股权融资，严禁擅自公开发行股票和变相公开发行股票。由此可见，虽然《指导意见》中对股权众筹的公开融资方式予以明确，但是在《证券法》等基础法律和相关配套法规未修订的情况下，股权众筹还是一个理论上的概念，在我国目前尚没有实际操作空间。

（2）互联网非公开股权融资。这是目前我国股权众筹的最主要模式，具体而言主要是天使合投模式。与股权众筹的差别是，其投资者是特定群体，并不是普通大众，一个项目的众筹投资人是有限的，从而规避被认定非法集资的风险。除此以外，"非公开股权融资还可以采取个人直接股东模式和基金间接股东模式"。④

（3）互联网私募股权投资基金募集。此种模式在2015年证监会发布的专

---

① 参见2015年7月14日由中国人民银行、工业和信息化部、公安部等发布的《关于促进互联网金融健康发展的指导意见》。
② 见于2015年8月3日中国证监会发布的《关于对通过互联网开展股权融资活动的机构进行专项检查的通知》。
③ 同上。
④ 参见李爱君：《互联网股权众筹融资模式与法律分析》，载《大众理财》，2015年第9期，第79—80页。

项检查通知中提及,主要是指私募股权基金管理人通过互联网进行募集资金。此种模式须遵守证券投资基金法、私募投资基金监督管理暂行办法等有关规定,不得向合格投资者①之外的单位和个人募集资金,不得变相非法集资,不得向不特定对象宣传推介,合格投资者累计不得超过200人。

笔者认为,三种模式中只有第一种模式才是真正意义上的股权众筹,也是笔者讨论的主题。

3. 股权众筹的风险特点

如同硬币总有两面,股权众筹在成为填补中小企业融资"麦克米伦缺口",推动普惠金融发展重要力量的同时,也存在特殊风险,其发展面临着不少不确定因素,主要可以归结为:(1)初创企业的低成功率。股权众筹主要服务的是初创企业,部分属于以往风险投资的目标范围。初创企业发展时间很短,信用记录不完整、资产和项目水平评估难度很大,融资主体的私人信息隐蔽性强,即使没有欺诈或者自我交易行为,很多进行股权融资的小企业仍然会经营失败,筹资者特质决定了股权众筹项目具有很高的内生风险。(2)长尾效应引入社会公众投资者。股权众筹降低了对金融消费者财务能力和投资经验的要求,引入了大量非专业个人投资者,其对风险认识和承担能力较弱,也缺乏尽职调查动力和能力。(3)网络虚拟性加剧了信息不对称风险。股权众筹中,信息不对称为自我交易、隐瞒欺诈、稀释投资者利益等投机行为提供了可乘之机,可能引发逆向选择、道德风险甚至欺诈。(4)互联网技术运用导致金融风险与技术风险的叠加。互联网金融中,技术风险的诱发和传播速度加快,影响范围更广,加上互联网金融企业自身技术安全防控能力较弱,更加剧了技术风险的威胁。(5)法律风险。股权众筹在我国目前法律地位不明晰,监管规则缺失,易诱发法律风险特别是非法集资风险。

申言之,股权众筹项目多是初创企业、小企业在技术研发、市场探索过程中的融资需求,虽然一旦成功收益颇丰,但整体上来讲成功率较低,本身具有内生风险;另外,股权众筹发挥互联网金融优势、开拓长尾市场的同时,也将缺乏风险投资经验、金融知识和尽职调查动力的社会公众投资者暴露于高风险之下,股权众筹的特殊风险与互联网金融的特征密切联结,且各种风险之间互相影响推动,成为传统金融法制和金融监管必须正视和回应的问题。

(二)股权众筹的行政监管现状及规制需求

股权众筹在我国处于监管细则缺失的状态,众筹融资市场主体的权利义务

---

① 此处的合格投资者的标准,应当符合《私募投资基金监督管理暂行办法》等法律文件的相关规定。

尚不明确，不仅如此，股权众筹与我国现行证券法律法规存在多处冲突之处，金融法规制的供给严重不足。

1. 股权众筹向社会公众公开募资的行为与现行证券公开发行制度抵牾

证券公开发行（Public Offering）是指受严格的监管审核、面向公众发出要约与销售证券的行为。① 根据我国《证券法》第 10 条规定，公开发行证券，必须符合法律、行政法规规定的条件，并依法报经国务院证券监督管理机构或者国务院授权的部门核准；未经依法核准，任何单位和个人不得公开发行证券。《证券法》将公开发行作为原则，规定了下面几种情形为公开发行：一是向不特定对象发行证券的；二是向特定对象发行证券累计超过 200 人的；三是法律、行政法规规定的其他发行行为。股权众筹依托互联网平台，向社会公众公开宣传、出售股权，很容易构成"证券公开发行"，触及证券法的监管红线。

2. 股权众筹门户的证券中介机构地位模糊

根据《证券法》相关规定，证券经纪、证券投资咨询等业务由证券公司经营，而证券公司设立必须经国务院证券监督管理机构审查批准，且要求证券公司具有持续盈利能力、净资产、注册资本、从业人员等一系列的条件②，证监会颁布的《证券公司监督管理条例》则进一步作出了细化要求③。反观股权众筹平台，其功能涵盖了投融资信息中介功能、维护众筹融资交易基本秩序和便利股权交易条件等，法律地位可能会涉及证券经济商、投资顾问和证券交易所等多重方向④，虽然学术界和实务界对此已有探讨，但是从监管法律层面目

---

① 李有星：《中国证券非公开发行融资制度研究》，浙江大学出版社 2008 年版，第 16 页。

② 我国《证券法》第 124 条规定："设立证券公司，应当具备下列条件：（一）有符合法律、行政法规规定的公司章程；（二）主要股东具有持续盈利能力，信誉良好，最近三年无重大违法违规记录，净资产不低于人民币二亿元；（三）有符合本法规定的注册资本；（四）董事、监事、高级管理人员具备任职资格，从业人员具有证券从业资格；（五）有完善的风险管理与内部控制制度；（六）有合格的经营场所和业务设施；（七）法律、行政法规规定的和经国务院批准的国务院证券监督管理机构规定的其他条件。"

③ 仅就证券公司的信息披露和报送义务而言，证券公司须向证券监管部门报送年度和月度报告，对重大事件应立即向证券监管部门报送临时报告，要求证券公司年度报告中的财务会计报告、风险控制指标报告以及国务院证券监督管理机构规定的其他专项报告，应当经具有证券、期货相关业务资格的会计师事务所审计。证券公司年度报告应当附有该会计师事务所出具的内部控制评审报告。证券公司须依法向社会公开披露其基本情况、参股及控股情况、负债及或有负债情况、经营管理状况、财务收支状况、高级管理人员薪酬和其他有关信息。

④ C. Steven Bradford, Crowdfunding and the Federal Securities Laws, Columbia Business Law Review, Vol. 2012, No. 1, 2012, pp50 - 80.

前尚处于不确定的状态。笔者认为，应尽快明确其法律定位，一方面，关系到其市场准入、融资过程中承担的权利义务以及相应的监管要求，因此必须精确定位；另一方面，我国部分平台已经出现模式异变的现象，有的平台呈现"一人分饰多角"的情况，平台信息中介的角色慢慢模糊，担保、投行、服务机构等角色的性质逐渐显现，全新的风险积聚到平台上[1]。

3. 股权众筹的发行方式无法归集到非公开发行证券的范围内

公开发行证券意味着要承担包括首次发行信息披露、持续性信息披露等一系列合规成本，这些对于初创企业和小微企业而言，基本都是无力承担的。如不能满足公开发行证券相应法律法规的要求，股权众筹在现行证券法规制下的无奈选择就是非公开发行，即特定主体针对有限人数的特定对象，按照特定制度规范以非公开方式将证券销售给投资者的行为。这意味着非公开发行证券的发行对象与人数的特定，发售方式特定以及约束的制度规范特定。如此法律定位不仅在理论上违背了股权众筹依托互联网平台向社会公众小额募资以支持初创企业和小微企业发展的初衷，而且操作起来也很困难：实践中很难将众筹的潜在投资者局限在"特定对象"范围内，特定人数的限制容易被突破，公开劝诱的宣传方式禁止在互联网传播之中很难实现。

（三）股权众筹可能触及的刑事责任

从整体上看，对股权众筹行政违法性的认定目前有很多不确定的问题，甚至具有金融欺诈故意的犯罪行为的认定也存在一些法理上的障碍，其主要原因就是行政法律法规的缺失，不仅导致了金融监管的法律依据不充足，行政执法方向不明确，也会导致在刑事责任认定时的困惑与混乱，充分彰显了对股权众筹监管法律制度构建的必要性和紧迫性。

在研究股权众筹刑事责任时，有不同的研究进路和方法，例如根据金融业务分类[2]、众筹市场主体分类以及众筹准入风险和异化风险[3]等。基于刑法对金融保障作用主要包括两个方面，即通过打击金融欺诈行为维护市场信用机制，直接保护投资者利益；以及通过保障金融法的实施和金融监管的正常运行来维护市场秩序，保障金融安全[4]，笔者从上述双重进路来认定涉股权众筹金

---

[1] 梅俊彦：《股权众筹模式异变，平台一人演多角暗藏隐忧》，载中证网2014年8月1日。

[2] 参见黄韬：《刑法完不成的任务——治理非法集资刑事司法实践的现实制度困境》，载《中国刑事法杂志》2011年第11期。

[3] 参见刘宪权：《互联网金融股权众筹行为刑法规制论》，载《法商研究》2015年第6期。

[4] 参见吴卫军主编：《刑事案件诉辩审评——破坏金融管理秩序罪》，中国检察出版社2014年版，第21-25页。

融犯罪，一是从欺诈的角度认定刑事责任；二是从行政法的角度认定刑事责任。具体罪名论述如下：

1. 从金融欺诈进行认定

（1）集资诈骗罪的适用

在股权众筹过程中，如果筹资人具有非法占有目的，以出售股权为名，实际上承诺给予固定承诺或者说承诺还本付息，刑事认定时则可能戳破"股权"的外衣而认定其非法借贷的实质，则可能会触及集资诈骗罪。

在近年来的司法实践中，非法金融活动犯罪案件越来越多地采用金融投资中介或者服务形式实施犯罪行为，非法集资案件也很少使用借贷形式直接获取投资人资金，而多假借金融投资的名义，多以出售股权、基金、创投基金、理财产品的名义实施非法集资，有学者将其总结为"非法集资活动的证券化趋势"，即非法集资呈现出与广义证券投资相关的证券化趋势[①]，以直接借款为名有目的的集资活动减少，而借助所谓"证券"投资的集资增多，且宣传名义众多，多借用保障安置房、养老产业、农林科技等国家政策扶持项目诱骗投资人。

因为股权众筹在我国发展时间尚短，且主要局限在非公开发行的业务模式，笔者还未收集到以股权众筹为名行非法集资之实的已判决案例，但是基于以往司法实践这种情况很可能出现。如21世纪初大量非法出售未上市股权的刑事案件和2015年下半年集中爆发的P2P网络借贷平台涉嫌非法集资案件，对股权众筹的刑事风险则可以预判。出售未上市股权非法集资为例在20世纪末非常多见，犯罪分子声称自己拥有即将上市企业的股权，诱骗投资者购买，犯罪模式较为相似但投资企业名目繁多。再如2016年陕西鑫琦资产管理有限公司（以下简称"鑫琦资产"）案件中，以名下多处房产作为投资标的，投资人投入房价款一半价格的相应资金后，获得房屋一年所有权，在此期间获得相应收益。虽然鑫琦资产号称进行产权投资，但实质上投资者与鑫琦资产签订的合同中，房产名为出售实为回购，通过回购或者兜底的方式，双方形成的融资关系，如果同时具备非法性、公开性、利诱性、社会性，则可能构成非法集资。[②]

---

① 李有星：《论非法集资的证券化趋势与新调整方案》，载《政法论丛》2011年第4期。

② 《鑫琦资产兑付危机调查：灰色的资产"拆分"》，新浪财经，2016-2-23，载http://finance.sina.com.cn/roll/2016-02-23/doc-ifxprupc9791919.shtml，2016年3月4日最后访问。

对于普通投资者来说，获得股权回报不仅退出机制缺乏，收益周期很长且充满不确定性，完全没有定期还本付息的承诺有吸引力，不法分子为了吸引投资人以承诺还本付息，并规避相应法律，往往不以书面合同形式正式约定，而以口头承诺、在推介会宣传等形式中予以承诺。在此情况下，所谓的众筹融资则是以"股权众筹"之名，行"非法吸收公众存款"之实，完全满足非法集资犯罪"非法性、公开性、利诱性和社会性"的行为模式特点。具体而言，融资人和平台方在未获得监管部门批准，未取得相关金融业务许可证的情况下开展集资活动，符合了"非法性"特征；股权众筹的融资人和众筹平台以互联网为媒介，公开宣传、推荐其集资项目，公众也可以通过平台无限制地搜索到集资项目的信息，这符合了非法吸收公众存款罪的"公开性"特征；而投资人的出资收益并不以获得筹资项目的股权为回报，而是与筹资人的还本付息承诺有关，符合了非法吸收公众存款罪的"利诱性"特征；最后，众筹平台是向社会公众开放的，融资项目也不需要资质条件的限制，也不囿于亲朋好友或者其他小范围的特定群体，这符合了非法吸收公众存款罪的"社会性"特征。

此外，如果发行人的违法行为涉嫌集资诈骗或非法吸收公众存款行为，在有证据证明众筹平台与其有共同犯罪故意的情况下，则众筹平台可能构成集资诈骗罪或非法吸收公众存款罪的共犯。

（2）欺诈发行股票罪和违规披露、不披露重要信息罪的适用

股权众筹在我国目前还处于法律性质模糊的状态，证券法尚未将其纳入公开发行证券的范畴。鉴于股权众筹就是筹资人通过互联网平台，以企业股权回报收益，公开向公众投资者筹集资金的行为，在法理意义上认定股权众筹中的"股权"，是属于实质上的"证券"范围并无太大障碍，但对其欺诈发行行为认定为欺诈发行股票罪则存在疑问，即如果筹资人在宣传其筹资项目时隐瞒了重要事实或编造重大虚假内容，造成严重后果的，在目前刑法规定中还不能适用刑法第160条欺诈发行股票、债券罪罪名，主要理由是：刑法第160条的犯罪构成中明确要求，是在"招股说明书、认股书、公司、企业债券募集办法"中隐瞒重要事实或者编造重大虚假信息，在当前证券法缺乏对股权众筹信息披露标准、披露文件形式进行规范的情况下，股权众筹的项目宣传、商业计划书等并不能认为是一般的证券公开发行中的"招股说明书、认股说明书"，欺诈发行股票、债券罪的构成要件不能满足。如果通过修订后的《证券法》将股权众筹纳入公开发行，将其信息披露文件定位为针对股权众筹而设计的特殊版本的招股说明，则股权众筹中的欺诈发行行为则可能适用刑法第160条的规定；如果发行人在股权众筹发布的招股文件中隐瞒重要事实或者编造重大虚假

内容，向社会公众发行股权，涉嫌欺诈发行股票罪，而中介平台明知发行人有此行为或者对发行人的发行文件虚假性持放任态度，则可能构成欺诈发行股票罪的共犯。

对于刑法第161条"违规披露、不披露重要信息罪"的适用，也面临相似的尴尬局面，因为违规披露、不披露重要信息罪的主体是依法负有信息披露义务的公司、企业，目前股权众筹的信息披露义务规则缺乏证券法律法规支持。但笔者认为，为缓解众筹中信息不对称现象，保护投资者权益，有必要详细规定众筹中的信息披露义务，如此刑法第161条违规披露、不披露重要信息罪也会有英雄用武之地，为保障股权众筹市场中的信息公开、公正、公平提供刑事保护。

（3）诱骗投资者买卖证券、期货合约罪的适用

目前在众筹融资中，不少众筹平台会采用"领投+跟投"的做法，由专业投资人担任领投人，跟投人将股东权益委托给领投人代为行使，跟投人仅保留分红权、收益权，这种方法以专业投资人的投资经验、分析能力和尽职调查的努力，有助于减缓众筹投资中因信息不对称而导致的项目甄选难度和投资风险，但同时可能导致领投人和筹资企业串谋共同诱骗跟投人的道德危机，在这种情况下，如果领投人符合刑法第181条诱骗投资者买卖证券、期货合约罪中的主体，即是相关证券行业从业人员（包括证券交易所、期货交易所、证券公司、期货经纪公司的从业人员），或自律性协会（包括证券业协会、期货业协会），或证券期货监督管理部门的工作人员，同时其犯罪情节相关刑事案件立案追诉标准的情况下，则有适用该法条，被认定为构成诱骗投资者买卖证券、期货罪。①

2. 从行政违法性进行认定

（1）擅自发行股票罪和非法吸收公众存款罪的适用

如前所述，股权众筹是通过互联网平台向社会公众受让股权募集资金的行为，可能受到刑法第179条擅自发行股票罪的规制。

在国务院及最高人民法院、最高人民检察院和公安部所发布的各类通知中，有过多次对擅自发行证券行为的禁止性提示，为了规避法律风险，当前我国的股权众筹项目人数多有限制，或者经过网站注册和资质审核，将投资者设定在一定范围内，避免超过200人的"红线"。但是根据刑事案件立案追诉标准，在对象不特定的情形下只要30人以上购买了股票或者公司、企业债券的，

---

① 参见刘宪权：《互联网金融股权众筹行为刑法规制论》，载《法商研究》2015年第6期，第71页。

就应予立案追诉，此处涉及对"公开"的认定问题，只要众筹平台依托网络将融资项目向社会公开展示，就可能涉嫌公开劝诱投资者，即使平台方以"会员"审核方式以证明投资者并非不特定人，也很难从实质上排除"公开"之嫌，简言之，在判断投资者特定与否时，很难证明仅以平台会员验证这一条控制标准，不特定人群就能转化为特定人群。而我国《证券法》第10条明确规定："非公开发行证券，不得采用广告、公开劝诱和变相公开方式。"由此可见，股权众筹公开发行的形式很容易触及擅自发行股权票罪而被追究刑事责任。

值得关注的是，如果行为人将"股权众筹"作为募集资金的名目，而实际并未向投资人提供众筹的股权，此类行为的定罪处罚思路可借鉴2010年12月13日最高人民法院《集资刑事案件具体应用法律若干问题的解释》第2条第（五）款的相关规定，即实施"不具有发行股票、债券的真实内容，以虚假转让股权、发售虚构债券等方式非法吸收资金的"，满足非法性、公开性、利诱性、公众性等要件，以非法吸收公众存款罪定罪处罚。此处，是否具备发行和转让众筹股权的形式要件是区分擅自发行股票罪和非法吸收公众存款罪的关键。

（2）非法经营罪的适用

刑法第225条非法经营罪，是指行为人违反国家的法律、法规规定，非法进行经营活动，扰乱市场秩序，情节严重的行为。非法经营金融业务主要是指未经国家有关主管部门批准非法经营证券、期货、保险业务的，或者非法从事资金支付结算业务。如果众筹平台为未经批准的公开发行股权行为提供中介服务，根据相关法律文件，对于中介机构非法代理买卖非上市公司股票，则可能以非法经营罪追究刑事责任。所代理的非上市公司涉嫌擅自发行股票构成犯罪的，则应以擅自发行股票罪定罪处罚。如果众筹中介与非上市公司共谋擅自发行股票，构成犯罪的，以擅自发行股票罪的共犯论处。未构成犯罪的，也应当依照《证券法》和有关法律的规定给予行政处罚。申言之，股权众筹融资中，在发行人构成擅自发行股票行为时，融资中介会因是否有与发行人共同犯罪故意而分别以擅自发行股票罪的共犯或者非法经营罪单独处罚。

（3）擅自设立金融机构罪的适用

根据刑法第174条规定，未经中国人民银行批准，擅自设立商业银行、证券交易所、期货交易所、证券公司、期货经纪公司、保险公司或者其他金融机构的，构成擅自设立金融机构罪行为，本罪侵犯的客体是国家的金融管理制度。鉴于金融机构对于国计民生的重大影响，对其设立必须符合一定的条件，按照规定的程序提出申请，经审核批准后方可设立，否则将会严重影响金融市场秩序和安全。刑法第174条实际上是基于维护金融秩序和金融安全的考虑，将《商业银行法》等金融法律中关于金融机构设立的规定具体化。股权众筹中设立众筹平台的行为是否可能触及擅自设立金融机构罪的风险,其关键在于众筹平台的准入标准、设立程序和法律定位,这些在我国尚不明确。从比较法的角度看,世界各国和地区的监管规则中,普遍要求众筹平台符合一定的准入条件,须向本国的金融监管部门申请,在获得批准后注册成为持有金融牌照的、从事特定金融服务项目的中介机构,即大多数国家的众筹平台都是持牌金融机构①。笔者认为,鉴于众筹平台在融资过程中的中枢联结作用,宜明确将其定位为须获得金融许可证的金融中介机构,在此基础上,对擅自设立众筹中介平台的行为则有可能适用擅自设立金融机构罪的规制。

除了上述罪名,股权众筹融资过程中市场主体行为还可能触犯洗钱罪、挪用资金罪、职务侵占罪等罪名,此处不再一一分析。

(四)完善金融法律和行政监管:刑事规制的前置要求

股权众筹的监管难题和刑事风险已有前车之鉴,近20年来我国民间非正规金融发展始终处于刑事重拳打击和非法集资愈演愈烈的悖论之中。从20世纪80年代民间借贷的蓬勃发展,非正规金融中演变出非法集资的情况凸显,一批社会影响重大、涉案人数众多、金额巨大的案件频现,特别是2012年浙江"吴英"案件再一次地引发了整个社会对民间借贷刑事规制效果的思考。2013年以来,随着国家对金融市场管控政策的不断调整以及互联网金融的快速发展,非法集资的犯罪手段和形式发生了很大变化,借助投资理财和P2P网络借贷等金融创新名号进行非法集资案件大大增加。在P2P网络借贷方面,由于网络借贷结构缺乏相应法律定位、政策标准和行业规则,监管主体不明确,市场主体鱼龙混杂,风险不断积聚,非法集资案件大量发生。

必须承认,2015年底开始的P2P行业接连"暴雷",与P2P这一金融业态较长时间处于地位不明、监管缺失的灰色地带密切相关,对其评价完全采用结果论,开始时自发生长无人监管,但一旦产生资金链断裂、投资无法偿还等后果则遭到严厉的刑事打击,在某种程度上存在着所谓"成王败寇"的迥异结果。但实践证明,这种行政监管缺失、很大程度上靠刑事法律托底的方法不

---

① 纵观世界各国监管实践,在众筹平台注册监管中呈现出几个共同点:一是在大多数国家,众筹平台都是需要进行相关的注册登记以获得相应的金融服务牌照的,换言之,股权众筹平台都是在金融监管体系之内的。二是大部分国家在监管中,都对众筹平台进行了一定的注册条件豁免或条件减轻。European Crowdfunding Network: Review of Crowfunding Regulation 2014, p. 20. 载 http://eurocrowd.org/2014/12/12/ecn-review-crowfunding-regulation-2014/, 2014-12-12, last visit at May 8, 2015。

但司法成本昂贵且效果欠佳,即使在《刑法修正案(九)》生效前,大量动用死刑这一最高程度的刑法手段也不可能收到预期的震慑和预防的效果。只有明晰法律地位、加强事前监管,方能有效地控制金融风险,预防非法集资犯罪。

综上,面对互联网金融创新的发展大潮,我国的金融监管体系、监管理念和监管思路也须与时俱进,金融法律应为股权众筹的发展提供必要的制度供给,行政监管应发挥基础性的、事前规制的作用,在此基础上,刑事法律也应给予其必要的保护,从而促进股权众筹行政责任和刑事责任包括民事责任的协调运行,保障股权众筹健康蓬勃发展,取得兼顾融资便利和投资者保护的双赢效应,成为我国大众创业、万众创新事业的助推力量。

二、高频交易与操纵市场犯罪

2015年11月3日,美国伊利诺伊北区法院一审判定迈克尔·柯西亚(Michael Coscia)通过高频交易程序进行幌骗交易(spoofing),构成操纵市场罪。① 柯西亚案是2010年《多德·弗兰克法案》通过后美国第一例刑事起诉并定罪的涉及高频交易的幌骗操纵市场案。② 2017年6月,上海法院也依法认定了一家叫伊士顿公司的贸易公司滥用高频交易构成操纵期货市场罪。两起发生在不同国家的针对高频交易的定罪,似乎在某种程度上戏剧化地再次揭示了当今金融全球化的一个暗面:资本市场只要对外开放,所有监管者其实都面临着大同小异的问题,无论是金融科技的发展,还是金融产品的衍生。如果缺乏及时的回应性立法和相匹配的监管能力提升,资本市场一体化的挑战将成为监管防护墙上一个个漏洞。

事实上,不单是在2015年11月,我们重新在聚光灯下仔细审视高频交易,早在2010年5月6日,美国证券市场的"闪崩事件"(flash crash)就显露出高频交易可能存在的巨大系统性风险。③ 经过长达5年的调查,直到2015

---

① 柯西亚在1988年即获准进行商品期货交易,他于2007年在新泽西成立了黑豹能源交易公司(Panther Energy Trading LLC)。在7天的审判中,控方指控柯西亚在多个商品期货合约中进行幌骗交易,在2011年3个月内,其非法获利近140万美元。陪审团闭门商讨了不到1个小时即判定柯西亚在所有指控上罪名成立,其中包括6项幌骗交易。

② 按照美国量刑指南,每项幌骗交易的罪名最高可判处10年有期徒刑和100万美元罚款。

③ 2010年5月6日下午约14:40,道琼斯工业指数盘中自10460点开始近乎直线式下跌,仅五分钟便暴跌至9870点附近。当天指数高低点差近一千点,最大跌幅9%,近1万亿美元瞬间蒸发,这一交易日创下美股有史以来最大单日盘中跌幅。美股闪电崩盘事件,震惊整个华尔街和全球金融市场。

年 4 月 21 日，闪崩"疑凶"——英国 37 岁高频期指交易员萨劳（Navinder Singh Sarao）被英国执法部门拘捕并被指控涉嫌利用大笔高额下单交易操纵指数，从中牟利导致闪崩。① 我国的证券市场同样也曾出现过程序化交易的魅影。2013 年 8 月 16 日的"光大乌龙指"事件，由于策略交易软件的风控问题，导致巨额下单，引起股市异动。② 尽管证监会认为"光大乌龙指"事件是非经风控的程序出错，不构成市场操纵，但依然以内幕交易进行了顶格处罚。③

高频交易实际上反映了证券期货市场日益复杂的科技手段与金融工具的深度融合。研究表明，美国和欧洲的证券交易中几乎一半都是高频交易，④ 这也显示出技术进展对于金融市场的作用和影响。就像时任美国商品期货交易委员会（CFTC）主席的加里·简思乐（Gary Gensler）所言："我们正在见证市场的一个根本性变化：从人工交易转向高度自动化的电子交易。包括高频交易在内的电子交易系统现在已占到美国期货市场交易量的 91%。"⑤ 如果进一步考虑金融科技的飞速发展，目前仍然以人工交易为基础的法律监管体系本身正面

---

① 《高频交易员因涉嫌操纵 2010 年美股闪崩事件遭逮捕》，载新浪网 http://finance.sina.com.cn/world/20150422/090622017011.shtml.，最后访问时间 2018-12-01。

② 2013 年 8 月 16 日，光大证券策略投资部的套利策略系统由于设计缺陷出现故障，出现价值 234 亿元人民币的错误买盘，成交约 72 亿元。当日，上证综指一度上涨 5.96%，中石油、中石化、工商银行和中国银行等权重股盘中一度涨停。

③ 证监会认为：180ETF 与沪深 300 指数在 2013 年 1 月 4 日至 8 月 21 日期间的相关系数达 99.82%，即巨量申购和成交 180ETF 成分股对沪深 300 指数、180ETF、50ETF 和股指期货合约价格均产生重大影响。同时，巨量申购和成交可能对投资者判断产生重大影响，从而对沪深 300 指数、180ETF、50ETF 和股指期货合约价格产生重大影响。根据《证券法》第 75 条第 2 款第八项和《期货交易管理条例》第 82 条第十一项的规定，"光大证券在进行 ETF 套利交易时，因程序错误，其所使用的策略交易系统以 234 亿元的巨量资金申购 180ETF 成分股，实际成交 72.7 亿元"为内幕信息。从而判定：没收光大证券 ETF 内幕交易违法所得 13,070,806.63 元，并处以违法所得 5 倍的罚款；没收光大证券股指期货内幕交易违法所得 74,143,471.45 元，并处以违法所得 5 倍的罚款。上述两项罚没款共计 523,285,668.48 元。参见《中国证监会行政处罚决定书（光大证券股份有限公司、徐浩明、杨赤忠等 5 名责任人）》，载中国证券监督管理委员会网站 http://www.csrc.gov.cn/pub/zjhpublic/G00306212/201311/t20131115_238363.htm，最后访问时间 2018-12-01。

④ D Cumming et al (2013), "High Frequency Trading and End-of-Day Manipulation", available at http://www.northernfinance.org/2013/openconf/data/papers/283.pdf., last access 2018-12-01.

⑤ Concept Release on Risk Controls and System Safeguards for Automated Trading Environments, 78 Fed. Reg. At 56, 573 app. 2.

临着重大挑战：自动交易系统、算法交易、高频交易这些复杂金融科技的广泛使用，如何能够嵌入既有证券期货的法律框架？在不同的市场结构中，高频交易究竟如何界定？自 2010 年开始的美欧各国修法回应，哪些是值得借鉴的监管经验？如果高频程序化交易是证券市场未来发展的一种趋势，我国立法和司法又应该如何应对？进而，怎样识别和惩治滥用高频交易、损害市场公平竞争的扰乱性交易行为和操纵行为？在实务中如何解释或修正现有的立法条款，既能容忍金融科技的创新发展，同时又划定入罪的明确界限？本部分将围绕高频交易这一主题，从其界定入手，深入分析高频交易涉嫌操纵市场的判定标准，同时结合域外对高频交易的监管经验，对我国规制路径略陈己见。

（一）高频交易的界定及利弊之争

资本市场已经发展到非常复杂的阶段，借助先进的信息网络技术，传统交易大厅人声鼎沸的历史图景悄然转变为网络化、电子化、自动化的数字交易模式。证券期货的买卖决策越来越脱离人工干涉，高频交易正是这一自动交易发展趋势的最新代表。

事实上，目前监管部门或者是学术界都没有形成一个统一的高频交易的定义。从域外的监管实践来看，自动交易系统（Automatic Trading System，ATS）、程序化交易（Program Trading）、量化交易（Quantitative Trading）、算法交易（Algorithm Trading）、高频交易（High Frequency Trading）等术语均有涉及，且互有交叉。

一般而言，程序化交易指的是运用电脑程序来进行市场状态分析、投资策略选择、投资时机判断以及报单指令传送等，在一定时间内买入、卖出或者同时买入、卖出一定数量证券的交易技术和交易行为。[①] 自动交易系统，则是指建立在计算机算法指令基础上的交易。所谓算法程序，是通过计算机解决某个问题或实现某种目标的程序，算法的核心是创建问题抽象的模型和明确求解目标，之后根据具体的问题选择不同的模式和方法完成算法的设计。[②] 自动交易

---

① 纽约证券交易所将程序化交易量化为：指数套利或者任何买入或卖出一篮子股票（股票指数不少于 15 支且总金额不少于 100 万美元）的交易策略。韩国交易所对程序化交易的定义与纽约证券交易所类似，程序化交易包括两类，即所有的指数获利策略（Index Profit Trading），以及通过同一个人下达的同时交易 KOSPI 的 15 支成分股以上的非指数获利策略（Index Non-profit Trading）。参见郑凌云、钟鸣、卜宸宸：《程序化交易发展现状、影响及其启示分析》，载《中国金融期货交易所报告》，2013 年。

② 见维基百科"算法"词条：载 https://zh.wikipedia.org/wiki/%E7%AE%97%E6%B3%95（最后访问时间 2018 - 12 - 01）。

环境的主要特点,一是高速,二是通过程序和信息科技实现下单、风险管理、传输指令、匹配指令和交易,以及通过高速信息网络确认交易、处理市场数据与相关系统等。①

比较而言,算法交易者更多的是机构投资者,利用自动化的方法为客户服务。一般来说,算法交易者提升计算能力并不只是为了达成更快的执行速度,更多的是为了优化大型投资组合的配置、决定买卖股票的时机以及最小化委托单的市场冲击成本等。② 与高频交易不同,算法交易既可以是高频也可以是低频。

高频交易是自动交易系统的一种。发展到现今,自动交易系统实际上已经演化成为机器人,能够运用多个算法程序,设定数以千计的参数和影响因子,实现复杂繁多的功能。复杂、动态以及自我提升成为自动交易系统的重要特征。

由于金融科技(Fintech)的快速发展,高频交易的定义容易挂一漏万,立法者和监管者往往是通过描述性揭示特点的方式,认定高频交易。例如,2011年国际证监会组织(IOSCO)发布的报告认为,高频交易具备六个特点:(1)高频交易会用到复杂的技术手段,会使用不同交易策略,包括做市和套利策略等;(2)高频交易整个投资链条上都使用算法程序的高级量化工具:包括市场数据分析、合适交易策略的选择、交易成本最小化和执行交易等;(3)日内交易频繁,与最终成交的订单相比,大部分订单都会取消;(4)隔夜持仓很低甚至不隔夜持仓,以便于规避隔夜风险、降低占用的保证金,即使是日内持仓,时间也就是几秒钟或不到一秒钟;(5)高频交易的使用者多为自营交易商;(6)高频交易对延时非常敏感,成功的高频交易策略几乎都有赖于比竞争者更快的速度,并利用直接电子接口(Direct Electronic Access)和托管(Co-location)服务。③ 高频交易公司利用微小价格变动进行频繁交易获益,交易执行速度与投资组合周转率(portfolio turnover)是高频交易区别于其他算法交易的主要特征。

2013年,美国商品期货交易委员会(CFTC)技术咨询小组也曾组织专家讨论,认为高频交易定义中至少应具有四个特征:(1)算法程序,投资决策、

---

① Concept Release on Risk Controls and System Safeguards for Automated Trading Environments, 78 Fed. Reg. At 56, 542.

② [美]迈克尔·德宾:《打开高频交易的黑箱》,谈效俊、赵鲲、朱星星译,机械工业出版社2014年版,第38页。

③ IOSCO, Consultation Report on Regulatory Issues Raised by the Impact of Technological Changes on Market Integrity and Efficiency, July 2011, at 21 – 22.

生成委托单、信息路由、执行成交等通过算法程序实施,且每一项交易都不需要人工指令;(2)低延时技术,即尽可能最小化反应时间,包括近接和托管服务;(3)高速连接市场以便下单;(4)快速信息处理效率,即以一个或数个客观参数形式来确定下单、报价或者撤单,其中包括报撤率(cancel-to-fill ratios)、投资者占市场的信息比率(participant-to-market message ratios)、投资者占市场的交易量比率(participant-to-market trade volume ratios)。①

2014年6月欧盟修订通过的《金融工具市场指令》(MiFID 2),②将高频交易定义为算法交易的一种,并具备以下特征:(1)利用托管服务等基础设施降低延迟;(2)订单的发起、生成、执行等都由机器完成,不受人为因素影响;(3)日内高信息率(high message intra-day rates)。而根据ESMA(欧洲证券及市场管理局)所发布的两篇征询性质的报告中,识别高频交易有两种方法:第一种方法更注重高频交易商的低延迟和数据处理能力,分别通过以下几个指标衡量:(1)高频交易商交易系统与交易所的地理距离;(2)与交易所网络传输速度超过10G等标准衡量;(3)交易频率:每秒2笔信息的就可认定为算法交易。第二种方法则强调动态的认定标准,将"日内修改/取消订单生存周期中位数"作为指标,该指标值低于全市场的交易商被认定为高频交易商。欧盟范围内,只要交易商在一个市场上被认定为高频交易商,在其他市场上均被认定为高频交易商。③

总的来看,高频交易是一种采用托管等低延时通信技术,通过高速信息处理,运用多个算法程序实施日内频繁交易的自动交易系统。

高频交易有利有弊,支持高频交易的论者认为,高频交易对市场具有积极作用:如提供市场流动性、促进更快的市场价格发现、增加交易总量并降低投

---

① Concept Release on Risk Controls and System Safeguards for Automated Trading Environment, 78 Fed. Reg. At 56, 545.

② Directive 2014/65/EU of the European Parliament and of the Council of 15 May 2014 on Markets in FinancialInstruments and amending Directive 2002/92/EC and Directive 2011/61/EU. MiFID 2 于2017年在欧盟各国正式实施。

③ 在ESMA发布的后续关于高频交易的报告中,ESMA判定高频交易的标准有:(1)根据交易商在监管机构的备案、公司主页上的主营业务、公司所做的宣传等认定是否为高频交易商;(2)如果交易商在特定股票上最快的订单修改和订单取消前10%,速度快于100毫秒的,即被认定为高频交易商。参见韩冰洁:《高频交易认定标准及最新监管趋势》,载《中国金融期货交易所报告》2015。

资者成本。① 不少学术研究也倾向于认为高频交易缩小了价差、增加了流动性,提高了市场效率。而反对者则针锋相对,认为高频交易所带来的流动性并不稳定,反而造成金融市场的脆弱性,在市场最需要流动性的时候吸光所有流动性。而且,高频交易者的速度和信息优势,还会强化市场滥用行为,进而减损金融市场发挥有效分配资源的功能。针对高频交易可能引发的问题,各国对于高频交易的监管手段,主要包括实行准入制度、算法报备(notification of algorithms)、熔断机制(circuit breakers)、高频交易商履行做市商义务、调整最小报价单位(minimum tick size)、规定订单最低存续时间(minimum resting times)、规定订单执行率(order-to-execution ratios)、阻止无成交意向报价(stub quotes)等,② 其主要目的也就是在交易机制上防止高频交易的信息优势滥用,维护市场真实的价格形成。

(二)高频交易与市场操纵

高频交易存在暗面,并不意味着只要是高频交易就涉及操纵或扰乱交易行为。恰恰相反,只有滥用高频交易、滥用程序化交易本身所具有的"临时性信息优势"和交易速度优势,干扰、影响或者扭曲证券期货市场的正常价格形成机制,才构成扰乱型交易行为,涉嫌操纵市场犯罪。

1. 扰乱交易行为(disruptive trading practices)

针对程序化交易的兴起和潜在风险,美国于2010年制定了《多德-弗兰克法案》,增加了对程序化交易涉及扰乱市场交易行为的处罚。《多德-弗兰克法案》第747条,修正了《商品交易法》第4c(a)条的内容,专门禁止扰乱市场交易行为:即任何人依据注册实体的规则从事幌骗(Spoofing)、报价填充等扰乱市场的任何交易、做法或行为,均属违法。换句话说,在传统宽泛的反欺诈为基础的操纵类别上,新增加了扰乱市场的交易实践,均由美国商品期货交易委员会(CFTC)负责执法。

扰乱交易行为是专门针对程序化交易操纵市场提出新概念。传统上,以操纵期货市场为例,美国司法实践根据《商品交易法》第6章(c)和第9章(a)(2)确立了认定操纵行为的四个传统要件:(1)被告有影响市场价格的能力;(2)被告特定地意图创造或者影响价格或者价格趋势,导致该价格不能合理地反映市场的供求状况;(3)存在人为价格;(4)被告的行为导致了

---

① 高频交易提高了流动性,使得市场更紧(买卖价差更小)、市场深度更深(限价委托单数量更多)。参见前注迈克尔·宾德书,第166页。
② 岳跃、杨刚、李小晓:《高频交易魅影》,载《财新周刊》2015年第34期,第41页。

人为价格。① 基于此，诸如囤积居奇（corner）、逼仓（squeeze）、利用信息操纵以及其他操纵方式，如连续交易操纵、特定时段操纵、约定交易操纵、洗售操纵（wash sale）、虚假报单等各种欺诈性交易方式均被纳入其中。而对于扰乱交易行为，《多德-弗兰克法案》明确列举了三种：一是违反买价卖价（violates bids or offers）；二是故意或轻率无视尾盘交易有序执行（demonstrates intentional or reckless disregard for the orderly execution of transactions during the closing period）；② 三是虚假报撤（不以成交为目的的买卖报单）（bidding or offering with the intent to cancel the bid or offer before execution）。③

2. 幌骗作为操纵行为

幌骗（spoofing），也叫虚假报撤，实为一种价格引导。根据《商品交易法》，禁止非真实报价以及禁止虚假、误导或明知不准确的报价。④ 修订后《商品交易法》增加了对幌骗的界定：即不以成交为目的报撤单。⑤ 按照 CFTC 的立场，虚假报撤的交易行为使市场参与者产生高流动性的虚假印象，从而违反了《商品交易法》第 6（c）、6（d）以及 9（a）（2），构成意图操纵市场。高频交易者往往借助高速的技术优势，用大单制造流动性，而从小单中赚钱。在实践中，高频交易公司通常在下大单之后迅速撤单，从而扰乱了市场。芝加哥交易所在 2014 年 9 月 15 日起开始实施新的 575 号规则也禁止幌骗，认为高频交易者通过提交或撤销报价从而误导其他投资者对市场深度和价格走势的判断。

界定幌骗，需要区分其与正常交易的部分成交问题。换句话说，如果是为了成交，哪怕交易者挂出大单而只有部分成交，也不会被视为幌骗。在确定特定交易行为是否构成幌骗，CFTC 会"权衡市场环境、交易者的交易行为模式和特点以及其他相关事实和证据"。⑥ 对于主观上的过错，CFTC 认为必须具备超过轻率（recklessness）的某种程度的"明知"（intent），如果是刑事指控，

---

① The ability to influence market prices; specially intended to create or effect a price or price trend that does not reflect legitimate force of supply and demand; artificial prices existed; the accused caused the artificial price.

② 操纵收盘价（banging the close），即在交易日收市之时大量买卖合约，而意图影响合约价格。尾盘操纵也是一种被《商品交易法》明确规定为违法的操纵行为，[Commodity Exchange Ac § 4c（a）（5）（B）.] 不少高频交易者也因此被 CFTC 处罚。

③ 7 U.S.C. § 6c（a）（5）.

④ Commodity Exchange Act § 4c（a）（2）（B）and CEA § 9（a）（2）.

⑤ Commodity Exchange Ac § 4c（a）（5）（C）.

⑥ 76 FR 14947.

则被告人实施幌骗行为应该是明知。① 对此，CFTC 列举了四种会被认定为幌骗的行为：（1）报撤单超过了交易系统的报价能力；（2）旨在延迟他人成交的报撤单；（3）制造虚假市场深度之表象的报撤单；（4）报撤单是为了制造人为的价格向上或向下波动。②

3. 试单（Pinging）

也称之为"流动性探测滥用"（Abusive Liquidity Detection），在这种交易策略中，高频交易者下单是为了探测大单的存在，进而利用速度优势抢先在大单之前成交，从而提高或降低了大单买家或卖家的交易价格，不公平地损害了大单买家或卖家（通常是机构投资者）的交易利益。③ 按照业界的形象描述，试单的行为就像是深海捕鲸用声呐定位一样，高频交易者通过在不同价格区间小单试探，然后迅速撤回没有实时成交的报价，是能够发现机构投资者的大单买卖报单的。一旦高频交易者发现存在大单，就能够抢先交易，扫单之后（即吃掉已有的流动性）再以移动后的价格（更高或更低的价格）提供"新的流动性"，向机构投资者反向买卖，从中牟利。④ 以致在不少论者看来，高频交易的试单交易行为是一种"合法化的抢先交易（front running）"，是高频交易者通过试单交易而提前知悉有可能影响价格动向的大单交易时，抢先下单，从而构成欺诈。⑤ 对此，我们应该区分证券市场和期货市场的不同功能，前者具有资本形成的目的，而后者主要是价格发现。因此，内幕交易的判定在证券市场和期货市场存在差异。对于期货市场而言，未公开信息的使用往往很难界定其基础法律关系的违反，也正是这个原因，美国国会屡次否定了修订期货交易法以扩大内幕交易范围的修订案。进而言之，高频交易的试单行为更近于是

---

① 7 U.S.C. § 13 (a) (2).

② Antidisruptive Practices Authority, 78 Fed. Reg. 31, 890, 31, 896 (May, 28, 2013).

③ 加拿大投资业监管组织 2013 年发布的指引中将试单明确列入了操纵行为。参见 Investment Industry Regulatory Organization of Canada, Guidance on Certain Manipulative and Deceptive Trading Practices, 载 http://www.iiroc.ca/Documents/2013/02a24cf0 - 770e - 4d23 - 8d32-e46c4cda32c1_ en. pdf (2018 年 12 月 1 日浏览)。

④ 参见 Dennis Keller 就 CFTC 规则在 2013 年反馈的评论意见。载 http://comments.cftc.gov/PublicComments/ViewComment.aspx? id = 59446&SearchText = , 2018 年 12 月 1 日浏览。

⑤ 与传统抢先交易不同的是，高频交易者是通过试探性下单来提前获取市场上大单交易者的交易意图，而传统抢先交易是从证券经纪商或其他交易者获悉内部下单消息。单二者造成的结果是一致的：都形成了机构投资者和散户的更差交易价格，从而导致对市场信心的丧失。

慌骗的一种形式，属于操纵行为。

4. 市场滥用行为

欧盟在制定《金融产品市场指令（MiFID 2）》时也关注到，越来越普遍的自动化交易会导致滥用行为（abusive behavior）。在目前欧盟国家的国内立法和司法实践中，对高频交易涉嫌市场滥用的操纵行为做了规定。如德国2013年的高频交易法中，规定高频交易者需取得执照，并对其经营行为和组织架构规定了一系列的要求。其中对市场滥用的界定，包括扰乱或延迟交易系统的运作、造成第三方难以识别交易系统中的真实买卖下单或者对于某一金融工具的供给需求造成了虚假或者误导性的信号。德国立法中对构成市场滥用的行为并未要求"交易意图"，明显体现了担心高频交易对于正常市场功能的扰乱影响、对于真实的供需力量的影响，也暗含着对于自动化高频交易的匿名性的担忧。

英国涉及市场滥用条款中，市场滥用是指"任何行为或者交易，对于市场上任何相关投资工具的价格或价值制造了虚假或误导性表象"。这一条款表明：被告意图通过制造表象以诱使他人购买、卖出、认购或承销相关投资工具，或者不去这样做，或者行使或不行使相关投资工具的权利；被告知道表象是虚假的或者误导性的，或者被告对于是否是虚假或者误导性存在轻率（reckless）；以及意图从中牟利或者致他人以损失或处于损失的风险之中。很明显，从英国金融市场行为监管局（Financial Conduct Authority）的实践来看，英国的市场滥用罪并没有涉及德国高频交易法中的一些考量，比如匿名交易对于金融市场参与者而言，更加难以区分真实交易和意在制造表象或直接扰乱和延迟交易系统的交易。但即便是文义解释，也不难看出英国规定与德国规定在立法宗旨上是基本一致的。

实际上，考察操纵期货市场的规制发展，期货市场操纵行为从传统的市场力量型已经发展到信息型操纵和欺诈型操纵，后者区别于传统的操纵期货交易价格行为在于：往往操纵者并没有制造一个人为价格，而是破坏了期货市场公平、公正的交易秩序和市场完整性，损害市场参与者利益。[1] 这与高频交易的反操纵立法发展脉络相适应，换句话说，基于信息和基于欺诈的操纵行为，实际上并不必然反映对交易价格的影响。[2]

---

[1] 上海期货交易所：《"期货法"立法研究（下册）》，中国金融出版社2014年版，第704页。

[2] 刑法修正案（六）对刑法第182条的修订——以操纵证券期货市场罪取代原来的"操纵证券期货交易价格罪"，将原先的"操纵证券期货交易价格"修改为"操纵证券期货交易价格或者证券期货交易量"，均反映了对资本市场新型操纵行为的打击范围的扩张。

(三) 我国的规制路径

实践中，我国的高频交易主要在期货市场上，原因在于股票市场的交易规则是"T+1"，很难实现日内的反复频繁交易。对于高频交易的规制仍在探索之中，有效的规则仅见于证监会2010年9月下发的《期货交易所业务活动监管工作指引第9号——关于程序化交易的认定及相关监管活动的指导意见》（以下简称《9号指引》）。在此之前，国内各期货交易所主要采取席位流量控制的方式，来减轻程序化交易给交易系统带来的压力，一旦某交易席位流量超过一定的门阀值，其报单将不能进入交易系统，而处于排队等候状态。而《9号指引》并没有对程序化交易进行具体界定，只是从定性的角度，要求各交易所根据自身情况制定具体标准。目前，各期货交易所的量化标准基本相同，即为同一客户编码在同一交易席位的委托频率在每秒5笔以上，并且当日发生5次以上的行为，即认定为期货市场的程序化交易。① 这种自律监管为主的框架，反映出证监会对高频交易的利弊、监管细则尚没有形成基本的共识。

2015年中期，国内证券市场的巨幅震荡，引发了不少人对股指期货乃至程序化交易的担忧。中国证监会在2015年10月9日，对外公开发布了中国证监会《关于就〈证券期货市场程序化交易管理办法（征求意见稿）〉公开征求意见的通知》（以下简称《征求意见稿》），认为程序化交易是技术进步与市场创新的体现，是一把"双刃剑"，对资本市场有利有弊。"程序化交易也有加大市场波动、影响市场公平性、增加技术系统压力等消极影响"，而且考虑到我国资本市场的国情，"一是发展宗旨是服务实体经济，在市场流动性已经较为充足、换手率较高的情况下，通过程序化交易进一步提高流动性不是当前面临的主要问题。二是投资者以中小散户为主，而程序化交易主要为机构或大户所采用，过度发展程序化交易不利于公平交易。三是市场投机炒作等问题仍较明显，通过程序化交易完善价格发现机制还有很长的路要走"，② 需要加强对程序化交易的监管。

尤其值得关注的是该《征求意见稿》第18条，列举了程序化交易者不得影响交易价格或交易量的行为，《征求意见稿》第18条规定："程序化交易者参与证券期货交易，不得有下列影响交易价格或交易量的行为：（一）在属于同一主体或处于同一控制下或涉嫌关联的账户之间发生同一证券的交易；

---

① 岳跃、杨刚、李小晓：《高频交易魅影》，载《财新周刊》2015年第34期，第36-37页。

② 参见2015年10月9日，证监会发言人在新闻发布会上的答记者问。

（二）在同一账户或同一客户实际控制的账户组间，进行期货合约的自买自卖；（三）频繁申报并频繁撤销申报，且成交委托比明显低于正常水平；（四）在收盘阶段利用程序进行大量且连续交易，影响收盘价；（五）进行申报价格持续偏离申报时的市场成交价格的大额申报，误导其他投资者决策，同时进行小额多笔反向申报并成交；（六）连续以高于最近成交价申报买入或连续以低于最近成交价申报卖出，引发价格快速上涨或下跌，引导、强化价格趋势后进行大量反向申报并成交；（七）其他违反《证券法》《期货交易管理条例》等法律法规，影响证券期货市场正常交易秩序的程序化交易。"一旦成为生效法规，这可以成为司法实践中解释我国刑法中操纵证券期货市场罪兜底条款对新型操纵行为的一种监管机关的立场参考。

从目前刑法第 182 条来看，高频交易所涉及的操纵市场罪，其入罪门槛落脚在第 182 条的兜底条款——"以其他方法操纵证券、期货交易价格"。在司法实践中，对于 182 条的兜底条款适用，笔者认为：第一，兜底条款本身是法律规定的依据，体现了立法者对金融市场犯罪手法变化的预期，是赋予司法者审慎适用的法律依据，适用兜底条款不违反罪刑法定原则。第二，兜底条款的普遍适用于任何司法层级，并非"两高"的专有权。第三，在具体适用兜底条款时，必须考虑该条与前置明确列举条款之间的平衡对称关系，即在手段方法、危害后果、危害程度上具有相当性。第四，一般而言，兜底条款所涉及的其他方法，不在法条明确列举的行为类型之内，应该是新型的操纵方法。

三、新型互联网证券业务与非法经营犯罪

随着互联网与证券的深度融合，传统的证券业务模式正逐渐被改变甚至颠覆，证券公司的部分金融功能被分解，非法经营证券业务的认定及合法性判断随之变得困难，甚至"证券"本身的含义也受到了挑战，由此，非法经营罪的认定遇到了新难题。

（一）互联网金融平台的刑事治理

目前市场上各类互联网金融平台（以下简称"互金平台"）可谓名称各异，交易的金融产品也是琳琅满目。由于法律法规的相对滞后和监管不足，一些互金平台以金融创新为名游走在违法犯罪地带，风险不断暴露和升级，涉众问题屡屡发生。为此，国务院自 2011 年起就连续颁布一系列决定和意见，在鼓励互联网金融创新的同时，整顿不规范的互金交易场所，各主要监管部门、各省市也相继发布实施办法等文件并开展辖区内清理整顿工作。随着 2016 年 8 月《网络借贷信息中介机构业务活动管理暂行办法》的出台，P2P 平台的监管思路和监管方案逐步清晰，刑事司法实践中对涉 P2P 案件的定性也已基本

达成共识。因此,本部分主要讨论其他的互金平台的刑事治理问题。

这些互金平台涉及产权交易、商品交易、金融资产交易、权益交易等多种名目,所谓的底层资产更是包含产权、文化艺术品、红木家具、大宗商品、各类金融资产等,可谓不胜枚举。笔者认为可以从实质属性和形式特征两个角度对互金平台加以分类。所谓实质属性是指互金平台所开展的业务在金融业务上的性质归属,纵观目前风险最为集中争议也最大的互金平台,大致可以分为"类证券化"互金平台和"类期货化"互金平台;而形式特征则是指依据是否获得地方政府的行政审批,分为未获得任何行政审批的互金平台和获得地方政府审批的互金平台。笔者将立足实质属性分类并结合形式特征分类进行刑事违法性的分析。

1. "类证券化"互金平台与非法经营罪

(1) 资产证券化

资产证券化是介于传统的直接融资和间接融资两者之间的一种创新的融资模式,根据基础资产的不同,资产证券化分为实体资产证券化、信贷资产证券化、证券资产证券化和现金资产证券化。无论是何种形式,其基本流程都是将能够产生稳定现金流的资产出售给一个独立的专门从事资产证券化业务的特殊目的公司 SPV(special purpose vehicle),SPV 以资产为支撑发行证券,并用发行证券所募集的资金来支付购买资产的价格。对于发起人而言,资产证券化可以帮助其增强资产流动性、拓宽融资渠道、降低融资成本、减少风险资产、提高资本充足率;对于投资者而言,资产证券化则可以帮助其扩大投资规模、获得比政府担保债券更高的收益;同时,由于资产证券化将发起、资金服务等功能分开,分别由各个机构承担,这又有利于体现各金融机构的竞争优势。正因为资产证券化具有传统投融资所没有的诸多益处,而为各国金融市场所青睐,以资产证券化业务发源地美国为代表的发达资本市场,已基于资产证券化而发展出多种信用衍生品。我国自 2005 年起开始探索资产证券化业务,到 2017 年上半年,累计发行总量已接近 2.5 万亿,年发行量已跃居亚洲第一。[①]

为规范资产证券化业务,早在 2005 年央行和银监会就联合发布《信贷资产证券化试点管理办法》,随后财政部、证监会、保监会、深交所、上交所等也都出台了有关资产证券化的管理规定和业务指引。综观这些规定,不难看出我国目前对于企业开展资产证券化活动的门槛相对较高,包括了特定的基础资

---

① 该数据来源于清华大学五道口金融学院金融科技研究中心副主任郭杰群在"国金 ABS 云携手专业机构团免费服务百城万企行(厦门站)"上的分享。载 https://www.sohu.com/a/163620596_770145,2018 年 11 月 6 日登录。

产要求、业务经营主体、发行场所和发行对象等。以证监会 2014 年 11 月 19 日颁布的《证券公司及基金管理公司子公司资产证券化业务管理规定》(证监会公告 2014 年第 49 号,以下简称《管理规定》)为例。根据《管理规定》第 2 条、第 3 条及第 50 条,开展资产证券化业务的法定主体是具备客户资产管理业务资格的证券公司,和由证券投资基金管理公司设立且具备特定客户资产管理业务资格的基金管理公司子公司,以及经中国证监会认可的期货公司、证券金融公司、中国证监会负责监管的其他公司以及商业银行、保险公司、信托公司等金融机构。基础资产,则限于符合法律法规规定,权属明确,可以产生独立、可预测的现金流且可特定化的财产权利或者财产。同时,在我国资产证券化业务尚未发展成熟之际,作为证券市场的监管者,证监会对于企业资产证券化业务的"发行场所"和"发行对象"也作了严格的限定。根据《管理规定》第 38 条,资产支持证券只能在证券交易所、全国中小企业股份转让系统、机构间私募产品报价与服务系统、证券公司柜台市场以及证监会认可的其他证券交易场所进行发行、挂牌和转让。并且,发行对象限定在"合格投资者"范围内,且转让后持有资产支持证券的合格投资者合计不得超过 200 人。

(2) 类资产证券化

法律法规为资产证券化规定了较高的门槛和较严的监管,目的系为防范资产证券化过长运作链所可能产生的金融风险。曾经,次贷产品为美国乃至世界注入新的活力,但最终却导致了严重的次贷危机并引发全球性的金融危机,教训可谓惨痛。其根源就在于次贷产品的基础资产——美国房产价格泡沫破裂,加之在疯狂利润的刺激下,运作链条上的信用评级机构、金融机构均道德失守,既没有规避措施也缺乏对冲机制。可见,资产证券化的过程中有两个最重要的问题必须得到保障。一是必须有真实的资产支撑,且其未来的收入流可预期;二是必须建立风险隔离机制,包括必须将资产出售给 SPV 以及该资产与 SPV 资产相隔离。然而,对于大量的一般企业而言,显然难以满足这两项要求,复杂、漫长而又不失严格的审核程序也非急需资金的企业所能承受,因此其融资需求难以从资产证券化的推行与发展中得以满足,高门槛的资产证券化模式与不断扩张的企业资金需求之间的紧张矛盾由此形成。于是一些企业开始在"场外"寻求解决资产出表与盘活流动性问题的新途径,当这一欲望与互联网金融相遇,在互金平台上开展"类资产证券化"业务就应运而生。

较之于场内正规的资产证券化业务,大部分场外的类资产证券化都显得粗糙。多数场外资产证券化企业依照自己对资产证券化的初步理解,对企业资产证券化的法定流程进行修剪,既砍去了破产隔离环节,也省略了 SPV 环节,同时也降低了真实销售的形式标准。他们的做法如出一辙:企业通过与互联网金融平台合作,通过一纸合同将能够产生稳定现金流的债权或其他金融资产收益权等基础资产转让,把该基础资产拆分成份,由普通投资者通过互联网金融平台认购;一定期限后,企业依照约定将该些收益权份额赎回,投资者获得兑付。毋庸置疑,这一做法精准地把握了资产证券化的交易核心,同时也绕过了严苛的监管,其结果也还算是令人满意:把企业资产的流动性盘活了。①

如果说这些还是真正有实体经济作为支撑且有融资需求的一些中小企业所为,那其结果也勉强称得上"算是令人满意"。然而,就笔者所接触的目前已经引发涉众风险甚至刑事立案的案例,就不容如此乐观了。实践中一些个人为了实现吸金目的而特意注册公司,包装如名贵字画、古董、红木家具等各种真伪难辨或者价值难以确定的所谓公司资产,再成立或借助其他互联网金融平台,对外以"资产证券化"之名开展业务。如 CYJ 投资管理有限公司私自设立"中国国际艺术产权交易所",该场所无任何经营资质,将所谓的金丝楠木艺术品、红木家具等包装为"资产包",再将资产包等额化均分,公司以平台名义与投资者签订开户协议,投资者资金转入该公司并使用公司提供的交易软件进行所谓股票交易,该公司推行的资产包在评估过程中存在严重的虚假评估,其利用资产包股票绝对控股的大股东地位,肆意操纵股票价格以达到骗取投资人钱款的目的,造成投资人巨大损失。在案件的办理初始阶段,由于资产包尚未打开,定诈骗类犯罪的证据尚不充分,因此,面临的第一个问题就是,这种场外开展类资产证券化业务能否被认定为刑事犯罪?

(3)类资产证券化业务刑事定罪的可能性及法律障碍

企业在场外开展类资产证券化业务,由于缺少监管,其基础资产的真实性和价值性难以保障,加之必要的风险隔离机制缺位,使得该业务天生蕴含着道德风险及违约风险,甚至刑事法律风险。从刑事定罪角度分析,可能涉及以下几个罪名。②

第一,擅自发行股票、公司、企业债券罪。根据我国刑法第179条,未经国家有关主管部门批准,擅自发行股票或者公司、企业债券,数额巨大、后果严重或者有其他严重情节的,构成擅自发行股票、公司、企业债券罪。本罪定罪要件有三:一是未经批准;二是发行对象是股票或公司、企业债券;三是达到法定的数额或情节要求。

---

① 肖飒、张超:《企业场外"资产证券化"的刑事法律风险》,载《证券时报》2015年11月28日第 A04 版。

② 类资产证券化业务在符合条件的情况下,可能构成非法集资类犯罪和诈骗类犯罪,这在实践和学理中均不存在障碍,故此处不作讨论。

显然，企业在场外开展类资产证券化活动，满足第一个定罪要件，即未获得主管部门批准。根据《管理规定》，管理人负责设立专项计划，并发行资产支持证券，管理人从事前述业务应当得到证监会的许可，而场外业务不可能获得证监会许可，因此企业擅自发行资产支持证券实际上并未经过国家有关主管部门的批准。但是，第二个定罪要件的认定存在障碍，即企业发行的对象难以被认定为股票或公司、企业债券。2015年4月提交审议的《证券法》（修订草案）中将"资产支持证券"定性为"受益凭证"，并将其与"股票、公司、企业债券"进行了区分。2017年5月16日，上海证券交易所发布的《上海证券交易所债券市场投资者适当性管理办法》，将公司债券、企业债券、资产支持证券统称为"债券"。由此可见，刑法第179条所规定的股票或者公司、企业债券并不包括"资产支持证券"。因此，企业开展类资产证券化活动难以认定为擅自发行股票、公司、企业债券罪。

第二，非法经营罪。根据刑法第225条规定，违反国家规定，有特定几种非法经营行为，扰乱市场秩序，情节严重的，构成非法经营罪。显然，与场外类资产证券化业务定罪相关的只可能是该条规定的第三项"未经国家有关主管部门批准非法经营证券、期货、保险业务的，或者非法从事资金支付结算业务的"和第四项"其他严重扰乱市场秩序的非法经营行为"。

①第三项之适用

场外类资产证券化业务能否适用第三项规定，关键在于是否违反了国家规定以及经营的是否为证券业务。刑法中的"违反国家规定"在刑法第96条中被严格限定为"全国人民代表大会及其常务委员会制定的法律和决定，国务院制定的行政法规、规定的行政措施、发布的决定和命令"。而我国现行《证券法》并没有对"证券"本身进行定义，只是在第2条以列举方式规定了一个相对封闭的证券法的适用范围，即"在中华人民共和国境内，股票、公司债券和国务院依法认定的其他证券的发行和交易，适用本法"，除此之外的，只可依据兜底条款"本法未规定的，适用《中华人民共和国公司法》和其他法律、行政法规的规定"。如前所述，企业资产支持证券被定性为受益凭证而非股票、债券。而国务院在相关文件中明确支持我国资产证券化的发展，但实际上"资产支持证券"并没有得到国务院或更高层面作为"证券"种类之一的明确认定。同时，《证券法》本身法律层级是法律，《证券法》第2条列明的兜底条款仅仅提到其他法律、行政法规，即《证券法》未规定的内容只能准用全国人大颁布的法律和国务院制定的行政法规，排除了地方立法的空间，甚至排除了"一行两会"部门规章新设其他形式证券的权力来源。证监会发布的《管理规定》从法律渊源来看，显然只是属于部门规章。因此，无论是场内企业资产证券化业务中的受益凭证还是场外资产证券化中被贩售的收益权份额，其既不属于股票、公司债券或国务院依法认定的其他证券，也没有被我国《公司法》或其他法律、行政法规规范，难以被认定为刑法中的"证券"，进而难以适用刑法第225条第三项被认定为非法经营罪。

实践中有观点提出，刑法第225条所规定的"证券业务"，其落脚点在"业务"而非"证券"，因此虽然类资产证券化中所售卖的收益权份额不能被认定为"证券"，但该项业务本身仍可以被认定为"证券业务"。① 学界也有观点表示支持。其论据是根据《证券法》第122条，未经证监会批准，任何单位和个人不得经营证券业务。又根据第125条，证券公司经营的业务仅包括得到证监会批准的"证券业务"。也就是说，证券公司从事"企业资产证券化"业务是证监会基于《证券法》的授权进行的批准，企业资产证券化属于一项法定的证券业务。换言之，虽然国务院并未在得到法律授权下直接认定资产支持证券为证券，但证监会却在得到法律授权下批准了证券公司从事企业资产证券化业务，从而间接将企业资产证券化认定为一项证券业务。从而企业开展类资产证券化属于非法经营证券业务，可以被认定为非法经营罪。② 笔者认为，对企业开展类资产证券化业务有刑事规制的必要，且规制的理想路径是非法经营罪，但对前述观点的理由仍持保留意见。罪刑法定原则是刑事司法和刑法适用的基本原则，根据罪刑法定原则，对法律用语的解释应当不超出一般国民的预测。如果在认为资产证券化中的发行对象尚未成为法律层面上的"证券"，同时又将资产证券化业务视为法律意义上的"证券业务"，显然有些超出了人们的一般理解范围，有悖于罪刑法定原则。

②第四项之适用

在法理上将第三项适用排除后，需要考虑的是能否适用第四项兜底条款对场外类资产证券化进行规制。非法经营罪在学术界经常面临"口袋罪"的质疑，为避免本罪名的不当扩张，最高人民法院在2011年出台《关于准确理解和适用刑法中"国家规定"的有关问题的通知》（以下简称《通知》），重申了对非法经营罪中违反国家规定这一要素的严格审查认定，同时规定，对被告人的行为是否属于第四项规定的"其他严重扰乱市场秩序的非法经营行为"，司法解释未作明确规定的，应当作为法律适用问题，逐级向最高人民法院请示。场外类资产证券化显然不在目前已经出台的10余个司法解释的规定范围

---

① 此为笔者在参与相关案件讨论时有人提出的观点。
② 徐涛：《企业开展"类资产证券化"的刑事违法性探究》，载《学术论坛》2017年第7期。

之内,能否认定为"其他严重扰乱市场秩序的非法经营行为",该《通知》提供的解决方案为请示最高人民法院。但笔者认为,类资产证券化案件一旦进入刑事领域,必然已经出现大规模违约,众多投资者的资金处于现实而迫切的危险中,涉众风险可能一触即发,如果通过层层请示到最高人民法院,可能并非办理案件的基层司法机关可以承受,可谓远水解不了近渴。

2. "类期货化"互金平台与非法经营罪

(1) 类期货化交易平台

类期货化是针对正规期货业务而言的,目前主要是指各类大宗商品现货电子交易平台。正规期货业务,根据《期货交易管理条例》第4条和第6条的规定,只能在国务院期货监督管理机构审批设立的期货交易所进行,除此之外的场所禁止进行期货交易。目前国内正规的期货交易所只有上海期货交易所、郑州商品交易所、大连商品交易所和中国金融期货交易所。而大宗商品交易所却远远不止这个数量,根据2017年1月清理整顿各类交易场所部际联席会议的统计,全国31个省份共设有大宗商品电子交易场所1131家,其中商品类交易场所共有596家,全国违规交易场所共有300余家。违规模式主要有分散式柜台交易和现货连续(延期)交易。前者是指交易场所以做市商的模式组织交易活动,一般为杠杆交易,合约具有标准化特征。交易场所既不组织商品流通,又不发现商品价格。后者也是一种杠杆交易,允许投资者通过每日支付一定费用将交割期限无限延后,并可以通过平仓离场免去交割,交易对象实际上是抽象出来的符号和合约。① 在监管部门看来,这些违规平台之所以被认为是违规,是因为"采取了一种类期货的交易模式"。②

为防范金融风险,规范各类交易场所、电子交易平台以及会员单位的经营业务模式,相关行政部门出台了一系列规范性文件和整顿措施,其中包括国务院《关于清理整顿各类交易场所切实防范金融风险的决定》(国发〔2011〕38号)、《国务院关于同意建立清理整顿各类交易场所部际联席会议制度的批复》(国函〔2012〕3号)、国务院办公厅《关于清理整顿各类交易场所的实施意见》(国办发〔2012〕37号)、《关于禁止以电子商务名义开展标准化合约交易活动的通知》(证监发〔2013〕74号)、《关于做好商品现货市场非法期货

---

① 逄政、徐红艳、任志伟:《大宗商品电子交易平台违规认定》,载《中国金融》2018年第8期。

② 此为证监会打非局陈柏峰中国期货业协会期货防非专题节目中的表述,引自崔澍、王晓嘉:《首例省级现货交易平台总经理犯案获刑,谁在保护现货欺诈?》,载https://www.yicai.com/news/5199955.html,2018年11月10日登录。

交易活动认定有关工作的通知》(证监办发〔2013〕111号)、《商品现货市场交易特别规定(试行)》(中华人民共和国商务部、中国人民银行、中国证券监督管理委员会令2013第3号)、《关于对互联网平台与各类交易场所合作从事违法违规业务开展清理整顿的通知》(整治办函〔2017〕64号),等等。所有这些文件的精神都是一致的,即要求大宗商品电子交易平台回归现货交易,摆脱期货化的交易模式,不得以集中竞价、电子撮合、匿名交易、做市商等方式进行标准化合约交易。

然而《关于清理整顿各类交易场所切实防范金融风险的决定》在规定清理整顿各类交易场所的同时,明确各省级政府是省内交易平台的监管主体,这为各类地方交易平台的合法化间接提供了可能。仔细考察一些地方政府的规范性文件,不难发现其与国家层面的规定有抵牾之处。如舟山市政府发布的《舟山市人民政府关于加快建设中国(舟山)大宗商品交易中心的实施意见》(舟政发〔2011〕63号)中却指出:建设安全、稳定和高效的大宗商品电子交易系统,为大宗商品交易提供电子撮合交易、现货挂牌交易、现货竞价交易服务。从法律位阶的角度来看,国务院层级的规范性文件相较于市级地方政府发布的规范性文件无疑具有优先适用的效力,但从国家到地方立法上的不统一恰恰说明了关于大宗商品电子交易市场的整顿与规范之难,① 也为司法实务出了一道切实的难题。

(2) 类期货化交易平台的刑事治理

目前,市场上各类大宗商品电子交易平台大多具有如下特征:第一,打着"现货交易"的外衣。他们往往经过地方政府有关部门的合法注册和批准从事现货交易,并不自称或也不承认其为期货交易。实行会员制,其会员单位也多经过工商注册。第二,采用高倍率杠杆保证金制度、集中交易、当日无负债结算制度、标准化合约、未来交易等期货交易基本规则。第三,做市商制度。交易平台做"市商",根据国际货物价格涨跌与客户对赌,同时交易公司收取交易的手续费、点差、过夜费等费用,会员单位按客户的交易量获得交易公司返还的佣金。② 在民事诉讼中,有法院以"现货交易实质是标准化合约的集中交易"为

---

① 卢晴川:《大宗商品现货交易平台的再定位与现货交易回归之路探析——对现有监管规范的反思及制度建议》,载《海南金融》2017年第2期。
② 赵元松:《非法期货交易的司法认定及民事责任——以杨某诉九汇公司"现货白银"交易为例》,载《法制与经济》2016年第2期。

由判定现货交易属于非法期货交易,① 有些法院则以"交易对象不符合期货合约的构成要件"为由判定现货交易不属于期货交易②。在刑事领域,如果能证明平台经营者具有非法占有投资者投资款的目的,并在经营过程中存在人为操作行情、后台操控、反向引导操作等一系列诈骗行为,非法占有投资者投资款的,应认定为诈骗罪,③ 这一点无论在实践中还是在理论上都已基本达成共识。但是在证据未能达到诈骗类犯罪的要求时,能否仅仅因为平台的经营模式就认定其构成非法经营罪,仍存争议。反对观点认为,虽然目前现货商品交易市场上不一定有实物交割,但交易的合约是否属于"标准化合约"并没有明确的国家规定。因此,商品交易场所及其电子平台以集中交易方式进行标准化合约交易是否涉嫌非法期货经营活动以及能否认定为非法经营罪存有疑点。④ 对此,笔者认为需要结合刑法第 225 条第(三)项的罪状从以下角度进一步分析。

第一,平台经营的业务是否属于期货业务?何为期货业务,其与现货业务的区别何在?这是分析各类平台以"现货交易"之名对外开展的业务是否属于期货业务的前提。根据现行的《期货交易管理条例》第 2 条规定,期货交易是指采用公开的集中交易方式或者国务院期货监督管理机构批准的其他方式进行的以期货合约或者期权合约为交易标的的交易活动。期货合约,又是指期货交易场所统一制定的、规定在将来某一特定的时间和地点交割一定数量标的物的标准化合约。对于何为"公开的集中交易方式",《期货管理条例》并没有进一步界定,但根据前述《关于清理整顿各类交易场所切实防范金融风险的决定》中的规定,"集中交易方式"包括集合竞价、连续竞价、电子撮合、匿名交易、做市商等交易方式,且不包括协议转让、依法进行的拍卖。

可见,区分现货交易和期货交易的关键不在于其交易名称而在于交易形式,主要包括以下几个方面:其一,交易标的。根据《现货交易特别规定》,现货交易市场不得交易标准化合约;而期货交易则以期货合约、期权合约等标准化合约为其交易标的。其二,交易方式。现货交易不得采用公开的集中交易方式,期货交易则以公开集中的交易方式为其界定要素。其三,交易目的或交易功能。现货交易的交易功能主要应为实现实物交割。即使是远期,买卖双方

---

① 如重庆市第三中级人民法院(2016)渝 03 民终 35 号,北京市高级人民法院(2014)高民申字第 2739 号等。
② 如南京市中级人民法院(2016)苏 01 民终 645 号。
③ 钱国:《利用网络现货交易平台引诱他人投资行为的定性》,载《中国检察官》2018 年 7 月(下)。
④ 张志华、王灿林:《现货交易平台乱象中的行为定性——无罪?非法经营罪?诈骗罪》,载《悄悄法律人》微信公众号,2017 年 5 月 23 日。

却仍然意在"交付"。而期货交易则以套期保值、对冲风险为主要交易目的，即通过在期货市场与现货市场进行反向操作，实现套期保值，以在没有价格风险的条件下获取经营利润。①

综上，期货交易以公开集中的交易方式和交易标准化合约为其核心特征，同时以对冲风险、非实物交割为其主要目的。因此，不论平台对外以何种名义开展业务，只要其具备上述期货交易的核心特征，就应当将其业务认定为期货交易。《关于清理整顿各类交易场所切实防范金融风险的决定》中所强调的清理整顿范围包括的"大宗商品中远期交易"事实上就包含以上应被界定为期货交易的三个特征。

第二，是否违反国家规定，未经国家有关主管部门批准？由于期货交易的杠杆性特征以及其最终目的并非转移商品所有权而是对冲风险，决定了其具有很强的金融属性，这也是为什么期货交易属于国家特许经营范围的原因。根据《期货交易管理条例》规定，期货交易只能在特定的场所进行，而有权批准或审批成立期货交易场所的只有国务院和国务院期货监督管理机构。目前国内法定的期货交易所只有上海期货交易所、郑州商品交易所、大连商品交易所和中国金融期货交易所。换言之，目前市场上千余家大宗商品现货电子交易平台均不属于合法的期货交易场所，如果其开展期货业务就属于违反国家规定，未经过国家有关主管部门批准。

第三，是否有犯罪阻却事由？在论证了平台业务属于期货业务，且属于违反国家规定，未经国家有关主管部门批准之后，似乎结论必然是平台及其经营者的行为构成了非法经营罪。但笔者认为，未必如此，究其根源在于我国特殊的金融管理体制。

我国金融业的监管格局大体分为两部分：传统的典型的金融机构，如银行、证券、期货、信托、基金等由"一行两会"（现在是"一行两会"）监管；而一些新型的或者类金融机构，如小额贷款公司、地方资产管理公司等则由地方政府（以地方金融办或金融局为主）监管。地方金交所依其"地方金融要素市场"的属性而被划为归地方政府监管。前述《关于清理整顿各类交易场所切实防范金融风险的决定》和《关于清理整顿各类交易场所的实施意见》等相关文件就地方金交所确立了属地监管原则，即地方金交所主要由省级人民政府监管，监管权限主要体现在交易所的设立审批、清理整顿、监管制度制定、监管责任落实等方面。其中《关于清理整顿各类交易场所切实防范金融风险的决定》还明确指出：清理整顿各类交易场所部际联席会议不代替

---

① 参见江伟：《现货交易期货化的认定与刑法适用》，载《中国检察官》2018年第4期。

国务院有关部门和省级人民政府的监管职责。对经国务院或国务院金融管理部门批准设立从事金融产品交易的交易场所，由国务院金融管理部门负责日常监管，其他交易场所均由省级人民政府按照属地管理原则负责监管，并切实做好统计监测、违规处理和风险处置工作。因此实践中，很多平台并不持有金融机构许可证，而仅仅根据当地省级金融办的一纸批文而设立。尽管，《关于清理整顿各类交易场所切实防范金融风险的决定》和《关于清理整顿各类交易场所的实施意见》规定的交易所开展业务的合规性界限之一就是"不得以集中交易方式进行标准化合约交易"，换言之，即使是省级政府，也无权批准设立期货交易场所。但如前所述，地方政府往往会由于经济利益的驱动等原因而出台与上述文件有抵牾的地方性文件，并实际批准设立或保留以集中交易方式进行标准化合约交易的场所。如2017年高管被判刑的南京亚太化工电子交易中心，是一家以工业品为主的现货交易平台，采用标准化合约竞价电子撮合、T+0、每日无负债、杠杆、保证金强制平仓等交易方式，于2013年5月，在江苏省各类交易场所清理整顿中仍顺利通过验收，得以保留。[①]

对于这种经过地方政府审批设立的交易场所，如果其交易方式完全符合审批文件所许可的范围，即使其采取了期货化的交易方式，笔者认为，也不宜作为非法经营罪处理。因为非法经营罪是典型的行政犯，违法性认识是应当考虑的问题。通说认为，如果行为人主观上的法律认识错误属于不可避免的错误时，应当阻却其主观故意，而信赖主管机关的见解产生的违法性错误就属于不可避免的错误。[②] 当然，如果未经地方政府审批而擅自设立期货化的交易场所进行期货交易，或者超出审批所允许的业务范围而借现货交易之名开展期货业务，认定其构成非法经营罪就完全不存障碍。

3. "类证券化"与"类期货化"互金平台刑事治理之差异性反思与展望

（1）两类平台刑事治理之差异性的反思

如前所述，从非法经营罪的角度分析，"类证券化"互金平台和"类期货化"互金平台的刑事治理路径迥异，前者适用非法经营罪存在理论障碍，实践中也难以找寻将互金平台为企业场外开展类资产证券化业务认定为非法经营罪的判例；而后者则除了经过地方政府审批且业务模式完全符合审批范围这一种情形外，都可以用非法经营罪进行规制，实践中不乏生效判决。究其根源，是因为立法上对"证券"和"期货"采取了不同的定义方式，导致"类证券化"业

---

① 崔澈、王晓嘉：《首例省级现货交易平台总经理犯案获刑，谁在保护现货欺诈？》，载 https://www.yicai.com/news/5199955.html，2018年11月10日登录。

② 参见张明楷：《刑法学》（第五版），法律出版社2016年版，第322-323页。

务不能被认定为"证券业务",而"类期货化"业务却可以被认定为"期货业务"。

我国《证券法》的制定和后期两次修订均采取列举式定义法,回避了对"证券"内涵的界定。现行《证券法》第2条规定:"在中华人民共和国境内,股票、公司债券和国务院认定的其他证券的发行和交易,适用本法;本法未规定的,适用《中华人民共和国公司法》和其他法律、行政法规的规定。政府债券、证券投资基金的份额交易,适用本法;其他法律、行政法规有特别规定的,适用其规定。证券衍生品种发行、交易的管理办法,由国务院依照本法的原则规定。"可见,我国证券法的调整范围较为狭窄,虽然留给国务院认定新的证券的空间和权力,但由于缺乏证券的概括性定义,面临新的金融工具时缺乏一个自成逻辑体系的检验标准,[1] 国务院迄今也未认定过任何一种新的证券。这一方面导致证券法律无法有效引导市场创新释放金融潜力,市场潜力无法充分释放逆推民间资本采取地下运行模式;另外,也不利有效打击非法金融行为,引导和规范金融市场的理性发展。由于缺乏"内涵"标准,监管机构和司法机构同样无法有效对金融创新的合规性和合法性进行裁定和判断。[2] 以笔者所探讨的资产证券化业务为例。尽管其从本质上符合证券的内涵特征,却因为形式上不属于"股票、公司债券和国务院认定的其他证券",因而难以被认定为证券法意义和刑法意义上的"证券"。

相较之下,《期货交易管理条例》采取的是内涵概括式定义而非列举式定义。《期货交易管理条例》第2条中规定:"本条例所称期货交易,是指采用公开的集中交易方式或者国务院期货监督管理机构批准的其他方式进行的以期货合约或者期权合约为交易标的的交易活动。"在2012年该《期货交易管理条例》修订后的有关主管部门答记者问中曾解释到:"修改后的条例关于期货交易的定义,反映了期货交易的基本特征。考虑到在对期货交易作出明确界定的情况下,凡属期货交易定义范围内的交易活动均可依法认定为期货交易,未经依法批准的即为非法期货交易活动。"[3] 可见,该定义揭示了期货的两大核心特征——公开集中的交易方式和交易标准化合约,在实践中只需根据平台业务是否符合该特征作出是否为期货业务的判断,而不用考虑其外在名称。

---

[1] 李政辉、郑勋勋:《艺术品证券化的法律分析——以风险防范为切入点》,载《广州大学学报》2012年第5期。

[2] 周晓松:《定义"证券":内涵加外延的立法模式》,载《证券法苑》2014年第11卷,第161-175页。

[3] 载http://finance.people.com.cn/n/2012/1105/c70846-19503839.html,2018年11月16日登录。

(2) 展望:《证券法》的修订对"类证券化"互金平台刑事治理的影响

在《证券法》制定之初,采取列举模式,系充分考虑了我国市场发展、立法技术和监管水平等客观因素。① 但随着金融市场的发展,证券内涵特征的缺失以及较为封闭和狭窄的范围已经表现出越来越多弊端。反观国外的证券立法,多数国家和地区的证券法都对证券范围有所规定,但通常是按照"功能标准"对证券种类进行不完全列举。功能标准,是指按照某种权利证书是否符合证券的基本属性和功能来判断其应否归属于证券,而不是按照该种证书是否被冠以证券之名而进行判断。所谓不完全列举,是指证券法只能列举证券的主要和常见类型,而无法全部列举各种证券形式。② 因此,不少学者都提出了需要扩大《证券法》中证券概念的建议,"在列举法定证券种类的基础上引入一般性的概念,为证券监管机关判断某种金融投资商品是否属于'证券'提供判断标准"。③

来自学界和金融实务界的呼吁亦得到了立法机关的回应,当《证券法》修订再次被提上议程,时任《证券法》修订起草组组长的全国人大财经委副主任委员吴晓灵于2014年9月19日表示,正在修订中的《证券法》聚焦三大理念问题,其中第一个就是扩大"证券"定义范畴。"证券"定义的核心是一种财产权利的证明,是一种可均分、可转让、可交易的权利或者投资合同。扩大"证券"定义,旨在建立一套基本的法则,规范投资合同的行为。并表示,通过定义的扩展,符合条件的财产权利都可以证券化,从而提高财产的流动性和拓展市场功能。此举也将为打击披着证券外衣的非法融资行为提供依据。④ 2015年4月,《证券法》修订草案在十二届全国人大常委会第十四次会议上进行了第一次审议。修正草案对"证券"的界定做了重大改善。该草案第3条规定:本法所称证券是指代表特定的财产权益,可均分且可转让或者交易的凭证或者投资性合同。

---

① 周晓松:《定义"证券":内涵加外延的立法模式》,载《证券法范》2014年第11卷,第161-175页。
② 叶林著:《证券法》(第三版),中国人民大学出版社2008年版,第12页。
③ 李晓波:《论我国〈证券法〉上"证券"概念的扩大》,载《中国商界》2009年第8期。
④ 毛明江:《吴晓灵:证券法修订核心是扩大投融资自主权》,载 http://finance.people.com.cn/n/2014/0921/c1004-25701722.htm,2018年11月16日登录。

显然，草案借鉴了美国对证券的界定模式，① 其中的"投资性合同"更是直接来源于美国证券法的定义。② 何为"投资合同"，美国联邦法院在 1943 年的 SEC. v. Joiner Leasing Corp. 案中，第一次对投资合同进行阐释，法院认为，证券法对证券的定义并不局限于明确且老生常谈的证券种类，新兴的、罕见的和不寻常的投资工具，不管其以何种面貌出现，只要其具有商业性的投资合同的特征或其他一般证券的特征，而进行公开要约、交易，都属于证券法定义的证券。③ 几年之后的 SEC v. W. J. Howey Co 案，美国法院更是提炼出了投资合同的检测标准（Howey Test），即《证券法》目的上的投资合同是指一个合同、交易或计划，包括 4 个特点：（1）将他的钱投资；（2）投资于共同事业；（3）受引导有获利期望；（4）利益仅仅来自发起人或第三人的努力。换言之，投资合同的检测标准是"一个人将他的钱投入共同事业并期待从发起人或第三人的努力中获得利润"。④

如果《证券法》修订草案的定义通过审议，显然美国法院从判例中总结提炼的标准就可以为我们所借鉴。以资产证券化业务为例，从本质考虑，进入交易所交易的对象，无论其是实物资产、艺术品或文化产品，都具有两方面的特征：第一，交易对象的标准化，即将交易对象的价值进行份额分割，以便于发行和交易，同时，资产标准化交易必然引发投资交易的公众性特点；第二，投资者寄望于投资对象升值而获益，而投资对象的升值往往并不主要决定于投

---

① 美国证券法律对证券的界定非常宽泛。根据美国 1933 年《证券法》规定，证券包括任何票据、股票、库藏股、债券、信用债券、债务凭证、息票或任何利润分享协议、担保信托证券、公司成立前的认股证书，可转换股份、投资合同、表决权信托证书、任何有形或无形财产权益证书、通常称之为的"证券"的任何权益或权益工具、任何与上述项目相关权益证书、认权证书、暂时或临时的证书、收据、权证（Warrant）、认购权、购买权。此后在 1934 年、1982 年、2000 年和 2010 年，该条款先后进行的四次修订不断结合当时的经济发展情况与证券市场监管要求，对证券的外延进行扩充。吕成龙：《我国〈证券法〉需要什么样的证券定义》，载《政治与法律》2017 年第 2 期。

② 受美国的影响，日本、韩国等国家也引入了"投资性合同"的概念。如日本 2006 年的《金融商品交易法》规定了"集合投资计划份额"，韩国在 2007 年《资本市场统合法》规定了"投资合同证券"。李有星、杨俊：《论我国证券法定范围引发的问题及其解决方案》，载《时代法学》2012 年第 8 期。

③ 吕成龙：《我国〈证券法〉需要什么样的证券定义》，载《政治与法律》2017 年第 2 期。

④ 李有星、杨俊：《论我国证券法定范围引发的问题及其解决方案》，载《时代法学》2012 年第 8 期。

资者个体的本身努力或控制。① 这显然符合"投资合同"的标准，可以顺理成章地被认定为"证券"。如果互金平台未经国家主管部门批准，帮助企业开展场外的资产证券化业务，就可以被认定为非法经营罪。

（二）智能投顾的刑事规制

1. 智能投顾的定义及优势。智能投顾（Robo-Advisor），是一种数字化资产配置服务，它基于现代资产配置理论，通过算法和金融科技来实现有效资产配置。典型的 Robo-Advisor 通过线上调查收集客户的财务状况和未来理财目标等信息，然后使用数据提供建议与支持客户投资。国际证监会组织（IOSCO）在 2017 年的《金融科技调查报告》中，将智能投顾归入"零售交易与投资平台（retail trading and investment platforms）"的标题下，并对其定义为"根据现代证券投资组合理论（modern portfolio theory）向公众投资者提供投资金融服务的平台"，其通常业务模式是通过搭建智能算法模型，为客户提供持续管理与平衡投资组合（manage and re-balance investment portfolios）服务。② 按照该调查报告，智能投顾运作步骤通常为：第一，通过大数据获得客户个性化风险偏好、投资目标及其变化规律；第二，根据客户服务的个性化风险偏好，通过智能算法模型，定制出合理的个性化资产配置方案；第三，利用互联网平台对客户的个性化资产配置方案进行动态实时的跟踪、调整与更新。

和传统投顾相比，智能投顾具有金融科技带来的诸多优势，在数据处理能力、资产配置、理性决策等方面尤为突出，也对资产管理市场带来了变化，比如资产投资的长期化、高度自动化的投资执行、金融机构收益的稳定化以及降低客户购买门槛。不仅如此，智能投顾可以根据每个投资者所输入的收入水平、风险偏好、预期收益等信息进行定制化的投资策略。在实际业务中，智能投顾平台的模型和算法往往为多个投资者共同使用。由此可见，"智能算法（智能投顾系统）"是真正能体现金融科技背景下智能投顾的本质属性，该投资算法的开发者也成为智能投顾平台与投资者的重要关联方。

以新加坡智能投顾（也称为数字咨询顾问）流程为例：通常从客户输入投资金额，并回答一系列与个人风险承受能力、财务目标及投资期限等相关的问题开始。在此基础，数字顾问使用算法分析客户的答案，并生成一个适合该客户的投资建议，包含适合该客户所述需求的投资组合。如果客户接受推荐的

---

① 姚海放：《论证券概念的扩大及对金融监管的意义》，载《政治与法律》2012 年第 8 期。

② See "IOSCO Research Report on Financial Technologies（Fintech）", February 2017, pp. 5, 7, 25, 载 http://www.Iosco.org/library/pubdocs/pdf/IOSCOPD554.pdf。

投资组合,数字顾问会将客户的交易订单直接传递给经纪公司执行。如果执行一段时间后,因市场变动使该客户的投资组合偏离了其最初推荐的资产配置,则数字顾问将负责调整客户的投资,投资组合的这种重新平衡自动进行并定期执行。

2. 智能投顾的监管政策。对智能投顾的监管政策上,基本的法律基础一般是从传统的投资顾问资质监管入手。以美国为例,SEC 要求,所有的投资顾问都必须在美国证监会或者所在州相关证券监管机构登记注册,称为 Registered Investment Adviser(RIA,注册投资顾问),只有注册投资顾问才可以根据用户的委托进行投资,并管理客户账户。需要指出的是,美国的投资顾问是广义的投资顾问,包括了资产管理业务。美国证监会于 2017 年 2 月公布《智能投顾监管指南(Guidance Update:Robo-advisers)》。该指南依据《1940 年投资顾问法》第 203(b)及(c)条关于"注册投资顾问"的规定,界定了智能投顾的性质。该指南要求,智能投顾经营者应完成如下信息披露义务:第一,解释智能算法如何管理客户账户、智能算法的局限性和技术风险等相关商业模型(business model)及风险;第二,解释其所提供的顾问服务(advisory services);第三,如何向客户提供信息。基于此,美国的智能投顾通常被解释为一种"自动投资工具(Automated Investment Tool)",即集合客户分类(customer profiling)、资产分配(asset allocation)、交易执行、证券投资等服务为一体的综合业务。按照欧盟对智能投顾的咨询报告,业内普遍的界定是指金融咨询建议的自动化工具,即由投资者提供个人信息,投资顾问采用自动化工具结合客户信息,通过算法为客户提供金融工具的交易建议。该概念已涵盖了证券市场上的多种资产管理,共同基金、对冲基金、财富管理(账户全权委托)、投资建议及理财规划服务等,均可纳入智能投顾之列。在德国,德国联邦金融监管局(BaFin)将智能投顾业务分为三大类,分别是:智能投资咨询和自动交易(robo-advice and auto-trading)、自动化投资组合管理(automated portfolio management)、投资建议和自动订单执行系统(platform for signaling and automated execution)。上述三类受不同的监管规制限定,并视具体商业模式判定是否需要取得监管授权。根据《德国银行法》第 32 条,智能投顾业务也被界定为需要授权的金融服务,包括投资建议、投资或合同经纪以及投资组合管理,在未获得事先授权的情况下禁止提供智能投顾服务。

新加坡针对智能投顾的监管也是区分具体的运营模式和经营活动,分类监管。为执行证券交易提供平台的数字顾问(包括数字顾问没有提供咨询意见的交易),应按照《证券及期货法》(SFA)进行证券买卖。对客户的款项或资产，包括那些经营综合账户的数字顾问，也应遵照 SFA 进行基金管理。除非有特殊情况并获得豁免，否则以上两类数字顾问均须持有资本市场服务（CMS）牌照。新加坡金融管理局（MAS）提出，如果数字顾问仅进行部分的受 SFA 管制的活动（如一些在提供财务咨询服务时附带的活动，包括数字顾问在向客户提出意见后，向经纪公司传递客户的交易订单以及调整客户的投资组合使其回到最初推荐的配置），则允许该类数字顾问作为有执照的财务顾问，或作为《财务顾问法》（FAA）中的受豁免的财务顾问运作，不需要在 SFA 下获得额外的许可，但需服从一些特定的保障措施。

3. 我国的现行监管框架

（1）从事"证券投资咨询业务"辅助性智能投顾。我国现有规范规定的"投资顾问"是一个狭义概念。根据《证券投资顾问业务暂行规定》第 2 条，证券投资顾问系《证券法》规定之"证券投资咨询业务"的一种基本形式，指"证券公司、证券投资咨询机构接受客户委托，按照约定，向客户提供涉及证券及证券相关产品的投资建议服务，辅助客户作出投资决策，并直接或者间接获取经济利益的经营活动""投资建议服务内容包括投资的品种选择、投资组合以及理财规划建议等"。根据该规定和实务做法，证券公司或证券投资咨询机构的咨询业务被拆分为后台、中台和前台三部分。其中后台是研究所，由从事基本研究的证券分析师构成；中台是投资顾问，他们生产各类投资报告和投资建议；前台也是投资顾问，具体从事投资报告、建议传递等工作，我国投资顾问只能从事辅助性的咨询工作。[①] 在这一点上，我国的证券投资顾问只包括证券投资咨询服务，而不包含基于全权委托而开展的资产管理。换句话说，如果智能投顾的业务模式是提供投资人可供参考的投资决策意见，而不附带自动执行下单程序，此时智能投顾平台从事的是一种"证券投资咨询业务"。根据 2018 年 4 月 27 日中国人民银行、中国银行保险监督管理委员会、中国证券监督管理委员会、国家外汇管理局联合印发了《关于规范金融机构资产管理业务的指导意见》[②]（以下简称《意见》），其中明确了智能投顾的最新监管框架。该《意见》第 23 条中规定："运用人工智能技术开展投资顾问业务应当取得投资顾问资质，非金融机构不得借助智能投资顾问超范围经营或

[①] 参见步国旬：《证券投资顾问的利益冲突与信息隔离》，载《证券市场导报》2011 年第 9 期，第 32 页。

[②] 参见中国人民银行、中国银行保险监督管理委员会、中国证券监督管理委员会国家外汇管理局：《关于规范金融机构资产管理业务的指导意见》（银发〔2018〕106 号）。

者变相开展资产管理业务。"① 在这里,"投资顾问业务"仍然遵循《证券法》中对投资咨询业务的狭义界定,将智能投顾限于辅助性咨询业务。

(2) 从事资产管理业务的主动性智能投顾。主动性智能投顾是在全权账户管理基础上的积极资产管理,在此业务模式下,智能投顾平台不仅提供匹配投资人风险偏好的投资策略组合,而且直接执行投资人的投资账户,利用智能算法完成全流程的资产管理。尽管美国的广义投资顾问已经涵盖了资产管理,但在包括我国在内的不少国家,投资咨询和资产管理是两项不同的业务,发放不同的业务牌照。一般而言,投资人是否具有投资的最终决定权是判断两种业务的基准。如果投资人将其投资决定权全权委托给第三方行使,则该第三方从事的就是资产管理业务。因此,主动性智能投顾构成资产管理业务。根据资管新规的《意见》,在我国,"资产管理业务是指银行、信托、证券、基金、期货、保险资产管理机构、金融资产投资公司等金融机构接受投资者委托,对受托的投资者财产进行投资和管理的金融服务"。在智能投顾交易中,投资人是委托人,智能投顾经营者是受托人,其根据委托人委托,代为全权管理资产账户,交易风险则由委托人承担。从《意见》的监管逻辑来看,资产管理必须由持有相应金融牌照的机构开展,由此,也只有这些金融机构才有资格运营主动性的智能投顾系统。这一点体现在《意见》第 23 条第一款中:"运用人工智能技术开展投资顾问业务应当取得投资顾问资质,非金融机构不得借助智能投资顾问超范围经营或者变相开展资产管理业务。"

4. 智能投顾与刑法第 225 条的适用。实践中,真正复杂的问题在于具体智能投顾主体和业务模式与法律中所规定的"证券期货业务""保险业务""资金结算业务"是否吻合。我们总体看法是:第一、法条中对金融业

---

① 《关于规范金融机构资产管理业务的指导意见》同时规定:金融机构运用人工智能技术开展资产管理业务应当严格遵守本意见有关投资者适当性、投资范围、信息披露、风险隔离等一般性规定,不得借助人工智能业务夸大宣传资产管理产品或者误导投资者。金融机构应当向金融监督管理部门报备人工智能模型的主要参数以及资产配置的主要逻辑,为投资者单独设立智能管理账户,充分提示人工智能算法的固有缺陷和使用风险,明晰交易流程,强化留痕管理,严格监控智能管理账户的交易头寸、风险限额、交易种类、价格权限等。金融机构因违法违规或者管理不当造成投资者损失的,应当依法承担损害赔偿责任。金融机构应当根据不同产品投资策略研发对应的人工智能算法或者程序化交易,避免算法同质化加剧投资行为的顺周期性,并针对由此可能引发的市场波动风险制定应对预案。因算法同质化、编程设计错误、对数据利用深度不够等人工智能算法模型缺陷或者系统异常,导致羊群效应、影响金融市场稳定运行的,金融机构应当及时采取人工干预措施,强制调整或者终止人工智能业务。

务明确列举,即第 225 条第 3 款严格限于"证券期货业务""保险业务""资金结算业务"三种。第二,是否属于"证券期货业务""保险业务""资金结算业务",需要结合前置的行政法规予以判断。第三,需结合智能投顾的主体和具体模式,来判定其所对应的具体金融业务类别,从而准确使用刑法第 225 条。

如前所述,我们可以从主体和业务上把智能投顾平台大体分为三种:一是附属于金融机构的智能投顾平台(简称"智能投顾平台");二是投资咨询经营者设立的咨询服务平台(简称"咨询服务平台");三是专业的技术平台公司或者科技金融公司设立的第三方平台(简称"第三方平台")。[①] 三种平台在性质、运行和监管规则上存在差异,但均受到刑法 225 条第 3 款的约束。无论是智能投顾平台还是咨询服务平台,所从事的要么是资产管理业务,要么是证券投资咨询业务,均需要金融监管部门的审批和具体业务牌照。对于借助算法系统从事资产管理业务的非金融机构,以及借助算法系统从事证券投资咨询业务的非金融机构,其非法经营罪的刑事风险不言而喻。

在司法实践中,一系列"荐股软件"案件按照非法经营罪定罪处罚即是明确的佐证。荐股软件基本上就是原始版的"智能投顾系统"。按照中国证券监督管理委员会公告〔2012〕40 号——《关于加强对利用"荐股软件"从事证券投资咨询业务监管的暂行规定》(以下简称《规定》),向投资者销售或者提供"荐股软件",并直接或者间接获取经济利益的,属于从事证券投资咨询业务,应当经中国证监会许可,取得证券投资咨询业务资格。该《规定》中将"荐股软件"界定为"具备下列一项或多项证券投资咨询服务功能的软件产品、软件工具或者终端设备:(一)提供涉及具体证券投资品种的投资分析意见,或者预测具体证券投资品种的价格走势;(二)提供具体证券投资品种选择建议;(三)提供具体证券投资品种的买卖时机建议;(四)提供其他证券投资分析、预测或者建议"。而国务院办公厅《关于严厉打击非法发行股票和非法经营证券业务有关问题的通知》(国办发〔2006〕99 号)中明确规定,"严禁非法经营证券业务。股票承销、经纪(代理买卖)、证券投资咨询等证券业务由证监会依法批准设立的证券机构经营,未经证监会批准,其他任何机构和个人不得经营证券业务"。而且,根据法律规定,以国务院办公厅名义制发、有明确法律依据或者同相关行政法规不相抵触、经国务院常务会议讨论通

---

① 第三方平台往往是技术平台公司或科技金融公司设立的平台,拥有者不仅未持有投资咨询、资产管理或者智能投顾的牌照,也往往缺少从事投资咨询、资产管理或智能投顾的人员和资质。

过或者经国务院批准、在国务院公报上公开发布的文件，视为刑法中的"国家规定"。故中国证券监督管理委员会发布的中国证券监督管理委员会公告〔2012〕40号——《关于加强对利用"荐股软件"从事证券投资咨询业务监管的暂行规定》属于刑法中的"国家规定"，其中对荐股软件作出了明确规定。如果有证据证实行为人通过提供"荐股软件"而直接或间接获取经济利益，其行为均属于从事证券投资咨询业务，构成非法经营罪。

互联网损害商业信誉、商品声誉犯罪案件实证研究

课题组[*]

  商业信誉如同知识产权一样都属于经营者的无形财产。诋毁他人商业信誉，轻则构成民事不正当竞争侵权，重则构成犯罪。互联网时代，此类犯罪呈现传播速度快、受众面广、传播方式多样化、传播内容真伪难辨等新的特点。如何在互联网时代界分民事诋毁与刑事犯罪、有效收集提取电子数据等成为办案难点。我国现行有效的法律法规及司法解释，对损害商业信誉、商品声誉罪的规定相对较少。仅2010年5月7日最高人民检察院、公安部《关于公安机关管辖的刑事案件立案追诉标准的规定（二）》第74条规定了何为"给他人造成重大损失或者有其他严重情节"，2013年9月10日实施的最高人民法院、最高人民检察院《关于办理利用信息网络实施诽谤等刑事案件适用法律若干问题的解释》在第9条略微提到了罪名竞合的选择问题。司法实践中此类案件也并不多见，通过裁判文书网、元典、北大法宝网、其他网络媒介收集，从2014年1月1日到2018年4月20日发布的涉该罪名已判决案件共23个[①]，加上舆论热炒的鸿茅药酒案共24个，其中有21件系互联网作案。笔者以这21个案例为主要样本，同时参考非涉网的3个案例及其他社会热议案件，结合学者观点和相关民事规定、判决，对此类犯罪案件在互联网领域涉及的主要法律适用问题展开研究。经过理论论证，提出立法完善建议，以期推动我国刑事立法及司法实践的发展。

---

[*] 刘品新，中国人民大学法学院教授、博士生导师；姜淑珍，北京市人民检察院经济犯罪检察部主任；刘丽娜，北京市人民检察院经济犯罪检察部检察官。

[①] 其中在裁判文书网查找到19个已判决案件，这里面有18个系网络犯罪案件；在北大法宝网查找到3个已判决案件，这里面有2个系网络犯罪案件，该网页均无具体法律文书；在其他网页查找到"纸包子案"，非网络犯罪案件，该案报道网页较多，不再具体列明出处。所有案例情况均列表，详见附件。

一、互联网损害商誉犯罪案件的主要特点

互联网具有高度的开放性和交互性,为所有传播信息和发表观点的人开辟了广阔空间。区别于传统案件,互联网形态下,损害商誉犯罪案件主要呈现以下特点:

(一)信息传播覆盖面更加广泛,海量证据难以一一调取

互联网形态下,普通大众不仅仅是阅读者,也可能成为众多的传播者之一,信息传播方式从传统的"点对点"转变为"面对面",辐射面呈 N 次方无限量扩张,在较短时间内可能引起较大社会关注。对传统侦查而言,重要的是如何查找海量消费者。从裁判文书网刊登的 18 个有判决的网络案件来看,仅 2 起案件①调取了相对完整的客户证言。如虞某某案,被告人在 QQ 群上捏造散布某教育科技公司申请破产倒闭并涉嫌欺诈、偷税犯罪的虚假事实,判决书载明该信息在互联网上被转发传播,众多客户退单或停止交易业务。该案调取了 26 个客户证言,证明他们因为浏览了该虚假信息而取消订单。虽然这个案件获得有罪判决,但是仔细分析侦查过程,这些客户分布全国各地区,包括经销商、零售商、消费者多层主体,需要大量取证时间和办案经费保障。而本案最终判处被告人虞某某有期徒刑 9 个月,并处罚金 10000 元。损害商业信誉、商品声誉罪作为轻罪,最高刑期为 2 年,如何在司法成本与司法结果之间寻求平衡点,还需要进一步思考。再者,信息的无形性特征使得多个主体都可能同时编辑散布虚假信息,所以想要查找到所有信息的发布者和转发者也是不切合实际。至少有 4 个以上案件最终处理意见②否认被害单位的直接经济损失与犯罪行为之间具有因果关系,尽管大多数判决书没有阐明具体理由,但是多元信息渠道下因果关系的不确定性是不争的事实。如施某某网络诋毁农夫山泉案,尽管检察机关提出了大量销售记录清单、审计报告等证据,二审法院仍然认为难以认定直接经济损失。再如刘某某、邓某某案,辩护人提出网上还有他人制作的类似视频的意见,虽然没有提供有效线索,但是判决书在一定程度上认可该意见,认为涉案视频与另一视频对于经销商取消订单的影响力大小难以直接分析评判并认定。

基于这些问题,充分考虑网络传播领域类案件特点,司法实践逐渐将实际

---

① 分别为虞某某案和方某某案。
② 除了本文列举案例,其他案例包括:刘某乙案有经销合同、销量统计,但未认定损失;易某某、周某某、汪某某案有被害单位被终止合同证明材料和预计利润报告,但损失仍难以认定;部分案件在审查起诉环节即否定了直接损失的认定。

点击数、不法网页数、不法文档数、用户数、注册会员数、网站数、跟帖数等作为综合评价此类犯罪情节的因素，这使得电子数据的收集与调取变得更加重要。从裁判文书网刊登的18个利用网络损害商业信誉、商品声誉犯罪案件来看，除了上述虞某某案未调取电子数据以外，其他案件都或多或少收集了相关电子数据。也正是考虑到被害单位更能及时发现犯罪、提供收集证据的线索，司法解释将被害人财产遭受损失地纳入犯罪地之一，实践中产生了管辖权争议，后文将详细论述。

(二) 犯罪手段层出不穷，存在多种罪名交叉现象

传统观念认为，本罪仅包括对经营者商业信誉、商品声誉的贬低类信息，作案方式主要包括三种：一是利用召开新闻发布会、散发传单、在电视、广播、报纸等媒介刊登广告等形式散布信息；二是在经营过程中，通过自己的商品包装说明书或者直接向客户诋毁竞争对手；三是冒充消费者或者怂恿他人以消费者名义向有关部门恶意投诉、举报竞争对手等。这三种作案方式均可以直接认定损害商业信誉或者商品声誉的行为。

随着各类网络规则的发布，加之网络舆论具有较强引导性，出现了一些新型犯罪手段，损害商誉犯罪与其他犯罪产生了竞合或者牵连关系。如恶意"好"评。通过编造超出常理的好评内容或者密集散布、操作，使消费者通过常识判断，误以为是经营者虚假宣传，从而对经营者信誉或商品质量失去信任。2013年9月，北京某科技有限公司在淘宝网注册成立网上店铺。竞争对手董某某雇用并指使被告人谢某某，多次以同一账号恶意大量购买对方的商品，不付款或立即退货，致使淘宝公司认定北京某科技公司淘宝店从事虚假交易，而对该店铺商品作出商品搜索降权的市场管控措施。搜索降权期间，该公司累计损失人民币10万余元。法院判决董某某犯破坏生产经营罪，理由是行为人主观上具有报复和从中获利的目的，客观上通过损害被害单位商业信誉的方式破坏了被害单位生产经营，致使被害单位遭受10万元以上的损失。从各类文章来看，绝大多数观点均认为构成犯罪，但是对于罪名的选择争论非常大，法院在判决之前多次组织研讨会可见一斑。

再如景某某等出售、非法提供公民个人信息罪案[①]，某科技公司得知竞争对手公司拟进行融资，担心构成威胁，遂企图通过窃取该公司客户数据并上传至互联网的方式损害该公司信誉，达到拖延公司融资进度的目的。按此计划窃取公民个人信息3000余条，并利用互联网公开捏造、散布被害单位对外出售

---

① 该罪名后改为侵犯公民个人信息罪。

客户信息的虚假事实，损害被害单位商业信誉。最终因认定为牵连犯从一重罪处罚，以出售、非法提供公民个人信息罪起诉并判决。还有我国首例"恶意差评师"案，杨某某等 12 名"网络差评师"在淘宝网上大量购买某个经营者的商品，而后通过 QQ、阿里旺旺等聊天软件与该经营者谈判，向其表示如果发货就基于差评、不发货就投诉，只有当经营者向他们支付一定的钱款，才同意取消交易。一个月内，敲诈勒索 14 次，攻击所得 2995 元。该行为应当被认定为损害商业信誉罪的预备犯与敲诈勒索罪的想象竞合，从一重罪认定为敲诈勒索罪。①

（三）网络技术不断更新，平台管理者归责原则亟须明确

由于网络具有开放性和共享性特征，大量信息通过 QQ、微博、博客、天涯论坛、论坛贴吧、微信公众号、各类视频 App、专门性网页等载体发布，而后又被广泛转载。笔者收集到的 21 个网络案件即属于此种情况。结合民事侵权和类似罪名案例来看，主要有三种技术手段。第一种是直接在自己管理或者经营的载体上散布捏造的虚假信息，这与传统直接发布信息行为没有区别。如毛某某案，为了提高点击率直接编辑色情图片诋毁温州南唐本色酒吧，在自己管理的"柒零叁"论坛"散讲温州"板块发布，判决认定其属于内容发布者。第二种是以埋字串技术进行诋毁。行为人先假冒他人网页，将贬低类词语埋置于该假冒网页的源代码中，使得公众通过搜索引擎输入关键词，假冒网页就会出现在搜索结果中，引导公众误判。这种行为目前在民事领域有所探讨，尚未出现在刑事案件中，但不排除将来发生的可能性。②

第三种是以超链接形式引导公众点击查看。网络超链接是指使用超文本标记语言（HTML）编辑包含标记指令的文本文件，在两个不同的文档或同一文档的不同部分建立联系，从而使访问者可以通过一个网址访问不同网址的文件或通过一个特定的栏目访问同一站点上的其他栏目。③超链接包括普通链接、深度链接、加框链接等，普通链接是指仅复制粘贴网址，当浏览者单击已经链接的文字或图片后，页面将跳转至链接目标。而加框链接不对另一网页进行编辑，当用户顺着某个关键字点进网站时，呈现在用户面前的关键字内容只是网

---

① 吕绳：《电商时代商业信息、商品声誉的刑法保护——以"恶意好评"为线索》，中国政法大学 2011 年度硕士学位论文。

② 参考余烨：《反不正当竞争法视野下网络商业诽谤行为规制研究》，华东理工大学 2011 年度硕士学位论文。

③ 李锐：《网络超链接与意识流的耦合及其数字化外显》，哈尔滨工业大学 2009 年度硕士学位论文。

页界面的一部分,用户看到的大部分是占视框大部分比例的广告,加框链接的主要目的是植入自己的广告内容。相对而言,这两类平台管理者没有对原文件进行编辑。深度链接是指在同一个页面就可以让用户直接查看到另一网页的深层次内容,行为人往往在此基础上做一定的编辑整理。由于判决书显示的证据信息有限,现有案例无法判断本类案件中是否有深度链接,如刘某某、邓某某案,行为人捏造的虚假视频被"江苏盱眙万事通""盱眙网"两个微信公众号转载,阅读量分别达到 9847 人次、6137 人次。这两个公众号管理者提供证言,证明为了提高点击率,从腾讯视频网站转载该视频,并添加标题和评论。由于判决书对该"转载"内容未进行具体描述,故难以确定具体形式。但是通常情况下,为了提高可视度,微信公众号一般采取直接让浏览者通过同一界面就能看到原视频。对于此种加入了信息编辑内容并将视频放置于自己网页的行为,应当如何认定,已决案件尚未进行研讨。对实质上不存储于其网页后台的内容应当承担多大的审查义务,达到怎样的程度才能认定其具有主观过错,需要进一步明晰。

(四)网络信息真假难辨,增加了犯罪故意的证明难度

网络环境下可能存在群体非理性、"听风就是雨"、"三人成虎"的心理,而且根据博弈信息不对称的原理,人们很难区分在微博、微信上的海量信息的真伪。① 通过判决书来看,至少有 3 件案例②中,行为人或其辩护人认为主要信息来源系网络,并没有犯罪故意。如毛某某案,其辩护人辩称被告人编写散布的目的是向有关部门举报,所以才在帖子中写"有关部门在哪里",并且在发帖之前也在网络上进行了搜索验证是否为真实事实,故其主观上仅具有过失而无故意。再如施某某案,该人从互联网上收集的涉及农夫山泉质量问题的图片进行拼凑,编造"农夫山泉停产,市面上所售 90% 都是造假水"。该人也辩称主观上没有恶意诋毁,也未凭空捏造。尽管这些辩解存在诸多不合理性,但是也从一定程度上证明了网络内容的复杂性,很难追根溯源探究真伪。

如果说对于编造信息的"始作俑者",犯罪故意尚还好认定,那么对于再次转发、引起舆论发酵的后手们,是否需要证明其明知系捏造,需要明确,而如何证明实际上较为困难。如之前所述刘某某、邓某某案,两名公众号均转发

---

① 李明龙:《损害商业信誉、商品声誉罪裁判规则实证研究》,载《法制博览》2018 年 3 月,第 15 页。

② 除了下文两个案例以外,还有方某某案,被告人称在网上看到图片后发布被害单位罐车爆炸的信息。

视频①,主要内容是"喜多多的椰果是胶制的,会吃死人,叫大家不能吃"。其中一个公众号管理者称目的是提高公众号关注度,起先是在腾讯视频网站上看到该视频的,其把视频转过来并添加上述标题和评论,发布到公众号上,其转载的时候,很多网站都已经在传这个视频,比如腾讯视频、今日头条、微信朋友圈等都有。另一个公众号管理者证言称其最初是在前者公众号上看到,就转发到自己公众号上,因为觉得大家对食品安全问题比较关注,加上内容生动有趣,既可以提醒公众注意产品质量问题,又能提高点击率,看了视频其认为该食品有问题,不会再买给家人吃。两个公众号均称发布了两三天,听说录制视频的人已经被公安机关追责,其就把视频删除了。经查询,涉及页面被阅读人次分别是6137人次、9847人次,收获点赞数分别是29个、26个。该判决也正是以两个公众号的阅览数作为情节考量因素,认定刘某某、邓某某损害商誉的行为达到了情节严重标准故而追究刑事责任,但是对两个公众号及类似转发者的主观明知的认定,则处于模糊地带。

(五)犯罪成本与危害后果反差较大,被害人合法权益尚需多重保障

言论自由权的充分保障和互联网技术的高速发展,给普通大众提供了广阔的互联网"舞台",行为人不需要花费太多时间、精力,几乎不用支付费用,就可以把捏造的虚假信息散布出去。足够醒目的标题或者内容,就会激起网络推手们的热捧。而互联网信息的传播速度远超出一般人的掌控。可以说,建立一个良好的声誉可能需要长年累月的积累,有的甚至数十年、数百年时间,而破坏一个企业或者商品的声誉很可能只需要1天。由于本罪是轻罪,可以判处的刑罚有限,这就需要多种救济途径。整体来看,21个涉网已判决案件中,判处1年以上(包括1年)有期徒刑的共7个,占33.33%;1年以下有期徒刑共10个,判处缓刑的共2个,单处罚金的1个,免于刑事处罚的1个,后者占比66.67%;罚金刑最高10万元,最低1000元。而判决认定被害单位遭受直接损失最高达610余万元②,最低达53万余元③。可以说二者差距甚大。如方某某案,被告人系竞争对手公司销售经理。在微信朋友圈发布信息,称杨某某公司的罐车爆炸,并附有杨某某公司罐车罐体出现损坏的图片。该信息在微信朋友圈中传播,严重损害了杨某某公司罐车的声誉。相关客户因此事退订

---

① 标题为"盱眙大叔高效解说小丁丁,看一次笑一次,大叔你火了"的视频,内容是大叔手捏、拉喜多多公司产品中的椰果,并叫另外一个人也来捏,两个人说喜多多的椰果是胶制的,会吃死人,叫大家不能吃。

② 判处被告人有期徒刑1年,罚金1万元。

③ 判处被告人有期徒刑8个月,罚金3万元。

在被害人单位定做的罐车23台。根据每种型号的损失价格鉴定计算共881001元。判决书在支持公诉机关指控罪名且认可方某某的行为与损害结果之间有直接因果关系的基础上,进一步认定方某某捏造并在微信朋友圈散布杨某某罐车爆炸的虚假信息,后又主动删除了虚假信息,属于犯罪情节轻微,故而免于刑事处罚。再如王某某、李某某案,两被告人共同捏造散布竞争对手公司长期采用非法给回扣获取广告业务的事实,浏览量达24万余次,被害单位为了消除不良影响,聘请公关公司、律师事务所等进行处理,花费80余万元。而两名被告人均判处有期徒刑9个月,缓刑1年,并处罚金1万元。诚然,当前刑法规定是较为合理的,综合此类案件行为人犯罪动机、社会危害性来看,符合罪刑相适应原则,各国刑法规定了此类罪名的,也均限定在较轻的刑罚范围内。但是我们可否通过赋予当事人更多的程序选择权,比如认可刑事附带民事诉讼、刑事和解、刑事自诉等,让其有更加充分的损失修复渠道,以此充分保障其合法权益,值得探讨。

二、实体法适用存在的主要问题及建议

损害商业信誉、商品声誉罪是指捏造并散布虚伪事实,损害他人的商业信誉、商品声誉,给他人造成重大损失或者有其他严重情节的行为。该罪侵害的客体是经营者的商业信誉、商品声誉以及市场的公平竞争秩序。当前法律规定较为抽象,在具体适用主要存在以下争议。

(一)对"商业信誉"与"商品声誉"的选择

商业信誉,是指社会公众对某一经营者的经济能力、信用状况等所给予的社会评价,即该经营者在经济生活中信用、声望的定位。商品声誉,是指社会对商品的良好称誉。[①] 也有学者认为主要是指商品在质量等方面的可信赖程度和经过长期良好地生产、经营所形成的知名度等。[②] 无论是商业信誉还是商品声誉,都是商誉主体在参与市场竞争过程中,通过自己的商业行为逐步建立起来的商业和商品形象。刑法将商业信誉与商品声誉并列规定,表明二者相互独立。商业信誉主要是针对经营者的评价,而商品声誉则是对商品的评价。损害商业信誉不一定涉及特定商品,而损害特定商品声誉,也不必然直接影响到特定经营主体的商业声誉。刑法将二者规定为选择罪名,也肯定了交叉竞合关系。通常而言,对经营者的商品品质、特点作出的评价,往往与其经营能力、

---

① 张明楷:《刑法学(第五版)》,法律出版社2016年版,第149页。
② 郎胜主编:《中华人民共和国刑法释义(第六版)》,法律出版社2015年版,第490页。

品德等因素相关,破坏他人商品声誉会直接或间接影响到他人的商业信誉。实践中,究竟应当如何区分选择适用罪名,存在较大争议。

在 23 个已判决样本中,仅涉及特定种类商品的,三种罪名均有涉猎。第一种是认定为损害商业信誉罪,共 10 个案件,这其中有 3 件涉及具体诋毁一类商品,包括帅丰牌集成环保灶造成火灾、农夫山泉矿泉水 90% 是假水、天津某科技公司实木门有质量问题等。第二种是认定为损害商品声誉罪,共有 4 个案件,均仅针对特定种类商品,包括喜多多椰果王果粒饮料椰果是塑胶制成、蒙阴蜜桃喷防腐剂、某罐车系旧货翻新的伪劣商品、北京地区食品行业生产"纸包子"。第三种是认定为损害商业信誉、商品声誉罪,共有 9 件,其中有 5 件仅针对特定种类商品,包括生产伪劣挂车、假化肥、假矿泉水、毒牛奶、不符合安全标准的化妆品。从上述案件的事实认定和判决分析来看,存在类似情形定性不一的现象,缺乏区分标准。甚至同样针对某公司生产假矿泉水,有的认定损害商业声誉罪,有的认定损害商业信誉、商品声誉罪。

关于该问题,学理上也存有不同意见。有观点认为损害商品声誉必然损害商业信誉。其理由是商品声誉往往体现在经营者的商业信誉中,最终应当属于经营者的商业信誉。[①] 持该观点的部分学者还认为商品既包括有形商品也包括无形商品——劳务或服务,无形商品的生产过程就是消费过程,对无形商品的评价实际上就是直接对商业信誉的评价。[②] 按照这个逻辑推论,损害商品声誉罪即没有独立存在的空间,因为此类行为要么构成损害商业信誉、商品声誉罪,要么构成损害商业信誉罪。还有观点认为二者并列存在、具有独立性,商品声誉具有商业信誉所不能涵盖的特殊性内容。[③] 同时明确了区分标准,如果行为人捏造并散布的虚伪事实是关于他人的信守合约或履行合同中的信誉度或者他人的生产力和资金状况方面的情形,一般只是侵害了他人的商业信誉,罪名应当确定为损害商业信誉罪。如果行为人捏造并散布的虚伪事实是关于他人产品的质量、等级、效果、制作方法、价格等方面的内容,因为只侵害了他人的商品声誉,罪名应确定为损害商品声誉罪。如果行为人捏造并散布的虚伪事实既有针对他人商业信誉的内容,又有针对他人商品声誉的内容,既损害了他

---

① 李卫红:《论损害商业信誉、商品声誉罪》,载《江西公安专科学校学报》2000 年第 1 期,第 27–29 页。

② 徐德华:《论损害商业信誉、商品声誉罪的认定》,载《商场现代化》,2008 年 8 月上旬刊,第 260 页。

③ 王广军:《浅析损害商业信誉、商品声誉罪司法认定中的几个问题》,载《检察实践》2005 年第 4 期,第 31 页。

人的商业信誉，也损害了其商品声誉，则应当确定为损害商业信誉、商品声誉罪。①

从现有刑法规定来看，损害商品声誉罪具有独立性，与损害商业信誉罪存在交叉关系。主要区分标准在于，直接侵犯的对象是人（经营者）还是物（包括传统商品和特定类型服务）。如果仅针对商品经营者资信能力的强弱、商业道德的好坏、是否守法经营等关于经营者信用和声望的评价，应当认定为损害商业信誉罪。如称被害单位破产倒闭、偷税漏税等。如果仅针对某种商品的质量的优劣、性能的好坏、价格的高低等评价，并没有直接诋毁、虚构生产或经营环节的，认定为损害商品声誉罪为宜。如果既针对特定商品又直接针对生产、经营环节，应当认定为损害商业信誉、商品声誉罪。对于确实难以区分的，也可以认定为损害商业信誉、商品声誉罪，但是在量刑的时候要综合考虑犯罪情节。

需要说明两个问题，一是，从立法完善角度来看，两者并没有区分的实际意义，建议将商业信誉和商品声誉视为一个统一体，直接规定为"损害商誉罪"。域外法律也多不加以区分，有的对法人和个人也不进行细化规定。如德国统一由刑法规定的诽谤罪、诋毁罪进行调整，这两个罪名的区别仅在于行为方式，犯罪对象既包括自然人，也包括法人。法国、意大利、日本刑法亦不进行对象区分。日本《不正当竞争防止法》对有竞争关系的主体保留了商业诋毁罪。在言论更加自由的网络环境下，网民更容易通过 A 信息衍生出 B 信息、C 信息，商业信誉与商品声誉之间交叉更加严重，与其让司法者耗费精力区分罪名，不如规定为一个罪名更便于操作。二是，在市场经济蓬勃发展的当下，刑法上对于商品的理解采广义概念更为合理。相关可参考的罪名有假冒注册商标罪，按照刑法第 213 条规定，未经注册商标所有人许可，在同一种商品上使用与其注册商标相同的商标，情节严重的，构成假冒注册商标罪。传统意义上理解这里规定的注册商标仅限定于商品商标，而近年来的司法实践导向及最高人民法院刑二庭对此问题的答复，在很大程度上认可了集体商标、服务商标、证明商标也属于刑法意义上的注册商标，而商品自然也包括"服务"。② 按照经济学观点，商品是人类社会生产力发展到一定历史阶段的产物，是用于交换的劳动产品。既然所有的劳动产品都可以称为商品，本罪名也没有排除其他种

---

① 韩伟、刘树德：《损害商业信誉、商品声誉罪认定指引》，载《刑事法判解》2011年第2期。

② 详见最高人民法院刑二庭《关于集体商标是否属于我国刑法的保护范围问题的复函》（2009年4月10日〔2009〕刑二函字第28号）。

类商品的必要。

（二）对"捏造"行为的界定

捏造，是指无中生有，虚构某种不存在的事实或是对真实情况进行歪曲。行为人在进行捏造时，可能是进行全部的捏造，也可能是部分进行捏造，可能是无中生有，也可能是对真实情况的歪曲。通过已决案件公布的事实来看，绝对部分案件行为人均系无中生有、凭空编造全部虚假事实，个别行为人恶意歪曲部分的，也达到了使读者误以为被害单位生产环节存在严重问题的程度。

在认定是否成立损害商誉罪时，实践中出现了对价值判断与事实捏造不区别对待，一律入刑的个案。如鸿茅药酒案，绝大多数学者均反对轻易将"价值判断"入刑的态度，主要理由是，谭某某在文章标题中使用"毒药"一词，确实构成了对鸿茅药酒的价值贬损，但综观全文却可以发现，文章的主体内容仅限于普及医学知识，而不涉及任何与毒性相关的具体事实。无论是标题还是内容，只属于否定性的价值判断或一般叙述，与捏造虚假事实无关。纯粹的价值贬损不符合损害商品声誉罪的构成要件。对比侮辱罪、诽谤罪的规范表述可知，我国刑法第211条规定的损害商品声誉罪仅对"编造并散布虚假事实"这一特定的行为方式进行规制，而并未像侮辱罪那样，将公然性的价值贬损纳入打击范围。为了保证言论自由权的充分行使，只要不存在明显的恶意，公民的言论即便存在错漏之处，也应当得到容忍，而不宜动辄得咎。[①]

可以说学界在鸿茅药酒案中已经对捏造的内涵分析得非常透彻了。在此基础上，笔者认为对网络损害商誉案件衍生出的三类问题仍需要关注。第一，刑法是否要与新的《反不正当竞争法》对接。现有刑法规定的损害商业信誉、商品声誉罪来源于原《反不正当竞争法》第14条，即"经营者不得捏造、散布虚伪事实，损害竞争对手的商业信誉、商品声誉"，也就是所谓的商业诋毁行为。而2017年11月4日颁布、2018年1月1日起实施的新《反不正当竞争法》重塑了商业诋毁的含义，修改为"不得编造、传播虚假信息或者误导性信息"。同时扩大了侵权范围，将"虚伪事实"修改为"虚假信息或者误导性信息"。在汉语理解层面，"捏造"与"编造"，"散布"与"传播"并不存在实质的差异，但是新法表述更加符合网络时代特征，"编造"更加明确了捏造

---

① 综合参考微信公众号"中国法律评论"，《从鸿茅药酒案谈损害商誉罪——北大冠衡刑事法治沙龙第四期》（5月17日）、《车浩评鸿茅药酒案：错在违反罪刑法定与比例原则，而非跨省办案或证据不足》（4月25日）等文章。

不仅限于无中生有的虚构，也包括在真实的信息和其他对象上"添油加醋"。"传播"更能体现信息流传的深度和广度。将诋毁内容从虚伪事实扩大到了虚假信息和误导性信息，意味着价值性评判不仅纳入其中，还包括不一定是虚假的信息，不明真伪的信息甚至一些不当使用的真实信息。上述改变从民法角度完善了商业诋毁行为内容的边界，能够更全面地保护市场竞争秩序和消费者的利益，但是刑法并不当然要做相应调整。刑事法律是公权力发动最集中、实施处罚最严苛的法律，必然适用比例原则，追求适当性、必要性、均衡性，在国家公权力与民众基本权之间进行均衡。只有在有必要且有利于目的的实现时，公权力才介入，而且只能动用对民众权益损害最小的手段及法律措施。正如有学者指出，对于不同主体而言，刑法对名誉保护位阶不同。商誉与人格尊严相比，当然处于次要地位。[①] 一方面法律允许经营者在宣传商品效用价值方面夸大虚饰，另一方面也应当允许社会对商品进行价值评判。所以即便在网络蓬勃发展的时代，也不能超过立法本意扩大刑法打击范围。第二，如何区分价值判断和事实编造。对价值的否定在一定程度上可能会影响到事实的判断，在一些情况下，二者存在难以区分的模糊地带。如鸿茅药酒案，与损害商誉有关的两句话，一个是谭某某在标题部分使用"来自天堂的毒药"来形容鸿茅药酒，另一个人文章第一句话"中国神酒，只要每天一瓶，离天堂更近一点"。这两句话都有一定误导性和模糊性，可能是价值判断，也可能是事实判断。这就需要结合全文内容来进行综合认定。文章内容均为老年人心肌变化、心脏传导系统、心瓣膜和血管老化，每天饮酒的危害，系一般性的医学知识，所以只能将"毒药"称为价值判断。这种价值判断的传播，尽管在一定程度上可能引起读者产生对事实的错误理解，但是也不能纳入刑事法律范畴。语言文化博大精深，不能因为被他人断章取义就认定行为人过错。需要结合整个犯罪行为进行判断，具体区分标准不宜条文化，应按照正常人理性认知来认定。第三，对于部分虚假事实的捏造或者夸大是否一律构成犯罪。有观点认为编造虚构、添油加醋、恶意歪曲和夸大部分事实或编造部分虚假事实均应当认定为捏造。因为通过散布之后都可能实现行为人损害他人商业信誉和商品声誉、给竞争对手造成经济损失的不正当竞争的目的。但是我们认为对于部分的捏造和歪曲，也应当结合其捏造、歪曲的成分、程度及实际或可能造成的结果进行认定。如果在整个传播的消息中所占比重不大，不足以给他人造成重大损失或严重后果的，按照刑法比例原则，也不应当认定为犯罪。

[①] 参考微信公众号"中国法律评论"《车浩评鸿茅药酒案：错在违反罪刑法定与比例原则，而非跨省办案或证据不足》（4月25日）文章。

（三）对"捏造并散布"单一或复合行为的理解

关于损害商业信誉罪是否要求行为人实施"捏造"行为的问题，有较大争议。从目前查找到的已有判决案例来看，绝大部分案件行为人兼有捏造、散布行为，只有2个案例以散布行为为主①，一个是孟某某案，其听说被害单位的面包是工业奶油面包。未经核实，用手机编写并在朋友圈发微信②。另一个是毛某某案，其在微博上看到有人发布温州南唐本色的3张色情图片，在明知系捏造的情况下仍然将上述色情图片上传到自己管理的论坛予以传播。

大多数学者们也认为，行为人必须同时实施了捏造和散布两种行为，才构成犯罪。依文义解释，"捏造并散布虚伪事实"，此罪行为乃复数——嫌疑人须捏造加散布二者皆有才可获罪。但是张明楷教授认为，本罪是单一行为，即散布捏造的事实。捏造不是本罪的实行行为，散布才是本罪的实行行为。理由是："（1）实行行为只能是导致紧迫危险的行为，单纯捏造虚伪事实本身不具有法益侵害的紧迫危险；（2）即使没有捏造虚伪的损害他人商业信誉的事实，但予以散布的，亦足以造成法益侵害；（3）语言含义具有不确定性，捏造本身包含了向外部传达的意思，且刑法之所以使用捏造并散布虚伪事实这种极为重复的表述，实际上只是为了防止将误以为是真实事实而散布的行为认定为犯罪，是为了防止处罚没有犯罪故意的行为；（4）若坚持认为本罪的实行行为包括捏造虚伪事实与散布，会产生许多消极后果，例如将单纯的捏造行为认定为犯罪预备甚至是犯罪着手，不当地扩大了处罚范围。"③

张明楷教授的观点更加符合互联网时代的犯罪构成要求。与传统犯罪不同，互联网促进了传播的便捷和分工的细化。行为人误以为是真实信息或者不明知是虚假信息，加以传播是不可能构成本罪的。但是如果明知他人捏造了事实，仍然予以传播，尽管行为人与他人并没有形成事前或事中共谋，也单方面完成了整个犯罪行为。这在一定程度上类似于承继的共犯，只是在互联网时代，需要对传统共犯理论重新解读。相关司法解释在其他罪名的构成理解上也早有突破。如《〈关于办理危害计算机信息系统安全刑事案件应用法律若干问题的解释〉的理解与适用》第9条将为破坏计算机信息系统行为提供帮助的

---

① 虽然前文说明至少有3件案例中，行为人或其辩护人认为主要信息来源系网络，并没有犯罪故意，但是从判决书显示证据来看，除了毛某某案以外，另外2件案例被告人要么没有提供明确来源线索，要么系其在原信息基础上加工编造。

② 判决书未能充分反映是否由其本人夸大为"被质检部门查出"的内容。

③ 张明楷：《刑法学（第五版）》，法律出版社2016年版，第830页。

行为作为共犯认定为犯罪。最高法相关人员多次发表文章或出书时均重申理由是网络环境下的共同犯罪具有不同于传统共同犯罪的特性。在传统犯罪中,一个人通常只能是单个人或者少数人的共犯;而在网络犯罪中,一个人往往能够成为很多人的共犯。这种情况下,一方面,要求抓获所有接受帮助行为的实行犯并查清相关情况,在司法实践中不具有可操作性,另一方面,可能存在所有的实行行为均未达到入罪标准,但帮助犯由于向数以万计的实行行为提供了帮助,其行为性质反而更重的情况,对帮助犯更有惩罚的必要。[1] 也就是说不需要找到实行犯,也不需要实行人构成犯罪即可构成共犯。对于帮助犯都能够单独定罪,对于承继的共犯更是如此。承继的共犯与帮助犯类似之处在于,散布人想找到网络上流传的虚假信息原发布人,并与之想成犯罪联络是困难的,其只要明知该信息是虚假信息,仍继续实施散布行为,就完成了整个犯罪行为,对该散布人应当按照其自身行为。这一点也可以与现有共同犯罪理论中行为共同说相接轨,只是需要对行为共同说进行改造。行为共同说的基本立场是,共犯通过共同实施"行为"来实施各自的犯罪;共犯也是对自己的犯罪"行为"承担罪责,所以,共犯者相互之间的罪名不必具有同一性,也不要求共犯人之间存在作为共通的犯罪意思的故意。[2] 故而建议进一步降低门槛,将"行为"界定为违反刑法规定的行为,即使行为情节、危害后果未达到刑罚追诉标准,也属于共同"行为"的范畴。而对于确实操控对方行为,将对方视为工具的犯罪,则直接认定为间接正犯。

由于捏造行为必须是故意,所以从完整的犯罪构成来看,只有明知他人捏造事实仍然予以散布的,才构成本罪。在认定单一的散布虚伪事实行为的违法性时更应当严格遵循刑事构成要件规定,限定为明知更为准确。这种明知是确切的知道或者应当知道,不包括可能知道。如前所述网络视阈下信息高速公路的互联网新媒介远比传统大众媒介传播速度快、扩散范围广,网络自身的传播特点为虚假信息的产生提供了生存的土壤。在信息爆炸的时代,很多信息的真实与否,对大多数网民来说难以核实。如果一味要求必须经过核实真实才能转发,也会对言论自由的保障和整个互联网传播行业的发展带来较大冲击。在评价是否有主观明知方面,可以采用刑事推定规则。

---

[1] 喻海松:《〈关于办理危害计算机信息系统安全刑事案件应用法律若干问题的解释〉的理解与适用》,载《人民司法》2011年第19期,第32页。
[2] 张明楷:《共犯的本质》,载《政治与法律》2017年第4期,第14页。

(四) 对是否区分直接故意和间接故意的理解

行为人往往提出其散布虚假信息的目的是提高公众对平台的关注、提醒公众注意食品安全、没有预料到传播速度这么快。在 3 份判决书①中，法院明确了直接故意或间接故意，其他判决书中虽然没有进行区分，但多份判决指出无论是直接故意还是间接故意，并不影响本罪的认定，如刘春林、邓一川案等。有学者认为该罪名仅包括直接故意，值得商榷。按照我国刑法第 221 条规定，本罪名应当为故意犯罪，并未将间接故意排除在外。而且综合看域外规定，也未区分直接故意和间接故意。要求行为人精准预测到危害后果才能定罪，并不符合社会对名誉的高度保护需求。

总体而言，一些国家通过多个罪名对公民、法人或其他主体的名誉进行保护，均未区分直接故意和间接故意。只有犯罪动机纯粹以公益为目的、确有公共利益保护之需要且系真实事实才做出犯罪处理。首先来看德国法律规定。德国旧的反不正当竞争法以附属刑法的方法规定了损害商誉罪，《联邦德国反不正当竞争法》第 15 条规定：确实了解情况和了解关于他人的营业、其营业者个人或经理、关于他人货物或劳务，但制造或散布能伤害其营业或营业者信誉的非属真实消息的人，处以 1 年以下徒刑或罚金。要求主观必须是"确实了解"。但该规定近乎于民法规范（反不正当竞争法第 4 条第 7 项和第 8 条）以及民法典第 824 条；又近乎于一般的刑法对侮辱构成要件，实践意义不大，2010 年修改该法时废除了刑事规定。目前完全适用刑法第 186 条（诽谤罪）、第 187 条（诋毁罪）规定。按照德国刑法第 186 条规定，指摘或传述足以使他人受蔑视或在社会通念中足以贬低他人之事者构成此罪。对所传述或指摘之事，能证明其为真实者，不罚。② 第 187 条规定，行为人违反良知提出或散布涉及他人的不真实的事实，该事实可导致他人被轻视或在公共评价中被贬低或者损害其信用构成此罪。③ 也有相关著作将上述"违反良知"翻译为"明知其为不实"④，与我国刑法对犯罪故意规定相同。再看日本的规定，也均要求主观明知。日本刑法典第 2 编第 35 章分别规定了毁损名誉罪、毁损信用和妨害

---

① 包括毛某某案，施某某案，泉州市江鸿网络科技有限公司、许有限案。
② 何赖杰、林钰雄审译，李圣杰、潘怡宏编译：《2017 年最新版德国刑法典》，元照出版公司 2017 年版，第 262 页。
③ 该内容系北京市人民检察院王志坤检察官帮助查阅并翻译德国法条原文。
④ 何赖杰、林钰雄审译，李圣杰、潘怡宏编译：《2017 年最新版德国刑法典》，元照出版公司 2017 年版，第 263 页。

业务罪。① 与德国的诽谤罪内容相似。此外，日本不正当竞争防止法保留了商业诽谤罪的规定，即事业不得为竞争之目的，陈述或散布足以损害他人营业信誉之不实情事，按该罪名处罚。但是在上述罪名发生竞合的情况下，择一重罪论处。所以只要出于因私的目的，散布损害他人名誉信息，无论真伪，均构成其中某一种犯罪，而不必探究行为人持希望还是放任的心态。

（五）对侵犯对象的范围的认识

一是对"他人"作何理解。虽然不少学者认为他人具有特定性，只有危害行为明确指向具体他人时，本罪才能成立。但是我们认为，在网络时代，可以放宽对"他人"的范围理解，特定并非等于具体。所谓他人包括个人、个体工商户、个人合伙、公司、企业在内的生产者、经营者，既包括某个具体的生产者、经营者，也包括某一类商品的生产者和经营者。从现有判决来看，既包括指向特定的主体，也包括特殊地区的生产者和经营者，如北京地区卖包子的食品经营者、蒙阴县桃农。刑事案件不同于民事案件，并不必然要找到特定的被害人，尤其是本罪规定在社会主义市场经济犯罪秩序章节中，侵犯的并非单一客体，主要侵犯的是正常的市场秩序。行为人在捏造并散布虚伪事实时，有时并没有明确指出所损害的对象，没有提及某个生产者、经营者的名称或者其商品的名称。但是相关生产经营者和消费者从其捏造并散布的事实的内容上完全能够推测出是指向某一类商品或某类生产者、经营者的，也应认定为损害了"他人"的商业信誉和商品声誉。与该罪名类似的有侵犯知识产权犯罪，按照2011年最高人民法院、最高人民检察院、公安部《印发〈关于办理侵犯知识产权刑事案件适用法律若干问题的意见〉的通知》第11项规定，对于起获海量非法出版图书而难以一一查找到权利人，被告人没有相反证据的，可以直接认定为侵犯他人著作权。这也在很大程度上肯定了本章节的部分罪名并不以明确找到具体被害人为前提，只要有证据证明其破坏了正常经营秩序，就可以认定本罪。

二是对法定代表人或实际控制人的诋毁是否构成本罪。共有3个案件的判决书显示行为人通过诋毁法定代表人造成损害经营者商业信誉的后果。第一个是杨某甲案，杨某甲为报复公司解职一事，捏造该公司董事长杨某某因招标问题向原市委书记行贿等虚假信息，并利用互联网将该信息公开发布在其本人的微信朋友圈并发送给两名原同事。第二个是周某某案，周某某指使他人将选定的网站论坛链接、提供的原帖等资料在互联网上进行散布，组织员工顶帖、转

---

① 参见张明楷译：《日本刑法典（第2版）》，法律出版社2006年版，第88页。

帖，捏造某公司董事长在国有企业改制过程中"用 89 万侵吞 6 亿国有资产"的相关虚假事实。判决书认定点击率超过 8 万次，严重损害了被害单位的商业信誉。第三个是韩某某案，该人在某村张贴"告全体受骗者书"，散布虚伪事实，诋毁某投资担保有限公司的老板，使该老板及其投资担保公司受损。由于缺乏对案件具体细节的了解，并不清楚行为与企业受损结果之间的关联程度，不能对上述案件进行评价。判决书亦未明示如何在诽谤罪和损害商誉罪之间进行选择。有观点认为，应当根据行为人的犯罪目的来准确认定案件性质。[①] 笔者认为，无论侵权行为人捏造并散布虚伪事实的主要目的是损毁、贬低企业经营者、个体工商户个人人格、名誉，还是损害他人的商业信誉、商品声誉，由于企业经营者及个体工商户的个人信誉对企业信誉有较大影响，实际或多或少都会造成商业信誉或商品声誉的降低。判断的标准在于其编造的事实与该经营主体的关联性。如果是对其任职期内的相关工作事实进行编造，就应当认定为具有直接因果关系，情节严重的，同时构成诽谤罪、损害商业信誉罪，以想象竞合犯或者牵连犯从一重罪处罚更为适宜。如果确实与工作无关，仅对该个人私生活或者与本公司无关联的活动进行编造，则只能认定为诽谤。

（六）对犯罪情节及量刑的认定

我国刑法规定只有给他人造成重大损失或者有其他严重情节的，才构成本罪。根据 2010 年最高人民检察院、公安部《关于印发〈最高人民检察院、公安部关于公安机关管辖的刑事案件立案追诉标准规定（二）〉的通知》第 74 条的规定，除了给他人造成直接经济损失 50 万元以上的情形之外，有下列情形之一也属于情节严重，包括：一是虽未达到上述标准，利用互联网或者其他媒体公开损害他人商业信誉、商品声誉的；二是造成公司、企业等单位停业、停产 6 个月以上，或者破产的；三是其他给他人造成重大损失或有其他严重情节的情形。

梳理的网络犯罪案件中，有 6 起案件明确根据司法审计、退货情况等计算经济损失；有 9 起案件有明确的网络浏览量、点击人数、转发次数或评论数；在其他 5 起网络案件中未认定直接经济损失或具体严重到何种程度，由法院自由裁量。其中施某某案在一审判决中以经销商取消订单认定重大损失，二审法院认为该认定依据不足，以施某某利用互联网等媒体公开损失商业信誉认定情节严重。而毛某某案判决书认定："虽检察部门向法院提供之现有证据不能直

---

① 参见焦润赞：《损害商业信誉、商品声誉罪若干问题研究》，郑州大学 2007 年度硕士学位论文。

接证实酒吧是否因本案而受直接经济损失,然市场经营主体之商誉和品牌价值等无形资产亦同具价值而应得法律救济,被告利用互联网散布酒吧从事色情表演之虚伪事实必使受害人商誉遭有损失且害及品牌价值,同时亦会直接影响其经营境况。"有学者对该判决提出质疑,既然没有证据直接证明酒吧遭受重大损失,法院不妨从被告人毛某某利用互联网及其他媒体(社会影响重大)捏造并散布带有淫秽色情的虚假事实(手段恶劣)来解释"有其他严重情节"。在民事侵权责任规范能够予以完全救济、行政法规范能够予以制裁的情况下,不宜由刑法进行干预。①

上述观点有一定的合理性,在科技蓬勃发展的当下,普通公民通过互联网发布信息易如反掌,凡是在互联网上传播虚假信息就构成犯罪,显然并不符合立法本意。类似的罪名包括诽谤罪、侵犯著作权罪、传播淫秽物品罪等都有具体网络点击率等数量要求,如按照2013年《关于办理利用信息网络实施诽谤等刑事案件适用法律若干问题的解释》第2条规定,诽谤罪的情节严重是指达到"同一诽谤信息实际被点击、浏览次数达到5000次以上,或者被转发次数达到500次以上的;造成被害人或者其近亲属精神失常、自残、自杀等严重后果的;2年内曾因诽谤受过行政处罚,又诽谤他人的;其他情节严重的情形"等要件之一。但是,如前所述,笔者也论述了利用互联网实施此类犯罪的社会涉及面广、扩散力强、案件取证困难等特点,在设定定罪门槛和考虑量刑时,理应区别于普通犯罪。

参考域外法律规定。基于对名誉权的高度保护,此类犯罪为行为犯或危险犯,并不需要造成实际危害后果。而散布对象、散布范围、散布内容是此类案件判断量刑轻重的因素。网络是最为有效的公开面对数人传播信息的方式,损害商业信誉、商品声誉的手段就是捏造虚假事实,均应当处以量刑位阶最高的刑罚。如日本刑法第2编第35章所规定的信用毁损罪,有学者认为该行为使有降低他人信用之虞的状态产生即构成犯罪,并不需要现实地降低了信用,本罪是具体的危险犯。② 而德国刑法规定,一般诽谤罪处以1年以下有期徒刑或罚金,但是公然或以文书(声音、影视载体、资料储存物、图像等表现形式也以文书论)传述者,处2年以下有期徒刑或罚金。一般的诋毁罪处2年以下有期徒刑或者处以罚金,但是公开的,在集会上或通过散布文书实施,处以5年以下有期徒刑或罚金。意大利刑法第594条、第595条分别规定了侮辱罪、

---

① 李明龙:《损害商业信誉、商品声誉罪裁判规则实证研究》,载《法制博览》2018年第3期,第15页。

② 大塚仁著:《刑法概说(各论)》,冯军译,中国人民大学出版社2003年,第158页。

诽谤罪。从条文来看也都是行为犯，且针对不同行为规定了不同刑罚。当面侵犯他人名誉或尊严的，或者通过发给被害人的电报、电话、文字或者图画实施的，处以 6 个月以下有期徒刑或者 516 欧元以下罚金。如果侵犯表现为归罪某一特定的事实，处以 1 年以下有期徒刑或者 1032 欧元以下罚金。如果侵犯行为是当着数人面实施的，刑罚予以增加。除上述列举的情况外，在与数人的联系中侵犯他人声誉的，认定诽谤罪，处以 1 年以下有期徒刑或者 1032 欧元以下罚金。如果侵犯表现为归罪某一特定实施，刑罚为 2 年以下有期徒刑或者 2065 欧元以下罚金。如果侵犯行为是通过印刷品或任何其他传播手段或者是在公文书中实施的，处以 6 个月至 3 年有期徒刑或者 516 欧元以上罚金。[①]

在上述国家该类罪名系告诉乃论罪，当事人有充分的程序选择权，如果能够通过民事途径解决就不必再上升到刑事惩罚高度，所以规定行为犯或危险犯是恰当的。而对于量刑判断因素，可以充分吸收其立法精神。只是这种轻刑犯罪，不宜再苛以条数、点击数等量化标准要求，应当鼓励法官根据具体情况自由裁量。再看本土实践，在该追诉标准出台之前，2008 年上海地区对其他严重情节规定为"使用卑劣的手段损害他人的商业信誉、商品声誉的，多次在公开场合损害他人的商业信誉、商品声誉的"，不失为较好的范本。综上，笔者建议网络损坏商业信誉、商品声誉案件中的"情节严重"，除了当前司法解释明确规定的情形以外，互联网作案主要考虑以下因素：是否多次实施；是否直接在多个平台散布；是否在消费者中产生严重的不良影响；是否使用恶劣的手段、捏造恶毒事实；是否有违法所得；是否因损害他人商业信誉和商品声誉被有关主管部门处罚后又实施损害他人商业信誉、商品声誉；等等。此外增设规定：符合其他立案追诉情节之一，同时又在互联网上散布的，应当从重处罚。

（七）对相关罪名的选择

利用信息网络实施损害商业信誉、商品声誉罪，可能涉及诽谤、寻衅滋事、敲诈勒索、非法经营、煽动暴力抗拒法律实施、编造、故意传播虚假恐怖信息罪、破坏生产经营等犯罪，网络平台管理者还可能构成帮助信息网络犯罪活动罪、非法利用信息网络罪。尽管涉及多个罪名，但实践中对绝大多数罪名区分相对较为清晰，在发生竞合或牵连关系时，有法律或司法解释明确规定的，按照规定定罪，没有规定的依照处罚较重的规定定罪处罚。

[①] 黄风译注：《最新意大利刑法典》，法律出版社 2007 年版，第 201 页。

主要是对于该罪与破坏生产经营罪的选择存在较大争议。1999年三四月间，温某某、王某某、查某某等3人多次在郑州点击量较大的商都信息港bbs公告栏中发布所谓交通银行郑州分行行长携款数十亿元外逃的消息，由此造成1999年4月19日至4月22日郑州市所有交通银行网点前挤提风潮，此一事件造成交通银行直接损失1252万元，间接损失2050万元。2000年1月4日，郑州市管城区人民检察院以涉嫌破坏生产经营罪对温某某等3人提起公诉。① 再如前所述的恶意好评案，最终认定破坏生产经营罪。

关于第一个案例，学界几乎都是批评声音，认为扩大了破坏生产经营罪的适用范围。而对第二个案例，存在三种争议，有意见认为应当认定为破坏生产经营罪，董某某为打击竞争对手而雇用谢某某对智齿公司南京分公司淘宝网店进行恶意好评，造成被害人商品被搜索降权，其本质是对智齿公司南京分公司正常生产经营活动的破坏，应当认定为破坏生产经营罪。有意见认为应认定损害商业信誉、商品声誉罪，董某某、谢某某恶意好评竞争对手的行为实质是侵犯了智齿公司南京分公司的商品声誉，破坏市场交易秩序。还有一种意见认为，对智齿公司南京分公司商品声誉的诋毁，实质上是一种不正当竞争行为，应当承担相应的民事和行政责任，不构成犯罪。②

随着时代的发展，破坏生产经营罪与损害商业信誉、商品声誉罪在犯罪手段和侵犯对象方面，均发生了不同程度的变化。按照刑法第276条规定，由于泄愤报复或者其他个人目的，毁坏机器设备、残害耕畜或者以其他方法破坏生产经营的，构成破坏生产经营罪。该罪限于通过对财物行使有形力的手段，造成财物的效用丧失或者减少的结果。传统观点认为要有与"毁坏机器设备、残害耕畜"相当的物理损坏手段，造成具体的被害人财产性损失才构成本罪。但是实践判例表明，其侵犯对象已经从有形财产逐步扩大到无形财产领域，且作案方式也不再苛求于传统机械式操作。如对被害单位计算机系统程序源代码等核心数据进行人为删除修改，造成重大经济损失，认定为破坏生产经营犯罪。③ 而在已有判例中，损害商业信誉、商品声誉案件的犯罪主体散布的都是贬损类信息，对于足以让他人产生反感的虚假好评，是否能够纳入本罪范畴，

---

① 李燕：《浅析网络时代的损害商业信誉、商品声誉罪》，载《咸宁学院学报》2010年第8期，第19页。

② 参考由张宁生主持，刘艳红、刘远、刘军、顾晓宁等人参加的江苏省南京市雨花台区检察院组织的"恶意好评'捧杀'竞争对手行为如何定性"研讨会概述，载《人民检察》2006年第24期，第42页。

③ 详见北京市海淀区人民法院（2015）海刑初字第434号刑事判决书，海淀区人民检察院以破坏生产经营罪起诉蒋辉，获判决支持。

需要认真研读法条规定。刑法第221条并没有限定信息的好坏，只要行为人捏造并散布虚伪事实，损害了他人的商业信誉和商品声誉，不管是哪种内容的事实，都构成该罪名。所以上述"恶意好评"案，行为人明知道淘宝平台信誉管理规则，利用网络交易中双方信息不透明的特点，故意多次提供虚假好评，使消费者和淘宝平台均对被害人信誉产生了否定性的评价。此时就完成了损害商业信誉、商品声誉行为。又因为行为人通过实际上的支配导致平台管理者对被害店家进行有形力操作——降权，淘宝平台其实就是被利用的工具，行为人属于间接正犯，最终造成实际经济损失，实现了破坏生产经营罪和损害商业信誉、商品声誉的犯罪构成。法院最后择一重罪，按照破坏生产经营罪定罪并无不当。而第一个案例，由于在作案方式上缺乏有形力的支撑，危害后果上也以扰乱市场秩序为主，以损害商业信誉罪认定更为妥当。

（八）对网络平台的责任认定

狭义上的互联网平台有三种主体：网络内容提供者（ICP）、网络服务提供者（ISP）、网络设备提供者（IAP）。广义上还包括上述平台衍生出的博客、微博、微信公众号、百度官方贴吧、论坛、BBS等自媒体。

网络内容提供者，是指直接向用户提供信息内容的服务商。与自媒体、普通信息发布者一样负责存储、编辑信息，应承担一样的责任，需要注意的是区分不同的行为方式，究竟是自己捏造还是散布他人已经捏造好的虚伪事实。对于后者，只能对"明知系捏造"的主体追责。通常情况下，如果只是转帖或者复制粘贴，则仅需要承担一般注意义务。对于复制粘贴者，应当有明确指出来源的义务，否则视为其自行捏造。对于自行编辑、添加信息内容的信息，则应当承担相应的审查义务。关于其明知的推定主要有四个方面：一是向其他人表示过系虚假信息；二是被他人告知系虚假信息且他人提供了足以可信的证据；三是通过正常人认知可以判断系虚假信息；四是在原信息基础上进一步捏造虚假事实。如毛某某案中，毛某某辩称其并不明知是虚假信息，但是合议庭未予以采信，归纳而言有三点理由：一是现有证据证明毛某某明知该色情图片并非来源于被害单位，其在"柒零叁散讲管理群"回答有关消息来源时称"真相是5月份就有了，宁波的"，足见其明显知道该色情图片来源并非本色酒吧；二是毛某某作为板块的版主，其本身即具有审核论坛发布贴子是否违法相关规定的责任，且具有删除贴子的权利，其作为从业人员对于其本人发布贴子内容的真实性要有比一般网民更高的审慎注意义务；三是其作为一个拥有正常认知能力的被告人，其在法庭上辩解发贴的目的是向有关部门举报，但是却不通过电话或互联网向相关职能部门举报，而是将图片以及自己编撰的文字信息在论坛上传播，且其所配文字明显与举报贴的方式不相符。故对其所称已核实过消息来源真实性的意见,不予采纳。

网络服务提供者,即向广大用户综合提供互联网接出接入业务、空间存储、搜索引擎QQ、信息业务和增值业务的电信运营商。主要包括提供网络自动接入或传输服务提供者、提供网络自动存储服务提供者、提供信息存储空间出租服务提供者、搜索引擎服务提供者四种服务。有日本学者认为,网络运营商如果对诋毁性信息放任不管,就符合不作为犯的一般要件,至少成立从犯。[①] 但是我们认为无论是刑法还是民事法律,网络服务提供者在不明知的情况下,都应当以"避风港"原则免责。主要理由是网络服务提供商面对海量不特定信息,没有能力进行事先审查,除非主动对用户信息进行选择、编辑、删除,否则对信息内容的真伪毫不知情。如果事后被告知该信息违法犯罪,及时删除相关信息,就应当认定其有没有犯罪故意,不应当承担刑事责任。该原则最初来自美国1998年制定的《数字千年版权法案》(DMCA法案),我国《侵权责任法》《互联网著作权行政保护办法》以及相关司法解释均对此做了规定,而《信息网络传播权保护条例》第20条至第23条对此进行了较为系统而全面的规定。参照民事法律规定,结合损失商誉类案件特征,可以归纳总结以下刑事认定规则:一是相关主体告知网络平台系虚假信息并且提供了相关证据,网络平台应当履行必要的审查义务,对于确实可能侵犯他人商誉权的,应当对相关信息予以删除,否则可能根据具体情节认定其犯罪故意。二是根据审查义务高低综合判断主观明知。提供搜索引擎服务的服务者仅提供技术服务,审查义务相对较低,除非相关主体提供明确线索告知他人进行埋字串技术进行诋毁或者有其他行为证明其明知,否则不认定其具有犯罪故意。网络存储服务提供者对存储于服务器上的信息具有较强的支配力,可进行物理或远程控制乃至轻而易举地删除存储内容,所以其监控义务相对高于其他网络服务提供者。作为一个心智正常的人就可以发现违法犯罪线索,但是该种平台管理者因未能尽到相应的审查义务而未发现,应当承担不作为义务,认定为具有犯罪故意。如果网络服务提供者实施了额外行为或者提供了额外的服务,则应当承担更加严格的审查义务。行为人不能一方面从中获取利益,另一方面又提出没有能力做实质审查的抗辩。除非确有证据线索证明其客观上难以辨别真伪、无法进行有效监控的可能性,否则应当推定为明知。三是明确发现有虚假信息的,未及时采取停止传输、消除等处置,也应当认定为具有犯罪故意。

---

① 参考[日]松宫孝明著:《刑法各论讲义》,王昭武、张小宁译,中国人民大学出版社2018年版,第126页。

网络设备提供者是指仅提供网络存储空间、网络传输运行的硬件设备以及提供服务器托管服务的运营商。由于网络设备提供者仅提供设备，并不负责审查其中的内容，所以除非明确知道有损害商誉的内容，否则不应当承担刑事责任。对此类平台如果明知他人实施犯罪仍然提供工具帮助，可以按照传统共犯理论的帮助犯论处。

网络内容提供者（ICP）、网络服务提供者（ISP）以及自媒体管理者，均可能采用超链接形式引导公众点击查看。对于普通链接和加框链接，由于平台管理者没有对源文件进行编辑，承担一定的注意义务即可。而关于深度链接，则需要承担相应的审查义务。在侵犯著作权犯罪领域，此种情况曾经引起过非常大的争议。如首例深度链接入刑案，张某某在自己的网页上加框链接未经著作权人授权的影视作品。以设置目录、索引、内容简介、排行榜等方式向用户推荐影视作品，并通过强制提供QVOD播放软件等方法，为用户浏览、下载上述影视作品提供服务。获取广告收益共计10万余元。法院审理认为，其网络服务提供行为，使公众可以在个人选定的时间和地点通过网站获得作品，符合信息网络传播行为的实质性要件，据此判决张某某犯侵犯著作权罪。[1] 不少民法学者持反对态度，理由是侵犯著作权民事领域尚且以"服务器标准"认定是否构成侵权[2]，被链接作品的信息网络传输行为是由被链接网站完成，而作品的呈现或播放是由用户或被链接的站点所完成[3]，且设链者无法对设链作品进行完全控制，一旦被链接网站删除了相关作品、关闭了服务器或者采取其他技术保护措施，公众将无法查看该作品。应该说，损害商誉类犯罪与侵犯著作权犯罪有本质区别，不需要复制粘贴作品，重要的是传播信息本身，故而不应当按照"服务器标准"来判断，由于该种行为属于前文所述的实施了额外行为或者提供了额外的服务，故而平台应当承担与之对应的审查义务。

---

[1] 孙超：《网络"深度链接"侵犯影视著作权网站经营者被判有期徒刑》，载《人民法院报》2014年6月10日。

[2] 根据我国在《最高人民法院关于审理侵害信息网络传播权民事纠纷案件适用法律若干问题的规定》中对"侵害信息网络传播权行为"的定义，行为人需是"通过上传作品到网络服务器、利用设置共享文件或文件分享软件等方式，将作品置于向公众开放的网络服务器中，使公众可以在个人选定的时间和地点获得作品"。

[3] 谢惠加：《试论著作权间接侵权规则的法定化——兼论著作权间接侵权规则的经济分析》，载《河北法学》2007年第25期第2版，第101-106页。

三、程序法适用存在的主要问题及建议

(一) 关于管辖权的争议

从判决显示信息来看,所有案件均系在被害人所在地法院判决,普遍将被害人财产遭受损失地作为管辖依据。其中有两起案件①辩护人提出管辖权争议。主要担心会影响公正处理。2014年最高人民法院、最高人民检察院、公安部发布的《关于办理网络犯罪案件适用刑事诉讼程序若干问题的意见》规定网络犯罪案件的管辖地包括犯罪行为发生地的网络服务器所在地,网络接入地,网站建立者、管理者所在地,被侵害的计算机信息系统及其管理者所在地,犯罪嫌疑人、被害人使用的计算机信息系统所在地以及被害人财产遭受损失地等。

相关负责人解读管辖规定时,指出这样修改的主要原因是"网络犯罪跨地域性特征明显,网站服务器等要素往往分布在不同地方,解决管辖权不明问题"②。但是并没有对为何包括"被害人财产遭受损失地"作特别说明。事实上,2014年的司法解释沿用了2011年最高人民法院、最高人民检察院、公安部《印发〈关于办理侵犯知识产权刑事案件适用法律若干问题的意见〉的通知》(以下简称《意见》)关于管辖的规定。而相关负责人解读2011年《意见》时指明,权利人实际利益受到侵犯,更容易察觉侵权行为所在,也相对容易发现侵权产品,将权利人遭受实际侵害的犯罪结果发生地作为犯罪地,犯罪行为更能够被及时立案侦查,知识产权受保护力度更大。③ 在某种程度上说明了办案机关突出保护被害人合法权益的态度。但是损害商业信誉、商品声誉罪案件侵犯对象系经营者,查阅的案例里就至少有五起发生在竞争对手之间,对于地方与地方之间龙头产业商业竞争案件,容易将矛盾升级为刑事案件,难免会有地方保护之嫌。当前司法判例已经将被害人财产遭受损失地等同于被害人所在地,在此种理解下,其公司注册地、分支机构所在地、租赁服务器所在地公安、法院、检察院均有管辖权,容易造成选择性办案。如果不加以约束,

---

① 周某某犯职务侵占罪、损害商业信誉罪案,辩护人认为由被害单位所在地管辖有失公允;石某某案,辩护人认为该案发生在蒙阴县境内,但是由蒙阴县分局的派出机构巨山派出所管辖,提出异议。

② 喻海松:《"关于办理网络犯罪案件适用刑事诉讼程序若干问题的意见"的理解与适用》,载《人民司法》2014年第17期,第18页。

③ 逄锦温、刘福谦、王志广、丛媛:《"关于办理侵犯知识产权刑事案件适用法律若干问题的意见"的理解与适用》,载《人民司法》2011年第5期,第17页。

被害人利益的扩张极易使刑事司法沦为地区商业竞争的工具。

在民事案件中,主要考虑"两便原则",即便于人民诉讼、便于法院审判。可是刑罚是国家公权力对公民人身、财产的惩罚,刑事诉讼应该更加强调查明案件事实和保证司法中立的重要性。任何人都享有不受偏倚审判的权利。司法公正与人人平等原则紧密相连,只有尽可能避免当事人受到不公平、不均衡的刑事追诉和审判,才能实现实质意义上的公平正义。而司法独立是司法公正的保障,只有司法独立才能够保证和促进司法权公正行使。在确定管辖时,还要充分考虑审判机关能否准确认定案件事实和证据,所以仍然要承认以犯罪地为管辖原则。

虽然我国刑事诉讼法并没有明确规定属地管辖与行政区划挂钩,但是我国现行检、法设置与行政区划基本完全对应。为了保障依法独立公正行使审判权,党的十八届四中全会提出"探索设立跨行政区划的人民法院和人民检察院"。近年来,先后成立了多家专门法院,审判制度发生了较大变化。2018年9月7日发布的最高人民法院《关于互联网法院审理案件托干问题的规定》显示,北京、广州、杭州成立互联网法院,集中管辖所在市的辖区内应当由基层人民法院受理的第一审部分民事、行政案件。从长远发展来看,在全国范围内落实跨行政区划审判制度改革的必然趋势。由专门法院审理网络损害商业信誉、商品声誉犯罪案件,能够保障诉讼程序顺利进行,也有利于司法公正。同时,从有利于诉讼程序顺利进行的角度出发,应当承认侦查与审判相分离的级别管辖制度。一是将更有利于查明案件事实。从刑事立案到刑事审判需要经过一段侦查过程。在刑事诉讼程序开启阶段,就要求公安机关明确查明犯罪地是相对困难的。为保障案件顺利进入刑事诉讼程序,不少国家均承认侦查管辖的独立性。如法国预审法官经提前通知后就有权在任何地方指挥侦查,英国治安法官对境内犯罪案件也均能预审。二是将更有利于解决级别管辖分歧。对公安机关的侦查管辖权规定不能与审判管辖强求一致。三是将更有利于案件公正审理。将侦查与审判管辖分离后,可以由专门法院审判案件,会更加突出司法的中立性和公正性,强化案件事实的审查而不用过多考虑案外因素,更能维护当事人合法权益。

(二)关于电子数据的调取和审查

所谓"电子证据",是基于现代信息技术产生的以信息形式存在的证据。此类案件主要涉及两类问题,一是关于被害人委托第三方机构调取的电子数据的证明力。部分案件在证据里没有呈现收集调取电子数据过程的勘验笔录,列明的是证据保全公证书及相关网络截图。从中国实践来看,公证机构、鉴定机构、存证取证技术公司和网络数据公司均被划归过第三方存取证的范围。对于第三方机构调取的电子数据的证明力如何评判。按照目前的刑事诉讼法规定，第三方机构并不符合侦查主体资质。案件一旦启动立案程序，公安机关、刑事司法机关才具备合法的取证主体身份。但是互联网犯罪有其特殊性，采取各种防篡改技术获取的电子证据真实性较强。根据最高人民法院《关于互联网法院审理案件若干问题的规定》第11条第2款规定，当事人提交的电子数据，通过电子签名、可信时间戳、哈希值校验、区块链等证据收集、固定和防篡改的技术手段或者通过电子取证存证平台认证，能够证明其真实性的，互联网法院应当确认。这也就意味着无论是否有第三方机构、第四方机构，只要被害人提交的电子数据使用了相关防篡改技术，民事、行政审判就认可其证据效力和较强的证明力。笔者认为该规定对刑事诉讼程序同样有参考价值。所有能证明案件事实的材料都是证据，对于此种真实性较强的证据，可以比照行政证据的刑事转化程序，直接予以认可。如果犯罪嫌疑人、被告人提出异议的，可以委托鉴定或者由有专门知识的人对争议问题进行说明，确有必要的情况下才由检察机关、公安机关重新开展勘验工作。但是综合考虑取证的规范性，尤其是如果前期因为不当操作导致电子数据毁损等后果，给后续侦查工作会带来不必要的麻烦，还是由被害人向侦查机关提供线索为宜，检察机关、公安机关可以委托有专门知识的人配合取证，第三方机构可以作为有专门知识的人，但是由检察人员、侦查人员指挥侦查。而对于普通的网页截图及公证报告，其虽然也具有一定的证据资格，但证明力较弱。

二是关于电子数据收集的规范性。现有判例来看，仅两个案件有电子数据勘验笔录，大多数案件均仅为网页截图、照片等，没有说明来源。而关于电子数据调取、审查运用，当前司法解释和规范的文件已经规定得相对完备。包括2005年公安部《公安机关电子数据鉴定规则》，2009年最高人民检察院《电子证据鉴定程序规则（试行）》，《人民检察院电子证据勘验程序规则（试行）》，2012年最高人民法院《关于适用刑事诉讼法若干问题的解释》，2016年由最高人民法院、最高人民检察院、公安部联合颁发的《关于办理刑事案件收集提取和审查判断电子数据若干问题的规定》，以及散见于其他司法解释等文件中的相关规定。笔者不再赘述，重点在于侦查和审查过程，都应当注重电子证据的完整性、关联性、真实性和合法性。完整性是指要从整个证据链条的完整性角度考虑，注重全面收集案件的电子数据，比如收集调取网络平台发布信息、网络应用服务的通信信息、用户行为痕迹信息、电子文件、USB设备痕迹、信息设备IP地址等系统设置、上网记录、信息系统数据库数据、手机App数据等。再比如查扣电脑要记录电脑品牌、型号、生产编号、硬盘品牌、硬盘容量、硬盘序列号、硬盘型号等具体信息。关联性要求电子证据必须既能够从内容上影响对案件事实的认定，同时也能够从载体上证明虚拟空间的身份、行为、介质、时间、地址同物理空间的当事人或其他诉讼参与人具有某种联系。这就需要调取 IP 地址、所属身份信息以及存储介质的归属等关键内容，同时结合相关供述、证言确定电子数据和犯罪嫌疑人之间的关联、电子数据和被害人之间的关联，做到设备落地、指向明确的犯罪嫌疑人。真实性就是要尽可能计算完整性校验值，确保电子数据自取证之日起没有经过人为的修改和编纂。合法性是电子数据的取证主体、取证程序以及取证过程符合刑事诉讼法以及上述司法解释、规范性文件的规定。

（三）关于"主观明知"的推定

对于平台主观明知的认定，已经在前文进行了较为详细的论述，这里主要针对普通发布者的"主观明知"的推定规则进行说明。推定是指根据法律规定或者经验法则，从基础事实推导出推定事实。[①] 刑事推定的种类包括法律推定与事实推定。我们要讨论的是事实推定，也即法律对此尚缺乏规定，但是正常人依据理智和经验能够做出高度盖然性的判断。推定的依据需要经验法则，是指逻辑法则和人类的思维理性。经验法则不可能是完全理性的，存在非必然性的可能。而推定事实是否正确除了取决于基础事实和推定根据的准确性之外，还取决于行为人是否具有偶然性因素。所以推定可以反驳的空间很大，刑事推定也并未发生举证责任的转移或者降低证明责任的标准。检控方仍然需要严格按照犯罪构成要求承担举证责任，这是控制国家权力、保障无罪推定的诉讼功能决定的。而辩方只要能够提供明确有效的线索说明存在"合理怀疑"，就可以否定推定的成立。

综合来看，关于主观明知的刑事推定的适用条件是，被告人散布了捏造的事实，辩解并非其捏造，且拒绝承认明知。而基础事实包括以下几种情形：一是没有明确有效的信息来源线索；二是与他人的聊天记录中说明其明知；三是相关主体予以提示并出具一定材料后仍不进行审查、删除；四是通过行为人的个人简历，可以认定其对该信息有判断能力；五是其明知相关媒体已经公开宣布系虚假信息，仍不予删除；六是对原信息进行一定程度加工，进一步恶化了捏造程度；七是其他按照正常人心智可以认定明知的情形。推定运用的经验是正常理性人普遍认可的准则。比如按照常识，如果系网络上看到的信息，应当有浏览、复制、粘贴的痕迹。而辩方有反驳的权利，如其进行过审查但仍无法

[①] 宋英辉、何挺：《我国刑事推定规则之构建》，载《人民检察》2009 年第 5 期，第 12 页。

辨别真伪、在某具体网址查看到信息无法辨别真伪等，只要能够提供明确有效线索的，应当予以采信。

(四) 关于被害人的程序选择权

商业信誉、商品声誉是被害人的无形财产，与有形财产并无本质区别。为了在较低的犯罪成本与高昂的修复损失费用之间寻求平衡，有必要赋予被害人更多的程序选择权。首先，建议赋予被害人自诉选择权。我国刑诉法将自诉案件分为三类：一是告诉才处理的案件，包括：侮辱、诽谤案。二是被害人有证据证明的轻微刑事案件，包括生产、销售伪劣商品案（严重危害国家秩序和国家利益的除外），侵犯知识产权案（严重危害国家秩序和国家利益的除外）等其他的轻微刑事案件。三是被害人有证据证明对被告人侵犯自己人身、财产权利的行为应当依法追究刑事责任，而公安机关或者人民检察院不予追究被告人刑事责任的案件。从现有规定来看，损害商业信誉、商品声誉罪案件并未纳入其中，而与其具有相当社会危害性或者具有相似权利属性的案件，均有所列。比如，与侮辱罪、诽谤罪相比，其主要系被侵犯的对象不同，后者属于告诉才处理案件。与侵犯知识产权犯罪相比，其私权属性反而更加强烈，知识产权除了属于权利人的无形财产以外，还涉及国家版权管理部门、商标权管理部门、专利权管理部门等行政部门对其的管理，而损害商誉犯罪以侵犯经营者商誉为主，最高刑罚2年，且很难上升到严重影响国家和社会利益的程度，但是后者属于可自诉案件。所以将其纳入自诉案件范畴，并没有理论和逻辑障碍。

其次，建议将此类案件纳入刑事和解和附带民事诉讼范畴。通过诉讼获得赔偿是此类案件被害人的最实际愿望，也是被害人最关注的问题。从已决案例来看，被告人案发后赔偿被害单位损失，取得被害单位谅解的网络案件共3件，非网络案件1件，占总案件数的16.67%。从国家司法的角度来说，自从国家开始取代被害人承担追诉犯罪人的责任时起，国家便独占了刑罚的发动权和行使权，打击犯罪成为国家的一项重要职能，被害人的权利容易被忽视。在刑事诉讼程序中，由于刑法及司法解释并未明确哪些属于"被害人的合法财产"，故而很少有司法机关能够认定被害人损失数额，依法查封、扣押、冻结的涉案财物往往全部被没收、追缴上交国库，有的甚至以无法查清来源为名发还给犯罪行为人。如果允许刑事和解或者附带民事赔偿，被害人在刑事诉讼判决之前即能够充分表达财产诉求，多一些损失救济途径。但是对于确实难以认定直接经济损失的案件，从提高诉讼效率的角度出发，可以驳回被害人附带民事诉讼请求，建议其单独提起民事诉讼。

附件：收录的 24 个已处理案件情况表：

序号	判决时间	审判机关	被告人（上诉人）	认定的主要犯罪事实	从轻或减轻情节	裁判结果
1	2014	山东省淄博高新技术产业开发区人民法院	虞某某	被告人为达到泄愤和解决纠纷的目的，在QQ群上捏造散布某教育科技公司申请破产倒闭以及涉嫌欺诈、偷税犯罪的虚假事实，号召客户停止与某教育科技公司继续发生业务，该信息在互联网上被转发传播，众多客户退单或停止交易业务。经会计司法鉴定所鉴定，某教育科技公司因互联网上发布的该虚假信息致使其信誉损害，造成的直接经济损失为620073.61元。	如实供述、初犯	犯损害商业信誉罪，有期徒刑9个月，并处罚金人民币1万元。
2	2015	山东省梁山县人民法院	方某某	被告人系竞争对手公司销售经理。在微信朋友圈发现照片后发布信息，称杨某某公司的罐车爆炸，并附有杨某某公司罐车罐体出现损坏的图片。该信息在微信朋友圈中传播，严重损害了杨某某公司罐车的声誉。相关客户因此事而退订在被害人单位定作的罐车23台。根据每种型号的损失价格鉴定计算共881001元。	被告人发布当天主动删除了相关虚假信息，犯罪情节轻微	犯损害商品声誉罪，免予刑事处罚。
3	2018	山东省临沂市中级人民法院（二审）	王某某	被告人系货车司机，与同事姜某某驾驶辽F×××××号冷藏车在蒙阴县蒙阴街道办事处岔河村、旧寨乡西里庄村蜜桃收购点装桃过程中，被告人用手机偷拍桃农往蜜桃上喷水的视频4段，在未经核实的情况下自行杜撰配音，称桃农正在往蜜桃上喷洒防腐剂，并将视频公开发布到微信朋友圈和快手（App），上述视频在互联网上被大量点击浏览和转发，仅在《内涵段子》上就被播放253031次，转发976次。被告人发布的视频在网络上迅速发酵，网传"临沂蜜桃喷洒防腐剂"事件引发多家电视媒体的关注，央视、山东卫视等7家电视栏目先后进行了报道。"蒙阴蜜桃"是农产品地理标志产品，在国家工商行政管理总局商标局注册成为中国地理标志商标。严重损害了"蒙阴蜜桃"的商品声誉，给蒙阴县桃农经济造成重大损失。	如实供述	犯损害商品声誉罪，判处有期徒刑1年，并处罚金人民币3万元。
4	2014	山东省临沂市中级人民法院（二审）	石某某	被告人是被害单位竞争对手公司职工。被告人使用自己的手机在互联网10个贴吧发布大量有关山东九州汽车制造有限公司没有生产资质、购买虚假合格证和发票、回收废旧报废车辆"拆解、拼装、翻新、改装"后销售、所生产挂车粗制滥造，"仅2012年就有上百辆车断大梁"等虚假内容及诋毁该公司产品质量的帖子，给九州公司造成恶劣影响。	如实供述	犯损害商业信誉、商品声誉罪，判处拘役3个月，缓刑6个月，并处罚金人民币2万元。

续表

序号	判决时间	审判机关	被告人（上诉人）	认定的主要犯罪事实	从轻或减轻情节	裁判结果
5	2015	浙江省温州市鹿城区人民法院	毛某某	被告人发现"灰色又灰色"账号在微博上以"温州南唐本色节目辣么精彩，@温州草根新闻，你怎么看？"为标题发布了3张色情图片，遂下载至电脑。被告人使用在"柒零叁"网站的"独特风味"账号以"温州南塘本色酒吧，现场真人示范做爱（有图有真相）"为标题，将上述色情图片发送至"柒零叁"论坛"散讲温州"版块，并编写了"昨晚发生的，相关部门在哪里？南塘本色酒吧这么豪放？快赶上外国色情场所了，酒吧上演这么道德沦丧，没有羞耻的节目，对于这个节目我想说：下次请再通知我"的文字说明。随后将该贴中的图片加上马赛克后重新上传至论坛。	自首	犯损害商业信誉罪，判处有期徒刑9个月，并处罚金人民币5000元。
6	2000	浙江省缙云县人民法院	王某某	浙江仙都啤酒发展公司部分行政管理人员出现腹泻、腹痛等症状，卫生防疫部门对该疫情进行调查，认为疫情与一线生产工人及产品质量无关。竞争对手公司任职的被告人王某某借机从他人处获得官方调查报告，对内容进行修改、增减，编造一份题为《缙云县仙都啤酒发展公司发生群体感染性腹泻疫情》的传单。宣称仙都啤酒发展公司职工不断出现疫情，病例发展既快又猛，引起恐慌；并谎称江苏某地发生类似疫情，10万余人身受感染，还提醒仙都啤酒消费者千万小心，以防受感染。而后，经过公章剪贴、套印后，以江西省南昌市经济信息中心的名义，将600余份传单单独或附上《调查报告》邮寄给丽水、金华地区有关仙都啤酒消费者。同时，还打电话给另一家啤酒厂领导提出联手打败仙都啤酒，导致金华、永康等市场上有大量的由王某某编写的传单被散发，该传单在丽水市场上被广为张贴和投递。给浙江仙都啤酒发展公司的企业形象和商品声誉造成了严重损害，导致该公司的产品销售量急剧下降，遭受经济损失共计人民币290万元。	自首	犯损害商业信誉、商品声誉罪，判处有期徒刑6个月，缓刑1年，并处罚金人民币5万元。

续表

序号	判决时间	审判机关	被告人（上诉人）	认定的主要犯罪事实	从轻或减轻情节	裁判结果
7	2015	浙江省嵊州市人民法院	刘某某、张某某	被告人刘某某因与帅丰公司的经销商在江山市的商品市场上竞争激烈，出于攻击帅丰公司之目的，两次指使被告人张某某将公司领导交给其的恶意编辑的视频上传至优酷网，并同意张某某添加了一段与事实不相符的文字诋毁帅丰公司。该视频经被告人张某某上传优酷网上后，截至2014年1月8日视频浏览量为2928次，损害了帅丰公司商业信誉，导致该公司的产品销售量下降并遭受经济损失。	刘某某如实供述，张某某如实供述且系在校学生	犯损害商业信誉罪，分别判处有期徒刑10个月，并处罚金人民币1万元；有期徒刑8个月，并处罚金人民币6000元。
8	2015	浙江省杭州市西湖区人民法院	施某某	被告人施某某为增加其微信公众号关注度和点击率，并从中牟利，在无任何事实依据的情况下，将从互联网上收集的涉及农夫山泉质量问题的图片进行拼凑，凭空编造了"农夫山泉停产，市面上所售90%都是造假水"的文章，并将该虚假文章发布在其微信公众号上。后该虚假文章被大量点击阅读，并在微信等互联网媒体上迅速传播，严重损害了农夫山泉股份有限公司商业信誉，造成该公司产品滞销、大量经销商退货等结果。因浙江、贵州、四川、重庆等地经销商取消已签订的产品订单而造成的销售价款损失为人民币936949元。	如实供述	犯损害商业信誉罪，有期徒刑6个月，并处罚金人民币5000元。
8	2016	浙江省杭州市中级人民法院（二审）	同上	原判根据农夫山泉股份有限公司的经销商取消已签订的产品订单销售价款达人民币93万余元，认定造成重大损失依据不足，但未具体说明理由，但上诉人施某某利用互联网等媒体公开损害农夫山泉股份有限公司商业信誉，属于情节严重。其他事实认定相同。	同上	驳回上诉，维持原判。另原判根据本案的犯罪事实、情节和社会危害性，以及上诉人施某某归案后的认罪态度和悔罪表现等，在法定刑幅度内对其所处刑罚并无不当。

续表

序号	判决时间	审判机关	被告人（上诉人）	认定的主要犯罪事实	从轻或减轻情节	裁判结果
9	2016	内蒙古科尔沁左翼中旗人民法院	潘某某	被告人剪辑制作在该火锅内吃出老鼠的视频并发布到优酷网内，并通过优酷网转发到自己的微信朋友圈，后于当晚20时许将视频删除。经侦查机关下载的截图证实，该视频累计播放30135次。	如实供述	犯损害商业信誉罪，判处有期徒刑9个月，并处罚金人民币1万元。
10	2017	上海市嘉定区人民法院	王某某、李某某	二被告人经预谋，共同撰写多篇文章捏造竞争对手公司长期采用给予回扣等非法手段获取广告业务的事实，并指使他人通过在知名网站发布、转载等方式进行传播，以达到损害新合公司信誉、利用舆论迫使对手公司退出广告业务的目的。2016年9月12日至10月14日间，上述文章被百余家媒体网站转载，浏览量达24万余次。被害公司为消除上述文章引起的不良影响，聘请公关公司、律师事务所等进行处置，花费人民币80余万元。2017年3月24日，因上述文章造成的负面影响，被函告终止关于广告业务的相关合作。	李某某具有自首情节，王某某系从犯，取得被害人谅解	犯损害商业信誉罪，均判处有期徒刑9个月，缓刑1年，并处罚金人民币1万元。
11	2017	福建省晋江市人民法院	刘某某、邓某某	二被告人伙同李某某（不起诉处理）录制有关"喜多多椰果王果粒饮料"中的椰果是塑胶制成的1分52秒视频并上传至驾驶学院微信群，称椰果会吃死人。视频在互联网广泛传播，其中被"江苏盱眙万事通""盱眙网"两个公众号转载，阅读量分别达到9847人次、6137人次。经检验，所检食品涉及项目均合格。	刘某某如实供述，邓某某系累犯但自动投案自首	犯损害商品声誉罪，判处有期徒刑9个月，并处罚金人民币5000元。
12	2014	浙江省温州市鹿城区人民法院	杨某某	案发当晚22:00，被告人为报复被浙江新中梁房地产开发有限公司解职一事，捏造该公司董事长杨某某因七都地块和外滩首府招标问题向原温州市委书记行贿等虚假信息，并利用互联网将该信息公开发布在其本人的微信朋友圈。又通过微信将该信息发给公司两名原同事。次日早8时许，被告人将该信息从微信朋友圈删除。	如实供述	犯损害商业信誉罪，判处有期徒刑7个月，并处罚金人民币1000元。

续表

序号	判决时间	审判机关	被告人（上诉人）	认定的主要犯罪事实	从轻或减轻情节	裁判结果
13	2016	浙江省丽水市中级人民法院	周某某犯职务侵占罪、损害商业信誉罪（抗诉、上诉案）	被告人周某某召集他人秘密制定诋毁凯恩集团有限公司董事长王某某的"叔叔计划"。指使他人将选定的网站论坛链接、提供的原帖等资料在互联网上进行散布，组织员工顶帖、转帖。后互联网上出现《揭黑：中国国企第一贪——用89万侵吞6亿国有资产》等相关文章，捏造凯恩集团有限公司董事长王某某在国有企业改制过程中"用89万侵吞6亿国有资产"的相关虚假事实。相关文章在中华网论坛、华声论坛等网站点击率超过8万次，严重损害了凯恩集团有限公司的商业信誉。	如实供述	犯职务侵占罪，判处有期徒刑10年6个月，并处没收财产人民币20万元；犯损害商业信誉罪，判处有期徒刑1年，并处罚金人民币10万元，数罪并罚，决定执行有期徒刑11年，并处没收财产人民币20万元，罚金人民币10万元。
14	2015	河南省遂平县人民法院	朱某某	被告人使用在网上看到的被害单位大门"还我血汗钱"横幅照片，配上"假化肥大曝光"的虚假标题，加注"来自遂平县千余名老百姓拉着农民要吃饭、还我血汗钱的条幅将工厂围堵近三天"虚假评论内容，通过微信、QQ等平台发布到互联网上，引起传播、炒作。造成被害单位化肥销售额下降，产品退货严重。经价格认证中心鉴定，造成直接经济损失535546元。	如实供述	犯损害商业信誉、商品声誉罪，判处有期徒刑8个月，并处罚金人民币3万元。
15	2015	广东省惠州市中级人民法院（二审）	张某某、黎某某	二被告人为实施报复，在图片上添加捏造某矿泉水公司利用水库水、自来水制作天然矿泉水等虚假内容的信息及"举报信"，并在互联网上散布。根据县公安局公共信息网络安全监察大队统计，多家知名媒体网站均引用、转载，引起广泛关注；浏览人数有约2100人，发表评论7人，转载4人，相关帖子2条。	如实供述	犯损害商业信誉、商品声誉罪，分别判处有期徒刑1年6个月，并处罚金人民币2万元；有期徒刑1年4个月，并处罚金人民币1万元。

续表

序号	判决时间	审判机关	被告人（上诉人）	认定的主要犯罪事实	从轻或减轻情节	裁判结果
16	2015 2016	甘肃省陇南市中级人民法院（二审）	易某某、周某某、汪某某（汪某某后到案，均上诉）	三被告人虚构被害单位存在巨大行贿、重大涉黑等问题，并在网络上撒布传播，导致相关公司终止与被害单位的铝钙钡供应合同，致使产品积压和部分产品粉化，造成重大损失。甘肃省万利铁合金有限责任公司编制的2014年5月3日至2014年6月26日预计利润（盈利预测）报告，预计净利润为903792.75元，经甘肃信立德会计事务所对该盈利预测报告进行审核，认为该预测报告是在该编制基础及基本假设的基础上恰当编制的，预计会造成一定的损失，但损失金额无法确定。	无	犯损害商业信誉、商品声誉罪，分别判处有期徒刑1年2个月、1年、1年2个月，均并处罚金人民币1万元。驳回上诉，维持原判。
17	2014	内蒙古格尔古纳市法院	孟某某	被告人听妻子说在公交车上听两个女的聊额尔古纳市丽丽娅面包房是用工业奶油做的面包。未经核实，被告人用手机编写并在朋友圈发微信，内容为"太黑了——额尔古纳丽丽娅面包被质检部门查出用工业奶油冒充食用奶油制作面包出售"等内容的虚假信息，极大损害了被害公司声誉，造成经济损失。经抽样检验，该公司所用奶油均符合标准。	不详	犯损害商业信誉、商品声誉罪，判处有期徒刑1年，并处罚金人民币2万元。
18	2017	内蒙古和林格尔县人民法院	泉州市江鸿网络科技有限公司、许某某	被告人为扩大江鸿公司微信公众号知名度，增加点击量，从网上下载2011年12月26日"蒙牛纯牛奶被检出致癌物超标140%"的视频，采用遮挡视频发布时间、添加微信等方式对原始视频作了实质性修改，在腾讯视频、5个微信公众号发布，该视频被1073个微信公众号转发，其中有数个微信公众号浏览量在10万次以上。使人误以为是最近发生的事件。引发产品积压、大量退货，蒙牛公司紧急辟谣、进行正面宣传，造成重大经济损失。	如实供述	判处单位和被告人犯损害商业信誉、商品声誉罪，判处单位罚金人民币5万元，判处许某某有期徒刑10个月，罚金人民币2万元。
19	2012	河南省安阳县人民法院	韩某某	被告人在某村张贴"告全体受骗者书"，散布虚伪事实，诋毁某投资担保有限公司的老板，使该老板及其投资担保公司受损。	赔偿被害单位经济损失10万元，取得谅解	犯损害商业信誉罪，判处有期徒刑9个月，缓刑1年。

续表

序号	判决时间	审判机关	被告人（上诉人）	认定的主要犯罪事实	从轻或减轻情节	裁判结果
20	2017	河南省鹤壁市淇滨区人民法院	刘某某	被告人因故与天津某科技有限公司发生纠纷，在协商未果的情况下，在天涯论坛、新浪博客等网站发布虚伪的贬低天津某科技有限公司实木门质量的信息。	如实供述	犯损害商业信誉罪，罚金人民币3000元。
21	2017	河南省辉县市人民法院	魏某某、王某某	二被告人将拍摄的位于某废弃煤场的照片标注为某商贸公司注册地点、将该公司的货物周转发货场地照片标注为产品生产车间、编辑该公司"化妆品因添加违禁品，新乡和广州有关执法部门正在调查"等虚假信息，并指使他人发布在互联网上。后通过淘宝网委托他人做网址链接，利用微信朋友圈及QQ空间发布，上述网址链接的浏览次数累计为175136次，被转发次数累计为1315次。	被告人如实供述、初犯、与被害单位达成和解，被害单位对两被告人予以谅解	犯损害商业信誉、商品声誉罪，判处有期徒刑6个月，罚金人民币5000元。
22	2007	北京市第二中级人民法院	訾某某	被告人通过查访，在没有发现有人制作、出售肉馅内掺纸的包子的情况下，为了谋取所谓的业绩，化名"胡月"，冒充建筑工地负责人，到北京市朝阳区某院内，对制作早餐的陕西省来京人员卫某某等四人谎称需定购大量包子，要求卫某某等人为其加工制作。后携带秘拍设备、纸箱和自己购买的面粉、肉馅等再次来到该院。以喂狗为由，要求卫某某等人将浸泡后的纸箱板剁碎掺入肉馅，制作了20余个"纸箱馅包子"。与此同时，秘拍了卫某某等人制作"纸箱馅包子"的过程。在节目后期制作中，被告人采用剪辑画面、虚假配音等方法，编辑制作了虚假电视专题片《纸做的包子》播出带，对北京电视台隐瞒了事实真相，使该虚假新闻在北京电视台生活频道《透明度》栏目播出，造成了恶劣影响，严重损害了相关行业商品的声誉。		犯损害商品声誉罪，判处有期徒刑1年，并处罚金人民币1000元。

续表

序号	判决时间	审判机关	被告人（上诉人）	认定的主要犯罪事实	从轻或减轻情节	裁判结果
23	2018		谭某某	谭某某发布题为《中国神酒"鸿茅药酒"，来自天堂的毒药》的网帖，从心肌变化、血管老化、动脉粥样硬化等方面，说明鸿茅药酒对老年人会造成伤害。涉事企业以他恶意抹黑造成自身140万元经济损失为由报警。内蒙古凉城警方以"损害商品声誉罪"将谭某某跨省抓捕。2018年4月26日，鸿茅药酒生产方——内蒙古鸿茅国药股份有限公司发布企业自查报告，面向社会公众致歉。2018年5月17日，鸿茅药酒事件被抓医生谭某某发道歉声明；同日17时，鸿茅药酒公司发布声明说，接受谭某某致歉并撤回报案及侵权诉讼。根据最高人民检察院指示，内蒙古自治区人民检察院听取了凉城县人民检察院案件承办人的汇报，查阅了案卷材料。经研究认为，目前案件事实不清、证据不足。自治区人民检察院指令凉城县人民检察院：将该案退回公安机关补充侦查并变更强制措施。		
24		安徽省合肥市蜀山区人民法院、安徽省合肥市中级人民法院（一审、二审）	李某某	被告人因对曾供职的同志公司不满，多次在"地产维权QQ群""合肥房地产交易网"以及新浪网上以自己开设的BLOG上发表和转帖了其虚构的针对被害公司名为"我被同志公司张勇忽悠的真实故事""同志公司采用卑鄙手段恐吓威胁员工""同志地产大崩盘，人员出走三分之二""同志地产反击无能为力，虚画馅饼为自己充饥"以及"关于网站帖子的声明"等多篇文章，故意诋毁同志公司商业信誉。上述文章经被告人李某某在网上发表后，网民点击率共4434次，致使与同志公司有业务往来的池州青华房地产开发有限公司发函终止了与同志公司代理销售项目，造成同志公司直接经济损失达602万元。淮北市亿园房地产开发有限责任公司发函要求降低同志公司为其代理销售项目代理费，使代理费由2.5%降到1.5%，造成同志公司直接经济损失达834092元。		犯损害商业信誉罪，判处有期徒刑1年，并处罚金人民币1万元。

互联网企业数据协查规则研究

课题组*

导致办案机关无法在刑事案件亟须侦办时得到应有的金融、电信、互联网企业助力。机遇一方面是金融、电信、互联网企业在掌握核心人才和技术的基础上,其能够利用先天的优势条件对自身产生的数据进行有序的处理、运算,能够生成数据产品供办案机关侦查破案使用;另一方面是办案机关和金融、电信、互联网企业的数据协查规则的构建是大数据背景下对案件侦办工作提出的新要求,办案机关如何顺应大数据时代发展趋势,实现案件侦办思维和方法论意义上的变革,从而在大数据背景下构建新型数据协查规则,并借助这一形态,推动案件侦办工作全面转型升级,是当前执法司法机关面临的一项紧迫和艰巨的工作。

需要说明的是,在课题的研究过程中,基于以下具体考虑,为了使研究内容更具实践性和指导性,笔者将研究对象集中于侦查机关的执法需求,并将研究重心转向互联网企业,而不单独讨论金融、电信企业:一是考虑到在刑事诉讼程序的不同环节中,侦查机关、检察机关、审判机关从不同角度都有数据协查的需求,但目前司法实践中对数据协查需求最迫切、与数据协查联系最紧密的是侦查机关;二是考虑到金融企业、电信企业与互联网企业存在明显的交互融合的趋势,许多互联网企业具有金融电信机构特征,传统金融电信企业也在互联网化。但从研究结论来看,本报告有关互联网企业应对侦查机关执法需求而提供数据协查服务的问题凝练、理论分析及解决方案探索均可推广适用至不同类型办案机关针对不同类型企业的取证行为。

一、引言

(一)研究背景

近年来,中国高度重视大数据发展。习近平主席多次强调指出,数据是新

---

* 课题组负责人:劳娃,课题组成员:贾贺萌、谢君泽、刘为军等。

的石油,是本世纪最为珍贵的财产,是工业社会的"自由"资源,大数据正在改变各国综合国力,重塑未来国际战略格局,谁掌握了数据,谁就掌握了主动权。中国政府制定《促进大数据发展行动纲要》,全面推进大数据发展,实施"国家大数据战略",加快建设数据强国。

大数据时代的到来,意味着数据逐渐实现战略化、资产化、社会化,意味着一个将数据当作核心资产的"数据为王"时代的到来。我们的社会也将发生根本性的变革。在大数据的时代背景下,侦查机关也面临着工作体制机制的改革,在众多机制改革和重构过程中,其中侦查机关与互联网企业数据协查规则的构建已是大势所趋,并且迫在眉睫。

从目前规定来看,在我国现行体制下的侦查机关主要是指国家安全机关、公安机关、检察机关、军队保卫部门、中国海警局、监狱。互联网企业的定义有广义和狭义之分,广义上的互联网企业是指以计算机网络技术为基础,利用网络平台提供服务并因此获得收入的企业。狭义上的互联企业是指在互联网上注册域名,建立网站,利用互联网进行各种商务活动的企业。

笔者研究的侦查机关与金融、电信、互联网企业的数据协查规则正是以法律规定的侦查机关及互联网企业为基础,侦查机关如何在大数据时代建立切实可行的数据协查规则,是困扰侦查机关和互联网企业很长时间的一个问题。笔者基于大数据时代背景,对侦查机关与互联网企业的数据协查规则进行了初步的探索和构建,形成了初步的顶层框架设计和制度设计,力求为侦查机关与金融、电信、互联网企业的数据协查规则的立法提供借鉴之处。

(二)研究目的

侦查机关与互联网企业数据协查规则的构建是一个长期的研究课题,不同的时代背景要求侦查机关与互联网企业数据协查规则的模式也是不一样的。现在随着科学技术等手段的发展,犯罪分子利用互联网犯罪的趋势越来越明显,新型犯罪层出不穷,仅仅依靠侦查机关的单打独斗已经明显不能应对复杂的犯罪形势了,这就需要在侦查专业化过程中通过侦查的社会化来填补侦查机关工作的不足和漏洞。

通过研究发现,截至目前,学者对侦查机关与互联网企业数据协查规则的研究往往都是停留在对侦查模式变革方面,即试图通过完善侦查机关的顶层设计来解决实践工作存在的问题,研究内容多集中在侦查机关内部横向、纵向协作,对于侦查机关和互联网企业数据协查规则方面的研究仅仅停留在表面,并没有对侦查机关与互联网企业数据协查规则的构建提出可借鉴的范本。笔者立足于大数据时代背景,基于整个社会治理的视角,立足侦查机关和互联网企业的工作实践,从侦查机关和互联网企业两个主体出发,探索侦企双方在合作侦查刑事案件时所承担的法律地位、法律权利、法律义务和法律责任。力图提出一套切实可行的侦查机关与互联网企业数据协查规则,以便能够为侦查机关侦破刑事案件提供帮助,为提高企业品牌效应提供益处。

(三) 研究意义

随着大数据时代的到来,侦查机关中的公安机关承担了大部分刑事案件的侦查工作,面对当前电信网络诈骗等非接触性犯罪和其他的新型犯罪,犯罪分子将犯罪现场扩展到了虚拟的网络空间,导致侦查人员无法利用传统的侦查模式确定嫌疑人身份信息,仅仅依靠侦查机关单打独斗是远远不能适应大数据时代犯罪形式多样的要求的。因此,侦查机关在面对这些多样化的犯罪形式和传统侦查模式时,就要思考在这种大数据背景下,侦查机关在保证公民隐私权的前提下,如何在这种复杂严峻的犯罪形势下高效利用互联网企业提供的各类资源,规避自身存在的各种不足和缺陷,构建什么样的数据协查规则,以提高快速侦查破案能力,是笔者主要研究和探讨的内容。

(四) 研究现状

笔者在研究侦查机关与互联网企业开展数据协查规则过程中,查阅了大量的国内外侦查机关、执法机构与互联网企业开展数据协查规则方面的文献资料,发现国外对于个人隐私数据保护立法已经出台,侦查与互联网企业的数据协查规则也附带加入了立法中。国内学者的研究成果大部分集中在侦查机关内部横向、纵向数据协作,对于侦查与互联网企业的数据协查工作的研究成果相对较少。

1. 国外现状

(1) 美国 cloud 法案

2018 年 3 月 23 日,美国总统特朗普签署了《澄清境外数据合法使用法案》(又被称为《云法案》),这使得美国执法机构更易跨境调取其公民海外信息,FBI 将可凭借一纸传票,收集来自其他国家的电子邮件和个人信息,该法案的通过意味着美国的执法机构可以从旧金山的企业托管在法国的服务器中获取文件,从而避开法国隐私保护法和法律制度。该法案也未对美国联邦调查局向提供通信服务的公司和实体索要数据的行为做出限制,代理商将能够从他们想要的任何人那里获得信息。

(2) 欧盟 GPDR 法案

欧盟对于金融、电信及互联网企业数据协查规则的研究主要体现在关于数字隐私、商业秘密和个人信息保护等领域的成果上,欧盟《通用数据保护法案》(GPDR) 及其应用场景的研究,相关企业对 GPDR 的理解如微软的 Beginning your General Data Protection Regulation（GDPR） Journey。但从相关案例报道来看，企业对执法或司法的取证要求应如何配合、配合到何种程度，也未形成成熟的规则体系。

2. 国内现状

侦查机关与互联网企业数据协查规则渠道不畅，目前处在大数据时代的互联网企业的数据资源每天都在以秒级速度更新，互联网企业由于缺乏政府机关统一组织和协调，很多地方都没有建立起侦查和互联网企业的数据协查通道。从侦查机关而言，很多侦查机关仍然停留在自主采集数据资源的状态，这种被动式的采集模式纵向应用价值较低，上级侦查机关掌握的资源尚未完全对下开放（以简单查询为主），无法综合应用；此外，公安、检察院等侦查机关的信息资源横向交流较少，导致无法有效实现资源的综合利用。从互联网企业而言，互联网虽然掌握了大量的数据资源，但是互联网企业很多情况下由于人力、物力、财力的限制，往往不能充分有效地配合侦查机关做好数据的协查工作。国家层面也没有统一的数据协查规则，导致侦查机关仍是按照刑法与刑事诉讼法等相关法律中的规定到企业进行调查取证，流程、审批手续繁杂，无法适应现代多样化犯罪形势，互联网企业在利用大数据时代发展壮大自己的同时，承担的社会责任和义务明显不对称，尤其在配合侦查机关调查取证环节，更是缺少主动性和积极性，无法在刑事案件侦查阶段有效配合侦查机关做好相关调查取证等工作，导致战机延误，侦查机关很有可能就丧失了抓获嫌疑人和破案的机会。

二、典型案例分析

本部分对近期发生的三起"滴滴出行遇害案"进行梳理，探讨公安机关在侦查破案时与"滴滴出行"合作过程中存在的问题和漏洞，进一步明确侦查机关与互联网企业在面对刑事案件侦查时所应当处于的法律地位、法律义务和社会责任，研究侦查机关和企业在处置问题时的不同需求，从而为数据协查规则的构建提供解决之道。

（一）广东深圳钟某某案

2018年5月3日凌晨，深圳南山公安分局高新派出所接事主报警，其妻子钟某某于5月2日21时左右，在南山高新区乘坐一辆网约车到宝安沙井返回学校。22时15分，再次电话联系显示妻子手机关机。

南山分局接到报警人报案后，立即组织专门警力对钟某某失踪案进行立案侦查，经分局与滴滴沟通后，核实嫌疑人潘某某车牌照系临时伪造。经工作，5月3日中午，南山公安在宝安区一个出租屋内将犯罪嫌疑人潘某某抓获，并在南山区同乐路往石岩方向的路边树丛中找到被害人钟某某的尸体。

该案暴露出"滴滴出行"在深夜遇到类似突发事件时,其无法与侦查机关主动及时沟通协调,不能在案发后的第一时间内向警方提供案件线索,致使公安机关可能错过了侦查破案的最佳机会。公安机关等部门对"滴滴出行"进行约谈后,"滴滴出行"表示其正在与公安机关联手建立更完善及时的布控系统和侦破联动机制,将在内部进一步完善司机安全和服务信用系统,以及加强针对乘客的安全措施,以最大限度地规避类似事件发生。①

(二)河南郑州李某某案

2018年5月7日17时许,郑州警方航空港区接到群众李先生报警,5月5日晚23时53分许,其女儿李某某从昆明飞到郑州,在与航空公司签约的酒店换装洗浴后,李某某为赶回济南老家参加一位亲戚的婚礼,在航空港区郑州航空港实验区沃金大酒店搭乘滴滴顺风车前往郑州站,途中失踪。

2018年5月8日,警方告知家属李某某的遗体被找到,身中多刀。民警立即联系滴滴打车安全部门,获知李某某5日晚所乘滴滴网约车牌号为豫A82RU5,车主名叫刘某某,男,27岁,名下有一辆车牌号为豫A82RU5的江淮瑞风S2白色越野车,2018年3月3日该车注册"滴滴顺风车",并在郑州航空港区周边运营。

2018年5月10日,滴滴公司向全社会公开征集线索,希望全社会帮助查找一位名叫刘某某的顺风车司机。2018年5月12日凌晨4时30分许,经过郑州警方航空港区等多方力量全力搜寻,警方在郑州市西三环附近一河渠内打捞出一具尸体。经对打捞出的尸体DNA样本进行鉴定,可以确定打捞出的尸体就是杀害空姐李某某的犯罪嫌疑人刘某某。②

该案中,"滴滴出行"暴露了人车不符等严重问题,并于5月31日公布了关于顺风车和全平台的整改措施。案发后能够及时与公安机关开展数据协查工作,向公安机关提供了嫌疑人的身份信息、车辆信息等情况,并配合公安机关公开向社会征集线索,其在侦破李某某被害案中发挥了重要作用。

(三)浙江温州赵某某案

2018年8月25日通报,8月24日17时35分,浙江温州乐清警方接群众

---

① 载http://business.sohu.com/20160505/n447765667.shtml.
② 载https://baike.baidu.com/item/5%C2%B76%E9%83%91%E5%B7%9E%E7%A9%BA%E5%A7%90%E6%89%93%E8%BD%A6%E9%81%87%E5%AE%B3%E6%A1%88/22572396?fr=aladdin.

报警称其女儿赵某某（20岁、乐清人）于当日13时，在虹桥镇乘坐滴滴顺风车前往永嘉。14时许，赵某某向朋友发送"救命"讯息后失联。

8月24日15时42分—16时42分，遇害女孩的朋友朱某某连续7次（分别在15：42、16：00、16：13、16：28、16：30、16：36、16：42）致电滴滴，并未得到进展回复。16时41分，上塘派出所民警利用朱某某手机与滴滴客服沟通，在表明警察身份后希望向滴滴客服了解更多关于赵某某所乘坐的顺风车车主及车辆的相关信息，滴滴客服回复称安全专家会介入，要求继续等回复。17时36分，警方与滴滴平台进行联系，平台客服称需3至4小时提供查询结果，民警表示情况紧急后，滴滴公司同意加急处理。17时42分，滴滴平台反馈热线（95066）致电遇害女孩朋友，表示已联系上司机（嫌疑人），嫌疑人表示受害人没有上车。17时49分，滴滴公司回电称需要提供介绍信以及两名民警的警官证等手续。18时04分，民警通过邮件，将滴滴所需手续发送至滴滴公司。18时13分，乐清警方收到滴滴公司发来的犯罪嫌疑人注册的身份信息和车牌照号。25日凌晨4时许，乐清警方在柳市镇将杀害赵某某的犯罪嫌疑人钟某某（男、27岁、四川人）抓获，同时找到了受害人的尸体。①

该案暴露出"滴滴出行"在与公安机关侦查此案中存在以下两个方面问题，一是在受害人朋友多次表明朋友失踪要求提供嫌疑人注册身份、车牌照号码等信息，滴滴一直推拖未给予答复，二是在警方表明身份后才同意启动快速处理机制，仍用了28分钟才将嫌疑人身份信息回传至警方。"滴滴出行"作为一家大型的互联网公司，其在应对公安机关侦查破案的合作流程和程序上在这起案件中暴露的问题甚是突出。我们可以看出，公安机关在承办刑事案件中担任侦查机关的角色，但是在互联网时代发生的各类刑事案件，在没有互联网企业的数据协查工作的配合下，侦查机关很有可能无法进行下一步的侦查破案。而互联网企业在公安机关的侦查预期中承担的法定责任和义务是不言而喻的，如何将这种法定责任和义务有效地与侦查机关的侦查权合理配置，建立一套切实可行的数据协查规则，正是笔者探索和研究的重点。

三、实地调研分析

笔者通过电话、当面访谈等形式，对侦查机关负责数据协查工作的人员和具有代表性的通信网络公司、电商企业、互联网金融企业对接侦查机关的负责人进行了电话或当面访谈，初步了解互联网企业提供数据协查合作的方式方法、顾虑因素以及存在的各种问题，同时也对公安机关与互联网企业的开展数

---

① 载 http://www.sohu.com/a/249996448_100164718.

据协查工作的一般模式有了清晰的把握。

(一) 侦查机关与互联网开展数据协查规则的现实困境

通过对曝光的广东深圳钟某某案、河南郑州李某某案、浙江温州赵某某案,并结合实地调研侦查机关与互联网企业的一般数据协查合作模式,从各个方面说明了"滴滴出行"等互联网公司与侦查机关开展协查合作过程中存在各种各样的问题和漏洞。推而广之,"滴滴出行"作为互联网公司的代表之一,"滴滴出行"存在的问题在其他互联公司也同样存在类似相关的问题。同样从侦查机关的视角来说,公安机关是我国刑事案件的主要侦查力量之一,其在与互联网企业的合作上也存在各种各样的问题。

1. 侦查机关

侦查机关是国家侦查刑事案件的主要力量,其与互联网企业的数据协查合作需求不言而喻,侦查机关的目的非常明确,即希望通过与互联网企业建立长效的数据协查规则,简化调取证据的手续,获取相关线索情况,为侦查破案提供线索支撑和证据保障。但是在侦查机关和互联网公司合作过程中,侦查机关存在的各种各样的问题,同样对侦企合作的机制的构建起到了阻碍作用。

(1) 调证需求不明确。侦查机关在侦查刑事案件等案件时,很多情况下会需要互联网企业提供人才、数据等方面的协助,侦查机关在派人前往互联网企业调取相关证据时,手续基本上都能达到法律法规的要求。但是,在这个调证过程中一个很大的问题就是侦查机关的调证人员往往对自己的调证需求不明确,即侦查机关在需要互联网企业提供协助时,其希望互联网企业提供的证据内容、证据形式往往不明确,同时还希望互联网企业在规定的时间里将证据提供给调证机关。这个问题抛给互联网企业后,就会让互联网无所适从,互联网企业往往不清楚怎么样才能与侦查机关开展最有效的数据协查合作。

(2) 过度调证问题突出。侦查机关在与互联网企业开展数据等方面合作时,其很多情况下会希望互联网企业提供超过法定存储时间的数据等内容,这就导致了互联网企业在从自己服务器上提取证据时会耗费更大量的人力、物力和财力,互联网企业提取证据的成本很高,调证结果很有可能还是不完整的。此外,侦查机关自身调证后,因为没有专门的人才,很多时候侦查机关无法有效辨识互联网企业的数据内容,往往还要求互联网企业提供人才支撑,那么这就造成了数据的二次浪费。

(3) 侦查机关取证主体力量欠缺。在我国,侦查机关作为刑事案件的调查机关,当前刑事案件高发,尤其是电信诈骗等非接触式犯罪,给侦查机关调查取证带来的难度更大,侦查机关在调查取证过程中承担的责任是非常大的,其是否有效调取证据,直接关系着后续起诉、审判等工作。但是就目前的侦查力量和高发的刑事案件相比较，侦查机关作为取证主体，其从人员数量上就无法满足日益繁重的调查取证工作。例如深圳市管理15万家互联网企业，全国执法协作几乎都通过深圳市公安局网安部门进行，工作压力极大，也导致许多执法需求难以及时满足。侦查机关取证主体力量的欠缺暂时无法得到根本性的解决，这就严重阻碍侦查机关后续的侦查进度，无法及时侦破刑事案件。

（4）直接取证工具欠缺。我国各地区的侦查机关在资金投入、人员配备等方面存在很大的差别，很多侦查机关没有足够的人力、物力和财力作为后勤保障，无法配备专业的电子取证工具，对于需要去现场取证而非调证的场合，取证工具的欠缺会严重影响办案效果。

（5）电子取证人才专业化程度不高。目前，许多侦查机关工作人员大都不是电子取证专业出身，又缺少与电子取证有关的学习与培训，这就使得他们难免因缺少电子数据取证相关知识而无法胜任取证工作。建议侦查机关引进专业取证技术人才，同时加强对现有人员的培训。

（6）侦查机关在面临紧急调证时，往往在和互联网企业沟通过程中，侦查机关单纯利用互联网数据取证系统（自动取证系统）进行单方取证时，如何证明主体的合法性，如何通过技术手段排除自动取证获取的证据可能造假的怀疑，如何能在侦查机关调证后及时反馈，这些问题都限制了侦查机关的侦查空间。

2. 互联网企业

互联网企业作为大数据的集大成者，其掌握了核心的人才、技术、数据等，从商业角度来看，这些都是公司的商业秘密，互联网企业为保护自身的商业秘密，其不能将自身的商业秘密透漏给侦查机关。从宪法、网络法、刑诉法等法律角度来说，互联网企业虽说有义务配合侦查机关的工作，但互联网企业本质上是一个企业，其在承担社会责任的同时，也同样需要考虑公司的利益、外在形象等，其中需要重点考虑的问题就是保护公民的隐私权。那么，这就给互联网企业出了一道难题，互联网公司如何在保障公民隐私权和商业秘密的前提下，配合侦查机关的工作，来帮助侦查机关侦查破案，这是困惑互联网企业的一个重要问题。总体来说，从"滴滴出行"与公安机关合作过程中存在的问题，总结出了互联网公司与侦查机关在合作过程中存在以下七个问题。

（1）程序不畅。以近期的"滴滴"系列案件来看，"滴滴出行"安全部门在配合公安机关侦查刑事案件时，虽然建立了"快速通道"，但是在浙江温州赵某某案中，公安机关和受害人朋友多次说明要求"滴滴出行"配合调查取证，"滴滴出行"以需要时间等待为由，多次延长了配合公安机关侦查破案的时间，让侦查机关丧失了快速破案、挽救被害人的机会。那么从整个大的互联网环境来看,很多互联网企业都存在程序不顺畅的问题,这很大程度上导致了侦查机关无法在有效的时间内得到互联网企业的及时协助,很有可能丧失侦查破案的最佳机会。

(2) 技术漏洞。"滴滴出行"作为一款方便司乘的软件,在发展经济效益的同时,某种程度上忽视了其作为企业应该承担的社会责任和法律义务,其在软件设计上存在的各种问题和漏洞,一方面让犯罪分子钻了技术的空子,另一方面让公安机关无法及时、有效获取司乘的身份信息,导致公安机关错失了侦查破案的最佳机会。

(3) 机制不畅通。"滴滴出行"在配合公安机关调查取证过程中,未能够建立配合公安机关侦查破案的一套完善的体制机制,以至于在公安机关需要其配合调查取证时,"滴滴出行"的体制机制方面的漏洞阻碍了其有效与公安机关充分配合,使其无法及时为公安机关提供案件线索。主要体现是互联网公司在侦查机关请求协查工作过程中,很多互联网公司可能没有专门的职能部门与侦查机关对接,或者可能是几个职能部门成员组成的协调小组与侦查机关进行对接,这就在工作体制上延缓了调证的时间。

(4) 互联网公司没有对资源转换成证据的概念,其资源被犯罪分子利用后,往往总是在案发后才能发现,互联网公司的被动性很大程度上延缓了证据转换的时间。换句话说,互联网公司很有可能因为没有证据意识,忽视了电子资源的有效储存,从而导致侦查机关无法调取相关证据,给案件侦查带来极大的困难。

(5) 侦查机关与互联网企业的合作,往往是在立案后,侦查机关前往互联网公司调取证据或者互联网公司主动发现案件线索移交公安机关,但是在立案前,侦查机关为了查清案件线索,很多时候都会需要互联网企业提供的人才和技术保障等服务,在侦查机关无法提供有效的立案手续情况下,互联网企业往往会对侦查机关的请求协助工作视而不见,这就导致了侦查机关在立案前不能够得到互联网企业的有效协助,从而很有可能错失了侦查破案的最佳机遇。

(6) 数据所有权和使用权无法有效解决。侦查机关与互联网企业数据协查合作机制中的一个重要问题就是数据所有权和使用权的问题,侦查机关在刑事案件发生后,如果该案涉及互联网企业数据,侦查机关第一时间想要获取的是有关刑事案件的数据使用权,但是大部分互联网企业是涉网数据的所有权者,在配合侦查机关工作时,往往因为工作流程不畅通等问题,致使互联网企业的所有权与侦查机关数据使用权上发生博弈,进而导致侦查机关往往无法及时通过优先权获取涉网的互联网企业的数据支持等,丧失了侦查破案的最佳时机。

(7) 互联网公司普遍的关心数据隐私权问题未获解决。国内很多大型的互联网企业，在配合侦查机关开展调查取证工作时，担心的一个主要问题就是互联网企业的用户数据隐私权的保护问题，在协查工作时，互联网企业很多时候无法确认调证人员的合法身份、手续等，这就在某种程度上导致用户数据很有可能被其他人员甚至是违法人员违规调取，一旦泄露到互联网上，不仅对侦查机关工作造成不良影响，同时对互联网企业的影响也是极其严重的。

互联网公司希望数据协查规则能够在利于企业方面多做出些规定。我国的侦查机关往往会因为法定侦查权而在向互联网公司等企业调查取证过程中，提出一些不太合理的诉求，甚至让互联网公司处于两难境地。

（二）侦查机关与互联网企业的一般数据协查工作模式

通过对大型互联网公司的实地调研，可以发现目前侦查机关作为刑事案件的主侦机关，其中的公安机关作为大部分刑事案件的侦查机关，在与互联网企业开展数据协查过程中的数据协查合作模式主要有三种。

一是在案发后，侦查机关初期将案件作为刑事案件侦查并立案，侦查机关通过专门的协作系统或者协作函，以邮件的形式发往互联网企业属地公安机关请求协助，当然，很多互联网公司也明确规定侦查机关必须派人（至少2人以上并携带证件及法律手续）前往公司亲自调取证据。

二是在案发后，侦查机关受理案件，而案件可能由于多种原因不能立案，侦查机关为了查清案件情况，往往会需要互联网企业提供初查或调查协助，并制作协查手续去互联网公司调取证据。未立案情况下，侦查机关很有可能为了进一步跟进案件，将非涉密案件线索转递至互联网公司，请求互联网公司协助经营该线索，一旦线索成熟，互联网公司及时通报至侦查机关，侦查机关再根据线索情况进行下一步的侦查工作。当然，如果互联网公司明确规定必须有立案手续后才能调取证据，这就无形中给侦查机关的调取证据工作增加了难度，很有可能导致侦查机关无法及时侦查案件。

三是互联网企业在日常工作中，其通过自身安全部门或者应侦查机关要求（甚至运行侦查机关所提供的算法模型），通过长时间经营或者大数据的排查，发现案件线索，并掌握充分的证据，形成一份固定的案件线索产品转递至侦查机关，侦查机关再根据互联网企业提供的线索产品进行下一步的侦查工作。

以上是目前侦查机关与互联网企业开展数据协查合作的三种模式，在实际工作中，侦查机关往往受限于这三种合作模式，以至于无法从合作机制上得到根本性的突破，尤其是在侦查敏感个案或者类案情况下，侦查机关很难与互联网企业进行充分的沟通和交流，导致在案件线索上很难取得突破性进展，最终的结果就是互联网企业可能因为某一个涉网案件未能及时配合侦查机关而对企业产生严重的负面效益，侦查机关也可能因此不能在有效的时间内侦查破案。

四、侦查机关与互联网企业的数据协查规则理论研究

构建侦查机关与互联网企业的数据协查规则，需要探索其中的理论、现实价值以及特点，从理论和实践方面为构建数据协查规则奠定坚实的理论基础。

（一）法律依据

邓小平曾说："好的制度可以使坏人不敢做坏事，反而能成为好人；坏的制度可能会使好人堕落成坏人，使好人不知不觉干起了坏事。"[①] 由此可见一种科学、合理的机制对一个人的生存和发展的重要程度。同样，侦查机关与互联网企业的数据协查规则也需要一个好的机制，从而可以提高侦查机关的侦查效率，提升互联网企业的品牌效应。

侦查机关与互联网企业的数据协查规则是在侦查工作专业化前提下侦查工作社会化的一个重要组成部分，从法律角度来研究，侦查机关与互联网企业的数据协查规则的构建可以从宪法、网络法、刑诉法等法律上找到法律依据，具体如下：

首先，《中华人民共和国宪法》第2条第3款规定："人民依照法律规定，通过各种途径和形式，管理国家事务，管理经济和文化事业，管理社会事务。"这从根本大法上授予了广大人民群众参与国家社会事务治理的权利。侦企合作理所当然地属于国家社会治理事务层面的内容，应当遵循普遍性的原则，让互联网企业能够参与国家社会治安的共同治理。当然侦查机关与互联网企业开展数据协查规则，激发互联网企业共同参与社会管理是新时期坚持人民主体地位的重要体现。此外，《中华人民共和国宪法》第40条规定，"中华人民共和国公民的通信自由和通信秘密受法律的保护。除因国家安全或者追查刑事犯罪的需要，由公安机关或者检察机关依照法律规定的程序对通信进行检查外，任何组织或者个人不得以任何理由侵犯公民的通信自由和通信秘密"，这也被视为侦查机关对涉通信业务互联网企业取证最重要的授权性规范之一。

其次，《中华人民共和国网络安全法》第1章第9条、第10条明确规定："网络运营者开展经营和服务活动，必须遵守法律、行政法规，尊重社会公德，遵守商业道德，诚实信用，履行网络安全保护义务，接受政府和社会的监督，承担社会责任。建设、运营网络或者通过网络提供服务，应当依照法律、

[①] 郑英杰：《我国侦查机制基本问题研究简述》，载《武汉公安干部学院学报》2010年第2期，第19-21页。

行政法规的规定和国家标准的强制性要求,采取技术措施和其他必要措施,保障网络安全、稳定运行,有效应对网络安全事件,防范网络违法犯罪活动,维护网络数据的完整性、保密性和可用性。"《中华人民共和国网络安全法》从法律角度重新规定了互联企业在日常运营过程中要依照法律规定,不能以保护公民隐私权为由互相推诿扯皮,应当切实履行互联网企业应当承担的社会责任和义务,采取必要的紧急协查措施,配合侦查机关调查取证,实现侦查机关和互联网企业的共赢。

最后,《中华人民共和国刑事诉讼法》第5章第54条明确规定:"人民法院、人民检察院和公安机关有权向有关单位和个人收集、调取证据。有关单位和个人应当如实提供证据。"刑事诉讼法从程序法的角度规定了人民法院、人民检察院、公安机关有权向有关单位、个人收集和调取证据,有关单位和个人应当如实提供证据。那么,侦查机关当然可以依据《中华人民共和国刑事诉讼法》向互联网企业调取与案件相关的证据,互联网企业也应当依照《中华人民共和国刑事诉讼法》的规定如实地向侦查机关提供相关证据。

以上从宪法、网络法、刑诉法角度论证了侦查机关与互联网企业的开展数据协查规则的理论依据,从法律角度证明了侦查机关与互联网企业建立数据协查规则的合法性和正当性,这就为构建侦查机关与互联网企业的数据协查规则提供了法律依据,侦查机关与和互联网企业的数据协查规则也就必须在法律框架内进行构建,以满足侦查机关和互联网企业的不同需求,解决双方在数据协查规则中存在的问题。

(二)侦查机关和互联网企业的数据协查规则的特点

从国内外的研究现状来看,国内外对于侦查机关与互联网企业的数据协查规则的研究相对有限,侦查机关与互联网企业的数据协查规则作为大数据时代背景下的必然产物,其必然有其自身的属性和特点。正因为侦查机关与互联网企业的数据协查规则拥有独特的属性特点,其才能适应日益变换的大数据时代,才能满足侦查机关和互联网企业的不同需求,解决侦查机关和互联网企业实务工作中存在的问题。

1. 法定性。侦查机关与互联网企业的数据协查规则是侦查机关和互联网企业为解决双方开展数据协查规则合作过程中的实务问题而建立的双方互通交流的机制,为更好地约束侦查机关和互联网在法律框架内开展广泛的合作,侦查机关与互联网企业的数据协查规则的一个重要特点就是法定性。这种法定性主要体现在权利、义务方面,该规则对侦查机关和互联网企业的权利、义务都进行了法定设计,双方在规则范围内都有各自的法定权利和义务。这就说明侦查机关与互联网企业的数据协查规则必须严格按照法定程序实现权利、履行义务,按照法定程序开展合作,而不能逾越法律,同时要求侦查机关与互联网企业要在数据协查规则范围内开展真正的合作,而不能仅仅流于表面、形式,在机制要求的范围内必须最大限度地互通资源,实现侦查机关和互联网企业的数据协查规则的目的。

2. 主动性。侦查机关与互联网企业的数据协查规则的一个重要特点就是打破了侦查机关和互联网企业传统合作被动性的特点,侦查机关与互联网企业的数据协查规则具有主动性的特点。这个特点就会促使侦查机关和互联网企业在法定的范围内主动开展合作,这种主动性体现在以下两个方面,一是侦查机关主动通过数据协查规则向互联网企业寻求协助,互联网企业通过数据协查规则主动对侦查机关提出的协助进行回复;二是侦查机关和互联网企业对于本身工作中的问题进行主动发现,及时地发现违法犯罪,主动进行双向的沟通,争取将违法犯罪扼杀在摇篮之中。

3. 有效性。侦查机关与互联网企业的数据协查规则是在充分调研侦查机关、互联网企业需求的前提下建立的,对侦查机关和互联网企业在合作过程中的问题和需求进行了充分的调研和了解,该数据规则能够有效促使侦查机关和互联网企业的开展合作,有效解决双方合作过程中存在问题。

4. 及时性。侦查机关与互联网企业的数据协查规则的及时性体现在侦查机关和互联网能够在数据规则的约束下开展合作,侦查机关在需要互联网企业提供协助时,能够按照法定程序和机制的要求,与互联网企业在第一时间内进行沟通和交流,从而获取有价值的线索情况,为侦查破案提供了快速的侦查方向。

5. 平衡性。侦查机关与互联网企业的数据协查规则是基于整个社会治理的宏观视角,是在整个国家法律框架内进行的顶层设计,该数据协查规则的两端是侦查机关和互联网企业,也是天平的两端。侦查机关与互联网企业的数据协查规则平衡了侦查机关和互联网企业,对二者的权利、义务都进行了法定设计,双方都可以在数据协查规则范围内实现权利和履行义务,没有偏向于任何一个侦查机关和互联网企业。

(三) 侦查机关与互联网企业的数据协查规则内容探究

侦查机关与互联网企业的数据协查规则的构建要在法律框架内进行顶层设计,顶层设计的好坏直接关系着侦查机关与互联网企业的数据协查规则的运行成败,更直接关系着侦查机关侦查破案的效率和互联网企业的品牌效应。为更好地完善侦查机关和互联网企业的数据协查规则的顶层设计,首先对侦查机关与互联网企业的数据协查规则顶层框架进行设计,其次是根据顶层设计的框架结构对侦查机关与互联网企业的数据协查规则的基本原则、目标和基本内容进行探讨,最后提出一套可持续性有效的侦查机关与互联网企业的数据协查规则。

1. 侦查机关与互联网企业的数据协查规则的基本原则

原则是贯彻于整个制度全过程的要求和规范,任何制度的设计都离不开原则,侦查机关与互联网企业的数据协查规则的构建同样也离不开基本原则。根据理论依据和实践工作需要,侦查机关与互联网企业的数据协查规则的基本原则是为了便于侦查机关侦查破案,侦查机关和互联网企业都要普遍遵循的规定,该原则贯彻于整个侦查机关与互联网企业的数据协查规则中,为双方更好地开展数据协查工作提供基本方向。

(1) 合法性原则

侦查机关与互联网企业的数据协查规则的构建首先要遵循合法性原则,也就是说侦查机关与互联网企业的数据协查规则一定要在既定的法律框架内进行顶层制度的设计,绝对不能逾越法律的框架,侦查机关和互联网企业都只能而且是必须在法律规定的范围内行使法定权利、履行法定义务。

(2) 高效性原则

侦查机关与互联网企业的数据协查规则的构建主要目的是提高双方合作的效率。为此,侦查机关与互联网企业的数据协查规则一定要简化流程和手续,这就要简化侦查机关和互联网企业双方的合作流程和手续,以便节约司法成本和提升企业品牌效益。

(3) 共享性原则

侦查机关与互联网企业的数据协查规则要明确的是双方一定要打破数据壁垒,立足共享是原则,不共享是例外,双方要强化共享共建,在各自工作范围内实现人才、技术、数据等方面的共享。

(4) 可持续原则

侦查机关与互联网企业的数据协查规则的构建要遵循可持续原则,即随着大数据时代的到来,侦查机关与互联网企业的数据协查规则要适应时代要求和犯罪形势,使侦查机关和互联网企业能够长期有效地使用侦企合作机制。

(5) 变通性原则

侦查机关与互联网企业的数据协查规则是基于时代背景建立的,因此,在具体到个案侦查或者类案侦查过程中,双方要遵循变通性原则,即双方在面对个案或者类案侦查合作时,要适时变通原则性规定,以合法性和高效性原则为准。

(6) 普遍性原则

侦查机关与互联网企业的数据协查规则的普遍性原则是指该机制对全国范围内的侦查机关和互联网企业普遍适应，侦查机关和互联网企业面对个案或者类案侦查时，以前述原则为准。

2. 侦查机关和互联网企业数据协查规则的目标

侦查机关与互联网企业的数据协查规则的构建符合大数据时代的背景，适应了大侦查体制改革的要求，构建侦查机关与互联网企业的数据协查规则的主要目标一是为了侦查机关能够充分利用互联网企业提供的人才、技术、数据等服务，获取与刑事案件的相关线索情况，为确定犯罪嫌疑人和后续的抓捕工作提供有力支撑，从而提高侦查破案的效率，节约司法成本。二是互联网企业通过与侦查机关加强合作，协助侦查机关查询案件线索，预防和打击各类违法犯罪活动，有助于企业获得良好的发展环境。

3. 侦查机关和互联网企业数据协查规则的任务

侦查机关与互联网企业的数据协查规则构建的主要任务是打通侦查机关和互联网企业开展数据协查合作的阻碍，使侦查机关和互联网企业在数据协查合作渠道上能够畅通无阻，让侦查机关能够充分和互联网企业合作，追踪案件线索，提高侦查机关的工作效能。

4. 侦查机关和互联网企业数据协查规则的主要内容

侦查机关与互联网企业的数据协查规则的主体是侦查机关和互联网企业，双方在法律规定的范围内有自己的相对应的法律地位，同样也拥有了法律权利和法律义务，这些法律地位、法律权利和法律义务构成了侦查机关和互联网企业开展数据协查合作的基本内容。为更好地解决侦查机关和互联网企业在开展数据协查合作过程中出现的不同问题，满足双方的不同需求，就很有必要对双方合作过程中的主要内容进行论述，下面通过对双方在开展数据协查合作过程中的主要内容进行阐明，并提出一些建设性的措施，来保障双方的法律权利和法律义务能够得到实现。

(1) 侦查机关

一是解决依法制作法律手续问题。侦查机关与互联网企业数据协查规则中的侦查机关作为调查取证的主体，侦查机关内部的程序性问题首先要得到根本性的解决，尤其是在手续制作、手续审批等方面。侦查机关首先一定要按照《中华人民共和国刑事诉讼法》《公安机关执法细则》《公安机关办理刑事案件程序规定》等法律法规制作法律手续，层层审批后形成完备的法律手续。

二是解决手续合法性审查问题。侦查机关作为调查取证的主要机关，其形成的法律手续，互联网公司往往不具备对调查取证手续的合法性审查技术和手段，只能通过侦查机关本身才能对手续的合法性进行实质审查。为此侦查机关要在手续进入互联网企业手中前，设计一道合法性审查程序问题，这也是从法律层面进一步保护侦查机关的侦查权，避免法律手续被非法分子使用。

三是解决案件分级、分类问题。侦查机关拥有国家法定的侦查权，其对于刑事案件具有法定的侦查权力。无论从刑法角度还是公安机关的实践工作来说，刑事案件高发是目前大数据时代无法回避的问题，更是公安机关面对的一个很现实的问题，如何将这些刑事案件统一进行分门别类地划归到侦企合作机制中去，是侦查机关和互联网企业普遍关心的问题。为了更好地实现侦企合作机制的效能，侦查机关完全可以依据《中华人民共和国刑法》对刑事案件进行系统性地再次分门别类，比如可以根据刑事案件侦查的复杂程度，将案件分为简单查询类、复杂查询类等，使刑事案件能够与侦企合作机制实现无缝隙对接，从而使侦查机关能够有效利用侦查机关与互联网企业的数据协查规则开展相关查询，争取在第一时间内获取案件线索。

四是解决类案侦查、个案侦查合作机制问题。侦查机关解决了案件分级、分类的问题，摆在公安机关面前很棘手的另一个问题就是类案和个案的侦查。当前，公安机关面对非常复杂的犯罪形势，其中就包括了各种高发的类案和个案。类案是指在某一个时间段内，犯罪分子在某一个区域内使用相同或者类似的作案手段，作案数量在两起以上的案件种类。个案是指犯罪在某一个时间段，并在某一个区域实施的某一个案件。类案和个案作为两种不同类型的案件种类，侦查机关在与互联网企业开展数据协查工作时，也要对相关类案和个案的侦查进行统一规划，尤其在类案和个案社会影响范围比较广的情况下，社会公众的关注度比较高，侦查机关亟须通过侦查机关与互联网企业的数据协查规则及时获取类案和个案线索以解决侦查遇到的困境。

五是解决取证人才、取证工具的问题。目前侦查机关在取证人才、取证工具上的投入力度与现实需求相差甚远，我国各个地区对于侦查取证的资金投入、人员配备等方面都有很大的差别，特别是一些边远地区的装备更是简陋，原因不仅是侦查机关缺乏足够的人力、物力和财力，更重要的原因是侦查机关没有形成培养专门的取证人才、配备专门的取证工具的意识。

（2）互联网企业

一是解决流程、手续等程序性问题。互联网企业作为侦查机关与互联网企业的数据协查规则中的重要主体，其在企业内部要形成顺畅、快速的协查渠道。侦查机关能否在第一时间内获取有价值的涉网案件线索，关键在于互联网企业能否在有效时间内将线索情况梳理出来。为此，互联网企业在规划自己的内部机构时，要通过建立一套流畅的协查渠道，包括工作流程、审批手续、分类配合等内容,力争最大限度地配合侦查机关做好调查取证工作。

二是解决人才服务、技术支撑的问题。互联网企业在大数据时代往往拥有了其他企业无法相比的人才优势、技术优势等,同时也具备了配合侦查机关调查取证的能力,为更好地建立侦查机关与互联网企业的数据协查规则,互联网企业要在数据存储、人才培养上加大投入,政府等主管部门要对互联网企业的这种投入进行巨大支持,而不能仅仅停留在政策层面上的优惠。

三是解决数据分级、分类的问题。侦查机关与互联网企业的数据协查规则中,侦查机关往往会要求互联网企业提供结构化的、规范化的证据内容和证据形式,这就给互联网企业提出了一个棘手的问题,如何将自己拥有的数据实现数据分级、数据分类。互联网企业要解决这个问题不是一朝一夕的事情,这项工程将会需要大量的人力、物力和财力,单独依靠互联网企业解决这个问题目前是不太现实的。侦查机关与互联网企业的数据协查规则中的侦查机关向互联网企业调查取证时,要充分对互联网企业的数据问题进行考量,不能仅仅考虑自己调证需求,而忽略了最基本的数据问题。

四是解决数据协查、线索协查、证据转换的问题。大数据时代,互联网企业的数据在以秒级速度更新,存储需求、检索需求等问题都给互联网企业提出了更高的挑战。侦查机关与互联网企业的数据协查规则要充分考虑互联网企业在应对这些问题的现实情况,侦查机关不能依靠侦查权、取证权等公权力肆意向互联网企业提出过分的需求。互联网企业完全可以依据侦查机关与互联网企业的数据协查规则设定的权利和义务做好数据和线索协查、数据和线索上报等工作。互联网企业要在侦查机关与互联网企业的数据协查规则中充分发挥主动性,主动配合侦查机关的调查取证工作,更要主动利用互联网数据发现案件线索,及时通过侦查机关和互联网企业的数据协查规则转递至侦查机关。

五、侦查机关与互联网企业的数据协查系统构想

解决当前侦企合作的困境,需要立足于大数据时代背景,以数据思维,以数据的分类分级和案件的分类分级制度为基础,构建侦查机关与互联网企业的数据协查系统。

(一)优化人机界面

大数据时代,侦查机关与互联网企业的数据协查系统的构建是目前侦查工作发展的必然趋势,比如目前各地区公安机关与大型公司开展的各种形式的警企合作模式,其中就包括了构建适应当地特色的各种各样的系统。侦查机关与互联网企业的数据协查系统也是侦企合作模式的另一种体现,因为侦查机关与互联网企业的数据协查系统涉及公民隐私的问题,该系统的设计要由省部级侦

查机关牵头,从宏观层面上对侦查机关和互联网企业的数据协查系统的人机交互界面、线索流转等模块进行设计,从微观上对各个地区进行实地调研,结合各地区的不同调研结果,有区别和差别地进行模块设计。

(二)数据融合,实现一键式查询

侦查机关与互联网企业的数据协查系统的设计由省部级侦查机关牵头,要始终坚持"花小钱办大事"的原则,防止重复建设、层层建设、资源浪费。一是通过在平台搭建与百度、腾讯、阿里巴巴、新浪、地图等互联网云技术企业和电子商务(京东、唯品会、亚马逊购物等)、外卖(美团、饿了么等)、共享单车(ofo等)、寄递、旅游、物流配送、365淘房、滴滴出行等互联网企业数据接口模块,充分将互联网行业数据真正结构化到侦查机关与互联网企业的数据协查系统之中。二是全面将互联网企业中用户的个性化生活核心数据库资源接入平台模块中,建立专题数据库,加载人脸识别、车脸识别、物联网、网络游戏、论坛发帖、求职网站、婚恋网站、网络组织等工具模块,基于云计算中心数据支撑,形成个人社会关系电子生态圈,实现实有人口电子大数据管理,为基层提供全息化的大数据一站式服务,开展基于大数据的未来侦查模式探索,建设真正的智能化的侦查机关和互联网企业的数据协查系统。

(三)权限分级,统一归口管理

侦查机关与互联网企业的数据协查系统是由省部级侦查机关统一牵头搭建的,该系统要充分考虑侦查机关和互联网企业法律地位的平等性。省部级侦查机关一是要进行实地调研,了解实战单位和互联网不同需求,对侦企合作查询平台进行统一归口管理,实施秘钥登录和人脸识别登录等方式,切实从源头上保障侦查机关与互联网企业的数据协查系统的保密性。二是要对侦查机关与互联网企业的数据协查系统的权限有选择地进行下放和审批,推动基层侦查机关真正能够使用该平台,真正能够利用侦查机关与互联网企业的数据协查系统实现线索流转、一键搜索、轨迹关联等侦查破案手段全集成、全汇聚。三是省部级侦查机关要牵头对平台的数据资源、平台权限进行更新和管理,实时对查询权限进行分析和校对,不定期对查询日志进行审计,严防发生违规查询事件。

六、立法建议

在大数据时代,侦查机关与互联网企业的数据协查规则的构建是基于整个社会治理的视角,侦查机关与互联网企业的数据协查的搭建也需要在法律层面上对规则进行法律化的规定。只有通过上升至法律层面,侦查机关与互联网企业的数据协查规则的构建才能更好地预防和打击违法犯罪活动,才能更好地维护国家的社会安全和保护人民群众的合法财产不受侵犯，同时也能够为企业赢得更好的发展环境。

我国可以借鉴国外的先进立法经验，比如美国的 CLOUD 法案、欧盟的 GDPR 法案，对侦查机关与互联网企业的数据协查规则中的侦查机关和互联网企业的法律地位、法律权利、法律义务等基本内容以及主要内容进行精细化的制度规定，从侦查机关的侦查需求实践出发，并充分对互联网企业的现实需求进行调研，在法律角度上对互联网企业的数据标准、数据存储等问题进行详细规定，尤其是针对刑事案件调证问题更需要一套完整的数据规则进行制度限定，同时加快推动侦查机关和互联网企业的数据协查规则的立法工作，加快侦查机关和互联网企业的数据协查规则立法的配套完善工作，助力侦查机关与互联网企业的数据协查规则的真正落地。

笔者基于对数据协查规则的理论研究和实地调研的分析，对侦查机关与互联网企业的数据协查规则提出以下几个方面的立法建议：

（一）实体性规定

鉴于公安机关、司法机关与互联网企业开展数据协查工作较多，其中尤其以公安机关与互联网企业开展数据协查业务工作最多，建议出台一部适合公安机关、司法机关等部门的统一的数据协查规则，从顶层制度设计方面，对公安机关、司法机关等部门的数据协查作出统一的规定，严格规范调证机关的工作流程，从制度层面保障数据协查规则的可行性和实用性。

数据协查规则立法建议中的实体性规定一般包括数据的分类和分级、案件的分类和分级、权限分级等内容，立法可以根据数据的特征将数据进行层级的分类，根据案件的严重程度将案件进行分类，根据侦查机关的需求对数据协查工作的权限进行规定。在数据协查规则中将数据、案件进行层级式的划分，侦查机关与互联网企业都能够依据该规则进行数据协查，能够大大提高侦查机关和互联网企业的数据协查工作效率。

（二）程序性规定

数据协查规则立法建议中的程序性规定是对规则中的工作程序、流程作出一般性的规定，比如调证流程、手续审批、普通调证、紧急调证等方面都要作出详细的规定。比如互联网企业无法明确侦查机关的执法需求，这就要在数据协查规则中对侦查机关的执法需求进行明确的规定，由侦查机关完成执法需求的身份验证等审核程序工作，从程序上解决互联网企业普遍担心的问题，保障数据协查规则程序上的公正性和高效性。

(三) 救济性规定

数据协查规则中的救济性规定是针对侦查机关、互联网企业的违法性作出的例外规定。一是侦查机关要求互联网企业在规定时间内提供所需证据时，要充分考虑互联网企业营运成本、存储数据成本等，尽量规定互联网企业提供数据证据的最长时限。二是侦查机关和互联网企业在数据协查过程中可能出现的一些违法性问题都要进行充分的规定，一旦违法，要从救济性规定上保障侦查机关和互联网企业的权利，也要针对违法性行为作出相应的惩罚。

(四) 方向性探索

笔者通过对理论研究和实地调研分析，对侦查机关与互联网企业在开展数据协查过程中存在的不同需求和问题有了更深的了解，侦查机关与互联网企业数据协查规则中要解决合作过程中实体性、程序性、救济性等问题，其中的数据分类和分级、案件分类和分级问题就是笔者重点讨论的两个问题，下面对侦查机关与互联网企业数据协查规则中的数据分类和分级、案件分类和分级两个问题进行重点的探索性讨论，力争为侦查机关和互联网企业数据协查规则的全方面构建提供指导性建议。

1. 数据的分类和分级

侦查机关与互联网企业数据协查规则中的数据主要是指互联网企业内外部的数据，将其分类是指根据互联网企业数据的属性或特征，将其按照一定的原则和方法进行区分和归类，并建立起一定的分类体系和排列顺序，以便更好地管理和使用互联网数据的过程，促使侦查机关能够充分运用互联网数据进行侦查办案。将其分级是指按照一定的分级原则对分类后的互联网企业数据进行定级，从而为互联网企业数据的开放和共享安全策略制定提供支撑。

侦查机关与互联网企业数据协查规则中的数据分类以数据自然属性为基础，遵循科学性、稳定性、实用性和扩展性的原则。从互联网企业数据本身的自然属性出发，在调研现有各综合分类法与行业领域学科专用分类方法的基础上，结合互联网企业数据所特有的行业属性特征，以及互联网企业数据开放和共享需求，制定互联网企业数据分类方法。该标准采用多维度和线分类法相结合方法，首先在主题、行业和服务三个维度对互联网企业数据进行分类，然后对于每个维度采用线分类法将其分为大类、中类和小类三级。

侦查机关与互联网企业数据协查规则中的数据分级要遵循自主定级、明确需求的原则，充分考虑互联网企业数据对国家安全、社会稳定和公民安全的重要程度，以及考虑数据是否涉及互联网企业秘密、是否与用户隐私等敏感信息直接相关。应该考虑不同敏感级别的互联网企业数据在遭到破坏后对互联网企业安全的危害程度，以此来确定互联网企业数据的级别。

表1 互联网企业数据分级

等级划分	互联网企业数据敏感程度		
	非敏感数据	涉及用户隐私数据	涉及互联网企业秘密数据
	公开数据	内部数据	涉密数据

互联网企业数据的分级结果将对互联网企业数据的开放和共享提出不同要求。互联网企业数据的分级结果将确定该类型互联网企业数据是否适合开放和共享、数据开放和共享的范围，以及在对该级别互联网企业数据进行开放和共享前是否需要脱密和脱敏（包括逻辑数据运算等处理方式）处理等。

表2 不同互联网企业数据等级管控要求

数据类型	数据等级管控要求
公开数据	互联网企业条件共享；可以完全开放。
内部数据	互联网企业无条件共享；按互联网企业内部规定是否开放，原则上不违反互联网企业内部规定的条件下，予以开放或脱敏开放。
涉密数据	按互联网企业内部规定处理，决定是否共享，可根据要求选择互联网企业条件共享或不予共享；原则上不允许开放，对于部分需要开放的数据，需要进行脱密处理，且控制数据分析类型。

侦查机关与互联网企业数据协查规则中的数据分类和分级要针对互联网企业数据不同的属性和特征，划定分类的主题和标准，再根据数据的敏感程度对数据进行分级。此外，在对互联网企业数据进行分类、分级时，要充分考虑不同互联网企业的属性，尤其是互联网企业的行业分类特征，这样在对互联网企业数据分类、分级过程中才能把握好尺度，尽可能建立数据分类和分级的标准。

2. 案件的分类和分级

案件的分类和分级是指数据协查中，互联网企业可以根据案件的敏感程度对案件进行分类和分级，案件的分类和分级既能够让互联网明确案件的敏感程度，又能够有助于互联网企业依据案件的分类和分级制度进行快速响应，帮助侦查机关尽快获取案件线索。笔者经过理论研究和实地调研，认为可以根据不同标准对案件进行不同的分类。

（1）根据案件性质划分

第一，重特大案件。该类案件是指涉及国家安全、社会稳定的重特大案件,具体包括暴恐袭击案件、故意杀人、故意伤害致人重伤或者死亡、强奸、抢劫等重特大案件。

第二,普通刑事案件。该类案件主要是一般刑事案件,社会危害性相对较小,影响范围不太广,比如尾随扒窃、盗窃电动自行车等普通刑事案件。

(2) 根据案件侦查进度划分

在报告第三部分中,笔者讨论了侦查机关与互联网企业开展数据协查工作的三种工作模式。在对案件进行分类分级进行划分时,笔者认为也可以根据案件侦查的进度对案件进行分类和分级,具体包括案件立案前、案件立案后的案件分类和分级。在互联网企业方面,其可以根据案件的不同侦查进度作出相应的实体性和程序性规定,从而实现侦查机关与互联网企业数据协查规则的协调一致性。

在这里,笔者成员根据案件性质将案件划分为重特大刑事案件、普通刑事案件,根据案件侦办进度将案件又作了案件的分类和分级探索。这样互联网企业在配合侦查机关开展数据协查过程中,能够根据案件的分类分级制度有针对性地选择相应的处置程序,一方面节省互联网企业的营运成本;另一方面也能够方便侦查快速获取案件线索,为及时侦破案件提供支撑。

当然,课题组成员在这里只是对数据协查规则中数据的分类分级和案件的分类分级进行了简要的探索性的讨论,其中也有很多不太成熟的想法,笔者会以此为基础,继续深化对数据协查规则中数据分类分级和案件分类分级的研究,以为建立完善的侦查机关与互联网企业的数据协查规则提供有意义的指导。

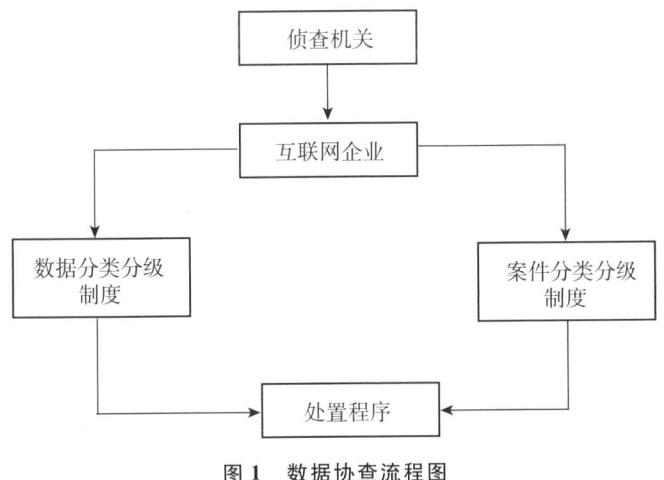

图 1 数据协查流程图

笔者根据理论研究和实地调研分析，对侦查机关与互联网企业开展数据协查工作的一般流程进行了简要的规划，当然这仅仅是一个很简单的流程图，具体到实际应用中还有很多需要斟酌和打磨的细节。

侦查机关在侦办刑事案件过程中，需要互联网企业开展配合时，通过上述设想搭建的协查系统将协查需求发到互联网企业一端，互联网企业根据数据的分类分级制度和案件的分类分级制度将侦查机关的协查需求经过严格审核，进入处置程序中，由互联网企业的专业处置组配合侦查机关侦查破案。

笔者在理论研究和实践调研的基础上，提出了侦查机关与互联网企业数据协查规则的立法建议，这仅仅是作出了立法建议的方向性探索，数据协查规则能否落地，需要多个部门、多个企业的协同合作，共同致力于该规则的制定，并推动科学规则在大数据时代尽快落地生根。

笔者在侦查机关与互联网企业数据协查规则研究过程中，也遇到了瓶颈和阻碍，一是笔者没有对金融、电信企业与侦查机关的协查工作进行实地调研，未能充分借鉴金融、电信企业与侦查机关的协查经验，这也是本项目研究的不足之处；二是笔者没能够充分把握好侦查机关和互联网企业利益诉求的平衡性，这是侦查机关侦查权和互联网企业协查义务的博弈，笔者对侦查权和协查义务的平衡点没有进行充分的论证和探讨；三是笔者限于目前我国顶层制度设计的欠缺，未借鉴国外数据协查规则的成型经验，在立法建议上仅仅是根据我国的侦查特色作出了方向性探索。笔者会以此研究为基础，继续对该课题的相关内容进行更深一步的研究，力争解决以上瓶颈和不足之处，为我国侦查机关与互联网企业数据协查规则的落地真正贡献一份力量。

七、附　件

（一）国内某代表性电商企业调研报告

笔者对国内某代表性的电商企业进行了实地调研，该企业作为国内大型的电商企业，业务涉及了金融、互联网等。在当前互联网时代中，越来越多的犯罪涉及互联网领域，侦查机关在办理各类刑事案件、民事案件以及其他案件过程中，很多时候会需要该电商企业配合侦查机关等部门做好相关证据的调查取证工作。笔者对该企业进行调研后，总结出以下报告。

1. 调证程序

目前，该电商企业在配合公检法等侦查机关调查取证工作时，严格按照刑事诉讼法、网络安全法等法律规定，调证工作主要分为两种调证类型，一是外地公安机关的网监通过部协查系统，将立案手续、协查手续通过协查系统发送到该电商企业属地网监部门，由属地网监部门受理、调证后通过协查系统反馈；二是调证机关派人自行前往该电商企业当地进行调证，需要两名以上工作人员、有效证件、立案手续等材料。

2. 存在问题和现实需求

（1）调证需求、意义不明确，过度调证问题

公检法等机关工作人员前往该电商部门调证时，手续基本上都是合法合规的，但是很多情况下，公检法等机关工作人员前来调证时，他们自己对该电商企业需要提供的证据内容、证据形式不明确，即他们对自己调证的需求不明确，往往还要求该电商企业在规定的时间段将数据提供出来，该电商企业在做这些协查工作时，每次都要耗费大量的人力、物力、财力从服务器上提取数据，导致该电商企业调证成本过高。另外，公检法等机关工作调证后，很多时候无法有效辨识该电商企业提供的数据内容，往往还会再来人或者电话咨询该电商企业工作人员如何辨识数据内容，这也造成了数据的再次浪费。

（2）协查内容形式方面

该电商企业在配合公检法等机关调证时，往往会向这些机关提供用户注册信息、登录日志等相关电子数据，以邮件形式提供或者纸质版形式提供。

（3）互联网数据存储问题

该电商企业根据网络安全法等法律规定，其用户数据一般存储时间是两年，用户存储的数据是逐日更新的，公检法等机关工作人员有时要求提供两年以上的数据内容，该电商企业在做好配合工作的前提下，尽最大可能进行数据解析，无法保证每项数据反馈的及时性和准确性。

（4）调证时间问题

通常情况下，该电商企业在配合公检法等机关调查取证工作时，公安系统的调证内容、形式等往往比检法复杂，调证时间上法院慢于检察院，检察院慢于公安。

（5）隐私权保护问题

作为国内大型的电商企业，该电商企业在配合公检法等机关调查取证工作时，担心的一个主要问题就是企业的用户数据隐私权的保护，在协查工作时，该电商企业无法确认调证人员的合法身份、手续等，导致用户数据很有可能被其他人员违规调取，一旦泄露到互联网上，不仅对公检法等机关工作造成不良影响，同时对该电商企业的影响也是极其严重的。

（6）数据分级问题

目前该电商企业的用户数据是在以秒级速度更新，每天的用户数据存储都需要极大的存储器容量，要求该电商企业进行数据分级、结构化数据提供给调证机关，耗费成本巨大。

(7) 可行性建议

在数据协查规则制定时,该电商企业希望与调证机关处于同样的法律地位,而不能将数据协查规则的制定天平偏向于公检法等机关,企业作为促进国家社会经济发展的重要力量,同样也需要法律从各个层面上进行制度保护。

(二) 国内某代表性通信公司调研报告

笔者对国内某代表性的通信公司进行了实地调研,该企业作为国内大型的通信公司,该通信公司是一家生产销售通信设备的民营通信科技公司,该通信公司的产品主要涉及通信网络中的交换网络、传输网络、无线及有线固定接入网络和数据通信网络及无线终端产品,为世界各地通信运营商及专业网络拥有者提供硬件设备、软件、服务和解决方案。笔者对代表性的通信公司进行调研后,总结出以下报告。

1. 调证流程

公检法等侦查机关需要该通信公司提供协助时,一般该通信公司会要求侦查机关(多为公安机关,检法等其他侦查机关较少)提供必要且符合法律规定的手续,由公司内部组成专门的调查取证协调小组(根据调证机关需求,由公司各个部门成员组成),然后根据侦查机关的需求,协调小组会在合理的法定期限内将协查内容按照要求提供给侦查机关。

2. 合作内容

公检法等侦查机关与该通信公司开展合作过程中,主要在两个方面进行合作,一是侦查机关在调查刑事案件过程中,希望该通信公司将用户个人手机终端、云平台等服务器上的数据进行解密,甚至要求提供所有的 IMEI、MAC 地址;二是侦查机关与该通信公司共同合作建设政务系统,优化工作模块,帮助侦查机关提供工作效率。

此外,在配合侦查机关方面,一是配合侦查机关在刑事案件方面提供协助;二是某些侦查机关可能没有案件,也要求该通信公司提供批量的客户数据;三是侦查机关希望该通信公司提供数据接口,并指定第三方进行安全检查,网络流量提供给第三方,虽然国内的测评体系比较完善,但是第三方测评工作要符合国际标准和国内标准,并且第三方安全检查可能存在较大的隐形威胁。

3. 调证内容及形式

公检法等侦查机关向该通信公司调查取证过程中,侦查机关可能会依据法定的侦查权向该通信公司过度调查取证,调证内容有时会存在模棱两可的情况,甚至要求该通信公司提供存储介质。该通信公司一般会依据法律规定和侦查机关的要求,在法定期限内将协查结果提供给侦查机关。

4. 身份核查

公检法等侦查机关会根据法律规定制作法律手续向该通信公司请求协查，但是该通信公司作为一个企业，其没有能力审核调证人员的身份信息、工作证明、法律手续等情况，希望数据规则在制定过程中能帮助企业解决核实调证人员身份信息的问题。

5. 存储内容

个人和其他用户在使用该通信公司移动终端时，客户们的数据会上传至该通信公司云服务器，一般个人用户的数据包括三类，一是设备识别类信息，二是个人信息（联络类信息），三是敏感个人信息。该通信公司的工作只是提供服务功能和技术支持，绝对不会触碰客户的数据，也绝不允许工作人员通过购买数据来进行一些系统的模拟分析。

6. 合理建议

在数据规则方面，该通信公司希望能与调证机关处于相对平等的法律地位，尤其是在作出法律解释时，我国的侦查机关在调证过程中，往往处于比较相对强势的地位，数据规则制定者一定要充分考虑企业的需求，多作出一些利于企业的法律解释。

该通信公司希望我国可以借鉴美国、英国、澳大利亚等国家的数据保护法经验。一是将用户数据进行精细化分类，明确规定各类数据的等级保护制度；二是调证方式、内容要进行严格区分，比如刑事案件调证、民事案件调证、行政调证等，要制定更加详细的法律规则来限定侦查机关的调查取证权利，防止过度调证等问题；三是该通信公司希望能够将调证的出口统一到公司属地网监部门，这样能解决调证人员身份核实、数据出口保障等问题；四是该通信公司在配合侦查机关进行个案侦查或者敏感案件侦查时，也需要一定的流程和手续进行调证，只能尽最大努力将调证时间进行压缩；五是该通信公司的云存储服务器上的数据是有时间限制的，在超过规定的存储时间后，云端数据会自动进行清理，并且没有办法恢复。

（三）国内某代表性互联网公司调研报告

笔者对国内某代表性的互联网公司进行了实地调研，该互联网公司作为国内大型的互联网公司，该互联网公司改变了传统的出行方式，建立培养出大移动互联网时代下引领的用户现代化出行方式。改变了传统出行市场的格局。该互联网公司利用移动互联网特点，将线上与线下相融合，最大限度优化用户用车体验，节约用户出行时间。笔者对代表性的通信公司进行调研后，总结出以下报告。

1. 成立应急响应中心

该大型互联网公司针对移动出行方式出现的问题,成立了一个专门的应急响应中心,该中心包括了 60 余人,分成 4—6 个班组,实行 24 小时轮流值班制度,对侦查机关的普通调证、紧急调证进行线上实时处理。

2. 调证流程

该大型互联网公司针对普通案件、重大案件设置了不同的调证程序,一般重大案件的线上调证时间控制在 15 分钟以内,由一线客服人员接听后转接至应急响应中心进行实时处置。应急响应中心会根据公司规定,要求调证机关提供符合法律规定的手续,在线上对法律手续进行审核后,由处置组在线上对协查结果进行反馈。

3. 用户信息分类和分级

该大型互联网公司对数据进行了分类分级,主要包括两个方面,一是对用户的信息进行分类和分级,该互联网公司对用户信息进行了三级分类;二是针对企业内部的数据进行分类分级,该互联网公司对企业内部数据也进行了四级的划分,包括公开数据、内部数据、秘密数据、机密数据。该互联网公司会根据侦查机关的需求,由该公司内部专门的应急响应中心或者数据取证部工作人员首先完成相应的审批手续,并依据公司的数据分类制度配合侦查机关调查取证工作。

4. 发展定位

该大型互联网公司为了应对大数据时代带来的各种风险采取了如下措施:一是成立专门的研发团队,根据先期的运算结果,构建大数据风控模型系统;二是该互联网公司与公安机关进行深度合作,根据公安机关工作需求开展定制化的配合工作服务。

5. 可行性建议

该大型互联网公司希望数据协查规则在制定过程中一定要充分考虑互联网企业的需求,不能将天平偏向于侦查机关,企业同样需要法律的保护。通过建立一套公平、高效的数据协查规则,侦查机关和互联网企业都能从中获得益处。

第三编　证据证明

互联网金融犯罪中非法集资类案件证据标准研究

课题组[*]

半年多来，互联网金融平台"暴雷"问题激增，特别是 2019 年 7 月份，公开数据显示，全国已经有 250 多家互联网金融平台出现逾期、跑路、倒闭等情况，相当于平均每天就有 8 家互金平台出问题。杭州佐助金服旗下的牛板金金融平台、杭州孔明金融信息服务有限公司旗下百亿级 P2P 平台人人爱家金融平台、杭州祺天优贷互联网金融服务有限公司的祺天优贷金融平台、杭州优杨投资管理有限公司的佑米金融平台以及杭州云端金融信息服务有限公司的云端金融平台等，相继以非法吸收公众存款等罪被公安机关立案侦查，涉案的金融平台交易量动辄达上百亿元。

8 月 2 日深夜到 8 月 3 日凌晨，上海市公安局下辖的浦东、松江等 10 个分局共通报了 44 起案件，涉案的网贷平台为"坚果理财""聚胜财富""翡翠岛理财"等，深圳公安局南山分局、福田分局通报了 22 家平台的调查进展，涉案的网贷平台为"i 财富""壹佰金融""咸鱼理财""五星财富""钱贷网""小金库""买金呗""财富中国""众贷汇""鑫贝通宝""钱富宝""合时代""钱爸爸""投之家"等。互联网金融犯罪中的非法集资类犯罪，其犯罪行为实现了全网络化覆盖。大型金融平台网"暴雷"事件频发，充分说明了网络金融犯罪中非法集资形势的严峻性。但是，司法实践中，如何处理此类案件，在证据标准问题上，存在着实体和程序上的诸多难点。因此，在理论上如何构建此类案件的证据标准、在实践中如何准确认定相关证据，就成为当前亟须研究的迫切问题。

---

[*] 课题组组长：孔璋，浙江省台州市人民检察院检察长。课题组成员：季美君，最高人民检察院检察理论研究所研究员；姚石京，浙江省台州市人民检察院检察官；赖敏妮，浙江省台州市人民检察院检察官。此文执笔人为孔璋、季美君、赖敏妮。

一、互联网金融犯罪中非法集资相关概念的厘清

(一) 互联网金融中非法集资类犯罪的内涵和外延

互联网金融的官方定义,来自《关于促进互联网金融健康发展的指导意见》中对于互联网金融的理解,即互联网金融是传统金融机构与互联网企业利用互联网技术和信息通信技术实现资金融通、支付、投资和信息中介服务的新型金融业务模式。这一观点实际上将互联网企业进入金融和金融业务的互联网化均界定为互联网金融,认为这一业务是金融业务的创新,是金融服务的一种新业务形式。互联网金融就其本质而言,具有大众、小额、直接融资等特点。互联网金融的融资模式是为了某个项目通过互联网向众人融资,有"密集筹资""大众集资"之称。[1] 互联网金融作为一种新型的金融创新模式,具有鲜明的时代特色。正因其是新兴的产物,在发展过程中由于监管体制的不到位酝酿出很多潜在的犯罪风险,而互联网金融中的非法集资行为正是其中之一,刑法介入予以刑事处罚是因其是一种"异化了"的互联网金融行为,是借助互联网金融的时尚外衣以掩盖其非法本质的违法犯罪行为。

互联网金融犯罪中,非法集资类犯罪是一个集合概念。司法实务中,非法集资类犯罪主要是指集资诈骗罪 (刑法第 192 条) 和非法吸收公众存款罪 (刑法第 176 条),也有部分涉及擅自设立金融机构罪 (刑法第 174 条)、擅自发行股票、公司、企业债券罪 (第 179 条)、非法经营罪 (第 225 条)、欺诈发行股票、债券罪 (第 160 条) 等。这些罪名都规定在刑法第 3 章破坏社会主义市场经济秩序罪中。

互联网金融犯罪是一个犯罪集合的新概念,一方面指传统金融业在互联网化的过程中实施的刑事犯罪;另一方面包括互联网金融企业本身涉及的犯罪,是对互联网金融发展过程中所有犯罪的归类和统称。鉴于传统金融业互联网化有完备的刑法规制和行政管控,以银行为核心的传统金融业互联网化业务不纳入笔者讨论的范围。笔者仅讨论互联网金融范畴,主要是互联网企业从事金融业务所发展出来的集资行为,是新型金融创新领域的互联网金融企业金融业务,非传统金融机构的互联网金融操作,入行门槛低,运营成本低,鱼目混杂,加之我国互联网金融监管体系不到位,在线下又无相应的金融实体与之对应,隐于互联网金融的虚拟性,很容易成为非法集资泛滥的重灾区。

---

[1] 参见黄健青、靳乔利:《"众筹"众筹——新型网络融资模式的概念、特点及启示》,载《国际金融》2013 年第 9 期。

(二) 主要类型

当前，我国互联网金融主要涉及三大块：P2P 网贷、众筹和第三方支付。互联网金融中非法集资类犯罪主要涉及 P2P 网贷和众筹两大块。第三方支付涉及非法集资的情况较少，因第三方支付需要央行的授权，作为一种支付手段，本身不具备利诱性，网联的上线宣告了第三方支付机构"直连"银行时代告一段落，随着银行、网联、银联、第三方支付组成的线上支付市场新格局的开启，第三方支付的资金池等情况也将会有效避免。

P2P 网络借贷是互联网金融犯罪非法集资中的重灾区。究其原因，当 P2P 网络借贷平台涉嫌以下违规操作时，就极易陷入非法集资的犯罪沼泽地而无法自拔。一是 P2P 资金池。一些 P2P 网贷平台将借款需求设计成理财产品出售给放贷人，或者先归集资金再寻找借款人和项目，使放贷人的资金进入平台的账户，由此产生资金池；二是 P2P 网贷平台的经营者没有尽到借款人身份真实的核查义务，未能及时发现甚至默许借款人在平台上以多个虚假借款人的名义发布大量虚假借款的信息，向不特定的人群募集资金，用于投资房地产、股票、债券、期货等，有的直接将非法集资的资金用于高利贷；三是个别 P2P 网贷平台发布虚假的高利借款标的募集资金，采取借新还旧的"庞氏骗局"模式，短期募集大量资金。

众筹中的股权式众筹是以获得企业的股权、分红、利息等收益为目的的投资模式，就现阶段的股权众筹来说，股权众筹平台是不需要经过有关部门批准的，众筹网站只需要办理工商登记、备案手续就可进行营业，且股权众筹本身就是通过互联网而发展起来，属于向社会公开宣传。从相关法规对非法集资规定的四要件来看，非法集资的股权众筹几乎都"满足"这四个条件。因此，股权众筹与非法集资行为具有天然的相似性，相关制约性制度的缺位，使得股权式众筹容易异化为非法集资行为。

二、案件的特点

互联网金融犯罪是集高效、智能、技术于一体的高智商新型犯罪。作为犯罪的实施者，犯罪主体往往掌握一定的网络技能，能熟练运用网络即时通信工具、网站、移动终端，他们广泛利用网络信息资源来实施犯罪行为。归纳起来，主要有以下几个方面的特点：

(一) 主体高智商，证据提取固定难

互联网金融犯罪是集高效、智能、技术于一体的高智商新型犯罪。作为犯罪的实施者，犯罪主体往往掌握一定的网络技能，能熟练运用网络即时通信工

具、网站、移动终端,广泛利用网络信息资源来实施犯罪行为。因此,较之于传统的金融犯罪,互联网金融犯罪主体具有高智商化趋势。由于互联网金融犯罪主体对互联网技术、互联网金融的特性非常熟悉,加之我国的互联网监管体系不太完备,使得犯罪主体能够准确定位并巧妙避开金融监管的漏洞。"不出事即合法,一出事就重罪"正是互联网金融犯罪中非法集资类案件的共同特性。

在互联网金融中非法集资类犯罪的主体基本上都具有一定的互联网和金融专业知识的人员,有些分工合作,具有较强的反侦查意识,通常会频繁变更网络交易账号、信息传递平台,案发后就大批量删除数据,格式化互联网存储介质,涉案的网络平台数据通常设置成定期自动删除或自动备份后转存,一旦案发,还会组织专门的人员对犯罪记录等电子数据予以删除或转移,不留痕迹,因此,取证的时效性很强,若后期取证没有抓住第一时机,往往会给案件的整体定罪带来致命性影响。互联网金融犯罪中有些非法集资交易结算的银行账户是通过第三方购买,未登记在自身名下,有些还经常换"马甲",加之电子证据本身具有保存时间短、稳定性差、极易被篡改等特性。因此,如何及时提取、固定电子证据就显得尤为重要。

(二)犯罪边界模糊,法律认定适用难

互联网金融犯罪中的非法集资是通过互联网实施相关的扰乱金融管理秩序或侵犯被害人财产的犯罪,而网络突破时间和空间的限制使得网上的行为具有匿名性。[1] 鉴于互联网金融犯罪的专业性、复杂性和多变性,犯罪主体在实施犯罪行为时往往更具隐蔽性,司法机关及被害人往往也不能及时发现问题。现代互联网金融的迅猛发展,使得非法集资行为在短期内就能收到成效,犯罪被查处的概率低且能够获得的巨额受益,使得犯罪主体很容易剑走偏锋,铤而走险。在互联网金融犯罪中,非法集资的花样也是层出不穷,有些犯罪主体巧妙利用不为大众所知悉的金融创新工具,吸引投资者,借助互联网金融平台复杂的运行机制,向投资者掩盖本质上的非法性。

互联网金融的融资平台运转是一个非常"烧钱"的行业,其日常运转需要耗费大量资金,犯罪主体往往利用这一点将互联网金融犯罪的工具——融资平台打造成实力雄厚的公司、企业,以增加投资者的信任度。最突出的表现即通过设立皮包公司,虚构项目标的来规避资金自吸自用风险;抽出大量投资款支付前期投资款及返利,维持平台运转,继续实施犯罪行为;投资房地产、机械制造等实业,迷惑司法机关及投资者等。[2] 如很多行为人到案后均辩解自己参与

---

[1] 参见〔美〕格拉德·佛里拉等著:《网络法:课文和案例》,张楚等译,社会科学文献出版社2004年版,第301页。

[2] 参见万启伟:《互联网金融犯罪实务研究》,安徽大学硕士学位论文,第11页。

推广的互联网金融平台具有合法性,涉案公司经工商、税务审批,有正规保险公司的担保,还有公司融资项目的公开宣传和地方政府的支持,辩解对平台的认识一直认为是合法的,而司法实践中担心打击面过宽,要求互联网金融犯罪中的主体对集资类犯罪的非法性具有一定的认识,这就为法律上认定案件带来困难。

(三)资金往来频繁,资金流向解读难

互联网金融犯罪中非法集资类案件,要确定资金交易量和注册用户数相对容易,但是注册用户数与实际交易账户数之间往往不是一对一的关系,有些投资者会注册众多账户,但实际上都是一人在操作,有些账户是"僵尸账户",不存在实际的交易量或小额的交易量,无法直接以平台现实的注册账户数来认定集资诈骗类犯罪的实际投资人数。另外,互联网金融犯罪中非法集资类案件的涉案金融平台,往往存在账户充值返利重复循环的交易数额。侦查机关按照审计统计方法,直接以交易数额确定涉案金额,根据法律规定,正常应当按照交易数扣除已领回的利息,但是如果逐笔进行筛除,量大操作起来也不容易。互联网金融犯罪中非法集资类案件中,通过网络平台发布信息,非法集资涉及互联网技术的众多方面,如互联网接入、服务器托管、网络存储空间、通信传输通道、费用结算、交易服务、广告服务、技术培训、技术支付、广告投放等各个环节,有些犯罪涉及地区分包销售、层层推广,故而催生出很多专业化的团队,如专门提供技术开发、广告推销、区域销售、公民个人信息获取与提供等,这些团队涉及同时为多个互联网平台提供专项服务,数据往往交叉产生,地域分布广,隐匿于茫茫的互联网大军中,要进行一对一的证实确实存在很大难度。

因此,集资类资金数和集资人数的确定都是司法实践中面临的难题,是一道绕不过去的门槛。这道门槛不容易迈过去,涉及量小的案件,在构罪的基础上进行粗略估算,侦查机关将涉案数据打包成数据包发给检察机关移送起诉,电子数据提取后,如何对庞大的数据进行读取、分析,就成了一大难题。只有对庞大数据进行有效解读,才能充分发挥电子证据的效能。

三、基本的证据构成及司法实践认定中的难点

根据我国刑事诉讼法中的相关规定,对犯罪嫌疑人定罪量刑要求证据确实充分。证据确实充分的条件为:定罪量刑的事实都有证据证明;据以定案的证据均经法定程序查证属实;综合全案证据,对所认定的事实已排除合理怀疑。从这三个方面的具体要求来看,其内涵已经发生质变,不再是单纯的或孤立的证明标准,而是存在着内在的前后递进的逻辑关系,蕴含着更为丰富的含义,是对我国以往"犯罪事实清楚,证据确实充分"定罪证明标准的丰富和发展,可以将其称为定罪量刑的证据标准。

"定罪量刑的事实都有证据证明"是指定罪量刑应当具有哪些证据,是运用证据对犯罪嫌疑人进行定罪量刑的基础,是证据裁判规则的基本要求,目的在于保证定罪量的事实都有证据;"据以定案的证据均经法定程序查证属实"说的是作为定案根据的证明定罪量刑的证据都应当经过法定程序调查核实并经法庭质证确认属实,是对证据"三性"要求的具体细化,它是运用证据对犯罪嫌疑人定罪量刑的必经程序,也是必然要求,其目的在于通过法定程序保证每个定罪量刑的证据既有证据能力又有证明力;最后"综合全案证据,对所认定事实已排除合理怀疑"强调的是经过法定程序查证属实的证据,还应当联系、综合在一起,从整体上看,据其所认定的事实包括定罪和量刑的事实是否还存在合理的怀疑,只有排除合理怀疑方能对犯罪嫌疑人定罪量刑,其解决的是定罪量刑的证据从整体上应证明到什么程序的问题,它是运用证据对犯罪嫌疑人定罪量刑的归宿。①

由此可以看出,这个"三位一体"的证据标准是对犯罪嫌疑人定罪量刑的总标准,是始终围绕证据问题展开的。根据这一规定,可以从质和量两个方面理解证据标准。量的标准,即法律规定的对指控犯罪嫌疑人符合犯罪构成要件的事实方面需要哪些证据及多少证据的规定,换句话说,就是证据在量上应当满足的条件,主要考量特定罪名下需要提取的证据种类及各个种类证据的要求。质的标准,即法律规定的对证明犯罪事实的证据应当满足的属性或程序方面的规定,换句话说,就是证据在质方面应当满足的条件,主要考虑证据的三性要求以及综合的排除合理怀疑。

(一)基本的证据构成

互联网金融犯罪中非法集资类案件的证据种类较多,基本可以涵盖刑事诉讼法中列举的八大类证据,因此在司法实践中一定要注意各类证据的全面收集梳理。从中国裁判文书网发布的关于互联网非法吸收公众存款的相关案例来看,作为证据标准的具体内化标准的量刑的要求,即"定罪量刑的事实都有证据证明"。互联网金融犯罪中非法吸收公众存款案件,作为对证据量刑的要求,一般要求证据数量标准围绕着犯罪基本构成要件予以提取,其基本证据为:

物证:涉案的电脑主机、U盘等存储介质、涉案人员的手机通信设备等;

书证:书证是互联网金融犯罪中比较容易提取的证据,也是比例比较大的证据。一般而言,在司法实践中要注意以下六组书证的提取:

---

① 参见顾永忠:《从定罪的"证明标准"到定罪量刑的"证据标准"——新〈刑事诉讼法〉对定罪证明标准的丰富与发展》,载《证据科学》2012年第20卷(第2期)。

（1）非法集资行为扰乱金融秩序的证据，证实集资参与人报案及受损情况：受案登记表；抓获经过，本案经集资参与人报案后案发；集资参与人的陈述及表格式报案材料等；

（2）非法集资行为的行为主体证据，证实涉案公司的组织架构及人员分工：工商登记资料，证人证言等；涉案公司、关联公司及相关企业的工商登记情况：审核表、公司章程、企业法人营业执照复印件；涉案公司等内部规章流程：登记基本情况、变更登记情况、公司章程、营业执照、决策、管理、考核等相关关系、公司会议记录、资金交易往来记录、公司的组织架构、运营情况、公司的会计账目、员工工资的确定分配方案、晋升考核机制；涉案人员的基本情况、地位、作用、层级：户籍资料、公司的业绩及提成统计表、兑付表、工资明细、劳动合同、各业务员及其他销售渠道提成的情况及给投资人对付的情况表。

（3）互联网金融犯罪中非法集资行为的具体犯罪过程证据，证实涉案公司、个人等非法向社会公众集资：搜查笔录、扣押订单、调取清单；保证合同、打款阶段合同等投资项目保证合同、转账凭证等相关书证；投资项目印刷传单、广告等宣传资料；涉案互联网金融平台的相关情况：技术委托开发合同、网站系统维护合同等。

（4）互联网金融犯罪中非法集资资金的数额及造成损失的证据，证实非法集资及资金去向情况：对公账户、关联公司账户、个人账户等的开户信息、交易明细，证实涉案期间吸收的公众资金的去向；涉案公司账户的基本情况、资金往来及涉案投资人投资情况、涉案人员等个人的开户及资金往来情况：银行交易明细、开户资料、托管协议、通知书、账户基本情况、对账单等。

（5）互联网金融犯罪中非法集资资金过程中涉案公司及个人的资产负债情况的证据，证实非法集资过程中是否产生"非法占有"的主观故意及时间节点：流动资金借款合同、保证合同等公司的借贷资料，中国人民银行出具的企业信用报告、民事判决书等，证实公司或个人涉案期间的资产负债具体情况；房产、股权、银行存款等财产查询、查封材料，及相关法院的评估拍卖法律文书；税务局出具的纳税证明，证实公司的实际盈利情况。

（6）互联网金融犯罪中非法集资涉案公司及个人的量刑证据，证实各被告人的作用、归案及身份情况：抓获经过、情况说明；户籍证明，证实各犯罪嫌疑人到案的身份信息等。

证人证言：互联网金融犯罪中非法集资类案件的各个环节一般都有一定量的证人证言予以证明，越是复杂的案件，证人证言的数量越多，可能多达几百份、上千份。① 证人证言主要是两部分，一部分是内部员工的证言，证实非法集资的具体过程，非法集资的金额，集资参与人的情况等；另一部分是集资参与人的陈述，涉及集资的具体金额、支付利息等情况。

犯罪嫌疑人、被告人的供述和辩解：涉及公司的整体运营情况，公司的经营模式，集资款项的去向，结合电子证据等客观性证据可形成相互印证的证据链条，不过犯罪嫌疑人、被告人的供述与辩解往往与认罪态度息息相关，很多案件中犯罪嫌疑人、被告人的供述和辩解往往是对公司非法集资的对抗性辩解，对涉及本人的犯罪行为供述较少，这时应当充分利用同案的犯罪嫌疑人、被告人的相互指证来证明待证事实。

鉴定意见：审计报告（司法鉴定意见书），证实涉案公司或个人主要经营模式为通过互联网金融平台，向不特定的投资人吸收公众存款，吸收客户投资款金额，未归还的金额，公司的盈利情况，资金款项的具体流向。

勘验、检查、辨认、侦查实验等笔录：侦查机关远程勘验笔录、远程提取证据笔录等。

试听资料、电子证据：投资项目 PPT、印刷资料、广告、视频播放等宣传资料；涉案互联网金融平台、涉案公司法人后台数据（服务器下载、光盘拷贝）。

以 2018 年滨江区检察院办理的张某某、马某某非法吸收公众存款案为例，② 2013 年 4 月 1 日，被告人张某某注册成立了"浙江九能资产管理有限公司"（股东为张某某、马某某，分别占股 95%、5%），实际经营地在杭州市滨江区西兴街道茂源大厦 12 楼。2013 年 6 月起，被告人张某某先后以"理想贷""九能金融"为名设立网络平台提供互联网借贷服务并上线运营。平台推出标期为 1 个月到 18 个月的"汽车抵押贷款标"，并许以标期满后年化 15%—22.8% 的高额回报，以此吸引不特定社会公众通过平台将资金通过线上（网上第三方支付平台）或线下（银行直接转账）两种方式投资。其间，被告人马某某提供工商银行个人账户，平台吸收资金基本流入被告人马某某名下的个人账户，马某某按照张某某指示进行投资人提现、转账。2014 年下半年起，被告人张某某因经营不善为填补资金漏洞，开始在网贷平台发布虚假车辆贷款标（没有真实车辆抵押）直至案发。据审计，被告人张某某、马某某通过网络平台累计非法吸收公众存款 1.5 亿余元。截至平台清盘，尚有 300 余人共计

---

① 参见汪东升、孙晴、张启明：《金融犯罪专业化公诉样本》，中国检察出版社 2014 年版，第 28 页。

② 来源于中国裁判文书网 http://wenshu.court.gov.cn/，滨江区人民法院判决，案件编号为（2018）浙 0108 刑初 77 号。

4000余万元资金未予偿还。

为证明上述事实，检察机关提交了上述列举的相关证据材料，经过法庭质证予以认定，犯罪嫌疑人张某某、马某某以非法吸收公众存款罪被定罪量刑。

（二）证据认定上的难点

相对于传统的刑事犯罪，互联网金融犯罪依托技术而生，而技术是在总结规律的基础上产生的，技术性强，预示着以此为范围成立的犯罪案件如非法集资类案件也具有较强的规律性。[1] 虽然互联网金融犯罪中犯罪嫌疑人的犯罪一般都是智能型犯罪，从犯罪的起意到犯罪事实的几乎所有阶段都是通过前期精心策划后才实施的。互联网金融犯罪中非法集资类案件的电子证据可涵盖犯罪构成要件的各个方面，其电子证据是整个案件查办中的关键性证据，书证比较容易提取，被害人的陈述多，证据多样化的特点也比较突出。与此同时，相较于普通和传统的刑事犯罪案件，互联网金融犯罪案件在司法实践中的证据难点往往呈现出一定的规律性。司法实践中对于互联网金融犯罪中非法集资类案件的证据难点主要集中在以下方面：

1. 犯罪主体和主观方面的难点

（1）犯罪主体的认定

单位犯罪和个人犯罪的认定。自然人犯罪和单位犯罪在定罪量刑上的悬殊使得犯罪主体的认定成为司法实践中控辩双方争辩的焦点。以非法吸收公众存款罪和集资诈骗罪为例，自然人犯罪和单位犯罪在定罪量刑的具体衡量指标（金额、人数等）存在着5倍的差距，如认定为单位犯罪，再追究有关责任人员的责任就可以明显降低量刑幅度和量刑档次。这里就涉及单位犯罪的主体资格证明问题。

（2）共同犯罪主体的认定

非法集资案件中要注意涉案的三类人员，非法集资人，发起、主导或者组织实施非法集资的单位和个人；非法集资协助人（集资代理人或集资中间人），为非法集资提供推介、营销等帮助的其他单位和个人；非法集资参与人，为非法集资投入资金的单位和个人。对于互联网金融犯罪中非法集资类案件共同犯罪的认定，2014年最高人民法院、最高人民检察院、公安部《关于办理非法集资刑事案件适用法律若干问题的意见》中明确规定，"为他人向社会公众非法吸收公众资金提供帮助，从中收取代理费、好处费、返点费、佣

---

[1] 参见王戬：《检察机关审查金融犯罪案件的证据防御与拓展视角》，载《中国刑事法杂志》2012年第11期。

金、提成等费用的,构成非法集资类共同犯罪的,应当依法追究刑事责任"。司法实践中非法集资协助人(如互联网金融平台的运营商、广告发布商等)的入罪是司法实践中的难点。

(3) 主观故意的认定

互联网金融犯罪中非法集资类案件涉及的六个罪名均以故意为主观要件,其中非法吸收公众存款罪和集资诈骗罪是主要触犯的两大罪名,但各罪对主观故意的具体要求不尽相同。特别是集资诈骗案件中的"以非法占有为目的"的认定,如何在司法实践中运用推定、如何确定非法占有目的产生的时间,对非法集资类案件的定罪量刑均会产生不同程度的影响。

2. 犯罪客观方面认定的难点

(1) 社会性和非法性的认定

互联网金融也好,传统金融也罢,非法集资犯罪的真正危险源自国家的金融监管体系无法对其形成相应的控制,① "不特定对象"即为国家金融监管体系对非法集资行为失控的表述。"不特定对象"意味着集资行为所指向的对象随时可增加状态、非法集资的规模处于随时可扩大状态。互联网金融的典型特点就是实现了最大限度范围内信息资源的共享,各项金融活动范围的无限衍生,因此互联网金融中非法集资行为一旦开始就很难摆脱面向不特定对象的局面,互联网金融中非法集资类犯罪行为具有"公开性""社会性"等天然属性,若再具备非法性与利诱性,则符合非法集资犯罪构罪要件中的客观行为的"四性"。但在司法实践中,对"非法性""利诱性"的具体把握却非易事。

(2) 犯罪数额的认定

互联网金融犯罪中的非法集资类案件,涉及的犯罪资金往来频繁、犯罪金额巨大,集资参与人动辄达上万人,如果期望犯罪嫌疑人供述、被害人的陈述、证人证言与资金交易明细、对账单等书证或者电子数据、司法会计鉴定之间完全排除矛盾,相互印证恐怕是理想化的。司法实践中对于非法集资数额的认定,存在不同层级涉案金额的确定,反复投资金额的确定,员工个人及近亲属的投资额问题,特殊情况下犯罪金额的剔除问题,加之互联网海量数据分析的难度大,司法实践中如何根据现有证据综合认定犯罪数额也是一大难点。

---

① 参见张红成:《非法集资行为违法性的本质及其诠释意义的展开》,载《法治研究》2013年第8期。

四、证据标准的具体建构

根据我国刑事诉讼法的规定,"证据确实充分"的第 1 条、第 2 条是要求指控犯罪每一项法定构成要件都要有相应的经法庭查证属实的必要量的证据予以证实。第 3 条是"排除合理怀疑",这里的怀疑限定为"合理怀疑",强调怀疑的合理性。所谓合理怀疑,是指一个普通的理性人凭借自己日常生活的经验法则对犯罪嫌疑人的犯罪事实基于明智而审慎地产生的怀疑。① 具体到个案的办理中,对不同犯罪构成要件的不同部分,对证据的质的要求不尽相同,加之司法实践中对犯罪各构成要件的"排除合理怀疑"的感知不一,证据标准是具体的、个案的,因案而异,不存在抽象的、适用于所有刑事案件的证据标准,互联网金融犯罪中对于证据质和量的把握在具体的构成要件上亦是如此。对于证据标准中的"排除合理怀疑",具体到司法实践中,案件是否能够排除合理怀疑,首先要看指控犯罪的构成要件是否都有符合"三性"的证据予以证实,其次是要看证据之间是否存在相互对抗的情况以及是否能将对抗解除,此外,还要看案件证据是否符合证明责任分配、口供补强及当面质诘等证据规则要求。② 根据证据在刑事诉讼过程中产生的不同证明作用,可将证据分为控诉证据和辩护证据。控诉证据即证明犯罪嫌疑人入罪以及应当从重、加重处罚的证据,辩护证据相对于控诉证据而言,是指证明犯罪嫌疑人出罪以及应当从轻、减轻处罚的证据。划分两类证据的基础在于刑事诉讼中存在着控诉和辩护两种相互对抗的诉讼职能以及诉讼证据所含信息的特定性。③ 因此笔者针对上述难点梳理阐述重点方面的证据标准要求,以便检察机关在审查起诉和出庭公诉中针对互联网金融犯罪中展示的具体案件特征和相关规律性展开有针对性的证据防御。

(一)犯罪主体证据标准解析

梳理互联网金融犯罪中非法集资类案件中平台公司的运作模式和人员组织架构,涉案的非法集资人员大体可以划分为以下几类:一是平台公司的实际控制人、法人和高管;二是业务条线的销售主管和大量的销售人员;三是非业务人员,包括行政人员、财务、技术支持人员、在线客户,等等;四是与平台合

---

① 参见樊崇义:《证明标准:相对实体真实——〈刑事诉讼法〉第 53 条的理解与适用》,载《国家检察官学院学报》2013 年第 5 期。
② 参见吴仕春:《排除合理怀疑的证据标准》,载《人民司法》2016 年第 2 期。
③ 参见徐静村主编:《刑事诉讼法学(第三版)》,法律出版社 2004 年版,第 172 页。

作的第三方,包括担保公司、第三方技术平台公司、项目合作方,等等。①针对这些参与人员,如何确定打击面一直是司法实务部门面临的难点,单位犯罪和自然人犯罪的认定牵一发而动全身,对整体案件的打击面、共同犯罪的处理,均有着莫大的联系。

司法实践中,在认定单位犯罪时,需证明非法集资的收益归单位所有,以单位的名义进行活动,单位成立并不是直接以从事违反犯罪活动为目的。在具体证据的认定上,如存在反向的证据,则以自然人犯罪来认定。对于集团公司与下属公司、上下级单位之间则主要考量是否存在人事控制等关系。集团公司与下属公司、上下级单位之间是否存在人事控制等关系是认定是否构成单位犯罪的重要考量因素。集团公司与下属公司之间是否存在实际控制、管理权,如下属公司受集团公司的管理、控制,并无相应的人事权和财政权,执行总公司的管理制度,工资由总公司统一发放,以集团公司的名义对外宣传,所吸收的资金归集团公司调配使用,这是比较典型的单位犯罪的成立条件。

单位犯罪和自然人犯罪打击的重点不一,刑事责任追究的主体也不尽相同。如认定为单位犯罪,刑法打击的主要对象是公司、公司的主管人员和其他直接责任人员。作为运行平台的实际控制人、法人和高管,可直接认定为单位的主管人员。对于业务条线的销售主管和大量的销售人员,则可直接认定为其他直接责任人员。如浙江多个县市区院办理的金岩公司及其子公司、分公司非法吸收公众存款案。② 2014 年至 2016 年期间,金岩公司及其子公司、分公司违反国家金融管理法律规定,通过网络媒介、广告单页等途径向社会公开宣传其理财产品,承诺高额年化 9%—12% 的现金回报,采用线下与客户签订书面投资协议并通过 POS 机刷卡、线上通过"金岩财富"网络平台让客户购买理财产品并通过网银转账支付方式,向社会公众吸收资金。案件整体上被认定为单位犯罪,各分公司的总经理,作为直接负责分公司整体运营工作,为金岩公司招揽投资客户,吸引公众通过金岩公司"金岩财富"App 线上方式及下线方式购买"影视基金""年年鑫""月月利""双季发"等类型理财产品的,作为直接责任人员予以追究刑事责任,打击的犯罪主体也限于直接责任人员分

---

① 参见徐燕平、肖凯、李小文、张泽辰、王冠:《互联网金融刑事法与行政法衔接研究》,载上海市检察院检察内网,2017 年度最高人民检察院检察理论研究所互联网刑事法律研究中心课题:《互联网金融刑事法与行政法衔接研究》。

② 来源于中国裁判文书网 http://wenshu.court.gov.cn,宁波市鄞州区人民法院(2018)浙 0212 刑初 542 号、景宁畲族自治县人民法院(2018)浙 1127 刑初 8 号、临安区人民法院(2017)浙 0185 刑初 595 号。

公司总经理这一层级。对于非业务人员，如财务、技术、行政人员等仅仅是受雇佣履行职责，没有决定、批准、纵容、指挥非法集资的资格、职责、行为的，不是直接负责的管理人员，其所获取的报酬也仅仅是工作职责内的固定工资，并不包含非法吸收公众存款的提成，这类人员难以认定为上述的单位主管人员和其他直接责任人员。

（二）犯罪主观方面证据标准解析

互联网金融犯罪中非法集资类案的辩护证据在互联网金融犯罪非法集资类案件中主要集中在主观故意方面，出现控诉证据和辩护证据的对抗。在法庭庭审中，容易在以下环节出现：庭审环节的无罪、罪轻辩解对抗侦查阶段的有罪供述；出庭作证的证人证言对抗其在庭前所做的证言；被告人的无罪辩解能对抗勘验鉴定类科学证据。这里言词类证据产生对抗性的比率较高，在审查起诉时，尤其要重视客观性证据与言词类证据之间的相互印证。

1. 根据具体案件综合认定犯罪嫌疑人非法集资的主观故意

对于犯罪主观方面的认定，一般根据犯罪嫌疑人或被告人的从业经历、专业背景、亲属关系确认书、广告宣传用语的更换频率、实际经营状况等综合认定。从目前市场监督管理局对涉案的互联网金融犯罪中非法集资的投资管理公司的登记情况来看，颁发的营业执照对于公司的经营范围，有专门的提醒式规定，如投资与资产管理会在后面括号重点标注未经金融等监管部门批准，不得从事向公众融资存款、融资担保、代客理财等金融服务，对于接受金融机构委托从事金融信息技术外包，接受金融机构委托从事金融业务流程外包；接受金融机构委托从事金融知识流程外包等业务的，也会注明"依法须经批准的项目，经相关部门批准后方可开张经营活动"。对于涉案公司的直接责任人员和其他直接责任人员，非法集资的主观故意在上述证据量的基础上，经过证据"三性"分析，排除非法证据，基本可形成对非法集资主观故意的证据锁链，依法可予以认定犯罪事实。但是对于一些共同犯罪中的财务人员、技术人员等，在非法集资主观故意的认定上还是要注重对抗性证据的出现以及如何排除合理怀疑等。

结合具体的案例，在办理林某某集资诈骗案中，2017年7月至9月，林某某在没有向相关金融监管部门报备的情况下，上线"华扶金贷"P2P网络借贷平台，以高额回报吸引社会不特定对象进行投资。2017年9月底，林某某在"华扶金贷"P2P网络借贷平台上发布清盘公告，随后关闭该平台，其间，"华扶金贷"网络借贷平台尚未归还的本金为400多万元，涉及投资人为50多人。被告人邱某某系公司的美工，负责根据老板林某某的指示将标的做好发布到平台上供投资人竞标，其在参与公司的运营过程中，知晓老板林某某让其发布的标的内容为虚假,从业期间从未见过车贷的相关车子等实物,而且编辑的车贷标的是老板告诉车型后,其通过网络搜索截图将相关照片截取下来作为车贷标的发布在平台上。被告人邱某某领取的是日常的工资报酬,并无额外的提成、报酬等额外收入。对于被告人邱某某的定罪存在一定的争议:一种意见是邱某某纯粹是按照老板的指示行事,其所提供的是单纯的劳务,领取的是基本的工资,未接触到集资款的,其行为不应当予以入罪;另一种意见是被告人邱某某的行为构成非法吸收公众存款罪的共犯,其作为"华扶金贷"网络借贷平台运营美工,参与、帮助老板林某某等人共同实施了以虚构车辆抵押标的为手段、以高额回报为诱饵,欺骗、吸引社会不特定对象人员进行投资的集资行为,虽不知晓老板林某某私下挥霍集资款,但其构成非法吸收公众存款的共犯。该涉案的投资管理公司管理层比较简单,没有复杂的组织层级,林某某为公司的董事长,另有公司总经理、客服主管、财务、运营美工、客服等总共13人。被告人邱某某主观上明知公司系P2P网络借贷公司,且其上传的标的系虚假伪造,但仍提供相关的美工服务,结合同案人员的供述和辩解、电脑扣押的图片搜索记录、图片下载、截图、虚假标的的网上投放等系列证据,能够排除合理怀疑,因此其行为构成非法吸收公众存款罪,并将此案移送法院起诉。

对于非法集资类案犯罪主观明知抗辩的证据,根据法律规定,有些可以作为出罪的有效抗辩,对此在司法实践中要特别予以注意。根据2017年最高人民检察院《关于办理互联网金融犯罪案件有关问题座谈会纪要》(高检诉〔2017〕14号)(以下简称《座谈会纪要》)的规定,对于以下两种类型的主观故意抗辩,除非有相反证据予以证实,否则抗辩成立,可以出罪。对于无相关职业经历、专业背景,且从业时间短暂,在单位层级较低,纯属执行单位领导指令,如确实无其他证据证明其具有主观故意的,可以不作为犯罪处理。因信赖行政主管部门出具的相关意见而陷入错误认识的辩解,如上述辩解确有证据证明,不应作为犯罪处理。

在司法实践中,针对主观明知的"非法性"问题,基本证据有备案登记、营业执照、特许经营许可证、中国银行保险监督管理委员会地方分局出具的情况说明等。"e租宝"系类案件中,有些涉案的公司员工提出"e租宝"的宣传主要是通过央视、凤凰卫视、深圳卫视等主流媒体的广告宣传以及党政的报刊,比如新华网、人民网、还有机场、车站广场等媒体进行宣传,其认为不会是不合法的,所以就应聘参加"e租宝"。该部分的辩解可以从侧面反映出"非法性"的认定其实在司法实践中有很多的不同考量因素,针对该部分人的辩解,结合其从业经历、专业背景等综合考虑,如存在一定的合理性,如犯罪嫌疑人未有相关的从业经历，无接触公司核心资料的权限，上述的宣传对其内心合法性的确信具有很大的参考比重，其辩解具有一定的合理性，结合其他证据如能确认上述出罪的主观故意，依法可作为其"非法性"认知的有效抗辩。

与此同时，根据《座谈会纪要》的规定，对犯罪嫌疑人提出的非法集资的主观故意中"非法性"的抗辩，规定了相应的入罪条件，检察机关在司法实践中应当对行政主管部门出具的相关意见及其出具过程进行查证，如存在以下情形之一的，仍应认定犯罪嫌疑人具有非法吸收公众存款的主观故意：（1）行政主管部门出具意见所涉及的行为与犯罪嫌疑人实际从事的行为不一致的；（2）行政主管部门出具的意见未对是否存在非法吸收公众存款问题进行合法性审查，仅对其他合法性问题进行审查的；（3）犯罪嫌疑人在行政主管部门出具意见时故意隐瞒事实、弄虚作假的；（4）犯罪嫌疑人与出具意见的行政主管部门的工作人员存在利益输送行为的；（5）犯罪嫌疑人存在其他影响和干扰行政主管部门出具意见公正性的情形的。检察机关针对上述的入罪条件，只要提出相应的证据予以证实即可对抗犯罪嫌疑人主张"无罪"的抗辩事由。对于犯罪嫌疑人提出因信赖专家学者、律师等专业人士、主流新闻媒体宣传或有关行政主管部门工作人员的个人意见而陷入错误认识的辩解，不能作为犯罪嫌疑人判断自身行为合法性的根据和排除主观故意的理由。即此类辩解不需要检察机关予以对抗便可直接认定。

"非法性"证据标准中要重点关注行为本质，把握行政违法与刑事犯罪的界限。对于犯罪嫌疑人主张系合法金融从业行为，重点关注是否符合相关行政法律规定的主体资格要求和经营方式。对于股权式众筹和P2P网贷两种特殊情形的互联网金融犯罪中的非法集资要注意证据标准的差异性：以股权众筹为形式的非法集资，应当重点核实是否按照规定备案登记，是否从事自融业务或为关联方融资，是否对募集资金设置专门账户，是否对投融资双方进行必要的审核，是否对投资者进行风险提示，是否通过公开或者变相公开的方式向社会公众发行债券，是否向投资者承诺本金不受损失或者承诺最低收益，是否在同一时间通过两个或者两个以上的股权众筹平台就同一融资项目进行融资，是否在股权众筹平台以外的公开场所发布融资信息；以P2P为名的非法集资，重点核实是否从事自融业务，是否参与出借人与借款人的交易，[①] 并归集资金形成"资金池"，是否将债权转让获得的资金分配给出借人，或者将债权转让获得的资金出借形成新的债权，是否承诺在一定期限内以货币、实物、股权等方

[①] 参见姜淑珍、刘丽娜：《非法集资犯罪案件证据审查要点》，详见微信公众号"prowiki（办案指引）"8月30日推送文章。

式还本付息或者给付回报,是否建立第三方资金托管机制,是否将借贷资金存于个人账户,是否履行审查义务、禁止借款人实施非法集资活动。

2. "非法占有"主观目的的证据标准

司法实践中非法集资案件中"非法占有"的主观故意是认定的难点,如主观故意占有的时间节点确定,特别是犯罪目的发生转变的时间节点,"非法占有"规定的适用,司法解释中主观推定的5种情形在司法实践适用中的分歧。司法实践中应当根据资金流向确定5种情形的适用类别,并围绕特定的情形进行证据收集。

2010年最高人民法院《关于审理非法集资刑事案件具体应用法律若干问题的解释》第4条中规定,使用诈骗方法非法集资,具有下列情形之一的,可以认定为"以非法占有为目的":(一)集资后不用于生产经营活动或者用于生产经营活动与筹集资金规模明显不成比例,致使集资款不能返还的;(二)肆意挥霍集资款,致使集资款不能返还的;(三)携带集资款逃匿的;(四)将集资款用于违法犯罪活动的;(五)抽逃、转移资金、隐匿财产,逃避返还资金的;(六)隐匿、销毁账目,或者搞假破产、假倒闭,逃避返还资金的;(七)拒不交代资金去向,逃避返还资金的;(八)其他可以认定非法占有目的的情形。

2017年最高人民检察院《座谈会纪要》规定,犯罪嫌疑人存在以下情形之一的,原则上可以认定具有非法占有目的:(1)大部分资金未用于生产经营活动,或名义上投入生产经营但又通过各种方式抽逃转移资金的;(2)资金使用成本过高,生产经营活动的盈利能力不具有支付全部本息的现实可能性的;(3)对资金使用的决策极度不负责任或肆意挥霍造成资金缺口较大的;(4)归还本息主要通过借新还旧来实现的;(5)其他依照有关司法解释可以认定为非法占有目的的情形。较于前者,后者司法解释出台的时间晚些,对司法实践的认定更具有参考意义。笔者认为,一般情况下,出现上述规定情况中的任何一种,即可认定行为人具有以"非法占有"为目的实施了非法集资的犯罪行为,可以说是比较有理有据的。行为人的目的和性质既可以从其供述以及有关的书证、视听资料中直接说明,也可以从其实施的行为中通过推理予以间接证明,司法解释及《座谈会纪要》是如何认定非法集资行为构成集资诈骗罪的所谓"定罪规格"的规定。① 此类规定,是以一种条文化的、比较简单的方式概括司法实践中的不同情况,为司法机关办案提供指导。

在互联网金融犯罪非法集资类案件中,要特别注意非法集资与集资诈骗的

---

① 参见龙宗智:《推定的界限及适用》,载《法学研究》2008年第1期。

升格转变，非法占有主观故意认定中"推定"的适用若资金链紧张甚至崩塌，行为人仍继续吸纳公众资金，性质升级，应认定为"非法占有"。这里要明确三种新情况下，推定具有"非法占有的故意"，除非有明确反证：（1）资金使用成本过高，盈利能力不具有支付本息的现实可能；（2）归还本息主要通过借新还旧来实现；（3）大宗资金去向不明，但有证据证实未用于公司经营或其他投资，而嫌疑人又拒不交代资金去向或作虚假供述误导侦查。

从"e租宝"案件的判决来看，之所以认定被告单位安徽钰诚控股集团、钰诚国际控股集团，以及作为二被告单位非法集资中直接负责的主管人员、被告人丁某甲、丁某乙、张某某、彭某某、作为二被告人单位非法集资中的直接责任人员被告人雍某某、侯某某、许某某、刘某乙、朱某某、刘某甲构成集资诈骗罪，关键在于"以非法占有为目的"的认定。被告人单位及前述被告人的"非法占有的目的"具体表现在：一是利用虚假债权项目进行集资。被告单位利用所控制的公司、注册的空壳公司及冒用其他公司名义制作虚假债权项目，制假比例高达95.6%，这些项目被用于欺骗投资人投资。二是以低风险、高回报的反投资规律进行集资。"e租宝"平台的产品收益率为9%到14.6%，而融资租赁债权项目的回报率集中在6%到8%之间，这就意味着这些债权项目如果是真实的，则平台息差收入为负。三是被告单位在集资后，除部分用于返还集资本息及公司运营外，其余大部分在丁某甲的授意下肆意挥霍、随意赠予他人，以及用于走私等违法犯罪活动。因此在司法实践中对涉案公司单位和个人的资金往来情况必须做一个全面的梳理，并出具相应的审计报告，从资质等方面考虑以非法吸收公众存款罪作为兜底适用罪名，在此基础上如提取到上述证据，涉案公司或个人出现资不抵债、肆意挥霍等行为（提取相应的书证为主），则可以认定为集资诈骗。高检院发布的第十批指导案例中周某某集资诈骗案（检例第40号）中认定被告人周某某构成集资诈骗罪，主要证据在于被告人周某某注册网络借贷信息平台，虽早期从事少量融资信息服务，但在公司亏损、经营难以为继的情况下，虚构借款人和借款标的，以欺诈方式面向不特定投资人吸收资金，自建资金池，在公安机关立案查处时虽暂可通过"拆东墙补西墙"的方式偿还部分旧债维持周转，但其所募集资金主要用于还本付息和个人挥霍，未投入生产经营，不可能产生利润回报的事实，可以判定其后续资金缺口势必不断扩大，无法归还所募集的资金，故认定为其具有"非法占有"的目的，最终以集资诈骗定罪处罚。[①]

---

① 参见最高人民检察院发布的第十批指导案例，详见最高人民检察院法律政策研究室组织编写：《金融犯罪指导性案例实务指引》，中国检察出版社2018年版，第9页。

(三) 犯罪客观方面证据标准解析

1. 集资参与人(被害人)的确定

互联网金融领域非法集资的参与人遍布全国各地,有些甚至在境外,如按照传统犯罪的侦查手段和程序,逐个联系集资参与人并制作询问笔录,并要求对集资参与人参与集资的每笔集资款的相关书证、物证进行提取,耗时耗力,在涉案人数达数千数万人的案件中几乎是不可能的,特别是一些境外的集资参与人。杭州市滨江区公检法在办理余法宝跨国网络诈骗案件中采用视频取证的方式对在境外的涉案被害人进行取证,并在司法实践中得到确认。视频取证是司法机关通过网络聊天工具等软件对远在异地的当事人通过远程视频聊天进行询问,同时将聊天记录制作成笔录形式,并对整个询问过程予以录像的取证过程。在此案件的办理过程中,侦查机关运用Skype超清晰免费网络电话工具,同时聘请翻译,对在异国的其中两位被害人就其受骗事实进行询问并制作笔录,对整个过程进行录像或截图保存,并刻录成光盘一并提交法院作为证据使用。通过这种途径取得的证据材料,从证据实质上来说属于被害人陈述,从其表现形式来看则结合了笔录、视频录像、电子证据等形式,视频取证为司法机关打击网络犯罪这种特殊形式的取证,从技术和程序上提供了可能,并极大地节约了司法成本。①

2. 犯罪数额确定的证据标准

证明犯罪数额的证据一般有涉案单位或涉案个人的书面合同、银行交易记录、POS机支付记录、会计凭证及会计账簿、微信、支付宝等交易记录,审计报告、集资参与人等的言词证据等。根据《座谈会纪要》的规定,负责或从事吸收资金行为的犯罪嫌疑人非法吸收公众存款金额,根据其实际参与吸收的全部金额认定。投资人在每期投资结束后,利用投资账户中的资金(包括每期投资结束后归还的本金、利息)进行反复投资的金额应当累计计算,但对反复投资的数额应当作出说明。对负责或从事行政管理、财务会计、技术服务等辅助工作的犯罪嫌疑人,应当按照其参与的犯罪事实,结合其在犯罪中的地位和作用,依法确定刑事责任范围。集资诈骗的数额,应当以犯罪嫌疑人实际骗取的金额计算。犯罪嫌疑人为吸收公众资金制造还本付息的假象,在诈骗的同时对部分投资人还本付息的,集资诈骗的金额以案发时实际未兑付的金额计算。案发后,犯罪嫌疑人主动退还集资款项的,不能从集资诈骗的金额中扣除,但可以作为量刑情节考虑。对于非法吸收公众存款和集资诈骗,《座谈会

---

① 参见蒋惠岭主编:《网络司法典型案例·刑事卷》,人民法院出版社2019年版,第141页。

纪要》规定了非法吸收公众存款和集资诈骗罪的不同犯罪数额计算方式，此乃确定犯罪数额的总体大纲。

非法集资类案件一般涉及三个数额，一是犯罪总额，即共同犯罪活动所指向的，或者是共同犯罪人通过犯罪活动所获得的全部财物数额；二是参与数额，即每一个共同犯罪人犯罪行为所指向的具体数额；三是分赃数额，即每一个共同犯罪人通过参与犯罪活动，最终所分得的具体财物的数额。主犯一般都以犯罪总额认定，对于从犯犯罪数额以哪种种类数额认定，或者综合考虑以上数额后认定，司法实践中并未明确统一。经济型犯罪是一种贪利性的财产犯罪，犯罪嫌疑人和被告人大部分以"趋利"为目的，为实现这个目的，各嫌疑人在共同犯罪中所起的作用会不同。实行型从犯，其"趋利"的表现形式是多产生"业绩"，进而获取更多非法提成收益；而帮助型从犯，其"趋利"的表现形式是完成工作，获取"报酬"。因此，应当综合考虑从犯的作用，实行型从犯以参与数额为基础，同时考虑所得数额；而帮助型从犯应主要考察非法所得额，同时参考参与犯罪期间的犯罪总额。

具体到司法实践中，对于涉案金额的证据标准，如固守传统的逐笔核对印证来认定犯罪数额，显然是不切实际的。司法实践中，一般都会根据审计报告认定的犯罪数额来认定，但审计报告往往以结论性的方式告知犯罪数额，对于具体的资金流向并未予以说明。因此，犯罪嫌疑人往往会据此提出认定犯罪数额的方式方法不科学，实际非法集资的数额低于审计核定的数额，此时如果采用大数据分析加审计报告来认定犯罪数额，往往更加直观明了，使证据质的方面得以立体化展示，更有利于提升证明力。通过后台数据提取的电子证据，借助现阶段的技术如哈希加密算法，就具有技术上的可靠性。

五、大数据技术在证据标准中的综合运用

随着大数据的应用，人类的思维模式从注重定性分析向注重量化分析、从注重因果关系向注重相关关系、从注重精确推理向注重概率思维而转变。[1] 我国刑事定罪采用相互印证的证据证明模式，定罪的证据标准是"犯罪事实清楚、证据确实充分"，强调司法人员在使用证据认定事实时应始终围绕客观事实，完全淡化甚至排除裁判者对证据证明力的主观判断，严格限制使用事实推定。[2] 自然，证据标准中的"犯罪事实清楚、证据确实充分"是一个具有较强

---

[1] 参见季美君等：《大数据时代检察机关遇到的挑战与应对》，载《人民检察》2017年第15期。

[2] 参见樊崇义：《客观真实管见兼论刑事诉讼证明标准》，载《中国法学》2000年第1期。

原则性和总体性的要求，并没有为司法机关对案件事实的主观认定设置明确的幅度和标准。在司法实践中，为解决可操作性的问题，已经针对证据标准提出了一些具体的、可供实践参考的辅助性标准和要求，如非法证据排除，证据的"三性"要求，证据锁链等，要求得出的结论具有唯一性和排他性等。

（一）犯罪数额综合认定的证据标准

在互联网金融犯罪领域，囿于技术和法律的原因，对于非法集资类案件固守传统的刑法证据标准，无疑是苛求的，也不利于对互联网金融犯罪的打击。对于互联网金融犯罪中非法集资类案件我国采用的是"定性＋定量"的立案模式，对非法集资类犯罪构成设置了"数额""情节"等数量、数额标准。证据标准中的"犯罪事实清楚、证据确实充分"秉承的也是高标准的证据证明标准。对于互联网金融犯罪中非法集资此类数额型网络犯罪而言，严格坚持上述的定罪量刑证据标准，在司法实践中会陷入困境。有学者提出在坚持"证据确实充分"的排他性基础上，可以借鉴"盖然性"证据标准，引入"底线证明"（低限证明）标准。所谓的"底线证明"标准，指按照法定的入罪和加重处罚两道"坎"，提供能用以定案的最基本的证据。这两道"坎"既是底线，也是低限。① 有学者提出为解决"定性＋定量"刑法模式带来的证明困境，网络犯罪"定性"和"定量"的证据标准应当有所区别：对"定性"仍应强调"事实清楚、证据确实充分"，对"定量"则应综合认定，达到"数据真实、信息充分"的标准。②

根据 2014 年最高人民法院、最高人民检察院、公安部《关于办理非法集资刑事案件适用法律若干问题的意见》规定，办理非法集资刑事案件中，确因客观条件的限制无法逐一收集集资参与人的言词证据的，可结合已收集的集资参与人的言词证据和依法收集并查证属实的书面合同、银行账户交易记录、会计凭证及会计账簿、资金收付凭证、审计报告、互联网电子数据等证据，综合认定非法集资对象人数和吸收资金数额等犯罪事实。裁判文书网公布的石泉县湘晨实业有限责任公司等非法吸收公众存款、买卖国家机关证件案中③对非法吸收公众存款的 86 名非法吸收公众存款的集资参与人及具体集资数额予以逐笔核对。

---

① 参见刘品新：《网络犯罪证明简化论》，载《中国刑事法杂志》2017 年第 6 期。
② 参见高艳东：《网络犯罪定量证明的转型：从印证论到综合认定》，载《2018 年互联网大会·国际论坛》论文集。
③ 来源于中国裁判文书网 http://wenshu.court.gov.cn，陕西省石泉县人民法院（2016）陕 0922 刑初 19 号刑事判决书。

司法实践中一般对于100名以下集资参与人的案件，都要求采取逐笔核对的方法进行论证，这已经成为此类案件的证据标准上量的起步标准，但如借用大数据解读的方式进行综合认定即可一目了然，亦可事半功倍。温州地区办理的"书画宝"案件中，被害人人数在册登记的就将近2万人，能到案登记的只有3500余人，在审查起诉环节陆续增加了300多人，被扣押的电子"书画宝"包近30余个，每个"书画宝"包含有数量繁多的书画作品，具体书画作品对应被害人、价格、行情数据及交易流程等海量数据。① 在实践操作中，对其中部分集资参与人（100人以下）进行逐一核对，剩余的人员结合客观性证据和集资参与人的证言，直接予以概括性认定，采取的即是"抽样取证＋等量计算"的综合认定模式，这也是司法实践中变通的证据标准。综合认定可谓是独孤九剑，以无招胜有招，允许不拘泥于印证论而采用一切新内容、新技术、新方法证明犯罪数额。② 目前广泛使用的一些网络犯罪证明方法如部分抽样取证、全案综合认定，等约计量、底线证明等均可纳入综合认定的范畴。

（二）以电子证据为中心的证据固定模式

互联网金融犯罪中非法集资行为的犯罪行为主要发生在网络虚拟空间，互联网即是犯罪手段、也是犯罪事实场所。对此，区别于传统的刑事犯罪，互联网金融犯罪中非法集资类案件的证据中电子证据显得尤为重要。司法实践中电子证据是整个犯罪行为的"忠实记录者和见证者"，成为此类案件证据集结的中心，通过对电子证据的取证、审查、质证，结合其他传统证据，方可指控犯罪。从犯罪主体到犯罪主观故意、从犯罪主观故意到犯罪客观方面犯罪数额、集资参与人的认定，电子证据具有多维度的证明作用，涵盖犯罪行为发生的整个过程，对指控犯罪具有关键性的作用。电子证据具有虚拟空间性、系统性、稳定性的特点。③ 电子证据的三性中，"客观性"通过技术方式可以予以解决，"关联性"通过大数据解读可以实现，司法实践中对电子证据的对抗主要是在"合法性"上。"合法性"要求证据必须由法定人员收集、证据必须具有合法的种类等，依照刑事诉讼法及相关的司法解释，法律对证据合法性要求包括：一是证据必须由法定人员收集；二是证据必须是依照法定程序收集的。我国刑事诉讼法对法定人员收集证据的程序作出了较为详细的规定。这些程序性规定涉及收集证据的方法、手段、步骤和途径。证据必须具有合法的种类，是为了从

---

① 参见胡金龙、周雯雯：《互联网视角下金融犯罪情况调查分析——以温州地区金融检察的数据为例》，载《2018年互联网法律大会·检察论坛论文集》（上）。

② 同上。

③ 参见刘品新：《电子证据的基础理论》，载《国家检察官学院学报》2017年第1期。

形式上保障证据内容具有客观性,我国法律对证据的种类作出了明确规定,即8大类证据,其中电子证据与视听资料归为一类,但是电子证据亦可能涉及前面的物证、书证、鉴定意见、勘验、检查、辨认、侦查实验等笔录、视听资料等,无法予以明确划分。证据必须具备合法的来源,如视听资料、电子证据等,应当附有制作者、制作时间、地点、对象、制作过程及设备有关情况的书面说明等,其目的是证明其来源出于合法的途径。另外,电子证据也必须在法庭出示,经过控辩双方的质证后才能作为定案的证据。但电子证据属于海量证据的范畴,如何在法庭上有效展示是目前论证其合法性的难点。针对电子证据的内容进行大数据解读所形成的鉴定结论,是否需要经过合法性验证,也面临着技术上的挑战。此类问题在互联网金融犯罪中的非法集资类案件中显得尤为突出。

(三) 大数据技术的运用

在一个基本不使用现金的社会中,资金的流向几乎都有迹可循,相应地,互联网金融犯罪中非法集资类案件的资金流基本上都是留痕走账,且涉及的资金流数据量庞大,资金关系异常复杂,要梳理资金的来源和去向,厘清资金交易背后的具体人物关系,形成充分的证据链,资金流的采集和解读离开大数据技术,可以说是一筹莫展的。目前资金大数据侦查和资金大数据解读是互联网金融犯罪中非法集资类案证据标准中的利器,离开大数据的支撑,对此类案件的证据解读就回落到"农耕时代",主要依赖于人工的梳理,办案压力倍增。

1. 建立资金特征分析模型

在互联网金融犯罪非法集资类案件中,可以通过建立资金特征分析模型来解读涉案的相关证据。资金特征包括资金交易行为特征、账户特征、主体特征等,利用传统概率、挖掘分类算法等技术,在很短时间内完成资金网络的刻画,利用关系可视化技术清晰展现资金的来源和去向,并且主动标注账号和主体的类别标签。[1] 大数据侦查技术的运用,不仅可为侦查人员的侦查取证提供清晰的脉络,同时也可以为审查逮捕、审查起诉、法庭举证提供高效便捷的证据链条论证思路。通过大数据对资金流和人物关系进行解读,不仅可以解决犯罪主体方面的问题,同时通过大数据对资金账户的固定化流转等分析,也可以作为主观故意方面的证据认定提供可视化的样本。如宁波市鄞州区办理的孙某某、刘某某非法吸收公众存款案[2],2017年9月至12月,被告人孙某某作为

---

[1] 参见何家弘、邓昌智、张桂勇、张建伟、刘广三:《大数据侦查给证据法带来的挑战》,载《人民检察》2018年第1期,第54页。

[2] 来源于中国裁判文书网 http://wenshu.court.gov.cn/,宁波市鄞州区人民法院判决,案件编号为 (2018) 浙0212刑初700号。

法定代表人开设宁波协盈网络科技有限公司,该公司系宁波米利控股集团有限公司实际控制的 P2P 公司,被告人刘某某在该公司担任运营主管。其间,被告人孙某某、刘某某等人在未经金融等监管部门批准的情况下,在"协盈金融"网络平台上发布标的,以高回报作为诱饵,向社会公众吸收资金,随后将募集到的资金转给宁波米利控股集团有限公司。宁波协盈网络科技有限公司的后台数据提取后统计,至案发,该公司向 230 余名投资人累计集资人民币 1700 余万元,尚未兑付 120 余名投资人累计未兑付金额人民币 900 余万元。对定罪量刑的数额确定及分析依赖大数据即可便捷实现。

2. 运用大数据解构资金流和关系链

在互联网金融犯罪中,针对非法集资类案件涉及的海量电子数据问题,可以运用大数据建立资金特征分析模型,资金特征包括资金交易行为特征、账户特征、主体特征等,利用传统概率、挖掘分类算法等技术,在很短时间内完成资金网络的刻画,利用关系可视化技术清晰展现资金的来源和去向,并且主动标注账号和主体的类别标签。[①] 司法实践中通过借助大数据的关联分析技术,通过对涉案企业、涉案人员和涉案资金的关联分析,可以快速、精准定位核心企业及人员,快速梳理涉案资金流的去向,对资金流和人物关系进行解读,不仅可以解决犯罪主体方面的问题,同时通过大数据对资金账户的固定化流转等分析,也可以为主观故意方面的证据认定提供可视化的样本。大数据通过对复杂事物之间的相似性分析、相关性分析、网络特征分析、社团分析、节点重要分析等。通过复杂网络和大数据侦查相结合,可直观预测关联交易、关联担保等风险。例如,以下所展示的就是高检院信息中心为公诉机关提供的数据图谱分析结果,下图图谱 1 展示的是涉案公司的人员层级分布图。下图图谱 2 展示的是涉案相关公司的资金账户往来情况。高检院通过对公司各高管的任职情况、公司成立时间的先后及资金账户流动等多项数据进行关联分析,锁定了该集团核心企业和核心人员,为查清该案的资金流向、追赃等工作提供了直观而全面的关系图,为整个案件的顺利起诉和出庭公诉提供了重要帮助。[②]

---

① 参见何家弘、邓昌智、张桂勇、张建伟、刘广三:《大数据侦查给证据法带来的挑战》,载《人民检察》2018 年第 1 期。

② 图片系高检院信息研究中心为某检察院审查起诉案件所做的大数据关联关系分析图谱,截取自赵宪伟的课件 PPT:《网络犯罪中电子证据审查运用》。

图谱1

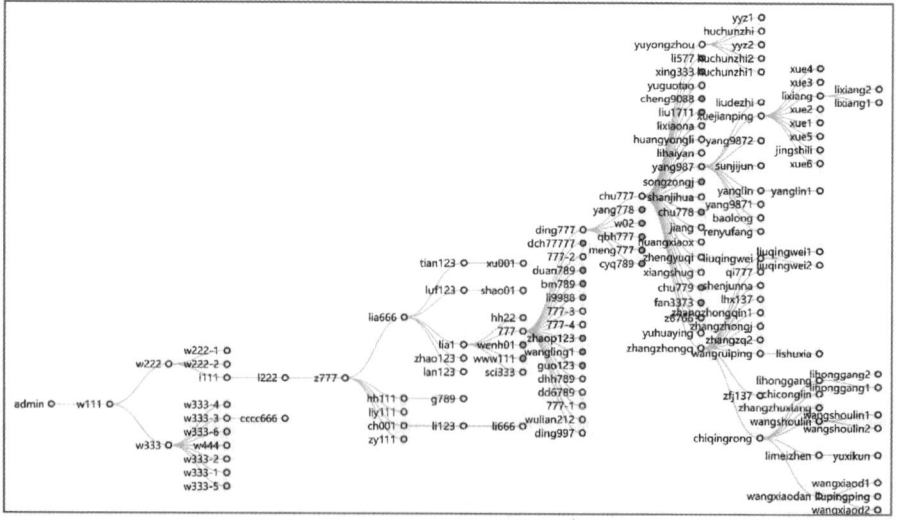

图谱2

（四）双向不对称证据验证规则的运用

传统刑事诉讼中认定"案件事实清楚、证据确实充分"要求所有定罪量刑的事实都有证据证明，且证据之间要一一相互印证，达到"排除合理怀疑"的程度。印证模式是我国目前主流的证据标准论证方法，在刑事诉讼中通过利用不同证据内涵信息的同一性来证明待证事实，目的在于确定自相矛盾的言词证据的证明力、审查案件是否达到法定证明标准以及判断被告人的供述是否具有真实性。① 互联网金融犯罪中电子证据本身就蕴含着犯罪数额，数据本身即事实，数据解读即证据，因此呈现出互补印证，而非一一印证的状态。互联网金融犯罪中非法集资类案件一般通过线上与线下双向融资，形成一种互补的存在。在互联网金融犯罪中非法集资类案件初期，一般都是通过线下实体的电话推销、微信等网络社交工具、商场小区发传单等方式予以推广，待发展到一定规模后，线上的非法集资进入角色，线下的反倒是让位于线上集资。如在"e租宝"案件中，2014年2月，丁某某、张某某、王某某等人收购金易融（北京）网络科技有限公司，后将该公司运营的网络平台更名为"e租宝"，开始从事融资租赁、债权转让等投资项目的网络宣传和销售（即"线上融资业务"）。同时，丁某某等人成立安信惠鑫金融信息服务（北京）有限公司统一负责"e租宝"系类产品的线下宣传和销售，并先后指使许某等人采用注册或收购等方式，组建上海钰申金融信息服务有限公司等十余家公司作为安信惠鑫公司的下属公司，在全国范围内开展线下融资销售业务。此类案件线上线下可以相互佐证，司法实践中可作为证明方法对非法集资行为进行论证。

"印证证明"模式更注重证据的"外部性"而不是"内省性"，即单一的证据不足以证明，必须获得更多的具有内涵信息同一性的证据的支持。这是一种"客观的印证"。② 网上 App 投资平台，为了确定不同层级人员的销售业绩提成比例，财务人员往往会根据非法集资的数量，制作相应的线下业务汇总表，与此同时，对于后期经营不了停止兑付的，有时候会签订退赔协议等，制作相应的线下退款汇总表，这类线下的证据与线上证据虽不能相互印证，但能够相互验证，对于证明案件的事实具有非常重要的参考价值。线上虚拟空间和线下实体空间的单向之间可以验证相关的犯罪事实。线上虚拟空间和线下实体空间虽不完全对应，但是两者之间亦可双向相互印证形成证据锁链，也有助于

---

① 参见龙宗智：《刑事印证证明新探》，载《法学研究》2017年第2期，以及陈瑞华：《论证据相互印证规则》，载《法学研究》2012年第1期。

② 参见刘品新：《论电子证据的定案规则》，载《人民检察》2009年第6期。

证明待证的犯罪事实。

(五) 运用哈希值验证电子数据的完整性和同一性

互联网金融活动中信息的传递至少通过两个以上的网络信息终端链接,以此为载体而形成的电子证据标准是我国目前互联网金融犯罪中非法集资类犯罪证据采信面临的重要问题。非法集资类案件涉及的电子证据往往是海量的,如果打印出来或人工逐条分析,不仅花费大量的人力、物力、财力,也很难达到预期的效果,再者在法庭上以原始数据展示,并逐条说明,完全不具有现实可操作性。通过大数据云计算,对涉案数据进行智能化分析,分析结果一目了然,资金流向条理清楚,在此基础上进行解读,就可收到事半功倍的效果。

根据最高人民法院、最高人民检察院、公安部印发《关于办理刑事案件收集提取和审查判断电子数据若干问题的规定》的通知(以下简称《规定》)中第9条的规定,无法扣押原始存储介质的,可以提取电子数据,但应当在笔录中注明不能扣押原始存储介质的原因、原始存储介质的存放地点或者电子数据的来源等情况,并计算电子数据的完整性校验值。那何为电子数据的完整性校验值?电子数据的完整性校验值,是指为防止电子数据被篡改或者破坏,使用散列算法等特定算法对电子数据进行计算,得出的用于校验数据完整性的数据值。特定算法在实践中一般用散列算法即HASH(哈希值),而在HASH值中最常用的算法就是MD5和SHA-1值这两种算法。MD5将整个文件当作一个大文本信息,通过其不可逆的字符串变换算法,产生了唯一的MD5信息摘要。SHA-1值计算的基本原理与MD5值的相似,曾被视为MD5的后继者。众所周知,一个人的指纹是独一无二的,这常常成为司法机关鉴别罪犯身份最值得信赖的方法。MD5值或SHA-1值的计算是目前证明电子证据完整性和同一性的最简便有效的方法。对于互联网金融犯罪中非法集资类案件,往往涉及大量的电子数据,为了证明电子数据提取的完整性和同一性,有必要对MD5值或SHA-1值进行计算并予以保留。

结　语

互联网的蓬勃发展给整个社会带来了翻天覆地的变化,互联金融犯罪依托于互联网而生,其本身是传统的金融犯罪与互联网技术的集合,作为新兴的网络犯罪案件,互联网金融犯罪中非法集资的刑事打击面临着犯罪构成各要件证据标准的认定难题,比如主观故意、犯罪数额等。有别于传统的刑事犯罪案件,互联网金融犯罪中非法集资类案件的证据的收集、固定往往以电子证据为核心,因此,如何有效利用电子证据在认定犯罪中的价值是解决此类案件的关键，而电子证据效能的充分发挥则有赖于大数据等科学技术的恰当运用。传统的证据标准以线下实体空间为论证对象，互联网金融犯罪中非法集资类案件是以线下实体空间和线上虚拟空间为共同的论证对象，人和物的出现以账号、信息、数据的方式发生关联，其证据标准自然有别于传统中的论证方法，但又必须以传统的为基础。司法实践中，在探索建立互联网金融犯罪中非法集资类案件的证据标准时，如何让科技为司法插上腾飞的翅膀，让案件的办理更加高效公正，这无疑需要司法实践人员、科技人员以及理论研究者的互帮互助、携手共进！

网络犯罪证据的审查与运用

课题组[*]

前 言

根据 2018 年 8 月 20 日中国互联网网络信息中心（CNNIC）发布的第 42 次《中国互联网络发展状况统计报告》，截至 2018 年 6 月，我国网民规模为 8.02 亿，互联网普及率达 57.7%，占全球网民总数的五分之一。[①] 随着信息网络技术的迅猛发展，网络犯罪呈现日益高发的态势，网络犯罪的复杂程度、危害程度和泛众化程度已经远远超过传统犯罪。证据是惩治网络犯罪的关键，特别是随着"快播案""e租宝案""上海车牌拍卖系统被攻击案"等有较大社会影响的案件的发生，网络犯罪证据问题又引发社会广泛关注。

最高人民法院、最高人民检察院、公安部于 2014 年联合发布了《关于办理网络犯罪案件适用刑事诉讼程序若干问题的意见》（以下简称《意见》）、于 2016 年联合发布了《关于办理刑事案件收集提取和审查判断电子数据若干问题的规定》（以下简称《规定》），对网络犯罪证据的收集、提取、固定等作了系统规定。然而，网络犯罪证据的一些重点难点问题仍存在较大的意见分歧，实务中不断涌现一些新情况和新问题，亟须加大理论和实务的研究力度，以进一步完善立法、推动司法。

---

[*] 课题组负责人：叶青，华东政法大学校长；曾国东，上海市虹口区人民检察院党组书记、检察长。课题组成员：王戬，华东政法大学华东检察研究院执行院长、博士生导师；陈卫民，上海市虹口区人民检察院副检察长；程衔，华东政法大学师资博士后；王志亮，上海市虹口区人民检察院检察一部主任；顾静薇，上海市虹口区人民检察院检察三部主任；程贺晓，上海市虹口区人民检察院检察六部主任；谢飞，上海市虹口区人民检察院检察七部主任；刘强，上海市虹口区人民检察院检察六部业务主任；盛琳，上海市虹口区人民检察院检察二部检察官；乔慧，上海市虹口区人民检察院检察六部检察官助理。

[①] 李政葳：《8 亿网民背后折射出哪些"互联网+"新趋势——透视第 42 次〈中国互联网络发展状况统计报告〉》，载《光明日报》2018 年 8 月 21 日。

一、网络犯罪证据审查运用的理论概述

(一) 网络犯罪证据的概念和特性

1. 网络犯罪的概念和范围

网络犯罪的概念从最初的"计算机犯罪"发展到后来的"计算机信息系统犯罪",内涵不断变迁,范围亦不稳定。理论界与实务界对网络犯罪的定义主要包括以下两类:

(1) 广义网络犯罪说。既包括侵入或者破坏计算机信息网络的犯罪行为,也包括利用网络所实施的危害社会的犯罪行为,即直接危害计算机网络以及在网络空间或将网络作为工具、方法实施的犯罪都是网络犯罪。[1]

(2) 狭义网络犯罪说。该观点将网络犯罪的范围局限于利用计算机信息网络实施危害计算机信息系统安全的行为,认为网络犯罪是利用计算机、网络等信息技术危害计算机、网络等信息安全且危害性严重的行为。[2]

广义说与狭义说皆认可网络犯罪须以计算机、网络等信息技术为施害手段,二者的区别是在犯罪对象的范围认定上。狭义说主张将网络犯罪的施害对象局限于计算机、网络等系统的信息安全,而广义说却将在网络空间内实施或将网络作为工具、方法实施的犯罪都作为网络犯罪对待。我们认为,网络犯罪有别于计算机犯罪,亦不局限于单机犯罪。[3] 事实上,网络犯罪所牵涉的领域十分广泛,我国刑法第 285 条、第 286 条明文规定的 4 种计算机犯罪行为仅是其中一种。在界定"网络犯罪"这一法律概念时,不应囿于计算机软、硬件、外围通信器材等物理设备、操作方法等技术性范畴。当然,并非所有与计算机、网络有关的犯罪都属于网络犯罪。例如,非法侵入他人住宅并擅自打砸毁损他人计算机的行为,就不可划归为网络犯罪。网络犯罪应当是指利用计算机信息网络技术实施的各类严重危害社会的犯罪行为,其中包括危害计算机网络安全的犯罪行为。

《意见》明确网络犯罪案件的范围一般包括:(1) 危害计算机信息系统安全犯罪案件;(2) 通过危害计算机信息系统安全实施的盗窃、诈骗、敲诈勒

---

[1] 参见黄泽林:《网络犯罪的刑法适用》,重庆出版社 2005 年版,第 14 页。

[2] 参见皮勇:《网络犯罪比较研究》,中国人民公安大学出版社 2005 年版,第 258 页;张淑平:《论我国网络犯罪的界定——兼议我国网络犯罪的立法现状》,载《中国人民公安大学学报》2004 年第 2 期。

[3] 单机犯罪是指针对单机实施的制作、传播病毒的行为。参见管秋荣、肖玮心:《计算机犯罪的若干问题》,载《人民司法》1997 年第 12 期。

索等犯罪案件；（3）在网络上发布信息或者设立主要用于实施犯罪活动的网站、通信群组，针对或者组织、教唆、帮助不特定多数人实施的犯罪案件；（4）主要犯罪行为在网络上实施的其他案件。

2. 网络犯罪证据的概念和特性

我国《刑事诉讼法》第50条规定了物证；书证；证人证言；被害人陈述；犯罪嫌疑人、被告人供述和辩解；鉴定意见；勘验、检查、辨认，侦查实验等笔录和视听资料、电子数据等八种法定证据种类。从证据类型的分布规律来看，网络犯罪证据几乎涵盖所有证据种类。单就实物证据来说，既有传统形式的证据，如一般的物证、书证、视听资料等，更存在着形态多样的新型证据种类——电子数据。电子数据是指以电子形式存在、用作证据使用的一切材料及其派生物。[①] 人们经常使用的电子邮件、电子数据交换、网上聊天记录、博客、微博客、手机短信、电子签名、域名等均属于电子数据。因此，电子数据成为网络犯罪证据最主要的表现形态。

司法实践中，电子数据的特性主要体现为三个方面：一是记录的客观性和准确性。电子数据的生成是操作者录入指令、算法计算或系统自动载入的结果，证据的形成不包含或极少包含人为主观评价，能够全面真实地反映网络行为；二是载体的分散性和多样性。在计算机网络信息系统中，操作者输入的一个连续的虚拟行为会被不同主体以不同形式记录于不同存储介质上，相应的证据表现形式或派生出的证据形式包括物证、书证、鉴定意见等，这也说明电子数据具有较高的系统依赖性。司法机关在收集、提取网络犯罪证据时，应当一并固定、提取并保管好相应的载体设备；三是内容的易破坏性和易篡改性。电子数据作为数字化的电磁记录，本质上属于一种电子信息，可以进行精确复制并在虚拟空间里无限传播。因此，电子数据具有脆弱性、隐蔽性等特点，容易被删除、篡改且难以被发现，[②] 恶意地人为修正、操作失误、计算机软硬件故障等都会导致电子数据被篡改或破坏，这也给网络犯罪证据真实性的认定带来较大困难。

（二）网络犯罪证据审查运用的立法沿革和理论前沿

1. 网络犯罪证据审查运用的立法沿革

作为网络犯罪证据的主要形态，电子数据是一种与网络犯罪现象相伴而生的事物。我国关于电子数据立法的起步阶段稍显滞后。在1999年《合同法》

[①] 叶青主编：《刑事诉讼法学》，北京大学出版社2013年版，第161页。

[②] 参见毋爱斌：《电子数据真实性如何认定》，载《人民法院报》2014年7月3日。

引入"数据电文"作为合同书的表现形式。2005 年颁布的《电子签名法》是我国电子数据立法进程中极具里程碑意义的事件,它标志着电子数据立法由此迈入了一个新的阶段。这不仅是因为该法规范了电子签名行为等一系列内容,明确了电子签名在法律效力方面与手写签名或盖章等同,建立了电子认证服务市场准入制度,① 更是源于《电子签名法》的出台解决了长期存在的证据规则缺失问题,回应了司法实践的诸多关切。此后,一系列以规制电子数据收集、提取、审查、判断活动为主要内容的专门性司法解释相继出台,电子数据规范体系渐趋成型,实务界对于电子数据的基本认识也在不断深化。例如,2005 年公安部颁布施行的《公安机关电子数据鉴定规则》、2009 年最高人民检察院颁布试行的《人民检察院电子证据鉴定程序规则》以及 2010 年最高人民法院、最高人民检察院、公安部联合颁布的《关于办理死刑案件审查判断证据若干问题的规定》都对电子证据或电子数据的内涵外延做出了不尽相同的规定,② 总体上反映出范围愈加精确、定位愈加澄清的趋势。

2012 年修订的《刑事诉讼法》首次将电子数据规定为法定证据种类,电子数据由此成为正式的法律概念和证据类型。由于相关条文数量有限、过于抽象,未能对电子数据的收集、审查和认定等活动予以明确,最高人民法院、最高人民检察院和公安部以联合发文形式相继于 2014 年出台了《意见》、2016 年出台了《规定》、2016 年出台了《关于办理电信网络诈骗等刑事案件适用法律若干问题的意见》等专门性司法解释。除此以外,最高人民法院《关于适用〈刑事诉讼法〉的解释》、最高人民检察院《人民检察院刑事诉讼规则(试行)》、公安部《公安机关办理刑事案件程序规定》和最高人民法院、最高人民检察院、公安部、国家安全部、司法部、全国人大法工委《关于实施刑事诉讼法若干问题的规定》等刑事诉讼法的基础性解释也都有部分内容关涉到电子数据的收集提取与审查认定活动。

2. 网络犯罪证据审查运用的理论前沿

对于网络犯罪证据的主要表现形式——电子数据而言,相关证据规则的前沿理论研究主要集中在以下两个方面:

---

① 参见刘品新:《中国电子证据立法研究》,中国人民大学出版社 2005 年版,第 24 页。
② 根据《公安机关电子数据鉴定规则》第 2 条规定,电子数据是指以数字化形式存储、处理、传输的数据。根据《人民检察院电子证据鉴定程序规则(试行)》第 2 条之规定,电子证据是指由电子信息技术应用而出现的各种能够证明案件真实情况的材料及其派生物。根据《关于办理死刑案件审查判断证据若干问题的规定》第 29 条规定,电子证据的范围包括:电子邮件、电子数据交换、网上聊天记录、网络博客、手机短信、电子签名、域名等。

一是关于电子数据的取证规则。对此,有学者主张在搜查、扣押电子数据之前,侦查机关必须申请司法机关签发令状,在实施搜查、扣押后,必须允许辩方对被搜查、扣押的电子数据进行查看、审查和复制,为保障电子数据的客观性和原始性,还应建立严密的证据保管链制度。① 在取证主体方面,有学者建议针对具体案件类型、电子数据种类等因素建立科学的电子数据取证主体制度,以防范取证主体不合法而损害电子数据证据能力。② 对于2016年的《规定》,有学者认为该规定对强制侦查与非强制侦查的区别不明确,对收集、提取电子数据与技术侦查的关系划分不清晰,初查时允许收集、提取电子数据之规定可能导致实践中立案前禁止采取强制侦查措施的基本法律原则被突破。③

二是关于电子数据的审查规则。有学者认为,为准确认定电子数据的证据资格,司法者须认真审查电子数据的取证程序,严格执行法律规定的证据规则——对于违反法定程序、非法取得的电子数据,不得作为诉讼证据使用。④ 亦有学者主张结合电子数据的特性来探索电子数据审查、判断、采信的专属规则,认为"在认定电子数据的证据能力和证明力时,不能固守形式主义标准,目前除了针对数据电文的功能等同原则外,还可适用系统可靠性原则。"⑤ 对于电子数据的鉴真规则,刘品新教授认为我国的这项规则存在着缺少"自我鉴真"和"独特特征的确认"、较多依靠笔录审查而知情人出庭作证较少、尚未建立证据标签制度和推定鉴真制度以及缺少鉴真不能法律后果的设定等缺陷,2016年《规定》出台后,该项规则仍然面临着继续改革的任务。⑥

(三) 网络犯罪证据审查运用的比较分析

国外对网络犯罪证据及证据审查运用的立法与研究较为成熟和完备,以英美法系的美国和大陆法系的日本为例。

1. 美国关于网络犯罪证据的审查运用

利用计算机网络实施的犯罪活动以及借助计算机系统的遗存数据证明犯罪

---

① 参见陈永生:《电子数据搜查、扣押的法律规制》,载《现代法学》2014年第5期。
② 参见谢登科:《电子数据的取证主体:合法性与合技术性之间》,载《环球法律评论》2018年第1期。
③ 参见龙宗智:《寻求有效取证与保证权利的平衡——评"两高一部"电子数据证据规定》,载《法学》2016年第11期。
④ 参见李睿懿、韩景慧:《电子数据的证据资格和证明力的审查与判断》,载《中国检察官》2017年第16期。
⑤ 谢勇:《论电子数据的审查和判断》,载《法律适用》2014年第1期。
⑥ 参见刘品新:《电子证据的鉴真问题:基于快播案的反思》,载《中外法学》2017年第1期。

事实的诉讼活动也都最早出现于美国。早在 19 世纪 60 年代,美国法官就已通过判例的形式确认计算机记录可以作为证据采用。加之美国拥有联邦与州两套独立的法律体系,均可对网络犯罪进行立法规定,这使得全美范围内涉互联网管制的法案数目众多,其中有关网络犯罪及其证据审查运用的法律规范更是严密详细。① 与网络犯罪证据审查运用关系较为密切的是《计算机诈欺与滥用法》和《电子通信隐私法》。

美国国会曾于 1984 年通过《伪装侵入与计算机诈骗及滥用法》(The Counterfeit Access Deice and Computer Fraud and Abuse Act),这个法案经多次修改,于 1996 年最终修正为现行的《计算机诈欺与滥用法》,该法的适用范围广泛且刑责较重,主要针对未经授权而侵入他人计算机之行为进行刑事处罚。在立法目的上,该法侧重于打击有关侵犯联邦利益的计算机犯罪。目前,《计算机诈欺与滥用法》已成为联邦政府用来对付"计算机黑客"(Computer Hackers)即非法使用计算机侵入他人计算机系统、程序或资料等行为的主要依据。1986 年通过的《电子通信隐私法》在坚持通信监听令状许可制度的同时,又允许刑事侦查机关可在未经授权的特殊情况下监视因特网及其他形式的通信联络系统。该法共由三章组成,分别为"窃听法"(Wiretap Act)"存储通信法"(Stored Communications Act)和"笔式记录器法"(Pen Register Act)。

在证据规则方面,电子数据这一新型证据种类的出现给既有证据理论带来了空前的挑战。最佳证据规则是英美证据法上一项最为古老也最为重要的基础性法则,其基本含义是"最佳证据,这一用语仅能表明的、事实上的规则是:需要出示原始的文书"②,只有在无法提出原始版本时,法院才允许提交二手证据③。但是,电子数据可以进行精确复制并在虚拟空间内无限传播的特性决定了电子数据的正副本之间存在着完全同一的可能性。这表明,网络犯罪证

---

① 美国联邦政府于 1986 年制定了《电子通信隐私法》(Electronic Communications Privacy Act),1987 年制定了《计算机安全法》(Computer Security Act),1996 年制定了《计算机诈欺与滥用法》(Computer Fraud and Abuse Act),1997 年制定了《反电子盗窃法》(No Electronic Theft Act),2001 年制定了《美国爱国者法》(USA Patriot Act)等单行刑法。同时,美国多数州也都制定过惩治计算机犯罪的单行刑事立法,例如佛罗里达州的《计算机滥用法》、明尼苏达州的《计算机犯罪法》、康涅狄格州的《计算机相关犯罪法》和弗吉尼亚州的《计算机犯罪法》。

② 【美】约翰·W. 斯特龙:《麦考密克论证据》,汤维建译,中国政法大学出版社 2004 年版,第 464 页。

③ 参见马跃:《美国证据法》,中国政法大学出版社 2012 年版,第 219 页。

运用的实践要求传统的证据理论应有所突破。因此,美国立法者从务实的角度出发,采用法律拟制的办法对美国《联邦证据规则》中"电子数据原件"的概念进行重新定义,扩大内涵,从而化解了电子数据的原件认定与可采性审查障碍,形成了美国证据法学界关于电子数据原件的代表性理论——"拟制原件说"。根据美国《联邦证据规则》规则1001第(3)项的规定:如果数据被储存在计算机或类似装置里面,则任何可用肉眼阅读的、表明其能准确反映数据的打印物或其他的输出物,均为"原件"。①

电子数据鉴真规则是美国证据法理论对于网络犯罪证据审查运用实践的又一贡献。美国《联邦证据规则》规则901的(a)项规定,凡是证据足以支持这样的裁定,即争议事项就是建议者所主张事项,则作为可采性先决条件的鉴真与辨认要求就告满足。②这就意味着,电子数据的提供者必须对所提证据与案件事实之间的联系加以证明,尤其要证明电子数据在提取固定后是否遭到过篡改、处理或毁损。在具体做法上,美国将鉴真方法区分为外部鉴真与自我鉴真。前者是指运用外部证据或旁证加以鉴真。例如美国《联邦证据规则》规则901的(b)项所规定的知情证人作证等12种方式。后者是指无须运用外部证据而通过证据本身的属性进行的鉴真。具体的体现是美国《联邦证据规则》规则901(b)项规定的对于国内公文等10种文件的自我鉴真。③总之,不能通过有效鉴真的电子数据,将被视为不具备可采性和关联性的材料而被排除。

2. 日本关于网络犯罪证据的审查运用

日本于1987年通过了《刑法部分条文修正案》,重点解决利用计算机犯罪行为的定性科刑问题。此次修正案主要修订内容有三:一是就以加害计算机为手段的行为是否有加重处罚的必要这一问题,增订了损坏电子计算机等业务妨碍罪(第234条之二);二是就是否处罚涂改、毁弃电磁记录,增设电磁记录的不正作出以及行使罪(第161条之二),修正公证证书原本登载不实及行使罪(第157条第一项,第158条第一项),毁损公、私文书罪(第258条,第259条);三是对是否增设不法利用金融机构等利用计算机处理的交易系统而取得财产行为的相关处罚这一问题,新增电子计算机使用诈欺罪(第246

---

① 何家弘、张卫平:《外国证据法选译》,人民法院出版社2000年版,第866页。
② 何家弘、张卫平:《外国证据法选译》,人民法院出版社2000年版,第851页。
③ 参见刘品新:《电子证据的鉴真问题:基于快播案的反思》,载《中外法学》2017年第1期。

条之二)。① 该修正案也系日本刑事法上关于计算机网络犯罪的首次重要发展，所规定的诸多内容对之后的法律改革影响深远。

20 世纪 90 年代，日本司法实务界对计算机网络犯罪的打击重心逐渐转向不法侵入计算机系统的行为。1996 年 4 月，日本警察厅发表《关于信息系统安全的中间报告书》，该报告提出了对于"不法侵入计算机系统的行为"是否处以行政处罚的议题。两年后，日本警察厅再次发布报告指出对"不法侵入计算机系统的行为"予以禁止、处罚以及对贩售 ID 账号、密码等足以助长不法侵入计算机系统的行为进行规范的必要性。② 日本于 2002 年 2 月 13 日颁布了《禁止非法侵入计算机系统法》。该法针对非法侵入计算机系统的犯罪者，规定了一系列禁止与惩罚的措施，同时也要求计算机设备的管理者自身须采取一定的防御措施。在定罪上，该法持严格的行为犯标准——即使被害人没有受到实际损害，但只要其计算机设备已被非法侵入，侵入者就应受到惩罚。值得一提的是，该法还要求日本各地方公安委员会在接到该类犯罪的检举并有确切证据证明该类行为确实发生时，应该为受害者提供各种援助，如需要的资料、指导等。

3. 其他国家及地区网络犯罪证据审查运用规则对我国的启示

英美法系国家为应对电子数据的可采性和关联性认定障碍，通常采用修改证据法典的方式来变通解决，加拿大更是率先颁布了单行的电子证据法。大陆法系国家则更为注重诉讼法与实体法典的修正，一方面在实体上增设罪名、详叙罪状；另一方面则积极完善、规范电子数据的取证程序。此外，由于大陆法系国家较为重视网络犯罪的打击查处，故建立了较为完备的取证规则，又由于其深受"自由心证"理念影响，故电子数据的司法审查和运用规则相对单薄。而英美法系国家的证据裁判传统上重视逻辑演绎，故致力于塑造电子数据的可采性标准，形成了较为复杂的规则体系。③ 尽管两大法系在电子数据立法上选取了不同的形式，但二者依然有共通之处：一是二者均倡导赋予电子数据和传统证据以同等的法律地位；二是在解决数据的原件问题上，两大法系国家均倡导突破传统的证据规则和证据理论，采用"功能等同法"或"拟制原件法"。

对于我国来说，未来的电子数据审查运用规则立法应当平衡好审前阶段与

---

① 参见黎宏：《日本刑法精义》，中国检察出版社 2004 年版，第 333、380、402—403、447、458—459 页。

② 参见卓翔：《网络犯罪若干问题研究》，中国政法大学 2004 年博士学位论文，第 118—119 页。

③ 参见刘品新：《中国电子证据立法研究》，中国人民出版社 2005 年版，第 134—136 页。

庭审阶段的规则建设——既要有科学合理的司法审查标准，又要在强化司法人权保障的基础上完善取证程序，特别是要完善监听、监控等带有隐私权侵入色彩的技侦措施的审批和执行程序，还要积极吸收、借鉴两大法系证据制度当中的先进经验做法。

二、网络犯罪证据审查运用的实证分析

当前，网络犯罪呈现犯罪主体年轻化、专业化，犯罪形式智能化、隐蔽化，犯罪活动集团化、跨境化等特点和趋势。这些特点使检察机关在网络犯罪案件的证据审查运用上区别于一般犯罪。司法人员办理网络犯罪案件的过程可以概括为："证据—技术—行为—定性"，每个环节都存在不同的审查难点。笔者通过典型案例检索的方式，聚焦网络传播淫秽物品牟利犯罪、网络借贷刑事犯罪、破坏计算机信息系统犯罪、侵害网络空间秩序犯罪等典型案例在证据审查运用方面存在的新问题。

（一）网络传播淫秽物品牟利犯罪——以"快播案"为分析样本

近年来，利用网络传播淫秽物品牟利犯罪日益高发，犯罪手法也日益多变，① 对网络环境和社会风气造成了极大的危害后果，最高人民法院、最高人民检察院先后于 2004 年、2010 年发布了《关于办理利用互联网、移动通信终端、声讯台制作、复制、出版、贩卖、传播淫秽电子信息刑事案件具体应用法律若干问题的解释》和《关于办理利用互联网、移动通信终端、声讯台制作、复制、出版、贩卖、传播淫秽电子信息刑事案件具体应用法律若干问题的解释（二）》，细化了利用网络传播淫秽物品犯罪的认定标准。利用网络传播淫秽物品牟利犯罪案件中的证据审查和运用的典型案例为"快播案"。

自 2007 年 12 月成立以来，快播公司基于流媒体播放技术，通过在网上发布免费的 QVOD 媒体服务器安装程序和播放器软件的方式提供网络视频服务。2013 年 11 月 18 日，北京市海淀区文化委员会在行政执法检查中，从北京网联光通技术有限公司查获了快播公司托管的 4 台服务器。2014 年 4 月 11 日，海淀区公安分局以涉嫌传播淫秽物品牟利罪对快播公司及几名高管立案侦查。7 月 28 日，该案被移送审查起诉。2015 年 2 月 6 日，海淀区检察院提起公诉。庭审中，辩方坚持做无罪辩护，并就电子证据问题提出了种种抗辩，与控方展

---

① 近年来，利用网络传播淫秽物品牟利的犯罪案件中，有利用微信打赏功能"导流"传播淫秽物品牟利的犯罪案件，也有利用网络直播平台传播淫秽物品牟利的犯罪案件等。参见刘彬：《12 起网络传播淫秽物品牟利案被彻查》，载《光明日报》2018 年 4 月 17 日，第 004 版。

开了激烈的拉锯战。9月13日,海淀法院一审判决快播公司等犯传播淫秽物品牟利罪,对王某某等直接责任人处以3年至3年6个月的有期徒刑,并处20万元至100万元的罚金,对快播公司判处1000万元罚金。被告人吴某某不服判决提出上诉,12月16日,北京市一中院作出二审裁定,驳回上诉,维持原判。①

对于控方的举证,辩方在一审庭审现场的辩护意见认为:"北京市版权局所查处的四台服务器怎么锁定的事实不清""北京市版权局发现的淫秽物品怎么转交给北京市公安局的,这也没有法律的手续,涉案物品的扣押保管不符合法律""没有对服务器进行查封拍照及物品登记""行政服务期内提取的文件违法。这个服务器开启的过程没有任何行政人员在场,聘请的人连司法鉴定的资质都没有",等等。② 这些辩护意见可以归结为两点:一是"服务器跟快播公司无关"且可能"被掉包";二是"淫秽视频被污染"。这两个质疑点在法理上并不陌生,陈瑞华教授将之概括为证据"鉴真",它有两点独立含义:"一是证明法庭上出示、宣读、播放的某一实物证据,与举证方'所声称的那份实物证据'是一致的;二是证明法庭上所出示、宣读、播放的实物证据的内容,如实地记录了实物证据的本来面目,反映了实物证据的真实情况。"③可见,证据"鉴真"内容所指涉的正是证据的保管和取证这两个环节。快播案的核心证据争议就是电子证据的鉴真问题。

2016年《规定》从程序法的角度对电子证据取证和侦查过程予以规范,明确了收集、提取、冻结、移送和展示的具体操作流程,也确立了依靠"独特特征"的鉴真方法(如封存特征、校验值特征、IP地址特征、网络活动记录特征等),探索建立了关于电子证据的部分推定鉴真制度,也明确了未能鉴真的有限排除规则。

(二) 网络借贷刑事犯罪——以"e租宝案"为分析样本

近年来,随着"互联网+""普惠金融""金融创新"等概念的提出,互联网与金融的深度融合成为金融发展的新路径,网络借贷平台就是其中的典型。自2007年国内第一家网络借贷平台"拍拍贷"诞生以来,网络借贷这一新的业态经历了长期快速发展和野蛮生长阶段,网络借贷衍生的刑事案件也与日俱增,其中既包括网络借贷产品本身可能涉嫌的犯罪,也包括利用网络借贷

---

① 参见北京市海淀区人民法院(2015)海刑初字第512号刑事判决书。
② 刘品新:《电子证据的鉴真问题:基于快播案的反思》,载《中外法学》2017年第1期。
③ 陈瑞华:《实物证据的鉴真问题》,载《法学研究》2011年第5期。

平台实施的犯罪,涉及非法吸收公众存款、集资诈骗、合同诈骗、非法经营、洗钱等犯罪行为,侵害了投资者的合法权益,也影响了我国金融秩序的稳定。最高人民法院于2010年颁布实施的《关于审理非法集资刑事案件具体应用法律若干问题的解释》以及最高人民法院、最高人民检察院、公安部于2014年颁布的《关于办理非法集资刑事案件适用法律若干问题的意见》明确了网络借贷刑事犯罪案件的规制标准。网络借贷刑事犯罪案件中的证据审查与运用以"e租宝案"较为典型。

金易融(北京)网络科技有限公司为安徽巧诚控股集团股份有限公司子公司,金易融公司所辖"e租宝"平台于2014年7月在互联网上线。依据公开宣传,"e租宝"平台以融资租赁债权转让业务为基础,利用中介身份对接后端融资租赁公司与前端金融消费者(即投资人),提供信息撮合服务。融资租赁公司在与项目公司签订融资租赁协议后,由"e租宝"甄别筛选优质债权在平台发布权益转让信息,转化的债权被包装成"e租乐盈""e租乐享"等周期不等投资项目。经不特定金融消费者认筹完毕,项目实现资金收集。投资人基于所投资份额,依据与融资租赁公司间签署的债权转让基础协议,定期获得资金回报。"e租宝"声称项目保本保息,灵活支取。2015年12月,"e租宝"涉嫌金融违法相关活动被警方查封,该平台以高额利息为诱饵,虚构债权转让标的,向公众募集资金数百亿。投资人所投资资金并未实际参与真实融资租赁业务。资金去向除部分用于归还先期投资人本息,相当部分被用于挥霍、转移与不良经营。"e租宝"实际控制人丁某某及数名责任人涉嫌非法吸收公众存款罪、集资诈骗罪及其他犯罪。

大量的网络借贷都是在无抵押、无担保的情况下为投资人和筹资人牵线搭桥,实现资金的快速融通,导致网络犯罪容易成功,犯罪风险较低。投资人分散且多为散户,对资金运作状况很难进行深入了解,而仅从收益和表象来分析决定是否进行投资。犯罪往往涉及被害人人数众多、波及范围广,造成严重的社会影响,对社会秩序构成极大威胁。所以要为所有集资参与者逐一制作笔录难度非常大,也是无法做到的。

对于这种网络借贷犯罪案件中涉及的"不完全取证"问题,有人认为,可以参照《关于办理非法集资刑事案件适用法律若干问题的意见》第6条的规定:"办理非法集资刑事案件中,确因客观条件的限制无法逐一收集集资参与人的言词证据的,可结合已收集的集资参与人的言词证据和依法收集并查证属实的书面合同、银行账户交易记录、会计凭证及会计账簿、资金收付凭证、审计报告、互联网电子数据等证据,综合认定非法集资对象人数和吸收资金数额等犯罪事实。"另外,也可以参考最高人民法院、最高人民检察院、公安部和证监会联合发布的《关于办理证券期货违法犯罪案件工作若干问题的意见》第 7 条的规定开展相关取证工作，即在已经收集的证据能够充分证明涉众型非法集资犯罪的基本犯罪事实基础上，公安机关可以在被调查对象范围内按一定的比例收集和调取书证、被害人陈述和证人证言等相关证据。①

（三）破坏计算机信息系统犯罪——以"上海车牌拍卖系统被攻击案"为分析样本

近年来，破坏计算机信息系统功能、非法篡改计算机信息系统的数据，制作传播计算机病毒等破坏计算机信息系统的犯罪行为越来越多，破坏计算机信息系统犯罪是网络犯罪中危害性最大，影响最恶劣的犯罪行为，严重损害了人民的合法权益，扰乱了社会生活的秩序，甚至还可能会影响到公共安全、国家安全，是司法实践中重点打击的网络犯罪行为。最高人民法院、最高人民检察院于 2011 年颁布了《关于办理危害计算机信息系统安全刑事案件应用法律若干问题的解释》，为司法机关办理危害计算机信息系统安全犯罪案件细化了法律适用标准。关于破坏计算机信息系统犯罪证据的审查运用以"上海车牌拍卖系统被攻击案"为分析样本。

2009 年 7 月，被告人王某某受周某某委托，将木马恶意软件"darkshell"客户端伪装成 BT 下载种子文件后在网上传播，使周某某非法控制 5000 余台上网用户计算机，后在上海市 2009 年度第 7 次私车额度网上竞拍中，周某某利用非法控制的计算机攻击上海国际商品拍卖有限公司（以下简称"国拍网"）私车额度网上竞拍服务器，致使服务器无法正常运行，导致此次近万人参与的拍牌活动被迫取消，造成恶劣的社会影响。经审查，周某某直接使用的电脑硬盘 1 和通过远程登录使用的硬盘 2 中存在进行 DDoS 攻击②木马的证据，包括：（1）用于木马攻击实验的环境和教程；（2）多个相关功能的恶意木马程序；（3）大量涉及 DDoS 攻击站点实际案例信息和傀儡机交易聊天记录；（4）电脑中存在被攻击站点的 IP 信息；（5）相关功能的恶意程序在网站上被下载的时间集中在国拍网被攻击之前。法院以破坏计算机信息系统罪分别判处周某某有期徒刑 2 年，王某某有期徒刑 1 年 2 个月。

---

① 王全、陈祥民、李盛楠：《互联网非法集资犯罪"加盟型"共犯的认定与证据规格——以"e租宝"互联网非法集资案为研究视角》，载《中国刑警学院学报》2016 年第 4 期。

② 分布式拒绝服务（Distributed Denial of Service）攻击是指借助于客户、服务器技术，将多个计算机联合起来作为攻击平台，对一个或多个目标发动 DDoS 攻击，从而成倍的提高拒绝服务攻击的威力。

本案的审查难点在于找出黑客与控制傀儡机的联系方式以及控制傀儡机与攻击傀儡机（"肉鸡"）的联系手段，但是由于经验老到的黑客会删除遗留在计算机上的相关联信息，所以这一切并非那么简单，也不是所有节点的线索都能找全。《规定》第 25 条规定了"确认人机同一性"的问题，但是在计算机对应犯罪嫌疑人上，却无法区分出计算机所有者和实际操作者，更有依赖口供补强的倾向。"由于网络犯罪隐蔽性强，相对于传统犯罪而言物证、书证较少，毁灭证据简单，多数网络犯罪还是一对一的犯罪，没有第三人在场，这就使在网络犯罪案件侦查中，对被追诉人供述的依赖程度较高，许多关键证据要靠侦查讯问获得。但是，网络犯罪中的被追诉人通常都具有相当的学识，具有一定的计算机知识，有的还专门研究过法律，反侦查能力较高，对侦查人员一般的讯问技巧、讯问模式都较为熟悉，这就给侦查机关获取有罪供述增加了难度。"① 从这个意义上讲，需要补强的证据范围显然不应局限于言词证据，电子数据的特性决定了它必然需要予以补强以强化其证明力。此外，从有效治理网络犯罪的角度讲，在"机→人"同一性认定的证据通道阻碍的情况下，若想依靠"案→机"过程中收集的证据（主要以电子数据为主）认定案件事实，证据补强更是不可缺少，有必要在网络犯罪证明体系中构建补强证据规则。

（四）侵害网络空间秩序犯罪——以"秦火火案"为分析样本

网络信息传播门槛低、自由程度高、互动性强的特点为言论自由提供宽松环境的同时，也滋生出各种网络虚假信息。网络虚假信息具有传播速度快、波及范围广、查证难度大、易引发群体性事件和公众恐慌的特点，这使得网络寻衅滋事犯罪的危害比传统寻衅滋事犯罪有过之而无不及。为治理网络虚假信息、打击网络寻衅滋事犯罪，最高人民法院、最高人民检察院于 2013 年 9 月制定了《关于办理利用信息网络实施诽谤等刑事案件适用法律若干问题的解释》，一方面为打击网络寻衅滋事犯罪提供了法律依据，另一方面明确了网络寻衅滋事犯罪的法律界限和法律适用标准，推进了网络法治的进程。该解释第 5 条规定："利用信息网络辱骂、恐吓他人，情节恶劣，破坏社会秩序的，依照刑法第二百九十三条第一款第（二）项的规定，以寻衅滋事罪定罪处罚。编造虚假信息，或者明知是编造的虚假信息，在信息网络上散布，或者组织、指使人员在信息网络上散布，起哄闹事，造成公共秩序严重混乱的，依照刑法第二百九十三条第一款第（四）项的规定，以寻衅滋事罪定罪处罚。"明确了

---

① 王志刚：《论补强证据规则在网络犯罪证明体系中的构建——以被追诉人身份认定为中心》，载《河北法学》2015 年第 11 期。

在网络上辱骂、恐吓他人或者编造、传播虚假信息的可以构成寻衅滋事罪。关于侵害网络空间秩序犯罪证据的审查运用以"秦火火案"为分析样本。

2011年7月23日,甬温铁路浙江省温州市相关路段发生特别重大铁路交通事故(即7·23甬温线动车事故),在事故善后处理期间,被告人秦某某为了利用热点事件进行自我操作,提高网络关注度,于2011年8月20日使用昵称为"中国秦火火f92"的新浪微博账户编造并散布虚假信息,称原铁道部向7·23甬温线动车事故中的外籍遇难旅客支付3000万欧元高额赔偿金。该微博被转发11000次,评论3300余次,引发大量网民对国家机关公信力的质疑,原铁道部被迫于当夜辟谣。秦某某的行为对事故善后工作的开展造成了不良影响。①

本案中,被告人秦某某的造谣言论,扭曲了国家机关对突发事件处置情况的公信力,引发民众广泛的质疑,严重扰乱了社会正常的公共秩序。事实上,评价"秦火火"网络寻衅滋事一案的危害后果时,微博被转发11000次,评论3300余次仅仅说明了虚假言论的波及范围,仅以转发量和评论量不足以入罪,关键还需要其造成一定的社会危害后果。有学者指出,网络犯罪中特有的实际点击数、不法网页数、不法文档数、用户数、注册会员数、网站数、跟帖数等指标,因网络本身具有的聚合效应,使得前述"数量"情节都以庞大的规模出现。如今人类社会已经进入大数据时代,前述"数量"又进一步表现为海量数据,如何关注和应对这一中国特色的证据审查难点值得关注,我国学者先后提出过抽样取证与等约计量等建议方案,是否有更加合乎法律理性的其他方案也值得研究。②

三、网络犯罪证据审查运用的问题剖析

根据网络犯罪的主要模式,可以将犯罪类型分为以下两类:以互联网空间为犯罪载体及互联网技术为犯罪手段的网络工具犯以及以互联网本身为犯罪对象的网络对象犯。针对不同类型的网络犯罪,证据审查重点和运用侧重点均有所不同。从法理层面来分析,对刑事证据的审查,包括证据的客观性、合法性和关联性,但由于网络犯罪证据的指向及证明内容的特殊性,实务中证据的运用往往是辩护人攻击的突破口,也是司法机关审查的重点和难点。

---

① 林涛、李晓、吴小军:《利用信息网络实施诽谤、寻衅滋事犯罪的区分认定》,载《人民司法》2014年第18期。

② 参见刘品新:《网络犯罪证明简化论》,载徐显明主编:《检察智库成果(第2辑)》,中国检察出版社2018年4月版,第525页。

(一) 网络犯罪证据客观性判断问题

客观性审查是网络电子证据审查的关键，网络犯罪证据的准确性往往体现于数据生成等无法篡改的第三方平台，如网络聊天记录的对象、转账记录的时间等，但对于电子数据本身所体现的内容是否真实客观则难以通过证本身体现，特别是网络渠道的多样性和复杂性，对于作案手法和涉案金额的认定需要逐一排除合理辩解，加大了审查难度。

1. 单方证据的客观性证实难

部分案件中存在将当事人一方的内部系统数据作为证据使用，该类电子数据因其直接性往往成为案件事实认定的关键。因此，对这类一方当事人提供的数据的客观性审查是该证据能否作为直接使用的关键，但考虑到是单方证据，而又涉及系统代码或商业秘密，具有不公开的属性，通常会同时采取局域网隔离等措施，则对信息真实性的证实判断造成阻碍，如行为人通过公司内部财务系统挪用公司资金，无论是数据收集、提取，都难以排除公司一方技术人员的参与而独立进行，因此，对于该类封闭系统内的存档数据，无论是取证方式或证明内容，能否被直接使用，最终都可能影响案件事实的认定。由此延伸出的证据隐私性保护，亦亟须明确。由于现有规范中因对隐私数据未有明确界定，[①] 而基于数据的示证方式具有局限性，实践中对涉密证据的范围、内容及程度保护存在标准不同、操作模糊的问题。如何在审查证据时跨前保护个人隐私、商业秘密，特别是对庭审示证时的保护，是审查网络犯罪证据所亟须考虑的问题。

2. 电子数据的客观性鉴定难

对电子数据的司法鉴定属于"计算机司法鉴定"[②] 范畴，但计算机司法鉴定仅限于网络对象犯中，对于电子数据同一性或数据内容的鉴定则无明确规定。实践中，部分鉴定机构仅对数据文件调取方式和类型判断作"司法鉴定意见"[③]，但出于鉴定资质和鉴定内容的局限性，在审查该类鉴定报告时往往无法认定其鉴定意见的效力，而这些意见能否作为"收集、提取电子证据"

---

① 陈廷、解永照：《网络犯罪案件中电子证据的取证、审查难点及对策思考》，载《公安学刊》2016年第3期。

② 司法部2000年《司法鉴定执业分类规定（试行）》第13条规定，计算机司法鉴定：运用计算机理论和技术，对通过非法手段使计算机系统内数据的安全性、完整性或系统正常运行造成的危害行为及其程度等进行鉴定。

③ 如对侵犯公民个人信息中电子产调信息图片数量进行搜索，并作出条数认定的司法鉴定意见，但事实上，这种意见对案件事实的认定不具有实质性作用。

侦查方式的补强，同样存在疑问，因为网络犯罪专业化程度较高，一方面，对于部分证据的审查判断往往需要依靠司法鉴定来实现，而鉴定专家的判断又同时是基于案件事实的专业性判断，① 容易形成审查的死循环；另一方面，司法鉴定检材决定了鉴定意见的周延性和真实性，而鉴定本身则无法对检材的真实性作判断，因此审查鉴定意见的同时又回到了电子证据取证合法性判断的老路上，对鉴定意见的采信变成以对检材的合法性审查为前提。

(二) 网络犯罪证据合法性判断问题

对网络犯罪取证的合法性审查，是网络工具犯的审查重点，如在"快播案"中，辩护人对电子证据的扣押、封存等提出异议，进而提出证据被污染应予排除的辩护意见。纵然"两高一部"均对电子证据的收集、提取进行了规定，但在实务中因取证或相关程序的缺位，瑕疵证据甚至是违法证据屡见不鲜。

1. 取证技术和取证方法有待改进

一是取证技术存在局限。根据《规定》第 14 条的规定，收集、提取电子数据应当制作笔录。实践中电子证据收集、提取笔录的制作主体，因其专业性要求较高，因而具有较多限制，② 通常仅限于侦查机关的网安部门或技术部门，但考虑到侦查效率及人员配置等问题，一般侦查人员往往以扣押笔录、书面证据取代提取笔录、电子证据，或将证据形式进行转化，因无法展现提取过程，造成证据审查时无法直接判断证据来源或对其合法性作出评价。另外，实践中，为确保数据来源合法，侦查机关会采用物理扣押与电子提取的双重扣押、取证标准，即对电子数据的原始存储载体，如服务器、电脑硬盘或主机进行扣押、封存，再对载体中的电子数据进行收集、提取，但对电子数据载体的物理扣押并不等同于对电子数据的封存、冻结，不在同一时间和空间下进行的扣押、提取则难以认定数据提取的同一性。此外，这种双重标准容易造成证据采集的连贯性因侦查人员不同遭到破坏，或是因提取数据的侦查人员不具备专业性破坏了数据的原始性内容。如因取证不当造成原始数据的损坏，或是因提取数据的非即时性或非当场性，数据后台发生变化，使得证据证明力遭到破坏。

二是证据保全存在缺陷。鉴于网络空间的开放性和证据封存的不完全性，在证据审查时，往往会因无法采取物理隔离措施或未能及时冻结涉案的数据、

---

① 刘品新：《论电子证据的理性真实观》，载《法商研究》2018 年第 4 期。

② 参见李娜：《电子证据取证程序研究》，载《河北公安警察职业学院学报》2017 年第 6 期。

账号等，造成电子数据内容发生变化，对已采集、封存的证据的合法性及真实性判断造成影响。如网络介绍卖淫案件中，行为人登录网络发布卖淫信息，但因事后被他人登录修改，未能及时进行保全，致使在案证据难以印证其介绍行为。侦查人员习惯于以传统取证方式代替电子数据取证方式，但忽视了电子证据提取的特殊性和数据封存的要求，而无法对取证过程全面留痕，一旦无法形成取证流程的闭合链条，证据合法性就会存在瑕疵，而取证环节的缺失也往往无法补正或解释，造成证据被排除使用。"快播案"中辩护人即是利用了取证环节瑕疵对在案证据提出排除要求。

三是取证范围的不周全性。基于网络犯罪涉案范围广、体量庞大且分散的特征，实践中存在对证据进行部分审查推断认定，① 或是以法律拟制的方式将电子数据体量作为定罪依据。② 但同时，对上述电子数据直接适用的前提需要对犯罪行为内容予以认定并且在法律规定的范围内进行。对于超出范围的案件，如"e租宝案"中被害人证据的采集，能否以抽样或比例收集的方式予以认定往往存在法律适用上的障碍。

2. 证据补强或排除规则有待明确

由于电子证据收集、提取的专业性和特殊性，对运用瑕疵方法固定的电子证据的补强或排除，相关法律法规均未能作出明确规定。实践中通常以传统侦查的方式间接证实电子证据取得的合法性，如由非专业侦查人员主体就电子证据的收集、提取过程使用全程录音录像的，或以"工作情况"等方式就收集、提取过程进行说明的，能否作为电子数据提取过程合法性的补强。非专业见证人的见证，仅对取证过程具有认知，但对取证方式、内容能否证实系侦查机关客观体现收集、提取的过程，均需进一步明确。另外，以侦查人员与当事人的网络聊天记录替代相应的询问笔录，或将当事人通过网络提供的物证、书证照片或是邮寄的自书陈述作为证据使用是否违反了司法亲历性的要求也需要进一步明确。

(三) 网络犯罪证据的关联性判断问题

网络犯罪证据的关联性判断，往往影响了网络对象犯罪与非罪的认定，如

---

① 《关于办理侵犯公民个人信息刑事案件适用法律若干问题的解释》中对批量公民个人信息的条数规定，除邮政局证明信息不真实或者重复的以外，可以根据查获的数量直接认定。

② 《关于办理诈骗刑事案件具体应用法律若干问题的解释》中规定，利用互联网等电信技术手段对不特定多数人实施诈骗，诈骗数额难以查证，有证据认定发送诈骗信息及播打诈骗电话数量的，可以依据数量予以认定。

在"上海车牌拍卖系统被攻击案"中,由于攻击行为及危害结果证据的客观存在,则可以认定两者之间的因果关系,关联性是案件证据审查的关键。但由于受技术、时间、地域等因素影响,实践中往往仅能通过间接证据补强行为与结果之间的关联性。

1. 与案件事实的关联性认定存在困难

一是行为指向性的证据中断。由于网络对象犯中行为人往往会通过远程服务器甚至是境外服务器掩盖自身 IP 地址,使得行为证据指向性中断,只能通过行为人的供述或以其购买"肉鸡"账号的情况作为间接证据佐证相关供述或证言,据以推断行为人的攻击行为,但由于言词证据的不稳定性及私人、境外服务器的隐蔽性,一旦翻供或证言反复,则容易造成合理怀疑无法排除的窘境。由于数据与涉案事实的关联无法通过物理环境证实,而电子数据的存储介质不仅限于物理载体,还包括网络存储空间、服务器加载空间等第三方数据来源,在无法实现物理扣押、冻结的情况下,如果只是对数据内容进行判断,则无法体现数据与行为主体的关联性。比如网络诈骗或敲诈勒索案件,即便被害人能够提供聊天记录或通话信息数据,但若行为人进行质疑,仍无法排除信息系经伪造或被断章取义的情况。

二是危害结果介入因素的证明缺失。网络工具犯中危害结果具有双重性,包括对现实的危害及对网络空间秩序的危害。[①] 然而网络对象犯一般仅具有对网络空间秩序的危害,较现实空间中的危害更难以直观反映和证实,并且这种虚拟空间中的危害可能存在多种原因,但实践中往往只采集定罪证据,而忽略排除介入因素的证据采集,导致发生危害结果的直接原因难以证实。

2. 与原始证据的一致性认定存在困难

一是原始电子数据获取难。一方面,现阶段从第三方获取原始数据信息或因技术手段薄弱,或因程序流转手续复杂,无法或难以及时获取,使得证据关联性审查流于形式,甚至可能因第三方平台定期清理而无保留期限的规定等原因造成电子证据被销毁难以恢复,无法与原始数据进行印证。另一方面,因原始数据往往涉及个人隐私或商业机密,第三方平台出于对客户隐私的保护或对平台自身风险的考虑,并不会主动、全面提供涉案数据,造成证据审查内容无法完全反映其关联性。实践中,对第三方服务器数据的取证比如对支付宝、微信账号信息的调取需要进行异地调取,时间周期和调取内容往往无法满足案件审理的需要。

---

① 范思力:《网络犯罪的证据关联性判断》,载《广西政法管理干部学院学报》2016年第 4 期。

二是非实名认证的电子数据认定难。由于网络信息的隐蔽性和非实体性,对于网络中非实名认证的电子数据来源认定较为困难,特别是在网络工具犯中的网络数据关联性认定,若无法通过行为人供述或原始数据载体进行联系,如通过账号密码或物理载体的数据提取等印证其关联性,则难以将数据本身与案件事实匹配,更无从判断电子证据与犯罪行为的关联性。例如,网络寻衅滋事案件中,往往通过IP地址或行为人供述来认定发帖账户与行为人的关系,但如果通过第三方服务器发帖或不存在经当场抓获等可以直接判断关联的情形,则难以排除其"账号被盗"或是"假于他人之手"的辩解。

四、完善网络犯罪证据审查运用规则和配套制度

电子数据作为认定网络犯罪事实的重要证据形式,其取证和审查环节均具有特殊性,有必要对电子证据客观性、合法性、关联性的审查规则进行有针对性的研究,健全和完善电子证据审查认定的规则和标准。

(一)网络犯罪电子证据的客观性审查规则

电子数据的客观性,是指用于证明案件事实的电子证据必须是客观、真实且完整的,而不能是虚构或者伪造的。由于电子数据具有较高的科技含量,围绕电子数据客观性的审查应明确电子数据证据标准,同时规范电子数据鉴定制度,从而确保电子证据能够客观真实地反映案件待证事实。

1. 完善电子数据证明标准

网络犯罪形式多变、电子数据海量巨大,其中作为证据的电子数据又不同于传统刑事案件定罪量刑的证据。为了更准确地判断作为定案依据的电子证据的客观性,应根据电子数据的特点,以立法的形式明确网络犯罪案件的证据标准,即达到何种程度才能满足证据确实充分的要求。例如,在分布式拒绝服务(DDoS)攻击网络犯罪证据审查中,只要形成完整的证据链证明犯罪嫌疑人有犯罪故意、实施了犯罪行为并产生了危害结果即可,不必过分追查犯罪行为是否由犯罪嫌疑人发起。因为在此类案件的取证过程中,由于电子数据的易灭失性和易破坏性,要查清攻击源头是非常耗费司法资源并且收效甚微的做法。笔者认为,只要能收集到以下证据就可以形成完整的证据链:(1)犯罪嫌疑人主观上有实施网络攻击的犯罪故意;(2)犯罪嫌疑人有联系过黑客的行为,且有证据证明该黑客在被害人受到网络攻击的时间段内实施了攻击行为;(3)犯罪嫌疑人的电脑设备中有用于网络攻击的软件,并且该软件在被害人受到网络攻击的时间段内有攻击记录;(4)被害人确实遭受到网络攻击。上述证据已经能够充分说明犯罪嫌疑人有攻击他人网络的意图,并在客观上实施了攻击行为,被害人也在事实上受到了攻击。以这些证据认定犯罪嫌疑人有犯

罪行为、需承担刑事责任，既符合法律规定，客观反映待证事实，又能化解侦查机关取证的困境，提升惩治网络犯罪的质效。

2. 健全电子数据鉴定制度

电子数据的鉴定分析是指委托具有鉴定资质的机构、人员对网络犯罪案件现场发现、提取的电子设备，涉案存储媒介及电子数据进行检验鉴定分析的工作。

（1）明确电子数据鉴定的标准。一是要能够确定人或物的同一性，即通过对涉案电子信息、记录的鉴定，确定案件与一定人或物之间的关系；二是要能够确定案件事实涉及的因果关系，即通过对电子证据的鉴定，确定某一事件或现象形成的原因或造成的结果；三是要能够确定事件的有无和真伪，即通过对电子证据的鉴定，确定某一待证事实是否存在，以及是否真实客观；四是要能够确定案件事实所达到的程度，即通过电子证据的鉴定，确定危害结果的严重程度。

（2）规范电子数据鉴定的方法。在电子数据的检验分析阶段，针对电子数据的易篡改性，应确保做到以下几点：一是尽可能不直接对原始的电子数据进行检验分析，以保持电子数据的原始性和完整性；二是使用洁净的存储设备对原始的电子数据进行多个精确备份，然后在备份上进行校验分析；三是对电子数据进行检验分析的计算机系统、辅助软件系统和分析方法必须安全可行，侦查人员检验分析电子数据时应当使用经过核准、符合标准的计算机设备、软件和方法；四是使用计算机技术手段对检验分析作完整记录，如数字签名[①]、时间戳[②]等方法。

（二）网络犯罪电子证据的合法性审查规则

电子数据的合法性是指电子数据的取证主体、证据形式、取证方法及程序必须符合相关法律规范的要求。为更好地保证网络犯罪案件办理的程序正当性，有必要明确一套细化到取证和审查全流程各个阶段的科学、规范的电子数据证据规范和科学合理的证据规则，以便更准确地判断电子证据的合法性。

1. 分阶段细化电子数据取证规范

根据电子数据取证不同阶段的特点，可将电子数据的提取划分成收集固定、扣押保管、提交法庭等三个环环相扣、层层递进且可持续追溯的不同阶

[①] 数字签名是指只有信息的发送者才能产生的别人无法伪造的一段使用了公钥加密技术手段的数字串，这段数字串是对信息的发送者发送信息真实性的有效证明。

[②] 时间戳是指一个能表示一份数据在某个特定时间之前存在的、完整的、可验证的数据，通常是一个字符序列，唯一地标识某一刻的时间。

段。针对每个阶段的取证要求，细化取证规范。

（1）在电子数据的收集阶段，由于电子数据特殊的脆弱性和易破坏性，电子数据的收集过程至少应该分为两个步骤进行。第一步应封锁现场，对人、机、物品进行隔离，确保配电设备正常运转，避免发生因突然断电导致的各种电子数据损坏或丢失，保护现场及周围的各种电信终端设施，消除强磁场对现场电子设备的干扰，等等；在确保精确严密的完成第一个步骤之后，才能进入第二步，即真正意义上的勘验取证。

（2）在电子数据的扣押、保管、运输阶段，目前对于电子证据的扣押、保管、运输，从纯粹的技术角度来讲，已经形成了一套正规、科学、有效的操作程序，以确保电子数据不出现过程性改变。借鉴国外先进经验，应当从以下几个方面保证电子数据扣押保管阶段的客观性：一是严禁在扣押、保管、运输过程中更改原始电子数据，只能在电子数据的备份复制件上进行信息分析，并使用数据加密①、电子印章术②等技术防止对电子数据原件进行篡改；二是在扣押、保管、运输过程中要严格全面地制作书面记录，记载"何人在何时以何等方法收集了何种证据"等；三是在电子证据上做出的任何改变都要制作书面记录，必要时应当制定稽核规则③；四是对存有争议的电子证据进行完全复制；五是在扣押、保管、运输过程中要严格限制接触电子证据的人员，并对相关人员进行登记备案。

（3）在电子数据的提交法庭阶段，这一阶段需要完成的工作是根据检验分析结果制作电子数据鉴定书、勘验检查笔录等书面报告。在电子数据的检验分析结果作为证据提交法庭时，可以使用数字签名、哈希函数④等技术比对手段，对电子数据复制件同原件在内容上的一致性再次予以确认。

2. 建立电子数据证明规则

电子数据作为被法律予以确认的新型证据形式，是科学技术发展在刑事证据领域的产物。结合我国司法实践，参照国外电子证据规则，为进一步完善电

---

① 数据加密是计算机系统对信息进行保护的一种可靠办法，利用密码技术对信息进行加密，实现信息隐蔽，从而起到保护信息安全的作用。

② 电子印章术是指以先进的数字技术模拟传统实物印章，其管理、使用方式符合实物印章的习惯和体验，加盖电子印章的电子文件与加盖实物印章的文件具有同等效力。

③ 稽核规则是一种重要的内部控制规则，是对办案流程各个环节进行考察、稽查、审核、复核的一种程序。

④ 哈希函数是指一种建立在"比较"基础上的查找方法，这种线性表记录在结构中的相对位置是随机的，和记录的关键字之间不存在确定的对应关系，因此在结构中查找记录时需要进行一系列和关键字的比较。

子证据的合法性审查认定，有必要建立和完善最佳证据规则、补强证据规则和非法证据排除规则。

（1）最佳证据规则

电子数据以数字编码的形式存在，通常具有不可感知、不可视听等特点，往往需要进行转化，而一旦进行转化，就不再是电子数据原件，从而需要进行审查认证。所谓最佳证据规则，即指在电子证据进行转化的情况下，不必过于强调只有电子数据原件才有证明效力，进而导致电子证据的证据资格在诉讼过程中出现问题，损害电子证据作为新型证据形式的法律地位。最佳证据规则是对证据原件概念的变通，承认载体原始性的证明资格，即不考虑电子数据的表现形式，只要其能够在原始载体中按照该原始载体的工作原理和操作程序直接展示出来，该电子数据就应该被视作原件，具有与原件同等的证明力。

（2）补强证据规则

所谓补强证据规则是指为了防止错误认定案件事实，而在运用某些证明力显然薄弱的证据认定案情时，法律规定必须有其他证据来佐证以补强其证明力。运用补强证据规则可以起到增强待补强证据的证明效力，从而确定犯罪待证事实的作用，同时能够排除其他可能性，打通犯罪嫌疑人身份认定的证据通道。

为了完善网络犯罪证据合法性审查认定，在网络犯罪证明体系中构建补强证据规则，一是要明确补强证据标准。补强证据具有独立于被补强证据的信息来源或渠道，补强证据自身值得信赖，补强证据所证明的事实与案件待证事实相关联；二是要框定补强证据的种类范围，即但凡具有证明能力的物证、书证、证人证言、辨认笔录、视听资料以及鉴定意见都可以用作补强证据使用；三是要规范补强证据的来源和渠道。首先，要提高电子数据收集、检验、保管全过程的笔录制作水平。在刑事诉讼中，电子数据提取、检验、保管相关笔录能够起到连接电子数据与案件事实、反映电子取证过程合法性以及证明电子数据保管链条完整性的作用。[①] 因此，提高该等笔录的制作水平，不仅对电子数据的鉴真起到重要作用，也能成为佐证电子数据合法性的补强证据。其次，要重视附属信息数据的收集。根据《网络犯罪公约》的规定，附属信息是指能够揭示通信的来源、路径、目的地、次数、日期、规模、持续时间或基本服务类型的信息。附属信息的收集和运用，能够有效补强电子数据信息的证明力，对于审查案件证据的合法性具有重要意义。最后，要加强间接证据的收集。例

---

① 王志刚：《论电子数据提取笔录的属性与适用》，载《证据科学》2014年第6期。

如，通过对涉案计算机系统的运行状况和安全等级进行鉴定，来判定该计算机被黑客入侵的可能性；通过对封闭场所物理环境的调查，来判定其他人员在案发时接触该计算机的可能性；通过对公共场所视频监控的调取分析，来判定案发时操作计算机人员的身份。

(3) 非法证据排除规则

根据《刑事诉讼法》《关于办理死刑案件审查判断证据若干问题的规定》和《关于办理刑事案件排除非法证据若干问题的规定》中有关非法证据排除的规定，非法证据排除规则应适用于所有证据规则，电子数据的取证和审查也不例外。对于一些电子数据取证过程中有瑕疵，但可通过补正或说明的方式予以弥补的情况，可不作为非法证据予以排除。但是，对于较为明显的存有违法故意或者违反法律程序取得的证据则应当严格予以排除。这些证据主要包括以下两种类型。第一种是以非法入侵他人计算机信息系统的方法获取的证据，此处"非法入侵"主要包括三种行为：一是无侦查权人进行的入侵行为；二是有侦查权，但是没有经过审批便擅自实施的入侵行为且无合法理由的；三是有侦查权并经过审批，但是通过秘密手段获取电子证据时超越侦查权范围实施的入侵行为。第二种是通过非法搜查和扣押获取的电子证据，情节严重的，此处"非法搜查和扣押"也包括三种行为：一是无权搜查、扣押人进行的搜查和扣押行为；二是有搜查、扣押权，但是没有履行审批手续便擅自进行搜查、扣押行为且无合法理由的；三是有搜查、扣押权并经过审批，但是在搜查、扣押时，越权进行的搜查、扣押行为；此处的"情节严重"在一般情况下应表现为由无搜查和扣押权的普通民众进行搜查和扣押的行为、明显超出了搜查扣押的范围、搜查和扣押方法严重失误导致整个网络服务器瘫痪或者出现数据错误或丢失，或者使用有瑕疵的软件、程序或有根本缺陷的方法进行搜查和扣押，对该等电子证据应当严格予以排除。

(三) 网络犯罪电子证据的关联性审查规则

在诉讼活动中，作为证据采纳标准之一的关联性必须是对案件具有实质意义的关联性。就网络犯罪证据的关联性而言，要结合网络犯罪的形成特征，判断电子数据所反映的事实是否与案件待证事实之间具有客观的证明关系，是否能够回应网络犯罪案件的一般争议点。对于网络犯罪证据关联性的把握，可以从实质要素和证明要素两方面考量。

1. 实质要素判断

实质要素是指证据是否指向案件的争议问题。犯罪案件的办理过程中，对于犯罪事实的认定或多或少都会存有一些争议，同类犯罪案件的争议点也呈现相对固定化和模式化的特点，那么同类型犯罪案件的证据指向上也都会存在一些指向争议问题的共性要素。就网络犯罪证据关联性的实质要素而言，应重点从网络技术要素、数据信息交流要素和平台要素三方面把握。

（1）网络技术要素，即相关证据能否明确反映犯罪事实中所借助的网络技术。网络技术的发展给网络犯罪提供了便利，丰富了网络犯罪形态，使之趋于智能化和复杂化。就判定电子证据关联性而言，网络技术在框定犯罪边界、决定犯罪形态中起着至关重要的作用。近年来，随着云计算技术的普及应用，已经开始异化为利用僵尸网络构建"恶意云"，利用"恶意云"出售网络犯罪服务，例如发起拒绝服务攻击（DDoS）、发送垃圾邮件、点击率诈骗、分发恶意软件、大规模信息获取、密码暴力破解、恶意数据分析等。[①] 如果无法准确描述这些网络技术，对犯罪事实的表述就无法做到清晰和完整。《刑法修正案（九）》规定：明知他人利用信息网络实施犯罪，为其犯罪提供互联网接入、服务器托管、网络存储、通信传输等技术支持，情节严重的，应当追究刑事责任。可见，对网络技术的准确判断和描述，是界定网络犯罪事实的重要环节，往往能够指向案件事实的争议焦点。

（2）数据信息交流要素，即相关证据能否完整反映犯罪嫌疑人与被害人之间发生过数据信息交流。网络犯罪本质上是一种需要借助信息数据交流实施的犯罪。比如，在网络上实施的盗窃犯罪活动，首先要以被害人将自己的身份和财产以数据信息的形式上传至网络为前提，同时不成熟的网络技术或者网络漏洞给了犯罪分子可乘之机，最终使得被害人资金被卷走。由此可见，在网络犯罪过程中，犯罪分子和被害人之间一定有一条或多条完整的数据信息流向，该等数据信息可证明犯罪事实的发生。

（3）平台要素，即相关证据能否确切反映网络平台在犯罪过程中的使用情况。作为应用软件构建在互联网上的产物，网络平台能够集成现有的软件、程序、数据，提供强大的信息服务，却也给网络犯罪提供了独特的活动空间，滋生犯罪的温床。与现实生活中的同类犯罪相比，借助网络平台实施的犯罪往往作案周期更短、涉案金额更大、危害范围更广。因此，在涉及网络犯罪时，网络平台的使用情况往往能成为决定犯罪效果的重要因素和追诉标准的判断依据。

2. 证明要素判断

证明要素是指证据能否通过逻辑或经验关系让案件待证事实成立的可能性增强或减弱。证明要素判断需要构建起行为人在网络空间和现实社会两个不同

[①] 郭瑞：《网络黑色产业链：犯罪组织的"互联网＋"》，载《信息安全与技术》2015年第6期。

层面行为间的逻辑关系，使犯罪事实的成立更加合理且真实。具体可以分为三个步骤进行判断：第一步是对网络空间层面的判断，即相关证据能否证明待证犯罪事实中网络行为的成立。基于网络空间运行的特点，人们在网络空间的一切活动都会以某种数据形式予以交流、存储和运用。从这个角度说，无论网络犯罪如何隐蔽，只要借助了网络实施犯罪就一定会留下痕迹，对这些数据痕迹的收集、整合、判断，就可以拼接出整个网络空间行为的过程，从而完成第一步证明。第二步是对现实社会层面的判断，即相关证据能否证明待证犯罪事实中现实行为的成立。网络犯罪无论呈现何种形态，最终结果还是要回归到现实社会中的法律关系，影响现实社会主体的权利义务。例如，在网络上实施金融诈骗罪，就要关注相关证据能否指向犯罪行为在现实社会中造成的危害后果，如被害人的数量、财产损失金额等。第三步是判断何种逻辑关系能够连接两个层面的行为以形成完整的犯罪事实链条。一般可考虑互为因果、互相辅助、并列存在三种关系：第一种是因果关系。即网络行为（现实行为）是造成现实行为（网络行为）的原因或结果；第二种是辅助关系。即网络行为（现实行为）为现实行为（网络行为）的实现提供了帮助；第三种是并列关系。即网络行为与现实行为虽然各自平行进行，但却共同加重了犯罪危害后果。完成上述三个步骤，如果相关电子数据能够构建起有逻辑关系的网络空间和现实社会犯罪事实，则增强了案件待证事实成立的可能性；反之，则减弱了案件待证事实成立的可能性。

（四）构建网络犯罪证据审查运用的配套制度

1. 建立专业化办案组织，培养复合型检察人才

当前，检察机关在办理网络犯罪过程中，面对专业化程度较高的电子证据，往往面临专业储备知识不足的问题，具体表现为：一是不熟悉电子证据的基本知识，包括电子证据的内涵、特点、术语等；二是不熟悉电子证据的取证规则；三是不熟悉电子证据的审查方法与要点，比如不清楚扣押清单重点审查是否记录电子证据存储介质的唯一性特征，不清楚从电脑硬盘与手机提取数据的工具存在差异性等；四是不熟悉如何引导电子证据的调取。由于不了解电子证据知识和电子证据规则，势必难以引导电子证据侦查；五是不熟悉电子证据的发展情况，特别是对大数据、云计算、物联网、移动互联网等环境下的电子证据取证缺乏应有的了解。由于对电子证据不熟悉，一些检察官在审查起诉时，对电子证据的审查主要关注扣押笔录、扣押清单、检查笔录、鉴定结论等文书的结论是否支持定罪量刑，是否有相关人员或机构的签名盖章，对电子证据的调取、固定、检查等存在上述种种问题，则往往疏于审查。

对此，笔者建议，检察机关可以借助内设机构改革这一契机，在现在的办

案组织中专设网络犯罪检察官办案组,配强检察官队伍,建立网络犯罪"捕、诉、研、防"一体化办案机制,网络犯罪检察官办案组主要由熟悉网络技术知识和有兴趣的检察官、检察官助理组成,可以充分发挥专业优势。网络犯罪办案组成员长期集中办理网络犯罪,必然有利于熟悉相关法律政策、司法判例和犯罪特点,积累办案经验,对提高办案质量与效率大有裨益。最高人民检察院有关的司法改革文件中提及成立网络犯罪等专门办案组的问题,一些地方检察机关也进行了相应的实践探索。因此,在一般案件随机分案的基础上,将网络犯罪交专门的办案组办理,有其合理性和正当性。

要加强相关业务部门的资源整合和协调配合,建立涉网络犯罪案件的快速受理、联动办理、信息共享等一体化工作机制,增强工作合力。要充分利用公检联席会议,沟通电子证据取证、审查、举证质证等方面的信息,加强与规范电子证据的取证。对办案中发现的电子证据取证方面的问题,以检察建议、检察工作通报、纠正违法行为通知等形式进行诉讼监督,同时对严重违反证据规则且无法补救的,依法作为非法证据排除,督促侦查机关规范取证行为。对有重大影响的或者涉众型网络犯罪,检察官依法提前介入侦查,引导侦查机关严格按照电子证据规则提取、固定、鉴定电子证据。

以检校合作为契机,开展检察官业务研修,加强专业化检察人才队伍培养,突出业务核心能力建设,围绕电子证据的基本知识、相关证据规则、审查方法、引导侦查、举证质证方法以及前沿发展情况等六个方面进行学习。参加最高人民检察院、最高人民法院等有关部门组织的电子证据专业培训,系统学习电子证据知识和技能,是提高审查运用电子证据能力的重要方式。申报参加与电子证据相关的课题研究,在研究过程中查阅相关资料,互相交流探讨,进行理性思考,对提高审查运用电子证据能力也大有裨益。举办与电子证据相关的研讨会,围绕某些问题进行深入探讨,也是提高审查运用电子证据能力的重要途径。结合办案带着问题学习电子证据,做到"一案一总结,一案一提高",也许是提高审查运用电子证据能力最重要的方式。

2. 组建由网络技术人员组成的专家辅助人团队

除了建立专业化办案组织,加强检察官专业能力的培养之外,有些网络犯罪证据仍需借助"外脑"才能为办案提供更为精准的技术保障,笔者认为,可以借鉴专家咨询委员会的模式,组建由网络技术人员、司法会计、互联网企业技术专家组成的专家辅助人团队,就特定的技术难题,由专家辅助人团队通过提供专业咨询意见的方式辅助检察办案。

专家辅助人应是对电子技术精通并在某些领域拥有特长的人员,可以是网络服务公司的管理员、被害公司的电子技术人员等,也可以是检察机关技术部门的技术骨干。专家辅助人团队可以在以下几个方面发挥作用:"(1)从获取某一电子证据的困难程度和最终的可能结果分析,给出是否提取该电子证据的建议;(2)制定提取某一电子证据的计划、步骤以及相应的要领;(3)协助搜查、扣押计算机硬件寻找潜在的电子证据,依法定的程序提取,从技术的角度确保证据的真实性和完整性;(4)恢复被删除的某一电子证据;(5)协助保管某一电子证据,保证其不遭改动;(6)作为专家证人出庭作证,介绍收集、保全电子证据的技术过程的可靠性,解决相关技术问题,并接受对方当事人和律师的质询等;(7)对有关电子证据的专门问题鉴定结论。"[1]

检察机关办案部门要与技术部门之间建立协作机制,鼓励检察官寻求技术部门的协助,将协助办案部门办案作为技术部门的重要职责,具体规定协作的程序,形成办案部门与技术部门的良性互动。办案部门需要技术部门的支持协助的内容主要包括遇到一些专业性特别强的问题,需要向技术部门口头或者书面咨询;请求技术部门协助检察官对电子证据的收集过程、使用方法、取得结果等进行审查;协助检察官对海量数据进行清洗、过滤等,提升检察官的审查效率等。

3. 建立专业技术人员出庭作证制度

随着司法改革的不断推进,庭审实质化的水平将不断提高,围绕证据的"唇枪舌战"将呈现常态化,对电子证据的"吹毛求疵"也将难以避免;同时,司法公开的力度也将日益加大,庭审网络公开直播的数量和频率也许会大幅度增加,面对专业性较强的电子证据,公诉人可以借力专业技术人员出庭为庭审指控和质证服务,建立专业技术人员出庭作证制度。

虽然刑事诉讼法未明确设立专家证人,但《规定》则更进一步,其第21条规定:"控辩双方向法庭提交的电子数据需要展示的,可以根据电子数据的具体类型,借助多媒体设备出示、播放或者演示。必要时,可以聘请具有专门知识的人进行操作,并就相关技术问题作出说明。"第26条规定:"公诉人、当事人或者辩护人、诉讼代理人可以申请法庭通知有专门知识的人出庭,就鉴定意见和对电子数据涉及的专门性问题的报告提出意见。"我们认为,专家证人制度对于解决法庭质证过程的专业技术难题意义重大,若控辩双方对网络犯罪中的专业技术问题或者鉴定意见有疑义的,可以申请法庭通知网络安全和技术领域的专门人员以专家证人的身份出庭作证。这样做不仅可以发挥技术专业人员的优势,减轻公诉人的压力,而且也可以为法官审查判断提供参考,有助于法庭对鉴定意见和检验报告的科学性作出判断,减少重复鉴定和检验的发

---

[1] 何家弘、刘品新:《电子证据研究》,法律出版社2003年版,第52页。

生，节约诉讼资源，提高审判效率，同时强化了庭审对抗，打破了审判过分依赖鉴定意见、检验报告的局面，能够防止错误的鉴定意见和检验报告对法官裁判造成影响，有利于实现公平正义。

结　　语

近年来，我国高度重视打击和防范网络犯罪，网络犯罪研究内容也基本涵盖了实体法、程序法、犯罪学等诸多学科范畴。打击、防范和研究网络犯罪的核心内容主要还在于如何加强证据的收集固定和审查运用，特别是随着网络技术的高度精细化发展，深化技术手段在办案中的运用，建设电子证据实验室、电子数据云平台，以电子证据为突破口破解打击犯罪难题越来越成为司法机关打击网络犯罪的共识。笔者对当前司法实践中网络犯罪证据审查运用中存在的新问题和新情况进行了汇总整理，并结合典型案例提出了进一步完善的对策思考，以期为司法实践提供研判问题的新视角。

第四编 案例分析

中国互联网金融犯罪案例分析报告

课题组[*]

引 言

互联网金融是利用互联网技术和信息通信技术实现资金融通、支付、投资及信息中介的新型金融业务模式。[①] 作为"具有互联网精神、以互联网为平台、以云数据整合为基础而构建的具有相应金融功能链"的"第三金融业态",[②] 自2007年我国第一家互联网金融企业拍拍贷成立以后,在我国得到迅速发展,涉及P2P网络借贷、互联网股权众筹、互联网保险、互联网资产管理、互联网支付等各个领域。在早期发展过程中,由于缺乏有效监管,一些平台野蛮生长,违法违规经营,累积了不少风险。2015年,"e租宝"等网络借贷平台非法集资案件相继发生,互联网金融风险问题越来越引起社会关注。2016年3月,李克强总理在《政府工作报告》中明确提出要"规范发展互联网金融",同年4月,国务院专门部署开展互联网金融风险专项整治工作,对违法违规问题进行集中整治。各级人民政府、司法机关综合运用行政手段和刑事手段,化解了一批金融风险,处置了一批违法违规互联网金融企业,取得了积极成效。但值得注意的是,当前P2P网贷领域的问题仍然较为突出,特别是2018年6月一些地方P2P网贷平台集中爆雷,造成恶劣社会影响。总体上,随着对互联网金融认识的深入,监管部门、司法机关以及社会各界对如何监管互联网金融的态度越来越明确,当前对新情况、新问题仍存在法律政策理解、把握上的分歧。笔者对近年来发生的典型案例进行了全面梳理,对当前互联网

---

[*] 课题组主持人:陈鸷成,课题组成员:贝金欣、罗曦、范红森、王亚兰、周佳欢为课题研究提供了许多帮助。本课题为2018年度最高人民检察院检察理论研究所互联网刑事法律研究中心课题项目(GJ2018HX13)《中国互联网金融犯罪典型案例评析》结题成果。

[①] 引自人民银行、银保监会、证监会2018年联合发布的《互联网金融从业机构反洗钱和反恐怖融资管理办法(试行)》。

[②] 吴晓求:《互联网金融:成长的逻辑》,载《财贸经济》2015年第2期。

金融犯罪的主要情况、金融监管和刑事司法中存在的主要问题进行了深入分析和研究，以更加清晰地认识互联网金融本质，明确互联网金融监管的基本原则，规范和指引互联网金融的未来发展方向。

一、当前互联网金融犯罪的主要特点

当前，互联网金融犯罪案件主要集中在非法吸收公众存款和集资诈骗两个罪名，尤其是跨区域涉众型案件不断增多，涉案金额、涉案人数呈现几何级增长，严重损害人民群众的合法权益，破坏金融市场管理秩序，对真正的互联网金融创新发展造成了负面影响。从近年来办理的互联网金融犯罪案件来看，涉互联网金融违法犯罪呈现以下特点：

（一）借"金融创新"之名掩盖违法犯罪本质

互联网金融是利用互联网技术和信息通信技术实现资金融通、支付、投资及信息中介的新型金融业务模式，目前业界又将"互联网金融"进一步演进为"金融科技"，其内涵更加丰富。无论是互联网金融还是金融科技，主要价值在于通过大数据、云计算、人工智能等现代科技的运用，准确识别各类风险，增强金融产品定价的科学性，拓展金融业务的覆盖面，实现资源的优化配置。但实践中，金融科技所产生的新概念、新名词也被不法分子滥用，成为违法犯罪的掩饰。如，以互联网股权众筹为名，未经批准擅自公开发行股票；以"一元购"为名开展网络赌博活动；以虚拟货币首次发行（ICO）为名进行非法集资、擅自公开发行股票；以网络互助合作为名非法开展保险业务；以互联网资产管理为名将私募产品在网络平台以公募方式销售。这些看似具有"创新性"的金融活动，实质上只是将传统违法犯罪从线下搬到了线上，不仅不具备创新品质，反而因互联网的作用对社会危害性更大。

伪创新现象在网贷平台更为盛行。根据《网络借贷信息中介机构业务活动管理暂行办法》（以下简称《网贷办法》）规定，网络借贷是指个体和个体之间通过互联网平台实现的直接借贷。网络借贷信息中介机构是指依法设立，专门从事网络借贷信息中介业务活动的金融信息中介公司，不能从事自融或变相自融、直接或间接归集出借人的资金、直接或变相向出借人提供担保或者承诺保本保息等不符合信息中介定位的活动。但从办案情况看，这些问题网贷平台，都偏离了信息中介的定位，异化为类银行的信用中介。主要表现为：

一是巧立名目自融或变相自融。一些网贷平台实际控制者、经营者借助关联公司、或者借用他人名义注册公司，在自己的平台上发布投资项目向社会公众吸收资金，最终对所吸收资金进行直接支配使用。如"e租宝"集资诈骗案，被告单位在其自身经营的"e租宝"、芝麻金融互联网平台发布虚假融资租赁债权及个人债权项目，包装成"e租年享""年安丰裕"等年化收益9%—14.6%的理财产品进行销售，所吸收资金全部为自己所用，为了发布虚假项目，被告单位还支付高额手续费向他人购买空壳公司。

二是设立资金池直接控制资金。一些网贷平台虽然没有自融或者变相自融，但违反规定设立资金池，通过项目拆分、期限错配、集合运作、分离定价等方式直接控制使用资金，出借人与借款人的借贷合同关系与资金实际流向无法一一对应，本质与商业银行的存款业务没有区别。设立资金池，可以增加平台的流动性、增强平台的吸引力，吸引更多的投资者，从而赚取更多的手续费，虽被明令禁止，但网贷平台仍趋之若鹜。如，在杨某某非法吸收公众存款案中，W公司直接归集客户在第三方支付平台开设的虚拟账户内的资金，并通过要求客户授权W公司直接划拨使用虚拟账户内资金，直接控制使用客户资金，出借人和借款人的债权债务关系与借贷资金的实际流向无法一一对应，最终因资金链断裂而案发。从信息中介的运行机理看，纯粹的信息中介平台一般不会出现资金链断裂问题，即使出现问题，也是部分借款人对相关出借人的违约问题。但在资金池模式下，个别借款人的违约风险会传导至整个资金池，影响全部出借人，这是信息中介不可能出现的问题。有的平台在资金流动性出现问题时，还采取高息揽储等方式吸引更多投资者加入，借新还旧，以图缓解资金压力，导致危害进一步扩大。据网贷之家研究中心不完全统计，在2018年7月出现问题的111家平台中，72家平台在出现问题前一个月通过项目加息和返现活动吸引投资者，其中32家平台加息在3%以上，有的甚至高达8%。

三是两种模式兼而有之。有的网贷平台在设立资金池开展借贷业务的同时，借用关联公司或者其他单位、个人的名义违规开展变相自融。如果不直接穿透资金的使用者，在借贷业务的掩盖下这种变相自融更难被发现。如"e租宝"公司既有线上平台，又有线下公司负责推广。

(二) 刻意规避法律，逃避监管

互联网金融机构背后往往有专业人士参与策划，许多犯罪嫌疑人或具有较高学历、或具有金融专业背景。一些传统金融机构从业人员流向互联网企业现象较为明显。上海市检察院反映，近两年出现保险从业人员集中、异常流动的现象，有的犯罪嫌疑人多次在涉非法集资的公司中从业。在"国某"公司非法集资案中，该公司的主管人员均曾在另一已被追究刑事责任的平台工作过，离职后另起炉灶从事类似行为。这些人熟悉经营套路、监管政策和投资者心理，更懂得如何从形式上规避法律、逃避监管。除了设计复杂的经营规则、投资合同外，还通过各种方式掩饰真相、打擦边球。有的设计复杂的股权关系，隐藏实际控制人身份，违规控制互联网金融机构，将互联网金融机构化作自身融资渠道。当前，互联网金融机构背后股权关系十分混乱，存在空壳公司交叉持股、部分实际控制人控制多个平台等问题。如，为了规避触犯承诺还本付息要件，对收益表述进行模糊化处理，甚至要求投资人签订风险自负告知书，但在实际营销中作相反表示；为了规避私募基金募集资金方式、对象等方面的限制，将私募基金投资项目拆分成若干小项目吸收公众资金。

(三) 滥用虚假宣传骗取公众信任

一些不法分子利用政府部门对创新创业活动的支持、社会公众对金融创新的模糊认知和盲从心理，借助新奇概念、复杂产品、人造光环等进行虚假宣传，刻意制造安全可控、前景可期、社会支持等假象，骗取社会公众信任，主要表现为：(1) 名人效应，借助专家、明星为其站台造势；(2) 通过举办或参与学术论坛、社会奖项评比包装宣传自己，甚至还有政府部门参与其中；如，"e租宝"案的被告单位钰诚国际控股集团有限公司曾被有关单位评为"2015年度责任企业"，颁奖不久该公司就被立案侦查；(3) 网贷平台积极寻求与国有企业、上市公司合作，借助合作企业背景对平台信用进行夸大渲染；(4) 违规将监管部门的监管要求作为宣传自身信用的营销工具。如，《网贷办法》明确要求网贷资金由银行业金融机构存管，也明确禁止不能将此用作营销宣传，但有的平台采取打擦边球方式以醒目字体在宣传资料上宣传，影响投资人决策；(5) 在央视等官方媒体上投放企业形象广告，提升企业品牌影响力。虽然这些官方媒体只是进行市场化的广告经营活动，但平台利用的却是官方媒体的声誉，利用的是普通老百姓对官方媒体的信赖；(6) 与银行等持牌金融机构开展合作，由银行在营业柜台代理或者推荐网贷平台的理财产品，有的则利用银行工作人员进行"飞单"操作，借助银行信用误导投资者。此外，还有网贷平台通过设立虚假账户、与借款人相互串通等方式制造交易活跃的假象，或在高档写字楼、金融机构聚集区域设立办公地点等各种方式，使普通投资人防不胜防。

(四) 违法运用资金，损失难以挽回

互联网金融主要面向社会公众，特别是网络借贷主要针对小微融资主体，平台上借款人信用参差不齐，且平台缺乏准确评价借款人信用风险的手段，加上对网贷平台上的资金使用难以监管，网贷平台不负责任地使用资金成为常态，借款人的违约风险和平台滥用资金风险相互叠加，容易形成恶性循环，一旦资金链出现问题，或出现兑付危机，或演变成借新还旧的庞氏骗局。从具体案件来看，资金去向十分复杂，客观上存在查不快、看不透、追不深、冻不实、处不了等问题。从可以查清的资金去向来看，普遍存在挥霍性消费投资、投资高风险行业、运营成本高企等问题。

(五) 金融消费者非理性投资仍是常态

与涉案互联网金融机构的"高智商"相比，普通投资者的法律风险意识和投资风险较为薄弱，容易被欺诈手段、虚假宣传、高额回报迷惑，落入投资陷阱。有的集资参与人说："我在商场逛街时看到有人发传单就接了，然后到附近楼里听了两次课，讲投资安徽钰城投资公司如何好，利息高，随时可以提钱，正好手里有点钱，就投进去了。"这代表了相当一部分集资参与人的心态，许多投资者根本不关注风险评判，只注重收益。有的投资人不会操作账户，全权委托业务员代为管理；有的投资人为了追求高额回报，不仅投入全部家当，还举债投资；个别投资人投资失败后不堪重压而自杀；一些投资人遭受损失后，以"国家鼓励创新"等理由向政府提出不合理诉求。非理性投资的心理与互联网的传播速度互相作用，助长了互联网金融的野蛮生长，造成参与非法集资的人数不断增加。

二、互联网金融的本质及规范原则

对于互联网金融发展中出现的各种问题如何监管，存在不同认识。如，一些金融领域专家认为应当对互联网金融创新中的问题给予宽容，不能因为出现问题就将其扼杀在襁褓之中。① 一些法学领域的专家也持类似观点，认为如果刑法过度介入金融领域，频繁地通过刑法手段对互联网金融进行规制，会阻滞和扼杀金融创新，对于那些因经营正当的互联网业务活动而不得已或不小心触及刑事法网的行为，应予以适当程度的宽宥。② 有的还建议对互联网金融领域的犯罪采用与一般金融犯罪不同的追诉和量刑标准，以体现国家对金融创新的认同和鼓励，避免将"试错"的刑事责任风险让社会个体来承担，不然会反向冲击刑事责任机制本身的正当性。③ 笔者认为，对于互联网金融，不能仅从概念来选择规范的方法。法律的任务在于"将大量彼此不同，而且本身极度复杂的生活事件，以明了的方式予以归类，用清晰易辨的要素加以描述，并赋

---

① 参见谢平、邹传伟：《互联网金融模式研究》，载《金融研究》2012年第12期。

② 参见毛玲玲：《发展中的互联网金融法律监管》，载《华东政法大学学报》2014年第5期；刘宪权：《论互联网金融刑法规制的两面性》，载《法学家》2014年第5期。

③ 参见刘宪权：《论互联网金融刑法规制的两面性》，载《法学家》2014年第5期；黄辛、李振林：《互联网金融犯罪的刑法规制》，载《人民司法》2015年第5期。

予其法律意义上'相同'者同样的效果"。① 事物与事物之间究竟类似或不类似，须取决于某种可以用以比较二者的观点，真正具决定性的在于比较点的选择。② 这个比较点便是"事物的本质"。对任何新生事物，都需要透过其本质与既有事物进行比较分析，从而认识其性质。互联网金融也是如此，它与传统金融有何区别，应当如何进行规范，都应当透过其本质来认识。如果对互联网的本质认识不清，监管的目标、方向、理念都会出现问题。

（一）互联网金融的本质

为什么金融界对互联网金融的前景抱以厚望？主要是因为互联网特别是大数据技术的深入应用，可以改变传统金融活动识别金融风险的方式，使风险更加容易被识别、被定价，从而使金融活动能够在惠及更多人群的同时控制风险。有的专家认为，互联网可以用云数据计算取代小数据时代的抽样统计方式，获得抽样所无法描述的细节信息，从而解决经济活动中信息不对称的问题，完善金融识别信用风险的能力，实现更有效的"资源配置"。③ 如今，金融业界逐步用"金融科技（Fintech）"一词替代互联网金融④，其内涵更加丰富，技术也更为先进，但其目的与互联网金融仍然是一致的。中国互联网金融协会会长李东荣在 2017 年"金融科技外滩峰会"发言时指出：金融科技能够提高金融服务的可获得性，将更多的小微经济主体，纳入到经济金融活动，有助于降低风险的集中度；大数据、人工智能等应用，可以降低信息不对称，提高风险定价和风险管理能力。⑤ 因此，互联网金融的理想状态通过大数据、云计算、人工智能和现代通信技术等手段来更加准确地识别风险、防控风险。

然而，更加准确地识别风险、防控风险，不是没有风险。一批研究互联网金融的金融专家都指出，当下互联网金融仍然面临信用风险和信息不对称的风险，与传统金融无本质差异。⑥ 而且，由于互联网金融传播快、投资人多、资

---

① 参见〔德〕卡尔·拉伦茨：《法学方法论》，陈爱娥译，商务印书馆 2003 年第 1 版，第 319 页。

② 〔德〕阿图尔·考夫曼：《类推与"事物本质"——兼论类型理论》，吴从周译，台湾学林文化事业有限公司 1999 年出版，第 82—83 页。

③ 参见吴晓求：《互联网金融：成长的逻辑》，载《财贸经济》2015 年第 2 期。

④ 这与"互联网金融"一词的"污名化"也不无关系。为叙述方便，后文均使用"互联网金融"一词。

⑤ 李东荣：《把握好金融科技创新与风险监管的适度平衡》，载搜狐财经，http://www.sohu.com/a/155525487_257448

⑥ 参见吴晓求：《互联网金融：成长的逻辑》，载《财贸经济》2015 年第 2 期；郑联盛：《中国互联网金融：模式、影响、本质与风险》，载《国际经济评论》2014 年第 5 期。

金量大，一旦风险爆发，后果会更加严重。互联网金融所面临的风险主要表现为：（1）投资者的"非理性"导致信息不对称风险进一步加剧。互联网金融旨在实现普惠金融的目标，投资门槛的降低使得人人都能参与金融，"这部分人群恰恰又是金融风险意识最薄弱、金融消费者教育最有待加强的群体，在维护权益的时候难免处于更加弱势地位"。① （2）融资者的信用不足导致金融市场信用风险更不可控。互联网金融的重要作用在于满足中小企业融资需求的问题，但中小企业又恰恰是规范化程度不高、信用评价较低的市场主体，由于目前还缺少有效的信息披露制度和"看门人机制"，他们的信用评价主要依赖于互联网平台的尽职调查和融资主体的自律自觉，"甚至所谓的大数据分析可能导致严重的信息噪音"。② （3）上述因素叠加作用于金融市场，形成更严峻的系统性风险。非理性、低信用、低风险承受能力与互联网的传播迅速等，导致金融市场的敏感性、脆弱性被进一步放大，更有加强有效监管的必要性。③ 可见，互联网金融的风险与传统金融风险并没有本质区别。因此，互联网金融的本质仍然是金融④，"不能以技术之名掩盖金融活动的本质，互联网金融和金融科技并未改变金融的风险属性，其与网络、科技相伴生的技术、数据、信息安全等风险反而更为突出。"⑤ 因此，对互联网金融进行规范，必须基于互联网金融的金融本质而展开。

（二）规范互联网金融的基本原则

现行金融领域的行政规制和刑法规制措施，均建立在传统金融业风险基础之上。以商业银行为代表的间接金融领域中的信用风险，以资本市场为代表的直接金融领域中的信息不对称风险，⑥ 决定了对金融市场事前准入、事中监

---

① 赵渊、罗培新：《论互联网金融监管》，载《法学评论》2014年第6期。
② 参见郑联盛：《中国互联网金融：模式、影响、本质与风险》，载《国际经济评论》2014年第5期。
③ 参见毛玲玲：《发展中的互联网金融法律监管》，载《华东政法大学学报》2014年第5期。
④ 现代金融功能理论的划分，金融系统具有六项基本功能：跨期、跨区域、跨行业的资源配置；提供支付、清算和结算；提供管理风险的方法和机制；提供价格信息；储备资源和所有权分割；创造激励机制。参见吴晓求：《互联网金融：成长的逻辑》，载《财贸经济》2015年第2期。
⑤ 中国人民银行副行长潘功胜在2018年12月第二届中国互联网金融论坛上的发言。转引自岳品瑜：《潘功胜谈金融科技不能以技术之名掩盖金融活动的本质》，载《北京商报》2018年12月8日。
⑥ 参见吴晓求：《互联网金融：成长的逻辑》，载《财贸经济》2015年第2期。

管、事后惩治的监管体系的建构。例如，非法吸收公众存款罪是基于对金融机构事前准入监管而设置的刑法规制措施；欺诈发行股票、债券罪依据的是事中持续监管规则，应对资本市场的信息不对称风险。如前所述，与传统金融相比，互联网金融的潜在风险和可能造成的社会危害性并没有降低，反而可能因监管不当造成金融风险在某些领域进一步扩张。因此，无论是传统金融，还是互联网金融，都应当按照其风险本质进行有针对性的规范，不能放任不管。正如中国人民银行副行长潘功胜所言："是金融就得按金融的规矩办，是科技自然定位成是为金融提供支持和服务。无论是金融机构还是互联网企业，无论自称是数字金融、金融科技、Fintech 还是 Techfin，概念的游动不应影响对金融活动本质的判定。"① 也就是说，只要属于现行金融管理法律规定的调整范围内的互联网金融活动，都应当受到现行法律规定的约束，互联网金融不是无法可依的真空地带。不仅如此，从现实发生的案件来看，所谓的"互联网金融"在实践中良莠不齐，并不都具备创新或科技的品质。在致力于将大数据、云计算、人工智能等现代技术运用到金融活动的创新探索之外，还存在许多打着互联网金融的幌子从事非法集资等违法犯罪的金融活动。这些所谓的"互联网金融"并没有带来技术上的进步，严重损害投资者的利益，且其负面效应因互联网传播不断放大，社会危害性较传统金融犯罪有过之而无不及。它们与真正的互联网金融的本质相去甚远、背道而驰，根本就算不上互联网金融，而是彻头彻尾的"伪互联网金融"。金融监管的根本目的在于防范金融活动固有的风险。对于真伪两种互联网金融，应当区别对待、对症下药。特别是对于"伪互联网金融"，应坚决剔除出互联网金融的行列，按照现行法律所确立的标准严格监管、依法惩治，绝不能放纵表里不一的"伪互联网金融"。

首先，对以互联网金融之名从事违法犯罪之实的"伪互联网金融"，应当按照现行法律所确立的标准依法从严监管，不能让"劣币驱逐良币"。如，有一种观点认为，国家对 P2P 网络借贷没有明确的管理规定，所以网贷平台上所从事的行为都属法无禁止的合法行为。这并不正确，不能把网贷平台的这一外在形式等同于利用网贷平台所从事的实际金融业务，法律不禁止网贷平台，并不等同于法律不禁止网贷平台违反规定从事的金融活动。如，超越信息中介性质设立资金池、发放贷款、自融自保、承诺保本保息等利用 P2P 网络借贷平台吸收不特定对象资金的行为，违反《商业银行法》等法律规定，应当依

---

① 中国人民银行副行长潘功胜在 2018 年 12 月第二届中国互联网金融论坛上的发言。转引自潘功胜：《金融行业风险性高金融活动必须接受严格监管》，载凤凰财经网，http://finance.ifeng.com/a/20181208/16610455_0.shtml

法取缔,构成犯罪的,依法追究刑事责任。又如,利用互联网股权众筹等形式,以公开方式或变相公开方式向社会公众发行,擅自公开或变相公开发行股票、欺诈发行股票、债券,以及从事非法开展私募基金管理业务、非法经营证券业务,也是如此。

其次,对运用大数据、云计算、人工智能等技术的具有真正创新品质的互联网金融,应根据其实际风险采取相应的监管措施,在规范的同时保障发展。2015年以来,有关金融部门相继下发《关于促进互联网金融健康发展的指导意见》等一系列规范互联网金融的文件,对网络借贷、互联网资产管理、互联网保险等作出具体规定,严格按照这些规定实施的金融创新活动都是合法的,应当依法保护。此外,在金融创新实践中,还存在与既有法律相抵触的情形,对此需要判断其是否有利于更加有效地防控风险,是否具有社会危害性。对于有利于降低金融风险,社会危害性轻微甚至没有社会危害性的创新活动,应当依法予以保障,不能因为与现行法律相抵触就一律追究行政责任甚至刑事责任。但是,对于并不具有有效防控风险能力、具有较大社会危害性的金融创新行为,应当严格监管。

(三) 互联网金融刑法规制的条件

保护法益是刑法的主要目的,是刑事司法的基本原则。[①],对涉互联网金融的犯罪案件,不能单纯将涉"互联网""创新"作为豁免刑事处罚或减轻刑事责任的理由,也不能将客观上违反法律规定但不具有社会危害性的行为一律追究刑事责任,必须结合相关罪名所保护的法益,根据行为违法程度和社会危害程度来综合判断。

1. 以违反金融行政法律规范为前提

互联网金融触犯刑事法律,大多属于法定犯。惩治此类犯罪的主要目的在于实现行政规制、经济管理目的,其最典型的形式特征是:必须同时具备行政违法性和刑事违法性,行政违法性是违法性的基础,刑事违法性是违法性的实质。[②] 对互联网金融追究刑事责任,前提是互联网金融违反了规范规定。我国刑法规定的与金融有关的罪名,构成要件中都包含"非法""违反国家规定""未经国家主管部门批准"等要件,指的就是违反相关的行政法律规定。在行政监管层面不予处罚的行为,即使行为具有社会危害性,也不能作为刑事犯罪进行追究。这是认定法定犯的基本逻辑。在具体适用时,应当考

---

① 参见张明楷:《刑法学》,法律出版社2011年版,第69页。
② 李莹:《法定犯研究》,法律出版社2015年版,第42页。

虑以下三方面的内容：

第一，不同罪名对法定犯所依据的行政法律规范的效力层级要求各不相同，应严格按照刑法条文规定的效力层次确定所依据的行政法律规范。如，非法经营网络支付结算构成非法经营罪的前提是违反国家规定。刑法第96条明确规定："本法所称违反国家规定，是指违反全国人民代表大会及其常务委员会制定的法律和决定，国务院制定的行政法规、规定的行政措施、发布的决定和命令"，因此认定犯罪所依据的行政法律规范必须属于符合刑法规定的效力层级，部门规章的禁止性规定不能作为认定犯罪的依据。行为所违反的法律规范的效力层级低于刑法规定，即使具有社会危害性，也只能由行政主管部门作出相应处置，刑法不得干预。又如，2010年最高人民法院《关于审理非法集资刑事案件具体应用法律若干问题的解释》规定，违反国家金融管理法律规定，向社会公众（包括单位和个人）吸收资金的行为，同时具备下列四个条件的，除刑法另有规定的以外，应当认定为刑法第176条规定的"非法吸收公众存款或者变相吸收公众存款"。因此，互联网金融活动构成非法吸收公众存款罪，前提必须是违反了国家金融管理法律规定，但与非法经营罪不同，其违反的规定不局限于刑法规定的"国家规定"，还可以包括部门规章等金融管理法律规定。

第二，行政法律规范经常随经济社会发展变化而不断调整，随着监管部门对互联网金融这一新兴业态的认识不断深入，互联网金融法律规范也存在变化的可能性，在定罪量刑时应动态把握具体行政法律规范内容：（1）行为发生时，行政法律规范明确禁止该行为，但案件审理过程中该禁止性规定已取消的，应当不予追究刑事责任；（2）行为发生时，行政法律规范未对该行为作出禁止性规定，但案件审理过程中明确禁止的，也不应追究刑事责任；（3）行为发生时，对行政法律规范中确立的监管标准比较严格，但监管部门在执法时普遍放宽标准的，应当按照实际的执法标准来判断。行政执法部门对相关规定的解释说明、对类似案件的行政处罚结论均是确定实际执法标准的根据；（4）行为发生时，如果相关互联网金融法律规范正处于修订之中，一般来说，在旧法没有被依法修改或废止的情形下，应适用旧法。但是，旧规定和新方案之间的冲突亦会造成市场主体对政策走向的误判，特别是对已经公开征求意见或者即将公布实施的行政法律规范的适用，应当征询主管部门的意见。主管部门对相关行为明确暂时不作处理的，不应追究刑事责任。此外，由于文义的模糊性、执行尺度的不一致性，互联网金融法律规范本身就存在模糊地带，对理解适用上存在普遍争议的，应注意听取行业主管、监管部门的意见。

第三，在法定犯中，对行为人是否违反行政法律规范的认定，行政主管部门的认定不是必经程序,司法机关可以直接作出认定。例如,在认定非法集资犯罪时,按照国务院《非法金融机构和非法金融业务活动取缔办法》以下简称(《取缔办法》)的规定,行政部门对于非法集资性质的认定,不是非法集资刑事案件进入刑事诉讼程序的必经程序。需要注意的是,司法机关直接作出的认定,依然对行为是否违反行政法律规范作出认定,而不是直接根据刑法规定的内容作出是否违法的认定。同时,即使行政主管部门对行为是否违法作出认定,也只能作为证据使用,而不是司法机关必须采信的结论。

2. 社会危害应当达到值得科刑处罚程度

违反行政法律规范只是法定犯的前置条件,仅凭此结论不足以作为刑事处罚的依据。刑法规制作为惩治违法犯罪的最后一道防线,其对社会经济生活的干预范围必须适度,对犯罪行为的惩处的严厉性也必须保持适度。① "一种行为是否有必要予以犯罪化,只有在作为保护该种法益的方法,除了创制刑事法规、诉诸刑罚手段之外,别无选择的情况下,才能说可以进行犯罪化。"② 因此,行为的客观违法性只有达到值得科处刑罚的程度,才需要定罪处罚。由于刑罚的严厉性,刑事处罚的标准必然高于行政处罚的标准,对不符合刑事处罚标准的违法行为,只应通过行政处罚来加强监管;对行政主管部门都不作出处罚的行为,更不能诉诸于刑事处罚。

评价互联网金融领域的违法行为是否达到值得科刑处罚的程度,不能仅从法条、司法解释规定的构成要件的字面意义上去理解,而是应结合社会危害性,实质评价行为是否具有可罚性。③ 刑法并不处罚所有的法益侵害行为,只是处罚严重的法益侵害行为。反过来说,犯罪是值得科处刑罚的行为。因此,在适用刑法时,必须对条文进行实质解释,将字面上符合犯罪的成立条件、实质上不值得科处刑罚的轻微法益侵害行为排除在犯罪之外。④ 对于传统的非法集资犯罪,最高人民法院《关于审理非法集资刑事案件具体应用法律若干问题的解释》为实质评价违法性程度提供了法律根据,其中第3条中规定了非法吸收或者变相吸收公众存款的,主要用于正常的生产经营活动,能够及时清退所吸收资金,可以免予刑事处罚;情节显著轻微的,不作为犯罪处理。这一

---

① 高铭暄:《刑法肆言》,法律出版社2004年版,第57页、第59页。
② 〔日〕大谷实:《刑事政策学》,黎宏译,法律出版社2000年版,第86页。
③ 张明楷:《自然犯与法定犯一体化立法例下的实质解释》,载《法商研究》2013年第4期。
④ 张明楷:《避免将行政违法认定为刑事犯罪:理念、方法与路径》,载《中国法学》2017年第4期。

规定弥补了人数、金额等形式要件对违法性程度评价的不足,对司法实践中准确区分互联网金融领域中罪与非罪、此罪与彼罪、罪轻与罪重具有重要意义。

对涉案互联网金融活动违法性程度的实质评价,需要结合互联网金融的特征,将不适于评价互联网金融犯罪的法益侵害程度的构成要件要素排除在外。对待互联网金融犯罪案件,应准确把握"情节显著轻微的,不作为犯罪处理"的精神内涵,对形式上符合刑法条文及其司法解释所规定构成要件的行为作出整体评价。准确理解和适用这一规定,可以为包容和鼓励互联网金融创新和适度"试错"提供法律空间。如,P2P网络借贷具有公开、小额的特征,实践中融资者在符合规定的P2P网络借贷平台上发布融资项目后,资金来源很容易超过司法解释规定的人数上限,从而涉嫌构成非法吸收公众存款罪,一律定罪处罚既不符合罪责刑适应原则,也不利于P2P网络借贷平台的发展。对于此类案件,就需要实质性评价违法性程度。国家对吸收公众存款实施严格准入,源于非金融机构融资主体信用风险对金融管理秩序和金融消费者保护造成潜在威胁。为此,可以综合项目披露信息真实情况、吸收资金总量、吸收资金的实际用途、债务担保情况、公司实际资产信用状况等因素,对融资行为整体的违法性程度进行评价,如果融资主体采取的措施足以缓和金融风险,可以认定为情节显著轻微,不作为犯罪处理。

综上所述,对互联网金融的违法性的判断,可以划分为三个区间:合法、行政违法、刑事违法。区分合法与行政违法,主要属于行政主管部门的职责范围。在法定犯的范畴内,评价违法性的监管理念、监管标准均由行政主管部门制定,刑法本身不产生金融监管的理念和规则。刑法的功能主要在于对值得科刑处罚的行政违法行为进行惩治,从而实现对严重行政违法行为的预防功能。因此,对互联网金融犯罪中法定犯的定罪处罚,特别要注意准确把握行政处罚与刑事处罚之间的合理界限,刑法规制更不能冲在行政规制前面。

(四)小结

从长远来看,对于真正的互联网金融,需要结合其所面临的风险本质重塑监管理念和监管措施。互联网金融的风险接近于直接金融即资本市场的风险,主要表现为信息不对称的风险,这是互联网金融监管的主要对象。与行政规制相比,刑法规制的重点在于预防和惩治严重行政违法行为。"无论是传统惯性所驱使的过度干预,还是现实变化所引起的无为沉默,均表明了刑法在改革大潮中的不到位。"[①] 在对互联网金融实施严格监管的同时,始终保持刑法的谦抑性,

---

① 刘华:《刑法干预经济行为的"边界原则"》,载《政治与法律》1995年第2期。

促进互联网金融在规范中发展。刑法本身具备一定的惩治犯罪和保障创新的机能，罪刑法定、罪责刑适应等基本原则都为包容创新和发展提供了宽广的解释空间。对形式上符合构成要件，但实质上缓和了互联网金融市场的信用风险和信息不对称风险，没有社会危害性的行为，应当排除其可罚性；而对形式上、实质上都符合犯罪构成要件的互联网金融违法活动，应当严肃追究刑事责任。

三、互联网金融犯罪刑事司法实务问题及应对

当前，互联网金融犯罪案件主要集中在网络借贷领域，涉及非法吸收公众存款和集资诈骗两个罪名。这类案件形式新颖，出现不少新情况新问题，各方对一些问题存在许多分歧。最高人民检察院公诉厅于 2017 年 6 月专门下发的《关于办理涉互联网金融犯罪有关问题座谈会纪要》（以下简称《座谈会纪要》），对其中有关问题进行了解答。笔者结合座谈会纪要和具体办案情况，对办案中反映较多的问题作了进一步分析和研究。

（一）如何准确把握金融创新与违法犯罪的界限

互联网与金融的结合，推动了金融活动的创新发展，形成了许多新的金融业态。对这些新金融现象如何进行有效监管，在互联网金融发展之初存在许多不同认识，前面也已经有所提及。在具体案件中，当事人辩解理由主要包括以下两类：（1）互联网金融领域属于金融创新，在国家没有作出专门规定之前属于"法无禁止即可为"的领域，不能用现行金融管理法律规定对其进行监管和处理；（2）国家认同和鼓励金融创新，应当对互联网金融领域触及刑事法网的行为，予以适当宽宥，避免将"试错"的刑事责任风险让社会个体来承担。这些观点曾经一度影响了一些司法人员的判断。笔者认为，准确把握金融创新与违法犯罪的界限，不在于形式上的创新，而在乎行为的本质。

1. 准确把握界限，首先要准确认识互联网金融的本质

如前所述，互联网金融的本质仍然是金融，互联网金融活动中存在的风险与传统金融没有区别，信用风险和信息不对称风险仍然存在，甚至还可能因互联网的作用而被放大。[①] 从当前我国出现的各种互联网金融的业态来看，实际上大部分互联网金融活动主要表现为经营方式上的创新，即利用互联网这一载体，将传统的金融活动从线下运营扩展到线上运营或者线上、线下共同运营。这种经营方式上的创新，与经济学家眼中的互联网金融相比，其创新性还有一定差距。而从办理的"e租宝""中晋"等一系列互联网金融非法集资案件来

---

① 参见吴晓求：《互联网金融：成长的逻辑》，载《财贸经济》2015 年第 2 期；郑联盛：《中国互联网金融：模式、影响、本质与风险》，载《国际经济评论》2014 年第 5 期。

看,这些所谓的互联网金融企业完全不具备创新的品质,而是以"互联网金融创新"为幌子,把传统金融违法犯罪活动从线下搬到线上,企图掩盖其违法本质迷惑公众,这种行为是不折不扣的"挂羊头卖狗肉"式的伪创新,属于前面所提及的伪"互联网金融"。无论是合法金融机构的合法金融活动还是非法金融机构的非法金融活动,现行金融管理法律都规定了一系列严格的审批和监管措施,这是开展各类金融活动都应当遵守的基本法律规范。

2. 准确把握界限,必须以现行有效的金融管理法律规定为基本法律依据

互联网金融的本质以及风险没有发生质的变化,当然与传统金融活动一样,需要遵守相应的金融管理法律规定。有的司法办案人员在判断互联网金融活动是否"非法"时,只把审查重点放在国家关于互联网金融的专门规定上,甚至因找不到这方面的专门规定就认为不符合"非法"这一要件。这种判断方法实际上没有抓住互联网金融活动的本质属性。在国家没有制定新法排除现行法律规定适用的情形下,只要业务性质属于现行法律规定的规范对象的,就要按照现行法律规定办理。如,《商业银行法》第81条明确规定,未经国务院银行业监督管理机构批准,擅自设立商业银行,或者非法吸收公众存款、变相吸收公众存款,构成犯罪的,依法追究刑事责任。国务院《取缔办法》第4条也明确规定,非法吸收公众存款,是指未经中国人民银行批准,向社会不特定对象吸收资金,出具凭证,承诺在一定期限内还本付息的活动;所称变相吸收公众存款,是指未经中国人民银行批准,不以吸收公众存款的名义,向社会不特定对象吸收资金,但承诺履行的义务与吸收公众存款性质相同的活动。对于以P2P网络借贷名义实施非法集资活动的,《商业银行法》《取缔办法》对其同样可以适应,不因其属于互联网金融而有所区别。《商业银行法》《证券法》《保险法》《取缔办法》等对各类金融业务都规定了严格的核准制度,就当前互联网金融涉及的领域来看,只要从事了上述相关业务,都应受到上述法律的规范,而不是"无法可依"的法律真空地带,除非现行法律规定确实无法涵盖互联网金融所涉业务。因此,对涉案互联网金融活动适用法律时,首先要判断涉互联网金融活动是否违反上述现行有效的金融管理法律规定。当然,对虽触犯现行法律规定,但不具有社会危害性的金融活动,应当依法不追究刑事责任,这就需要结合具体行为判断其社会危害性程度。

有关金融监管部门出台的互联网金融有关的规范性文件,如《关于促进互联网金融健康发展的指导意见》《网贷办法》等,在判断"非法性"时又具有什么作用?以《网贷办法》为例,《网贷办法》既规定了中介机构的权利,也规定了中介机构的义务,其中部分规定实际上突破了原有法律和司法解释规定的定罪标准,如对部分通过网贷信息中介向不特定公众借款的行为豁免了行

政许可。对于符合《网贷办法》规定的这一类借款行为，就不能作为违法犯罪处理；但同时，《网贷办法》也规定了许多禁止性的规定，对于违反禁止性规定的行为，仍然构成违法。如：

（1）《网贷办法》将中介机构定性为信息中介，可以从事网络借贷的信息中介业务，但不得从事或接受委托从事自融、变相自融、设立资金池、提供担保或承诺保本保息、发售金融理财产品、开展类资产证券化等形式的债券转让等超出信息中介范围的活动。中介机构必须严格遵守其业务范围，如果违反这些禁止性规定，行为就具有非法性。

（2）《网贷办法》规范了借款人的权利义务。考虑到单位和个人通过中介机构进行小额融资的行为，具有小额分散的特点，有利于小微企业发展，《网贷办法》允许借款人通过中介机构向公众进行规定范围内的借款活动。该办法第17条中明确规定："同一自然人在同一网络借贷信息中介机构平台的借款余额上限不超过人民币20万元；同一法人或其他组织在同一网络借贷信息中介机构平台的借款余额上限不超过人民币100万元；同一自然人在不同网络借贷信息中介机构平台借款总余额不超过人民币100万元；同一法人或其他组织在不同网络借贷信息中介机构平台借款总余额不超过人民币500万元。"单位或个人可以通过网贷信息中介平台向不特定公众借款，本质上也符合法律规定的非法吸收公众存款的特征，而且超过了2010年最高人民法院《关于审理非法集资刑事案件具体应用法律若干问题的解释》规定的定罪标准。① 这种限定额度内的融资行为是法律允许的，无须经过批准，当然不涉及犯罪。

出于限制借款集中风险的考虑，《网贷办法》又规定了借款人通过中介机构融资的最高限额、利用平台的数量和资金用途等限制条件。② 如果超出了上述规定数额，或者违反了其他禁止性规定，则仍不能享受豁免，未经批准实施

---

① 最高人民法院《关于审理非法集资刑事案件具体应用法律若干问题的解释》第3条规定："非法吸收或者变相吸收公众存款，具有下列情形之一的，应当依法追究刑事责任：（一）个人非法吸收或者变相吸收公众存款，数额在20万元以上的，单位非法吸收或者变相吸收公众存款，数额在100万元以上的……"

② 《网络借贷信息中介业务活动管理暂行办法》第13条规定："借款人不得从事下列行为：（一）通过故意变换身份、虚构融资项目、夸大融资项目收益前景等形式的欺诈借款；（二）同时通过多个网络借贷信息中介机构，或者通过变换项目名称、对项目内容进行非实质性变更等方式，就同一融资项目进行重复融资；（三）在网络借贷信息中介机构以外的公开场所发布同一融资项目的信息；（四）已发现网络借贷信息中介机构提供的服务中含有本办法第十条所列内容，仍进行交易；（五）法律法规和网络借贷有关监管规定禁止从事的其他活动。"

的仍属于违法。结合《网贷办法》的规定,在网络借贷领域,可能构成违法犯罪的情形包括:(1)中介机构自身超出信息中介业务范围,实际从事直接或间接归集资金、甚至自融或变相自融的;(2)中介机构与借款人合谋,帮助借款人从事违法融资活动的;(3)借款人故意隐瞒事实,违反《网贷办法》规定开展融资活动,情节严重的。但需要注意的是,《网贷办法》规定的合法借款数额标准已经远远超过了司法解释规定的定罪标准,对于超出《网贷办法》规定数额标准的借款行为虽然仍属违法,但对这类行为不能再套用司法解释规定的定罪量刑标准,否则就会造成从合法行为直接跨入犯罪行为的问题,剥夺了行政执法的空间,不符合刑法的谦抑性原则。

综上,在非法吸收公众存款案件中,判断涉案金融活动是否构成非法吸收公众存款,首先应根据《商业银行法》《取缔办法》以及刑法有关司法解释的规定,判断其是否符合非法吸收公众存款的构成要件。如果不符合,则可以判断相关行为不构成犯罪。如果符合,则需要进一步判断其是否符合《网贷办法》等其他专门规定的豁免许可的条件,如果符合豁免许可的条件,则不构成犯罪;如果不符合豁免许可的条件,则构成犯罪。

3. 准确把握界限,必须运用"穿透式"方法实质判断金融活动的行为特征和性质

实践中,互联网金融活动表现形式多样易变,有的行为带有迷惑性,给准确识别行为性质和适用法律带来难度。对此,金融监管部门提出了"穿透式"监管方法,对于任何金融活动,"透过表面现象看清业务实质,把资金来源、中间环节与最终投向穿透联接起来,综合全流程信息来判断业务性质,并执行相应的监管规定。"[①] 事实上,通过对当前互联网金融活动的"穿透",几乎所有互联网金融活动都能在现行法律规定上找到监管根据。因此,在判断涉互联网金融犯罪案件的性质时,也要引入"穿透式"监管的理念认识行为性质,绝不能被所谓"互联网金融创新"表象所迷惑。对各种类型互联网金融活动,应当深入剖析行为实质并据此判断其性质,结合法律规定把握案件中的构成要件事实,从而准确适用法律,准确区分罪与非罪、此罪与彼罪、罪轻与罪重、打击与保护的界限。

以 P2P 网络借贷为例,违法设立并控制资金池是网贷平台出现兑付危机的根本原因,也是除了自融和变相自融之外,网贷平台构成非法吸收公众存款的核心特征。之所以作出这一判断,就需要对资金池模式下的网贷平台运

---

① 《人民银行有关负责人就通过互联网开展资产管理及跨界从事金融业务风险专项整治工作答记者问》,载《金融时报》2016 年 10 月 14 日。

作模式进行实质判断。网贷平台通过设立资金池,归集投资人的资金,并对资金池内的资金进行直接控制和集合使用,导致出借人与借款人之间的权利义务关系与借贷(归还)资金的实际流向不能一一对应。名义上,借款人的资金来源于与其签订协议的出借人,出借人的本金和收益来自与其对应的借款人支付的本息;但事实上,由于网贷平台运作资金池,借款人的借款和出借人的本金收益都来自资金池,具体来自何人的资金无从知晓。在这种情形下,当部分借款人出现违约时,其对应的出借人往往能正常收到本息,这部分本息就来自资金池中的资金(实际上是其他客户的资金),由此借款人的风险不只影响到与其对应的出借人,还会影响到整个资金池中的出借人,这也就是网贷平台出现资金池断裂兑付危机的原因。在纯粹的信息中介模式下,网贷平台本质上等同于民间借贷的媒介,借款人与出借人之间的权利义务关系和资金实际流向都能互相对应,个别借款人的违约只会影响其对应的出借人,不存在网贷平台出现兑付危机的问题。目前出现资金链断裂的网贷平台,实际上都偏离了信息中介的地位,其所从事的业务活动本质上与商业银行的存款业务相同,属于非法吸收公众存款。如果网贷平台不存在归集资金、沉淀资金情形的,不能认定为非法吸收公众存款罪。例如,网络借贷信息中介平台在法律规定的范围内单纯地从事信息中介活动,撮合借贷双方通过信息中介平台达成网络借贷目的,平台自身不归集、沉淀资金的,就不是犯罪。

(二) 如何认定犯罪嫌疑人、被告人的主观故意

客观上存在违法事实是产生责任的前提,[①] 而对客观违法性的认识则是产生责任的根据。在互联网金融犯罪案件中,大部分案件所涉罪名以主观故意为责任要件。由于互联网金融犯罪中涉案人员众多,如何判断各个行为人是否具有主观故意,在司法实践中存在不同认识。互联网金融犯罪专业化特征突出,涉案行为人的职责、知识、能力差异显著,它们对所从事金融业务性质以及相关法律规范的认识常常发生偏差,造成行为人"主观故意"的认识内容发生错误:一是对实际犯罪事实的认识错误,即犯罪嫌疑人所认识的犯罪事实与实际发生的犯罪事实不一致;二是对违法性认识错误,即犯罪嫌疑人对所从事的金融业务是否违反行政法律规范的认识存在错误。这也是犯罪嫌疑人、被告人经常提出的辩解。对上述两种认识错误,应当作不同处理。

---

① 张明楷:《刑法学》,法律出版社2011年版,第222页。

1. 对实际犯罪事实的认识错误

互联网金融犯罪往往采取单位形式运作,组织分工明确,主要犯罪嫌疑人犯罪目的的实现,通常需要其实际控制的单位之间或单位各部门之间的协同配合。这些单位所从事的业务,既有形式上合法的业务,也有非法业务,不同层次的主管人员、直接责任人员由于职责权限不同,对其所从事业务的性质认识就会有所差异。在单位整体经营活动中起决定、批准、授意、纵容、指挥等作用的主管人员,在不具备相反证据的情形下,可以直接推定其知道或应当知道真实的业务内容,从而排除事实认识错误的可能性。但是,其他不从事整体经营活动的主管人员和直接责任人员,因职责所限可能不具备了解公司整体业务运作模式的可能性,就容易产生事实认识的错误。特别是,在整个犯罪链条中,如果某一部分的业务在形式上属于合法范畴,相关人员可能会作出公司整体业务合法的推断。因此,对互联网金融犯罪中犯罪嫌疑人主观故意的判断,需要结合个人的实际情况进行评价判断。

以 P2P 网络借贷平台涉嫌非法吸收公众存款犯罪案件为例,一些互联网公司为了规避金融主管部门对"自融""自设资金池"等非法集资行为的监管,设立多个公司分别从事非法集资各环节的业务,例如,设立 A 公司运营 P2P 网络借贷平台,设立 B 公司编造虚假融资项目在 A 公司平台上发布,设立 C 公司将在 A 公司平台上吸收到的资金用于投资经营等活动。在这种情形下,不同公司的人员对于三家公司共同实施的整体事实性质的认识就会发生差别:(1) 就最顶层的主管人员而言,其实际操纵三家公司实施犯罪行为,当然不存在对犯罪事实认识错误的可能性;(2) 就 A 公司而言,相关人员未必知道发布在其 P2P 平台上面的融资项目存在造假情形,不知晓造假的人员可能误以为 A 公司所从事的业务就是合法合规的网络借贷信息中介服务,此时部分行为人便存在事实认识错误的可能性;(3) 就 B 公司而言,相关人员因直接参与借用其他公司名义发布融资项目的违法活动,进而可以推定其认识发布虚假融资项目的目的在于"自融",因此排除犯罪事实认识错误的可能性;(4) 就 C 公司而言,是否存在事实认识错误需要结合行为人对资金来源的认知程度综合判断,如果确实不知道资金来源于非法吸收的资金的,属于事实认识错误。

在互联网金融犯罪案件中,行为人对实际从事的犯罪事实的认识,需要结合其职责权限及其对公司整体运作模式、融资项目真实性、资金实际来源及去向、公司运营能力等因素的认知程度等因素来判断。如果证据证明行为人错误地以为其所从事的业务,且这种错误认识不可避免,应排除其主观故意,不能对其追究刑事责任。

2. 违法性认识错误

一个人实施了刑法禁止的行为，却没有认识到自己行为的违法性，这在刑法理论上被称为违法性认识错误，又称作法律认识错误或者禁止错误。① 一些国家刑法明确规定了违法性认识错误的处理原则，但我国刑法没有规定。成立犯罪是否需要具备违法性认识，对此存在两种截然不同的观点，即违法性认识不要说和违法性认识必要说。② 互联网金融犯罪案件中，一些犯罪嫌疑人及其辩护人常以不明知所从事的行为违反法律规定为由，否认其具有非法吸收公众存款的主观故意。司法人员对此也存在不同的认识。在司法实践中对这种辩解如何判断和处理？

首先，违法性认识是不是判断主观故意的内容？刑法第14条规定，"明知自己的行为会发生危害社会的结果，并且希望或者放任这种结果发生，因而构成犯罪的，是故意犯罪。"因此，刑法规定的故意是指明知自己的行为会发生危害社会的结果，并且希望或者放任这种结果发生。行为人对行为违法性的认识并不是犯罪故意的内容，故犯罪嫌疑人对法律认识的错误并不影响对其主观故意的判断，即犯罪主观故意不受所谓违法性认识的影响。

其次，违法性认识的辩解如何判断和处理？在是否宽宥违法性认识错误的问题上，有些国家的立法规定主要判断该错误是否可以避免。只有当违法性认识错误系不可避免时，该错误才会得到最大程度的原谅；而处在可避免的错误之下的行为人，仍然应当承担责任或至多从轻处罚。③ 在判断有无违法性认识时，也不能单纯依赖犯罪嫌疑人的辩解。法定犯的违法性难以被一般人认识，通常需要借助法律来认识。④ 基于这样一种判断方式，笔者认为，一般情形下，对于从事互联网金融行业的人员来说，了解相关行业的法律规范是其开展业务的前提条件，互联网金融相关法律规范一经公开生效，就可以推定从事互联网金融活动的行为人具有认识的可能性，行为人不得随意主张其不了解某一具体法律规范而主张免责。只要行为人对其实际从事的活动以及产生的后果有明确的认识，其犯罪主观故意即能成立。犯罪嫌疑人的任职情况、职业经历、专业背景、培训经历、此前任职单位或者其本人因从事同类行为受到处罚情

---

① 车浩：《法定犯时代的违法性认识错误》，载《清华法学》2015年第4期。

② 车浩：《法定犯时代的违法性认识错误》，载《清华法学》2015年第4期。20世纪八、九十年代，国内学界通说是"违法性认识不要说"，即否定违法性认识对于认定犯罪的必要性。自2000年以来，学界开始出现"违法性认识必要说"的主张，这种观点强调违法性认识对于犯罪成立的必要性。

③ 车浩：《法定犯时代的违法性认识错误》，载《清华法学》2015年第4期。

④ 张明楷：《刑法学》，法律出版社2011年版，第95页。

况,以及犯罪嫌疑人存在故意规避法律等虚构事实、隐瞒真相方面的证据,则可以进一步印证其辩解根本不能成立。

事实推定是证明行为人主观心理状态的有效手段,但当行为人提出相反证据足以推翻推定时,还是应当作出与推定相反的判断。① 违法性认识错误不能避免的理由包括:(1)行为人误以为其违法行为属于合法行为,原因包括误认为规范不存在、规范不禁止或规范无效;(2)行为人认识到行为被法律政策所禁止,但误以为存在正当化因素,或主管机关有明确的意见认定行为不违法并为行为人所信赖。对此,司法人员应根据个案中的不同尺度,对行为人产生上述错误的可避免性进一步地审查。② 就互联网金融犯罪而言,了解相关金融法律规范是前提条件,违法性认识错误是否可以避免,主要应从相关法律规范是否难以被正确认识入手,具体情形包括:(1)生效的法律规范未及时向社会公示,或者犯罪行为发生在法律规范公示后极短的一段时间之内,行为人在开展相关行为时无从获得。但这种情形极为少见,而且互联网金融犯罪的实施通常需要一个阶段,一般不可能在极短时间内完成。(2)生效的法律规范之间发生冲突,主管部门未对法律规范之间的冲突作出明确解释,行为人依据其中一个生效的法律规范作出的行为,不能因为其违反另一法律规范而对其追责。特别要注意的是,如果新出台的法律规范与旧有的效力层级较高的法律规范发生冲突,不能排除行政违法性认识错误的可能性。(3)行政主管部门对某一客观违法行为出具"不违法"的认定意见,行为人因合理信赖认定意见而作出相应的违法行为,也不能排除行政违法性认识错误的可能性。总体而言,应当充分保护行为人对形式上存在效力的法律规范的合理信赖,不能以司法人员的标准要求行为人对生效法律规范的实际效力作出准确判断,除非行为人明确地向主管部门咨询意见并获得了与其行为相反的结论。

鉴于实践中涉案人员情形复杂、层级差别大,为保证罪责刑相适应,对于单位犯罪中层级较低,确实无法明知整体单位犯罪行为,且所起作用较小的,以情节显著轻微不作为犯罪处理。一是犯罪嫌疑人无相关职业经历、专业背景,且从业时间短暂,在单位犯罪中层级较低,纯属执行单位领导指令的。二是行为人因信赖行政主管部门出具的相关意见而陷入错误认识的。但需要注意的是,判断行为人是否存在合理信赖,还应结合主管部门出具认定意见的背景、认定意见的形式和内容等因素作出推定。第一,如果主管部门的认定意见所依据的事实,并非行为人实际的涉案事实,排除合理信赖的可能性。例如,

---

① 参见张明楷:《刑法学》,法律出版社2011年版,第232页。
② 车浩:《法定犯时代的违法性认识错误》,载《清华法学》2015年第4期。

主管部门在对P2P网贷平台的业务合法性进行专项检查时，该平台向主管部门作了虚假陈述，主管部门基于虚假陈述内容得出合法结论，这种情形下反而可以更加明确地推定该平台具有行政违法性认识。第二，如果主管部门相关人员出具意见时与行为人存在利益勾结，因而作出错误认定意见，这种情形下同样更加确证行为人具有行政违法性认识。第三，合理信赖只能适用于认定意见作出之后的行为，对意见之前作出的行为包括意见本身评价的已经完成的行为不具有溯及力，即对认定意见作出之前的违法性行为，行为人不能依据认定意见主张没有行政违法性认识。第四，合理信赖必须基于公开生效的意见。行政主管部门的内部意见、尚未生效的意见不具有对外效力，行为人不能据此主张合理信赖而免责。

此外，有的犯罪嫌疑人辩解其因信赖主流媒体、专家学者的观点而从事相关活动，否定其具有违法性认识，对此不应采信。无论媒体还是专家都不是判断相关金融活动合法与否的有权部门，他们的意见不具有行政主管部门意见的效力，不能以此否认行为本身的违法性和行为人的违法性认识。

（三）如何计算非法吸收公众存款的犯罪数额

犯罪嫌疑人具体吸收资金的情形十分复杂，实践中对吸收亲友资金进行投资、员工之间互投、员工挂名记账等方式吸收的资金是否应当扣除，存在不同认识。

负责或从事吸收资金行为的犯罪嫌疑人非法吸收公众存款金额，通常应根据其实际参与吸收的全部金额认定。在具体认定时，要根据犯罪嫌疑人吸收资金和集资参与人投入资金的行为性质、动机、目的等因素，正确判断记录在犯罪嫌疑人名下资金的真实来源性质。（1）犯罪嫌疑人自身投入的资金，不属于其向公众吸收的资金，不应计入其自身的吸收金额；（2）犯罪嫌疑人近亲属投入的资金，如果犯罪嫌疑人辩解其近亲属的主要目的是为支持犯罪嫌疑人工作业绩而自愿投入，可以视为其自身的投资，在没有证据推翻其辩解的情形下，可以作为有利于犯罪嫌疑人的认定，将这部分资金予以扣除，但是一般应限制在法律规定的近亲属范围以内；（3）由于其他员工离职、满足业绩指标等原因，部分资金虽记录在犯罪嫌疑人名下，但其未实际参与吸收且未从中收取任何形式好处，这与犯罪嫌疑人主动吸收资金存在本质差别，也可以扣除；（4）对投资人在每期投资结束后，利用投资账户中的资金（包括每期投资结束后归还的本金、利息）进行反复投资的金额应当累计计算。这是因为，每期投资结束后，相应的资金已经处于投资人实际控制之下，其具有选择继续投资或者提取到自己银行账户的主动权，再次投资与首次投资没有本质区别。但是，如果投资人对投资结束后返还的资金不具有实际控制可能性，相关资金仍在集资主体的完全控制之下的,则不予累计计算。如,有的犯罪嫌疑人因到期后无法还款,通过续签投资合同等方式要求集资参与人继续投资,投资人实际上无法取回投资款的,不应累计计算。

对于一些仅负责或从事行政管理、财务会计、技术服务等辅助工作的犯罪嫌疑人帮助单位或者主要犯罪嫌疑人吸收资金的,在认定数额时以单位或主要犯罪嫌疑人吸收资金作为其犯罪金额,但这并不表明其刑事责任与单位的主管人员或主要犯罪嫌疑人相同,必须按照其参与的犯罪事实,结合其在犯罪中的地位和作用,依法确定刑事责任。

(四) 如何认定集资诈骗犯罪中的非法占有目的

2010年最高人民法院《关于审理非法集资刑事案件具体应用法律若干问题的解释》第4条规定了8种可以认定犯罪嫌疑人具有非法占有目的的情形:(1) 集资后不用于生产经营活动或者用于生产经营活动与筹集资金规模明显不成比例,致使集资款不能返还的;(2) 肆意挥霍集资款,致使集资款不能返还的;(3) 携带集资款逃匿的;(4) 将集资款用于违法犯罪活动的;(5) 抽逃、转移资金、隐匿财产,逃避返还资金的;(6) 隐匿、销毁账目,或者搞假破产、假倒闭,逃避返还资金的;(7) 拒不交代资金去向,逃避返还资金的;(8) 其他可以认定非法占有目的的情形。但在具体案件办理中,依据现有司法解释规定仍难以作出认识一致的判断,出现不少分歧。如:实践中一些情形相互交织,如何做出综合判断?司法解释中规定的"不成比例"是否可以进一步明确?对于借新还旧的庞氏骗局如何认定?笔者认为,是否具有非法占有目的,主要是证据判断的问题,实践中集资诈骗案件具体情况不一,难以作出一致的评价标准,也难以确定统一的比例标准,需要根据具体案件中的事实证据进行综合判断,不能机械套用司法解释。

1. 基本思路

就该司法解释列举的情形看,认定具有非法占有目的可以归纳为两类情形:一是存在逃避返还资金的情形,如《关于审理非法集资刑事案件具体应用法律若干问题的解释》第4条中的第三项、第五项、第六项与第七项的相关规定;二是存在不负责任地使用资金、致使资金不能返还的情形,如《关于审理非法集资刑事案件具体应用法律若干问题的解释》中的第一项、第二项与第四项的相关规定。相对而言,证明逃避返还资金的情形的要求比较明确,只要证据收集到位,就较容易证明。在互联网金融犯罪案件涉案资金巨大、资金情况十分复杂,后一种情形的证明则相对困难。在没有证据证明犯罪嫌疑人逃避返还资金时,可以围绕融资项目真实性、资金去向、归还能力等事实证据,重点审查犯罪嫌疑人对资金能否归还是否具有不负责任的主观态度和相关行为,并作出综合判断。互联网金融领域的集资诈骗犯罪案件中,常见的情形主要包括:(1)大部分资金未用于生产经营活动,或名义上投入生产经营但又通过各种方式转移资金的;(2)资金使用成本过高,生产经营活动的盈利能力不具有支付全部本息的现实可能性的;(3)对资金使用的决策极度不负责任或肆意挥霍造成资金缺口较大的;(4)归还本息主要通过借新还旧来实现的。

2. 不同人员犯罪目的的区别认定

对于共同犯罪或单位犯罪案件中,不同层级的犯罪嫌疑人之间存在犯罪目的发生转化或者犯罪目的明显不同的,应当根据主客观统一的原则,对犯罪嫌疑人的犯罪目的予以分别认定。(1)根据犯罪目的转化的时间节点予以区分。在集资诈骗犯罪案件中,经常存在犯罪嫌疑人的犯罪目的因资金情况的变化发生转变。如,起初不具有非法占有的目的,但在出现资金链断裂等问题后,明知资不抵债仍然继续非法吸收公众存款的,对后一阶段的行为可以认定犯罪嫌疑人具有非法占有的目的。(2)同案犯之间的犯罪目的差异。在涉案人员众多的犯罪案件中,不同的犯罪嫌疑人由于所处层级不同,对全案犯罪事实的认识不同,在犯罪目的上就会存在差异。如,主要犯罪嫌疑人具有非法占有目的,但是其他同案犯只是实施了非法吸收公众存款行为,对资金去向存在错误认识,不明知主要犯罪嫌疑人以非法占有目的吸收资金,在这种情形下,就不能认定这些犯罪嫌疑人具有非法占有目的。

3. 证明方法

非法占有目的作为一种主观心理活动,除了犯罪嫌疑人的供述之外,必须结合其他主客观证据来判断。如前所述,非法占有目的的认定核心是对证据的判断,即证明到何种程度才能认定行为人具有非法占有目的。因此,必须依赖于相关证据的收集和运用,努力形成完整的证明链条。其中,实施集资诈骗犯罪的整体行为模式、资金使用过程、资金的归还能力以及其他欺诈行为等方面的证据,对证明主要犯罪嫌疑人是否有非法占有目的具有重要作用,特别是许多证明非法占有目的的有效信息隐藏在证据的深处,需要通过分析、比对等方式予以提炼。如,由于集资诈骗案件资金吸收、使用等方面证据十分庞杂,需要依靠司法会计鉴定机构对相关问题作出审计,但是,如果审计工作没有有针对性地围绕证明非法占有目的的思路开展,很容易造成相关有效信息没有被挖掘出来。在审计工作开始前,办案人员可以根据指控犯罪的思路,提前向审计鉴定人员明确需要审计的重点项目,使审计工作有的放矢,实现在海量证据中把有价值的信息通过审计工作提取固定下来,更好地发挥审计报告的证明作用。

（五）如何判断网络支付结算业务的性质

2009年《刑法修正案（七）》对刑法第225条第（三）项作了修订，增加了一项作为该条第（三）项，即对非法从事资金支付结算业务，情节严重的以非法经营罪定罪处罚。该修正案公布时，第三方支付业务还不普遍，但近几年来随着电子商务的兴起，网络支付结算业务迅速发展，其中也出现了一些未经批准从事网络支付结算业务的活动。对无证从事网络支付结算业务能否以非法经营罪追究，实践中存在一些争议。

1. 违反国家规定的认定

无证从事网络支付结算业务是否"违反了国家规定"，实践中有不同认识，一种观点认为该行为违反的是《非银行支付机构网络支付业务管理办法》（以下简称《办法》），而该《办法》属于部门规章，而非国家规定，不能认定无证从事网络支付结算业务违反了国家规定，故不能以非法经营罪追究。国务院制定的《取缔办法》第4条第1款第（三）、（四）项中规定对未经中国人民银行批准，擅自从事办理结算以及中国人民银行认定的其他非法金融业务活动有明确的禁止性规定。无证从事网络支付结算业务行为正是违反了《取缔办法》中的相关规定。

2. 非法从事支付结算业务的认定

无证从事网络支付结算业务是否属于"非法从事支付结算业务"。根据《支付结算办法》《非金融机构支付服务管理办法》《非银行支付机构网络支付业务管理办法》《银行卡收单业务管理办法》等规定，支付结算是指支付组织在收付款人之间提供的货币资金转移服务，是独立于吸收存款、发放贷款业务之外的通道业务；网络支付结算是指依托于公共网络信息系统的支付结算业务。参与支付结算的支付组织包括：商业银行、非银行支付机构（如支付宝、财付通等第三方机构），清算机构（中国银联、中国网联、票据清算所等）、结算机构（中国人民银行）。目前市场上无证从事网络支付结算业务主要表现为，第三方非银行机构未取得中国人民银行颁发的《支付业务许可证》，依托互联网等公共网络擅自进行资金转移服务。有三种主要形式：为客户开立支付账户提供网络支付服务；基于银行卡为客户提供网络支付服务；预付卡业务。对此类活动能否以非法经营罪追究，要区分不同情形作出判断：

（1）为客户开立支付账户提供网络支付服务。支付账户是客户在支付机构开立的账户，该账户资金余额不同于客户本人的银行存款，而是以支付机构名义存放在银行，并且由支付机构向银行发起资金调拨指令。对于没有取得《支付业务许可证》的支付机构，从事为客户开立支付账户、办理银行账户与支付账户之间资金划扣、转账业务以及在不同支付账户间进行资金转移等支付业务，属于非法从事支付结算业务，符合非法经营罪的特征。

（2）基于银行卡为客户提供网络支付服务（银行卡网络收单业务）。银行卡网络收单业务是支付机构为网络特约商户提供银行卡受理并完成资金结算服务的业务，由于银行卡清算系统（中国银联、中国网联清算系统）的封闭性，该系统只能由获得《支付业务许可证》的支付机构的网络支付端口接入。就一笔"无证"支付交易而言，无证机构实际上从事了有证支付机构支付业务的一部分，即前期支付市场的开发和最后的与商家结算（即有证支付机构将资金结算至无证机构银行账户，再由无证机构与商家进行二次结算），网络支付端口接入、参加系统清算则由有证支付机构完成。从行为完整性来看，该支付结算行为并不是一个完整的无证经营行为，其中关键的系统清算仍是有证经营，无证部分实质是有证支付机构将最后与商户结算的这部分支付业务违规外包给无证机构。对于能否将一个支付行为中的部分违规环节单独拆出作为非法从事支付结算业务认定，存在较大争议，因此《座谈会纪要》未将该类行为列为可以非法经营罪追究的情形。

3. 预付卡业务。预付卡业务分为多用途预付卡与单用途预付卡。多用途预付卡是专营发卡机构发行，可跨地区、跨行业、跨法人使用的预付卡，具有较为明显的资金支付特征。支付机构聚集大量的预付卡销售资金，根据客户订单信息提交备付金存管银行结算指令，划转结算资金，实现了资金由客户向商户的转移，该业务属于支付结算业务，开展该业务应当经中国人民银行批准，取得《支付业务许可证》方可开展，无证从事该业务的行为属于非法从事支付结算业务，符合非法经营罪的特征。

单用途预付卡是商业企业发行，只在本企业或同一品牌连锁商业企业购买商品、服务的预付卡。由于开展单用途预付卡业务无须经国家主管部门批准，不涉及非法经营的问题。

（六）如何把握刑事追究的范围

涉互联网金融犯罪案件通常涉案人员数量较多，有的地方在查办案件时对打击范围认识不一、把握不准，司法机关之间、不同地域之间存在打击范围不一致的现象。对此，要坚持打击少数、教育挽救大多数的基本原则，运用好宽严相济刑事政策，该严则严，当宽则宽，合理把握打击范围。对涉案人员要区别对待、分类处理，综合运用刑事追诉和非刑事手段处置和化解风险，对部分不需要追究刑事责任的涉案人员，可以通过行政手段进行处罚。在具体把握上，要坚持主客观相统一，根据犯罪嫌疑人在犯罪活动中的地位作用、涉案数额、危害结果、主观过错、认罪悔罪态度等主客观情节，综合判断责任轻重及刑事追诉的必要性，对于符合不起诉条件的要依法作出不起诉决定。特别是，非法集资案件中，最大限度减少投资人的实际损失是办理这类案件的重要目的。实践中，追赃挽损工作的顺利开展，需要犯罪嫌疑人的积极配合。犯罪嫌疑人主动退赃退赔、配合司法机关追赃挽损，既体现了其认罪悔罪的主观态度，也有利于节约司法资源，在定罪量刑时可以作为从宽处理的情节予以考虑。在决定是否起诉、提出量刑建议时，要重视对是否具有认罪认罚、主动退赃退赔等情节的考察。分支机构涉案人员积极配合调查、主动退还违法所得、真诚认罪悔罪的，应当依法提出从轻、减轻处罚的量刑建议。其中，对情节轻微、可以免予刑事处罚的，或者情节显著轻微、危害不大、不认为是犯罪的，应当依法作出不起诉决定。对被不起诉人需要给予行政处罚或者没收违法所得的，应当向行政主管部门提出检察意见。修订后的刑事诉讼法正式规定了认罪认罚从宽制度，对这类案件，应当充分运用认罪认罚从宽制度，对不同的犯罪嫌疑人区别对待，促使犯罪嫌疑人主动认罪悔罪、退赃退赔。

从司法公平的角度出发，跨区域涉互联网金融犯罪由不同地区司法机关办理，在追诉标准、追诉范围以及量刑建议等方面应当注意统一平衡，但应正确看待实践中存在打击范围不一致的问题。在坚持案件处理总体平衡的前提下，对涉案人员的处理，不能简单以层级或数额作为标准，而要结合事实证据以及在当地造成的现实危害等因素进行综合判断。一般来说，（1）对于同一单位在多个地区分别设立分支机构的，在同一省（自治区、直辖市）范围内应当保持基本一致。分支机构所涉犯罪嫌疑人与上级单位主要犯罪嫌疑人之间应当保持适度平衡，防止出现责任轻重"倒挂"的现象。但同时，也要避免唯层级论、唯数额论。（2）单位犯罪中，直接负责的主管人员和其他直接责任人员在涉互联网金融犯罪案件中的地位、作用存在明显差别的，可以区分主犯和从犯，将总公司中起组织领导等作用的直接负责的主管人员和发挥主要作用的其他直接责任人员，认定为全案的主犯，将其他人员认定为从犯。

（七）如何认定单位犯罪

涉互联网金融犯罪案件多以单位形式组织实施，所涉单位数量众多、层级复杂，其中还包括大量分支机构和关联单位，集团化特征明显。有的涉互联网金融犯罪案件中分支机构遍布全国，既有具备法人资格的，又有不具备法人资格的；既有受总公司直接领导的，又有受总公司的下属单位领导的。公安机关在立案时做法不一，有的对单位立案，有的不对单位立案，有的被立案的单位不具有独立法人资格，有的仅对最上层的单位立案而不对分支机构立案。传统单位犯罪主要涉及一个单位的犯罪，实践中，普遍反映对这些复杂情形处理难度较大，出现各地追究的犯罪主体不一致的情况，造成全案处理的不平衡。我们认为，是否以单位犯罪追究刑事责任，首先必须符合刑法及有关司法解释关于单位犯罪的规定，同时还要兼顾全面揭示犯罪行为基本特征、全面覆盖犯罪活动、准确界定区分各层级人员的地位作用、有利于有力指控犯罪、有利于追缴违法所得等方面的作用。

互联网金融犯罪所涉罪名中，刑法规定应当追究单位刑事责任的，对同时具备以下情形且具有独立法人资格的单位，可以以单位犯罪追究：（1）犯罪活动经单位决策实施；（2）单位的员工主要按照单位的决策实施具体犯罪活动；（3）违法所得归单位所有，经单位决策使用，收益亦归单位所有。但是，单位设立后专门从事违法犯罪活动的，应当以自然人犯罪追究刑事责任。对于作为独立法人资格的下属单位，也应如此处理。

参与涉互联网金融犯罪，但不具有独立法人资格的分支机构，是否追究其刑事责任，可以区分两种情形处理：（1）全部或部分违法所得归分支机构所有并支配，分支机构作为单位犯罪主体追究刑事责任；（2）违法所得完全归分支机构上级单位所有并支配的，不能对分支机构作为单位犯罪主体追究刑事责任，而是应当对分支机构的上级单位（符合单位犯罪主体资格）追究刑事责任。在实践中，有时会出现特殊情形，如对符合追诉条件的分支机构（包括具有独立法人资格的和不具有独立法人资格）及其所属单位，公安机关均没有作为犯罪嫌疑单位移送审查起诉，仅将其所属单位的上级单位作为犯罪嫌疑单位移送审查起诉，没有将分支机构涉案人员作为单位犯罪的主管人员和直接责任人员的。对这种情况，在审查起诉阶段可以按照以下方式处理：（1）有证据证明被立案的上级单位（如总公司）在业务、财务、人事等方面对下属单位及其分支机构进行实际控制，下属单位及其分支机构涉案人员可以作为被移送审查起诉的上级单位的"其他直接责任人员"追究刑事责任。在这种情形下，层级众多的下属单位或分支机构本质上相当于该上级单位的部门，不具有独立性，其相关涉案人员可以认定为上级单位的其他直接负责人员。在证明实际控制关系时，应当收集、运用公司决策、管理、考核等相关文件，OA系统等电子数据，资金往来记录等证据。对不同地区同一单位的分支机构涉案人员起诉时，证明实际控制关系的证据体系、证明标准应基本一致。（2）现有证据无法证明被立案的上级单位与下属单位及其分支机构之间存在前述的实际控制关系的，对符合单位犯罪构成要件的下属单位或分支机构应当补充起诉，下属单位及其分支机构已不具备补充起诉条件的，可以将下属单位及其分支机构的涉案犯罪嫌疑人直接起诉。这是根据刑事诉讼法的有关规定采取的一种便宜措施。

（八）如何应对跨区域涉众型犯罪对办案工作机制提出的挑战

1. 侦查取证

以审判为中心的刑事诉讼制度改革对侦查取证、出庭指控等工作提出了更高要求。尤其是,涉互联网金融犯罪案件证据种类复杂、数量庞大、且分散于各地,如何高质、高效地收集、审查和运用证据,进而有力地指控犯罪,是司法机关亟待破解的难题,应当通过创新机制和技术来提高侦查取证的能力。

一是对重大、疑难、复杂案件依法提前介入侦查、引导侦查取证。侦查取证工作的目的在于指控犯罪,应当围绕指控犯罪的需要而展开。办理涉众型跨区域案件等重大、疑难、复杂案件,侦查取证工作任务十分繁重,往往需要耗费大量司法资源。如果侦查取证工作不围绕指控犯罪思路开展,可能会走弯路,做许多无用功,浪费司法资源,影响办案效率,甚至因证据没有及时收集、固定影响案件的最终处理。因此,在办理这类重大、疑难、复杂案件时,应当重视侦诉部门之间的工作衔接,通过提前介入侦查活动,引导侦查机关围绕指控犯罪思路有针对性地侦查取证。检察机关作为国家公诉机关,要积极协调公安机关提前介入,在了解全案基本情况的前提下,提出关于侦查思路、方向的意见建议,并坚决依法排除非法证据。2017年11月24日,最高人民检察院、公安部《关于印发最高人民检察院公安部〈关于公安机关办理经济犯罪案件的若干规定〉的通知》,对此作出明确规定:"公安机关办理重大、疑难、复杂的经济犯罪案件,可以听取人民检察院的意见,人民检察院认为确有必要时,可以派员适时介入侦查活动,对收集证据、适用法律提出意见,监督侦查活动是否合法。"

二是加强和规范电子数据侦查取证工作。涉互联网金融犯罪案件涉及大量的电子数据,这类证据在互联网金融犯罪案件的证据体系中具有重要地位,对于证明相关犯罪事实具有重要作用。随着互联网技术的不断发展,电子数据的形式、载体出现了许多新变化,电子数据的勘验、提取、审查等工作需要很高的专业性,如果处理不当会对电子数据的真实性、合法性造成不可逆转的损害。在办案过程中,要注重电子证据的收集、提取、固定工作,防止因电子数据的灭失、毁损,导致交易记录、会计账册、投资人名单等关键证据缺失,影响办案工作。同时,要规范电子数据的收集、审查和运用,确保所提取、固定的电子数据的客观性、合法性。最高人民法院、最高人民检察院、公安部2016年9月制定下发的最高人民法院、最高人民检察院、公安部《印发〈关于办理刑事案件收集提取和审查判断电子数据问题的若干规定〉的通知》,为司法实践提供了初步的标准。但实践中,依托全新技术手段的电子数据不断出现,在提取、固定过程中,还需要注意发挥专家的辅助作用,借助专家的支持科学制定工作方案,确保万无一失。

三是健全证据交换共享机制。司法实践中,由于机制、人力、物力等各方面的制约,存在主案侦办地与分案侦办地在证据交换共享方面协调不顺、配合不畅等问题,影响了案件的办理进展。对此,要进一步完善证据交换共享机制,明确主案侦办地和分案侦办地检察机关各自的职责任务,确保在侦查取证、证据交换等方面形成工作合力,防止地区之间相互推诿、敷衍了事。对涉及主案犯罪嫌疑人的证据,一般由主案侦办地办案机构负责收集,其他地区提供协助。其他地区办案机构需要主案侦办地提供证据材料的,应当向主案侦办地办案机构提出证据需求,由主案侦办地办案机构收集并依法移送。无法移送证据原件的,应当在移送复制件的同时,按照相关规定作出说明。

2. 跨区域协作

2015年国务院印发了《关于进一步做好防范和处置非法集资工作的意见》,对跨区域案件的办理机制作出了明确规定:"依法妥善处置跨省案件。坚持统一指挥协调、统一办案要求、统一资产处置、分别侦查诉讼、分别落实维稳的工作原则("三统两分"原则)。牵头省份要积极主动落实牵头责任,依法合规、公平公正地制定统一处置方案,加强与其他涉案地区的沟通协调,定期通报工作进展情况。协办省份要大力支持配合,切实履行协作义务。强化全局观念,加强系统内的指挥、指导和监督,完善内部制约激励机制,切实推动、保障依法办案,防止遗漏犯罪事实;加强沟通、协商及跨区域、跨部门协作,共同解决办案难题,提高案件查处效率。"但在具体办案中,"三统两分"原则并没有得到完全落实,不同程度存在相互推诿、违规处置涉案财产等问题。例如,有的地方认为,根据分别侦查诉讼的规定,对同一犯罪嫌疑人涉嫌的非法集资犯罪事实,也可以由不同地方分别侦查诉讼,并以此为由拒绝受理其他地方移送的同一犯罪嫌疑人的相关案件材料。

在具体办案中,司法人员应当准确理解"三统两分"原则,"分别侦查起诉、分别落实维稳"适用于分案犯罪嫌疑人的处理,不适用于主案犯罪嫌疑人的处理。主案办案机关应当对主要犯罪嫌疑人涉嫌非法集资的全部犯罪事实,统一负责立案侦查、起诉、审判,防止遗漏犯罪事实;并应就全案处理政策、追诉主要犯罪嫌疑人的证据要求及诉讼时限、追赃挽损、资产处置等工作要求,向其他涉案地办案机关进行通报。其他涉案地办案机关应当对本地区犯罪嫌疑人的犯罪事实及时侦查、起诉、审判,积极协助主办地处置涉案资产发现主要犯罪嫌疑人遗漏犯罪事实的,应当及时通报移送主案办案机关。

3. 保护投资人的合法权益

互联网金融犯罪案件投资人诉求复杂多样,有的投资人对办案工作不理解、不支持,有的投资人之间意见观点相左,矛盾纠纷化解和维护稳定工作难度较大。特别是,追赃挽损工作直接影响当事人的合法权益。从当前办理的互联网金融犯罪案件看,追赃挽损工作面临两方面的困难:一是资金缺口巨大,客观上无法追回。由于平台对吸收资金的不当使用,大量资金用于支付运营成本、广告宣传、高额利息,部分资金被犯罪嫌疑人、被告人肆意挥霍,部分用于高风险投资,造成的资金缺口特别巨大,相当一部分资金已不具有追回的现实可能性。二是追赃挽损相关法律依据和制度机制不健全。刑事诉讼法等有关法律规定对追赃挽损的范围、措施以及资产处置的时间、方式等方面的规定不够完善,影响追赃挽损的力度和效率。如,我国刑事诉讼法只规定了证据保全,而没有规定财产保全,因此一些国家的刑事诉讼法规定了财产保全制度,即为了保障财产刑、附带民事赔偿、涉案财物追缴、没收等刑事判决财产内容具有可执行性而采取的一种保全措施,它属于刑事诉讼的一种保障措施。① 但我国刑事诉讼法只规定了证据保全,而没有规定财产保全,导致一些可用于赔偿集资参与人的财产无法通过强制性措施进行追缴,或者追缴时面临较大争议。如,非法集资案件的犯罪嫌疑人、被告人应当依法对集资参与人承担赔偿责任,在赔偿责任范围内其个人合法财产也应当用于赔偿,但刑事诉讼法没有明确规定司法机关可以对犯罪嫌疑人、被告人的非涉案财产查封、扣押、冻结,不利于赔偿工作的开展。又如,我国刑法第 36 条规定:"由于犯罪行为而使被害人遭受经济损失的,对犯罪分子除依法给予刑事处罚外,并应根据情况判处赔偿经济损失。承担民事赔偿责任的犯罪分子,同时被判处罚金,其财产不足以全部支付的,或者被判处没收财产的,应当先承担对被害人的民事赔偿责任。"但法院判决中,很少对被告人赔偿经济损失的范围作出明确的裁判,对赔偿责任如何执行也缺少具体的细则,导致这项工作开展并不顺利。

2008 年案发的美国麦道夫"庞氏骗局"案,确认有效债权 174.44 亿美元,经过长期不懈的民事追偿,到 2018 年 7 月 20 日,追回资产 132.74 亿美元,追偿比例达 63.904%,② 提供了许多可供借鉴的经验。提高追赃挽损工作的质量和效率,需要进一步厘清追赃挽损的对象、范围、手段。在对象方面,需要明确被告人之外,哪些人员应当承担赔偿责任,纳入追赃挽损的对象范围,如犯罪公司的其他高管和业务员、代言人、广告媒体、提供技术支持的公司等,同时对不同主体,根据公平原则、过错原则等,建立确定各类主体应承担赔偿责任范围的具体规则。在范围方面,首先需要明确可以涉案财物的范围,例如,借款人在网贷平台上的借款逾期未归还的是否作为赃款直接追缴?

---

① 吴光升:《刑事诉讼财产保全制度论要》,载《中国刑事法杂志》2016 年第 4 期。
② 齐思乐:《麦道夫案受害者十年不懈追偿 庞氏骗局风险处置何解》,载财新网,http://finance.caixin.com/2018-08-28/101319835.html 最后访问时间为 8 月 28 日。

其次应通过立法明确将相关赔偿主体在赔偿范围内的个人合法财物纳入追缴范围。在手段方式，应综合运用民事、行政和刑事手段。如，除了依法查封、扣押、冻结涉案财物之外，公安机关、检察机关可以通过诉讼保全的方式在立案侦查、审查起诉阶段对犯罪嫌疑人、被告人以及其他相关责任主体的财物采取诉讼保全措施；明确犯罪嫌疑人、被告人之外的其他主体赔偿责任的裁判、执行和救济方式。一些地方尝试通过委托第三方机构进行长期追缴，对第三方机构的法律地位和可采取的手段也应进一步明确。

四、互联网金融监管中的问题及对策建议

金融监管部门对互联网金融的认识不断深化、理念不断更新、规则不断完善。特别是互联网金融风险专项整治工作开展以来，有关部门和各地政府对P2P网络借贷、股权众筹、第三方支付、互联网保险、互联网资产管理、互联网金融广告营销等6个互联网金融领域集中持续开展整治，互联网金融存量风险总体大幅下降，增量风险得到一定管控。但是从当前的发案情况看，监管过程中依然存在一些问题，需要有针对性地加以解决。

（一）互联网金融监管存在的主要问题

1. 地方监管能力存在较大差异

由于主客观因素，有的地方对互联网金融、金融科技等新金融现象的认识不同。一些地方反映，同一省份不同地区对网贷行业的政策不同，网贷平台的发展就有明显差别，对网贷平台监管较松或者作为重要产业扶持的地区，"爆雷"案件就多。此外，还存在不同区域对同一平台监管政策不一致的情形，有的网贷平台分公司所在地已对分公司立案侦查，但总公司所在地出于各种考虑仍允许其正常经营。这种认识差异造成地方监管的疏漏、缺位，甚至被不法分子利用，形成监管套利。

2. 监管质量效果有待提升

网贷平台集中"爆雷"，不是因为风险突然放大，而是风险长期积累的结果。这在一定程度上说明对网贷平台日常经营中违规违法行为监管仍不到位，没有及时遏制违法违规风险，导致风险不断积累直至爆发。监管疏漏包括：一是对互联网金融机构公开信息研判不够，导致情况不清。互联网金融营销宣传、支付结算等活动都在网上开展，留下大量可供收集的信息，包括大量可供研判的异常信息。但从已发生的案件看，监管部门对网上运营的互联网金融机构数量和经营状况没有完全掌握，一些网贷平台长期违规经营直至"爆雷"才被发现。二是对互联网金融机构资金流转缺少有效监管。《网贷办法》等文件对互联网金融机构管理使用客户资金的规定十分严格，但实

际监管不到位。针对网贷平台的资金存管规定未能发挥有效作用,没有防止平台形成资金池违规运用资金,集中"爆雷"的网贷平台普遍存在自融或变相自融、直接或间接归集资金等问题。此外,对第三方支付平台监管不严,导致不规范的第三方支付平台成为非法互联网金融机构规避监管的渠道。三是对互联网金融活动广告营销监管力度不够。互联网金融机构为了吸引投资人,往往投入大量资金开展广告宣传。从广告内容看,许多网贷平台宣传内容片面、夸大,存在突出宣传平台年化收益、回避平台的信息中介身份、以极不显眼的方式提示风险等问题。宽松的金融营销广告环境,对非法金融活动高发起到推波助澜作用。

3. 互联网金融投资者权益保护机制不健全

一是信息披露制度不落实。融资主体通过互联网金融机构直接融资,类似于"直接金融",主要依靠信息披露解决投融资双方信息不对称的问题。在网络借贷领域,《网贷办法》对信息披露提出了要求,中国银监会办公厅《关于印发〈网络借贷信息中介机构业务活动信息披露指引〉的通知》中作了具体规定,但实际运行中,网贷平台普遍存在信息披露内容简单、流于形式等问题,相关案件暴露出这些平台普遍存在虚假信息披露,完全起不到辅助投资决策的作用。这些违规信息披露行为,都没有被及时处置。

二是非法金融活动投诉维权制度不健全。在打击非法金融活动时,由于各种因素制约,客观上存在重打击轻保护问题,因刑事报案和民事诉讼对集资参与人的利益影响不同,集资参与人往往选择先通过自力救济或者民事诉讼渠道解决,其次才选择举报、报案等方式。目前投诉举报渠道不统一,主要由各地各部门按照职责分别受理,各地各部门宣传力度不同,投诉举报便捷性有待加强,一些地方公安机关对群众报案有推诿现象,这些都容易导致案件错过最佳的处置时机。

三是金融法治宣传教育效果不佳。与互联网金融机构的广告宣传力度相比,金融法治宣传教育不够有力有效,流于口号、流于形式,没有起到根本改变金融消费者非理性投资心理的效果。各级各部门依靠自身力量开展法治宣传教育,普遍面临精力有限、经费不足、受众不广、持续性不强等问题,无法达到预期宣传效果。一些检察机关制作的防范金融犯罪动画短片等宣传资料在进社区、广场的公共显示屏、楼梯间、公交、地铁等公益平台时均会受到各种限制,凭借一己之力无法解决。

(二)防范化解互联网金融风险的对策建议

1. 全方位加强金融监管

一是依法规范金融创新。现行法律法规对金融活动资质、范围等已作出明确规定的，应严格按照法律规定确定监管职责，不能以创新为名突破法律。除法律法规明确授权外，任何地方政府不得颁发与金融业务有关的"牌照"，避免对社会公众产生误导。加快建立"监管沙盒"制度，在中央金融监管部门的监管下允许有条件的开展创新活动。

二是增强金融监管的及时性。互联网环境下，新的金融活动传播十分迅速，短时间内就可以积聚大量资金和风险。因此，对于各类金融创新活动，特别是面向公众的金融活动，必须建立应急反应机制，第一时间研判风险，采取有针对性的措施，避免对某项金融创新活动的定性长期悬而未决，致使风险叠加累积，实现风险的提早预警、防范和化解。

三是提高金融监管的科技水平。金融监管唯有走科技化道路才能适应金融科技的发展，只凭传统的事前监管、现场检查、事后处罚等手段，已难以有效应对互联网金融可能产生的各种道德风险。金融监管部门应当加强数据监测、研判，主动开展实时动态监管，及时处置违法违规行为，防止风险积聚。实现科技监管，前提是必须构建监管的大数据基础，这就有赖于打通部门间的信息壁垒，加强金融基础数据采集、研判能力，从而实现对异常工商注册、异常资金流转信息等违法违规经营密切相关信息的实时监控。

四是加大对金融活动营销广告监管力度。当前我国投资者的风险意识和法律意识，对金融营销广告必须严格监管。适当扩大金融营销广告的认定范围，对营销广告活动开展场所进行严格限定，如，对通过企业招牌、高铁动车飞机、形象代言人、研讨会、评奖活动、电视节目植入、楼宇场所等方式进行的营销广告开展全方位监管。严格监管金融营销广告的传播内容，制定正面清单，严禁超出正面清单范围进行宣传，明确规定风险提示的内容、分量（时间、字体、位置等），强化媒体平台、广告中介机构的审核责任，对违反规定的金融机构和媒体同步追责。优化监管职权配置，提高识别、应对违法违规营销广告的能力，确保各项规定执行到位。

2. 全面加大对金融消费者的教育保护力度

完善非法金融活动举报投诉机制，建立全国统一的金融消费者保护和非法金融活动举报投诉平台，统一电话号码、受理网站，方便群众反映情况。规范举报投诉线索的受理、审查和反馈机制，回应群众关切。加大非法金融活动举报奖励力度，引导鼓励群众积极举报非法集资行为。妥善处理非法金融活动涉及的刑民交叉问题，建立健全民事、行政、刑事衔接处置机制，保护金融消费者合法权益。建立统一、权威的对外宣传教育平台，及时发布犯罪预防和投资警示信息，使其成为具有强大社会影响力的官方法制宣传渠道。强化官方媒体平台的公益宣传责任，对从事金融活动、投放金融活动营销广告的平台，可以考虑要求其承担公益宣传义务。加强与微信、支付宝、微博等主流平台的合作,借助现代传播渠道加大预防宣传的覆盖面和影响力。

3. 规范发展金融科技,搭建民间资金融通渠道

加强监管,应采取疏堵结合的方式,让投资人有合法的投资渠道,最大限度压缩非法金融活动的生存空间。虽然当前金融科技等领域出现各种乱象,但仍应鼓励和引导真正致力于技术革新的企业发展金融科技,解决民营企业信用识别难、定价难、风险控制难等问题,为有信用、有前景的民营企业便捷地获得资金提供支持,也为投资人结合自身风险偏好理性投资提供帮助。这既能在一定程度上缓解民营企业融资难的问题,又能辅助投资人作出正确的投资决策。P2P网络借贷、网络股权众筹仍然是今后发展的方向,关键是要依法规范发展,不能偏离其职责定位。以网络借贷信息中介业务为例,尽管当前网络借贷信息中介出现许多问题,但网络借贷信息中介仍然是促进民间小额资金融通的最佳渠道,但需要通过完善规则、落实监管确保其回归信息中介本源,服务实体经济,防止产生异化:(1)授权信息机构获取融资主体信用相关信息,引导信息中介运用金融科技对融资主体信用进行评价,为投资者决策提供参考;(2)强化资金监管,参照证券交易有关经验,建立严格的第三方存管机制,从源头上防止信息中介机构建立资金池;(3)对网贷平台借款人实行强制信息披露制度,强化违规披露的法律责任、信息中介机构的审核责任和监管部门的监管责任;(4)建立债权债务催收制度,授权信息中介机构合法提供催收服务,保护投资者合法权益;(5)规范营销宣传内容,使投资者明确知晓其风险、收益均来自具体投资项目、而非来自信息中介,养成健康投资心理。当前,网络借贷行业鱼龙混杂,建议在存量风险基本处置完毕后,对网络借贷信息中介实行经营许可制度,并加强实时、动态监管。

(三)小结

由于监管的滞后,导致大量互联网金融领域的案件进入刑事程序。依法追究犯罪,可以在一定程度上震慑犯罪分子,但案件所造成的损失往往难以挽回,个人和社会都付出惨痛代价。因此,作为最后一道防线的刑事手段,在防控金融风险方面的功能总是有限的。互联网金融的风险一旦转化为现实危害,往往造成极其严重的后果,相比刑法的事后惩治,金融主管部门的事前、事中监管显得尤为重要。只有加强实时、动态监管,及时将违法违规行为遏制在萌芽状态,才能真正有效地防控风险,不让风险累积爆发。因此,不能过度寄希望于刑罚的震慑,而是需要更新互联网金融监管理念、明确标准、保证监管措施的有效执行。

五、互联网金融犯罪案例[①]

（一）周某某集资诈骗案[②]

1. 基本案情

被告人周某某，男，1982年2月出生，原系浙江省衢州市中宝投资有限公司（以下简称中宝投资公司）法定代表人。

2011年2月，被告人周某某注册成立中宝投资公司，担任法定代表人。公司上线运营"中宝投资"网络平台，借款人（发标人）在网络平台注册、缴纳会费后，可发布各种招标信息，吸引投资人投资。投资人在网络平台注册成为会员后可参与投标，通过银行汇款、支付宝、财付通等方式将投资款汇至周某某公布在网站上的8个其个人账户或第三方支付平台账户。借款人可直接从周某某处取得所融资金。项目完成后，借款人返还资金，周某某将收益给予投标人。

运行前期，周某某通过网络平台为13个借款人提供总金额约170万余元的融资服务，因部分借款人未能还清借款造成公司亏损。此后，周某某除用本人真实身份信息在公司网络平台注册2个会员外，自2011年5月至2013年12月陆续虚构34个借款人，并利用上述虚假身份自行发布大量虚假抵押标、宝石标等，以支付投资人约20%的年化收益率及额外奖励等为诱饵，向社会不特定公众募集资金。所募资金未进入公司账户，全部由周某某个人掌控和支配。除部分用于归还投资人到期的本金及收益外，其余主要用于购买房产、高档车辆、首饰等。这些资产绝大部分登记在周某某名下或供周某某个人使用。2011年5月至案发，周某某通过"中宝投资"网络平台累计向全国1586名不特定对象非法集资共计10.3亿余元，除支付本金及收益回报6.91亿余元外，尚有3.56亿余元无法归还。案发后，公安机关从周某某控制的银行账户内扣押现金1.80亿余元。

2014年7月15日，浙江省衢州市公安局以周某某涉嫌集资诈骗罪移送衢州市人民检察院审查起诉。

审查起诉阶段，衢州市人民检察院审查了全案卷宗，讯问了犯罪嫌疑人。针对该案犯罪行为涉及面广，众多集资参与人财产遭受损失的情况，检察机关充分听取了辩护人和部分集资参与人意见，进一步核实了非法集资金额，对扣

[①] 案例材料由浙江、上海、北京等地检察机关提供。

[②] 本案为最高人民检察院于2018年发布的指导性案例（检例第40号），案件材料均来自该案例。

押的房产等作出司法鉴定或价格评估。针对辩护人提出的非法证据排除申请，检察机关审查后发现，涉案证据存在以下瑕疵：公安机关向部分证人取证时存在取证地点不符合刑事诉讼法规定以及个别辨认笔录缺乏见证人等情况。为此，检察机关要求公安机关予以补正或作出合理解释。公安机关作出情况说明：证人从外地赶来，经证人本人同意，取证在宾馆进行。关于此项情况说明，检察机关审查后予以采信。对于缺乏见证人的个别辨认笔录，检察机关审查后予以排除。

2015年1月19日，浙江省衢州市人民检察院以周某某犯集资诈骗罪向浙江省衢州市中级人民法院提起公诉。6月25日，衢州市中级人民法院公开开庭审理本案。

法庭调查阶段，公诉人宣读起诉书指控被告人周某某以高息为诱饵，虚构借款人和借款用途，利用网络P2P形式，面向社会公众吸收资金，主要用于个人肆意挥霍，其行为构成集资诈骗罪。对于指控的犯罪事实，公诉人出示了四组证据予以证明：一是被告人周某某的立案情况及基本信息；二是中宝投资公司的发标、招投标情况及相关证人证言；三是集资情况的证据，包括银行交易清单，司法会计鉴定意见书等；四是集资款的去向，包括购买车辆、房产等物证及相关证人证言。

法庭辩论阶段，公诉人发表公诉意见：被告人周某某注册网络借贷信息平台，早期从事少量融资信息服务。在公司亏损、经营难以为继的情况下，虚构借款人和借款标的，以欺诈方式面向不特定投资人吸收资金，自建资金池。在公安机关立案查处时，虽暂可通过"拆东墙补西墙"的方式偿还部分旧债维持周转，但根据其所募资金主要用于还本付息和个人肆意挥霍，未投入生产经营，不可能产生利润回报的事实，可以判断其后续资金缺口势必不断扩大，无法归还所募全部资金，故可以认定其具有非法占有的目的，应以集资诈骗罪对其定罪处罚。

辩护人提出：一是周某某行为系单位行为；二是周某某一直在偿还集资款，主观上不具有非法占有集资款的故意；三是周某某利用互联网从事P2P借贷融资，不构成集资诈骗罪，构成非法吸收公众存款罪。

公诉人针对辩护意见进行答辩：第一，中宝投资公司是由被告人周某某控制的一人公司，不具有经营实体，不具备单位意志，集资款未纳入公司财务进行核算，而是由周某某一人掌控和支配，因此周某某的行为不构成单位犯罪。第二，周某某本人主观上认识到资金不足，少量投资赚取的收益不足以支付许诺的高额回报，没有将集资款用于生产经营活动，而是主要用于个人肆意挥霍，其主观上对集资款具有非法占有的目的。第三，P2P网络借贷，是指个人利用中介机构的网络平台,将自己的资金出借给资金短缺者的商业模式。根据《网贷办法》等监管规定,P2P 作为新兴金融业态,必须明确其信息中介性质,平台本身不得提供担保,不得归集资金搞资金池,不得非法吸收公众资金。周某某吸收资金建资金池,不属于合法的 P2P 网络借贷。非法吸收公众存款罪与集资诈骗罪的区别,关键在于行为人对吸收的资金是否具有非法占有的目的。利用网络平台发布虚假高利借款标募集资金,采取借新还旧的手段,短期内募集大量资金,不用于生产经营活动,或者用于生产经营活动与筹集资金规模明显不成比例,致使集资款不能返还的,是典型的利用网络中介平台实施集资诈骗行为。本案中,周某某采用编造虚假借款人、虚假投标项目等欺骗手段集资,所融资金未投入生产经营,大量集资款被个人肆意挥霍,具有明显的非法占有目的,其行为构成集资诈骗罪。

法庭经审理,认为公诉人出示的证据能够相互印证,予以确认。对周某某及其辩护人提出的不构成集资诈骗罪及本案属于单位犯罪的辩解、辩护意见,不予采纳。综合考虑犯罪事实和量刑情节,2015 年 8 月 14 日,浙江省衢州市中级人民法院作出一审判决,以集资诈骗罪判处被告人周某某有期徒刑 15 年,并处罚金人民币 50 万元。继续追缴违法所得,返还各集资参与人。

一审宣判后,浙江省衢州市人民检察院认为,被告人周某某非法集资 10.3 亿余元,属于刑法规定的集资诈骗数额特别巨大并且给人民利益造成特别重大损失的情形,依法应处无期徒刑或者死刑,并处没收财产,一审判决量刑过轻。2015 年 8 月 24 日,向浙江省高级人民法院提出抗诉。被告人周某某不服一审判决,提出上诉。其上诉理由是量刑畸重,应判处缓刑。

本案二审期间,2015 年 8 月 29 日,第十二届全国人大常委会第十六次会议审议通过了《中华人民共和国刑法修正案(九)》(以下简称《刑法修正案》(九)),删去刑法第 199 条关于犯集资诈骗罪"数额特别巨大并且给国家和人民利益造成特别重大损失的,处无期徒刑或者死刑,并处没收财产"的规定。刑法修正案(九)于 2015 年 11 月 1 日起施行。

浙江省高级人民法院经审理后认为,刑法修正案(九)取消了集资诈骗罪死刑的规定,根据从旧兼从轻原则,一审法院判处周某某有期徒刑 15 年,符合修订后的法律规定。上诉人周某某具有集资诈骗的主观故意及客观行为,原审定性准确。2016 年 4 月 29 日,二审法院作出裁定,维持原判。终审判决作出后,周某某及其父亲不服判决提出申诉,浙江省高级人民法院受理申诉并经审查后,认为原判事实清楚,证据确实充分,定性准确,量刑适当,于 2017 年 12 月 22 日驳回申诉,维持原裁判。

2. 案例解读

周某某集资诈骗案，是最高人民检察院发布的第十批指导性案例之一。案例的要旨和指导意义清晰地说明了集资诈骗罪中非法占有目的对定罪的重要作用和证明方法。该指导性案例的"要旨"部分明确指出："网络借贷信息中介机构或其控制人，利用网络借贷平台发布虚假信息，非法建立资金池募集资金，所得资金大部分未用于生产经营活动，主要用于借新还旧和个人挥霍，无法归还所募资金数额巨大，应认定为具有非法占有目的，以集资诈骗罪追究刑事责任。"同时在"指导意义"部分对集资诈骗罪的收集、组织、运用证据工作提出了明确要求："对该类犯罪，检察机关应着重从以下几个方面开展工作：一是强化证据审查。非法集资类案件由于参与人数多、涉及面广，受主客观因素影响，取证工作易出现瑕疵和问题。检察机关对重大复杂案件要及时介入侦查、引导取证。在审查案件中要强化对证据的审查，需要退回补充侦查或者自行补充侦查的，要及时退查或补查，建立起完整、牢固的证据锁链，夯实认定案件事实的证据基础。二是在法庭审理中要突出指控和证明犯罪的重点。要紧紧围绕集资诈骗罪构成要件，特别是行为人主观上具有非法占有目的、客观上以欺骗手段非法集资的事实梳理组合证据，运用完整的证据体系对认定犯罪的关键事实予以清晰证明。"这些论述与笔者对于非法占有目的证明方法的概括基本一致，对于检察机关办理集资诈骗犯罪案件具有重要的指导意义。作为指导性案例，其对非法占有目的的证明方法和证明标准，应当在其他案件中予以参照。没有特殊情况的，不能不参照执行。

除了指导性案例的"要旨"和"指导意义"所阐释的内容之外，周某某集资诈骗案对于指控集资诈骗罪中如何构建证据体系，也具有一定的参考借鉴意义，是前述非法占有目的的证明方法和证明标准的具体展开。对非法占有目的的认定，应当围绕融资项目真实性、资金去向、归还能力等事实、证据进行综合判断，对于被告人是否存在上述情形，还需要进一步从证据中挖掘出有效的信息，形成完整的证据链条。办案人员在办案过程中找到了若干与证明非法占有目的有关的关键事实证据：（1）公司在经营过程中出现亏损、经营难以为继。在此情形下，周某某开展借新还旧式的庞氏骗局，可以证明周某某在吸收公众存款的过程中，已经明显不具有"归还能力"，且对这一状态应当是明知的。（2）虚构借款人和借款标的。这方面的事实证据可以证明周某某的行为具有欺诈性。（3）募集资金主要用于还本付息和个人肆意挥霍，未投入生产经营，不可能产生利润回报。这是关于资金去向方面的证据，资金主要用于还本付息，实际上就是借新还旧的"庞氏骗局"，可以证明周某某不仅已经处于没有归还能力的状态，而且在运营过程中也不具有归还的可能性，并且结合其挥霍使用的事实证据，可以进一步证明周某某对所吸收资金是否能够归还持放任的态度。办案人员通过对公司经营状态、项目虚假性以及资金去向等方面事实证据的归纳梳理，形成了一个较为完整的证据体系，即周某某没有归还能力的情形下，以放任的态度使用吸收的资金，且不具有归还的现实可能性，证明周某某对资金是否能够归还投资人持有放纵的态度，把他人的钱归为己有与把他人的钱任意挥霍而不予归还，本质上是一致的，同样可以认定为具有非法占有的目的。对于集资诈骗案中的非法占有目的，不能拘泥于个别投资人的本息是否得到了归还，必须从整体参与非法集资的投资人是否全部能够得到归还，在其中一部分投资人不能得到归还是必然结果的情形下，就可以认定被告人具有非法占有目的。因此，被告人提出的"一直在偿还集资款"的辩解就不具有推翻前述认定的证明力。在具体办案过程中，就需要如同周某某集资诈骗案一样，从庞杂的证据中抽丝剥茧，寻找与证明非法占有目的有关的证据，并形成完整的证据体系，就可以有力地指控被告人具有非法占有目的。对非法占有目的的判断，应当基于证据进行综合判断，不能机械地套用司法解释。

（二）杨某某等人非法吸收公众存款案

1. 基本案情

被告人杨某某，男，1968年10月15日生，W集团有限公司法定代表人、实际控制人，进行决策、指挥管理集资活动。

被告人张某某，女，1984年07月22日生，W集团有限公司出纳。

被告人刘某某，女，1986年07月14日生，原上海W财富投资管理有限公司总经理。

被告人吴某某，女，1989年1月1日生，W集团有限公司清算中心经理。

2014年3月，W集团有限公司（以下简称"W集团"）在上海注册成立W财富投资管理有限公司（以下简称"W财富"），面向全国开展P2P网络借贷业务；同年11月27日，W集团在北京注册成立W普惠投资管理有限公司（以下简称"W普惠"）。W财富负责发展理财客户（出借人）吸收公众资金，W普惠负责发展信贷客户（借款人）。W财富通过线上和线下两个渠道进行公开宣传，向不特定公众吸收资金，并承诺年利率7%—15%不等的回报。线上渠道发展的理财客户在投资时，需要与W财富签定《出借咨询与服务合同》《出借代理协议》《F支付—W财富客户专用账户声明》，并通过第三方网络平台F支付（以下简称"F支付平台"）注册虚拟账户，然后将投资款通过网银转账等方式转入到F支付平台上的虚拟账户。随后，W集团清算中心（以下简称清算中心）为理财客户人工匹配贷款信贷客户，匹配成功后指令F支付平台将理财客户的投资款划拨至信贷客户处，至此理财客户与信贷客户之间形成借贷关系。清算中心对第三方支付平台上的理财、信贷客户资金具有划拨权限,当理财客户资金大于信贷客户需求时,当日闲置资金由清算中心划拨至 W 集团在 F 支付平台上开设的托管账户,并提现至杨某某个人银行账户。当线上资金不足以还本付息时,清算中心将杨某某个人银行账户中的资金充值到 F 支付平台上的托管账户用于还本付息。线下渠道发展的理财客户通过与杨某某个人签订债权转让等协议,以及重复使用线上信贷客户信息的方式来吸收资金,理财客户的投资款均直接转入杨某某本人注册用于公司业务的 42 个个人银行户,理财客户取得转让的债权。

截至 2016 年 4 月 20 日,W 集团非法吸收公众存款共计人民币 64 亿余元,其中通过 F 支付平台吸收公众存款 11 亿余元,未兑付资金 26 亿余元,涉及集资参与人 13400 余人。

2016 年 10 月 31 日,浙江省杭州市公安局江干区分局以 W 集团、杨某某等人涉嫌非法吸收公众存款罪移送杭州市江干区人民检察院审查起诉。

2017 年 2 月 15 日,杭州市江干区人民检察院以非法吸收公众存款罪对杨某某等 4 名被告人依法提起公诉(因 W 集团无诉讼代表人,依照刑事诉讼法有关规定未对 W 集团提起公诉,但以单位犯罪追究杨某某等人的刑事责任)。同年 7 月 12 日,杭州市江干区人民法院公开开庭审理本案。

法庭调查阶段,公诉人宣读起诉书指控 W 集团及被告人杨某某成立 W 财富、W 普惠等公司,以高息为诱饵,通过线上线下两种渠道向不特定公众吸收资金,其行为构成非法吸收公众存款罪。随后,公诉人对杨某某等被告人进行讯问。杨某某对 W 财富通过全国范围开设门店等线下渠道吸收资金,所吸收资金转入其 42 个个人银行账户的犯罪事实供认不讳,但辩称:W 财富的线上平台经营的是正常 P2P 业务,线上理财客户通过网银在第三方支付机构 F 支付平台上充值,每天五点后清算中心将理财客户资金予以冻结,并与 W 普惠发展的信贷客户的借款需求进行人工匹配并划款。当理财客户资金总额大于信贷客户借款总额时,匹配后的剩余资金划入杨某某在 F 支付平台开设的托管账户内,第二天匹配前再划回理财客户在 F 支付平台开设的账户内。线上的信贷客户均真实存在,由 W 普惠业务员招徕,经审核后在 F 支付平台开设账户,然后申请进行资金匹配,线上理财客户的资金均匹配给信贷客户,不存在资金池。针对杨某某的辩解,公诉人出示三组证据,证明其辩解不能成立:(1)证明 W 集团开展非法吸收公众存款业务的经营模式方面的证据;(2)证明 W 集团、杨某某归集资金设立资金池方面的证据;(3)证明 W 集团及杨某某吸收资金去向方面的证据。

法庭辩论阶段,公诉人发表公诉意见,结合在案证据,重点就 W 集团线上经营的 P2P 网络借贷中介业务实施了归集、控制、支配资金的行为构成非法吸收公众存款罪进行论证：（1）W 集团与线上理财客户签订协议时，要求理财客户授权 W 集团对 F 支付平台虚拟账户内的资金进行冻结、划拨和查询。（2）W 集团每日将理财客户和信贷客户的借贷需求以多对多的方式进行人工匹配，匹配成功后将归集的资金进行统一调配，未匹配的理财客户资金则归集到 W 集团在 F 支付平台上开设的托管账户，其中部分直接提现至杨某某的银行账户挪作他用，或流入线下平台，用作公司其他经营活动。审计报告证实，W 财富从 F 支付平台提现并转至杨某某个人银行卡的资金达 276,790,000元。（3）线上借贷业务存在长贷短借等期限错配情形，为按时向理财客户还本付息，W 集团将线下资金充值到 F 支付平台账户用于归还理财客户的本息，说明理财客户收取的本息并非直接来自与其签订借贷协议的信贷客户，而是来自于 W 集团。（4）W 财富与理财客户签署的出借代理协议中，承诺债务人不能按时还本付息时，由杨某某代为偿还本息并约定违约金，违规为理财客户的资金提供保底和增信服务。（5）案发前 W 集团资金链断裂，无法按时支付线上线下理财客户的本息，进一步印证线上理财客户的本息来源与其信贷客户不能对应的事实。以上事实证据充分证实，W 集团的线上业务，背离了网络借贷平台信息中介的定位，实施了归集支配资金、设立资金池的行为，属于变相吸收公众存款。W 集团及杨某某等人未经依法批准变相吸收公众存款，构成非法吸收公众存款罪。

辩护人提出：（1）国家对 P2P 业务规范是从 2016 年 4 月开始，W 集团设立资金池、开展自融行为的时间是在 2016 年 4 月之前，而国家对 P2P 业务进行规范则是从 2016 年 4 月开始，且国家有关政策鼓励先行先试进行创新，对被告人不应当追究刑事责任。通过线上渠道吸收的资金人民币 11.32 亿应当扣除。（2）杨某某主观上没有非法吸收公众存款的犯罪故意。（3）本案属民事调整范畴，不应受到刑事处罚。

公诉人针对辩护意见进行答辩：重点阐明 W 集团在线上开展网络借贷中介业务时，违规设立资金池并对理财客户资金进行直接控制使用，为理财客户提供保底和增信服务，信息中介异化为信用中介，其本质与银行吸收存款业务相同，并非国家鼓励的创新行为，本质上属于变相非法吸收公众存款，应当依法追究刑事责任，线上吸收的资金应当计入犯罪数额。

法庭经审理认为，W 集团以提供网络借贷信息中介服务为名，实际从事直接或间接归集资金、甚至自融或变相自融行为，本质是金融吸储业务，W 集团及 W 财富不具有商业银行金融机构从业资质，其行为违反了国家金融管理法律规定。我国现行刑事法律和金融管理法律法规对集资中涉及刑事处罚的内容都有明确规定，不存在 2016 年 4 月之前对符合刑事处罚的行为法无规定的情况。W 集团的行为已经扰乱金融秩序，侵犯国家金融管理制度，理应受刑事处罚。

2018 年 2 月 8 日，杭州市江干区人民法院作出一审判决，以非法吸收公众存款罪，分别判处被告人杨某某有期徒刑 9 年 6 个月，并处罚金人民币 50 万元；刘某某有期徒刑 4 年 6 个月，并处罚金人民币 10 万元；吴某某有期徒刑 3 年，缓刑 5 年，并处罚金人民币 10 万元；张某某有期徒刑 3 年，缓刑 5 年，并处罚金人民币 10 万元。宣判后，被告人杨某某提出上诉后又撤回上诉，一审判决已生效。

2. 案例解读

杨某某等人非法吸收公众存款案，主要特点是以 P2P 网络借贷为名设立资金池变相吸收公众存款，具有一定典型性和代表性，对办理 P2P 网络借贷集中暴雷案件具有指导意义。

网络借贷中介机构在开展 P2P 网络借贷中介业务时，通过第三方支付平台归集不特定公众的资金形成资金池，对资金池内的资金进行直接控制使用，出借人与借款人的债权债务关系与借贷资金实际流向不能对应，其本质是变相吸收公众存款，构成非法吸收公众存款罪。

近年来，P2P 网络借贷等互联网金融发展迅速，但部分所谓"互联网金融"突破法律规定的经营范围，实施了必须经过依法批准才能经营的金融业务，构成违法犯罪，应当承担相应的法律责任。办案人员要提高对各类新金融现象的认识能力，准确识别违法犯罪行为。首先，要运用实质判断方法，通过对法律关系、资金流向等各方面事实进行抽丝剥茧式的分析，准确认定涉案金融活动的行为实质，据此判断其法律性质，不能被事物的表象所迷惑。其次，要正确适用法律，凡是金融活动都应受到现行有效的金融管理法律规定的规范，依照法律规定需要经过批准才能实施的金融活动，任何单位和个人未经依法批准都不得实施。互联网金融等金融创新活动同样应当遵守。办案人员应根据涉案金融活动的行为实质和法律规定，依法对行为作出是否构成犯罪和构成何罪的判断。

P2P 网络借贷领域的非法集资案件中，网络借贷中介机构违法设立资金池、并对资金池内的资金进行直接控制使用，导致出借人与借贷人的债权债务关系与借贷资金的实际流向并不一致，是网络借贷中介机构非法吸收公众存款犯罪的典型特征。在这种经营模式下，资金池内的资金被网络借贷中介机构集中用于放款和还本付息，出借人与借款人之间的债权债务关系与借贷资金实际流向不能对应，其行为实质与商业银行依法开展的吸收存款业务没有区别。在单纯网络借贷信息中介模式下,借款人违约只会造成相应出借人无法按时收回本息,但设立资金池却会导致部分借款人的违约风险传导至整个资金池,一旦资金池的资金链断裂,就会发生兑付危机,对资金池内所有出借人造成风险。因此,上述行为不是合法的网络借贷信息中介业务,属于变相吸收公众存款,未经依法批准而实施的,可以认定为非法吸收公众存款。

检察机关指控网络借贷中介机构通过设立资金池的方式非法吸收公众存款,应围绕其经营模式和资金流转全过程收集、运用证据,构建证据体系,重点查证网络借贷中介机构实施的行为是否与银行吸收存款业务本质相同:(1)网络借贷中介机构的实际经营模式;(2)网络借贷中介机构是否以自有账户归集集资参与人资金;(3)网络借贷中介机构是否对资金池内资金进行控制、划拨、挪用、侵占;(4)网络借贷中介平台上出借人本息、借款人借款的实际来源、划拨过程,出借人与借款人资金流是否一一对应;(5)网络借贷中介机构是否存在其他违法违规使用资金池内资金行为。

(三)上海 R 公司等非法吸收公众存款案

1. 基本案情

被告单位上海 R 公司,法定代表人王某某。

被告人王某某,男,1971 年 2 月 16 日生,大专文化,系上海 R 公司法定代表人、总经理。

2013 年 11 月,上海 R 公司与湖南 X 房地产开发有限公司约定,由上海 R 公司为其某房地产开发项目融资,并按募集金额的 6% 收取融资服务费。

2013 年 11 月 27 日,上海 R 公司及其法定代表人王某某合伙成立"湘潭 R 基金"投资管理中心(有限合伙)(以下简称"湘潭 R 基金",系私募基金),后以委托理财公司推广、拨打电话、口口相传等方式向不特定公众宣传"湘潭 R 基金"的"私募基金项目"——某房地产开发项目,招揽不特定投资人入伙"湘潭 R 基金"成为有限合伙人,并向上述投资人承诺 10.5%—12% 保本付息的高额回报。2014 年 1 月至 2015 年 7 月,"湘潭 R 基金"通过委托贷款的方式将所募集的钱款出借给湖南 X 房地产开发有限公司用于某房地产开发项目。案发后经审计,上海 R 公司吸收投资款共计人民币 44,199,900.00 元,未兑付金额共计人民币 39,518,543.39 元。

2017 年 2 月 16 日上海市公安局虹口分局以被告人王某某涉嫌非法吸收公众存款罪移送上海市虹口区人民检察院审查起诉。同年 7 月 12 日,以涉嫌非法吸收公众存款罪补充移送审查起诉被告单位上海 R 公司。

审查起诉阶段,虹口区人民检察院的办案人员审查了全案卷宗,讯问了犯罪嫌疑人王某某。王某某提出如下辩解:第一,"湘潭 R 基金"系合法的私募基金项目；第二，其在成立"湘潭R基金"的时候咨询过律师，并且聘请律所对该基金进行了尽职调查并出具了法律意见书，因此其一直认为该基金是合法的；第三，在投资协议中约定的是"预期收益"，并未承诺到期还本付息。

针对上述辩解，虹口区人民检察院要求公安机关就以下问题进行补充侦查：第一，上海R公司是否进行了私募基金管理人登记，"湘潭R基金"这一基金项目是否有备案，以及相关登记备案的时间；第二，上海R公司历史经营情况以及犯罪嫌疑人王某某的专业背景、职业经历，证实被告单位及被告人是否应当知道其行为的违法性；第三，对投资人制作笔录，同时查询相关还本付息的账户明细，证实上海R公司是否实际定期支付利息和到期支付本金。与此同时，针对该案涉及私募基金与非法吸收公众存款交叉、涉案金额巨大、投资人财产遭受严重损失等情况，检察机关的办案人员听取了辩护人和集资参与人的意见，进一步调取了相关证据、区分了犯罪阶段、调查了资金去向。

2017年8月7日，虹口区人民检察院以涉嫌非法吸收公众存款罪对上海R公司、王某某提起公诉。8月21日，虹口区人民法院依法公开开庭审理本案。

法庭调查阶段，公诉人宣读起诉书指控上海R公司与王某某在成立"湘潭R基金"后，通过委托理财公司推广、拨打电话、口口相传等方式招揽不特定投资人入伙"湘潭R基金"，并承诺10.5%—12%保本付息的高额回报，其行为构成非法吸收公众存款罪。对于指控的犯罪事实，公诉人出示了四组证据予以证明：一是本案的案发情况及被告单位、被告人的到案经过；二是上海R公司的工商登记材料和私募基金备案表等书证，证实上海R公司的经营范围及其不具备公开募集资金资质的情况；三是调取的投资协议及证人证言，证实上海R公司公开向不特定公众宣传其投资项目，以承诺一定期限还本付息的方式招揽不特定公众入伙"湘潭R基金"的情况；四是调取的相关贷款协议以及银行流水、司法鉴定意见书等证据，证实上海R公司吸收投资款后的资金去向。

法庭辩论阶段，公诉人发表公诉意见：上海R公司未经国家有关主管部门批准，假借投资私募基金名义，以承诺在一定期限内归还本金和支付高额利息为诱饵，向社会公众吸收资金，其行为构成非法吸收公众存款罪。第一，上海R公司募集资金的行为具有违法性。虽然上海R公司于2014年获得了基金管理人登记证书，并将"湘潭R基金"在网上做了基金备案，但其不具有公开募集资金的资格，只能在法律规定的范围内从事私募业务。第二，上海R公司募集资金的行为已经超越了私募范畴，具有公开性和不特定性。（1）上海R公司系通过委托理财公司推广、拨打电话、口口相传等方式向社会公众公开宣传"湘潭R基金"的某项目。虽然在募集初期其仅对单位内部员工及朋友做了宣传，但其后期的委托理财公司推广、拨打电话、口口相传等传播方式已使得该私募基金项目的信息能在公众间广泛传递。（2）《私募投资基金监督管理暂行办法》规定，私募基金应当向合格投资者募集。合格投资者是具备相应风险识别能力和风险承担能力，投资于单只私募基金的金额不低于100万且资产符合一定标准的单位和个人。上海R公司对投资人是否具备相应风险识别能力和风险承担能力的资质不进行审查，且将单个投资份额设为50—100万元，违反了上述规定。第三，上海R公司募集资金的行为具有利诱性。证人证言及提供的投资协议等书证均能证实上海R公司在招揽投资人入伙"湘潭R基金"的过程中允诺了到期还本以及支付年化10.5%到12%的高额回报。虽然被告人王某某辩解称其相关协议中约定的是"预期收益"而非确定收益，但投资人提供的银行流水可以证实上海R公司按照投资协议定期向投资人支付利息的情况。投资协议中所谓的"预期收益"实质是固定收益。

辩护人提出：第一，上海R公司系合法的私募基金，上海R公司具有基金管理人登记证书，"湘潭R基金"已作为私募基金在网上进行了登记，上海R公司为"湘潭R基金"这一私募基金项目提供了完备的风控保障。第二，"湘潭R基金"这一私募基金项目有律师事务所作出的尽职调查报告来论证其合法性，被告单位和被告人无法认识到该项目的违法性，因此不具有非法吸收公众存款的主观故意。第三，本案部分投资人系单位员工，且其单笔投资额在100万元以上，系私募基金中的合格投资者，其投资金额应当在犯罪数额中予以扣除。第四，所吸收存款用于正常的生产经营活动，被告单位、被告人为初犯、偶犯，且积极认罪悔罪，退还部分资金，应对其从轻、减轻处罚。

公诉人针对辩护意见进行答辩：第一，关于本案是否属于私募基金的问题。私募基金应当以非公开方式向合格投资者募集，私募基金不得向投资者承诺投资本金不受损失或承诺最低收益。本案中上海R公司的行为超越了私募基金募集资金的合法边界，其行为实质是非法吸收公众存款。（1）私募基金必须以符合特定条件的非公开发行方式募集，不能向一般公众公开发行。根据《证券投资基金法》《私募投资基金监督管理暂行办法》等规定，非公开募集基金，不得通过报刊、电台、电视台、互联网等公众传播媒体或者讲座、报告会、分析会等方式向不特定对象宣传推介。本案中，被告人王某某在上海R公司官网、个人博客、财经类网站发布招募私募基金合伙人的广告，通过理财中介招募投资人，资金的募集方式不符合私募基金的要求。（2）私募基金管理人、私募基金销售机构不得向合格投资者之外的单位和个人募集资金。私募基金的合格投资人是指投资于单只私募基金的金额不低于100万元且符合一定资产标准的单位和个人。但本案中，被告单位和被告人对投资人的资质不加审核,只要有资金就来者不拒,更有部分投资人是六七十岁没有风险承受能力的老年人,不符合合格投资人的标准。(3)私募基金不得承诺收益。《私募投资基金监督管理暂行办法》明确禁止募集机构及其从业人员推介私募基金时,以任何方式承诺投资者资金不受损失,或者以任何方式承诺投资者最低收益,包括宣传"预期收益""预计收益""预测投资业绩"等相关内容以及夸大或者片面推介基金,违规使用"安全""保证""承诺"等可能误导投资人进行风险判断的措辞。本案中,上海R公司与投资人签订的《合伙协议》上未约定投资风险,但体现出约定固定年化收益、按月付息和到期还本等内容,属于还本付息的存款性质,而非无固定收益的私募基金。第二,关于本案的犯罪金额问题。上海R公司募集资金的行为分为两个阶段。第一个阶段是向内部人员、朋友募集资金的阶段。这个阶段不具有募集资金的公开性和社会性。根据最高人民法院《关于审理非法集资刑事案件具体应用法律若干问题的解释》规定,未向社会公开宣传,在亲友或者单位内部针对特定对象吸收资金的,不属于非法吸收或者变相吸收公众存款。因此,在犯罪金额中扣除该阶段吸收的资金。第二个阶段是上海R公司向社会公众公开宣传后向社会公众吸收资金。这一阶段不论吸收资金的对象是一般公众还是单位内部人员,均应视为社会不特定对象,向上述人员吸收的资金都属于本案犯罪金额。因此,对该阶段吸收的资金应计入犯罪数额。第三,关于减轻、从轻处罚情节的问题。根据我国刑法及关于非法吸收公众存款罪相关司法解释规定,初犯、偶犯情节以及退赔情况、资金是否用于正常经营活动等情节,皆不属于法定从轻、减轻处罚的情节,而是酌定从轻处罚情节,对该部分情节提请法庭在量刑时予以考量。案发后,被告单位与被告人并未实际退赔投资款,辩护人所提及的所谓退赔款,是集资参与人在投资期间获得的部分利息或者收益,并且所占比重较小,不足以填补投资损失。

法庭经审理认为,公诉人出示的证据能够相互印证,上海R公司和王某某构成非法吸收公众存款罪。2017年9月20日,上海市虹口区人民法院作出一审判决,以非法吸收公众存款罪判处被告单位上海R公司罚金人民币10万元;以非法吸收公众存款罪判处被告人王某某有期徒刑4年,并处罚金人民币5万元。对非法吸收的公众存款予以追缴。

一审宣判后,上海R公司和王某某均不服一审判决,提出上诉。上海R公司认为本案系由私募基金在资金募集过程中触犯刑法引起的案件,情节较轻,原审量刑过重。王某某认为部分投资人系合格投资人,其所有投资金额均应从犯罪数额中扣除,且量刑过重。

2017年11月8日,上海市第二中级法院作出裁定,驳回上诉,维持原判。

2. 案例解读

上海 R 公司、王某某非法吸收公众存款案是依法批准设立的私募基金以私募投资为名变相吸收公众存款，是具有较强欺骗性的非法集资典型案件，对于准确认识合法机构变相实施非法吸收公众存款行为具有指导意义。一是依法登记备案的私募基金超越私募基金的经营范围，未经有关部门依法批准向不特定社会公众吸收资金，并承诺还本付息的，构成非法吸收公众存款罪。二是私募基金以公开宣传的方式就同一项目同时向合格投资人、单位内部人员和其他不特定公众吸收资金，并承诺还本付息的，应以吸收的全部数额作为非法吸收公众存款的犯罪数额。私募基金以非公开方式募集资金的，不构成非法吸收公众存款罪；只向单位内部人员募集资金的，一般不作为犯罪处理。

金融是现代经济的核心，在经济发展和社会生活中具有重要的地位和作用。近年来我国金融业发展迅速，金融机构、金融产品、金融市场日益多元化，但同时也出现了一些金融乱象，有的无任何资质的机构以"金融创新"为名非法从事金融活动，有的金融机构超越经营范围非法开展金融活动，具有很强的隐蔽性、欺骗性和危害性。本案属于后一种情形。私募是以非公开方式向投资者募集资金的一种金融活动，依法设立的私募基金募集资金的方式、对象、回报方式等受到严格限制。本案被告单位和被告人名义上吸收投资人投资私募基金项目，实际上突破了法律法规对私募基金作出的"非公开方式""合格投资者""不得承诺收益"等一系列限制性要求，符合非法吸收公众存款的构成要件。

对新类型金融犯罪案件，办案人员要提高正确判断的能力，掌握正确识别违法犯罪的方法，准确判断涉案金融活动的性质。涉案金融活动不论以何名义呈现，办案人员应当全面分析行为过程，准确认识行为本质，不能被其表象所欺骗。在适用法律时，应根据其实行行为的性质确定所适用的法律。对依法设立的金融机构实施的特定金融行为，首先要根据该特定金融行为相关管理规定，确定该行为是否符合法律规定、是否超越依法批准的经营范围；如果不符合特定金融行为的相关规定、超越依法批准的经营范围，实施必须经过依法批准才能实施的吸收公众存款等金融活动的，就要按照其行为实质适用相应的法律规定。例如，对私募基金的涉案行为，先要根据私募基金有关规定判断其是否属于合法的私募基金业务；如果该行为明显超越私募基金业务范围，符合吸收公众存款的实质的，就要根据《商业银行法》《取缔办法》作出法律性质认定。

金融犯罪手段不断翻新，极易影响投资人作出正确识别判断。为更好地保护人民群众的合法权益，公诉人在指控犯罪时，应依照现行有效的金融管理法律规定揭示犯罪行为的本质,驳斥无理辩解,开展法庭教育。同时要结合办理新类型案件,加强释法说理和法治宣传教育工作,揭露金融犯罪的欺骗性手段,教育引导投资人增强风险意识和法律意识,提高识别违法犯罪的能力,理性作出投资决策,最大限度减少金融犯罪的发生。

(4) 杨某某等人非法吸收公众存款案

1. 基本案情

被告人杨某某,男,1971年9月25日出生,原系北京S投资基金管理有限公司(以下简称S公司)董事长。

被告人杨某某等人于2013年7月11日起成立S公司,后又成立PS公司等多家公司以及在上海、山东、辽宁等十几个省市设立分公司用以募集资金。被告人杨某等人假借P2P(债权转让)的模式,通过讲座、亲友间"口口相传"等方式公开宣传,与投资人签订《个人出借与咨询服务协议》,许以年化9%—14%的收益率,非法吸收资金。

S公司分为财富端和贷款端,由贷款端负责寻找有资金需求的人,由风控部审核通过后,借用公司员工陈某甲、陈某乙等多名个人名义向外放贷形成债权,主要有车抵贷、房抵贷、无抵押信用贷三部分。客服部将上述债权进行拆分匹配后形成债权列表。财富端负责找线下投资人,与投资人签订《个人出借与咨询服务协议》《债权转让协议》,约定将陈某甲等人债权分割后转让至投资人,封闭期3—12个月不等,期限届满后由S公司再行协助转让,收益率10%左右。

经统计,全部涉案金额39亿余元,现北京地区报案4000余人,12亿余元。公安机关查扣9处房产、4000余万元债权在案。S公司组织严密人员众多,包括综合部门及各层级销售部门多名涉案人。2015年公司员工多达4000余人,仅销售人员即3500余人。目前已有涉案100余名嫌疑人移送审查起诉,检察机关已将杨某某等56人起诉至法院。

2. 案例解读

杨某某等人非法吸收公众存款案,体现了在处理涉案犯罪嫌疑人众多的非法集资案件过程中,严格贯彻落实"当宽则宽,当严则严,宽严相济"刑事政策要求,通过适用认罪认罚从宽制度,分化瓦解非法集资犯罪集团,最大限度地追赃挽损,化解社会矛盾,最终实现法律效果、社会效果和政治效果的统一。

开展非法集资类案件认罪认罚从宽制度实践探索,应该着重注意以下两个方面:一是实体上确立标准。对不同层级的犯罪嫌疑人进行认罪认罚教育,鼓励积极退赃退赔,对于投资项目真实且认罪悔罪,能够全部退赔投资人损失的犯罪嫌疑人，或者不是案件首犯、重要高管、资金使用人的嫌疑人，能够及时将所得款项如数退还的，依法、审慎的在辩护人参与下开展逮捕必要性、羁押必要性、提起公诉必要性审查，采取变更羁押措施、不捕、不诉以及提出更大程度量刑激励等措施。二是程序上规范操作。案件较多的检察机关应结合办案实践专门拟定《办案指引》规范，重点突出案件的办理特点，规定更为细化的适用条件、不适用情形、值班律师制度以及审查逮捕、审查起诉等各阶段的具体适用规则，全面指引此类案件认罪认罚从宽处理工作的进行。

(5) "Z系"公司非法吸收公众存款案

1. 基本案情

【案例一】黄某甲非法吸收公众存款案

被告人黄某甲，男，1984年8月10日出生，原系Z资产管理（上海）有限公司W分公司客户44部经理。

Z资产管理（上海）有限公司（以下简称：Z资产公司）于2013年2月16日成立，系G投资控股（集团）有限公司（以下简称：G集团公司）旗下的融资平台，通过投放巨额广告、冠名热门电视节目、聘请体育明星作形象代言人等各种方式，公开宣传G集团公司、Z系公司和"Z合伙人"的品牌形象，扩大公司的知名度和影响力，又通过大量招募业务员，许以高额的佣金和员工福利，要求业务员对外推销公司相继推出的"内部借款""共同资管集合理财计划""Z合伙人股权投资（基金）""永久合伙人""黄金租赁"等多款理财产品，设定活期、定期等不同的投资期限，向社会公众承诺4%—400%不等的固定年化收益率，以及到期还本付息的收益回报，吸引社会公众以存款方式进行投资。

被告人黄某甲于2013年5月进入Z资产公司，先后担任业务员、44部经理。任职期间，其通过本人或者带领下属业务团队，借助公司的媒体宣传，并采用口口相传、发布小广告等方式，向社会公众销售公司推出的各种理财产品，以高额利息回报和还本付息为诱饵，与投资人签订《内部借款合同》《共同资管集合理财计划》《Z合伙人股权投资（基金）申购服务协议》《个人实物黄金租赁协议》等格式合同，所募集的资金均转入公司指定账户，统一归公司支配使用。经审计，2013年5月至2016年4月期间，被告人黄某甲共向60余人非法募集资金2.1亿余元，截至案发，未兑付本金20人，损失金额1200余万元，其个人在任职期间共获得佣金和补贴400余万元。案发后，被告人黄某甲的家属为其退缴了全部非法所得。

2015年12月14日，上海市公安局对G集团公司及其下属的"Z系"公司涉嫌非法吸收公众存款案立案侦查。上海市公安局黄浦分局于2016年4月

5 日对 Z 资产公司外滩分公司涉嫌非法吸收公众存款案立案侦查。2016 年 10 月 12 日上海市公安局黄浦分局以黄某甲涉嫌非法吸收公众存款罪移送黄浦区人民检察院审查起诉。

审查起诉阶段，黄浦区人民检察院审查了全案卷宗，讯问了犯罪嫌疑人。针对该案犯罪行为涉及面广，众多集资参与人财产遭受损失的情况，检察机关充分听取了辩护人和部分集资参与人意见，比对了公司后台的电子数据和司法审计材料，进一步核实了非法集资金额。检察机关审查后发现，被告人黄某甲在任职期间，一共向 60 余人非法募集资金 2.1 亿余元，截至案发，未兑付本金 20 人，损失金额达到 1200 余万元，其在任职期间共获得 400 余万元的佣金和补贴。但在案发后，被告人黄某甲认罪悔罪态度较好，积极退赃止损，在家属的帮助下退出了全部非法所得，并且在看守所羁押期间，发现并阻止同监室人员的自杀行为，成功制止了一起监室重大安全事故的发生，对监管场所的安全起到了重大作用。因此，对于被告人及其辩护人提出的取保候审申请，承办人综合考虑被告人的犯罪事实、认罪悔罪表现等方面，同意对黄某甲变更强制措施转为取保候审。

法庭审理阶段，公诉人在发表公诉意见时指出，"Z 系"公司非法集资案件系单位犯罪，被告人黄某甲作为 Z 资产公司的其他直接责任人员，为公司非法吸收公众存款，扰乱金融秩序，数额巨大，构成非法吸收公众存款罪，综合考虑其量刑情节，对其提出有期徒刑 3 年，并可以适用缓刑的量刑建议。

该量刑建议主要是基于以下几点考量。第一，被告人在该共同犯罪中起次要作用，系从犯，应当从轻或者减轻处罚。第二，该单位犯罪构成自首，则被告人到案后如实供述犯罪事实的，系自首，可以从轻处罚。第三，被告人在审查起诉阶段有全额退赃表现，挽回了投资人的部分损失，应当减轻处罚。第四，被告人在看守所羁押期间，有成功制止监室重大安全事故发生的行为，可以酌情从轻处罚。

法庭经审理，认为公诉人出示的证据能够相互印证，予以确认，并对公诉人的量刑建议予以采纳，判处被告人黄某甲有期徒刑 3 年，缓刑 3 年。

【案例二】张某甲非法吸收公众存款案

犯罪嫌疑人张某甲，男，1984 年 10 月 15 日出生，原系 Z 资产管理（上海）有限公司外滩分公司客户 42 部副经理。

Z 资产管理（上海）有限公司（以下简称：Z 资产公司）于 2013 年 2 月 16 日成立，系 G 投资控股（集团）有限公司（以下简称：G 集团公司）旗下的融资平台，通过投放巨额广告、冠名热门电视节目、聘请体育明星作形象代言人等各种方式，公开宣传 G 集团公司、Z 系公司和"Z 合伙人"的品牌形象,扩大公司的知名度和影响力,又通过大量招募业务员,许以高额的佣金和员工福利,要求业务员对外推销公司相继推出的"内部借款""共同资管集合理财计划""Z合伙人股权投资(基金)""永久合伙人""黄金租赁"等多款理财产品,设定活期、定期等不同的投资期限,向社会公众承诺4%—400%不等的固定年化收益率,以及到期还本付息的收益回报,吸引社会公众以存款方式进行投资。

犯罪嫌疑人张某甲于2014年5月进入Z资产公司,先后担任业务员、部副经理。任职期间,其通过本人或者带领下属业务团队,借助公司的媒体宣传,并采用口口相传、发布小广告等方式,向社会公众销售公司推出的各种理财产品,以高额利息回报和还本付息为诱饵,与投资人签订《内部借款合同》《共同资管集合理财计划》《Z合伙人股权投资(基金)申购服务协议》《个人实物黄金租赁协议》等格式合同,所募集的资金均转入公司指定账户,统一归公司支配使用。经审计,2014年5月至2016年2月期间,犯罪嫌疑人张某甲共向8人非法募集资金总额1950万余元,其中,向朱某某、王某甲、张某乙等亲戚募集资金1855万余元,向陈某某、杨某某、韩某某、王某乙、蔡某某等5人募集资金95万元。截至案发,未兑付本金6人,损失金额人民币4万余元。案发后,犯罪嫌疑人张某甲如实交代上述犯罪事实,并且在审查起诉阶段退缴了10万元非法所得。

2015年12月14日,上海市公安局经侦总队对G集团公司及其下属的"Z系"公司涉嫌非法吸收公众存款案立案侦查。经市局经侦总队统一指挥和部署,上海市公安局黄浦分局于2016年4月5日对Z资产公司外滩分公司涉嫌非法吸收公众存款案立案侦查。2017年5月5日上海市公安局黄浦分局以张某甲涉嫌非法吸收公众存款罪移送黄浦区人民检察院审查起诉。

审查起诉阶段,黄浦区人民检察院审查了全案卷宗,讯问了犯罪嫌疑人。针对该案犯罪行为涉及面广,众多集资参与人财产遭受损失的情况,检察机关充分听取了犯罪嫌疑人和部分集资参与人意见,比对了公司后台的电子数据和司法审计材料,进一步核实了非法集资金额。检察机关审查后发现,犯罪嫌疑人张某甲在任职期间,一共向11人非法吸收存款4700余万元,经查证,其中包括张某甲的父亲张某丙、母亲黄某乙和姐姐张某丁3人,合计金额2700余万元,应当予以扣除,故犯罪嫌疑人张某甲的犯罪金额应为1950余万元,非吸人数为8人。而在这8人中,还有3人为张某甲的亲戚,虽然不属于近亲属范畴,不能从犯罪金额中扣除,但是可以反映出犯罪嫌疑人募集资金所面向社会公众的范围相对较小,除去亲属投资外仅造成5人经济损失4万余元,犯罪情节较轻,并且犯罪嫌疑人已经退缴10万元非法所得,挽回了部分投资人的损失。

黄浦区人民检察院基于以下几点考量，最终对犯罪嫌疑人张某甲作出不起诉决定。第一，犯罪嫌疑人在该共同犯罪中起次要作用，系从犯，应当从轻、减轻处罚或者免除处罚。第二，该单位犯罪构成自首，则被告人到案后如实供述犯罪事实的，系自首，可以从轻处罚。第三，被告人在审查起诉阶段有退赃表现，挽回了投资人的部分损失，应当减轻处罚。第四，在张某甲的犯罪事实认定中，应当注意到其募集资金所面向社会公众的范围相对较小，人数较少，尤其是在现有的犯罪金额认定中，主要的投资金额来源于其亲戚，并且仅造成5人经济损失4万余元，对其他社会公众造成的损失相对较小，犯罪情节较轻。综上所述，基于宽严相济的刑事政策，决定对犯罪嫌疑人张某甲不起诉。

2. 案例解读

涉众型非法集资案件涉案人数众多、犯罪金额巨大，严重损害人民群众的合法权益，影响社会稳定。检察机关在依法严厉打击非法集资犯罪，维护金融安全和社会稳定过程中，需要贯彻落实好宽严相济的刑事政策，根据犯罪的具体情况，实行区别对待，做到宽严相济、罚当其罪。黄某甲非法吸收公众存款案、张某甲非法吸收公众存款案，对于涉案人数众多非法集资类案件中，如何贯彻落实好宽严相济的刑事政策，实行区别对待，认罪认罚从宽具有指导意义。

对于非法集资类犯罪中涉及的不同角色的被告人，应根据其参与犯罪的全部事实情节综合认定，区别对待：一是对于非法集资类犯罪中，级别较高的、参与非法集资行为的设计、决策的公司管理层人员，应当认定为主犯，从严惩处，有效震慑犯罪分子、遏制犯罪发生。二是对于级别较低、不参与公司决策、仅仅根据上级指令具体实施募集资金行为的下层业务人员，应当认定为从犯，可以从轻处罚。对于其中认罪悔罪态度较好，有积极退赃、挽回损失等表现的被告人，可以适用缓刑或者管制、单处罚金等非监禁刑，依法从宽处理，加强教育、挽救，情节较轻的可以免予刑事处罚。

由于Z资产公司是G集团公司旗下的融资平台，其推出的各种理财产品和对外非法集资的行为，均是由G集团公司设计、决定，所募集的资金也是由G集团公司控制、支配，故"Z系"非法集资案件的犯罪主体应为G集团公司。案例一中被告人黄某甲在该单位犯罪案件中，作为具体实施非法募集资金行为的人员，属于"在单位犯罪中具体实施犯罪并起较大作用的人员"，应当认定为其他直接责任人员。虽然被告人的犯罪金额较高，但他在单位犯罪中所处的层级较低，且认罪悔罪态度较好，具有自首情节，案发后及时退缴了全部非法所得400余万元，故在审查起诉阶段为其变更了强制措施由逮捕转为取保候审,并在法庭审理阶段公诉人给予其适用缓刑的量刑建议。案例二中犯罪嫌疑人张某甲在该单位犯罪案件中,作为具体实施非法募集资金行为的人员,属于"在单位犯罪中具体实施犯罪并起较大作用的人员",应当认定为其他直接责任人员。虽然犯罪嫌疑人的犯罪金额达到 1950 余万元,但绝大部分投资均来自其亲戚,仅造成其余 5 名社会公众的损失共计 4 万余元,社会危害性较小,且犯罪嫌疑人认罪悔罪态度较好,具有自首、从犯等情节,案发后及时退缴了 10 万元非法所得,故检察机关经审查后对其作出不起诉决定,以体现宽严相济的刑事政策。

(六)朱某某等人非法吸收公众存款案

1. 基本案情

被告人朱某某,男,1985 年 12 月 15 日出生,原系北京 J 科贸有限公司(以下简称"J 公司")法定代表人兼执行董事、股东。

被告人徐某某,男,1957 年 4 月 17 日出生,原系 J 公司董事长、原股东。

被告人肖某某,男,1971 年 3 月 25 日出生,原系 J 公司总裁。

被告人张某某,男,1980 年 10 月 18 日出生,原系 J 公司原法定代表人、总经理、股东。

被告人刘某甲,男,1984 年 8 月 11 日出生,原系 J 公司原副总经理。

被告人倪某某,男,1965 年 4 月 18 日出生,原系 J 公司执行总经理(CEO)。

被告人邢某某,男,1961 年 11 月 15 日出生,原系 J 公司培训部顾问。

被告人尹某某,男,1980 年 1 月 17 日出生,原系 J 公司客服部总监。

被告人刘某乙,女,1960 年 10 月 15 日出生,原系 J 公司财务总监。

被告人汤某某,女,1981 年 8 月 11 日出生,原系 J 公司市场部总监。

被告人张某某,女,1986 年 4 月 22 日出生,原系 J 公司审核部经理。

被告人郭某某,男,1984 年 11 月 29 日出生,原系 J 公司呼叫中心经理。

被告人李某甲,女,1958 年 11 月 6 日出生,原系 J 公司石景山服务中心总经理。

被不起诉人 35 人。

2009 年 12 月至 2012 年 5 月,被告人朱某某、徐某某先后伙同被告人张某某、刘某某、肖某某,并纠集被告人倪某某、邢某某、尹某某、刘某乙、汤某某、张某某、郭某某、李某甲等人,以 J 公司为平台,假借销售商品之名,通过网络宣传、推介会等途径,向社会公开宣传"联合加盟方案",通过宣讲 J 公司以往公司业绩、模拟营业额增长比例等方式,误导社会公众相信加盟 J 公司后,可通过领取运营补贴、招商补贴、顾问费、精英奖、排名奖等方式获取高额回报,变相非法吸收公众存款人民币 26 亿余元。

在实施非法吸收公众存款期间，J公司形成了较为明确的部门分工：（1）客服总监尹某某负责客服部、签约部、呼叫中心及检测中心，由肖某某分管。呼叫中心负责客户电话咨询及投诉处理，客服部负责接待公司来访客户，检测中心为客户做虹膜检测等医疗服务并推销产品，签约部负责与客户签署加盟合约。（2）市场总监汤某某负责培训部、企划部、会务部及市场拓展部，由肖某某分管。企划部负责公司形象维护，为加盟课件润色，培训部负责对客户进行加盟内容的讲解，会务部专门为培训部组织推介会，市场拓展部负责与外地服务中心的联系。（3）财务总监刘某乙负责财务部、审核部及结算部，整体工作由徐某某分管。其中审核部负责签约客户的电子录入，结算部负责客户返利金额的计算，财务部负责加盟资金的收支，每月给加盟商和服务专员的奖励等计算及审核均由朱某某直接分管。（4）运营总监李某乙负责物流部、产品认证部，由肖某某分管。物流部负责给加盟商运送货物，产品认证部负责产品定价。（5）行政总监钱某某负责行政部、人事部、物业部及保卫部，由倪某某分管，主要负责公司后勤保障、人员管理等。另外，公司培训总监邢某某负责对培训部讲师的授课技巧进行培训，同时负责对人数较多或较重要的顾客进行授课；公司高级讲师李某丙负责对人数较多或较重要的顾客进行授课以及赴外地对加盟商进行授课，授课内容偏重于经济学理论。

2012年8月26日，北京市公安局朝阳区分局以涉嫌非法吸收公众存款罪，对朱某某等48名犯罪嫌疑人移送朝阳区人民检察院审查起诉；因案件重大、疑难、复杂，同年11月16日，北京市人民检察院将本案指定市检察院第二分院审查起诉。

审查起诉阶段，鉴于公安机关移送的犯罪嫌疑人数量较多，在公司中的地位、作用各不相同，为了准确认定各犯罪嫌疑人的地位、作用及责任轻重。检察机关结合在案证据，从以下方面对犯罪嫌疑人进行的梳理：第一，根据犯罪嫌疑人具体实施行为在非法吸收公众存款犯罪中起到的作用，明确核心行为与非核心行为，最终确定三类核心行为：（1）加盟活动的设计、组织行为；（2）吸引社会公众投资的宣传、培训行为；（3）与客户签约加盟、收款及返利行为。第二，根据犯罪嫌疑人在公司的任职情况，确定其所处的层级。朱某某、徐某某、肖某某、张某某、刘某甲在各自的犯罪时期内属主犯，其余犯罪嫌疑人是次要实行犯或帮助犯，是从犯。第三，犯罪嫌疑人具有的其他情节，如加入公司的时间、实际获利情况等。第四，认罪悔罪、退赃退赔情况。上述情况主要有以下证据证明：被告人的供述和辩解；J公司工作人员的证言及加盟商证言；书证《加盟合同》《套系订购单》《项目服务专员协议》相关公司工商、税务登记材料及营业执照、公司账册、银行查询、冻结手续；司法会计鉴定意见书等。办案人员综合以上事实证据，根据宽严相济的刑事政策，客观分析对犯罪嫌疑人进行刑事追诉的必要性、及刑事责任的轻重，区别对待、分类处理。

一是对在非法吸收公众存款犯罪中起组织、领导等核心、骨干作用的犯罪嫌疑人，依法提起公诉。检察机关通过审查起诉认定，犯罪嫌疑人朱某某、徐某某、张某某、刘某甲是J公司的组织者、联合加盟方案的主要设计者及最初的推动者。2011年7月至10月，张某某、刘某甲陆续离开公司后，肖某某加入公司，主要负责组织实施吸收公众存款行为。犯罪嫌疑人倪某某于2011年9月加入公司即担任总经理一职，在公司负责人员、流程管理。上述6人虽参与犯罪时间、所起作用虽不完全相同，但所处位置均为公司的最高层级，或组织公司作为吸收公众存款的载体，或设计联合加盟方案启动吸收公众存款的行为，或组织、领导员工扩大吸收公众存款的范围，与公司的总监、经理及其他员工地位、获利相差悬殊，骨干作用明显，均应追究刑事责任。因此，检察机关决定对上述朱某某等6名公司高级管理人员依法提起公诉。

二是对实施三类核心行为的主要参与者，原则上追究刑事责任，但根据其任职部门、参与犯罪时间、认罪悔罪、退赃退赔情况等作进一步区别对待。48名犯罪嫌疑人中，属于核心行为主要参与者的有9人，检察机关对公司培训总监邢某某、客服总监尹某某、财务总监刘某乙、市场总监汤某某、石景山分公司负责人李某某等5人，决定依法提起公诉。运营总监李某乙、行政总监钱某某，总裁办主任戴某某虽担任部门负责人，但对非法吸收公众存款仅起到一般帮助作用，且加入公司时间较短、实际获利较少，而且如实供述了公司经营模式和朱某某、肖某某等主犯在公司中的作用，认罪态度较好，依法作出相对不起诉决定。

三是对于部门经理及公司一般员工，原则上不追究刑事责任，但对其中参与非法吸收公众存款犯罪行为时间较长、所起作用较大的人员，依法提起公诉。呼叫中心经理郭某某、审核部经理张某某二人加入公司时间较长，所处部门为公司吸收公众存款的主要部门，依法决定提起公诉。对其他12名不是非法吸收公众存款核心部门的经理中依法作出相对不起诉决定。公司培训讲师李某丙虽在讲师中层级较高，获利较大，但其授课主要偏重于经济学理论，且在公司中没有担任具体职务，无组织、管理、领导职责，依法作出相对不起诉决定；对犯罪情节轻微的其他22名公司一般员工，依法作出相对不起诉决定。

2013年4月26日，北京市检察院第二分院以非法吸收公众存款罪对朱某某等13名被告人依法提起公诉，对其余35人均依法作出相对不起诉决定。

在法庭调查阶段，公诉人宣读起诉书，指控被告人朱某某、徐某某、肖某某、张某某、刘某甲伙同被告人倪某某、邢某某、尹某某、刘某乙、汤某某、张某某、郭某某、李某甲，以销售商品为名，宣传加入联合加盟方案可获取高额回报，向社会公众募集资金，变相吸收公众存款，扰乱金融秩序，各被告人的行为均已构成非法吸收公众存款罪，且犯罪数额巨大，其行为构成非法吸收公众存款罪，并进行了法庭调查。其中，被告人朱某某不承认公诉机关指控的犯罪事实，辩称其不具有非法吸收公众存款的主观故意，其通过J公司搭建新型商业销售平台，将厂家、J公司、消费者有机结合，消费者通过消费行为参与价值创造，J公司通过发放运营补贴将消费者纳入利润分配当中，上述经营模式和分配机制符合市场规律；J公司存在实质商品和实体交易；J公司在对外宣传中未承诺还本付息或高额回报，系事后保障而非事前承诺；运营补贴源于公司创造利润，非还本付息或支付高额回报；J公司运营模式未侵犯国家金融秩序和损害他人财产利益，不具有社会危害性；被告人肖某某不承认公诉机关指控的犯罪事实，辩称J公司依法成立，销售行为符合工商机关核准的经营范围，销售的商品真实存在且具有质量保证，工商部门经调查亦未发现公司经营模式违法并予以行政处罚。J公司的收益主要用于正常的生产经营活动，公司及本案被告人的行为未扰乱正常金融秩序。肖某某于2011年7月到J公司，公司的运营模式已经实施，肖某某并非J公司的出资人或股东，而是朱某某的个人顾问，主要工作内容为产品认证、生产厂家合作等，其个人未向社会公开宣传或向加盟商承诺任何回报并吸收资金；被告人徐某某对公诉机关指控的事实均不持异议，并当庭指认了被告人朱某某和肖某某的犯罪事实；被告人刘某甲对公诉机关指控的其犯非法吸收公众存款罪的事实不持异议，并当庭供述了J的经营模式，指认了其他主犯的犯罪事实；被告人倪某某对公诉机关指控的其犯非法吸收公众存款罪不持异议，并当庭供述了自己的犯罪事实，并指认了其他同案犯。

在法庭辩论阶段，公诉人对不认罪的被告人的辩解进行了有针对性的驳斥，并根据各被告人的到案情况、认罪情况等，提出相应的量刑建议，进一步体现宽严相济的刑事政策。公诉人指出，非法吸收公众存款罪的认定不以工商登记是否违法或是否受到行政处罚为先决条件，而应严格依据刑法对被告人的行为作实质审查；被告人朱某某、肖某某在侦查阶段的供述、"肖总讲话"PPT打印件等在案证据证实，朱某某、肖某某设计或修订的联合加盟方案，在借用超市会员积分返利形式的同时，背离消费之基础，将消费返利演变成为投资理财，肖某某在向加盟商宣讲时，就明确提出联合加盟方案的目的是"让所有人把花出去的钱再拿回到口袋""把钱消费在J公司，也是理财""J其实就是一个股市"；J公司讲师、加盟商的证言证实，朱某某伙同肖某某等被告人，采用网络宣传、推介会、发展项目服务专员等途径，向社会不特定对象公开宣传了联合加盟方案；《加入 J 的十大理由》《君子爱财，取之有道》PPT 讲稿、邢某某讲稿及授课视频、会计鉴定等证据进一步证实，朱某某、肖某某等在宣传过程中，通过表格推演，向加盟商展示投资周期结束后可获得数倍于加盟费的运营补贴，甚至明确提出加盟 J 公司"不存在任何风险"，使加盟商相信自己投入的资金不仅能够全额收回，还能获取丰厚的收益，实质就是向加盟商变相承诺高额回报；朱某某等人将收取的加盟款直接用于运营补贴的发放，不仅未按照承诺提取营业额的 9% 作为保障基金，还通过提高补贴金额占加盟金额比例这一所谓的"安全阀"来不断吸引新的加盟商，增加了加盟商投资风险。综上，朱某某作为 J 公司的法人、股东，系联合加盟方案的设计者和决策人，肖某某进入 J 公司后任公司执行总裁兼朱某某的顾问，积极参与联合加盟方案的调整、宣传和推广，其二人的行为导致私募所得的巨额资金脱离国家金融监管，严重危害国家金融管理秩序，符合非法吸收公众存款罪的构成要件，均已构成非法吸收公众存款罪。被告人徐某某主动到公安机关如实供述 J 的犯罪行为，并提供公司人员花名册、平面图，协助抓捕同案犯，且当庭能够指认不认罪的被告人朱某某和肖某某；被告人刘某甲在公安机关电话通知的情况下，主动到公安机关，如实供述犯罪行为，认罪态度较好且庭审中积极配合公诉机关对整个犯罪模式和其他主犯的行为进行有效指认；被告人倪某某协助抓捕同案犯且自始如实供述自己和其他同案的犯罪事实。对上述被告人应当依法分别认定自首、立功、坦白，并提出了从轻或减轻处罚的量刑建议，均被法院认可。

　　法庭经审理认为，朱某某等被告人构成非法吸收公众存款罪，证据确实、充分。2014 年 8 月 6 日，北京市第二中级人民法院作出判决，以非法吸收公众存款罪，分别判处被告人朱某某有期徒刑 10 年，并处罚金人民币 50 万元；被告人肖某某犯非法吸收公众存款罪，判处有期徒刑 10 年，并处罚金人民币 50 万元；被告人徐某某有期徒刑 6 年，并处罚金人民币 30 万元；被告人张某某有期徒刑 5 年，并处罚金人民币 25 万元；被告人邢某某有期徒刑 5 年，并处罚金人民币 25 万元；被告人刘某甲有期徒刑 4 年，并处罚金人民币 20 万元；被告人倪某某有期徒刑 4 年，并处罚金人民币 20 万元；被告人尹某某有期徒刑 4 年，并处罚金人民币 20 万元；被告人郭某某有期徒刑 3 年 10 个月，并处罚金人民币 20 万元；被告人张某某有期徒刑 3 年 6 个月，并处罚金人民币 20 万元；被告人汤某某有期徒刑 3 年，并处罚金人民币 15 万元；被告人刘某乙有期徒刑 2 年 6 个月，并处罚金人民币 10 万元；被告人李某某有期徒刑 2 年 6 个月，并处罚金人民币 10 万元；

宣判后朱某某、徐某某、肖某某、倪某某、邢某某、尹某某、郭某某、张某某、汤某某、李某甲不服，向北京市高级人民法院上诉，北京市高级人民法院经审理认为一审法院判定事情清楚，证据确实、充分，定罪及适用法律正确，量刑适当，审判程序合法，并作出终审裁定，驳回朱某某等人的上诉，维持原判。

2. 案例解读

朱某某等人非法吸收公众存款案，体现了在办理涉案人员众多的非法吸收公众存款案件时，必须贯彻宽严相济的刑事政策，根据犯罪嫌疑人在犯罪活动中的地位作用、涉案数额、危害结果、主观罪过等主客观情节和认罪悔罪态度等事后表现，综合判断责任轻重及刑事追诉的必要性。对犯罪情节严重、主观恶性大、在犯罪中起主要作用的人员，特别是核心管理层人员和骨干人员，依法从严打击；对犯罪情节相对较轻、主观恶性较小、在犯罪中起次要作用的人员依法从宽处理。

对涉案人员众多的非法集资犯罪案件，检察机关要坚持打击少数、教育挽救大多数的基本处理原则，运用好宽严相济的刑事政策，合理把握追究刑事责任的范围。在具体把握上，要坚持主客观相统一，结合事实证据全面深入分析各犯罪嫌疑人、被告人在非法集资中的地位作用、涉案数额、危害结果、主观罪过等主客观情节和认罪悔罪、退赃退赔等事后表现，综合判断责任轻重及刑事追诉的必要性。在审查逮捕、审查起诉过程中，要通过采取不同的强制措施、起诉或不起诉进行区别对待、分类处理，依法作出不批准逮捕、变更强制措施、不起诉等决定。在法庭审理过程中，要结合被告人在庭上的认罪态度，有针对性地提出是否从宽处罚的量刑建议。对犯罪嫌疑人、被告人区别对待，既能充分体现宽严相济的刑事政策，也能在一定程度上促使不认罪的被告人转变态度，节约司法资源。

非法集资案件由于涉及人数多、证据复杂以及被告人、犯罪嫌疑人认罪态度不一，办案周期往往较长，不仅司法成本高，而且还影响后续资产处置工作的开展，影响集资参与人的合法权益。对此，检察机关要改进办案方式方法，进一步提高办案的效率。修改后的《刑事诉讼法》正式规定了认罪认罚从宽制度，认罪认罚从宽制度在依法及时惩治犯罪、强化人权保障、优化司法资源配置、推动繁简分流、提升诉讼质量效率、完善多层次刑事诉讼程序体系等方面具有明显的价值优势和独特的功能作用。办案人员要从有利于提高办案效率、有利于实现办案效果、有利于维护人民群众的合法权益出发，在办理非法集资案件中积极运用认罪认罚从宽制度，不断总结积累经验，充分发挥这一制度的功能作用。

案例选编

1.1 "荐股专家"预先买入、公开推介后抛售的行为构成"抢帽子"操纵证券市场罪*

一、基本案情

2013年2月1日至2014年8月26日,被告人朱某甲在担任国开证券有限责任公司上海龙华西路证券营业部证券经纪人期间,先后多次在其受邀担任上海第一财经传媒有限公司"谈股论金"电视节目嘉宾前,使用实际控制的父亲"朱某乙"、母亲"孙某某"、奶奶"张某某"等3个证券账户,预先买入"利源精制""万马股份"等15只股票,并于当日或次日在上述电视节目中通过详细介绍股票标识性信息、展示K线图或明示股票名称、代码等方式,对其预先买入的上述15只股票进行公开评价、预测及推介,再于节目在上海电视台首播后1—2个交易日内抛售相关股票,获取非法利益。经审计,其买入股票交易金额共人民币2094.22万余元,卖出股票交易金额共2169.70万余元,非法获利75.48万余元。

二、焦点问题

办理"抢帽子"操纵证券市场案时,如何从证据上认定操纵市场行为?如何适用法条的兜底条款?如何把握归责范围?

三、分析意见

(一)如何认定"抢帽子交易操纵"行为

"抢帽子"交易是指证券公司、证券咨询机构、专业中介机构及其工作人员,买卖或者持有相关证券,并对该证券或者发行人、上市公司公开进行评价、预测或者投资建议,以便通过期待的市场波动取得经济利益的行为。

在本案"抢帽子交易操纵"中,鉴于被告人身份特殊,作为证券经纪人有长期投资经验,且在"谈股论金"电视节目中担任嘉宾,具有极强的表现

---

* 上海市人民检察院第一分院提供。

能力及反调查意识。在其担任嘉宾的 3 年时间里，实际控制与其共同生活居住的直系亲属股票账户，持续的违法违规炒作股票，违法周期长、手法隐蔽。至其庭审前，被告人始终拒不认罪，并与其涉案账户所有人直系亲属串供，"抢帽子交易操纵"的事实认定难具有一定普遍性。主要从涉案账户登陆、证券交易 IP、MAC 地址与被告人日常行为轨迹的吻合性，与其专属使用淘宝、网银、期货等 IP、MAC 地址在时间上的重合性和连贯性，针对涉案特定股票 IP、MAC 地址及交易方式对于涉案账户所有人的排他性，从涉案账户资金出入与被告人的密切相关性，其供述与涉案账户所有人证言在细节上的矛盾性，涉案账户股票交易与其担任嘉宾的"谈股论金"节目高度关联性，其对涉案 15 只股票在荐股前几乎全仓买入、荐股后随即卖出的"巧合"缺乏合理解释等，来驳斥其并非实际控制涉案账户及交易相关股票的诸多辩解。

本案至庭审阶段，被告人朱某甲始终拒不认罪，与其父朱某乙串供妨碍侦查。综合全案证据，中国证监会认定朱某甲实际控制涉案 3 个证券账户（朱某甲父亲"朱某乙"、母亲"孙某某"、奶奶"张某某"），并在公开荐股前买入涉案 15 只股票，荐股后随即卖出，以谋取非法利益，涉案股票价量均因荐股有实际影响，被告人朱某甲实际获利 75 万余元。在审查起诉阶段提审时，朱某甲表示经过一段时间的反思，其愿意认罪认罚，但否认涉案账户系其实际控制，仅承认公开荐股前建议其父朱某乙操作涉案账户买入涉案 15 只股票，并在荐股后随即卖出以谋取非法利益。综合全案证据来看，应认定被告人朱某甲实际控制涉案 3 个证券账户，实施了"抢帽子"的操纵证券市场行为，理由如下：

第一，账户登录、交易 IP 及其他客观证据显示，涉案 3 个证券账户有些定由其本人操作，而非其父朱某乙。（1）IP 大量位于被告人朱某甲所在的国开证券营业部办公地。（2）涉案账户交易的几只股票 IP 地址位于朱某甲在浦东工作的中宇金业公司所在地，如其中涉案股票"博雅生物"（根据对中宇金业办公地址的 IP 地址的查证显示，120.204.250.254 及 180.166.157.86 为中宇金业办公地址的 IP，而朱某甲之父朱某乙账户于 2013 年 7 月 26 日买入"博雅生物"使用的 IP 地址正是其中的 120.204.250.254）。（3）根据朱某甲出行记录显示，其于 2014 年 12 月 20 日至同年 12 月 23 日去往韩国、于 2014 年 7 月 16 日至同年 7 月 19 日去往重庆，其父朱某乙承认从未去过韩国、重庆，而在此期间其父母涉案账户的交易 IP 地址均位于上述地区，因此只有朱某甲能操作。（4）被告人朱某甲承认实际控制其父朱某乙期货账户，该期货账户 IP、MAC 地址与涉案证券账户大量重合，且存在期货交易 IP 在 5 分钟内与证券交易相同的情况，如其父朱某乙万期货账户于 2014 年 3 月 6 日 14 时 54 分登陆操作，同日14时52分其父朱某乙涉案证券账户买入"江南水务"10000股，且两次操作的IP地址均为101.228.193.172，MAC地址均为002185FE718E。（5）涉案账户存在被告人朱某甲手机下单买入多只股票的情况，如其父朱某乙涉案账户于2014年6月23日使用手机13816652962卖出股票"富奥股份"56545股、于2014年8月26日使用同一手机买入股票"海螺型材"245400股等。（6）涉案账户中与中宇金业办公地点IP地址对应的MAC地址显示为94DE807CC42D、AC8112A30785、F80F、0018F3455CF5、0015，上述三个MAC地址亦出现在其家中，具有流动性，系被告人朱某甲使用的笔记本（曾带到中宇金业公司使用）操作。上述3个MAC地址交易过涉案15只股票中的"博雅生物""利源精制""三泰电子"。（7）涉案账户IP位于徐汇、闵行、普陀、浦东等地，与被告人朱某甲活动轨迹一致（上述地方除与其父朱某乙共同生活居住地外，其他地址其父均不太可能会在此处交易）。8. 涉案15只股票买卖涉及31个交易日，存在同一天账户交易委托有两个不同IP、MAC完成的情况（系被告人朱某甲上下班地址）。

第二，账户资金出入与其密切相关，账户所有人、所谓的操作人系与其同住的家人。涉案3个账户之间及与被告人朱某甲个人账户资金往来频繁，初始资金有部分来自朱某甲，转出资金中有部分转入朱某甲银行账户后由其消费。所谓的账户使用人系与其同住的父亲朱某乙，后其父改口称朱某甲母亲孙某某也偶尔代其操作，其操作使用的电脑系朱某甲平时使用的电脑。涉案账户所有人系朱某甲父亲、母亲、奶奶，其父称该3个账户由其实际控制，资金来源系家庭财产，朱某甲知悉账户及密码，并承认建议其父买卖涉案股票，即被告人朱某甲至少承认对涉案账户有知情权。结合朱某甲在QQ群内积极建议会员买卖涉案推荐股票并关心进展情况的做法，其对其父涉案股票的买卖进程应是予以控制的，而并非仅其避重就轻的所称"建议"，对此有证人证言证实，其正是以父母买卖股票的名义实际控制股票的交易来谋取非法利益。

第三，其父所谓朱某甲不操作涉案账户的诸多辩解，说辞自相矛盾或与朱某甲供述矛盾。其对涉案账户使用人从自己到改口称朱某甲母亲也操作，无合理解释。其对为何使用朱某甲手机下单、为何不使用家里电话委托下单、为何在朱某甲工作地点操作、是否知道朱某甲中宇金业公司的办公地点及涉案交易为何在此处、涉案交易为何出现在朱某甲丈母娘家及新装修家等，说法前后矛盾，无法自圆其说，且与朱某甲说辞均不一致。

第四，涉案15只股票在其荐股前买入、荐股后卖出的"巧合"，朱某甲与其父朱某乙均无法做出合理解释。涉案账户买入"谈股论金"节目嘉宾公开推荐的股票70只，其交易金额占该期间交易买入总金额的65.48%。涉案

15 只股票，买入金额占账户全部金额 95% 的股票有 9 只，剩余股票买入亦占资金比例很大。上述 70 只股票均采用节目播出当日或者前一两日买入，节目播出后首日或者次日卖出的方式。其中 15 只涉案股票均在节目播出前 1—2 个交易日或播出当天买入，节目播出后 1—2 个交易日内卖出（除"亿利达"外，其余 14 只均系播出后次日卖出）。

综上，至庭审前朱某甲已承认，为谋取非法利益而让其父在公开荐股可能导致股票量价影响的情况下操作涉案股票的买卖，综合全案证据，其本人应直接操作控制涉案 3 个证券账户的相关证券交易，被告人朱某甲关于涉案账户实际控制人为其父朱某乙的说法不予采信。至庭审时，被告人朱某甲在强大严密的证据体系前供认不讳，承认其实际控制涉案 3 个证券账户，并明知其荐股行为极易导致涉案股票价量变化，而事先建仓、预先买入、公开推介、事后平仓，以"抢帽子交易"误导投资人股票交易，操纵证券市场，谋取非法利益。

（二）如何适用兜底条款认定"抢帽子"操纵证券市场罪

本案被告人朱某甲的行为依法适用刑法第 182 条第四项兜底条款之规定。即刑法第 182 条规定了以其他方法操纵证券、期货交易市场的，情节严重的，处 5 年以下有期徒刑或拘役，并处或者单处罚金；情节特别严重的，处 5 年以上 10 年以下有期徒刑，并处罚金。

根据中国证券监督管理委员会《关于印发〈证券市场操纵行为认定指引（试行）〉及〈证券市场内幕交易行为认定指引（试行）的通知》第 30 条的规定，"抢帽子交易操纵"是指《证券法》第 77 条第 1 款第四项所指的其他操纵证券市场的手段。该指引第 35 条规定，抢帽子交易操纵，是指证券公司、证券咨询机构、专业中介机构及其工作人员，买卖或者持有相关证券，并对该证券或其发行人、上市公司公开作出评价、预测或者投资建议，以便通过期待的市场波动取得经济利益的行为。

第 36 条规定，证券公司、证券咨询机构、专业中介机构及其工作人员在报刊、电台、电视台等传统媒介上对相关证券或其发行人、上市公司作出评价、预测或者投资建议的，视为公开作出评价、预测或投资建议。

第 37 条规定，具有下列情形的，可以认定为抢帽子交易操纵：（一）行为人是证券公司、证券咨询机构、专业中介机构及其工作人员；（二）行为人对相关证券或其发行人、上市公司公开作出评价、预测或者投资建议；（三）行为人在公开作出评价、预测或者投资建议前买卖或者持有相关证券；（四）行为人通过公开评价、预测或者投资建议，在相关证券的交易中谋取利益。

关于公开荐股的认定，本案中被告人朱某甲在证券电视节目中，或明示股票名称（如博晖创新、襄阳轴承）、代码（如三泰电子），或在节目中详细介绍股票标识性信息（如价格、板块、市盈率、公告等）、展示股票 K 线图等，普通观众可以依据上述信息确定相关涉案股票，依法属于在电视节目中对涉案股票公开作出评价、预测、推介，构成公开荐股。中国证监会在报告中对上述涉案股票逐一作出公开荐股的认定，"朱某甲这些具有主观倾向的语言进行推介，普通投资者可以在短时间内通过公开信息和节目中朱某甲介绍的信息进行匹配并确定其推介的是哪只股票，因此第一财经"谈股论金"回复中所称"我们的举例仅为佐证当时嘉宾自己的选股理念和心得体会""嘉宾观点仅供参考，不作投资依据"的说法不影响本案认定。

根据中国证券监督管理委员会《关于印发〈证券市场操纵行为认定指引（试行）〉及〈证券市场内幕交易认定指引（试行）〉的通知》中《证券市场操纵行为认定指引（试行）》部分的规定"抢帽子交易操纵"属于兜底条款所指"其他操纵证券市场的手段"。适用"兜底条款"认定的犯罪行为应当与刑法同一条文明确规定的行为类型在实质内涵上具有相同性质与特征。"抢帽子交易操纵"属于信息型市场操纵，通过未披露利益冲突的"公开荐股"诱使市场投资者按照行为人的预期进行资本配置，通过诱导信息直接作用于投资者进而影响其资本配置策略与行为，与连续交易、约定交易、自我交易等刑法明示的价量操纵类型具有相同的犯罪性质，实质上符合操纵证券市场罪的刑法属性。

本案中被告人作为上海第一财经证券类品牌节目的特邀嘉宾，微博账户被数十万投资者关注，其荐股言论对于市场具有一定影响力，极易引发投资者按照其推介从事相关证券交易，从而导致相关证券交易品种的市场供求发生变化，而被告人通过提前建仓、事后平仓来获利。被告人荐股次日涉案股票交易价量明显上涨，偏离行业板块和大盘走势，证监会认定其构成操纵证券市场行为，行为特别恶劣并造成严重社会影响。"抢帽子交易操纵"反映出被告人欺诈市场的主观恶性、误导投资者并对其合法权益造成实际损害的客观结果，严重扰乱证券市场秩序，破坏市场"三公"原则，从根本上动摇了证券市场赖以生存的根基，通过同质性解释将其纳入"兜底条款"进行刑事归责，成为目前司法实践中的共识性做法。

关于"抢帽子交易"对证券市场造成影响的认定，主要根据证券机构或从业人员的市场影响力、信息发布媒体数量及其影响范围、相关证券供求关系基本面有无发生明显变化等基础事实，判断该"公开荐股"对市场投资者行为是否产生重大影响。如果该证券的公司经营状况变化不大，相关国家政策、市场情况等也比较稳定，而其价格却与大盘以及同行业标的运行偏离较远，趋势明显与基本面不符,则可认定影响证券交易价格的正常规律。本案中,朱某甲公开荐股所依托的媒体系上海第一财经"谈股论金"节目,收视率稳定保持在1.5%上下,在证券节目中排名靠前,作为第一财经证券类品牌节目,始终保持着高涨的人气,被普通投资者称为"股民之家"。第一财经频道在上海等长三角城市实现全网覆盖。朱某甲在公开推荐上述15只股票之后的一个交易日内,除"利源精制"之外,另14只股票涨幅明显,最高涨幅为0.37%—10.04%;15只股票的交易量均比前5个交易日有明显增加,为前5个交易日平均成交量的109.60%—704.41%。因此,可以认定朱某甲的公开荐股行为已经对上述15只股票的交易价格和交易量产生了实质和现实的影响。中国证监会认定,朱某甲荐股次日涉案股票交易价量明显上涨,偏离行业板块和大盘走势。

根据相关规定,"抢帽子交易操纵"情节严重的,应予立案追诉。根据最高人民检察院、公安部《关于印发〈最高人民检察院、公安部关于公安机关管辖的刑事案件立案追诉标准的规定(二)〉的通知》第39条的规定,证券公司、证券投资咨询机构、专业中介机构或者从业人员,违背有关从业禁止的规定,买卖或者持有相关证券,通过对证券或者其发行人、上市公司公开作出评价、预测或者投资建议,在该证券的交易中谋取利益,情节严重的,应予立案。

本案中被告人朱某甲作为证券公司从业人员,违背有关从业禁止的规定,预先买卖或者持有相关证券,并于当日或次日在电视节目中通过详细介绍股票标识性信息、展示K线图或明示股票名称、代码等明示或暗示的方式,对其预先买入的涉案述15只股票作出公开评价、预测及投资建议,再于节目在上海电视台首播后1—2个交易日内抛售相关股票,影响相关股票交易价格与交易量,通过短期内的市场波动获取非法利益,涉案期间累计交易金额4000余万元,非法获利70余万元,其行为已经符合中国证券监督管理委员会《关于印发〈证券市场操纵行为认定指引(试行)〉及〈证券市场内幕交易认定指引(试行)〉的通知》中《证券市场操纵行为认定指引(试行)》部分第30条、第35条、第36条、第37条中关于"抢帽子"操纵证券市场的相关规定。且根据最高人民检察院、公安部《关于印发〈最高人民检察院、公安部关于公安机关管辖的刑事案件立案追诉标准的规定(二)〉的通知》第39条,本案已经达到了刑事犯罪的立案追诉标准,系情节严重,依法适用刑法第182条第四项兜底条款之规定,认定被告人朱某甲构成操纵证券市场罪。

(三)如何把握"抢帽子交易操纵"刑事归责范围

"兜底条款"是刑法社会保护机能与权利保障机能相互协调的重要途径,特别是在经济犯罪领域,各种新型犯罪行为生成于发展迅猛的经济生活之中,立法者在立法时基于其认知水平和当时的社会发展水平，不可能预见到所有行为样态，而使用"兜底条款"可实现法条蕴涵范围的最大化，并通过这种有效提升刑法规范张力的方式强化社会保护。但"兜底条款"在立法上的模糊性与不确定性决定了其在司法上应更为谨慎与严格，其适用应严守刑法谦抑精神，以"兜底条款"进行刑法评价须秉持谨慎原则。证券市场本身具有投资与投机相结合的特征，需要相对自由、宽松的环境，刑法过度介入会扼杀证券市场生存与发展的条件。在资本市场全球化交互背景下，证券期货市场之间的竞争日益深化，具有扩张性风险的操纵证券、期货市场罪"兜底条款"会弱化本国证券期货市场机制的发挥，不利于其参与国际竞争。故从证券期货市场本身的特点和要求出发，既有必要依法适用"兜底条款"认定"抢帽子"操纵证券市场犯罪，又要对"抢帽子交易操纵"刑事归责范围作出相对限制，只能将其中严重扰乱证券市场机制、严重侵犯投资者合法权益、获取操纵暴利的行为，以操纵证券市场罪"兜底条款"定罪处罚。细化归纳不同社会危害程度的具体类型，在罪质判断环节予以分流处理，充分考虑非犯罪化处理的可能，在相关犯罪处罚条件的设置上，应当更严格判断刑事处罚的必要性，更全面考量行政处罚的可替代性，严格控制刑法"兜底条款"过度介入证券期货市场监管领域，通过罪量限定将不具有严重社会危害的操纵证券市场行为排除在犯罪之外。关于"抢帽子交易操纵"罪与非罪的界定，在司法实践中主要需把握荐股内容的欺诈性、"抢帽子交易操纵"主体的特殊性、获取非法利益的必要性。

1. "公开荐股"内容的欺诈性

在当前加强维护金融秩序与安全的背景下，"公开荐股"的欺诈性并不限定于荐股内容的虚假性，而是体现在隐瞒持仓与目的之利益冲突上，即荐股有客观依据但未披露利益冲突亦属欺诈，行为人违反《证券法》明文规定的禁止性条款，违规不披露利益冲突信息，"抢帽子交易"行为的欺诈性从其向市场投资者作出各种"买入建议"与自身反向交易予以有力证明。

2. "抢帽子交易操纵"主体的特殊性

尽管刑法第182条以及《证券法》均未限定操纵证券市场罪的主体条件，即概括来讲一般主体可构成操纵证券市场罪，但适用"兜底条款"要求对犯罪构成要件需以其他法律、行政法规等规范性文件进行相应补充。最高人民检察院、公安部《关于印发〈最高人民检察院、公安部关于公安机关管辖的刑事案件立案追诉标准的规定（二）〉的通知》以司法解释形式规定，"抢帽子交易操纵"的行为人应当是"证券公司、证券咨询机构、专业中介机构及其工作人员"，故"抢帽子交易"型操纵证券市场罪的主体应当是特殊主体，其他主体不应成为"抢帽子交易"操纵证券市场犯罪的追诉对象。随着互联网金融的快速崛起,以及各种新媒体、自媒体的涌现,一些名人大佬通过微博、股吧、微信公众号等平台振臂一呼而应者云集,成为新兴股市"黑嘴"群体。如本案中该财经频道节目主持人廖某某利用博客、微博等网络自媒体精准高效传播、受众多的优势推荐各类股票,凭借其主持人身份及公众影响力,受到大量投资者关注和追捧,借助电视证券节目的高人气、高收视率,通过荐股言论和观点影响、误导大量投资者,在获取高额非法利益的同时,极大损害了广大投资者的利益。近年来,随着信息传播技术的演进和证券市场的发展,"抢帽子交易操纵"的违法主体逐渐突破了证券从业人员的范围,"抢帽子交易操纵"案件呈现出违法主体善于借助主流媒体影响市场、荐股渠道向各类新兴媒体渗透、反向交易隐蔽性强、违法主体突破身份限制等特点。

3. 获取非法利益的必要性

因"抢帽子交易"对于市场的操纵与影响更偏重于推断,难以直观准确予以衡量,其社会危害性表现更偏重于对投资者权益的侵害,故抢帽子交易操纵构成违法或犯罪一般均以实际获取非法利益为前提。行为人预先买入、公开荐股、事后抛售,却未获利,可以反向推断证券市场未按抢帽子交易者的预期进行变化,市场投资者的资本配置行为未受到"公开荐股"的显著影响,说明其未对市场形成操纵,操纵市场社会危害的性质与程度难以界定与评估,一般不能以反操纵法律规定进行评价。行为人"抢帽子交易"未获利,但向市场发布重大虚假信息,造成投资者重大损失或市场波动等严重后果的,应以编造并传播证券虚假信息罪论处。行为人编造并传播证券交易虚假信息,引起证券市场波动,"抢帽子交易"从中获利的,应按刑法理论上的牵连犯"从一重罪处断",对行为人以操纵证券市场罪定罪处罚。

四、处理结果

上海市人民检察院第一分院提起公诉后,上海市第一中级人民法院判决被告人朱某甲构成操纵证券市场罪,判处有期徒刑11个月,并处罚金76万元。被告人未上诉,判决已生效。

五、点评

根据2010年5月7日最高人民检察院、公安部《关于印发〈最高人民检察院、公安部关于公安机关管辖的刑事案件立案追诉标准的规定(二)〉的通知》第39条第(七)项,证券公司、证券投资咨询机构、专业中介机构或者从业人员,违背有关从业禁止的规定,买卖或持有有关证券,通过对证券或者其发行人、上市公司公开作出评价、预测或者投资建议,在该证券的交易中谋取利益,情节严重的,适用刑法第182条第1款第(四)项兜底条款"以其他方法操纵证券、期货市场的",构成"抢帽子"型操纵证券、期货市场罪。

本类型的案件难点不在于法律适用上,而是如何通过证据来证明行为人实施了上述犯罪罪状的行为。本案是上海市首例"抢帽子"操纵证券市场案,在案件办理过程中,如何认定"抢帽子"交易刑法属性、如何适用兜底条款认定操纵证券市场罪、如何通过证据认定"抢帽子交易操纵"行为、如何把握"抢帽子交易操纵"刑事归责范围,对于办理同类案件具有借鉴意义。

1.2 非法集资与合法私募的区分[*]

一、基本案情

中能远通（北京）投资基金管理有限公司（以下简称中能远通公司）于 2012 年 5 月 23 日成立，法定代表人韩某某，经营范围是非证券业务的投资管理、咨询（不得从事下列业务：以公开方式募集资金等）。中能远通公司股东情况：韩某某持股 52%，刘某某持股 35%，李某某持股 10% 等。2013 年经股份变更后李某某持股 80%，李某某变更为公司法定代表人。

王某某系甲工程公司资金部总经理，2011 年底，该公司承包了北京郭公庄安置房工程项目，由于缺少流动资金，后来经介绍，公司负责人包括王某某与中能远通公司刘某某联系接触。经协商，中能远通公司帮助甲工程公司融资 1.5 亿元，期限一年半，年化利息 23%，等资金到位后一年半即偿还本金和利息。因此，甲工程公司作为资金使用人委托中能远通公司作为普通合伙人在中国境内发起设立北京中能正信投资中心（有限合伙），并以该合伙企业为主体募集安置房项目基金。同时甲工程公司以保障房建设应收账款担保本金 1.5 亿元（以基金实际募集金额为准）以及相应收益。

根据安排，中远能通公司推出该安置房基金理财，规定最低投资 100 万元，承诺年收益 10.5%；投资 200 万元，承诺年收益 11%；投资金额 300 万元以上的，承诺年收益 12%，投资期限一年半，到期返本付息。林某某系上海销售理财产品赚取销售佣金提成，2012 年 9 月份通过业务伙伴认识了中能远通公司总经理刘某某，刘某某介绍讲中能远通正在运作安置保障房融资项目，此项目有工程公司担保，想以有限合伙企业形式向社会融资，期限自 2012 年 11 月至 2014 年 5 月。于是，2012 年 10 月林某某用朋友公司与北京中能远通公司签订销售居间服务协议，代销渠道费用按综合平均 3% 提成佣金。之后林某某通过执业中私人人脉和互联网渠道找到 10 个行业内销售经理，他们又以类似方式辐射出若干销售人员，最终完成销售 1 亿余元，所有投资款皆由投资客户自己转账至中能远通公司相关有限合伙企业账户，投资者 50 余人。

---

[*] 北京市西城区人民检察院金融犯罪检察部提供。

此外，中能远通公司还通过互联网等大众渠道，寻找其他公司和个人提供介绍合格投资者认购基金产品的居间服务。

投资人以有限合伙的形式与北京恒利正信投资中心、北京中能正信投资中心、北京大成投资中心、北京宏泰正信投资中心、北京中能恒信投资中心签订入伙协议，收到了中能远通公司出具的收款确认书。合伙期限为1.5年，全体合伙人一致承诺：该合伙企业设立后不会以该合伙企业名义公开向社会募集资金。最终，中能远通公司共吸收161个投资客户，募集资金3.3亿元，募集的资金向甲工程公司投资了1.5亿元，向某工贸集团项目投资了1.2亿元，向河南一家矿业公司投资了5000万元。

2014年4月30日投资到期，中能远通公司承诺有限合伙人投资到期后15个工作日内退还本金和利息，在2014年5月13日，已前期兑付20多人的资金，兑付金额在4000万元左右。从2014年6月开始，因甲工程公司无法按期支付本金，导致中能远通公司向在案投资人返款人民币4000余万元后无力兑付。

二、焦点问题

（一）投资人通过入伙方式加入有限合伙企业，双方存在投资关系形式，是否仅应以合伙企业法等相关法规进行调整，而不应认定为非法集资类犯罪？

（二）非公开募集资金与非法吸收公众存款如何区别？

三、分析意见

（一）"有限合伙人投资"论

有意见认为，投资者个人通过入伙方式加入有限合伙企业，相关协议已明确，双方是投资与被投资关系，应适用合伙企业法等规定来规范双方之间的关系。还有一种意见认为，本案系被告人假借有限合伙入伙之名，行非法吸收公众投资款之实。我们持后一种观点。

从合伙企业的法律特征来看，合伙企业是指由各合伙人订立合伙协议，共同出资、共同经营、共享收益、共担风险，并对企业债务承担无限连带责任的盈利性组织。合伙企业以合伙协议为成立前提，而合伙协议内容一般则包括两个以上合伙人约定的出资数额、盈余分配、债务承担、入伙、退伙、合伙终止等重要事项，强调的是合伙人之间的权利义务关系，要求合伙人必须共同出资、共同经营、分享收益，协力经营企业的意图明显，具有较强的人合性。因此，共同经营，损益共担，是据以判断是否为真正合伙人（普通合伙人或有限合伙人）的关键标准，而不符合此实质内涵的投资行为，一般都是"假入伙"，披着合伙投资的外衣，实质上仍属借贷行为。

在本案中，蒋某某等投资人认缴100万元至1000万元不等的资金，签订入伙协议,成为北京恒利正信投资中心、北京中能正信投资中心、北京大成投资中心、北京宏泰正信投资中心、北京中能恒信投资中心的有限合伙人,全体合伙人委托普通合伙人北京中能远通公司为有限合伙企业的执行事务合伙人,执行日常合伙事务。同时约定,有限合伙人出资金额不同,投资到期后相应的预期收益率也不同。

从表面上看,各当事人均与目标合伙企业之间签订了《入伙协议》,且委托北京中能远通公司执行合伙事务,具备合伙企业的某些特征,但深入分析发现,合伙人(即投资人)之间并未签订合伙协议,也即签订的《入伙协议》并非《合伙企业法》规定的合伙协议,同时也未进行合伙人工商登记变更,此为程序瑕疵。另外,《入伙协议》中明确约定了预期收益率,规定投资期限,到期还本付息等内容,这已然偏离了合伙企业损益共担的实质性要求。依据《合伙企业法》规定,有限合伙人应对合伙企业债务承担有限责任,以其认缴出资金额为限,同时也公平享有收益分配的权利。换句话讲,投资人能否收回投资款甚至实现盈利,完全取决于合伙企业经营状况的好坏,具有较大的风险。而本案中,中能远通公司对投资人承诺还本付息,恰恰抹杀了这种盈亏的不确定性,从根本上驳斥了有限合伙这一诡辩,此为实体瑕疵也。事实也证明,有限合伙人(投资人)相互之间仅有资金集合的事实,并没有共同成立有限合伙、经营管理合伙企业的合意,此乃问题之所在。

正如最高人民法院《关于审理非法集资刑事案件具体应用法律若干问题的解释》(以下简称解释)、最高人民法院、最高人民检察院、公安部《关于办理非法集资刑事案件适用法律若干问题的意见》《以下简称意见》等文件规定,承诺在一定期限内以货币、实物、股权等方式还本付息或者给予回报的,属于认定非法吸收公众存款的法定要件之一。本案从合伙企业的本质特征角度出发,认为所签协议内容强调的并非合伙人之间的权利义务分配,而是投资人投资数额、投资期限、收益分配等内容,与之前所论述的合伙的法律特征并不相符,从而有力驳斥了有限合伙人投资这一说法。值得关注的是,笔者还特地查询了类似案例,无独有偶,在北京一中院审理的北京金鸿华建投资管理中心(有限合伙)上诉张某某合同纠纷一案中也出现类似情形,最终法院也认定按照借贷合同纠纷处理,与本案思路一致。

(二)"非公开募集资金"论

针对私募投资基金之类的金融专业领域,金融圈外人员很少触及,因此不甚了解。但在本案中,要想准确判断该集资行为究竟属于合法私募,还是非法集资,就需要对私募投资基金作一番了解,方能作出准确判断。而事实上,随着金融行业的飞速发展,在实践当中,以私募基金为名的非法集资案件与一般非法集资案件在行为特征上存在诸多相同点，比如，通过各销售网点、互联网媒体等公开向社会公众推介宣传、承诺保本保收益，等等。

合法私募与非法集资原本互不相干，却因实践中不少非法集资团伙打着私募旗号或者一些私募机构违规运作，造成近年来二者纠缠不清。把握合规私募与非法集资的边界点，关键在于从私募的法定概念出发，深入分析私募行为的基本面。根据《私募投资基金监督管理暂行办法》（以下简称暂行办法）的定义，私募投资基金（以下简称私募基金）是指在中国境内，以非公开方式向投资者募集资金设立的投资基金。尤其要注意的是，《暂行办法》第2条第3款规定："非公开募集资金，以进行投资活动为目的设立的公司或者合伙企业，资产由基金管理人或者普通合伙人管理的，其登记备案、资金募集和投资运作适用本办法"。可以说，该条款正是本案辩方进行辩解的立脚点和法律支撑点，据此为被告人的集资行为"正名"。

从《暂行办法》对私募基金的诸项规定来看，界定"私募"行为的标准可分为以下五个方面：

1. 推介方式：是否以非公开的方式

私募是通过非公开方式募集资金，面向群体仅为少数机构投资者或个人，严禁利用大众化传媒方式进行推介。《暂行办法》第14条规定："私募基金管理人、私募基金销售机构不得向合格投资者之外的单位和个人募集资金，不得通过报刊、电台、电视、互联网等公众传播媒体或者讲座、报告会、分析会和布告、传单、手机短信、微信、博客和电子邮件等方式，向不特定对象宣传推介"。

与之相反，非法集资则具有"公开化"特征，《解释》第1条、《意见》第2条专门指出"向社会公开宣传"，包括通过媒体、推介会、传单、手机短信等各种途径向社会公众传播吸收资金的信息，以及明知吸收资金的信息向社会公众扩散而予以放任等情形。

当然，"公开"与"非公开"，不能仅凭是否采用上述列举的某一推介方式进行简单判断，关键仍在于"向不特定对象"。换言之，无论是公开宣传，亦或是非公开宣传，只要客观达到向不特定对象进行推介的实际效果，就已经符合向社会公众吸收资金的标准，这才是"公开"的应有之义。相反，如果能有效控制宣传推销的对象和数量，对已充分了解风险和有能力承担的"特定对象"，采用讲座、报告会、短信等公开方式推介也并无不当。

2. 募集对象：是否为合格投资者

可以说，合格投资者制度是私募市场有序发展的根基。《暂行办法》专门设章进行规定，第11条至第13条、第16条至第19条分别规定了选择合格投资者的标准和程序。简单来说，合格投资者应符合以下条件：（1）具有风险识别能力和承担能力；（2）单笔最低认购金额不低于100万元；（3）投资者资产规模或收入水平（机构投资者净资产不低于1000万元，个人投资者金融资产不低于300万元或者最近三年个人年均收入不低于50万元）。上述三项要求应同时满足。监管部门采取金融资产规模或收入水平和单只基金最低认购金额双标准，正是基于适当性和安全性考虑，同时也担心合格投资者标准过低，容易将不具备风险识别能力和承担能力的公众投资者牵涉其中，进而引发非法集资风险。然而在实践中，也存在一些非法集资人设定一定的投资门槛，比如在本案中，中能远通公司要求最低投资金额为100万元，但这种做法并不等同于对方就是合格投资者。事实上，投资金额并不完全代表个人的真实资产状况，同理，资产规模或者收入水平也并不代表投资者的真实投资能力，合格投资者制度是一项系统设计，除了真实、稳定、良好的资产状况外，对于投资者的投资经验、风险识别和承受能力更有硬性要求，需要进行实质性判断。

3. 发行对象：是否符合人数限制

《暂行办法》第5条中规定："设立私募基金管理机构和发行私募基金不设行政审批，允许各类发行主体在依法合规的基础上，向累计不超过法律规定数量的投资者发行私募基金"。当然，组织架构不同，合格投资者的人数限制也不尽相同。根据对应法律的规定，有限合伙企业型基金，合伙人不得超过50人；有限责任公司型基金，不得超过50人，股份有限公司型基金，不得超过200人，等等。此外，《暂行办法》第13条中还规定："以合伙企业、契约等非法人形式，通过汇集多数投资者的资金直接或者间接投资于私募基金的，私募基金管理人或者私募基金销售机构应当穿透核查最终投资者是否为合格投资者，并合并计算投资者人数"。

4. 收益承诺：是否承诺保本保收益

私募基金的收益属于投资收益，相对于银行存款或民间借贷这种约定利息、收益固定的投资方式而言，其投资回报并不固定，在出现亏损或者未实际取得投资收益的，不得计提或者分配收益，所以，投资者可能赚的盆满钵满，也可能血本无归，收益分配万全取决于基金的市场表现，真正体现"利益共享、风险共担、风险与收益相匹配"的原则。因此，《暂行办法》第15条明确规定："私募基金管理人、私募基金销售机构不得向投资者承诺投资本金不受损失或者承诺最低收益"。是否承诺保本付息也是合法私募与非法集资的显著区别，一般情况下，为了达到吸收公众资金的目的，销售人员往往许以所谓的"预期收益率"，实为借款利息，并承诺到期后保本保收益，这其实是披着私募的虚假外衣，行非法集资之实。正如本案中，中能远通公司名义上声称通过入伙设立投资基金，但实质上仍属于与投资者签订的投资借款合同，协议仍承诺到期收回投资本金并获得固定回报，并不能掩盖其集资行为的非法性。

5. 登记备案：是否进行私募基金管理人登记和产品备案

登记备案制度是监管层对私募基金进行有效监管的一项措施，依据《暂行办法》规定，私募基金管理人应在基金业协会进行登记，私募基金应进行备案，以便加强对登记备案对象在发生重大变更时的情况掌控，便于监督。相反，非法集资既不可能在有关部门登记备案，也不可能向投资者披露真实信息，现实中往往采取虚构事实、隐瞒真相的办法，打着私募旗号欺骗投资者，偷梁换柱，以掩盖其非法行为。

上述五个方面，是私募合规的五个基本面，也是将其与非法集资行为区分开来的五个关键点。事实上，经过上述对私募基金理论内容的阐释，辩方"非公开募集资金"论不攻自破。《暂行办法》第2条第3款规定："非公开募集资金，以进行投资活动为目的设立的公司或者合伙企业，资产由基金管理人或者普通合伙人管理的，其登记备案、资金募集和投资运作适用本办法"。因此，我们可以参照上述五点逐个分析：在本案中，被告人韩某某等人采取按销售金额提成返点的方式委托第三方进行销售，第三方的觅得既包括韩某某等人通过私人关系，也包括中能远通公司通过互联网渠道进行宣传招募，双轨齐驱，之后第三方也采用相同方式，具体辐射出不特定销售人员，进而链接到社会不特定的投资人，吸收的系社会公众的资金。在借助互联网联通的不确定性和放大作用后，实际上是连接到不特定的专业理财人员，然后再下沉向社会化公众传播吸收资金的信息，扩散对象的范围具有不特定性，符合《解释》及《意见》关于"向社会公众吸收资金"以及"向社会公开宣传"的规定，应当认定为公开向社会公众吸收资金。此外，按照私募基金相关要求，在对外宣传吸收投资者入伙时，被告人并未做到对投资入伙对象的资质进行实质性审核，合伙人数也远远超出有关规定，所谓的安置房投资基金更不可能在基金业协会进行登记备案，以上均与《暂行办法》的规定相左，并不能认定为合法私募行为。最为显著的区别在于，是否对投资者承诺收益，在本案中，韩某某等人对投资者承诺10.5%—12%不等的年收益，约定投资期限一年半，到期返本付息，这显属承诺保本保收益，严重违反了《暂行办法》的规定，而这恰恰是非法集资者用于招徕投资者的手段和诱饵，界线清晰，故本案认定韩某某等人构成非法吸收公众存款罪是正确的。

四、处理结果

北京市朝阳区人民检察院以韩某某、刘某某、李某某犯非法吸收公众存款罪向北京市朝阳区人民法院提起公诉。2015年12月30日北京市朝阳区人民法院判决，认为被告人韩某某行为构成非法吸收公众存款罪，判处有期徒刑 1 年，缓刑 1 年，判处罚金人民币 10 万元；被告人刘某某犯非法吸收公众存款罪，判处有期徒刑 1 年，缓刑 1 年，判处罚金人民币 10 万元；被告人李某犯非法吸收公众存款罪，判处罚金人民币 20 万元。被告人均未上诉，检察院未提出抗诉，判决已经生效。

五、点评

本案有两个特点，一是典型的互联网金融案件，第三方支付机构、P2P 网贷平台、众筹平台等互联网金融企业以互联网为媒介，居间提供中介服务。而本案当中，嫌疑人通过互联网等渠道招募第三方销售，然后层层辐射渗透，这借助的是互联网的放大效果，实现向社会不特定对象吸收资金的目的，也属于互联网金融案件一个较为明显特征，归入我们重点防控的对象；二是本案反映出非法集资类案件的一种新型方式和手法，即通过私募、合伙等易混淆、变性的障眼法行非法集资之实，这种手法通其他互联网金融案件一样，通过互联网的放大作用，势必会产生广泛而恶劣的社会影响。合法私募应予支持和保护，但若越过私募合规的边界，滑向非法集资，抑或自始至终一直披着私募的虚假外衣，行非法集资之实，都应成为刑法严厉打击的重点，从而促进互联网金融行业的健康发展，保护投资者的合法权益。

非法集资与合法私募在区分判断上，一方面要从技术层面厘清行为是否符合成文法的条件与要求；另一方面要从实质上分析行为的本质特点，揭开形式上的面纱。本案对于区分非法集资与合法私募的关系具有示范和借鉴意义。

1.3 通过微信向不特定社会公众推销"新三板"股票行为的定性*

一、基本案情

2015年12月起，被告人洪某某、邓某某实际控制点石公司、正宏公司，使用其控制的股票账户通过全国中小企业股份转让系统（即"新三板"）从相关企业原始股东处先后受让了"晓进机械""晶鑫股份""麦迪制冷""宇晶机器"等股票，通过其控制的新三板股票账户直接转让或者指使其下辖公司、代理销售公司、个体销售人员对不特定公众公开销售上述股票。被告人刘某甲负责点石公司、正宏公司的人事、财务等事宜。

经被告人洪某某、邓某某授意和指使，被告人陈某某控制的信安巨丰公司、被告人吴某某控制的易之盛公司、被告人高某某控制的泓泽公司、被告人李某某控制的梦之宏公司、被告人刘某乙控制的煜明公司、被告人陈某甲控制的巨之家公司、代理销售方被告人韦某某控制的天威公司以及个体销售人员被告人陈某乙，采用微信等通信工具搭识投资者，向其推荐、分析新三板股票、夸大宣传并预测新三板股票具有转A股的可能，建议投资人买入，进而以互报成交确认的交易方式高价转让上述新三板股票。上述销售人员为没有新三板股票500万元开户资金的投资人，找寻垫资公司为其垫资开户并"手把手"指导投资者或者直接代理投资者在新三板交易系统中进行股份转让。

至案发，被告人洪某某、邓某某、刘某甲通过实际控制的点石公司、正宏公司买入新三板股票金额共计人民币1486.8万元（以下币种同）；通过其下辖公司、代理销售公司、个体销售人员，销售新三板股票金额共计5568.8万余元；买卖差额共计4082万元。

二、焦点问题

相对于主板市场、创业板等传统证券市场，新三板领域的股份转让交易规则和模式有着自身的特殊性，进而引发新三板股票经营行为案件定性思路的巨大争议：

---

* 上海市静安区人民检察院提供。

1. 本案是否构成操纵证券市场罪？传统操纵证券市场罪的追诉标准能否适用新三板市场？

2. 本案是否构成诈骗罪或者合同诈骗罪？非法占有目的如何认定？诈骗数额如何认定？

3. 本案是否构成非法经营罪？属于何种非法经营证券业务行为？与新三板股票协议转让模式中的正常推介股票行为如何界分？

三、分析意见

（一）操纵证券市场罪追诉标准难以适用新三板股票交易市场

1. 操纵本质是控制交易价格而非欺骗投资者进行买卖

在实现操纵目标过程中，操纵者常常采取一定的欺骗手段，如编造、提供虚假信息、误导信息，或者通过一定反向交易制造市场交易假象误导投资者。有观点据此认为，欺骗手段的运用表明操纵的实质是证券欺诈。该观点实际上只是看到了操纵证券市场的表象，从操纵的手段和方式上、从呈现的虚假市场行情上认定操纵的实质是证券欺诈。其实不然，行为的方式并非行为的本质，行为所折射的行为意图和行为所侵害的法益才是行为的本质属性。

从本罪行为类型角度看，操纵行为的直接目标是交易价格、交易量和申报量，最终的操纵意图是行为人期待的异常市场交易价格。刑法第182条明确列举了连续交易操纵、约定交易操纵和洗售操纵三种行为类型，并以其他方法操纵作为兜底条款。中国证券监督管理委员会《关于印发〈证券市场操纵行为认定指引（试行）〉及〈证券市场内幕交易行为认定指引（试行）〉的通知》中《证券市场操纵行为认定指引（试行）》部分中的规定，结合司法实践，又可归纳总结出抢帽子交易操纵、蛊惑交易操纵、虚假申报操纵、特定时间的价格或价值操纵、尾市交易操纵等。最高人民检察院、公安部《关于印发〈最高人民检察院、公安部关于公安机关管辖的刑事案件立案追诉标准的规定（二）〉的通知》又增加规定了特殊主体操纵。可见，目前为止已明确界定的操纵行为类型有上述9种。对上述9种操纵行为进行类型化分析，可以看出操纵的基本手段是利用市场优势或者对市场行情的影响力，操纵的直接目标是交易价格、交易量或申报量。其中，交易量和申报量并不是操纵者所追究的最终目标，而实现最终目标的媒介。通过一定规模的交易量和申报量，进而呈现出操纵者期望的市场交易假象，误导投资者跟风操作，最终目标依然是操纵者所期望出现的证券交易价格。一定的交易量和申报量，可以视为对应交易价格的征表，也即是犯罪量化的指标之一。因此，从行为类型化角度，操纵的实质是对证券交易价格的控制。

从本罪保护法益角度看，操纵所侵害的主要法益是证券市场的良好运营秩序,次要法益包括国家对证券交易的管理制度和投资者权益。本罪位于刑法分则第3章第4节破坏金融管理秩序罪中,该类罪旨在维护良好健康的金融秩序,而其中7种证券犯罪旨在保障证券市场的良好运营秩序。因此,对于个罪要件的解释应当紧紧围绕主要法益进行解读。操纵证券市场犯罪行为的行为指向应当是证券市场的正常交易秩序。从罪名表述看,操纵也是针对证券市场而言,确切地说应当是证券市场的交易秩序。对于证券市场的交易秩序,最为敏感的因素莫过于交易价格。因此,操纵证券市场交易秩序的突破口和关键点也自然是交易价格。除此之外的虚假披露信息、交易量、申报量,只是切入点,最终还是要迂回到影响和控制交易价格。从最终的获利角度看,只有控制了交易价格,才能实现操纵者所追究的经济利益。

因此,笔者认为,操纵的本质是控制交易价格,而不在于对交易其他环节和要素。至于操纵过程中出现欺骗手段,是实现控制交易价格的外在形式,并非操纵的实质。在厘清操纵实质的基础上,方能进一步判断操纵的认定标准。那么,对于新三板市场,操纵行为应该如何认定,能否直接套用已有的认定标准,是需要进一步论证的问题。

2. 新三板市场因其规模小和流通性差难以适用操纵的价量标准

目前,我国已经建立满足不同类型企业融资需求的多层次资本市场体系,其中股票市场,包括A股和B股,A股中包括沪深交易所的主板市场、深交所的中小板、创业板市场。新三板以及在各地股权交易中心挂牌的股份有限公司股份市场,也属于股票市场。这些股票市场因为设立目的和功能定位不同,在挂牌企业、投资风险、投资者的投资资格等方面存在诸多不同之处。这些不同之处造成新三板市场与传统的主板和二板市场存在着本质的不同。换言之,传统的行政监管方式和规则并不全部适用于新三板市场的交易模式和市场特征。进而上升到刑事违法行为上,现有的刑事违法认定标准也难以适用新三板市场。现有的操纵证券市场罪的认定标准主要是价量标准,即从成交量和成交价格的角度,在特定交易日内的成交量占总成交量一定比例,或者利用信息优势对证券交易价格和交易量进行控制,如连续交易操纵、约定交易操纵、洗售操纵和虚假申报操纵。笔者认为,传统的价量标准不能完全适用于新三板市场。

(1) 协议转让和做市转让的交易价量无法直接推定出操纵

目前,新三板市场仍属于起步阶段,整个市场与主板和创业板相比存在市场规模小、流通性差、成交量小、挂牌公司少等诸多特征。这就意味着,单纯从交易价格和交易量的角度去评判新三板市场的操纵,则凸显入罪门槛相对较低和价量尺度不均衡的不协调性。例如,在约定交易操纵中,根据最高人民检察院、公安部《关于印发〈最高人民检察院、公安部关于公安机关管辖的刑事案件立案追诉标准的规定（二）》的通知》第39条第（三）项规定，与他人串通，以事先约定的时间、价格和方式相互进行证券或者期货合约交易，且在该证券或者期货合约连续20个交易日内成交量累计达到该证券或者期货合约同期总成交量20%以上的，应认定为操纵。对于换手率非常低、流通性很差的新三板市场来说，股票在连续20个交易日内的总成交量有时非常少，而其中一笔大额的成交量非常容易达到总成交量20%以上，那么相对于主板和创业板市场来说，依然采用20%的认定比例则显得有失公平。同理可知，在连续操纵、洗售操纵、虚假申报操纵中同样存在操纵标准的不公正。

(2) 新三板特有的协议转让交易模式模糊了操纵的认定标准

不同于主板和创业板的集中竞价模式，实践中的新三板市场采用"做市转让"和"协议转让"两种交易方式。根据全国中小企业股份转让系统《股票转让细则（试行）》的规定，在做市转让模式下，投资者委托主办券商按其限定的价格买卖股票的指令，主办券商根据投资者的指令按限定的价格或低于限定的价格申报买入股票，按限定的价格或高于限定的价格申报卖出股票。做市商在全国股份转让系统持续发布买卖双向报价，按照价格优先、时间优先原则成交。在协议转让模式下，投资者委托分为意向委托、定价委托和成交确认委托。意向委托是指投资者委托主办券商按其确定价格和数量买卖股票的意向指令，意向委托不具有成交功能。定价委托是指投资者委托主办券商按其指定的价格买卖不超过其指定数量股票的指令。成交确认委托是指投资者买卖双方达成成交协议，或投资者拟与定价委托成交，委托主办券商以指定价格和数量与指定对手方确认成交的指令。按照时间优先原则，将成交确认申报和与该成交确认申报证券代码、申报价格相同，买卖方向相反及成交约定号一致的定价申报进行确认成交。成交确认申报与定价申报可以部分成交。对证券代码、申报价格和申报数量相同，买卖方向相反，指定对手方交易单元、证券账户号码相符及成交约定号一致的成交确认申报进行确认成交。

根据新三板交易系统的统计数据，按照每日、每周、每月的统计数据来看，采用协议转让交易方式成交额约是做市转让的二倍。也即是说，协议转让是新三板市场的主要交易模式。协议转让的主要特点在于买卖双方场外议价和达成协议，然后在新三板成交系统内进行一对一的点对点交割过户。场外议价和达成协议，完全可以认定为连续交易操纵中的"合谋"。如前所述，新三板市场中交易双方在连续20个交易日内成交量比例标准的满足上是非常容易的。因此，某种程度上，协议转让等同于连续交易操纵，或者约定交易操纵。如果机械地参照追诉标准，许多依法依规的协议转让均有可能被认定为操纵证券市场犯罪行为。

造成这一矛盾现象的根本原因在于原有的追诉标准和认定标准是针对传统主板和创业板的集中竞价模式的证券市场设置的,并不适用于"新三板"股票市场。"新三板"股票交易模式的特殊性决定了并不能适用交易价格和交易量这种认定标准。

(3) 协议转让本身操纵空间较小

协议转让本质上是交易双方的真实意思合意,后通过新三板股转系统实现相互报价成交,进而完成股份交割过户。可见,协议转让模式下,新三板股转系统处于代办性功能定位,交易主体处于交易主导地位。交易主体对股份转让的数量、价格、时间等具有决定权。通常情况下,交易进行不存在误解、被迫或者被动接受等情况。这一点显著区别于集合竞价的交易模式。因为在传统集合竞价模式下,按照价格优先、时间优先的交易规则,价格一旦被操纵,买方只能在操纵价格之上进行报价才能获得成交的机会,否则根据价格优先的规则无法买入股票。而协议转让则不同,即便新三板股票成交记录的交易价格很高,但是这不影响买入方在低于之前成交价格进行报价,只要与卖方协商一致,完全可以按照相对较低的价格通过协议转让的成交确认报价方式进行交易。因此,从这个角度讲,操纵新三板股票价格,可以将股价炒高,但并不能直接影响后面的股票交易价格。

反对论者也许认为,如果行为人从交易价格和交易量两个角度对新三板股票进行控制,造成该股票换手率高、成交价格较高的假象,给后续的投资者以误解该支股票系优质股而高价位购入,也可以构成操纵。诚然,新三板市场是存在操纵的。但是,笔者认为,依据现有的认定标准,无法与新三板的特有交易模式和独特性相协调,尤其是协议转让交易模式下,现在认定标准无法发挥界分正常交易与操纵交易的作用,反而存在将依规交易认定为操纵犯罪行为的极大可能。

回归到本案的认定,几名被告人在原始股东处买入股票后在实际控制的账户之间进行了交易,但据多名被告人供述,如此交易是由点石公司买入股票再分销给下辖的销售公司,并非为了制造交易量和拉高交易价格。此外,也没有其他客观证据证实点石公司控制的账户成交量已经达到操纵的成交量标准。即便是达到现有认定标准的量化指标的要求,也不宜认定为操纵。综上,鉴于新三板市场适用现有操纵认定标准的不适当性和本案的证据情况,不宜将本案定性为操纵证券市场罪。

(二)"非法占有为目的"和"数额"难以认定,故而不构成诈骗罪或者合同诈骗罪

1. 虚假和夸大宣传并不能直接推定"非法占有为目的"

一是虚假夸大宣传股票行为并不能直接推导出"非法占有为目的"。被告

人在销售过程中采用"话术单"的聊天套路夸大"新三板"股票升值潜力、谎称所持有的"新三板"股票系原始股、内部渠道才能买到等行为，可以认定为虚假宣传、夸大分析。但所谓的"话术单"在日常销售中司空见惯，日常销售宣传中通常伴随着虚假成分和夸张夸大的情形。诚然，销售手段违背客观事实是"骗"，但"骗"的行为指向是股票交易。而股票交易的达成本身并不违反"新三板"股票交易规则。"骗"的行为和主观故意并不能直接认定"非法占有"的主观目的，因为"非法占有目的"系主观的超过要素，与"骗"并无对应关系。

二是股票销售差价并未明显超出合理营利的范围。被告人通过低买高卖的方式赚取差价而获利，本身属于正常的商业行为。由于"新三板"并非主板市场的集中竞价交易模式，因此股票的涨跌幅度无法精准确定。即便是参照主板市场的涨跌幅度，本案销售差额也并未超出股票的通常涨幅，因此无法认定销售差额系诈骗数额。

2. 从销售金额和买卖差额角度均无法准确计算诈骗数额

本案股票买卖合同行为，认定诈骗数额是股票买入金额、股票销售金额，抑或是买卖差额？显然诈骗数额不宜以买入金额计算。销售金额实际上包含了买入成本即买入金额，是否需要对买入金额予以扣除，涉及犯罪成本是否需要扣除的问题。本案股票买卖是有对价的交易，投资人确实获得了股份，且是有市场流通价值的。因此，考虑到股份的价值，投资人实际损失要小于或者等于销售金额。

如果以销售数额认定诈骗数额，那么具有交易价值的犯罪成本应从诈骗数额中予以扣除。对于交易过程中诈骗数额的计算，有必要区分有对价交易和无对价交易。对于无对价交易的诈骗情形，诈骗数额认定一般不存在犯罪成本、交易对价扣除的问题，认定较为容易。对于有对价的交易，交易对价的金额作为犯罪成本，是否应予以扣除，刑事司法操作中存在较大争议。笔者认为，一刀切的做法均有失偏颇。应区分交易对价对被骗人是否具有一定的经济价值。对于购买犯罪工具之类的犯罪成本，一般对被骗人来说，犯罪工具不具有任何的经济价值，不应当予以扣除。而本案中，投资者获得了作为交易对价的股票，有些股票甚至已经升值并且确实已经在进行转主板上市的筹备中，因此从交易对价上看，投资者并未一无所获，甚至个别投资者反而盈利了。有鉴于此，笔者认为，如果以销售数额认定诈骗数额，应从销售数额中扣除股票的实际价值，进而认定诈骗的数额。但与此同时，每只股票的客观价值是不固定的，由于协议转让和做市转让的方式，也不可能像集中交易模式那样给出每一只股票的当日停牌的成交价格。因此，新三板交易系统的股票当日价格对后续的成交价格参考价值较低，以致无法准确对当下的股票价值进行估价。因此，销售数额应当扣除多少股票的价值，无法计算，进而无法得出诈骗数额。

如果以买卖差额认定诈骗数额，那么首先要解决的是股票买入数额作为犯罪成本是否应从诈骗数额中予以扣除？肯定观点认为诈骗数额应扣除犯罪成本的金额，认定为实际所得的数额。否定观点则认为诈骗数额不应扣除犯罪成本的金额，认为诈骗数额系诈骗行为骗得的财物数额。现有司法解释采用了否定观点。最高人民法院2001年1月21日发布施行的《关于印发〈全国法院审理金融犯罪案件工作座谈会纪要〉的通知》中规定：在具体认定金融诈骗犯罪的数额时，应当以行为人实际骗取的数额计算。因此，买卖差额实际上是销售数额扣除了作为犯罪成本的买入数额，与上述司法解释的观点是相悖的。

综上，无论是从主观的非法占有的目的上，还是从客观层面的诈骗数额认定上，本案难以构成诈骗罪或者合同诈骗罪。

（三）依据证券法规，本案宜认定为非法经营罪

1. 本案行为构成非法经营证券投资咨询业务行为

细细梳理本案的事实和行为，不难发现，行为人在销售股票的过程中，采用微信、QQ 等通信工具搭识投资者，向其推荐、分析新三板股票、夸大宣传并预测新三板股票具有转 A 股的可能，建议投资人买入，进而以互报成交确认的交易方式高价转让上述新三板股票。行为人为了找到买家，达到高价转让新三板股票，通过微信、QQ 随意添加好友的方式实施了向不特定公众推荐、虚假分析、夸大预测、建议购买等行为。根据相关证券法规，这一行为构成证券投资咨询行为。

《证券、期货投资咨询管理暂行办法》第 2 条对证券投资咨询的行为概念和具体表现形式，进行了详细的界定，其中，通过电话、传真、电脑网络等电信设备系统，为证券投资人或者客户提供证券投资分析、预测或者建议等直接或者间接有偿咨询服务的活动，是证券投资咨询行为。被告人在销售新三板股票行为过程中的分析、预测、推荐和建议行为，完全符合上述行政监管法规对证券投资咨询行为的界定，属于一种证券投资咨询行为。

2. 协议转让中正常推介行为与证券投资咨询行为的界分标准

如前所述，新三板特有交易模式是协议转让，且系主要的交易方式。问题随之而来，既然是协议转让，允许买卖双方在系统之外达成买卖意向和签订买卖协议，那么买卖恰当之中必然就意味着卖方要介绍和推荐自己持有的股票。显然，这是协议转让的应有之义。不可能存在这样的情形：既允许场外议价和达成协议，又禁止买卖双方达成买卖意向过程中的推介股票行为。那么如何划定协议转让中正常的推介行为与证券投资咨询行为的分野，是亟

须厘清的问题。

笔者认为,两者界分标准应紧紧围绕证券投资咨询业务行为的概念进行判定。《证券法》第 170 条规定:"证券投资咨询机构、财务顾问机构、资信评估机构从事证券服务业务的人员,必须具备证券专业知识和从事证券业务或者证券服务业务二年以上经验。认定其证券从业资格的标准和管理办法,由国务院证券监督管理机构制定。因此,证券投资咨询业务从业人员具有严格的从业资质要求。证券投资咨询本质上是对证券的分析、预测和建议。从证券市场的角度看,证券投资咨询业务行为是指具有特定资质的从业人员从事的证券分析、预测和建议行为,是一种经营证券业务行为。

股票转让中正常推介行为是指新三板股票的个体投资人,对持有的少量股票在遵循股票及其公司客观情况的基础上进行分析、预测、建议时,属于正当合法的宣传行为,不属于证券投资咨询行为。就本案而言,股票非法经营行为与股票转让中正常推介行为的区别可以从以下几个方面予以判断:

第一,本案通过成立销售公司、招募销售人员同时自买自卖十几支股票,股票数量较大。一般股票投资者不会特意成立公司用于买卖股票,也不会同时持有这么多股票。

第二,通过设置微信美女头像方式,肆意引诱投资人,针对不特定的对象进行售卖,也有别于一般正常的股票个体投资行为。

第三,新三板股票账户开户要求 500 元万开户启动资金。被告人对于投资人的投资资格和资信能力不但没有要求,反而为没有 500 万元启动资金的投资人垫资开户,承担"一条龙"的买卖股票服务,显然区别于一般炒股者。

第四,存在一定的虚假夸大宣传,不符合股票客观情况的分析、预测和建议,以达到转让股票的目的。例如,谎称系原始股、半年内有转 A 股的可能、特殊渠道才能买到的股票、未经详细考察论证就敢说这股票很好,等等。

因此这种专门从事包装新三板股票,自买自卖股票的行为已经成为一种经营证券行为,确切地说是证券投资咨询行为,不同于一般意义上的炒股行为。

3. 此类证券投资咨询行为构成非法经营罪

《证券、期货投资咨询管理暂行办法》第 3 条明确规定:"从事证券投资咨询业务,必须取得中国证监会的业务许可。未经中国证监会许可,任何机构和个人均不得从事各种形式证券投资咨询业务"。根据《证券法》第 122 条规定:"设立证券公司,必须经国务院证券监督管理机构审查批准。未经国务院证券监督管理机构批准,任何单位和个人不得经营证券业务。本案发生于特有交易模式的"新三板"市场中,被告人未经许可,专门设置众多公司、招募大量销售人员、同时集中控制多个交易账户和多支股票,通过微信、QQ 以

"话术"的套路形式向投资人提供证券投资咨询服务，从买卖差价中变相获取服务费用，已经触犯了相关证券法规，系非法经营行为。结合《证券法》第231条的规定和《刑法》第225条的规定，认定被告人行为构成非法经营罪。

四、处理结果

上海市静安区人民检察院以洪某某、邓某某等人涉嫌非法经营罪提起公诉，上海市静安区人民法院判决洪某某、邓某某构成非法经营罪，分别判处有期徒刑3年，缓刑3年，并处罚金50万元；其余从犯构成非法经营罪，分别判处有期徒刑2年，缓刑2年至有期徒刑9个月，缓刑1年不等，并处相应罚金。本案检察机关未提起抗诉、被告人未提出上诉，判决已经生效。

五、点评

新三板领域的股份转让交易规则和模式有着特殊性，新三板股票经营领域涉及的犯罪行为在法律适用上要充分考虑到所处背景信息的独有特点。本案中涉及通过互联网向不特定公众推销新三板股票行为的定性，一般而言涉及操纵证券市场罪、诈骗犯罪、非法经营罪等罪名的选择。而立法总是具有保守型、滞后性，随着经济社会的发展，原有立法文本和司法解释不能完全涵盖新出现的各种行为类型，所以在司法实践中，针对某种明显侵害法益的行为进行法律适用时，要充分在对作为大前提的法律规范和作为小前提的案件证据事实之间进行往返解释归纳和论证。在解释大前提的过程中要遵循文义涵摄的内涵和外延，使得解释的结论不能超出刑法的目的。在案件的归纳过程中又不能人为设定性质，尽量涵盖事实的原貌。本案的办理，主要通过结合犯罪行为的本质、侵害的法益、追诉的条件设置等方面，对操纵证券市场罪、诈骗犯罪、非法经营罪的关系进行全面梳理，在办案理念和方法论上有借鉴意义。

1.4 以有限合伙型私募基金的方式募集资金是否构成非法吸收公众存款罪的判断要点[*]

一、基本案情

2012年4月至8月,基金管理公司华夏公司经与浙大网新公司协商,约定由华夏公司发起设立有限合伙制私募投资基金,针对浙大网新公司的创新科技园项目提供融资服务。

2012年8月,华夏公司以普通合伙人身份,发起设立有限合伙企业鼎盛中心后,分别委托犯罪嫌疑单位格某公司、伟某公司为鼎盛中心招募有限合伙人并募集资金。

嗣后,格某公司、伟某公司主要针对曾购买公司产品的老客户或前来询问产品的投资意向人推销鼎盛中心基金,并宣称该基金每年可得税前17.5%的预期收益,到期退还本金。同时,通过由投资人阅看并签订《认购风险声明书》《认购协议》等,声明项目不承诺保本付息。后格某公司向20名投资人募集资金3970万元,并按募集金额的4.5%收取服务费178万余元;伟某公司向8名投资人募集资金2090万元,并按募集金额的4%—4.5%收取服务费90余万元。

除上述28名投资人以外,华夏公司还通过上海御富股权投资基金管理有限公司、北京谛都公司等招募投资人21名。上述49名投资人最低投资额为100万元,且均与华夏公司签订《上海双达鼎盛资产管理中心(有限合伙)认购协议》(以下简称《认购协议》)等合同确认投资关系,并将投资资金直接转入鼎盛中心账户。2012年12月24日,上述投资人通过签署《合伙协议》等文件及工商登记变更,正式成为鼎盛中心有限合伙人。

2012年11月至2013年1月,鼎盛中心通过委托贷款的方式将所募集1.126亿资金出借给浙大网新公司用于浙大创新科技园项目。经审计,上述资金除2000万元直接用于浙大科技园项目外,其余分别用于支付投资人利息,支付华夏公司等服务费及划入浙大网新关联公司账户及部分个人账户。

---

[*] 上海市人民检察院第二分院提供。

2012年12月起到2014年6月20日止,浙大网新公司每月将固定回报集中转入鼎盛中心账户,再由鼎盛中心分别支付给各投资人。同年7月3日,浙大网新公司因经营不善,亏损严重,向法院申请破产重整。在重整过程中,鼎盛中心各合伙人已收到浙大网新支付的法院裁定债权的30%的补偿款,并在破产重整结束后预期收取普通债权10%的补偿款。

二、焦点问题

犯罪嫌疑单位格某公司、伟某公司及其实际控制人李某某、常某某受华夏公司委托为鼎盛中心基金项目招募投资人的行为是否构成非法吸收公众存款罪?

三、分析意见

第一种意见认为,本案构成非法吸收公众存款罪,其理由为:第一,从非法性看,格某公司和伟某公司系未经批准吸收存款;第二,从公众性与公开性看,资金募集对象虽然部分面向老客户,但也有通过网站宣传等向不特定对象推荐的情况;第三,从回报性看,虽然投资人均签署了书面的《认购风险声明书》等风险告知协议,但业务员也口头向投资人承诺保本付息。

第二种意见认为,本案不构成非法吸收公众存款罪,其理由为:第一,采用有限合伙企业的形式募集资金属于私募基金范畴,不须批准,且整个基金募集过程形式合法;第二,资金主要面向老客户募集,现有证据无法证明涉案公司采取公开方法宣传涉案基金;第三,基金募集范围限定在50人以内,投资金额100万元以上,满足案发时相关法规对合格投资者的要求;第四,投资人亲笔签署的多份文件中均明确声明不承诺保本付息,且投资人有限合伙人的身份予以工商变更,仅因业务员曾口头说明预期收益及本金返还方式不足以认定承诺保本付息。

我们同意第二种意见,本案不构成非法经营罪。

(一)采用有限合伙型私募基金的形式募集资金合法

"非法吸收"即违反国家金融管理法律规定,未经有关部门依法批准直接以吸收存款或者借贷的名义来吸收资金。对于非法的判定,一般从审视吸收公众存款的行为是否与现行的金融管理法律规定相抵触,以及是否经过有关部门批准两方面来判定。

根据工商登记资料及犯罪嫌疑人李某某、常某某供述,格某公司及伟某公司并无吸收公众存款的资质,其如果直接开展吸收公众存款或变相吸收公众存款业务属于未经有关部门批准。但本案中,华夏公司与项目方浙大网新公司约定的资金募集方式是有限合伙制私募投资基金,格某公司及伟某公司也主要是受华夏公司委托为该有限合伙制基金招募有限合伙人,华夏公司作为基金管理人，格某公司及伟某公司作为基金销售人，采用有限合伙企业募集资金的形式合法。理由如下：

1. 2006年修订的《合伙企业法》增加了有限合伙的规定，规定合伙企业由普通合伙人和有限合伙人组成，最多可有50名合伙人，合伙人中至少应当有一个普通合伙人，普通合伙人对合伙企业债务承担无限连带责任，有限合伙人以其认缴的基金份额为限对合伙企业债务承担责任。实际使合伙企业成立的基础由"人合"增加到"资合"。因此，利用有限合伙企业进行资金募集，符合2006年修订的《合伙企业法》的规定。

2. 本案案发于2012年底，当时我国法律规定中尚无明确的"私募基金"概念，也缺少对非公开募集资金的登记备案、资金募集和投资运作等的具体规范。从2012年至今，我国对私募基金的管理逐步规范，并从严从紧。其中，2014年施行的《私募投资基金监督管理暂行办法》（以下简称《暂行办法》）第2条第1款规定："本办法所称私募投资基金（以下简称私募基金），是指在我国境内，以非公开方式向投资者募集资金设立的投资基金"。《暂行办法》第2条第3款规定："非公开募集资金，以进行投资活动为目的的公司或者合伙企业，资产由基金管理人或者普通合伙人管理的，其登记备案、资金募集和投资运作适用本办法"。从鼎盛中心基金的成立方式、对外宣传和运作形式来看，属于《暂行办法》中所称"私募基金"。

3. 《暂行办法》同时明确，设立私募基金管理机构和发行私募基金不设行政审批，主要通过事中和事后监管。因此，只要涉案基金在依法合规的基础上，向法律规定数量的投资者发行私募基金即可，并不需要行政审批程序。根据《暂行办法》第11条的规定可知，单只私募基金的投资者人数累计不得超过《合伙企业法》等法律规定的特定数量。本案投资人规模符合《合伙企业法》中关于合伙人不超过50人规定，因此，基金募集人数合法。

4. 《暂行办法》要求各类私募基金管理人应根据基金业协会的规定，向基金业协会申请登记，私募基金募集完毕，应进行基金备案。上述要求基金管理人登记及基金备案的规定在2012年本案发生时并未予以明确规定并实际操作，因此，本案基金管理人华夏公司并未违反当时的相关法律规定。而且，华夏公司在2014年国家开始发放基金管理人登记的时候已经申领了私募基金管理人证书，因此，其作为有限合伙型投资基金鼎盛中心的创设人和基金管理人的身份合法。

5. 根据《暂行办法》第16条中的规定可知，私募基金管理人可以委托销售机构销售私募基金，因此华夏公司委托格某公司等进行基金募集的行为合法。

综上,本案以有限合伙型私募基金的形式募集资金,用于投资活动的行为并未与现行的金融管理法律规定相抵触,其形式不具有非法性。当然,本案除形式上判断其合法性与否之外,还要从实质上看其是否具有以合法形式的外衣进行非法集资,而判断关键就在于以下"三性"(公众性、公开性、利诱性)的认定。

(二)涉案公司募集资金对象特定且募集不具有公开性

对于私募基金募集方式的规定,最早见诸于2011年11月,国家发改委办公厅发布《关于促进股权投资企业规范发展的通知》(以下简称《通知》,《通知》已于2016年6月13日失效)。《通知》虽然旨在对我国境内设立的非公开交易企业股权投资业务的股权投资企业进行管理,但却明确规定了以"私募方式"募集资本的基本要求,即只能向特定的具有风险识别能力和风险承受能力的合格投资者募集,不得通过在媒体(包括各类网站)发布公告、在社区张贴布告、向社会散发传单、向公众发送手机短信或通过举办研讨会、讲座及其他公开或变相公开方式,直接或间接向不特定或非合格投资者进行推介。但对于"合格投资者"的识别在2014年《暂行办法》出台前并没有具体规定。

2014年《暂行办法》出台后,进一步规定私募基金的合格投资者是指具备相应风险识别能力和风险承担能力,《暂行办法》第12条规定:"私募基金的合格投资者是指具备相应风险识别能力和风险承担能力,投资于单只私募基金的金额不低于100万元且符合下列相关标准的单位和个人:(一)净资产不低于1000万元的单位;(二)金融资产不低于300万元或者最近三年个人年均收入不低于50万元的个人"。并要求基金销售机构采取问卷调查的方式,对投资者的风险识别能力和风险承担能力进行评估,由投资者书面承诺符合合格投资者条件。

2016年4月,中国基金业协会又发布《私募投资基金募集行为管理办法》(以下简称《行为管理办法》)对于基金募集机构可以公开宣传内容予以了进一步明确。其中规定,基金募集机构可以通过合法途径公开宣传私募基金管理人的品牌、发展战略、投资策略、管理团队以及由中国基金业协会公示的已备案私募基金的基本信息。同时明确,募集机构不得通过"未设置特定对象确定程序的募集机构官方网站、微信朋友圈等互联网媒介"推介私募基金,言下之意,对于设置了特定对象确定程序,由投资者承诺其符合合格投资者标准的情况下,基金募集机构可以通过其官方网站进行基金推介。

根据上述法律规定,可以认定:

1. 格某公司和伟某公司招募对象主要面向特定人群,具有特定性。第一,从《暂行办法》的相关规定可以看出，私募基金应当向达到规定资产规模或者收入水平，具备一定风险识别能力和风险承担能力的合格投资者募集。本案发生在 2012 年下半年，当时尚缺少对合格投资者明确的识别规范。但本案的投资起点为 100 万元，说明投资者有一定风险承受能力。第二，投资人中有较大比例老客户，从其之前投资项目和金额来看，其也应该具有一定投资能力和风险承受能力。第三，全部投资人经过工商变更，均转化为鼎盛中心的有限合伙人，人数限定在 50 人之内，符合《合伙企业法》的规定，并且本案中由于投资人签署的文件中包含保密协议，实际上最终也没有以不可控的方式大面积传播鼎盛中心信息。第四，华夏公司与项目方浙大网新约定募集资金规模为 2 亿元，而华夏公司实际委托格某公司等募集资金为 1.126 亿元，并未达到上述资金规模，华夏公司在达到规定人数后即结束资金募集，从一定程度上也说明整个基金规模是可控的，面向特定人群的。

因此，从上述投资人人数、投资金额的限定等可以认定本案的募集对象并非针对无风险承受能力的不特定人群进行，不能充分满足司法解释中阐明的不特定性要求。

2. 通过打电话、发邮件等方式向公司具有合格投资者身份的老客户定向推荐涉案基金，不属于公开宣传。有观点认为，根据最高人民法院《关于审理非法集资刑事案件具体应用法律若干问题的解释》（以下简称为《解释》）规定，"未向社会公开宣传，在亲友或者单位内部针对特定对象吸收资金的，不属于非法吸收或者变相吸收公众存款"，本案中只是基于之前的业务合作关系，并不足以形成类似于亲友、单位内部人员等的紧密内部联系，因此，对老客户推荐也应认定为属于公开宣传。但是，一方面，《解释》只是列举了一种认定非法吸收公众存款的排除情形，并非说明吸收资金只能向具有如亲友、单位内部人员等的紧密内部联系的人员进行；另一方面，公开性是指非法吸收公众存款犯罪的行为人不采取任何保密措施，使所有社会公众都有可能知晓其吸收存款活动。向老客户定向宣传基金显然并不属于以社会公众都可能知晓的方式吸收存款，也与《暂行规定》等所列举的公开宣传方式不具有相当性。

3. 投资人基于投资理财需要，通过网络自行找到投资理财公司，此时投资理财公司向投资人介绍项目，不属于公开宣传。一方面，根据《行为管理办法》规定，格某公司和伟某公司作为基金募集机构，可以通过合法途径公开宣传私募基金管理人的品牌、发展战略、投资策略、管理团队以及由中国基金业协会公示的已备案私募基金的基本信息；另一方面，2014 年《暂行办法》出台前，我国并无相关法律规定要求基金募集方对投资者是否属于"合格投资者"进行事前审查，更缺少具体审查方式的规定。而《暂行办法》也仅是规定，由投资者通过问卷调查的形式自己承诺符合合格投资者条件后，则属于可以推介的适格对象。因此，投资人基于自身理财需要，没有选择收益小风险低的银行理财产品，而是通过网络寻找投资理财公司，并在之后通过咨询定向获取较高收益率理财产品信息，本身可以推知其承诺符合合格投资者条件且有投资意愿。

4. 格某公司虽有一例亲友间口口相传的情况，但仅限于可控的极小亲属范围，不宜认定为公开宣传途径。对于投资人杨某某以其本人名义及妻子、女儿名义分别购买三份涉案基金的情况，并不属于亲友间口口相传，在此不做展开分析。

综上，本案中格某公司、伟某公司招募投资人范围限定在特定人群范围内，且无法证实其具有宣传涉案项目的行为，故不满足《解释》所规定公众性和公开性的要求。需要说明的是，即使有证据证明犯罪嫌疑单位有部分公开宣传的行为，但基于犯罪嫌疑单位宣传涉案基金的主要方式是面向老客户定向宣传，非法吸收存款罪的认定需要同时满足非法性、公众性、公开性和利诱性四个方面的要求，因此，仅有少部分公开性的成立并不能直接做出全案有罪的认定，还要综合考虑其他因素是否成立。

（三）涉案公司募集资金不具有利诱性

2014年《暂行办法》规定，私募基金管理人、私募基金销售机构不得向投资者承诺投资本金不受损失或者承诺最低收益，另外，应当制作风险揭示书，由投资者签字确认。

本案虽然案发于2012年，当时尚无要求制作风险揭示书的规定，但格某公司和伟某公司作为基金销售方，仍然按照华夏公司要求，让投资人与华夏公司签署了独立文本的《认购风险声明书》以及一系列具有风险提示内容的文件，特别是在《合伙人会议第一次会议决议》关于以合伙企业的资金在项目公司存续期间产生全部收益为准作为派发合伙人收益之基数的条款，向投资人明确声明合伙人收益以实际产生收益为准，并未承诺可保本付息，也足以说明其对投资人进行了明确的风险揭示。

有观点认为，即使投资人签署过不承诺还本付息的书面协议，仍有可能受业务员口头承诺之惑而进行投资。但从本案的实际情况来看：其一，投资人通过签署有限合伙企业的《合伙协议》及进行工商变更等，应当明知自己有限合伙人的身份。投资人顾某某、金某某、唐某某等人证言证实，部分投资人对有限合伙企业的风险有一定认识，有业务员也对投资人进行过有限合伙企业的风险揭示；其二，在案证据证实本案两家公司均系根据华夏公司提供的鼎盛中心投资指南、宣传资料等对项目回报方式进行书面及口头宣传，业务员在宣传中仅告知投资人预期收益及本金收回时间,对于投资人所关心资金安全问题,也只是告知其项目有股权质押等真实的风险控制措施,对于风控措施所能发挥具体作用和有效性需要由投资人进行判断。这与一般意义上承诺还本付息的行为有很大区别。

根据《解释》规定,认定非法吸收存款罪的构成,必须同时满足非法性、公开性、不特定性和利诱性四个要件。综合上述分析,现有证据无法证明格某公司、伟某公司及公司法定代表人的行为满足上述四个要件,具有非法吸收公众存款的犯罪事实,因此不能认定其构成非法吸收公众存款罪。

四、处理结果

经审查并两次退回补充侦查,上海市人民检察院第二分院仍然认为侦查机关认定的犯罪事实不清、证据不足,不符合起诉条件。依照《中华人民共和国刑事诉讼法》第 171 条第 4 款的规定,经检察长决定,上海市人民检察院第二分院对格某公司、伟某公司及公司法定代表人李某、常某作出存疑不起诉决定。

五、点评

非法吸收公众存款罪的法益是扰乱金融管理秩序,"97 刑法"设立本罪带有时代特色的政策性因素。随着经济社会发展,民间借贷获得了广泛的生存空间,也有现实存在的必要性。从司法解释层面,对构成本罪也有一定刑事政策方面的限制,比如"非法吸收或者变相吸收公众存款,主要用于正常的生产经营活动,能够及时清退吸收资金,可以免予刑事处罚;情节显著轻微的,不作为犯罪处理"。当然这是从结果上作出的宽宥;另外,从行为上,特别是"非法性"和"利诱性"要素上,司法实践中应该严格把握入罪门槛。"非法性"方面,要求"未经有关部门依法批准或者借用合法经营的形式吸收资金",如果在其他部门法律、法规方面对某种集资行为予以有条件许可的情况下,认定"非法性"应当仔细甄别;"利诱性"方面,要求对投资者还本付息的承诺不以行为人经营获利为必要前提,即属于不附加条件的返利承诺。

本案以存疑不起诉方式结案,体现检察机关对案件证据和法律适用的严格把控。本案的新颖之处在于采取有限合伙形式募集基金,并且在笔者的拟定上在回报性方面规避了相关的法律风险。司法机关在办理案件过程中,应该严格以法律规定为大前提,案件证据认定的事实为小前提,从而得出妥当的结论。本案的启示在特定经济领域,要依据相关部门法规,对特定经济行为的合规性进行具体评判,同时对行为主体事前拟定的风控条款展开精细化探讨,从而按照法律规定对合法的市场行为与非法集资的甄别上提供标准。该案的办理思路,值得借鉴。

1.5 租用网络交易平台组织非法期货交易的行为应如何认定[*]

一、基本案情

被告人郭某某于 2012 年 12 月 13 日成立中环财富国际投资公司（以下简称中环财富公司），2013 年 4 月开始营业，因不太懂金融知识，所以公司在 2013 年业务很少。2013 年 12 月郭某某雇用被告人姚某某到中环财富公司任总经理，开展黄金现货买卖业务。同时，姚某某将以前的同事被告人齐某某也介绍到中环财富公司任自己的助理，与郭某某的妻子戴某某一起负责公司财务工作。

中环财富公司先后租用了三个境外黄金交易网络平台：USG、ECN 和 FFS 平台。2013 年 5 月至 11 月租用的 USG 平台，每天由业务员随机拨打电话寻找客户，电话号码系齐某某、戴某某从网上购买的。客户在 USG 平台入金进行交易，平台每手交易支付给郭某某佣金。2014 年初郭某某因 USG 平台给的佣金太少，就又先后找了 ECN 和 FFS 平台。根据郭某某供述称于 2014 年 2 月至 5 月期间使用 ECN 平台，5 月后开始只使用 FFS 平台，不再使用 ECN 平台。这两个平台只需要郭某某每月支付 7000 元至 1 万元不等的使用费，客户资金由平台入金至第三方支付公司宝付网络科技（上海）有限公司后，再由宝付网络公司将投资款转汇回郭某某的个人账户内，此过程只有郭某某一人知晓，未告诉客户及公司业务员。客户在中环财富公司投资后即可获得账户名和密码，再由业务员协助从平台网站上下载、安装交易软件，客户通过软件进行黄金现货买卖，也可委托业务员代理操盘，而投资款都在郭某某的个人账户内没有变化，只有在客户投资盈利要求出金时，郭某某才从自己的账户出金给客户，若客户平台账户内的钱款全部亏损，则所投资金即为郭某某所有，用于公司经营、给盈利客户出金和个人占有。7 名投资人在中环财富公司投资额共计人民币 514956.44 元。

2014 年八九月份，姚某某自己也想开办类似的公司，就开始暗中把中环

---

[*] 北京市西城区人民检察院金融犯罪检察部。

财富公司的业务员和客户都准备拉到自己的公司。同时郭某某认为公司经营状况不好,也想结束中环财富公司经营,2014年10月郭某某结束中环财富公司经营前将剩余三四个月的房屋租期、办公用品、部分业务员交接给姚某某,原有的客户也由姚某某负责维护,姚某某支付拖欠业务员的工资,另外姚某某又支付给郭某某3万元。2014年10月31日姚某某成立了北京国鑫财富国际投资公司(以下简称国鑫财富公司),自己任法定代表人,对外自称是公司总经理,叫"陈鑫利",任齐某某为国鑫财富公司财务总监。

2014年10月至12月期间姚某某沿用ECN平台,2015年初姚某某在网上找到一家深圳的公司,租用了英国CMC平台,每月支付5000元固定的使用费和每月客户入金数额的千分之七的交易费,国鑫财富公司在客户每手操作中收取100美元的手续费。每天由业务员通过随机拨打电话寻找客户(号码由齐某某在网上购买),客户投资的钱款直接汇到姚某某个人账户内或由齐某某收取后转汇给姚某某。业务员给客户的电脑安装平台软件,客户也是通过软件进行买卖操作,投资款都在姚某某的个人账户内,每月由齐某某为姚某某统计当月每名客户交易手数,姚某某在客户入金的钱款中扣除相应的手续费,剩余钱款仍在姚某个人账户内,只有在客户投资盈利要求出金时,姚某某才从自己的账户内出金给客户。若客户在平台账户中交易时将全部钱款"亏损"完,则所入金钱款即为姚某某所有,用于公司运营、给其他客户出金和个人占有。19名投资人在国鑫财富公司投资额共计人民币3427618.1元和美元141800元。

被告人齐某某原来和姚某某原系同事关系,于2013年底随姚某某一起到中环财富公司工作,任姚某某的助理,负责采买、结算工资、收取投资款,再转交给郭某某。姚某某成立国鑫财富公司后齐某某又随姚某到国鑫财富公司工作,任财务总监,具体工作包括:收取客户投资款后在深圳CMC公司提供的平台开户软件中为投资人开立账户,把账户、密码通过业务员交给客户,负责向账户内填写入金金额,将投资款转汇至姚某某的账户内;每月月底通过自己的交通银行账户向一名叫朱某某的人转账5000元平台使用费;客户申请出金时,按姚某某的指示给客户出金;每月通过平台软件后台统计功能核对客户交易手数,计算业务员工资及提成,按月发放现金给业务员。据齐某某供述称,在中环财富公司时,郭某某因不太懂金融业务,公司主要的事情都由姚某某负责,员工有问题也都询问姚某某,郭某某只是发现业绩不好时,要求员工提升业绩,每天来公司也就只关注公司业绩,其他的事情很少管,公司大小事务都由姚某某负责。

根据公安机关侦查,英国CMC MARKETS英国公共有限公司在全球多个国家设有分公司，分公司的主营项目为提供金融衍生品的交易平台，例如：外汇、股指、黄金等交易平台。但是在中国，因为中国的法律禁止境外的公司开设交易平台进行金融交易，故北京代表处只是负责跟总公司进行联系，实际上不存在任何开设平台对外营业的业务。北京联络处是 CMC MARKETS 英国公共公司在中国的唯一联络处。CMC MARKETS 英国公共公司没有在中国境内合作加盟公司进行黄金交易。

二、焦点问题

本案应认定为诈骗罪还是非法经营罪？

三、分析意见

本案的主要特点是被告人郭某某、姚某某在各自成立的公司内租用黄金期货交易平台，吸引投资人进行所谓的黄金期货投资，实则是将投资人钱款收入自己的银行账户中，用于支持公司运营和个人赢利。在审查此案过程中，对于郭某某、姚某某的行为应如何定性分为两种意见：诈骗罪和非法经营罪。

（一）诈骗罪分析

该意见认为，郭某某、姚某某在各自成立的公司内，通过租用的投资平台吸引投资人参与投资，在整个过程中客观上欺瞒了重要事实，主观上具有诈骗他人钱款的故意，符合诈骗罪的构成要件：

第一，郭某某、姚某某有虚构事实、隐瞒真相的欺骗行为。欺骗行为主要体现在信息和能力上。信息方面，谎称该平台进行的是真正的黄金期货交易，使得投资者以为自己的资金确实进入了交易市场，却隐瞒了所用平台实为每月几千元租来的，如不按时支付租金，平台随时不能再使用。即投资者进行的并非是市场投资行为，而是与平台租用者的对赌游戏；能力方面，行为人在吸引投资人、演示过往业绩时均会宣称"低投资、高收益"，通过在社交平台上"打托"、相互吹捧，强调"专家人士"的投资经验，以及使用的投资杠杆可以带来巨额收益，引诱投资者盲目入金。

第二，投资者的自愿入金和手续费消耗系郭某某、姚某某的欺骗行为所致。郭某某、姚某某的上述欺骗行为，使得投资者产生了一个误解，认为组织方具有很强的市场判断能力、运行模式赚取高额利润的概率较高，即便支出昂贵的手续费，也能冲抵盈利本身，认为"投资"确实有利可图。

第三，损失的是投资者，获利的是郭某某、姚某某。本案中，投资者"投资"的亏损金额和手续费均进入郭某某、姚某某的公司与个人口袋中，郭某某、姚某某获得了经济利益；而投资者貌似"认赌服输"，具有自愿性，但如果知晓事实真相，断不愿通过支付高额手续费方式与郭某某、姚某某进行对赌，即存在交换目的错误，可以认定为损失。

第四，郭某某、姚某某具有骗取投资者本金及手续费的故意与非法占有为目的。

所以，郭某某、姚某某等人客观上在信息和能力方面有重大欺瞒行为，主观上是为了赚取客户的本金与高额手续费，构成诈骗罪。

(二) 非法经营罪分析

该意见认为，郭某某、姚某某二人成立公司、租用平台的行为，实则还是为了通过吸引投资人投资扩大经营，而非单纯实施骗取他人钱财的行为，郭某某、姚某某二人的行为主要存在于经营层面，现有证据不足以证明二人对于投资人钱款有非法占有的故意。理由如下：

第一，被告人郭某某、姚某某合法成立公司、招聘业务员，在使用租赁的交易平台过程中，也一直在筛选使用方便、收费低廉的平台，即二人行为的出发点在于节约经营成本，可以通过长久经营达到个人盈利的目的。

第二，中国人民银行营业管理部出具的《关于对中环财富公司、国鑫财富公司经营黄金业务行为性质相关认定意见的复函》，可以证明中环财富公司（郭某某）、国鑫财富公司（姚某某）经营期间的黄金交易行为属于非法组织黄金期货交易活动。在整个经营活动中，投资人以预判市场后期走势涨跌作为买卖依据，两家公司采用了标准化合约、保证金、双向交易、杠杆原理等概念，其经营行为破坏了黄金期货市场平稳有序发展，侵犯的客体系我国社会主义市场经济秩序。

第三，本案出现不同认定观点的症结在于投资款全部汇入郭某某、姚某某个人账户内。对于这一情节，在案证据可以从三方面证明郭某某、姚某某二人没有诈骗故意：首先，交易平台系郭某某、姚某某租用的，其二人对于平台交易没有实际控制权，更无法操作平台上的交易指数走势。所以，郭某某、姚某某二人无法通过后台操作完成个人牟利的目的；其次，在有投资人通过平台操作交易盈利、要求兑付钱款时，郭某某、姚某某都会如实兑付，没有推诿、逃避兑付义务的情况；最后，郭某某在结束中环财富公司经营时，将自己的客户、公司办公用品、剩余的房屋租期等都一并转让给姚某某，不同于以往传统诈骗类犯罪，行为人获利潜逃的特征，姚某某在其经营的国鑫财富公司内被抓，也可说明这一事实。可见，郭某某、姚某某二人主观目的在于通过公司经营达到个人盈利的目的。

综上，笔者认为，被告人郭某某、姚某某明知公司未经国务院期货监督管理机构批准开展期货经营业务，也不了解国家对于公司经营期货业务的相关管理性规定及禁止性规定，成立公司后擅自经营黄金期货业务，主观上具有扰乱市场秩序的故意，客观上实施了非法组织黄金期货交易的活动，严重扰乱了我国的金融市场秩序，影响了黄金期货市场的规范运行，阻碍了我国黄金市场健康发展，同时侵害了普通投资者的投资积极性和财产权益，最终侵犯了非法经营罪的客体，其二人的行为应认定为非法经营罪。

四、处理结果

2016年7月18日北京市西城区人民法院对本案作出一审判决，三名被告人均未提出上诉，现在一审判决已生效。判决内容如下：

1. 被告人郭某某犯非法经营罪，判处有期徒刑1年6个月，并处罚金人民币5万元。

2. 被告人姚某某犯非法经营罪，判处有期徒刑3年6个月，并处罚金人民币40万元。

3. 被告人齐某某犯非法经营罪，判处有期徒刑1年，缓刑1年，并处罚金人民币5万元。

五、点评

近年来，"互联网+"的模式方兴未艾，给经济发展和民众生活带来了深远的影响。但事物总是存在两面性，越来越多的犯罪分子也充分利用了互联网这个平台，创造了各种新颖的犯罪手法，本案正是如此。在全国范围内，此类案件呈高发态势，主要有以下特点：第一，技术含量高。主要依托移动网络，通过租用已经存在的或者自己研发的交易平台，鼓动民众投资境外的期货、股票；第二，背景信息真实。犯罪分子往往通过网络链接方式展示境外期货、股票的走势，让人深信不疑；第三，鼓动性强。犯罪分子往往在微信群、QQ群中大肆吹嘘盈利的空间和操盘手的能力，通过讲课、打托等方式引诱客户入金；第四，欺骗性高。犯罪分子收取投资款后，资金经过多层流转后，并未进入交易市场，实则是客户与犯罪分子进行对赌；第五，长线作业。犯罪分子利用投机市场上绝大多数散户都亏钱的客观事实，或者采取风险对冲手法，不计较个别得失，对盈利的客户能够立即兑现，诱使客户继续投资；第六，获利手法隐蔽。一方面赚取对赌的盈利，另一方面收取交易手续费。通过提前设定的规则，客户均表现出自愿性的特点。

如上所述，这类案件的实质就是犯罪分子依托一个真实的交易背景，通过层层设定，最终异化为犯罪分子坐庄，跟客户展开对赌，获利方式主要是收取手续费。从法律适用上看，主要应关注以下情况：第一，犯罪分子并不能操控、篡改真实的市场交易情况，对赌盈利与否不能事前确定；第二，虽然隐瞒资金未进入交易市场，但输赢都认，与客户真实投资证券、期货的效果具有相当性；第三，收取的每笔手续费均得到客户的认可与确认。

认定是否构成诈骗罪主要的焦点在于行为人的作假行为是否是投资者经济

损失的主要原因。"股市有风险,投资须谨慎"的道理每个投资者都明白,在正常的股票、期货交易市场中,也存在相关的资深人员的推荐、讲授现象,但并不影响投资者的自主选择权。本案最大的问题是投资者的资金并未实际进入交易市场,但从实际效果上看,行为人的对赌性质,实际与真实交易并无二致,投资者亏损的本金本质上是对市场的判断错误,问题就在于支付的手续费如何评判。就本案而言,手续费是行为人提前设定的交易条件,事先已经得到投资者的认可,每一笔手续费的交付均被投资者确认,难以认为是诈骗所致。所以,行为人的行为缺乏诈骗罪实质构造。

认定是否构成非法经营罪需要解决的问题是,行为人虽然有违反国家规定,未经国家有关主管部门批准非法经营形式上的证券、期货的行为,但非法经营罪通常仍表现为客观上存在实质的经营行为。本案的本质是依托真实的交易信息与投资者进行对赌而非通过对平台的管理组织真实的期货交易。所以,在法律适用上需要判断的是,对于投资者而言,与行为人对赌和进行真实的期货交易之间,有无实质区别?结论是没有,那么本案认定为非法经营罪就具有相对的妥当性。

2.1 胡某某、姚某某骗取贷款案

一、基本案情

2013年11月,证人梁某某想申办高额度信用卡,通过路边小广告间接联系上被告人胡某某,胡某某得知梁某某收入微薄,就告诉梁某某名下有车才方便办理高额度信用卡,并约定要以申办到信用卡额度的10%—15%提成作为回报,后胡某某和梁某某到深圳市南山区嘉进隆汽车广场的福特4S店,选购了一款车价为人民币26,2800元的福特翼虎汽车,因梁某某无法支付购车首期款,胡某某便联系深圳市亘富典当有限公司与梁某某签订贷款合同,为梁某某垫付购车首期款人民币10,2300元,胡某某还帮梁某某伪造了一份月收入税后人民币15000元的收入证明,告知被告人姚某某伪造了一份用于申请贷款的户名为梁某某的工商银行交易流水,帮助梁某某于2013年11月28日向被害公司福特汽车金融(中国)有限公司(以下简称"被害公司")骗取到人民币16万元的汽车贷款。后梁某某拿到购买的福特翼虎车后,将车辆质押给亘富典当公司进而归还先前垫付的购车首期款本息。自2013年12月25日起,梁某某开始不向被害公司支付车贷本息,至今已造成被害公司直接经济损失逾人民币16万元。

同月,证人罗某某想申办高额度信用卡,通过路边小广告联系上黄某某(另案处理),在黄某某的介绍下认识了胡某某,胡某某同样告诉罗某某名下有车才方便办理高额度信用卡。后黄某某、胡某某和罗某某一起到深圳市南山区嘉进隆汽车广场的福特4S店,选购了一款车价为人民币26,2800元的福特翼虎汽车。因罗某某无法支付购车首期款,胡某某便联系证人陈某某贷款给罗某某垫付购车首期款人民币10,2300元,胡某某还让黄某某伪造了罗某某的一份月收入人民币15000元的收入证明,同样通过姚某某伪造了一份户名为罗某某的建设银行交易流水,帮助罗某某于2013年11月28日向被害公司骗取到人民币16万元的汽车贷款,后罗某某将购买的福特翼虎新车质押给亘富典当公司进行贷款,归还了陈某甲先前垫付的购车首期款本息。自2013年12月25日起,罗某某开始未向被害公司支付车贷本息,至今已造成被害公司直接经济损失逾人民币16万元。

同月,证人陈某乙想申办高额度信用卡,通过路边小广告联系上证人黄某某，黄某某告知陈某乙名下有车才方便办理高额度信用卡。后和陈某乙到深圳市南山区嘉进隆汽车广场的福特4S店，选购了一款车价为人民币26，2800元的福特翼虎汽车。因陈某乙无法支付购车首期款，黄某某便联系胡某某帮忙找人垫付款项，后胡某某联系陈某甲贷款给陈某乙，垫付了购车首期款人民币10，2300元，黄某某还帮陈某乙伪造了一份月收入人民币11000元的收入证明和一份户名为罗某某的银行交易流水，帮助陈某乙于2013年12月27日向被害公司骗取到人民币16万元的汽车贷款。后胡某某、黄某某陪同陈某乙将购买的福特翼虎新车质押给亘富典当公司，贷得的款项用于归还陈某甲先前垫付的购车首期款本息。自2014年1月25日起，陈某乙开始未向被害公司支付车贷本息，至今已造成被害公司直接经济损失逾人民币16万元。

2014年3月21日，胡某某、姚某某先后被公安机关依法传唤并抓获，在姚某某住处缴获了用于伪造银行流水的银行公章、电脑和打印机等。

二、诉讼过程

犯罪嫌疑人胡某某、姚某某涉嫌骗取贷款一案，由被害公司于2014年3月6日报案。深圳市公安局南山分局以被告人胡某某、姚某某涉嫌骗取贷款罪立案侦查，2014年6月25日向深圳市南山区人民检察院移送审查起诉。深圳市南山区人民检察院经过一次退回侦查机关补充侦查和两次延长审查起诉期限，于2014年10月15日以骗取贷款罪向深圳市南山区人民法院提起公诉。2014年11月7日，深圳市南山区人民法院作出一审判决。

三、庭审观点

本案是一个以零元购车、再以购买的车辆申请高额度信用卡的案件，骗取贷款的手段方式较为特别，司法实践中第一次遇到，对案件定性有争议，从已查明的犯罪事实看，被告人胡某某为有偿帮助证人梁某某、罗某某、陈某乙申请到高额的信用卡，先是教唆三名证人购置车辆提升个人的资产状况，后参与伪造了三名证人的收入证明和银行流水等征信材料，且联系中介贷款公司预先垫付购车首期款，购车后再将车辆直接质押给贷款公司，后再凭车辆去申办额度相对较高的多张信用卡，最后透支信用卡后偿还贷款公司垫付的购车首期款，该行为首先直接骗取了车贷公司即被害公司的车款，后期也导致证人梁某某、罗某某、陈某乙多次透支信用卡进行以卡养卡，可能造成发卡银行的经济损失，容易诱发恶意透支型的信用卡诈骗违法犯罪案件，社会危害性较大，应依法予以惩处。

为证明起诉书指控的犯罪事实，公诉机关向法庭出示了物证、书证、证人证言、被害人陈述、被告人胡某某、姚某某的供述和辩解、鉴定意见、勘验检查辨认笔录等证据，认为胡某某、姚某某无视国家法律，伪造他人收入证明和银行流水,多次帮助他人以欺骗手段取得被害公司贷款,给该公司造成重大损失,其行为触犯了《中华人民共和国刑法》第175条第1款规定,犯罪事实清楚,证据确实、充分,应当以骗取贷款罪追究其刑事责任。综合案件犯罪情节和被害公司损失无法追回的危害结果,考虑到胡某某的认罪表现,结合姚某某的从犯身份,建议判处胡某某有期徒刑1年以上2年以下,并处罚金;判处姚某某有期徒刑10个月以下,并处罚金。

被告人胡某某当庭认罪,其辩护律师提出辩护意见,认为被告人胡某某参与公诉机关指控的第三单犯罪事实的证据不足,被害公司直接经济损失的数额有待商榷,本案社会危害性较小,被告人胡某某认罪态度好,主观恶性不大,建议法院对被告人胡某某从轻处罚。

被告人姚某某当庭认罪,其辩护律师提出辩护意见,被告人姚某某系从犯、初犯,认罪态度好,被害公司直接经济损失的数额有待商榷,综上,建议法院对被告人姚某某从轻处罚。

四、案件结果

一审法院认为,被告人胡某某、姚某某无视国家法律,以欺骗手段使他人取得被害公司贷款,给该公司造成重大损失,胡某某参与三次,姚某某参与两次,其行为均已构成骗取贷款罪。被告人胡某某在共同犯罪中起主要作用,系主犯;被告人姚某某在共同犯罪中起次要作用,系从犯,法院依法予以从轻处罚,对辩护人的相关辩护意见法院予以采纳。关于被告人胡某某参与公诉机关指控的第三单犯罪事实证据不足的辩解,审理认为,证人黄某某、陈某乙、蔚某某等证言相互印证,足以证实公诉机关指控的此单犯罪事实,对此辩解法院不予采纳。关于被害单位损失数额的辩解,审理认为,相关的书证、证人证言相互印证,足以证明被害公司发放的贷款本金和利息未被按期偿还,且抵押物已被质押后出租给他人,被害公司无法实现抵押物的优先受偿权,故指控被害公司经济损失数额的证据确实、充分,对被告人及其辩护人的相关辩解法院不予采纳。综合考虑本案的犯罪手段、次数、造成的损失、被告人的认罪态度等情节,以骗取贷款罪判处胡某某有期徒刑1年,并处罚金2万;以骗取贷款罪判处姚某某有期徒刑8个月,并处罚金2000元。

五、案件焦点

(一)被害公司是否属于刑法第175条所述的"其他金融机构"?

刑法第175条之一规定:"以欺骗手段取得银行或者其他金融机构贷款、票据承兑、信用证、保函等,给银行或其他金融机构造成重大损失或者有其他严重情节的,处三年以下有期徒刑或拘役,并处或者单处罚金"。可以看出骗取贷款罪的被害对象是有特定性的,即为银行或其他金融机构,而根据中国银监会颁发实施的《金融许可管理办法》第 3 条的规定，金融机构包括政策性银行、商业银行、农村合作银行、城市信用社、农村信用社、村镇银行、贷款公司、农村资金互助社、金融资产管理公司、信托公司、企业集团财务公司、金融租赁公司、汽车金融公司、货币经纪公司等，金融许可证适用于银监会监管的、经批准经营金融业务的金融机构，而本案被害公司有银监会颁发的金融许可证，就理应认定为其他金融机构。

（二）如何认定被害公司的"重大损失"？

根据最高人民检察院、公安部《关于印发〈最高人民检察院、公安部关于公安机关管辖的刑事案件立案追诉标准的规定（二）〉的通知》第 27 条的规定，骗取贷款罪的立案追诉标准，主要是"以欺骗手段取得贷款等，给银行或者其他金融机构造成直接经济损失数额在 20 万元以上"，故刑法条文规定的"重大损失"规定为直接经济损失 20 万元以上。本案中，被害公司被骗取的贷款 32 万元，是否就能直接认定为"直接经济损失"？庭审过程中，辩护律师认为被害公司和当事人签订了车辆抵押合同并已做抵押登记，在证人罗某某和陈某乙等无法偿还汽车贷款时，可以通过民事诉讼实现债权，进而将车辆拍卖抵偿欠款，现执行程序尚未终结，不宜直接据此认定为经济损失。但公诉机关认为，被害公司虽然对涉案车辆拥有抵押权，但被告人又帮助罗某某和陈某某等人将车辆非法质押给一典当公司，并且在罗某某和陈某乙等无法偿还借款的情形下，涉案车辆一直由典当公司控制并将涉案车辆长期租赁给第三方，被害公司虽然已经提起民事诉讼，胜诉且申请执行，但因法律关系及执行程序复杂，一直无法查封冻结相关财产，至案发时仍无法追回 32 万元的经济损失。据此，公诉机关认为，被害公司已循民事诉讼途径起诉并申请执行，穷尽救济途径仍无法实现债权，应认定为直接经济损失，法院采纳了这个观点。

（三）被告人构成骗取贷款罪还是贷款诈骗罪？

骗取贷款罪与贷款诈骗罪同属于破坏社会主义经济秩序罪中的个罪，行为特征均表现为骗取贷款，行为对象均为银行或其他金融机构，司法实践对两罪的认定适用容易产生混淆。从刑法对该两罪罪状的表述分析，一表述为"骗取"，另一表述为"诈骗"，用词不同体现了主观恶意程度区别，两罪主要区别也在于主观要件不同，即行为人主观上是否以非法占有为目的。贷款诈骗罪的目的不仅是骗取贷款，而且是要非法占有贷款，骗取贷款采用欺骗的目的则是在不符合贷款条件的情况下取得贷款，并不要求特定的目的。根据最高人民法院 2001 年印发的《全国法院审理金融犯罪案件工作座谈会议纪要》，主要可以从以下几种情形认定：一是明知归还能力而大量骗取资金；二是非法获取资金后逃跑；三是肆意挥霍骗取资金的；四是使用骗取的资金进行犯罪活动的；五是抽逃、转移资金、隐匿财产，以逃避返还资金的；六是隐匿、销毁账目，或者搞假破产、假倒闭，以逃避返还资金的；七是其他非法占有资金，拒不返还的。本案中，胡某某、姚某某没有直接实施骗取贷款的行为，而是帮助证人梁某某、罗某某、陈某乙伪造材料，先购置车辆再申请高额信用卡，从中赚取每单约1,5000元的好处费，主观上没有非法占有车辆贷款的故意，客观上也不能实际占有车辆贷款。梁某某、罗某某、陈某乙等人购车是为了申请高额信用卡，不是以非法占有贷款为目的，没有上述会议纪要规定的情形，不构成贷款诈骗罪，也不应当以贷款诈骗罪共犯追究被告人胡某某、姚某某刑事责任。因此，该案应当以骗取贷款罪定罪处罚。

六、指导意义

1. 依法惩治金融领域犯罪，应当立足于服务经济社会发展大局。近年来，随着经济发展和产业结构调整，融资难、融资贵问题较为突出，主要表现在贷款难、贷款贵，这就给一些不法分子非法集资、非法借贷、骗领信用卡带来可乘之机，集资诈骗、贷款诈骗、非法吸收公众存款、骗取贷款等金融领域违法犯罪猖獗，给国家、企业和人民群众带来巨大的损失。该案中被告人为了赚取中介费用，利用客户办信用卡需求，骗取金融机构贷款来购车，而后"一车双押"，办理类似业务的中介还有很多。被骗取的贷款不是其作案对象，但却成为被害公司直接经济损失，被告人有多次骗取贷款的行为，从数额和次数上均符合骗取贷款罪的构罪要件。因此，尽管被告人没有直接以骗取贷款为目的，也只赚取了数万元的中介费用，但是把被害公司带入复杂的追讨官司中，造成较大的经济损失，被告人也没有赔偿，在一定程度上给金融借贷秩序造成破坏。为此，法院依法判处被告人适当刑期的有期徒刑并处罚金，有利于维护正常的金融管理秩序，对于在当前经济形势下许多在金融领域"打擦边球"获取非法利益的中介机构是一个警醒。

2. 办理金融犯罪案件，应当对经济实体性质及运作机制进行细致考察。本案中被害人不是一般常见的银行金融机构，如何认定损失也有争议，这就要求办案人员在审查过程中查找现行法律，细致研究机构的运行机制，考察行业相关规定。在掌握金融、典当、借贷、抵押等相关经济、法律知识的基础上，对产生民事关系后的纠纷解决过程中有清晰的了解，把民事法律关系和刑事法律关系结合起来对案件性质进行思考，才能把犯罪的手段行为与目的行为分析清楚，找准犯罪行为所侵害的法益。

3. 对于非典型的金融犯罪案件，应当认真分析刑事违法性。金融领域的违法犯罪手段繁多，花样层出，大多披着合法的外衣，与民事行为相混同，事发后似乎只能通过民事途径救济,给被害人带来难以挽回的损失。因此,办案人员应当分析清楚这些行为的刑事违法性,才能精准出手,依法办理。本案罪犯所实施的零元购车、再以购买的车辆申请高额度信用卡的行为,实际上是伪造材料、再联系某些从事典当业务的贷款公司预先垫付购车首期款,购车后再将车辆质押给该贷款公司,后再凭车辆去金融机构申办额度相对较高的多张信用卡。这些虚构事实、隐瞒真相的行为巧妙利用了金融机构、典当公司与车行的"三角"利益关系骗取贷款,金融机构的贷款被骗取后因为质押权与登记的抵押权冲突而难以救济,对金融管理秩序造成了严重危害。办案人员认真分析了犯罪行为造成的民事纠纷及其危害结果,从而准确认定其骗取贷款的行为本质。

七、案例点评

本案是一起"职业中介人"有偿帮助他人制造购车假象、提升个人征信,从而骗取银行贷款的新型金融犯罪案件,骗取手段新颖、隐蔽性强。从表象上看,车贷公司和借款人之间是平等的借贷关系且有风险控制范围内可实现的"抵押物"——车,这就造成此类案件呈现模糊性和复杂性,到底是普通的民事法律关系还是刑事法律关系,又会构成何种犯罪?案件如何定性争议重重。

从庭审归纳情况看,本案核心争议焦点有三个:(1)被害公司是否属于刑法第175条之一所述"其他金融机构"?;(2)如何认定被害公司的"重大损失"?(3)被告人构成骗取贷款罪还是贷款诈骗罪?

首先,被害公司是是否属于刑法第175条之一所述"其他金融机构"?我国刑法条文中,出于对特定对象的保护,设置了诸多犯罪对象具有特定性的罪名,刑法第175条之一"骗取贷款罪"即使如此,要求犯罪对象必须是"银行"或"其他金融机构"这一犯罪构成要件要素是否满足直接决定了构罪与否。被害公司,名称上即可辨别出不是银行,那么,其是否是"其他金融机构"?本案中,公诉机关从金融机构的监管单位——银监会——颁布了《金融许可管理办法》入手,找到了"其他金融机构"的概念,即金融许可证适用于银监会管理的、经批准经营业务的金融机构,从而确定了被害单位系金融机构的性质,可以说论证是有理有据的。

其次,如何认定被害公司的"重大损失"?骗取贷款罪是结果犯、情节犯并存的一种犯罪。从庭审控辩双方的观点可以看出,控辩争议点在于是否已经有直接经济损失结果的发生。想要弄清楚这一点,本案中无法回避的是债券是否具有可实现性,再往前推即民事诉讼胜诉判决是否具有可执行性。本案中,辩护方认为没有直接经济损失,其遵循的逻辑就是被害单位有民事胜诉判决——判决具有可执行性——执行程序未完——没有造成重大损失。对此,公诉机关的论证逻辑较为清晰,从被告人胡某某、姚某某制造的质押权与抵押权冲突困境和执行程序入手,向法庭阐述了被害单位已穷尽一切救济途径,民事胜诉判决不具现实执行性、债权不具有可实现性,有针对性地反驳了辩护方观点,最终被审判机关采信。

再次,被告人构成骗取贷款罪还是贷款诈骗罪?骗取贷款罪与贷款诈骗罪是司法实践认定中极易混淆的两个罪名,因为二者的客观表现是极为相似的,根本性的区别在于主观方面"是否有非法占有为目的"。本案中,公诉机关准确定位了被告人胡某某、姚某某的中介人角色,抓住了骗取贷款罪和贷款诈骗罪的根本区别,结合有关法条中"非法占有为目的"的司法认定标准,辨析出被告人犯罪目的在于帮助申办高额的信用卡,不具备据为己有的非法占有为目的和现实可能性,这一点论理充分、逻辑清晰。

总而言之,公诉机关庭审中在上述三大争议的焦点的指控、论证上均有理有据、辩证充分,认真辨析了犯罪构成客观方面:被害公司是骗取贷款的犯罪对象,存在重大损失的危害结果,同时指控时也对胡某某、姚某某的"骗取行为"以及"骗取行为与损害后果之间的因果关系"有所论证,这对一起刑民交叉复杂案件罪与非罪的准确认定意义重大;犯罪主观方面:非法占有目的的精准把握,又解决此罪与彼罪的认定问题,值得肯定。

此外在司法实践中,随着企业、个人融资需求的不断增大,刑民交叉案件必然会在金融领域呈现多发状态,囿于该类案件行为人往往会精心策划,给犯罪行为披上合法外衣,对于公诉机关而言,新的犯罪伴随时代的发展,必然会越来越难以辨认,如何认定罪与非罪,此罪和彼罪将会是一大难题。

对新型金融犯罪,我们可以通过案例进行深度研究。本案庭审中的争议焦点集中在上诉三点上,但是,笔者认为,这起案例反映的争议点远不止此。比如,被告人的行为是民事贷款欺诈还是刑法意义上的"欺诈行为"?真实担保车辆存在的情况下,金融机构产生错误认识如何认定?如果本案的证人明知被告人会犯罪,仍然按照被告人的思路互相配合,是否也构成共同犯罪?如果证人发生了恶意透支,胡某某等人是否也应当承担责任,等等,这些是我们可以深度研究的话题。

(撰稿人:深圳市南山区人民检察院　林松崧　李少麟)
(点评人:山西省太原市人民检察院刑检二部副部长　戴海忠)

2.2 邵某武等人诈骗案

一、基本案情

被告人邵某武于2011年开始参与他人电话诈骗活动。2013年5月25日开始在广东省茂名市内组织了有被告人邵某明、邵某宽、黄某开、邵某甲、林某隆、李某子、邵某强等亲戚和同乡参加的两个话务诈骗组，从事电话诈骗活动。同时，邵某武先后在广州安排了被告人邓某朗、邓某坚、马某杰、郑某仁，以及在深圳安排了林某辉、邵某胜共两个取款组持其从网上购买的银行卡取款，并将取出的现金存入其指定的银行卡账户。其具体犯罪方式为：邵某武从网上购买事主资料信息后，将事主资料打印分发给两个话务组，同时向话务组成员提供住处、手机、电话卡、银行账号、生活费等。话务组成员参考写有具体骗术的材料学习诈骗后，每天拨打上述邵某武提供的公民个人信息资料中的一百至两百余个电话进行诈骗。话务组成员通常以"猜猜我是谁"的方式，诱使被害人误认为是自己的熟人或朋友，其后，在当天下午或第二天便编造"外出办事不够钱""嫖娼被抓"等借口或以被害人误解的事由联系被害人，要求被害人打款几百乃至上万元。一旦被害人向其指定的银行卡转账后，该成员便立刻联系邵某武，邵某武则马上通知持有该转入钱财的银行卡的取款组成员取款，取款组成员取款并将提成抽出后马上将其余现金转入到邵某武指定的中转银行账户中，其后邵某武再通过几次转账到其银行卡中，以躲避调查。邵某武得到诈骗所得后，再按事前约定，将诈骗所得通过转账或取现的方式与实施该电话诈骗的话务组成员均分，以此完成整个诈骗过程。

其中，邵某武用于中转的户名为胡某某的银行账户中共存入人民币4308042元（下述币种均为人民币），其中转入本案被告人使用的邵某秀银行卡997108元，转给邵某兴银行卡253953元，转给邵某利银行卡541500元，转给邵某霞银行卡61000元，转给邵某华银行卡40000元，转给邵某明43200元，转给蔡某康3600元。另本案被告人使用的银行卡中，上述邵某利银行卡共转入1242699元，转出1238580元；上述邵某华银行卡共转入235480元，转出235681元；上述邵某霞银行卡共转入92500元，转出92556.9元；上述邵某兴银行卡共转入841698元，转出841549.2元；上述邵某明银行卡共转入117700元，转出113691.7元；上述邵某秀银行卡共转入1330093

元，转出 1330119 元。

上述被告人之间的分赃约定为：邵某武与实施具体诈骗的话务组成员之间以所成功诈骗的所得均分，取款组成员则从取款中提取款项的 0.3%—0.35% 作为所得。

上述被告人之间的分工为：邵某武于 2013 年 5 月 25 日租下广东省茂名市某某路某某号商住楼某某梯某某房，提供给邵某明、黄某开、林某隆、邵某甲、林某昌（另案处理）等人在该处实施电话诈骗活动；于 6 月 1 日租下茂名市某某路某某街某某花园某某栋某某梯某某房，提供给邵某宽、邵某强、李某子、邵某乙（另案处理）、黄某明（另案处理）等人在该处实施电话诈骗。同时，安排邓某朗、邓某坚、马某杰、郑某仁在广州的银行柜员机或银行柜台取、存诈骗所得。在 2013 年 5 月 7 日，邵某武又安排林某辉在深圳市南山区的银行柜员机取、存诈骗所得，此时林某辉邀请了邵某胜共同参加犯罪。

其他被告人涉及的犯罪情节如下：

被告人邵某明于 2013 年 5 月 28 日通过邵某武加入，并成为在某某路某某号商住楼某某梯某某房实施电话诈骗活动的负责人。邵某武把该住处的房租、生活费等以现金或转账的方式交给邵某明，并提供诈骗使用的手机、电话卡、事主资料、银行账号等给邵某明，再由邵某明带回上述某某房内提供给该处的其他被告人进行诈骗使用。邵某明参与诈骗后平均每天拨打诈骗电话 150 余个，共拨打诈骗电话约 10500 余个，共诈骗 32800 元。

被告人黄某开于 2013 年 5 月 28 日通过邵某武参与上述 601 房的电话诈骗活动。黄某开参与诈骗后，平均每天拨打诈骗电话 100 余个，共拨打诈骗电话约 2000 余个，共诈骗 33000 元。

被告人林某隆于 2013 年 7 月参与上述 601 房的的电话诈骗活动。林某隆参与诈骗后，平均每天拨打诈骗电话 150 余个，共拨打诈骗电话约 2000 余个，共诈骗 55300 元。

被告人邵某甲于 2013 年 6 月 20 日许参与上述 601 房的的电话诈骗活动。邵某甲参与诈骗后，平均每天拨打诈骗电话 100 个，共拨打诈骗电话约 4000 余个；成功诈骗三单，共计 3800 元。

被告人邵某宽于 2013 年 5 月左右通过邵某武加入，并成为在茂名市文东街雍景花园 C 栋 7 梯 602 房实施电话诈骗活动的负责人。邵某宽参与诈骗后，平均每天拨打诈骗电话 100 个，共拨打诈骗电话 6000 余个，共诈骗 17000 元。

被告人邵某强于 2013 年 7 月左右经通过邵某武加入，并参与上述 602 房的电话诈骗活动。邵某强参与诈骗活动后，平均每天拨打诈骗电话 100 个，共拨打诈骗电话约 2000 余个，共诈骗 7800 元。

被告人李某子于2013年6月底左右经通过邵某武加入，并参与上述602房的电话诈骗活动。李某子参与诈骗活动后，平均每天拨打诈骗电话120个，共拨打诈骗电话约1400余个，共诈骗14000元。

被告人邓某朗于2012年底开始，在广东省广州市荔湾区帮邵某武存取款，其分工是接到邵某武电话或信息后，根据电话指示或信息内容在广州芳村一带的银行取款，扣除0.3%—0.35%的提成后，把剩余的钱存入邵某武指定的银行账号。其平均每天取、存款2—3次，共取、存款约80万元。

被告人邓某坚于2013年6月开始与邓某朗一起在广州市荔湾区帮邵某武取、存款，其分工和获利方式同邓某朗。其供认平均每天取、存款2—3次，取、存款约80次，共取、存款约50万元。

被告人马某杰于2013年4月20日许开始在广州市荔湾区芳村帮邵某武存取款。其分工和获利方式同邓某朗。其平均每天取、存款2—3次，取、存款约70余次，共取、存款约10万元。

被告人郑某仁于2013年5月开始，在广州市荔湾区芳村先后帮邵某武取款。其分工和获利方式同邓某朗等人。其中，郑某仁在2013年5月6日在广州市嘉禾建设银行、广州招商银行淘金支行分三次帮助邵某武取款共计20000元，同时存入33000元到邵某武指定的银行账号。

被告林某辉于2013年5月7日根据邵某武的指示，在广州取回作案用的273张银行卡及两张二代身份证后，于次日与被告人邵某胜根据邵某武的电话指示在深圳市南山区进行取、存款，其取款共7800元，邵某胜取款共12700元，二人共同存款14700元。

二、诉讼过程

本案由深圳市公安局侦查终结，以被告人邵某武、邵某明、黄某开、邵某甲、林某隆、邵某宽、李某子、邵某强、邓和郎、邓某坚、马某杰、郑某仁、林某辉、邵某胜涉嫌诈骗罪，于2013年11月11日向深圳市人民检察院移送审查起诉。经审查，深圳人民检察院于2013年11月19日将本案交深圳市南山区检察院办理。本院于2013年11月22日受理后，分别于2014年1月6日、3月13日两次退回补充侦查，经过两次延长审查起诉后，于2014年5月22日向深圳市南山区人民法院提起公诉。2014年11月26日，深圳市南山区人民法院作出一审判决。

三、庭审观点

本案是典型的电信诈骗案件。被告人邵某武租用住所、购买被害人信息、电话卡、银行卡等，组织多名被告人通过电话方式诈骗他人财物，同时还组织其他被告人专门负责将被害人转入的钱款取现、转存至中转账户，将资金汇总后再分散转入控制下账户。该案是被告人通过拨打电话对不特定多数人实施诈骗，帮助获得诈骗赃款，社会危害性较大，应依法予以惩处。

为证明起诉书指控的犯罪事实，公诉机关向法庭出示了物证、书证、证人证言、被害人陈述、被告人的供述及辩解、勘验检查工作记录、辨认笔录、视听资料等证据，认为本案被告人邵某武等无视国家法律，结伙通过电话方式诈骗他人财物，情节严重，其中主犯邵某武诈骗他人财物数额特别巨大；部分被告人（取钱组）明知是他人诈骗的财物，仍帮助获取诈骗所得，其中马某杰、郑某仁涉案数额巨大，14名被告人均触犯了《中华人民共和国刑法》第266条，犯罪事实清楚，证据确实、充分，均应当以诈骗罪追究刑事责任。邵某武是组织、领导该犯罪集团的首要分子，应依照《中华人民共和国刑法》第26条的规定处罚。

四、案件结果

2014年11月26日，深圳市南山区人民法院认为本案事实清楚，证据确实、充分，指控罪名成立，以诈骗罪判处主犯邵某武有期徒刑13年；以诈骗罪判处其他同案犯有期徒刑1年8个月至3年6个月，均并处罚金。

就本案共同犯罪的问题，被告人邵某武在本案中系主犯，其余被告人系其次要或辅助作用，系从犯。本案涉案金额应当刚认定为中转账户中存入的金额，邵某武将该账户提供给取款人员，取得款项均汇入该卡后再转入其他银行账户，故将中转账户胡某某账户内存入的人民币4308042元认定为本案邵某武的犯罪金额。根据邵某武使用的银行账户流水无法确认电话诈骗组的诈骗金额，鉴于本案电话诈骗组各被告人的供述较为稳定，故以各自成功实施诈骗的金额为涉案金额。关于取款组的被告人，因其个人供述较为稳定且与同案犯供述相符，采纳其个人供述。被告人邓和郎、邓某坚、马某杰、郑某仁、林某辉、邵某胜在共同犯罪中起辅助作用，均认定为从犯，依法予以从轻或减轻处罚。

五、案件焦点

本案案发较早，在相应司法解释出台前，本案就案件事实及法律适用上存在较多争议。2016年最高人民法院、最高人民检察院、公安部发布了《关于办理电信网络诈骗等刑事案件适用法律若干问题的意见》（以下简称为《意见》）后，已经解决了本案大多数的问题。参考该司法解释，本案需注意的焦点问题集中在以下两点：

1. 涉案金额的认定。本案认定涉案金额的主要证据在于被告人邵某武提供的胡某某的中转账户。但从本案的证据看，邵某武有多个用于中转的账户，但因涉案账户非被告人名下，且无其他证据予以佐证，故未能查实。邵某武辩解称该账户并非自己控制，系与他人共同使用。公诉机关认为，鉴于邵某武未能提出有针对性的辩解，同时考量电信诈骗案件涉案资金的多样性，结合多名同案犯的供述以及存取款记录、交易流水等账户记录，可以认定在邵某武实行犯罪行为开始后的时间内，该账户中所有的资金均系电信诈骗所得的赃款。

另外，各被告人供述、被害人陈述的涉案金额均不一致，相互之间也无法印证。庭审中，部分被告人及辩护律师提出应当就个人的诈骗金额认定刑事责任的意见。公诉机关认为本案中两个电话诈骗组组员之间互相沟通、交流犯罪经验，又系根据邵某武安排下共同居住，并在共同住所长时间共同实施电话诈骗行为，各被告人之间已形成一个稳定的犯罪整体，应对整个电话诈骗组织的整体诈骗行为负责。

2. 共同犯罪问题。本案除各被告人及辩护人针对取款组被告人刑事责任的认定存在争议。现有证据未能认定取款组被告人共取现、转存的具体数额，且取款组被告人辩解称不知其所负责资金来源及去向，另外取款组的部分被告人辩解称自己同时还有为其他人取款、转存的情况。就此，公诉机关认为：首先，各取款组被告人关于各自一共取款金额、提成标准、获利情况的供述较稳定，且就提成的标准互相之间并未有太大差异，个人供述较为可信；其次，各取款组被告人均系邵某武找来，与邵某武及其同案犯关系亲密，同时对邵某武所从事的活动较为了解，综合判断应当认识到邵某武在实施犯罪活动；最后，各取款组被告人只根据邵某武的指示进行取现、转存的工作并获取报酬，主观上对涉案钱款来源具有概括性的故意，应当认识到系犯罪所得。综合考虑，可以认定为各取款组被告人具有主观上的故意，客观上实施了帮助行为，应当认定为邵某武的共犯。其具体犯罪的金额，可以采纳个人供述的金额。

六、指导意义

本案是典型的电信诈骗犯罪，具备了该类案件的绝大多数典型特征，包括：1. 人员相对固定；2. 分工明确，各组隔离；3. 犯罪行为隐蔽性高；4. 被害人人数众多，无法确定；5. 资金去向不明等。虽然，上述司法解释的发布对办理该类案件起到了重要指导作用。但是司法解释尚有部分问题仍待明确，笔者认为以本案为例可以从以下几个方面加以思考。

（一）如何判断定罪标准

电信诈骗案件具有涉及地域范围广、被害人多以及因被害人和嫌疑人无直接接触、无法确定案件相对应的被害人等特征，另外嫌疑人通常将资金通过多种途径集中、分散至自己控制的账户下，难以核实其涉案的具体金额。针对该类案件特点，上述司法解释增加认定了拨打诈骗电话、发送诈骗信息次数等定罪标准。但是以本案为例，本案涉案的电话卡均系主犯够买的他人名下或非实名电话卡，电话卡的开卡人与实际使用人相剥离，同时开卡人对该卡的用途去向并不知情。在使用电话卡后，在使用达到一段时间或者骗取到被害人钱财后便会直接丢弃，以逃避侦查。就此很难判断具体被告人使用了某电话号码、拨打电话或发送诈骗信息的次数。虽然《意见》也补充规定了例如根据日拨打人次数、日发送信息条数、实施犯罪的时间等结合嫌疑人的供述进行断定，但就此判断标准仍然严重依赖口供。而且根据本案情况可以看出，电信诈骗集团犯罪的分工越加详细，各电话组之间甚至各电话组内部各嫌疑人加入时间、拨打电话次数、收入等均可能不同，同时彼此之间的情况也不一定会了解，不能排除无同案犯供述的情形。

在本案中，本案的证据体系除依赖同案犯的供述外，所提取到的重要证据在于查找到的中转账户胡某某的账户。通过交叉对比两个取款组被告人的供述，结合取款录像、存取款记录等，查找到基本一致的银行账户，再对银行账户的流水进行交叉比对，从而排查到主犯邵某武使用主要中转账户，并就此认定了涉案的犯罪金额。

(二) 如何认定取款行为

本案中，主犯邵某武分别安排了两组取款组，负责在骗取到被害人钱财后，将赃款提现、转存到中转账户，再转入其控制下的账户中。在案件审理时，如何认识取款组被告人的行为争议较大。本案取款组的各被告人有部分系专门从事此行业，专门负责取款转款，因而有大量的在银行 ATM 取现、转款的行为。根据《意见》，只有在事前通谋的才可以认定为诈骗的共犯，那么该种犯罪行为认定为诈骗的共犯需要事前的联络。事中得知之后，仍然继续实施该帮助行为，不仅存在如何认定其明知后同谋的节点认定问题，也存在对其前行为应当如何判断的难题。另外，单就取现、转存的行为也可能涉嫌多个犯罪，但根据上述《意见》中的第 3 条第五项，认定构成掩饰、隐瞒犯罪所得罪的前提条件应是电信网络诈骗犯罪，在混合犯罪行为中应当如何判断，尚未有明确的规定。就此则存在既不能认定为诈骗的共犯，也不能认定为掩饰、隐瞒犯罪所得罪的空白。笔者认为取款嫌疑人的行为一般是依附于主犯，其行为性质应当依据主犯的行为性质认定。以本案为例，取款组被告人在主观上可以存在概括的故意，无论是事前通谋还是行为实施过程中得知，不影响其主观上依附于主犯的认识，其行为均应认定为诈骗罪的共犯较妥。

(三) 如何挽回损失成为难题

本案中，各被告人从 5 月底开始从事相关的犯罪活动，直至 8 月底被抓，可以查实的犯罪金额就达 400 余万元，获利巨大。然而本案所骗取的钱财通过中转账户多次转款后，去向已经不明，无法追缴。电信诈骗犯罪分子正是通过类似手段将钱财占为己有。即便犯罪分子因此被判处刑罚,也导致追缴赃款处于无力状态。

从另一方面看,被害人转入犯罪分子指定的银行账户仅是第一道卡,其后经过取现、现存、转账等,资金经过多次分散、汇总后,已经无法区分资金的来源,其结果不仅是追缴困难,即便追缴回也无法确定是具体被害人的损失。而且,现实中电信诈骗犯罪所采用的犯罪手法基本类似,由于其不具有一对一性,被害人所受到的损失并不能指定到具体的犯罪行为或者犯罪团伙。而且,部分电信诈骗案件最后犯罪分子控制下的账户均在国外,也是导致追缴困难的原因之一。

(四)如何打击电信诈骗犯罪

本案较为典型的反映出了电信诈骗犯罪中的利益链关系,为进一步通过政策及行政手段从源头打击电信诈骗犯罪提供了借鉴意义,也为侦办此类案件提供了侦查方向、侦查思路。本案中,主犯邵某武多是通过网络等获取了被害人的信息、使用的电话卡、他人名下的银行卡等犯罪工具,同时也是因此导致侦查核实犯罪事实存在困难。而邵某武获取到的相关信息和物品,均涉及相关部门把控不严、未能严格落实实名制或者存在其他非法获取公民个人信息等上游犯罪行为。从行政法规、行业规范的角度,严厉打击上游违法犯罪行为,不仅规范了社会秩序,还将使电信诈骗犯罪人难以获得犯罪工具,从而在源头上掐死了电信诈骗犯罪的通道。

七、案件点评

本案是一起成功的电信诈骗案例,体现了严厉打击和罪行相适应的量刑结合。近年来电信网络诈骗在全国一度呈现蔓延趋势,由于犯罪分子多发在境外作案,对于及时打击和取证困难的现实情况也反映在司法实践中,在太原也有类似的案例,一家企业一次性被骗上千万元,但目前只抓获了境内取钱的台湾籍犯罪嫌疑人。本案也体现了取证难、追赃难的特点。而以徐玉玉案为代表的典型案例又反映出此类案件对人民群众生活安全的严重侵害。所以笔者同意深圳市南山区人民检察院对电话诈骗组以全案共同犯罪理论认定,同时在量刑上体现各自所分的诈骗数额为参考(该参考也是由于此数额在证据的关联性和严密性存在明显瑕疵,主要是分赃过程中有大量现金),也认同法院对取钱组以查明的获利数额情况进行量刑的判决。

本案诉讼过程发生在最高人民法院、最高人民检察院、公安部发布《意见》之前,结合《意见》第四部分准确认定共同犯罪与主观故意第(三)项第8条"帮助转移诈骗犯罪所得及其产生的收益,套现、取现的"以共同犯罪论处,但法律和司法解释另有规定除外。同时该《意见》第三部分全面惩处关联犯罪第（五）项明知是电信网络诈骗犯罪所得及其产生收益的，以下列方式之一予以转账、套现、取现的，依照刑法第312条第1款的规定，以掩饰、隐瞒犯罪所得、犯罪所得收益罪追究刑事责任。但有证据证明确实不知道的除外。根据上述规定笔者认为本案中的取钱组人员除事先通谋以外的在以后类似案件中以掩饰、隐瞒犯罪所得、犯罪所得收益罪定罪为妥。这也是笔者认同本案对取钱组的被告人量刑是一个重要原因。

同时笔者也注意到《意见》第三部分第五项所列五种形式在实践中尚有欠缺，比如2009年最高人民法院《关于审理洗钱等刑事案件具体应用法律若干问题的解释》中对"明知"情形有两款是可以借鉴的，如"没有正当理由，协助转钱或者转移财物，收取明显高于市场的'手续费'的""没有正当理由，协助他人将巨额现金散存于多个银行账户或者在不同银行之间频繁划转的"，如果把这两款内容引用到电信网络诈骗的司法解释中，对本案"部分被告人（取钱组）明知他人诈骗的财务，仍帮助获取诈骗所得"之外的另一部分人的定罪则迎刃而解。

在案件的表述中反映"邵某武从网上购买事主资料信息后，将事主资料打印分发给两个电话组"，根据刑法第253条之一的规定结合2013年4月23日发布的最高人民法院、最高人民检察院、公安部《关于依法惩处侵害公民个人信息犯罪活动的通知》精神，应当落实该情节是否构成侵犯公民个人信息罪，如果构成本案应当数罪并罚。当然本案例没有反映补侦和证据落实情况，在此不再赘述。需要引起注意的是2017年6月1日起非法获取出售公民个人信息超过50条的就能够入罪。

总之，电信诈骗犯罪具有主体的组织化、行为的隐蔽性、手段的多样性、犯罪的连续性、传播的广泛性、犯罪成本低、后果难以控制和预测等突出特点，在打击处理过程中存在查处难、取证难、定罪量刑标准难以把握等实际困难。司法实践中，即使是同类性质案件，其事实和证据也具有各自的特点，这就需要案件承办人因地制宜、审时度势的把握。确保检察官做到内修于"以至公无私之心，行正大光明之事"，外现于案件的公平与正义。当然对于如何有效的追缴赃款和源头治理问题，本案也旨在抛砖引玉，共同思考和防范。

（撰稿人：深圳市南山区人民检察　张宝峰）
（点评人：山西省太原市人民检察院党组书记、检察长、山西大学、山西财经大学兼职教授、硕士生导师　宁建新）

2.3 于某某等非法吸收公众存款罪一案

一、基本案情

2011年初,被告人于某某作为主要股东在深圳市南山区科发路2号金融服务技术创新基地1栋4D2设立了深圳金博亿股权投资基金管理有限公司并担任法定代表人、董事长等职务,另一股东姜某某(另案处理)任执行董事、监事。

2011年2月15日起,被告人于某某明知深圳金博亿股权投资基金管理有限公司在不具备中国证监会批准的经营证券业务资格及基金管理资格,也未在中国银行业监督委员会深圳监管局注册和领取金融许可证的情况下,擅自通过公司网站(网址www.jinboyisz.com),对外发布"国内首家专注于01稀有金属及矿产资源的股权基金"的广告,宣称投资有湖北示阳农牧、池州天灵矿业等项目,以销售所谓的股权投资基金、稳健基金等为名向公众募集资金。

被告人于某某先后任命徐某甲、徐某乙(上述二人另案处理)以及被告人王某甲等人为金博亿公司总裁,招揽了周某甲、厉某某(上述二人另案处理)以及被告人周萍等人负责拉拢客户投资,采用发展简平安、王某乙(假名王敏桥)(上述人员另案处理)以及被告人何为、李某某、陈某某、沈某某、周某乙以及徐某丙(另案处理)等多人为公司代理人或者辅助代理人,通过推介会、网络、图册宣传等方式向社会不特定公众介绍公司的基金、股权等金融产品,并以高额利息来吸引投资人,由张某某(另案处理)以及被告人毛某某、徐某丁等人负责相应的财务工作。从2011年3月至2012年12月,上述人员共吸收公众资金达493563903元人民币。经核实,集资的款项中部分款项用于还本付息,部分款项用于购买安徽池州的矿场部分股权及示阳农牧的部分股份,此外大量款项去向不明。

2012年3月份,公司资金链条开始断裂,无法偿还前期资金分红,被告人于某某遂采取关手机方式截断对外联系,并派出公司经理厉某某(另案处理)四出游说,谎称公司马上要进行IPO,前期基金可转为公司股票为由稳定客户。

此外,2011年5月间,被告人于某某作为公司控股股东和实际控制人,在明知未实际出资的情况下,为办理沈阳金博亿融资担保有限公司工商登记,使用伪造的辽信师验字〔2011〕第11117号《验资报告》，于2011年7月12日，骗取沈阳市工商行政管理局金融商贸开发区分局对金博亿公司的工商登记，虚报注册资本5000万元人民币，涉嫌虚报注册资本罪。

二、诉讼过程

被告人于某某等10人涉嫌非法吸收公众存款罪一案，由报案人廖某某于2012年11月12日报案至深圳市公安局南山分局，该局经过审查，于2012年11月14日立案进行侦查。随后，公安机关将本案移送审查起诉，本院经二次退回补充侦查，于2013年10月24日向深圳市南山区人民法院提起公诉。2014年9月26日，深圳市南山区人民法院作出一审判决。

三、庭审观点

本案是互联网金融犯罪较为早期的一个案例。公诉机关认为，被告人于某某无视国家法律，采用虚假的证明文件欺骗公司登记主管部门，虚报注册资本数额巨大；变相吸收公众存款，数额巨大，严重扰乱金融秩序，其行为分别触犯了《中华人民共和国刑法》第158条及第176条，犯罪事实清楚，证据确实、充分，应当以虚报注册资本罪、非法吸收公众存款罪追究其刑事责任。被告人何某某、李某某、毛某某、沈某某、王某甲、徐某丁、陈某某、周某某无视国家法律，变相吸收公众存款，数额巨大，严重扰乱金融秩序，其行为触犯了《中华人民共和国刑法》第176条，犯罪事实清楚，证据确实、充分，应当以非法吸收公众存款罪追究其刑事责任。

辩护人认为，被告人王某甲是公司的副总经理、总经理，相关非法吸收公众存款活动由公司的实际控制人于某某负责，其对犯罪活动不知情；被告人周某某、沈某某、李某某等人的辩护人认为，上述人员只是作为经理等参与了公司的经营活动，并不了解公司经营行为的违法性，且其中部分被告人辩称系介绍亲友参与，没有向社会公众宣传；没有实际参与犯罪活动；被告人毛某某、徐某丁辩称只是负责财务统计，开具股权证等工作，没有直接参与非法吸收公众存款的行为。

庭审中，公诉机关出示了本案的书证、物证、证人证言、被告人供述、电子数据、司法会计鉴定等大量证据，证实了被告人制定非法吸收公众存款的运作模式及佣金分配等事实，在案的司法会计鉴定和相关银行交易记录直接证实了被告人非法吸收公众存款的数额，同时，在案的电子数据证据及司法会计鉴定证实了各相关被告人的犯罪数额，证人证言及被告人供述等其他证据直接证实了各被告人在共同犯罪中的地位和作用，相关证据均得到审判机关的采信。

四、案件结果

一审法院认为，被告人于某某违反了国家金融法律规定，向社会公众变相吸收存款 459684500 元，数额巨大，严重扰乱金融秩序，其行为已经构成非法吸收公众存款罪，同时，其虚报注册资本的行为构成虚报注册资本罪。被告人王某甲、何某某、周某某、沈某某、毛某某、陈某某、李某某、徐某丁违反了国家金融法律规定，向社会公众变相吸收存款数额巨大，严重扰乱金融秩序，其行为已经构成非法吸收公众存款罪。其中被告人王某甲、毛某某、徐某丁涉案金额 459684500 元，被告人何某某涉案金额 14439 万元，被告人周某某涉案金额 3162 万元，被告人沈某某涉案金额 2305 万元，被告人陈某某涉案金额 844 万元，被告人李某某涉案金额 2170 万元，其行为均已构成非法吸收公众存款罪。对于各被告人在案发前已经归还的数额，在量刑时酌情予以从轻处罚。因此，分别以非法吸收存款罪判处各被告人 1 年 6 个月以上至 6 年 6 个月不等有期徒刑，并分别处 5 万元至 30 万元不等罚金。

五、案件焦点

（一）如何认定非法吸收公众存款案的犯罪金额

本案在审理过程中，最高人民法院、最高人民检察院、公安部《关于办理非法集资刑事案件适用法律若干问题的意见》出台，其第 6 条规定办理非法集资刑事案件中，确因客观条件的限制无法逐一收集集资参与人的言词证据的，可结合已收集的集资参与人的言词证据和依法收集并查证属实的书面合同、银行账户交易记录、会计凭证及会计账簿、资金收付凭证、审计报告、互联网电子数据等证据，综合认定非法集资对象人数和吸收资金数额等犯罪事实。本案审查起诉时，相关规定并未出台，但侦查和公诉机关考虑到涉及互联网的非法吸收公众存款案，涉及非法集资对象人数特别多，吸收资金数额特别大，单纯的以非法集资人陈述及其他相关证据予以认定犯罪数额，会造成大量的犯罪事实遗漏，且会使得案件处理的社会效果、法律效果大打折扣。

因此，公诉机关决定充分应用交易记录、在案的部分会计凭证及会计账簿、资金收付凭证、审计报告、互联网电子数据等证据，全面综合的认定犯罪数额。具体本案，关于吸收资金数额的主要证据来源于两条独立形成的证据源，一条是于某某等人为了便于管理，开发的一套资金管理系统所记载的数据；另一条是公安机关从相关银行调取的实际的银行交易数据。其余非法集资人的陈述、证人证言等多数证据是辅助上述证明链条。大量应有的会计账册未实际在案，使得审计机构掌握的资料有限，从而得出全面审计结论的可能性不大。因此，在侦查过程中，公诉机关就利用提前介入的机会，直接明确要求审计机构就相应的关键问题得出审计意见，其他存在疑点的结论不予明确。这样，能够充分保证审计报告的合法性和科学性，从而避免辩护方和审判机关对查明的犯罪数额更多质疑。

（二）是否认定为单位犯罪

非法集资犯罪的犯罪主体，多借助投资公司、投资咨询公司、基金公司的名义进行非法融资。查明是否属于单位犯罪，能够准确的认定犯罪事实，厘清相关人员责任。单位犯罪中单位作为犯罪主体，必须具备合法性，组织性和独立性。其中，合法性的认定，要求其不仅仅是依照合法机关依法批准成立的组织，不能是非法成立或者未经合法机关批准成立的组织，也不能是经有权机关批准撤销、解散的组织，此外，还应当是组织从事的活动具有实质合法性。依照最高人民法院《关于审理单位犯罪案件具体应用法律有关问题的解释》第2条规定，个人为进行违法犯罪活动设立的公司、企业、事业单位实施犯罪的，或者公司、企业、事业单位设立后，以实施犯罪为主要活动的，不以单位犯罪论处。本案中，公诉机关就是对事实进行严格审查，依照上述法律规定，直接解开了"公司面纱"，认定为个人犯罪。

（三）是否认定通过网联网等途径向社会公开宣传是向社会公众吸收资金的行为

最高人民法院《关于审理非法集资刑事案件具体应用法律若干问题的解释》（法释〔2010〕18号）第1条的规定："违反国家金融管理法律规定，向社会公众（包括单位和个人）吸收资金的行为，同时具备下列四个条件的，除刑法另有规定的以外，应当认定为刑法第176条规定的'非法吸收公众存款或者变相吸收公众存款'：（一）未经有关部门依法批准或者借用合法经营的形式吸收资金；（二）通过媒体、推介会、传单、手机短信等途径向社会公开宣传；（三）承诺在一定期限内以货币、实物、股权等方式还本付息或者给付回报；（四）向社会公众即社会不特定对象吸收资金。未向社会公开宣传，在亲友或者单位内部针对特定对象吸收资金的，不属于非法吸收或者变相吸收公众存款"。

本案中，犯罪嫌疑人采用的手段除了推介会、传单以外，为了扩大其吸收资金的规模，涉及了一整套的宣传网站和非法集资资金的登记及支付管理系统，是较早使用互联网手段进行非法吸收公众存款行为的犯罪。于某某等人利用技术手段开发的非法集资资金的登记及支付管理系统，虽然能够上传、记录、管理相关集资数据，但仅仅针对已经参与了非法集资行为的人员，具有特定性，仅有该行为，无法被评价为社会公开宣传。由于于某某设计并使用了宣传网站，互联网大范围的可复制性、广泛传播性，以及传播的蛊惑性大幅度提高，使以往靠推介会等形式进行宣传的活动效果相形见绌，通过互联网进行非法集资的波及范围、影响人员、集资金额等均呈现出倍增形态。因此，公诉机关认为在司法解释尚未明确之时，认为互联网直接面对的就是不特定的多数人，于某某等人在违反国家金融管理法律规定的情况下，利用互联网的方式向社会公众吸收资金的行为，显然属于针对了不特定的多数人进行宣传，属于对社会公开宣传的一种具体手段。

六、指导意义

（一）非法吸收公众存款的参与人数和数额需要结合各种证据综合认定

由于通过互联网进行的非法吸收公众存款行为涉及的人员多，数额大，资金往来频繁，多数是以审计报告的形式来明确参与人数和金额。审计报告得出的相关结论应当与在案的其他证据能够相互印证，用好最高人民法院、最高人民检察院、公安部《关于办理非法集资刑事案件适用法律若干问题的意见》第6条的规定。

（二）打击以互联网为犯罪工具的非法吸收公众存款行为要注重抓捕时机，同时注意避免形成维稳压力

涉及互联网的非法吸收公众存款案件，一般存在一个或者一个以上的运营中心，同时，又依靠在各地的分支机构、"代理人"等分别吸引投资人投资，从而围绕中心形成网状结构。打击该类犯罪，必须在侦查初期就摸清网络结构，侦查机关应尽可能的积聚侦查力量同时予以抓捕，便于搜集更多有效证据，避免犯罪嫌疑人故意删除数据、毁损账册、隐匿财产。同时，由于该类犯罪涉及的投资人员数量多，人群聚集容易引发群体性事件，因此，在办理该类案件时必须做好应对预案。

七、案例点评

非法吸收公众存款罪是近年来高发的犯罪形式，根源于金融体制不够健全与经济发展需求之间的矛盾。这种犯罪往往涉及人员多，犯罪金额大，在严重扰乱金融秩序的同时对社会的稳定也会产生严重的不良影响。因此，国务院出台了《关于进一步做好防范和处置非法集资工作的意见》，最高人民检察院、最高人民法院、公安部也制定了关于办理非法集资刑事案件适用法律问题的司法解释，意图通过落实部门监管职责和健全完善处置非法集资相关法律法规等形式，多措并举防范金融风险，维护社会稳定。

就本案而言，在相关司法解释明确出台之前利用相关书证、电子证据确定非法集资对象和涉案数额之举可圈可点，对于单位犯罪的审查也注意到了司法解释和案件实际的情况，总体来说是好的。当然也有一些瑕疵之处如：本案的案件性质是否涉及集资诈骗。因为若是以非法占有为目的，使用诈骗的方法实施本案中的吸收公众存款行为就应依照刑法192条之规定，以集资诈骗罪定罪处罚。而集资款不用于生产经营活动或者用于生产经营活动与筹集资金规模明显不成比例的，依照最高人民法院《关于审理非法集资刑事案件具体应用法

律若干问题的解释》，就可认定为以非法占有为目的。本案的审判结果以非法吸收公众存款罪定性是表明不认为被告人在集资中使用了诈骗方法和不具有非法占有的目的。但案情描述的以虚假宣传方式集资且大量集资款去向不明的情况也应在案件性质认定时予以充分考虑。

另外，此非法集资案的被告人数较多，在案件中所起的作用和应负责任往往需要经过充分的庭审质证后才能作出较为准确的判断。故此类案件的被告人不宜另案审理为宜。但案情描述中，多名重要的嫌疑人均作了另案处理，不能不说是诉讼中的遗憾。

（撰稿人：深圳市南山区人民检察院　赵丹）
（点评人：山西省检察系统业务专家、山西省太原市
　　　　　检察院专职检委会委员　韩少峰）

2.4 陈某甲等四人骗取贷款案[①]

一、基本案情

自 2000 年以来，被告人陈某甲以其本人或亲属、朋友的名义作为法定代表人，以公司或个人相互控股的形式，先后注册或变更成立近 20 家公司，由其实际控制管理或入股经营。2009 年 6 月至 2012 年 12 月期间，被告人陈某甲以其实际控制或入股的深圳市万家灯火物业有限公司、深圳市东方红日数码通讯科技有限公司、深圳深阳能源科技股份有限公司、深圳市世纪星朗朗科技有限公司、深圳达信通电子科技有限公司的名义，指示被告人池某某、陈某乙、陈某丙等人以支付工程款、支付货款等虚假理由，向银行提供虚假的购销合同、支付合同等材料，先后 10 次向中国农业银行深圳沙井支行、中国工商银行深圳高新园支行、中国光大银行宝中支行申请贷款。在银行放贷给相关单位后，陈某甲再指示相关单位将银行贷款转账，由其实际控制与支配。被告人陈某甲通过上述手段，共骗取银行贷款共计人民币 2.26 亿元，被告人陈某甲将骗取的银行贷款用于对外投资及发放高利贷款，获取非法利益。

二、诉讼过程

被告人陈某甲、池某某、陈某乙、陈某丙涉嫌骗取贷款一案，深圳市公安局南山分局于 2013 年 5 月 8 日立案侦查，分别于 2013 年 8 月 9 日、11 月 1 日将四人移送深圳市南山区人民检察院审查起诉。该院经过一次退回公安机关补充侦查，两次延长审查起诉期限，于 2013 年 11 月 13 日以陈某甲等四人犯有骗取贷款罪向深圳市南山区人民法院提起公诉。该院经审理认为陈某甲等 4 人构成骗取贷款罪，于 2014 年 3 月 5 日作出有罪一审判决。陈某甲等 4 人不服一审判决，向深圳市中级人民法院提出上诉，该院经审理认为陈某甲等四人构成骗取贷款罪的事实不清、证据不足，于 2014 年 10 月 22 日作出无罪判决。

三、争议焦点

一审法院观点：

被告人陈某甲及其辩护人辩称其贷款均使用真实存在的抵押物，银行

[①] 本案被告人陈某甲还涉嫌非法拘禁罪、敲砸勒索罪，因两罪裁判结果与本文主旨无关，故省略不表。

并无贷款无法回收之虞，故被告人陈某甲不构成骗取贷款罪。但是，贷款用途同样属于银行发放贷款的重要审核内容，关系到贷款的安全，且属于贷款合同的重要条款之一。虚构贷款用途，甚至伪造相应合同以骗取贷款，获取贷款后将款项用于他处，该行为符合骗取贷款罪的客观方面要件。

4名被告人的辩护人提出本案中银行不存在损失，故4名被告人不构成骗取贷款罪。但是，《中华人民共和国刑法》第175条之一明确规定构成该罪的条件是给银行或其他金融机构造成重大损失或有其他严重情节，被告人陈某甲指使他人骗取贷款多达10次，金额高达2.26亿元；被告人陈某乙、池某某、陈某丙分别协助陈某甲骗取贷款5次、6次、2次，金额均在数千万以上，可认定具有其他严重情节。

上诉理由和意见：

根据立法本意，仅以欺骗手段取得银行贷款，未给银行造成重大损失或有其他严重情节的不构成本罪。本案中，陈某甲贷款中均提供了足额真实抵押，除一笔贷款未到期之外，其他均能及时归还银行，未给银行造成任何损失。贷款次数多、贷款金额巨大能否作为"其他严重情节"并无法律及司法解释规定。而在实践中，陈某甲等人采用虚构合同获取银行贷款的情况在实践中十分常见，涉案银行也均未主动报案。综上，根据疑罪从无的原则，并考虑实际情况，应认定陈某甲等上诉人的行为属于违规，但不构成犯罪。

二审法院观点：

相关上诉人在向银行贷款时均使用真实存在的抵押物，价值甚至超过贷款价值，银行方面并无贷款无法收回之虞；涉案十单贷款中，除一单贷款因尚未到期未归还外，已清偿九单，而银行出具的说明载明上诉人每月均按时偿还本息。本案并无证据证实相关上诉人行为对涉案银行造成或可能造成重大损失；上诉人获取贷款的手段虽存在违规行为，但不属于构成犯罪的严重情节，4名上诉人均不构成骗取贷款罪。

综上可见本案的争议焦点在于如何理解骗取贷款罪的保护法益、法益保护与犯罪构成要件的关系以及《关于公安机关管辖的刑事案件立案追诉标准的规定（二）》应当如何适用等问题。

四、焦点评析

（一）骗取贷款罪的保护法益

骗取贷款罪是指行为人以欺骗手段取得银行或者其他金融机构贷款，给银行或者其他金额机构造成重大损失或者有其他严重情节的行为。① 该罪名规定在《中华人民共和国刑法》第3章破坏社会主义市场经济秩序罪第4节破坏金融管理秩序罪这一类罪中,根据我国刑法罪名编排设置的基本原理,可以认为该罪的保护法益为国家对金融机构贷款的管理秩序。然而这一概念仍然过于抽象,在具体司法实践中如何理解判断则需要进一步解释。有观点认为不能认为只要行为人提供了真实担保就不成立本罪。因为担保只是取得贷款、票据承兑、信用证、保函的条件之一,而不是全部条件。即使提供了真实担保,但如果金融机构知道真相时不会发放贷款、出具保函的,仍然可能成立本罪。② 也有观点认为不能认为贷款资料有假就一定是骗取贷款。因为本罪的保护法益是银行信贷资金安全,对应的欺骗手段必须具有足以引起银行损失的危险。有些手段即使带有一定欺骗性,但是如果不具有这样的危险,也不应视为本罪的欺骗手段而属于一般的市场背信行为。③ 显然一审法院采纳了上述第一种观点,二审法院则采纳了上述第二种观点。

笔者认为国家对金融机构贷款的管理秩序是较为宽泛的范畴,金融机构的贷款安全是管理秩序构建的核心要素之一,但并不是全部,对金融贷款的管理还影响到国家关于引导产业投资、控制过剩产能、防止经济过热等宏观经济政策的实施,可以说金融贷款的投向关系到国民经济的健康稳定发展,相比于贷款安全,是更高层面更为重要的法益。在当前小微企业、农业经营者融资渠道有限、融资成本居高不下、国民经济"脱实就虚"现象严重等宏观经济背景下,深化对金融贷款投向这一保护法益的认识显得尤为重要。因此,上述第二种观点将骗取贷款罪的法益仅局限于贷款安全,显然缩小的该罪的保护范围,有放纵犯罪之嫌。而且本案被告人获取贷款用于对外投资和发放高利贷款,也与贷款金融机构支持企业经营发展的贷款目的不符,具有刑事违法性。

(二) 法益保护与犯罪构成要件的关系

构成要件是刑法规定的,行为成立犯罪所必须符合的违法类型。当人们问某个行为是否具备"构成要件符合性"时,需要审查的是,这个行为是否满足了刑法分则针对某个特定犯罪所规定的表明违法性的各种要素。构成要件的内容是说明行为对法益的侵犯性的客观要素。④ 因此一个行为如果具备刑法分

---

① 高铭暄、马克昌:《刑法学》,北京大学出版社、高等教育出版社2016年1月第7版,第398页。
② 张明楷:《刑法学(下)》,法律出版社2016年7月第5版,第777页。
③ 周光权:《刑法各论(第三版)》,中国人民大学出版社2016年3月第3版,第255页。
④ 张明楷:《刑法学(上)》,法律出版社2016年7月第5版,第115页。

则对于某个罪名规定的违法要素，该行为即具有法益侵害性，构成该罪。我们不能认为行为即使符合了构成要件，还需要在此之外寻找根据确认该行为的违法性，这么做不仅削弱了构成要件的定罪功能，而且容易导致定罪过程的恣意性。

本案一审法院认为4名被告人骗取贷款的行为是否造成金融机构重大损失不是认定该行为构成骗取贷款罪的唯一考量因素，《中华人民共和国刑法》第175条之一规定的危害后果不仅包括造成重大损失，还包括骗取贷款的行为具有其他严重情节等情况，从4名被告人实施犯罪的次数、骗取贷款的总金额等方面论证其行为具有其他严重情节，构成骗取贷款罪，具有合理性。

本案二审法院则认为上诉人的行为不会对银行贷款的安全产生危险，上诉人获取贷款的手段虽存在违规行为，但不属于构成犯罪的严重情节。该院得出上述结论可以认为是其坚持骗取贷款罪的保护法益为银行贷款的安全性，《中华人民共和国刑法》第175条之一规定的其他严重情节必须与此具有相当性。但是银行贷款安全是该罪的核心法益，保护的最低限度，如果行为人侵害到这一法益，当然构成犯罪，要求其他严重情节与此具有相当性，将导致严重情节这一概念的虚化，丧失应有的独立价值，也不符合立案目的。

笔者认为造成金融机构贷款重大损失只是骗取贷款行为情节严重的一种情况，骗取贷款手段的恶劣程度、次数、骗取贷款的总金额、取得贷款的用途等都是认定其他严重情节的重要考量因素。行为人通过损害第三人利益的方式骗取贷款，例如，在第三人不知情的情况，将其作为担保方向银行骗取贷款，或者多次向银行骗取贷款、骗取的金额特别巨大，甚至以此为业，骗取贷款后从事高利转贷等违法犯罪活动，都可以认定为其他严重情节。

（三）《关于公安机关管辖的刑事案件立案追诉标准的规定（二）》如何适用的问题

2010年5月7日最高人民检察院、公安部印发的《关于公安机关管辖的刑事案件立案追诉标准的规定（二）》（公通字〔2010〕23号）第27条规定了骗取贷款罪的立案追诉标准，给银行或其他金融机构造成重大损失的标准是直接经济损失数额在人民币20万元以上，其他严重情节包括骗取贷款的数额在人民币100万元以上、多次骗取贷款等情形。

本案中4名被告人骗取的银行贷款数额高达2.26亿元，远超上述立案标准，但两级法院均未在判决书中直接引用上述规定，一审法院只是在认定4名被告人构成骗取贷款罪时参考了上述规定的精神，从骗取贷款的次数和金额角度予以论证，二审法院则完全无视，可见两次法院并不当然认可该规定的法律效力。

从法律规范的性质上讲,《关于公安机关管辖的刑事案件立案追诉标准的规定（二）》是最高人民检察院、公安部共同印发的带有司法性质的规范性文件,根据《最高人民检察院司法解释工作规定》的有关规定,不属于司法解释范畴,从该规定印发的文号分析,应该属于部门规范性文件。由于该规定的效力层级较低,人民法院在具体审理案件时并不当然适用,容易导致公检法三家在法律适用上产生上重大分歧,这也是本案最终被二审法院改判无罪的直接原因。

随着最高人民法院、最高人民检察院、公安部《关于推进以审判为中心的刑事诉讼制度改革的意见》发布实施,人民法院在案件审理过程中法律适用方面的话语权将进一步增强,检察机关应当及时应对,在涉及罪与非罪、此罪与彼罪等关键问题上与人民法院达成共识,避免类似情况的发生。

五、指导意义

骗取贷款罪是金融领域常见的犯罪类型,随着经济社会发展,国家产业结构调整、经济转型升级的需要,以往一些具有较大社会危害性的行为的刑事处罚必要性逐渐降低,一律入罪的做法并不符合现在的国情。

司法机关应当准确把握金融犯罪的保护法益,既不能机械地理解适用法律,将具有正常生产经营需要的融资行为一律作为犯罪打击,也不能不合理的限制法益保护的范围,将具有一定社会危害性以及预防必要性的虚假融资行为排除在外。对保护法益的理解不能脱离具体的犯罪构成要件,犯罪构成要件是法益保护的外在表现形式,刑法分则条文的具体规定直接体现了国家对某种法益的保护态度。

法律适用方面要注重树立以审判为中心的司法理念,在具体犯罪的认定上要注意所适用的法律规范的层级效力,尤其对于法律规定模糊、缺乏立法、司法解释的某些类型案件的处理更是要慎之又慎,检法两家应当加强沟通凝聚共识,确保打击的准确性和有效性,维护司法权威和公信力。

六、案例点评

2006年6月29日刑法修正案六第10条增设了第175条之一。在2006年6月召开的第十届全国人民代表大会常务委员会第十九次会议上,全国人大常委会法制工作委员会有关负责人在关于立法草案的说明中曾指出,"刑法第193条规定了贷款诈骗罪,对以非法占有为目的,诈骗银行或者其他金融机构贷款的行为规定了刑事责任"。人民银行等金融部门提出,近年来一些单位和个人以虚构事实、隐瞒真相等欺骗手段,骗用银行或者其他金融机构的贷款,危害金融安全,但要认定骗贷人具有"非法占有为目的"证据欠缺或不足,所以在刑法中增加规定,即:以欺骗手段取得银行或者其他金融机构贷款等,造成重大损失或者其他严重情节的，追究刑事责任。可见，该罪名用意在于：骗取贷款、承兑汇票、金融票证罪是刑事司法中对于贷款诈骗罪难以证明"非法占有"为目的之缺陷的补救性立法，可以解决两个方面的问题：一是对于证明"非法占有"证据不足但给银行造成了重大损失，从而给金融管理秩序造成严重危害的骗贷行为，降格以骗取贷款罪论处；二是对于有证据证明没有"非法占有"为目的但给银行造成了重大损失或者具有其他严重情节，从而给金融管理秩序造成严重危害的骗贷行为，以骗取贷款罪论处。该罪之所以放在高利转贷罪之后，就是考虑二者均是通过贷款对金融管理秩序造成破坏的，换言之该罪侵害的法益是金融管理秩序。我们从刑法第175条之一的罪状表述上不难看出本罪不仅是结果犯，还应当是情节犯。

本案争议的焦点是，骗取贷款未给银行或者其他金融机构造成损失的能否定罪处罚的问题。

《中华人民共和国刑法》第175条之一规定，以诈骗手段取得银行或者其他金融机构贷款、票据承兑、信用证、保函等，给银行或者其他金融机构造成重大损失或者有其他严重情节的构成骗取贷款、票据承兑、金融票证罪。从法律规定看在采取欺骗手段取得贷款、票据承兑、信用证、保函等的前提下，给银行或者其他金融机构造成重大损失和有其他严重情节的均构成本罪，因此对未给银行或者其他金融机构造成重大损失的案件不能一律不认定构成本罪，而应看是否有具有其他严重情节。是否存在其他严重情节要从骗取贷款、承兑汇票、金融票证的次数、金额、用途等方面综合判断。

就本案而言，被告人陈某甲等人采取提供虚假购销合同、支付合同的手段先后10次骗取银行贷款共计2.26亿元，用于对外投资及发放高利贷获取非法利益。虽然骗取贷款时提供了真实抵押物，银行可以通过清偿的手段使贷款不受损失，但从被告人陈某甲等人骗取贷款的次数、金额、用途方面都可以认定为有其他严重情节，应以骗取贷款罪追究其刑事责任。

（撰稿：深圳市南山区人民检察院　高瞻）
（点评人：山西省太原市人民检察院副检察长、山西大学
　　　　　兼职教授、硕士生导师　江晨）

2.5 霍某某涉嫌非法吸收公众存款案、于某某等 19 人涉嫌非法吸收公众存款案

一、基本案情

经审查认定：北京某某信息技术有限公司（以下简称"某某信息技术公司"）于 2011 年 7 月注册成立，住所及实际经营地为北京市朝阳区某某西里某某号住邦某某号楼某某室，该公司主要通过网站"某某网"和手机 App"某某理财"开展 P2P 网络借贷业务。公司法人范某某持股 70%（代霍某某持股），北京某某财富管理有限公司持股 30%，犯罪嫌疑人 R 某某（中文名：霍某某）为公司实际控制人与经营人，任公司总经理。

公司下设风控部、市场部、客服部、技术部、人力部及财务部 6 个部门。公司运营总监为肖某某（未报捕），负责风控部、市场部指导。风控部负责公司催款、借款人信用审核及渠道人员管理，共 5 人，负责人为耿某某，其他成员包括董某某、赵某甲、赵某乙、姜某某；技术部负责公司网站及 App 的功能开发、维护，共 11 人，负责人为刘某甲，其他成员包括王某甲、王某乙、萧某某、程某某、末某某、范某某、李某某、鞠某某、陶某某、谢某某；客服部负责客户答疑，共 2 人，主管为于某某，其他成员为宁某某（哺乳期未报捕）；人事部负责人员招聘，仅有负责人罗某某 1 人；市场部负责公司信息推广，仅有刘某乙 1 人；财务部负责工资发放、出纳与会计，仅有负责人赵某丙（未在案）1 人。本案包括霍某某共计 22 名嫌疑人在案。

某某信息技术公司自 2011 年成立以来主要开展 P2P 网络借贷业务，以向借款人收取管理费盈利。公司通过渠道人员联络等方式在多地发展借款客户，经公司风控部及总经理霍某某审核后，将借款人的借款申请以投资标的的形式发布到公司旗下网站"某某网"或手机 App"某某理财"上供出借人进行投资，投资标的分为"某甲标""某乙标"与"某丙标"三类，分别对应不同类型的借款人。出借人在网站或 App 注册账户后，可在该平台上选择不同的借款标的进行投资，并与借款人签订网络借贷协议，出借人支付的投资款被打入某某信息技术公司在第三方支付平台（某某科技有限公司）的托管账户内，并且每一个借款标的对应一个虚拟的标的账户。在出借人的投资款达到借款额

后由霍某某等人从后台系统发布指令，将投资款从标的账户转至借款人在第三方支付平台开设的借款账户，同时，公司还会发布指令将借款额的3.5%转至某某信息技术公司的平台账户作为公司管理费，另将借款额的2.5%转至北京某某咨询有限公司的平台账户作为风险金。还款付息的方式是通过支付平台将借款人支付平台账户内的钱款划转至出借人支付平台账户。据某某网络服务使用协议，某某信息技术公司平台除了承诺以风险金账户降低风险外，不对任何资金直接、间接损失负责，此利率承诺实际是由借款人一方向投资人作出。据某某科技有限公司员工赵某某的证言，某某科技有限公司要求公司管理费应当在借款额的10%以内，如果超过必须有合理的理由。本案因"某甲标"的部分借款人未按照约定及时还款导致出借人报案而案发。据嫌疑人霍某某供述，到案发时公司共有投资人500余人，涉及投资金额3000余万元，截至朝阳区检察院审查本案时共有3名投资人报案，投资额57万余元，涉及多个投资标的。

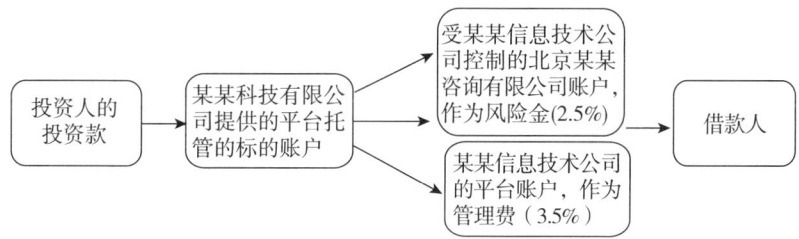

二、诉讼过程

因北京某某信息技术有限公司涉嫌非法吸收公众存款罪，北京市公安局朝阳分局十八里店派出所于2017年9月7日对本案立案侦查，同日将霍某某等人抓获归案。犯罪嫌疑人R某某（中文名：霍某某）于2017年9月8日因涉嫌非法吸收公众存款罪被北京市公安局公共交通安全保卫分局刑事拘留，犯罪嫌疑人于某某等19人于2017年9月8日因涉嫌非法吸收公众存款罪被北京市公安局朝阳分局刑事拘留，2017年9月28日北京市公安局朝阳分局以于某某等19人涉嫌非法吸收公众存款罪提请朝阳区检察院批准逮捕，2017年9月29日北京市公安局公共交通安全保卫分局以R某某（中文名：霍某某）涉嫌非法吸收公众存款罪提请朝阳区检察院批准逮捕，经提讯犯罪嫌疑人并审查案件，2017年9月30日朝阳区人民检察院因证据不足对以上20人不予批准逮捕。

三、案件认定

本案的证据主要有犯罪嫌疑人供述、投资人证言及提交的书证、某某科技有限公司员工证言、某某信息技术公司与某某科技有限公司的相关协议、某某科技有限公司提供的某某信息技术公司资金流入、流出相关的电子数据。

对本案的证据、事实以及定性综合分析如下：

1. 现有证据不足以证明北京某某信息技术公司有可被公司支配的资金池。从现有证据看，犯罪嫌疑人霍某某称"某某科技有限公司是银联与中国移动的联合子公司，很正规不可能将某某科技有限公司的钱款转至其他地方"，某某科技有限公司员工赵某某证言称"资金走向是投资人先将银行卡内的钱转入某某科技有限公司平台的投资人账户，然后某某信息技术公司发指令同意后，钱转入标的账户，后某某信息技术公司再发指令将投资人账户的钱，分别转入某某信息技术公司平台账户，这是他们收取的管理费，具体多少由某某信息技术公司自己决定，但是我公司要求不超10%，如果超过必须有合理的理由，剩余的钱转入借款人账户，后借款人提现到自己的银行账户。"上述证据可以证实该资金并非由某某信息技术公司随意支配。犯罪嫌疑人刘某某称"投资人的钱打到某个标的账户，平台按照公司的指令把第三方账户里的钱划给借款人自己的银行卡"，犯罪嫌疑人谢某某称"某某科技有限公司平台投资人的钱是打到某某科技有限公司标的账户，没有一个大的账户，借款人还款时也是将钱打到某某科技有限公司标的账户，再由标的账户打到投资人账户"，犯罪嫌疑人王某某称"我是写某某科技有限公司网站的接口的，固定的标的的钱只能转给固定的人，不能随意更改，程序设计就是这样。"上述证据也说明某某科技有限公司标的账户钱款并不能由某某信息技术公司随意支配，现有证据不能认定该公司具有可以由其支配的、有期限金额错配性质的资金池。

2. 北京某某信息技术有限公司未承诺过保本付息。虽然投资人提供的借贷协议中明确约定了年化利率，但该协议是借贷双方的协议，某某信息技术公司作为平台方并未在协议中承诺保本付息，仅提及当借款人逾期超过 30 天时，某某信息技术公司将使用风险专用账户替乙方向甲方垫付甲方应收回的本金、利息和利息补偿金，并且列明了风险金账户余额充足和余额不足情况下的解决方式。本案的报案人也均未提及某某信息技术公司承诺保本付息的情况。现有证据在证实某某信息技术公司承诺保本付息或给付回报方面也不充分。

3. 北京某某信息技术公司是否为共犯。如果涉案公司网络借贷平台的个人借款余额超过 20 万元，企业借款余额超过 100 万元，也可以根据案件证据情况认定某某信息技术公司属于帮助个人或者企业通过其平台吸收公众存款的共犯，涉嫌非法吸收公众存款罪。从现有证据看，犯罪嫌疑人霍某某供述称"公司规定个人借款不超过 10 万元"，在案的信审员赵某甲、董某某、赵某乙均供述称审核的个人最高借款为 6 万元，经对某某科技有限公司提供的平台数据筛选审查，未发现本案出现问题的某甲标中存在同一个借款人同一时段借款总额超过 20 万元的情况。现有证据不足以证实涉案人员作为上述企业的共犯帮助吸收公众存款。

综上，本案从现有证据看，对于非法吸收公众存款罪四个要件，通过网站公开宣传投资标的符合公开性和社会性。但现有证据无法证实涉案单位形成资金池，无法证实存在承诺保本付息、默许或未及时发现借款人实施非法集资犯罪活动的行为。即现有证据无法证实该公司的行为符合违法性和承诺保本付息两个要件，因此，认定本案构成非法吸收公众存款罪的证据不足。

四、案例焦点

P2P 网络借贷涉嫌非法集资案件的取证重点应围绕是否存在资金池以及是否存在个人、企业超额度借款，应当及时从以下几方面重点取证，以查明资金流向及出借、归还资金的情况：

1. 云服务器及公司服务器中的出借人、借款人详细信息及电子协议等电子数据；

2. 第三方支付平台中的出借人、借款人账户信息、资金进出情况等电子数据；

3. P2P 网络借贷公司相关银行账户明细。

【要旨】

P2P 网络借贷平台涉嫌非法集资的案件，认定的关键点和难点在于投资款是否被归集入能够被公司支配的、有时间错配的资金池。因此，P2P 平台吸收的投资款的处置、流向、用途及托管情况，是此类案件是否构成非法集资的关键证据。

即使 P2P 网络借贷公司行为违反行政法规或部门规章，也不能仅以此为由认定构成非法集资犯罪，更不能单以出现了资金链断裂、借款人无法兑付出借人钱款就认定构成犯罪，是否构成非法集资犯罪，仍应依照刑法及相关司法解释予以认定。

五、指导意义

1. P2P 网络借贷平台面临的非法集资风险。利用 P2P 网络借贷平台非法集资的主要犯罪手法有：一是网贷平台通过将借款需求设计成理财产品出售给出借人，或者先归集资金、再寻找借款对象等方式，使出借人资金进入平台的中间账户，形成资金池，涉嫌非法吸收公众存款。二是一些网贷平台未尽到身份真实性核查义务，未能及时发现甚至默许借款人在平台上以多个虚假名义发布大量借款信息，向不特定对象募集资金。三是个别网贷平台编造虚假融资项目或借款标的，采用借新还旧的庞氏骗局模式，为平台母公司或其关联企业进行融资，涉嫌集资诈骗。银监会处置非法集资办公室主任刘张君也曾明确指出，在P2P网络借贷平台中，有三种情况可能涉嫌非法集资：第一，形成资金池；第二，未尽审查义务，默许或者未及时发现借款人实施非法集资犯罪活动；第三，开展自融业务。

最高人民检察院2017年出台的《关于办理涉互联网金融犯罪案件有关问题座谈会纪要》第8条规定："对以下网络借贷领域的非法吸收公众资金的行为，应当以非法吸收公众存款罪追究相关行为主体的刑事责任：（1）中介机构以提供信息中介服务为名，实际从事直接或间接归集资金、甚至自融或变相自融等行为，应当依法追究中介机构的刑事责任。特别要注意识别变相自融行为，如中介机构通过拆分融资项目期限、实行债权转让等方式为自己吸收资金的，应当认定为非法吸收公众存款。（2）中介机构与借款人存在以下情形之一的，应当依法追究刑事责任：①中介机构与借款人合谋或者明知借款人存在违规情形，仍为其非法吸收公众存款提供服务的；中介机构与借款人合谋，采取向出借人提供信用担保、通过电子渠道以外的物理场所开展借贷业务等违规方式向社会公众吸收资金的；②双方合谋通过拆分融资项目期限、实行债权转让等方式为借款人吸收资金的。在对中介机构、借款人进行追诉时，应根据各自在非法集资中的地位、作用确定其刑事责任。中介机构虽然没有直接吸收资金，但是通过大肆组织借款人开展非法集资并从中收取费用数额巨大、情节严重的，可以认定为主犯。（3）借款人故意隐瞒事实，违反规定，以自己名义或借用他人名义利用多个网络借贷平台发布借款信息，借款总额超过规定的最高限额，或将吸收资金用于明确禁止的投资股票、场外配资、期货合约等高风险行业，造成重大损失和社会影响的，应当依法追究借款人的刑事责任。对于借款人将借款主要用于正常的生产经营活动，能够及时清退所吸收资金，不作为犯罪处理"。

2. 涉案公司未形成资金池。2015年7月14日由中国人民银行、工业和信息化部、公安部等部门发布的《关于促进互联网金融健康发展的指导意见》中明确指出，P2P网贷机构要明确信息中介性质，主要为借贷双方的直接借贷提供信息服务，不得提供增信服务，不得非法集资。故现有法律规定只支持单纯为投融资双方搭建标的平台的形式，而先从投资方处获得资金，归集至平台账户后，再去寻找融资方的方式，形成资金池，涉嫌非法集资。

实践中的P2P运营者极少保守于单纯的信息中介地位，往往做出或多或少的模式变动以谋求更大盈利，而这种P2P是否形成了资金池是认定其是否构成非法吸收公众存款罪的关键。具体到涉案单位某某信息技术公司的运作模式来说，可认为其是一种变体的"P2P"网络借贷信息中介服务。其名下某某网平台并非单纯地作为一个借贷介绍的信息中介，而是介入投资人与借款人间的借贷关系中，作为第三方承担了收取投资和支付还款的业务，接收来自投资人与借款人的资金，也因此使自己陷入了无法兑付投资人债务的问题。然而，某某信息技术公司对客户资金的接收，均是交予第三方支付平台托管。从本案证据看，公司对托管账户资金的处置权利、额度十分有限，只限于在投资人与借款人之间进行资金划拨，以及收取管理费用。从现有证据看某某信息技术公司是将客户投入的资金转入第三方平台专门账户并分不同虚拟账户存储，无证据表明其能任意支配投入平台上的资金，尚未形成能够被公司支配的具有时间错配性质的资金池，仅是一种变相的借贷中介，不能认定其行为触犯刑法。针对类似的P2P平台涉嫌非法集资案件，查明其所接收资金的处置、流向、用途及托管情况，是案件定性的关键点，必须明确涉案公司、个人确有归集资金、自己支配的情形，方能定罪。

3. 托管机构问题。2017年2月22日的《网络借贷资金存管业务指导》要求平台资金必须在银行存管，本案中，某某信息技术公司是将资金交由某某科技有限公司提供的第三方支付平台的托管账户内，并非由银行存管。针对本案情况，笔者认为，《网络借贷资金存管业务指导》于2017年初颁布，在该指导意见之前的平台不宜据此追究责任，该指导意见颁布后也应给平台一定的整改期限，据了解，当前的P2P网络借贷平台真正在银行存管的较少，在第三方支付存管资金已属于比较规范的做法，能否构成非法集资犯罪仍然要看平台是否对第三方支付账户有绝对的控制权、是否存在资金池、是否存在平台与第三方共谋的情形、是否存在拆分、自融、假标的等情况。

4. 平台增信服务不必然构成非法集资类犯罪。P2P网络借贷增信包括多种：关联公司担保、平台或主要负责人自身担保、风险备用金制度等。在2015年7月14日出台的《关于促进互联网金融健康发展的指导意见》中明确指出"不得提供增信服务"，银监会将"明确平台本身不得提供担保"作为红线之一。但认定构成非法吸收公共存款罪，不能直接以行政法规或部门规章的强制性规定为指引，例如，最高人民法院《关于审理非法集资刑事案件具体应用法律若干问题的解释》第一条规定："违反国家金融管理法律规定，向社会公众（包括单位和个人）吸收资金的行为，同时具备下列四个条件的，除刑法另有规定的以外，应当认定为刑法第176条规定的'非法吸收公众存款或者变相吸收公众存款'：（一）未经有关部门依法批准或者借用合法经营的形式吸收资金；（二）通过媒体、推介会、传单、手机短信等途径向社会公开宣传；（三）承诺在一定期限内以货币、实物、股权等方式还本付息或者给付回报；（四）向社会公众即社会不特定对象吸收资金。未向社会公开宣传，在亲友或者单位内部针对特定对象吸收资金的,不属于非法吸收或者变相吸收公众存款"。如要认定嫌疑人之行为构成非法吸收公众存款罪,这四要件缺一不可。在这四个条件中,"向社会公开宣传""向社会不特定对象"两个条件,对于P2P这种互联网金融业务而言几乎是必然存在的情况。就是否构成"承诺一定期限内还本付息或者给付回报",可通过调查机构与其投资人之间实际的业务情况、调取合同等证据加以明确认定。而非法集资四要件中的非法性,具体特指的是"未经有关部门依法批准或者借用合法经营的形式吸收资金",而非泛指违反任何行政法规或部门规章。

本案中,某某信息技术公司使用风险专用账户提供增信服务,在借款人到期未还款时,替借款人向投资人垫付应收回的本金、利息和利息补偿金。从《关于促进互联网金融健康发展的指导意见》以及监管部门其他场合的讲话中可以明确,平台以自身名义对网络借贷提供增信、担保服务是明确禁止的,这也是P2P平台在业务操作中的禁区。但现有的平台中,发展较好的之所以被投资人选择,正是由于其背后关联公司的直接或者变相担保,从而降低了风险。倘若P2P平台出现了增信服务应受到何种处理?银监会并未制定明确的处罚规定,刑法也并无相应的罪名予以追究。这类应属于平台的违规操作,不能以此认定为非法集资。

5. P2P平台不能兑付投资人债务并不必然构成非法集资。对于P2P中介机构出现资金链断裂等运营困难、致使其无法偿付投资人债务的情形,虽然时常是其非法集资的危害表现,但不能以此为由倒果为因,将这些无法兑付都归结为存在非法集资的情况。公司因不规范运营、或因商业风险陷入困境,并不必然是犯罪行为。面对存在投资人资金损失的P2P平台案件,应坚持先在证据基础上认定是否构成犯罪,再在确认行为性质的基础上处置投资人资金损失问题。

六、案例点评

近年来,互联网技术、信息通信技术不断取得突破,推动互联网与金融快速融合,促进了金融创新,提高了金融资源配置效率,但也存在一些问题和风险隐患,如集资诈骗、非法吸收公众存款、借款人违约等问题的存在,不仅损害众多投资人合法权益,也严重影响互联网金融行业健康发展。P2P于2006年传入我国,2012年进入爆发期。由于市场征信体制不健全,投资者习惯等因素,国内市场上大多数P2P除了提供信息撮合外,往往提供各种显性和隐性担保,P2P在中国金融机构化的运作模式招来了广泛的争议。如何依法稳妥地办理此类案件,给检察机关带来了新的挑战。北京市朝阳区人民检察院办理的霍某某涉嫌非法吸收公众存款案、于某某等19人涉嫌非法吸收公众存款案,为我们办理P2P网络借贷平台涉嫌非法吸收公众存款案,提供了很好的参考范例。

中国人民银行、工业和信息化部、公安部等制定的《关于促进互联网金融健康发展的指导意见》指出，P2P网络借贷（即个体网络借贷）是指个体和个体之间通过互联网平台实现的直接借贷；在个体网络借贷平台上发生的直接借贷行为属于民间借贷范畴；个体网络借贷要坚持平台功能，为投资方和融资方提供信息交互、撮合、资信评估等中介服务；个体网络借贷机构要明确信息中介性质，主要为借贷双方的直接借贷提供信息服务，不得提供增信服务，不得非法集资。在该案的办理过程中，检察官围绕最高人民法院《关于审理非法集资刑事案件具体应用法律若干问题的解释》规定的非法吸收公众存款或者变相吸收公众存款需要同时具备的四个条件，通过已有证据，就某某信息技术有限公司是否形成资金池、是否承诺过保本付息、是否为共犯等问题进行了认定。认定现有证据无法证实涉案单位形成资金池，无法证实存在承诺保本付息、默许或未及时发现借款人实施非法集资犯罪活动的行为，即现有证据无法证实该公司的行为符合违法性和承诺保本付息两个要件，并因证据不足对上述20人不予批准逮捕。办案过程紧扣案件核心，严格按照法律规定审查证据、认定事实，体现了很强的业务素质和办案能力。

本案可推广借鉴的地方还在于，针对类似的P2P平台涉嫌非法集资案件，查明其所接收资金的处置、流向、用途及托管情况，是案件定性的关键点，必须明确涉案公司、个人确有归集资金、自己支配的情形，方能定罪，这为今后办理此类案件提供了思路。

9月28日公安机关以于某某等19人涉嫌非法吸收公众存款罪提请检察机关批准逮捕，9月29日公安机关以霍某某涉嫌非法吸收公众存款罪提请检察机关批准逮捕。9月30日检察机关即因证据不足对以上20人不予批准逮捕。北京市朝阳区人民检察院极快的办案效率，值得我们学习借鉴。

（撰稿人：北京市朝阳区人民检察院·金融犯罪检察部　蔡晨昊　王琇珺）
（点评人：山西省忻州市人民检察院党组书记、检察长、山西大学、
　　　　　太原科技大学兼职教授、硕士生导师　周东曙）

2.6 李某某非法获取计算机信息系统数据罪案

一、基本案情

2015年12月3日22时许至4日7时之间,北京某社交网站的网络安全运维人员发现,其运营的社交网站受到大量浙江IP的SQL注入攻击,持续8小时40分,网站数据库被反复执行查询、读取操作,数据库内容被窃取。经公安机关工作,将犯罪嫌疑人李某某抓获。犯罪嫌疑人李某某,男,35岁,大学文化程度,案发前系某公司安全运维人员。李某某供认,自己出于好奇、炫耀技术在浙江省杭州市的家中,通过计算机安全漏洞检测软件SQLMAP① 侵入位于北京市朝阳区某科技园内的某社交网站服务器,并将获取到的漏洞信息上传到国内某互联网安全漏洞平台。经刑事科学技术鉴定,李某某获取计算机数据信息900余条。

二、诉讼过程

北京市公安局朝阳分局于2016年5月犯罪嫌疑人李某某涉嫌非法获取计算机信息系统数据案移送检察机关审查起诉。检察机关受理后,依照刑事诉讼法的有关规定,依法对案件进行审查,并咨询相关专业领域专家的意见。本案因部分事实不清,证据不足经过两次退回补充侦查,因案情重大、复杂两次延长审查起诉期限,本案因为新型犯罪,案情复杂,最终提交检委会讨论,决定对犯罪嫌疑人李某某相对不起诉。

(一)经依法审查后查明的事实

犯罪嫌疑人李某某自2008年起在浙江省杭州市某公司任职,负责信息安全运维工作,其于2015年12月3日在公司使用笔记本电脑中的SQLMAP工具对某社交网站解析,并对服务器进行注入式攻击寻找安全漏洞,并成功入侵,在其下班回家后又多次通过该漏洞继续入侵该社交网站的服务器,读取数据库文件并进行复制。经审查,李某某获取了该社交网站付费vip服务器内员工及

---

① SQLMAP是一款开源的网络安全渗透测试工具,它可以实现自动化侦测和实施SQL注入攻击以及渗透数据库服务器。SQLMAP配有强大的侦测引擎,适用于高级渗透测试用户,不仅可以获得不同数据库的指纹信息,还可以从数据库中提取数据,此外还能够处理潜在的文件系统以及通过带外数据连接执行系统命令等——上述内容来源自网络。

部分客户用户名、真实姓名、密码（加密）、手机号（加密）、邮箱、家庭地址、户籍地、个人习惯等数据库信息，上述数据库信息属于刑法中规定的身份认证信息。

李某某自称其在测试漏洞时不实施任何操作，所使用的 SQLMAP 带有自动下载数据功能，其在确认漏洞存在及入侵方法切实可行后，将漏洞信息提交到国内一家知名互联网漏洞平台，随后被入侵的社交网站得自己的网站存在漏洞，立即将漏洞修复，未造成严重后果。社交网站工作人员在随后工作中发现李某某在进行漏洞测试的同时还复制获取了该服务器内的大量核心商业数据及身份认证信息，即向北京市朝阳区警方报警，后李某某在浙江省杭州被警方抓获。

公安机关依法将其使用的笔记本进行扣押，经司法鉴定机构鉴定，从李某某使用的笔记本中起获了社交网站服务器中的数据，共计 700 余条，该数据与被侵入的网站服务器日志中显示的被复制的数据二者相比较具有一致性。

经查，李某某本人及其所在公司和与被侵入社交网站没有漏洞安全监测合作协议，李某某亦未在事先向该社交网站做出进行漏洞监测的声明；同时，李某某作为分享漏洞平台的会员，该漏洞平台与被侵入的社交网站也没有合作，并未授权李某某及漏洞平台进行漏洞检测。

（二）李某某辩护人的辩护意见

随着案件审查工作的不断深入，李某某的辩护人向检察机关递交了数份辩护意见，由无罪辩护最终选择为李某某做轻罪辩护，主要观点如下：

（1）李某某主观上没有非法获取计算机信息系统数据的故意

李某某上报漏洞信息的互联网安全平台是经互联网应急中心等权威部门背书的网站；李某某是该网注册的"白帽子"[①]；被入侵的社交网站是安全漏洞平台入驻的厂商，并在此前多次接受该漏洞平台提供的安全提醒服务，并向提出漏洞"白帽子"——表示感谢；李某某将发现漏洞及时向平台进行提交，在提交后未继续对社交网站进行检测；李某某使用真实 IP 以及自己的笔记本进行漏洞检测，不符合职业黑客的做法。

基于上述事实，李某某无法认识到其检测社交网站漏洞的违法行为，无法认识到自己行为会发生危害社会的结果，因此李某某的主观方面不符合非法获取计算机信息系统数据罪的要件。

---

① 白帽子描述的是正面的黑客。他可以识别计算机系统或网络系统中的安全漏洞，但并不会恶意去利用，而是公布其漏洞。这样系统可以在被其他人（例如黑帽子）利用之前修补漏洞。

（2）李某某所获取的数据信息是否属于刑法规定的身份认证信息存疑

因为社交网站对李某某获得的数据中的"密码"进行了加密保护，李某未对相关加密进行破解，鉴定结论显示，李某某获取了社交网站 700 余条数据，这其中的"密码"是经过加密的，本案的加密信息采用 MD5 加密，破解相关密码难度非常大，目前没有证据显示对这些加密数据进行解密，因此本案中不能认定李某某获取了身份认证信息中"密码"的组成要件，李某某无法对密码进行占有和支配。

（3）李某某的行为社会危害性不大

李某某使用的 SQLMAP 软件并非其本人设计，而是从互联网下载获得，除了使用 SQLMAP 外，李某某没有主动下载、存储任何社交网站服务器数据；该软件具有自动下载功能，公安机关起获的数据是自动下载数据；李某某获取的数据数量较少，主观恶性小，没有给社交网站造成损失，没有将信息牟利及其他非法用途。

（4）侦查机关对相关电子证据的调取和鉴定工作应当符合相应规范

本案中，李某某的电脑被扣押，但被李某某入侵的社交网站服务器并未被查封，还在正常使用当中，对服务器网站中的系统日志进行鉴定，送交司法鉴定机构的系统日志是否被污染需要相关证据予以证明，公安机关提取相关检材的过程应当符合规范。

三、检察机关对全案的审查及分析

本案中，有社交网站代表的证言及被入侵的系统日志证明有人实施了侵入该系统服务器的事实，有李某某的供述及在其电脑中起获的电子证据证明其实施了入侵社交网站数据库并进行下载的行为，李某某作为有相关行业知识背景且使用 SQLMAP 相当一段时间，应当明知自己的行为可能导致的后果，在案证据中没有证据证明李某某将获取的相关数据用于非法活动或者数据扩散从而造成严重影响，其作为专业的安全网络运维人员，曾经多次在适用同样方法测试漏洞并将数据上报到漏洞平台，属于互联网中的正面黑客，但本次的测试中其获取的数量达到了立案追诉标准，应当追究其刑事责任。

1. 李某某获取的数据属于司法解释中规定的身份认证信息

李某某笔记本中获取的数据，符合可是可以实现登录、支付等相应操作的数据组合。但在本案中，作为身份认证信息中最为关键的"密码"经过加密，加密后的数据并不能被犯罪嫌疑人直接使用，是否属还属于身份认证信息，中国政法大学方鹏教授认为，关于身份认证信息及组的认定，刑法和司法解释是数据和组，无论解密、加密都应作为一组身份认证信息。也应当作为身份认证信息。加密之后也会有解密的方法，虽然经过加密，其客观上仍旧是可以用于登录的系统数据。检察官认为对服务器内进行加密,是互联网站对于信息安全的另一道安全保障,其法益不应该因自身防卫做的到位就不受到保护,经与相关网络安全运维人员进行了解,目前几乎所有网站服务器的系统登录密码,在创建用户(注册)设定密码的同时,服务器就会自动进行加密,如果本案中因"密码"因被服务器加密就不属于身份认证信息的要素,不符合本罪的立法本意,且法条名称为非法获取计算机信息系统数据罪,该法规制的为系统"数据"而非重点为解密还是加密,因为加密了之后的系统数据,仍旧是身份认证信息的数据。

2. 案件定性分析

有观点认为本案应以刑法第253条之一即"侵犯公民个人信息罪"定罪处罚,因为李某某获取的数据中包含了姓名、手机号、家庭住址等信息,故应以非法侵犯公民个人信息罪定罪处罚;但本案不符合刑法第253条之一侵犯公民个人信息罪的犯罪构成:

第一,李某某获取的是否属于公民个人信息目前存疑,其中虽然有以"真实姓名、手机号、邮箱等"等为标题的信息类目,但为其中是否属于真实的公民个人信息目前存疑,而在李某某获取的信息类目中,其最重要的部分为"能够实现登陆等功能的数据组合"属于非法计算机信息系统数据,因此不属于本罪的犯罪构成。

第二,综合全案证据,李某某并未将其获取的计算机数据进行出售、向他人提供或者用于其他非法用途,不属于本罪的犯罪构成。

综上,李某某的行为不符合侵犯公民个人信息罪的犯罪构成,其行为构成非法获取计算机信息系统数据罪,互联网安全漏洞平台虽然和国家互联网应急中心存在一定合作关系,李某某的行为实际是违法认识错误,刑法对本罪要求没有要求具有牟利、传播动机,因此行为人主观上不具有、传播动机,也可构成本罪,因此应以非法获取计算机信息系统数据罪定案处罚。

3. 李某某具有非法获取计算机信息系统数据的犯罪故意

第一,多项证据证明,李某某的行为超出了"白帽子"对漏洞检测的必要限度,李某某多次对社交网站的服务器进行了攻击,如果其单纯进行漏洞检测,在确认漏洞存在后就应当停止检测,李某某仍继续翻动数据库的行为与常理不通。根据社交网站相关工作人员的证言,从李某某电脑中起获的数据库表格不属于同一个数据库,鉴定意见显示,李某某在不同时间多次翻看了众多数据库表格,两者可以相互印证,证明其有主动获取数据的犯罪故意。

第二,根据李某某的供述,其使用 SQLMAP 软件已经有 2 年之久,其本身作为网络安全维护的专业人员,其客观上应当知道 SQLMAP 的功能和特性,其应当知道 SQLMAP 存在缓存数据的可能。李某某在审查起诉期间供述称其曾经使用类似手段对其他网站进行攻击，在电子数据鉴定意见中也发现有其攻击其他网站而下载的大量系统数据记录，证明其多次使用该软件并有一定了解，因此其对笔记本上的数据属于自动缓存而不是主动获取的辩解不能成立。

4. 李某某的检测属于无权检测

本罪的罪状表述为"违反国家规定，侵入前款规定以外的计算机信息系统，或者采用其他技术手段，获取该计算机信息系统中存储、处理或者传输数据，或者对该计算机信息系统实施非法控制，情节严重的"。相关漏洞平台"免责条款"的有效性必须以不违反法律规定为前提。规范的漏洞收集、上报、处置方式才是漏洞平台及"白帽子"的免责理由，而不能仅仅以"免责条款"就能避免责任的追究。

在案证据显示李某某上报漏洞的安全漏洞平台与国家互联网应理中心（CNCERT/CC）具有一定的合作关系，但经过调查，国家互联网应急中心曾非正式委托该国内相关漏洞平台对国家机关、国有企业等门户网站漏洞进行监测，如在其平台上有涉及上述单位漏洞应及时告知国家互联网应急中心，但是应急中心从未授权该平台对上述网站及全互联网各类网站进行漏洞测试同时，该漏洞平台并非社交网站官方授权的漏洞检测平台，社交网站相关工作人员在接受检察机关询问时称其与互联网安全漏洞平台不具有书面的漏洞检测协议；最后漏洞平台也明确提出白帽子研究漏洞的方法、方式、工具及手段应当是合法的，李某某攻击前未获得相应授权，并未遵守互联网安全相关义务，属于非法行为。

5. 李某某的侵入行为已经属于一次完整的黑客攻击行为

在互联网安全领域，入侵和数据泄露已经是属于级别较高的危害信息安全的行为。李某某对测试的互联网网站进行漏洞测试，在查找到漏洞后，依旧多次对该数据库的内容进行查看，并对查看的数据进行复制，其行为本身性质已经从白帽子正常的漏洞检测行为变成一次完整的黑客入侵的行为，其本质上就属于违法行为。

四、案件结果

本案具有一定社会影响，属于新型犯罪案件，案情疑难、复杂，本案承办检察官意见经审查认为，本案事实清楚，证据确实、充分，李某某的行为已经构成了非法获取计算机信息系统数据罪，但其自愿认罪，主管恶性不深，犯罪情节较轻，符合相对不起诉的条件；同时，李某某已经被羁押近 8 个月，根据相应的量刑标准，如提起公诉可能会出现已经羁押时间超过罪行最终应当判决的刑期，不符合罪责刑相适应的要求，故承办检察官认为应当对李某某相对不起诉。此案提交检察官联席会讨论，结论分为两种，第一种认为本案事实清楚，证据确实充分，符合起诉条件，应当依法对李某某提起公诉。第二种意见为，由于本案中李某主观恶念不深，犯罪情节轻微，同时可能涉及技术中立等复杂技术问题，可以对李某某相对不起诉。

本案最终经提交检委会进行讨论，最终检委会的意见为，鉴于李某某的犯罪情节轻微，认罪态度较好，有悔罪表现，对其相对不起诉。

朝阳区人民检察院依法对李某某作出相对不起诉的决定，李某某并未进行申诉；经检察官向被害单位进行释法说理工作，被害单位表示服从检察机关的决定；公安机关对检察机关的不起诉决定表示认可，未提出复议、复核等要求。

五、案例焦点

1. 正面黑客、白帽子在查找漏洞的过程中，应当加强对自身约束，在实施漏洞检测的过程中，如果出于好奇、显示自身技术，超过了正常监测的必要范围，获取了计算机信息系统内的数据，其行为本质上属于黑客入侵的行为，达到刑事立案追诉标准的，应当按照非法获取计算机信息系统数据罪定罪处罚。

2. 办理互联网犯罪的案件，对犯罪嫌疑人供述的真实性及案件事实的审查，可以通过主客观相结合的方式进行印证，向具有相关专业知识的人对案件的关键证据寻求帮助，注重对客观电子数据进行挖掘，从而实现准确的查明案件事实，对案件进行准确处理。

3. 侦查机关办理互联网犯罪的案件，应当严格按照取证规范对原始数据进行勘验、扣押、查封、提取、勘验，避免电子证据失控遭受污染，确保案件证据的客观性、真实性和关联性。

4. 对于主观恶性不深、犯罪情节轻微、社会危害性不大、自愿认罪并接受处罚的出于好奇、炫耀技术而没有控制好必要限度的类似犯罪嫌疑人，可以从轻处罚，愿意适用认罪认罚从宽制度进行处理的，可以对其适用认罪认罚从宽制度进行处理。

六、指导意义

本案涉及的罪名在司法实践中并不少见，但是犯罪嫌疑人李某某作为"白帽子"进行漏洞监测转变为黑客入侵，被害单位报案并进入司法程序的案件较为罕见。李某某被批准逮捕以后，在新浪微博、知乎等社交论坛引起了广泛的讨论，在互联网和网络安全圈内具有一定的影响力，在办理此案过程中，积累了一些较为成功的经验。

1. 在审查办理非法获取计算机信息系统数据罪中，应当准确把握"一组身份认证信息"的含义。一组身份认证信息包括确认用户操作权限的数据：包括账号、密码、口令、数字证书等。如何确定用户操作权限，应当是在能够在信息系统中对一个账户实现登录、支付等操作。在实践中,黑客往往进行"拖库",即将所有数据库进行复制下载,在审查时应当在相关数据技术人员的帮助下,对数据库中的数据分别进行甄别分类,在众多数据中将刑法意义上的计算机信息系统身份认证信息与其他数据区分开来,从而对犯罪嫌疑人依法定罪量刑。

2. 电子证据在案发之后容易遭受到污染,在对其提取、鉴定过程中应当严格遵守相关规定,避免影响案件的公正处理。实践中,如涉及侵犯计算机信息系统的犯罪,对服务器的系统日志进行鉴定的证明效果最高,但如对服务器进行扣押,则会大规模影响被侵入公司正常的生产经营秩序,因此对于网络服务器相关电子证据的提取应当严格按照2016年9月9日由最高人民法院、最高人民检察院、公安部发布的《印发〈关于办理刑事案件收集提取和审查判断电子数据若干问题的规定〉的通知》中的规定进行操作,检察机关依法对证据合法性进行审查。而对非法获取计算机信息系统数据罪的审查,可以将服务器日志与侵入者留存的数据进行比对,从而准确的确定犯罪嫌疑人获取数据的内容、数量等情况,对犯罪嫌疑人定罪量刑。

对于鉴定机构的委托程序和鉴定范围,应当符合相应规范。本案中,公安机关委托的鉴定机构许可的鉴定范围为包含"声像资料鉴定",并未列明"电子证据司法鉴定"这一项,但根据司法部《关于印发〈司法鉴定机构仪器设备配置标准〉的通知》中明确规定了"电子数据司法鉴定"的类别在"声像资料鉴定"大类之下,同时可以要求侦查机关到相关司法管理部门出具说明该鉴定机构的"声像资料鉴定"的鉴定范围是否可以开展"电子数据鉴定"。

3. 相关主管部门应当尽快制定"白帽子"及提高网络安全等级操作规范。网络安全漏洞危害的是两方面的客体,一是对网站本身安全体系的威胁,二是对该网站数据库中存储的用户个人信息安全的威胁。入侵行为如果造成用户实名认证信息、支付信息和个人隐私泄露,被不法分子利用,其危害远大于网站本身遭受到的侵害。事实证明网络系统的安全漏洞是客观存在的,不可能被根除,单纯靠网络安全运营者去修补自己的漏洞显然不符合互联网发展的要求,"白帽子"等正面黑客对代表性漏洞进行报告,使得其他网站参考借鉴,对维护整体网络安全,维护互联网生态体系的健康发展有着积极地作用。然而,目前《网络安全法》已经开始施行,对"白帽子"的漏洞检测行为进行了一定规制。"白帽子"单纯进行对于一般网站进行漏洞检测,根据刑法谦抑性原则,无须刑事司法进行调节,但仍旧可能构成其他违法行为,相关部门应尽快出台对测试漏洞操作规范,同时对进入刑事诉讼程序的案件司法机关应当全面考虑案件性质、人身危险性、社会危害性作出妥善处理,确保社会效果的统一。

七、案例点评

毫无疑问，我们现在已经进入了网络社会。网络给我们带来生活便利和利益的同时，也存在着相当的风险，正所谓"利益与风险同在"。网络是否安全，不仅关系到网络公司的利益，也关系到相关公民、组织、甚至国家的安全。因为，网络或者说计算机终端所存储的数据或者信息与我们的生活密切相关。

本案中的被告人李某某本为"某社交网站网络安全运维人员"，即所谓的"白帽子"，却因出于好奇或炫耀自己的技术，通过计算机安全漏洞检测软件SQLMAP侵入位于北京市朝阳区某科技园内的某社交网站服务器，并将获取到的漏洞信息上传到国内某互联网安全漏洞平台。尽管该互联网安全漏洞平台与其侵入的某社交网站有修补漏洞的协议，而使本案并未造成实际损害，但李某某的行为却已经触犯了刑律，构成了刑法第285条第2款规定的"非法获取计算机信息系统数据罪"。值得注意的是，不能因为李某某的行为没有造成实际的损害，就认为其行为没有社会危害性。这是本案与现实社会中发生的侵害法益的犯罪行为所不同的地方。在现实社会中，大多数犯罪的实施要么造成人生伤亡、名誉损害、权利侵害或者自由剥夺，要么造成数额较大的经济损失。本案中李某某的行为仅仅是侵入了某社交网站的数据库，导致数据库的信息被窃取，数据库中所储存的信息是网站能够运营的重要资源，是有价值的，因此一旦数据库可以任由他人随意侵入，数据库中的信息就存在被非法利用的危险。可以认为，刑法规定的本罪属于"抽象危险犯"，即只要行为人非法侵入计算机信息系统，导致计算机信息系统的数据被非法获取，且情节严重的，就值得动用刑法予以制裁。当然，如果行为人将窃取的信息非法出售或者利用，该信息的内容又涉及公民个人身份且情节严重的，就可能构成侵犯公民个人信息罪。

网络世界中的犯罪也给案件的侦查取证带来了相当的困难。比如本案中所反映的"电子证据"的调取程序中存在系统日志被污染的问题、公安机关提取相关证据检测的过程是否规范的问题、犯罪的确定问题、加密保护的数据是否数据本身的问题，等等。这就需要不断提高公安侦查人员的侦查水平，时刻追踪网络科技前沿，提高识别、获取、固定电子证据的能力，不断规范侦查行为，才能保证罪案的处理有可靠充分的依据。

（撰稿人：北京市朝阳区人民检察院金融犯罪检察部　王爱强）

（点评人：山西大学法学院院长、教授、硕士生导师　张天虹）

2.7 姜某某诈骗案

一、基本案情

被告人姜某某,女,1990年××月××日出生,居民身份证号码:2303021990××××××××,朝鲜族,大专文化程度,无业,户籍所在地:黑龙江省鸡西市鸡冠区康乐委××组××号,暂住河北省秦皇岛市海港区××小区××单元××室。

2014年10月至2015年7月间,被告人姜某某明知无充足货源的情况下,通过自己的微信、微博等网络平台发布大量销售"耐克乔丹牌"全球限量版篮球鞋的虚假信息,以货源充足、明显低于市场价的价格为诱饵,以给部分被害人出售少量鞋,隐瞒其实际上没有真实货源而是以高价买进低价卖出的方式,虚构其经营能力,同时承诺没有货物将以高于市场价格退款,进而采用了拆东墙补西墙的手段骗取被害人信任实施诈骗。现被害人涉及十余个省市自治区336名,涉案金额共计1425.0921万元。被告人姜某某所得赃款部分用于高价购鞋发货及退赔,剩余赃款已全部挥霍,现赃款未追回。

二、诉讼过程

2015年7月23日,被害人匡某某向太原市公安局小店分局龙城责任区刑警队报案,同年7月24日立案。2015年8月1日,犯罪嫌疑人姜某某同在秦皇岛市一小区出租房内被抓获,同日被刑事拘留,同年9月7日被太原市人民检察院批准逮捕,于次日被太原市公安局小店分局执行逮捕。2016年2月25日,该案移送审查起诉,期间退回补充侦查一次,延长审查起诉期限两次。2016年6月22日,太原市人民检察院以诈骗罪对姜某某提起公诉。2017年5月24日,太原市中级人民法院作出一审判决。

三、庭审观点

为证明起诉书指控的犯罪事实,公诉机关向法庭出示了被害人报案材料和询问笔录,被害人与被告人姜某某之间的支付宝转账信息及被告人姜某某的供述和辩解等证据。公诉机关指控,被告人姜某某以非法占有为目的,利用网络平台虚构事实、隐瞒真相,骗取他人财物,数额特别巨大,其行为已触犯《中华人民共和国刑法》第266条的规定,犯罪事实清楚,证据确实充分,应当以诈骗罪追究其刑事责任。

被告人姜某某对于公诉机关指控的犯罪事实基本无异议。被告人姜某某的辩护人的辩护意见是：（1）对被告人姜某某构成诈骗罪不持异议，但其并非一开始即具有诈骗的故意，是因缺乏货源又想维持商业信誉，才将后续买家支付的货款用于高价购鞋发货或退还之前买家的货款，主观恶性相对较小，应酌情对其从轻处罚；（2）被告人具有自首情节，应依法对其从轻处罚；（3）部分被害人所收到货物价值计算缺乏客观依据，收到货物的型号、单价、数量均依据被害人的陈述认定，故该部分被害人损失数额不应当计入被告人姜某某的诈骗数额。综上，建议法院对被告人姜某某从轻处罚。

四、案件结果

一审法院认为，被告人姜某某以非法占有为目的，在明知无充足货源的情况下，发布大量销售"耐克乔丹牌"全球限量版篮球鞋的虚假信息，同时承诺没有发货将以高于市场价格退款，采用拆东墙补西墙的手段骗取被害人的信任的方式实施诈骗，数额特别巨大，其行为已构成诈骗罪。公诉机关指控罪名成立。被告人姜某某归案后能够如实供述自己的大部分罪行，系坦白。其行为适用《中华人民共和国刑法》第67条第3款的规定，依法可以从轻处罚。经查，现有在案证据足以证明被告人姜某某在2014年底明知已经没有充足货源的情况下，仍通过高价买进低价卖出的方式骗取被害人信任，并通过被害人给其介绍更多的买家，骗取更多人的钱款，其主观恶性较大，故该辩护意见不予采纳。现因被害人无法提供实物（已出售），故无法对该部分货物进行价值鉴定，侦查机关根据双方约定的价格进行核算，并无不妥，故该辩护意见不予采纳。综合本案的案情、被告人的作案方式、主观恶性以及认罪态度，以诈骗罪判处被告人姜某某有期徒刑15年，并处罚金30万元。

五、案件焦点

（一）关于本案的管辖问题

本案系2015年7月23日太原市被害人匡金韦向太原市公安局小店分局报案，经小店分局龙城责任区刑警队研判，发现犯罪嫌疑人姜某某系利用微信、微博在全国范围内实施诈骗，抓获核实后发现涉案334起，其中太原市被害人共有三名分别为：匡某某、胡某某、苏某某。经审查发现，匡某某所骗资金均在案发前收回，故不予认定该笔犯罪事实。因此，该案在太原的被害人只有两人。作为被害人遍及全国的互联网犯罪案件，太原市公安局小店分局是否具有管辖权，值得考虑。

根据最高人民法院、最高人民检察院《关于办理网络犯罪案件适用刑事诉讼程序若干问题的意见》第2条中的规定："网络犯罪案件由犯罪地公安机关立案侦查。必要时，可以由犯罪嫌疑人居住地公安机关立案侦查。"该规定进一步明确:"网络犯罪案件的犯罪地包括用于实施犯罪行为的网站服务器所在地、网络接入地、网站建立者、管理者所在地、被侵害的计算机信息系统或其管理者所在地、犯罪嫌疑人、被害人使用的计算机信息系统所在地、被害人被侵害时所在地,以及被害人财产遭受损失地等……""有多个犯罪地的网络犯罪案件,由最初受理的公安机关或者主要犯罪地公安机关立案侦查。"因此,根据该规定精神,虽然仅有两名被害人在太原,但太原作为最初案发地以及最先立案开展侦查活动地,作为案件管辖地是适宜的,对于打击利用网络、微信平台实施犯罪也是及时的。在案件办理过程中,被告人姜某某及其辩护人也未提出管辖异议。

(二)关于报案材料的收集问题

本案中,数百名被害人遍及全国各地,如何收集被害人报案材料及提供的证据材料,是一个非常棘手的问题。根据被告人姜某某供述,其将所有购鞋客户组建了一个微信群,侦查人员进入该群发布了案件信息公告,要求被害人及时报案。与此同时,根据被害人所处省份区域不同,太原市公安局小店分局分别向各地公安机关发出办案协作函及相关法律文书,由当地公安机关代为受理被害人报案,收集相关材料后邮寄回太原市公安局小店分局。本案中没有采用电子证据的取证方式,但采用了这种书证结合证言(被害人陈述和被告人陈述)的取证方式节约了司法成本,司法诉讼资源得到了高效利用。

(三)关于诈骗数额的认定问题

本案中,被告人姜某某属于时下较为流行的"微商",交易洽谈、货款支付以及货物发送均通过网络平台进行,调取姜某某与被害人之间的交易数据就成为该案办理中的一个重点。另外,案件中有一个细节,被告人姜某某与客户约定,以低于市场价30%—40%的价格(批发价)预收货款,如果到期不能发货,就要按照约定的鞋的市场价赔付客户。在案件办理过程中,对部分被害人被告人姜某某虽然将收取的货款全额退还,但有的被害人仍然报案,认为应当按照市场价赔付而不是实际支付的金额。因此,如何准确判断诈骗数额,剔除报案材料中的"水分",就必须调取付款以及发货的客观证据。

从案件事实来看,被告人姜某某主要通过支付宝收取客户货款,另有少部分通过微信转账。侦查人员曾经到深圳市腾讯公司总部调取被告人姜某某的微信数据,但由于种种原因未能成功,鉴于时间和经济原因侦查人员同时也放弃了对于支付宝信息的调取。因此本案诈骗数额的确定,主要依据被害人的报案材料,以及被害人自行打印确认的与姜某某之间的交易流水。由于交易流水数量巨大,公诉机关曾要求侦查机关进行司法审计,但因审计费用过高也未能开展。最终,侦查机关多方努力后整理出了被害人损失数额明细表。在案件审查起诉以及法院审理阶段，姜某某的辩护人提出，被害人的报案陈述以及打印的交易流水均系单方面证据，不能确定地证实双方之间完整的交易情况以及真正的损失数额。一审法院认为，被害人提供的交易流水系电子数据的书面形式，经过了被害人的确认，姜某某对这些证据没有提出足够的质疑理由，故法院最终采信了被害人一方的证据作为认定诈骗数额的依据。当然，对于姜某某提出的部分诈骗事实数额夸大的问题，公诉机关以及法院在认真审查的基础上，依法也予以了核减。

（四）商品"溢价"是否应当从诈骗数额中扣除的问题

司法实务中一般认为，诈骗犯罪中，被害人的损失应当是实际损失的财务价值，孳息、利息不能认定为损失数额。本案中需要讨论的一个问题是，被告人姜某某以低于市场价30%—40%的价格出售篮球鞋，其辩护人认为，被害人收到的商品价值是被低估的，应当对涉案的篮球鞋进行鉴定，将"溢价"部分从诈骗数额中扣除。公诉机关认为，商品价值并不是一个恒定值，被告人姜某某作为"微商"，其销售成本远低于市场上正规销售商；姜某某与客户的约定系意思自治，不存在欺诈、胁迫等事由；姜某某与客户之间是先预付货款再发货，交易过程中存在一定时间的利差；从实际情况看，绝大多数客户收到篮球鞋后进行了转卖或消费使用，不具备鉴定条件。综合以上理由，公诉机关认为辩护人提出对篮球鞋进行鉴定并扣除"溢价"的辩护意见不能成立。一审法院最终采信了公诉机关的意见，没有对涉案篮球鞋的"溢价"进行扣除。

六、指导意义

1. 办理网络犯罪案件，应强化电子证据意识。本案中，被告人姜某某与客户之间的洽谈以及交易都通过网络平台进行，相关网络数据的固定和提取是办理案件的关键。然而，遗憾的是，无论是侦查机关还是公诉机关，都没有对本案中的电子证据给予足够重视，或是思路不够开阔，而是采用了传统的书证提取方式，用被害人提取的照片、支付记录和银行往来记录，先由被害人确认、协作公安机关盖章、承办人签名，最后由太原市公安局小店分局的办案警官电话核实确认，形成了一个书证加证言的证据模式。在侦查阶段，侦查人员曾经前往腾讯公司总部协调调取被告人微信往来信息，但未能成功，而对于支付宝信息则没有前往阿里巴巴总部进行调取，以至于本案用以定罪的交易信息均来自被害人提供的微信或支付宝打印信息。实际上，根据《关于办理网络犯罪案件适用刑事诉讼程序若干问题的意见》的要求，此类案件应当进行电子证据固定和提取，而侦查人员、公诉人、审判人员均没有要求进一步依据电子证据取证的方法固定证据。可以说是本案办理的一大瑕疵，当然2016年10月1日最高人民法院、最高人民检察院、公安部下发了《印发〈关于办理刑事案件收集、提取、审查、判断电子数据若干问题的规定〉的通知》(以下简称《通知》),该《通知》明确、清晰的解决了这一问题。

2. 建议司法机关应当与大型网络服务商建立刑事案件协作机制。一般来讲,固定和提取刑事案件中的电子数据主要有两种途径,一种是将涉案的手机、电脑等移动储存介质封存后进行数据提取,另一种是向网络数据服务商调取相关电子证据。但是,实践中,被告人的手机等移动储存介质不一定必然在案,即使在案因种种原因也难以做到完整恢复和提取。因此,向网络数据服务商调取相关电子证据是最为可行的办法。但是,目前司法机关在高层并未与腾讯、阿里巴巴等大型网络服务商建立刑事案件协作机制,上述企业虽然有依法协助调取相关数据的义务,但也存在时间和成本的问题,实践中经常会导致不少案件电子证据的调取工作困难,影响了案件办理效果。在"互联网+"时代已经来临的今天,互联网犯罪的上升是必然趋势,电子证据的固定和提取将在案件办理中发挥更为重要的作用。因此,尽快与网络服务商建立高效、便捷的刑事案件协作机制,是司法机关应当认真对待的一个问题。

3. 建议司法审计应当建立独立的预算体系。在当今的经济犯罪中,司法审计发挥着越来越重要的作用,在某些案件中甚至具有决定性意义。本案中,面对卷帙浩繁的银行交易信息,公诉机关曾经向侦查机关提出司法审计的要求,但因经费问题被侦查机关否决。主要理由是,该案并非具有重大影响的案件,审计成本太高。应当说,从办案的角度讲,不能因为案件大小就对证据标准作差异化对待。但是,从实践角度讲,基层公安机关办公经费紧张也是不争的事实,只能保证必须审计的案件才能进行审计,这不能不说是一个遗憾。正是因为司法审计缺失,辩护人对部分银行交易信息提出了异议,法院也酌情进行了核减。虽然对定罪量刑影响不大,但的确是案件办理过程中不够严谨的地方。因此,笔者建议建立独立的司法审计预算体系,为司法活动提供足够的经费支持,从而为案件成功办理奠定坚实的物质基础。

七、案例点评

本案被告人姜某某属于时下较为流行的"微商",其交易洽谈、货款支付以及货物发送均通过网络平台进行,交易对象人数众多,交易次数及交易数额均比较大,属于典型的网络诈骗犯罪行为。从一审审判中控辩双方争议的焦点来看,是被告人犯罪数额的认定问题,由于事涉对被告人的量刑这一实体正义,无疑是审判的核心。一审法院以侦查机关根据双方约定的价格进行核算,同时,由于该案被害人对收到商品已经转卖、商品存在市场时间差等原因,而一审法院没有考虑市场价格溢价等问题,有其基于节约司法成本、提高司法效率的合理之处。在此基础上,本案交易数额的认定自然就是对被告人与诸多被害人总的交易笔数和数额的确定。在传统的诈骗犯罪中,证明犯罪数额的证据简单明了:被告人供述、被害人陈述、相关书证等,其中,被告人供述与被害人陈述的印证,即可使法庭对此产生确信,而做出判决。但是,在本案中,由于交易次数多,被告人的供述已经无法与被害人的陈述实现一致,应用传统的印证证明模式已经不能有效解决本案犯罪数额这一焦点问题。因此,收集被告人诈骗行为中的电子数据并形成完整证据链以综合证明并使法庭确信犯罪数额将是合理的选择,其判决依据是2016年10月"两高一部"颁布实施的《关于办理电信网络诈骗等刑事案件适用法律若干问题的意见》第2条第4款和第6条第1款相关规则中所体现的以间接证据形成证明链的司法证明精神。从判决说理来看,一审法院似乎还停留在传统的诈骗犯罪印证证明的模式中,其证据的采信仍然以被告人供述和被害人陈述的印证为基础,值得商榷。

在刑事犯罪的侦、诉、审中,囿于传统的客观真实的证明理念及印证证明模式,《刑事诉讼法》第55条规定的"没有被告人供述,证据确实、充分的,可以认定被告人有罪和处以刑罚",即通过间接证据形成完整证据链的证明方式,司法实践中面临诸多困难。但在办理电信网络诈骗犯罪过程中,应及时转变办案理念,注重网络电信犯罪中电子数据的收集,通过网络交易数据等间接证据,在形成完整的证据链的基础上,实现对被告人的定罪量刑。不过,这并不意味着司法人员对被告人供述、被害人陈述收集的放弃,后者仍然是刑事证明中首要考虑的证据。尤其是在当前印证证明模式尚为主流的证明理论和实践"范式"形式下,对直接言辞证据的收集尤为重要。

当然,在办案人员理念转变以形成间接证据证明的共识的同时,还应有相关的制度出台,以优化侦、诉、审的环境。首先,推进错案追究制的改革,除非办案人员故意不法以出入人罪,司法人员的职业保障必须得到制度性的落实。因此,要重新明确司法责任追究的内涵,并在全社会就此形成共识。其次,改革证据收集方式,注意间接证据的收集。在网络电信犯罪中,犯罪的间接证据首要的表现形式就是电子数据,而通过社会和企业网络平台进行网络数据的收集,将是明智和必然的选择。随着网络经济社会生活空间的飞速扩展,网络电信犯罪已成为继传统物理空间各类犯罪形式之后的主要犯罪形态,电子数据的收集、取证、调查将是犯罪侦、诉、审的常态。甚至可以断言,在网络大数据时代,由于传统的证据事实上都可以转化为电子数据,我们所处的信息时代已成为一个"泛电子数据"的时代。因此,转变理念向大数据网络要证据将是司法人员不二的选择。除了技术上的原因外,向社会和企业网络平台收集这些数据还涉及诸多法律问题,如这些平台自身的商业秘密、让这些平台协助调查时需要履行哪些法律程序等,都是亟待解决的问题。

这里需要说明的一点是:即使不涉及平台自身的商业秘密且协助调查的程序合法,平台作为机构也有提供数据的义务(《刑事诉讼法》第54条第1款),但给予这些平台机构必要的劳务费用等也是应当的。类似的做法在美国等国家和地区已有先例,而且,也与证人作证补偿制度具有法理上的一致性。不仅如此,大量的司法人员走访社会和企业网络平台已成不争的事实,平台的接待已成为其实实在在的预算外成本,该项支出由平台自己承担显然是不合适的。可以考虑与证人作证相关费用的制度安排一致,可将相关费用列入司法机关业务经费,由同级政府财政予以保障。只有这样,才能使司法机关与社会企业网络平台建立起一种良好的办案协调机制,有利于司法人员对电子数据的收集取证。

(撰稿人:山西省太原市人民检察院刑检二部　马晖　陈海东)
(点评人:南京审计大学法学院教授、法学博士　何邦武)

2.8 罗某某信用卡诈骗案

一、基本案情

经审查认定：

2013年8月至2014年7月，被告人罗某某在通过"掌上汇通""帮付通"等第三方支付平台对自己的彩票网站账号进行充值时发现，部分彩票网站不用通过网银也可以对账号进行充值。充值通过第三方支付平台如"掌上汇通"操作，充值到账号里的钱可以通过转账方式提现，被告人罗某某企图通过在网上找到卖其银行卡信息的人，利用这些信息通过"掌上汇通"进行充值，再转账到自己的银行账户以盗取别人的资金。

被告人罗某某通过百度搜索"出售银行卡信息"，找到一名叫张某某（另案处理，涉嫌收买、非法提供信用卡信息罪被广东省湛江市检察院处理）的男子并与其开展合作，即让张某某供信用卡信息（银行卡账号，卡的支付密码，开卡人信息，开卡人身份证号），后在360彩票网、乐和彩、彩票2元网、中彩汇四家彩票网站（仅供述上述四家）注册账号，后通过"掌上汇通"（机房所在地在北京市朝阳区酒仙北路9号恒通国际创新园C10）、"帮付通"第三方支付平台利用张某某提供的信用卡信息对彩票账号进行充值，充值成功后在彩票网站进行消费并提现。

具体的充值取现过程如下：被告人罗某某先使用电脑在"360彩票""乐和彩"等彩票网站上注册账号，再用手机下载上述网站的客户端（App），然后直接从客户端登陆网站，再点击充值选项，在充值界面输入张某某提供的银行卡卡主姓名、身份证号、银行卡号及密码等信息，之后界面会提示输入手机号，被告人罗某某输入自己手机号码后收到了网站发来的验证码（此时并不需要提供银行账户真正所有人在银行预留的手机号码），后将验证码输入就完成了使用他人银行卡内资金为其网站账户充值（流程中不需要网银操作）。其间，被告人罗某某一般会充值3—4次，每次充值100元至3000元不等。为逃避公安侦查，被告人罗某某所使用的一个手机号只接收一次网站验证码，之后将手机号扔掉。被告人罗某某大概用了100余个手机号，其均是在其实际居住地南昌各处报刊亭购买的不记名预付费卡。同时，为避免被发现，被告人罗某某选择在凌晨1—3点间冒用他人信用卡进行充值，同时选择较小额度进行充值，由于许多被害人选择了限额内消费短信免提醒的业务，所以导致许多被害人在这一时段的被冒用行为并不知情。

被告人罗某某在彩票网站上消费了部分钱款后，将账户中剩余钱款转账至其个人事先在淘宝网购买的 11 张开户人为龙某某、孙某某等人的银行卡中（这些卡是在网上购买，都是一些废弃不用但并没有注销的银行卡），后在 ATM 机上提取上述银行卡中的钱款，从而达到取现的目的。冒用及取现成功后，被告人罗某某将部分赃款约 8 万余元作为好处费转账至张某某农行个人账户中。其余钱款用于个人消费。经司法会计鉴定，上述四个彩票网站罗某某共充值 30,9915 元。

本案被冒用的银行卡损失经第三方支付公司统计约 30 余万元，第三方支付公司对被害人的损失进行了部分先行赔付，从被告人罗某某银行账户中扣押赃款 10 万余元。案件审查过程中，共有 19 名被害人报案。

二、诉讼过程

2014 年 3 月 24 日下午，北京掌上汇通科技发展有限公司到北京市公安局网安总队报案称，自 2013 年 5 月至今，多名用户银行卡被盗刷，后通过投诉要求赔付，该公司在此次网络案件中遭受重大经济损失，约合人民币 30 余万元。北京市公安局于 2014 年 3 月 28 日立案侦查，经工作，被告人罗某某于 2014 年 7 月 20 日 22 时许在其暂住地湖北省武汉市被抓获归案。此案告破。被告人罗某某因涉嫌信用卡诈骗罪，于 2014 年 7 月 21 日被北京市公安局刑事拘留，2014 年 8 月 25 日经北京市朝阳区人民检察院批准被北京市公安局朝阳分局逮捕。

北京市人民检察院于 2014 年 12 月 16 日以被告人罗某某构成信用卡诈骗罪提起公诉。北京市朝阳区人民法院于 2015 年 7 月 21 日判决认定被告人罗某某以非法占有为目的，冒用他人信用卡进行诈骗活动，数额巨大，构成信用卡诈骗罪，判处其有期徒刑 6 年，罚金 6 万元。此为终审判决。

三、案件认定

1. 证据上，本案有被害人陈述、证人证言、勘验、检查笔录、鉴定意见、电子数据、书证、物证以及被告人罗某某的供述，证明罗某某收买他人信用卡信息，冒用他人信用卡在多个彩票网站消费使用，数额巨大的犯罪事实，证据确实、充分，取证合法，能形成完整的证据链条。

2. 定性上

（1）被告人罗某某构成信用卡诈骗罪

本案被告人罗某某通过 QQ 的交友平台向犯罪嫌疑人张某某（另案处理）收买多个信用卡信息，并通过"掌上汇通""帮付通"的彩票网站第三方支付平台消费使用，为自己的在"360彩票""乐和彩""中彩汇""彩票2元网"的彩票网站账号进行充值，在消费30%的额度之后，取现至在案扣押的被告人自述从淘宝网购买的用户为龙某某、孙某某等人的11张银行卡，后将赃款取出用于个人使用，给信用卡持有人造成损失。被告人罗某某主观上明知是他人信用卡而使用，具有非法占有的目的，其客观行为符合刑法第196条第1款第（三）项"冒用他人信用卡"的规定，且符合"两高"《关于办理妨害信用卡管理刑事案件具体应用法律若干问题的解释》第5条第2款第（三）项"窃取、收买、骗取或者以其他非法方式获取他人信用卡信息资料，并通过互联网、通信终端等使用的"的规定，数额巨大，构成信用卡诈骗罪。

（2）被告人罗某某构成收买信用卡信息罪

本案中，被告人罗某某通过互联网获取到买卡的信息，以金钱获取的形式，一是向另案处理的犯罪嫌疑人张某某购买了大量信用卡信息，包括姓名、银行卡号、密码、身份证号码等十分完整的信息，并冒用这些信用卡利用第三方支付平台漏洞进行消费使用，在案证据显示被害人至少为19人之多；二是在成功将上述信用卡内钱款进行充值后，在取现之前，在互联网上购买到信用卡和该卡的持卡人姓名、取款密码等信息，将赃款取现至这些信用卡中，在案扣押用于获取赃款的信用卡多达11张。被告人罗某某收买信用卡信息，妨害信用卡管理秩序，符合我国刑法第177条之一第2款的规定，构成收买信用卡信息罪。

（3）被告人罗某某的行为构成侵犯公民个人信息罪

根据2015年8月29日全国人大常委会《刑法修正案（九）》第17条对刑法第253条之一的修订，将该罪的特殊主体修改为一般主体，并在2017年6月1日正式施行的最高人民法院、最高人民检察院《关于办理侵犯公民个人信息刑事案件适用法律若干问题的解释》第4条中明确了"违反国家有关规定，通过购买等方式获取公民个人信息，属于刑法第253条之一第3款规定的'以其他方法非法获取公民个人信息'"。被告人罗某某通过购买的方式非法获取了多名被害人的信用卡信息，符合该罪的构成要件，涉嫌侵犯公民个人信息罪。

（4）三罪的关系

首先，收买信用卡信息罪与侵犯公民个人信息罪是特殊罪名与一般罪名的法条竞合关系，信用卡信息是公民个人信息非常重要的类型，根据刑法理论中，法条竞合时特殊优于一般的原则，应认定被告人罗某某构成收买信用卡信息罪。其次，收买信用卡信息罪与信用卡诈骗罪是手段与目的的牵连关系，被告人罗某某通过社交平台向他人购买信用卡信息，其手段行为符合收买信用卡信息罪的构成要件，后其利用该信息进行消费使用，其目的行为构成信用卡诈骗罪。手段与目的相互牵连，应择一重罪处罚，最终认定被告人罗某某构成信用卡诈骗罪。

四、要旨

1. 对互联网金融这一新兴事物的理解是认定本案事实的关键。本案中，被告人罗某某的犯罪手段是一般案例中较为罕见的，是网络时代电子银行风险防范的典型案例。一是体现了网上银行和第三方支付系统中存在的安全漏洞，被告人罗某某之所以能够成功的冒用他人信用卡，就在于其发现了支付的"后门"，即只要输入银行卡信息，就可以获得验证码，验证码可以发给任何一个手机，而并不是该卡关联的在银行备案的特定手机，完成了验证之后，相当于第三方支付平台向银行发送了支付的指令，从而完成了信用卡的资金支出。正是由于第三方支付平台在安全验证方面存在监管不严的问题，才使其承担其先行赔付的责任。二是体现了银行针对客户的资金保障体系存在不完善之处。被告人罗某某在深夜作案是考虑这个时间段大部分人已经进入熟睡状态不会注意银行账户的钱款变化；其选择每次消费几百元、几千元的小数额则是考虑到银行或者被害人在开户之时，选择了账户资金小额免通知的功能。这一功能很多时候是银行自动为客户选的，是为了节约银行通知的成本；而对于客户，大部分是不了解这一选择的后果，而了解的一小部分有的是基于不想支付这一通知的费用。如此功能的后果则是被告人的冒用被害人毫无知情，被冒用的数额积少成多，最终给被害人带来了不小的损失，其危害后果从数额巨大的 30 余万元的犯罪金额中可见一斑。

2. 本案作案手段多样，涉及多个社会问题，侵犯多种刑法法益，正确定性是定罪根本。被告人罗某某为冒用他人信用卡而大量收买信用卡信息的手段，侵犯了公民个人信息、妨害了信用卡管理秩序，是一种具有可罚性的刑事犯罪；其最终冒用成功获得他人钱款，一方面是对被害人财产权益的损害，另一方面也扰乱了正常的金融管理秩序。被告人的行为环环相扣，刑法保护的法益重重叠叠、相互交融。本案虽最终只认定一罪，但通过分析其构成的各罪之间的关系，更好的把握了此罪彼罪的区分、刑法竞合理论的正确适用和社会价值的最终选择。

五、指导意义

1. 检察机关通过案件办理强化互联网金融安全监管。第三方支付作为互联网金融的基础和最为重要的部分，随着"无现金"时代的到来和网络支付的深入普及，应该将客户资金安全作为平台的使命和最重要的任务。通过本案的办理，可以对涉案的第三方支付公司提出以下建议：一是第三方支付平台应按照中国人民银行和银监会的监管规定,建立完善的资金风险防范体系;二是一定要强化支付安全,查找安全漏洞,完善技术,营造安全支付环境;三是要充分保障客户权益,强调在客户资金被盗刷之后要及时承担先行赔付义务,可以设立"资金安全险",以保险的形式为客户资金加设一道安全阀,完善互联网金融消费者权益保护制度。

2. 通过"以案说法",强化普通民众资金安全防范意识。银行作为资金管理方,要将金融消费者在用卡时可能存在的安全隐患进行告知,比如本案中凸显的小额变动免通知的问题,那些未告知消费者就采用此功能的银行要承担一定的责任。同时,作为普通金融消费者,在开卡时要取消银行提供的这一功能,或将银行预留的余额变动提醒金额降低,防止被他人小额多次盗刷而不知情的侵权行为发生。本案作为典型案例,在北京广播电台交通频道中,通过检察官宣讲,增强群众的自我权益保护意识;撰写案例宣传稿件《第三方支付平台"漏洞"多,收买冒用信用卡成"财路"》,在《检察日报》上刊登,以案说法,以案普法,检察官建议收到了良好的社会效果。

3. 强化对"黑灰产业链"的打击,注重保护公民基本信息,封堵网络犯罪、诈骗犯罪之源头。在信息化社会,公民在银行、医药、电商等领域的信息成为各个行业争相追逐的对象,公民信息的轻易获得以及互联网空间的飞速传播,让公民个人信息被泄露、被出卖、被用于违法犯罪的情形屡屡发生,尤其是近年来出现的一些公民个人信息被侵犯导致的社会恶性事件,让公民个人信息保护、打击相关犯罪上升到一个全民关注的位置。本案中虽最后只认定被告人罗某某构成信用卡诈骗罪,但通过对其也构成收买信用卡信息罪、侵犯公民个人信息罪的论述,以及对全案十分典型的互联网中公民信息被售卖、转让、非法使用的情形的论述,强调公民要采取不随意丢弃不用的信用卡、不随意留下个人信息、注重网络安全等措施来自我保护;同时作为司法机关,要打击上下游犯罪,着力追诉张某某这样的信息售卖者,监督网络平台提供者,严惩罗某某之类的诈骗犯罪者,从而敲响"打击黑灰产业链"的警钟,努力营造公民信息安全环境、提高群众生活安全感。

六、案例点评

这是一起典型的网络金融犯罪。本案的特点是被告人罗某某充分、恶意地利用了网络空间的匿名性、隐蔽性,利用第三方支付平台固有的漏洞,通过冒用他人信用卡进行诈骗,犯罪手段或者方法可谓新奇。案情显示,被告人罗某某在发现第三方支付平台的漏洞后,先是向张某某购买了他人的信用卡信息,然后在"360彩票网"等数家彩票网站注册后,通过对他人信用卡的恶意利用，选择深夜作案，实现提现或者消费，最终给多个被害人造成了数额惊人经济损失。

互联网和金融的结合，出现了很多诸如"支付宝""掌上汇通""帮付通"等新的第三方支付平台。数据显示，2014年，全国共发生电子支付业务333.33亿笔，金额1404.65万亿元，同比分别增长29.28%—30.65%。其中，网上支付业务285.74亿笔。第三方支付平台以其支付成本较低，使用方便而大受欢迎。但同时，付款人的银行卡信息也暴露给第三方支付平台，如果这个平台没有更加有效的安全防范措施，那么信用卡持卡人将面临巨大的金融风险。我们在开发第三方支付平台时，较多考虑的往往是交易的方便和经济利益大小，对风险的防范和漏洞的弥补往往着力不够。而犯罪分子的主要目标就是寻找漏洞，再通过利用漏洞获取非法利益。所以说，在网络风险防范与网络犯罪之间，往往就会形成"道高一尺，魔高一丈"的"此消彼长"的局面。某种意义上讲，网络金融犯罪的多发也有助于网络科技的进步和防范网络犯罪的制度完善，有利于提高司法人员对网络犯罪的认知和判断能力，从而可实现对网络犯罪的精准打击。近年来的司法实践证明，正是我们在不断查处网络犯罪的过程中，才对网络犯罪的规律有相当的把握，也才有效地遏制了网络犯罪的猖獗态势。从专业分工的角度讲，要求我们的司法工作者都成为无所不能的专家是不切实际的，这就需要网络科技工作者的协助或者所谓专家辅助人的介入。实际上，广大司法工作者对于刑法规定的金融犯罪及其基本手段、方法并不陌生，对于某种行为是否构成犯罪、构成何种犯罪，以及在出现犯罪竞合时如何准确确定罪名和适用法律，都能够作出比较准确的判断，只要我们具备基本的网络常识，并对网络金融工具有一定的了解，再通过相关专业技术人员的协助，查清犯罪行为人实施犯罪的路径、手段方法和犯罪给社会带来的损害，网络金融犯罪的认定就不会存在障碍，这种所谓"手段新奇"的信用卡诈骗案，也就不怎么神秘了。

（撰稿人：北京市朝阳区人民检察院金融犯罪检察部　林芝）
（点评人：山西大学法学院院长、教授、硕士生导师　张天虹）

2.9 陆某甲有价证券诈骗案

一、被告人基本情况

被告人陆某甲，男，1968年××月××日出生，居民身份证号3102301968××××××××，汉族，高中文化程度，上海祥凯实业集团有限公司法定代表人，住上海市崇明县××镇××村××号。1999年5月15日因犯盗窃罪被上海市宝山区法院判处有期徒刑8年，2004年7月23日刑满释放。2014年7月24日因涉嫌金融凭证诈骗罪被太原市公安局万柏林分局刑事拘留，经本院批准，2014年8月26日被太原市公安局万柏林分局执行逮捕。

二、基本案情

2014年，陆某甲因资金紧张，通过朋友认识了可以为其融资的崔某某（在逃），崔某某自称系银行退休领导，可以通过银行开具以陆某甲为持票人的凭证式国债收款凭证到金融机构抵押贷款。崔某某为其介绍了同样需要融资的陆立丰，陆某甲分别与陆乙签订了《融资合作协议书》，与崔某某签订《凭证式国债操作协议》。陆某甲并于2014年6月10日支付50万元（实际支付45万元）开票费给崔某某，崔某某给陆某甲开具一张票面额为4300万元、户名为陆某甲的中华人民共和国凭证式国债收款凭证。陆某甲收到凭证后，陆某乙为陆某甲联系了太原某银行离职人员杨某某以及蒲县宏兴煤业有限公司负责人程某某等人，陆某甲与程某某约定以陆某甲所持凭证质押，以程某某所在的蒲县宏兴煤业有限公司名义进行贷款，程某某给予陆某甲一定回扣并可以使用贷款金额的50%。2014年7月24日，通过杨某某安排，陆某甲持伪造的国债收款凭证，携同杨某某、程某某到中国银行太原高新区支行要求办理质押贷款3870万元。在办理贷款过程中，中国银行太原高新区支行向此票出票银行中国农业银行股份有限公司石家庄华安支行进行查询，对方回复，未签发此票据。银行报案后公安机关将陆某甲当场抓获。

三、诉讼过程

本案由太原市公安局万柏林分局侦查终结，以陆某甲涉嫌"金融凭证诈骗罪"移送我院审查起诉，我院于2015年3月23日以陆某甲涉嫌"有价证券诈骗罪"向太原市万柏林区人民法院提起公诉，法院2015年5月6日下达（2015）万刑初字第00175号刑事判决书，判决陆某甲犯有价证券诈骗罪，判处有期徒刑10年，并处罚金100000元，陆某甲以"自己被崔某某所骗，对国债支付凭证系虚假凭证不知情，不构成犯罪"为由提出上诉，太原市中级人民法院于2015年10月8日作出（2015）并形终字第440号刑事裁定，驳回上诉，维持原判。

四、案件焦点

1. 国债式支付凭证系"金融凭证"还是"有价证券"

本案公安机关移送审查起诉陆某甲的罪名为"金融凭证诈骗罪"我院经审查认为，国债式支付凭证为"有价证券"，而不是"金融凭证"。所谓"有价证券"是指以票面货币价值表示的财产权利凭证，并被作为替代货币使用的信用工具或代表持有者资本所有权和资本收益请求权，在特定范围和条件下，进行支付、汇兑、信贷、清算等融资活动的凭证。而金融凭证诈骗罪中作为犯罪对象的"金融凭证"仅指委托收款凭证（一种结算凭证）、汇款凭证以及银行存单。本案中，陆某甲使用的国债支付凭证从其内容、表现形式、以及用途看属于一种"有价证券"，因此我院将其罪名变更为"有价证券诈骗罪"提起公诉，确保案件定性准确，法院判决认定陆某甲构成有价证券诈骗罪。

2. 陆某甲主观是过失使用还是诈骗

金融诈骗罪类型案件中，行为人主观是否明知，是否以骗取财物为目的是区别罪与非罪的重要标准。判断行为人是否明知，要在全面了解案件事实的基础上进行综合分析。

本案系一起典型的"骗中骗"案件，庭审中，陆某甲及其辩护人坚称陆某甲被崔某某所骗，不知道票据系伪造，是过失使用有价证券，且根据陆某乙的证言，陆某乙称自己也被崔某某所骗，其虽不知道崔某某如何为陆某甲出具的票据，但其判断陆某甲亦受崔某某蒙蔽，不知道票据的真伪。

公诉机关经审查，认定陆某甲应当知道其所持票据为伪造，陆某甲使用的凭证式国债是国家通过银行系统发行的记录债权的储蓄国债，特征为等值购买，到期后按票面面值及利息兑取。陆某甲所持的面值为4300万元的凭证式国债，不是从银行系统等值购买开具的，而是其私下通过支付崔某某个人50万元开票保证金非法取得的，其明知该凭证式国债户名为其本人，但其并没有实际出资4300万元从银行系统购买过该凭证式国债。陆某甲为完全民事行为能力人，又为公司法定代表人，应当知道崔某某给其的面值4300万元的凭证式国债是不真实的，但其不但没有到开票银行查验真伪，而且故意持该凭证式国债从银行质押贷款，主观上存在故意使用有价证券诈骗的目的。

至于陆某甲在票据质押过程中表现镇定，不过是因其自以为票据是崔某某疏通银行关系后开出的票据，但其内容虚假，陆某甲对这一点始终明知。

3. 关于本案是否涉嫌共同犯罪

本案涉及人数众多，环环相衔，其中，陆某乙联系太原关系人、杨某某安排银行，程元涛出具公司手续均对陆某甲诈骗行为起到一定的帮助作用，考察这些人员是否涉嫌共同犯罪亦是本案审查的关键。共同犯罪不仅要求行为人的行为都指向同一犯罪，互相联系、互相配合，且其之间必须存在意思联络或意思疏通，才能形成共同犯罪的有机整体性。本案中，陆某乙与陆某甲由崔某某安排认识，双方签订了《融资合作协议》，协议中约定：陆某甲出具一定开票费用，由陆某乙所在公司找国有商业银行开具凭证式国债，但本协议没有履行。陆某甲最终是通过崔某某获得的票据，且在陆某甲与崔某某的交易过程中，没有证据证明陆某乙参与其中。关于《融资合作协议》中陆某乙的公司收取陆某甲一定开票费用，找国有银行开具凭证式国债的约定如何实现，陆某乙解释是因崔某某提供了一种操作方式，由第三人往持票人账户存入5000万元，并以此购买国债，持票人出具50万元作为利息费用，开具票据的费用为票面金额的22%，按照此种操作模式，第三人承担的风险要远远大于普通借债的风险，因此，此种解释可信度不高，但本案没有证据证明陆某乙与崔某某共谋实施诈骗，也没有证据证明陆某乙明知票据伪造对陆某甲进行帮助，因此，不宜认定共同犯罪。陆某乙等人是否涉案，仍须在逃的崔某某到案查清后予以认定。

4. 本案的犯罪形态系"未遂"还是"预备"

犯罪预备是指为了犯罪，准备工具、制造条件，而已经着手实行犯罪，由于犯罪分子意志以外的原因未得逞的，是犯罪未遂，本案中，辩护人称陆某甲是在与程某某去银行咨询贷款，验证票证时被抓获，此时，贷款人实际并未向银行递交任何贷款资料，也未进入贷款程序，仅是为贷款作准备，如构成犯罪，形态上也只是犯罪预备，公诉机关经审查，认为陆某甲去中国银行太原高新区支行之前已经对如何贷款做了周密安排，包括由杨某某选定银行，由程某某作为贷款主体，并与程某某约定好了贷款的使用比例，其预备工作已经完成。陆某甲到银行后向银行工作人员提供质押的票据进入了犯罪的实施阶段，因银行工作人员核查票据为伪造未得逞，系犯罪未遂。

五、案例点评

本案争议的核心是：（1）行为人陆某甲的主观心理状态是故意还是过失？如其辩护人所称陆某甲被崔某某所骗，不知道票据系伪造，是过失使用有价证券，那么就不构成犯罪！因此，行为人主观状态是本案罪与非罪的重要标准。（2）陆某甲的行为构成什么罪？"金融凭证诈骗罪"还是"有价证券诈骗罪"？（3）行为人的诈骗行为因银行工作人员核查票据为伪造而未得逞，属犯罪预备还是犯罪未遂状态？（4）本案涉及人数较多，环环相衔，是否存在共同犯罪？

首先，行为人陆某甲的主观心理状态是故意还是过失？犯罪故意，是指行为人明知自己的行为会发生危害社会的结果，并且希望或放任这种结果发生的一种主观心理态度。犯罪故意包括两个因素，即认识因素和意志因素。这里的"明知"就是一种认识；"希望""放任"即是意志。按照行为人对危害结果的意志因素的不同，刑法理论上把犯罪故意区分为直接故意与间接故意。犯罪的直接故意，是指行为人明知自己的行为必然或者可能发生危害社会的结果，并且希望这种结果发生的心理态度；犯罪间接故意，是指行为人明知自己的行为可能造成危害社会的结果，并且放任这种结果发生的心理态度。本案中，行为人陆某甲所持面值为 4300 万元的凭证式国债并非从正规渠道购买，也没有支付合理对价，仅支付 50 万元开票保证金就非法取得，陆某甲作为完全民事行为能力人，依据常理，应当知道这 4300 万元的凭证式国债是虚假的，但其仍然持该凭证式国债去银行办理质押贷款 3870 万元，即陆某甲明知自己的行为必然发生危害社会的结果，并且希望用所持有的凭证式国债骗取银行款项这种结果发生，其主观心理态度属"直接故意"；其辩护人所称其不知道票据系伪造不合常理！

其次，陆某甲的行为构成什么罪？是"金融凭证诈骗罪"还是"有价证券诈骗罪"？金融凭证诈骗罪在我国刑法发展史上经历了一个由没有明文规定到由单行刑法规定再到《刑法》明确规定的发展过程。1979 年刑法，对利用金融凭证进行诈骗的并无明文规定，当时对使用金融凭证进行诈骗达到犯罪程度的一般是以诈骗罪定罪处罚。1995 年 6 月 30 日全国人大常委会《关于惩治破坏金融秩序犯罪的决定》第 12 条第 2 款规定："使用伪造、变造的委托收款凭证、汇款凭证、银行存单等其他银行结算凭证的，依照前款的规定处罚。"《关于惩治破坏金融铁序犯罪的决定》虽然以单行刑法的形式将使用伪造、变造的其他银行结算凭证进行诈骗的行为明确规定为一种犯罪行为，但此时并没有形成独立的金融凭证诈骗罪。1996 年 12 月 16 日最高人民法院《关于审理诈骗案件具体应用法律的若干问题的解释》第 5 条第 4 款规定："使用伪造、变造的委托收款凭证、汇款凭证、银行存单等其他银行结算凭证进行诈骗，数额较大的，以票据诈骗罪定罪处罚。"1997 年修订后的《刑法》第 194 条第 2 款则是完全将《关于惩治破坏金融铁序犯罪的决定》第 12 条第 2 款的内容移植过来而形成的，这样以其他银行结算凭证进行诈骗的行为在《刑法》上被规定为一种具体的金融诈骗犯罪行为，且是一种独立的罪名。

刑法第 194 条第 2 款金融凭证诈骗罪，是指以非法占有为目的，使用伪造、变造的委托收款凭证、汇款凭证、银行存单等其他银行结算凭证，骗取财物，数额较大的行为。刑法第 197 条有价证券诈骗罪，是指以非法占有为目的，使用伪造、变造的国库券或者国家发行的其他有价证券，进行诈骗活动，数额较大的行为。显然，这两个罪名的关键区别在于犯罪客观方面的表现：是使用伪造、变造的委托收款凭证、汇款凭证、银行存单等其他银行结算凭证骗取财物，还是使用伪造、变造的国库券或者国家发行的其他有价证券进行诈骗活动。因此，本案准确定性的前提是分析"国债式支付凭证"属"金融凭证"还是"有价证券"？所谓有价证券，是指以票面货币价值表示的财产权利凭证，并被作为替代货币使用的信用工具或代表持有者资本所有权和资本收益要求权，在特定范围和条件下，进行支付、汇兑、信贷、清算等融资活动的凭证。刑法第197条所指的有价证券仅指国家发行的有价证券。它具有以下3个特征：一是有价证券必须以财产权利为内容，表明一定的财产价值；二是有价证券必须以一定的票面货币价值加以表示；三是有价证券是支付、汇兑、信贷、清算等融资活动的工具。本案中，国债式支付凭证，表明持有人购买了票面货币价值的国债，该凭证最起码系"信贷"——这一融资活动的工具，其符合上述3个有价证券最本质的特征，属"有价证券"。故，公诉机关以陆某甲涉嫌"有价证券诈骗罪"提起公诉，罪名适用准确！

再次，陆某甲的行为属犯罪预备还是犯罪未遂状态？"犯罪预备"形态与"犯罪未遂"形态相区别的主要标志是："行为人是否已经着手实施？"本案中，陆某甲去银行之前已经对如何贷款做了周密安排，包括由杨某某选定银行，由程某某作为贷款主体，并与程某某约定好了贷款的使用比例。陆某甲到银行后向银行工作人员提供要质押的票据应当认定为行为人已经着手实施，因此，公诉机关认为属犯罪未遂，定性准确。

最后，本案是否涉及共同犯罪？构成共同犯罪，不仅要求各犯罪主体在犯罪客观方面具有共同的犯罪行为，还要求各犯罪主体在犯罪主观方面具有共同的犯罪故意，即各犯罪主体均有犯罪故意，各犯罪主体间有意思联络。本案中，公诉机关认为陆某甲与崔某某的交易过程中，没有证据证明陆某乙参与其中，也没有证据证明陆某乙与崔某某共谋实施诈骗，也没有证据证明陆某乙明知票据伪造对陆某甲进行帮助，因此，现有证据不能证明各犯罪主体间有意思联络，不宜认定共同犯罪。

本案中，公诉机关认真辨析了犯罪客观方面：犯罪对象"凭证式国债收款凭证"是金融凭证还是有价证券；犯罪主观方面：故意还是过失，各犯罪主体间是否存在意思联络；犯罪的停止形态：预备还是未遂。公诉机关以事实为依据，以法律为准绳，遵循了刑法的罪刑法定原则及罪责刑相适应原则，也遵循了刑事诉讼法的疑罪从无原则，做到了惩罚犯罪和保障人权的有机结合！

（撰稿人：太原市万柏林区检察院第二检察部员额检察官　王松松）
（点评人：山西省检察院第三检察部主任　马秀卿）